TRAUNER VERLAG

GASTRONOMIE

Barlexikon

Mixgetränke
Barkunde
Spirituosen

STEFAN STEVANCSECZ

HEINZ LENGER

GERHARD EBNER

MARTIN RETSCHITZEGGER

WERNER SEDLACEK

SIMON SIEGEL

GastroWissen
INTERNATIONAL

5. Auflage 2010
Copyright © 1985 by TRAUNER Verlag + Buchservice GmbH
Köglstr. 14, A–4021 Linz
Gesamtredaktion und Lektorat: Mag. Flora Stickler
Umbruch: Rita Wenger
Titelfoto (Martini-Cocktail) von Ulrike Köb, Wien
Herstellung: TRAUNER Druck GmbH & Co KG, Linz
ISBN 978-3-85499-389-6

STEFAN STEVANCSECZ

HEINZ LENGER

GERHARD EBNER

MARTIN RETSCHITZEGGER

WERNER SEDLACEK

SIMON SIEGEL

Barlexikon

Mixgetränke
Barkunde
Spirituosen

GastroWissen
INTERNATIONAL

INHALTSVERZEICHNIS

Vorwort

Dass eine überarbeitete Auflage eines bestehenden Werkes in Bezug auf Arbeit manchmal fast einem neuen Buch gleichkommt, konnte ich während unserer Tätigkeiten für das neue Barlexikon miterleben.

Alleine schon Hunderte Stunden an Recherchearbeiten für die Storys zu den Mixgetränkegruppen oder den Rezepten ließen dieses Tun teils zur Sisyphusarbeit ausarten. Aufgrund der vielen verschiedenen gesammelten Informationen galt es dann letztendlich, Entscheidungen zu treffen:

- Was stimmt wirklich?
- Was ist als glaubhafter anzusehen?
- Was bzw. welches Rezept lässt man einfach weg?

Sich dabei allein am Erscheinungsdatum der diversen Informationen zu orientieren, genügt meist kaum und bringt einen teils sogar noch weiter in die Bredouille:

- Was wurde von wem abgeschrieben?
- Was wurde einfach eigenmächtig umgeändert?
- Oder hat da vielleicht jemand sogar falsch abgeschrieben?

An folgende drei Hauptkomponenten haben wir bei unserer Autorenarbeit vor allem gedacht:

- an die Mixgetränke und die Qualität ihrer Zutaten.
- an das fachkundige und professionelle Barpersonal, das mit diesem Buch an Wissen gewinnen wird.
- an den Gast der sich – so wie er es auch in Sachen Weinkultur tat – auf dem Cocktailsektor weiterbildet und mit seinem Wissen uns Barkeeper künftig immer mehr fordern wird.

„Bar" hat niemand erfunden, „Bar" ist entstanden/passiert. Eine Vielzahl von Drinks bzw. Mixgetränkegruppen wurde im Lauf der Jahre geschaffen, manche sind mittlerweile komplett von der Bildfläche verschwunden, andere veränderten sich sukzessive aufgrund der Trinkgewohnheiten. Einige sind so geblieben, wie sie vor fast 200 Jahren kreiert wurden. Nur wenige Drinks sind Einzelpersonen zuzuordnen, wobei Originalrezepte kaum existieren.

Glücklicherweise half mir bei meiner Arbeit zu diesem Lexikon meine über 25-jährige Erfahrung im Barbusiness. Auch mein angeeignetes Wissen durch das Lesen diverser Barliteratur, den Austausch mit Kollegen aus dem In- und Ausland bzw. meine zahlreichen Reisen in die verschiedensten Länder, um die jeweilige Barkultur zu studieren, konnte ich dabei einsetzen und all das erwies sich als äußerst hilfreich. Meinen Autorenkollegen ist es ebenso ergangen wie mir.

Aber auch die Bearbeitung nicht so recherchelastiger Themen bedurfte eines großen Aufwandes. Ob Kapitel in der Barkunde (Betriebslehre) oder in der Warenkunde, kein einziges Thema war auf relativ rasche Art abzuarbeiten. Die laufenden Veränderungen in der Branche haben da natürlich das Ihre dazu beigetragen.

Dass ein so komplexes Werk wie das „Barlexikon" mit all seinen Themen und Inhalten eine ganze Gruppe von Autoren benötigt, ist nur allzu verständlich, auch wenn es sich „nur" um eine überarbeitete Auflage handelt. Manchmal geht gerade durch die Teamarbeit diese zeitaufwendige Tätigkeit etwas leichter von der Hand. Der Austausch der involvierten Autoren bei den verschiedenen Treffen bzw. das praktische Arbeiten im Team beim Fotoshooting für das Bildmaterial brachten eine willkommene Abwechslung in das teils triste Autorendasein.

Barkeeper kann man ausschließlich hinter der Bar werden. Voraussetzungen dafür sind natürlich ein fachlich und sozial kompetenter Lehrmeister und eine entsprechend ausgestattete Bar-Arbeitsstätte. Sachkundige Fachliteratur ist eine gute Basis bzw. ein hilfreiches Mittel für die selbstständige Weiterentwicklung in diesem Job.

Wir wünschen uns, dass dieses Buch als Lehrwerk in den verschiedenen Tourismusschulen dient, um jungen, ambitionierten Schülerinnen und Schülern das Handwerk der Barkunst kompetent zu vermitteln. Wir verstehen unser Buch nicht als Cocktailbuch, nicht als Getränkebuch und nicht als Warenkundebuch. Es ist unser Barlexikon, ein Barbuch „all in one" (!) – und das für jedermann.

Stefan Stevancsecz für das Autorenteam

Derrick Lee, Präsident der IBA, Singapur

I am happy to pen this forward for the 4th edition of „Handlexikon der Getränke", called Barlexikon. This German version of the Bar handbook is very concise and covers many aspects from cocktails, bar stocks, product knowledge, garnishes to the art of mixing. It is indeed a book worth using behind the bar.

Over the years many products were made more palatable, and with many premium products produced. This calls for adjustment to some traditional recipes. Thus, the creation of various types of martinis with different flavours, and also variation of some traditional cocktails made with modern context. Therefore, updating of lexicon is necessary.

I wish all readers happy mixing. Enjoy the good taste.

Alexander Radlowskyj, Präsident der Österreichischen Barkeeper Union

Ca. 7000 v. Chr. wurde bereits an Euphrat und Tigris Bier von hoch angesehenen Bierbrauern produziert (welche später dank ihrer gesellschaftlichen Stellung sogar vom Wehrdienst befreit wurden).
Die Weinrebe soll vor ähnlich langer Zeit bereits in Kaukasien gehegt und gepflegt worden sein. Reliefs und Wandgemälde in ägyptischen Grabkammern aus der Zeit um 1500 v. Chr. bezeugen eine hohe Weinkultur. Die Destillation von Alkohol aus Reisbier oder vergorenem Palmsaft hat in Süd- und Südostasien eine lange Tradition und ist in China sowie dem gesamten asiatischen Raum bereits seit vielen tausend Jahren bekannt.

Dieses Wissen fand über die Jahrhunderte – durch das arabische Handelswesen und die blühende maurische Hochkultur in Andalusien – seinen Weg in den abendländischen Raum und schenkte uns dank der Destillation von Wein die Ursprünge des heutigen Sherrys und in der Folge eine Fülle verschiedenster wunderbarer Spirituosen und Produkte, die unser Leben in der heutigen Zeit bereichern.

Aus der Hochblüte der Barkultur der großen Metropolen in den Anfängen des vorigen Jahrhunderts entwickelte sich die Kunst des Mischens verschiedenster alkoholischer und nicht alkoholischer Getränke bis zur weltweiten Cocktailszene der heutigen Zeit.

In einer Unmenge gut geführter Pubs, Bars, Lounges und Clubs auf der ganzen Welt schenken uns immer wieder hoch motivierte Barkeeper/-damen wunderbare Stunden und Erlebnisse, nicht zuletzt dank ihrer Kreativität und des umfangreichen Know-hows in Bezug auf die ständig wachsende, enorme Fülle der verfügbaren Produkte.

Die hoch geschätzten Herren Siegel, Lenger, Roman und Radl haben 1985 nach mehr als fünfjähriger akribischer Arbeit einen Meilenstein in der österreichischen Fachliteratur über Getränke gesetzt und mit dem umfangreichen „Handlexikon der Getränke" einer Unzahl von Schülern, Fachleuten und auch interessierten „Bar-Flys" immer wieder die Gelegenheit zum Lernen, Nachschlagen und Diskutieren geboten.

In den letzten 20 Jahren hat es wiederum eine enorme Entwicklung und ein explodierendes Interesse an der Kultur der Bar und der verfügbaren Produkte gegeben, sodass diesem Umstand auf hervorragende Weise mit dem vorliegenden, überarbeiteten Barlexikon Rechnung getragen wird. Ich bin überzeugt, dass dieses Werk – wie bereits das vorhergehende – die Bücherborde und Bars vieler Top-Gastronomie- und Barfachleute zieren und einer der freundlichsten Begleiter durchs Berufsleben sein wird.

Bernhard Stöhr, Präsident der Deutschen Barkeeper-Union e. V.

Überall auf der Welt, wenn sich Menschen treffen, wird erzählt, gelacht, gegessen und getrunken. Es wird einander zugeprostet, ob mit einfachen Getränken oder auch aufwendigeren Drinks. Man sieht mit Freude, wie das Mixen an der Bar Spaß bereitet und fantasievolle, bunte Cocktails hervorbringt. Gerade heutzutage ist die bunte Vielfalt der Cocktails und Longdrinks ein Augenschmaus und auch ein Gaumengenuss. Die Vielzahl der Mixgetränkegruppen erschwert es jedem, die Übersicht zu behalten. In jeder Zeitschrift und in vielen Fernsehsendungen werden immer wieder Drinks vorgestellt und probiert. Deshalb ist es wichtig, dass es Fachbücher gibt, die immer wieder aktualisiert und ergänzt werden oder sogar neu erscheinen. Dies ist mit dem Barlexikon bisher in mehreren Ausgaben hervorragend gelungen.

Mit dem Autorenteam um Stefan Stevancsecz und Heinz Lenger sind absolute Top-Fachleute an diesem Werk beteiligt und gewähren hiermit höchstes Fachwissen und Professionalität. Dieses Fachbuch ist ein unentbehrliches Nachschlagewerk für jeden Barprofi und eine wichtige Hilfe für Hobbymixer. Es zeigt nicht nur die geschichtliche Entwicklung an bzw. in der Bar, es verbindet zudem die Theorie mit dem praktischen Mixen. Ich gratuliere zu dieser Ausgabe!

Thomas Hänni, Präsident der Swiss Barkeeper Union SBU

In allen Branchen werden Mitarbeitende gesucht, die innovativ und kreativ sind. Denn jeder möchte ein Produkt auf den Markt bringen, das neue Maßstäbe oder Trends setzt. Doch ohne fundiertes Fachwissen ist es schwierig, einen Trend zu setzen oder – in unserer Branche – den ultimativen Cocktail zu kreieren. Schließlich fehlt es an Wissen über die Breite und Tiefe der Getränke, welche Flüssigkeiten miteinander harmonieren und wie man sie zum „perfekten" Drink vereint. Wein und zahlreiche Spirituosen wurden in jahrhundertelanger Arbeit erschaffen und werden stetig verbessert. Doch auch die Getränkeindustrie bringt dauernd neue Softgetränke, Liköre, Säfte, Sirupe und Cordials auf den Markt. Um viele Getränke kreisen Geschichten, Legenden und Mythen und jede beansprucht für sich, die wahre zu sein. Der angehende Bartender muss sich in dem Getränkedschungel zuerst einmal zurechtfinden und auch der Versierte verliert bei dieser Vielfalt schnell einmal den Überblick. Die überarbeitete Auflage des Barlexikons erklärt Schlagworte rund um die Bar kurz und präzise. Sowohl der professionelle Bartender wie auch der Laie kann damit sein Wissen erweitern und vertiefen. Dieses Nachschlagewerk bietet somit für alle Grundwissen, das verbunden mit Innovation und Kreativität vielleicht zum nächsten Bartrend oder Trendcocktail führt.

Ich möchte zu dieser gelungenen Neuauflage ganz herzlich gratulieren.

Unser besonderer Dank gilt ...
- Hans Wiesinger von der Cocktailbar Easy in Linz für die Zurverfügungstellung der Räumlichkeiten und Geräte beim Fotografieren.
- GAD, vor allem Herrn Friedrich Gabel aus Gelsenkirchen und Frau Silke Carstens aus Bremen, für die Durchsicht der Texte und die „Übersetzung vom Österreichischen ins Deutsche".
- Petr Koudelka von der Firma Rechberger für die unermüdliche Hilfe bei der Zusammenstellung der Fotos der Bargeräte und -gläser.
- Tischkultur Utz, Linz
- allen Personen, die uns Fotos zur Verfügung gestellt und damit ihre Zeit für unser Buchprojekt geopfert haben (vgl. Bildverzeichnis).

Hinweise für den Benutzer des Buches
Unserem Buch ist neben dem normalen Inhaltsverzeichnis eine weitere Gliederung zugrunde gelegt, die die Großkapitel hervorhebt und so das Nachschlagen erleichtert. Dies geschieht mithilfe von Balken, die am Buchrand den Beginn der Kapitel anzeigen.

MIXGETRÄNKEGRUPPEN

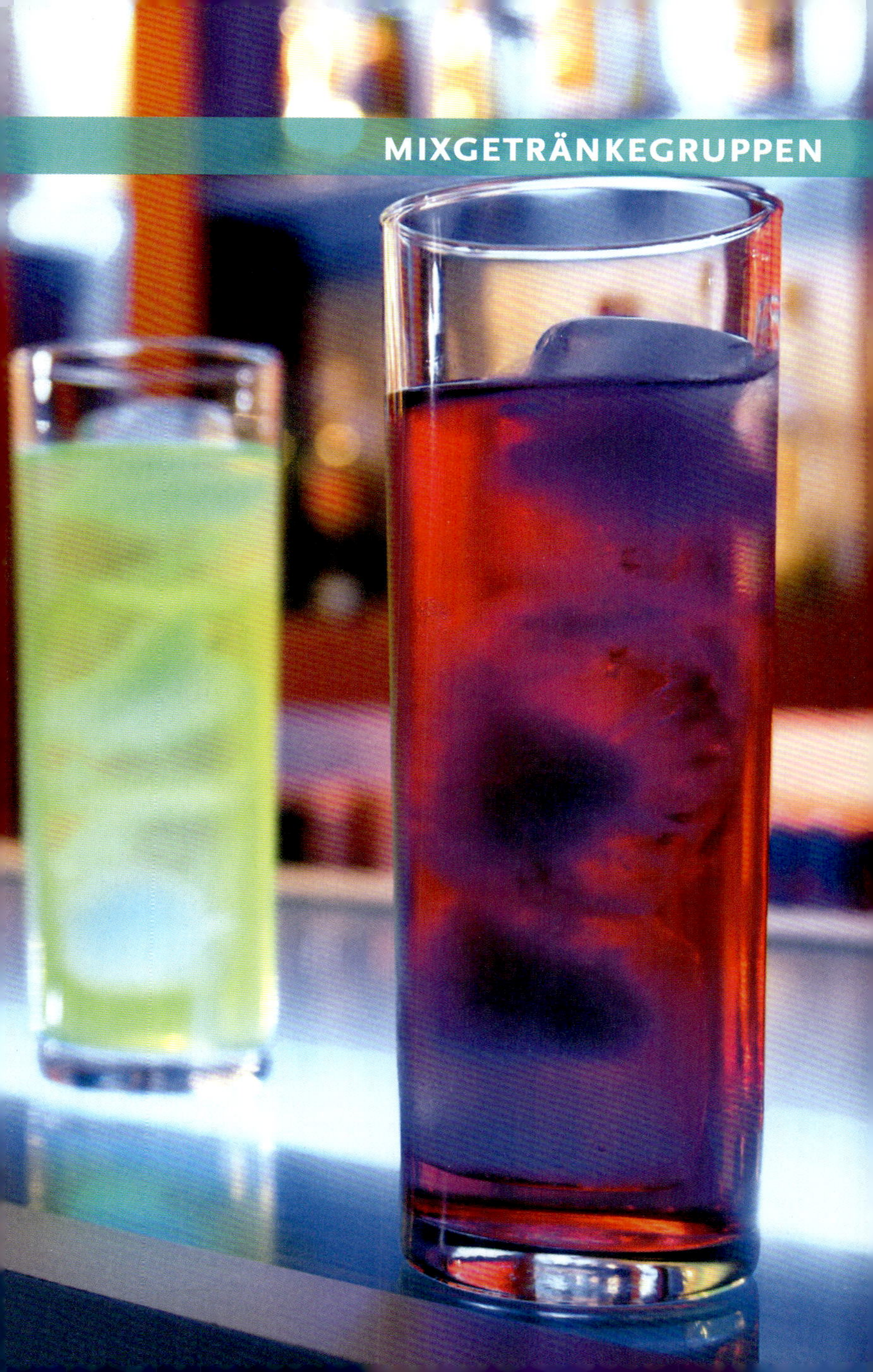

Die in einer Bar angebotenen Mixgetränke werden unter dem Sammelbegriff **„American Drinks"** zusammengefasst, weil ein Großteil von ihnen wie die Bar selbst aus den USA stammt.

Grundsätzlich unterscheidet man bei den Barmixgetränken zwischen **Shortdrinks** (bis ca. 10 cl Inhalt) wie z. B. Pre- und After-Dinner-Cocktails (nach IBA-Regel max. 7 cl) und **Longdrinks** (über ca. 10 cl Inhalt) wie z. B. Fizzes und Collinses.

Wie war es früher?

Im Laufe der Zeit waren bei verschiedenen Drinkrezepturen Veränderungen und Abänderungen festzustellen, was der Auslöser dafür war, dass in Barfachkreisen über kein anderes Thema so viel diskutiert (gestritten) wurde und wird wie über Rezepturen und deren Gruppenzugehörigkeit.

Mehr als 40 Mixgetränkegruppen und Untergruppen sind während der vergangenen Jahrzehnte entstanden. Viele von ihnen findet man mittlerweile kaum/nicht mehr im Drinkangebot der diversen Bars rund um den Globus.

Wie ist es heute?

Nach wie vor bilden sich neue Gruppen bzw. Untergruppen. Erfolgreiche Einzeldrinks lassen durch ihre über Jahrzehnte andauernde Beliebtheit eine Vielzahl von Variationen entstehen, was zur Bildung einer eigenständigen Gruppe führt. Als Paradebeispiel wäre die Piña Colada zu nennen, die die Gruppe der Coladas ins Leben gerufen hat. Oder die Caipirinha, die die Gruppe der Crushers bzw. Crushed Drinks entstehen ließ.

Lassen Sie uns daher festhalten, dass sich viele Drinkrezepturen in Bezug auf Zutaten, Zusammenstellung, Zubereitung etc. sehr ähneln und sich eine klare Grenze bzgl. Zuordnung zu den diversen Gruppen nicht immer ziehen lässt.

Was ist ein Cocktail?

Obwohl diese große Anzahl an Mixgetränkegruppen existiert, wobei die Cocktails eine eigens definierte Gruppe darstellen, gilt im Volksmund „der Cocktail" schon seit Jahrzehnten als Oberbegriff/Synonym für alle Misch- und Mixgetränke.

Würde man diesen Umstand wörtlich nehmen, dürfte man in Cocktailbars nur diese einzige Mixgetränkegruppe mit ihren Drinks den Gästen offerieren bzw. auf Cocktailkarten nur diese eine Gruppe auflisten, was aber sicher nicht im Sinne der Erfinder bzw. der Bargäste ist.

Wie ist unser Rezeptteil aufgebaut?

- In unserem Lexikon ist eine Vielzahl an Mixgetränkegruppen inklusive Untergruppen beschrieben. Die dazugehörigen Rezepturen sind angeführt und im alphabetischen Teil zu finden.
- Unter dem Begriff **„Sonstige Mixgetränkegruppen"** werden zusätzlich einige kaum bekannte oder präsente Gruppen erwähnt. Dieses Lexikon erhebt aber keinen Anspruch, alle jemals ins Leben gerufenen Gruppen aufgelistet zu haben.
- Durch die verschiedenen Möglichkeiten der Zubereitung, die unterschiedlichen Gläser und Garnituren, die Vielzahl an verwendbaren Zutaten und die daraus entstandenen Rezepturen wurden für die diversen Drinkkreationen eigenständige Mixgetränkegruppen geschaffen.

Mixgetränkegruppen

Beer-Mix-Drinks	Juleps & Smashes
Bowlen & Cups	Milk-Mix-Drinks
Cobblers	Non-alcoholic Mix-Drinks
Cocktails	Pick-me-ups
Collinses	Pousse-Cafés
Coolers	Punches
Crustas	Rickeys
Daisys	Sangarees
Egg Noggs	Shooters
Fancy Drinks	Shrubs
Fixes	Slings
Fizzes	Sodas
Flips	Sours
Floats	Tropicanas
Frappés	Twists
Highballs	Zooms
Hot Drinks	

Beer-Mix-Drinks

Schon seit mehr als 9000 Jahren wird Bier getrunken, und so ist es nicht verwunderlich, dass es als eines der ältesten Getränke der Welt auch Einzug in die Mixologie gehalten hat.

Was Sie wissen sollten

- Das Vermischen von Bier mit anderen Getränken ist keine Erfindung unserer Zeit. Diverse „Zwei-Komponenten-Mischungen" (Bier + zweite Ingredienz), wie „Radler", „Ruß" und „Berliner Weiße mit Schuss", sind schon über 100 Jahre alt und haben im Laufe der Zeit einen doch großen Marktanteil erobert.
- Mittlerweile wurde eine Vielzahl an neuen Biermischgetränken kreiert, wobei die Palette von Kreationen mit diversen Spirituosen, Säften und Sirupen über alkoholfreie Variationen bis hin zu Mixes reicht, bei denen man sich sogar an klassischen Cocktailrezepturen orientiert. Vielleicht erscheinen manche dieser Mischungen etwas ungewöhnlich. Doch beim Verkosten kommt man darauf, wie schmackhaft diese erfrischenden Durstlöscher sein können.
- Mixed Drinks mit Bier sind immer erdig, kräftig und gehaltvoll und relativ leicht herzustellen. Bei einer Vielzahl von Biermixgetränken sind nämlich keine speziellen Barutensilien erforderlich, da sie direkt im Glas zubereitet werden.
- Beim Mixen mit Bier sollte darauf geachtet werden, dass sich die Kombination der verschiedenen Biersorten und der anderen Zutaten zu einem harmonischen Ganzen verbindet.

Erfrischende Bierdrinks werden mit Weizenbier aufgegossen, herbe Bierdrinks meist mit Pils (Aperitif-Biermixgetränke). Schlussendlich geht es aber immer nach dem individuellen Geschmack, welches Bier man für welchen Bier-Mix-Drink verwendet.

Zubereitung

Bier mit kohlensäurehaltigem Getränk

Im Gegensatz zu herkömmlichen Mixed Drinks, bei denen zwei kohlensäurehaltige Zutaten nie/ kaum vermengt werden, ist dies bei Bier-Mix-Drinks üblich (Bier mit Limonaden oder Sekt). Beim Einschenken ist darauf zu achten, dass sich die beiden Ingredienzen gleichmäßig vermengen. Das gleichzeitige Einschenken von Bier und dem kohlensäurehaltigen Getränk ins Glas wäre von Vorteil.

Bier mit Fruchtsaft

Bier und Fruchtsaft (meist halb-halb) ins Glas gießen und mit dem Barlöffel leicht verrühren.

Bier mit Sirup

Dabei beträgt der Sirupanteil meist ein Zehntel der Biermenge. Bierdrinks sollten nicht zu viel Süße aufweisen. Wird das Getränk in einer Bierschale serviert, erspart man sich bei der Zubereitung das Umrühren mit einem Barlöffel oder Mixbesen, da sich die Ingredienzen, wenn man das Bier auf den Sirup gießt, selbst vermischen.

Bier mit Spirituose

Hierbei gibt es zwei Möglichkeiten der Präsentation: Entweder wird das Getränk bereits als fertige Mischung angeboten oder das Bier und die Spirituose werden in eigenen, getrennten Gläsern serviert. In diesem Fall spricht man von Club-Service. Es handelt sich dabei um traditionelle Kombinationen wie z. B. die in Norddeutschland bekannte „Ein Bier, ein Korn"-Variante.

Der Radler und seine vielen Namen

Die in Österreich und Süddeutschland als Radler bekannte Mischung aus Bier und Limonade heißt in Norddeutschland **Alsterwasser** oder kurz **Alster**. In den deutschen Gegenden an der französischen Grenze wird sie als **Panasch** bzw. **Panaschee** bezeichnet. Auch die in Frankreich und der Schweiz verbreitete Schreibweise Panaché ist dort zu finden (z. B. im Saarland). Die Engländer wiederum kennen den Radler als **Shandy.** Die original verwendete Zitronenlimonade ersetzen sie auch durch Limettenlimonade. Will man das Bier mit Ginger Ale vermischt, bestellt man einen **Sandy Gaff.**

So soll der Name Radler entstanden sein: Auf einer von Radfahrern gut besuchten Alm in einer kleinen Ortschaft südlich von München ging dem Wirt das Bier aus. Kurzerhand „streckte" er den Gerstensaft mit Limonade, um seine Kundschaft zufriedenzustellen.

Wenn's nicht stimmt, ist's gut erfunden ...

Rezeptauswahl

- ▶ Autumn Leaf
- ▶ Beer Buster
- ▶ Berliner Weiße mit Schuss
- ▶ Black Velvet
- ▶ Churchill
- ▶ Maulesel
- ▶ Radler

Bowlen & Cups

*Namensgeber für die **Bowle** ist die englische Bezeichnung für Schüssel = „bowl".
Auch wenn die Bowlen keine ausgesprochenen Bargetränke sind, ist es sicher eines
der bekanntesten und beliebtesten Mischgetränke weltweit. Früchte, Wein, Zucker
und Schaumwein bilden die grundsätzliche Basis für die speziell im Sommer beliebten Bowlen, welche in den Kräuter- und Gewürzweinen des späten Mittelalters
ihre Vorläufer finden.*

*Die **Cups** sind wie die Bowlen Sommerdrinks auf der Basis von Wein, und werden
ebenfalls in größeren Mengen zubereitet.*

Bowlen

Bei den Bowlen unterscheidet man durstlöschende Bowlen, welche rasch zubereitet und sofort
serviert werden können, und angesetzte Bowlen, wobei die Zubereitung einige Zeit dauert da
die Früchte marinieren müssen.

Was Sie wissen sollten

- Bei Bowlen ist strikt darauf zu achten, dass nur gesunde und reife Früchte verwendet werden, und die Weine gut gekühlt sind.
- Das Bowlegefäß muß immer von außen gekühlt werden, das heißt, in die Bowle selbst darf
  man keine Eiswürfel geben, da sie schmelzen und das Getränk wässern.
- Das Bowlegefäß muß zugedeckt werden, daß die Bowle beim Kühlen im Kühlschrank keine
  fremden Gerüche annimmt.

- Zum Auffüllen werden kohlensäurehältige Getränke verwendet, die erst kurz vor dem Servieren dazugegeben werden. Danach darf man nicht mehr zu stark umrühren, da sonst die Kohlensäure entweicht. Anstelle von Sekt kann mit jeglichem anderen Schaumwein, oder auch mit alkoholfreiem Sekt, Limonaden sowie mit Mineral- bzw. Sodawasser aufgefüllt werden.
- Zum Kühlen stellt man das Bowlegefäß entweder in den Kühlschrank oder man gibt das Gefäß in eine größere Schüssel mit Eiswürfeln oder auf einen Eissockel (so sollte auch präsentiert/serviert werden).
- Spitzenweine sind nicht notwendig für eine Bowle, jedoch Qualitätsweine der Mittelklasse sollten schon verwendet werden.
- Bei Bowlen ist das Früchtearoma ausschlaggebend, deswegen sollte sie nicht zu alkoholhaltig sein.
- Grundsätzlich sollten Bowlen nicht zu süß sein. Zum eventuellen Nachsüßen Zuckersirup verwenden, um heftiges Umrühren zu vermeiden.
- Hat man zu wenig „angesetzte Bowle" vorbereitet, dann niemals „verlängern". Die Früchte sind bereits ausgelaugt und der frische Gesamtgeschmack ist nicht mehr gegeben.

Oberstes Gebot bei der Herstellung einer Bowle: Je kälter desto besser! In jedem Fall sollte das Getränk 5–7 °C haben.

Rezept

Zutaten	Zubereitung
Früchte	■ Die gewaschenen und zerkleinerten Früchte mit Zucker bzw. Sirup und/oder Likör in ein Bowlegefäß geben und mit dem gekühlten Wein bedecken.
Zucker	
Sirup oder Likör	■ Die Bowle zugedeckt zirka zwei Stunden gekühlt marinieren lassen und anschließend mit dem Auffüllgetränk vollenden.
Wein	

Welches Zubehör benötigt man?

- Bowlen werden im Bowleglas oder einer Sektschale auf einem Unterteller mit Serviette und einem kleinen Löffel (ersatzweise ein Stick/Spieß) serviert.
- Anstelle eines Bowlegefäßes kann auch ein spezieller Krug verwendet werden, der zum Kühlen einen undurchlässigen Einsatz hat in den Eiswürfel gefüllt werden.

Eine Zubereitungsvariante, um zu gewährleisten dass die Bowle immer frisch/prickelnd genossen werden kann, ist folgende:
Den Bowle-Ansatz nicht im Bowlegefäß mit Sekt etc. direkt aufgießen/vollenden, sondern erst beim Zubereiten der jeweiligen Drinkportion etwas vom Bowle-Ansatz in das Bowle-Trinkgefäß geben, und à la minute (frisch zubereitet) mit dem jeweiligen kohlensäurehältigem Getränk auffüllen.

Sangria

Der **Sangria** stammt aus Spanien und kann als eine Art Bowle bezeichnet werden. Der Rotwein als Basis und die weiteren Zutaten, sollen vermischt in einem großen Krug oder Topf im Kühlschrank ein bis drei Stunden marinieren.

Rezeptauswahl

- ▶ Erdbeerbowle
- ▶ Granatapfelbowle
- ▶ Kalte Ente
- ▶ Melonenbowle

- ▶ Paradiesbowle
- ▶ Sangria Marbella
- ▶ Sangria Valencia
- ▶ Traubenbowle

Cups

Cups werden oft lediglich als andere Bezeichnung für Bowlen verwendet und somit auch oft nicht unterschieden. Bowlen und Cups sind sich also sehr ähnlich, da die jeweiligen Rezepturen für beide Mixgetränkegruppen verwendbar sind, jedoch kann man durch diverse alte Rezepturen einige Unterschiede ausmachen.

Was Sie wissen sollten

- ■ Die Cups sind meist sofort trinkfertig und zum Unterschied zu Bowlen werden sie auch oft mit Eis zubereitet/angesetzt/serviert.
- ■ Die Weinsorte bei den Cups ist im Gegensatz zu den Bowlen oft entscheidend und dient dann auch als Namensgeber („Claret Cup", „Cider Cup", „Chablis Cup" etc.)

Der Engländer und Amerikaner verwendet zu seinem Cup mit Vorliebe Borretsch (Gurkenkraut) bzw. frische Gurke und/oder Gurkenschale, welches, nachdem es seine Aromen abgegeben hat, entfernt wird.

Rezeptauswahl

- ▶ Chablis Cup
- ▶ Claret Cup
- ▶ Pimm's No 1 Cup

Cobblers

Die Cobblers entstanden bereits um 1800 und waren speziell vor dem Zweiten Weltkrieg beliebte Erfrischungsgetränke bei Tanzveranstaltungen oder beim Five o'Clock Tea. Die Cobblers haben einem Glas den Namen gegeben: einem Stielglas, das kelchförmig (Cobblerkelch) oder schalenförmig (Cobblerschale) sein kann.

Was Sie wissen sollten

- Der Cobbler besteht vor allem aus frischen Früchten mit Spirituosen und/oder Likör bzw. Wein.
- Die Basisingredienzen Zucker, Wasser und eventuell Sirup wurden im Gästeglas lediglich verrührt und die Früchte beigegeben (die evtl. noch angedrückt werden). Dann wird mit zerstoßenem Eis aufgefüllt, die namensgebende Zutat für den Drink beigefügt und nochmals verrührt.
- Als Abschluss zierten früher immer Beeren der Saison das mit zerstoßenem Eis randvoll gefüllte Glas. Je nach Cobblervariante verwendet man nun geschmacklich harmonierende Fruchtstücke.
- Beliebtheit erlangte die Präsentation der Cobblers durch Aufhäufen eines Eiskegels in der Mitte des Cobblerglases, auf dem das Früchtearrangement platziert wurde, und die spezielle Füllingredienz Sekt oder Champagner. Dies führte zu wahrlich kunstvollen Schaumwein-Cobbler-Kreationen.
- Cobblers wurden ursprünglich auch im Shaker zubereitet, wobei das Glas, das als Shaker-Unterteil verwendet wurde, dann auch als Gästeglas diente. Zu dieser Zeit tauchte auch der Name Cobbler-Shaker als Bararbeitsgerät auf.

Beim Zubereiten eines Cobblers ist das geschmackvolle Anrichten (Garnieren) der Früchte maßgeblich.

Grundrezept (Sekt/Champagner-Cobbler)

Das zerstoßene Eis in der Mitte der Cobblerschale kegelförmig aufhäufen und mit den Obststücken dekorativ ausgarnieren. Einen Dash Angostura-Bitter auf das Eis spritzen und den jeweiligen Likör bzw. einen Sirup ins Glas gießen. Mit Sekt oder Champagner auffüllen und mit kurzem Trinkhalm und einem Löffel servieren. Das Glas auf einen Unterteller mit Serviette stellen.

Rezeptauswahl

- ► Apricot Cobbler
- ► Champagner Cobbler
- ► Cherry Cobbler
- ► Kiwi Cobbler

- ► Orange Cobbler
- ► Pfirsich Cobbler
- ► Sherry Cobbler
- ► Strawberry Cobbler

Cocktails

Das Wort Cocktail wurde im Mai 1806 erstmals schriftlich erwähnt und viele Geschichten ranken sich um den Ursprung dieses Namens, der umgangssprachlich seit Ende der 1920er als Synonym für alle gemixten Getränke gilt. In der Barfachsprache bezeichnet er jedoch nur eine von den über 40 eigenständigen Mixgetränkegruppen.

„(...) Cock-tail, then is a stimulating liquor, composed of spirits of any kind, sugar, water and bitters, it is vulgarly called a bittered sling." So lautete die erste schriftliche Erklärung zu Cocktails.

Heutzutage ist die Definition die Zutaten betreffend weitaus umfangreicher und kann wie folgt lauten:
Der Cocktail ist ein alkoholisches Getränk, das aus Spirituosen, versetzten Weinen, Früchten, Fruchtsäften, Sirupen und Obers/Sahne sowie diversen Aromagebern hergestellt wird. Er zählt mit Ausnahme der Sekt- und Champagnercocktails zur Gruppe der Shortdrinks.

Was Sie wissen sollten

- Die Kategorie Cocktail umfasst folgende drei Klassen: Pre-Dinner-Cocktails (Before-Dinner-Cocktails), After-Dinner-Cocktails, und Sekt- oder Champagnercocktails.
- Cocktails haben nach den Regeln der IBA (International Bartenders Association = Weltberufsverband der Barkeeper) einen Inhalt von 6 bis max. 7 cl und werden im Cocktailglas serviert.
- Die Begriffe Dry Cocktails, Medium Cocktails und Sweet Cocktails sind sehr gebräuchlich und in Barkarten häufig zu finden.

- Dry Cocktails sind jene Pre-Dinner-Cocktails, die sehr trocken und meist auch sehr alkoholhaltig sind.
- Zu den Medium Cocktails zählen die meisten Drinks dieser Gruppe, wobei sich bei der Rezeptur zu der jeweiligen Basisspirituose auch Liköre, Säfte, Sirupe und Früchte/Fruchtmus gesellen.
- Die Sweet Cocktails sind gleichzusetzen mit der Gruppe der After-Dinner-Cocktails.

Pre-Dinner-Cocktails

Die auch als Before-Dinner-Cocktails bezeichnete Gruppe umfasst trockene (dry) Cocktails, deren Hauptbestandteil eine der Basisspirituosen ist. Ferner verwendet man meist Wermut und Bitters für die Drinks dieser Cocktailgruppe. Sie werden vor dem Essen gereicht und sollen daher appetitanregend sein.

Der König der Cocktails

Die Dry Cocktails sind die klassischsten Barmixgetränke, wobei der Martini Cocktail oder Dry Martini als der bekannteste Vertreter gilt. Eine Vielzahl von Personen erhebt Anspruch, den „König der Cocktails" kreiert zu haben und es wurden schon eigens Bücher nur über diesen einen Drink verfasst. Viele Historiker sehen den Ursprung des Martini Cocktails in der Kreation des Manhattaner Barmixers Jerry Thomas: dem Martinez Cocktail.

Martinez Cocktail (Originalrezept)

Zutaten	Zubereitung
1 dash of Boker's bitters	■ Shake up thoroughly, and strain into a large cocktail glass.
2 dashes of Maraschino	■ Put a quarter of a slice of lemon in the glass, and serve.
1 pony of Old Tom gin	■ If the guest prefers it very sweet add two dashes of gum syrup.
1 wine-glass of Vermouth	
2 small lumps of ice	

Wie wird der Martini-Cocktail heute zubereitet?

■ In den folgenden Jahren wurde das Rezept des Martinez Cocktails mehrfach verändert und die ersten Martini-Cocktail-Rezepturen entstanden. Dabei ist zu erwähnen, dass sich auch diese noch deutlich von den heute verbreiteten Rezepten unterschieden.

■ Ende des 19. Jahrhunderts zum Beispiel hatte der Drink noch Zuckersirup oder Likör als Bestandteil, welcher im Laufe der Zeit aber genauso aus den Rezepturen verschwand wie die Bitters.

■ Es wurde in weiterer Folge nur mehr mit französischem, trockenem Wermut gemixt und man veränderte das Verhältnis Gin zu Wermut.

■ Das Mixglas ersetzte den Shaker bei der Zubereitungsart und eine grüne Olive wurde anstatt der Zitronenscheibe als Garnitur verwendet.

■ Heute werden weltweit die verschiedensten Martini-Cocktail-Variationen zubereitet.

Modern Martinis

Die in den letzten Jahren auf den Markt drängenden speziellen **Modern Martinis** haben in Bezug auf Rezeptur, Geschmack etc. kaum mehr etwas mit dem trockenen Uralt-Klassiker zu tun, da diese neue Untergruppe viel Spielraum in der Rezepturenerstellung zulässt. Zutaten wie aromatisierte Basisspirituosen, diverse Liköre, Säfte, Sirupe, Früchte und Kräuter etc. können dabei verwendet werden. Die Rezepturenpalette reicht hierbei von Pre- über Medium- bis zu Sweet-Cocktail-Variationen. Cocktailmengen um die 10 cl sind da bei verschiedenen Kreationen keine Seltenheit.

Various Drinks

Eine früher eigens angeführte Gruppe, die sogenannten **Various Drinks,** lassen sich aufgrund ihrer Zutaten unter die Aperitifdrinks bzw. Pre-Dinner-Drinks reihen.

Unter Various Drinks werden Drinks verstanden, die eigentlich nur aus zwei Zutaten bestehen und deren Drinknamen schon mehr oder weniger die Ingredienzen nennen. Klar erkennbar zum Beispiel beim „Vermouth-Cassis", etwas verschlüsselt beim „Gin and It", wobei für „It" „Italian" steht und auf roten Wermut hinweist. Beim „Gin and French" deutet „French" auf französischen Wermut, der für trockenen Wermut steht.

Rezeptauswahl

- Adam y Eva
- Adonis
- Affinity
- Alaska
- Algonquin
- American Beauty
- Americano
- Angel Face
- Apple-Jack-Cocktail
- Apple Martini
- Aviation
- Bacardi Cocktail
- Bacardi Symphony
- Bamboo
- Between the Sheets
- Bijou Cocktail
- Block and Fall
- Bloodhound Cocktail
- Blue Lady
- Blue Lagoon
- Bobby Burns Cocktail
- Bombay Cocktail
- Brooklyn
- Bronx
- Caruso
- Casino
- Claridge
- Clover Club
- Cosmopolitan
- Cucumbar
- Daiquiri
- Diamond 2000
- Dirty Martini
- Don Carlo
- East India Cocktail
- East Indian
- El Presidente
- Ernest Hemingway Special
- Flamingo
- Frozen Daiquiri
- Frozen Margarita
- Gibson
- Gimlet
- Gin and It
- Gin and French
- Golden Gate
- Jack Rose
- Kamikaze
- La Floridita Daiquiri
- Manhattan
- Manhattan Dry
- Manhattan Perfect
- Margarita
- Martini-Cocktail
- Martini-Perfect-Cocktail
- Martini-Sweet-Cocktail
- Monin'O
- Monkey Gland
- Negroni
- New Yorker
- Old Fashioned
- Old Pal Cocktail
- Olympic
- Opera
- Orange Blossom
- Paradise
- Parisian
- Pegu Club Cocktail
- Perfect Cocktail
- Pink Gin
- Pink Lady
- Premiere
- Princeton
- Rob Roy
- Rose
- Sazerac
- Side Car
- Surprise for Sevilla
- Tequini
- Vesper
- White Lady
- Wodka Gibson
- Wodka Martini
- XYZ
- Za-Za

After-Dinner-Cocktails

Unter dieser Bezeichnung werden alle Cocktails zusammengefasst, die unter Verwendung von Bränden, Likören und Fruchtsäften hergestellt werden, welche die Verdauung anregen sollen. Da fast alle After-Dinner-Cocktails mindestens ein Drittel Likör als Zutat haben und somit meist süßlicher sind, werden sie nach dem Essen gereicht. Obers/Sahne und Sirupe findet man ebenfalls in vielen Rezepten dieser auch als Sweet Cocktails bezeichneten Kategorie.

Zubereitung

- Die Zubereitung der After-Dinner-Cocktails erfolgt zumeist im Shaker und sie werden in der vorgekühlten Cocktailschale (Cocktailcreamer) oder im Cocktailglas serviert.
- Die klassischen Rezepturen bestehen aus einer Spirituose, einem Likör und Obers/Sahne.
- Verbindungen mit zwei Likören bzw. mit etwas Fruchtsaft findet man auch des Öfteren.
- Verschiedene Rezepturen bestehen nur aus einer Spirituose und einem Likör.
- Speziell die neuzeitigeren Rezepturen werden unter Verwendung von Sirupen gemixt bzw. mit Obers-/Sahnehauben oder flüssigem bzw. halb geschlagenem Obers/Sahne vollendet.

Rezeptauswahl

- ▶ Alexander
- ▶ Alexander's Sister
- ▶ Apple Shaker
- ▶ B&B
- ▶ Banshee
- ▶ Black Magic
- ▶ Black Russian
- ▶ Brandy Alexander

- ▶ B 52
- ▶ Casablanca
- ▶ Chocolate Martini
- ▶ Ferrari
- ▶ French Connection
- ▶ Godfather
- ▶ Godmother
- ▶ Golden Cadillac

Rezeptauswahl

- ▶ Golden Dream
- ▶ Golden Final
- ▶ Golden Nail
- ▶ Grasshopper
- ▶ Green Dragon
- ▶ Mary Pickford
- ▶ Nut Martini
- ▶ One flew over the cuckoo's nest
- ▶ Recall

- ▶ Rusty Nail
- ▶ Schwarzer Peter
- ▶ Sombora
- ▶ Summer Queen
- ▶ Velvet Hammer
- ▶ White Russian Classic
- ▶ White Russian Trend
- ▶ White Satin
- ▶ White Wedding

Scaffas

Die Scaffas können als eine Untergruppe der After-Dinner-Cocktails bezeichnet werden. Sie bestehen meist aus einer Spirituose und einem Likör im Verhältnis 2/3 zu 1/3 und zusätzlich auch aus einem oder mehreren Dashs von Bitters. Die Zubereitung erfolgt im Gästeglas.

Manche Scaffarezepturen werden als Schichtgetränke zubereitet und somit auch den Pousse-Cafés (siehe Seite 71) zugeteilt.

Stingers

Eine Basisspirituose nach Wahl und weiße Crème de Menthe bilden die Zutaten der im Shaker zubereiteten Stingers. Der Brandy Stinger ist der bekannteste Vertreter dieser Untergruppe der After-Dinner-Cocktails. Mit Wodka wird der Wodka Stinger in der Literatur auch als White Spider geführt.

Rezeptauswahl

- ▶ Brandy Stinger
- ▶ Rum Stinger
- ▶ Scotch Stinger
- ▶ White Spider

Sekt- oder Champagnercocktails

Diese Teilgruppe der Cocktails wird aufgrund des Gesamtvolumens den Longdrinks zugeordnet. Sie bestehen aus Spirituosen, Likören, Fruchtsäften, Fruchtmus sowie auch Sirupen und werden mit Schaumweinen aufgegossen. Je nach Rezeptur unterscheidet sich die Zubereitungsart.

Der traditionelle Champagnercocktail in seinen verschiedenen Verfeinerungen zählt zu den Evergreens.

Zubereitung
- Der Champagnercocktail wird direkt in einer (Sekt-)Champagnerschale zubereitet.
- Ein Stück Würfelzucker wird mit einem Dash Angostura-Bitter getränkt, mit dem Muddler (Stößel) des Barlöffels zerstoßen und mit gut gekühltem Champagner aufgefüllt.
- Bei den verschiedenen Abwandlungen kommen ca. 2 cl eines Brandys, eines Likörs oder eines versetzten Weines dazu.

Nachstehend sind einige Unterteilungen für Sekt- oder Champagnercocktails angeführt, die sich nach verschieden Basen gliedern. Bei allen Rezepten werden Schaumweine als Füller verwendet.

Basis: Einzelspirituose
- Champagnercocktails mit lediglich einer Einzelspirituose als Zweitingredienz werden teilweise unter dem Namen **Royals** geführt und zählen zu den bekanntesten Vertretern dieser Teilgruppen.
- Der Kir Royal, der bekannteste Vertreter dieser Gruppe, stammt vom Kir Cassis (Weißwein mit Crème de Cassis) ab und präsentiert die edlere, königliche Version.

- Diese Art der Champagnercocktails wird in der Sekttulpe, im Sektkelch oder in der Sektflöte serviert.
- Zuerst gießt man die Spirituose (meist Likör) ins Glas, dann wird mit gut gekühltem, trockenem Champagner oder Sekt aufgefüllt.

Basis: Fruchtsaft

- Der wohl bekannteste und einfachste Sektcocktail der Welt, der Sekt Orange, welcher auch Mimosa oder Buck's Fizz genannt wird, ist in diese Untergruppe zu ordnen.
- Für diese Saft-Schaumwein-Varianten werden zwei Drittel einer Sekttulpe mit gut gekühltem Sekt oder Champagner befüllt und mit einem Drittel Fruchtsaft vollendet.

Basis: Fruchtmus

- Aus diversen pürierten Früchten hergestelltes Fruchtmus wird noch fein abgeschmeckt. Dafür kommen meist Liköre, Sirupe und auch Säfte zum Einsatz.
- Der weltberühmte Bellini ist wahrscheinlich der Urvater dieser Champagnercocktail-Variationen mit pürierten Früchten anstelle von Fruchtsäften. Der Bellini wurde 1948 vom Gründer der Harry's Bar in Venedig, Commendatore Giuseppe Cipriani, kreiert. 1/3 frisch püriertes, fein abgeschmecktes Pfirsichmark aus weißen italienischen Pfirsichen bildet die Fruchtmusbasis, die mit 2/3 gut gekühltem Schaumwein aufgefüllt wird.

Basis: Cocktailgrundmischungen

- Einige zu den Klassikern zählende Sekt- bzw. Champagnercocktails haben als Basis Cocktailgrundmischungen. Brände, Liköre, meist auch mit Säften und/oder Sirupen vermischt, als weitere Zutat(en) bilden dabei die Grundmischungen, welche nach der Zubereitung im jeweiligen Arbeitsgerät mit dem entsprechenden Schaumwein aufgegossen werden.
- Manche **Fancy-Drink-Variationen** werden zwar auch mit Sekt vollendet, dann aber in dazupassenden Fancygläsern meist mit Eis serviert, wodurch man sie nicht in die Gruppe der Sekt- bzw. Champagnercocktails reihen sollte, da auch die Basismischung einen viel höheren Anteil am Gesamtvolumen des Drinks hat wie der Sekt selbst. Die Bezeichnung **Fancy-Sektcocktails** könnte hier greifen.

Basis: Weine und versetzte Weine

- Bei diesen Kombinationen sind Anteile an Weinen bzw. versetzten Weinen enthalten, die mit Sekt oder Champagner aufgefüllt werden.
- Zuerst wird das ätherische Öl einer Zitrusfruchtschale ins Glas gespritzt (Twist), dann der versetzte Wein ins Glas gegossen und abschließend wird mit gut gekühltem Sekt oder Champagner aufgefüllt.

Spumas

- Eine spezielle Sektcocktailvariation bilden die sogenannten Spumas. Als Erfinder gilt der italienische Barkeeper Antonio di Piazza.
- Zutaten für Spumas sind Fruchtsaft oder Fruchtnektar, Likör oder Sirup sowie Obers/Sahne und Eigelb.
- Wegen der Salmonellengefahr beim Gebrauch von rohen Eiern wird ersatzweise Eierlikör empfohlen.

- Die Spumas werden im Shaker gemixt, in ein Ballonglas abgeseiht und mit gut gekühltem Spumante bzw. Sekt oder Champagner aufgefüllt.
- Sie werden mit der jeweils kombinierenden Frucht garniert. Trinkhalme werden in einem Extraglas bereitgehalten.

Nicht weit verbreitet sind Sektdrinks, die mit Speiseeis bzw. halb gefrorenem Eis als Zutat zubereitet werden. Da sie eher Sorbets ähneln, kann man kaum von einem Getränk sprechen.

Rezeptauswahl

- Alfonso
- American Glory
- Apricot Sparkling
- Apricot Spuma
- Bahama Sparkling
- Bellini
- Blue Champagne
- Champagnercocktail 1
- Champagnercocktail 2
- Champagner Glory
- Framboise Royal
- French 75
- Hemingway
- I. B. U.

- Johannisbeer Spuma
- Kir Royal
- Melon Sparkling
- Midsummer Night
- Mimosa (Buck's Fizz bzw. Sekt-Orange)
- Orange Spuma
- Pêche Royal
- Prince of Wales
- Rossini
- Sparkling Amaretto
- Testarossa
- Tiziano
- Türkenblut

Collinses

Collinses sind durststillende Longdrinks und den Fizzes nicht nur in Bezug auf die Zutaten äußerst ähnlich.

Was Sie wissen sollten

■ Die zwei namentlich bekanntesten Vertreter dieser Gruppe sind der Tom Collins bzw. der John Collins.

■ Die ersten abgedruckten Tom-Collins-Rezepturen erschienen um 1870 und wurden ursprünglich mit gesüßtem Gin (Old Tom Gin) zubereitet.

■ Um die Entstehung bzw. Namensgebung eines John Collins existieren einige mehr oder weniger glaubwürdige Geschichten bzw. Anekdoten. Bei einer soll ein gewisser John Collins, Oberkellner im Londoner Hotel Limmer's, Ende des neunzehnten Jahrhunderts den Drink erfunden haben, was aber kaum als Fakt betrachtet werden kann. Dagegen außer Frage steht, dass ein John-Collins-Drink nach jenem Gin verlangte, welcher nach dem ursprünglichen holländischen Rezept hergestellt wurde, also mit Genever gemixt wurde.

■ Beide Drinks werden aber mittlerweile hauptsächlich mit Dry Gin hergestellt.

Zubereitung

■ Collinses enthalten die gleichen Zutaten wie Fizzes, wobei als Basisalkohol die verschiedensten Brände und Liköre Verwendung finden.

■ Anders als bei den Fizzes, bei denen der Basisalkohol als Namensgeber für den Drink dient (Gin Fizz etc.), haben die Collinsvariationen meist einen Eigennamen, welcher auf das Ursprungsland der jeweiligen Basisspirituose hinweist (siehe Rezepturenauswahl).

■ Die oft kommunizierte Aussage, dass sich Fizzes und Collinses nur durch die Zubereitungsart unterscheiden (Fizzes im Shaker und Collinses im Gästeglas), sind geschichtlich nicht nachzuweisen.

- ▪ Kleine Unterschiede zwischen den beiden Gruppen sind aufgrund alter Rezepturen jedoch auszumachen. Fizzgläser wiesen eine etwas geringere Füllmenge als Collinsgläser auf (Fizzgläser bis 30 cl – Collinsgläser bis 48 cl), und es ist beim Collins der Anteil an Zitronensaft bzw. an Sodawasser oft etwas höher.
- ▪ Abschließend sei noch erwähnt dass bei den Collins-Rezepturen die Zubereitungsart „Im Gästeglas" angeführt ist, was aber eine Zubereitung „Im Shaker" natürlich nicht ausschließt.

Grundrezept

Zutaten	Zubereitung
Spirituose	▪ Das Collinsglas zu drei Vierteln mit Eiswürfeln anfüllen.
Zitronensaft	▪ Spirituose, Zitronensaft und Zuckersirup ins Glas gießen und gut durchrühren.
Zuckersirup	▪ Mit Sodawasser auffüllen und nochmals vorsichtig durchrühren.
Sodawasser	▪ Garniert wird mit Zitrone und ein bis zwei Cocktailkirschen.
Garnitur	

Rezeptauswahl

- ▶ Apple-Jack-Collins (Basis: Apple Jack)
- ▶ Brandy Collins (Basis: Cognac oder Weinbrand)
- ▶ Canadian Collins (Basis: Canadian Whiskey)
- ▶ Colonel Collins (Basis: Bourbon Whiskey)
- ▶ Irish Collins (Basis: Irish Whiskey)
- ▶ Jack Collins (Basis: Calvados oder Apple Brandy)
- ▶ Joe Collins (Basis: Wodka)
- ▶ Juan Collins (Basis: weißer Tequila)
- ▶ John Collins (Basis: Genever)
- ▶ Pedro Collins (Basis: Rum, weiß)
- ▶ Mike Collins (Basis: Irish Whiskey)
- ▶ Rum Collins (Basis: Rum)
- ▶ Pierre Collins (Basis: Cognac oder Weinbrand)
- ▶ Sandy Collins (Basis: Scotch Whisky)
- ▶ Scotch Collins (Basis: Scotch Whisky)
- ▶ Tom Collins (Basis: Gin)
- ▶ Wodka Collins (Basis: Wodka)

Coolers

Die Coolers sind die größten Longdrinks, die vor allem gerne im Sommer getrunken werden.

Sie werden im Collinsglas mit viel Eis zubereitet und als Füller wird neben Sodawasser hauptsächlich Ginger Ale verwendet.

Was Sie wissen sollten

- Coolers ist eine etwas ungenaue Bezeichnung für die trockenen, eiskalten Longdrinks, die ein paar Spritzer Grenadine und Angostura-Bitter enthalten können.
- Die verschiedensten Limonaden, neben dem obligatorischen Sodawasser bzw. Ginger Ale, finden in Coolersrezepturen heutzutage Verwendung und verändern somit etwas die ursprünglich trockenen Durstlöscher.
- Viel Eis im Collinsglas ist nach wie vor Grundbestandteil.
- Als Garnitur findet sich in alten Rezepturen oftmals eine Zitronenspirale, die ins Glas gehängt wird.
- Coolers, die das Wort „Lemon" im Rezeptnamen haben, werden mit Bitter Lemon aufgefüllt.

Grundrezept

Zutaten	Zubereitung
Kristall- oder Staubzucker (Puderzucker) bzw. Zuckersirup	▪ Das Collinsglas zu drei Vierteln mit Crushed Ice füllen. ▪ Drei Barlöffel Kristall- oder Staubzucker (Puderzucker) bzw. 2 cl Zuckersirup auf das Eis geben.
Angostura-Bitter	▪ Einen Dash Angostura-Bitter darauf spritzen. ▪ 3 cl Zitronensaft und 4 cl einer Spirituose daraufgießen.
Zitronensaft	▪ Mit Sodawasser oder Ginge Aale auffüllen und vorsichtig durchrühren.
Spirituose	▪ Mit einer Zitronenspirale im Glas vollenden.
Sodawasser oder Ginger Ale	
Garnitur	

Rezeptauswahl

- ► Apple-Jack-Cooler
- ► Apricot Lemon Cooler
- ► Bourbon Cooler
- ► Canadian Cooler

- ► Remsen Cooler
- ► Rum Cooler
- ► Scotch Cooler
- ► Tequila Cooler

Crustas

Die Crustas sind eine klassische Drinkkategorie, die vornehmlich nach dem Abendessen gereicht wurde. Die Besonderheiten dieser Drinks sind das ballonförmige Crustaglas und der Zuckerrand (Zuckerkruste), von dem der Name „Crusta" abgeleitet ist.

Was Sie wissen sollten

- Neben dem Zuckerrand dient eine Zitronenspirale als weiterer Garniturbestandteil. Dafür wird die Schale einer unbehandelten Zitrone in eine breite Spiralform geschnitten, welche dann in den oberen Teil des Glases gesteckt wird, wobei sie noch etwas über den Glasrand hinaussteht.
- Als Crustaglas wurden früher simple Weingläser verwendet.
- Für die Herstellung des für Crustas unerlässlichen Zuckerrandes, welcher wie Raureif am Glasrand glitzert, kann man sich mit einem sogenannten Crustabehälter (siehe Seite 275) behelfen. Dieser ist dreiteilig, wobei ein Teil für die Flüssigkeit, ein Teil für den Zucker und ein Teil für Salz vorgesehen ist.

Grundrezept

Zutaten	Zubereitung
Zuckerrand	■ Das Crustaglas mit einem Zuckerrand versehen (Herstellung siehe Seite 380) und mit einer breiten Zitronenspirale ausle-gen.
Zitronenspirale	
Basisspirtuose	■ Als Zutaten finden folgende Ingredienzen in einem Crusta Verwendung: Basisspirituose, Maraschino oder Curaçao, Zitronensaft, Dashs von Bitters, Zucker oder Sirup.
Maraschino oder Curaçao	
Zitronensaft	■ Die Zubereitung erfolgt großteils im Shaker. Es gibt aber auch Rezepturen, die im Gästeglas zubereitet werden.
Bitters	
Zucker oder Sirup	

Rezeptauswahl

▶ Brandy Crusta
▶ Gin Crusta
▶ Wodka-Lime Crusta

Daisys

Die wörtliche Übersetzung von „Daisy" lautet „Tausendschönchen", „Gänseblüm-chen" bzw. „Margerite". Diese Namen deuten schon darauf hin, dass es sich bei Drinks aus dieser Gruppe um etwas Leichtes handeln muss. Daisys sind alkoholär-mere Longdrinks mit Fruchtstücken und gelten als typische Damengetränke.

Was Sie wissen sollten

- Wie bei anderen Mixgetränkegruppen auch, sind bei den Daisys im Laufe der Zeit Abände-rungen in Bezug auf Zubereitung und Zutaten zu erkennen.
- Wurden anfangs die Drinks noch in Trinkgefäßen aus Metall oder Stein gereicht, fanden später Limonadengläser bzw. schlussendlich Sektschalen Verwendung.
- Limonadenlöffel für die Früchte im Drink und Trinkhalm waren obligatorisch.
- Grenadine- oder Himbeersirup wie auch Zitronensaft gehörten genauso als Grundingredi-enzen zu Daisyrezepturen wie das Sodawasser.
- Rezepturen mit Sekt anstelle des Sodawassers könnten die Daisys zu **Fancy-Sektcocktails** machen, was aber nichts in Bezug darauf verändert, dass Daisys nach wie vor als typische Damengetränke gewertet werden.

Rezeptauswahl

- ▶ Gin Daisy
- ▶ Rum Daisy
- ▶ New York Daisy

Egg Noggs

Bereits 1775 wird der Egg Nogg in alten amerikanischen Schriftstücken erwähnt und zählt somit zu den ältesten der Mixgetränkegruppen. Egg Noggs sind Longdrinks und werden warm oder kalt genossen. Da sie sehr nahrhaft sind, werden sie auch gerne am Morgen als Stärkung oder zum Brunch bzw. zum Katerfrühstück getrunken.

Was Sie wissen sollten

- In den Rezepturen wurden hauptsächlich Rum und/oder Brandy als Basisspirituose verwendet. Jedoch auch andere Spirituosen bzw. versetzte Weine fanden/finden sich als Zusatzingredienzer zu Ei, Milch und Zucker.
- Die Egg Noggs werden grundsätzlich mit frischen Eiern bzw. frischem Eigelb zubereitet, was aber aufgrund der Salmonellengefahr vielfach untersagt ist. Anstelle von Ei bzw. Eigelb sollte man auf Eierlikör zurückgreifen (4 cl) und eventuell den jeweiligen Spirituosen- bzw. Zuckeranteil anpassen. Auch pasteurisierte Eier können verwendet werden.
- Teilweise wird die Milch auch mit etwas Obers/Sahne verfeinert bzw. bei Großportionen wird das Eiweiß auch oft extra aufgeschlagen und zum Schluss untergehoben.
- Egg Noggs immer ohne Eis im Glas servieren!
- Als Garnitur ist frisch geriebene Muskatnuss üblich.
- Da man Egg Noggs sowohl kalt als auch warm zubereiten kann, gelten sie als ein ebenso bekömmliches Sommer- wie auch Wintergetränk.

Grundrezept von kalten Egg Noggs

Zutaten	Zubereitung
(Pasteurisiertes) Ei bzw. Eierlikör	■ (Pasteurisiertes) Ei/Eigelb bzw. Eierlikör, Zucker (Kristallzucker, Staubzucker/Puderzucker oder Zuckersirup), Spirituose und Milch im Shaker kräftig schütteln.
Zucker	■ In das Glas abseihen.
Spirituose	■ Mit geriebener Muskatnuss garnieren.
Kalte Milch	

Grundrezept von warmen Egg Noggs

Zutaten	Zubereitung
(Pasteurisiertes) Ei bzw. Eierlikör	■ (Pasteurisiertes) Ei/Eigelb bzw. Eierlikör, Zucker (Kristallzucker, Staubzucker/Puderzucker oder Zuckersirup) in einem Glas kräftig verrühren (vorzugsweise mit einer Gabel).
Zucker	■ Mit kochend heißer Milch auffüllen.
Heiße Milch	■ Spirituose beigeben und nochmals durchrühren.
Spirituose	

Welches Zubehör benötigt man?

■ Warme Egg Noggs serviert man in einem Grog- oder Punschglas. Früher wurden sie in Keramikbechern gereicht.

■ Für kalte Egg Noggs kann man einen Tumbler verwenden.

■ Die Gläser eventuell auf einem Unterteller mit Serviette servieren und einen Kaffeelöffel beigeben.

■ Bei größeren Mengen empfiehlt es sich, einen Kessel zu verwenden, wobei die Eiermasse mit einem Schneebesen dann auch über Wasserdampf aufgeschlagen werden kann.

■ Es besteht auch die Möglichkeit, sämtliche Zutaten bis auf die Milch zu shaken, anschließend zu erhitzen und dann mit heißer Milch aufzufüllen.

Rezeptauswahl

▶ Apple-Jack-Egg-Nogg
▶ Baltimore Egg Nogg
▶ Bourbon Egg Noggy
▶ Brandy Egg Nogg
▶ Egg Nogg alkoholfrei

Fancy Drinks

Die Fancy Drinks bilden eine eigenständige Mixgetränkegruppe, in der sich Drinks finden, welche sich aufgrund ihrer Rezepturen und/oder ihrer Zubereitung nicht in andere Gruppen einordnen lassen. Fancy bedeutet Fantasie und daher sind für die Drinks dieser Kategorie weder Grundrezepturen vorgegeben, noch hat man sich an Garniturenvorgaben zu halten bzw. ist man an einheitliche Gläser gebunden.

Was Sie wissen sollten

- Viele klassische Fancykreationen sind weltbekannt und gehören zum Basisrepertoire eines jeden versierten Barmanns. Viel Kreativität und Fantasie in Bezug auf Rezeptur und Präsentation ist bei den Fancys gestattet, jedoch hat man sich unbedingt an exakte Arbeitstechniken zu halten.
- Die im Lexikor angeführten Drinks der Tropicanas und deren Untergruppen (siehe Seite 85 ff.) bzw. die Drinks der Gruppe der Pick-me-ups (siehe Seite 69 f.) könnte man grundsätzlich auch zur Abteilung der Fancy Drinks zählen, da sie sich nicht genau abgrenzen oder zuordnen lassen. Aber aufgrund ihrer im Laufe der Zeit erlangten Popularität sind die Tropicanas und Pick-me-ups als eigene Gruppen angeführt.

Rezeptauswahl

- Artemis
- Bali Tropic
  Bay Breeze (▸ Sea Breeze)
- Canchancara
- Cape Codder
- Caribbean Cream
- China Town
- Eldorado
- Finlandia Cup
- Frozen Applebite
- Golden Banana
- Harvey Wallbanger

- Latin Lover
- Long Island Ice Tea
  Madras (▸ Sea Breeze)
- Mojito
- Raffles Singapore Sling
- Sea Breeze
- Sex on the Beach
- Strawberry Night
- Sweet Suction
- Swimmingpool
- Zombie

Was ist eine Caipirinha?

Den meisten fehlt bei der Auflistung der ausgewählten Fancy Drinks wahrscheinlich die mittlerweile allseits bekannte „Caipirinha". Der Name dieses berühmten Mixgetränkes der Brasilianer leitet sich vom Wort „caipira" (der Bauer) ab. Dieses „Getränk der Bauern", welches sowohl den Fancy Drinks als auch den Tropicanas zugeordnet werden kann, weist aufgrund seiner Bekanntheit und Beliebtheit mittlerweile eine Vielzahl an Variationen auf, was uns dazu bewogen hat, eine eigene Gruppe/Untergruppe zu schaffen, nämlich die Crushed Drinks oder Crushers.

Crushed Drinks bzw. Crushers

- Die klassische Caipirinha, mit der Nationalspirituose Brasiliens, Cachaça (Zuckerrohrschnaps), zerdrückten Limettenstücken, Rohrzucker und Eis als Ingredienzen, fand durch den Austausch der Spirituose schnell nahe Verwandte.
- Die Geschichte der Crushed Drinks erfuhr dann ihre Fortsetzung darin, dass auch die anderen Zutaten teilweise ersetzt wurden und schlussendlich nur mehr die Zubereitung, nämlich das „Crushen", also das Zerdrücken der festen Drinkzutaten, als Fixbestandteil an die ursprüngliche Caipirinha erinnert.
- Mittlerweile wird fast alles zerdrückt, was sich im Obst-, aber auch Kräuter- oder Gemüseladen finden lässt.
- Als alkoholische Basis der Drinks finden diverse Brände und Liköre Verwendung.
- Zum Aromatisieren wird auf Sirupe, Säfte oder auch sonstige Aromata zurückgegriffen.
- Bei verschiedenen Crushersrezepturen werden Füllgetränke verwendet, wobei auch auf kohlensäurehaltige Füller zurückgegriffen wird.
- Alkoholfreie Crushed Drinks komplettieren die Sortenvielfalt dieser neu entstandenen Gruppe.

Rezeptauswahl

- ► Ananas Caipirinha
- ► Ananas Fancy Mojito
- ► Banana Caipirinha
- ► Banana Fancy Mojito
- ► Bombay Crush
- ► Caipi d'Oro
- ► Caipirinha
- ► Caipirissima
- ► Caipiroska
- ► Citrus Crush
- ► Cocorinha
- ► Flor de Cuba
- ► Ipanema (alkoholfrei)
- ► Kaki oder Sharon Caipirinha
- ► Kaki oder Sharon Fancy Mojito
- ► Lemongrass

- ► Mango Caipirinha
- ► Mango Fancy Mojito
- ► Manzana Mojito
- ► Marillen (Aprikosen) Caipirinha
- ► Marillen (Aprikosen) Fancy Mojito
- ► Melon Caipirinha
- ► Melon Fancy Mojito
- ► Papaya Caipirinha
- ► Papaya Fancy Mojito
- ► Pfirsich Caipirinha
- ► Pfirsich Fancy Mojito
- ► Raspberry (Himbeer) Caipirinha
- ► Raspberry (Himbeer) Fancy Mojito
- ► Strawberry (Erdbeer) Caipirinha
- ► Strawberry (Erdbeer) Fancy Mojito
- ► Virgin Caipirinha

Fixes

Die Fixes sind punschähnliche Getränke und kamen um das Jahr 1710 auf. Die Zubereitung erfolgt mit Crushed Ice direkt im Gästeglas, und zwar im Tumbler.

Was Sie wissen sollten

- Die Fixes gehören zu den Uralt-Klassikern der Mixgetränke, sind aber weitgehend bis ganz von den Barkarten verschwunden.
- Sie wiesen einen hohen Alkoholgehalt auf und waren mehr für die Männerwelt bestimmt.
- Sie werden ähnlich wie die Cobblers zubereitet.

Zutaten	Zubereitung
Zucker, Wasser	■ Zucker wird mit etwas Wasser im Glas aufgelöst.
Zitronensaft	■ Dann werden Zitronensaft (wahlweise auch Limettensaft), Dashs von Likör und/oder Fruchtsirup und die Spirituose beigegeben.
Likör oder Fruchtsirup	
Spirituose	■ Anschließend wird das Glas mit Crushed Ice aufgefüllt und alles ordentlich verrührt.
Crushed Ice	■ Als Garnitur werden Zitronenscheiben oder passende Fruchtstücke verwendet.
Garnitur	■ Mit einem Trinkhalm servieren.

Rezeptauswahl

- ▶ Apple-Jack-Fix
- ▶ Bourbon Fix
- ▶ Brandy Fix

- ▶ Rum Fix
- ▶ Scotch Fix

Fizzes

Fizzes sind Longdrinks, stammen von den Sours ab und zählen zu den bekanntesten Bargetränken.

Was Sie wissen sollten

- Fizz leitet sich vom englischen Wort „fizzy" ab, was so viel wie sprudelnd, brausend heißt.
- Der Name Fizz rührt auch von dem zischenden Ton her, der durch das Sodawasser beim Aufspritzen der Drinks erzeugt wird.
- Speziell der Gin Fizz war in Europa jahrzehntelang der Renner als Erfrischungsgetränk bei Bällen und Tanztees, er findet aber auch heute noch seinen Platz in nahezu jeder Barkarte.
- Fizzes werden im Shaker zubereitet.
- Sie bestehen in der Regel aus einer Spirituose, Zitronensaft, Zucker und Sodawasser.

Die Geschichte erzählt, dass jene zwei französischen Barmixer, die den Gin Fizz erfunden haben sollen, sich mit ihm in Amerikas goldener Barzeit ein Vermögen zusammengeschüttelt haben. Ihr Erfolg war zweifellos die Sorgfalt, mit der sie das erfrischende Getränk zubereiteten. Speziell ein Fizz muss nämlich sehr gut geschüttelt werden, um den Drink ordentlich zu kühlen. Er muss eiskalt sein und schäumen, wenn er serviert wird. Die beiden Barkeeper schüttelten angeblich ihre Fizzes so lange, bis sich eine feine Eisschicht am Shaker bildete.

Grundrezept

Zutaten	Zubereitung
4 cl Gin	■ Die Zutaten bis auf das Sodawasser im Shaker mit Eiswürfeln ordentlich schütteln.
2 cl Zitronensaft	■ Anschließend die Fizzbasis in ein Highballglas seihen.
1 cl Zuckersirup (oder 2 Barlöffel Staubzucker/Puderzucker)	■ Mit Sodawasser aufspritzen. ■ Wenn gewünscht mit einer Zitronenscheibe garnieren.
Sodawasser	
Garnitur	

Einen besonders guten optischen Eindruck bietet der Silver Fizz. Dieser wird mit Eiweiß zubereitet, das eine leichte Schaumkrone erzeugt. Wegen der Salmonellengefahr bei Eiern sind vor allem der Silver Fizz, der Golden Fizz (mit Eigelb) und der Royal Fizz (mit ganzem Ei) in den Hintergrund gedrängt worden. Ersatzweise verwendet man statt Eigelb Eierlikör oder pasteurisiertes Eigelb und statt Eiweiß pasteurisiertes Eiweiß oder das Fertigprodukt Frothee.

Rezeptauswahl

- ► Apricot Fizz
- ► Blue Tequila Fizz
- ► Brandy Fizz
- ► Gin Fizz
- ► Cuban Fizz
- ► Golden Fizz
- ► Morning Glory Fizz
- ► Pink Gin Fizz
- ► Ramos Gin Fizz
- ► Royal Fizz
- ► Rum Fizz
- ► Silver Fizz

Flips

Die Flips sind eine den Egg Noggs sehr ähnliche Mixgetränkegruppe. Bereits um 1700 wurden diese bekömmlichen, gehaltvollen Mixturen zubereitet. Zu ihrer Anfangszeit wurden Flips in großen Karaffen serviert und bestanden zunächst aus Eiern, Obers/Sahne, Zucker und Sherry; manchmal auch Bier und Rum. Flips kann man sowohl warm als auch kalt servieren.

Was Sie wissen sollten

- Flips werden mittlerweile nur noch mit Eigelb (anstatt mit ganzen Eiern) zubereitet.
- Verschiedenste Spirituosen, versetzte Weine wie Portwein, Sherry etc., aber auch Liköre sind neben Zucker die weiteren Zutaten bei den Flips.
- Das Obers/Sahne, das im Laufe der Zeit aus den Rezepturen verschwand, hält mittlerweile wieder Einzug, da man damit eine bessere Konsistenz und einen harmonischeren Geschmack erzielt.
- Flips werden im Shaker zubereitet und im Flipglas oder in der Sekttulpe serviert.

Aufgrund der Salmonellengefahr kann wie bei den Egg Noggs das Eigelb durch Eierlikör (4 cl) bzw. pasteurisiertes Eigelb ersetzt werden. Die warme Flipvariante wurde „Egg-hot" genannt und war der Vorläufer der Gruppe der Egg Noggs.

Grundrezept

Zutaten	Zubereitung
(Pasteurisiertes) Eigelb bzw. Eierlikör Zucker Evtl. Obers/Sahne Alkoholika Garnitur	■ Das (pasteurisierte) Eigelb bzw. den Eierlikör mit dem Zucker, evtl. Obers/Sahne und den alkoholischen Zutaten kurz und kräftig schütteln. ■ Anschließend in das Glas abseihen. ■ Garniert werden die Flips original mit einer Prise Muskatnuss. ■ Aber auch Kaffee- oder Kakaopulver bzw. geriebene Schokolade können verwendet werden.

Rezeptauswahl

- ► Boston Flip
- ► Brandy Flip
- ► Brazil Flip
- ► Butterfly Flip
- ► Cherry Brandy Flip

- ► Porto Flip
- ► Rum Flip
- ► Sherry Flip
- ► World Cup Flip

Floats

„Floaten" bedeutet etwas (obenauf) schwimmen lassen. Die Charakteristik dieser Mixgetränkegruppe ist somit, dass der alkoholische Aroma- und Geschmacksträger abschließend auf den Drink gegossen wird und auf der Oberfläche schwimmt.

Was Sie wissen sollten

- Sodawasser, aber auch kohlensäurehaltige Limonaden oder Schaumweine bilden zu der jeweiligen Spirituose die zweite Ingredienz bei den Floats.
- Die kohlensäurehaltigen Zutaten müssen dabei immer sehr kalt sein, die verwendete Spirituose zum „floaten" sollte Zimmertemperatur aufweisen. So kommt es leichter zustande, dass sich die beiden Zutaten nicht vermischen.
- Die Floats werden im Gästeglas zubereitet, wobei es eine Sektflöte oder ein Sektkelch, aber auch ein schmales Highballglas sein kann.

Zutaten	Zubereitung
Kohlensäurehaltige Ingredienz Spirituose	- Das Glas bis zwei Fingerbreit unter dem Glasrand mit der kohlensäurehaltigen Zutat anfüllen. Das sind je nach Glasgröße 8 bis 12 cl. - Die Spirituose über den verkehrt gehaltenen, innen am Glasrand anliegenden Barlöffel langsam in das Glas gießen.

Rezeptauswahl

- ► Apple-Jack-Float
- ► Bourbon Float
- ► Brandy Float

- ► Rum Float
- ► Scotch Float
- ► Tequila Float

Frappés

Frappés sind Drinks, bei denen die jeweilige Zutat (meist Likör) in ein mit Shaved Ice gefülltes Glas gegossen wird. Sie sind verdauungsfördernd und wirken im Mund neutralisierend (Geschmack, Geruch). Frappés werden daher gerne nach dem Genuss von Speisen, die mit viel Zwiebel oder Knoblauch zubereitet wurden, bestellt.

Was Sie wissen sollten

- Noch vor ca. 100 Jahren wurden die Frappés mit zerstoßenem Eis im Shaker zubereitet.
- Man schüttelte so lange, bis sich die Außenseite des Shakers mit einem Eisfilm bedeckte.
- Der Drink wurde dann in ein Bar- oder Weinglas geseiht und mit Sodawasser aufgespritzt.
- Bei späteren Rezepturen wurde das Sodawasser dann weggelassen.
- Mittlerweile werden bei Frappés lediglich die jeweiligen Ingredienzen auf Shaved Ice gegossen, also im Gästeglas zubereitet.
- Für Frappés finden meist Einzelliköre Verwendung, früher aber auch versetzte Weine oder Sirupe bzw. Verbindungen dieser Zutaten.
- Als Glas eignet sich ein Sektkelch oder eine Sektschale, serviert wird mit Trinkhalm.
- Garniert wurden Frappés nicht, heutzutage können passende Einzelgarnituren angebracht werden.

Grundrezept

Zutaten	Zubereitung
Crushed Ice oder Shaved Ice	▪ Einen Sektkelch oder eine Sektschale mit Crushed Ice oder Shaved Ice füllen.
Likör	▪ Den Likör daraufgießen und einen Trinkhalm in das Glas geben.
Garnitur, Trinkhalm	▪ Eventuell mit einer zarten Garnitur (Minzblätter, Fruchtstück) dekorieren.

Mit Milch, Spe seeis, Obers/Sahne und weiteren geschmacksgebenden Ingredienzen hergestellte Getränke können auch den Namen Frappé tragen. Diese fallen aber in die Kategorie Milchmixgetränke (siehe Seite 62 ff.).

Rezeptauswahl

▶ Apricot Frappé
▶ Crème de Café Frappé
▶ Crème de Cassis Frappé
▶ Crème de Menthe Frappé

Highballs

Highballs sind Longdrinks und werden im sogenannten Highballglas (großer Tumbler) serviert. Die große Menge an erfrischenden, kohlensäurehaltigen Füllgetränken macht die Highballs zu beliebten Drinks an heißen Tagen.

Der klassische Highball war eine simple Mischung aus Scotch Whisky, Eiswürfeln und Sodawasser.

Was Sie wissen sollten

- Die Herkunft des Namens führt nach Amerika, genauer gesagt zu einer überlieferten Geschichte aus dem Eisenbahnerlager.
- Einige amerikanische Eisenbahnen sollen als Signal eine Kugel auf einem Pfeiler verwendet haben (Highball), um dem Lokführer anzuzeigen, dass er Verspätung hatte. Ein Highball bedeutete also „Eile". Später bezeichnete man damit ein einfaches Getränk, das man schnell (in Eile) zubereiten kann.
- Eine etwas abenteuerliche Variante dieser Geschichte besagt, dass ein Lokomotivführer, der gerne eine klare Spirituose aufgefüllt mit einem kohlensäurehaltigen Getränk trank, eine Übereinstimmung zwischen dem Drink und den Highballs an der Zugstrecke feststellte. Er musste sich bei „Highballs" nicht nur mit dem Zug beeilen, sondern auch mit dem Trinken, wenn die Kohlensäureperlen im Glas oben waren.

Wie bereits erwähnt, war Sodawasser das Originalfüllgetränk bei Highballs. Später wurde hauptsächlich Ginger Ale verwendet und eine lange Zitronenspirale im Glas als Garnitur wurde zu einem weiteren Muss bei den Highballs. Die Möglichkeit zum Aufspritzen, Verlängern von Spirituosen begann parallel mit der Entwicklung neuer Limonaden und es ergaben sich somit Alternativen zum Sodawasser. Mittlerweile kann man im weiteren Sinne alle Drinks, die aus einer Basisspirituose und einer kohlensäurehaltigen Limonade als Füller (plus eventuellen Dashs diverser Aromen) bestehen, zu den Highballs zählen.

Grundrezept

Zutaten	Zubereitung
Eiswürfel	■ Highballs werden im Gästeglas zubereitet.
Spirituose	■ Das Highballglas mit Eiswürfeln füllen und die Spirituose und eventuelle Aromata daraufgießen.
Garnitur	■ Das dazugehörende kohlensäurehaltige alkoholfreie Füllgetränk vorzugsweise separat servieren.
Limonade	■ Je nach Highballvariation mit Zitronen- oder Orangenspiralen bzw. diversen Zitrusfruchtscheiben garnieren.

Rezeptauswahl

▶ Bourbon Highball
▶ Caribbean Highball
▶ Comfort Highball
▶ Dallas Highball

▶ Horse's Neck
▶ Rum Highball
▶ Scotch Highball

Hot Drinks

Der Glühwein ist wahrscheinlich das älteste alkoholische Heißgetränk, denn schon im Mittelalter brauten die Mönche für ihre Kranken einen wärmenden, heilenden Trank aus Wein und Gewürzen.

Während zum Beispiel der Glühwein eher ein reines Wintergetränk ist, werden verschiedene andere Hot Drinks das ganze Jahr über genossen.

Was Sie wissen sollten

- Eine Vielzahl an Spirituosen, Likören und Aromata eignet sich zum Genuss als Heißgetränk in Verbindung mit Wein, Wasser, Tee, Kaffee, Schokolade und Milch.
- Es hat zwar den Anschein, dass Heißgetränke nicht unbedingt zu einer Bar gehören, jedoch bringen sie je nach Barart einen nicht unbeträchtlichen Umsatz.
- Bei Hot Drinks sollte man darauf achten, dass der Alkohol nur erhitzt und nicht gekocht bzw. verkocht wird.
- Hot Drinks immer in vorgewärmten, feuerfesten Gläsern, Tassen oder Bechern servieren.

Einige Getränkegruppen werden sowohl als warme als auch als kalte Variation zubereitet.

Hot Punches zählen natürlich auch zu den Hot Drinks, werden aber zusammen mit den kalten Punschen als eigene Mixgetränkegruppe angeführt (siehe Seite 73). Weiters gilt dies auch für die warmen Versionen der Egg Noggs (siehe Seite 40) bzw. der Flips (siehe Seite 47 f.).

Mulled Drinks

Die Mulled Drinks sind erhitzte Getränke mit Wein als Basis und diversen Gewürzen/Aromata, die in feuerfesten Gefäßen ständig warm gehalten und in hitzebeständigen Gläsern warm serviert werden.

Mulled Wine ist die englische Bezeichnung für Glühwein.

Anstelle von Wein als Basis werden **heiße Teemixgetränke** mit schwarzem Tee zubereitet.

Grogs

Die Geschichte des Grogs reicht bis ins 17. Jahrhundert zurück. Als Namensgeber diente Vizeadmiral Edward Vernon, genannt „Old Grog", weil er stets einen Bootsmantel aus grobem Stoff, „grogram" genannt, getragen haben soll. Am 21. August 1740 befahl er als Flottenführer in Westindien aufgrund ständiger Trunkenheit der Mannschaft und der daraus resultierenden Disziplinlosigkeit, dass der Rum, der jedem Seemann als Ration zustand, mit Wasser gemischt werden musste.

Zubereitung

Ursprünglich wurde ein Grog lediglich aus einem Drittel Rum und zwei Dritteln Wasser zubereitet. Heute findet man eine modifizierte Zubereitung für das Groggrundrezept.

Zutaten	Zubereitung
Spirituose	■ Die (vorgewärmte) Spirituose mit Zitronensaft und Zucker-sirup bzw. weißem Curaçao in ein feuerfestes Glas geben und umrühren.
Zitronensaft	
Zuckersirup bzw. weißer Curaçao	■ Mit heißem Wasser auffüllen.
	■ Als Garnitur ist eine mit Gewürznelken gespickte Zitronen-scheibe üblich.
Heißes Wasser	
Garnitur	

Welches Zubehör benötigt man?

■ Anstelle eines Löffels kann eine Zimtstange zum Rühren serviert werden.
■ Das Glas wird auf einen Unterteller mit Serviette gestellt.

Hot Toddys

Die Toddys sind den Grogs und speziell den Slings sehr ähnlich und wurden in ihrer Urform im Gegensatz zu den Grogs mit Zucker gesüßt. Sie kamen um 1700 auf.

Zubereitung

Hot Toddys wurden früher auch als kalte Versionen genossen. Heute findet man eine modifizierte Zubereitung für die Hot-Toddie-Grundrezeptur.

Zutaten	Zubereitung
Zucker oder Honig	■ Zucker (bzw. mittlerweile meist Honig) in ein vorgewärmtes, feuerfestes Glas geben.
Heißes Wasser	■ Mit etwas heißem Wasser auflösen.
Spirituose	■ Die (vorgewärmte) Spirituose und Zitronensaft beigeben und mit heißem Wasser auffüllen.
Zitronensaft	■ Als Garnitur wird eine Zitronenscheibe, auf die Gewürznelken gesteckt sind, ins Glas gegeben.
Garnitur	

Welches Zubehör benötigt man?

■ Eine längere Zimtstange dient zum Umrühren.
■ Das Glas wird auf einen Unterteller mit Serviette gestellt.

Grogtails

Eine neue Spezies von Hot Drinks, welche sich an den Grog anlehnen, sind die **Grogtails.** Dabei ist der Name ebenso gelungen wie die Idee überhaupt. Die Wortverbindung aus Grog und Cocktail sagt schon aus, was Sache ist. Herkömmliche Mixed-Drink-Rezepturen (z. B. Sour-Rezepte, diverse Fancy Drinks oder Tropicanas) werden ganz einfach mit heißem Wasser aufgefüllt bzw. als Ganzes mit etwas Wasser verlängert erhitzt. Ein Vorteil gegenüber dem klassischen Grog ist, dass Grogtails Farbe zeigen können: Orange, gelb, rot, grün – so bunt waren bisher nur die traditionellen Mixgetränke. Grogtails können natürlich auch alkoholfrei hergestellt und in verschiedensten Geschmacksrichtungen zubereitet werden.

Heiße Kaffeemixgetränke

Die Mehrheit der in Bars angebotenen und gängigsten Hot Drinks sind Kaffeevariationen. Dazu werden diverse Brände oder Liköre, Süßungsmittel wie Zucker, Sirup oder auch Honig, geschlagenes oder halb geschlagenes Obers/Sahne wie auch Milchschaum mit heißem Kaffee kombiniert. Klassiker wie **Rüdesheimer Kaffee** und **Irish Coffee** brachten es zu einem hohen Bekanntheitsgrad.

Flavoured Coffees

Süßen mit Geschmacksflavours lautet die Devise bei den neuzeitlichen **Flavoured Coffees.** Dabei werden diese beliebten Kaffeeabwandlungen anstelle des Zuckers mit diversen Sirupen (Haselnuss, Karamell, Vanille etc.) gesüßt, meist mit Milchschaum oder einer Obers-/Sahne-haube abgeschlossen und mit Schoko-, Kakao- oder Kaffeepulver etc. dekoriert.

Heiße Schokolademixgetränke

Anstelle von Kaffee kommt bei **heißen Schokolademixgetränken** Kakao zum Einsatz. Dabei werden die Brände oder Liköre in einem feuerfesten Trinkgefäß mit der heißen Schokolade vereint und mit einer Schlagobers-/Schlagsahnehaube dekoriert. Unterteller mit Serviette und Löffel bilden die Servicebestandteile.

Heiße Milchmixgetränke

Die heißen Milchmischgetränke werden in einem Keramikbecher, einem Mazagranglas bzw. einem Brüsseler Gobletglas gereicht.

Zubereitung

Es gibt mehrere Möglichkeiten. Entweder werden alle Zutaten in einem feuerfesten Topf ge-meinsam erhitzt oder alle Zutaten außer der Milch werden in das Glas gegeben und mit heißer Milch aufgefüllt. Ist eine Kaffeemaschine vorhanden, dann können alle Zutaten auch mit der Dampfdüse (Steamer) erwärmt werden.

Einige Hot-Milk-Drinks haben eine sogenannte **Premix-Butter** als Zutat.

Premix-Butter

Zutaten	Zubereitung
100 g Butter	■ Alle Zutaten mit der schaumig gerührten Butter vermischen.
100 g Staubzucker/ Puderzucker und 20 g Vanillezucker	■ An einem gekühlten Ort aufbewahren. ■ Unter dem Namen „Butterscotch" ist in England Premix-Butter als Fertigprodukt erhältlich. ■ Mittlerweile ist Butterscotch auch schon als Likör bzw. Sirup auf dem Markt.
20 g Zimt	
5 g gemahlene Gewürz-nelken	
5 Dashs Angostura-Bitter	

Rezeptauswahl

- ► Altwiener Glühwein
- ► Amaretto Hot Shot
- ► Anisette Toddy
- ► Apple-Jack-Grog
- ► Blue Blazer
- ► Apricot Toddy
- ► Bourbon Grog
- ► Brandypunsch
- ► Charlotte
- ► Feuerzangenbowle
- ► Glühwein

- ► Grog
- ► Hot Buttered Rum
- ► Irish Coffee
- ► Lappland-Glögg
- ► Necos Punsch
- ► Negus
- ► Orangen-Tee-Punsch
- ► Rüdesheimer Kaffee
- ► Rum Toddy
- ► Schweden-Glögg

Juleps & Smashes

Der Julep gilt als das älteste gemischte Getränk der sogenannten American Drinks. Die Mixtur aus Minze, Zucker, Wasser, Alkohol und Eis wurde bereits in einem Kochbuch aus dem Jahre 1540 erwähnt.

Smashes unterscheiden sich von Juleps, wenn überhaupt, nur gering und kamen um 1800 auf.

Juleps

Das Wort „Julep" leitet sich vom persischen „julab" ab, der Bezeichnung für „Rosenwasser". Zu dem Namen Juleps kamen diese Mixgetränkeklassiker im Laufe der Jahrhunderte als Heiltrank und als verschiedene Mixturen mit Branntwein in Verbindung mit Rosenwasser und/oder Süßungsmittelr wie Honig oder Zucker.

Was Sie wissen sollten

- Die Popularität der Juleps geht auf die Zeit vor dem Sezessionskrieg (1861–1865) in den USA zurück.
- Den Weg nach Europa bahnte der Schriftsteller und Seefahrer Captain Frederick Marryat in den Jahren 1815–1839. Er entdeckte den Mint Julep in den Südstaaten Amerikas für sich und machte den Drink auch auf den Britischen Inseln bekannt und beliebt.

- Man trank Juleps in den Südstaaten beim Pferderennen, was man auch heute noch tut. Bei einem der wichtigsten Galopprennen der Welt, dem „Kentucky Derby", welches jährlich im Mai in Louisville/Kentucky stattfindet, spielt der Mint Julep eine herausragende Rolle.
- Mint Juleps setzte man auch guten Freunden bei Gartenpartys und festlichen Anlässen vor. Ihre Zubereitung war Familientradition und in der Tat trifft man in den überlieferten Rezepten auf eine ganze Reihe von Unterschieden.
- Von verschiedenen Garnituren (diverse Früchte und Minze oder nur Minze), über den Umgang mit der Minze selbst im Getränk (andrücken oder nicht, im Glas lassen oder entfernen) und Unterschiede beim Zubereiten (rühren oder nicht) bzw. beim „Finishen" der Drinks (drops of Jamaica Rum on top) ist dabei zu lesen.

Allen Rezepturen gemeinsam ist jedoch, dass ein Julep eiskalt sein muss und einen großen Minzstrauß als Garnitur hat. Es kommt nämlich viel mehr darauf an, die Minze beim Trinken zu riechen als sie im Drink zu sehr zu schmecken.

- Juleps werden im Gästeglas zubereitet. Dazu gibt es eigene Julep-Becher aus Silber, die durch das Eingießen des eiskalten Getränks außen stets mit einem dünnen Eisfilm überzogen sind.
- Juleps mit Brandy waren vor allem zur Kolonialzeit sehr beliebt. Heute mixt man hauptsächlich mit Whiskey (Kentucky Straight Bourbon).

(Ein) Grundrezept

Zutaten	Zubereitung
Weißer Rohrzucker oder Staubzucker/ Puderzucker	■ Weißer Rohrzucker (oder ersatzweise Staub-/Puderzucker) und etwas Wasser in einem Longdrinkglas auflösen.
	■ Zirka 3 Zweige frische, aromatische Minze beigeben und leicht (!) andrücken.
Wasser	■ Die Spirituose beifügen (Minze eventuell vorher entfernen), und das Glas randvoll mit Crushed Ice anfüllen.
Minze	
Spirituose	■ Anschließend mit dem Bar- oder Juleplöffel so lange rühren, bis sich das Glas außen beschlägt.
Crushed Ice	■ Mit frischer Minze (evtl. mit Zucker bestreut) garnieren.
	■ Mit einem Trinkhalm servieren.
Garnitur, Trinkhalm	

Um die notwendige Kälte der Drinks zu erreichen, empfiehlt es sich, die Gläser vorher in einem Gefrierfach vorzukühlen, sodass sich ein Eisfilm an der Außenseite des Glases bildet.

Rezeptauswahl

- ▶ Apple-Jack-Julep
- ▶ Bourbon Julep
- ▶ Georgia Mint Julep
- ▶ Mint Julep
- ▶ Rum Julep
- ▶ Scotch Julep

Smashes

Smashes sind im Grunde Juleps und stellen lediglich eine kleinere Ausführung dar. Aus alten Rezepturen sind aber teilweise geringe Unterschiede herauszulesen. Dabei werden die Smashes zum Beispiel nach der Zubereitung in ein Sourglas abgeseiht.

Rezeptauswahl

- ▶ Apple-Jack-Smash
- ▶ Brandy Smash
- ▶ Gin Smash
- ▶ Rum Smash
- ▶ Scotch Smash
- ▶ Whiskey Smash

Milk-Mix-Drinks

Milch ist eines der ältesten, wenn nicht neben dem Wasser das älteste Getränk und eines der wichtigsten Nahrungsmittel der Menschheit.

Alle kalten Mischgetränke, die Milch als eine Hauptingredienz aufweisen, sind in dieser Gruppe zusammengefasst.

Milk-Shakes

Die Milk-Shakes bzw. Milchshakes sind Milchmischgetränke mit oder ohne Alkohol. Sie werden, wie der Name schon sagt, im Shaker zubereitet. Es kann aber auch ein Stab- oder Spindelmixer eingesetzt werden, wozu die verwendeten Früchte aber püriert sein müssen. Andernfalls wird ein elektrischer Aufsatzmixer (mit Messereinsatz) verwendet.

Was Sie wissen sollten
- Die Sorte der Frucht bzw. Früchte gibt den für die Drinks bestimmenden Namen vor.
- Bei der Verwendung von Sirupen kann auf Zucker teilweise bis ganz verzichtet werden.
- Beim Einsatz eines Aufsatzmixers kommt auch Honig zum Süßen infrage.
- Bei Milk-Shakes mit weniger säuerlichen Früchten wie Bananen, Erdbeeren, Äpfeln oder Birnen kann auch etwas Zitronensaft verwendet werden, welcher die Milk-Shakes geschmacklich abrundet.
- Will man die Milchmischgetränke cremiger haben, wird zusätzlich etwas Obers/Sahne beigegeben.

Rezept

Zutaten	Zubereitung
Milch	■ Zuerst das Eis (Eiswürfel oder Crushed Ice) in das jeweilige Arbeitsgerät geben.
Eiswürfel oder Crushed Ice	■ Neben der gut gekühlten Milch, man rechnet pro Drink mit ca. 1/8 l Milch, werden Süßungsmittel (Zucker oder Sirup), der jeweilige Geschmacksgeber in Form von Fruchtstücken oder Fruchtmus und eventuelle alkoholhaltige Zutaten laut Rezeptur (meist 2 cl) im jeweiligen gut vermixt.
Fruchtstücke oder Fruchtmus	
Spirituose	■ Den Milk-Shake in ein dickwandigeres Glas seihen und mit einem Trinkhalm servieren.

Milk-Frappés

Die Milk-Frappés bzw. Milchfrappés werden im elektrischen Aufsatzmixer hergestellt und sind in der Zusammensetzung gleich wie die Milk-Shakes.

Wie unterscheiden sie sich?

■ Sie unterscheiden sich dadurch, dass Speiseeis mitverwendet wird. Üblich sind zwei Kugeln Eis bei 1/8 l Milch.
■ Wird Alkohol beigegeben, rechnet man mit 2 cl pro Drink.
■ Werden die Milk-Frappés mit geschlagenem Obers/Sahne und/oder Früchten garniert, dann stellt man das Glas auf einen Unterteller mit Serviette und gibt einen Limonadenlöffel dazu.

Puffs

Die Puffs sind Mischungen aus Milch und Spirituosen, die im Shaker zubereitet und mit Sodawasser aufgefüllt werden. In der Prohibitionszeit (1920–1933) wurden in den USA zur Täuschung bei etwaigen Kontrollen die Puffs als alkoholfreie Drinks verkauft. Da Milch bekanntterweise Atemgerüche mindert, entstand so kaum eine verräterische „Alkoholfahne". Für Puffs sollte stets vollfette, nicht entrahmte Milch verwendet werden.

Grundrezept

Zutaten	Zubereitung	
4 cl Spirituose	■ Eiswürfel in den Shaker geben	
4–6 cl Milch	■ Die Spirituose und die Milch hineingießen und alles gut schütteln.	
8 cl Sodawasser	■ Das Getränk (mit den Eiswürfeln) in ein Highballglas füllen.	
	■ Mit dem Sodawasser aufspritzen.	
	■ Mit einem Trinkhalm servieren.	

Egg Noggs haben ebenfalls Milch als Drinkbestandteil, sie werden aber in einer gesonderten Mixgetränkegruppe behandelt (siehe Seite 39 f.).

Rezeptauswahl

- ▶ After-Eight-Frappé
- ▶ Amaretto-Shake
- ▶ Apple-Jack-Puff
- ▶ Banana Mix
- ▶ Bananenmilch (Banana-Shake)
- ▶ Brandy Puff
- ▶ Caribbean Cinnamon Milk
- ▶ Caribbean Cinnamon Milk alkoholfrei
- ▶ Choco-Coco-Milk
- ▶ Erdbeer-Kiwi-Frappé
- ▶ Erdbeershake (Strawberry-Shake, Erdbeermilch)
- ▶ Framboise Mix (Joghurt)
- ▶ Himbeer-Frappé
- ▶ Himbeershake (Raspberry Shake, Himbeermilch)
- ▶ Scotch Puff
- ▶ White Chocolate Frappé

Non-alcoholic Mix-Drinks

*Rezepte ohne Alkohol gehören in jede Bar. Die gesunden Durstlöscher sind gesell-
schaftsfähig geworden und erfreuen sich einer ungebrochenen Nachfrage. Nahezu
jede der alkoholischen Mixgetränkegruppen lässt sich in einer alkoholfreien Version
zubereiten bzw. ist auch jede Geschmacksrichtung oder Drinkfarbe mit der Riesen-
auswahl an alkoholfreien Produkten möglich.*

Non-alcoholic Mix-Drinks sind auch unter dem Begriff Mocktails bekannt.

Was Sie wissen sollten

- In der Regel sind alkoholfreie Mixed Drinks Longdrinks, die in puncto Geschmack und Aussehen alles ermöglichen.
- Nicht die Volumprozente sind wichtig, dass ein Drink nach etwas schmeckt. Vielmehr ist darauf zu achten, dass ausschließlich frische Zutaten von bester Qualität Verwendung finden.
- Speziell bei den alkoholfreien Mixturen kann mit einem Schuss Alkohol kein „Schwach-punkt" vertuscht werden.
- Säfte aus Obst oder Gemüse, Limonaden, Sirupe, Fruchtpürees und eine Menge weiterer alkoholfreier Zutaten stehen dem kreativen Barmann zur Verfügung und dies in einer mitt-lerweile riesigen Sortenvielfalt.
- Von durstlöschend über erfrischend bis zu sättigend und mehr reicht die Angebotspalette der alkoholfreien Rubrik.

Den größten Teil aller alkoholfreien Rezepturen stellen zweifellos volumprozentlose Fancy Drinks oder Tropicanas, wenn man die Non-alcoholic Mix-Drinks in Teilgruppen gliedern würde. Es können also nahezu alle Drinks der diversen Mixgetränkegruppen abgesoftet, also alkoholfrei, in ähnlicher Form zubereitet werden. Gängig dabei ist auch, bekannte Drinks bzw. Drinknamen aus der alkoholischen Ecke als alkoholfreie Variante anzubieten.

Nachstehend führen wir einige spezielle Untergruppen mit diversen Zusatzinformationen an.

Lemonades

Die ersten schriftlichen Erwähnungen von **Lemonades** (Limonaden) reichen in das 16./17. Jahrhundert zurück und führen nach Spanien und Italien. Diese Limonatas bzw. Lemonatas waren nichts anderes als ein Gemisch aus ausgepressten Zitrusfrüchten mit Wasser und Zucker.

Was Sie wissen sollten

- Anfangs wurden Zitronen- bzw. Limettenlimonaden hergestellt, später wurde auch Orangensaft verwendet. Als Süßstoff diente oft Honig.
- Diese als Naturlimonaden bezeichneten Erfrischungsgetränke werden praktisch nicht mehr erzeugt. Durch die von der Getränkeindustrie in allen möglichen Geschmacksrichtungen heute produzierten kohlensäurehaltigen Fertigprodukte sind sie völlig von der Bildfläche verschwunden.
- Um 1820 gab es erstmals Ginger Ale, 1830 Zitronenlimonade.
- Das erste Tonic eroberte ab 1858 den Markt und die Cola-Limonade Coca-Cola wurde 1886 erfunden.

Scherbets

Die in den orientalischen Karawansereien offerierten **Scherbets** unterscheiden sich von Naturlimonaden durch die Mitverwendung der geriebenen Schalen der Zitrusfrüchte.

Zubereitung

Die geriebenen Schalen werden in einem Gefäß zerquetscht. Der mit Wasser verdünnte ausgepresste Saft der Zitrusfrüchte wird mit dieser Masse verrührt und durch ein feines Tuch passiert.

Die Scherbets werden, in Flaschen abgefüllt, im Kühlschrank aufbewahrt und in Highballgläsern serviert.

Aus den Scherbets sind die **Sorbets** hervorgegangen, die aus Fruchtsaft bzw. Fruchtsirup oder Zuckersirup mit Zitronensaft im Gefrierschrank halbfest gefroren werden und einen Zwischengang bei einem klassischen Speisenmenü bilden. Öfter werden Sorbets diverse flüssige Ingredienzen beigefügt (meist Schaumwein, evtl. auch noch Likör), man kann sie deswegen aber trotzdem nicht so richtig als Getränk sehen.

Frozen non-alcoholic Drinks

Drinks, die als Endprodukt eine Softeis-ähnliche Konsistenz durch Roheis oder Speiseeis aufweisen, liegen speziell im Sommer im Trend.

Was Sie wissen sollten

- Diese coolen Drinks werden primär alkoholfrei (aber auch leicht alkoholhaltig) zubereitet.
- Der intensive Fruchtgeschmack der **Frozen Fruit Punches** kommt von den frischen Früchten oder dem Fruchtmus.
- Als cremigere Kombinationen werden sie mit Milch, Obers/Sahne, Sirupen bzw. diversen Kaffee- oder Schokoladepulvervariationen als Zutat (wobei Begriffe wie **Creamsickles** oder **Frozen Blended Coffees** auftauchen) zubereitet.
- Mit verschiedensten Speiseeissorten und kombinierbaren anderen Zutaten werden sie als **Freezes** angepriesen.
- Unterstützt durch diverse internationale Kaffeehausketten haben sich spezielle Frozen Drinks mittlerweile weltweit etabliert.

Frozen Drinks werden im Aufsatzmixer meist mit Crushed Ice zubereitet, um die gewünschte Konsistenz zu erhalten. Bei speziellen Mixern mit eigenen Schlagmessern kann man mittlerweile mit Eiswürfeln arbeiten, ohne den Messern zu schaden. Bei herkömmlichen Aufsatzmixern sind bekannterweise scharfe Schneidemesser eingebaut, welche bei der Verwendung von Eiswürfeln stumpf werden.

Smoothys

Die an de Westküste Amerikas entstandene Gruppe der Smoothys stellt eine Art Fitnessdrink dar, wobei ein hoher Anteil an Fruchtstücken die Basis bildet.

Was Sie wissen sollten

- Es ist Sitte, die Früchte in gefrorenem Zustand zu verwenden, wodurch erreicht wird, dass man die Drinks auch ohne Zugabe von Eis sehr kalt genießen kann.
- Ersatzweise könnte man auf frische Früchte und Crushed Ice zurückgreifen, was zwar die nahe Verwandtschaft mit den Frozen Drinks belegt, aber nicht im Sinne der Erfinder ist.

- Neben Obst finden sich verschiedene Säfte und Sirupe, speziell aber auch diverse Molkereiprodukte in diesen beliebten Vital-Shakes.
- Als kleiner Energiespender für zwischendurch, als rasches Fitnessfrühstück am Morgen oder als ein schlank haltendes Dessert sind die doch sättigenden Smoothys genauso geeignet wie als Ersatz für eine Mahlzeit an heißen Tagen.
- Die Zubereitung im Aufsatzmixer ist durch die gefrorenen Früchte vorgegeben.
- Es entsteht dabei eine musartige, geschmeidige (smooth) Masse.
- Serviert werden Smoothys hauptsächlich in Fancygläsern mit passenden Fruchtgarnituren.
- Die Zugabe von Eis in den Gläsern entfällt, die Kälte kommt aus den gefrorenen Drinkzutaten.
- Mittlerweile werden Smoothies auch mit alkoholischen Zutaten gemixt, wobei der Gesundheitsfaktor der ursprünglich alkoholfreien Fruit-Mixes natürlich erheblich beeinträchtigt wird.

Mit Sodawasser verlängerte, aufgespritzte Smoothies werden **Flings** genannt.

Die beiden alkoholfreien Rezepte Virgin Mary und Prairie Oyster zählen auch zu den **Pick-me-ups**.

Infos zu Milk-Shakes und Milk-Frappés finden Sie im Kapitel **Milk-Mix-Drinks** (siehe Seite 62 f.).

Rezeptauswahl

▶ Almond Mocha Freeze	▶ Mai Tai light
▶ Beeren Smoothie	▶ Melon Fling
▶ Berry Fling	▶ Mandarinen-Scherbet
▶ Cindarella	▶ Neco
▶ Coconut Kiss	▶ Pinky Colada alkoholfrei
▶ Coffee-Colada alkoholfrei	▶ Pussy Foot
▶ Drivers Mojito	▶ Shirley Temple
▶ Florida	▶ Schoko-Colada alkoholfrei
▶ Frozen Nut Coffee	▶ Tropical Smoothie
▶ Frozen Fruit Punch	▶ Virgin Caipirinha
▶ Golden Colada alkoholfrei	▶ Virgin Colada
▶ Italian Colada alkoholfrei	▶ Virgin Mary
▶ Karibik Punch	▶ Virgin Mojito
▶ Lemonade	▶ West Indian Punch alkoholfrei
▶ Mad Max	▶ Zitronen-Scherbet

Pick-me-ups

Die wörtliche Übersetzung von „pick me up", nämlich „heb mich auf", beschreibt die Charakteristik dieser Getränkegruppe. Die oft auch als „Katergetränke" titulierten Drinks sollen das flaue Gefühl „am Tag danach" wirkungsvoll bekämpfen. Jedoch werden einige Drinks dieser Gruppe nicht nur aus diesem Grund genossen, sondern finden ihre Anhängerschaft zu grundsätzlich jeder Tages- und Nachtzeit.

Den Briten, denen man neben einer gewissen Trinkfreudigkeit auch viel Nächstenliebe und einen nüchternen Sinn für das Notwendige nachsagt, wird die Erfindung dieser Getränkegruppe zugeschrieben. Sie haben mit den Pick-me-ups ein Mittel gegen das gefunden, was sie „hangover" nennen, was bei uns einem sogenannten „Kater" gleichkommt.

Was Sie wissen sollten

- Einige Rezepturen dieser Hangover-Drinks oder Pick-me-up-Drinks werden unter dem Namen „Corpse Revivers" geführt, was so viel wie „Totenerwecker" heißt.
- Diese Antikaterdrinks, bei den Amerikanern auch „Painkiller" genannt, sollen durch die Art ihrer Zusammensetzung neue Kräfte verleihen, jedoch sei erwähnt, dass die Drinks dieser Gruppe bei Gott kein (All-)Heilmittel bei bzw. nach übermäßigem Alkoholkonsum sind.
- Die Bloody Mary ist vor allem in den USA überaus populär.
- Zu der Gruppe der Pick-me-ups werden auch einige klassische Rezepte mit der italienischen Bitterspirituose Fernet Branca gezählt, welche als typische Digestif-Drinks nach schwerem Essen bekannt wurden.

Oysters

Ebenfalls zu den Pick-me-ups zählen die sogenannten Oysters. Da diese als Zutat rohes Eigelb aufweisen, werden sie wegen der Salmonellengefahr kaum/nicht mehr angeboten bzw. nur dann serviert, wenn sie vom Gast bestellt werden. Anders nämlich als bei den Flips oder auch den Egg Noggs, bei denen das Eigelb durch Eierlikör ersetzt werden kann, ist dies bei den Oysters abgesehen vom Geschmack allein schon aus optischen Gründen nicht machbar, da das Eigelb als Ganzes im Drink erhalten bleibt.

Rezept

Zutaten	Zubereitung
Olivenöl	■ Eine Sekt- oder Cocktailschale mit Olivenöl ausschwenken.
Tomatenketchup	■ Tomatenketchup, Tabasco, Worcestersauce, Salz, Pfeffer und die eventuelle Spirituose in das Glas geben und verrühren.
Tabasco	■ In das gewürzte Tomatenketchup mit dem Barlöffel eine leichte Vertiefung drücken und das Eigelb einsetzen.
Worcestersauce	■ Das Glas auf einen Unterteller mit Serviette stellen und einen Kaffeelöffel dazulegen.
Salz, Pfeffer	■ Mit einem Glas Wasser servieren.
eventuell Spirituose	
Eigelb	

Oyster-Rezepte ohne Ketchup werden meist mit etwas Zitronensaft oder Essig gewürzt.

Rezeptauswahl

- ▶ Apotheke
- ▶ Bloody Bull
- ▶ Bloody Maria
- ▶ Bloody Mary
- ▶ Brandy Oyster
- ▶ Bull Shot
- ▶ Corpse Reviver I
- ▶ Corpse Reviver II
- ▶ Prairie Oyster
- ▶ Red Snapper
- ▶ Sherry Oyster
- ▶ Virgin Mary
- ▶ Wodka Oyster

Pousse-Cafés

Die Pousse-Cafés bestehen aus einer Anzahl verschiedenfarbiger Zutaten, die in Schichten unvermischt übereinanderliegen. Diese farbenprächtigen, eindrucksvoll präsentierten Drinks waren in den 1920er- und 1930er-Jahren sehr beliebt.

Was Sie wissen sollten

- Pousse-Cafés sind ausgesprochene After-Dinner-Drinks und wurden gerne am Schluss größerer Diners getrunken, wobei sie hauptsächlich bei der Damenwelt beliebt waren.
- Für die Herstellung der Pousse-Cafés kommen diverse Brände, Liköre und Sirupe als Ingredienzen zum Einsatz, wobei man deren spezifische Gewichte genau kennen muss.
- Hoher Zuckergehalt und niedriger Alkoholgehalt deuten auf ein hohes spezifisches Gewicht. Diese Zutaten kommen somit immer zuunterst in das Glas, da sie am schwersten sind.
- Dabei ist aber auch noch auf die jeweilige Marke des Produktes zu achten, da die verschiedenen Hersteller Produkte mit unterschiedlicher Dichte (Zuckergehalt) produzieren.
- Damit man weiß, in welcher Reihenfolge die Zutaten ins Glas zu geben sind, sind sie bei der Rezeptierung in der Reihenfolge ihres spezifischen Gewichtes angegeben.

Rezept

Zutaten	Zubereitung
Sirupe	■ Sirupe, Liköre und Brände über einen verkehrt gehaltenen Barlöffel vorsichtig in ein Pousse-Café-Glas gießen.
Liköre	■ Den Barlöffel dazu am inneren Glasrand anlegen, dies erleichtert die Sache etwas.
Brände	■ Die einzelnen Bestandteile bzw. Zutaten dürfen sich dabei nicht vermengen, sondern müssen eine klare Grenze zeigen.

Rezeptauswahl

- ▶ Angel's Tip
- ▶ Austrian Pousse-Café
- ▶ French Pousse-Café
- ▶ Germany Pousse-Café
- ▶ Italian Pousse-Café
- ▶ Rainbow Pousse-Café
- ▶ Santina's Pousse-Café
- ▶ Sombrero

Es gibt auch Pousse-Cafés mit warmen Rezeptbestandteilen (heißer Kaffee). Diese Drinks werden als **Hot Shooters** geführt (siehe Seite 77), zählen aber genauso zu den Pousse-Cafés.

Punches

Der Punsch ist wohl das älteste überlieferte Mixgetränk und gilt somit als Vorläufer aller uns bekannten Mixed Drinks bzw. der daraus entstandenen Mixgetränkegruppen. Punsche können warm und kalt zubereitet werden.

Mit der Gruppe der Punches verbindet man mittlerweile primär jene Kreationen, die mit meist viel Rum als Basisspirituose ihren Ursprung auf den Westindischen Inseln fanden. Sie stellen Drinks dar, die wir unter **Fruit Punches** *(siehe Seite 86) einreihen.*

Was Sie wissen sollten

- Das englische Wort Punch leitet sich von Wörtern wie „panch" (Indisch), „panchan" (Sanskrit: die sakra e Sprache der Inder) und „pani" (Persisch) ab, welche alle „fünf" bedeuten.
- Man verband damit die wichtigen Lebenselemente im religiösen Sinn: Erde, Sonne, Wasser, Luft und Feuer. Demnach sollten Punches aus fünf Zutaten bestehen, nämlich Rohrzucker, Wasser, Arrak (als Sammelbegriff für Alkohol), Zitrusfrüchten und Gewürzen.
- Wann der Punch als ein Vorläufer des Cocktails bzw. als Ur-Mixed-Drink für die vielen anderen Mixgetränkegruppen entstanden ist, kann man nicht genau sagen. Man kann lediglich den Zeitraum des Bekanntwerdens in Europa bestimmen.
- Aufzeichnungen um 1630 dokumentieren die bereits damalige Existenz von Punches, dreißig Jahre später waren Punches im angelsächsischen Raum schon sehr präsent.
- Das erste Cocktailbuch wurde 1862 von Jerry „The Professor" Thomas herausgegeben. Auf 130 Seiten enthält es nur 19 Cocktailrezepte, dafür aber rund 70 verschiedene Punches.

Rezeptauswahl

- ▶ Roman Punch
- ▶ Ti Punch

Rickeys

Rickeys sind eher trockene Longdrinks und haben ihren Ursprung in Amerika. Eine alkoholische Basis, Zitronen oder Limetten und Sodawasser sind die Ingredienzen bei den Rickeys.

Der erste Rickey soll der Geschichte nach Ende des 19. Jahrhunderts im Hotel St. James in New York zu Ehren des US-Offiziers Oberst Jim Rickey gemixt worden sein, und basierte auf Gin.

Das überlieferte Rezept aus dieser Zeit: ½ Zitrone, 2 oz Gin, mit Sodawasser auffüllen

Rezept

Zutaten	Zubereitung
Zitrone oder Limette	■ Eine in Stücke geschnittene Zitrone oder Limette mit einem Muddler (Stößel) in einem Highball- oder Fizzglas auspressen.
Spirituose	■ Den Alkohol daraufgießen und verrühren.
Eiswürfel	■ Anschließend in das Glas Eiswürfel geben und mit Sodawasser oder kohlensäurehaltigem Mineralwasser auffüllen.
Soda oder kohlensäurehaltiges Mineralwasser	■ Mit einem Limonadenlöffel im Glas servieren, damit der Gast die Zitrone/Limette im Glas noch etwas auspressen kann.

Rezeptauswahl

► Apricot Rickey
► Bourbon Rickey
► Brandy Rickey
► Gin Rickey

► Rum Rickey
► Scotch Rickey
► Wodka Rickey

Sangarees

Die Sangarees sind punschähnliche Drinks, die um 1710 aufkamen. Es handelt sich dabei um gesüßte alkoholische Zutaten, sowohl warm als auch kalt zubereitet.

Was Sie wissen sollten

- Grundzutaten für Sangarees sind im Speziellen Weine und verschiedene Biersorten.
- Aber auch mit Whisk(e)y, Gin, Rum oder Brandy als Basisspirituose werden Sangarees zubereitet, wobei zum Abschluss noch etwas Portwein auf die Sangaree-Variationen gefloatet wird.
- Geriebene Muskatnuss über den fertigen Drink gestreut, gehört als Fixbestandteil zu jedem Sangareerezept.
- Mit klarem Eiswasser verlängert, wurden sie früher als Durstlöscher verabreicht.

Rezeptauswahl

- ▶ Brandy Sangaree
- ▶ Portwine Sangaree
- ▶ Rum Sangaree
- ▶ Scotch Sangaree
- ▶ Sherry Sangaree

Shooters

Bei den Drinks dieser Gruppe handelt es sich um Kreationen, die speziell ein geringes Gesamtvolumen aufweisen und meist in einem Schluck getrunken werden. Spezielle Zubereitungs- oder Präsentationsformen und oftmals eigene Trinkprozedere sind typisch für diese Mixgetränkegruppe.

Was Sie wissen sollten

- Die Shooters (Shots) stammen aus Amerika, jedoch der Ursprung des Namens liegt in Europa.
- Das Wort „shot" ist vom deutschen Wort „Schuss" abgeleitet.
- Die nach Amerika ausgewanderten Europäer haben somit den Shooters sozusagen ihre Identität verliehen.
- Es gab den Brauch, dass man in einer größeren Gruppe die in einem Schluck ausgetrunkenen Gläser gleichzeitig auf die Theke stellte, was wie ein Schuss klang. Dazu wurden auch meist noch gemeinsam verschiedene Trinksprüche gerufen.
- Die Shooters werden nach ihrer jeweiligen Art in sogenannten Shotgläsern, das sind kleine Tumbler mit doppelt dickem Boden, welche vier bis fünf Zentiliter fassen, oder im kleinen Old-Fashioned-Tumbler (Rocksglas) serviert.
- Auf Garnituren wird grundsätzlich verzichtet.
- Shooters sind Shortdrinks, wobei verschiedene Zubereitungsarten möglich sind.

Zubereitung im Gästeglas

Meist als Schichtgetränke, also zubereitet wie Pousse-Cafés (siehe Seite 71 f.). Hierbei gibt es auch heiß getrunkene Variationen, die sogenannten **Hot Shooters.**

Zutaten	Zubereitung
Likör	■ Likör, heißer Kaffee und Obers/Sahne werden in dieser Reihenfolge in ein hitzebeständiges Shotglas gegossen.
Heißer Kaffee	■ Heißer Kaffee befindet sich bei den Hot Shooters meist in der Mitte dieser Schichtgetränke.
Obers	

Zubereitung im Shaker

Sehr beliebt als Fruit-Shot mit diversen Fruchtgeschmäckern werden sie auch als **Limes** bezeichnet.

Zutaten	Zubereitung
Wodka	■ Meist ist Wodka die Basisspirituose.
Limetten- oder Zitronensaft	■ Mit Limetten- oder Zitronensaft abgeschmeckte Fruchtpürees bzw. Säfte sind weitere Ingredienzen.
Pürierte Früchte bzw. Säfte	■ Die Zutaten sollten immer vorgekühlt sein und nur kurz gemixt werden. Dies deswegen, da die Drinks aufgrund der geringen Gesamtmenge schnell verwässert schmecken, speziell wenn anstelle von Fruchtmus mit Säften gearbeitet wird.
	■ Serviert werden sie in Shotgläsern.

Speziell in Nordamerika werden diverse Cocktailrezepturen (meist Sweet Cocktails) als Shooters auch im kleinen Old-Fashioned-Tumbler auf Eiswürfeln serviert.

Rituals

Diverse Brände oder Liköre haben als pur genossene Einzelgetränke, speziell als Digestif, ihren festen Stammplatz in der Gastronomie. In Verbindung mit zusätzlichen Bestandteilen wie diversen Früchten, Gewürzen oder Aromata und einer vorgegebenen Trinkzeremonie sind sie in dieser Form auch als Shooters wiederzufinden. Tequila mit Salz und Zitrone ist dabei der bekannteste Vertreter dieser speziellen Shooters, die wir im Rezepturenteil als „Rituals" bezeichnen. Auch der klassische ► Brandy Nikolaschka kann zu dieser Gruppe gezählt werden.

Mists

Das englische Wort für Nebel hat einer aus England stammenden Form der Getränkepräsentation den Namen gegeben. Bei den sogennanten Mists werden 4 Zentiliter einer Basisspirituose oder eines Likörs im Rocksglas auf Crushed Ice serviert, was den Drink durch das vom Eis beschlagene Glas nebelig erscheinen lässt. Im Vergleich dazu spricht man in der Barbranche bei der Zubereitung von Drinks auf Eiswürfeln von „on the rocks". Bei den Mists wird als „Finishing" ein Zitronentwist aufgespritzt und anschließend in das Crushed Ice gesteckt.

Slammers

Eine andere Weiterentwicklung der Shooters sind die sogenannten Slammers. Das englische Wort „slam", das so viel wie „(auf den Tisch) knallen/schmettern" bedeutet, stand Pate für diese Gruppe der Shooters.
4 cl der gewünschten alkoholischen Zutat in ein Old-Fashioned-Glas gießen, welches mit oder ohne Eiswürfeln bereitgestellt wird. Mit zirka 10 cl einer kohlensäurehaltigen Zutat (meist einer Limonade wie Ginger Ale oder Zitronenlimonade) auffüllen. Anschließend wird das Glas mit einer Serviette bedeckt auf den Tisch geschlagen. Dadurch vermischen sich die Zutaten von selbst und der Drink schäumt durch die Kohlensäure auf. Meist wird die Serviette (ersatzweise oft ein Bierdeckel) rasch entfernt und der Slammer noch sprudelnd sofort getrunken.

Bandits

Die gleiche Art der Zubereitung haben die Bandits. Sie bestehen aus Pfirsichlikör und einer Spirituose und werden mit Ginger Ale oder Cola aufgefüllt.

Rezeptauswahl

- ▸ ABC-Shooter
- ▸ Bandit
- ▸ Brandy Nikolaschka
- ▸ Calvados Pilkaller
- ▸ Dark Rittmeister
- ▸ Erdbeer-Limes
- ▸ Fifth Avenue
- ▸ Galliano Hot Shot
- ▸ Melon Ball

Erwähnt sei noch, dass grundsätzlich alle Drinkrezepturen (vom Sour bis zum Tropicana) als Shortvariante (Shooter) zubereitet werden können, was zu einer nicht unerheblichen Umsatzoptimierung führen kann, da die Shooters meist in Gruppen bzw. Runden bestellt und getrunken werden.

Shrubs

Shrubs, eine alte englische Idee, sind eine Art Punsch aus in Alkohol eingelegten Früchten oder Fruchtschalen.

Was Sie wissen sollten

- Shrubs sind angesetzte Getränke, wobei verschiedenste Gewürze mit Spirituosen über einen längeren Zeitraum kühl gestellt werden und aromatisieren.
- Im Prinzip werden einfach Früchte oder Schalen, gewöhnlich von Zitronen, mit Zucker in Spirituosen eingelegt.
- Die Spirituose nimmt den Geschmack der Früchte und Gewürze an.
- Die Zubereitung eines Shrubs dauert mindestens eine Woche.
- Nach der Aromatisierungszeit werden die Shrubs in Flaschen abgefüllt.
- Shrubs werden in einem Ponyglas oder Schnapsglas (Stamperl) eisgekühlt serviert. Als warme Variante werden sie mit heißem Wasser aufgefüllt in Punschgläsern angeboten.
- Früher wurden Shrubs auch oft mit Säften und Tafelessig angesetzt, teilweise sogar erhitzt und dann abgefüllt. Diese Pre-Mixes wurden dann mit Wasser verlängert und als leicht alkoholhaltiger Drink kredenzt.

Rezeptauswahl

- ▶ Apple Pie Shrub
- ▶ Brandy Shrub
- ▶ Caribbean Shrub
- ▶ Strawberry Shrub

Auch angesetzt und daher den Shrubs vergleichbar sind:
▶ Fruit Vodka
▶ Rumtopf

Der Unterschied ist, dass sie nicht abgeseiht werden. Die Marinierzeit ist außerdem viel länger und sie werden mit den Früchten serviert.

Eingelegte Früchte (Pflaumen, Himbeeren, Sauerkirschen, Clementinen etc.) sind auch als Fertigprodukt im Handel erhältlich z. B. Armagnac-Pflaume oder Wodka-Feige.

Slings

Die Slings sind ursprünglich komplexere Abwandlungen der Punches und den Toddys ähnlich. Bereits um 1700 mixte man die ersten Slings, die anfangs hauptsächlich warm zubereitet wurden. Mittlerweile sind die Slings erfrischende Longdrinks, die den Collinses bzw. Fizzes ähnlich sind. Speziell bei dieser Gruppe ist der Wandel von den alten Ursprungsrezepturen bis zu den heutigen Rezepten deutlich zu erkennen.

Was Sie wissen sollten

- Die ersten Slingrezepturen (um 1700), die es für warme oder kalte Varianten gab, bestanden lediglich aus Zucker, der in etwas Wasser aufgelöst wurde, der jeweiligen Spirituose, heißem Wasser für die warme Variante bzw. kaltem Wasser und Eis für die kalte Variante. Geriebene Muskatnuss bildete bei den Slings die obligatorische Garnitur.
- Um 1800 gesellte sich Zitronensaft dazu und anstelle des Zuckers kam Likör als süßender Bestandteil zum Einsatz. Dieser wurde auf eine Zitronenscheibe gegossen, welche die Drinkoberfläche im Glas abdeckte.
- Der weltweit bekannte Singapore Sling kam durch Mr. Ngiam Tong Boon zu seinem Namen, einen jungen Barkeeper im legendären Raffles Hotel in Singapur. Dieser griff ein warmes Slingrezept auf, servierte es als kalte Variante und erweiterte den Namen auf Singapore Sling. Dies alles geschah im Jahre 1915 und die Ursprungsrezeptur wurde lange Zeit von ihm unter Verschluss gehalten.

Der heute im Raffles Hotel verkaufte Singapore Sling wird richtigerweise noch zusätzlich mit dem Namen des Hotels versehen. Denn der nun als ► Raffles Singapore Sling an die zahlreichen Touristen in den Bars des Hotels verabreichte Drink hat mittlerweile kaum mehr etwas mit einem klassischen Slingrezept gemein. Verschiedenste zusätzliche Ingredienzen wie Liköre, Bitters und Sirups bzw. die Zugabe von Ananassaft reihen diese Mixtur in die Gruppe der Fancy Drinks ein.

Grundrezept (modern)

Ein Slingglas zu drei Vierteln mit Eiswürfeln füllen. Alle Zutaten mit Ausnahme des Likörs ins Glas geben und mit einem Barlöffel verrühren. Den Trinkhalm in die Mitte der Scheibe einer Zitrusfrucht stecken und im Glas platzieren. Auf die Zitrusfrucht wird nun abschließend der jeweilige Likör gegossen.
Da man die alten Slingrezepturen alle im Gästeglas zubereitete, wurde diese Fertigungstechnik auch für die neuen Variationen übernommen; man verfährt meist wie beschrieben.

Rezeptauswahl

- ► Curaçao Sling
- ► Kingston Sling
- ► Singapur Sling

Sodas

Diese Gruppe hat ihren Namen vom Sodawasser, das für diese Drinks eine somit uner-lässliche Zutat darstellt. Sodas gelten als Erfrischungsgetränke und bei der Zubereitung im klassischen Stil entnahm man das Sodawasser aus speziellen Siphonflaschen.

 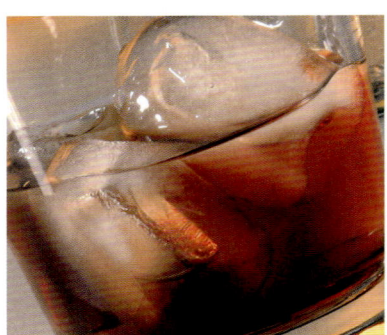

Was Sie wissen sollten

- Sodas lassen sich in alkoholische und antialkoholische Sodas teilen.
- Den alkoholischen Part übernehmen dabei Basisspirituosen oder versetzte Weine, welche mit dem Sodawasser vermischt werden.
- Verwendung finden dabei Basisspirituosen wie Whisk(e)y oder Brandy, auf Wunsch mit oder ohne Eiswürfel im Glas.
- Auch Aperitifspirituosen, wie Aperitifliköre oder versetzte Weine wie Wermut, stehen als alkoholische Basiszutat parat.
- Das Sodawasser kann extra in einer Karaffe oder als kleine Portionsflasche dazu serviert werden.
- Bei den alkoholfreien Varianten, welche man auch zu den Non-alcoholic Mix Drinks reihen kann, kommen alkohol- und kohlensäurefreie Getränke (Säfte etc.) zum Einsatz, die meist im Verhältnis 50 : 50 vermischt werden.
- Bei Sirupen ist das Verhältnis je nach Sirupmarke verschieden, letztendlich entscheidet immer der eigene Geschmack.
- Bei Sodas ist darauf zu achten, dass das Sodawasser stets frisch und kalt verwendet wird.

Rezeptauswahl

- ▶ Bourbon Soda
- ▶ Brandy Soda
- ▶ Scotch Soda
- ▶ Wermut Soda
- ▶ Whiskey Soda
- ▶ Wodka Soda

Sours

Basisspirituose, Zitronensaft und Zucker bilden die Ingredienzen eines klassischen Sours, bei dem die Säure der Zitrone dominiert, worauf der Name dieser Mixgetränkegruppe hinweist.

Die auch heute noch beliebten Sours kamen Mitte des 19. Jahrhunderts auf und werden im Shaker zubereitet.

Was Sie wissen sollten

- Die Sours waren die Wegbereiter für die Fizzes und Collinses und sind die grundlegende der verschiedenen Mixgetränkegruppen, die Alkohol, Zitrusfrüchte und Zucker enthalten.
- Aber auch sie erfuhren einen Wandel in Bezug auf Ingredienzen, Zubereitung und Präsentation.
- Der Zucker in den Sours wurde zum Beispiel, wie auch bei anderen Gruppen in den Anfangszeiten der Mixed Drinks, entweder mit Wasser aufgelöst oder mitgemixt. Heutzutage kommt fast ausschließlich Zuckersirup (Läuterzucker) zur Verwendung.
- Serviert wurden die Sours ohne Eis im speziellen Sourglas (tulpenförmiges Stielglas). Dies gilt auch teilweise heute noch, jedoch hat sich die Präsentationsform im kleinen Tumbler mit Eiswürfeln sehr verbreitet.
- Auch der Zusatz von Orangensaft in Sourrezepturen ist mittlerweile üblich, was den Drink runder im Geschmack erscheinen lässt.
- Die bewährte Sour-Garnitur-Variante Zitrone und Kirsche auf Stick (oder auch Orange mit Kirsche) ist nach wie vor üblich.

Der klassische Sour ist der Whiskey Sour und wie bei jeder erfolgreichen Rezeptur wurden durch die Verwendung anderer Spirituosen als Basisalkohol (diverse Brände oder Liköre) neue Variationen geschaffen.

Grundrezept

Zutaten	Zubereitung	
4 cl Spirituose	■ Spirituose, Zitronensaft und Zuckersirup im Shaker mixen.	
2 cl Zitronensaft	■ Bei den Variationen, bei denen Orangensaft verwendet wird, liegt der Orangensaftanteil zwischen 2 cl und 4 cl pro Drink.	
1 cl Zuckersirup	■ Bei der Verwendung von Likören als alkoholische Basisingredienz bzw. zusätzlichem Orangensaft ist darauf zu achten, dass der Anteil des Zuckersirups im Rezept angepasst bzw. weggelassen werden muss. Der säuerliche Charakter des Drinks darf nicht verloren gehen.	

Rezeptauswahl

- ▶ Amaretto Sour
- ▶ Aperol Sour
- ▶ Apple-Jack-Sour
- ▶ Apricot Sour
- ▶ Bourbon Sour
- ▶ Brandy Sour
- ▶ Gin Sour
- ▶ Melon Sour Special

- ▶ Pisco Sour
- ▶ Rum Sour
- ▶ Scotch Sour
- ▶ Southern Sour
- ▶ Whiskey Sour Classic Sour
- ▶ Whiskey Sour Trend
- ▶ Wodka Sour

Tropicanas

Die Tropicanas oder Tropical Drinks in ihrer heutigen Form gehören zwar teilweise nicht zu den alten, klassischen Mixgetränkegruppen, zählen aber mittlerweile zu den beliebtesten im Mixgetränkekarussell. Das breit gefächerte Angebot an Spirituosen, vor allem aber das vergrößerte Angebot an Säften, Sirupen und exotischen Früchten ermöglicht mittlerweile fast überall die Herstellung dieser schmackhaften Drinks.

Tropicanas sind fruchtige Mixgetränke, deren alkoholische Basis eine Spirituose bildet, welche in dem jeweiligen Land aus den dort typischen Rohstoffen erzeugt wird. Also zum Beispiel Rum in der Karibik etc., Tequila in Mexiko und Cachaça in Brasilien. Der Geschmack dieser Mixgetränke ist immer wesentlich von dieser jeweiligen Spirituose geprägt. Die weiteren Zutaten sollten den landestypischen Charakter eines solchen Mixgetränkes nicht merklich beeinträchtigen. Ob Likör, Saft, Sirup oder Frucht, die Exotik sollte jedenfalls gewahrt bleiben.

Was Sie wissen sollten

- Durch die Vielzahl an unterschiedlichen Produkten und Marken der jeweiligen Spirituosen ist es somit nahezu unumgänglich, mehrere Sorten und Marken dieser Basisspirituosen im Barstock zur Verfügung zu haben. Hierbei gilt es, wie allgemein beim Mixen erforderlich, nur auf Topprodukte zurückzugreifen, um ein authentisches Erlebnis garantieren zu können.
- Teils extravagante Gläser (Fancygläser) wie auch meist aufwendigere Garnituren bzw. Garniturenbestandteile finden bei verschiedenen Tropicanarezepturen Verwendung.
- Eine Grenze zur Gruppe der Fancy Drinks lässt sich dadurch kaum bzw. nicht mehr ziehen.

- Der hohe Bekanntheits- bzw. Beliebtheitsgrad einiger dieser Drinks, wie zum Beispiel der Piña Colada oder des fruchtigen Planter's Punch, führte im Laufe der Zeit dazu, dass verschiedenste neue Abwandlungen dieser Mixturen kreiert wurden, was wir zum Anlass nahmen, die Gruppe der Tropicanas wiederum in einzelne Untergruppen zu gliedern.
- Hierbei sei noch erwähnt, dass der Caipirinha ebenso ein Fall für die Tropicanas sein könnte, er ist aber der neu aufgenommenen Gruppe der Fancy Drinks/Crushed Drinks (siehe Seite 42) zugeordnet.

Fruit Punches

Obwohl sie die Bezeichnung Punch in einigen Namen aufweisen und somit klar der Urgruppe der Mixgetränke, nämlich den Punches (siehe Seite 73), zuzuordnen wären, finden sich diese fruchtigen Abwandlungen unter den Tropicanas, da sie in dieser Rubrik bedeutend besser aufgehoben sind als bei den völlig von der Barbildfläche verschwundenen alten, ursprünglichen Punchvariationen.

Was Sie wissen sollten

- Die karibischen Zuckerrohrplantagen gelten als der Geburtsort dieser fruchtigen Rummischungen.
- Den wohl bekanntesten Vertreter, den Planter's Punch, gibt es schon seit dem 17. Jahrhundert und mittlerweile in einer Unmenge von Variationen.
- Die Fruit Punches werden meist im Shaker zubereitet, oft auf Crushed Ice serviert und mit einer passenden Garnitur bzw. Dekoration versehen.
- Manche typische Karibik-Punches werden auch im Gästeglas zubereitet.
- Eines haben alle diese Drinks gemeinsam, nämlich dass sie speziell in ihren Ursprungsländern äußerst alkoholreich gemixt und getrunken werden.

Ein überliefertes Rezept

Zutaten	Zubereitung
One (part) of sour	■ „Sour" steht für Zitronen- oder Limettensaft.
Two of sweet	■ „Sweet" steht für Zucker oder Zuckersirup bzw. Fruchtsirup.
	■ „Strong" steht für die jeweilige Spirituose (meist Rum).
Three of strong	■ Wasser oder Fruchtsaft bildet den schwachen („weak") Teil.
Four of weak	

Rezeptauswahl

- ▶ Barbados
- ▶ Blue Hawaii
- ▶ Frozen Tropicana
- ▶ Hurricane
- ▶ Magic Banana
- ▶ Mai Tai 1
- ▶ Mai Tai 2

- ▶ Mr. Celal
- ▶ Planters' Punch
- ▶ Planters' Punch IBA
- ▶ Scorpion
- ▶ Tropical Itch
- ▶ West Indian Punch

Coladas

Die Piña Colada, die Pate für diese Gruppe steht, weist eine wechselvolle Geschichte auf. Vor allem sei angemerkt, dass sie in ihrer Urform keine Kokosnuss in jeglicher Form als Zutat aufwies. Sie ist eine Abwandlung einer Piña Fria, was soviel wie kalte Ananas heißt. Dieses Getränk wurde aus Ananasstücken, Eis, Wasser und weißem Zucker gemixt.

Piña heißt Ananas, colada bedeutet so viel wie seihen bzw. abseihen. Es handelt sich also bei dieser „abgeseihten Ananas", die um 1920 entstand, um einen Ananassaftdrink, der weder Rum noch Kokosnuss und schon gar nicht Obers/Sahne als Zutat enthielt. Einige Jahre später gesellte sich weißer Rum dazu, erst um 1937 tauchten Rezepte mit Kokosnuss (in Form von Kokosnussmilch) als Ingredienz auf.

Der komerzielle Erfolg der Piña Colada, und die Verwendung von Coconut-Cream im Drink, begann an der Beachcomber Bar des Caribe Hilton Hotels auf Puerto Rico, wo damals (1954) ein gewisser Ramon „Monchito" Marrero als Barman arbeitete.

Der nationale und internationale Erfolg dieses Tropendrinks bewog im Jahre 1978 den Gouverneur von Puerto Rico, die Piña Colada schließlich sogar zum Nationalgetränk der Puerto Ricaner zu erklären.

Zubereitung

- ◾ Alle Zutaten werden im Aufsatzmixer mit etwas Crushed Ice gut gemixt.
- ◾ Die Zubereitung kann auch im Shaker oder im Stabmixer erfolgen, im Aufsatzmixer erhält die Colada jedoch mehr Volumen.
- ◾ Grundsätzlich kann anstelle der obligatorischen Coconut-Cream ein Kokosnusssirup verwendet werden. Es ist darauf zu achten, dass dieser süßer ist.
- ◾ Alle Coladas werden im Coladakelchglas mit Trinkhalm serviert.

Rezeptauswahl

- Chi Chi
- Coffee-Colada
- Flying Kangaroo
- Golden Colada
- Italian Colada
- Kaki oder Sharon Colada
- Mango Colada
- Marillen (Aprikosen) Colada
- Melon Colada
- Mexican Colada
- Papaya Colada

- Pfirsich Colada
- Piña Colada
- Piña Colada IBA
- Piña Colada Trend
- Pinky Colada
- Pistazien Colada
- Raspberry (Himbeer) Colada
- Schoko-Colada
- Strawberry (Erdbeer) Colada
- Virgin Colada

Batidas

- Brasilien ist das Herkunftsland der Batidas.
- Diese erfrischenden Tropical Drinks haben die brasilianische Nationalspirituose Cachaça als Basisspirituose.
- Verschiedenste tropische Fruchtsäfte bzw. Früchte stehen als weitere Zutaten für diese exotischen Mixes zur Verfügung.
- Zubereitet werden sie meist mit etwas Crushed Ice im elektrischen Aufsatzmixer, aber auch im Shaker bzw. im Stabmixer, wenn keine Fruchtstücke verwendet werden.
- Als Gläser finden diverse Fancygläser Verwendung, zu denen auch die meist üppigen Fruchtgarnituren passen.

Rezeptauswahl

- Ananas Batida
- Banana Batida
- Batida de Maracuja
- Batida de Sol
- Kaki oder Sharon Batida
- Mango Batida

- Marillen (Aprikosen) Batida
- Melon Batida
- Papaya Batida
- Pfirsich Batida
- Raspberry (Himbeer) Batida
- Strawberry (Erdbeer) Batida

Frozen Fruit Daiquiris

Der klassische Daiquiri als Medium Cocktail ist der Wegbereiter für diese eiskalten Drinkkreationen. Die Basisspirituose ist wie beim Klassiker natürlich weißer Rum.

- Weißer Rohrzucker (ersatzweise Staub-/Puderzucker oder Zuckersirup) und Limettensaft bilden die weiteren Zutaten.
- Dazu kommt noch die namensgebende Fruchtsorte in Form von Fruchtstücken, Sirupen, eventuell Likör oder als Fruchtmus.
- Zubereitet wird im elektrischen Aufsatzmixer mit viel Crushed Ice, um eine Softeis-ähnliche Konsistenz zu erlangen.
- Die Drinks werden in großen Cocktailschalen mit dicken Trinkhalmen serviert.
- Eventuell mit einem Fruchtstück ausgarnieren.

Rezeptauswahl

- ▶ Ananas Daquiri
- ▶ Banana Daiquiri
- ▶ Calypso Frozen Daiquiri
- ▶ Kaki oder Sharon Daiquiri
- ▶ Mango Daiquiri
- ▶ Marillen (Aprikosen) Daiquiri

- ▶ Melon Daiquiri
- ▶ Papaya Daiquiri
- ▶ Pfirsich Daiquiri
- ▶ Pitahaya Daiquiri
- ▶ Raspberry (Himbeer) Daiquiri
- ▶ Strawberry (Erdbeer) Daiquiri

Grundsätze bei der Zubereitung von Frischfruchtdrinks

- Frisches und reifes Obst muss gewaschen werden, vorzugsweise möglichst kurz vor der Verarbeitung.
- Die Dosierung des Zuckers, Zuckersirups bzw. Fruchtsirups richtet sich nach der Süße der unterschiedlich gereiften Früchte. Eine Kostprobe ist aus diesem Grunde unbedingt zu empfehlen.
- Sollten größere Mengen an Fruchtdrinks benötigt werden, ist es ratsam sich diverse Fruchtpürees vorzubereiten.
- Fruchtpürees bzw. Fruchtstücke immer gekühlt verarbeiten.
- Verwendet man für Frucht-Daiquiris goldenen oder braunen Rum bzw. für Frucht-Margaritas goldenen Tequila, so wird der Drink weicher und runder.
- Werden Frischfruchtdrinks mit Fruchtstücken oder Fruchtpüree bzw. Fruchtmus als Frozen Drinks zubereitet, zuerst alle Zutaten ohne Eis zu einer homogenen Masse mixen und erst am Schluß 2–3 Schaufeln Crushed Ice beigeben. Auf kleiner Stufe mixen.
- Eine gute Qualität des Crushed Ices ist notwendig, um den Softeis-ähnlichen Effekt zu erzielen.

Frozen Fruit Margaritas

- Tequila ist die Basisspirituose für Frozen Fruit Margaritas.
- Curaçao Triple Sec, Zitronensaft (oder Limettensaft), viel Crushed Ice und die jeweiligen Fruchtzutaten wie bei den Frozen Fruit Daiquiris komplettieren die Ingredienzenliste.

Zubereitung
- Die Zubereitung erfolgt im elektrischen Aufsatzmixer.
- Als Glas können sogenannte Margaritaschalen (große, speziell geformte Cocktailschalen) verwendet werden.
- Eventuell mit einem Fruchtstück ausgarnieren.
- Keinen Salzrand wie beim klassischen Margarita-Cocktail am Glas anbringen!
- Mit einem dicken Trinkhalm servieren.

Rezeptauswahl

- ▶ Ananas Margarita
- ▶ Banana Margarita
- ▶ Kaki oder Sharon Margarita
- ▶ Mango Margarita
- ▶ Marillen (Aprikosen) Margarita
- ▶ Melon Margarita
- ▶ Papaya Margarita
- ▶ Pfirsich Margarita
- ▶ Raspberry (Himbeer) Margarita
- ▶ Strawberry (Erdbeer) Margarita

Sunrises

Die Sunrises werden im Glas zubereitet. Über die Reihenfolge der Zubereitung herrscht zwar Uneinigkeit, der Grenadinesirup sorgt aber schließlich und endlich bei beiden nachstehend angeführten Varianten für den „Sonnenaufgang" im Glas.

Zubereitung

Es gibt zwei Zubereitungsvarianten.

Variante 1

Zutaten	Zubereitung
Spirituose	■ In ein zu zwei Dritteln mit Eiswürfeln gefülltes Collinsglas werden die Spirituose sowie Zitronen- und Orangensaft gegeben.
Zitronensaft	
Orangensaft	■ Mit einem Barlöffel verrühren.
Grenadinesirup	■ Zum Schluss wird der Grenadinesirup über den verkehrt gehaltenen, am inneren Glasrand anliegenden Barlöffel gegossen.
Garnitur, Trinkhalm	■ Als Garnitur verwendet man Orangenscheiben.
	■ Mit Trinkhalm serviert.

Variante 2

Zutaten	Zubereitung
Grenadinesirup	■ Den Grenadinesirup als Erstes in das Collinsglas geben.
Spirituose	■ Das Glas mit Eiswürfeln (für einen besseren Effekt Crushed Ice) auffüllen und nacheinander vorsichtig die Spirituose, den Zitronensaft und den Orangensaft in das Glas gießen.
Zitronensaft	
Orangensaft	■ Mit einem Barlöffel behutsam den Grenadinesirup vom Glasboden etwas nach oben ziehen bzw. rühren.
Garnitur, Trinkhalm	■ Als Garnitur verwendet man Orangenscheiben.
	■ Mit Trinkhalm serviert.

Rezeptauswahl

► Bourbon Sunrise
► Rum Sunrise
► Tequila Sunrise
► Wodka Sunrise

Swizzles

Die Swizzles stammen wie die Punches von den Westindischen Inseln, also der Karibik.

Was Sie wissen sollten

- Ursprünglich wurden Swizzles in großen Mengen auf einmal zubereitet. Dazu rührten die Ureinwohner in einem Tongefäß Rum, Zitrussaft, Zucker und einige Spritzer Bitter mit Eis so lange, bis sich das Gefäß an der Außenseite mit einer Eisschicht belegte.
- Zum Rühren wurde ein sogenannter „Swizzle-Stick" verwendet, ein langer Stab oder Quirl aus Holz (entweder vergabelte, geschälte Aststöcke oder dickere Holzstäbe).
- Anstelle der früher verwendeten Swizzle-Sticks kommen heutzutage „Candy-Rock-Sticks" zum Einsatz, Stäbchen mit weißer oder brauner Kruste aus kandiertem Zucker.
- Es werden 6 cl Rum, die sich je zur Hälfte aus hellem und dunklem Rum zusammensetzen, mit 3 cl Limettensaft und 3 cl Sirup nach Wahl mit Crushed Ice in einem Collinsglas kräftigst verrührt, bis sich das Glas außen beschlägt.
- Die Swizzles werden mit einem Fruchtspieß garniert und einem Trinkhalm serviert.

Rezeptauswahl

- ▶ Gin Swizzle
- ▶ Queen's Swizzle
- ▶ Rum Swizzle

Twists

Die Twists gehören zu den Shortdrinks. Die Besonderheit bei dieser Gruppe ist, dass die ätherischen Öle eines Stückchens Zitronenschale durch Drehen (twist) über den fertigen Drink gepresst werden und das Schalenstück anschließend dem Drink beigefügt wird. Dies bewirkt, dass der Drink durch die ätherischen Öle ein feines Zitrusfruchtaroma erhält.

Die Twists bestehen aus Basisspirituose, Likör, Sirup und Fruchtsaft (meist Zitronensaft als saure Komponente zum Sirup).

Zubereitung

- Die Zutaten werden in einem Rührglas vermischt und dann in ein zu zwei Dritteln mit Crushed Ice gefülltes Sektglas gegossen.
- Zum Schluss wird der Drink mit einem Lemon-Twist aromatisiert.
- Das Schalenstück soll dem Drink beigegeben werden.
- Mit Trinkhalm servieren.

Rezeptauswahl

▶ Bourbon Twist
▶ Brandy Twist
▶ Rum Twist
▶ Wodka Twist

Zooms

Die Zooms gehören zu den weniger bekannten Mixgetränkegruppen; man kann sie den After-Dinner-Cocktails zuordnen. Die süffigen Zooms wurden bevorzugt in Frankreich, speziell in Paris, in den Nachmittagsstunden genossen.

Was Sie wissen sollten

- Bei den Zooms wird Honig als süßender Bestandteil verwendet. Als Alternative kann dieser auch durch Honigsirup ersetzt werden.
- Als Spirituosen bevorzugt werden Brandy, Whiskey oder Rum.
- Flüssiges Obers/Sahne als weitere Zutat sorgt für die Cremigkeit der Drinks.
- Ursprünglich wurden sie im Shaker zubereitet, es bietet sich aber speziell auch der Stab- oder Spindelmixer an.
- Serviert werden die Zooms in größeren Cocktailgläsern.

Rezeptauswahl

- ▶ Apple-Jack-Zoom
- ▶ Bourbon Zoom
- ▶ Brandy Zoom
- ▶ Irish Zoom

Sonstige Mixgetränkegruppen

Nachstehend noch einige Drinks, die auf den diversen Barkarten der Welt mit größter Sicherheit nicht mehr aufscheinen. Für uns gehören sie jedoch zumindest erwähnt.

Knickebein (Knickebocker)

Diese aus Deutschland stammenden Getränke, die man der Kategorie der Fancy Drinks oder in Bezug auf die Präsentation den Pousse-Cafés zuordnen könnte, waren in den 1950er-Jahren sehr beliebt. Heute werden sie, nicht zuletzt wegen des verwendeten rohen Eigelbs (Salmonellengefahr), nicht mehr angeboten. Für diese Getränke existierte ein eigenes Glas.

Für die Zubereitung den Stil des speziellen Knickebein-Glases mit einem Likör bis zum Knick des Glases anfüllen, das Eigelb daraufsetzen und eine Spirituose darübergießen.

Knickebein ist in Deutschland ein Synonym für Eierlikör als Füllung in Schokolade und Pralinen.

Rezeptauswahl

- ▶ Apricot Knickebein
- ▶ Cherry Knickebein
- ▶ Himbeer Knickebein

Tauwasser

Diesen Erfrischungsgetränken, ebenfalls deutschen Ursprungs, war nie ein großer Erfolg beschieden.

Für die Zubereitung auf einem Crustaglas einen Zuckerrand anbringen und das Glas fast voll mit Cobbler Ice befüllen. Dann gießt man die Spirituosen vorsichtig dazu und spritzt mit einem Schuss Sodawasser auf.

Nutrimentum Spiritus

Eine weitere deutsche Kreation, die sich auch nicht durchsetzen konnte, ist die Gruppe Nutrimentum Spiritus. Es handelt sich dabei grundsätzlich um gerührte Cocktails, die den Rezepturen nach einen starken „Corpse-reviver-Charakter" (siehe Pick-me-ups) aufweisen.

Ein Beispiel gefällig? Ein „Münchhausen" vereint zum Beispiel Kümmelschnaps, Rum, Magenbitter und Kräuterlikör als Zutaten.

Zarte Melodien

Dabei handelt es sich um Mischungen, die Milk-Frappés ähnlich sind, jedoch meist sehr stark im Alkoholgehalt waren. Man servierte diese Drinks mit Barlöffel und Trinkhalm.

Erwähnt sei nochmals, dass sicherlich noch einige wenige ins Leben gerufene Gruppen oder Untergruppen von Mixgetränken existieren bzw. existierten, die in diesem Lexikon nicht aufscheinen. Dies beruht darauf, dass sie kaum bzw. keinen nachhaltigen Bekanntheitsgrad erreichten, somit nie richtig Fuß gefasst haben und bis in unsere Gefilde durchgedrungen sind.

Longdrinks

Als Longdrinks gelten grundsätzlich alle Bargetränke, die mehr als 10 cl Inhalt aufweisen. Weitere Charakeristika sind die große Anzahl an Eiswürfeln sowie das Auffüllen mit sogenannten Chasers bzw. Fillers.

Collinses, Highballs, Fizzes, um nur einige zu nennen, sind Longdrinks.

Bei der nachstehenden Rezeptauswahl sind auch einige Siegerdrinks von Mixwettbewerben angeführt, die eigentlich in die Gruppe der Fancy Drinks gereiht werden könnten. Da aber diese Rezepte bei Meisterschaften, bei denen die Kategorie Longdrink auf dem Programm stand, gemixt wurden, sind diese Drinks hier aufgelistet.

Rezeptauswahl

- ► Aloe Vera
- ► Aphrodite
- ► Bourbon Ginger Ale
- ► Brandy Ginger Ale
- ► Campari-Orange (Garibaldi)
- ► Campari-Soda
- ► Cola Rum
- ► Cool Sweet Heart
- ► Cuba Libre
- ► Exotic Twist
- ► Gin Lemon
- ► Gin Orange
- ► Gin Tonic
- ► Greyhound
- ► Lucky Lips
- ► Man Killer
- ► Moscow Mule
- ► Salty Dog
- ► Screw Driver
- ► Smile
- ► Stop-Ready-Go
- ► Whiskey-Cola
- ► Wodka Cola
- ► Wodka Lemon
- ► Wodka Tonic

Lebua at State Tower, Bangkok

Im Anhang des Buches finden Sie Listen,
in denen die Rezepte nach Basisgetränken
(Whisky, Gin, Rum etc.) zusammengefasst sind.

REZEPTE VON A BIS Z

Wir haben folgende Piktogramme verwendet:

Zubereitung

- Shaker
- Aufsatzmixer
- Stabmixer
- Mixglas
- Gästeglas

Geschmack

- Sehr trocken
- Trocken
- Mittel
- Süß

Gläser

- Cocktailglas
- Cocktailschale
- Große Cocktailschale/Sektschale
- Tumbler

Alkoholstärke

- Sehr niedrig
- Niedrig
- Hoch
- Sehr hoch

ABC Shooter
Shooter

Amaretto   2 cl
Bailey's Irish Cream   2 cl
Cointreau oder Cream
(Obers/Sahne)   2 cl

Zubereitung: Zuerst den Amaretto, dann den Bailey's und zum Schluss den Cointreau oder das Obers/die Sahne über den verkehrt gehaltenen, am inneren Glasrand anliegenden Barlöffel in das Shotglas gießen.

Hinweise: Der Name des Drinks ist abgeleitet von den Anfangsbuchstaben der Ingredienzien.

Bei Verwendung von Obers/Sahne verändert sich die Alkoholstärke von der dritten auf die zweite Kategorie.

Adam y Eve
Pre-Dinner-Cocktail
1. Platz/Weltmeister, Cocktail-Weltmeisterschaft 2003, Sevilla/Spanien
Sergio Serrano Rivero, Kuba

Rum, kubanisch,
7 Jahre alt   2,5 cl
Grüner-Apfel-Likör   2 cl
Wermut, weiß, süß   2 cl
Campari   0,5 cl

Garnitur: zwei Apfelherzen.

Zubereitung: Das fertige Getränk in das vorgekühlte Cocktailglas seihen.

Adonis
Pre-Dinner-Cocktail

Sherry, trocken   4 cl
Wermut, rot   2 cl
Orange-Bitters   1 Dash

Zubereitung: Das fertige Getränk in das vorgekühlte Cocktailglas seihen.

Affinity
Pre-Dinner-Cocktail

Scotch Whisky	3 cl
Wermut, weiß, trocken	1,5 cl
Wermut, rot	1,5 cl
Angostura-Bitters	1 Dash

Garnitur: Cocktailkirsche.

Zubereitung: Das fertige Getränk in das vorgekühlte Cocktailglas seihen.

After-Eight-Frappé
Milk-Mix-Drink

Schokoladeeis	2 Kugeln
Bitterschokolade-raspel	2 Barlöffel
Pfefferminzsirup, weiß	1 Barlöffel
Milch	1/8 l

Garnitur: Schlagobers-/Schlagsahnehaube mit geriebener Bitterschokolade; Minzeblatt.

Zubereitung: Alle Zutaten im elektrischen Aufsatzmixer mischen und in ein dickwandiges Glas gießen.

Service: Unterteller, Serviette, Limonadenlöffel, Trinkhalm.

Alaska
Pre-Dinner-Cocktail

| Gin | 4 cl |
| Chartreuse, gelb | 2 cl |

Garnitur: Zitronentwist.

Zubereitung: Das fertige Getränk in das vorgekühlte Cocktailglas seihen.

Alexander

Vgl. ▶ Brandy Alexander
sowie Hinweis ▶ Alexandra.

Alexander's Sister
After-Dinner-Cocktail

Gin	2 cl
Crème de Menthe, weiß	2 cl
Obers/Sahne	2 cl

Zubereitung: wie ▶ Alexander.

Alexandra
After-Dinner-Cocktail

Gin	2 cl
Crème de Cacao, weiß	2 cl
Obers/Sahne	2 cl

Garnitur: geriebene Muskatnuss.

Zubereitung: Das fertige Getränk in die vorgekühlte Cocktailschale seihen.

Hinweis: Diese Rezeptur ist die ursprüngliche Form des ▶ Alexander.

Alfonso
Sekt- oder Champagnercocktail

Würfelzucker	1 Stück

Angostura-Bitters	2 Dashs
Dubonnet, rot	2 cl
Champagner/Sekt	10 cl

Garnitur: Zitronentwist.

Zubereitung: Den Würfelzucker in die Sektschale geben und mit dem Angostura tränken. Zuerst den Dubonnet und dann den gut gekühlten Champagner oder Sekt daraufgießen.

Algonquin
Pre-Dinner-Cocktail

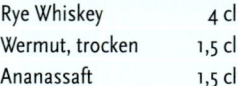

Rye Whiskey	4 cl
Wermut, trocken	1,5 cl
Ananassaft	1,5 cl

Zubereitung: Das fertige Getränk in das vorgekühlte Cocktailglas seihen.

Almond Mocha Freeze
Non-alcoholic Drink

Schokoladesirup, braun	3 cl
Mandelsirup	2 cl
Espresso, kalt	8 cl
Milch	4 cl
Obers/Sahne	2 cl

Garnitur: Schokoladeflocken.

Zubereitung: Alle Zutaten im Aufsatzmixer mit 1–2 Schaufeln Crushed Ice ca. 30 Sekunden mixen, bis eine homogene Massse entstanden ist. Den Softice-ähnlichen Drink in einen hohen Tumbler oder ein Fancy-Glas gießen, und mit den Schokoflocken bestreuen.

Service: Dicker Trinkhalm.

Tipp: Der Handel bietet

Schokolade- bzw. Kaffeepulvervariationen an, die ganz unkompliziert mit Milch und Crushed Ice zu Frozen Coffee Drinks gemixt werden können. Mit diversen Sirupen kann noch verfeinert werden.

Aloe Vera
Longdrink
2. Platz/Vizeweltmeister, Cocktail-Weltmeisterschaft 2002, Bled/Slowenien, Helge Sivertsen, Norwegen

Wodka Citron	4 cl
Melonenlikör	3 cl
Sweet & Sour Mix	4 cl
Cordial Lime Juice	2 cl
Seven Up	

Garnitur: Limettenspirale, Wassermelone.

Zubereitung: Alle Zutaten außer dem Seven Up im Shaker mixen und in einen mit Eiswürfeln gefüllten hohen Tumbler seihen. Mit Seven Up auffüllen.

Service: Trinkhalm.

Altwiener Glühwein
Hot Drink
Für 8 Personen

Rotwein	1 l
Orangensaft, frisch gepresst	1/8 l
Zwetschkenpüree (Powidl)	100 Gramm
Ingwerwürfel, kandiert	100 Gramm
Orangenspiralen	2 Stück

Zubereitung: Alle Zutaten in einem feuerfesten Gefäß erhitzen und ständig warm halten. In einem feuerfesten Glas servieren.

Amaretto Hot Shot
Hot Drink

Amaretto	2 cl
Kaffee, heiß	2 cl
Obers/Sahne	2 cl

Zubereitung: Zuerst den vorgewärmten Amaretto, dann den heißen Kaffee und zuletzt das leicht geschlagene Obers/Sahne über den verkehrt gehaltenen, am inneren Glasrand anliegenden Barlöffel in den Slim-Line-Tumbler gießen. Die Ingredienzen dürfen sich nicht vermischen (vgl. Pousse-Café, Seite 71 f.).

Amaretto-Shake
Milk-Mix-Drink

Amaretto	4 cl
Milch	12 cl
Obers/Sahne	1–2 cl
Erdbeersirup	1 cl

Zubereitung: Das fertige Getränk in einen hohen Tumbler oder ein Fancyglas gießen.

Service: Trinkhalm.

Amaretto Sour
Sour

Amaretto	4 cl
Zitronensaft, frisch gepresst	2 cl
Zuckersirup	0,5 cl

Garnitur: Zitronenscheibe mit Kirsche auf Stick.

Zubereitung: Das fertige Getränk in das Old-Fashioned-Glas seihen.

Tipp: Die Zutaten können um 2–4 cl Orangensaft ergänzt werden. Der Drink schmeckt dann runder.

American Beauty
Pre-Dinner-Cocktail

Cognac oder Weinbrand	1,5 cl
Wermut, weiß, trocken	1,5 cl
Orangensaft, frisch gepresst	1,5 cl
Grenadinesirup	0,5 cl
Crème de Menthe, weiß	2 Dashs
Portwein (zum Toppen)	2 cl

Zubereitung: Das fertige Getränk in das vorgekühlte Cocktailglas seihen und mit dem Portwein toppen.

American Glory
Sekt- oder Champagnercocktail

Grenadinesirup	1 cl
Orangensaft, frisch gepresst	4 cl
Champagner/Sekt	8–10 cl

Zubereitung: Die Sekttulpe zur Hälfte mit Crushed Ice füllen. Den Grenadinesirup mit dem Orangensaft im Shaker vermischen und in das Glas seihen. Mit gut gekühltem Champagner oder Sekt auffüllen.

Americano
Pre-Dinner-Cocktail

  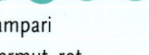

Campari	3 cl
Wermut, rot	3 cl

Garnitur: Zitronentwist, halbe Orangenscheibe.

Zubereitung: Einen Tumbler zu drei Vierteln mit Eiswürfeln füllen. Campari und Wermut darübergießen. Auf Wunsch kann mit Sodawasser aufgefüllt werden.

→ IBA-Standardrezept

Ananas Batida
Tropicana

Cachaça	6 cl
Ananassaft	4 cl
Ananassirup	2 cl

Limettensirup	1 cl
Zitronen- oder Limettensaft, frisch gepresst	2 cl
Ananas, sehr gut reif	100 Gramm

Garnitur: Ananasgarnitur.

Zubereitung: Im Aufsatzmixer alle Zutaten mit einer halben Schaufel Shaved Ice oder Crushed Ice so lange pürieren, bis das Fruchtfleisch zur Gänze zerkleinert ist. Den fertigen Drink in ein mit Eiswürfeln gefülltes Glas (hoher Tumbler oder Fancyglas) gießen.

Service: Trinkhalm.

Tipp: Ananassaft erst zum Schluss beigeben, da dieser sehr stark schäumt.

Ananas Caipirinha
Fancy Drink/Crushed Drink

Limette	1 Stück
Rohrzucker	1 Barlöffel
Cachaça	4–5 cl
Ananassirup	2–3 cl
Cordial Lime Juice	1 cl
Ananas, sehr gut reif	80 Gramm

Garnitur: Ananasgarnitur.

Zubereitung: Die Limette mit dem Rohrzucker wie für einen ▶ Caipirinha vorbereiten. Ananas, Cachaça, Sirup und Juice im Aufsatzmixer so lange pürieren, bis die Ananas zur Gänze zerkleinert ist. Das Fruchtpüree über die zerstoßene Limette gießen, mit Crushed Ice auffüllen und gut verrühren.

Service: dicker Trinkhalm.

Tipps: vgl. ▶ Caipirinha. Auch bei dieser Rezeptur gibt es die Varianten mit weißem Rum (Ananas Caipirissima) bzw. mit Wodka (Ananas Caipiroska).

Für einen alkoholfreien Ananas Caipirinha den Alkoholanteil durch ca. 6 cl kohlensäurehaltige Limonade (Zitronenlimonade, Bitter Lemon, Tonic oder Ginger Ale) ersetzen. Diese erst ganz am Schluss beigeben und den Drink nochmals kurz und vorsichtig aufrühren.

Ananas Daiquiri
Tropicana

Rum, weiß	5 cl
Limettensaft, frisch gepresst	2 cl
Ananassirup	2 cl
Ananas, sehr gut reif	100 Gramm

Garnitur: Ananasgarnitur.

Zubereitung: Im Aufsatzmixer alle Zutaten mit einer Schaufel Shaved Ice oder Crushed Ice so lange pürieren, bis das Fruchtfleisch zur

Gänze zerkleinert ist. Den fertigen Drink in eine große Cocktailschale gießen.

Service: Trinkhalm.

Tipp: Für einen alkoholfreien Ananas Daiquiri den Rumanteil durch 1 cl Rumsirup und ca. 4 cl Ananassaft ersetzen.

Ananas Fancy Mojito
Fancy Drink/Crushed Drink

Limette	1 Stück
Rohrzucker	1 Barlöffel
Rum, kubanisch	4 cl
Spitzen von zwei Minzezweigen	
Ananassirup	2–3 cl
Cordial Lime Juice	1 cl
Ananas, sehr gut reif	80 Gramm
Sodawasser	ca. 8 cl

Garnitur: Ananasgarnitur, Minzezweig.

Zubereitung: Die Limette und den Rohrzucker wie für einen ▶ Caipirinha vorbereiten und mit der Minze zerstoßen. Ananas, Rum, Sirup und Juice im Aufsatzmixer so lange pürieren, bis die Ananas zur Gänze zerkleinert ist. Das Fruchtpüree über die zerstoßene Limette/Minze gießen, mit Crushed Ice bis ca. drei Zentimeter unter dem Glasrand auffüllen und gut verrühren. Das Sodawasser

beigeben und nochmals kurz und vorsichtig aufrühren.

Service: Trinkhalm.

Tipp: Für einen alkoholfreien Ananas Fancy Mojito den Alkoholanteil durch einen höheren Sodaanteil oder kohlensäurehaltige Limonaden ausgleichen.

Ananas Margarita
Tropicana

Tequila	4 cl
Curaçao, Triple Sec	1 cl
Zitronen- oder Limettensaft, frisch gepresst	3 cl
Ananassirup	2 cl
Ananas, sehr gut reif	100 Gramm

Garnitur, Zubereitung und **Service** wie ▶ Ananas Daiquiri.

Angel Face
Pre-Dinner-Cocktail

Gin	2 cl
Calvados	2 cl
Apricot Brandy	2 cl

Zubereitung: Das fertige Getränk in das vorgekühlte Cocktailglas seihen.

Angel's Tip
Pousse-Café

Crème de Cacao, braun	6 cl
Obers/Sahne	3 cl

Garnitur: Halbe Maraschino-kirsche auf das Obers/Sahne setzen.

Zubereitung: Zuerst den vorgekühlten Crème de Cacao und dann das gekühlte flüssige Obers/Sahne über den verkehrt gehaltenen, am inneren Glasrand anliegenden Barlöffel in das Pousse-Café-Glas gießen.

Anisette Toddy
Hot Drink

Pastis	4 cl
Zitronensaft, frisch gepresst	2 cl
Honig	2 Barlöffel
mit 8 cl heißem Wasser auffüllen	

Garnitur: Eine mit vier Gewürznelken gespickte Zitronenscheibe ins Glas geben; längere Zimtstange zum Umrühren.

Zubereitung: Den ange-wärmten Pastis mit dem Zitronensaft und dem Honig in ein feuerfestes Glas geben, umrühren und mit heißem Wasser auffüllen.

Service: Unterteller, Serviette.

Aperol Sour

Vgl. ▶ Amaretto Sour; anstelle von Amaretto Aperol verwenden.

Aphrodite
Longdrink
2. Platz/Vizeweltmeister, Cocktail-Weltmeisterschaft 2006, Chalkidiki/Griechenland
Stefan Stevancsecz, Österreich

Wodka Grapefruit	3 cl
Grand Marnier Cordon Rouge	2 cl
Amarettosirup	1 cl
Passionsfruchtpüree	3 cl
Physalisnektar	6 cl

Garnitur: Orangenschale, Cocktailkirsche, Minzezweig, Cocktail Flavour Orange.

Zubereitung: Das fertige Getränk in einen mit Eiswür-feln gefüllten hohen Tumbler seihen. Den Drink mit dem Cocktail Flavour besprühen und somit aromatisieren.

Service: Trinkhalm.

Apotheke

Pick-me-up

Fernet-Branca	2 cl
Crème de Menthe, weiß	2 cl
Wermut, rot	2 cl

Zubereitung: Das fertige Getränk in die Cocktailschale seihen.

Apple-Jack-Cocktail

Pre-Dinner-Cocktail

Apple Jack	6 cl
Curaçao, Triple Sec	1–2 Dashs
Zuckersirup	1–2 Dashs
Angostura-Bitters	1,5–2 Dashs

Garnitur: Zitronentwist (nur zum Aromatisieren); Cocktailkirsche oder Olive auf Stick.

Zubereitung: Das fertige Getränk in das vorgekühlte Cocktailglas seihen.

Tipp: ersatzweise einen Apfelbrand verwenden.

Apple-Jack-Collins

Vgl. ▶ Tom Collins; anstelle von Gin Apple Jack verwenden.

Apple-Jack-Cooler

Vgl. ▶ Bourbon Cooler; anstelle von Bourbon Whiskey Apple Jack verwenden.

Apple-Jack-Egg-Nogg

Vgl. ▶ Brandy Egg Nogg; anstelle von Cognac oder Weinbrand Apple Jack verwenden.

Apple-Jack-Fix

Vgl. ▶ Rum Fix; anstelle von Rum Apple Jack verwenden.

Apple-Jack-Float

Vgl. ▶ Brandy Float; anstelle von Cognac oder Weinbrand Apple Jack verwenden.

Apple-Jack-Grog

Hot Drink

Apple Jack	4 cl
Zitronensaft, frisch gepresst	2 cl
Zuckersirup oder Curaçao, Triple Sec	2 cl

mit 8 cl heißem Wasser auffüllen

Garnitur: Eine mit vier Gewürznelken gespickte Zitronenscheibe ins Glas geben; längere Zimtstange zum Umrühren.

Zubereitung: Den Apple Jack mit dem Zitronensaft und dem Zuckersirup bzw. Curaçao in ein feuerfestes Glas geben, umrühren und mit heißem Wasser auffüllen.

Service: Unterteller, Serviette.

Tipp: ersatzweise einen Apfelbrand verwenden.

Bei Verwendung des Curaçao verändert sich die Alkoholstärke von der zweiten auf die dritte Kategorie.

Apple-Jack-Julep

Vgl. ▶ Brandy Julep; anstelle von Cognac oder Weinbrand Apple Jack verwenden.

Apple-Jack-Smash

Vgl. ▶ Whiskey Smash; anstelle von Whiskey Apple Jack verwenden.

Apple-Jack-Sour

Vgl. ▶ Whiskey Sour; anstelle von Whiskey Apple Jack verwenden.

Apple-Jack-Zoom

Vgl. ▶ Irish Zoom; anstelle von Irish Whiskey Apple Jack verwenden.

Apple Martini
Pre-Dinner-Cocktail

Wodka Citron	4 cl
Saurer-Apfel-Likör	1,5 cl
Curaçao, Triple Sec	1 cl
Zitronensaft, frisch gepresst	1 cl

Garnitur: Halbe dünne Apfelscheibe (vorzugsweise der Sorte Granny Smith; in den Drink legen oder auf den Glasrand stecken).

Zubereitung: Das fertige Getränk in ein großes vorgekühltes Cocktailglas seihen.

Apple Pie Shrub
Shrub
40 Portionen à 6 cl

Wodka	3 l
Äpfel, rot	15 Stück
Zimtstangen	15 Stück
Rosinen	1/2 kg

Zubereitung: Die in Stücke geschnittenen Äpfel mit den Zimtstangen spicken und mit den Rosinen in ein Shrubgefäß geben. Den Wodka daraufgießen und das Ganze eine Woche kühl stellen. In Flaschen abseihen. Im geeisten Ponyglas (Stamperl) kalt servieren.

Apple Shaker
After-Dinner-Cocktail

2. Platz/Vizeweltmeister, Cocktail-Weltmeisterschaft 2004, Las Vegas/USA
M. H. Ekman, Holland

Saurer-Apfel-Likör	2,5 cl
Pfirsichlikör	1 cl
Melonenlikör	0,5 cl
Zimtsirup	1 cl
Apfel-Pfirsich-Saft	2 cl

Garnitur: Cocktailapfel, Lorbeerblatt, Zimt, Pfirsichlikör-Flavour.

Zubereitung: Das fertige Getränk in das vorgekühlte Cocktailglas seihen und den Drink mit Pfirsichlikör besprühen bzw. aromatisieren.

Apricot Cobbler
Cobbler

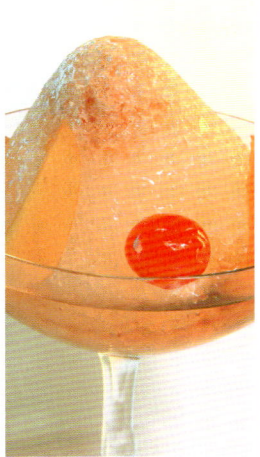

Crushed Ice
Marillenhälften
(Aprikosenhälften)   4 Stück
Cocktailkirschen   4 Stück
Angostura-Bitters   1 Dash
Apricot Brandy   2 cl
Champagner/Sekt   ca. 10 cl

Zubereitung: Crushed Ice in der Mitte der Cobblerschale pyramidenförmig aufhäufen und das Obst darauf verteilen. Den Angostura auf das Eis spritzen und den Apricot Brandy in das Glas gießen. Zuletzt mit dem Champagner oder Sekt auffüllen.

Service: zwei kurze Trinkhalme, Unterteller, Serviette, Kaffeelöffel.

Apricot Fizz
Fizz

Apricot Brandy   4 cl
Zitronensaft,
frisch gepresst   2 cl
Zuckersirup   1 cl
Orangensaft,
frisch gepresst   2 cl
Sodawasser

Garnitur: Zitronenscheibe.

Zubereitung: Alle Zutaten außer dem Sodawasser im Shaker gut schütteln und in einen hohen Tumbler seihen. Mit dem Sodawasser auffüllen.

Service: Trinkhalm.

Apricot Frappé
Frappé

Apricot Brandy   4 cl
Crushed Ice oder
Shaved Ice

Garnitur: Marillenspalte (Aprikosenspalte).

Zubereitung: Den Sektkelch mit dem Eis füllen und den Apricot Brandy daraufgießen.

Service: Trinkhalm.

Apricot Fruit Punch
Tropicana

Rum, weiß	3 cl
Marillen-/Aprikosenlikör	2 cl
Zitronensaft, frisch gepresst	2 cl
Marillen-/Aprikosensirup	2 cl
Ananassaft	6 cl
Orangensaft, frisch gepresst	6 cl

Garnitur: Fancygarnitur.

Zubereitung: Den fertigen Drink in ein mit Eiswürfeln gefülltes Fancyglas seihen.

Service: Trinkhalm.

Apricot Knickebein
Knickebein

Apricot Brandy	3 cl
1 Eigelb	
Marillen-/Aprikosenbrand	3 cl

Zubereitung: Das Knickebeinglas bis zum Knick mit dem Apricot Brandy anfüllen. Das Eigelb daraufsetzen und den Brand darübergießen.

Apricot Lemon Cooler
Cooler

Kristallzucker	3 Barlöffel
Angostura-Bitters	1 Dash
Zitronensaft, frisch gepresst	3 cl
Apricot Brandy	4 cl
Bitter Lemon	

Garnitur: Fruchtspieß.

Zubereitung: Einen Tumbler zu drei Vierteln mit Crushed Ice füllen. Den Zucker auf das Eis geben und den Angostura daraufspritzen. Anschließend den Zitronensaft und den Apricot Brandy daraufgießen. Mit dem Bitter Lemon auffüllen.

Service: Trinkhalm, Stirrer.

Apricot Rickey

Vgl. ▶ Gin Rickey; anstelle von Gin Apricot Brandy verwenden.

Apricot Sour

Vgl. ▶ Amaretto Sour; anstelle von Amaretto Apricot Brandy verwenden.

Apricot Sparkling
Sekt- oder Champagnercocktail

Marille/Aprikose	1 Stück
Apricot Brandy	2 cl
Weinessig, weiß	1 Dash
Champagner/Sekt	ca. 6 cl

Zubereitung: Die geschälte, entkernte Marille/Aprikose mit etwas Crushed Ice im Aufsatzmixer pürieren. Apricot Brandy und Essig dazugeben und nochmals mixen. Diese Mischung in eine Sekttulpe gießen und mit gut gekühltem Champagner oder Sekt auffüllen.

Apricot Spuma
Sekt- oder Champagner-cocktail

Apricot Brandy	3 cl
Marillen-/Aprikosennektar	3 cl
Obers/Sahne	3 cl
1 Eigelb oder 3 cl Eierlikör	
Spumante bzw.	
Champagner/Sekt	ca. 8 cl

Garnitur: Marillenspalte/Aprikosenspalte.

Zubereitung: Alle Zutaten außer dem Schaumwein im Shaker mixen und in das Ballonglas seihen. Mit gut gekühltem Spumante bzw. Champagner/Sekt auffüllen.

Service: Trinkhalm bereitstellen.

Bei Verwendung des Eierlikörs verändert sich die Alkoholstärke von der zweiten auf die dritte Kategorie.

Apricot Toddy
Hot Drink

Apricot Brandy	4 cl
Zitronensaft, frisch gepresst	2 cl
Honig	2 Barlöffel
Wasser, heiß	8 cl

Garnitur: Eine mit vier Gewürznelken gespickte Zitronenscheibe ins Glas geben; längere Zimtstande (zum Umrühren).

Zubereitung: Den angewärmten Likör mit Zitronensaft und Honig in ein feuerfestes Glas geben, umrühren und mit heißem Wasser auffüllen.

Service: Unterteller, Serviette.

Artemis
Fancy Drink

Pfirsichlikör	2 cl
Curaçao, rot	2 cl
Ananassaft	4 cl
Pfirsichlikör	2 cl
Obers/Sahne	1 cl
Zitronensaft, frisch gepresst	1 cl
Pfirsichhälften	2 Stück
Kristallzucker	1 Barlöffel

Garnitur: Pfirsichgarnitur.

Zubereitung: Den Pfirsichlikör, den Curaçao und den Ananassaft im Shaker gut mischen und in ein Fancyglas seihen. Die restlichen Zutaten im Aufsatzmixer mit etwas Crushed Ice mixen und daraufgießen.

Service: Trinkhalm.

Austrian Pousse-Café
Pousse-Café

Grenadinesirup	2 cl
Mandelsirup	2 cl
Curaçao, Triple Sec	4 cl
Grenadinesirup	1 cl
Wodka	2 cl

Zubereitung: Grenadine- und Mandelsirup im Mixglas mit dem Barlöffel verrühren und in das Pousse-Café-Glas seihen. Den Curaçao über den verkehrt gehaltenen, am inneren Glasrand anliegenden Barlöffel in das Glas gießen. Zuletzt den Grenadinesirup mit dem Wodka in einen Shaker geben, mischen und als Abschluss in das Pousse-Café-Glas seihen.

Autumn Leaf
Beer-Mix-Drink

Limettensirup	3 cl
Weizenbier	ca. 30 cl

Garnitur: Limettenscheibe (in das Glas geben).

Zubereitung: Sirup und Bier in eine Bierschale gießen.

Aviation
Pre-Dinner-Cocktail

Gin	4 cl
Zitronensaft, frisch gepresst	2 cl
Maraschino	2–3 Dashs

Garnitur: Zitronentwist.

Zubereitung: Das fertige Getränk in das vorgekühlte Cocktailglas seihen.

Bacardi Cocktail
Pre-Dinner-Cocktail

Rum, weiß (Bacardi)	4,5 cl
Zitronensaft, frisch gepresst	2 cl
Grenadinesirup	0,5 cl

Zubereitung: Das fertige Getränk in das vorgekühlte Cocktailglas seihen.

Bacardi Symphony
Pre-Dinner-Cocktail

1. Platz/Weltmeister, Cocktail-Weltmeisterschaft 2000, Singapur Ales Ogrin, Slowenien

Rum, weiß	3 cl
Wermut, bitter	1,5 cl
Wermut, weiß, trocken	1,5 cl
Galliano	0,5 cl
Grand Marnier Cordon Rouge	0,5 cl

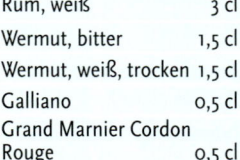

Garnitur: Limette, Orangenspirale, Cocktailkirsche mit Stiel, Orangentwist (nur zum Aromatisieren).

Zubereitung: Das fertige Getränk in das vorgekühlte Cocktailglas seihen.

Bahama Sparkling
Sekt- oder Champagnercocktail

Crème de Bananes	2 cl
Curaçao, blau	2 cl
Zitroneneis	1 Kugel
Champagner/Sekt	ca. 8 cl

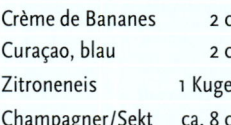

Garnitur: Kumquatrose mit Minzezweig.

Zubereitung: Alle Zutaten mit Ausnahme des Schaumweins im Aufsatzmixer gut mischen und in eine Sektschale gießen. Anschließend mit gut gekühltem Champagner/Sekt auffüllen.

Bali Tropic
Fancy Drink

1. Platz, Österreichische Cocktail-Staatsmeisterschaften, 2004 Stefan Stevancsecz, Linz

Rum Citron, weiß	3 cl
Kokos-Passion-Likör	3 cl
Curaçao, rot	1 cl
Ingwersirup	1 cl
Limettensaft, frisch gepresst	1 cl
Mangonektar	4 cl
Ananassaft	6 cl

Garnitur: Rettichrose (mit roter Rübe eingefärbt), Orangenschale, Limettenschale, Cocktail Flavour Limette.

Zubereitung: Das fertige Getränk in einen m t Eiswürfeln gefüllten Tumbler seihen. Den Drink mit dem Cocktail Flavour besprühen.

Baltimore Egg Nogg
Egg Nogg

Cognac oder Weinbrand 3 cl

Rum, braun 1,5 cl

Madeira 4 cl

Milch ca. 10 cl

Obers/Sahne 2 cl

Puderzucker 2 Barlöffel

Ei 1 Stück

Garnitur: geriebene Muskatnuss.

Zubereitung: Kalt oder warm, siehe Egg Noggs, Seite 39 f.

Bamboo
Pre-Dinner-Cocktail

Sherry, trocken 3 cl

Wermut, weiß, trocken 3 cl

Orange-Bitters 1 Dash

Garnitur: Zitronentwist.

Zubereitung: Das fertige Getränk in das vorgekühlte Cocktailglas seihen.

Banana Batida
Tropicana

Cachaça 6 cl

Orangensaft, frisch gepresst 4 cl

Rohrzuckersirup 2 cl

Limettensirup 1 cl

Zitronen- oder Limettensaft, frisch gepresst 2 cl

Banane, sehr gut reif 100 Gramm

Garnitur: Bananengarnitur.

Zubereitung: Im Aufsatzmixer alle Zutaten mit einer halben Schaufel Shaved Ice oder Crushed Ice so lange pürieren, bis das Fruchtfleisch zur Gänze zerkleinert ist. Den fertigen Drink in ein mit Eiswürfeln gefülltes Glas (hoher Tumbler oder Fancyglas) gießen.

Service: Trinkhalm.

Tipp: Die Schnittfläche der Banane, die für die Garnitur verwendet wird, mit Limettensaft oder Cordial Lime Juice beträufeln. Dies lässt sie nicht so schnell braun werden bzw. länger frisch glänzen. Außerdem ist der süß-säuerliche Geschmack beim Essen überaus angenehm.

Banana Caipirinha
Fancy Drink/Crushed Drink

Limette 1 Stück

Rohrzucker 1 Barlöffel

Cachaça 4–5 cl

Bananenlikör, gelb 3 Dashs

Cordial Lime Juice 1 cl

Rohrzuckersirup 2 cl

Banane, sehr gut reif 80 Gramm

Garnitur: Bananengarnitur.

Zubereitung: Die Limette mit dem Rohrzucker wie für einen ▶ Caipirinha vorbereiten. Banane, Cachaça, Sirup und Juice im Aufsatzmixer so lange pürieren, bis die Banane zur Gänze zerkleinert ist. Das Fruchtpüree über die zerstoßene Limette gießen, mit Crushed Ice auffüllen und gut verrühren.

Service: dicker Trinkhalm.

Tipps: vgl. ▶ Caipirinha. Auch bei dieser Rezeptur gibt es die Varianten mit weißem Rum (Banana Caipirissima) bzw. mit Wodka (Banana Caipiroska).

Für einen alkoholfreien Banana Caipirinha den Alkoholanteil durch ca. 6 cl kohlensäurehaltige Limonade (Zitronenlimonade, Bitter Lemon, Tonic oder Ginger Ale) ersetzen. Diese erst ganz am Schluss beigeben und den Drink nochmals kurz und vorsichtig aufrühren.

Banana Colada
Tropicana

Rum, weiß	3 cl
Rum, braun	1 cl
Bananenlikör, gelb	1 cl
Coconut Cream	4–5 cl
Ananassaft	6 cl
Orangensaft, frisch gepresst	3 cl
Banane, sehr gut reif	100 Gramm

Garnitur: Ananas-Bananen-Garnitur.

Zubereitung: Im Aufsatzmixer alle Zutaten mit zwei Schaufeln Shaved Ice oder Crushed Ice so lange pürieren, bis das Fruchtfleisch zur Gänze zerkleinert ist. Den fertigen Drink in ein Fancyglas gießen.

Service: Trinkhalm.

Tipps: Anstelle von 4–5 cl Coconut Cream können 2–3 cl des süßeren Kokosnusssirups verwenden werden. Für eine alkoholfreie Banana Colada den Alkoholanteil durch Säfte ersetzen.

Banana Daiquiri
Tropicana

Rum	4 cl
Bananenlikör, gelb	1 cl
Limettensaft, frisch gepresst	2 cl
Rohrzuckersirup	2 cl
Banane, sehr gut reif	100 Gramm

Garnitur: Bananengarnitur.

Zubereitung: Im Aufsatzmixer alle Zutaten mit einer Schaufel Shaved Ice oder Crushed Ice so lange pürieren, bis das Fruchtfleisch zur Gänze zerkleinert ist. Den fertigen Drink in eine große Cocktailschale gießen.

Service: Trinkhalm.

Tipp: Für einen alkoholfreien Banana Daiquiri den Alkoholanteil durch Orangensaft ersetzen.

Banana Fancy Mojito
Fancy Drink/Crushed Drink

Limette	1 Stück
Rohrzucker	1 Barlöffel
Rum, kubanisch	4 cl
Bananenlikör, gelb	3 Dashs
Spitzen von zwei Minzezweigen	
Rohrzuckersirup	2 cl
Cordial Lime Juice	1 cl
Banane, sehr gut reif	80 Gramm
Sodawasser	ca. 8 cl

Garnitur: Bananengarnitur, Minzezweig.

Zubereitung: Die Limette und den Rohrzucker wie für einen ▶ Caipirinha vorbereiten und mit der Minze zerstoßen. Banane, Rum, Sirup und Juice

im Aufsatzmixer so lange
pürieren, bis die Banane zur
Gänze zerkleinert ist. Das
Fruchtpüree über die zerstoßene Limette/Minze gießen,
mit Crushed Ice bis ca.
drei Zentimeter unter dem
Glasrand auffüllen und gut
verrühren. Das Sodawasser
beigeben und nochmals kurz
und vorsichtig aufrühren.

Service: Trinkhalm.

Tipp: Für einen alkoholfreien
Banana Fancy Mojito den
Alkoholanteil durch einen
höheren Sodaanteil oder kohlensäurehaltige Limonaden
ausgleichen.

Banana Margarita
Tropicana

Tequila	4 cl
Curaçao, Triple Sec	1 cl
Bananenlikör, gelb	1 cl
Zitronen- oder Limetten-saft, frisch gepresst	3 cl
Rohrzuckersirup	1–2 cl
Banane, sehr gut reif	100 Gramm

Garnitur, Zubereitung
und **Service** wie ▶ Banana
Daiquiri.

Banana Mix
Milk-Mix-Drink

Joghurt	1/8 l
Honig	3 Barlöffel
Bananensirup	1 cl
Banane, reif	1/2 Stück
Crushed Ice	

Garnitur: Bananenscheibe
(am Glasrand).

Zubereitung: Alle Zutaten mit
einer Schaufel Crushed Ice im
Aufsatzmixer gut vermischen.
Den gesamten Inhalt in ein
Fancyglas gießen.

Service: Trinkhalm.

Bananenmilch
Milk-Mix-Drink

Milch	1/8 l
Vanillezucker	1 Barlöffel
Banane, sehr gut reif	1 Stück
Zuckersirup	2 cl
Crushed Ice	

Garnitur: Schlagobers-/Schlag-
sahnehaube, Bananenscheibe
(am Glasrand).

Zubereitung: Alle Zutaten mit
einer Schaufel Crushed Ice im
Aufsatzmixer gut vermischen.
Den gesamten Inhalt in ein
dickwandiges Glas gießen.

Service: Trinkhalm.

In der Literatur auch als
Banana Shake zu finden.

B & B
After-Dinner-Cocktail

Cognac oder Weinbrand	3 cl
Bénédictine D. O. M.	3 cl

Zubereitung: Das Old-Fashioned-Glas zu zwei Dritteln
mit Eiswürfeln füllen und die
Spirituosen darübergießen.

Wird der B & B ohne Eis,
z. B. zum Kaffee, gewünscht,
verwendet man einen
Cognacschwenker, in den
man die beiden Ingredienzen
gießt. Darüber hinaus ist der
B & B auch als Fertigprodukt
im Handel erhältlich.

Bandit
Shooter

Pfirsichlikör	4 cl
Cognac oder Weinbrand	2 cl
Ginger Ale	ca. 1/8 l

Zubereitung: Das Old-Fashioned-Glas zu drei Vierteln mit Eiswürfeln füllen und den Likör und den Weinbrand daraufgießen. Mit Ginger Ale aufgießen und das Glas, mit einer Serviette bedeckt, auf den Tisch schlagen. So vermischen sich die Zutaten von selbst.

Banshee
After-Dinner-Cocktail

Crème de Cacao, weiß	2 cl
Crème de Bananes	2 cl
Obers/Sahne	2 cl

Zubereitung: Das fertige Getränk in die vorgekühlte Cocktailschale seihen.

Barbados
Tropicana

Rum, weiß	3 cl
Crème de Bananes	2 cl
Kokosnusslikör	2 cl
Obers/Sahne	2 cl
Orangensaft, frisch gepresst	10 cl

Garnitur: Fancygarnitur.

Zubereitung: Alle Zutaten mit dem Stabmixer vermengen und in das Fancyglas gießen.

Batida de Maracuja
Tropicana

Cachaça	6 cl
Crème de Bananes	2 cl
Maracujasirup	2 cl
Limettensaft, frisch gepresst	1 cl
Maracujanektar	4 cl
Ananassaft	6 cl

Garnitur: Fancy-Fruchtgarnitur.

Zubereitung: Das fertige Getränk in ein mit Eis (Würfeleis oder Crushed Ice) gefülltes Hurricaneglas oder in einen Tumbler seihen.

Service: Trinkhalm.

Batida de Sol
Tropicana

Cachaça	4 cl
Rum, weiß	2 cl
Coconut Cream	4 cl
Orangensaft, frisch gepresst	4 cl
Ananassaft	6 cl

Garnitur: Fancy-Fruchtgarnitur.

Zubereitung: Das fertige Getränk in einen mit Eis (Würfeleis oder Crushed Ice) gefüllten Tumbler oder in ein Hurricaneglas seihen.

Service: Trinkhalm.

Beer Buster
Beer-Mix-Drink

Wodka   2 cl
Lagerbier, hell   ca. 20 cl

Zubereitung: Den Wodka in die Biertulpe gießen und mit dem Bier auffüllen. Wahlweise mit einem Dash Tabasco vollenden.

Beeren-Smoothie
Non-alcoholic Mix-Drink

Heidelbeeren, Himbeeren und Erdbeeren,
gefroren   je 40 Gramm
Milch   10 cl
Johannisbeernektar   4 cl
Brombeersirup   2 cl
Joghurt   ca. 5 Esslöffel

Garnitur: Fruchtspieß aus Heidelbeeren und Himbeeren.

Zubereitung: Alle Zutaten im Aufsatzmixer ca. 30 Sekunden mixen, bis eine homogene Masse entstanden ist. In ein Fancyglas oder einen hohen Tumbler gießen.

Service: dicker Trinkhalm.

Bellini
Sekt- oder Champagner-cocktail

Pfirsichpüree
(aus weißen Pfirsichen) 3 cl
Prosecco   10 cl

Zubereitung: Die weißen Weingartenpfirsiche entkernen, in Stücke schneiden und zu einem Püree passieren, evtl. mit Zuckersirup süßen.

Das Pfirsichmus in eine Sekttulpe geben, mit gut gekühltem Prosecco auffüllen und einmal vorsichtig aufrühren.

Hinweis: Um die leicht rosarote Originalfarbe eines Bellini zu erhalten, mischt man etwas Himbeersirup oder Himbeerlikör dem Pfirsichmus bei.

Es gibt spezielle Rührgläser (Rührkrüge), die größer sind und eine bessere Zubereitung des Bellini ermöglichen: Das Pfirsichpüree und den Prosecco mit Eiswürfeln vorsichtig im Rührkrug schwenken und mit einem Barsieb in ein Sektglas seihen. Man erreicht damit eine bessere Verbindung von Prosecco und Fruchtmus.

Das IBA-Standardrezept schreibt als Ingredienzen 5 cl Pfirsichpüree und 10 cl Schaumwein vor, die in einer Sektflöte verrührt werden.

Der Ursprung
Der Bellini wurde 1948 von Giuseppe Cipriani in seiner Harry's Bar in Venedig kreiert. Namensgeber ist der venezianische Renaissance-maler Giovanni Bellini.

Die Verwandtschaft
Abwandlungen des Bellini aus dem Hause Cipriani sind der ► Mimosa, der ► Rossini und der ► Tiziano. Auch der ► Testarossa gehört zu den Bellini-Verwandten.

Berliner Weiße mit Schuss
Beer-Mix-Drink

Himbeer- oder Waldmeistersirup	3 cl
Berliner Weiße	ca. 30 cl

Garnitur: Zitronenscheibe.

Zubereitung: Den Sirup und das Bier in die spezielle Bierschale, die Berliner Molle, gießen.

Kann man auch Weizenbier verwenden?
Die Profis sagen eindeutig nein. Durch die Milchsäuregärung verfügt die Berliner Weiße über die typische Säure, die in Kombination mit dem süßen Sirup das Besondere dieser Mischung ausmacht. Verwenden Sie daher nur die Berliner Weiße, z. B. von den Brauereien Berliner Kindel oder Schultheiss.

Berry Fling
Non-alcoholic Mix-Drink

Beeren (Erdbeeren, Heidelbeeren, Himbeeren etc.)	120 Gramm
Johannisbeersaft	4 cl
Orangensaft, frisch gepresst	4 cl
Cordial Lime Juice	1 cl
Grenadinesirup	1 cl
Sodawasser	

Garnitur: verschiedene Beeren auf langem Holzspieß.

Zubereitung: Alle Zutaten außer dem Sodawasser im Aufsatzmixer mixen und in einen hohen Tumbler oder ein Fancyglas gießen. Mit dem Sodawasser aufspritzen und einmal leicht aufrühren.

Service: dicker Trinkhalm.

Between the Sheets
Pre-Dinner-Cocktail

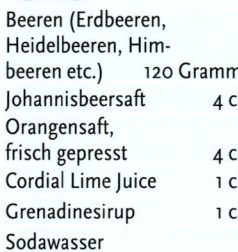

Rum, weiß	2 cl
Cognac oder Weinbrand	2 cl
Curaçao, Triple Sec	2 cl
Zitronensaft, frisch gepresst	1 cl

Zubereitung: Das fertige Getränk in das vorgekühlte Cocktailglas seihen.

Bijou Cocktail
Pre-Dinner-Cocktail

Plymouth Gin	2 cl
Wermut, rot	2 cl
Chartreuse, grün	2 cl
Orange-Bitters	1 Dash

Garnitur: Zitronentwist (nur zum Aromatisieren), Cocktailkirsche oder Olive.

Zubereitung: Das fertige Getränk in das vorgekühlte Cocktailglas seihen.

Der Bijou Cocktail brachte seinem Erfinder Harry Johnson im Jahre 1869 anlässlich eines großen Mixwettbewerbs den Titel „Champ on of Mixing".

Black Magic
After-Dinner-Cocktail

Wodka	5 cl
Kaffeelikör	2 cl
Zitronensaft, frisch gepresst	1 Dash

Zubereitung: Das Old-Fashioned-Glas zu zwei Dritteln mit Eiswürfeln füllen und die Ingredienzen darübergießen.

Black Russian
After-Dinner-Cocktail

| Wodka | 5 cl |
| Kaffeelikör | 2 cl |

Zubereitung: Das Old-Fashioned-Glas zu zwei Dritteln mit Eiswürfeln füllen und die Spirituosen daraufgießen.

Tipp: Die Zubereitung eines Black Russian ist auch im Shaker möglich. Er wird dann in der Cocktailschale serviert.

Hinweis: Fügt man zu den Ingredienzen 3 cl Obers/Sahne dazu, spricht man von einem White Russian (vgl. ► White Russian Trend).

→ IBA-Standardrezept

Black Velvet
Beer-Mix-Drink

| Stout (dunkles englisches Bier) | 10 cl |
| Champagner/Sekt | 10 cl |

Zubereitung: Beide Zutaten gleichzeitig in die Biertulpe gießen.

Block and Fall
Pre-Dinner-Cocktail

Cognac oder Weinbrand	2 cl
Curaçao, Triple Sec	2 cl
Calvados	1 cl
Pastis	1 cl

Zubereitung: Das fertige Getränk in das vorgekühlte Cocktailglas seihen.

Bloodhound Cocktail
Pre-Dinner-Cocktail

Gin	2 cl
Wermut, weiß, trocken	2 cl
Wermut, rot	2 cl
Erdbeeren	2–3 Stück

Zubereitung: Die Erdbeeren im Shaker zerdrücken, mit Eiswürfeln und den restlichen Zutaten mixen und in ein vorgekühltes Cocktailglas seihen.

Tipp: Es ist zu empfehlen, mit Erdbeerpüree zu arbeiten, da man eine homogenere Konsistenz im Drink erreicht.

Bloody Bull
Pick-me-up

Wodka	4 cl
Tomatensaft	6 cl
Rinderkraftbrühe	6 cl
Zitronensaft, frisch gepresst	1 cl
Worcestersauce, Tabasco	
Salz, Pfeffer	

Garnitur: Stangensellerie.

Zubereitung: Alle Zutaten in einen Tumbler gießen und

umrühren. Es können aber auch das Rührglas oder der Shaker verwendet werden.

Bloody Maria
Pick-me-up

Vgl. ► Bloody Mary; anstelle von Wodka weißen Tequila verwenden.

Bloody Mary
Pick-me-up

Wodka	4 cl
Zitronensaft, frisch gepresst	1 cl
Tabasco	
Worcestersauce	
Salz, Peffer	
Tomatensaft	10–12 cl

Garnitur: ein Stück Stangensellerie; wahlweise eine Zitronenspalte am Glasrand.

Zubereitung: Alle Zutaten im Rührglas vermischen und in einen Tumbler gießen. Es können aber auch das Gästeglas oder der Shaker verwendet werden.

Schöpfer dieser Kreation ist der Barman Fernand „Pete" Petiot. Er hat eine Bloody Mary erstmals 1925 in der Harry's New York Bar in Paris angeboten.

Das IBA-Standardrezept schreibt folgende Zusammensetzung der Ingredienzen vor: 4,5 cl Wodka, 9 cl Tomatensaft, 1,5 cl Zitronensaft.

Die alkoholfreie Version heißt Virgin Mary.

Blue Blazer
Hot Drink

Scotch Whisky	6 cl
Puderzucker	1 Barlöffel
Wasser, heiß	

Garnitur: Zitronentwist.

Zubereitung: Den Zucker in heißem Wasser auflösen und mit dem Whisky in einen sogenannten Mug (Metallbecher) gießen. Die heiße Flüssigkeit im Becher entzünden und in langen Strömen schnell in einen zweiten Mug umleeren. Dies

vier bis fünf Mal wiederholen. Perfekt zelebriert, erscheint ein kontinuierlicher Strahl von „flüssigem Feuer".

Der Barmixer Jerry Thomas („The Professor") war berühmt für seine perfekte Präsentation dieses spektakulären Drinks. In seinen Lehrbüchern weist er darauf hin, dass es notwendig sei, das Umleeren von einem Becher in den anderen mit kaltem Wasser zu üben.

Blue Champagne
Sekt- oder Champagnercocktail

Wodka (oder Gin)	2 cl
Curaçao, blau	2 cl
Zitronensaft, frisch gepresst	1 cl
Champagner/Sekt	ca. 6 cl

Zubereitung: Alle Zutaten außer dem Schaumwein im Shaker gut mixen und in eine Sektschale seihen. Anschließend mit dem gut gekühlten Champagner/Sekt auffüllen.

Blue Hawaii
Tropicana

Rum, weiß	4 cl
Curaçao, blau	2 cl
Coconut-Cream	2 cl

Zitronensaft,
frisch gepresst   1 cl
Ananassaft   8 cl

Garnitur: ein Viertel einer Ananasscheibe, Blume (muss essbar sein).

Zubereitung: Alle Zutaten mit dem Stabmixer mischen und in ein Fancyglas gießen.

Service: Trinkhalm.

Blue Lady
Pre-Dinner-Cocktail

Gin   3 cl
Curaçao, blau   2 cl
Zitronensaft,
frisch gepresst   2 cl

Zubereitung: Das fertige Getränk in das vorgekühlte Cocktailglas seihen.

Blue Lagoon
Pre-Dinner-Cocktail

Wodka   4 cl
Curaçao, blau   2 cl
Zitronensaft,
frisch gepresst   2 cl

Garnitur: Zitronentwist.

Zubereitung: Das fertige Getränk in das vorgekühlte Cocktailglas seihen.

Blue Tequila Fizz
Fizz

Tequila, weiß   4 cl
Zitronensaft,
frisch gepresst   3 cl
Zuckersirup   2 cl
Curaçao, blau   1 cl
Sodawasser   ca. 6 cl

Garnitur: Zitronenscheibe.

Zubereitung: Alle Zutaten außer dem Sodawasser im Shaker gut schütteln und mit den Eiswürfeln in einen Tumbler gießen. Mit dem Sodawasser auffüllen.

Service: Trinkhalm.

Bobby Burns Cocktail
Pre-Dinner-Cocktail

Scotch Whisky   3 cl
Wermut, rot   2 cl
Bénédictine D. O. M.   3 Dashs

Garnitur: Zitronentwist.

Zubereitung: Das fertige Getränk in das vorgekühlte Cocktailglas seihen.

Bombay Cocktail
Pre-Dinner-Cocktail

Cognac oder Weinbrand   4 cl
Wermut, weiß, trocken   1 cl
Wermut, rot   1 cl
Pastis   1 Dash
Curaçao, Triple Sec   2 Dashes

Zubereitung: Das fertige Getränk in das vorgekühlte Cocktailglas seihen.

Bombay Crush
Crushed Drink

Gin   5 cl
Cordial Lime Juice   3 cl
Kumquats   5 Stück
Rohrzucker   1 Barlöffel

Zubereitung: Die Kumquats abwaschen bzw. abwischen und einmal durchschneiden.

In einen dickwandigen Tumbler geben und den Zucker sowie den Lime Juice zufügen. Mit einem Muddler zerdrücken. Das Glas mit Eis (Crushed Ice oder Eiswürfeln) auffüllen, den Gin beigeben und gut durchrühren.

Hinweis: Das Rezept ist eine Abwandlung des ► Caipirinha.

Boston Flip
Flip

Canadian Rye Whiskey	3 cl
Madeira	3 cl
Zuckersirup	2 cl
1 Eigelb oder 4 cl Eierlikör	

Garnitur: geriebene Muskatnuss.

Zubereitung: Das fertige Getränk in eine Cocktailschale oder ein Flipglas seihen.

Bei Verwendung des Eierlikörs verändert sich die Alkoholstärke von der dritten auf die höchste Kategorie.

Bourbon Cooler
Cooler

Kristallzucker	3 Barlöffel
Angostura-Bitters	1 Dash
Zitronensaft, frisch gepresst	3 cl
Bourbon Whiskey	4 cl
Ginger Ale	ca. 10 cl

Garnitur: Zitronengarnitur.

Zubereitung: Einen Tumbler zu drei Vierteln mit Crushed Ice füllen, den Zucker daraufgeben und den Angostura daraufspritzen. Anschließend den Zitronensaft und den Whiskey ins Glas gießen und mit dem Ginger Ale auffüllen.

Service: Trinkhalm.

Hinweis: In der Fachliteratur ist häufig die Verwendung von Tennessee Bourbon Whiskey vorgeschrieben. Die ersten Cooler wurden mit Sodawasser aufgefüllt; vgl. ► Remsen Cooler.

Bourbon Egg Nogg

Vgl. ► Brandy Egg Nogg; anstelle von Cognac oder Weinbrand Bourbon Whiskey verwenden.

Bourbon Fix

Vgl. ► Rum Fix; anstelle von Rum Bourbon Whiskey verwenden.

Bourbon Float

Vgl. ► Brandy Float; anstelle von Cognac oder Weinbrand Bourbon Whiskey verwenden.

Bourbon Ginger Ale
Longdrink

Bourbon Whiskey	4 cl
Ginger Ale	ca. 1/8 l

Zubereitung: Einen hohen Tumbler zu drei Viertel mit Eiswürfeln füllen. Den Whiskey daraufgießen, mit dem Ginger Ale auffüllen und umrühren.

Service: Stirrer.

Bourbon Grog

Vgl. ► Grog; anstelle von Rum Bourbon Whiskey verwenden.

Bourbon Highball
Highball

Bourbon Whiskey   4 cl
Sodawasser

Garnitur: Zitronenspirale.

Zubereitung: Einen hohen Tumbler zur Hälfte mit Eiswürfeln füllen. Den Whiskey daraufgießen und mit dem Sodawasser auffüllen.

Service: Stirrer.

Tipp: Zum Aromatisieren kann vor dem Auffüllen ein Dash Angostura auf den Whiskey gegeben werden.

Bourbon Julep

Vgl. ▶ Brandy Julep; anstelle von Cognac oder Weinbrand Bourbon Whiskey verwenden.

Bourbon Rickey

Vgl. ▶ Gin Rickey; anstelle von Gin Bourbon Whiskey verwenden.

Bourbon Soda

Vgl. ▶ Whiskey Soda; mit Bourbon Whiskey zubereitet.

Bourbon Sour

Zwingend mit Bourbon Whiskey zubereitet, entspricht der Bourbon Sour dem ▶ Whiskey Sour Classic.

Bourbon Sunrise

Vgl. ▶ Tequila Sunrise; anstelle von Tequila Bourbon Whiskey verwenden.

Bourbon Twist

Vgl. ▶ Brandy Twist; anstelle von Weinbrand/Brandy Bourbon Whiskey verwenden.

Bourbon Zoom

Vgl. ▶ Irish Zoom; anstelle von Irish Whiskey Bourbon Whiskey verwenden.

Brandy Alexander
After-Dinner-Cocktail

Cognac oder Weinbrand 2 cl
Crème de Cacao, braun 2 cl
Obers/Sahne   2 cl

Garnitur: geriebene Muskatnuss.

Zubereitung: Das fertige Getränk in die vorgekühlte Cocktailschale seihen.

Hinweis: Diese Rezeptur wird auch als Panamac bezeichnet.

→ IBA-Standardrezept

Brandy Collins

Vgl. ▶ Tom Collins; anstelle von Gin Cognac oder Weinbrand verwenden.

Brandy Crusta
Crusta

Cognac oder Weinbrand	5 cl
Maraschino	0,5 cl
Zitronensaft, frisch gepresst	0,5 cl
Zuckersirup	0,5 cl
Angostura–Bitters	1 Dash

Garnitur: Zuckerrand; das Glas mit einer breiten Zitronenspirale auslegen.

Zubereitung: Das fertige Getränk in das Crustaglas seihen.

Brandy Egg Nogg
Egg Nogg

Cognac oder Weinbrand	4 cl
Zucker	3 Barlöffel

1 Eigelb oder 4 cl Eierlikör mit 5 cl kalter oder heißer Milch auffüllen

Garnitur: geriebene Muskatnuss.

Zubereitung: Kalt oder warm, siehe Seite 39 f.

Service: Unterteller, Serviette, Kaffeelöffel.

Für das IBA-Standardrezept anstelle von Zucker 1 cl Zuckersirup verwenden. Außerdem ist die Verwendung eines Highballglases vorgeschrieben.

Brandy Fix

Vgl. ▸ Rum Fix; anstelle von Rum Cognac oder Weinbrand verwenden.

Brandy Fizz

Vgl. ▸ Gin Fizz; anstelle von Gin Cognac oder Weinbrand verwenden.

Brandy Flip
Flip

Cognac oder Weinbrand	4 cl
Zuckersirup	1 cl

1 Eigelb oder 4 cl Eierlikör

Garnitur: geriebene Muskatnuss.

Zubereitung: Das fertige Getränk in eine Cocktailschale oder ein Flipglas seihen.

Tipp: Die Zugabe von 1–2 cl Obers/Sahne ist möglich. Dadurch wird der Drink cremiger.

Bei Verwendung des Eierlikörs verändert sich die Alkoholstärke von der dritten auf die höchste Kategorie.

Brandy Float
Float

Cognac oder Weinbrand	4 cl
Sodawasser	

Zubereitung: Eine Sektflöte oder einen hohen schmalen Tumbler bis zwei Fingerbreit unter dem Glasrand mit gekühltem Sodawasser anfüllen. Den Weinbrand (mit Zimmertemperatur) über den verkehrt gehaltenen, am inneren Glasrand anliegenden Barlöffel in das Glas gießen.

Brandy Ginger Ale

Vgl. ▶ Bourbon Ginger Ale; anstelle von Bourbon Whiskey Brandy verwenden.

Brandy Julep
Julep

Cognac oder
Weinbrand   4–6 cl
Staubzucker
(Puderzucker)   2 Barlöffel
Spitzen von
3–4 Minzezweigen
Wasser   ca. 2 cl
Jamaikarum   einige Dashs

Garnitur: Minzezweig.

Zubereitung: Die Minze mit dem Zucker und dem Wasser im hohen Tumbler mit einem Barlöffel andrücken, bis das Aroma freigesetzt ist. Den Cognac oder Weinbrand zufügen und das Glas mit Crushed Ice befüllen. Mit dem Barlöffel so lange rühren, bis sich das Glas außen beschlägt. Die Minzezweige herausnehmen (dies kann auch schon nach dem Andrücken geschehen) und mit den Stielen nach unten im Drink platzieren oder durch neue ersetzen. Es besteht auch die Möglichkeit, die angedrückte Minze im Drink zu belassen und zusätzlich frische Zweige, evtl. mit Zucker bestreut, als Garnitur beizufügen.

Vor dem Garnieren den Drink mit einigen Dashs Rum vollenden.

Zubereitungsinformationen siehe auch Juleps allgemein, Seite 59 ff.

Service: Trinkhalm; das Glas auf einen Unterteller mit Serviette stellen.

Brandy Nikolaschka
Shooter

Cognac oder Weinbrand 4 cl
Zitronenscheibe
Kristallzucker   1 Barlöffel
Kaffeepulver   1 Barlöffel

Zubereitung: Den Cognac oder Weinbrand in den Cognacschwenker gießen. Die Zitronenscheibe auf das Glas legen und je zur Hälfte mit dem Zucker und dem Kaffeepulver bestreuen.

Hinweis: Die Schale von der Zitronenscheibe schneiden, da sie gegessen wird.

Brandy Oyster
Pick-me-up

Cognac oder Weinbrand 4 cl
Olivenöl   1–2 Barlöffel
Tabasco
Worcestersauce
Salz, Pfeffer
Ketchup   100 Gramm
1 Eigelb

Zubereitung: Die Cocktailschale mit Olivenöl bestreichen. Alle Zutaten außer dem Eigelb im Glas verrühren. Manche verzichten auch auf das Ketchup. Zum Schluss wird das Eigelb in die Mitte des Glases gesetzt.

Service: Unterteller, Serviette, Kaffeelöffel. Ein Glas Wasser einstellen.

Durch die Zugabe von Cognac oder Weinbrand unterscheidet sich dieses Rezept von der ▶ Prairie Oyster.

Brandy Puff
Puff

Cognac oder Weinbrand 4 cl
Milch 4–6 cl
Sodawasser ca. 8 cl

Zubereitung: In den Shaker Eiswürfel geben, Cognac oder Weinbrand und Milch eingießen und alles gut schütteln. In einen Tumbler gießen und mit Sodawasser auffüllen.

Service: Trinkhalm.

Brandypunsch
Hot Drink

Cognac oder Weinbrand 3 cl
Zuckersirup 3 cl
Zitronensaft, frisch gepresst 2 cl
Wasser 2 cl
Orangensaft, frisch gepresst 6 cl

Garnitur: Minzeblätter und Cocktailkirschen ins Glas geben.

Zubereitung: Alle Zutaten erhitzen und in ein feuerfestes Glas gießen.

Service: Unterteller, Serviette, Limonadenlöffel.

Brandy Rickey

Vgl. ▶ Gin Rickey; anstelle von Gin Cognac oder Weinbrand verwenden.

Brandy Sangaree
Sangaree

Rum, hell oder dunkel 4–6 cl
Zuckersirup 1 cl
Portwein 2–3 Dashs

Garnitur: geriebene Muskatnuss.

Zubereitung: Die Zutaten in einem kleinen Tumbler verrühren, den Portwein zugeben und auf Wunsch mit Wasser verlängern.

Brandy Shrub
Shrub

Cognac oder Weinbrand 2 Flaschen à 0,7 l
Sherry 2 Flaschen à 0,7 l
Zuckersirup 1 l
Zitronen 6 Stück

Zubereitung: Die Zitronen abwischen bzw. abwaschen und die Schale von vier Zitronen abschälen. Den Saft aller sechs Zitronen auspressen. Cognac oder Weinbrand, Sherry, Zuckersirup, Zitronensaft und Zitronenschale in ein Shrubgefäß (Krug, Bowletopf etc.) geben und abdecken. Für zirka fünf Tage kühl stellen. Den fertigen Shrub in Flaschen abseihen und kühl lagern. Als Shot im Ponyglas oder mit Wasser verlängert im Tumbler servieren.

Brandy Smash

Vgl. ▶ Whiskey Smash; anstelle von Whiskey Cognac oder Weinbrand verwenden.

Brandy Soda

Vgl. ▶ Whiskey Soda; anstelle von Whiskey Cognac oder Weinbrand verwenden.

Brandy Sour

Vgl. ▶ Whiskey Sour; anstelle von Whiskey Cognac oder Weinbrand verwenden.

Brandy Stinger
After-Dinner-Cocktail

Cognac oder Weinbrand 4 cl
Crème de Menthe, weiß 2 cl

Zubereitung: Das fertige Getränk in das vorgekühlte Cocktailglas seihen.

Mit Wodka zubereitet, wird der Drink ▶ White Spider genannt.

Brandy Twist
Twist

  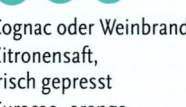

Cognac oder Weinbrand 3 cl
Zitronensaft,
frisch gepresst 2 cl
Curaçao, orange 1 cl
Himbeersirup 1 cl

Garnitur: Zitronentwist.

Zubereitung: Alle Zutaten im Rührglas vermischen und in ein mit Crushed Ice gefülltes Glas (Sektflöte oder hoher Tumbler) seihen. Die ätherischen Öle eines Stückchens Zitronenschale über den Drink pressen und in das Glas geben.

Service: Trinkhalm.

Brandy Zoom

Vgl. ▶ Irish Zoom; anstelle von Irish Whiskey Cognac oder Weinbrand verwenden.

Brazil Flip
Flip

  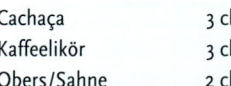

Cachaça 3 cl
Kaffeelikör 3 cl
Obers/Sahne 2 cl
1 Eigelb oder 4 cl Eierlikör

Garnitur: Kaffeepulver.

Zubereitung: Das fertige Getränk in eine Cocktailschale oder ein Flipglas seihen.

Bei Verwendung des Eierlikörs verändert sich die Alkoholstärke von der dritten auf die höchste Kategorie.

Bronx
Pre-Dinner-Cocktail

Gin	2 cl
Wermut, rot	2 cl
Orangensaft, frisch gepresst	2 cl

Zubereitung: Das fertige Getränk in das vorgekühlte Cocktailglas seihen.

Das IBA-Standardrezept weist eine andere Zusammensetzung auf: 3 cl Gin, 1,5 cl roter Wermut, 1 cl weißer, trockener Wermut, 1,5 cl Orangensaft.

Brooklyn
Pre-Dinner-Cocktail

Canadian Whisky	4 cl
Wermut, weiß, trocken	2 cl
Amer Picon	1 Dash
Maraschino	1 Dash

Zubereitung: Das fertige Getränk in das vorgekühlte Cocktailglas seihen.

Tipp: Anstelle von trockenem weißem Wermut kann auch roter Wermut verwendet werden.

Buck's Fizz

Bezeichnung für Sekt-Orange bzw. ▶ Mimosa. Der Name stammt vom legendären Buck's Club in London, wo er als Begrüßungsdrink gereicht wurde.

Bull Shot
Pick-me-up

Wodka	4 cl
Zitronensaft, frisch gepresst	1 cl
Tabasco	2 Dashs
Worcestersauce	2 Dashs
Selleriesalz, Pfeffer	
Consommé	6–8 cl

Zubereitung: Eiswürfeln in einen Tumbler geben, alle Zutaten daraufgießen und umrühren.

Service: Stirrer.

Tipp: Dieses Rezept kann auch warm zubereitet werden. In diesem Fall die Zutaten in einem feuerfesten Glas erhitzen.

Das IBA-Standardrezept weist eine leicht geänderte Zusammensetzung auf und schreibt die Zubereitung im Shaker vor: 3 cl Wodka, 1 cl Zitronensaft, Tabasco, Worcestersauce, Salz, Pfeffer, 6 cl Consommé.

Butterfly Flip
Flip

Cognac oder Weinbrand	2 cl
Crème de Cacao	2 cl
Obers/Sahne	2 cl
Zuckersirup	2 cl
1 Eigelb oder 4 cl Eierlikör	

Zubereitung: Das fertige Getränk in eine Cocktailschale oder ein Flipglas seihen.

Bei Verwendung des Eierlikörs verändert sich die Alkoholstärke von der zweiten auf die dritte Kategorie.

B 52
After-Dinner-Cocktail

Kaffeelikör	2 cl
Bailey's Irish Cream	2 cl
Grand Marnier	2 cl

Zubereitung: Die Zutaten in der angegebenen Reihenfolge über den verkehrt gehaltenen

Barlöffel in das Cocktailglas gießen (vgl. Pousse-Café, Seite 71 f.).

Es gibt eine Vielzahl von Abwandlungen dieser Rezeptur, wobei der Grand Marnier meist durch hochprozentigen Rum, Weinbrand, Tequila, weißen Curaçao, Amaretto oder Haselnusslikör ersetzt wird.

Meist wird der B 52 als Shot im Ponyglas serviert. Die oberste Ingredienz wird oft angezündet.

Service: Trinkhalm bereitstellen.

Caipi d'Oro
**Fancy Drink/
Crushed Drink**

Limette	1 Stück
Rohrzucker	1 Barlöffel
Rum, braun	1 cl
Eierlikör	3 cl
Vanillelikör	1 cl
Schokoladelikör, weiß	1 cl
Bourbon-Vanillezucker	8 Gramm

Zubereitung: wie ▶ Caipirinha.

Service: dicker Trinkhalm.

Tipp: Die Zutaten müssen vor der Beigabe von Crushed Ice besonders gut durchgerührt werden.

Caipirinha
Fancy Drink/Crushed Drink

Cachaça	5 cl
Rohrzucker	2–3 Barlöffel
Limette	1 Stück

Zubereitung: Die Limette abwaschen bzw. abwischen, die Enden kappen und aufschneiden. Den weißen Strunk herausschneiden und die Limette in mehrere Stücke teilen. In einen dickwandigen Tumbler geben und den Zucker (vorzugsweise weißen Rohrzucker) zufügen. Mit einem Muddler zerdrücken. Das Glas mit Eis (Crushed Ice oder Eiswürfeln) auffüllen, den Cachaça beigeben und gut durchrühren.

Service: dicker Trinkhalm.

Tipp: Die Limettenstücke nicht zu kräftig zerdrücken, da man sonst Gefahr läuft, dass die Bitterstoffe aus der Schale freigesetzt werden und den Drink geschmacklich negativ beeinflussen.

Caipirissima

Vgl. ▶ Caipirinha; anstelle von Cachaça weißen Rum verwenden.

Caipiroska

Vgl. ▶ Caipirinha; anstelle von Cachaça Wodka verwenden.

Calvados Pilkaller
Shooter/Nikolaschka

Calvados	4 cl
Apfelscheibe	
Kristallzucker	1 Barlöffel
Zimt	1/2 Barlöffel

Zubereitung: Calvados in den Cognacschwenker gießen. Die Apfelscheibe auf das Glas legen und je zur Hälfte mit dem Zucker und dem Zimt bestreuen.

Calypso Frozen Daiquiri

Tropicana

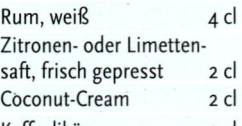

Rum, weiß	4 cl
Zitronen- oder Limetten-saft, frisch gepresst	2 cl
Coconut-Cream	2 cl
Kaffeelikör	3 cl

Zubereitung: Zuerst zwei Schaufeln Crushed Ice und dann die anderen Zutaten außer dem Kaffeelikör in den Aufsatzmixer geben und alles gut vermischen. Den Kaffeelikör in eine große Cocktailschale geben und den gesamten Inhalt des Mixers eingießen.

Service: Zwei kurze Trinkhalme.

Campari-Orange oder Garibaldi

Longdrink

| Campari | 4 cl |
| Orangensaft, frisch gepresst | ca. 1/8 l |

Garnitur: eine halbe Orangenscheibe.

Zubereitung: Einen Tumbler zu drei Vierteln mit Eiswürfeln füllen und den Campari daraufgießen. Mit dem Orangensaft auffüllen und umrühren.

Service: Stirrer.

Campari-Soda

Vgl. ► Campari-Orange; anstelle des Orangensaftes Sodawasser verwenden. Die Orangenscheibe gegen eine Zitronenscheibe tauschen.

Canadian Collins

Vgl. ► Tom Collins; anstelle von Gin Canadian Whisky verwenden.

Canadian Cooler

Vgl. ► Bourbon Cooler; anstelle von Bourbon Canadian Whisky verwenden.

Canchancara

Fancy Drink

Rum, kubanisch	5 cl
Limettensaft, frisch gepresst	3 cl
Honig	2–3 Esslöffel

Garnitur: Limettenscheibe.

Zubereitung: Alle Zutaten in einen dickwandigen Tumbler geben, gut verrühren, bis sich der Honig aufgelöst hat. Eiswürfel beigeben und nochmals durchrühren.

Service: Trinkhalm.

Tipp: Der Honig muss sich, bevor er durch die Eiswürfel gekühlt wird, zur Gänze aufgelöst haben, da er sonst stockt. Eventuell mit etwas Wasser oder Sodawasser aufspritzen.

Cape Codder
Fancy Drink

Wodka   4 cl
Cranberry Juice, rot ca. 10 cl

Zubereitung: Die Zutaten in einen mit Eiswürfeln gefüllten hohen Tumbler geben und einmal kurz aufrühren.

Caribbean Cinnamon Milk
Milk-Mix-Drink

Rum, braun   2 cl
Spiced Rum, golden   2 cl
Zimtsirup   2 cl
Coconut-Cream   4–5 cl
Milch   10 cl
Obers/Sahne   2 cl
Zimtpulver   1/2 Barlöffel

Garnitur: Schlagobers-/Schlagsahnehaube, Zimtpulver.

Zubereitung: Den fertigen Drink in ein mit Eiswürfeln gefülltes Fancyglas seihen.

Service: Trinkhalm.

Tipp: Anstelle von 4–5 cl Coconut-Cream können 2–3 cl des süßeren Kokosnusssirups verwendet werden.

Caribbean Cinnamon Milk alkoholfrei
Non-alcoholic Mix-Drink/ Milk-Mix-Drink

Rumsirup   0,5 cl
Zimtsirup   1,5 cl
Coconut-Cream   4 cl
Milch   12 cl
Obers/Sahne   2 cl
Zimtpulver   1/2 Barlöffel

Garnitur, Zubereitung und **Service** wie ▶ Caribbean Cinnamon Milk.

Caribbean Cream
Tropicana

Rum, braun   2 cl
Kokosnusslikör   2 cl
Passionsfruchtlikör   2 cl
Coconut-Cream   4 cl
Passionsfruchtsirup   2 cl
Maracujanektar   10 cl
Obers/Sahne   2 cl

Garnitur: Kokosraspel am Glasrand.

Zubereitung: Das fertige Getränk in eine große Cocktailschale seihen.

Service: Trinkhalm.

Tipp: Anstelle von 4 cl Coconut-Cream können 1–2 cl des süßeren Kokosnusssirups verwendet werden.

Caribbean Highball
Highball

Rum, weiß   4 cl
Crème de Bananes   2 cl
Orange-Bitters   1 Dash
Ginger Ale

Garnitur: Orangenspirale.

Zubereitung: Einen hohen Tumbler zur Hälfte mit Eiswürfeln füllen. Rum, Likör und Orange-Bitters daraufgießen, umrühren und mit dem Ginger Ale auffüllen.

Service: Stirrer.

Caribbean Shrub
Shrub

25 Portionen à 6 cl

Rum, weiß 3 Flaschen à 0,7 l
Ananasscheiben   2 kg
Kokosnussstückchen   1 kg
Cocktailkirschen   30 Stück

Zubereitung: Die Früchte in das Shrubgefäß geben, den Rum daraufgießen und das Ganze eine Woche kühl stellen. In Flaschen abseihen. Im geeisten Ponyglas (Stamperl) kalt servieren.

Caruso
Pre-Dinner-Cocktail

Gin	2 cl
Wermut, weiß, trocken	2 cl
Crème de Menthe, grün	2 cl

Zubereitung: Das fertige Getränk in das vorgekühlte Cocktailglas seihen.

Casablanca
After-Dinner-Cocktail

Wodka	2 cl
Eierlikör	2 cl
Zitronensaft, frisch gepresst	1 Dash
Orangensaft, frisch gepresst	3 cl

Zubereitung: Das fertige Getränk in eine vorgekühlte Cocktailschale seihen.

Casino
Pre-Dinner-Cocktail

Gin	4 cl
Maraschino	2 Dashs
Zitronensaft, frisch gepresst	2 Dashs
Orange-Bitters	2 Dashs

Garnitur: Cocktailkirsche auf Stick.

Zubereitung: Das fertige Getränk in das vorgekühlte Cocktailglas seihen.

Chablis Cup
Cup
Für 6 Personen

Zuckersirup	5 cl
Kirschwasser	6 cl
Curaçao, orange	6 cl
Pfirsiche	3 Stück
Orange	1 Stück
Kirschen, entkernt	10 Stück
Chablis	1 Flasche

Garnitur: Minzezweige.

Zubereitung: Die Pfirsiche schälen und in Stücke schneiden. Die Orangen filetieren und mit allen anderen Zutaten in eine Bowleschüssel geben und zugedeckt, gekühlt etwas marinieren lassen. In kleinen Weingläsern oder Bowlegläsern servieren.

Service: Unterteller, Serviette, Kaffeelöffel.

Champagner Cobbler
Cobbler

Crushed Ice	
Melonenstücke	
Papayastücke	
Angostura-Bitters	1 Dash
Grand Marnier	2 cl
Champagner/Sekt	ca. 10 cl

Zubereitung: Crushed Ice in der Mitte der Cobblerschale pyramidenförmig aufhäufen und das Obst darauf verteilen. Den Angostura auf das Eis spritzen und den Grand Marnier ins Glas gießen. Zuletzt mit Champagner oder Sekt auffüllen.

Service: zwei kurze Trinkhalme, Unterteller, Serviette, Kaffeelöffel.

Champagner-cocktail 1
Sekt- oder Champagnercocktail

Würfelzucker	1 Stück
Angostura-Bitters	2 Dashs
Champagner	10 cl

Garnitur: eine halbe Orangenscheibe (ins Glas geben).

Zubereitung: Den Würfelzucker in die Sektschale geben und mit dem Angostura tränken. Den Würfelzucker mit dem Muddler eines Barlöffels zerstoßen. Abschließend den gut gekühlten Champagner daraufgießen.

Champagner-cocktail 2
Sekt- oder Champagner-cocktail

Würfelzucker	1 Stück
Angostura-Bitters	2 Dashs
Cognac oder Weinbrand	1 cl
Champagner	9 cl

Garnitur: Orangenscheibe.

Zubereitung: Den Würfelzucker in die Sektschale geben, mit dem Angostura tränken und mit einem Muddler zerstoßen. Zuerst den Cognac und dann den gut gekühlten Champagner daraufgießen.

Tipp: Variationen dieses Rezeptes verwenden anstelle von Cognac Apricot Brandy oder Southern Comfort.

IBA-Standardrezept mit 1/2 Würfelzucker.

Champagner Glory
Sekt- oder Champagner-cocktail

Kirschenbranntwein	2 cl
Apricot Brandy	2 cl
Maracujasirup	2 cl
Champagner/Sekt	8 cl

Garnitur: Cocktailkirsche.

Zubereitung: Die Sekttulpe zu einem Viertel mit Crushed Ice füllen. Branntwein, Likör und Sirup im Shaker mixen und in das Glas seihen. Mit gut gekühltem Champagner oder Sekt auffüllen.

Service: Trinkhalm bereitstellen.

Charlotte
Hot Drink

Cognac oder Weinbrand	2 cl
Bailey's Irish Cream	2 cl
Crème de Cacao, weiß	2 cl
Heiße Schokolade	1 Tasse
Obers/Sahne	

Garnitur: Schlagobers-/Schlagsahnehaube, Minzezweig.

Zubereitung: Eine heiße Schokolade zubereiten. Den Weinbrand und die Liköre dazugießen und erhitzen. Im feuerfesten Glas servieren.

Service: Unterteller, Serviette, Kaffeelöffel.

Cherry Brandy Flip
Flip

Cherry Brandy	3 cl
Cognac oder Weinbrand	3 cl
Obers/Sahne	2 cl
Zucker	1 Barlöffel
1 Eigelb oder 4 cl Eierlikör	

Garnitur: geriebene Muskatnuss.

Zubereitung: Das fertige Getränk in eine Cocktailschale oder ein Flipglas seihen.

Bei Verwendung des Eierlikörs verändert sich die Alkoholstärke von der dritten auf die vierte Kategorie.

Cherry Cobbler
Cobbler

Crushed Ice	
Cocktailkirschen	
Ananasstücke	
Angostura-Bitters	1 Dash
Cherry Brandy	2 cl
Champagner/Sekt	ca. 10 cl

Zubereitung: Crushed Ice in der Mitte der Cobblerschale pyramidenförmig aufhäufen und das Obst darauf verteilen. Den Angostura auf das Eis spritzen und den Cherry Brandy ins Glas gießen.

Zuletzt mit Champagner/Sekt auffüllen.

Service: zwei kurze Trinkhalme, Unterteller, Serviette, Kaffeelöffel.

Cherry Knickebein
Knickebein

Cherry Brandy	3 cl
1 Eigelb	
Kirschenbrand	3 cl

Zubereitung: Das Knickebeinglas bis zum Knick mit dem Likör füllen. Das Eigelb daraufsetzen und den Kirschenbrand darübergießen.

Chi Chi
Fancy Drink

Wodka	4 cl
Coconut-Cream	3 cl
Obers/Sahne	1 cl
Ananassaft	6 cl

Garnitur: Ananasgarnitur.

Zubereitung: Das fertige Getränk in ein Fancyglas gießen.

Service: Trinkhalm.

Hinweis: Diese Rezeptur ist ähnlich einer ► Piña Colada. Anstelle von Rum wird Wodka verwendet.

China Town
Fancy Drink

Gin	5 cl
Zitronensaft, frisch gepresst	3 cl
Cordial Lime Juice	2 cl
Zuckersirup	2 cl
Spitzen von zwei Minzezweigen	
Sodawasser	ca. 8 cl

Garnitur: Zitronenspirale und ein Minzezweig (im Glas).

Zubereitung: Die Minze in den mit Eiswürfeln gefüllten Shaker geben und kräftig schütteln. Anschließend die restlichen Zutaten, außer dem Sodawasser, beigeben und nochmals kräftig mixen. Den Drink in einen mit Eiswürfeln gefüllten hohen Tumbler seihen, mit dem Sodawasser auffüllen und kurz durchrühren.

Service: Trinkhalm, Stirrer.

Choco-Coco-Milk
Milk-Mix-Drink

Schokoladesirup	4 cl
Coconut-Cream	2 cl
Milch	1/8 l

Garnitur: Schlagobers-/Schlagsahnehaube mit Kokos- und Schokoladeraspeln.

Zubereitung: Fünf Eiswürfel mit allen Zutaten in den Shaker geben und gut mixen. Mit den Eiswürfeln in ein dickwandiges Glas gießen.

Service: Trinkhalm.

Chocolate Martini
After-Dinner-Cocktail

| Vanillewodka | 3 cl |
| Schokoladelikör, schwarzer | 3 cl |

Garnitur: Zitronentwist.

Zubereitung: Das fertige Getränk in das vorgekühlte Cocktailglas seihen und die Innenseite des Glasrandes mit dem Zitronentwist aromatisieren.

Churchill
Beer-Mix-Drink

Campari	2 cl
Lagerbier, hell	ca. 20 cl

Zubereitung: Den Campari in die Biertulpe gießen und mit dem Bier auffüllen.

Cindarella
Non-alcoholic Mix-Drink

Maracujasirup	2 cl
Grenadinesirup	1 cl
Orangensaft, frisch gepresst	8 cl
Ananassaft	8 cl

Garnitur: Fancygarnitur.

Zubereitung: Das fertige Getränk in ein mit Eiswürfeln gefülltes Fancyglas seihen.

Service: Trinkhalm.

Citrus Crush
Fancy Drink/Crushed Drink

Aperol	5 cl
Cordial Lime Juice	2 cl
3/4 Limette	
1/4 Orange	
Rohrzucker	1 Barlöffel
Sodawasser (auf Wunsch)	

Zubereitung: Die Zitrusfrüchte abwaschen bzw. abwi-

schen, die Enden kappen und aufschneiden. Den weißen Strunk herausschneiden und die Früchte in mehrere Stücke teilen. In einen dickwandigen Tumbler geben und den Zucker sowie den Lime Juice zufügen. Mit einem Muddler zerdrücken. Das Glas mit Eis (Crushed Ice oder Eiswürfeln) auffüllen, den Aperol beigeben und gut durchrühren. Auf Wunsch mit einem Schuss Sodawasser aufspritzen.

Hinweis: Das Rezept ist eine Abwandlung des
▶ Caipirinha.

Claret Cup
Cup
Für 12 Personen

Zuckersirup	10 cl
Maraschino	10 cl
Zitronen	2 Stück
Orangen	2 Stück
1/2 Ananas	
Roséwein (Claret)	2 Flaschen

Zubereitung: Orangen und Zitronen in Scheiben, die Ananas in kleine Stücke schneiden. Mit allen anderen Zutaten in ein Bowlegefäß geben und zugedeckt sowie gekühlt etwas marinieren lassen. Eventuell mit Gurkenschalen und/oder Früchten, wie Erdbeeren und Weintrauben, in kleinen Weingläsern oder Bowlegläsern servieren.

Service: Unterteller, Serviette, Kaffeelöffel.

Claridge
Pre-Dinner-Cocktail

Gin	2 cl
Wermut, weiß, trocken	2 cl
Curaçao, Triple Sec	1 cl
Apricot Brandy	1 cl

Zubereitung: Das fertige Getränk in das vorgekühlte Cocktailglas seihen.

Clover Club
Pre-Dinner-Cocktail

Gin	4 cl
Zitronensaft, frisch gepresst	1,5 cl
Grenadinesirup	2 Dashs
1 Eiweiß	

Zubereitung: Das fertige Getränk in das vorgekühlte Cocktailglas seihen.

Der Clover-Club-Cocktail, der zu Beginn des 20. Jahrhunderts im Bellevue-Stratford Hotel kreiert wurde, ist nach einem Männerclub in Philadelphia benannt.

Coconut Kiss
Non-alcoholic Mix-Drink

Coconut-Cream	4 cl
Obers/Sahne	2 cl
Ananassaft	6 cl
Kirschnektar	6 cl
Grenadinesirup	1 Dash

Garnitur: Ananasgarnitur.

Zubereitung: Den Shaker zur Hälfte mit Eiswürfeln füllen, alle Zutaten hineingeben und kräftig schütteln. Das

Getränk mit den Eiswürfeln in ein Périgordglas gießen.

Service: Trinkhalm.

Cocorinha
Fancy Drink/Crushed Drink

Limette	1 Stück
Rohrzucker	1 Barlöffel
Cachaça	3–4 cl
Kokosnusslikör	2 cl
Coconut-Cream	3 cl

Garnitur: Limettenscheibe.

Zubereitung: wie ▶ Caipirinha.

Service: dicker Trinkhalm.

Tipps: Wegen der Zugabe von Coconut-Cream müssen vor ihrer Beigabe die Zutaten mit Crushed Ice besonders gut durchgerührt werden.

Anstelle von 3 cl Coconut-Cream können 1–2 cl des süßeren Kokosnusssirups verwendet werden.

Als alkoholfreie Variante den Alkoholanteil durch Zitronenlimonade oder Sodawasser ersetzen.

Coffee Colada
Tropicana

Rum, weiß	2 cl
Rum, braun	1 cl
Kaffeelikör	2 cl
Kaffeesirup	1 cl
Coconut-Cream	4–5 cl
Ananassaft	8 cl
Orangensaft, frisch gepresst	4 cl
Obers/Sahne	2 cl

Garnitur: Schlagobers-/Schlagsahnehaube, eine Kaffeebohne.

Zubereitung: Den fertigen Drink in ein mit Eiswürfeln gefülltes Fancyglas seihen.

Service: Trinkhalm.

Tipp: Anstelle von 4–5 cl Coconut-Cream können 2–3 cl des süßeren Kokosnusssirups verwendet werden.

Coffee Colada alkoholfrei
Non-alcoholic Mix-Drink

Rumsirup	0,5 cl
Kaffeesirup	2 cl
Coconut-Cream	4 cl
Ananassaft	10 cl
Orangensaft, frisch gepresst	2 cl
Milch	1,5 cl
Obers/Sahne	1,5 cl

Garnitur, Zubereitung und **Service** wie ▶ Coffee Colada.

Cola Rum

Vgl. ▶ Whiskey Cola; anstelle von Whiskey Rum verwenden.

Colonel Collins

Vgl. ► Tom Collins; anstelle
von Gin Bourbon Whiskey
verwenden.

Comfort Highball
Highball

Southern Comfort	4 cl
Ginger Ale	

Garnitur: Zitronenspirale.

Zubereitung: Einen hohen
Tumbler bis zur Hälfte mit
Eiswürfeln füllen. Den Likör
daraufgießen und mit dem
Ginger Ale auffüllen. Zur
Aromatisierung kann vor dem
Auffüllen ein Dash Angostura
auf den Likör gegeben
werden.

Service: Stirrer.

Cool Sweet Heart
Longdrink

1. Platz/Weltmeister, Cocktail-
Weltmeisterschaft 2006,

Chalkidiki/Griechenland
Kung Hui Chun, Taiwan

Rum, weiß	3 cl
Schokolade-Orangen-Likör	3 cl
Mojito-Minzsirup	3 cl
Zitronensaft, frisch gepresst	1,5 cl
Orangensaft, frisch gepresst	7,5 cl

Garnitur: Limette, Cocktailkirsche, Minze.

Zubereitung: Rum, Likör und
Sirup im Shaker mixen und in
einen mit Eiswürfeln gefüllten
Tumbler seihen. Anschlie-
ßend den Zitronen- und den
Orangensaft daraufgießen.

Service: Trinkhalm.

Corpse Reviver 1
Pick-me-up

Cognac oder Weinbrand	2 cl
Apple Jack oder Apfelbrand	2 cl
Wermut, rot	2 cl

Zubereitung: Das fertige
Getränk in das Cocktailglas
seihen.

In der weiten Barwelt
existieren verschiedenste
Rezepturen dieser „Totener-
wecker-Drinks".

Corpse Reviver 2
Pick-me-up

Pastis	2 cl
Zitronensaft, frisch gepresst	1 cl
Champagner/Sekt	

Zubereitung: Zitronensaft
und Pastis mit einem
Eiswürfel in eine Champag-
nerschale geben. Mit dem gut
gekühlten Champagner oder
Sekt auffüllen und vorsichtig
umrühren.

Diese Rezeptur kreierte
Barman Frank Meier um das
Jahr 1926.

Cosmopolitan
Pre-Dinner-Cocktail

Wodka Citron	4 cl
Curaçao, Triple Sec	1 cl
Cranberry Juice, rot	2 cl
Cordial Lime Juice	1 cl
Limettensaft, frisch gepresst	1 Dash

Garnitur: Limettentwist.

Zubereitung: Das fertige
Getränk in das vorgekühlte
Cocktailglas seihen.

Der Cosmopolitan gelangte
durch das Medium Fernsehen
zu seinem hohen Bekannt-
heitsgrad. Abwandlungen
aufgrund der Basisspirituose
sind der Metropolitan (mit
Wodka Kurant – Schwarze
Johannisbeeren) und der

Razzmopolitan (mit Wodka Raspberry – Himbeeren).

Der Cosmopolitan und seine Abwandlungen sowie der
▶ Apple Martini und der
▶ Chocolate Martini reihen sich in die Kategorie der sogenannten Modern Martinis (siehe Infoseite Pre-Dinner-Cocktails, Seite 25).

Crème de Cassis Frappé

Vgl. ▶ Crème de Menthe Frappé; anstelle von Crème de Menthe Crème de Cassis verwenden.

Crème de Menthe Frappé
Frappé

Crème de Menthe, grün 4 cl
Crushed Ice oder
Shaved Ice

Garnitur: Minzezweig.

Zubereitung: Die Sektschale mit dem Eis füllen und den Likör daraufgießen.

Service: Trinkhalm.

Crème de Café Frappé

Vgl. ▶ Crème de Menthe Frappé; anstelle von Crème de Menthe Kaffeelikör verwenden.

Cuba Libre
Longdrink

Rum, kubanisch, weiß   4 cl
Cola   ca. 1/8 l

Garnitur: Limettenspalte (in den Drink pressen und anschließend ins Glas geben).

Zubereitung: Einen Tumbler zu drei Vierteln mit Eiswürfeln füllen und den Rum daraufgießen. Mit dem Cola auffüllen und umrühren.

Es wird erzählt, dass amerikanische Touristen erstmals kubanischen Rum mit Cola mischten und diesen Drink „Viva Cuba libre – Es lebe das freie Kuba" nannten.

Cuban Fizz
Fizz

Rum, kubanisch	5 cl
Zitronensaft, frisch gepresst	3 cl
Cordial Lime Juice	2 cl
Zuckersirup	2 cl
Spitzen von 2 Minzezweigen	
Sodawasser	ca. 8 cl

Garnitur: Zitronenspirale und ein Minzezweig (im Glas).

Zubereitung: Die Minze in den Shaker geben und auf Eiswürfeln kräftig schütteln. Anschließend die restlichen Zutaten, außer dem Sodawasser, beigeben und nochmals kräftig mixen. Den Drink in einen mit Eiswürfeln gefüllten hohen Tumbler seihen, mit dem Sodawasser auffüllen und kurz durchrühren.

Service: Trinkhalm, Stirrer.

Cucumbar
Pre-Dinner-Cocktail

1. Platz, Österreichische Cocktail-Staatsmeisterschaft 2006
Michael Thomas, Ried im Innkreis

Gin	2,5 cl
Melonenlikör, grün	1 cl
Maracujasirup	1 cl
Limettensaft, frisch gepresst	1,5 cl
Salatgurkenscheiben	3 Stück

Garnitur: Cocktailtomate, rosa Pfeffer.

Zubereitung: Die Gurkenscheiben im Shaker kurz andrücken, Eiswürfel und die restlichen Ingredienzen beigeben und mixen. Das fertige Getränk in das vorgekühlte Coktailglas seihen.

Curaçao Sling
Sling

Rum, weiß	4 cl
Zitronensaft, frisch gepresst	3 cl
Curaçao, Triple Sec	2 cl
Angostura-Bitters	1 Dash
Sodawasser	
Curaçao, rot	2 cl

Garnitur: Trinkhalm durch die Mitte einer Orangenscheibe stecken.

Zubereitung: Einen hohen Tumbler zu drei Vierteln mit Eiswürfeln füllen. Alle Zutaten mit Ausnahme des roten Curaçao ins Glas geben und mit einem Barlöffel umrühren. Die Garnitur aufsetzen und den roten Curaçao daraufgießen.

Daiquiri
Pre-Dinner-Cocktail

Rum, kubanisch, weiß	5 cl
Limettensaft, frisch gepresst	2 cl
Zuckersirup	1–2 cl

Zubereitung: Das fertige Getränk in das vorgekühlte Cocktailglas seihen.

Das IBA-Standardrezept schreibt ein anderes Mengenverhältnis vor: 4,5 cl Rum, 2 cl Limetten- oder Zitronensaft, 0,5 cl Zuckersirup.

Jennings Cox, Ingenieur und Verwalter einiger kubanischer Kupferminen, soll, so sagt es die Geschichtsschreibung, den Cocktail Ende des 19. Jahrhunderts kreiert haben. Er taufte seinen Drink auf den Namen jenes Städtchens Daiquiri, das sich in der Nähe der Kupferminen befand.

Mit braunem Crème de Cacao ergänzt und im Aufsatzmixer mit etwas Crushed Ice zubereitet, wird aus einem Daiquiri ein Mulata.

Dallas Highball
Highball

Bourbon Whiskey   4 cl
Southern Comfort   2 cl
Angostura-Bitters   1 Dash
Ginger Ale

Garnitur: Zitronenspirale.

Zubereitung: Einen hohen Tumbler bis zur Hälfte mit Eiswürfeln füllen. Whiskey, Likör und Angostura daraufgießen, umrühren und mit dem Ginger Ale auffüllen.

Service: Stirrer.

Dark Rittmeister
Shooter

Rum, dunkel   4 cl
Orangenscheibe
Kristallzucker   1 Barlöffel
Kokosraspel   1 Barlöffel

Zubereitung: Den Rum in den Cognacschwenker gießen. Die Orangenscheibe auf das Glas legen und je zur Hälfte mit Kristallzucker und

Kokosraspeln bestreuen.

Hinweis: Die Schale von der Orangenscheibe schneiden, da sie gegessen wird.

Diamond 2000
Pre-Dinner-Cocktail

2. Platz/Vizeweltmeister, Cocktail-Weltmeisterschaft 2000, Singapur
Stefan Stevancsecz, Österreich

Rum Citron, weiß   3 cl
Gin   2 cl
Parfait Amour   1 cl
Grand Marnier
Cordon Rouge   2 Dashs

Garnitur: schwarze Olive, Zitronenspirale, Zitronentwist.

Zubereitung: Das fertige Getränk in das vorgekühlte Cocktailglas seihen und mit dem Zitronentwist aromatisieren.

Dirty Martini
Pre-Dinner-Cocktail

Gin   5 cl
Wermut, weiß, trocken   1 cl
Olivenlake   1 Barlöffel

Garnitur: Olive.

Zubereitung: Das fertige Getränk in das vorgekühlte Cocktailglas seihen.

Don Carlo
Pre-Dinner-Cocktail

3. Platz/WM-Dritter, Cocktail-Weltmeisterschaft 2003,
Sevilla/Spanien
Riccio Pasquale, Italien

Wodka   2,5 cl
Aperol   2 cl
Wermut, weiß, trocken   1 cl
Charleston Follies Likör   1 cl
Campari   0,5 cl

Garnitur: Kürbis, Zucchini, Orangenschale, Weintraube, Waldbeeren.

Zubereitung: Das fertige Getränk in das vorgekühlte Cocktailglas seihen.

Drivers Mojito
Non-alcoholic Mix-Drink

Minzezweige   2 Stück
Rohrzucker, weiß   2 Barlöffel

Limettensaft,
frisch gepresst 3 cl
Ginger Ale ca. 12 cl

Garnitur: Minzezweig.

Zubereitung: Die Minzezweige mit dem Zucker und
dem Limettensaft in einen
hohen Tumbler geben. Mit
einem Muddler die Minze
vorsichtig andrücken (nicht
zerstampfen), sodass die
ätherischen Öle freigesetzt
werden. Eiswürfel in das Glas
geben und mit dem Ginger
Ale auffüllen. Leicht umrühren und evtl. mit einem Dash
Angostura verfeinern.

Service: Trinkhalm.

Schlagen Sie auch die Rezeptur des ► Mojito nach.

East India Cocktail
Pre-Dinner-Cocktail

Cognac oder Weinbrand 5 cl
Curaçao, rot 1 cl
Ananassirup 1 cl
Maraschino 2 Dashs
Angostura-Bitters 2–3 Dashs

Garnitur: Cocktailkirsche,
Zitronenzeste.

Zubereitung: Das fertige
Getränk in das vorgekühlte
Cocktailglas seihen.

East Indian
Pre-Dinner-Cocktail

Sherry, trocken 3 cl
Wermut, weiß, trocken 3 cl
Orange-Bitters 2 Dashs

Zubereitung: Das fertige
Getränk in das vorgekühlte
Cocktailglas seihen.

Egg Nogg alkoholfrei
Non-alcoholic Mix Drink
Für 6 Portionen

Eier 4 Stück
Zuckersirup 6 cl
Vanilleextrakt 1 Barlöffel
Zimt, gemahlen 1/2 Barlöffel
Piment (Neugewürz),
gemahlen 1/2 Barlöffel
Milch 3/4 l

Garnitur: geriebene Muskatnuss.

Zubereitung: Die Eier in einer
Schüssel schaumig schlagen.
Die Gewürze und anschlie-
ßend die Milch einrühren. In
Punschgläser füllen.

Eldorado
Fancy Drink

Tequila, weiß 1 cl
Curaçao, Triple Sec 2 cl

Bananenlikör, gelb 2 cl
Zitronensaft,
frisch gepresst 1 cl
Zuckersirup 0,5 cl
Ananassaft 9 cl
Orangensaft,
frisch gepresst 5 cl

Garnitur: Fancygarnitur.

Zubereitung: Den fertigen
Drink in ein mit Eiswürfeln
gefülltes Fancyglas seihen.

Service: Trinkhalm.

Tipp: Verwendet man anstelle
des Curaçao Triple Sec einen
blauen Curaçao, bekommt
der Drink eine dezente grünliche Farbe.

El Presidente
Pre-Dinner-Cocktail

Rum, weiß	4 cl
Curaçao, Triple Sec	1,5 cl
Wermut, weiß, trocken	1,5 cl
Grenadinesirup	2 Dashs

Garnitur: Cocktailkirsche.

Zubereitung: Das fertige Getränk in das vorgekühlte Cocktailglas seihen.

Erdbeerbowle
Bowle
Für 25 Portionen

Erdbeeren	1 kg
Erdbeermark	1/8 l
Erdbeersirup	10 cl
Cognac oder Weinbrand	10 cl
Apricot Brandy	10 cl
Weißwein	2 Flaschen
Sekt	

Zubereitung: Die gewaschenen, halbierten Erdbeeren mit dem Erdbeermark und dem Erdbeersirup sowie dem Weinbrand und dem Likör in ein Bowlegefäß geben und mit dem eisgekühlten Wein bedecken. Im Kühlschrank zugedeckt zirka zwei Stunden marinieren lassen. Die Sektschale oder das Bowleglas zur Hälfte damit füllen und mit dem Sekt aufgießen.

Service: Unterteller, Serviette, Kaffeelöffel.

Erdbeer-Kiwi-Frappé
Milk-Mix-Drink

Milch	1/8 l
Kiwisirup	2 cl
Erdbeeren	4 Stück
Vanilleeis	2 Kugeln

Garnitur: Schlagobers-/Schlagsahnehaube, 1/2 Erdbeere, Kiwischeibe.

Zubereitung: Alle Zutaten im Aufsatzmixer mixen und in einen hohen Tumbler oder ein Fancyglas gießen. Schlagobers-/Schlagsahnehaube auf den Drink geben und mit den Früchten ausgarnieren.

Service: Trinkhalm, Limonadenlöffel.

Erdbeer-Limes
Shooter

Wodka	2 cl
Erdbeerpüree (mit Zucker und Limettensaft abgeschmeckt)	2 cl

Zubereitung: Das fertige Getränk in das Shotglas seihen.

Tipp: Je nach Fruchtpüree (Himbeer, Pfirsich, Mango, Kiwi) entstehen verschiedenste Limes-Variationen.

Hinweis: Das Rezept ist in der Literatur auch als Strawberry Limes zu finden.

Erdbeershake – Strawberry Shake – Erdbeermilch
Milk-Mix-Drink

Erdbeermark	8 cl
Zuckersirup	1 cl
Erdbeersirup	2 cl
Milch	1/8 l

Garnitur: Erdbeere.

Zubereitung: Den fertigen Drink in einen hohen Tumbler oder in ein Fancyglas gießen.

Service: Trinkhalm.

Ernest Hemingway Special
Fancy Drink

Rum, weiß	4 cl
Maraschino	2 cl
Limettensaft, frisch gepresst	2 cl
Cordial Lime Juice	2 cl
Grapefruitsaft	8 cl

Zubereitung: Das fertige Getränk in eine große Cocktailschale seihen.

Exotic Twist
Longdrink
1. Platz, Österreichische Cocktail-Staatsmeisterschaft 2005
Stefan Stevancsecz, Linz

Spiced Rum, golden	3 cl
Charleston Follies Likör	2 cl
Amaretto Sirup	1 cl
Mangonektar	6 cl
Kokos-Ananas-Nektar	6 cl

Garnitur: Mango (mit roter Rübe eingefärbt), Apfel, Ananasgrün, Cocktail Flavour Amaretto.

Zubereitung: Das fertige Getränk in einen mit Eiswürfeln gefüllten hohen Tumbler seihen. Den Drink mit dem Cocktail Flavour besprühen und somit aromatisieren.

Ferrari
After-Dinner-Cocktail

Amaretto	2 cl
Wermut, weiß, trocken	4 cl

Garnitur: Zitronentwist.

Zubereitung: Das Old-Fashioned-Glas zu zwei Dritteln mit Eiswürfeln füllen und die Spirituosen darübergießen.

Feuerzangenbowle
Hot Drink
Für 12 Personen

Rotwein	1,5 l
Zuckerhut	250 Gramm
Rum, hochprozentig	30 cl

Zubereitung: Den Rotwein in einem feuerfesten Topf leicht erhitzen. Die Feuerzange mit dem Zuckerhut auf den Topf legen. Den Zuckerhut mit einem Teil des Rums tränken und anzünden. Nach und nach den restlichen Rum mit dem Schöpfer über den Zucker gießen, bis er geschmolzen und in den Wein getropft ist. Die Feuerzangenbowle soll brennend in feuerfesten Gläsern serviert werden.

Service: Unterteller, Serviette.

Fifth Avenue
Shooter

Crème de Cacao, braun	2 cl
Apricot Brandy	2 cl
Obers/Sahne	1 cl

Zubereitung: Zuerst die Liköre und zum Schluss das Obers/Sahne über den verkehrt gehaltenen, am inneren Glasrand anliegenden Barlöffel in das Shotglas gießen.

Finlandia Cup
Fancy Drink

Wodka	4 cl
Zitronensaft, frisch gepresst	3 cl
Limettensaft, frisch gepresst	2 cl
Bitter Lemon	ca. 10 cl
Curaçao, blau	1 cl

Garnitur: Kumquat-Rose mit Cocktailkirsche auf Stick.

Zubereitung: Alle Zutaten außer dem Bitter Lemon und dem Curaçao im Shaker mixen und mit dem Eis in ein Fancyglas gießen. Mit dem Bitter Lemon auffüllen und zum Schluss den Curaçao auf

den Drink geben.

Service: Trinkhalm.

Flamingo
Pre-Dinner-Cocktail

Gin	3 cl
Apricot Brandy	1 cl
Zitronensaft, frisch gepresst	2 cl
Grenadinesirup	3 Dashs

Garnitur: Cocktailkirsche auf Stick.

Zubereitung: Das fertige Getränk in das vorgekühlte Cocktailglas seihen.

Flor de Cuba
Fancy Drink/Crushed Drink

Limette	1 Stück
Rohrzucker	1 Barlöffel
Rum, kubanisch, 3–jährig	3 cl
Passionsfruchtlikör	2 cl
Grenadinesirup	1 Dash
Cordial Lime Juice	1 cl
Passionsfruchtsirup	2 cl
Spitzen von zwei Minzezweigen	
Sodawasser	1/16 l

Garnitur: Minzezweig.

Zubereitung: Die Limette mit dem Rohrzucker wie für einen ▶ Caipirinha vorbereiten. Die

Minzeblätter, den Rohrzucker und die Limettenstücke mit einem Muddler im Gästeglas zerstoßen. Die restlichen Zutaten beigeben, das Glas bis ca. drei Zentimeter unter dem Glasrand mit Crushed Ice füllen und gut verrühren. Das Sodawasser beigeben und nochmals kurz und vorsichtig durchmischen.

Service: dicker Trinkhalm.

Tipp: Als alkoholfreie Variante den Alkoholanteil durch einen höheren Sodaanteil oder Zitronenlimonade ersetzen.

Florida
Non-alcoholic Mix-Drink

Orangensaft, frisch gepresst	6 cl
Ananassaft	6 cl

Grapefruitsaft	2 cl
Zitronensaft, frisch gepresst	2 cl
Grenadinesirup	2 cl

Garnitur: Orangenscheibe, Ananasblatt und Cocktailkirsche auf Stick.

Zubereitung: Das Collinsglas zur Hälfte mit Eiswürfeln füllen, alle Zutaten außer dem Grenadinesirup ins Glas geben und mit einem Barlöffel umrühren. Zum Schluss den Grenadinesirup daraufgießen.

Service: Trinkhalm.

Flying Kangaroo
Fancy Drink

Rum, weiß	3 cl
Wodka	3 cl
Galliano	1 cl
Coconut-Cream	2 cl
Ananassaft	4 cl
Orangensaft, frisch gepresst	2 cl
Obers/Sahne	1 cl

Garnitur: Ananasgarnitur.

Zubereitung: Das fertige Getränk in einen mit Crushed Ice gefüllten Tumbler seihen.

Service: Trinkhalm.

Diese Rezeptur stammt von Charles Schumann aus dem Jahre 1979.

Framboise Mix
Milk-Mix-Drink

Joghurt	1/8 l
Himbeersirup	2 cl
Himbeeren	80 Gramm
Crushed Ice	1 Schaufel

Garnitur: Himbeeren.

Zubereitung: Alle Zutaten im Aufsatzmixer mischen und in ein dickwandiges Glas gießen.

Service: Unterteller, Serviette, Limonadenlöffel, Trinkhalm.

Framboise Royal

Vgl. ▶ Kir Royal; anstelle von Crème de Cassis Himbeerlikör verwenden.

French 75
Sekt- oder Champagnercocktail

Gin	2 cl
Zitronensaft, frisch gepresst	1 cl
Zuckersirup	1 Dash
Champagner/Sekt	

Zubereitung: Gin, Zitronensaft und Zuckersirup mixen und in ein vorgekühltes Champagnerglas seihen. Mit Champagner oder Sekt auffüllen.

Dieser Drink wurde nach der erfolgreichsten Feldkanone der alliierten Armee im Ersten Weltkrieg benannt (Kaliber 75 mm). Die angeführte Rezeptur hat sich im Laufe der Zeit durchgesetzt, die erste „French 75"-Rezeptur aus dem Jahr 1919 hatte z. B. eine Basismischung aus Absinth, Gin und Calvados.

French Connection
After-Dinner-Cocktail

Cognac	4 cl
Amaretto	2 cl

Zubereitung: Das Old-Fashioned-Glas zu zwei Dritteln mit Eiswürfeln füllen und die Spirituosen darübergießen.

Das IBA-Standardrezept schreibt ein Mengenverhältnis von je 3,5 cl vor.

French Pousse-Café
Pousse-Café

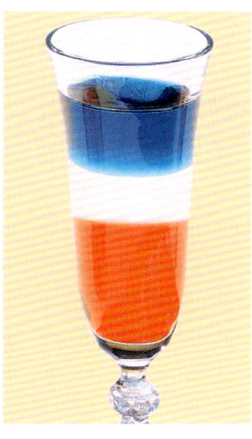

Grenadinesirup	3 cl
Maraschino	3 cl
Curaçao, blau	2 cl
Wodka	1 cl

Zubereitung: Den Grenadinesirup und anschließend den Maraschino über den verkehrt gehaltenen, am inneren Glasrand anlieger den Barlöffel in das Pousse-Café-Glas gießen. Zuletzt den Curaçao und den Wodka im Shaker mixen und als Abschluss in das Pousse-Café-Glas seihen.

Frozen Applebite
Fancy Drink

*2. Platz/Vizeweltmeister, Cocktail-Weltmeisterschaft 2005, Helsinki/Finnland
Oscar Hernandez, Schweden*

Himbeer-Rum, weiß	2 cl
Saurer-Apfel-Likör	2 cl
Sambuca	0,5 cl
Apfelsirup, grün	1 cl
Basilikumblätter	5 Stück
Chilis, frisch	2 Stück

Garnitur: rote Chilis, Basilikum, Limettenspirale.

Zubereitung: Alle Zutaten mit Crushed Ice im Aufsatzmixer mixen und in das Cocktailglas gießen.

Frozen Daiquiri
Pre-Dinner-Cocktail

Rum, kubanisch, weiß	5 cl
Limettensaft, frisch gepresst	2 cl
Zuckersirup	1–2 cl

Garnitur: Zitronen- oder Limettenscheibe.

Zubereitung: Alle Zutaten mit zwei Schaufeln Crushed Ice in den Aufsatzmixer geben und gut vermischen. Den fertigen Drink in ein vorgekühltes Cocktailglas gießen.

Das IBA-Standardrezept schreibt ein anderes Mengenverhältnis vor: 4,5 cl weißer Rum, 2 cl Limettensaft, 1–2 cl Zuckersirup.

Frozen Fruit Punch
Non-alcoholic Mix-Drink

Erdbeerpüree	6 cl
Pfirsichpüree	6 cl
Orangensaft, frisch gepresst	4 cl
Maracujasirup	2 cl

Garnitur: 1/2 Erdbeere oder Pfirsichspalte (in den Drink geben).

Zubereitung: Alle Zutaten mit zwei Schaufeln Crushed Ice im Aufsatzmixer ca. 30 Sekunden mixen, bis eine homogene Massse entstanden ist. Den Softeis-ähnlichen Drink in ein Fancyglas oder eine große Cocktailschale gießen.

Service: dicker Trinkhalm.

Tipp: Durch Zugabe diverser Spirituosen (z. B. von weißem Rum oder Wodka bzw. Fruchtlikören) entsteht ein alkoholischer Frozen Fruit Punch.

Frozen Margarita
Pre-Dinner-Cocktail

Tequila, weiß	4 cl
Curaçao, Triple Sec	2 cl
Zitronensaft	2 cl

Garnitur: Zitronenscheibe.

Zubereitung: Alle Zutaten mit zwei Schaufeln Crushed Ice in den Aufsatzmixer geben und gut vermischen. Den fertigen Drink in ein vorgekühltes Cocktailglas gießen.

Das IBA-Standardrezept schreibt ein anderes Mengenverhältnis vor: 3,5 cl Tequila, 2 cl Curaçao Triple Sec, 1,5 cl Zitronen- oder Limettensaft.

Frozen Nut Coffee
Non-alcoholic Mix-Drink

Coconut-Cream	3 cl
Haselnusssirup	2 cl
Kaffee, kalt	10 cl
Milch	4 cl
Obers/Sahne	2 cl

Garnitur: Schokoflocken.

Zubereitung: Alle Zutaten mit zwei Schaufeln Crushed Ice im Aufsatzmixer ca. 30 Sekunden mixen, bis eine homogene Massse entstanden ist. Den Softeis-ähnlichen Drink in ein Fancyglas oder eine große Cocktailschale gießen.

Service: dicker Trinkhalm.

Tipp: Der Handel bietet verschiedene Schokolade- bzw. Kaffeepulvervariationen an, die mit Milch und Crushed Ice zu Frozen Coffee Drinks gemixt werden können. Mit diversen Sirupen kann noch verfeinert werden.

Frozen Tropicana
Tropicana

Rum, weiß	2 cl
Kokosnusslikör	2 cl
Mangopüree	10 cl
Maracujasirup	2 cl
Ananassirup	1 cl
Limettensaft, frisch gepresst	2 cl

Garnitur: Mangospalte, Minze (an den Glasrand stecken).

Zubereitung: Alle Zutaten mit zwei Schaufeln Crushed Ice im Aufsatzmixer ca. 30 Sekunden mixen, bis eine homogene Massse entstanden ist. Den Softeis-ähnlichen Drink in ein Fancyglas oder eine große Cocktailschale gießen.

Service: dicker Trinkhalm.

Tipp: Werden die alkoholischen Ingredienzen weggelassen, entsteht ein schmackhafter alkoholfreier Frozen Drink.

Fruit Vodka
Shrub

25 Portionen à 4 cl

Wodka	1,5 l
Ananasringe	15 Stück
Cocktailkirschen	15 Stück
Birnenhälften	15 Stück
Zuckermelonen-spalten	10 Stück

Zubereitung: Die Früchte in einen Glaskrug schichten und den Wodka daraufgießen. Fünf Stunden im Kühlschrank marinieren lassen. Im geeisten Ponyglas (Stamperl) ohne Früchte servieren.

Galliano Hot Shot
Shooter

Galliano	2 cl
Espresso, heiß	2 cl
Obers/Sahne	2 cl

Zubereitung: Die Zutaten, wie bei einem Pousse-Café, einzeln in das Shotglas schichten.

Tipp: Das Obers/die Sahne hält besser bzw. lässt sich leichter im Glas platzieren, wenn man halb geschlagenes verwendet.

Georgia Mint Julep
Julep

Cognac oder Weinbrand	3 cl
Peach Brandy	3 cl
Staubzucker	2 Barlöffel
Wasser	2 cl
Minzezweige	ca. 12 Stück

Garnitur: Minzezweige.

Zubereitung: Die Zweigspitzen der Minzezweige mit dem Zucker und etwas Wasser in einen silbernen Julepbecher (ersatzweise in einen Tumbler) geben. Alles etwas verrühren, bis sich der Zucker aufgelöst hat. Die Spirituosen beigeben und den Becher bzw. das Glas mit Shaved Ice füllen. Mit dem Barlöffel sehr gut rühren, aber nicht die Minze zerstoßen. Der Becher bzw. das Glas soll durch das intensive Rühren ordentlich gekühlt sein. Abschließend mit frischen Minzezweigen, die mit Staubzucker bestreut werden können, garnieren.

Germany Pousse-Café
Pousse-Café

Galliano	2 cl
Mandelsirup	1 cl
Curaçao, rot	3 cl
Kaffeelikör	2 cl
Wodka	1 cl

Zubereitung: Galliano und Mandelsirup ins Pousse-

Café-Glas geben und mit dem Barlöffel verrühren. Den Curaçao über den verkehrt gehaltenen, am inneren Glasrand anliegenden Barlöffel in das Pousse-Café-Glas gießen. Zuletzt den Kaffeelikör und den Wodka in ein Mixglas geben, mit dem Barlöffel verrühren und in das Pousse-Café-Glas seihen.

Gibson
Pre-Dinner-Cocktail

| Gin | 5 cl |
| Wermut, weiß, trocken | 1 cl |

Garnitur: Perlzwiebel auf Stick.

Zubereitung: Das fertige Getränk in das vorgekühlte Cocktailglas seihen.

Wird der Gibson sehr trocken gewünscht, nimmt man 6 cl Gin und nur einen Dash Wermut. In diesem Fall wird der Wermut zur Geschmacksgebung auf das Eis im Mixglas gespritzt und wieder abgegossen. Den Gin in das Mixglas geben und anschließend in das vorgekühlte Cocktailglas seihen.

Dieses Rezept entspricht mit Ausnahme der Garnitur dem ▶ Martini-Cocktail. Eine Ableitung ist der ▶ Wodka Gibson.

Das IBA-Standardrezept schreibt ein anderes Mengenverhältnis vor: 6 cl Gin, 1 cl Wermut.

Der Cocktail soll für den amerikanischen Künstler und Zeitschriftenillustrator Charles Dana Gibson im Players Club in New York erstmals gemixt worden sein. Das Verhältnis Gin zu Wermut war damals 1 : 1 und eine Cocktailkirsche ersetzte die beim Gibson mittlerweile obligatorische Perlzwiebel. Dieses Grundrezept entsprach also eher einem ▶ Gin and French als einem ▶ Martini-Cocktail.

Gimlet
Pre-Dinner-Cocktail

| Gin | 4 cl |
| Cordial Lime Juice | 2 cl |

Garnitur: Limettentwist.

Zubereitung: Das fertige Getränk in das vorgekühlte Cocktailglas seihen.

Das Verhältnis Gin zu Lime Juice kann sich bis zu 50 : 50 verändern.

Gerne wird der Gimlet direkt im Gästeglas (Old-Fashioned-Glas) mit Eiswürfeln zubereitet. Zum Abschluss wird eine kleine Limettenspalte in den Drink gepresst.

Durch Auswechseln der Basisspirituosen entstehen folgende Gimletvarianten: Rum Gimlet (mit verschiedenen Rumsorten), Wodka Gimlet (mit Wodka), Apple Gimlet (mit Apple Wodka = Flavoured-Wodka).

Sir T. O. Gimlette, ein britischer Marinearzt aus dem 19. Jahrhundert, fungiert als Namensgeber für diesen Drink.

Gin and French
Pre-Dinner-Cocktail

Gin	3 cl
Wermut, weiß, trocken	3 cl

Garnitur: Zitronentwist.

Zubereitung: Das fertige Getränk in das vorgekühlte Cocktailglas seihen.

Das Wörtchen French im Rezepturnamen deutet auf die Verwendung von französischem (trockenem) Wermut hin.

Gin and It
Pre-Dinner-Cocktail

Gin	3 cl
Wermut, rot	3 cl

Garnitur: Cocktailkirsche auf Stick.

Zubereitung: Das fertige Getränk in das vorgekühlte Cocktailglas seihen.

Das Wörtchen It im Rezepturnamen ist die Abkürzung für Italian Vermouth und deutet auf die Verwendung von rotem Wermut hin.

Gin Crusta
Crusta

Gin	5 cl
Maraschino	0,5 cl
Zitronensaft, frisch gepresst	0,5 cl
Zuckersirup	0,5 cl
Angostura-Bitters	1 Dash

Garnitur: Zuckerrand; das Glas mit einer breiten Zitronenspirale auslegen.

Zubereitung: Das fertige Getränk in das Crustaglas seihen.

Hinweis: Der Gin Crusta kann auch im Gästeglas zubereitet werden. In diesem Fall Eiswürfel und alle Ingredienzen ins Glas geben und mit einem Barlöffel umrühren.

Gin Daisy
Daisy

Gin	4 cl
Zitronensaft, frisch gepresst	2 cl
Grenadinesirup	1–2 cl
Sekt oder Sodawasser	ca. 4 cl

Zubereitung: Das fertige Getränk in die Sektschale seihen und mit gut gekühltem Sodawasser oder Sekt auffüllen.

Früher wurden Daisies ausschließlich mit Sodawasser aufgespritzt.

Tipp: Gin Daisy mit Fruchtstückchen servieren (auch auf Spieß).

Gin Fizz
Fizz

Gin   4 cl
Zitronensaft,
frisch gepresst   2 cl
Zuckersirup   1 cl
Sodawasser   ca. 6 cl

Garnitur: Zitronenscheibe.

Zubereitung: Alle Zutaten außer dem Sodawasser im Shaker gut schütteln und in einen hohen Tumbler seihen. Mit dem Sodawasser auffüllen.

Service: Trinkhalm.

Das IBA-Standardrezept schreibt ein anderes Mengenverhältnis vor: 4,5 cl Gin, 3 cl Zitronensaft, 1 cl Zuckersirup, 8 cl Sodawasser.

Gin Lemon

Vgl. ▶ Wodka Lemon; anstelle von Wodka Gin verwenden.

Gin Orange

Vgl. ▶ Screw Driver; anstelle von Wodka Gin verwenden.

Gin Rickey
Rickey

Limette   1 Stück
Gin   4 cl
Sodawasser

Garnitur: Limettenspalte.

Zubereitung: Die Limette abwaschen bzw. abwischen, die Enden kappen und aufschneiden. Den weißen Strunk herausschneiden und die Limette in mehrere Stücke teilen. In den Tumbler geben und mit dem Muddler zerdrücken. Den Gin daraufgießen, umrühren und das Glas mit Eiswürfeln füllen. Abschließend mit dem Sodawasser auffüllen.

Service: Limonadenlöffel.

Der erste Rickey, der am Ende des 19. Jahrhunderts kreiert wurde, hatte Gin als Hauptbestandteil. Von diesem Rezept haben sich verschiedene Varianten abgeleitet, wie zum Beispiel der Apricot Rickey, der Bourbon Rickey und der Brandy Rickey. Vgl. auch Rickeys, Seite 74.

Gin Smash

Vgl. ▶ Whiskey Smash; anstelle von Whiskey Gin verwenden.

Gin Sour

Vgl. ▶ Whiskey Sour Trend; anstelle von Whiskey Gin verwenden.

Gin Swizzle
Tropicana

Gin   3 cl
Sloe Gin   3 cl
Zuckersirup   3 cl
Limettensaft,
frisch gepresst   3 cl

Garnitur: Fruchtspieß.

Zubereitung: Einen hohen Tumbler zu zwei Dritteln mit Crushed Ice füllen und alle Zutaten daraufgießen. Mit einem Candy-Rock-Stick so lange rühren, bis sich das Glas außen beschlägt.

Service: Trinkhalm.

Gin Tonic
Longdrink

| Gin | 4 cl |
| Tonic | ca. 1/8 l |

Garnitur: Zitronenscheibe.

Zubereitung: Einen hohen Tumbler zu drei Vierteln mit Eiswürfeln füllen und den Gin daraufgießen. Mit Tonic auffüllen und umrühren.

Service: Stirrer.

Glühwein
Hot Drink
Für 4–5 Personen

Rotwein, leicht	1 l
Gewürznelken	8–10 Stück
Zimtstange	1 Stück
Zitrone	1 Stück
Orange	1 Stück
Kristallzucker nach Geschmack	

Garnitur: halbe Orangenscheibe, Gewürznelke, kleine Zimtstange, Zitronenschale.

Zubereitung: Zitrone und Orange in Scheiben schneiden und mit den anderen Zutaten in einem Topf erhitzen. Zirka 20–30 Minuten ziehen lassen, abseihen und in feuerfeste Gläser gießen.

Service: Unterteller, Serviette, Kaffeelöffel. Stellen Sie eine Zuckerauswahl zum Nachsüßen bereit.

Tipp: Den Glühwein nicht kochen, sondern nur sieden bzw. ziehen lassen, da der Alkohol verdampft und die Bitterstoffe aus den Gewürznelken gelöst werden.

Godfather
After-Dinner-Cocktail

| Scotch Whisky | 4 cl |
| Amaretto | 2 cl |

Zubereitung: Das Old-Fashioned-Glas zu zwei Dritteln mit Eiswürfeln füllen und die Spirituosen daraufgießen.

Das IBA-Standardrezept schreibt ein anderes Mengenverhältnis vor: 3,5 cl Scotch Whisky, 3,5 cl Amaretto.

Godmother
After-Dinner-Cocktail

| Wodka | 4 cl |
| Amaretto | 2 cl |

Zubereitung: Das Old-Fashioned-Glas zu zwei Dritteln mit Eiswürfeln füllen und die Spirituosen daraufgießen.

Das IBA-Standardrezept schreibt ein anderes Mengenverhältnis vor: 3,5 cl Wodka, 3,5 cl Amaretto.

Golden Banana
Fancy Drink

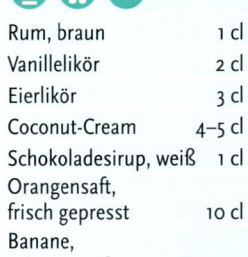

Rum, braun	1 cl
Vanillelikör	2 cl
Eierlikör	3 cl
Coconut-Cream	4–5 cl
Schokoladesirup, weiß	1 cl
Orangensaft, frisch gepresst	10 cl
Banane, sehr gut reif	100 Gramm

Garnitur: Schlagobers-/Schlagsahnehaube und Schokostreusel. Die Glasinnenseite des Fancy-Glases vor dem Eingießen des Drinks mit Schokoladesauce dekorieren (siehe Seite 380).

Zubereitung: Alle Zutaten im Aufsatzmixer mit einer Schaufel Shaved Ice oder Crushed Ice so lange mixen, bis sie sich zu einem cremigen Drink vermengt haben.

Tipps: Anstelle von 4–5 cl Coconut-Cream können 2–3 cl des süßeren Kokosnusssirups verwendet werden.

Als alkoholfreie Variante den Alkoholanteil durch frisch gepressten Orangensaft ersetzen und 0,5 cl Vanillesirup beigeben.

Golden Cadillac
After-Dinner-Cocktail

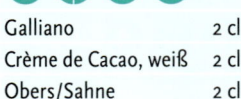

Galliano	2 cl
Crème de Cacao, weiß	2 cl
Obers/Sahne	2 cl

Zubereitung: Das fertige Getränk in das vorgekühlte Cocktailglas seihen.

→ IBA-Standardrezept

Golden Colada
Tropicana

Rum, weiß	2 cl
Rum, braun	1 cl
Galliano	2 cl
Coconut-Cream	4–5 cl
Ananassaft	4 cl
Orangensaft, frisch gepresst	6 cl
Obers/Sahne	2 cl

Garnitur: Ananasgarnitur.

Zubereitung: Den fertigen Drink in ein mit Eiswürfeln gefülltes Fancyglas seihen.

Service: Trinkhalm.

Tipp: Anstelle von 4–5 cl Coconut-Cream können auch 2–3 cl des süßeren Kokosnusssirups verwendet werden.

Golden Colada alkoholfrei
Non-alcoholic Mix-Drink

Rumsirup	0,5 cl
Vanillesirup	1,5 cl
Coconut-Cream	3 cl
Ananassaft	6 cl
Orangensaft, frisch gepresst	4 cl
Milch	1,5 cl
Obers/Sahne	1,5 cl

Garnitur, Zubereitung und **Service** wie ▶ Golden Colada.

Golden Dream
After-Dinner-Cocktail

Galliano	2 cl
Curaçao, Triple Sec	2 cl
Orangensaft, frisch gepresst	2 cl
Obers/Sahne	1 cl

Zubereitung: Das fertige Getränk in eine vorgekühlte Cocktailschale seihen.

→ IBA-Standardrezept

Golden Final
After-Dinner-Cocktail

*1. Platz, Österreichische Cocktail-Staatsmeisterschaft 2003
Stefan Stevancsecz, Linz*

Spiced Rum, golden	1,5 cl
Kaffeelikör	1,5 cl
Grand Marnier	
Cordon Rouge	0,5 cl
Macadamianut-Sirup	1 cl
Obers/Sahne, halb geschlagen (zum Toppen)	2 cl

Garnitur: Zimtpulver, Physalis (Blätter mit Goldstaub beschichten; am Glasrand platzieren), Orangentwist.

Zubereitung: Alle Zutaten außer dem Obers/Sahne in einem Shakerunterteil verrühren. In einem großen Rührglas mit Eiswürfeln durchkühlen und in das Cocktailglas seihen. Das halb geschlagene Obers/Sahne mit einem Löffel vorsichtig auf den Drink geben, dass es als obere Schicht darauf schwimmt. Das Zimtpulver mithilfe einer Schablone daraufstreuen. Mit dem Orangentwist aromatisieren.

Golden Fizz
Fizz

Gin	4 cl
Zitronensaft, frisch gepresst	2 cl
Zuckersirup	1 cl
1 Eigelb	
Sodawasser	ca. 6 cl

Garnitur: Zitronenscheibe.

Zubereitung: Alle Zutaten außer dem Sodawasser im Shaker gut schütteln und in einen hohen Tumbler seihen. Mit Sodawasser auffüllen.

Service: Trinkhalm.

Golden Gate
Pre-Dinner-Cocktail
*1. Platz, Österreichische Cocktail-Staatsmeisterschaft 2002
Kurt Lorbek, Innsbruck*

Gin	2 cl
Rum Citron, weiß	1 cl
Aperol	2 cl
Pfirsichlikör	1,5 cl
Holunderblütensirup	0,5 cl

Garnitur: Physalis, Minze.

Zubereitung: Das fertige Getränk in das vorgekühlte Cocktailglas seihen.

Golden Nail
After-Dinner-Cocktail

Bourbon Whiskey	4 cl
Southern Comfort	2 cl

Zubereitung: Das Old-Fashioned-Glas zu zwei Dritteln mit Eiswürfeln füllen und die Spirituosen daraufgießen.

Der Golden Nail ist eine Abwandlung des klassischen ► Rusty Nail.

Granatapfel-bowle
Bowle
Für 20 Personen

Granatapfelkörner	1/2 kg
Grenadinesirup	1/8 l
Weißwein	1 l
Sekt	

Zubereitung: Die Granatapfelkörner mit dem Grenadinesirup in ein Bowlegefäß geben und mit dem eisgekühlten Wein bedecken. Im Kühlschrank zugedeckt zirka zwei Stunden marinieren lassen. Eine Sektschale oder ein Bowleglas zur Hälfte damit füllen und mit Sekt aufgießen.

Service: Unterteller, Serviette, Kaffeelöffel.

Grasshopper
After-Dinner-Cocktail

Crème de Cacao, weiß	2 cl
Crème de Menthe, grün	2 cl
Obers/Sahne	2 cl

Zubereitung: Das fertige Getränk in die vorgekühlte Cocktailschale seihen.

→ IBA-Standardrezept

Green Dragon
After-Dinner-Cocktail

Wodka	4 cl
Crème de Menthe, grün	2 cl

Zubereitung: Das fertige Getränk in das vorgekühlte Cocktailglas seihen.

Hinweis: Mit weißer Crème de Menthe zubereitet, heißt das Rezept ▶ White Spider.

Greyhound
Longdrink

Wodka	4 cl
Grapefruitsaft	ca. 1/8 l

Zubereitung: Einen Tumbler zu drei Vierteln mit Eiswürfeln füllen und den Wodka daraufgießen. Mit dem Grapefruitsaft auffüllen und umrühren.

Service: Stirrer.

Hinweis: Wird das Glas mit einem Salzrand versehen, heißt der Drink ▶ Salty Dog.

Grog
Hot Drink

Rum, braun	4 cl
Zitronensaft, frisch gepresst	2 cl
Zuckersirup	2 cl
Wasser, heiß	8 cl

Garnitur: Eine mit vier Gewürznelken gespickte Zitronenscheibe ins Glas geben; längere Zimtstange (zum Umrühren).

Zubereitung: Den Rum mit dem Zitronensaft und dem Zuckersirup in ein feuerfestes Glas geben, umrühren und mit dem heißen Wasser auffüllen.

Service: Unterteller, Serviette.

Ursprünglich wurde ein Grog nur aus Rum und Wasser zubereitet. Er ist zu Zeiten der großen Seefahrer entstanden (ca. 18. Jahrhundert).

Harvey Wallbanger
Fancy Drink

Wodka	4 cl
Galliano	1 cl
Orangensaft	ca. 1/8 l

Garnitur: Orangenscheibe mit Cocktailkirsche.

Zubereitung: Einen Tumbler zu drei Vierteln mit Eiswürfeln füllen, den Wodka und den Orangensaft eingießen und umrühren. Zum Schluss den Galliano beigeben (floaten).

Service: Stirrer.

Harvey Wallbanger heißt übersetzt so viel wie „Harvey Knall-an-die-Wand". Der Name soll sich von folgender Begebenheit her eiten: Harvey war ein kalifornischer Wellenreiter. Nachdem er bei einem Wettbewerb gewonnen hatte, feierte er mit einer Vielzahl von Wodka-Orange, die er mit einem Schuss Galliano aromatisierte. Beim Verlassen der Bar schwankte er so, dass er von einer Wand zur anderen prallte.

Das IBA-Standardrezept schreibt ein anderes Mengenverhältnis vor: 4,5 cl Wodka, 1,5 cl Galliano, 9 cl Orangensaft.

Hemingway
Sekt- oder Champagnercocktail

Pastis	2 cl
Champagner/ Sekt, trocken	10 cl

Zubereitung: Den Pastis in den Sektkelch gießen und mit dem gut gekühlten Champagner oder Sekt auffüllen.

Dieser Drink wurde von Ernest Hemingway besonders geschätzt und trägt daher seinen Namen. Er wurde ursprünglich mit Absinth zubereitet und von dem Dichter scherzhaft als „Death in the afternoon" bezeichnet.

Himbeer-Frappé
Milk-Mix-Drink

Himbeereis	2 Kugeln
Himbeersirup	2 Barlöffel
Zitronensaft, frisch gepresst	1 Barlöffel
Milch	1/8 l

Garnitur: Schlagobers-/Schlagsahnehaube; Himbeere (auf dem Glasrand).

Zubereitung: Alle Zutaten im Aufsatzmixer mischen und in ein dickwandiges Glas gießen.

Service: Unterteller, Serviette, Limonadenlöffel, Trinkhalm.

Himbeer Knickebein
Knickebein

Himbeerlikör	3 cl
1 Eigelb	
Himbeerbrand	3 cl

Zubereitung: Das Knickebeinglas bis zum Knick mit dem Likör füllen. Das Eigelb daraufsetzen und den Himbeerbrand darübergießen.

Himbeershake – Raspberry Shake – Himbeermilch

Vgl. ▶ Erdbeershake; alle Erdbeerbestandteile gegen Himbeere austauschen.

Horse's Neck
Highball

Bourbon Whiskey	4 cl
Ginger Ale	ca. 1/8 l

Garnitur: Zitronenspirale.

Zubereitung: Einen hohen Tumbler bis zur Hälfte mit Eiswürfeln füllen. Den Whiskey daraufgießen und mit dem Ginger Ale auffüllen. Zur Aromatisierung kann ein Dash Angostura vor dem Auffüllen auf den Weinbrand gegeben werden.

Service: Stirrer.

Das IBA-Standardrezept lautet: 4 cl Brandy, 11 cl Ginger Ale.

Hot Buttered Rum
Hot Drink

Rum, golden/braun	4 cl
Premix-Butter, Rezept siehe Seite 58	3 Barlöffel
Wasser	ca. 1/8 l

Zubereitung: Den Rum und das kochende Wasser in ein hitzebeständiges Glas geben und die Premix-Butter daraufsetzen.

Die geschmolzene Butter nicht einrühren – sie soll auf dem Drink schwimmen.

Hurricane
Tropicana

Rum, weiß	3 cl
Rum, braun	3 cl
Limettensaft, frisch gepresst	2 cl
Orangensaft, frisch gepresst	4 cl

Ananassaft	4 cl
Maracujasirup	2 cl

Garnitur: Orangen- und Limettenscheiben und Cocktailkirschen (am Glasrand).

Zubereitung: Alle Zutaten im Shaker oder mit dem Stabmixer vermischen und in das Fancyglas (vorzugsweise Hurricaneglas) gießen.

Service: Trinkhalm.

Das Rezept stammt von den Karibischen Inseln, die jede für sich eine eigene Variation des Hurricane anbieten.

I. B. U.
Sekt- oder Champagnercocktail

Cognac oder Weinbrand	2 cl
Apricot Brandy	2 cl
Orangensaft, frisch gepresst	2 cl
Champagner/Sekt	ca. 6 cl

Zubereitung: Alle Zutaten außer dem Schaumwein im Shaker gut mixen und in ein Sektglas seihen. Anschließend mit dem gut gekühlten Champagner/Sekt auffüllen.

Wussten Sie, dass der I.-B.-U.-Cocktail der Siegerdrink der ersten österreichischen Cocktailcompetition im Jahre 1928 in Wien war?

Ipanema
Non-alcoholic Mix Drink

Limette	1 Stück
Rohrzucker	2 Barlöffel
Cordial Lime Juice	1 cl
Ginger Ale	

Zubereitung: Die Limette abwaschen bzw. abwischen, die Enden kappen und aufschneiden. Den weißen Strunk herausschneiden und die Limette in mehrere

Stücke teilen. In einen
dickwandigen Tumbler geben
und den Zucker zufügen. Mit
einem Muddler zerdrücken.
Das Glas mit Eis (Crushed Ice
oder Eiswürfeln) auffüllen,
das Ginger Ale beigeben und
gut durchrühren.

Hinweis: Das Rezept ist
eine Abwandlung des
▶ Caipirinha.

Irish Coffee
Hot Drink

Irish Whiskey 4 cl
Rohrzucker,
braun 2 Barlöffel
Kaffee, heiß 1 Tasse
Obers/Sahne

Zubereitung: Den Whiskey
und den Zucker in das Irish-
Coffee-Glas geben. Über dem
Campino (Bunsenbrenner)
so lange drehen, bis sich der
Zucker gelöst hat. Mit dem

heißen Kaffee aufgießen. Das
halb geschlagene Obers/
Sahne vorsichtig über den
Rücken eines warmen Löffels
in den Kaffee laufen lassen.

Service: Unterteller, Serviette.

Irish Collins

Vgl. ▶ Tom Collins; anstelle
von Gin Irish Whiskey
verwenden.

Irish Zoom
Zoom

Irish Whiskey 4 cl
Obers/Sahne 2 cl
Honig 2 cl

Zubereitung: Das fertige
Getränk in eine große vorgekühlte Cocktailschale seihen.

Italian Colada
Tropicana

Rum, weiß 2 cl
Rum, braun 1 cl
Amaretto 2 cl
Coconut-Cream 4–5 cl
Ananassaft 6 cl
Orangensaft,
frisch gepresst 4 cl
Obers/Sahne 2 cl

Garnitur: Ananasgarnitur.

Zubereitung: Den fertigen
Drink in ein mit Eiswürfeln
gefülltes Fancyglas seihen.

Service: Trinkhalm.

Tipp: Anstelle von 4–5 cl Coconut-Cream können auch 2–3 cl
des süßeren Kokosnusssirups
verwendet werden.

Italian Colada alkoholfrei
Non-alcoholic Mix-Drink

Rumsirup 0,5 cl
Amarettosirup 1,5 cl
Coconut-Cream 3 cl
Ananassaft 8 cl
Orangensaft,
frisch gepresst 4 cl
Milch 1,5 cl
Obers/Sahne 1,5 cl

Garnitur, Zubereitung und
Service wie ▶ Italian Colada.

Italian Pousse-Café
Pousse-Café

Grenadinesirup	3 cl
Curaçao, Triple Sec	3 cl
Crème de Menthe, grün	2 cl
Wodka	1 cl

Zubereitung: Zuerst den Grenadinesirup und dann den Curaçao über den verkehrt gehaltenen, am inneren Glasrand anliegenden Barlöffel in das Pousse-Café-Glas gießen. Zuletzt Crème de Menthe und Wodka im Shaker mixen und als Abschluss in das Pousse-Café-Glas seihen.

Jack Collins

Vgl. ► Tom Collins; anstelle von Gin Calvados oder einen Apfelbranntwein verwenden.

Jack Rose
Pre-Dinner-Cocktail

Apple Jack	4 cl
Zitronensaft, frisch gepresst	2 cl
Grenadinesirup	1 cl

Garnitur: halbe Zitronenscheibe.

Zubereitung: Das fertige Getränk in das vorgekühlte Cocktailglas seihen.

Tipp: ersatzweise einen Apfelbrand verwenden.

Joe Collins

Vgl. ► Tom Collins; anstelle von Gin Wodka verwenden.

Johannisbeer-Spuma
Sekt- oder Champagnercocktail

Crème de Cassis	3 cl
Johannisbeersaft	3 cl
Obers/Sahne	3 cl
1 Eigelb oder 3 cl Eierlikör	
Spumante bzw. Champagner/Sekt	ca. 8 cl

Garnitur: Johannisbeerrispen.

Zubereitung: Alle Zutaten außer dem Schaumwein im Shaker mixen und in das Ballonglas seihen. Mit gut gekühltem Spumante bzw. Champagner/Sekt auffüllen.

Service: Trinkhalm bereitstellen.

Bei Verwendung des Eierlikörs verändert sich die Alkoholstärke von der zweiten auf die dritte Kategorie.

John Collins

Vgl. ▶ Tom Collins; anstelle von Gin Genever verwenden.

Juan Collins

Vgl. ▶ Tom Collins; anstelle von Gin weißen Tequila verwenden.

Kaki oder Sharon Batida

Tropicana

Cachaça	6 cl
Orangensaft, frisch gepresst	4 cl
Mandarinensirup	ca. 2 cl
Holundersirup	1 cl
Limettensirup	1 cl
Zitronen- oder Limettensaft, frisch gepresst	2 cl
Kaki oder Sharon, sehr gut reif	100 Gramm

Garnitur: ein Stück einer Kaki; die Sharonfrucht ist meist zu weich.

Zubereitung: Im Aufsatzmixer alle Zutaten mit einer halben Schaufel Shaved Ice oder Crushed Ice so lange pürieren, bis die Frucht zur Gänze zerkleinert ist. Den fertigen Drink in ein mit Eiswürfeln gefülltes Glas (hoher Tumbler oder Fancyglas) gießen.

Service: Trinkhalm.

Kaki oder Sharon Caipirinha

Fancy Drink/Crushed Drink

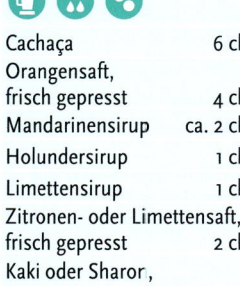

Limette	1 Stück
Rohrzucker	1 Barlöffel
Cachaça	4–5 cl
Cordial Lime Juice	1 cl
Rohrzuckersirup	1 cl
Mandarinensirup	1–2 cl
Kaki oder Sharon, sehr gut reif	80 Gramm

Garnitur: ein Stück einer Kaki; die Sharonfrucht ist meist zu weich.

Zubereitung: Die Limette mit dem Rohrzucker wie für einen ▶ Caipirinha vorbereiten. Kaki bzw. Sharon, Cachaça, Sirup und Juice im Aufsatzmixer so lange pürieren, bis die Frucht zur Gänze zerkleinert ist. Das Püree über die zerstoßene Limette gießen, mit Crushed Ice auffüllen und gut verrühren.

Service: dicker Trinkhalm.

Tipps: vgl. ▶ Caipirinha. Auch bei dieser Rezeptur gibt es die Varianten mit weißem Rum (Kaki bzw. Sharon Caipirissima) bzw. mit Wodka (Kaki bzw. Sharon Caipiroska).

Für einen alkoholfreien Kaki bzw. Sharon Caipirinha den Alkoholanteil durch ca. 6 cl kohlensäurehaltige Limonade (Zitronenlimonade, Bitter Lemon, Tonic oder Ginger Ale) ersetzen. Diese erst ganz am Schluss beigeben und den Drink nochmals kurz und vorsichtig aufrühren.

Kaki oder Sharon Colada

Tropicana

Rum, weiß	3 cl
Rum, braun	2 cl
Coconut-Cream	4–5 cl
Mandarinensirup	1 cl
Ananassaft	6 cl
Orangensaft, frisch gepresst	3 cl
Kaki oder Sharon, sehr gut reif	100 Gramm

Garnitur: Ananasgarnitur und ein Stück Kaki.

Zubereitung: Im Aufsatzmixer alle Zutaten mit zwei Schaufeln Shaved Ice oder Crushed Ice so lange pürieren, bis das Fruchtfleisch zur Gänze zerkleinert ist. Den fertigen Drink in ein Fancyglas gießen.

Service: Trinkhalm.

Tipps: Anstelle von 4–5 cl Coconut-Cream können 2–3 cl des süßeren Kokosnusssirups verwendet werden.

Für eine alkoholfreie Kaki bzw. Sharon Colada den Alkoholanteil durch Säfte ersetzen.

Kaki oder Sharon Daiquiri
Tropicana

Rum, weiß	5 cl
Limettensaft, frisch gepresst	2 cl
Holundersirup	1 cl
Mandarinensirup	2 cl
Kaki oder Sharon, sehr gut reif	100 Gramm

Garnitur: ein Stück einer Kaki; die Sharonfrucht ist meist zu weich.

Zubereitung: Im Aufsatzmixer alle Zutaten mit einer Schaufel Shaved Ice oder Crushed Ice so lange pürieren, bis das Fruchtfleisch zur Gänze zerkleinert ist. Den fertigen Drink in eine große Cocktailschale gießen.

Service: Trinkhalm.

Tipp: Für einen alkoholfreien Kaki bzw. Sharon Daiquiri den Rumanteil durch 1 cl Rum-sirup und ca. 4 cl frisch gepressten Orangensaft ersetzen.

Kaki oder Sharon Fancy Mojito
Fancy Drink/Crushed Drink

Limette	1 Stück
Rohrzucker	1 Barlöffel
Rum, kubanisch	4 cl
Spitzen von zwei Minzezweigen	
Rohrzuckersirup	1 cl
Mandarinensirup	1–2 cl
Cordial Lime Juice	1 cl
Kaki oder Sharon, sehr gut reif	80 Gramm
Sodawasser	ca. 8 cl

Garnitur: ein Stück einer Kaki, Minzezweig.

Zubereitung: Die Limette und den Rohrzucker wie für einen ► Caipirinha vorbereiten und mit der Minze zerstoßen. Kaki bzw. Sharon, Rum, Sirup und Juice im Aufsatzmixer so lange pürieren, bis die Früchte zur Gänze zerkleinert sind. Das Püree über die zerstoßene Limette/Minze gießen, mit Crushed Ice bis ca. drei Zentimeter unter dem Glasrand auffüllen und gut verrühren. Das Sodawasser beigeben und nochmals kurz und vorsichtig aufrühren.

Service: dicker Trinkhalm.

Tipp: Für einen alkoholfreien Kaki bzw. Sharon Fancy Mojito den Alkoholanteil durch einen höheren Sodaanteil oder kohlensäurehaltige Limonaden ausgleichen.

Kaki oder Sharon Margarita
Tropicana

Tequila	4 cl
Curaçao, Triple Sec	1 cl
Zitronen- oder Limettensaft, frisch gepresst	3 cl
Holundersirup	1 cl
Mandarinensirup	2 cl
Kaki oder Sharon, sehr gut reif	100 Gramm

Garnitur, Zubereitung und **Service** wie ► Kaki bzw. Sharon Daiquiri.

Kalte Ente
Bowle
Für 16 Personen

Weißwein	0,7 l
Zitronen	2 Stück
Sekt, trocken	0,75 l
Mineralwasser	1 l

Zubereitung: Die Schalen der sauber gewaschenen Zitronen spiralenförmig herunterschneiden und in das Bowlegefäß hängen. Das Gefäß in einen Behälter mit

Eis stellen. Den eisgekühlten Weißwein in das Gefäß gießen und zirka 15 Minuten marinieren lassen. Die Sektschale oder das Bowleglas zu einem Drittel befüllen und mit je einem Drittel Sekt und Wasser auffüllen.

Tipp: Anstelle des Mineralwassers kann Sodawasser verwendet werden.

Wussten Sie, dass die Kalte Ente eine deutsche Erfindung ist?

Kamikaze
Pre-Dinner-Cocktail

Wodka	4 cl
Curaçao, Triple Sec	1 Dash
Cordial Lime Juice	2 cl
Zitronensaft, frisch gepresst	1 cl

Garnitur: Limettenzeste.

Zubereitung: Das fertige Getränk in das vorgekühlte Cocktailglas seihen.

Karibik Punch
Non-alcoholic Mix-Drink

Mangosirup	3 cl
Maracujanektar	5 cl
Orangensaft, frisch gepresst	5 cl
Ananassaft	4 cl
Zitronensaft, frisch gepresst	2 cl

Garnitur: Fancygarnitur.

Zubereitung: Das fertige Getränk in ein mit Eiswürfeln gefülltes Fancyglas seihen.

Service: Trinkhalm.

Kingston Sling
Sling

Rum, braun	4 cl
Zitronensaft, frisch gepresst	3 cl
Maracujalikör	2 cl
Angostura-Bitters	1 Dash
Sodawasser	
Curaçao, blau	2 cl

Garnitur: Trinkhalm durch die Mitte einer Orangenscheibe stecken.

Zubereitung: Einen hohen Tumbler zu drei Vierteln mit Eiswürfeln füllen. Den Rum, den Zitronensaft, den Likör und den Angostura ins Glas gießen und mit einem Barlöffel umrühren. Mit dem Sodawasser auffüllen. Die Garnitur aufsetzen und darauf den Curaçao gießen.

Kir Royal
Sekt- oder Champagnercocktail

Crème de Cassis	1–2 cl
Champagner/Sekt, trocken	9–10 cl

Zubereitung: Den Likör in den Sektkelch gießen und mit dem gut gekühlten Champagner oder Sekt auffüllen.

Hinweis: Abwandlungen der klassischen Rezeptur verwenden anstelle des Crème de Cassis einen Himbeer-, Erdbeer- oder Pfirsichlikör.

Bei Verwendung von 2 cl des Likörs verändert sich die Alkoholstärke von der zweiten auf die dritte Kategorie. Das IBA-Standardrezept schreibt ein anderes Mengenverhältnis vor: 1 cl Crème de Cassis, 9 cl Champagner.

Geschichtlicher Hintergrund
Der Gemeindepfarrer von Nolay und spätere stellvertretende Bürgermeister von Dijon, Kanonikus Kir, gab erstmals einen Schuss Crème de Cassis in seinen

Weißwein. Er tat dies, um einen milderen Geschmack zu erzielen, und erfand damit einen der bekanntesten Aperitifs, den **Kir**. Er wird noch heute auf der ganzen Welt mit 1–2 cl Crème de Cassis und 10 cl trockenen Weißwein zubereitet.

Kiwi Cobbler
Cobbler

Crushed Ice
Kiwischeiben
Cocktailkirschen

Angostura-Bitters	1 Dash
Kiwilikör	2 cl
Champagner/Sekt	ca. 10 cl

Zubereitung: Crushed Ice in der Mitte der Cobblerschale pyramidenförmig aufhäufen

und das Obst darauf verteilen. Den Angostura auf das Eis spritzen und den Likör ins Glas gießen. Zuletzt mit dem Champagner oder Sekt auffüllen.

Service: zwei kurze Trinkhalme, Unterteller, Serviette, Kaffeelöffel.

La Floridita Daiquiri
Pre-Dinner-Cocktail

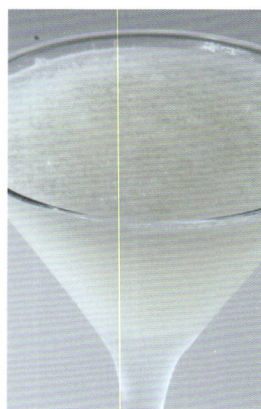

Rum, kubanisch, weiß	4 cl
Limettensaft, frisch gepresst	2 cl
Zuckersirup	1 cl
Maraschino	1 Dash
Crushed Ice	1/2 Schaufel

Zubereitung: Das fertige Getränk in das vorgekühlte Cocktailglas gießen.

Diese Variante bzw. Weiterentwicklung des ▶ Daiquiri wurde durch Ernest Hemingway weltberühmt, ebenso wie die Bar El Floridita in Havanna auf Kuba. Constante Ribalaigua, der langjährige Barchef der Floridita, kreierte diese Daiquiri-Version. Er schäumte den Cocktail im Aufsatzmixer mit Eis auf, anstatt ihn klassisch im Shaker zuzubereiten. Neu war auch die Verwendung des Maraschino.

Lappland-Glögg
Hot Drink
Für 8 Personen

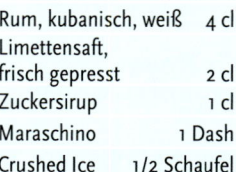

Rotwein	1 l
Wodka	1/4 l
Zucker, braun	100 Gramm
Ingwer, frisch	50 Gramm
Rosinen	100 Gramm
Mandelsplitter	100 Gramm
Gewürznelken	10 Stück
Zitronenspiralen	2 Stück
Mandarinenspiralen	2 Stück

Zubereitung: Alle Zutaten in einem feuerfesten Gefäß erhitzen und ständig warm halten. In einem feuerfesten Glas servieren.

Tipp: Nicht kochen, sondern nur sieden bzw. ziehen lassen, da der Alkohol verdampft und die Bitterstoffe aus den Gewürznelken gelöst werden.

Latin Lover
Fancy Drink

Tequila	2 cl
Cachaça	2 cl
Cordial Lime Juice	2 cl
Zitronensaft, frisch gepresst	1–2 cl
Ananassaft	4–6 cl

Garnitur: Ananasgarnitur.

Zubereitung: Alle Zutaten im Shaker mit Crushed Ice mixen und in einen mit Crushed Ice gefüllten Tumbler seihen.

Service: Trinkhalm.

Diese Rezeptur stammt von Charles Schumann aus dem Jahre 1984.

Lemonade
Non-alcoholic Mix-Drink

  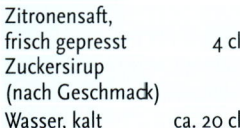

Zitronensaft, frisch gepresst	4 cl
Zuckersirup (nach Geschmack)	
Wasser, kalt	ca. 20 cl

Zubereitung: Zitronensaft und Zuckersirup in ein mit Eiswürfeln gefülltes Collinsglas geben. Mit kaltem Wasser auffüllen und kurz durchrühren.

Lemongrass
Fancy Drink/Crushed Drink

Limette	1 Stück
Rohrzucker	1 Barlöffel
Büffelgras-Wodka	5 cl
Rohrzuckersirup	ca. 2 cl
Lemongrass	1 Stange

Garnitur: ein Halm Lemongrass und ein Limettenblatt.

Zubereitung: Die Limette wie für einen ▶ Caipirinha vorbereiten. Das Lemongrass fein schneiden, den Rohrzucker hinzufügen und mit einem Muddler im Gästeglas „zerreiben". Anschließend die vorbereitete Limette beigeben und ebenfalls zerdrücken. Die restlichen Zutaten beigeben, mit Crushed Ice auffüllen und gut verrühren.

Service: dicker Trinkhalm.

Tipp: Als alkoholfreie Variante den Wodka weglassen und mit kohlensäurehaltigen Limonaden (Zitronenlimonade, Bitter Lemon, Tonic oder Ginger Ale) auffüllen.

Long Island Ice Tea
Fancy Drink

Rum, weiß	2 cl
Gin	2 cl
Wodka	2 cl
Tequila, weiß	2 cl
Curaçao, Triple Sec	2 cl
Zuckersirup	1 cl
Zitronensaft, frisch gepresst	2 cl
Cola	ca. 4 cl

Garnitur: Zitronen- oder Limettenscheibe.

Zubereitung: Einen hohen Tumbler mit Eiswürfeln füllen, alle Zutaten eingießen und leicht durchrühren.

Service: Trinkhalm.

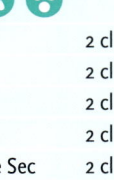

Lucky Lips
Longdrink

1. Platz, Österreichische Cocktail-Staatsmeisterschaft 2001
Kurt Lorbek, Innsbruck

Crystal Stroh	4 cl
Galliano	1,5 cl
Kokosnusssirup	1,5 cl
Ananassaft	10 cl
Obers/Sahne	1,5 cl

Garnitur: rote Zuckerlippe, Erdbeere, Minze.

Zubereitung: Das Glas mit einer Zuckerlippe versehen. Alle Zutaten im Stabmixer mixen und in den mit Eiswürfeln gefüllten hohen Tumbler seihen.

Mad Max
Non-alcoholic Mix-Drink

Maracujasirup	2 cl
Ananassaft	5 cl
Grapefruitsaft	3 cl
Zitronensaft, frisch gepresst	2 cl
Bitter Lemon	ca. 8 cl

Garnitur: Fancygarnitur.

Zubereitung: Alle Zutaten, außer dem Bitter Lemon, kräftig schütteln und in ein mit Eiswürfeln gefülltes Fancyglas seihen. Abschließend mit dem Bitter Lemon auffüllen und kurz aufrühren.

Service: Trinkhalm.

Tipp: Anstelle von Bitter Lemon kann auch Zitronenlimonade oder Sodawasser verwendet werden.

Magic Banana
Tropicana

Rum, weiß	4 cl
Apricot Brandy	2 cl
Coconut-Cream	2 cl
Orangensaft, frisch gepresst	8 cl
Banane	1/2 Stück
Crushed Ice	1 Schaufel

Garnitur: Fancygarnitur mit Banane.

Zubereitung: Alle Zutaten mit dem Crushed Ice im Aufsatzmixer verrühren und in ein Coladakelchglas gießen.

Service: Trinkhalm.

Mai Tai 1
Tropicana

Rum, braun	3 cl
Rum, golden	3 cl
Curaçao, orange	1,5 cl
Saft einer Limette	ca. 4 cl
Mandelsirup	1,5 cl
Zuckersirup	0,5 cl

Garnitur: ausgepresste Hälfte einer Limettenschale und Minzezweig (auf den Drink setzen).

Zubereitung: Das fertige Getränk in einen mit Crushed Ice gefüllten Tumbler seihen.

Service: Trinkhalm.

Limettensaft,
frisch gepresst   3 cl
Ananassaft   8 cl

Garnitur: Ananas, Cocktail-kirsche, Minze.

Zubereitung: Den fertigen Drink in ein mit Eis (Wür-feleis oder Crushed Ice) gefülltes Glas (Tumbler oder Fancyglas) seihen.

Service: Trinkhalm.

Dies ist eine abgesoftete Fancyvariante des Originals.

Mai Tai bedeutet so viel wie: „Nicht von dieser Welt – das Beste". Viele Barkeeper bean-spruchten die Kreation dieses erfolgreichen Drinks für sich, doch Victor Jules Bergeron, genannt Trader Vic, ist der Erfinder des Mai Tai (1944). Die Rezeptur musste einige Male abgeändert werden, da die Ursprungszutaten (der spezielle Rum aus Jamaika, French Orgeat und Rock Candy Sirup) bald nicht mehr oder nur in schlechterer Qualität erhältlich waren.

Mai Tai 2
Tropicana

Rum, braun   3 cl
Rum, golden   3 cl
Curaçao, orange   1 cl
Mandelsirup   2 cl

Mai Tai light
Non-alcoholic Mix-Drink

Rumsirup   1,5 cl
Mandelsirup   0,5–1 cl
Curaçaosirup,
Triple Sec   1 Barlöffel

Limettensaft,
frisch gepresst   2 cl
Ananassaft   12 cl

Garnitur: Ananasgarnitur, Minze.

Zubereitung: Das fertige Getränk in ein mit Eiswürfeln gefülltes Fancyglas seihen.

Service: Trinkhalm.

Mandarinen-Scherbet

Vgl. ► Orangen-Scherbet; anstelle von Orangen Manda-rinen verwenden.

Mango Batida

Vgl. ► Ananas Batida; alle Ananasbestandteile gegen Mango austauschen.

Mango Caipirinha

Vgl. ► Strawberry Caipirinha; alle Erdbeerbestandteile gegen Mango austauschen.

Dies gilt auch für die alko-holfreie Variante.

Mango Colada

Vgl. ► Strawberry Colada; alle Erdbeerbestandteile gegen Mango austauschen.

Dies gilt auch für die alko-holfreie Variante.

Mango Daiquiri

Vgl. ▶ Ananas Daiquiri; alle Ananasbestandteile gegen Mango austauschen.

Dies gilt auch für die alkoholfreie Variante.

Mango Fancy Mojito

Vgl. ▶ Strawberry Fancy Mojito; alle Erdbeerbestandteile gegen Mango austauschen.

Dies gilt auch für die alkoholfreie Variante.

Mango Margarita

Vgl. ▶ Ananas Margarita; alle Ananasbestandteile gegen Mango austauschen.

Manhattan
Pre-Dinner-Cocktail

Rye Whiskey	4 cl
Wermut, rot	2 cl
Angostura-Bitters	1 Dash

Garnitur: Cocktailkirsche auf Stick.

Zubereitung: Das fertige Getränk in das vorgekühlte Cocktailglas seihen.

Heute wird vorzugsweise ein Canadian Whisky für die Zubereitung eines Manhattan verwendet, aber auch ein American Blended Bourbon bzw. ein American Straight Bourbon Whiskey sind üblich. Dies gilt auch für die beiden folgenden Rezepte, den Manhattan-Dry- und den Manhattan-Perfect-Cocktail.

Das IBA-Standardrezept schreibt für den Rye Whiskey 5 cl vor.

Manhattan Dry
Pre-Dinner-Cocktail

Canadian Whisky	4 cl
Wermut, weiß, trocken	2 cl

Garnitur: Zitronentwist.

Zubereitung: Das fertige Getränk in das vorgekühlte Cocktailglas seihen.

Manhattan Perfect
Pre-Dinner-Cocktail

Canadian Whisky	4 cl
Wermut, weiß, trocken	1 cl
Wermut, rot	1 cl

Garnitur: Cocktailkirsche und Zitronenzeste auf Stick.

Zubereitung: Das fertige Getränk in das vorgekühlte Cocktailglas seihen.

Man Killer
Longdrink

3. Platz/WM-Dritter, Cocktail-Weltmeisterschaft 2002, Bled/Slowenien, Peter Roth, Schweiz

Gin (Plymouth)	3 cl
Apricot Brandy	1 cl

Galliano	1 cl
Erdbeersirup	1 cl
Orange-Maracuʲa-Nektar	14 cl

Garnitur: Karambole, Minze, Orangenschale, Limettenspirale, Cocktailkirsche.

Zubereitung: Das fertige Getränk in ein mit Eiswürfeln gefülltes Fancyglas oder in einen hohen Tumbler seihen.

Service: Trinkhalm.

Manzana Fancy Mojito
Fancy Drink/Crushed Drink

Limette	1/2 Stück
Apfel	1/4 Stück
Rohrzucker	1 Barlöffel
Rum, golden	3 cl
Apfellikör	3 cl
Zuckersirup	1 Dash
Apfelsirup	ca. 2 cl
Cordial Lime Juice	1 cl
Sodawasser	ca. 6 cl
Spitzen von einem Minzezweig	

Garnitur: Apfelfächer, Minzezweig.

Zubereitung: Die Limette mit dem Rohrzucker wie für einen ▶ Caipirinha vorbereiten. Die Minzeblätter, den Rohrzucker, die Limettenstücke und den kleinwürfelig geschnittenen

Apfel mit einem Muddler im Gästeglas zerstoßen. Die restlichen Zutaten beigeben, das Glas bis ca. drei Zentimeter unter dem Glasrand mit Crushed Ice füllen und gut verrühren. Das Sodawasser beigeben und nochmals kurz und vorsichtig durchmischen.

Service: Trinkhalm.

Tipp: Verwenden Sie einen säuerlichen Apfel, so wird der Drink noch erfrischender.

Margarita
Pre-Dinner-Cocktail

Tequila	4 cl
Curaçao, Triple Sec	2 cl
Limetten- oder Zitronensaft, frisch gepresst	2 cl

Garnitur: Salzrand.

Zubereitung: Das fertige Getränk in die mit einem Salzrand versehene Cocktailschale seihen.

Das IBA-Standardrezept schreibt ein anderes Mengenverhältnis vor: 3,5 cl Tequila, 2 cl Curaçao Triple Sec, 1,5 cl Zitronen- oder Limettensaft.

Wer die Margarita um 1940 tatsächlich kreiert hat, lässt sich durch die verschiedenen überlieferten Geschichten nicht genau feststellen.

Marillen (Aprikosen) Batida

Vgl. ▶ Ananas Batida; alle Ananasbestandteile gegen Marillen austauschen.

Marillen (Aprikosen) Caipirinha

Vgl. ▶ Strawberry Caipirinha; alle Erdbeerbestandteile gegen Marillen austauschen.

Dies gilt auch für die alkoholfreie Variante.

Marillen (Aprikosen) Colada

Vgl. ▶ Strawberry Colada; alle Erdbeerbestandteile gegen Marillen austauschen.

Dies gilt auch für die alkoholfreie Variante.

Marillen (Aprikosen) Daiquiri

Vgl. ▶ Ananas Daiquiri; alle Ananasbestandteile gegen Marillen austauschen.

Dies gilt auch für die alkoholfreie Variante.

Marillen (Aprikosen) Fancy Mojito

Vgl. ▶ Strawberry Fancy Mojito; alle Erdbeerbestandteile gegen Marillen austauschen.

Dies gilt auch für die alkoholfreie Variante.

Marillen (Aprikosen) Margarita

Vgl. ▶ Ananas Margarita; alle Ananasbestandteile gegen Marillen austauschen.

Martini-Cocktail
Pre-Dinner-Cocktail

Gin	5 cl
Wermut, weiß, trocken	1 cl

Garnitur: grüne Olive auf Stick oder Zitronentwist.

Zubereitung: Das fertige Getränk in das vorgekühlte Cocktailglas seihen.

Das → IBA-Standardrezept schreibt ein anderes Mengenverhältnis vor: 5,5 cl Gin, 1,5 cl trockener Wermut. Je nach Rezeptur variiert das Mengenverhältnis Gin zu Wermut.

Der Martini-Cocktail hat eine besonders geschichtsträchtige Vergangenheit. Blättern Sie zur Seite 24.

Diese Rezeptur entspricht mit Ausnahme der Garnitur dem ▶ Gibson. Der Martini-Cocktail ist auch unter dem Namen Dry Martini bekannt.

Martini-Perfect-Cocktail
Pre-Dinner-Cocktail

Gin	5 cl
Wermut, weiß, trocken	1 cl
Wermut, rot	1 cl

Garnitur: Cocktailkirsche oder Zitronenzeste.

Zubereitung: Das fertige Getränk in die vorgekühlte Cocktailschale seihen. Wahlweise kann ein Dash Orange-Bitters die Zutaten abrunden.

Martini-Sweet-Cocktail
Pre-Dinner-Cocktail

Gin	5 cl
Wermut, rot	1 cl

Garnitur: Cocktailkirsche.

Zubereitung: Das fertige Getränk in die vorgekühlte Cocktailschale seihen.

Mary Pickford
After-Dinner-Cocktail

Rum, weiß	3 cl
Ananassaft	3 cl
Grenadinesirup	1 Barlöffel
Maraschino	1 Dash

Zubereitung: Das fertige Getränk in das vorgekühlte Cocktailglas seihen.

Maulesel
Beer-Mix-Drink

Gin	3 cl
Zitronensaft, frisch gepresst	3 cl
Lagerbier, hell	ca. 20 cl

Zubereitung: Alle Zutaten in die Biertulpe gießen und mit dem Barlöffel leicht umrühren.

Melon Ball
Shooter

Wodka	1,5 cl
Melonenlikör, grün	1,5 cl
Ananassaft	2 cl
Cordial Lime Juice	1 cl

Zubereitung: Das fertige Getränk in einen mit Eiswürfeln gefüllten kleinen Tumbler seihen.

Melon Batida
Tropicana

Cachaça	6 cl
Orangensaft, frisch gepresst	4 cl
Melonenlikör	3 Dashs
Rohrzuckersirup	3 Dashs
Melonensirup	2 cl
Limettensirup	1 cl
Zitronen- oder Limettensaft, frisch gepresst	2 cl
Zuckermelone, sehr gut reif	100 Gramm

Garnitur: ein Stück Zuckermelone.

Zubereitung: Im Aufsatzmixer alle Zutaten mit einer halben Schaufel Shaved Ice oder Crushed Ice so lange pürieren, bis das Fruchtfleisch zur Gänze zerkleinert ist. Den fertigen Drink in einen mit Eiswürfeln gefüllten hohen Tumbler oder ein Fancyglas gießen.

Service: Trinkhalm.

Melon Caipirinha
Fancy Drink/Crushed Drink

Limette	1 Stück
Rohrzucker	1 Barlöffel
Cachaça	4–5 cl
Melonenlikör	3 Dashs
Cordial Lime Juice	1 cl

Melonensirup	2–3 cl
Zuckermelone, sehr gut reif	80 Gramm

Garnitur: ein Stück einer Zuckermelone.

Zubereitung: Die Limette mit dem Rohrzucker wie für einen ▶ Caipirinha vorbereiten. Melone, Cachaça, Sirup und Juice im Aufsatzmixer so lange pürieren, bis die Frucht zur Gänze zerkleinert ist. Das Püree über die zerstoßene Limette gießen, mit Crushed Ice auffüllen und gut verrühren.

Service: dicker Trinkhalm.

Tipps: vgl. ▶ Caipirinha. Auch bei dieser Rezeptur gibt es die Varianten mit weißem Rum (Melon Caipirissima) bzw. mit Wodka (Melon Caipiroska).

Für einen alkoholfreien Melon Caipirinha den Alkoholanteil durch ca. 6 cl Orangensaft oder eine kohlensäurehaltige Limonade (Zitronenlimonade, Bitter Lemon, Tonic oder Ginger Ale) ersetzen. Diese erst ganz am Schluss beigeben und den Drink nochmals kurz und vorsichtig aufrühren.

Melon Colada
Tropicana

Rum, weiß	3 cl
Rum, braun	2 cl

Melonenlikör	3 Dashs
Coconut-Cream	4–5 cl
Melonensirup	1 cl
Ananassaft	6 cl
Orangensaft, frisch gepresst	4 cl
Zuckermelone, sehr gut reif	100 Gramm

Garnitur: Ananasgarnitur und ein Stück Zuckermelone.

Zubereitung: Im Aufsatzmixer alle Zutaten mit zwei Schaufeln Shaved Ice oder Crushed Ice so lange pürieren, bis das Fruchtfleisch zur Gänze zerkleinert ist. Den fertigen Drink in ein Fancyglas gießen.

Service: Trinkhalm.

Tipps: Anstelle von 4–5 cl Coconut-Cream können 2–3 cl des süßeren Kokosnusssirups verwendet werden.

Für eine alkoholfreie Melon Colada den Alkoholanteil durch Säfte ersetzen.

Melon Daiquiri
Tropicana

Rum	5 cl
Melonenlikör	3 Dashs
Rohrzuckersirup	3 Dashs
Limettensaft, frisch gepresst	2 cl
Melonensirup	2 cl
Zuckermelone, sehr gut reif	100 Gramm

Garnitur: Ein Stück Zuckermelone.

Zubereitung: Im Aufsatzmixer alle Zutaten mit einer Schaufel Shaved Ice oder Crushed Ice so lange pürieren, bis das Fruchtfleisch zur Gänze zerkleinert ist. Den fertigen Drink in eine große Cocktailschale gießen.

Service: Trinkhalm.

Tipps: Durch Mitpürieren eines kleinen Bananenstücks wird der Drink sämiger. Für einen alkoholfreien Melon Daiquiri den Alkoholanteil und den Rohrzuckersirup durch 1 cl Rumsirup und ca. 4 cl frisch gepressten Orangensaft ersetzen.

Melonenbowle
Bowle
Für 20 Personen

Wassermelone, geschnitten	400 Gramm
Zuckermelone, geschnitten	300 Gramm
Honigmelone, geschnitten	300 Gramm
Melonensirup	1/8 l
Orangensaft, frisch gepresst	1/8 l
Weißwein	1 l
Sekt	

Zubereitung: Die Melonenstücke mit dem Melonensirup und dem Orangensaft in ein Bowlegefäß geben und mit dem eisgekühlten Wein bedecken. Im Kühlschrank zugedeckt zirka zwei Stunden marinieren lassen. Die Sektschale oder das Bowleglas zur Hälfte anfüllen und mit dem Sekt aufgießen.

Service: Unterteller, Serviette, Kaffeelöffel.

Tipp: Sehr dekorativ ist die Verwendung von Melonenkugeln. Sie werden mit einem Parisienne-Ausstecher geformt.

Melon Fancy Mojito
Fancy Drink/ Crushed Drink

Limette	1 Stück
Rohrzucker	1 Barlöffel
Rum, kubanisch	4 cl

Melonenlikör	3 Dashs
Spitzen von	
zwei Minzezweigen	
Melonensirup	2 cl
Cordial Lime Juice	1 cl
Zuckermelone,	
sehr gut reif	80 Gramm
Sodawasser	1/16 l

Garnitur: ein Stück einer Melone, Minzezweig.

Zubereitung: Die Limette und den Rohrzucker wie für einen ► Caipirinha vorbereiten und mit der Minze zerstoßen. Melone, Rum, Sirup und Juice im Aufsatzmixer so lange pürieren, bis die Melone zur Gänze zerkleinert ist. Das Püree über die zerstoßene Limette/Minze gießen, mit Crushed Ice bis ca. drei Zentimeter unter dem Glasrand auffüllen und gut verrühren. Das Sodawasser beigeben und nochmals kurz und vorsichtig aufrühren.

Service: dicker Trinkhalm.

Tipp: Für einen alkoholfreien Melon Fancy Mojito den Alkoholanteil durch einen höheren Sodaanteil oder kohlensäurehaltige Limonaden ausgleichen.

Melon Fling
Non-alcoholic Mix-Drink

Wassermelone	60 Gramm
Honigmelone	60 Gramm

Ananassaft	6 cl
Limettensaft,	
frisch gepresst	1 cl
Grenadinesirup	1 cl
Sodawasser	ca. 8 cl

Garnitur: Melonenkugeln auf Stick.

Zubereitung: Alle Zutaten außer dem Sodawasser im Aufsatzmixer mixen und in einen hohen Tumbler oder ein Fancyglas gießen. Mit dem Sodawasser aufspritzen und einmal leicht aufrühren.

Service: dicker Trinkhalm.

Melon Margarita
Tropicana

Tequila	4 cl
Curaçao, Triple Sec	1 cl

Melonenlikör	3 Dashs
Rohrzuckersirup	3 Dashs
Melonensirup	2 cl
Zitronen- oder Limetten-	
saft, frisch gepresst	3 cl
Zuckermelone,	
sehr gut reif	100 Gramm

Garnitur, Zubereitung und **Service** wie ► Melon Daiquiri.

Melon Sparkling
Sekt- oder Champagner-cocktail

Honigmelone	30 Gramm
Melonenlikör oder	
-sirup	2 cl
Pfeffer	
Champagner/Sekt	ca. 6 cl

Zubereitung: Die Melonen mit etwas Crushed Ice im Aufsatzmixer pürieren. Den Likör oder Sirup und ganz wenig gemahlenen Pfeffer dazugeben und nochmals mixen. Diese Mischung in eine Sekttulpe gießen und mit dem gut gekühlten Champagner oder Sekt auffüllen.

Bei Verwendung des Melonenlikörs verändert sich die Alkoholstärke von der ersten auf die zweite Kategorie.

Melon Sour Special

Sour

Melonenlikör	4 cl
Zitronensaft, frisch gepresst	3 cl
Wermut, weiß, süß	2 cl

Garnitur: Zitronenscheibe mit Kirsche auf Stick.

Zubereitung: Das fertige Getränk in ein mit Eiswürfel gefülltes Old-Fashioned-Glas seihen.

Mexican Colada

Tropicana

Tequila	3 cl
Kaffeelikör	2 cl
Coconut-Cream	4 cl
Ananassaft	6 cl
Orangensaft, frisch gepresst	4 cl
Obers/Sahne	2 cl

Garnitur: Ananasgarnitur.

Zubereitung: Den fertigen Drink in ein mit Eiswürfeln gefülltes, großes Fancyglas seihen.

Service: Trinkhalm.

Tipp: Anstelle von 4 cl Coconut-Cream können 2–3 cl des süßeren Kokosnusssirups verwendet werden.

Midsummer Night

Sekt- oder Champagner-cocktail

Aperol	2 cl
Apricot Brandy	2 cl
Orangensaft, frisch gepresst	2 cl
Champagner/Sekt	ca. 6 cl

Zubereitung: Alle Zutaten außer dem Schaumwein im Shaker gut mixen und in eine Sektflöte seihen. Abschließend mit dem gut gekühlten Champagner oder Sekt auffüllen.

Mike Collins

Vgl. ▶ Tom Collins; anstelle von Gin Irish Whiskey verwenden.

Mimosa

Sekt- oder Champagner-cocktail

Sekt/Champagner	8 cl
Orangensaft, frisch gepresst	4 cl

Zubereitung: Zuerst den gut gekühlten Sekt oder Champagner und dann den Orangensaft in die Sekttulpe gießen.

Der als Sekt-Orange bekannte Aperitif wird in England als Buck's Fizz bezeichnet. In der Harry's Bar in Venedig, in der der ▶ Bellini kreiert wurde, war der Mimosa eine Alternative für die Winterzeit, in der das Pfirsichmus nicht frisch zubereitet werden konnte. Es handelt sich um eine Variation, bei der Orangen- und Mandarinensaft zu gleichen Teilen mit Prosecco aufgegossen wird.

Mint Julep
Julep

Bourbon Whiskey oder Cognac oder Weinbrand	4–6 cl
Staubzucker (Puderzucker)	2 Barlöffel
Spitzen von 3–4 Minzezweigen	
Wasser	ca. 2 cl
Rum	1 Dash

Garnitur: Minzezweig.

Zubereitung: Die Minze mit dem Zucker und dem Wasser im hohen Tumbler andrücken, bis das Minzaroma freigesetzt ist. Die Minze aus dem Glas nehmen, den Bourbon Whiskey oder den Weinbrand beigeben und das Glas mit Shaved Ice befüllen. Leicht aufrühren und abschließend den Rum auf den Drink spritzen.

Lesen Sie zu den Juleps auch Seite 59 ff.

Je nach der verwendeten Menge der Basisspirituose verändert sich die Alkoholstärke nach oben.

Mojito
Fancy Drink

Rum, kubanisch, weiß, 3 Jahre alt	4–6 cl
Minzezweige	2 Stück
Rohrzucker, weiß	2–3 Barlöffel
Limettensaft, frisch gepresst	3 cl
Sodawasser	ca. 8 cl

Garnitur: Minzezweig.

Zubereitung: Die Minzezweige mit dem Zucker und dem Limettensaft in einen hohen Tumbler geben. Mit einem Muddler die Minze vorsichtig andrücken (nicht zerstampfen), sodass die ätherischen Öle freigesetzt werden. Eiswürfel in das Glas geben, den Rum darübergießen und mit dem Sodawasser auffüllen. Leicht umrühren und evtl. mit einem Dash Angostura verfeinern.

Service: Trinkhalm.

Je nach der verwendeten Menge der Basisspirituose verändert sich die Alkoholstärke nach oben.

Tipps: Verwenden Sie ganze Minzezweige (auch in den Stängeln sind die ätherischen Öle), nicht nur abgezupfte Blätter. Als Alternative zum Rohrzucker Staubzucker/ Puderzucker verwenden.

Es hat sich als Unsitte eingebürgert, wie bei einem ▶ Caipirinha Limettenstücke im Drink zu zerdrücken, anstelle der Verwendung von frisch gepresstem Limettensaft. Unterlassen Sie das bitte! Diese Gepflogenheit hat nichts mehr mit einem kubanischen Mojito zu tun.

Der Schriftsteller Ernest Hemingway hat auch dieses Getränk berühmt gemacht. Er trank es gerne während seines langjährigen Aufenthalts in der kubanischen Hauptstadt Havanna, bevorzugt in der Bar Bodeguita del Medio.

Monin'O
Pre-Dinner-Cocktail

3. Platz/WM-Dritter, Cocktail-Weltmeisterschaft 2000, Singapur András Lafsz, Ungarn

Gin	2 cl
Wermut, weiß, trocken	2 cl
Pfirsichlikör	1 cl
Maracujasirup	0,5 cl
Johannisbeernektar	1,5 cl

Garnitur: Physalis, Rote-Johannisbeer-Rispe.

Zubereitung: Das fertige Getränk in das vorgekühlte Cocktailglas seihen.

Monkey Gland
Pre-Dinner-Cocktail

Gin	3 cl
Orangensaft, frisch gepresst	3 cl
Grenadinesirup	2 Dashs
Pastis	1 Dash

Zubereitung: Das fertige Getränk in das vorgekühlte Cocktailglas seihen.

Morning Glory Fizz
Fizz

Scotch Whisky	4 cl
Zitronensaft, frisch gepresst	1 cl
Limettensaft, frisch gepresst	1 cl
Zuckersirup	1 cl
Pastis	3–4 Dashs
1 Eiweiß	
Sodawasser	ca. 6 cl

Zubereitung: Alle Zutaten außer dem Sodawasser im Shaker ordentlich mixen und in einen hohen Tumbler seihen. Mit Sodawasser auffüllen und vorsichtig aufrühren.

Moscow Mule
Longdrink

Wodka	5–6 cl
Limettensaft, frisch gepresst	2 cl
Ginger Beer	

Garnitur: Limettenschale.

Zubereitung: Wodka und Limettensaft mit Eiswürfeln im hohen Tumbler (original im Kupferbecher) verrühren und mit Ginger Beer auffüllen.

Tipp: Anstelle von Ginger Beer kann Ginger Ale verwendet werden.

Der Drink wurde im Restaurant Cock ‚n' Bull in Los Angeles erfunden.

Mr. Celal
Tropicana

Rum, weiß	2,5 cl
Kokosnusslikör	2,5 cl
Coconut-Cream	2 cl
Zitronensaft, frisch gepresst	1 cl
Ananassaft	6 cl
Orangensaft, frisch gepresst	4 cl

Garnitur: Ananasgarnitur.

Zubereitung: Den fertigen Drink in ein mit Eiswürfeln gefülltes Fancyglas seihen.

Service: Trinkhalm.

Tipp: Dieser Drink ist eine schöne Alternative für „Kokosfreunde", denen die verschiedenen Colada-Variationen zu süß sind.

Neco
Non-alcoholic Mix-Drink

Mandelsirup	3 cl
Zitronensaft, frisch gepresst	3 cl
Ananassaft	4 cl
Orangensaft, frisch gepresst	2 cl

Garnitur: Ananasgarnitur.

Zubereitung: Den Shaker zur Hälfte mit Eiswürfeln füllen, alle Zutaten hineingeben und kräftig schütteln. Das Getränk mit den Eiswürfeln in das Tropica -Gobletglas gießen.

Service: Trinkhalm.

Rezept von Barman Necati Cevik.

Necos Punsch
Hot Drink

Bourbon Whiskey	3 cl
Mandelsirup	3 cl
Zitronensaft, frisch gepresst	2 cl
Wasser	2 cl
Ananassaft	6 cl

Garnitur: Minzeblätter und Cocktailkirschen (ins Glas geben).

Zubereitung: Alle Zutaten erhitzen und in ein feuerfestes Glas geben.

Service: Unterteller, Serviette, Limonadenlöffel.

Rezept von Barman Necati Cevik.

Negroni
Pre-Dinner-Cocktail

Campari	2 cl
Wermut, rot	2 cl
Gin	2 cl

Garnitur: halbe Orangenscheibe (ins Glas geben).

Zubereitung: Das Old-Fashioned-Glas zu drei Vierteln mit Eiswürfeln füllen. Alle Zutaten ins Glas geben und mit dem Barlöffel umrühren. Auf Wunsch kann ein Schuss Sodawasser dazugegeben werden. In diesem Fall wird das Sodawasser auf den Campari und den Wermut gegossen und erst zum Schluss der Gin in das Glas gegeben (Float).

Das Rezept entstand um 1920 in Florenz. Als Namensgeber für diesen mit Gin versetzten ▶ Americano gilt der italienische Graf Negroni.

Das IBA-Standardrezept schreibt die Verwendung von je 3 cl der Zutaten vor.

Negus
Hot Drink

Rotwein	6 cl
Wasser	6 cl
Kristallzucker	2 Barlöffel

Garnitur: Zitronenspirale und Zimtstange (ins Glas geben).

Zubereitung: Wein, Wasser und Zucker erhitzen und in ein feuerfestes Glas gießen.

177

New York Daisy
Daisy

Bourbon Whiskey	4 cl
Zitronensaft, frisch gepresst	2 cl
Grenadinesirup	1–2 cl
Sekt oder Sodawasser	ca. 4 cl

Garnitur: Fruchtspieß.

Zubereitung: Das fertige Getränk in die Sektschale seihen und mit gut gekühltem Sodawasser oder Sekt auffüllen.

New Yorker
Pre-Dinner-Cocktail

Bourbon Whiskey	4 cl
Zitronensaft, frisch gepresst	2 cl
Grenadinesirup	1 cl

Garnitur: Cocktailkirsche auf Stick.

Zubereitung: Das fertige Getränk in das vorgekühlte Cocktailglas seihen.

Nut Martini
After-Dinner-Cocktail

Wodka	3 cl
Haselnusslikör	2 cl
Curaçao, Triple Sec	1 cl

Zubereitung: Das fertige Getränk in das vorgekühlte Cocktailglas seihen.

Old Fashioned
Pre-Dinner-Cocktail

Würfelzucker	1 Stück
Angostura-Bitters	2–3 Dashs
Sodawasser oder Wasser	1 Schuss
Bourbon oder Rye Whiskey	4 cl

Garnitur: halbe Orangen- oder Zitronenscheibe sowie eine Cocktailkirsche im Glas.

Zubereitung: Den Würfelzucker mit dem Angostura und dem Wasser in das Old-Fashioned-Glas geben, mit dem Muddler zerstoßen und den Whiskey daraufgießen. Zum Schluss das Glas mit Eiswürfeln füllen.

Das IBA-Standardrezept lässt die Whisk(e)ysorte offen, es heißt: „Bourbon, Scotch or Rye Whiskey." Weiters sind 2 Dashs Angostura vorgeschrieben.

Bei alten Rezepturen wird mit 1–2 Dashs Curaçao verfeinert sowie nur ein Orangen- oder Zitronentwist als Fruchtbestandteil beigefügt.

Ableitungen sind der Pierre Fashioned mit Cognac und der Comfort Fashioned mit Southern Comfort.

Der Old Fashioned ist berühmt
Vor über 100 Jahren kreiert, ist nach ihm sogar ein in der Bar oft verwendetes Glas benannt, der Old-Fashioned-Tumbler.

Old Pal Cocktail
Pre-Dinner-Cocktail

Rye Whiskey	2 cl
Wermut, weiß, trocken	2 cl
Campari	2 cl

Garnitur: Zitronentwist.

Zubereitung: Das fertige Getränk in das vorgekühlte Cocktailglas seihen.

Olympic
Pre-Dinner-Cocktail

Cognac oder Weinbrand	2 cl
Curaçao, Triple Sec	2 cl
Orangensaft, frisch gepresst	2 cl

Zubereitung: Das fertige Getränk in das vorgekühlte Cocktailglas seihen.

One flew over the cuckoo's nest
After-Dinner-Cocktail

3. Platz/WM-Dritter, Cocktail-Weltmeisterschaft 2004, Las Vegas/USA, Antal Kiss, Ungarn

Wodka	2 cl
Schokoladelikör, weiß	1 cl
Curaçao, blau	0,5 cl
Zimtsirup	0,5 cl
Apfelsirup, grün	3 cl

Garnitur: Kumquat, Cocktailkirsche, Blattgrün.

Zubereitung: Das fertige Getränk in das Cocktailglas seihen.

Opera
Pre-Dinner-Cocktail

Gin	4 cl
Dubonnet	1 cl

Maraschino oder Mandarinenlikör	1 cl

Garnitur: Orangentwist.

Zubereitung: Das fertige Getränk in das vorgekühlte Cocktailglas seihen.

Orange Blossom
Pre-Dinner-Cocktail

Gin	3 cl
Orangensaft, frisch gepresst	3 cl

Zubereitung: Das fertige Getränk in das vorgekühlte Cocktailglas seihen.

Orange Cobbler
Cobbler

Crushed Ice	
Orangenscheiben	4 halbe Stück
Cocktailkirschen	4 Stück
Angostura-Bitters	1 Dash
Curaçao, Triple Sec	2 cl
Champagner/Sekt	ca. 10 cl

Zubereitung: Crushed Ice in der Mitte der Cobblerschale pyramidenförmig aufhäufen und das Obst darauf verteilen. Den Angostura auf das Eis spritzen und den Curaçao in das Glas gießen. Zuletzt mit dem Champagner oder Sekt auffüllen.

Service: zwei kurze Trinkhalme, Unterteller, Serviette, Kaffeelöffel.

Orangen-Scherbet
Non-alcoholic Mix-Drink

Orangen	2 Stück
Zucker	40 Gramm
Wasser	8 cl

Zubereitung: Die Orangen auspressen. Die Orangenschalen mit dem Zucker in einer Schüssel mit einem Barlöffel zerquetschen. Diese Masse mit dem Wasser und dem Orangensaft vermischen und durch ein feines Tuch passieren. In einem Highballglas gekühlt servieren.

Orangen-Tee-Punsch
Hot Drink

Rum, braun	4 cl
Curaçao, Triple Sec	2 cl
Zuckersirup	2 cl
Orangensaft,	
frisch gepresst	4 cl
schwarzer Tee	8 cl

Garnitur: eine mit Gewürznelken und Zimtstange gespickte Orangenscheibe (in das Glas geben).

Zubereitung: Alle Zutaten erhitzen und in ein feuerfestes Glas gießen.

Service: Unterteller, Serviette, Kaffeelöffel.

Orange Spuma
Sekt- oder Champagnercocktail

Curaçao, Triple Sec	3 cl
Orangensaft,	
frisch gepresst	3 cl
Obers/Sahne	3 cl
1 Eigelb oder 3 cl Eierlikör	
Spumante bzw.	
Champagner/Sekt	ca. 8 cl

Garnitur: Orangenscheibe.

Zubereitung: Alle Zutaten außer dem Schaumwein im Shaker mixen und in das Ballonglas seihen. Mit gut

gekühltem Spumante bzw. Champagner/Sekt auffüllen.

Service: Trinkhalm bereitstellen.

Bei Verwendung des Eierlikörs verändert sich die Alkoholstärke von der zweiten auf die dritte Kategorie.

Papaya Batida
Tropicana

Cachaça	6 cl
Orangensaft,	
frisch gepresst	4 cl
Passionsfruchtlikör	3 Dashs
Maracujasirup	2 cl
Limettensirup	1 cl
Zitronen- oder Limettensaft, frisch gepresst	2 cl
Papaya,	
sehr gut reif	100 Gramm

Garnitur: Papaya.

Zubereitung: Im Aufsatzmixer alle Zutaten mit einer halben Schaufel Shaved Ice oder Crushed Ice so lange pürieren, bis das Fruchtfleisch zur Gänze zerkleinert ist. Den fertigen Drink in einen mit Eiswürfeln gefüllten hohen Tumbler oder ein Fancyglas gießen.

Service: Trinkhalm.

Papaya Caipirinha
Fancy Drink/Crushed Drink

Limette	1 Stück
Rohrzucker	1 Barlöffel
Cachaça	4–5 cl
Passionsfruchtlikör	3 Dashs
Cordial Lime Juice	1 cl
Maracujasirup	2–3 cl
Papaya,	
sehr gut reif	80 Gramm

Garnitur: ein Stück einer Papaya.

Zubereitung: Die Limette mit dem Rohrzucker wie für einen ► Caipirinha vorbereiten. Papaya, Cachaça, Sirup und Juice im Aufsatzmixer so lange pürieren, bis die Frucht zur Gänze zerkleinert ist. Das Püree über die zerstoßene Limette gießen, mit Crushed Ice auffüllen und gut verrühren.

Service: dicker Trinkhalm.

Tipps: vgl. ▶ Caipirinha. Auch bei dieser Rezeptur gibt es die Varianten mit weißem Rum (Papaya Caipirissima) bzw. mit Wodka (Papaya Caipiroska).

Für einen alkoholfreien Papaya Caipirinha den Alkoholanteil durch ca. 6 cl frisch gepressten Orangensaft oder eine kohlensäurehaltige Limonade (Zitronenlimonade, Bitter Lemon, Tonic oder Ginger Ale) ersetzen. Diese erst ganz am Schluss beigeben und den Drink nochmals kurz und vorsichtig aufrühren.

Papaya Colada
Tropicana

Rum, weiß	2 cl
Rum, braun	1 cl
Passionsfruchtlikör	2 cl
Coconut-Cream	4–5 cl
Maracujasirup	1 cl
Ananassaft	6 cl
Orangensaft, frisch gepresst	4 cl
Papaya, sehr gut reif	100 Gramm

Garnitur: Ananasgarnitur und ein Stück Papaya.

Zubereitung: Im Aufsatzmixer alle Zutaten mit zwei Schaufeln Shaved Ice oder Crushed Ice so lange pürieren, bis das Fruchtfleisch zur Gänze zer-

kleinert ist. Den fertigen Drink in ein Fancyglas gießen.

Service: Trinkhalm.

Tipps: Anstelle von 4–5 cl Coconut-Cream können 2–3 cl des süßeren Kokosnusssirups verwendet werden.

Für eine alkoholfreie Papaya Colada den Alkoholanteil durch Säfte ersetzen.

Papaya Daiquiri
Tropicana

Rum	4 cl
Passionsfruchtlikör	1 cl
Limettensaft, frisch gepresst	2 cl
Maracujasirup	2 cl
Papaya, sehr gut reif	100 Gramm

Garnitur: ein Stück Papaya.

Zubereitung: Im Aufsatzmixer alle Zutaten mit einer Schaufel Shaved Ice oder Crushed Ice so lange pürieren, bis das Fruchtfleisch zur Gänze zerkleinert ist. Den fertigen Drink in eine große Cocktailschale gießen.

Service: Trinkhalm.

Tipps: Durch einen Dash Grenadinesirup erhält der Drink eine schönere Farbe. Für einen alkoholfreien Papaya Daiquiri den Alkoholanteil durch 1 cl Rumsirup und ca. 4 cl frisch gepressten Orangensaft ersetzen.

Papaya Fancy Mojito
Fancy Drink/Crushed Drink

Limette	1 Stück
Rohrzucker	1 Barlöffel
Rum, kubanisch	4 cl
Passionsfruchtlikör	3 Dashs
Spitzen von zwei Minzezweigen	
Maracujasirup	2 cl
Cordial Lime Juice	1 cl
Papaya, sehr gut reif	80 Gramm
Sodawasser	1/16 l

Garnitur: ein Stück einer Melone, Minzezweig.

Zubereitung: Die Limette und den Rohrzucker wie für einen ▶ Caipirinha vorbereiten und mit der Minze zerstoßen. Papaya, Rum, Sirup und Juice im Aufsatzmixer so lange pürieren, bis die Papaya zur Gänze zerkleinert ist. Das Püree über die zerstoßene Limette/Minze gießen, mit Crushed Ice bis ca. drei Zentimeter unter dem Glasrand auffüllen und gut verrühren. Das Sodawasser beigeben und nochmals kurz und vorsichtig aufrühren.

Service: dicker Trinkhalm.

Tipp: Für einen alkoholfreien Papaya Fancy Mojito den Alkoholanteil durch einen höheren Sodaanteil oder kohlensäurehaltige Limonaden ausgleichen.

Papaya Margarita
Tropicana

Tequila	4 cl
Curaçao, Triple Sec	1 cl
Passionsfruchtlikör	3 Dashs
Zitronen- oder Limettensaft, frisch gepresst	3 cl
Maracujasirup	2 cl
Papaya, sehr gut reif	100 Gramm

Garnitur, Zubereitung und **Service** wie ▶ Papaya Daiquiri.

Paradiesbowle
Bowle
Für 20 Personen

Äpfel	3 Stück
Pfirsiche	3 Stück
Erdbeeren	15 Stück
Marillen/Aprikosen	15 Stück
Ananas	1 Stück
Banane	1 Stück
Crème de Bananes	1/8 l
Apricot Brandy	1/8 l
Ananassaft	1/8 l
Weißwein	1 l
Sekt	

Zubereitung: Die gewaschenen, geschälten und zerkleinerten Früchte mit den Likören und dem Ananassaft in ein Bowlegefäß geben und mit dem eisgekühlten Wein bedecken. Im Kühlschrank zugedeckt zirka zwei Stunden marinieren lassen. Die Sektschale oder das Bowleglas zur Hälfte damit anfüllen und mit dem Sekt aufgießen.

Service: Unterteller, Serviette, Kaffeelöffel.

Paradise
Pre-Dinner-Cocktail

Gin	3 cl
Apricot Brandy	2 cl
Orangensaft, frisch gepresst	2 cl

Zubereitung: Das fertige Getränk in das vorgekühlte Cocktailglas seihen.

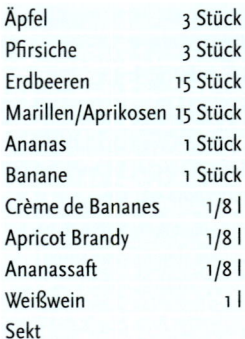

Das IBA-Standardrezept schreibt ein anderes Mengenverhältnis vor: 3,5 cl Gin, 2 cl Apricot Brandy, 1,5 cl Orangensaft.

Parisian
Pre-Dinner-Cocktail

Gin	2 cl
Crème de Cassis	2 cl
Wermut, weiß, trocken	2 cl

Zubereitung: Das fertige Getränk in das vorgekühlte Cocktailglas seihen.

Tipp: Der Drink kann auch im Rührglas zubereitet werden.

Pêche Royal

Vgl. ▶ Kir Royal; anstelle von Crème de Cassis Pfirsichlikör verwenden.

Pedro Collins

Vgl. ▶ Tom Collins; anstelle von Gin weißen Rum verwenden.

Pegu Club Cocktail
Pre-Dinner-Cocktail

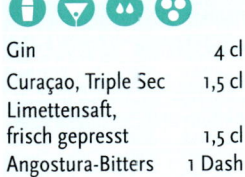

Gin	4 cl
Curaçao, Triple Sec	1,5 cl
Limettensaft, frisch gepresst	1,5 cl
Angostura-Bitters	1 Dash

Zubereitung: Das fertige Getränk in das vorgekühlte Cocktailglas seihen.

Tipp: Zusätzlich 1 Dash Orange-Bitters verwenden.

Der Drink wurde in den 1920er-Jahren im Pegu Club in der britischen Kolonie Burma (heute: Myanmar) kreiert.

Perfect Cocktail
Pre-Dinner-Cocktail

Gin	2 cl
Wermut, weiß, trocken	2 cl
Wermut, rot	2 cl

Garnitur: Orangentwist.

Zubereitung: Das fertige Getränk in das vorgekühlte Cocktailglas seihen.

Hinweis: Abwandlung des ▶ Martini-Perfect-Cocktail.

Pfirsich Batida

Vgl. ▶ Ananas Batida; alle Ananasbestandteile gegen Pfirsich austauschen.

Pfirsich Caipirinha

Vgl. ▶ Strawberry Caipirinha; alle Erdbeerbestandteile gegen Pfirsich austauschen.

Dies gilt auch für die alkoholfreie Variante.

Pfirsich Cobbler
Cobbler

Crushed Ice	
Pfirsichspalten	4 Stück
Cocktailkirschen	4 Stück
Angostura-Bitters	1 Dash

| Pfirsichlikör | 2 cl |
| Champagner/Sekt | ca. 10 cl |

Zubereitung: Crushed Ice in der Mitte der Cobblerschale pyramidenförmig aufhäufen und das Obst darauf verteilen. Den Angostura auf das Eis spritzen und den Likör in das Glas gießen. Zuletzt mit dem Champagner oder Sekt auffüllen.

Service: zwei kurze Trinkhalme, Unterteller, Serviette, Kaffeelöffel.

Pfirsich Colada

Vgl. ▶ Strawberry Colada; alle Erdbeerbestandteile gegen Pfirsich austauschen.

Dies gilt auch für die alkoholfreie Variante.

Pfirsich Daiquiri

Vgl. ▶ Ananas Daiquiri; alle Ananasbestandteile gegen Pfirsich austauschen.

Dies gilt auch für die alkoholfreie Variante.

Pfirsich Fancy Mojito

Vgl. ▶ Strawberry Fancy Mojito; alle Erdbeerbestandteile gegen Pfirsich austauschen.

Dies gilt auch für die alkoholfreie Variante.

Pfirsich Margarita

Vgl. ▶ Ananas Margarita; alle Ananasbestandteile gegen Pfirsich austauschen.

Pierre Collins

Vgl. ▶ Tom Collins; anstelle von Gin Cognac oder Weinbrand verwenden.

Pimm's No 1 Cup
Cup

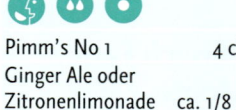

| Pimm's No 1 | 4 cl |
| Ginger Ale oder Zitronenlimonade | ca. 1/8 l |

Garnitur: Gurkenscheibe (auf dem Glasrand), Gurkenschale, 2 Cocktailkirschen, Zitronenspalte und Minzeblätter (im Glas).

Zubereitung: Das Glas zu zwei Dritteln mit Eiswürfeln füllen, den Pimm's No 1 dazugeben und mit der Limonade auffüllen.

Service: Trinkhalm.

Hinweis: Original wird ein Tankardglas verwendet.

Piña Colada
Tropicana

Rum, weiß	4 cl
Kokosnussmilch, frisch	4 cl
Ananas, frisch	1/4
Kokosmark	1 Esslöffel

Garnitur: Ananaskeil (am Glasrand).

Zubereitung: Alle Zutaten im Aufsatzmixer mit etwas Crushed Ice gut mixen und in einen hohen Tumbler gießen.

Service: Trinkhalm.

Komerziell bekannt wurde die Piña Colada mit Coconut-Cream auf der Antilleninsel Puerto Rico um 1954 im Caribe Hilton Hotel. Mittlerweile ist sie eine zum Nationalgetränk erhobene Köstlichkeit.

Piña Colada Trend
Tropicana

Rum, weiß	3 cl
Rum, braun	2 cl
Coconut-Cream	5 cl
Ananassaft	10 cl
Obers/Sahne	2 cl

Garnitur: Ananaskeil mit Blättern und Cocktailkirsche (am Glasrand).

Zubereitung: Alle Zutaten im Aufsatzmixer mit etwas Crushed Ice gut mixen und in ein Coladakelchglas gießen.

Service: Trinkhalm.

Tipps: Anstelle von 5 cl Coconut-Cream können 3 cl des süßeren Kokosnusssirups verwendet werden.

Eine Colada kann selbstverständlich auch im Shaker

oder im Stabmixer zubereitet werden. Durch die Zubereitung im Aufsatzmixer erhält sie jedoch mehr Volumen.

Piña Colada IBA
Tropicana

Rum, weiß	3 cl
Coconut-Cream	3 cl
Ananassaft	9 cl

Garnitur: Ananaskeil mit Cocktailkirsche (am Glasrand).

Zubereitung: Das fertige Getränk in das vorgekühlte Highballglas bzw. das große Gobletglas seihen.

Pink Gin
Pre-Dinner-Cocktail

| Gin (Plymouth) | 6 cl |
| Angostura-Bitters | 3 Dashs |

Zubereitung: Den Angostura in das vorgekühlte Cocktailglas spritzen. Den Gin in das mit Eiswürfeln gefüllte Mixglas geben und durch einen Strainer daraufgießen.

Der Drink soll aus der englischen Stadt Plymouth stammen, wo weder das Glas noch der Gin gekühlt wurden.

Pink Gin Fizz
Fizz

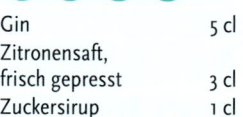

Gin	5 cl
Zitronensaft, frisch gepresst	3 cl
Zuckersirup	1 cl
Grenadinesirup	1 cl
Sodawasser	ca. 6 cl

Garnitur: Zitronenscheibe.

Zubereitung: Alle Zutaten außer dem Sodawasser im Shaker gut schütteln und in einen hohen Tumbler seihen. Mit Sodawasser auffüllen.

Service: Trinkhalm.

Pink Lady
Pre-Dinner-Cocktail

Gin	4 cl
Apple Jack	1 cl
Zitronensaft, frisch gepresst	1,5 cl
Grenadinesirup	2 Dashs
1 Eiweiß	

Zubereitung: Das fertige Getränk in das vorgekühlte Cocktailglas seihen.

Hinweis: Hauptsächlich existieren Pink-Lady-Rezepte, die ohne die Verwendung von Apple Jack auskommen. Dies entspricht der Rezeptur des ► Clover Club.

Eine verbreitete Version ist: 4 cl Gin, 2 cl Curaçao Triple Sec, 1 cl Zitronensaft und 1 Barlöffel Grenadinesirup.

Darüber hinaus gibt es Rezepte, die zusätzlich die Zugabe von Obers/Sahne vorschreiben und somit als After-Dinner-Cocktail geführt werden.

Pinky Colada
Tropicana

Rum, weiß	3 cl
Rum, braun	2 cl
Grenadinesirup	1 cl
Coconut-Cream	4–5 cl
Ananassaft	8 cl
Orangensaft, frisch gepresst	2 cl
Obers/Sahne	2 cl

Garnitur: Ananasgarnitur.

Zubereitung: Den fertigen Drink in ein mit Eiswürfeln gefülltes Fancyglas seihen.

Service: Trinkhalm.

Tipp: Anstelle von 4–5 cl Coconut-Cream können auch 2–3 cl des süßeren Kokosnuss-sirups verwendet werden.

Pinky Colada alkoholfrei
Non-alcoholic Mix-Drink

Rumsirup	0,5 cl
Grenadinesirup	1 cl
Coconut-Cream	4 cl
Ananassaft	8 cl
Orangensaft, frisch gepresst	2 cl
Milch	1,5 cl
Obers/Sahne	1,5 cl

Garnitur, Zubereitung und **Service** wie ▶ Pinky Colada.

Pisco Sour
Sour

Pisco	4 cl
Zitronensaft, frisch gepresst	2 cl
Zuckersirup	1 cl
Angostura-Bitters	1 Dash
1 Eiweiß	

Garnitur: Zitronenscheibe mit Kirsche auf Stick, etwas geriebene Muskatnuss (auf dem Drink).

Zubereitung: Das fertige Getränk in das mit Eiswürfel gefüllte Old-Fashioned-Glas seihen.

Tipp: Das Eiweiß kann durch das Eiweißfertigprodukt Frothee ersetzt werden.

Pistazien Colada
Tropicana

Rum, weiß	3 cl
Rum, braun	2 cl
Curaçao, blau	3 Dashs
Pistaziensirup	3 cl
Coconut-Cream	4–5 cl
Ananassaft	6 cl
Orangensaft, frisch gepresst	4 cl
Obers/Sahne	2 cl

Garnitur: Schlagobers-/Schlag-sahnehaube, eine Pistazie.

Zubereitung: Den fertigen Drink in ein mit Eiswürfeln gefülltes Fancyglas seihen.

Service: Trinkhalm.

Tipp: Anstelle von 4–5 cl Coconut-Cream können 2–3 cl des süßeren Kokos-nusssirups verwendet werden.

Pitahaya Daiquiri
Tropicana

Spiced Rum, golden	4 cl
Maraschino	1 cl
Limettensaft, frisch gepresst	2 cl
Maracujasirup	1 cl
Melonensirup	1 cl
Pitahaya-Fruchtfleisch	100 Gramm

Garnitur: eine Spalte einer Pitahaya.

Zubereitung: Im Aufsatzmixer alle Zutaten mit einer Schaufel Shaved Ice oder Crushed Ice so lange pürieren, bis das Fruchtfleisch zur Gänze zerkleinert ist. Den fertigen Drink in eine große Cocktailschale gießen.

Service: Trinkhalm.

Tipp: Für einen alkoholfreien Pitahaya Daiquiri den Alkoholanteil durch 1 cl Rumsirup und ca. 4 cl frisch gepressten Orangensaft ersetzen.

Planters' Punch
Tropicana

Rum, braun (Jamaika) 6 cl
Zitronensaft,
frisch gepresst 2 cl
Orangensaft,
frisch gepresst 6 cl

Ananassaft 4 cl
Grenadinesirup 2 cl

Garnitur: Orangen- und Zitronenscheibe, Cocktailkirsche. Wahlweise mit einem Dash Angostura vollenden.

Zubereitung: Das fertige Getränk in ein Fancyglas seihen.

Service: Trinkhalm.

Weltweit existiert eine Vielzahl unterschiedlicher Rezepturen. Welches einem besonders zusagt, muss man wohl selber herausfinden. Weitere Informationen zu den Fruit Punches finden Sie auf Seite 86.

Planters' Punch IBA
Tropicana

Rum, braun 6 cl
Zitronensaft 3 cl
Grenadinesirup 1 cl
etwas Sodawasser

Garnitur: Orangen- und Zitronenscheibe.

Zubereitung: Alle Zutaten außer dem Sodawasser im Shaker mixen und in ein Highballglas seihen. Mit etwas Sodawasser aufspritzen. Es ist auch eine Zubereitung im Gästeglas (auf Eis) möglich.

Porto Flip
Flip

Portwein, rot 6 cl
Zuckersirup 1 cl
1 Eigelb

Garnitur: geriebene Muskatnuss.

Zubereitung: Das fertige Getränk in eine Cocktailschale oder ein Flipglas seihen. Wahlweise mit 1–2 cl Obers/Sahne vollenden.

Das IBA-Standardrezept schreibt andere Zutaten vor: 1,5 cl Weinbrand, 4,5 cl roter Portwein, 1 Eigelb.

Portwine Sangaree
Sangaree

| Portwein, rot | 6 cl |
| Zuckersirup | 0,5 cl |

Garnitur: geriebene Muskatnuss.

Zubereitung: Die Zutaten in einem kleinen Tumbler verrühren, auf Wunsch mit Wasser verlängern.

Prairie Oyster
Pick-me-up

Olivenöl	1–2 Barlöffel
Tabasco	
Worcestersauce	
Salz, Pfeffer	
Ketchup	100 Gramm
1 Eigelb	

Zubereitung: Eine Sektschale oder Cocktailschale mit Olivenöl bestreichen. Das Ketchup mit den Würzmitteln im Glas verrühren und anschließend das Eigelb in die Mitte des Glases setzen.

Service: Unterteller, Serviette, Kaffeelöffel.

Tipp: Oysterrezepte ohne Ketchup werden meist mit etwas Zitronensaft oder Essig gewürzt.

Hinweis: Auch als Virgin Oyster bezeichnet.

Premiere
Pre-Dinner-Cocktail

1. Platz, Österreichische Cocktail-Staatsmeisterschaft 1999 Stefan Stevancsecz, Linz

Gin	3 cl
Wermut, weiß, trocken	1,5 cl
Parfait Amour	1,5 cl
Cordial Lime Juice	0,5 cl

Garnitur: Limette, Brombeere, Zitronentwist.

Zubereitung: Das fertige Getränk in das vorgekühlte Cocktailglas seihen und mit dem Zitronentwist aromatisieren.

Prince of Wales
Sekt- oder Champagner-cocktail

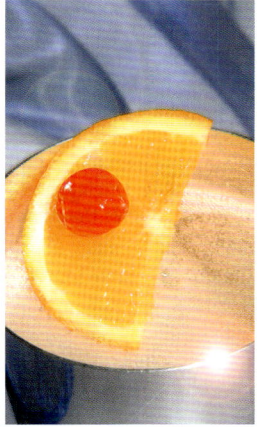

Cognac oder Weinbrand	2 cl
Curaçao, Triple Sec	1 cl
Zitronensaft, frisch gepresst	1 Dash
Angostura-Bitters	1 Dash
Champagner/Sekt	ca. 10 cl

Garnitur: halbe Orangen-scheibe, Cocktailkirsche.

Zubereitung: Alle Zutaten außer dem Schaumwein im Shaker mixen und in einen Tankard (oder Si berbecher) gießen. Abschließend mit gut gekühltem Champagner oder Sekt auffüllen.

Service: Trinkhalm bereit-stellen.

Princeton
Pre-Dinner-Cocktail

Gin	4 cl
Portwein, rot	2 cl
Orange-Bitters	2 Dashs

Garnitur: Zitronentwist.

Zubereitung: Das fertige Getränk in das vorgekühlte Cocktailglas seihen.

Pussy Foot
Non-alcoholic Mix-Drink

Orangensaft, frisch gepresst	10 cl
Zitronensaft, frisch gepresst	4 cl
Grenadinesirup	1 cl
1 Eigelb	

Garnitur: Orangen- und Zitronenscheibe, Cocktail-kirsche.

Zubereitung: Das fertige Getränk in das Highballglas seihen.

Queen's Swizzle
Tropicana

Rum, weiß	3 cl
Rum, braun	3 cl
Zuckersirup	3 cl
Limettensaft, frisch gepresst	3 cl

Garnitur: Fruchtspieß.

Zubereitung: Einen hohen Tumbler zu zwei Dritteln mit Crushed Ice füllen und alle Zutaten daraufgießen. Mit einem Candy-Rock-Stick so lange verrühren, bis sich das Glas außen beschlägt.

Service: Trinkhalm.

Radler
Beer-Mix-Drink

Lagerbier, hell	10 cl
Zitronenlimonade	10 cl

Zubereitung: Beide Zutaten gleichzeitig in einen Bierpokal gießen.

Der Radler wird im Englischen als Shandy bezeichnet und kann mit Zitronen- oder Limettenlimonade zubereitet werden. Wird Ginger Ale verwendet, heißt das Getränk Sandy Gaff.
Der Radler und seine vielen Namen, vgl. Seite 17.

Raffles Singapore Sling
Fancy Drink

Gin	30 ml (3 cl)
Limettensaft, frisch gepresst	15 ml (1,5 cl)

Angostura-Bitters	1 Dash
Grenadinesirup	10 ml (1 cl)
Cherry Brandy	15 ml (1,5 cl)
Curaçao, Triple Sec	7,5 ml (0,75 cl)
Ananassaft	120 ml (12 cl)
Bénédictine D. O. M.	7,5 ml (0,75 cl)

Diese Zusammensetzung entspricht der Originalrezeptur des Raffles Hotels in Singapur.

Garnitur: Ananaskeil, Cocktailkirsche.

Zubereitung: Das fertige Getränk in ein Fancyglas oder in einen hohen Tumbler seihen.

Service: Trinkhalm.

Begriffsverwirrung lösen
Die Bezeichnung Sling im Namen dieses Drinks ist verwirrend, da die Zutaten mit einem klassischen Sling nur wenig gemein haben. Das Rezept hat sich aus dem ▶ Singapur Sling entwickelt (vgl. auch Kapitel Slings, Seite 80 f.).

Rainbow Pousse-Café
Pousse-Café

Grenadinesirup	2 cl
Crème de Cacao, braun	2 cl
Maraschino	2 cl
Crème de Menthe, grün	2 cl
Cognac oder Weinbrand	2 cl

Zubereitung: Alle Zutaten, beginnend mit dem Grenadinesirup bis zum Weinbrand, über den verkehrt gehaltenen, am inneren Glasrand anliegenden Barlöffel in das Pousse-Café-Glas gießen.

Ramos Gin Fizz
Fizz

Gin	5 cl
Zitronensaft, frisch gepresst	2 cl
Limettensaft, frisch gepresst	2 cl
Zuckersirup	2 cl
Orangenblütenwasser	3–4 Dashs
Obers/Sahne	2 cl
1 Eiweiß	
Sodawasser	ca. 4–6 cl

Garnitur: Limettenspalte.

Zubereitung: Alle Zutaten außer dem Sodawasser im Shaker ordentlich mixen und in einen hohen Tumbler seihen. Mit Sodawasser aufspritzen und vorsichtig aufrühren.

Tipp: Diese Rezeptur beinhaltet Obers/Sahne als ungewöhnliche Ingredienz für einen Fizz. Deshalb muss er sehr lange geschüttelt werden. Die Verwendung eines elektrischen Mixers ist von Vorteil.

Der Drink wurde 1888 von Henry Ramos, einem Restaurantbesitzer in New Orleans, kreiert.

Raspberry Batida (bzw. Himbeer Batida)

Vgl. ▶ Ananas Batida; alle Ananasbestandteile gegen Himbeere austauschen.

Raspberry Caipirinha (bzw. Himbeer Caipirinha)

Vgl. ▶ Strawberry Caipirinha; alle Erdbeerbestandteile gegen Himbeere austauschen. Dies gilt auch für die alkoholfreie Variante.

Raspberry Colada (bzw. Himbeer Colada)

Vgl. ▶ Strawberry Colada; alle Erdbeerbestandteile gegen Himbeere austauschen.

Gibt es auch alkoholfrei.

Raspberry Daiquiri (bzw. Himbeer Daiquiri)

Vgl. ▶ Ananas Daiquiri; alle Ananasbestandteile gegen Himbeere austauschen.

Dies gilt auch für die alkoholfreie Variante.

Raspberry Fancy Mojito (bzw. Himbeer Fancy Mojito)

Vgl. ▶ Strawberry Fancy Mojito; alle Erdbeerbestandteile gegen Himbeere austauschen.

Dies gilt auch für die alkoholfreie Variante.

Raspberry Margarita (bzw. Himbeer Margarita)

Vgl. ▶ Ananas Margarita; alle Ananasbestandteile gegen Himbeere austauschen.

Recall
After-Dinner-Cocktail

1. Platz/Weltmeister, Cocktail-Weltmeisterschaft 2004, Las Vegas/USA Neville Azzopardi, Malta

Wodka	2 cl
Apricot Brandy	1 cl
Maracujasirup	1 cl
Grenadinesirup	1 cl
Orangensaft, frisch gepresst	2 cl

Garnitur: Apfel, Kiwi, Cocktailkirsche, Minze.

Zubereitung: Das fertige Getränk in das vorgekühlte Cocktailglas seihen.

Red Snapper

Vgl. ▶ Bloody Mary; anstelle von Wodka Gin verwenden.

Die von Pete Petiot in Paris erfundene Bloody Mary wurde von ihm in New York mit Gin als Basisspirituose gemixt und musste dort den Namen Red Snapper tragen. Wodka war in jener Zeit in New York noch nicht so verbreitet. Der Name Bloody Mary war außerdem in der Anfangszeit nicht sehr erwünscht, da er als negativ behaftet galt.

Remsen Cooler
Cooler

| Scotch Whisky (der Firma Remsen) | 5 cl |
| Sodawasser | |

Garnitur: Zitronenspirale.

Zubereitung: Von einer unbehandelten Zitrone die Schale abschälen (wie beim Apfelschälen) und in einen hohen Tumbler einlegen. Eiswürfel ins Glas geben, den Whisky daraufgießen, mit dem Sodawsser auffüllen und leicht umrühren.

Der Remsen Cooler soll der erste Cooler gewesen sein und wurde ursprünglich mit Scotch Whisky der Firma Remsen gemixt. Remsen Cooler wurden auch mit Old Tom Gin oder Sloe Gin zubereitet.

Rob Roy
Pre-Dinner-Cocktail

Scotch Whisky	4 cl
Wermut, rot	2 cl
Angostura-Bitters	1 Dash

Garnitur: Cocktailkirsche auf Stick.

Zubereitung: Das fertige Getränk in das vorgekühlte Cocktailglas seihen.

Die Rezeptur ist eine Ableitung des ▶ Manhattan und wird daher auch Scotch Manhattan genannt.

Das → IBA-Standardrezept schreibt ein anderes Mengenverhältnis vor: 4,5 cl Scotch Whisky, 2,5 cl roter Wermut, 1 Dash Angostura.

Roman Punch
Punch

Rum	4 cl
Cognac oder Weinbrand	2 cl
Curaçao, Triple Sec	1 cl
Himbeersirup	1 cl
Zuckersirup	0,5 cl
Zitronensaft, frisch gepresst	2 cl
Portwein	1 Dash

Garnitur: Früchte der Saison.

Zubereitung: Alle Zutaten außer dem Portwein im Shaker mixen und in einen hohen, mit Crushed Ice gefüllten Tumbler gießen. Zuletzt einen Dash Portwein auf den Drink geben.

Service: Trinkhalm.

Hinweis: Ende des 19. Jahrhunderts verwendete man geschliffene kelchförmige Stielgläser.

Rose
Pre-Dinner-Cocktail

Wermut, weiß, trocken	4 cl
Kirschwasser	2 cl
Cassissirup	1 Barlöffel

Garnitur: Cocktailkirsche.

Zubereitung: Das fertige Getränk in das vorgekühlte Cocktailglas seihen.

Es existiert eine Vielzahl von Rose-Rezepturen. Dabei kommt es auch zu Verbindungen aus trockenem Wermut, Kirschwasser und Cherry Brandy, teilweise mit Gin ergänzt. Sind Sirups in den Rezepturen, findet man Himbeersirup, Rosensirup oder Grenadinesirup.

Auch der Shaker findet Verwendung.

Das → IBA-Standardrezept schreibt eine andere Zusammensetzung vor: 4,5 cl trockener Wermut, 1,5 cl Kirschwasser und 1 cl Cherry Brandy; Zubereitung im Rührglas, Cocktailkirsche als Garnitur.

Rossini
Sekt- oder Champagner-cocktail

Erdbeerpüree	3 cl
Prosecco	10 cl

Zubereitung: Das mit Zucker und etwas frisch gepresstem Zitronensaft abgeschmeckte Erdbeerpüree in die Sekttulpe geben und mit dem gut gekühlten Prosecco auffüllen.

Der Rossini ist eine Abwandlung des ► Bellini.

Royal Fizz
Fizz

Gin	4 cl
Zitronensaft, frisch gepresst	2 cl

Zuckersirup   1 cl

1 Ei

Sodawasser   ca. 6 cl

Garnitur: Zitronenscheibe.

Zubereitung: Alle Zutaten außer dem Sodawasser im Shaker gut mixen und in das Highballglas seihen. Mit dem Sodawasser auffüllen.

Service: Trinkhalm.

Rüdesheimer Kaffee
Hot Drink

Cognac oder
Weinbrand
(Asbach Uralt)   4 cl

Würfelzucker   3 Stück

Kaffee, heiß   1 Tasse

Obers/Sahne

Vanillezucker

Garnitur: Schokoladeraspel.

Zubereitung: Den Würfelzucker und den angewärmten Weinbrand in die vorgewärmte Rüdesheimer-Kaffee-Tasse geben, mit einem langen Streichholz anzünden und maximal eine Minute brennen lassen. Dabei mit einem langen Löffel so lange rühren, bis sich der Zucker aufgelöst hat und der Alkohol verbrannt ist.

Machen Sie mehrere Tassen gleichzeitig, dann entzünden Sie diese durch Weitergabe der Flamme mit dem Löffel. Zum Schluss mit heißem Kaffee aufgießen. Eine mit Vanillezucker gesüßte Schlagobershaube/Sahnehaube daraufgeben.

Service: Unterteller.

Tipp: Anstelle der Schlagobers-/Schlagsahnehaube/Sahnehaube können auch zwei Kugeln Vanilleeis auf den Rüdesheimer Kaffee gegeben werden.

Rum Collins

Vgl. ► Tom Collins; anstelle von Gin Rum verwenden.

Rum Cooler

Vgl. ► Bourbon Cooler; anstelle von Bourbon Whiskey Rum verwenden.

Rum Daisy

Vgl. ► Gin Daisy; anstelle von Gin weißen Rum verwenden.

Rum Fix
Fix

Rum, weiß   4 cl

Zitronensaft,
frisch gepresst   2 cl

Wasser   2 cl

Rohrzucker,
weiß   2 Barlöffel

Garnitur: Ananaswürfel in den Drink geben (sparsam).

Zubereitung: Den Zucker und das Wasser in das Old-Fashioned-Glas geben, auflösen und anschließend den Zitronensaft und den Rum daraufgießen. Umrühren und das Glas mit Crushed Ice auffüllen.

Service: Trinkhalm, Stickstirrer, Unterteller mit Serviette.

Tipps: Bei allen Fixes wird durch die Zugabe von etwas Fruchtsaft (maximal 6 cl) ein abgerundeter Geschmack erreicht; beim Rum Fix eignet sich zum Beispiel Ananassaft.

Mit den Garniturfrüchten sparsam umgehen.

Rum Fizz

Vgl. ▶ Gin Fizz; anstelle von Gin Rum verwenden.

Rum Flip

Vgl. ▶ Brandy Flip; anstelle von Cognac oder Weinbrand Rum verwenden.

Rum Float

Vgl. ▶ Brandy Float; anstelle von Cognac oder Weinbrand braunen Rum verwenden.

Rum Highball

Vgl. ▶ Bourbon Highball; anstelle von Bourbon Whiskey Rum verwenden.

Rum Julep

Vgl. ▶ Bandy Julep; anstelle von Cognac oder Weinbrand braunen Rum verwenden.

Rum Rickey

Vgl. ▶ Gin Rickey; anstelle von Gin weißen Rum verwenden.

Rum Sangaree

Vgl. ▶ Brandy Sangaree; anstelle von Cognac oder Weinbrand Rum verwenden.

Rum Smash

Vgl. ▶ Whiskey Smash; anstelle von Whiskey Rum verwenden.

Rum Sour

Vgl. ▶ Whiskey Sour; anstelle von Whiskey Rum verwenden.

Rum Stinger

Vgl. ▶ Brandy Stinger; anstelle von Cognac oder Weinbrand Rum verwenden.

Rum Sunrise

Vgl. ▶ Tequila Sunrise; anstelle von Tequila Rum verwenden.

Rum Swizzle
Tropicana

Rum, weiß	3 cl
Rum, braun	3 cl
Mandelsirup	3 cl
Limettensaft, frisch gepresst	3 cl

Garnitur: Fruchtspieß.

Zubereitung: Einen hohen Tumbler zu zwei Dritteln mit Crushed Ice füllen und alle Zutaten daraufgießen. Mit einem Candy-Rock-Stick so lange rühren, bis sich das Glas außen beschlägt.

Service: Trinkhalm.

Rum Toddy
Hot Drink

Rum, braun	4 cl
Zitronensaft, frisch gepresst	2 cl
Honig	2 Barlöffel
Wasser, heiß	8 cl

Garnitur: Eine mit vier Gewürznelken gespickte Zitronenscheibe ins Glas geben; längere Zimtstange (zum Umrühren).

Zubereitung: Den angewärmten Rum mit dem Zitronensaft und den Honig in ein feuerfestes Glas geben, umrühren und mit dem heißen Wasser auffüllen.

Service: Unterteller, Serviette.

Rumtopf
Für 20 Personen

Rum, 80 Vol.–%	2 l
Erdbeeren, halbiert	1/2 kg
Johannisbeeren	1/2 kg
Himbeeren	1/2 kg
Stachelbeeren	1/2 kg

Zubereitung: Den Rum in einen Rumtopf gießen und die Beerenfrüchte der Saison entsprechend (von Mai bis August) hineingeben. Immer dicht verschlossen halten und an einem dunklen Ort aufbewahren. Ab Oktober ist der Rumtopf servierfertig.

Rum Twist
Twist

Rum, weiß	3 cl
Limettensaft, frisch gepresst	2 cl
Apricot Brandy	1 cl
Maracujasirup	1 cl

Garnitur: Zitronentwist.

Zubereitung: Alle Zutaten im Rührglas vermischen

und in ein mit Crushed Ice gefülltes Glas (Sektflöte oder hoher Tumbler) seihen. Die ätherischen Öle eines Stückchens Zitronenschale über den Drink pressen und in das Glas geben.

Service: Trinkhalm.

Rusty Nail
After-Dinner-Cocktail

Scotch Whisky	4 cl
Drambuie	2 cl

Garnitur: Zitronentwist.

Zubereitung: Das Old-Fashioned-Glas zu zwei Dritteln mit Eiswürfeln füllen und die Spirituosen daraufgießen.

Das → IBA-Standardrezept schreibt ein anderes Mengenverhältnis vor: 4,5 cl Scotch Whisky, 2,5 cl Drambuie.

Salty Dog
Longdrink

Wodka	4 cl
Grapefruitsaft	ca. 1/8 l

Zubereitung: Einen hohen Tumbler mit einem Salzrand versehen und zu drei Vierteln mit Eiswürfeln füllen. Den Wodka daraufgießen, mit dem Grapefruitsaft auffüllen und umrühren.

Service: Stirrer.

Hinweis: Ohne Salzrand heißt dieser Drink ▶ Greyhound.

Sandy Collins

Vgl. ▶ Tom Collins; anstelle von Gin Scotch Whisky verwenden.

Sangria Marbella
Bowle

Für 16 Personen

Cognac, Weinbrand	10 cl
Apricot Brandy	10 cl
Orangensaft, frisch gepresst	10 cl
Zitronensaft, frisch gepresst	10 cl
Zuckersirup	10 cl
Rotwein	2 Flaschen
Orangen, Zitronen, Äpfel	je 4 Stück
Orangen- und Zitronenspiralen	je 4 Stück

Zubereitung: Orangen, Zitronen und Äpfel in Scheiben schneiden und mit allen Zutaten in das Bowlegefäß geben. Im Kühlschrank zwei Stunden marinieren lassen. Frische Apfelscheiben in ein Gobletglas geben und den Sangria (ohne Früchte) daufgießen.

Service: Unterteller, Serviette, Kaffeelöffel.

Sangria Valencia
Bowle

Für 16 Personen

Orangensaft, frisch gepresst	1/4 l
Zitronensaft, frisch gepresst	1/8 l
Rotwein	2 Flaschen
Orangen, Zitronen	je 5 Stück
Kristallzucker	150 Gramm

Zubereitung: Orangen und Zitronen in Scheiben schneiden und mit allen Zutaten in das Bowlegefäß geben. Im Kühlschrank zwei Stunden marinieren lassen. Frische Orangenscheiben in ein Gobletglas geben und den Sangria (ohne Früchte) daufgießen.

Service: Unterteller, Serviette, Kaffeelöffel.

Santina's Pousse-Café
Pousse-Café

Curaçao, rot	2 cl
Maraschino	2 cl
Cognac oder Weinbrand	2 cl

Zubereitung: Zuerst den Curaçao in das Pousse-Café-Glas geben. Dann nacheinander den Maraschino und den Cognac oder Weinbrand über einen verkehrt gehaltenen, am inneren Glasrand anliegenden Barlöffel gießen. Die einzelnen Zutaten dürfen sich nicht vermischen und müssen als Schichten erkennbar sein.

Der Santina's Pousse-Café findet sich als Drink bereits in den allerersten Barbüchern. Als Erfinder und Namensgeber gilt der Besitzer eines damals sehr bekannten spanischen Kaffeehauses in New Orleans namens Santina.

Sazerac
Pre-Dinner-Cocktail

Rye Whiskey	6 cl
Zuckersirup	1 cl
Pastis	2 Dashs
Peychaud's Bitters	2 Dashs

Garnitur: Zitronentwist.

Zubereitung: Einen Old-Fashioned-Tumbler mit Eis vorkühlen. Whiskey, Zuckersirup und Bitters im Rührglas auf Eis rühren. Das Eis aus dem Tumbler entfernen, das Glas mit dem Pastis ausschwenken und anschließend ausleeren. Frische Eiswürfel in den Tumbler geben und das fertige Getränk in das Glas seihen.

Tipp: Als Alternative zum im Originalrezept verwendeten Peychaud's Bitters kann auch ein anderer Würzbitters verwendet werden.

Ursprünglich mit Cognac gemixt, entstand der Sazerac in New Orleans um 1930. Rye Whiskey ersetzte später den Cognac der Firma Sazerac, der als Namensgeber für den Drink diente. Die Variante mit Rye Whiskey sorgte für den Durchbruch des Getränks, jedoch auch eine Mischung aus halb Cognac und halb Rye Whiskey ist eine durchwegs beliebte Variante.

Schoko-Colada
Tropicana

Rum, weiß	2 cl
Rum, braun	1 cl
Schokoladelikör, braun	2 cl
Coconut-Cream	4–5 cl
Schokoladesirup, braun	0,5 cl
Ananassaft	8 cl
Orangensaft, frisch gepresst	2 cl
Obers/Sahne	2 cl

Garnitur: Glasinnenseite mit Schokoladesauce verzieren (siehe Seite 380), Schlagobershaube, Schokostreusel.

Zubereitung: Den fertigen Drink in ein mit Eiswürfeln gefülltes Fancyglas seihen.

Service: Trinkhalm.

Tipp: Anstelle von 4–5 cl Coconut-Cream können 2–3 cl des süßeren Kokosnusssirups verwendet werden.

Schoko-Colada alkoholfrei
Non-alcoholic Mix-Drink

Rumsirup	0,5 cl
Schokoladesirup, braun	2 cl
Coconut-Cream	3 cl
Ananassaft	10 cl
Orangensaft, frisch gepresst	2 cl
Milch	1,5 cl
Obers/Sahne	1,5 cl

Garnitur, Zubereitung und **Service** wie ▶ Schoko-Colada.

Schwarzer Peter
After-Dinner-Cocktail
1. Platz, Österreichische Cocktail-Staatsmeisterschaft 2000
Peter Weissnegger, Klagenfurt

Kaffeelikör	3 cl
Williamsbirnenbrand	1 cl
Williamsbirnenlikör	0,5 cl
Obers/Sahne, halb geschlagen (zum Toppen)	2,5 cl

Garnitur: Schokcladepulver, Physalis (am Glasrand), Orangentwist (nur zum Aromatisieren).

Zubereitung: Alle Zutaten außer dem Obers im Shaker mixen und in das Cocktailglas seihen. Das Obers mithilfe des Barlöffels vorsichtig auf den Drink geben, dass es als obere Schicht darauf schwimmt.

Schweden-Glögg
Hot Drink
Für 10 Personen

Rotwein	0,7 l
Weißwein	0,7 l
Aquavit	1/8 l
Wermut, rot	1/8 l
Angostura-Bitters	5 Dashs
Kristallzucker, Mandelsplitter, Rosinen	je 100 Gramm
Orangen- und Zitronenspiralen	je 2 Stück

Zubereitung: Alle Zutaten in einem feuerfesten Gefäß erhitzen und ständig warm halten. In einem feuerfesten Glas servieren.

Scorpion
Tropicana

Rum, weiß	2 cl
Rum, braun	2 cl
Cognac oder Weinbrand	2 cl
Curaçao, Triple Sec	2 cl
Zitronensaft, frisch gepresst	2 cl
Orangensaft, frisch gepresst	4 cl
Mandelsirup	1–2 cl

Garnitur: Limettenscheibe, 2 Minzeblätter, Cocktailkirsche.

Zubereitung: Alle Zutaten im Shaker vermischen und in ein Fancyglas gießen.

Service: Trinkhalm.

Scotch Collins

Vgl. ▶ Tom Collins; anstelle von Gin Scotch Whisky verwenden.

Scotch Cooler

Vgl. ▶ Bourbon Cooler; anstelle von Bourbon Whiskey Scotch Whisky verwenden.

Scotch Fix

Vgl. ▶ Rum Fix; anstelle von Rum Scotch Whisky verwenden.

Scotch Float

Vgl. ▶ Brandy Float; anstelle von Cognac oder Weinbrand Scotch Whisky verwenden.

Scotch Highball

Vgl. ▶ Bourbon Highball; anstelle von Bourbon Whiskey Scotch Whisky verwenden.

Scotch Julep

Vgl. ▶ Brandy Julep; anstelle von Cognac oder Weinbrand Scotch Whisky verwenden.

Scotch Puff

Vgl. ▶ Brandy Puff; anstelle von Cognac oder Weinbrand Scotch Whisky verwenden.

Scotch Rickey

Vgl. ▶ Gin Rickey; anstelle
von Gin Scotch Whisky
verwenden.

Scotch Sangaree
Sangaree

Scotch Whisky			6 cl
Portwein, rot			1 cl
Drambuie			1 cl

Garnitur: geriebene Muskatnuss.

Zubereitung: Die Zutaten
im Rührglas oder im Shaker
mixen und in einen kleinen
Tumbler seihen.

Scotch Smash

Vgl. ▶ Whiskey Smash; an-
stelle von Bourbon Whiskey
Scotch Whisky verwenden.

Scotch Soda

Vgl. ▶ Whiskey Soda; anstelle
von Bourbon Whiskey Scotch
Whisky verwenden.

Scotch Sour

Vgl. ▶ Whiskey Sour; anstelle
von Bourbon Whiskey Scotch
Whisky verwenden.

Scotch Stinger

Vgl. ▶ Brandy Stinger;
anstelle von Cognac oder

Weinbrand Scotch Whisky
verwenden.

Screw Driver
Longdrink

Wodka		4 cl
Orangensaft, frisch gepresst		ca. 1/8 l

Garnitur: Orangenscheibe.

Zubereitung: Einen Tumbler
zu drei Vierteln mit Eiswürfeln füllen und den Wodka
daraufgießen. Mit dem
Orangensaft auffüllen und
umrühren.

Service: Stirrer.

Der Screw Driver wird
gemeinhin als Wodka-Orange
bestellt.

Das → IBA-Standardrezept
schreibt ein anderes Mengenverhältnis vor: 5 cl Wodka,
10 cl Orangensaft.

Sea Breeze
Fancy Drink

Wodka		4 cl
Cranberry Juice, rot		5 cl
Grapefruitsaft		5 cl

Zubereitung: Alle Zutaten in
einen Tumbler mit Eiswürfeln
geben und kurz aufrühren.

Verwendet man statt dem
Grapefruitsaft Ananas- bzw.
Orangensaft, heißt das Re-
zept **Bay Breeze** bzw. **Madras.**

Sex on the Beach
Fancy Drink

Wodka		3 cl
Pfirsichlikör		3 cl
Orangensaft, frisch gepresst		5 cl
Cranberry Juice, rot		5 cl

Zubereitung: Einen hohen Tumbler oder ein Fancyglas mit Eiswürfeln füllen und das fertige Getränk daraufgießen.

Service: Trinkhalm.

Shandy

Vgl. ► Radler.

Sherry Cobbler
Cobbler

Sherry	6 cl
Zuckersirup	1–2 cl
Orangenscheibe	1 Stück
Ananasscheibe	1 Stück

Garnitur: Früchte der Saison.

Zubereitung: Die Orangenscheibe vierteln, die Ananasscheibe in kleine Keile schneiden und alles in eine Cobblerschale geben. Mit Crushed Ice anfüllen, den Sherry und den Zuckersirup beigeben und gut verrühren.

Man kann das Crushed Ice auch in der Mitte der Cobblerschale pyramidenförmig aufhäufen, sodass ein Eiskegel entsteht. Anschließend den Sirup und den Zucker angießen und die diversen Früchte auf dem Eiskegel anrichten.

Service: Trinkhalm, Unterteller, Serviette, Kaffeelöffel.

Sherry Flip
Flip

Sherry	6 cl
Zuckersirup	1 cl
1 Eigelb	

Garnitur: geriebene Muskatnuss.

Zubereitung: Das fertige Getränk in ein Flipglas oder eine Cocktailschale seihen.

Tipp: Zur Abrundung des Geschmacks können 1–2 cl Obers/Sahne mitgemixt werden.

Sherry Oyster

Vgl. ► Brandy Oyster; anstelle von Cognac oder Weinbrand Sherry verwenden.

Sherry Sangaree

Vgl. ► Portwine Sangaree; anstelle von Portwein Sherry verwenden.

Shirley Temple
Non-alcoholic Mix-Drink

Grenadinesirup	1–2 cl
Limettenlimonade	0,2 l

Garnitur: Cocktailkirschen auf langem Spieß.

Zubereitung: Das Collinsglas zur Hälfte mit Eiswürfeln füllen, den Grenadinesirup daraufgießen und mit der Limonade auffüllen.

Service: Trinkhalm.

Tipp: Schmeckt auch mit Ginger Ale sehr gut.

Side Car
Pre-Dinner-Cocktail

Cognac oder
Weinbrand 4 cl
Cointreau oder
Curaçao, Triple Sec 2 cl
Zitronensaft,
frisch gepresst 2 cl

Zubereitung: Das fertige Getränk in das vorgekühlte Cocktailglas seihen.

Es existieren eine Reihe von Geschichten und Geschichtchen zum Namen Side Car. Eine davon: Ein Offizier fuhr während des Ersten Weltkriegs mit seiner Beiwagenmaschine (sidecar = Beiwagen) in sein Pariser Stammlokal. Er trank immer einen Cocktail für sich und einen für seinen Side car. Das Getränk erlangte später durch Harry's New York Bar in Paris Berühmtheit, wo die drei Ingredienzen zu gleichen Teilen gemixt wurden.

Silver Fizz
Fizz

Gin 4 cl
Zitronensaft,
frisch gepresst 2 cl
Zuckersirup 1 cl
1 Eiweiß
Sodawasser ca. 6 cl

Garnitur: Zitronenscheibe.

Zubereitung: Alle Zutaten außer dem Sodawasser im Shaker gut mixen und in einen hohen Tumbler seihen. Mit dem Sodawasser auffüllen.

Service: Trinkhalm.

Tipp: Das Eiweiß kann durch das Eiweißfertigprodukt Frothee ersetzt werden. Verwenden Sie in diesem Fall einen Barlöffel. Es erzeugt eine besonders cremige Oberfläche des Drinks.

Singapur Sling
Sling

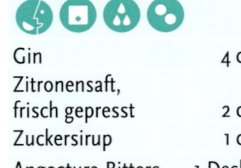

Gin 4 cl
Zitronensaft,
frisch gepresst 2 cl
Zuckersirup 1 cl
Angostura-Bitters 1 Dash
Sodawasser
Cherry Brandy 2 cl

Garnitur: Zitronenscheibe.

Zubereitung: Einen hohen Tumbler zu drei Vierteln mit Eiswürfeln füllen. Gin, Zitronensaft, Zuckersirup und Angostura ins Glas gießen und mit einem Barlöffel umrühren. Die Garnitur aufsetzen und den Cherry Brandy auf den Drink gießen.

Service: Trinkhalm.

Die Präsentation ist auch wie beim ▶ Curaçao Sling möglich.

Smile
Longdrink

*1. Platz/Weltmeister, Cocktail-
Weltmeisterschaft 2002,
Bled/Slowenien
Jorge Alberto Soratti, Italien*

Wodka Mandarine	3 cl
Charleston Foll es Likör	2 cl
Wermut, weiß, trocken	2 cl
Erdbeersirup	1 cl
Ananassaft	12 cl

Garnitur: Apfel, Ananasgrün,
Zwetschke.

Zubereitung: Das fertige
Getränk in ein mit Eiswürfeln
gefülltes Fancyglas oder in
einen hohen Tumbler seihen.

Service: Trinkhalm.

Sombora
After-Dinner-Cocktail

*2. Platz/Vizeweltmeister, Cocktail-
Weltmeisterschaft 2001,
Rio de Janeiro/Brasilien
Brian Jones, Irland*

Grand Marnier
Cordon Rouge	1,75 cl
Rum-Kokos-Likör	1,75 cl
Bananensirup, grün	0,25 cl
Ananassaft	1,75 cl
Cranberry Juice, rot	1,5 cl

Garnitur: Zitrone, Orange,
Limette, Ananasgrün, Cocktailkirsche.

Zubereitung: Den Bananensirup in das Cocktailglas
gießen. Die restlichen
Ingredienzen im Shaker
mixen und vorsichtig auf den
Bananensirup seihen.

Sombrero
Pousse-Café

| Kaffeelikör | 6 cl |
| Obers/Sahne | 3 cl |

Zubereitung: Zuerst den
vorgekühlten Kaffeelikör
und dann das vorgekühlte,
flüssige Obers/Sahne über
den verkehrt gehaltenen,
am inneren Glasrand
anliegenden Barlöffel in ein
Pousse-Café-Glas gießen.

Southern Sour

Vgl. ▶ Amaretto Sour; an-
stelle von Amaretto Southern
Comfort verwenden.

Sparkling Amaretto
***Sekt- oder Champagner-
cocktail***

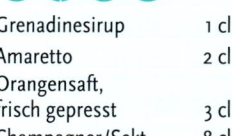

| Grenadinesirup | 1 cl |
| Amaretto | 2 cl |
| Orangensaft,
frisch gepresst | 3 cl |
| Champagner/Sekt | 8 cl |

Zubereitung: Die Sektschale
zu einem Viertel mit Crushed
Ice füllen. Den Grenadinesirup, den Amaretto und den
Orangensaft im Shaker mixen
und in das Glas seihen. Mit
gut gekühltem Champagner/
Sekt auffüllen.

Stop-Ready-Go
Longdrink

*3. Platz/WM-Dritter, Cocktail-
Weltmeisterschaft 2006,
Chalkidiki/Griechenland
Harri Törmänen, Finnland*

Wodka Mango	4 cl
Curaçao, Triple Sec	2 cl
Mangopüree	3 cl
Apfelpüree, grün	2 cl
Cranberry Juice, rot	2 cl

Garnitur: Mango, Wassermelone, Zimtpulver, Basilikum.

Zubereitung: In einem Mixbehälter Apfelpüree und Curaçao mit Crushed Ice mixen. In einem anderen den Wodka mit dem Mangopüree mischen. Den ersten Drinkteil in einen hohen Tumbler gießen, den Cranberry Juice darauf floaten und dann den zweiten Drinkteil daraufgießen.

Service: Trinkhalm.

Strawberry Batida (bzw. Erdbeer Batida)

Vgl. ▶ Ananas Batida; alle Ananasbestandteile gegen Erdbeere austauschen.

Strawberry Caipirinha (bzw. Erdbeer Caipirinha)

Fancy Drink/Crushed Drink

Limette	1 Stück
Rohrzucker	1 Barlöffel
Cachaça	4–5 cl
Cordial Lime Juice	1 cl
Rohrzuckersirup	1 cl
Erdbeersirup	1–2 cl
Erdbeeren, sehr gut reif	80 Gramm

Garnitur: Erdbeere.

Zubereitung: Die Limette mit dem Rohrzucker wie für einen

▶ Caipirinha vorbereiten. Erdbeeren, Cachaça, Sirup und Juice im Aufsatzmixer so lange pürieren, bis die Erdbeeren zur Gänze zerkleinert sind. Das Fruchtpüree über die zerstoßene Limette gießen, mit Crushed Ice auffüllen und gut verrühren.

Service: dicker Trinkhalm.

Tipps: vgl. ▶ Caipirinha. Auch bei dieser Rezeptur gibt es drei Varianten mit weißem Rum (Strawberry Caipirissima) bzw. mit Wodka (Strawberry Caipiroska).

Für einen alkoholfreien Strawberry Caipirinha den Alkoholanteil durch ca. 6 cl Erdbeernektar oder kohlensäurehaltige Limonade (Zitronenlimonade, Bitter Lemon, Tonic oder Ginger Ale) ersetzen. Diese erst ganz am Schluss beigeben und den Drink nochmals kurz und vorsichtig aufrühren.

Strawberry Cobbler

Cobbler

Crushed Ice	
Erdbeeren	4 Stück
Zitronenscheiben	4 halbe Stück
Angostura-Bitters	1 Dash
Erdbeerlikör oder -sirup	2 cl
Champagner/Sekt	ca. 10 cl

Zubereitung: Crushed Ice in der Mitte der Cobblerschale pyramidenförmig aufhäufen und das Obst darauf verteilen. Den Angostura auf das Eis spritzen und den Likör oder Sirup in das Glas gießen. Zuletzt mit dem Champagner oder Sekt auffüllen.

Service: zwei kurze Trinkhalme, Unterteller, Serviette, Kaffeelöffel.

Bei Verwendung des Sirups verändert sich die Alkoholstärke von der zweiten auf die erste Kategorie.

Strawberry Colada (bzw. Erdbeer Colada)

Tropicana

Rum, weiß	3 cl
Rum, braun	2 cl
Coconut-Cream	4–5 cl
Ananassaft	6 cl
Erdbeernektar	4 cl
Erdbeeren, sehr gut reif	100 Gramm

Garnitur: Ananas-Erdbeer-Garnitur.

Zubereitung: Im Aufsatzmixer alle Zutaten mit zwei Schaufeln Crushed Ice so lange pürieren, bis das Fruchtfleisch zur Gänze zerkleinert ist. Den fertigen Drink in ein Fancyglas gießen.

Service: Trinkhalm.

Tipps: Anstelle von 4–5 cl Coconut-Cream können 2–3 cl des süßeren Kokosnusssirups verwendet werden.

Für eine alkoholfreie Strawberry Colada den Alkoholanteil durch Säfte ersetzen.

Strawberry Daiquiri (bzw. Erdbeer Daiquiri)

Vgl. ▶ Ananas Daiquiri; alle Ananasbestandteile gegen Erdbeere austauschen.

Für einen Frozen Strawberry Daiquiri (siehe Foto) alle Zutaten außer dem Eis im Aufsatzmixer gut vermischen, zwei Schaufeln Crushed Ice beigeben und nochmals mixen. Den gesamten Inhalt in der Mitte einer großen Sektschale aufhäufen.

Strawberry Fancy Mojito (bzw. Erdbeer Fancy Mojito)
Fancy Drink/Crushed Drink

Limette	1 Stück
Rohrzucker	1 Barlöffel
Rum, kubanisch	4 cl
Spitzen von zwei Minzezweigen	
Erdbeersirup	1 cl
Rohrzuckersirup	1 cl
Cordial Lime Juice	1 cl
Erdbeeren, sehr gut reif	80 Gramm
Sodawasser	ca. 8 cl

Garnitur: Erdbeere, Minzezweig.

Zubereitung: Die Limette und den Rohrzucker wie für einen ▶ Caipirinha vorbereiten und mit der Minze zerstoßen. Erdbeeren, Rum, Sirup und Juice im Aufsatzmixer so lange pürieren, bis die Erbeeren zur Gänze zerkleinert sind. Das Fruchtpüree über die zerstoßene Limette/Minze gießen, mit Crushed Ice bis ca. drei Zentimeter unter dem Glasrand auffüllen und gut verrühren. Das Sodawasser beigeben und nochmals kurz und vorsichtig aufrühren.

Service: dicker Trinkhalm.

Tipp: Für einen alkoholfreien Strawberry Fancy Mojito den Alkoholanteil durch einen höheren Sodaanteil oder kohlensäurehaltige Limonaden ausgleichen.

Strawberry Margarita (bzw. Erdbeer Margarita)

Vgl. ▶ Ananas Margarita; alle Ananasbestandteile gegen Erdbeere austauschen.

Strawberry Night
Fancy Drink

1. Platz/Weltmeister, Cocktail-Weltmeisterschaft 2005, Helsinki/Finnland
Sergio Pezzoli, Belgien

Vanillewodka	2 cl
Maracujalikör	2 cl
Grüner-Apfel-Likör	2 cl

Erdbeermark	4 cl
Zuckersirup	1 cl
Maracujanektar	2 cl

Garnitur: Kumquat, Physalis, Ananasgrün, Vanilleschote.

Zubereitung: Den fertigen Drink in ein mit Eiswürfeln gefülltes Fancyglas seihen.

Service: Trinkhalm.

Strawberry Shrub
Shrub
25 Portionen à 6 cl

Wodka	3 Flaschen
Erdbeeren	3 kg
Gewürznelken	30 Stück

Zubereitung: Die Erdbeeren und die Gewürznelken in das Shrubgefäß geben. Den Wodka daraufgießen und das Ganze eine Woche kühl stellen. In Flaschen abseihen und im geeisten Ponyglas (Stamperl) kalt servieren.

Summer Queen
After-Dinner-Cocktail
1. Platz/Weltmeister, Cocktail-Weltmeisterschaft 2001, Rio de Janeiro/Brasilien Jaap Van Worcum, Holland

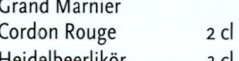

Grand Marnier Cordon Rouge	2 cl
Heidelbeerlikör	3 cl

Bailey's Irish Cream	0,5 cl
Kokosnusssirup	1 cl
Erdbeermus	0,5 cl

Garnitur: Apfelscheiben, Minze, Cocktailkirsche.

Zubereitung: Das fertige Getränk in das vorgekühlte Cocktailglas seihen.

Surprise for Sevilla
Pre-Dinner-Cocktail
2. Platz/Vizeweltmeister, Cocktail-Weltmeisterschaft 2003, Sevilla/Spanien Dusan Szabo, Slowakei

Rum Citron, weiß	2 cl
Aperol	2 cl
Apricot Brandy	1 cl
Wermut, weiß, trocken	1,5 cl
Cordial Lime Juice	0,5 cl

Garnitur: Limette, Olive.

Zubereitung: Das fertige Getränk in das vorgekühlte Cocktailglas seihen.

Sweet Suction
Fancy Drink
3. Platz/WM-Dritter, Cocktail-Weltmeisterschaft 2005, Helsinki/Finnland Harri Törmänen, Finnland

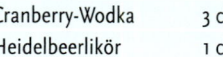

Cranberry-Wodka	3 cl
Heidelbeerlikör	1 cl

Erdbeerpüree	3 cl
Kokosnusspüree	2 cl
Apfelsirup, grün	1 cl
Brombeersirup	1 cl
Mineralwasser	2 cl

Garnitur: Erdbeere, Schwarzwurzel, 2 Schwarzwurzelscheiben, Birkenblätter.

Zubereitung: Der Drink wird in zwei Teilen zubereitet. Für den weißen Drinkteil Heidelbeerlikör, Kokospüree, Apfelsirup und Mineralwasser mit Crushed Ice mixen. Für den roten Drinkteil Cranberry-Wodka, Erdbeerpüree und Brombeersirup mit Crushed Ice mixen. Beide Drinkteile gleichzeitig in ein Fancyglas gießen, und zwar so, dass sie links und rechts voneinander im Glas abgegrenzt sind.

Service: Trinkhalm.

Swimmingpool
Tropicana

Rum, weiß	2 cl
Wodka	2 cl
Curaçao, blau	1 cl
Coconut-Cream	2 cl
Ananassaft	6 cl
Obers/Sahne	2 cl

Garnitur: Ananas, Cocktailkirsche mit Stiel.

Zubereitung: Alle Zutaten außer dem Curaçao im Shaker mit Crushed Ice mixen und in ein mit Crushed Ice gefülltes Fancyglas seihen. Zum Schluss den Curaçao über den Drink gießen.

Service: Trinkhalm.

Diese Rezeptur und Zubereitungsanleitung stammt von Charles Schumann aus dem Jahre 1979 Mittlerweile kursieren diverse Variationen, wobei die Ingredienzenmengen variieren. Dies betrifft auch die Eiswahl im Drink, das Arbeitsgerät sowie das Drinkglas.

Tequila Cooler

Vgl. ▶ Bourbon Cooler; anstelle von Bourbon Whiskey Tequila verwenden.

Tequila Float

Vgl.▶ Brandy Float; anstelle von Cognac oder Weinbrand braunen Tequila verwenden.

Tequila Sour

Vgl. ▶ Whiskey Sour; anstelle von Whiskey Tequila verwenden.

Tequila Sunrise
Tropicana

Tequila	4 cl
Orangensaft, frisch gepresst	8 cl
Grenadinesirup	1 cl

Garnitur: Orangenscheibe und Cocktailkirsche.

Zubereitung: Einen hohen Tumbler zu zwei Dritteln mit Eiswürfeln füllen. Den Tequila und den Orangensaft daraufgießen und mit dem Barlöffel umrühren. Den Grenadinesirup über den verkehrt gehaltenen, am inneren Glasrand anliegenden Barlöffel ins Glas gießen.

Service: Trinkhalm.

Es herrscht Uneinigkeit unter den Barkeepern, wann der Grenadinesirup ins Glas kommt. Wir bevorzugen folgende Variante: Den Grenadinesirup als erste Ingredienz ins Glas geben. Tequila und Orangensaft äußerst vorsichtig eingießen und mit einem Barlöffel den Grenadinesirup nach oben ziehen, sodass von Dunkelrot (unten) bis Orange (oben) die Farben eines Sonnenaufgangs ersichtlich werden.

Das → IBA-Standardrezept schreibt ein anderes Mengenverhältnis vor: 4,5 cl Tequila, 1,5 cl Grenadinesirup, 9 cl Orangensaft.

Tequini
Pre-Dinner-Cocktail

Tequila, weiß	5 cl
Wermut, weiß, trocken	1 cl

Garnitur: grüne Olive mit Kern auf Stick oder Zitronenzeste.

Zubereitung: Das fertige Getränk in das vorgekühlte Cocktailglas seihen.

Der Name Tequini setzt sich aus den Wörtern Tequila und Martini zusammen.

Vgl. auch ▶ Martini-Cocktail-Rezepte.

Testarossa
Sekt- oder Champagnercocktail

Himbeerpüree	3 cl
Prosecco	10 cl

Zubereitung: Das Himbeerpüree in eine Sekttulpe gießen, mit gut gekühltem Prosecco auffüllen und einmal vorsichtig aufrühren.

Tipp zur Herstellung des Himbeerpürees: Die pürierten Himbeeren passieren und mit Zucker und Zitronensaft abschmecken.

Ti Punch
Punches

Rum (Rhum Agricole)	5 cl
Zuckerrohrsirup	1 cl
Limettenspalten	2 Stück

Zubereitung: Die Limettenspalten in einen mit Eiswürfeln gefüllten Tumbler pressen. Zuckersirup und Rum zugeben und verrühren.

Fällt der Name Ti Punch, bringt man unweigerlich Martinique ins Gespräch. Als Rum kommt dabei der spezielle Rhum Agricole zum Einsatz, idealerweise mit 50 Vol.–%. Je nach Vorliebe greift man zu weißem oder im Fass gelagerten Rhum Agricole. Als Zuckersirup wird jener aus Zuckerrohr vorgezogen.

Tiziano
Sekt- oder Champagnercocktail

Traubensaft	3 cl
Prosecco	10 cl

Zubereitung: Zuerst den Traubensaft und dann den Prosecco in eine Sektschale gießen.

Der Tiziano ist eine Kreation aus der Harry's Bar in Venedig. Für diese Abwandlung des ▶ Bellini wird der Saft spezieller Trauben aus der Region verwendet.

Tom Collins
Collins

Gin (Old Tom Gin)	5 cl
Zitronensaft, frisch gepresst	3 cl
Zuckersirup	2 cl
Sodawasser	

Garnitur: Ein bis zwei Cocktailkirschen, Zitronenscheibe.

Zubereitung: Einen hohen Tumbler zu drei Vierteln mit Eiswürfeln füllen. Alle Zutaten außer dem Sodawasser ins Glas gießen. Abschließend mit dem Sodawasser auffüllen und leicht aufrühren.

Service: Trinkhalm.

Warum der Name Tom Collins?

Dieser Collins wurde ursprünglich mit dem gesüßten Old Tom Gin zubereitet.

Das IBA-Standardrezept schreibt ein anderes Mengenverhältnis vor: 4,5 cl Old Tom Gin, 3 cl Zitronensaft, 1,5 cl Zuckersirup, 6 cl Sodawasser, 1 Dash Angostura. Er wird im Highballglas zubereitet, als Garnitur dienen eine Zitronenscheibe und eine Cocktailkirsche.

Der John Collins IBA wird mit Gin anstelle von Old Tom Gin zubereitet. Zusätzlich sei erwähnt, dass mancherorts für den John Collins Whisk(e)y verwendet wird und beim Tom Collins in diesem Fall dann der Gin als Basisspirituose angeführt ist.

Zur Geschichte des Collins lesen Sie auch auf Seite 32 f.

Traubenbowle
Bowle
Für 15 Personen

Weintrauben, blaue und rote	1 kg
Pineau des Charentes, rot	1/8 l
Curaçao, Triple Sec	1/8 l
Traubensaft, rot	1/4 l
Weißwein	1 l
Sekt	

Zubereitung: Die gewaschenen, halbierten Weintrauben mit dem Pineau des Charentes, dem Curaçao und dem Traubensaft in ein Bowlegefäß geben und mit dem eisgekühlten Wein bedecken. Im Kühlschrank zugedeckt zirka zwei Stunden marinieren lassen. Die Sektschale oder das Bowleglas zur Hälfte damit füllen und mit dem Sekt aufgießen.

Service: Unterteller, Serviette, Kaffeelöffel.

Tropical Itch
Tropicana

Rum, weiß	2 cl
Rum, braun	2 cl
Wodka	2 cl
Curaçao, Triple Sec	2 cl
Limettensaft, frisch gepresst	2 cl
Orangensaft, frisch gepresst	6 cl
Angostura-Bitters	1 Dash

Garnitur: Fancygarnitur.

Zubereitung: Einen hohen Tumbler zu zwei Dritteln mit Crushed Ice füllen, die Zutaten ins Glas gießen und umrühren.

Service: Trinkhalm.

Tropical Smoothie
Non-alcoholic Mix-Drink

Bananen, gefroren, in Scheiben geschnitten	2 Stück
Mangowürfel, gefroren	ca. 80 Gramm
Ananasstücke, gefroren	ca. 80 Gramm
Orangensaft, frisch gepresst	16 cl

Garnitur: Mangospalte, Minze.

Zubereitung: Alle Zutaten im Aufsatzmixer ca. 30 Sekunden mixen, bis eine homogene Masse entstanden ist. In einen hohen Tumbler oder ein Fancyglas gießen.

Service: dicker Trinkhalm.

Türkenblut
Sekt- oder Champagner-cocktail

Zitronentwist	
Rotwein	4 cl
Champagner/Sekt	8 cl

Zubereitung: Das ätherische Öl der Zitronenschale in eine Sektschale spritzen. Den Wein ins Glas gießen und mit dem gut gekühlten Champagner oder Sekt auffüllen.

Velvet Hammer
After-Dinner-Cocktail

Crème de Cacao, weiß	2 cl
Curaçao, Triple Sec	2 cl
Obers/Sahne	2 cl

Zubereitung: Das fertige Getränk in die vorgekühlte Cocktailschale seihen.

Vesper
Pre-Dinner-Cocktail

Gin (London Dry)	9 cl
Wodka	3 cl
Lillet, weiß	1,5 cl

Garnitur: Zitronentwist.

Zubereitung: Das fertige Getränk in ein großes vorgekühltes Cocktailglas seihen.

Hinweis: Lillet oder Kina Lillet ist ein französisches Aperitif-Produkt.

Natürlich geschüttelt und nicht gerührt

Der Vesper oder auch Vesper-Martini ist der als „James Bond Martini" berühmt gewordene Drink. Er besteht aus drei Teilen Gin, einem Teil Wodka und einem halben Teil Lillet sowie einem Zitronentwist.

Virgin Caipirinha
Non-alcoholic Mix-Drink

Limette	1 Stück
Rohrzucker	1–2 Barlöffel
Zitronenlimonade	ca. 6 cl

Zubereitung: Die Limette mit dem Rohrzucker wie für einen ► Caipirinha vorbereiten.

Eiswürfel beigeben und verrühren. Mit der Limonade auffüllen und nochmals vorsichtig aufrühren.

Service: Trinkhalm.

Tipps: Auch Ginger Ale, Bitter Lemon, Tonic oder Sodawasser können als Füller verwendet werden. Aber auch Cranberry Juice, Maracujanektar, Apfelsaft (unterstützt durch etwas Apfelsirup anstatt des Zuckers), Amarena-Kirschnektar (anstatt des Zuckers mit etwas Amarettosirup verfeinert) oder Grapefruitsaft (mit etwas Cranberrysirup gesüßt) harmonieren hervorragend.

Je nach Süße der Füller ist der Rohrzuckeranteil zu dosieren.

Bei der Verwendung von Säften als Füller kann auch Crushed Ice verwendet werden.

Virgin Colada
Non-alcoholic Mix-Drink

Coconut-Cream	5 cl
Ananassaft	12 cl
Obers/Sahne	2 cl

Garnitur, Zubereitung und **Service** wie ▶ Piña Colada.

Tipps: Anstelle von 5 cl Coconut-Cream können 3 cl des süßeren Kokosnusssirups verwendet werden. Wenn gewünscht, können die 2 cl Obers/Sahne durch 1 cl Milch und 1 cl Obers/Sahne ersetzt werden.

Durch Beigabe von 1–2 cl Rumsirup erhält man den in einer Piña Colada vorhandenen Rumgeschmack. Dabei ist der Kokosanteil wegen der Süße aber unbedingt zu reduzieren.

Virgin Mary

Ist die alkoholfreie Version der ▶ Bloody Mary.

Virgin Mojito
Non-alcoholic Mix-Drink

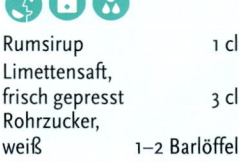

Rumsirup	1 cl
Limettensaft, frisch gepresst	3 cl
Rohrzucker, weiß	1–2 Barlöffel
Minzezweige	2 Stück
Sodawasser	ca. 8 cl

Garnitur: Minzezweig.
Zubereitung: wie ▶ Mojito.
Service: Trinkhalm.
Tipp: Anstelle des Sodawassers können auch kohlensäurehaltige Limonaden, wie Zitronenlimonade, Bitter Lemon, Tonic oder Ginger Ale, verwendet werden. Je nach Füller den Zuckergehalt anpassen.

Wermut Soda
Soda

| Wermut, rot | 5 cl |
| Sodawasser | |

Garnitur: Zitronenscheibe (ins Glas geben).

Zubereitung: In einen Tumbler einige Eiswürfel geben, den Wermut eingießen und mit der gewünschten Menge Sodawasser aufspritzen.

Tipp: Je nach Geschmack kann mit verschiedenen Wermutsorten experimentiert werden.

West Indian Punch
Tropicana

Rum, weiß	3 cl
Zuckersirup	1 cl
Bananenlikör, gelb	2 cl
Bananensirup, gelb	1 cl
Limettensaft, frisch gepresst	2 cl
Ananassaft	6 cl
Orangensaft, frisch gepresst	6 cl

Garnitur: Fancygarnitur.

Zubereitung: Den fertigen Drink in ein mit Eiswürfeln gefülltes Fancyglas seihen.

Service: Trinkhalm.

Tipp: Fügt man einige Dashs vom blauen Curaçao dazu, erhält der Drink eine leicht grünliche Farbe. Als Raffinesse evt. etwas Muskatnuss über den Drink reiben.

West Indian Punch alkoholfrei
Non-alcoholic Mix-Drink

Bananensirup, gelb	2 cl
Curaçaosirup, blau	2 Dashs
Ananassaft	7 cl
Orangensaft, frisch gepresst	7 cl
Limettensaft, frisch gepresst	2 cl

Garnitur, Zubereitung und **Service** wie ► West Indian Punch.

Whiskey-Cola
Longdrink

Whiskey (vorzugsweise Bourbon Whiskey)	4 cl
Cola	ca. 1/8 l

Zubereitung: Das Highballglas zu drei Vierteln mit Eiswürfeln füllen und den Whiskey daraufgießen. Mit Cola auffüllen und umrühren.

Service: Stirrer.

Whiskey Smash
Smash

Bourbon Whiskey	4 cl
Staubzucker	1 Barlöffel
Spitzen von 3–4 Minzezweigen	
Wasser	ca. 2 cl

Garnitur: Minzezweig.

Zubereitung: Die Minze mit Zucker und Wasser im Tumbler andrücken, bis das Aroma freigesetzt ist. Den Whiskey beigeben, das Glas mit Shaved Ice befüllen und leicht aufrühren.

Service: Trinkhalm.

Whiskey Soda
Soda

Bourbon Whiskey	4 cl
Sodawasser	

Zubereitung: Den Whiskey in den Tumbler (mit oder ohne Eiswürfel) eingießen und mit der gewünschten Menge Sodawasser aufspritzen.

Whiskey Sour Classic
Sour

Bourbon Whiskey 4 cl
Zitronensaft,
frisch gepresst 2 cl
Zuckersirup 1 cl

Garnitur: Orangenscheibe mit Cocktailkirsche.

Zubereitung: Das fertige Getränk in das Sourglas gießen.

Das → IBA-Star dardrezept schreibt ein anderes Mengenverhältnis vor: 4,5 cl Bourbon Whiskey, 3 cl Zitronensaft, 1,5 cl Zuckersirup, 1 Dash Eiweiß.

Whiskey Sour Trend
Sour

Bourbon Whiskey 5 cl
Zitronensaft,
frisch gepresst 3 cl
Zuckersirup 2 cl
Orangensaft,
frisch gepresst 2–4 cl

Garnitur: Zitronen- oder Orangenscheibe mit Cocktailkirsche auf Stick.

Zubereitung: Das fertige Getränk in das mit Eiswürfeln gefüllte Old-Fashioned-Glas gießen.

White Chocolate Frappé
Milk-Mix-Drink

Schokoladelikör, weiß 4 cl
Milch 1/8 l
Vanilleeis 2 Kugeln

Garnitur: Schlagobers-/Schlagsahnehaube mit etwas Zimtpulver.

Zubereitung: Alle Zutaten im Aufsatzmixer mixen und in einen mit Eiswürfeln gefüllten hohen Tumbler oder ein Fancyglas gießen.

Service: Trinkhalm.

White Lady
Pre-Dinner-Cocktail

Gin	4 cl
Curaçao, Triple Sec	2 cl
Zitronensaft, frisch gepresst	2 cl

Zubereitung: Das fertige Getränk in das vorgekühlte Cocktailglas seihen.

Harry Mac Elhone, Begründer der Harry's New York Bar, mixte ursprünglich seine White Lady mit Gin, Curaçao und Zitronensaft zu gleichen Teilen.

White Russian Classic
After-Dinner-Cocktail

Wodka	3 cl
Kaffeelikör	2 cl
Obers/Sahne	2 cl

Zubereitung: Das fertige Getränk in die vorgekühlte Cocktailschale seihen. Es besteht auch die Möglichkeit, das Obers/die Sahne nicht mitzumixen und wie bei der neben stehenden Rezeptur auf die Wodka-Likör-Mischung zu geben. Hilfreich ist es, das Obers/die Sahne in halb geschlagener Form zu verwenden, es funktioniert aber auch mit flüssiger Sahne, die man vorsichtig über den Rücken eines Barlöffels gießt.

White Russian Trend
After-Dinner-Cocktail

Wodka	3 cl
Kaffeelikör	3 cl
Obers/Sahne	ca. 3 cl

Zubereitung: Den Wodka und den Likör im Old-Fashioned-Glas verrühren und mit dem halb geschlagenen Obers/Sahne toppen.

Das IBA-Standardrezept schreibt ein anderes Mengenverhältnis vor: 5 cl Wodka, 2 cl Kaffeelikör, 3 cl Obers/Sahne.

Ohne Obers/Sahne zubereitet, spricht man von einem
► Black Russian.

White Satin
After-Dinner-Cocktail

Kaffeelikör	2 cl
Galliano	2 cl
Obers/Sahne	2 cl

Zubereitung: Das fertige Getränk in die vorgekühlte Cocktailschale seihen.

White Spider
After-Dinner-Cocktail

Wodka	4 cl
Crème de Menthe, weiß	2 cl

Zubereitung: Das fertige Getränk in das vorgekühlte Cocktailglas seihen.

Eigentlich wäre dieser Drink ein Wodka Stinger, er wird aber in der Literatur öfter als White Spider geführt.

Mit grüner Crème de Menthe zubereitet, heißt das Rezept ► Green Dragon.

White Wedding
After-Dinner-Cocktail

*3. Platz/WM-Dritter, Cocktail-Weltmeisterschaft 2001,
Rio de Janeiro/Brasilien
Torsten Spuhn, Deutschland*

Rum, golden	2 cl
Grand Marnier Cordon Rouge	2 cl

Amaretto	1 cl
Karamellsirup	1 cl
mit 1 cl Obers/Sahne toppen	

Garnitur: Vanilleschote, Sternanis, Zimtpulver.

Zubereitung: Alle Zutaten außer dem Obers/Sahne im Shaker mixen und in das vorgekühlte Cocktailglas seihen. Das Obers/die Sahne mithilfe eines Barlöffels vorsichtig auf den Drink geben. Es soll als obere Schicht auf dem Drink schwimmen.

Wodka Cola

Vgl. ► Whiskey Cola; anstelle von Whiskey Wodka verwenden.

Wodka Collins

Vgl. ► Tom Collins; anstelle von Gin Wodka verwenden.

Wodka Gibson

Vgl. ► Gibson; anstelle von Gin Wodka verwenden.

Wodka Lemon
Longdrink

Wodka	4 cl
Bitter Lemon	ca. 1/8 l

Garnitur: halbe Zitronenscheibe.

Zubereitung: Einen hohen Tumbler zu drei Vierteln mit Eiswürfeln füllen und den Wodka daraufgießen. Mit dem Bitter Lemon auffüllen und umrühren.

Wodka-Lime Crusta
Crusta

Wodka	4 cl
Cordial Lime Juice	2 cl
Limettensaft, frisch gepresst	2 cl
Zuckersirup	2 cl
Angostura-Bitters	1 Dash

Garnitur: Zuckerrand; Glas mit Limettenspirale auslegen.

Zubereitung: Das fertige Getränk in ein Crustaglas seihen.

Wodka Martini
Pre-Dinner-Cocktail

| Wodka | 5 cl |
| Wermut, weiß, trocken | 1 cl |

Garnitur: Zitronenzeste oder grüne Olive mit Kern auf Stick.

Zubereitung: Das fertige Getränk in das vorgekühlte Cocktailglas seihen.

Der Wodka Martini als Verwandter des ► Martini-Cocktail ist auch als Vodkatini sehr bekannt.

Diese Rezeptur entspricht mit Ausnahme der Garnitur einem Wodka Gibson (siehe auch ► Gibson).

Das → IBA-Standardrezept schreibt ein anderes Mengenverhältnis vor: 5,5 cl Gin, 1,5 cl trockener Wermut.

Wodka Oyster
Vgl. ► Brandy Oyster; anstelle von Cognac oder Weinbrand Wodka verwenden.

Wodka Rickey
Vgl. ► Gin Rickey; anstelle von Gin Wodka verwenden.

Wodka Soda
Vgl. ► Whiskey Soda; anstelle von Whiskey Wodka verwenden.

Wodka Sour
Vgl. ► Whiskey Sour; anstelle von Whiskey Wodka verwenden.

Wodka Sunrise
Vgl. ► Tequila Sunrise; anstelle von Tequila Wodka verwenden.

Wodka Tonic
Vgl. ► Wodka Lemon; anstelle von Bitter Lemon Tonic verwenden.

Wodka Twist
Twist

Wodka	3 cl
Zitronensaft, frisch gepresst	2 cl
Amaretto	1 cl
Grenadinesirup	1 cl

Garnitur: Zitronentwist.

Zubereitung: Die Zutaten im Rührglas vermischen und in ein mit Crushed Ice gefülltes Glas (Sektflöte oder hoher Tumbler) seihen. Die ätherischen Öle eines Stückchens Zitronenschale über den Drink pressen und in das Glas geben.

Service: Trinkhalm.

World Cup Flip
Flip

Wodka	2 cl
Galliano	2 cl
Obers/Sahne	4 cl
1 Eigelb oder 4 cl Eierlikör	

Garnitur: geriebene Schokolade.

Zubereitung: Das fertige Getränk in eine Cocktailschale oder ein Flipglas seihen.

Bei Verwendung des Eierlikörs verändert sich die Alkoholstärke von der zweiten auf die dritte Kategorie.

XYZ
Pre-Dinner-Cocktail

Rum	4 cl
Curaçao, Triple Sec	2 cl
Zitronensaft, frisch gepresst	2 cl

Garnitur: Cocktailkirsche auf Stick.

Zubereitung: Das fertige Getränk in das vorgekühlte Cocktailglas seihen.

Za-Za
Pre-Dinner-Cocktail

Gin	3 cl
Dubonnet	3 cl
Angostura-Bitters	1 Dash

Garnitur: Zitronentwist.

Zubereitung: Das fertige Getränk in das vorgekühlte Cocktailglas seihen.

Zitronen-Scherbet

Vgl. ▶ Orangen-Scherbet; anstelle von Orangen Zitronen verwenden.

Zombie
Fancy Drink

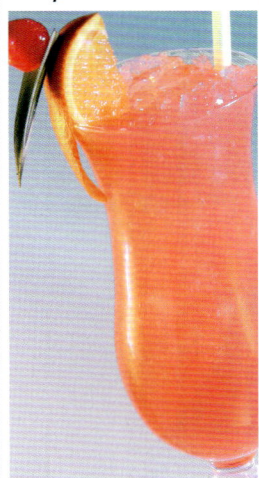

Rum, weiß	3 cl
Rum, golden	3 cl
Rum, braun	3 cl
Rum, hochprozentig (75 Vol.–%)	1 Barlöffel
Cherry Brandy	1,5 cl
Orangensaft, frisch gepresst	3 cl
Ananassaft	3 cl
Limettensaft, frisch gepresst	4 cl
Grenadinesirup	3 Dashs

Garnitur: Fancy-Fruchtgarnitur.

Zubereitung: Alle Zutaten außer dem hochprozentigen Rum im Shaker mixen und in ein mit Crushed Ice gefülltes Hurricaneglas oder in einen hohen Tumbler seihen. Den hochprozentigen Rum abschließend über den Drink gießen.

Service: Trinkhalm.

Ende der 1930er-Jahre wurde dieser hochprozentige Mix in Amerika kreiert. Es existieren bis dato eine Unzahl von Zombie-Rezepturen, die allesamt in der Barbranche nur mit Kopfschütteln akzeptiert werden. Ziel ist es nämlich, schlussendlich viele Rumsorten in einem Drink zu vereinen. Je nach Rezeptur variieren die weiteren Zutaten, wie Liköre, Säfte oder Sirupe, in Sorte und Menge.

BARKUNDE

PRAKTISCHES MIXEN
ZUBEREITUNGSARTEN VON MIXGETRÄNKEN

Die Möglichkeiten der Zubereitung von Bargetränken sind vielfältig. Das Beherr-schen der nachstehend angeführten Mixtechniken ist Grundvoraussetzung für jeden Barmitarbeiter. Die Barfachsprache bedient sich folgender Ausdrücke für die jewei-lige Zubereitungsart:

Im Shaker (shake)

Im Mixglas/Rührglas (stir)

Im Stabmixer/Electric Blender (blend/mix)

Im Aufsatzmixer/Electric Mixer (mix/blend)

Im Gästeglas (build)

Wichtige Grundregeln, die es zu beachten gilt

- Unabhängig davon, mit welcher Arbeitstechnik der jeweilige Drink gemixt wird, ist darauf zu achten, dass sämtliche benötigten Ingredienzen immer in Reichweite parat stehen. Die jeweiligen Zutaten (Flaschen etc.) sind dann nach Verwendung wieder (verschlossen) auf den ursprünglichen Platz zurückzustellen.
- Wichtig für alle Zubereitungsarten ist, dass alle Mixgetränke eiskalt sein müssen (außer na-türlich die Heißgetränke). Das für Mixed Drinks verwendete Roheis (Eiswürfel, Crushed Ice etc.) muss also immer von ausgezeichneter Qualität sein, um die Drinks ordentlich zu küh-len und nicht zu sehr zu verwässern.
- Wenn die zweite Arbeitshand beim Abseihen aus dem jeweiligen Arbeitsgerät das Gästeglas hält, ist dieses bei Stielgläsern am Stiel anzufassen, bei allen anderen Gläsern im unteren Drittel.
- Ist der Inhalt des jeweiligen Arbeitsgerätes für mehrere Drinks bestimmt, immer abwech-selnd in die einzelnen Gläser einschenken, um gleiche Quantität und Qualität der Drinks zu gewährleisten.
- Werden für die verschiedenen Drinks aufwändigere Garnituren benötigt, sind diese immer vor dem effektiven Mixvorgang zuzubereiten. Dies kann schon bei der Mise en place ge-schehen. Einfachere Garnituren können nach bzw. während dem Kühlvorgang des jewei-ligen Arbeitsgerätes bzw. des Gästeglases auch à la minute zubereitet werden.

Cocktailmixen ist die flüssigste Form des Kochens.
Bar Brain – Stefan Stevancsecz, 1999

Das Messen ist wichtig

- Ein Grundsatz bei der Zubereitung von Bargetränken ist das exakte Abmessen aller notwendigen Ingredienzen. Nur so ist es möglich, einen gleichbleibenden Geschmack des Getränkes zu gewährleisten.
- Sieht der Gast bei der Zubereitung des Drinks zu, entsteht durch das exakte Messen auch nie die Gefahr, dass er sich übervorteilt fühlt.
- Als Hilfsgerät zum Abmessen dienen Messglas oder Messbecher (Jigger).
- Das Eingießen der Mixzutaten ohne vorheriges Abmessen **(Free-Pouring)** ist nur den absoluten Professionals vorbehalten, jedoch auch diese sollten Messbecher zum Wohle der Drinkqualität einsetzen.

Zubereitung im Shaker

Im Shaker werden Mixgetränke mit schwer vermengbaren Ingredienzen wie Sirupen, Likören, Eiern, Obers/Sahne etc. zubereitet, um durch Schütteln das Getränk zu kühlen und eine harmonische Mischung der Zutaten zu erzielen.

Arbeitsablauf

- Vorkühlen des Shakers durch Füllen mit Eiswürfeln. Durch Rühren mit dem Barlöffel im mit Eiswürfeln gefüllten Shaker-Unterteil kann der Kühlvorgang beschleunigt werden. Es besteht auch die Möglichkeit, den Shaker nur mit den Eiswürfeln kurz zu schütteln, um das Arbeitsgerät schneller zu kühlen. Dabei ist aber zu beachten, dass die Eiswürfel im Shaker oft durch neue ersetzt werden müssen, da beim anschließenden Shaken mit den Zutaten der Drink zu leicht verwässert werden könnte.
- Kühlen des Gästeglases durch Füllen mit Eis (Eiswürfel oder Crushed Ice).
- Schmelzwasser aus dem Shaker abgießen.
- Die jeweiligen Ingredienzen mit einem Messbecher einzeln messen und in den Shaker gießen oder ohne Abmessen (Free-Pouring – vgl. oben) arbeiten.
- Shaker gut schließen.
- Den Shaker mit beiden Händen gut umschließen. Der Shaker-Oberteil bzw. der Glasteil des Boston-Shakers soll dabei zum Körper gerichtet sein. Kurz und kräftig möglichst waagrecht schütteln, um eine gute Kühlung und Mischung des Drinks zu gewährleisten. Die Dauer des Schüttelns richtet sich nach Menge und Art der Zutaten bzw. auch nach der Qualität der Eiswürfel. Als ein Richtwert gelten ca. 10 Sekunden.
- Entfernen des Schmelzwassers aus dem Gästeglas. Bei Drinks, die ohne Eis serviert werden, das gesamte Eis entfernen.

- Den Shaker öffnen.
  Bei einem *dreiteiligen Shaker* die Verschlusskappe entfernen.
  Bei einem *zweiteiligen Shaker* den Oberteil aus dem Unterteil des Shakers heben/drehen.
  Bei einem *Boston-Shaker mit Glasteil* den Shaker vor dem Öffnen mit dem Metallteil nach unten drehen und dann so halten, dass Glas- und Metallteil gemeinsam mit der Hand umschlossen werden. Dann an einer Stelle, wo der Glasteil im Metallteil steckt, mit der Hand (Handkante oder Hand- bzw. Daumenballen) kontrolliert auf den Metallteil schlagen und den Glasteil abheben.
- Getränk mithilfe des Strainers in das bereitgestellte Glas abseihen. Beim dreiteiligen Shaker ist der Strainer als Shaker-Teil integriert. Beim Boston-Shaker oder einem anderen zweiteiligen Shaker kann auch ohne Strainer abgeseiht werden, indem man lediglich einen kleinen Spalt zwischen Glasteil und Metallteil öffnet und dadurch den Drink ausgießt.
- Drink (falls vorgesehen) mit einer vorbereiteten Garnitur vollenden und sofort servieren.

3-teiliger Shaker

1 Vorkühlen des Shakers, indem man Eiswürfel in den Shaker-Unterteil gibt.

2 Vorkühlen des Gästeglases, indem man Eiswürfel in das Glas gibt.

3 Strainer-Teil des Shakers auf den Unterteil aufsetzen.

4 Schmelzwasser abgießen.

5 Strainer vom Shaker-Unterteil abheben und die Ingredienzen laut Rezeptur einmessen.

6 Strainer und Verschlusskappe wieder aufsetzen.

7 Shaken.

8 Eiswürfel aus dem Gästeglas entfernen.

9 Verschlusskappe abheben und den Drink ins Gästeglas abstrainen bzw. eingießen.

10 Drink mit vorbereiteter bzw. bereitgestellter Garnitur versehen.

11 Fertiger Drink.

2-teiliger Shaker

1 Vorkühlen des Shakers, indem man Eiswürfel in den Shaker-Unterteil gibt.

2 Vorkühlen des Gästeglases, indem man Eiswürfel in das Glas gibt.

3 Strainer in den Shaker-Unterteil einsetzen.

4 Schmelzwasser abgießen.

5 Ingredienzen laut Rezeptur einmessen.

6 Shaker mit Shaker-Oberteil verschließen.

7 Shaken.

8 Eiswürfel aus dem Gästeglas entfernen.

9 Shaker-Oberteil abheben bzw. herausdrehen.

10 Strainer wieder in den Shaker-Unterteil einsetzen.

11 Drink ins Gästeglas abstrainen bzw. eingießen.

12 Drink mit vorbereiteter bzw. bereitgestellter Garnitur versehen.

13 Fertiger Drink.

Boston-Shaker

1 Vorkühlen des Shakers, indem man Eiswürfel in den Glasteil des Shakers gibt.

2 Vorkühlen des Gästeglases, indem man Eiswürfel in das Glas gibt.

3 Strainer in den Glasteil einsetzen.

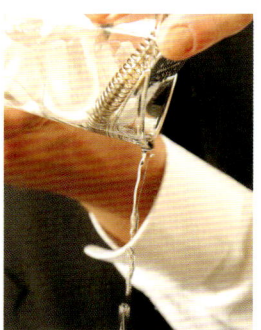

4 Schmelzwasser abgießen.

5 Ingredienzen laut Rezeptur einmessen.

6 Shaker mit dem Metallteil verschließen und shaken.

7 Unbedingt den Glasteil des Shakers zum Körper ausrichten. Den Shaker absetzen und nun so halten, dass Glas- und Metallteil gemeinsam mit einer Hand umschlossen werden und der Metallteil des Shakers nach unten gedreht ist.

8 Durch einen kontrollierten Schlag mit der anderen Hand (mit der Handkante oder dem Hand- bzw. Daumenballen) auf den Metallteil des Shakers, und zwar an der Stelle, wo der Glasteil im Metallteil steckt, den Shaker öffnen.

9 Schmelzwasser aus dem Gästeglas abgießen.

10 Strainer in den Metallteil des Shakers einsetzen und den Drink in das Gästeglas abstrainen bzw. eingießen.

11 Variante ohne Strainer: Kleinen Spalt zwischen Glasteil und Metallteil öffnen und den Drink abstrainen bzw. eingießen.

12 Drink mit vorbereiteter bzw. bereitgestellter Garnitur versehen.

13 Fertiger Drink.

Was ist Speed-Mixing?

Eine eigene Form des Mixens mit dem Shaker ist das sogenannte Speed-Mixing oder Speed-Shaken. Dazu benötigt man einen eigenen, kleineren Shaker-Metallteil (Speed-Shaker) bzw. den Metallteil eines Boston-Shakers plus Drinkgläser, welche in den Metallteil passen und auch abdichten.

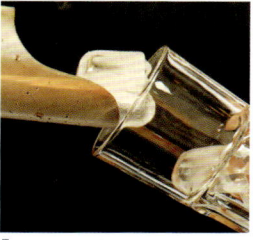

1 Eiswürfel in das Mixglas geben, das zugleich das Gästeglas ist.

2 Ingredienzen einmessen.

3 Speed-Shaker auf das Glas setzen bzw. das Glas damit verschließen.

4 Shaken.

5 Durch einen kontrollierten Schlag den Speed-Shaker vom Glas lösen und den Shakerbecher abheben.

6 Drink mit vorbereiteter bzw. bereitgestellter Garnitur versehen.

7 Fertiger Drink.

Meist kommen spezielle, dickwandigere Gläser beim Speed-Mixing zum Einsatz. Ein solches Glas ersetzt dabei den Unterteil des Shakers und dient zugleich als Gästeglas, in dem der Drink dann auch serviert wird.

Man füllt alle abgemessenen Ingredienzen mit den Eiswürfeln in das Drinkglas, setzt den Speed-Shaker-Teil oder den Metallteil des Boston-Shakers darauf und schüttelt wie bereits beschrieben. Dann ist lediglich der Speed-Shaker-Teil vom Glas zu entfernen, und der Drink kann nach der eventuellen Garniturenbeigabe sofort serviert werden.

Arbeitet man mit einem Boston-Shaker-Metallteil, der größer als der Speed-Shaker ist, besteht auch die Möglichkeit, dass der Shaker-Metallteil wie beim Arbeiten mit dem Boston-Shaker geöffnet wird. Der fertig gemixte Drink wird dann mit den Eiswürfeln aus dem Metallteil wieder zurück in das Glas geleert.

Zubereitung im Mixglas

Im Mix- oder Rührglas werden alle klaren Drinks zubereitet sowie Drinks, deren Bestandteile sich leicht vermengen lassen.

Arbeitsablauf

- Vorkühlen des Mixglases durch Füllen mit Eiswürfeln und leichtes Durchrühren der Eiswürfel mit dem Barlöffel. Es besteht auch die Möglichkeit, mit dem Barlöffel immer entlang des Innenrandes des Mixglases rundherum zu rühren. Die Eiswürfel drehen sich dabei als Gesamtes im Block und intensivieren somit ebenfalls den Kühlvorgang des Mixglases.
- Kühlen des Gästeglases durch Füllen mit Eis (Eiswürfel oder Crushed Ice).
- Schmelzwasser aus dem Mixglas abgießen.
- Die jeweiligen Ingredienzen mit einem Messbecher einzeln messen und in das Mixglas gießen oder ohne Abmessen (vgl. Free-Pouring) arbeiten.
- Die Ingredienzen im Mixglas mit einem Barlöffel ungefähr 10 Sekunden gut durchrühren. Dies kann in verschiedenen Formen durchgeführt werden:
  - mit dem Barlöffel von unten nach oben rühren (schaufelnd oder spiralförmig),
  - mit dem Barlöffel immer entlang des Innenrandes des Mixglases rundherum rühren. Bei dieser Methode besteht die Gefahr, dass bei Verwendung von Eiswürfeln mit Hohlräumen Dashes von z. B. Bitters während des Rührens darin verbleiben und sich somit nicht perfekt mit den anderen Drinkzutaten vermischen. Vor allem bei der gleichzeitigen Zubereitung von mehreren Drinks kann dies dann zu einem unterschiedlichen Geschmack in den fertigen Getränken führen.
- Entfernen des Schmelzwassers aus dem Gästeglas. Bei Drinks, die ohne Eis serviert werden, das gesamte Eis entfernen.
- Getränk mithilfe des Strainers in das bereitgestellte Glas abseihen.
- Drink (falls vorhanden) mit einer vorbereiteten Garnitur vollenden und sofort servieren.

Mixglas/Rührglas

1 Vorkühlen des Rührglases, indem man es mit Eiswürfeln füllt.

2 Durch Rühren mit dem Barlöffel (z. B. an der Glasinnenseite, sozusagen „im Block") wird das Rührglas schneller bzw. intensiver gekühlt.

3 Vorkühlen des Gästeglases, indem man Eiswürfel in das Glas gibt.

4 Strainer in das Rührglas einsetzen.

5 Schmelzwasser abgießen.

6 Ingredienzen laut Rezeptur einmessen.

7 Rühren.
Variante 1: von unten nach oben (schaufelnd oder spiralförmig), Variante 2: an der Glasinnenseite des Rührglases.

8 Eiswürfel aus dem Gästeglas entfernen.

9 Strainer wieder in das Rührglas einsetzen.

10 Drink ins Gästeglas abstrainen bzw. eingießen.

11 Drink mit vorbereiteter bzw. bereitgestellter Garnitur versehen.

12 Fertiger Drink.

Was ist ein Rührkrug?

Ein spezielles Rührglas, das sich hervorragend für die Zubereitung von Schaumweindrinks mit Fruchtmus als Ingredienz (z. B. Bellini, Rossini) eignet. Die Zutaten vermengen sich dabei besser und die Zubereitung gestaltet sich einfacher als im Gästeglas. Neben der angenehmen Tatsache, dass der Drink schneller gefertigt werden kann, ist man auch vor einem eventuellen Überschäumen des Drinks wie bei der Zubereitung im Glas gefeit. Weiters eignet sich der Rührkrug durch sein größeres Volumen für die Zubereitung von weit mehr als vier Drinks, wie dies beim herkömmlichen Rührglas der Fall ist.
Der Arbeitsablauf gleicht jenem mit dem Rührglas (vgl. Fotos rechte Seite).

Rührkrug

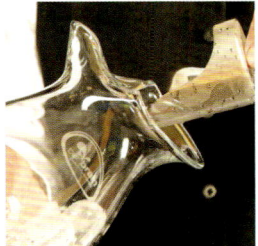

1 Vorkühlen des Rührkruges, indem man ihn mit Eiswürfeln befüllt.

2 Leichtes, kreisendes Schwenken des Kruges, um ihn intensiver bzw. schneller zu kühlen.

3 Vorkühlen des Gästeglases, indem man Eis (Eiswürfel oder Crushed Ice) in das Glas gibt.

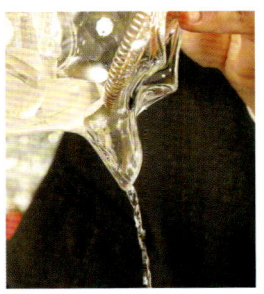

4 Strainer in den Rührkrug einsetzen und Schmelzwasser abgießen.

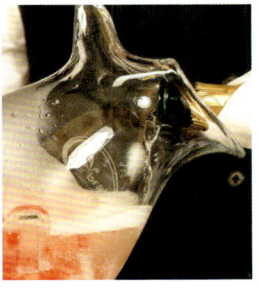

5 Ingredienzen laut Rezeptur einmessen (Schaumweine immer zuletzt und vorsichtig).

6 Drink mischen, entweder durch leichtes, vorsichtiges Durchrühren mit dem Barlöffel

7 oder durch leichtes, kreisendes Schwenken.

8 Eis aus dem Gästeglas entfernen.

9 Strainer wieder in den Rührkrug einsetzen und den Drink in das Gästeglas abstrainen bzw. eingießen.

10 Drink mit vorbereiteter bzw. bereitgestellter Garnitur versehen.

11 Fertiger Drink.

Zubereitung im Stabmixer

Im Stabmixer werden Getränke mit schwer vermengbaren Ingredienzen zubereitet. Im Gegensatz zum Aufsatzmixer, der auch zerkleinert bzw. püriert, kann mit dem Stabmixer nur gemischt werden.

Die meisten Geräte haben verschiedene Geschwindigkeitsstufen (high – medium – low), wobei meist die niedrigste Stufe zum Mixen ausreicht.

Bei den Rührstäben gibt es Modelle mit beweglichen Rührblättern oder einem fixen Rührblatt.

Alle Drinks, die im Rezeptteil mit dem Shaker-Piktogramm versehen sind, können auch im Stabmixer zubereitet werden.

Durch die hohe Drehzahl des Stabmixers erreicht man eine schöne Schaumkrone bei den Drinks. Vorsicht ist z. B. geboten bei der Verwendung von einem (hohen) Ananassaftanteil in der Rezeptur, da der Drink im Stabmixer sehr aufschäumt.

Arbeitsablauf

- Vorkühlen des Mixerbechers durch Füllen mit Eiswürfeln. Das Vorkühlen des Bechers kann eventuell durch kurzes Mixen mit Crushed Ice beschleunigt werden. Dieses wird dann entfernt und anschließend wieder frisches Eis beigegeben.
- Kühlen des Gästeglases durch Füllen mit Eis (Eiswürfel oder Crushed Ice).
- Eiswasser aus dem Mixerbecher abseihen.
- Die jeweiligen Ingredienzen mit einem Messbecher einzeln messen und in den Mixerbecher gießen oder ohne Abmessen (Free-Pouring) arbeiten.

- Beachten Sie die Zentrifugalkraft beim Mixen und füllen Sie den Mixbecher nicht zu voll. Sie verhindern ein Überquellen des Drinks während dem Mixen sowie auch beim Entfernen des Mixbechers aus dem Gerät.
- Die Geschwindigkeitsstufe für den Mixvorgang einstellen.
- Den Mixerbecher von unten in die Halterung führen und fixieren. Der Mixvorgang wird automatisch ausgelöst. Da der Mixer sehr rasch arbeitet, kann man den Mixvorgang meist schon nach einigen wenigen Sekunden beenden.
- Zum Beenden des Mixvorganges den Becher durch leichtes Anheben aus der Halterung lösen und dann zügig nach unten herausziehen. Kurz bevor man den Becher ganz vom Gerät entfernt, die Rührblätter bzw. das Rührblatt des Stabes an der oberen Innenseite des Bechers ein bis zwei Sekunden „frei" (ohne Flüssigkeiten) drehen lassen. Dadurch reinigt sich der Stab bzw. die Rührblätter durch die Zentrifugalkraft.
- Entfernen des Schmelzwassers aus dem Gästeglas. Bei Drinks, die ohne Eis serviert werden, das gesamte Eis entfernen.
- Getränk mithilfe des Strainers in das bereitgestellte Glas abseihen.
- Drink (falls vorgesehen) mit einer vorbereiteten Garnitur vollenden und sofort servieren.

1 Vorkühlen des Mixerbechers, indem man ihn mit Eiswürfeln befüllt.

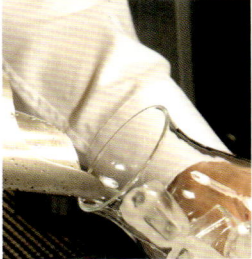

2 Vorkühlen des Gästeglases, indem man Eiswürfel in das Glas gibt.

3 Strainer in den Mixerbecher einsetzen.

4 Schmelzwasser abgießen.

5 Ingredienzen laut Rezeptur einmessen.

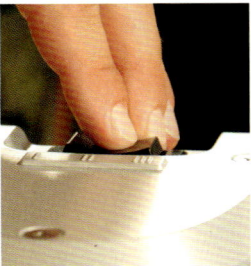

6 Geschwindigkeitsstufe einstellen (meist genügt die niedrigste Stufe).

7 Mixerbecher in obere Halterung einsetzen.

8 Mixerbecher in unterer Halterung fixieren und mixen.

9 Mixerbecher aus der Halterung ziehen (Spindel soll sich frei am oberen Rand des Bechers drehen).

10 Schmelzwasser mittels Strainer aus dem Gästeglas abgießen.

11 Strainer in den Mixerbecher einsetzen und den Drink in das Gästeglas abstrainen bzw. eingießen.

12 Drink mit vorbereiteter bzw. bereitgestellter Garnitur versehen.

13 Fertiger Drink.

Zubereitung im Aufsatzmixer

Der Aufsatzmixer ist ein elektrisches Gerät, das nicht nur mixt, sondern durch seinen Messereinsatz auch zerkleinert. Aufsatzmixer eignen sich speziell für die Herstellung von Drinks mit ganzen Fruchtstücken bzw. für Frozen Drinks. Bei der Zubereitung von Frozen Drinks ist darauf zu achten, dass man als Mixeis nicht Eiswürfel, sondern Crushed Ice oder Shaved Ice verwendet, da ansonsten die Schneidmessereinsätze im Gerät zu sehr in Mitleidenschaft gezogen werden und somit ihre Schneidkraft verlieren. Im Handel sind auch Mixgeräte mit sogenannten Schlagmessern erhältlich, bei denen auch Eiswürfel verwendet werden können.

Arbeitsablauf

- Kühlen des Gästeglases durch Füllen mit Eis (Eiswürfel oder Crushed Ice).
- Befüllen des Mixeraufsatzes mit den abgemessenen Ingredienzen bzw. den Fruchtstücken.
- Den Mixvorgang starten.
- Crushed Ice beigeben. Dazu entweder den Mixer ausschalten oder das Eis durch den herausnehmbaren Einsatz des Mixerdeckels beifügen. Wenn laut Rezeptur keine Fruchtstücke vermixt bzw. püriert werden müssen, kann das Crushed Ice bzw. Shaved Ice gleich nach der Zugabe der Ingredienzen in den Mixeraufsatz gegeben werden. Der gesamte Mixvorgang kann zwischen 30 Sekunden und einer Minute dauern.
- Den Mixer ausschalten und den Mixeraufsatz erst abheben, wenn sich der Rotor bzw. die Schneidemesser nicht mehr drehen.
- Das Eis aus dem Glas entfernen (wenn mit Eiswürfeln serviert wird, Eiswasser abgießen).
- Getränk in das Glas gießen.
- Drink (falls vorgesehen) mit einer vorbereiteten Garnitur vollenden und sofort servieren.

1 Vorkühlen des Gästeglases, indem man Crushed Ice in das Gästeglas gibt.

2 Fruchtstücke in den Mixeraufsatz geben.

3 Restliche Ingredienzen einmessen.

4 Mixvorgang starten.

5 Einsatz im Deckel öffnen.

6 Crushed Ice beifügen. Mixvorgang fortsetzen und Mixer anschließend ausschalten.

7 Crushed Ice aus dem Gästeglas entfernen.

8 Drink in das Glas füllen.

9 Drink mit vorbereiteter bzw. bereitgestellter Garnitur versehen.

10 Fertiger Drink.

Zubereitung im Gästeglas

*Viele Bargetränke werden direkt im Gästeglas zubereitet. Somit kommt für diese
Drinks kein spezielles Bararbeitsgerät zum Einsatz.*

Arbeitsablauf

■ Bereitstellen des Gästeglases. Je nach Drinkrezeptur wird mit oder ohne Eis serviert.
■ Die jeweiligen Ingredienzen mit einem Messbecher einzeln messen und in das Glas gießen
  oder ohne Abmessen (Free-Pouring) arbeiten.
■ Die Zutaten je nach Drink eventuell mit dem Barlöffel leicht verrühren.
■ Den Drink (falls vorgesehen) mit einer vorbereiteten Garnitur vollenden und sofort servie-
  ren.

1 Eiswürfel in das Gästeglas
geben. Eventuelles Schmelzwasser abgießen.

2 Ingredienzen einmessen.

3 Ingredienzen im Glas mit
dem Barlöffel leicht verrühren.

4 Drink mit vorbereiteter bzw.
bereitgestellter Garnitur versehen.

5 Fertiger Drink.

GESCHICHTLICHE ENTWICKLUNG DER GASTWIRTSCHAFTLICHEN BETRIEBE UND DER ALKOHOLISCHEN GETRÄNKE

Wann und wo wurden alkoholische Getränke hergestellt?

- Wann und wo die ersten alkoholischen Getränke hergestellt wurden, ist nicht genau bekannt.
- Im Vorderen Orient wurde bereits vor 8000 Jahren Wein erzeugt. Die älteste Mostpresse aus dieser Zeit wurde in Mesopotamien gefunden.
- Auch die Biererzeugung geht schon auf die Sumerer zurück. Den Sumerern folgten die Babylonier als Beherrscher des Landes zwischen Euphrat und Tigris.
- Bei den Babyloniern gab es die ersten Verordnungen über den Ausschank und den Vertrieb von alkoholischen Getränken.
- Im klassischen Griechenland erreichte vor allem die Weinwirtschaft einen hohen Entwicklungsstand.
- In Nordeuropa bei den Germanen wurde aus Honig das erste alkoholische Getränk erzeugt, der Met. Seine berauschende Wirkung wurde als Übergang göttlicher Kräfte auf den Menschen gedeutet. Die Biererzeugung war den Germanen ebenfalls schon bekannt.

Wann sprach man erstmals von gastwirtschaftlichen Betrieben?

- Im klassischen Griechenland unterschied man bereits zwischen Gastwirtschaft als Beherbergungs- und Verpflegungsbetrieb und Schankwirtschaft als reinem Verpflegungsbetrieb.
- Die Römer entwickelten verschiedene Schankwirtschaften. Einerseits die **„taberna"**, eine Art Weinschenke, deren Name sich bis heute erhalten hat. Andererseits in Kurorten das **„thermipolium"**, einen Vorläufer der Bar, in dem gewürzte Getränke, Limonaden und Wein verkauft wurden.

Welche Erkenntnisse machten die Menschen?

- Sehr früh entdeckten die Menschen, dass Dampf durch Abkühlen wieder zu Wasser wird.
- Die Kunst des Destillierens sollen angeblich die Araber erfunden haben.
- In unseren Breitengraden wurde erstmals im Mittelalter mit primitiven Geräten Branntwein hergestellt. Zu dieser Zeit entstanden auch die ersten Tavernen in Mitteleuropa. Um eine Taverne zu errichten, benötigte man die Zustimmung des Landesherrn. Gegen Bezahlung in Geld oder Naturalien verlieh er das sogenannte Tabernrecht.
- Etwa im 13. Jahrhundert begann der große Aufschwung des Branntweines. Zunächst wurde er für den persönlichen Bedarf in den Haushalten erzeugt, später galt er als Medizin und wurde in den Apotheken verkauft, bis er schließlich in den Wirtshäusern und von Weinhändlern gehandelt wurde.
- Ursprünglich wurde nur Wein als Grundprodukt der Destillation verwendet, daher der Name Branntwein. Später brannte man auch Früchte und Korn zu hochprozentigen Getränken.

Im 16. Jahrhundert entstand eine regelrechte Branntweinindustrie. Schnaps wurde zum Volksgetränk – mit all seinen unliebsamen Folgen.

Wann entstanden die ersten Bars?

- Im Laufe der Jahrhunderte entwickelten sich aus den einfachen Tavernen Kneipen, die sich besonders in Frankreich zur Zeit Ludwigs XIV. immer mehr verfeinerten. Es entstanden auch die ersten Hotels und Restaurants.
- Ende des 17. Jahrhunderts kamen in Europa die ersten Kaffeehäuser auf, die man von den Osmanen kennengelernt hatte.
- Erst in Amerika entwickelten sich zur Zeit der Kolonialisierung die Bars.

Das Wort „Bar" kommt von „Barriere". In den Drugstores, den kleinen Handelsgeschäften der Siedlungen, trafen sich die Einwanderer, um einzukaufen und ihre aufregenden Erlebnisse bei „einigen Gläschen" zu besprechen. Nicht selten arteten solche Gespräche in wilde Raufereien aus. Um sich zu schützen, sperrten die Drugstorebesitzer den Ladentisch und die Regale durch eine Balkenschranke, eine „Barriere" ab. In diesen Bars gab es noch keine Sitzgelegenheiten.

- Aus den Bars der Siedlerzeit entwickelten sich die sogenannten Western Saloons. Sie waren mit einer Theke ausgestattet, an der die Barriere zum Anlehnen angebracht war. Die Western Saloons stellen somit die Urform der American Bar dar.
- Großen Anteil an der Entwicklung der American Bar hatten die deutschen und irischen Emigranten, die sich in Scharen zwischen 1845 und 1850 in Amerika niederließen. Grund für ihre Auswanderung waren die große Hungersnot in Irland und die gescheiterte bürgerliche Revolution in Deutschland.
- Der Deutsche Claus Lohden gründete eine der ältesten Bars in New York, nämlich im Jahre 1867 die Old Town Bar.
- Eine weitere Barlegende in New York ist Pete's Tavern, die stolz damit wirbt, die älteste noch betriebene Bar New Yorks zu sein (seit 1864).
- Ein weiterer Barklassiker ist das P. J. Clarks, in welchem jeder Barliebhaber immer wieder aufs Neue ins Schwärmen gerät.

Die Prohibition in Amerika brachte große Veränderungen

- In der Prohibitionszeit starb die Institution der Western Saloons aus. Die Puritaner, die vehement um ein Alkoholverbot kämpften, erreichten, dass Präsident Wilson durch ein Verfassungsgesetz für alle amerikanischen Staatsbürger Herstellung, Verkauf, Transport sowie Ein- und Ausfuhr alkoholischer Getränke verbot (Gesetz vom 16. 1. 1919).
- Die führende Kraft im Kampf gegen den Alkohol war die „Anti-Saloon-Liga", die von einem Geistlichen in Ohio gegründet wurde und bald mehrere Hunderttausend Mitglieder umfasste.
- Im Ersten Weltkrieg finanzierte die „Anti-Saloon-Liga" einen Feldzug gegen den Alkohol. Whiskey wurde verdammt, weil er den Soldaten an der Front das Brotgetreide stehle.
- Den deutschen Brauern in Amerika wurde vorgeworfen, mit dem Feind zusammenzuarbeiten. Arbeiter würden durch den Genuss von Alkohol unproduktiv und hemmten somit die kriegswichtige Industrie. Unter dieser Propaganda hatten besonders die Bierbrauer zu leiden. Aufgrund ihrer deutschen Namen waren sie häufig Ziel für den Hass der Bevölkerung. Schließlich wurde auch das Bier verboten.
- Doch die Brauer waren findige Leute. Sie brachten Malzsirup mit Hopfenaroma auf den Markt, der „zufällig" den Namen der früheren Biersorten trug, wie zum Beispiel „Old Würzburg" und „Old Heidelberg". In der Gebrauchsanweisung wurde davor gewarnt, dem Produkt Hefe zuzusetzen und es bei einer Temperatur zwischen 6 und 9 Grad gären zu lassen, da sonst verbotenes Bier entstehe.
- Da der Sirup nicht leicht zu verschicken war, stellten die Brauer schließlich in Ziegel gepresstes Bierpulver her, das auch die Hefe enthielt und nur mehr mit Wasser angesetzt werden musste.
- Berufe, in denen man Alkohol benötigte und deshalb eine Bezugslizenz vom Staat bekam, waren seit dem 16. Januar 1919 besonders begehrt. Drogerien wurden zu ernsthaften Konkurrenten der Schwarzbrenner. Der für medizinische Zwecke benötigte Alkohol wurde mit Farben und Essenzen in Whiskey, Gin, Rum und Brandy verwandelt. Auch der Schmuggelhandel blühte.
- Ausländische Schiffe brachten Spirituosen bis an die 12-Meilen-Zone, um sie dann von der „Rum-Row-Flotte" an Land schmuggeln zu lassen. Die Schmuggler waren die „Boot-

legger", die gleichzeitig illegale Einwanderer ins Land brachten. Das Schmuggelgut wurde „Moonshine" genannt und in geheimen Schänken, sogenannten „Speakeasies" (Leisespre-chern), „Joints" oder „Blind Pigs" (blinden Polizisten), gehandelt.

■ In der Prohibitionszeit verbreitete sich der Schwarzhandel so weit, dass er 1928 das größ-te Gewerbe in den USA mit 800000 Beschäftigten war und jährlich einen Umsatz von vier Milliarden Dollar erzielte. Obwohl sich die Preise für Alkoholika vervielfacht hatten, wurde während der Prohibition mehr getrunken als je zuvor in der amerikanischen Geschichte.

Was kam danach?

■ Auf den Wahlplakaten Roosevelts wurde die Aufhebung des 18. Verfassungsgesetzes, welches das Alkoholverbot beinhaltete, angekündigt. Roosevelt wurde Präsident, und am 5. Dezember 1933 war die Prohibition zu Ende.

■ In Amerika hatte man schon vor der Prohibitionszeit erkannt, dass man in der Bar als Ver-kaufsstätte von alkoholischen Getränken einen größeren Gewinn erzielen konnte als in den Restaurants. In den Hotels wurden daher Bars als Kommunikationszentren eingerichtet.

Was geschah in Europa?

■ Mit der Entwicklung des Fremdenverkehrs kam die Bar auch nach Europa. Die ersten „pri-vaten" Bars entstanden, und Henry Ridgeway eröffnete 1886 die wahrscheinlich erste nicht in einem Hotel befindliche American Bar in Paris. Durch die Weltausstellung 1889 in Paris konnte die American Bar dann einem breiten internationalen Publikum nähergebracht wer-den.

■ Um die Wende vom 19. Zum 20. Jahrhundert, als Barmixer in Amerika bereits ein beson-ders angesehener Beruf war, wurden in den Großhotels die ersten Bars eingerichtet. Man erkannte die Bedeutung dieser Einrichtung, der Komfort nahm zu und die Umsätze stiegen. Der Barman fungierte auch als Animateur. Man konnte sich mit ihm unterhalten und ihm beim Mixen der Drinks zusehen.

■ 1898 wurden in Hamburg die ersten beiden Bars in Deutschland eröffnet, die den Namen Trocadero bzw. American Bar trugen.

■ Die Blütezeit der American Bars begann in Europa nach dem Ersten Weltkrieg.

■ Die besten Barmänner verließen Amerika schon zu Beginn der Prohibitionszeit, und die Bars in Paris und London sorgten dafür, dass die entscheidenden Impulse zur Entwicklung der **American Bar** als kulturelle und kulinarische Einrichtung von nun an von Europa aus-gingen.

- Die **Harry's New York Bar in Paris** wurde im Jahre 1923 gegründet und ist nach dem Barmixer und Inhaber, **Harry Mac Elhone,** benannt.

Kavalierbar, Grand Hotel, Wien

Die Harry's New York Bar in Paris war in den 1920er-Jahren der Gründungsort einer herrlich verrückten Einrichtung, die sich International Bar Flies Association nannte und zu ihrer besten Zeit mehr als 75000 Mitglieder zählte. Über die ganze Welt verstreut gab es 70 sogenannte Traps, Bars, in denen man sich traf und unter Gleichgesinnten war. Das hatte natürlich einen ungeheuren Vervielfältigungseffekt und verbreitete Harry's Rezepte in Windeseile um die Welt. Somit wird eine Vielzahl der Cocktail-Klassiker-Rezepte dem Gründer der Harry's New York Bar Paris zugeschrieben.

- Als zweiten Ziehvater der Cocktailklassiker darf man den legendären **Harry Craddock** ansehen, der seine Mixkünste während dieser Zeit in der Bar des noblen **Hotels Savoy** in London zum Besten gab.
- 1921 eröffnete im Cambon-Flügel des Ritz Hotels in Paris die **„Le Bar au Ritz"** (eigentlich Le Café Parisien oder auch Cambon Bar genannt) ihre Pforten. Der gebürtige Österreicher Frank (Franck) Maier stand als Barchef bis zu seinem Tod 1947 im Dienste der Ritz Bar, die nach dem Zweiten Weltkrieg zu Ehren seines weltberühmten Stammgastes in **Bar Hemingway** umbenannt wurde.

Zu dieser Zeit war die Bar ausschließlich männlichen Besuchern vorbehalten. Für die Damen war direkt gegenüber ein Salon eingerichtet, der liebevoll „Gigolo-Börse" genannt wurde und die größte Klatsch- und Tratschbörse für Ladys, vor allem Amerikanerinnen, jeden Alters war.

- Nach und nach schossen in allen großen europäischen Metropolen American Bars aus dem Boden, wie zum Beispiel die „Kärntner Bar" in Wien, die heute noch unter dem Namen **Loos Bar** betrieben wird. Sie ist nach ihrem Architekten benannt und eine Pilgerstätte für Barliebhaber und Architekten.

- Ab den 1970er-Jahren machten sich in einigen Großstädten mutige Idealisten auf, die die Kunst des Mixens aus den luxuriösen Nächtigungsbetrieben wieder hinaustrugen und in eigenständigen Lokalen praktizierten. Dazu gehören Barmixer wie Bill Deck (**Harry's New York Bar in München**), der die deutschen Bargrößen **Franz Brandl** und **Charles Schumann** ausbildete.
- Schumann eröffnete 1982 „das Schumanns" in München und ist in der Branche wie Brandl für die Veröffentlichung sehr professioneller Barliteratur bekannt.

Österreich und die jüngere Bargeschichte

- Auch in Österreich fanden sich nach und nach so manche Liebhaber der Mixkunst, die eigenständige Bars betrieben bzw. betreiben.
- In Pörtschach am Wörthersee war es ab 1983 Rainer Husar mit seiner **Rainer's Bar** (geschlossen seit 2007), der der Society und Prominenz aus aller Welt Bestes in Sachen Barkultur und Bar-Entertainment bot.
- In Innsbruck bemühte sich Friedrich Schaller, genannt „Herr Fritz", um eine gediegene Barkultur mit seiner kleinen Bar namens **Sparkling**.
- In Solbad Hall, nur einen Steinwurf von Innsbruck entfernt, fand man bis 2008 die **Diana Bar** von Franz-Robert Steinmayr, deren Barstock an Spirituosen wohl zu den umfangreichsten Europas gehörte.
- Seit 1986 betreibt Hans Wiesinger seine **Easy Bar** in Linz, die sich im Laufe der Jahre vor allem auf das Zubereiten von Frischfruchtdrinks konzentriert hat.
- Ebenfalls in Linz führte bis 2008 Szenegastronom Franz Wagner sein **Landgraf,** eine klassische Bar, die man in jeder Weltmetropole finden könnte.
- In Wien war es z. B. Farhat Ellouzi, der 1988 mit seinem **New York, New York** die gehobene Barszene aufleben ließ.
- Zusätzlich belebte unter anderem Mario Castillo mit seinem **Barflys Club** die Wiener Cocktailkultur.
- Traditionell und einzigartig in Wien ist die **Reiss Bar,** eine klassische Sekt- und Champagnerbar, die 1919 in der Dorotheergasse erstmals eröffnete und 1945 in eine Seitengasse der Kärntnerstraße übersiedelte, wo sie bis heute täglich ihre Pforten öffnet.

Reiss Bar, Wien

Planter's Club, Wien

Es gibt noch eine Vielzahl an Bars, die es auch verdient hätten, hier erwähnt zu werden, wirkten bzw. wirken sie doch heute mehr denn je wie eine große Familie zusammen. Gefördert wird dies ebenso von Barkeepervereinigungen wie von weiteren Idealisten. An dieser Stelle danken wir Autoren allen, die sich den Enthusiasmus für unseren Beruf bewahrt haben.

Und noch ein paar Anekdoten. Wussten Sie, dass ...

- während des Ersten Weltkrieges so manche Bar aus patriotischen Gründen umbenannt werden musste? So hieß zum Beispiel die Berliner „Queens Bar" zwischen 1914 und 1918 „Königin Bar".
- in den 1940ern die „American Bars" seitens der deutschen Regierung verboten wurden? Fortan galt der Oberbegriff „Martini Bar" für kleine, privat geführte Bars, wenn überhaupt ein Name am Eingang zu finden war. Daraus ergab sich, dass man sich einfach bei Jimmy, Charly oder Bobby traf. Durch diese intensive Personalisierung der Bartender wurden diese auch immer mehr als Seelsorger angesehen, was ihnen (uns) bis heute geblieben ist.
- bestens ausgestattete Hausbars in gehobenen Kreisen sehr „trendy" waren? Zum Beispiel bereits 1932 bei dem deutschen Regisseur Fritz Lang oder später in den 1950er-Jahren bei Entertainer Harald Juhnke, Boxlegende Bubi Scholz oder Helena Rubinstein, Chefin einer Kosmetikfirma.
- in der weltberühmten „Harry's Bar" in Venedig, eröffnet von Barmann Giuseppe Cipriani und benannt nach dem amerikanischen Investor Harry Pickering, bis dato kein Bier ausgeschenkt wird?
- in der „Reiss Bar" in Wien die 1926 gegründete Internationale Barmeister Union (Vorläufer der Österreichischen Barkeeper Union – Ö. B. U.) bereits 1927 den ersten Cocktailwettbewerb in Österreich abhielt? Zu diesem Event trafen sich Barkeeper aus ganz Europa, einschließlich England.

Abschließend ein Wort zur Barliteratur

- Das erste Cocktailbuch wurde im Jahre 1862 von dem berühmten Barmixer **Jerry Thomas** herausgegeben („The Bon-Vivant's Guide or How to mix drinks"). Jerry Thomas war der erste Barmixer, der 1859 auf seiner Reise nach London und Paris den Cocktail in Europa bekannt machte.
- 1868 erschien das zweite Cocktailbuch von Berufsmixer **Harry Johnson** („The New and Improved Illustrated Bartenders Manual or How to Mix Drinks of the Present Style").
- Das erste europäische Barbuch erschien 1878, trug den Titel „American and other Drinks" und wurde von **Leo Engel** verfasst.
- **Frank P. Newman,** Besitzer von drei American Bars in Paris und ehemaliger Barchef des Grand Hotels Paris, veröffentlichte 1907 sein Buch „American Bar".
- Eine allgemeine Nachfrage nach einem den deutschen Verhältnissen entsprechenden Rezeptbuch der amerikanischen gemischten Getränke veranlasste im Jahre 1909 **Carl A. Seutter,** ein Cocktailbuch in deutscher Sprache zu verfassen („Der Mixologist").
- In Europa hat das deutschsprachige Hotel- und Gastgewerbe wesentlich dazu beigetragen, dass sich der neue Berufszweig durchsetzen konnte und die europäischen Bars sich zu den führenden der Welt entwickelten. Einer der europäischen „Cocktailpioniere" ist **Harry Schraemli,** der in der Schweiz Anfang der 1930er-Jahre seine ersten Lehrbücher veröffentlichte. In der Hotelfachschule Luzern bekamen die angehenden Barmixer die schulische Grundlage für ihre Berufspraxis. „Das große Lehrbuch der Bar" mit seinen unzähligen Neuauflagen ist heute noch ein weltweit anerkanntes Nachschlagewerk.

BARTYPEN UND BAREINRICHTUNG

Im folgenden Kapitel werden einzelne Bartypen vorgestellt, die heute noch international so bezeichnet und betrieben werden. Jedoch hat der Trend der letzten Jahre gezeigt, dass Mischkonzepte, die sogenannte Erlebnisgastronomie, immer öfter als Betriebsform zum Einsatz kommen.

- So kann sich ein Tagescafé durch ein paar Handgriffe in eine Tanzbar, Diskothek oder/und Cocktailbar verwandeln, indem Baratmosphäre geschaffen wird.
- Bistrotische werden durch Stehtische ersetzt, die Beleuchtung wird verändert.
- Livemusik oder DJs können zum Einsatz kommen.
- Ein Cocktailmixplatz kann aktiviert werden.
- Mehlspeisen und Kuchen werden durch Snacks und Knabbereien (Sundries) ersetzt.

Was heißt Gastronomielandschaft?

- In einer sogenannten Gastronomielandschaft sind, zwar räumlich getrennt, jedoch zumeist in einem Gebäude vereint, mehrere verschiedene Bartypen (z. B. Tanzbar, Cocktailbar, Lounge und Diskothek) sowie Restaurants beherbergt.
- Damit möchte man die Bedürfnisse verschiedenster Publikumsschichten und Generationen abdecken sowie Abwechslung auf engstem Raum bieten.
- Für das leibliche Wohl sorgen oft Snackbars, die innerhalb oder außerhalb solcher Großprojekte errichtet werden.
- Auch musikalisch wird in den verschiedenen Bereichen Unterschiedliches geboten: vom Evergreen bis zum Techno, von deutschsprachigen Songs bis zum „Chill-out", für jeden Geschmack etwas, passend zum jeweiligen Bereich.
- Von der Einrichtung unterscheiden sich die verschiedenen Gastronomievarianten sehr deutlich. Dabei werden oft die Ausstattungstrends der letzten Jahrzehnte mit modernster Technik kombiniert.
- Diese Variante der Erlebnisgastronomie verlangt durch den großen Andrang an Gästen eine rasche Bewirtung.
- Als Standort eignen sich besonders Einkaufszentren bzw. der Stadtrand oder ländliche Gegenden, da aufgrund der Größe solcher Einrichtungen auch ein entsprechendes Parkplatzangebot vorhanden sein sollte.

Es gibt aber auch andere Kombinationen

- Andere Kombinationen sind z. B. Restaurant und Cocktailbar oder Restaurant, Vinothek und Zigarrenlounge.
- Auch hier sollen die unterschiedlichsten Bedürfnisse befriedigt werden. Vom kleinen Imbiss bis zum eleganten Dinner, vom gepflegten Glas Bier bis zum edlen Tropfen aus internationalen Weinbergen. Ob Aperitif, Digestif oder ein Cocktailklassiker, es soll für jeden Geschmack gesorgt sein.
- Die Einrichtung ist zumeist sehr stilvoll und modern. Die unterschiedlichen Bereiche sollten miteinander harmonieren bzw. verschmelzen. So entsteht ein ruhiges Gesamtbild.
- Die Musik wird der Stimmung entsprechend dezent gehalten, kann jedoch zu fortgeschrittener Stunde auch in den Vordergrund treten.
- Modernste Lichtanlagen können die Räumlichkeiten in verschiedenste Atmosphären versetzen.
- Zigarrenlounges, die auch aufgrund des Nichtrauchertrends immer mehr an Interesse gewinnen, sind gerne im Stile eines Herrenzimmers oder einer klassischen englischen Lounge mit schweren Ledermöbeln ausgestattet. Hier kann man, ohne zu stören und gestört zu werden, in Ruhe dem Genuss des blauen Dunstes frönen.
- Zur musikalischen Untermalung darf es ab und an auch einmal etwas Klassik sein.
- Bei einem solchen Projekt wird eher der etwas gehobenere, anspruchsvollere Gastronomiestil angestrebt. Der Gast soll das gepflegte Ambiente und die ruhige, angenehme Atmosphäre bei kompetenter Gastlichkeit in vollen Zügen genießen können.

Vinothek, Hyatt Carmel

Bartypen

American Bar

- Die American Bar ist die klassische Form der Cocktailbar. Der Schwerpunkt liegt auf dem Verkauf von Bar- und Mixgetränken.
- Im Speisenangebot findet man nur kleine Imbisse, meist „Fingerfood" und Sundries.
- Abgesehen von einem reichhaltigen Angebot an Mixgetränken und dem einen oder anderen edlen Tropfen darf eine angemessene Zigarrenauswahl nicht fehlen.
- Den Mittelpunkt einer American Bar bildet die Bartheke bzw. der Tresen. Aber auch gemütliche Tische und Sessel oder Fauteuils gehören zum Interieur.
- Die Einrichtung soll bei dezenter Beleuchtung eine entspannende Atmosphäre vermitteln.
- Die musikalische Untermalung sollte diskret im Hintergrund gehalten werden.
- Zur Betreuung der Gäste ist professionelles Barpersonal obligatorisch.
- Eine American Bar ist oft auch in Kombination mit anderen Gastronomieformen zu finden, wie zum Beispiel Hotels, Restaurants oder Diskotheken.

Vox Bar, Hyatt Berlin

Restaurantbar

- Sie ist eine Einrichtung in vielen Restaurants und soll Treffpunkt für Tischgesellschaften vor dem Essen sein, zum Beispiel zum Einnehmen eines Aperitifs. Ebenso soll sie zum gemütlichen Zusammensitzen nach dem Essen animieren, um vielleicht den einen oder anderen Digestif zu konsumieren.
- Auch kann an der Restaurantbar die Wartezeit auf noch nicht freie Tische überbrückt werden. In dieser Zeit kann man den Gästen Speise- bzw. Getränkekarten reichen, damit sie vorab in Ruhe ihre Wahl treffen können.
- Eine Restaurantbar sollte, angelehnt an die Exklusivität des Lokals, eine dementsprechende Auswahl an Getränken bzw. Mixgetränken anbieten können.

Hotelbar

- Eine Hotelbar wird vorwiegend von Hotelgästen genutzt, ist meist ganztägig geöffnet und dient wie fast jede Bar als Kommunikationszentrum sowie zum Überbrücken kürzerer Wartezeiten oder als Treffpunkt.
- Hotelbars waren in früheren Jahren oft wie eine American Bar ausgestattet und wurden auch wie eine solche betrieben.
- Dieser Trend ist heute in der gehobenen Nächtigungsgastronomie auch wieder zu beobachten.
- Im Großteil des Hotelgewerbes ist die Hotelbar jedoch eine Mischung aus Tages- und Tanzbar sowie American Bar, um in einer Räumlichkeit mehrere Gästebedürfnisse, je nach Tageszeit, zufriedenstellen zu können.
- An der Hotelbar besteht für Hotelgäste die Möglichkeit, ihre Konsumation auf die Zimmerrechnung schreiben zu lassen. Das erspart ihnen das Mitführen von Bargeld und Kreditkarte.
- Musikalische Untermalung findet, wenn überhaupt, nur in den Abendstunden statt.

Hyatt Hotel Berlin

Tagesbar

- Der Schwerpunkt liegt wie bei der American Bar im Ausschank von alkoholischen Getränken. Sie ist jedoch, wie der Name schon sagt, nur untertags geöffnet.
- In England und Amerika ist sie am häufigsten anzutreffen und ein beliebter Treffpunkt für Geschäftsleute.
- In klassischen Tagesbars wird fast nie Musik gespielt.
- Diese Art des Barbetriebes ist heute meist eine Espressobar mit erweitertem Getränkeangebot und kleinen Speisen. Das Getränkeangebot wird vor allem durch Spirituosen und diverse Mixgetränke ergänzt. In der Speisenauswahl findet man oft Tapas oder Antipasti, meist Fingerfood.

Nightclub

- Bars in Nightclubs sind vielfach mit Show-, Varieté-, Kabarett- und/oder Stripteasedarbietungen kombiniert.
- Oft wird Eintritt verlangt und das Preisniveau der angebotenen Speisen und Getränke ist dementsprechend hoch.
- Die Bezeichnung „Nightclub" ist auch oft der Deckmantel für Institutionen der käuflichen Liebe.

Tanzbar

- Entwickelt hat sich die Tanzbar aus den Ballhäusern des 16. Jahrhunderts, die es in allen europäischen Städten gab.

In Wien erinnert zum Beispiel der Ballhausplatz daran, dass es hier ein derartiges Ballhaus gegeben hat.

- Wichtigster Bestandteil einer Tanzbar ist die Tanzfläche.
- Die Bartheke steht im Hintergrund und dient den Gästen, um Erfrischungen einzunehmen, zum Rasten und Beobachten.
- Für die Musik sorgt ein DJ – auch Livebands sind in Tanzbars zu finden.
- Tanzbars sind heute oft mit Hotelbars kombiniert oder Bestandteil einer Erlebnisgastronomie.

Diskothek

- Sie ist die moderne Form der Tanzbar.
- Für die Musik sorgen ein oder mehrere Discjockeys, die manchmal von einzelnen Musikern, wie Saxofonisten oder Percussionspielern, begleitet werden.
- Diskotheken sind heute häufig im Verbund mit einer Gastronomielandschaft zu finden.

Sky Bar, Wien

Bierbar, Pub

- Pubs sind sozusagen die geheiligte Institution der Iren und Engländer und oft ein Mekka für ein klassisches „After Business Ale".
- In Europa ist dieser Bartyp mindestens in jeder größeren Metropole anzutreffen. Er zeichnet sich durch eine ungezwungene Atmosphäre und eine meist einfache, ländlich-rustikale Einrichtung aus.
- Das Speisen- und Getränkeangebot konzentriert sich auf diverse Biere aus dem In- und Ausland sowie auf unzählige Whiskeysorten, kleine Gerichte und Snacks.
- Landestypische Musik sorgt oft für mehr oder weniger Stimmung bei den Pubbesuchern, die aus allen Altersschichten stammen.

Eisbar, Schneebar

- Eis- und Schneebars sind ausschließlich in Wintersportorten zu finden. Ob vor dem Skifahren, zwischendurch oder zum klassischen Après-Ski, dieser Bartyp ist aus den Skiregionen nicht wegzudenken.
- Wenn es die Witterung zulässt, wird die Bartheke aus Schnee erbaut und mit Wasser bespritzt, um die nötige Festigkeit zu erzielen. Jedoch werden heutzutage derartige Freiluftbars oft durch Schirmbars ersetzt. Diese werden fixfertig angeboten und können rasch aufgestellt und abgedeckt werden, um einen wetterunabhängigen Betrieb zu gewährleisten.
- Im Getränkeangebot findet man vorwiegend Heißgetränke sowie klare Brände, meist aus Obst.

Icebar, Lech am Arlberg

Poolbar

- Sie ist, wie der Name schon sagt, an einem Swimmingpool zu finden bzw. vorzugsweise in einem solchen integriert. In diesem Fall kann man direkt an die Bar schwimmen und auf im Wasser befindlichen Sitzgelegenheiten Platz nehmen.
- Es werden den Temperaturen angepasste alkoholische und nicht alkoholische Erfrischungsgetränke, kleine Imbisse und Snacks angeboten.
- Ist eine Poolbar in einem Hotelbetrieb anzutreffen, empfiehlt sich eine bargeldlose Konsumation über die Zimmerrechnung. Auch in vielen öffentlichen Badeanstalten wird dieser Komfort durch die Ausgabe von Chipkarten, -uhren etc. geboten.

Poolbar

Poolbar

Strandbar

- Bei Strandbars handelt es sich um Bars, die an Seen oder am Meeresstrand zu finden sind.
- Immer öfter sind erweiterte und befestigte Barbetriebe (eigentlich fast Gaststätten) anzutreffen, die ihrem Angebot Speisen und Eisspezialitäten hinzugefügt haben.
- Hier werden auch gerne Longdrinks und das eine oder andere Mixgetränk serviert.
- Abgesehen von derart befestigten Einrichtungen dürfen an Strandbars, je nach landesüblicher Verordnung, nur Einweggebinde verkauft werden. Das Servieren von Mixgetränken in ausgehöhlten Früchten bietet sich als originelle Alternative an.

Espressobar

- Die Espressobar ist eine Einrichtung, die in den südeuropäischen Ländern, vor allem in Italien anzutreffen ist.
- Sie ist auf einen raschen Gästewechsel eingestellt: Man kommt, es wird ein Kaffee bzw. ein Espresso, ein Apéro, ein Glas Wein, Spumante oder Bier, manchmal auch ein kleiner Snack konsumiert, kurz kommuniziert und wieder gegangen.
- Dieser Ablauf ist einzigartig. In keinem anderen Barbetrieb ist der Besucherwechsel größer als in einer Espressobar.

Snackbar, Bistro

- Die Snackbar hat ihren Ursprung in Amerika, das Bistro in Frankreich. Beide haben jedoch eine sehr ähnliche Bedeutung. So handelt es sich in beiden Fällen um eine Betriebsart, die für eine rasche Konsumation steht.
- Der Unterschied liegt lediglich im etwas umfangreicheren Speisen- und Getränkeangebot eines Bistros.
- Diese Barform ist an unsere schnelllebige Zeit angepasst.

Milchbar, Eisdiele

- Ein Trend in Richtung dieser Gastronomiebetriebe lässt sich nicht nur in Urlaubsorten verfolgen.
- Das Angebot an Eisvariationen, erweitert durch die Verarbeitung verschiedenster Obst- und Gemüsesorten in Kombination mit Gewürzen und Kräutern in besonderen Kreationen, gibt der Eisdiele bzw. Milchbar einen neuen, interessanten Touch.
- Eine ebenso kreative Zubereitung von Milchmixgetränken, Süßspeisen – manchmal auch tiefgefroren –, kleinen Imbissen und eine oft respektable Cocktailvielfalt, vor allem im alkoholfreien Bereich, lassen diesen Bartyp wieder in neuem Licht erstrahlen.

Catering Bar, Flex- oder Satellitenbar

- So werden Bars bezeichnet, die im Aufbau einer American Bar entsprechen, jedoch mobil sind.
- Sie müssen transportabel sein, jederzeit rasch und unkompliziert auf- und wieder abbaubar sowie einer oder mehreren Personen einen vollständigen Arbeitsplatz bieten.
- Ihre Ausstattung ist abhängig von den zuzubereitenden Getränken, wobei einer kleinen Auswahl eher gängiger und von den Ingredienzen her kompatibler Mixgetränke der Vorzug gegeben werden sollte.
- Das Einsatzgebiet einer flexiblen Bar reicht vom Room Service bis zum Event Catering, welches sogar für tausend und mehr Personen bewerkstelligt werden kann.

Catering Bar

Minibar

Minibar

- Die Minibar ist eine im Hotelzimmer meist in einem Kasten oder Schreibtisch integrierte „Bar", die eher als kleiner Kühlschrank zu bezeichnen ist.
- Sie ist vorwiegend mit kleinen Getränkeflaschen wie Bier, Mineralwasser, Cola, Sekt, diversen Fruchtsäften und Spirituosen bestückt. Auch Knabbergebäck, Sandwiches und kleine Süßigkeiten sind oft darin zu finden.
- Eine Minibar wird in der gehobenen Hotellerie als Servicedienstleistung erwartet und steht dem Gast rund um die Uhr zur Verfügung.

Wie funktioniert die Abrechnung?

Das Abrechnungssystem ist vermeintlich als einfach zu bezeichnen, da eine Minibar täglich vom Zimmerpersonal auf ihre Vollständigkeit zu überprüfen ist. Trotzdem müssen rund 20 Prozent Schwund eingerechnet werden, was einen oft unverständlichen Produktpreis erklärt. Manche Hersteller bieten ihre Minibars mit einer integrierten Waage an, die via Computervernetzung angeben kann, in welchem Zimmer welche Produkte entnommen wurden, und diese automatisch auf die Zimmerrechnung setzt. Berücksichtigt man die Anschaffungskosten und den durchschnittlichen Schwund einer Minibar, zählt sie nicht unbedingt zu den rentablen Einrichtungen eines Hotels, sondern ist lediglich als besonderer Service für den Gast zu sehen.

- Als Alternative bieten manche Betriebe Etagenautomaten (meist Getränkeautomaten) an.
- Moderne Systeme ermöglichen dem Gast einen Zugang zu den Getränkefächern mit der Zimmerkarte, die er beim Check-in erhält. Die Abrechnung erfolgt dann bei der Abreise an der Rezeption. Es können auch nur Teilbereiche programmiert werden, so erhalten zum Beispiel Kinder auf Wunsch eine eigene Karte, die sich limitieren und auf alkoholfreie Getränke begrenzen lässt. Angenehm ist, dass das lästige Suchen bzw. Organisieren von Kleingeld entfällt.

Hausbar

- Eine Hausbar ist ein in privaten Räumlichkeiten errichteter Bereich, der zur Bereitstellung und Lagerung aller zum Mixen notwendigen Ingredienzen und Geräte dient.
- Ob als Barschrank, als Teil des Wohnraumes oder als Kellerbar – zu Hause Drinks zu mixen wird wieder öfter praktiziert.

Zunehmend werden von Hobbymixern Barmixkurse belegt und des Öfteren auch Profimixer zu privaten Veranstaltungen eingeladen.

- Ein bestimmtes Grundsortiment an Getränken, Gläsern und Bargeräten ist notwendig, um eine gewisse Anzahl an Mixgetränken zubereiten zu können.

Ein Grundsortiment einer Hausbar könnte so aussehen:
1 Flasche Whisk(e)y
1 Flasche Weinbrand oder Cognac
1 Flasche Gin
1 Flasche Wodka
1 Flasche weißer Rum
1 Flasche brauner Rum
1 Flasche weißer Orangenlikör
1 Flasche roter Wermut
1 Flasche weißer, trockener Wermut
1 Flasche Angostura-Bitters

- Darüber hinaus sollten Ananas-, Orangen- und Grapefruitsaft bereitstehen.
- Zitronensaft soll immer frisch gepresst werden.
- Obers/Sahne, Milch und Zuckersirup (Läuterzucker) dürfen auch nicht fehlen.
- Aus dem reichhaltigen Sirupangebot der Getränkeindustrie ist zumindest zum Kauf eines Grenadinesirups zu raten.
- Zum Auffüllen diverser Drinks sollte man Sodawasser, Mineralwasser, Tonic, Ginger Ale, Bitter Lemon und eventuell eine Zitronenlimonade sowie einen Sekt zu Hause haben.
- Zum Vervollständigen eine Muskatnuss inklusive einer Reibe.

Diese klassische Grundausstattung sollte heutzutage ergänzt werden um:
1 Flasche Cachaça
1 Flasche weißen Tequila
1 Flasche braunen Tequila
1 Flasche Galliano
1 Flasche Campari (oder Aperol)
1 Flasche Maraschino
1 Flasche Kaffeelikör
1 Flasche weißen Kakaolikör
1 Flasche braunen Kakaolikör
1 Flasche Kirschlikör
1 Flasche Pfirsichlikör
1 Flasche Coconut-Cream (Kokosnuss-Sirup)
1 Flasche Cordial Lime Juice
1 Flasche Cranberry Juice
1 Flasche Orange-Bitters
frische Limetten
frische Minze
Rohrzucker

- Zum Dekorieren sollte man Cocktailkirschen und diverse frische Früchte wie Ananas, Zitronen und Orangen zu Hause haben.
- Greifen Sie vor allem zu jenen Produkten, die der Markt je nach Saison gerade bietet.
- Besonders einer Erweiterung auf dem Likör- und Sirupsektor sind keine Grenzen gesetzt.
- Auch das Angebot an speziellen Spirituosen lässt sich nach und nach ergänzen.

Dazu ein Tipp: Bereichern Sie Ihr Sortiment lieber etwas langsamer, dafür ausschließlich mit hochwertigen Produkten.

Noch ein Tipp: Orientieren Sie Ihren Barstock an Ihren Lieblingsdrinks und denen Ihrer Gäste. So vermeiden Sie Ladenhüter, die nach einer gewissen Zeit nach dem Öffnen der Flasche noch weniger schmecken als zuvor.

- An Gläsern benötigt man mehrere kleine und große Cocktailschalen. Als Universalgläser, auch wegen ihrer Robustheit, eignen sich hervorragend die sogenannten Libby's Gläser. Sie sind in verschiedenen Größen erhältlich und haben den Vorteil, dass sie stapelbar sind, was sich im Fall eines eingeschränkten Platzangebotes sehr positiv auswirkt.
- Folgende Bargeräte sind nötig:
- Shaker aus Edelmetall, dreiteilig, vorzugsweise aus Nirosta, oder Boston-Shaker
- Mixglas
- Strainer (Barsieb)
- Jigger (geeichter Messbecher)
- Barlöffel
- Eisschaufeln
- Eiszangen
- Schneidebrett (mit Saftrinne)
- Messer (mit Wellenschliff)
- Muddler (Stößel zum Zerdrücken von Limetten oder Würfelzucker)
- Zitruspresse

- Aufsatzmixer (Ersatz wäre ein Passierstab)
- Flaschenöffner
- Evtl. Ausgießer
- Stirrer (lange und kurze Stäbchen aus Holz oder Kunststoff zum Umrühren)
- Cocktailspieße (groß und klein)
- Trinkhalme (in verschiedener Länge)

Unser Tipp: Verzichten Sie beim Kauf von Bargeräten auf Billigprodukte. Langfristig macht das Arbeiten mit einer hochwertigeren Ausstattung mehr Spaß!

Dispense-Bar oder Servicebar

- Sie ist keine Bar im herkömmlichen Sinn, da sie nicht für den Gast, sondern nur für die Servicemitarbeiter zugänglich ist.
- Sie ist mit einem bestimmten Barstock ausgestattet, und der Mitarbeiter an der Dispense-Bar bereitet jene Getränke zu, die die Gäste bei den Servicemitarbeitern bestellt haben.
- Veranstaltungen wie Bälle, Modeschauen oder Bankette benötigen diese Form der Getränkezubereitung.
- Auch das Room Service in einem Hotelbetrieb kann durch eine Dispense-Bar versorgt werden.

Lounge

- Eine Lounge ist ein meist exklusiver Aufenthaltsraum auf Flughäfen und Bahnhöfen, um Reisenden ihre Wartezeit so angenehm wie möglich zu gestalten.
- Aus demselben Grund findet man diese Betriebsform auch immer öfter in Großstädten. Zum einen dient sie Geschäftsleuten zur Kommunikation und Geschäftsanbahnung, zum anderen Handelsreisenden, um in „Stehzeiten" auszuruhen oder sich ihrer Arbeit zu widmen.
- Der Zutritt ist fast ausschließlich kostenpflichtig oder durch eine besondere Ermächtigung (z. B. Business-Card) möglich.
- Die Gäste einer Lounge werden an einer Rezeption empfangen, wo ihre Zutrittsberechtigung geprüft wird. Von dort aus werden ihnen auch die Räumlichkeiten vorgestellt, und es wird auf Fragen und Wünsche eingegangen.
- Die Einrichtung gestaltet sich äußerst gemütlich, z. B. durch niedrige Fauteuils und Ledergarnituren auf Teppichen bzw. Teppichböden.
- Das Licht ist gedämpft, die Musik dezent im Hintergrund.
- Ein erlesenes Getränkeangebot sowie kleine, einfache Speisen und Snacks sorgen für das leibliche Wohl.
- Insgesamt erinnert eine Lounge oft an die Atmosphäre eines Wohnzimmers.
- In sogenannten **Business Lounges** werden darüber hinaus Computer sowie Internet- und WLAN-Anschlüsse bzw. Steckdosen für Laptops zur Verfügung gestellt.

Bareinrichtung

Die Bar soll eine Stätte der Erholung sein, in der der Besucher vom Alltagsstress abschalten und seine sozialen Kontakte pflegen kann. Beim Einrichten einer Bar empfiehlt es sich, einen erfahrenen Fachmann einer renommierten Gastronomieausstattungsfirma zurate zu ziehen.

Planung ist der halbe Erfolg

- Das harmonische Zusammenspiel von Raumgestaltung, Raumnutzung und der Einrichtung ist für den Erfolg eines Betriebes unbedingt notwendig.
- Besonders wichtig ist auch das Betriebskonzept, welcher Stil verfolgt wird bzw. welche Erwartungen und Ziele in der Geschäftsidee stecken.
- Bei der Gestaltung der Räumlichkeiten muss von vornherein klar sein, welchen Bartyp man anstrebt: eine zeitlose, langlebige Bar oder ein trendiges und dadurch kurzlebigeres In-Lokal.
- Überlegungen, welche Zielgruppe man ansprechen möchte, sind unumgänglich.
- Dazu empfiehlt sich das Sammeln von Informationen und Eindrücken aus bereits bestehenden Betrieben, um sich von überall das Ansprechendste und Interessanteste herauszufiltern, abzustimmen, zusammenzufügen und in der eigenen Gaststätte umzusetzen.
- Die persönliche Identifikation mit der Räumlichkeit und deren Gestaltung ist ein sehr wichtiger Faktor für den Erfolg. Man muss sich wohlfühlen, das Ambiente sollte das eigene Lebensgefühl, den Lebensstil, die Erfahrung widerspiegeln.

Die Bartheke steht im Mittelpunkt

Die „Barriere", die Theke, der Tresen steht im Mittelpunkt des Betriebes. Sie ist das Zentrum, von dem alles ausgeht und wo sich alles trifft – wo ein Abend zumeist beginnt und auch wieder endet. Dementsprechend sollte bei der Platzierung und Größe des Baraufbaus darauf Rücksicht genommen werden.

Ein paar Punkte, auf die beim Errichten einer Bartheke zu achten ist:

- Die Barplatte sollte mindestens 30 Zentimeter tief sein.
- Daran wird eine Armauflage (Lümmelbrett) für den Gast montiert. Sie sollte leicht gepolstert und z. B. aus Leder sein.
- Die Barplatte sollte über die Vorderkante des Barpultes hinausragen, um dem Gast eine gewisse Beinfreiheit zu verschaffen.
- An der Frontseite der Bar, unterhalb des Lümmelbrettes, sollte ein Ablagefach oder/und eine Möglichkeit zum Aufhängen von Handtaschen, Hüten usw. vorhanden sein.
- Ebenso sehr komfortabel ist eine Fußstütze bzw. ein Trittbrett.
- Die Höhe der Bar sollte so konzipiert sein, dass der Gast keinesfalls zum Barpersonal aufschauen muss.
- Die Barhöhe und die Höhe der Barhocker müssen proportional zusammenpassen.
- Die Barplatte sollte aus strapazierfähigem Material sein, z. B. aus Stein, Marmor, Hartholz.
- Bei einer langen Theke sollte eine Getränkeausgabe für die Servicemitarbeiter eingeplant werden. Dies verhindert lange, unnötige Wege und Staus hinter der Bar.
- Die Tiefe von Barplatte und Arbeitsfläche zusammen sollte so bemessen sein, dass der Barkeeper die Theke noch leicht durch seine Armlänge erreicht.

Die eingebaute Bar

- Die Bar ist parallel zu einer Wand aufgebaut.
- Der Vorteil ist, dass das Barpersonal mit Blick zum Gast arbeitet und so einen besseren Überblick hat.
- Die Rückwand wird als Präsentations- bzw. Werbefläche für die angebotene Produktpalette und zum Aufstellen von Gläsern genutzt.
- Sind auf dieser Seite Spiegel montiert, lässt dies den Raum größer und heller wirken.
- Ebenso besteht bei einer eingebauten Bar die Möglichkeit der Anbindung eines Nebenraums, der als Office oder Lager genutzt werden kann. Ist das der Fall, erleichtert dies ein Nachfassen. Ein zusätzlicher Raum eignet sich gut für Vorbereitungsarbeiten oder zum Zubereiten kleiner Snacks.

Die Bartheke im freien Raum

■ Diese Bar hat den Vorteil, der zentrale Blickfang eines Betriebes zu sein.
■ Sie ist jedoch meist teurer in der Errichtung und kommt nur in großen, hohen Räumen wirklich gut zur Geltung.
■ Ein Nachteil liegt darin, dass das Barpersonal unweigerlich immer mit dem Rücken zu einem Gast steht.
■ Der Stauraum sollte ausgiebig Platz bieten, da ein Nachfassen umständlich und störend ist.

Die Innenausstattung einer Bartheke

Eine rationelle Innenausstattung und Aufteilung der Bartheke ermöglicht dem Barman ein rasches und ökonomisches Arbeiten.

■ Es ist darauf zu achten, dass er keine unnötigen Wege zurückzulegen hat.
■ Der Barman soll in einem Radius von 180° alle seine Barutensilien und Barwerkzeuge griffbereit platziert haben.
■ Jede Theke hat einen gekühlten und einen ungekühlten Bereich. Beide Bereiche sollten versperrbar sein.
■ Die Unterteilung sollte in Gastronormmaßen erfolgen.
■ Türgriffe dürfen aus Gründen der Verletzungsgefahr nicht zu groß sein.
■ Die Kühlsysteme sind meist aus Nirosta, mit herausnehmbaren Laden in verschiedenen Höhen. Vor der Auswahl der Größe und Tiefe der Kühlanlage sollte bedacht werden, wie viele Getränke und Gefäße eingekühlt werden sollen und in welcher Größe sie sind.

Kühlgeräte sollten nie neben Heizgeräten installiert werden!

■ Der ungekühlte Bereich muss ebenfalls auf die voraussichtlich zu verstauenden und versperrbaren Barutensilien und Waren abgestimmt werden.
■ Die Außenfläche sollte strapazierfähig und leicht zu reinigen sein.

Folgende Geräte und Einrichtungsgegenstände müssen hinter einer Bar Platz finden:
- Eiswürfelmaschine
- Crushed-Ice-Maschine (oder eine elektrische Eismühle)
- Ein in die Arbeitsfläche eingebauter sogenannter Kühlsumpf zur Kühlung von dauernd benötigten Flaschen und ein eingebauter Bereich zum Kühlhalten von Eiswürfeln.

Ein Schmelzwasserabfluss darf nicht fehlen!

- Ein Stabmixer
- Ein Aufsatzmixer (evtl. mehrere Behälter dazu)
- Eine elektrische Zitruspresse (eine mechanische in Reserve)
- Eine elektronische Registrierkasse oder ein Computersystem
- Eine Gläserspülmaschine mit anschließendem Nirosta-Waschplatz bestehend aus mindestens einem Waschbecken und einem Platz zum Abtropfenlassen
- Eine Zapfanlage für Bier und Sodawasser
- Je nach Größe der Bar mindestens ein großer, feuerfester Kippmülleimer für Restmüll sowie genügend Platz zum Trennen von Ein- und Mehrwegflaschen, Biomüll und Kunststoff
- Eine Espressomaschine mit Kaffeemühle
- Eine Musikanlage

Der Gläser- und Getränkeschrank

- Es empfiehlt sich, die Getränkeflaschen so zu platzieren, dass sie vom Gast gut gesehen und vom Barman leicht erreicht werden können.
- Sozusagen ein Meer aus Flaschen verleiht einer Bar ein besonderes Flair und erlaubt dem Gast einen beeindruckenden Überblick über das bestehende Angebot.
- Die Flaschen müssen immer sauber sein, mit der Etikette nach vorne zeigen und je nach Spirituose (Rum, Whiskey, Likör...) sortiert sein.
- Die exklusivsten Waren sollten im Zentrum des Regals oder der Stellage platziert werden.

Es empfiehlt sich, häufiger gebrauchte Flaschen in vorderster Front zu deponieren, um ein rationelles Arbeiten zu ermöglichen.

- Alle Flaschen sollten nach einem bestimmten System aufgestellt werden, das immer beibehalten wird. So können die Arbeitsabläufe mit der Zeit automatisiert werden.
- Es ist ratsam, die Gläser in der Bar so unterzubringen, dass sie je nach ihrer Verwendung griffbereit stehen. Das heißt: die Biergläser zum Zapfhahn, die Weingläser dorthin, wo der Wein gelagert wird, die Gläser für Mixgetränke zum Mixplatz usw.
- Um ein Verschmutzen der Gläser zu verhindern, müssen sie mit der Öffnung nach unten aufgestellt werden.
- Werden die Gläser im Thekenbereich platziert, so sollten die höheren hinten, die niederen vorne aufgestellt werden.
- Auch die Gläser sollten immer denselben Platz einnehmen, um ein rasches, routiniertes Arbeiten zu ermöglichen.
- Gehen Gläser zu Bruch, so müssen umgehend neue nachgefasst werden, um den Arbeitsablauf nicht zum Stehen zu bringen.

Der Boden hinter der Bar sollte mit einem strapazierfähigen, fußfreundlichen, wenn möglich rutschfesten und leicht zu pflegenden Material belegt sein. Er muss unbedingt täglich gereinigt werden.

Die Sitzgelegenheiten

- Es gibt fest montierte und frei aufgestellte Barhocker.
- Frei aufgestellte Barhocker bergen eine gewisse Unfallgefahr, weil sie umkippen können. Sie haben jedoch den großen Vorteil, dass sich jeder Gast nach Belieben und seiner Körpergröße entsprechend den Barhocker selbst platzieren kann.
- Die Bequemlichkeit eines Barhockers kann durch eine gepolsterte Sitzauflage sowie durch Fußstützen und Armlehnen erhöht werden.
- Auf fest montierten Barhockern bleibt man erfahrungsgemäß nicht so lange sitzen wie auf frei stehenden.

Die Beleuchtung

- Die Beleuchtung ist von vorrangiger Bedeutung für die Atmosphäre in einer Bar.
- Indirekte Beleuchtung und blendfreies Licht sind vorzuziehen.
- Das Licht sollte einen warmen, milden Farbton haben.
- Spotlights können auf bestimmte Blickpunkte, z. B. Bilder, Flaschenregale, Pflanzen, gerichtet sein.

Die Belüftung

- Eine gut funktionierende Klimaanlage muss ständig für Frischluft sorgen.
- Die Klimaanlage ist ständig zu warten.
- Vergessen Sie nicht, vor Geschäftsbetrieb zu lüften.

Die Musik

- Die Musik in einer Bar darf keinesfalls zu laut, aber auch nicht zu leise sein.
- Eine dezente Untermalung durch eine zum Lokaltyp passende Musikrichtung ist zu befürworten.
- Bei angespannter Atmosphäre empfiehlt es sich, leise und ruhige Lieder zu spielen. Bei lockerer, lustiger Atmosphäre darf es ruhig etwas stimmungsvoller sein.

Die Wahl der Musikrichtung und der Lautstärke kann für den gelungenen Verlauf eines Abends sehr entscheidend sein.

Mayday Bar, Hangar-7, Salzburg

BAR-STAFF

Unser Motto:
Diskretion ist Ehren-
sache – Zuhören, Anteil-
nahme am Thema zeigen
und sofort wieder
alles vergessen.

Anforderungen an das Barpersonal

Die Anforderungen, die an die Mitarbeiter einer Bar gestellt werden, sind sehr hoch.

- Die wichtigsten Grundbedingungen sind körperliche Gesundheit und eine kräftige Konstitution.
- Beruflich gesehen ist die Bar ein sehr hartes Pflaster, die Position ist entbehrungsreich und fordert eine gute Selbstbeherrschung.
- Erstklassige Fremdsprachenkenntnisse, verständliche Ausdrucksweise und beste Umgangs-formen sind unerlässlich für den beruflichen Erfolg.
- Eine gute Allgemeinbildung ist ebenso wichtig wie politisches und wirtschaftliches Wissen sowie Sportinformationen und die Kenntnis von Angeboten der Unterhaltungsindustrie.
- Meinungen religiöser und politischer Art soll der Barkeeper immer für sich behalten, nie Partei ergreifen und sich keinesfalls in eine derartige Unterhaltung drängen lassen.
- Der Wille zur Fortbildung, Ehrgeiz und vor allem Ehrlichkeit runden das Charakterbild des in der Bar Tätigen ab.

Wie kann man diese Anforderungen erreichen?

- Diese Anforderungen an einen Barmitarbeiter erscheinen beinahe unerreichbar.
- Sie sind jedoch in zweierlei Hinsicht gerechtfertigt. Erstens vertraut der Unternehmer dem Barkeeper seine teure Ware an, andererseits erwartet der Gast einer guten Bar einen seri-ösen Barmann oder eine seriöse Barfrau hinter der Theke.
- Die Laufbahn des Barman beginnt in der Regel als Servicemitarbeiter (Restaurantfach-mann/Restaurantfachfrau). Nach Absolvierung der Lehre bzw. einer Fachschule besteht die Möglichkeit, als Barcommis die Grundkenntnisse des Mixberufes zu erlernen.
- Meistens vervollständigen junge Barcommis ihre Ausbildung im Ausland. Bevorzugte Län-der sind England, Amerika, Frankreich und die Schweiz. Eine Auslandsweiterbildung ist sehr empfehlenswert, weil der junge Barcommis die Sitten und Gewohnheiten der verschie-denen Nationen sowie Fremdsprachen lernt.
- Als Weiterentwicklung in diesem Beruf kann auch ein Barkeeperkurs dienen. Sehr gute Bar-schulen gibt es neben den heimischen zum Beispiel in New York, London, Luzern, München und Rostock.
- Kurse, Schulungen und das Studium von Fachliteratur bilden eine gute Basis. Zu guter Letzt sei aber erwähnt, dass die Praxis in einer renommierten Bar unter Führung eines erfahrenen Barman die allerbeste Form ist, den Beruf eines Barkeepers zu erlernen.

Welchen Verlockungen bzw. Gefahren müssen Sie widerstehen?

Besonders groß sind die Verlockungen und Gefahren in der Bar.

- Die Position erfordert Enthaltsamkeit von Alkohol und Nikotin.
- Offerierte Tabakwaren und Getränke sollte man natürlich annehmen, jedoch mit der Bemerkung, später zu rauchen bzw. zu trinken.
- Man sagt nie: „Ich darf nicht ...".
- Bei der Getränkewahl im Falle einer Einladung ist Bescheidenheit gefragt. Maximal dasselbe oder ein günstigeres Getränk sollte ausgewählt werden.

Was ist das Wichtigste?

Das Wichtigste, um den Barberuf perfekt ausüben zu können, ist jedoch:

- Gerne Dienst leisten.
- Anderen gerne Gutes tun.
- Am Verwöhnen und Umsorgen Spaß haben.
- Auch an schlechten Tagen lächeln und dadurch Lebensfreude vermitteln.
- Respektvoll gegenüber allen Mitmenschen sein.
- Alle diese Punkte, ohne sich dabei dem Gast zu unterwerfen, sind für die Wärme und Atmosphäre in einem Lokal sehr wichtig.

Die Begriffe Bartender bzw. Barkeeper haben zweierlei Bedeutung. Im angloamerikanischen Raum versteht man darunter den Besitzer oder Pächter einer Bar. In Europa steht dieser Begriff jedoch gleichbedeutend neben Barman, Mixer und Chef de Bar.

In einer Bar gibt es folgende Positionen:

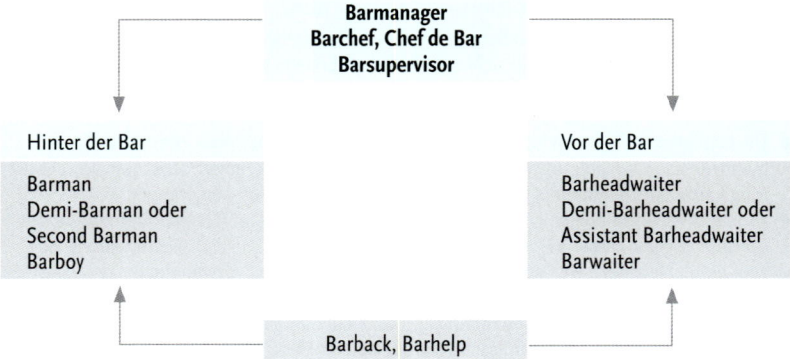

Barmanager

Die Verwendung des Begriffs Management charakterisiert die Führungsaufgaben dieser Person.

- Der Barmanager trägt die Verantwortung und delegiert jene Aufgaben, die seine Mitarbeiter bewältigen können.
- Gibt es in größeren Betrieben mehrere Bars, so ist er für alle verantwortlich.
- Es ist nicht nötig, dass der Barmanager das fachliche Können der Mitarbeiter überragt. Seine Aufgabe ist es vielmehr, das Können und Wissen der Barmitarbeiter optimal einzusetzen.
- Er muss aus der Gastronomiebranche sein, allein schon deshalb, um akzeptiert zu werden.
- In Großbetrieben ist er dem Food-&-Beverage-Manager, in Kleinbetrieben dem Geschäftsbesitzer unterstellt.

Die Position eines **Barchefs** wird oft gleichgesetzt mit der des Barmanagers, und in kleineren Betrieben werden sie tatsächlich oft von ein und derselben Person augeübt. In Großbetrieben ist der Barchef der Vertreter des Barmanagers, er kann aber auch vor und hinter der Bar eingesetzt werden. Er ist meist nur für eine Bar verantwortlich.

Der **Barsupervisor** ist ebenfalls sehr oft identisch mit dem Barmanager. Er kontrolliert die Erfüllung der Zielvorgaben für die Bar und beobachtet das eingesetzte Personal. Er bespricht alle anfallenden Probleme der Barmitarbeiter und gibt die Reklamationen, Kommentare und Vorschläge an die vorgesetzte Stelle weiter. Er führt das sogenannte „Grundbuch der Betriebsführung". Jede Abweichung davon meldet er schriftlich an seinen Vorgesetzten.

Barman, Barmaid, Barkeeper, Bartender, Mixer

- Der Barman/die Barmaid ist eine Person, die mit seinen Handlungen und Aktionen in der Bar sehr viel bei den Gästen bewirken kann. Seine/Ihre Autorität schafft Vertrauen. Über diese Autorität verfügen aber nur Menschen, die bereits auf eine jahrelange Berufserfahrung verweisen können. Ein guter Barkeeper ist Entertainer, Beichtvater und Philosoph. Fachkompetenz gepaart mit sozialem Denken ist der Schlüssel zum Erfolg.
- Eine Weiterbildung durch Fachliteratur sollte obligatorisch sein.

Englisch ist besonders wichtig!

- Besonders wichtig für einen Barman ist es, die englische Sprache zu beherrschen.
- Englisch ist die Fachsprache der Barmen, die der Fachliteratur und schließlich die gebräuchlichste Sprache zur Verständigung mit dem internationalen Publikum.

Eine der wichtigsten Eigenschaften eines guten Chef de Bar ist es, dass er während der Unterhaltung mit den Gästen gleichzeitig auch arbeiten kann. Ein korrekt geführtes Verkaufsgespräch mit dem Gast ist besonders wichtig.

Barmeister

- Der Titel Barmeister darf nach erfolgreichem Abschluss einer Barmeisterprüfung geführt werden, die in verschiedenen Ländern angeboten wird/wurde.

Demi-Barman, Second Barman

- Der Demi-Barman ist dem Barman rangmäßig untergeordnet.
- Er sollte die Fähigkeiten und Fertigkeiten des Barman in näherer Zukunft erreichen können.
- Ist der Barman nicht verfügbar, dann nimmt der Demi seine Stelle mit allen Rechten und Pflichten ein.

Barcommis, Barboy

- Der Barboy bzw. Barcommis ist der Gehilfe des Barman.
- In seinen Aufgabenbereich fällt es, Getränke einfacher Art zu servieren, abzuservieren und auf Sauberkeit hinter der Bar zu achten.
- Besondere Sorgfalt muss der Bar-Mise-en-Place gelten.
- Eine genaue Arbeitsteilung gibt es nicht. Es gilt der Grundsatz des Teamworks.

Barheadwaiter, Barcaptain, Barober

- Der Barheadwaiter bzw. Barcaptain bzw. Barober ist verantwortlich für die Betreuung der Gäste an den Tischen.
- Durch diesen individuellen Service soll er für eine weitere Hebung der Atmosphäre in der Bar sorgen und dazu beitragen, Stammgäste zu gewinnen.
- Auch für diese Position gilt, dass nur durch gute Kooperation mit dem Barman der Erfolg gesichert ist.

Demi-Barheadwaiter, Assistant Barheadwaiter

- Der Demi-Barheadwaiter ist dem Barheadwaiter untergeordnet.
- Er sollte seine Fähigkeiten und Fertigkeiten in näherer Zukunft erreichen können.
- Ist der Barheadwaiter nicht verfügbar, dann nimmt der Demi seine Stelle mit allen Rechten und Pflichten ein.

Barwaiter, Barkellner

- Er untersteht dem Barober und wird ebenfalls im Service an den Bartischen eingesetzt.

Barback, Barhelp

- Der Barback bzw. Barhelp ist eine gelernte oder angelernte Kraft, die in einem Raum hinter der Bar oder (bei Anordnung der Bar in der Mitte des Raumes) in einem Extraraum die verschiedensten Vorbereitungsarbeiten erledigt.
- Seine Arbeit ist für das gesamte Barpersonal sehr wichtig, da sie eine reibungslose Durchführung des Bargeschäftes gewährleistet.
- Zu seinem Aufgabengebiet gehört die Vorbereitung der Mise en Place und der Garnituren nach einem Plan des Chef de Bar.
- Er ist zuständig für die Bereitstellung einer ausreichenden Menge von Eiswürfeln und Crushed Ice, von Läuterzucker sowie von Säften und Früchten.
- Er besorgt die bestellten Waren aus dem Lager.
- Er kontrolliert die Sauberkeit der Flaschen. Die Flaschen müssen mit lauwarmem Wasser abgewaschen werden, da sie beim Arbeiten außen verkleben.
- Die Bartheke und die Tische sind nachzupolieren, die Sundries (Knabbereien) sind in Schalen gefüllt zu verteilen.

Showbarkeeper

Spätestens seit 1988, als der legendäre Film Cocktail mit Tom Cruise auf unseren Leinwänden zu sehen war, wird das Barbild vielerorts durch fliegende Gegenstände wie Flaschen, Gläser und Eiswürfel bereichert.

- Einer der ersten Showbarkeeper war wahrscheinlich Mr. Jerry Thomas, der bei verdunkelter Beleuchtung den Hot Drink Blue Blazer (Rezept Seite 120) zubereitete. Ebenso war er dafür bekannt, dass er bei der Zubereitung mehrerer gleicher Drinks einen Gläserturm aufbaute und wie in einer Art Springbrunnen die Gläser von oben befüllte.
- In den 1960er-Jahren wurde in den USA die Restaurantkette „T. G. I. Friday's" immer populärer. Der Mittelpunkt und zentral positioniert war die Bar, wo damals von firmeneigenen Trainern „Working Flair" gelehrt wurde, was so viel wie Arbeiten mit Gefühl bedeutete.
- Um dem heutigen Bild eines perfekten und erfolgreichen Showbarkeepers zu entsprechen, ist ein umfangreiches Fachwissen über Bar-, Getränke- und Warenkunde Voraussetzung. Es genügt also nicht, nur jonglieren zu können.
- Ebenso wichtig ist eine sportliche Statur und Ausdauer. Damit die akrobatischen Darbietungen möglichst fehlerfrei gelingen, ist tägliches, hartes Training nötig.
- Das sogenannte **Bar Flairing** ist eine regelrechte Performance, also eine Darbietung, bei der Flaschen, Shaker und Gläser durch die Luft wirbeln, unterstützt durch Musik, Gesang oder sonstige Showelemente, die mit Licht, Feuer etc. arbeiten.

Diese Performance zieht viele junge Leute in ihren Bann. Es sollte jedoch bei aller Begeisterung nicht vergessen werden, dass ein Gast im Regelfall nicht nur unterhalten, sondern auch bedient werden möchte.

Kleidung in der Bar

Da der Barman seine Tätigkeit stets vor den Gästen durchführt, muss er seiner Berufskleidung größte Aufmerksamkeit zuwenden. Schlichtes Auftreten ist anzuraten.

Stewardjacke   Gilet mit Bistroschürze   Gilet mit Barschürze

Es ist auf saubere, ordentlich gebügelte und der Körpergröße entsprechende Kleidung zu achten. Reservekleidung sollte immer parat sein!

- Prinzipiell gibt es keine feste Regel für die Arbeitskleidung in der Bar.
- Vielfach wird die eng anliegende, meist weiße Barjacke getragen. Dazu ein weißes Hemd mit Mascherl/Fliege oder Krawatte.
- In Großbetrieben sind farbige, teilweise bedruckte oder bestickte Jacken bzw. Uniformen üblich, um den Bars eine eigene Note zu verleihen.
- Die hochgeschlossene Stewardjacke, die ohne Hemd getragen wird, ist ebenfalls als Barbekleidung passend.
- Es besteht auch die Möglichkeit einer klassischen Kombination aus weißem Hemd, schwarzer Krawatte, schwarzem Gilet, schwarzer Hose und einer dazupassenden langen Schürze. Diese Barschürze (französische Wickelschürze) erweckt einen ordentlichen Eindruck, schützt die Arbeitshose und dient oft auch zu Werbezwecken. Sie verfügt über zwei Öffnungen, sodass man seitlich und/oder hinten in die Hosentasche greifen kann.
- Schmuck sollte vor allem aus Gründen der Verletzungsgefahr nicht getragen werden.
- Zu intensiver Parfumgeruch kann dem Gast unangenehm sein.

Die Arbeitskleidung bei Damen sollte nicht zu freizügig sein.

MISE EN PLACE, GERÄTE, GLÄSER UND EIS IN DER BAR

Mise-en-Place-Arbeiten in der Bar

Eine gute Mise en Place ist die wichtigste Voraussetzung für einen reibungslosen Ablauf und professionelles Arbeiten in der Bar. Sie umfasst alle Vor- und Nachbereitungsarbeiten. Welche Aufgaben in den Bereich Vor- und Nachbereitungsarbeiten fallen, kann je nach Betrieb variieren. Wichtig ist nur, dass alles ordentlich und zeitgerecht erledigt wird.

Grundsätzlich gilt: Nicht gesäubert muss werden – sauber muss es sein!

Nachbereitungsarbeiten

Nach Geschäftsbetrieb haben Sie noch eine Reihe von Nachbereitungsarbeiten.

- Die verderblichen Waren wie Säfte, Milchprodukte, Obst etc. sind, sofern sie am darauffolgenden Tag noch verwendet werden können, im Kühlschrank oder an einem anderen kühlen Ort verschlossen zu verwahren.
- Alle zu spülenden Gläser, Geschirr und Arbeitsgeräte sind zu reinigen und müssen anschließend verstaut werden.
- Dann kann mit der Säuberung des Arbeitsplatzes und des Gastbereiches begonnen werden. Die Arbeitsflächen, Arbeitsmatten und Geräte sind gründlichst zu reinigen.
- Jene Flaschen, die zum Mixen verwendet wurden, sind mit warmem Wasser gut abzuwaschen.
- Aschenbecher werden eingesammelt, abgewaschen und zum Trocknen beiseitegestellt.
- Im Gästebereich müssen alle Tische, die Bar sowie alle anderen Abstellmöglichkeiten und Sitzgelegenheiten ordentlich gesäubert werden.

Ein heißes, mit etwas Spülmittel beträufeltes Wischtuch erleichtert die Wischarbeiten. Hartnäckige Stellen lassen sich damit leichter reinigen.

- Schmutzige Tischwäsche wird für die Wäscherei bereitgestellt und durch neue ersetzt.
- Das Leergebinde und den restlichen Müll zum Entsorgen bereitstellen.
- Die Abrechnung ist zu machen.
- Eine Liste der wieder aufzufüllenden Waren ist zu erstellen. Hierfür gibt es verschiedene Systeme, die in jedem Betrieb individuell gehandhabt werden. Die benötigten Waren werden nachgefasst und wenn nötig für den nächsten Arbeitstag eingekühlt.

- **Wichtig, nicht vergessen:** Die Einkaufsliste ist zu kontrollieren. Sind alle nachzukaufenden Produkte eingetragen?
- Beim Nachordern der Waren aus dem Lager nicht sparen. Lieber zu viel als zu wenig.
- Frische Früchte müssen auf ihren Reifezustand überprüft und gegebenenfalls noch vor dem Verderb zu Mus verarbeitet und kalt gestellt werden (z. B. fast reife Mangos können in nur wenigen Stunden so weit nachreifen, dass sie fasrig und unverwendbar werden).
- Der Gläserspüler muss gereinigt und bei Bedarf regeneriert werden.
- Vor dem Verlassen des Lokals empfiehlt sich noch ein Kontrollgang. Kühlladen und Schränke müssen geschlossen sein, die Entlüftung abgedreht, alle Fenster geschlossen, Elektrogeräte ausgeschaltet (z. B. Geschirrspüler, Musikanlage, Registrierkasse), das Licht in allen Räumen abgedreht und zu guter Letzt die Eingangstüre verschlossen.

Vorbereitungsarbeiten

Bevor Sie Ihre Bar öffnen, ist eine Reihe von Vorbereitungsarbeiten zu erledigen.

- Zuerst wird der Gastbereich auf Sauberkeit kontrolliert.
- Die Tische, die Theke und alle anderen Abstellflächen werden für den Geschäftsbetrieb je nach Vorgabe vorbereitet und aufgedeckt.
- Wenn dies erledigt ist, wird hinter der Bar mit dem Aufbau begonnen.

> Bei der Vorbereitung verderblicher Ware sollte zuvor der zu erwartende Geschäftsbetrieb abgeschätzt werden, wie zum Beispiel Überprüfen der Reservierungen, möglicher Veranstaltungen im Umfeld und der Wetterlage.

- Der Gläserspüler ist zu aktivieren.
- Crushed Ice und Shaved Ice, sofern hierfür keine Maschine zur Verfügung steht, müssen vorbereitet werden.
- Frisch gepresste Säfte sind wenn möglich in der Küche zu ordern oder selbst zuzubereiten.
- Angelieferte Waren werden verstaut, frische Waren verarbeitet bzw. vorbereitet, z. B. Früchte zu Fruchtmus pürieren und abschmecken, Limetten für Crushed Drinks vorschneiden, Dekorationen für Mixgetränke herrichten, Stangensellerie für die Bloody Mary vorbereiten, Minze zupfen und im Ganzen für Mojito und Juleps in luftdichten Behältern bereitstellen.
- Die Gläser müssen auf Sauberkeit überprüft und, wenn zu wenige vorhanden sind, nachgefasst werden.
- Der Obstkorb muss frisch gefüllt werden.

> Früchte, die eine gewisse Zeit im Obstkorb gelegen sind, sind meist optimal nachgereift und lassen sich gut verarbeiten. Ein Obstkorb ist daher nicht nur sehr dekorativ, er eignet sich auch sehr gut dafür, frisches Obst nachreifen zu lassen.

- Der Mixplatz ist aufzubauen: Säfte, Coconut-Cream und Früchte auffüllen; Trinkhalme, Sticks, Stirrer in ausreichender Anzahl bereitstellen; Spirituosen- und Likörflaschen öffnen und mit einem Ausgießer versehen.

Die Flaschen müssen präzise an ihrem gewohnten Ort stehen und immer mit der Etikette nach vorne zeigen.

- Barwerkzeug und Geräte auf Vollständigkeit, Sauberkeit und Funktionstüchtigkeit prüfen.
- Genügend Eis jeglicher Art bereitstellen.

Vor dem Geschäftsbeginn empfiehlt es sich, alle Bereiche noch einmal zu kontrollieren, und zwar
- den Gastbereich,
- den Platz hinter der Theke,
- die gesamte Beleuchtung,
- die Musikanlage,
- die Toiletten,
- den Bereich vor dem Geschäftslokal, inklusive Beleuchtung.

Nur wenn alles perfekt erledigt ist, bleibt im Geschäftsbetrieb ausreichend Zeit, um den Kontakt zum Gast zu pflegen, ihn zu umsorgen bzw. Dienstleistung zu bieten.

Barutensilien und Bargeräte

Die nachstehend gezeigten und erklärten Barutensilien und -geräte sind die Grundausrüstung für jede professionelle Bar. Sie sind in alphabetischer Reihenfolge angeführt. Neue, bessere und zusätzliche Geräte und Werkzeuge sind in den letzten Jahren entwickelt worden. Sie erleichtern und vereinfachen unsere Arbeitsabläufe und lassen ein rascheres und effizienteres Arbeiten zu. Da der Platz hinter der Bar immer kleiner bzw. enger wird, muss umso genauer eingeteilt werden. Es ist zu empfehlen, jedem „Ding" seinen Platz zuzuordnen, damit es jederzeit und für jedermann griffbereit ist. Ebenso wichtig ist der sorgfältige Umgang und die Sauberkeit der verwendeten Gerätschaften. Zum einen aus hygienischen Gründen, zum anderen, da dies die Lebensdauer verlängert.

Absinthlöffel/Absinthbesteck (Absinth Spoon)

Der Absinthlöffel wird mit einem mit Absinth getränkten Würfelzucker auf der Öffnung des Glases platziert. Der Absinth wird entzündet und (wie bei einer Feuerzangenbowle) der Zucker so zum Schmelzen gebracht.

Arbeitsmatten/Kunststoffmatten

Diese meist schwarzen Matten werden in verschiedenen Größen und oftmals auch mit einem Firmenaufdruck angeboten. Sie liegen auf der Bartheke und auf dem Arbeitsplatz des Barkeepers. Der Vorteil liegt darin, dass, wenn etwas danebengeht, dies durch die Noppen nicht sofort gesehen wird und nicht gleich alles „schwimmt".

Aufsatzmixer (Electric Mixer)

Der elektrische Aufsatzmixer dient in erster Linie zum Pürieren von frischen Früchten sowie zur Zubereitung von Frozen Drinks, Frappés usw. Bei starkem Geschäftsbetrieb können in diesem Gerät auch mehrere Portionen eines Drinks auf einmal vorbereitet und dadurch die Wartezeit für den Gast verkürzt werden.

Ausstecher

Im Handel als Keks- oder Marzipanausstecher in verschiedenen Formen (Herzen, Sterne etc.) zu kaufen, dienen sie zum Ausstechen von Obst- und Gemüsegarnituren. Die Marzipanausstecher sind kleiner .

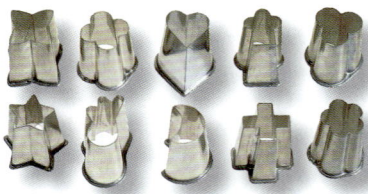

Barlöffel (Bar Spoon)

Der Barlöffel ist ein langstieliger Löffel aus Silber oder rostfreiem Stahl und wird zum Verrühren (vor allem im Mix- und Gästeglas) und zum Beigeben diverser Ingredienzen verwendet. Am Stielende befindet sich häufig ein kleiner Stößel (Muddler), der zum Zerdrücken von Blättern, Würfelzucker oder Fruchtstücken verwendet wird. In Rezepten wird die Mengenangabe Barlöffel mit BL abgekürzt.

Barsieb (Strainer)

Das Barsieb dient dem Zurückhalten von Eisstücken, Zitruskernen, Minzeblättern und Ähnlichem beim Eingießen der Drinks in die Gästegläser. Der Strainer ist aus rostfreiem Stahl oder Silber. Den Rand bildet eine Spiralfeder, die sich den unterschiedlichen Größen der Shaker, Rührgläser und Blender anpasst. Wird beim herkömmlichen Abseihen eines Drinks zusätzlich mit einem feinen Haarsieb gesiebt, so nennt man dies **„Double Strain".**

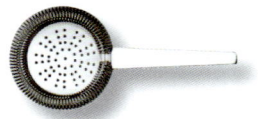

Barzange (Bar Tongs)

Diese löst fest sitzende Sektkorken oder Schraubverschlüsse und kann auch zum Aufzwicken von abgebrochenen Agraffen (Drahtkörben von Schaumweinflaschen) verwendet werden. Sehr effektiv sind auch sogenannte **Barkombizangen,** die neben den oben beschriebenen Funktionen noch alle Arten von Schraub- bzw. Flaschenverschlüssen sowie Dosen öffnen. Kronenkorken können damit ebenso leicht entfernt werden.

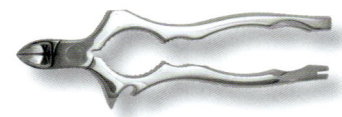

Barzubehörbehälter (Bar Caddy)

Der Bar Caddy hält auf kleinem Raum ein kompaktes Angebot für diverse in der Bar benötigte Utensilien bereit, wie zum Beispiel Stirrer, Servietten, Trinkhalme und Dekormaterial. Er ist zumeist aus Kunststoff und lässt sich durch seine glatte Oberfläche leicht reinigen.

Bowlegefäß

Ein Bowlegefäß ist meist rundlich, aus Glas oder Kunststoff und hat oben eine Öffnung, die durch einen dazugehörigen Deckel abgeschlossen werden kann. Der Deckel soll eine Ausnehmung für einen passenden Schöpfer haben.

Cocktailspießchen (Cocktailsticks)

Je nach Größe und Funktion der Spießchen gibt es unterschiedliche Varianten:

- So können Spießchen in ihrer Länge unterschiedlich sein, von etwa 5 bis 25 Zentimeter. Sie sind an einem Ende spitz, am anderen zumeist mit einem Symbol versehen. Es ist darauf zu achten, dass die Spießchen nicht zu klein sind, um sie besser handhaben zu können. Längere Spieße werden auch gerne als eine Art **Stirrer** verwendet.
- Unterschiedliche Farben: Das Angebot an verschiedenen Farben kennt keine Grenzen. Doch gilt wie bei den Trinkhalmen, dass die Farbe der Spießchen mit dem Getränk korrespondieren sollte.
- Unterschiedliche Materialien: Der Markt bietet hölzerne, metallene und Kunststoffspieße an. Metallene haben den Vorteil der Wiederverwendbarkeit nach ihrem Gebrauch und ihrer Reinigung, sie werden jedoch gerne als Souvenir angesehen. Spieße aus Kunststoff können nach gründlicher Reinigung zumindest zwei- bis dreimal verwendet werden. Hölzerne Spieße sind ausschließlich einmal zu verwenden.

Crustabehälter/Cocktailschalenrändler

Das ist ein dreiteiliger Behälter zur Zubereitung von Crustaränder, wobei ein Teil für die Flüssigkeit, ein Teil für den Zucker und ein Teil für das Salz vorgesehen ist.

Dekanter

Eine **Dekantierkaraffe** wird zum sogenannten Dekantieren verwendet, also zum Umgießen eines Weines aus der Originalflasche, um ihn vom Depot zu trennen. Dabei erhalten die Weine auch den Sauerstoff, den sie oft brauchen, um ihr Bukett und Aroma entfalten zu können bzw. geschmackliche Kanten abzurunden.

Dekorpinsel

Selten gebrauchtes Utensil. Mit einem Dekorpinsel können Flüssigkeiten mit Zucker oder Sirup auf die äußeren Glasränder aufgetragen werden.

Dosenöffner (Can Opener)
Ein Allzweckgerät zum Öffnen von verschiedenen Dosen.

Eiskübel, Eisbox (Ice Bucket)
Diese Behältnisse dienen zur Aufbewahrung von Eiswürfeln, Crushed Ice und Shaved Ice und sind aus Glas, Silber, Metall oder Kunststoff. Sie stehen einerseits dem Barman zur Verfügung, andererseits werden Eiskübel beim Clubservice für die Gäste bereitgestellt. Doppelwandige Kunststoff-Eisboxen halten das Eis länger kalt und frisch. Eine Abdeckung verlängert die Haltbarkeit und schützt vor Verschmutzung.

Eislöffel (Ice Spoon)
Zum Herausnehmen der Eiswürfel aus dem Eiskübel oder der Eisbox. Durch Löcher an der Unterseite des Löffels kann das Schmelzwasser sehr leicht abrinnen. Am oberen Rand kann er mit Zacken ausgestattet sein.

Eismaschine (Ice Machine)
Die Eismaschine ist ein aus der Bar nicht mehr wegzudenkendes Gerät, das Eiswürfel (in verschiedenen Formen) sowie Crushed Ice und Shaved Ice in einwandfreier Qualität herstellt. Es gibt auch eigene Eiswürfelmaschinen sowie Maschinen, die Crushed Ice oder Shaved Ice produzieren.

Eismühle (Ice Grinder)
Die Eismühle wird zur Herstellung von geschabtem Eis (Shaved Ice) verwendet. Es gibt elektrische und mechanische Geräte. Um ein perfektes Ergebnis zu erzielen, sollten die zu schabenden Eiswürfel zuvor tiefgefroren werden.

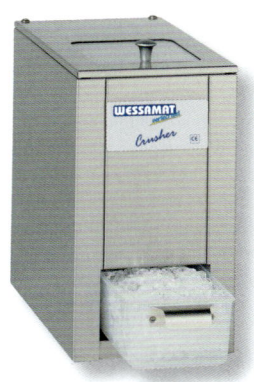

Eispickel (Ice Pick) oder Eisstecher

Dient zum Zerkleinern von größeren Eisstücken bzw. einem Eisblock. Die zerkleinerten Stücke können mit einem Eishammer noch zerstoßen werden. Es gibt auch Eispickel mit integriertem Eishammer. Beide Geräte sind heute kaum mehr in Gebrauch, da die Eismaschinen alle Arten von Eis herstellen.

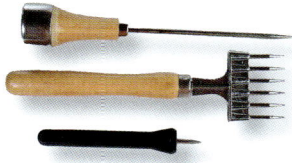

Eisportionierer

Zum Ausstechen bzw. Portionieren von Speiseeis.

Eisschaufel (Ice Shovel)

Eisschaufeln werden zum Herausnehmen des Eises aus dem Eiskübel oder der Eiswanne verwendet. Dieses Arbeitsgerät ist aus Silber, Metall oder Kunststoff und wird in verschiedenen Größen angeboten. Manche Modelle sind mit Löchern versehen, um das Schmelzwasser abrinnen zu lassen.

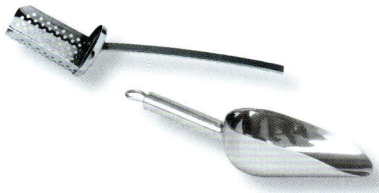

Eiswasserkrug/Saftkrug/Krug mit Kühleinsatz

Ein Eiswasserkrug ist aus Keramik, Glas oder Kunststoff. Das Wasser wird durch Eiswürfel darin kalt gehalten. Der Ausgießschnabel ist meist nach innen gewölbt, um das Eis beim

Ausgießen im Gefäß zurückzuhalten. Bei manchen Modellen verhindert dies ein Deckel. Sämtliche Krüge können auch als Saftkrüge dienen.

Im Krug mit Kühleinsatz wird der Inhalt der Karaffe gekühlt, ohne durch schmelzende Eiswürfel zu verwässern.

In einem normalen Wasserkrug (Water Pitcher, Water Mug) sind keine Eiswürfel, sondern nur frisches Wasser. Der Wasserkrug wird zu Getränken serviert, die sich der Gast selbst verdünnen möchte.

Eiszange (Ice Tongs)

Zangen werden in der Bar in erster Linie für zwei Tätigkeiten verwendet:

– Vom Barman für ein hygienisch einwandfreies Arbeiten mit Eiswürfeln.
– Vom Gast, z. B. beim Clubservice, für die für ihn in einem Eiskübel bereitgestellten Eiswürfel.

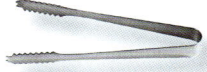

Im Handel werden die verschiedensten Modelle zumeist aus Metall angeboten. Mit welcher Ausführung das Arbeiten leichter fällt, sollte jeder Barman für sich selbst entscheiden. Für jeden einzelnen Bereich muss ein eigenes Werkzeug bereitstehen.

Flaschenausgießer (Pourer)

Diese Ausgießvorrichtung wird auf Flaschen aufgesteckt, wobei unbedingt beachtet werden muss, dass sie auch dicht ist. Es gibt verschiedene Modelle und Arten von Ausgießern, wie z. B. jene mit einem automatischen Stopp nach 2 oder 4 cl. Andere haben einen permanenten Durchlauf. Sie werden vom professionellen Barkeeper verwendet. Ausgießer vereinfachen auch Arbeitstechniken wie das Toppen, Floaten oder Schichten. Aus hygienischen und optischen Gründen und um ein Verkleben zu vermeiden, sollten Pourer regelmäßig gereinigt werden.

Fruchtpresse (Squeezer)

Die Fruchtpresse wird zum Auspressen frischer Zitrusfrüchte verwendet. Es stehen mechanische sowie elektrische Modelle zur Verfügung.

Fruchtsaftflasche (Pouring Bottle, Juice Bottle)

Sie dient zur Bereitstellung und Aufbewahrung von verschiedensten Fruchtsäften und anderen Flüssigkeiten, die in der Bar zum Einsatz kommen.

Garniturbox

Die Garniturbox ist ein abdeckbares Gefäß aus Kunststoff und dient zur Aufbewahrung von Garnituren. Die Frischebehälter werden auch mit integrierter Kühlmöglichkeit angeboten. Diese Variante der Bereitstellung von verderblichem Dekorationsmaterial ist besonders hygienisch.

Garniturgabel

Eine Garniturgabel hat zwei Spitzen (scharfzinkige Gabel; ähnlich einer Fleisch- oder Wurstgabel).

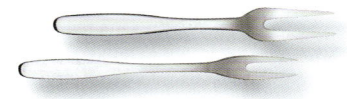

Garniturzange

Die Garniturzange dient dem Fertigen bzw. Zusammensetzen von Garniturbestandteilen sowie zum Platzieren von Garnituren am oder im Getränk. Auch Trinkhalme sollten ausschließlich mit der Garniturzange platziert werden.

Steht keine Garniturzange zur Verfügung, kann auch eine Eiszange verwendet werden. Für jede einzelne Tätigkeit muss jedoch eine eigene Zange benutzt werden

Ingwerreibe (Ginger Grinder)

Mit einer Ingwerreibe wird frischer Ingwer gerieben. Ersatzweise kann sie auch zum Reiben von Zitrusschalen verwendet werden.

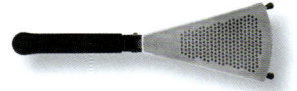

Kannelierer

Mit dem Kannelierer können einerseits Schalenstreifen von Zitrusfrüchten geschnitten werden, andererseits ergibt sich ein interessantes Muster in der Schale, das beim Schneiden von Scheiben sehr dekorativ zur Geltung kommt.

Karaffe (Carafe)

Karaffen, ob aus Glas oder Kunststoff, werden für die Aufbewahrung von frisch gepressten oder konservierten Frucht- und Gemüsesäften sowie von Obers/Sahne, Milch usw. verwendet. Aus hygienischen Gründen und um eine längere Frische zu gewährleisten, sind Modelle mit einer Verschlussmöglichkeit zu empfehlen.

Korkenzieher (Bottle Opener)

Dient zum Öffnen von Weinflaschen, die mit einem Korken versehen sind. Die Vielfalt an Geräten ist groß: mit einfacher, doppelter oder ohne Hebelwirkung, mit integriertem Messer, um die Verschlusskappe zu öffnen, oder/und mit Kronenverschlussöffner.

Sehr einfach und sicher zu bedienen ist der Screwpull (siehe Seite 282), den es in den verschiedensten Ausstattungsvarianten gibt.

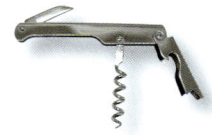

Kronenkorkenöffner (Bottle Opener) o. Abb.

Für Kronenkorkenverschlüsse.

Messbecher (Measure, Jigger)

Er dient zum genauen Messen von flüssigen Ingredienzen, ist geeicht und meist aus Edelstahl oder Glas. Jigger werden in verschiedenen Maßeinheiten (meist 2 cl und 4 cl) angeboten. Sofern nichts anderes ersichtlich, ist die richtige Füllmenge dann erreicht, wenn der Messbecher bis zum Rand hin voll ist.

Messer in der Bar

In der Bar sind verschiedene Messer für unterschiedliche Aufgaben in Verwendung.

Barmesser (Bar Knife)

Als klassisches Barmesser wird ein Schneidewerkzeug bezeichnet, das fast immer zur Gänze aus Edelstahl besteht, meist mit einem leichten Wellenschliff ausgestattet ist und am vorderen Ende zwei nach oben aufgebogene Spitzen hat. Es dient auch als Unterstützung beim Platzieren von Garnituren. So kann das Barmesser auch als **Garniturmesser** bezeichnet werden.

Das meistverwendete Messer dieser Art wird im Handel als Tomatenmesser bezeichnet. Es ist mit einem Wellenschliff ausgestattet und hat zwei eher gerade Spitzen. Es ist ein Allroundmesser und eignet sich besonders gut zum Verarbeiten von Zitrusfrüchten und zum Schneiden von nicht zu großem Obst und Gemüse sowie als Dekorationshilfe.

Großes Früchtemesser

Zum Zerteilen von größeren Früchten, wie z. B. Ananas und Melonen, eignet sich besonders gut ein sogenanntes Brotmesser, dessen Schneide etwa 20–30 cm lang ist und das ebenfalls mit einem Wellenschliff versehen ist.

Tourniermesser

Das Tourniermesser eignet sich besonders gut zum Schälen von Früchten.

Grapefruitmesser

Mit diesem Messer lässt sich das Fruchtfleisch von Zitrusfrüchten besonders leicht herausschneiden.

Messglas/Messzylinder

Der Messzylinder ist ein geeichtes Gefäß und dient zum „Auslitern" (Ausmessen) des Inhalts von angefangenen Flaschen. Eine Kontrolle des Bargetränkestandes ist unerlässlich für die Inventur bzw. Abrechnung des Barstocks. Ein Nachteil ist jedoch, dass beim Messen Alkohol entweicht und auch etwas vom Flascheninhalt verloren geht. In manchen Ländern ist das Messglas ein gesetzlich vorgeschriebener Ausstattungsgegenstand.

Mixglas/Rührglas (Mixing Glass)

Mixgetränke, die weder geschüttelt noch püriert werden müssen, da sie leicht vermengbar sind, werden in einem Rührglas mit einem Barlöffel verrührt. Dieser dickwandige Mixbehälter ist aus Glas und meist mit einem Ausgießschnabel versehen. Es sollten maximal zwei Getränke auf einmal zubereitet werden, da sonst die raumtemperierten Ingredienzen die Eiswürfel zu schnell zum Schmelzen bringen und das die Drinks zu stark verwässern würde.

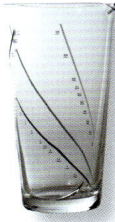

Muskatnussreibe (Grater)

Sie dient zum Reiben von Muskatnüssen. Manche Modelle bieten eine integrierte Aufbewahrungsmöglichkeit für die Muskatnuss.

Parisienne-Ausstecher, Noisette-Ausstecher

Zum Formen von Kugeln aus Früchten, z. B. aus Melonen oder Mangos.

Pfeffermühle

Frisch gemahlener Pfeffer wird u. a. für Pick-me-ups benötigt.

Quirl (Twirling Stick)

Er dient zum Herausquirlen der Kohlensäure aus kohlensäurehaltigen Getränken, wie z. B. Sekt/Champagner. Jedoch gilt ein Grundsatz: Was der Kellermeister in der Flasche erst einmal mühevoll vereint, gehegt und gepflegt hat, soll der Mensch nicht trennen!

Rexgläser

Rexgläser sind verschließbare Glasbehälter. Sie eignen sich hervorragend zum Aufbewahren, z. B. von Minze.

Rührkrug

Der Rührkrug ist ein großes Rührglas, das speziell zum Verrühren von Schaumweindrinks mit Fruchtmus, z. B. Bellini, hervorragend geeignet ist. Siehe Zubereitungsarten, Seite 231.

Salzmühle

Frisch gemahlenes Salz wird u. a. für Pick-me-ups verwendet.

Schere (o. Abb.)

Zum Ab- bzw. Zuschneiden von Garniturbestandteilen (z. B. Ananasgrün).

Schneidebrett

Zum Schneiden der Früchte ist ein Schneidebrett in entsprechender Größe ein unerlässliches Arbeitsgerät. Es ist von Vorteil, wenn es mit einer Saftrinne ausgestattet ist. Ein regelmäßiges Reinigen ist unumgänglich.

Schüttelbecher (Shaker)

Ein Shaker wird zum Verarbeiten von schwer vermengbaren, dickflüssigen Zutaten verwendet.

Der Standard-Shaker ist dreiteilig und hat ein integriertes Barsieb. Er ist meist aus Metall. In manchen Fällen kann der Unterteil aus Glas sein, er kann dann auch als Rührglas verwendet werden. Vor allem bei den Metallteilen eines Shakers ist größte Sorgfalt geboten, da selbst eine nur leichte Beschädigung dazu führen kann, dass der Shaker undicht wird.

Der Boston Shaker ist ein zweiteiliger Shaker. Er erfreut sich vor allem durch seine rasche und unkomplizierte Handhabung großer Beliebtheit.

Ein Teil des Boston-Shakers ist aus Metall, der andere Teil aus Glas, dies kann wiederum als Rührglas verwendet werden.

Der Metallaufsatz des Boston-Shakers kann auch zum sogenannten Speed-Shaken (siehe Seite 227) verwendet werden.

Screwpull

Der Screwpull ist ein spezieller Korkenzieher zum rucklosen Herausziehen eines Korkens, was vor allem beim Dekantieren von Vorteil ist.

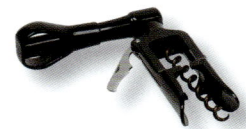

Sekt- oder Champagnerflaschenverschluss

Dient zum festen Verschließen von bereits geöffneten Schaumweinflaschen. Dadurch wird das Entweichen der Kohlensäure verlangsamt. Auch als Patent-Sektflaschenverschluss bezeichnet.

Sekt- oder Champagnerkühler

Diese Behälter werden zum Kühlen bzw. Frappieren von Schaumwein, Champagner oder Weißwein verwendet. Große Gefäße dieser Art können auch für Werbezwecke auf der Bar platziert sein.

Ein zum Gefäß dazugehörender Ständer lässt dem Gast mehr Platz auf dem Tisch. Es gibt auch Modelle, die an der Tischkante angebracht sind.

Siphonflasche

In einer Siphonflasche wird Sodawasser zubereitet, indem sie mit frischem Wasser befüllt und anschließend mit dem dazugehörigen Deckel fest verschlossen wird. In diesem Schraubverschluss ist eine Vorrichtung integriert, die das Anschrauben einer im Handel erhältlichen Sodakapsel (Patrone) vorsieht.

TIPP: Wird die Flasche beim Einschrauben der Kapsel auf den Kopf gestellt, ist der Mischeffekt besser! – Dies gilt übrigens auch bei Sahneflaschen.

Servientenspender

Ein Serviettenspender kann für den Gast bereitgestellt werden, um ihm die Möglichkeit zu bieten, nach dem Verzehr von Garnituren seine Hände zu säubern.

Sodaschlauch

Der sogenannte Sodaschlauch ist der Zulauf für Sodawasser, das von einem Karbonator (einem elektrischen Gerät zur Sodawassererzeugung) hergestellt wird. Durch den Anschluss an die Wasserleitung ist gewährleistet, dass immer frisches, sehr prickelndes Sodawasser zur Verfügung steht. Die Handhabung ist sehr einfach, rasch und sauber.

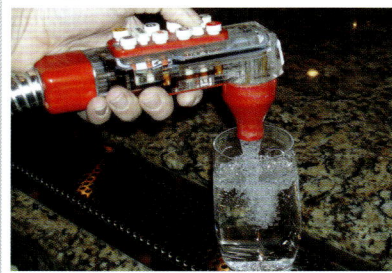

Soda Gun (für mehrere Getränke)

Speed Rack

Das ist eine Metallkonstruktion, die am Mixplatz angebracht ist und so für den Barman zum Abstellen von Mixflaschen zusätzlich Platz bietet. Das Speed Rack sollte in einer für den Barkeeper angenehmen Höhe montiert sein. Zum Reinigen sollte es abnehmbar sein.

Spritzflasche (Dash Bottle)

Kleine Glas- oder Kunststoffflaschen mit einem sogenannten Spritzkorken bzw. mit einer schmalen Öffnung, die beim Eingießen nur einige Tropfen oder Spritzer abgibt. Dash Bottles werden vor allem für Würzbitter verwendet.

Stabmixer

Dieses elektrische Mixgerät, meist mit verschiedenen Geschwindigkeitsstufen, eignet sich vorzüglich zur Zubereitung von Getränken mit schwer vermengbaren Zutaten, wie z. B. Getränken auf Milch-, Obers(Sahne)- oder Fruchtbasis, sowie für Getränke, die mit Eiern zubereitet werden.

Leicht angeschlagenes Obers/Sahne für z. B. einen geschichteten White Russian oder für einen Irish Coffee lässt sich in einem Stabmixer rasch und unkompliziert zubereiten. Wichtig ist, dass der Blender nach jedem Gebrauch sofort wieder gereinigt wird.

Stirrer

Ist ein Hilfsmittel für den Gast, ein nicht zur Gänze vermischtes Getränk zu verrühren, wie z. B. einen Sunrise oder Sling. Oder für einen mit Eiswürfeln, jedoch ohne Trinkhalm servierten Drink, um das sich ständig bildende Schmelzwasser unterzumischen.
Stirrer sind meist aus Kunststoff (in den verschiedensten Farben und Formen), aber auch aus Holz oder Metall und dienen sehr oft als Werbeträger für Firmen oder den eigenen Betrieb.

Stößel (Muddler)

Der Stößel wird zum Zerdrücken von Blättern (z. B. Minze), Würfelzucker und Fruchtstücken, vor allem aus Zitrusfrüchten, im Gästeglas verwendet. Er wird in den Materialien Holz, Kunststoff, Keramik oder Metall angeboten. Es gibt Ausführungen mit und ohne Rillen.

Sundries-Behälter

Für die Bereitstellung von Knabbereien oder Oliven für den Gast.

Trichter

Ein Trichter ist beim Umfüllen von Flüssigkeiten, insbesondere beim Auslitern, ein sehr nützliches Gerät.

Trinkhalme (Straws)

Viele Bargetränke werden mit einem Trinkhalm serviert. Aus diesem Grund sollten immer ausreichende Mengen in verschiedenen Größen und Farben in Gläsern oder im Bar Caddy bereitstehen. Trinkhalme sollten in ihrer Länge der Höhe des Glases und in ihrer Stärke bzw. Dicke der Konsistenz des Drinks angepasst sein. Auf eine farbliche Abstimmung zu achten ist keinesfalls ein Fehler. Nach dem einmaligen Gebrauch sollten Trinkhalme ordnungsgemäß entsorgt werden.

Untersetzer (Underliner, Coaster)

Untersetzer sind aus saugfähigem Stoff oder Papier (engl. Underliner) oder aus Kork, Silber, Holz oder Karton (engl. Coaster). Underliners werden auch zum Unterlegen bei Kaffeetassen oder beim Servieren von Getränken auf einem Unterteller verwendet. Untersetzer erfüllen ihren Zweck besonders beim Service von kalten Getränken in Gläsern ohne Stiel, da diese sehr leicht zu schwitzen beginnen und dabei Feuchtigkeit an der Glasaußen- bzw. -unterseite abgeben.

Als Werbefläche sind Untersetzer sehr wirksam. Bei unseren deutschen Nachbarn heißen die Untersetzer auch Klapperdeckchen, da sie das Klappern der Tasse auf der Untertasse verhindern. Ein Tropfenfänger ist jene kleine Papierserviette, die auf ein Pilsglas geschoben wird.

Weinthermometer

Wird zur Kontrolle der richtigen Servier- bzw. Trinktemperatur verwendet.

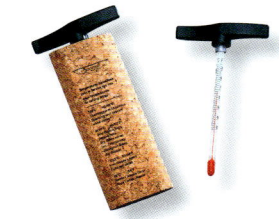

Zestenreißer

Mit diesem Arbeitsgerät werden dünne Streifen (Zesten) aus Schalen (Zitrusfrüchte) geschabt.

Zitrusspaltenpresser

Im Gegensatz zur Zitruszange ist der Spaltenpresser für den Gast zum Auspressen des Saftes. Gerne gibt man zum Beispiel bei einer Bloody Mary oder einem Tee eine Zitronenspalte extra dazu.

Zitruszange

Dieses Arbeitsgerät für den Barman dient zum Auspressen von halben oder kleineren Stücken von Zitrusfrüchten.

Zuckerständer

Zum Anbieten von mehreren Zuckerarten, wie weißem und braunem Zucker, Kandiszucker sowie Süßstoff.

Gläser in der Bar

Das Glas ist der wichtigste Präsentationsbestandteil für ein Getränk. Es verleiht ihm Eleganz und erhöht den Genuss.

Qualitativ hochwertige und korrespondierende Gläser unterstreichen das Niveau und die Professionalität Ihres Betriebes!

Bei der Glaswahl sollte jedoch nicht auf die Zweckmäßigkeit vergessen werden. Beachten Sie daher folgende Punkte:

- Bartypisch vorgegebene Gläserformen sind je nach Getränk bzw. Getränkegruppe einzuhalten, z. B. das klassische Cocktailglas für Pre-Dinner-Cocktails oder die Cocktailschale für After-Dinner-Cocktails.
- Mit dem servierten Getränk stimmig sollte auch die Proportion bzw. Handlichkeit und die Beschaffenheit (Dick- oder Dünnwandigkeit) des Glases sein.
- Farblosen, klaren bzw. durchsichtigen Gläsern ist der Vorzug zu geben. Eine bessere Glasqualität lässt Gläser nicht so schnell matt werden.
- Gläser ohne Werbeaufdrucke verwenden.
- Sie sollten jedenfalls spülmaschinenfest sein.
- Leichtes Reinigen der Gläser muss im Vordergrund stehen. Sie ärgern sich sonst täglich bei zu aufwändigen Glasformen.
- Die Füllmenge muss proportional zum Drink passen. Idealerweise reicht das Getränk etwa einen Zentimeter unter den Glasrand.
- Möglicherweise sind die Gläser stapelbar.
- Achten Sie auf eine leichte Nachkaufmöglichkeit.
- Mehrfach verwendbare Gläser („Universalgläser") sparen Platz und Lagerkosten. Speziell im Fancy-Drink-Bereich kommt man mit nur einigen Formen gut durch (nach dem Motto „Weniger ist mehr").

Gläser müssen stets sauber und unbeschädigt in ausreichender Menge zur Verfügung stehen. Ein sorgfältiger Umgang erhöht die Lebensdauer und senkt unnötige Kosten.

Ballonglas

Biergläser

Bierschale   Bierschale
(Berliner Molle) (Weißbierschale)

Biertulpe   Bierstange   Bierpokal

Bowleglas

Branntweingläser

Beerenobst   Kernobst   Steinobst

Cobblergläser

Cobblerkelch   Cobblerschale

Cocktailglas

Cocktailschalen

Große Cocktailschale   Cocktailschale (Creamer)

Cognac- bzw. Weinbrandschwenker (Snifter)

Cognacglas

Crustaglas

Fancygläser

Knickebeinglas Coladakelchglas Hurricaneglas

Périgordglas Tropical-   Tankardglas
              Gobletglas

großes Gobletglas

Feuerfeste Gläser

Henkelglas   Keramikbecher   Mazagranglas

Eiskaffeeglas Irish-Coffee-Glas Punschglas
(Laufglas)

Flipglas

Libby's Gläser

Likörgläser

Likörschale Eitterlikörglas Cordialglas

Pousse-Café-Glas

Ponyglas (Stamperl, Schnapsglas)

Ponyglas   Shotglas

Schaumweingläser

Sektschale Sekt kelch Sektflöte Sekttulpe

Sourglas

Tumbler

kleiner Tumbler   mittlerer Tumbler

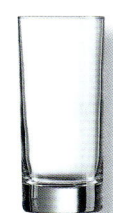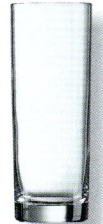

hohe Tumbler (Highballglas, Longdrinkglas, Slingglas, Fizzglas, Collinsglas)

Old-Fashioned-Tumbler Slim-Line-Tumbler

Weingläser

Weißweingläser   Roséweinglas   Rotweingläser

Reinigung der Gläser

Jedes Glas muss nach Gebrauch gespült werden. Vgl. Sie dazu auch die Hygiene- sowie die HACCP-Bestimmungen (siehe Seite 328 ff.).

Handwäsche oder Spülmaschine?

- Natürlich werden heute Gläserspülmaschinen verwendet. Aber wer kennt sie nicht, die Lippenstiftreste, Fettspuren und Schlieren am gerade gespülten Glas? Daher ist ein händisches Vorspülen der Gläser sehr zu empfehlen.
- Hygienisch einwandfrei reinigt man die Gläser, wenn sie zuerst in handheißem, mit etwas Soda versetztem Wasser mit der Hand bearbeitet werden.
- Zum Spülen eine Gläserbürste benutzen, die nach der Hygieneordnung vorgeschrieben ist.
- Es ist besonders darauf zu achten, dass die in warmem Spülmittelwasser gewaschenen Gläser von Fett- und Lippenstiftspuren befreit sind.
- Zum Nachspülen benutzt man warmes, klares Wasser.

Nach dem Waschen der Gläser

- Zum Abtropfen werden die Gläser mit der Öffnung nach unten auf einem Stoff- oder Schaumgummituch abgestellt.
- Die noch warmen Gläser werden anschließend trocken gerieben und poliert. Dazu benutzt man am besten ein leinenes oder halbleinenes, nicht faserndes Tuch, da diese Stoffart am saugfähigsten ist.
- Beim Polieren muss das Glas sachgemäß gehalten werden, da sonst die Gefahr besteht, dass der Stiel abgedreht wird. Hohe Stielgläser sind mit besonderer Vorsicht zu reinigen. Am sichersten ist es, wenn sie am Stiel in der hohlen Hand gehalten werden. Zur Kontrolle wird das Glas gegen das Licht gehalten. Es darf auch dabei nicht mit der bloßen Hand angefasst werden.

Aus hygienischen Gründen darf ein Glas niemals angehaucht werden.

Sind die Gläser verstaubt ...

Sind die Gläser verstaubt, werden sie zuerst mit kaltem Wasser ausgespült und dann in warmem Wasser mit Spülmittel gewaschen. Das ist notwendig, da sonst der Staub die Gläser verschmieren und blind machen würde.

Die Gläser werden immer mit der Öffnung nach unten im Gläserschrank aufbewahrt, damit kein Staub hineingelangen kann. Ausnahmen bilden Gläser, die wegen ihrer Form leicht umkippen.

Wartung der Spülmaschinen

Um optimal gereinigtes Geschirr zu erzielen, müssen einige Punkte eingehalten werden:

- So sollte dem jeweiligen Gerät entsprechend ein Fachmann den sachgemäßen Anschluss und die Grundeinstellung übernehmen, das heißt das Prüfen der Wasserqualität (z. B. Kalkhaltigkeit), die Konzentration und Dosierung des Spülmittels sowie des Glanztrockners usw.
- Der Geschirrspüler muss täglich vor Inbetriebnahme regeneriert werden.
- Das Abflusssieb muss täglich mindestens einmal, bei starkem Geschäftsbetrieb mehrmals gesäubert werden.
- Täglich sollten die Düsen der Ducharme auf eine eventuelle Verstopfung, z. B. durch Zitrusfruchtkerne, überprüft und gegebenenfalls gereinigt werden.
- Einmal wöchentlich sollte eine genaueste Grundreinigung des gesamten Innenraums des Gerätes stattfinden.

Gesetzliche Bestimmungen

Alle offenen Getränke müssen in geeichte Gläser, Karaffen und Krüge gefüllt werden. Laut **Eichgesetz** sind folgende Schankgefäße zulässig:

1 cl	0,1 l	1 l
2 cl	0,2 l	1,5 l
4 cl	0,25 l	2 l
5 cl	0,3 l	3 l
10 cl	0,4 l	4 l
	0,5 l	5 l

Nach § 20 MEG sind **Schankgefäße** jene Gefäße, Krüge, Flaschen, Karaffen und ähnlichen Gefäße, die zur Verabreichung von Getränken in Gast-, Schank- und Speisewirtschaften oder ähnlichen Einrichtungen dienen und erst bei Bedarf gefüllt werden (Bier, weinhaltige und weinähnliche Getränke, Most, Trinkbranntweine, alkoholfreie Getränke, Milch und Milcherzeugnisse). Ausnahmen: Tee, Kaffee, Milchmischgetränke.
Schankgefäße müssen mit einem **Füllstrich**, mit der Bezeichnung der Inhaltsmenge und dem Litermaß versehen sein. Strich und Bezeichnung müssen durch Schnitt, Schliff, Brand usw. angebracht und leicht erkennbar sein.
Nach § Pt 22 MEG sind Inhaber aller Betriebe, die Schankgefäße verwenden, verpflichtet, geeichte Flüssigkeitsmaße zur Prüfung der Schankgefäße bereitzuhalten. Für Schankgefäße der Größen 0,5 l, 0,3 l, ¼ l und ⅛ l genügen z. B. Flüssigkeitsmaße von ¼ l und 0,3 l.

Eis in der Bar

Sehr viele Bargetränke werden mit Eis hergestellt und auch mit Eis serviert.

Was Sie wissen sollten

- Jede Bar sollte über eine elektrische Eismaschine verfügen, mit der hygienisch einwandfreies Eis hergestellt werden kann.
- Es ist zweckmäßig, das fertige Eis in den unterschiedlichen Formen aus der Maschine zu nehmen und in Eiswannen bereitzuhalten, und zwar bevor der Barbetrieb einsetzt.

Das Mixeis muss absolut sauber sein und darf nie mit den Händen berührt werden, sondern es muss eine Eisschaufel oder ein Eislöffel verwendet werden. Es darf auch niemals dasselbe Eis zweimal benützt werden.

- Ist vor dem Wasserzufluss der Eismaschinen ein Entkalkungsgerät installiert, so wird absolut klares Eis produziert. Zudem hat das den Vorteil, dass das Gerät nicht so leicht verkalkt.
- Will man zu Hause klare Eiswürfel herstellen, empfiehlt es sich, das Wasser vorher abzukochen.
- Das Gesetz regelt, dass genussfähiges Eis aus Trinkwasser hergestellt werden muss.
- Trübes Eis bzw. Eiswürfel können mit Wasser klar gemacht werden. Man gibt die Eiswürfel in ein mit Wasser gefülltes Mixglas und gießt das Wasser ab.

Die Eismaschinen stellen verschiedene Formen her.

Eiswürfel (Ice Cubes)   Crushed Ice   Shaved Ice (geschabtes Eis)

Eiswürfel (Ice Cubes)

- Eiswürfel haben als kompakte Körper die größte Kältereserve und schmelzen daher langsamer als alle anderen Formen.
- Neben den Würfeln gibt es Kegel- und Rohrformen.
- Sehr dekorativ sind auch die sogenannten Fancy Ice Cubes. Das sind Eiswürfel mit eingeschlossenen Fruchtstückchen, wie zum Beispiel von Kirschen, Mandarinen.
- Auch kann man die Eiswürfel zum Beispiel mit Fruchtsäften, Grenadinesirup, starkem Tee oder Kaffee einfärben.

Crushed Ice

- Crushed Ice ist fein gestoßenes Eis mit feiner Körnung (kleine Stücke).
- Es ist zum Beispiel für Frappés und Crushed Drinks ein unerlässlicher Bestandteil.
- Das für Cobblers verwendete Crushed Ice wird **Cobbler Ice** genannt. Es hat meist eine gröbere Körnung.
- In einer mit einem Deckel versehenen doppelwandigen Kunststoffbox lässt sich Crushed Ice bzw. Cobbler Ice besonders gut zur Verarbeitung am Mixplatz bereitstellen.

Je kälter Crushed Ice bzw. Cobbler Ice gelagert wird, desto langsamer wird das damit zubereitete Getränk verwässert.

Shaved Ice (geschabtes Eis)

■ Shaved Ice wird, wie der englische Ausdruck besagt, rasiert (geschabt). Dies kann entweder mit einer Eismühle geschehen oder die Eismaschine stellt überhaupt gleich Schnee-Eis her.
■ Das Shaved Ice ist besonders fein und schmilzt daher sehr rasch.
■ In einer mit einem Deckel versehenen doppelwandigen Kunststoffbox lässt sich auch das Shaved Ice besonders gut zur Verarbeitung am Mixplatz bereitstellen.

Es empfiehlt sich, für die mechanische Produktion von Shaved Ice Eiswürfel zu verwenden, die bei etwa minus 20 °C mindestens 6 Stunden tiefgefroren waren. Optimal ist es, das Shaved Ice nach rascher Herstellung sofort wieder tiefzufrieren.

Einige Begriffe rund um das Eis sind noch zu klären

■ So bezeichnet man zum Beispiel den unbehandelten Eisblock als Roheis. Der Eisblock kann mit einem Eishammer oder Eispickel bearbeitet werden. Das Produkt sind unregelmäßige Würfel, sogenanntes **Cracked Ice** oder **Rock Ice.**
■ Für den Genuss bestimmtes Eis, z. B. in Form von Eiswürfeln, wird ganz allgemein Mundeis genannt.
■ Eigentlich im engsten Sinne nichts mit Eis zu tun hat das sogenannte Trockeneis. Es ist zu einem Würfel gepresster Kohlensäureschnee. Wird Wasser daraufgegossen, dann gibt er weißen Rauch ab. Trockeneis ist daher ein vortreffliches Showelement. Es sollte aber niemals in ein Getränk gegeben werden.

BARSTOCK, BARKARTE, BARMASSE

Barstock

Er ist abhängig von der Größe und der Art der Bar und vom Gästekreis, der diese Bar frequentiert, d. h., eine internationale Bar wird zwangsläufig einen größeren Barstock haber als eine Bar, die nur regionale Bedeutung hat.

Auch mit einem kleinen, aber guten Sortiment an Getränken kann man eine Fülle von gängigen Mixgetränken erstellen.

Gästesafe für Spirituosenflaschen

Seit einigen Jahren zeichnet sich auch bei uns (aus den USA kennen wir das schon länger) ein Trend zur Marke ab. Dies einerseits bei den Mischungen. So wird nicht mehr simpel Whisky Cola oder Wodka Cola bestellt, sondern z. B. Jacki Cola oder Absolut Cola. Der Fachbegriff dazu heißt "call brand".

Andererseits gibt es immer mehr Bars, die eine große Anzahl (wir sprechen hier von 200–300) verschiedener Whisky- bzw. Wodkamarken führen und das Publikum bewusst 2 cl einer besonderen Marke pur bestellt. Auch ganze Faschen werden geordert, vgl. auch Clubservice Seite 324.

Spirituosenflaschen werden für die Gäste auf Wunsch fachgerecht bis zum nächsten Besuch in einem sogenannten Gästesafe gelagert (im Fachjargon als a-go-go bezeichnet).

Der Barstock einer gut sortierten Bar umfasst folgende Produkte:

- **Basisgetränke:** In jeder Bar müssen sechs Basisgetränke vorhanden sein. Auf einem von ihnen ist jedes alkoholische Bargetränk aufgebaut:
  - Cognac, Weinbrand, Brandy
  - Whisk(e)y (Scotch, Canadian, Irish, American)
  - Wodka
  - Rum (dunkler und weißer) und Cachaça
  - Gin
  - Tequila (dunkler und weißer)
- **Wermut:** weiß-trocken, weiß-süß, rot
- **Sherry, Portwein**
- **Bitters:** Campari, Aperol, Fernet, Rossbacher, Averna, Ramazzotti
- **Würzbitters:** Angostura-, Orange- und Peach-Bitter
- **Anisées:** Pernod, Ricard, Ouzo, Absinth
- **Weitere Branntweine:** Destillate aus Kern-, Stein- und Beerenobst (Kirsche, Apfel, Birne, Himbeere)
- **Liköre**
- **Schaumweine:** Champagner, Sekt, Prosecco
- **Weine:** Weiß-, Rosé- und Rotweine
- **Biere:** in Flaschen
- **Alkoholfreie Getränke und Sirupe:** Frucht- und Gemüsesäfte, Limonaden und Filler wie Tonic, Bitter Lemon, Ginger Ale, Coca-Cola, sowie Zuckersirup, Grenadinesirup (Granatapfelsirup), Orgeatsirup (Mandelmilchsirup), Papaya- und Maracujasirup, Lime Juice u. a.
- **Garnituren:** frische Früchte wie Orangen, Zitronen, Limetten, Ananas, Früchte und Beeren der Saison, Cocktailkirschen, Perlzwiebeln, Oliven, Minze
- **Zucker:** Würfel-, Feinkristall-, Staub (Puder)-, Rohzucker braun und weiß.

Ein konkreter Barstock kann folgende Produkte enthalten:

Weindestillate	
Cognac, Hennessy V.S.O.P.	Brandy, Vecchia Romagna Etichetta Nera
Cognac, Rémy Martin X.O.	Brandy, Metaxa Grande Fine
Cognac, Delamain Réserve de la Famille	Grappa Nonino
Armagnac, Marquis de Montesquiou	Grappa Poli
Asbach Uralt Weinbrand	Marc de Champagne, Perrier-Jouet
Brandy, Carlos I	

Whisk(e)ys	
Single Malt Scotch Whisky	Glenmorangie 18 Years old
Balvenie Single Barrel 15 Years old	Cadenhead Glenfiddich 24 Years old
Lagavulin 12 Years old	Macallan 28 Years old
Highland Park 8 Years old	

Whisk(e)ys

Blended Scotch Whisky
Famous Grouse
White Horse
Ballantine's 12 Years old
Dimple Haig
Chivas Regal 12 Years old
Johnnie Walker Black Label 12 Years old
Chivas Regal Royal Salute

Canadian Whisky
Seagram's V. O.
Canadian Club
Crown Royal

Irish Whiskey
John Jameson
Old Bushmills
Tullamore Dew

American Whiskey
Old Grand Dad
Wild Turkey 12 Years
Jack Daniel's
Maker's Mark

Rye Whiskey
Jim Beam

Wodka

Grey Goose
Wyborowa
Finlandia

Absolut (div. Ausführungen)
Tanqueray Sterling
Stolichnaya Elit

Rum und Cachaça

Rum
Captain Morgan Silver Spiced
Bacardi Carta Blanca
St. Croix Old light
Cruzan Premium Gold
El Dorado Añejo 12 Anos
Myers's
Mount Gay Extra Old
Zacapa Center ario 23 Anos
Havana Club Añejo

Cachaça
Pitú
NêgaFulô
Ypióca
Cachaça 51
Janeiro
Canario

Gin und Genever

Bols Silver Top
Beefeater Gin
Gordon's Dry Gin
Bombay Sapphire

Tanqueray
Hendrick's Gin
Blue Gin Reisetbauer
Zuidam Zeer Oude Genever

Tequila und Mezcal

Olmeca
San Matias
Sauza Extra Gold
Silla

Don Emilio
José Cuervo 1800 Blanco
José Cuervo Riserva de la Familia
Dos Reales

Wermut

Noilly Prat	Cinzano Rosso
Martini Extra Dry	Punt e Mès
Martini Bianco	

Sherry, Portwein, Dessertweine

Osborne Fino Sherry	Sandeman White Port
Sandeman Dry Don und Amontillado Sherry	Fonseca Vintage Port
Harvey's Bristol Cream Sherry	Marsala
Cockburn's Ruby Port	Vin Santo

Bitters

Campari	Rossbacher
Aperol	Unicum
Averna	Fernet-Branca
Ramazzotti	Underberg

Würzbitters

Angostura-Bitters	Orange-Bitters
Peach-Bitters	Lemon-Bitters

Anisées

Pernod Pastis 51	Ouzo Achaia Clauss
Ricard 45	Absinth
Yeni Raki Tekel	

Obstdestillate

Reisetbauer Vogelbeere	Holzapfel Marillenbrand
Le Bon Père William	Reisetbauer Quittenbrand
Gölles Himbeergeist	Père Magloire Calvados

Liköre

Grand Marnier	Crème de Menthe weiß und grün
Cointreau	Crème de Mocca
Kahlúa	Apricot Brandy
Drambuie	D. O. M. Bénédictine
Marie Brizard Pfirsichlikör	Malibu
Southern Comfort	Galliano
Chartreuse Verte	Passoa
Bailey's Irish Cream	Cherry Brandy
Bols Triple Sec	Marie Brizard Bananenlikör gelb und grün
Blue Curaçao	Amaretto
Crème de Cacao weiß und braun	

Sekt und Champagner

Hochriegel Alte Reserve
Schlumberger Sparkling
Veuve Clicquot Ponsardin

Luis Roederer Cristal
Moët & Chandon Dom Pérignon

Weine

Offene Weißweine
Drei ausgewählte offene Weißweine

Offene Rotweine
Vier ausgewählte offene Rotweine

Flaschenweine weiß
Zehn bis fünfzehn ausgewählte Weißweine

Flaschenwein rosé
Ein ausgewählter Roséwein

Flaschenweine rot
Zehn bis zwanzig ausgewählte Rotweine

Biere

Ein Bier vom Fass
Hefeweizenbier hell und dunkel, in der Flasche
Ein Spezialbier, in der Flasche

Alkoholfreie Getränke

Frucht- und Gemüsesäfte
Frischer Orangensaft
Frischer Zitronensaft
Frischer Limettensaft
Frischer Grapefruitsaft
Mangosaft
Cranberry Juice
Cordial Lime Juice
Tomatensaft

Mixers (Fillers)
Schweppes Bitter Lemon
Schweppes Tonic Water
Schweppes Ginger Ale
Coca-Cola
Coca-Cola Light
Sprite
Kinley's Club Soda
Perrier Mineralwasser (mit Kohlensäure)
Evian Mineralwasser (ohne Kohlensäure)
Red Bull

Sirupe
Canadou-Cane-Sirup (Zuckerrohrsirup)
Zuckersirup weiß
Maracujasirup
Grenadinesirup
Limettensirup
Mandelmilchsirup
Ananassirup
Cranberrysirup
Mangosirup
Melonensirup
Bananensirup, gelb und grün
Pfirsichsirup
Himbeersirup
Erdbeersirup
Holunderblütensirup
Kaffeesirup
Schokoladesirup, weiß und braun
Coconut-Cream

Garnituren

Orangen
Zitronen
Limetten
Ananas
rote und grüne Cocktailkirschen

grüne Oliven mit Kern
Perlzwiebeln
Früchte und Beeren der Saison
frische Minze
Muskatnuss

Zucker

Staubzucker/Puderzucker
Feinkristallzucker

Rohzucker (weiß und braun)
Würfelzucker

Sonstiges

Milch
Obers/Sahne
Eier bzw. Trockeneiweiß und Trockeneigelb

Die Barkarte

Die Barkarte ist wie jede Getränke- oder Speisenkarte die Visitenkarte Ihres Betriebes. Sie verrät sehr viel über Sie und Ihre Bar.

Was Sie wissen sollten

- Der Gast, der durch ein gediegenes Angebot aus der Barkarte fachgerecht beraten wird, gewinnt Vertrauen zum Betrieb und empfiehlt Sie und Ihren Betrieb weiter.
- Zeigen Sie auf der Karte, was Sie können. Ihr Leistungsangebot ist Ihr wirksamstes Werbemittel.
- Nicht der Umfang der Karte, sondern vor allem der fachlich richtige Inhalt und eine modernen Trends entsprechende Form sind entscheidend.
- Die Karte muss aus strapazierfähigem Material sein.
- Sie muss eine übersichtliche Gliederung haben.
- Die angebotenen Cocktails und Mixgetränke sollen nicht nur angeführt, sondern sie müssen zumindest durch die Angabe der Grundzutaten erklärt werden.
- Neben den gemixten Getränken sollen auch alle erhältlichen alkoholischen und nicht alkoholischen Getränke angegeben sein.
- Die Karte muss eine gut leserliche und gefällige Schrift aufweisen.
- Da die Karte das aktive Verkaufen des Barmans unterstützt, muss sie das Leistungsangebot der Bar widerspiegeln. Auf der anderen Seite müssen die Erwartungen der Gäste, die durch die Karte, das Barpersonal und die Bar selbst geweckt werden, erfüllt werden können.
- Der Besuch Ihrer Bar muss für den Gast zu einem speziellen Erlebnis werden.

Beim Aufbau und bei der Gliederung einer Barkarte ist folgende Reihenfolge zu beachten:

Aperitifs

- Sherrys
- Portweine
- Bitters
- Wermut
- Anisées

Cocktails

Die Einteilung der Mixgetränke kann nach verschiedenen Gliederungen erfolgen.

- Before-Dinner-Cocktails
- Sekt- und Champagnercocktails
- Standardcocktails
- Longdrinks
- Pick-me-ups
- Fancy Drinks
- After-Dinner-Cocktails
- Non-alcoholic Drinks

- Drinks mit Rum
- Drinks mit Gin
- Drinks mit Wodka
- Drinks mit Cognac/Weinbrand
- Drinks mit Whisk(e)y
- Drinks mit Tequila
- Powerdrinks
- Longdrinks
- Sekt- und Champagnercocktails
- Non-alcoholic Drinks

- Daiquiris
- Coladas
- Crushed Drinks
- Fancy Drinks
- Power Drinks
- Classic Drinks
- Longdrinks
- Sekt- und Champagnercocktails
- Non-alcoholic Drinks

Spirituosen und Liköre

- Whisk(e)ys, Highland Malt Scotch Whisky – Blended Scotch Whisky – Irish Whiskey – Canadian Whisky – Bourbon Whiskey – Rye Whiskey
- Cognacs
- Weinbrände
- Armagnac
- Tresterbranntweine
- Wodka
- Gin
- Rum (weißer und dunkler Rum)
- Tequila (weißer und dunkler Tequila)
- Obstbranntweine (aus Kern-, Stein- und Beerenobst)
- Liköre

Weine und Schaumweine

- Weiß-, Rosé- und Rotweine
- Sekt und Champagner

Biere, alkoholfreie Getränke und Heißgetränke

- Bier
- Alkoholfreies Bier
- Alkoholfreie Getränke
- Heißgetränke

Folgende Vermerke sollen auf einer Barkarte vorhanden sein:

- Warenbezeichnung
- Ausschankmenge (z. B. 1/8 l bei Frucht- und Gemüsesäften, 0,1 l bei Schaumwein, offen, 5 cl bei versetzten Weinen, 2 cl bei Branntweinen und Likören, 4 cl bei Whisk(e)y)
- Preisangabe
- Verweis auf Inklusivpreise

Das nachfolgend angeführte Muster zeigt, wie Barkarten zusammengesetzt sein können. Natürlich ist der Umfang abhängig von der Größe der Bar bzw. von den Gästen, die die Bar frequentieren.

Durch Einrahmung besonders hervorgehobene Produkte sind jene, die der Betrieb forcieren möchte, z. B. der Drink des Monats, die Frucht des Monats oder der Saison. Trotz der Barkarte sollte auf eine mündliche Empfehlung nicht vergessen werden.

Persönliches Empfehlen, etwas schmackhaft machen hat meist den größten Effekt!

Sehr geehrter Gast!

*Wir haben täglich von 18 Uhr bis 3 Uhr
für Sie geöffnet.
Happy Hour ist von 18 bis 20 Uhr.
Tischreservierungen nehmen wir auch
sehr gerne telefonisch (ab 17 Uhr)
unter der Telefonnummer .... entgegen.*

*Über saisonale Angebote werden Sie
im Internet und hier in der Bar
von unseren Servicemitarbeitern
sehr gerne informiert.
Die Preise in unserer Barkarte
sind Inklusivpreise und beinhalten
somit alle Abgaben.*

*Wir wünschen Ihnen
einen angenehmen Abend.*

*Mit freundlichsten Grüßen
Die Geschäftsleitung*

*Musterbar
Inhaber
In der Musterstraße
In Musterhausen
Telefonnummer
E-Mail-Adresse*

BARKARTE

APERITIFS

Garvey, Sherry Fino San Patricio, Dry	5 cl	€...
Garvey, Sherry Manzanilla Juncal	5 cl	€...
Garvey, Sherry Amontillado Tio Guillermo, Dry	5 cl	€...
Pocas White Port	5 cl	€...
Pocas Spezial Ruby Port Quinta de Vale		
De Cavalos	5 cl	€...
Orcas Late Bottled Vintage Port	5 cl	€...
Martini Extra Dry, Bianco, Rosso	5 cl	€...
Noilly Prat	5 cl	€...
Punt e Mès	5 cl	€...
Campari Soda		€...
Campari mit frisch gepresstem Orangensaft		€...
Hochriegel Alte Reserve	0,1l	€...
Prosecco di Conegliano, Canella	0,1l	€...
Champagner Pol Roger, Brut	0,1l	€...

PRE-DINNER–COCKTAILS

Martini-Cocktail
Gin, Wermut, weiß, trocken   €...

Manhattan
Rye Whiskey, Wermut rot, Angostura-Bitter   €...

Americano
Campari, Wermut rot, Sodawasser   €...

Negroni
Campari, Wermut rot, Gin   €...

El Presidente
Weißer Rum, Curaçao Triple Sec, Wermut weiß,
Grenadinesirup   €...

Kir Royal
Champagner, Crème de Cassis   €...

Champagner Cocktail
Würfelzucker, Angostura-Bitter, Champagner   €...

Bellini
Prosecco, Pfirsichpüree   €...

Mimosa (Sekt Orange)
Sekt, frisch gepresster Orangensaft   €...

Mixed Drinks

Drinks mit Gin

Martini-Cocktail
Gin, Wermut weiß, trocken €...

White Lady
Gin, Curaçao Triple Sec, frisch gepresster Zitronensaft €...

Gimlet
Gin, Cordial Lime Juice €...

Gin Fizz
Gin, frisch gepresster Zitronensaft, Zuckersirup, Sodawasser €...

Singapore Sling
Gin, frisch gepresster Zitronensaft, Zuckersirup,
Angostura-Bitter, Sodawasser, Cherry Brandy €...

Drinks mit Wodka

Cosmopolitan
Wodka Citron, Curaçao Triple Sec, frisch gepresster
Limettensaft, Cranberry Juice, Cordial Lime Juice €...

Harvey Wallbanger
Wodka, Galliano, Orangensaft €...

Caipiroska
Wodka, Limette, Rohrzucker €...

Bloody Mary
Wodka, Tomatensaft
Auf Wunsch gewürzt mit: frisch gepresstem Zitronensaft,
Salz, Selleriesalz, Pfeffer, Tabasco,
Worcestersauce €...

Drinks mit Tequila

Tequila Sunrise
Tequila, Grenadinesirup, frisch gepresster Orangensaft €...

Margarita
Tequila, Curaçao Triple Sec, frisch gepresster Zitronensaft €...

Tequila Sour
Tequila, frisch gepresster Zitronensaft, Zuckersirup €...

Drinks mit Rum

Daiquiris
Daiquiri Natural
Rum, frisch gepresster Limettensaft, Zuckersirup €...

La Floridita Daiquiri
Rum, Maraschino, frisch gepresster Limettensaft, Zuckersirup €...

Mango Daiquiri
Rum, frisch gepresster Limettensaft, Mango, Mangosirup €...

Coladas und Cocos-Drinks
Piña Colada Trend
Rum weiß, Rum braun, Coconut-Cream, Ananassaft, Obers/Sahne €...

Piña Colada orig.
Rum weiß, Kokosnussmilch, frische Ananas, Kokosmark €...

Mango Colada
Rum weiß, Rum braun, Coconut-Cream, frische Mango,
Ananassaft, Mangosaft €...

Swimming Pool
Rum weiß, Wodka, Blue Curaçao, Coconut-Cream,
Ananassaft, Obers/Sahne €...

Batida de Coco
Cachaça, Batida de Coco, Coconut-Cream, Ananassaft,
Obers/Sahne €...

Punches, Crushers and More

Planter's Punch
Mayer's Rum, frisch gepresster Zitronen- und Orangensaft,
Grenadinesirup, Ananassaft, Angostura-Bitter €...

West Indian Punch
Rum weiß, Zuckersirup, Bananenlikör, frisch gepresster
Limetten- und Orangensaft, Bananensirup, Ananassaft €...

Ti-Punch
Rhum Agricole, Limettenspalten, Zuckerrohrsirup €...

Mai Tai
Jamaica Rum Gold, Rum braun, frisch gepresster Limetten-
saft, Curaçao orange, Mandelsirup, Zuckersirup €...

Mojito
Havana Club Rum, frisch gepresster Limettensaft,
frische Minze, weißer Rohrzucker, Sodawasser €...

Caipirinha
Cachaça, Limette, Rohrzucker €...

Drinks mit Whisky

Whiskey Sour
Bourbon Whiskey, frisch gepresster Zitronensaft, Zuckersirup €...

Manhattan
Rye Whiskey, Wermut rot, Angostura-Bitter €...

Rusty Nail
Scotch Whisky, Drambuie €...

Old Fashioned
Rye Whiskey, Würfelzucker, Angostura-Bitter, Sodawasser €...

AFTER-DINNER COCKTAILS

Black Russian
Wodka, Kahlúa €...

White Russian
Wodka, Kahlúa, Obers/Sahne €...

Brandy Alexander
Brandy, Crème de Cacao braun, Obers/Sahne €...

Grasshopper
Crème de Menthe, Crème de Cacao weiß, Obers/Sahne €...

ALKOHOLFREIE MIXED DRINKS

Florida
Frisch gepresster Orangen- und Zitronensaft, Ananassaft,
Grapefruitsaft, Grenadinesirup €...

Shirley Temple
Grenadinesirup, Limettenlimonade, Ginger Ale €...

Virgin Caipirinha
Limette, Zitronenlimonade, Rohrzucker €...

Virgin Mai Tai
Ananassaft, frisch gepresster Zitronensaft, Mandel-
und Rumsirup €...

Virgin Colada
Ananassaft, Coconut-Cream, Obers/Sahne €...

Virgin Mary Tomatensaft
Auf Wunsch gewürzt mit: frisch gepresstem Zitronensaft, Salz,
Selleriesalz, Pfeffer, Tabasco, Worcestersauce €...

LONGDRINKS
4 cl

Beefeater Gin, Jim Beam Whiskey, Johnnie Walker Whisky,
Southern Comfort, Stolichnaya Wodka, Campari,
Havana Club Anejo Blanco oder Mayer's Rum

mit
wahlweise 0,2 l

Coca-Cola, Tonic, Bitter Lemon, Ginger Ale,	
Orange Juice oder Apfelsaft	€...
mit frisch gepresstem Orangensaft	€...

SPIRITUOSEN
Wir bieten eine Vielzahl an Markenprodukten.

Whisk(e)ys 4 cl
Scotch Whiskys

Johnnie Walker Red Label	€...
Johnnie Walker Black Label	€...
Ballantines 12 Years	€...
Dimple 15 Years	€...
Chivas Regal 12 Years	€...
Chivas Regal 18 Years	€...
Chivas Regal Royal Salute	€...

Malt Whiskys

Glenfiddich 12 Years	€...
Glenfiddich 18 Years	€...
Glenfiddich 21 Years	€...
Oban 14 Years	€...
Balvenie Single Barrel 15 Years	€...
Dalwhinnie 15 Years	€...
Talisker 10 Years	€...
Lagavulin Special Release 12 Years	€...
Macallan Elegancia 12 Years	€...
Macallan Cask Strength 10 Years	€...
Macallan Fine Oak 18 Years	€...

Irish Whiskeys
Bushmills Black Bush   €...
Bushmills 10 Years   €...
Bushmills 16 Years   €...
Jameson 1780 10 Years   €...
Jameson Gold   €...
Tullamore Dew 12 Years   €...

Bourbon Whiskeys
Marker's Mark   €...
Jack Daniel's   €...
Booker's True Barrel 7 Years   €...
Knob Creek 9 Years   €...
Wild Turkey 8 Years   €...
Wild Turkey Rare Breed Barrel Proof   €...

Rye Whiskey
Old Rip van Wrinkle   €...

Canadian Whiskys
Seagram's V.O.   €...
Canadian Club Barrel Blend   €...
Canadian Club Classic 12 Years   €...
Crown Royal   €...

Cognacs und Brandys 4 cl

Frankreich
Rémy Martin V.S.O.P.   €...
Martell Cordon Bleu   €...
Prunier X.O., Très Vielle Grande Champagne   €...

Spanien
Condé de Osborne Solera Grand Reserva   €...
Carlos I   €...

Italien
Vecchia Romagna Etichetta Nera   €...

Griechenland
Metaxa *****   €...
Metaxa Grande Fine   €...

Deutschland
Asbach Uralt   €...

Rum 4 cl

Havana Club Añejo Especial, Kuba	€...
Havana Club Añejo 7 Años, Kuba	€...
Bacardi Reserva Superior 8 Años, Bahamas	€...
Barcelo Imperial, Dom. Rep.	€...
Matusalem Grand Reserva, Dom. Rep.	€...
El Dorado Reserve 15 Years, Guyana	€...
Pampero Aniversario, Venezuela	€...
Saint James Rhum Hors d'Age, Martinique	€...
Flor de Cana Centenario 18 Años, Nicaragua	€...
Angostura 1824 Limited Reserve, Trinidad	€...
Havana Club Gran Reserva 15 Años, Kuba	€...
Appleton Estate 21 Years, Jamaica	€...
Zacapa Centenario 23 Años, Guatemala	€...
Zacapa Centenario XO, 25 Años, Guatemala	€...

Gin und Genever 2 cl

Beefeater Dry Gin	€...
Gordon's Dry Gin	€...
Gordon's Sloe Gin	€...
Tanqueray Special Dry Gin	€...
Tanqueray No. 10	€...
Bombay Sapphire	€...
Blue Gin	€...
Hendrick's Gin	€...
De Kuyper J.D.K.Z. Genever	€...
Zuidam Zeer Oude Genever	€...

Wodka 2 cl

Wyborowa	€...
Finlandia	€...
Absolut Blue	€...
Absolut Zitron, Kurant, Raspberry, Ruby Red, Pears, Apeach, Mandarin	€...
Belvedere	€...
Grey Goose	€...
Stolichnaya Cristal	€...
Stolichnaya Elit	€...
Oval 42	€...

Tequila und Mezcal 2 cl

Lajita Mezcal	€....
Monte Alban Mezcal	€....
Olmeca Tequila Gold	€....
Olmeca Tequila Añejo	€....
Sierra Tequila	€....
Sauza Tres Generaciones Anejo	€....
Cuervo Tequila	€....
Cuervo 1800 Reserva Antigua Anejo	€....
Jose Cuervo Reserva de la Famiglia Anejo	€....

Obstdestillate und Tresterbrände 2 cl

Gölles Himbeere	€....
Gölles Zwetschke	€....
Ing. Wöhrer Apfel Rubinette	€....
Ing. Wöhrer Marille	€....
Jöbstl Eberesche/Vogelbeere	€....
Jöbstl Traubenkirsch	€....
Reisetbauer Williams	€....
Reisetbauer Quitte	€....
Grappa il Merlot di Nonino	€....
Grappa „Le Diciotto Lune" Grappa Marzadro	€....
Grappa „Tre Soli Tre" de Nebbiolo	€....
Père Magloire Calvados Pays d'Auge XO	€....

Bitters 2 cl

Fernet Branca	€....
Fernet Menta	€....
Averna	€....
Ramazzotti	€....
Underberg	€....
Cynar	€....
Aperol	€....
Campari	€....
Unicum	€....

Pastis 2 cl

Pernod Paris   €....
Ricard France   €....
Pernod Absinthe   €....

Liköre 2 cl

Amaretto   €....
Galliano   €....
Cointreau   €....
Grand Marnier Gordon Rouge   €....
Marie Brizard Cherry Brand   €....
Bénédictine D. O. M.   €....
Drambuie   €....
Southern Comfort   €....
Kahlúa   €....
Mozart Black Chocolate   €....
Bailey's Irish Cream   €....
Amarula   €....

WEINE

Weißweine 1/8 l

Grüner Veltliner Achleiten, Jamek   €...
Welschriesling Steirische Klassik, Tement   €...
Weißburgunder Jägerberg, Sabathi   €...

Rotweine 1/8 l

Blaufränkisch Classic, Kerschbaum   €...
Cuvée Opus Eximium, Gesellmann   €...
Vino Nobile, Avignonesi   €...
Herencia Remondo Reserva Especial Rioja   €...

Campagner, Sekt, Prosecco

Pol Roger Champagner Brut	0,7 l	€....
Pol Roger Champagner Brut	0,1 l	€....
Moët & Chandon Brut Imperial	0,7 l	€....
Billecart-Salmon Brut Rosé Champagner	0,7 l	€....
Dom Perignon	0,7 l	€....
Hochriegel Alte Reserve	0,7 l	€....
Hochriegel Alte Reserve	0,1 l	€....
Sekt Brut, Bründlmayer	0,7 l	€....
Prosecco Spumante di Conegliano, Canella	0,7 l	€....
Prosecco Spumante di Conegliano, Canella	0,1 l	€....

Bier

Reininghaus Jahrgangspils v. Fass	0,3 l	€....
Reininghaus Jahrgangspils v. Fass	0,2 l	€....
Schneider Weiße	0,3 l	€....
Schlossgold alkoholfrei	0,3 l	€....

Alkoholfrei

Coca-Cola	0,2 l	€....
Bitter Lemon	0,2 l	€....
Bitter Orange	0,2 l	€....
Tonic Water	0,2 l	€....
Ginger Ale	0,2 l	€....
„Caraibos" Fruchtsäfte:	0,25 l	€....
Orange, Mango, Maracuja, Ananas,		
Cranberry, Banane, Marille, Erdbeere,		
Guave, Litschi, Tomate		
Gasteiner Mineralwasser Sparkling	0,25 l	€....
Gasteiner Mineralwasser Natur	0,25 l	€....
Gasteiner Mineralwasser Sparkling	0,75 l	€....
Gasteiner Mineralwasser Natur	0,75 l	€....

Zum Zeitpunkt des Erscheinens unseres Buches gab es in Österreich noch keine gesetzlichen Bestimmungen über das Anführen von Inhaltsstoffen von Getränken auf Barkarten. Das kann sich geändert haben, und z. B. der Koffein- und der Chiningehalt sowie E-Nummern sind zu vermerken.

Saisonkarten – Cocktailkarten für den Sommer und Winter

Da sich die bevorzugten Getränke im Sommer und im Winter deutlich voneinander unterscheiden, empfiehlt es sich, die Karte im Jahr mehrmals zu ändern oder neu aufzulegen. Bei manchen Karten besteht die Möglichkeit, zusätzliche Seiten, je nach Saison, einzuheften bzw. zu wechseln. Im Sommer sind vorzugsweise alkoholarme Getränke gefragt, die vor allem den Durst löschen sollen. Auch das Angebot an frischen, heimischen Früchten ist im Sommer wesentlich reichhaltiger. Alkoholfreie Cocktails dürfen auf einer Sommerkarte keinesfalls fehlen. Im Winter werden deftigere, alkoholreichere Bargetränke angeboten. Ein größeres Angebot an Heißgetränken bringt in der kalten Jahreszeit einen wärmenden Effekt.

Barmaße

Bei den nachfolgend angeführten Barmaßen und ihrer Umrechnung handelt es sich um die international üblichen Werte.

Barmaß

1 Dash (Spritzer)	1/3 Barlöffel 1/6 Teelöffel 0,08 Zentiliter (cl)	1 Bar Spoon (Barlöffel)	3 Spritzer 1/2 Teelöffel 1/6 Esslöffel 1/12 Unze 0,25 Zentiliter (cl)
1 Tea Spoon (Teelöffel)	6 Spritzer 2 Barlöffel 1/3 Esslöffel 1/6 Unze 0,5 Zentiliter (cl)	1 Table Spoon (Esslöffel)	18 Spritzer 6 Barlöffel 3 Teelöffel 1/2 Unze 1/3 Messglas 1,5 Zentiliter (cl)
1 Fluid ounce, Ounce, Pony (Unze)	12 Barlöffel 6 Teelöffel 2 Esslöffel 2/3 Messglas 1/4 Weinglas 1/6 Split 1/8 Schale 2,9 Zentiliter (cl)	1 Centiliter (Zentiliter)	12 Spritzer 4 Barlöffel 2 Teelöffel 2/3 Esslöffel 1/3 Unze 2/9 Messglas

1 Jigger, Gill (Messglas)	18 Barlöffel 9 Teelöffel 3 Esslöffel 1 1/2 Unzen 3/8 Weinglas 1/4 Split 4,3 Zentiliter (cl)	1 Wine Glass (Weinglas)	8 Esslöffel 4 Unzen 2 2/3 Messgläser 2/3 Split 1/2 Schale 11,2 Zentiliter (cl)
1 Split	12 Esslöffel 6 Unzen 4 Messgläser 1 1/2 Weingläser 3/4 Schale 17,2 Zentiliter (cl)	1 Cup (Schale)	16 Esslöffel 8 Unzen 5 1/3 Messgläser 2 Weingläser 1 1/3 Split 23 Zentiliter (cl)
1 Grain	eine kleine Messerspitze		
1 Splash	Schuß (kleine Menge)		

Ausschankmaße

	Österreich Deutschland	Schweiz
Cocktails	6–9 cl	5 cl
Whisk(e)ys, Rum	4 cl	4 cl
Brände, Liköre	2 cl	2,5 cl
Sherry, Portwein, Süßweine	5 cl	4 cl

Flaschenmaße

Flascheninhalt	Theoretische Ausschankmengen		Tatsächliche Ausschankmengen (abzüglich einer 6%igen Marge)	
	Spirituosen 1 Glas = 2 cl	Süßweine 1 Glas = 5 cl	Spirituosen 1 Glas = 2 cl	Süßweine 1 Glas = 5 cl
1 Liter	50 Gläser	20 Gläser	47 Gläser	19 Gläser
0,75 Liter (75 cl)	37 Gläser		35 Gläser	
0,7 Liter (70 cl)	35 Gläser	14 Gläser	33 Gläser	13 Gläser

Die tatsächliche Ausschankmenge berechnet sich also aus der theoretischen Ausschankmenge abzüglich der Marge (des Schankverlustes), die mit 6 Prozent gerechnet wird

Trink- und Serviertemperaturen

- Es ist zu berücksichtigen, dass die Lagertemperatur um 2 Grad C niedriger sein muss als die Trink- bzw. Serviertemperatur.
- Durch das Vorbereiten und die Zeit, die verstreicht, bis das Glas vor dem Gast steht, erwärmt sich das Getränk (speziell im Sommer).
- In der kalten Jahreszeit müssen die Getränke aufgrund eines anderen Temperaturbewusstseins um ein bis zwei Grad wärmer serviert werden (z. B. in einer Eisbar).

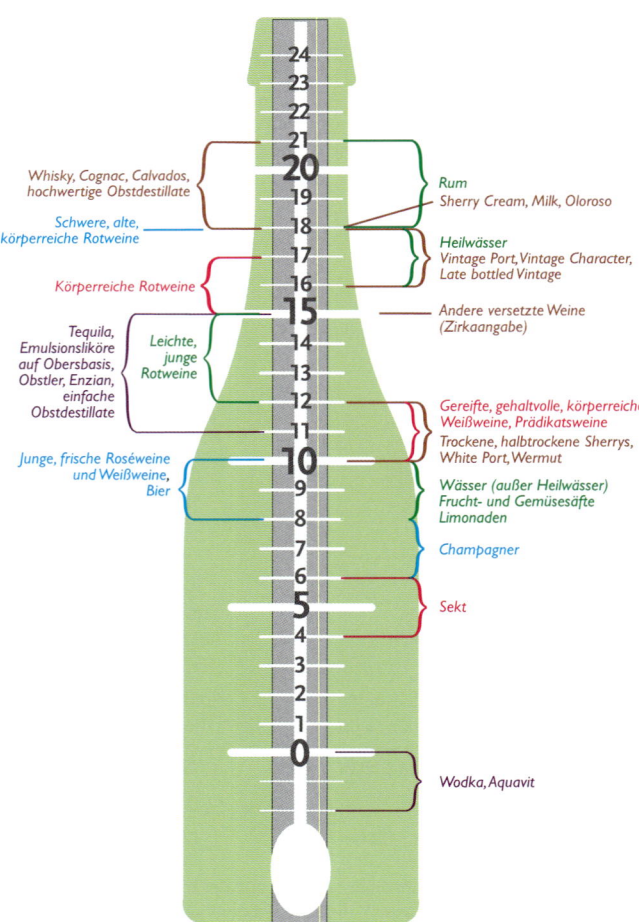

DIE ARBEITEN IN EINER BAR

Vor dem Öffnen der Bar

- Aufsperren von Baroffice, Kühlschränken und Laden.
- Standkontrolle nach Verbrauchsbogen oder Liste des Vorabends überprüfen.
- Fassungsbogen des Vorabends kontrollieren und notfalls ergänzen.
- Kontrolle der Arbeitsgeräte, der Licht-, Lüftungs- und Musikanlage sowie der Toiletten auf Funktionalität und Sauberkeit.
- Herrichten der Garniturbestandteile (Mise en Place machen).
- Kontrollieren, ob die Gläser nachgefasst (aufgefüllt), gereinigt und poliert sind und ob die Flaschen gereinigt wurden.
- Kontrollieren, ob der gesamte Bar- und Gästebereich gereinigt und dem Betrieb entsprechend vorbereitet wurde.
- Musik- und Lüftungsanlage in Betrieb nehmen.
- Lichtanlage dimmen.
- Öffnen.

Barservice

Entweder direkt an der Theke oder an den davorstehenden Tischen.

Dem Gast wird der Drink vom Barmixer (der ihn zubereitet hat) auch gleich serviert.

Arbeitsablauf:
- Begrüßen des Gastes.
- Gegebenenfalls Empfehlungen abgeben.
- Aufnehmen und Bonieren der Bestellung.
- Zubereitung des Drinks.
- Platzieren eines Underliners vor dem Gast; darauf das bestellte Getränk stellen.
- Teller zum Ablegen von Garnituren oder Garniturresten einstellen.
- Servieren von Sundries.
- Auf Verlangen des Gastes Rechnung legen und kassieren.
- Verabschieden des Gastes.
- Reinigen der Theke und Auffüllen der Sundries.

Für den Service an den Tischen ist der Barober verantwortlich.

Der Arbeitsablauf unterscheidet sich daher etwas vom vorgenannten Fall:

- Begrüßen und Platzieren des Gastes.
- Gegebenenfalls Empfehlungen abgeben.
- Aufnehmen und Bonieren der Bestellung durch den Barober.
- Aufgeben der Bestellung beim Barman.
- Zubereitung des Drinks durch den Barman.
- Der fertige Drink wird vom Barober auf einem Serviertablett serviert.
- Platzieren eines Underliners vor dem Gast, darauf das Glas stellen.
- Teller zum Ablegen von Garnituren oder Garniturresten einstellen.
- Einstellen von Sundries, falls sie nicht schon auf dem Tisch stehen.
- Auf Verlangen des Gastes Rechnung legen und kassieren.
- Verabschieden des Gastes.
- Abservieren der Gläser.
- Tisch reinigen und für die nächsten Gäste herrichten.

Unter dem Begriff **Clubservice** wird eine besondere Form der Präsentation verstanden.

Clubservice Wodka

Clubservice Whiskey

Das Beispiel Wodka zeigt, welche Utensilien man beim Clubservice benötigt:

- Mehrere Stirrer in einem Extraglas bzw. Behälter oder auch nur einen Stirrer im Gästeglas.
- Eiskübel mit Eiswürfeln und Eiszange.
- Zitronen- und Limettenscheiben.
- Bitter Lemon.
- Highballgläser.
- Wodkaflasche.
- Flaschenöffner.

Für das Beispiel Whiskey (gemeint ist ein Blended Whiskey) benötigt man folgende Utensilien beim Clubservice:

- Mehrere Stirrer in einem Extraglas bzw. Behälter oder auch nur einen Stirrer im Gästeglas.
- Eiskübel mit Eiswürfeln und Eiszange.
- Wasserkrug mit Wasser/Sodawasser.
- Whiskeyflasche.
- Highballgläser.

Bei einem Single Malt kein Eis servieren!

Eines der wichtigsten Dinge für den steten Erfolg eines Betriebes ist das konzentrierte, konsequente, selbstlose und aufmerksame, jedoch auch unauffällige und bescheidene Bemühen um den Gast. Diesen Mittelweg zu finden ist nicht einfach, aber einer der wichtigsten Punkte für eine perfekte Dienstleistung.

Nach dem Schließen der Bar

- Arbeitsgeräte säubern und verschließen.
- Arbeitsplatz säubern, Office reinigen, Tische abräumen und säubern.
- Leergut wegräumen bzw. entsorgen.
- Nicht funktionierende Arbeitsgeräte aussortieren und Reparaturauftrag schreiben.
- Tischwäsche, Geschirrtücher, Serviertücher usw. für die Wäscherei bereitstellen.
- Stand- und Fassungsliste ausfüllen.
- Abrechnung machen – nach Cash & Credit, das heißt nach Bar- und Kreditzahlung.
- Absperren der Registrierkasse, Rechnungsformulare einschließen.
- Bestellung schreiben und nachfassen bzw. bestellen, Ware nach dem FIFO-Prinzip („first in – first out") einräumen.
- Abrechnung bestätigen lassen und abgeben.
- Einschließen des gesamten Warenbestandes.
- Abschließen der Kühlschränke und Laden sowie des Office.
- Kontrolle des gesamten Betriebes, ob auch wirklich keine Gäste mehr anwesend sind (z. B. Toilettenanlagen).
- Licht, Musik und Lüftung ausschalten und Barraum abschließen.

Stellen Sie sich vor dem Öffnen immer folgende Fragen

	Ja	Nein
Ist der Eingangsbereich sauber?	○	○
Ist die Gesamtbeleuchtung in Ordnung?	○	○
Sind die Fenster geputzt?	○	○
Sind die Sitzgelegenheiten sauber und in Ordnung?	○	○
Sind alle Notausgänge zugänglich und offen und funktionieren die Notausgangsschilder?	○	○
Sind alle Feuerlöscher ordnungsgemäß gewartet?	○	○
Funktionieren alle Treppenbeleuchtungskörper?	○	○
Sind die Vorhänge sauber und in Ordnung?	○	○
Sind die Sanitärräume sauber und vollständig bestückt?	○	○
Sind die Teppiche ordentlich geputzt und liegen sie auch richtig?	○	○
Sind im Raum alle Glühlampen in Ordnung?	○	○
Sind alle Spiegel geputzt?	○	○
Ist abgestaubt?	○	○
Sind Stühle, Barhocker, Tische und die Bartheke sauber?	○	○
Stimmt der Gesamteindruck?	○	○
Ist die Fassung gemacht, kontrolliert und verstaut?	○	○

	Ja	Nein
Sind alle Kühlschränke sauber und komplett?	○	○
Ist genügend Eis vorhanden?	○	○
Sind die Arbeitsgeräte sauber und funktionsfähig?	○	○
Sind alle Gläser gewaschen und poliert?	○	○
Sind alle Flaschen gesäubert und auf dem richtigen Platz?	○	○
Ist die Mise en Place komplett?	○	○
Sind die Set-ups für die Tische in Ordnung?	○	○
Sind alle Rechnungs- und Abrechnungsformulare vorhanden?	○	○
Funktioniert die Registrierkasse, ist sie abgelesen und auf null gestellt?	○	○
Ist der Eingangsbereich vor dem Lokal sauber?	○	○
Wurden die Reservierungen kontrolliert?	○	○
Ist das Personal ordnungsgemäß und sauber gekleidet?	○	○
Sind Dekorationsmittel wie z. B. Blumen frisch?	○	○
Ist die Lüftungsanlage in Betrieb?	○	○

Das Herstellen von Garnituren

Ein nicht unwesentlicher Bestandteil bei Mixgetränken ist die Garnitur, die viel zu einer ansehnlichen Präsentation der Drinks beiträgt. Für einige Klassiker gibt es zwar standardisierte Garnituren bzw. Garniturenbestandteile, wie zum Beispiel den Salzrand bei der klassischen Margarita oder die Perlzwiebeln im Gibson, ansonsten sind der Kreativität des Barmans aber kaum Grenzen gesetzt.

Das mittlerweile ganzjährige, große Angebot an einheimischen und exotischen Früchten ermöglicht eine Vielzahl von kreativen Kombinationen. Speziell bei den diversen Tropical Drinks finden zusätzliche bunte, auffallende Dekorationsaccessoires Verwendung.

Was Sie wissen sollten
- Regeln für das richtige Dekorieren von Drinks lassen sich nicht bzw. kaum aufstellen, dazu ist dieses Gebiet viel zu komplex. An einigen Richtlinien sollte man sich jedoch orientieren, um den jeweiligen Drink mit einer passenden Garnitur krönen zu können.

- Die Dekoration muss bzw. sollte mit den Ingredienzen harmonieren. Mixgetränkegruppe, Drinkzutaten, Glas und Garnitur sollen eine Einheit bilden, was aber gewisse Kontraste nicht ausschließt.
- In puncto Größe und Üppigkeit einer Garnitur liegt der ideale Weg in der Mitte. Zu wenig ist also genauso schlecht wie eine zu üppige Dekoration. Die Garnitur muss sich jedenfalls dem Drink unterordnen und nicht umgekehrt.
- Nur frischestes Obst und Gemüse garantieren ansehnliche Garnituren.
- Präzises und sauberes Arbeiten bei der Garniturherstellung ist oberstes Gebot. Die exakte Zubereitung der jeweiligen Garnitur und die Einhaltung diverser HACCP-Richtlinien (z. B. die Verwendung der Garniturzange) bilden dazu die Basis.
- Grundsätzlich ist auf ein rationelles Herrichten der Garnituren zu achten. Es soll also möglichst wenig Abfall entstehen.
- Es ist auf die Verderblichkeit der Früchte zu achten. Äpfel, Birnen und Bananen weisen einen geringen Säureanteil auf und oxidieren schnell. Sie werden braun und unansehnlich. Man sollte sie in angeschnittenem Zustand daher nicht aufbewahren. Durch Einreiben der Schnittstellen mit Zitronensaft kann man aber etwas entgegenwirken.
- Es gilt darauf zu achten, dass man nicht zu viele Garnituren vorbereitet, die dann keine Verwendung finden und folglich entsorgt werden müssen.
- In Amerika, wo viele Drinks entstanden sind, wurde damals und vereinzelt auch heute noch sehr puristisch garniert.

Welches Zubehör benötigt man?

- Zum Garnieren der Drinks benötigt man frisches und konserviertes Obst bzw. Gemüse.
- Gewürze, Kräuter, essbare Blüten und Blätter.
- Zucker und weitere Produkte der Süßwarenindustrie.
- Als zusätzliche Dekorationsaccessoires stehen Sticks, Stirrer, Holzspieße, Cocktailfähnchen und eine Vielzahl weiterer künstlicher Dekorationsbestandteile zur Verfügung.
- Als Hilfsgeräte für die Zubereitung der Garnituren dienen diverse Messer und Ausstecher, Scheren, bzw. der Zestenreißer, speziell für die Schalen der Zitrusfrüchte.

Möglichkeiten zur Platzierung von Garnituren

- Auf den Glasrand gesteckt: z. B. Zitronenscheibe beim Gin-Fizz.
- Auf einen Cocktailspieß gesteckt und in das Glas bzw. Getränk gelegt: z. B. Olive beim Martini Cocktail.
- Auf/In den Drink gegeben: z. B. geriebene Muskatnuss bei einem Flip, die Früchte beim Old Fashioned.

Einen einheitlichen Leitfaden zum Zusammenstellen von Garnituren gibt es nicht. Die Standardcocktails müssen natürlich immer mit der Originalgarnitur versehen werden. Ansonsten sind Ihrer Kreativität keine Grenzen gesetzt.

Hygiene – ein wichtiges Thema

Hygiene betrifft neben der Reinigung und Desinfektion von Räumen, Geräten, Gläsern etc. vor allem die persönliche Hygiene der Mitarbeiter sowie den einwandfreien Umgang mit den Lebensmitteln.

- Die Arbeitsflächen einschließlich der angrenzenden Wandbereiche sind täglich nach Betriebsschluss zu reinigen und zu desinfizieren (Reinigungs- und Desinfektionsplan). Zusätzlich ist erforderlichenfalls eine Zwischenreinigung durchzuführen. Ist nach dem Einwirken des Desinfektionsmittels mit Rückständen zu rechnen, sind diese durch Spülen mit Wasser sorgfältig zu entfernen; mit Einmaltüchern trocken nachwischen.
- Regale und Schubladen sind außen und innen sauber zu halten.
- Griffe, Schalter und Türschnallen sind in die täglichen Reinigungs- und Desinfektionsmaßnahmen einzubeziehen.
- Die Wasserauslässe sind regelmäßig zu reinigen und zu entkalken.
- Die Fußböden sind einwandfrei sauber zu halten.
- Kühleinrichtungen und Kühlräume sind sauber zu halten und so oft wie notwendig, mindestens jedoch einmal monatlich nass zu reinigen.
- Tiefkühleinrichtungen sind so oft wie notwendig, zumindest jedoch einmal jährlich abzutauen und zu reinigen.
- Alle Gläser und das Geschirr sollen in entsprechenden Geschirrspülmaschinen gereinigt und bevorzugt thermisch desinfiziert werden. Geschirrspülmaschinen sollen mit Temperaturanzeige ausgestattet sein. Die Reinigung erfolgt üblicherweise bei 55–65 °C über eine Kontaktzeit von mindestens 90 Sekunden. Beim Nachspülen muss Wasser von mindestens 80 °C in ausreichender Menge verwendet werden.
- Die Abtrocknung der gereinigten Gegenstände muss entweder durch deren Eigenwärme oder durch Heißluft gewährleistet sein. Bei Bedarf sind die Gegenstände mit Einmaltüchern trocken nachzuwischen.
- Sofern bei Eintank-Geschirrspülmaschinen kein automatischer Wasserwechsel erfolgt, ist zumindest zweimal täglich ein manueller Wasserwechsel durchzuführen.
- Reinigungsgeräte sowie Reinigungs- und Desinfektionsmittel sind in einem eigenen Raum aufzubewahren. Notfalls kann die Aufbewahrung auch in einem Schrank oder Regal erfolgen.
- Bereits bei der Warenübernahme ist, soweit möglich, die einwandfreie Beschaffenheit der Lebensmittel zu kontrollieren. Dabei ist auch auf eine entsprechende Trennung nach Warengruppen zu achten. Bei verpackten Lebensmitteln ist auf wahrnehmbare Veränderungen, wie Verfärbungen, Vakuumverlust bei Vakuumverpackungen und Bombage bei Konserven, zu achten.
- Kühl- und Tiefkühlkette dürfen nicht unterbrochen werden. Die Temperaturkontrolle der Kühleinrichtungen ist täglich durchzuführen.
- Ungewaschenes Obst und ungeputztes Gemüse müssen so gelagert werden, dass andere Lebensmittel dadurch hygienisch nicht nachteilig beeinflusst werden. Die Lagerung von Lebensmitteln und sonstigen Waren direkt auf dem Fußboden sowie an Wände anstoßend ist zu vermeiden.

Definition von Temperaturbereichen
Tiefgekühlt: –18 °C oder kälter, Toleranz bis –15 °C
Gekühlt: über 0 °C bis 4 °C, Toleranz bis 7 °C
Kühl: über 4 °C bis zu 15 °C, Toleranz bis 18 °C
Raumtemperatur: über 15 °C bis zirka 25 °C

Aus hygienischen Gründen dürfen die Garnituren nicht mit den Händen angegriffen werden. Zum Zusammensetzen und zum Aufsetzen auf den Glasrand verwendet man ein Barmesser bzw. Garniturmesser, eine Garniturzange oder eine Garniturgabel.

Was ist HACCP?

- Hazard Analysis Critical Control Point bedeutet so viel, wie kritische Punkte zu erkennen, zu prüfen, zu regeln und zu dokumentieren.
- Der Begriff kommt aus Amerika, und zwar von der NASA. Die amerikanische Raumfahrtbehörde benötigte Nahrung für den Weltraum mit 100%iger hygienischer Sicherheit. Ein Lebensmittelkonzern entwickelte ein Konzept, das heute die Grundlage für die hygienischen Standards ist.
- Für die Gastronomie bzw. auf einen Barbetrieb umgelegt, heißt das die Einführung eines Kontroll- und Steuerungssystems zur Garantie der Lebensmittelsicherheit.
- Eine einheitliche Lebensmittelhygiene zum Wohle der Verbraucher ist eine Richtlinie in der EU.

Wie setzt man HACCP in die Praxis um?

- Die Sicherung der Qualität lässt sich nicht nebenbei erledigen.
- Gehen Sie professionell an die Umsetzung heran und bestimmen Sie Mitarbeiter, die für HACCP in Ihrem Hause zuständig sind. Diese legen die kritischen Kontrollpunkte fest, überprüfen die Verfahren, überwachen und dokumentieren.
- Die kritischen Kontrollpunkte von der Anlieferung der Waren bis zur Ausgabe der Getränke (bzw. Speisen) an die Gäste sind:
- Anlieferung der Waren
- Lagerung der Waren allgemein sowie in Kühl- bzw. Tiefkühlräumen
- Vorbereitung zur Verarbeitung
- Verarbeitung der Lebensmittel
- Ausgabe an die Gäste
- Eine regelmäßige Schulung Ihrer Mitarbeiter (z. B. einmal jährlich) zu allen HACCP-Maßnahmen ist zu gewährleisten.

Überlegen Sie vorausschauende Maßnahmen. Bereits bevor etwas passiert, müssen Sie sich auf mögliche Probleme einstellen. Was tun Sie, wenn am heißesten Sommertag der Kühlraum ausfällt? Was passiert mit den Produkten, die sich dann im Auftauprozess befinden?

Kurzer HACCP-Check

- Grundsätzliche Kontrollen:
  - Richtige Temperatur der Waren.
  - Verpackung und hygienischer Zustand der Waren.
  - Kennzeichnung der Waren – Mindesthaltbarkeitsdatum.
  - Sauberkeit der Ladeflächen und der anliefernden Personen.
  - Warenübergabe unter hygienisch einwandfreien Bedingungen.
  - Unverzügliches fachgerechtes Einlagern der angelieferten Waren – Kühlkette darf nicht unterbrochen werden.
- Obst und Gemüse: Kontrolle von Frische, auf Druckstellen, Faulstellen, Ungeziefer, Schmutz.
- Eier: Kontrolle auf Bruch und Schmutz.
- Konserven: Kontrolle auf Beschädigung, Deckelwölbung.
- Tiefkühlprodukte: Kontrolle der Temperatur – Auftaumerkmale (Kristalle). Bei Speiseeis Kontrolle des einwandfreien Gefrierzustandes.
- Milch und Milchprodukte: Kontrolle der Temperatur. Optische Kontrolle (Schimmel).
- Getränke: Haltbarkeit, optische Kontrolle auf Trübung.
- Brot und Backwaren: optische Kontrolle, hygienische Verpackung, Ungeziefer.
- Wurst- und Fleischwaren: Kontrolle der Temperatur, optische Kontrolle der Farbe, Verpackung.
- Eiswürfel, Crushed Ice

> Werden Schwachstellen bei der HACCP-Überprüfung erkannt, müssen Sie etwas tun. Schieben Sie es nicht auf die lange Bank. Es ist Ihre Pflicht, Korrekturen vorzunehmen. Ganz wichtig ist die Dokumentation der Vorgänge.

Die häufigsten Beanstandungen von Untersuchungsbehörden

Abgesehen von der Überprüfung der Lebensmittel wird auf folgende Dinge besonders genau geschaut:

- Schneidbretter.
- Werkzeuge: Messer, Zangen, Dosenöffner.
- Eisbehälter.
- Reinigungsgeräte: Kübel, Besen, Wischtücher.
- Sauberkeit der Kühlräume.
- Mülltrennung.
- Personalhygiene.
- Fehlen von Aufzeichnungen.

Früchte und sonstige pflanzliche Bestandteile von Garnituren

Die wichtigsten Garniturfrüchte sind die Zitrusfrüchte, und zwar Zitronen, Limetten, Orangen, Mandarinien, Grapefruits und Kumquats. Ohne Cocktailkirschen, Ananas, Erdbeeren und Bananen kommt man ir einer Bar nicht aus. Aber auch eine Reihe anderer, vor allem exotischer Früchte ergeben dekorative Garnituren.

Ananas

Engl.: pineapple, franz.: ananas

- 1493 von Christoph Kolumbus auf Guadeloupe, einer der Westindischen Inseln, entdeckt. Die Urheimat wird in Paraguay oder Südbrasilien vermutet.
- Indianer bezeichneten die Frucht ursprünglich als „nana meant" (köstliche Frucht), woraus ein französischer Pfarrer den heutigen Namen Ananas ableitete.
- In Spanien wurde sie „pina" genannt aufgrund ihrer Ähnlichkeit mit einem Pinienzapfen. In England wandelte man wiederum „pina" in „pineapple" um.
- Das saftige Fruchtfleisch der Ananas ist gelb bis gelborange. In der Mitte befindet sich ein Strunk, der nicht gegessen werden kann.
- Der Saft ist außerordentlich aromatisch, süß mit einer leichten, aromatischen Säure.

Die Ananas in der Bar

- Neben der Orange und der Zitrone ist die Ananas die meistverwendete Frucht in der Bar. Ihr Einsatzgebiet ist vielschichtig. Das Fruchtfleisch kann püriert werden, zum Beispiel für einen *Ananas Daiquiri* oder *Ananas Caipirinha.*
- Ebenso macht sie sich an so manchem Glasrand oder in einem Obstkorb sehr dekorativ.
- Bei der Ananas ist mit einem Abfall von ca. 50 % zu rechnen. Jedoch kann man einen Teil davon als Dekoration verwenden: zum Beispiel die Blätter, naturbelassen oder etwa mit einer Zackenschere in Form gebracht, oder die Schale, die von einem zum Garnieren bestimmten Ananasstück bzw. einer -spalte nicht entfernt werden soll.
- Ausgehöhlt kann die Ananas als originelles Glas dienen. Dazu wird der obere Teil der Ananas etwa drei Zentimeter unterhalb der Blätter abgeschnitten und kann später als Deckel wieder aufgesetzt werden. Die Blätterkrone kann man mit Blumen dekorieren. Diese Art, ein Bargetränk zu servieren, ist vor allem in den Anbauländern des Öfteren zu finden.
- Ananas sollten immer frisch verarbeitet werden, damit sie den typischen Geschmack nicht verlieren.

Tipps

▶ Die Ananas ist eine attraktive Dekorationsfrucht. Verstecken Sie sie nicht während der Lagerung, sie verleiht jeder Bar, z. B. in einem Obstkorb platziert, ein exotisches Flair.

▶ Das Fruchtfleisch der Ananas kann nicht zu Gänze püriert werden, es werden immer Fasern zu finden sein. Weisen Sie den Gast darauf hin, dass es sich um die Verarbeitung einer FRISCHEN Frucht handelt, wobei sich so etwas nicht vermeiden lässt – es unterstreicht das Qualitätsbewusstsein Ihrer Bar.

Einkauf

■ Die Ananas gehört zu den nicht klimakterischen Früchten, d. h., sie reift nicht nach. Darum sollten Ananas möglichst reif geerntet werden.

■ Frische und Qualität erkennt man an den saftig-grünen Blättern, möglichst ohne braune Spitzen, einer leuchtend klaren Schalenfarbe (kein glasiges Aussehen) und einer gleichmäßigen Festigkeit (keine weichen, braunen Stellen). Sie sollte angenehm duften und eine dem Gewicht entsprechende Größe aufweisen. Mehr Gewicht bei gleicher Größe heißt, dass das Fruchtfleisch kompakter und der Saftanteil größer ist.

■ Die Ananas ist sehr druckempfindlich, beim Transport sollte darauf geachtet werden.

Lagerung

■ Wie die meisten Früchte sollte auch die Ananas bei Raumtemperatur gelagert werden, um nicht an Geschmack zu verlieren.

■ Eine angeschnittene Frucht kann man, wenn man die Schnittfläche mit einer Frischhaltefolie bedeckt, noch einige Tage kühl gelagert aufbewahren. Je kühler, desto länger und besser haltbar ist sie.

Apfel

Engl.: apple, franz.: pomme

■ Die ursprüngliche Heimat des Apfels sind die Gebirgsregionen Südwestchinas, wo ca. 20 Wildsorten entdeckt wurden. Die unzähligen uns bekannten Sorten stammen aus diesen Wildformen.

■ In den Gebirgen Mittelasiens liegen weitere Entstehungsorte.

Der Apfel in der Bar

■ Er wird vorwiegend für Garnituren verwendet.

■ Äpfel sind z. B. Bestandteil des *Apple Pie Shrub* oder einer *Bowle*.

■ Die Sorten Granny Smith und Golden Delicious eignen sich besonders gut, da sie nicht so schnell braun werden.

■ Wie bei den meisten Obstsorten gilt auch hier: einige Zeit vorher aus der Kühlung geben, bei Zimmertemperatur kann sich das Aroma am besten entfalten.

■ Die meisten Vitamine befinden sich direkt unter der Schale, deshalb den Apfel – wenn möglich – nicht schälen.

Tipps

▶ Verlangt die Weiterverarbeitung das Schälen des Apfels, so machen Sie das unmittelbar vorher.

▶ Um rasches Braunwerden zu verhindern, empfiehlt es sich, die Schnittfläche mit Zitronen- oder Limettensaft einzureiben.

Einkauf

- Ein Zeichen der Reife ist der Duft.
- Achten Sie darauf, dass die Äpfel keine Druckstellen aufweisen und die Schale unbeschädigt ist. Sie sollen sich fest anfühlen. Wegen der Druckempfindlichkeit wird ein vorsichtiger Transport empfohlen.

Lagerung

- Äpfel können bei nicht allzu hoher Zimmertemperatur einige Tage aufbewahrt werden.
- Wesentlich länger können sie in luftigen Kellern oder im Kühlschrank lagern.
- Auch bei der Lagerung gilt es, auf die Druckempfindlichkeit der Früchte Rücksicht zu nehmen.
- Da Äpfel Äthylen abgeben, sollten sie nicht unmittelbar neben anderem Gemüse und Obst liegen, weil bei diesem dadurch der Alterungsprozess beschleunigt würde.

Banane

Engl.: banana, franz.: banane

- Die Banane wurde bereits 4000 v. Chr. kultiviert und zählt zu den ältesten Kulturpflanzen.
- Ihr Ursprungsgebiet liegt in Südostasien.
- Vermutlich durch die Araber gelangte sie erst viel später nach Indien, über den Mittleren Osten nach Afrika, von der dortigen Westküste durch die Portugiesen zu den Kanarischen Inseln und im Jahr 1516 in die Karibik nach Santo Domingo.

- 1892 kam die Banane erstmals von den Kanaren nach Norddeutschland.

Die Banane in der Bar

- In der Bar finden vor allem die Obst- und die Babybanane Verwendung.
- Babybananen sind kleine Züchtungen und daher sehr dekorativ, sie haben einen ausgeprägten, intensiven Bananengeschmack.
- Am häufigsten jedoch werden Obstbananen verwendet. Gleichmäßig gelbe Bananen eignen sich sehr gut für Garnituren.
- Leicht braun getupfte Bananen haben einen intensiveren Geschmack und sind dadurch ideal zum Pürieren, z. B. für *Bananen Daiquiri* und *Bananen Colada*.
- Sehr beliebt sind auch Milchshakes.
- Das Braunwerden der Schnittstellen kann durch Einreiben mit Limetten- oder Zitronensaft verzögert werden.

Tipp

- ▶ Wenn Bananen weiche, braun-schwarze Druckstellen aufweisen, sollten diese Teile aufgrund ihres schlechten Geschmacks nicht mehr verarbeitet werden.

Einkauf

- Bananen reifen sehr schnell und stark, überlegen Sie schon beim Kauf, wann und für welchen Zweck Sie die Früchte benötigen.
- Da man den Reifungsprozess sehr gut selber variieren kann, empfiehlt es sich, eher unreife Früchte zu kaufen.
- Es ist unbedingt zu beachten, dass die Schale unbeschädigt ist und keine weichen, braun-schwarzen Druckstellen aufweist.
- Durch ihre Druckempfindlichkeit ist ein sorgfältiger Transport zu empfehlen.

Lagerung

- Bananen sind klimakterische Früchte und reifen je nach Temperatur mehr oder weniger rasch nach.
- Von einer allzu kühlen Lagerung (Kühlschrank) wird abgeraten, da der Geschmack und die Farbe beeinträchtigt werden.
- Es ist auf die Druckempfindlichkeit der Früchte Rücksicht zu nehmen.
- Der Reifeprozess wird beschleunigt, wenn man die Bananen in einer Plastiktüte verpackt aufbewahrt.

Birne

Engl.: pear, franz.: poire

- Ursprünglich stammt die Birne aus dem Kaukasus und Anatolien.
- 3000–2000 v. Chr., zur Zeit der Pfahlbauten und der Bronzezeit, war sie auch schon in Österreich und Deutschland bekannt.

Die Birne in der Bar

- Sie wird vorwiegend für Garnituren verwendet.
- Birnen einige Zeit vor der Verarbeitung aus der Kühlung geben, bei Zimmertemperatur kann sich das Aroma am besten entfalten.
- Die meisten Vitamine befinden sich direkt unter der Schale, deshalb die Birne – wenn möglich – nicht schälen.

Tipps

- ► Sollte die Weiterverarbeitung das Schälen erfordern, machen Sie das unmittelbar vorher.
- ► Nach dem Anschneiden oder Schälen die Schnittstelle rasch mit Zitronen- oder Limettensaft einreiben, so verhindert man eine Braunfärbung.

Einkauf

- Ausgereifte Birnen sind sehr druckempfindlich und sollten besonders vorsichtig transportiert werden. Wählen Sie daher unbeschädigte und feste Früchte.
- Es ist wichtig, die Schale schon beim Kauf auf braune, weiche Stellen zu kontrollieren, da solche Früchte schneller faulen.

Lagerung

- Birnen können bei nicht allzu hoher Zimmertemperatur einige Tage aufbewahrt werden.
- Wesentlich länger können sie in luftigen Kellern oder im Kühlschrank lagern.
- Auch bei der Lagerung gilt es, auf die Druckempfindlichkeit der Früchte Rücksicht zu nehmen.
- Da auch Birnen Äthylen abgeben, sollten sie nicht unmittelbar neben anderem Obst oder Gemüse liegen, weil bei diesem dadurch der Alterungsprozess beschleunigt würde.

Cherimoya

Engl.: cherimoya, franz.: chérimole

- Die Heimat der Cherimoya sind die hochgelegenen Täler (1 600–2 200 m) der Anden in Peru und Ecuador.
- Sie gehört zur Familie der Annonengewächse und wird als Sammelfrucht bezeichnet.
- Der Name leitet sich von „Chirimuya" ab, kommt aus der indianischen Sprache und bedeutet „kühler Samen".
- Die Cherimoya ist die Frucht des Flaschenbaumes Annona cherimola.
- Die 8–15 cm große, rundliche oder konische bis herzförmige Frucht hat eine ledrige, weiche, grüne Schale mit einer schuppigen Oberfläche.
- Das weißliche Fruchtfleisch färbt sich bei weiterer Reifung etwas rosa und erinnert im Geschmack leicht an Erdbeere oder Himbeere.
- Die schwarzen Kerne sind ungenießbar.

Die Cherimoya in der Bar

- Durch den Kontrast von grüner Schale und weißem Fruchtfleisch ist die Cherimoya als Garnitur, z. B. bei *Tropicanas*, sehr wirkungsvoll.
- Nach dem Anschneiden die Schnittstelle mit Zitronen- oder Limettensaft einreiben, um eine Braunfärbung zu verhindern.

Einkauf

- Achten Sie wegen der starken Druckempfindlichkeit beim Kauf auf unbeschädigte, feste Früchte.
- Die Reife erkennt man am angenehmen Duft und daran, dass die Schale bei sanftem Druck nachgibt und der Stiel leicht von der Frucht zu lösen ist.

Lagerung

- Ideal ist es, die Cherimoya in Zeitungspapier eingewickelt bei Zimmertemperatur einen bis drei Tage nachreifen zu lassen.
- Die Lagerungstemperatur sollte nicht unter 14 °C sein.

Clementine

Engl.: clementine, franz.: clémentine

- Zur Herkunft der Clementine gibt es zwei Erklärungsvarianten: Einerseits soll sie eine Zufallskreuzung aus der Mittelmeermandarine und einer Zierpomeranze sein, welche Ende des 19. Jahrhunderts in Algerien von Pater Clement Rodier entdeckt und nach ihm benannt wurde. Die zweite und auch wahrscheinlichere Version ist, dass die Clementine eine Mandarinenart aus Asien ist.

- Im Vergleich zur Mandarine (siehe Seite 353) hat die Clementine eine etwas dickere Schale.
- Am Stielansatz ist sie häufig mit einem kleinen Höcker versehen.
- Was sie sehr beliebt macht, ist, dass sie, im Vergleich zur Mandarine keine bzw. nur sehr wenige Kerne hat.
- Das Fruchtfleisch ist süßer, da es mehr Zucker und weniger Säure enthält.

Die Clementine in der Bar
- Clementinen werden in der Bar vorwiegend frisch gepresst als Saft verwendet.

Einkauf
- Clementinen sind bei uns vorwiegend im Winterhalbjahr erhältlich. Achten Sie auf eine kräftig leuchtende orange Farbe und auf eine unbeschädigte Schale.

Lagerung
- Clementinen halten sich bei kühler Lagerung bis zu zwei Monate.

Cranberry

Engl.: cranberry, franz.: canneberge

- Sie ist der „große Bruder" der heimischen Preiselbeere.
- Heimat und natürliches Verbreitungsgebiet sind die Nordoststaaten der USA und Kanada.
- Über die Herkunft des Namens (engl. crane = Kranich) gibt es unterschiedliche Versionen: Zum einen soll es zum Namen

gekommen sein, weil die Beeren von Kranichen gefressen werden, zum anderen, weil die Blütenknospe an das Aussehen eines Kranichs erinnert.
- Schon die Indianer schätzten die herben, tiefroten Beeren wegen ihres Nährwertes und ihrer heilenden Eigenschaften.
- Cranberrypflanzen sind kleine, immergrüne, auf dem Boden rankende Halbsträucher. Sie eignen sich hervorragend für den Anbau auf Farmen. Unsere Preiselbeersträucher wachsen vorwiegend wild.
- Die Beeren sind 1–2 cm groß und variieren hinsichtlich ihrer Form: rund, oval, glocken- oder birnenförmig.
- Während der Reife wechselt die Farbe von hellgrün zu weißlichgrün, dann zu rosa und schließlich zu rot.
- Auch das feste Fruchtfleisch wird bei fortschreitender Reife rötlich, bei einigen Sorten sogar tiefrot.
- In den vier Luftkammern befinden sich viele kleine, braune Samen.

Die Cranberry in der Bar
- Frische Cranberrys werden in der Bar für Garnituren verwendet.
- Cranberrys aufgespießt und am Glasrand platziert, sind ein wirkungsvoller Farbtupfer bei säuerlich-frischen Drinks.
- Cranberry Juice ist zum Mixen sehr beliebt. Er ist z. B. Bestandteil des *Cosmopolitan.*

Einkauf
- Frische Cranberrys sind auf unseren Märkten meist in bunten Folienbeuteln (zu 340 g) verpackt. Das Angebot ist jedoch nicht sehr groß.
- Tiefgefrorene Cranberrys werden hauptsächlich für die Industrie geliefert und sind ganzjährig erhältlich.

Lagerung

- Cranberrys lassen sich gut aufbewahren, bei 2–4 °C und 90–95 % relativer Luftfeuchtigkeit bis zu vier Monate.
- Bei 0 °C sind sie etwa zwei Wochen haltbar, jedoch besteht die Gefahr von Kälteschäden bei längerer Lagerung, erkennbar an Verfärbungen und gummiartiger Konsistenz.

Dattel

Engl.: date, franz.: datte

- Beheimatet ist die Dattelpalme am Persischen Golf.
- Die Dattel hat sich von Marokko bis Pakistan schnell verbreitet.
- Heute wird sie auch im Süden der USA, in Mittel- und Südamerika, Südafrika und Australien angebaut.
- Hauptproduzenten sind aber immer noch Ägypten, Iran, Saudi-Arabien, Pakistan und Irak.
- Datteln wachsen büschelweise im Bereich der Blattkronen auf der bis zu 30 m hohen Dattelpalme.
- Die Frucht ist eine ovale, 3–7 cm lange, gelbbraune Beere. Sie ist weich, schmeckt süß und hat ein sehr ausgeprägtes Aroma, das an Honig erinnert.

Die Dattel in der Bar

- Frische Datteln werden gerne als Garnitur für *Tropicanas* verwendet.

Einkauf

- Die Oberfläche von frischen Datteln sollte glatt und etwas feucht sein.
- Die braune Farbe ist das Zeichen für eine reife Frucht.

Lagerung

- Frische Datteln halten bei 0 °C bis zu zwei Monate.
- Trockendatteln sind im Kühlschrank über ein Jahr haltbar und können immer noch weiter trocknen, sie werden dann auch noch süßer.

Erdbeere

Engl.: strawberry, franz.: fraise

- Die uns bekannte großfruchtige Erdbeere ist vor über 200 Jahren aus wiederholten zufälligen Kreuzungen der kleinen, aus Amerika stammenden Scharlacherdbeere und der großfruchtigen Chileerdbeere entstanden.
- Bis heute wurden Arten gezüchtet, die den Anbau in nahezu allen Klimazonen von den Subtropen bis zur Arktis möglich machen.

- In unseren Breiten sind vor allem drei Arten von Bedeutung: die große Ananaserdbeere, die Walderdbeere und die von ihr abstammende, etwas kleinere Monatserdbeere.
- Die Erdbeere ist eine Scheinfrucht, d. h., die eigentlichen Früchte sind die kleinen Körnchen, die sich an der Hautoberfläche befinden. Form und Größe ist je nach Sorte verschieden, hell- bis dunkelrot gefärbt, mehr oder weniger fest und saftreich. Ihr Wert liegt u. a. in ihrem außergewöhnlichen Aroma.

Die Erdbeere in der Bar

- In der Bar werden Erdbeeren in erster Linie frisch püriert verwendet: im *Erdbeer Daiquiri*, in der *Erdbeer Colada*; in *Crushed Drinks* wie dem *Strawberry Caipirinha* oder dem *Strawberry Fancy Mojito*; in *Milchshakes* und *Sektcocktails*.
- Ebenso erfreut sich die Erdbeere verarbeitet zu einer *Erdbeerbowle* großer Beliebtheit.
- Erdbeeren können zu sehr dekorativen Garnituren verarbeitet werden.
- Erdbeeren sollten erst unmittelbar vor dem Verarbeiten gewaschen werden. Danach gut abtropfen lassen und erst dann die Stiele entfernen. So ist gewährleistet, dass der Saft in der Frucht bleibt.
- Erdbeermark, -sirup und -likör gehören zu jeder Bar-Mise-en-Place.

> Riechen Sie an den Früchten, denn so wie der Duft, so der Geschmack!

Einkauf

- Da Erdbeeren nicht nachreifen, achten Sie schon beim Kauf auf durchgehend rot gereifte Früchte. Nur sie haben den intensiven, aromatischen Geschmack.

- Prüfen Sie die Erdbeeren auch auf Druckstellen und andere Beschädigungen.
- Erdbeeren sind sehr leicht verderblich, durch Temperaturschwankungen und das dabei absickernde Kondenswasser beginnt der Fäulnisprozess meistens sehr rasch auf dem Boden der Verpackung.

Tipp

▶ Entfernen Sie die Plastikfolie – sofern vorhanden – schon vor dem Heimtransport!

Lagerung

- Sind die Erdbeeren in Plastiktassen oder Kartonagen verpackt, schwitzen sie leicht und dadurch verringert sich die Haltbarkeit. Sie sollten deshalb gleich umgefüllt werden.
- Ebenso gilt das für die in Holzschiffchen verpackten Erdbeeren, weil sie da meist in größeren Mengen übereinanderliegen. In diesem Fall ist die Gefahr von Druckstellen sehr groß (sie erdrücken sich praktisch gegenseitig).
- Je breiter (lockerer) die Früchte gelagert werden können, desto besser!
- Erdbeeren können durchaus ein bis zwei Tage im Kühlschrank aufbewahrt werden.
- Nehmen Sie die gekühlten Früchte jedoch rechtzeitig vor der Verarbeitung bzw. dem Verzehr heraus, damit sie ihr Aroma wieder entfalten können.
- Faule Erdbeeren sofort aussortieren und auch die umliegenden Früchte gleich entfernen bzw. – wenn noch möglich – verarbeiten. Ansteckungsgefahr!

Feige

Engl.: fig, franz.: figue

- Der Feigenbaum gehört zu den ältesten Nahrungs- und Nutzpflanzen der Menschheit. Seine Spuren reichen sogar bis in die Kreidezeit (vor ca. 120 Mio. Jahren).
- Beheimatet ist er in Kleinasien, vor 5000 Jahren wurde er von den Assyrern kultiviert und im Altertum im Mittelmeerraum verbreitet.
- Der Feigenbaum gehört zu den Maulbeergewächsen und seine bevorzugten Standorte sind sonnig und heiß.
- Er stellt an den Boden minimale Ansprüche, kommt fast ohne Bewässerung aus und übersteht extreme Dürrezeiten und auch kühle, feuchte Winter.
- Die Feige hat die Form eines dicken Tropfens und ist 3–10 cm lang. Ihre Haut ist gelb, grün oder rotbraun bis dunkelviolett.
- Das Fruchtfleisch ist weißlich bis bernsteinfarben und wird bis ins Innere rosa bis rot, es ist weich und saftig.
- Im Geschmack ist die Feige angenehm aromatisch, leicht nussig und süß.

Die Feige in der Bar
- Frische und getrocknete Feigen finden in der Bar ihren Platz als Garnitur am Glasrand.
- Feigen müssen nur gewaschen werden, die Schale ist essbar.

Einkauf
- Achten Sie beim Kauf darauf, dass die Früchte keine Flecken oder Druckstellen haben, sie sollen sich aber weich und elastisch anfühlen.
- Ein vorsichtiger Transport wird empfohlen.

Lagerung
- Frische Feigen sind leicht verderbliche Früchte und nur wenige Tage lagerfähig.

Feijoa

Engl.: feijoa, franz.: feijoa

- Die Feijoa ist in Südamerika beheimatet und gedeiht heute auch im subtropischen Klima, vor allem in Neuseeland, den USA, Australien und vielen Ländern Südamerikas, Afrikas und Asiens.
- Die mit der Guave verwandten Früchte wachsen auf einem kleinen, strauchartigen Baum.
- Feijoas sind eiförmige, ca. 5 cm lange Beeren. Die feste, dunkelgrüne Schale ist glatt oder leicht gerunzelt und nicht essbar. Das Fruchtfleisch ist weiß bis lachsfarben und weist kleine, essbare Kernchen auf.
- Feijoas haben einen intensiven Geruch und einen feinen, säuerlich-süßen, würzigen Geschmack, der an Guaven oder Ananas erinnert.

Feijoas in der Bar
- Feijoas werden in der Bar für Garnituren in Form von Scheiben oder Spalten verwendet.

Einkauf
- Obwohl die Feijoas ganzjährig verfügbar ist, werden sie bei uns sehr selten auf dem Markt angeboten.
- Achten Sie darauf, dass die Frucht fest ist und keine Druckstellen hat.
- Auf Fingerdruck sollte die reife Frucht nur leicht nachgeben.

Lagerung
- Bei Zimmertemperatur, evtl. in einer Plastiktüte verpackt, erreichen unreife Feijoas innerhalb weniger Tage ihre optimale Reife.
- Ist der richtige Reifegrad erreicht, können sie im Kühlschrank noch ein paar Tage gelagert werden.

Granatapfel

Engl.: pomegranate, franz.: grenade

- Die Heimat des Granatapfels liegt in Persien, wo er schon seit 2000 v. Chr. kultiviert wird.
- Sein Anbaugebiet reicht vom Himalaja bis in den Mittelmeerraum, von den Kanarischen Inseln bis nach Kalifornien, ins nördliche Südamerika und in viele Länder mit subtropischem Klima.

- Der Granatapfel wächst auf dem bis zu 8 m hohen Granatapfelbaum.
- Die runde Frucht hat eine orangegelbe bis scharlachrote, sehr dicke, ledrig-wachsige Schale.
- Das Innere besteht aus mehreren Fächern, in denen sich zahlreiche Samenkerne befinden, die von rosafarbenen oder dunkelroten, saftigen Samenschalen umhüllt sind.
- Der Geschmack ist süßsäuerlich.

Tipp

Unterscheiden Sie zwischen
- ▶ **Grenadinesirup:** hergestellt aus Zucker, Wasser, Zitronensäure, Frucht- und Vanilleextrakten sowie natürlichen Aromastoffen.
- ▶ **Granatapfelsirup** (Pomegranate): hergestellt aus Zucker, Wasser, konzentriertem Granatapfelsaft, Zitronen- und Weinsäure sowie natürlichen Aromen.

Der Granatapfel in der Bar
- Die aus ihm gewonnen Sirupe sind Bestandteil einer großen Anzahl von Mixgetränken.
- Die frische Frucht ist sehr dekorativ, z. B. in einem Obstkorb an der Bar.
- Der essbare Teil des Granatapfels ist das hell- bis dunkelrote Fleisch der Samenhülle. Die Samenkerne können mitgegessen werden.
- Wer das nicht will, halbiert die Frucht und löst die Körner aus oder drückt die Hälften mit einer Orangenpresse aus, was jedoch aus wirtschaftlichen Gründen nicht ratsam ist.

Vorsicht! Der Saft des Granatapfels hinterlässt nur schwer entfernbare Flecken.

Einkauf

- Es ist eigentlich auf nichts Spezielles zu achten, die unterschiedliche Farbe ist sortenbedingt.
- Da Granatäpfel eine sehr dicke Schale haben, sind sie leicht zu transportieren.
- Die reifen Früchte erkennt man an ihrem metallischen Klang.
- Überreife Früchte brechen sehr leicht auf.

Lagerung

- Man kann Granatäpfel bei Zimmertemperatur zwei bis drei Wochen aufbewahren.
- Auch wenn die Schale dabei etwas einschrumpft und härter wird, bleibt das Innere saftig frisch.

Grapefruit

Engl.: grapefruit, franz.: pamplemousse

- Die ersten Grapefruits gab es vermutlich Anfang des 18. Jahrhunderts auf Barbados.
- Der erste kommerzielle Anbau erfolgte 1885 in Florida.
- Heute werden Grapefruits in allen Zitrusanbauländern kultiviert.
- Obwohl es sich um verschiedene Fruchtarten handelt, wird zwischen Grapefruit und Pampelmuse im Volksmund oft nicht unterschieden.

- Pampelmusen stammen aus den Tropen Malaysias und Thailands und sind deutlich größer als Grapefruits.
- Höchstwahrscheinlich ist jedoch die Grapefruit eine natürliche Hybride aus Orange und Pampelmuse.
- Die Grapefruit ist deutlich größer als die Orange, sie ist fest mit einer eher glatten, hellgelben bis rötlichgelben Schale. Das Fruchtfleisch ist in mehrere Segmente unterteilt und kann hellgelb, rosafarben bis dunkelrot sein.
- Grapefruits sind sehr saftig, im Geschmack säuerlich bis süßsäuerlich mit einer dezent bitteren Note.
- Im Gegensatz zu Orangen gewinnen sie bei fortschreitender Lagerung an Süße und lassen sich leichter schälen.

Die Grapefruit in der Bar

- Grapefruits werden in der Bar vorwiegend zu Saft verarbeitet.
- Er ist Bestandteil von Mixgetränken, wie z. B. vom *Ernest Hemingway Special.*

> In der weißen Schicht unter der Schale befinden sich Bitterstoffe, die sich bei zu heftigem Auspressen lösen können und dem Saft einen unangenehmen Geschmack verleihen.

Einkauf

- Grapefruits sind ganzjährig erhältlich.
- Wählen Sie eher Früchte, die sich schon etwas weicher anfühlen, ihr Saftanteil ist höher.

Lagerung

- Die Lagerfähigkeit von Grapefruits ist gut, erreicht aber nicht die von Orangen oder Zitronen.
- Eine gewisse Lagerung ist sogar von Vorteil, weil Aroma und Milde zunehmen und sich das Fruchtfleisch leichter von der Schale lösen lässt.

Guave

Engl. guava, franz.: goyave

- Im tropischen Zentralamerika vermutet man den Ursprung der Guave.
- Ihre heutigen Anbaugebiete liegen in Mexiko, den USA, in der Karibik, Südamerika, Südafrika, Indien, Malaysia, Thailand und anderen Ländern Südostasiens sowie in einigen Mittelmeerländern, wie Israel, Ägypten und Sizilien.
- Die Guave ist die Beerenfrucht eines 3–10 m hohen, immergrünen Baumes.
- Die rundliche, ei- oder birnenförmige Frucht weist vier bis fünf deutlich hervorstehende, oft bleibende Kelchzipfel auf, sie misst 4–12 cm im Durchmesser.
- Die dünne, etwas wachsartige, zunächst grüne Schale wird bei Reife hellgrün bis gelb.
- Das Fruchtfleisch unter der Schale ist fest und saftig, manchmal etwas körnig, grünlichweiß, gelb, rosa oder lachsrot.
- Für reife Guaven charakteristisch ist ihr intensiver blumiger Geruch.

Die Guave in der Bar
- Guaven werden in der Bar für Garnituren verwendet.
- Die reife Frucht kann mit der Schale gegessen werden. Die vielen kleinen Kerne in der Mitte der Frucht sind genießbar.

Einkauf
- Aufgrund der besseren Transportfähigkeit erreichen Guaven unseren Markt im hartreifen Zustand.
- Sie sollten fest sein und nur auf leichten Fingerdruck etwas nachgeben.

Lagerung
- Guaven reifen bei Zimmertemperatur nach.
- Da sie Äthylen produzieren, kann die Reifung in einer Plastiktüte beschleunigt werden.
- Hartreife Früchte sind eine bis drei Wochen lagerfähig.
- Reife Früchte sollten in ein bis zwei Tagen verwendet werden.

Himbeere

Engl.: raspberry, franz.: framboise

- Über die Herkunft der Himbeeren ist nichts bekannt.
- Sie wachsen wild im mittleren und nördlichen Europa, Asien und im nordöstlichen Nordamerika in lichten Wäldern, Hecken und Gebüschen, von der Ebene bis ins Gebirge.
- Himbeeren sind Sammelfrüchte, bei denen eine größere Zahl kleiner, behaarter, einsamiger Steinfrüchte auf einem zapfenförmigen Fruchtboden sitzt, von dem sie sich während der Reife leicht lösen.

- Die Mehrheit der Sorten ist rot, saftig, fruchtig und süß.
- Spezielle Züchtungen ergaben rosa, gelbe und auch blaue Beeren.

Ganze Himbeerzweige mit Beeren in einer hohen Vase sind ein dekorativer Hingucker in jedem Lokal.

Die Himbeere in der Bar

- In der Bar werden Himbeeren in erster Linie frisch püriert verwendet: im *Himbeer Daiquiri*, in der *Himbeer Colada*; in *Crushed Drinks* wie *Himbeer Caipirinha, Himbeer Fancy Mojito* usw.; in *Milchshakes* und *Sektcocktails*.
- Ebenso erfreut sich die Himbeere verarbeitet zu einer *Himbeerbowle* großer Beliebtheit.
- Die erwähnten Farbzüchtungen ergeben als Garnitur eine originelle Variante.

Beim Waschen von Himbeeren ist größte Vorsicht geboten: zuerst in kaltes, nicht fließendes Wasser geben und danach zum Abtropfen auf Küchenpapier legen.

Einkauf

- Himbeeren sind sehr leicht verderbliche Früchte, deren Fäulnisprozess durch Temperaturschwankungen beim Transport und das dabei absickernde Kondenswasser meistens auf dem Boden der Verpackung beginnt.
- Sie sollten nicht in zu hohen Tassen liegen. Aus diesem Grund empfiehlt es sich, die angebotene Ware genau zu kontrollieren.
- Achten Sie auf gleichmäßig rote, gereifte Früchte.

Tipp

▶ Entfernen Sie die Plastikfolie – sofern vorhanden – schon vor dem Heimtransport!

Lagerung

- Himbeeren sind fast nicht lagerfähig und sollten am gleichen Tag verarbeitet werden.
- Die in Plastiktassen oder Kartonagen verpackten Früchte sollten gleich nach dem Kauf umgefüllt werden, da sie leicht schwitzen können, was die Haltbarkeit noch mehr verringert.
- Ebenso gilt das für die in Holzschiffchen verpackten Himbeeren, weil sie da meist in größeren Mengen übereinanderliegen. In diesem Fall ist die Gefahr von Druckstellen sehr groß (sie erdrücken sich praktisch gegenseitig).
- Können die Früchte erst einen Tag später verwendet werden, sollten sie trocken sein und in einem weiten Gefäß ausgebreitet kühl gelagert werden.

Kaki/Sharon

Engl.: kaki, persimmon, franz.: kaki, cayui, plaquemine

- Beheimatet ist die Kaki in Zentralchina, Südkorea und Japan, wo sie auch als Nationalfrucht gilt.
- Der Anbau erfolgt in allen subtropischen und wärmeren Ländern.
- Die Kaki ist eine Beerenfrucht, wächst auf Sträuchern oder 3–5 m hohen Bäumen.
- Ihr Aussehen hat große Ähnlichkeit mit der eiförmigen Tomate.
- Die kommerzielle Zucht ist kernlos, die Schale ist hart und deshalb ungenießbar.

- Bei optimaler Reife ist die Schale orangerot und lässt das gelbe Fruchtfleisch durchscheinen.
- Die Kaki hat eine intensive Süße und eine geleeartige Konsistenz.
- Die Sharon hat eine hellorange und – im Gegensatz zur Kaki – etwas weichere Schale. Das Fruchtfleisch ist süß, saftig und schon in festem Zustand genießbar.

Die Kaki/Sharon in der Bar
- Zuerst wird der Strunk entfernt, dann die Frucht je nach Größe geviertelt bis geachtelt und das Fruchtfleisch mit einem Messer oder Löffel von der Schale getrennt.
- Kakis werden in erster Linie frisch püriert verwendet: im *Kaki Daiquiri*, in der *Kaki Colada*; in *Crushed Drinks* wie *Kaki Caipirinha, Kaki Fancy Mojito* usw.

Tipp

▶ Durch Einlegen in Orangensaft in einem geschlossenen Gefäß oder durch Pürieren mit Zugabe von Orangensaft lassen sich Kakis hervorragend vorbereiten, sie sollten dabei kühl gelagert werden.

Einkauf
- Da Kakis meist zu einem Stückpreis angeboten werden, achten Sie beim Kauf auf die Größe der Frucht.
- Nur selten werden optimal gereifte Früchte im Handel angeboten.
- Eine braun gefleckte Schale weist auf einen fortgeschrittenen Reifeprozess hin, sollte Sie aber vom Kauf nicht abhalten.
- Die Schale sollte jedoch unbeschädigt sein.
- Kakis müssen dann sehr vorsichtig transportiert werden.

Lagerung
- Kakis gehören zu den Früchten, die gut und lange lagerfähig sind.
- Das Nachreifen sollte unbedingt im Kühlschrank erfolgen, denn diese Temperaturen sind denen in den Anbaugebieten ähnlich.
- Die Lagerung bei Zimmertemperatur würde die Frucht austrocknen.

Kaktusfeige

Engl.: prickly pear, indian fig, franz.: figue de Barbarie, figue d'Inde

- Die Heimat der Kaktusfeige ist in Mexiko und im tropischen Teil Amerikas.
- Im 16. Jahrhundert gelangte sie durch spanische Seefahrer in den Mittelmeerraum.
- Sie gedeiht im gesamten tropischen und subtropischen Klima.
- Auf dem bis zu 4 m hohen und ebenso breiten Opuntienkaktus wächst die Kaktusfeige.
- Sie ist oval bis birnenförmig und hat eine Größe von 4–10 cm.
- Die dicke Schale ist je nach Sorte gelblich, lachsfarben, dunkelbraun oder rot, sie kann aber auch grün bleiben. Sie hat warzenartige Erhebungen, auf denen Dornen sitzen.
- Das Fruchtfleisch der reifen Frucht ist weich, geleeartig, saftig, in der Farbe hellgrün, gelblich, orange bis dunkelrot und enthält 80 bis über 300 kleine, harte, jedoch genießbare Samenkörnchen.

- Der Geschmack ist süßsäuerlich, erfrischend und ähnelt dem einer Birne oder Melone.

Obwohl die großen Dornen oft schon auf den Plantagen abgebürstet werden, verbleiben doch noch zahlreiche winzige Dornenhärchen, die nach dem Hantieren mit der Frucht in schmerzhafter Erinnerung bleiben können. Also, Vorsicht beim Verarbeiten von Kaktusfeigen!

Die Kaktusfeige in der Bar
- In der Bar ist die Kaktusfeige als Garnitur bei *Tropicanas* beliebt.

Einkauf
- Da die Früchte bei der Ernte abgedreht werden müssen, kann es zu Verletzungen am Stielende kommen. Achten Sie beim Kauf darauf, weil die Früchte dadurch schneller verderben.
- Da Kaktusfeigen nicht nachreifen, bleiben zu früh geerntete Früchte im Geschmack unbefriedigend.
- Erkennbar ist die Pflückreife an der Fruchtgröße, der Farbe und am beginnenden Ablösen der Dornen.

Lagerung
- Bei kühler Aufbewahrung ist die Kaktusfeige bis zu einer Woche haltbar.

Verarbeitung
- Von der Kaktusfeige kann nur das Fruchtfleisch gegessen werden. Dazu halbiert man die Frucht der Länge nach und löffelt sie wie eine Kiwi aus.
- Oder auf mexikanische Art: Die Frucht auf eine Gabel spießen, an beiden Enden je eine flache Scheibe abschneiden, die Fruchthaut mit einem Messer der Länge nach bis ins Fleisch aufschlitzen und abziehen. Das Fruchtfleisch in Stücke schneiden und servieren.

Tipp

▶ Die Früchte gut kühlen und das Fruchtfleisch dann z. B. mit etwas Zitronen- oder Limettensaft beträufeln, der Genuss lässt sich dadurch noch steigern.

Kapstachelbeere/Physalis

Engl.: cape gooseberry, franz.: coqueret du Pérou

- Die Andenregion zwischen Venezuela und Chile ist die Heimat der Kapstachelbeere. Dort wird sie auch hauptsächlich kultiviert, seit Anfang des 19. Jahrhunderts ebenfalls in Südafrika.
- Von Südafrika gelangte sie nach Australien, wo ihr der Name Kapstachelbeere gegeben wurde.
- Sie gehört zur Familie der Nachtschattengewächse und ist verwandt mit der Erdbeertomate aus Nordamerika oder der Tomatillo aus Mexiko.
- Die Pflanze der Kapstachelbeere ist 1–2 m hoch.
- Nach der Blüte vergrößert sich der Blütenkelch, ist aufgeblasen und bildet eine papierdünne, vorerst grüne, dann gelbliche bis hellbraune, stark gerippte, trockene Hülle, in der die 1,5–3 cm große, kugelige, goldgelbe Beerenfrucht sitzt.
- Ihr Geschmack ist angenehm fruchtig, erfrischend und erinnert ein wenig an Stachelbeeren oder Ananas.

- Es besteht aber absolut keine Verwandtschaft mit der uns bekannten Stachelbeere.

Übrigens, der für die Kapstachelbeere auch
gebräuchliche Name „Physalis" kommt aus
dem Griechischen und bedeutet „Blase".

Die Kapstachelbeere in der Bar
- In der Bar eignet sich die Kapstachelbeere
hervorragend als Garnitur.
- Die getrockneten Blätter bleiben an der
Frucht.
- Für eine besonders liebevolle Verarbeitung
können sie mit einem herkömmlichen Bü-
geleisen vorsichtig, bei niedrigster Stufe,
ohne Dampf glatt gebügelt werden.

Einkauf
- Beim Kauf sollten Sie darauf achten, dass
keine verfaulten Früchte in der Verpackung
sind und die Blätter sich noch in einer kräftigen und stabilen Form befinden.
- Es ist jedoch unwesentlich, ob die Hülle
noch geschlossen oder offen ist.
- Die Beeren sollen eine satte orangegelbe
Farbe haben.
- Genau wie bei der Kirsche muss der Stiel
an der Frucht bleiben, damit sie nicht
„ausblutet".
- Kapstachelbeeren sind meist in Plastik-
körbchen verpackt und sollen nicht einge-
drückt, sondern vorsichtig transportiert
werden.

Lagerung
- An einem kühlen, trockenen Ort lassen
sich Kapstachelbeeren mehrere Tage lagern. Zwischenzeitlich sollten evtl. verdor-
bene Beeren aussortiert werden.
- Ist der Lagerort zu feucht, können sie
leicht schimmeln.

Karambole/Sternfrucht/ Baumstachelbeere

Engl.: carambola, starfruit, franz.: carambole,
pomme de Goa

- Die ursprüngliche Heimat der Karambole
liegt in Indien und Malaysia, welches auch
heute noch das wichtigste Produktions-
und Exportland ist.
- Aus den Blüten des immergrünen, 6–12 m
hohen Baumes entstehen die elliptischen,
etwa 6–12 cm großen Früchte.
- Die Karambole ist eine gelblichgrüne, flei-
schige Beerenfrucht. Im Querschnitt hat
sie ein sternförmiges Aussehen, welches
durch die fünf ausgeprägten Längsrippen
entsteht.
- Die fast durchscheinende Haut ist glatt
und wachsartig.
- Das saftige, knackige Fruchtfleisch färbt
sich je nach Reife und Sorte von grün,
weißlichgelb bis bernsteinfarben.
- Im Geschmack ist sie süßsäuerlich und erfrischend. Er erinnert an den von Stachelbeeren.

Übrigens, wegen ihres hohen Gehalts an
organischen Säuren wird die Karambole in
Asien sogar zum Metallputzen verwendet.

Die Karambole in der Bar
- In der Bar wird die Karambole für Garnituren verwendet. In Scheiben geschnitten,
hat sie diese spezielle Sternenform und ist
deshalb besonders dekorativ.

- Ist sie reif, lässt sich die dünne Haut leicht abziehen, kann aber auch mitgegessen werden.

Einkauf
- Die Karambole ist sehr druckempfindlich und wird deshalb meist einzeln verpackt – in Seidenpapier oder Schaumstoffnetzstrümpfe – angeboten.
- Auch der Heimtransport sollte vorsichtig erfolgen.

Lagerung
- Bei Zimmertemperatur kann man Karambolen bis zu sieben Tage lagern.
- Bei kühler Lagerung zirka doppelt so lange, wobei aber die Kanten der Rippen etwas braun werden können.

Kirsche

Engl.: cherry, franz.: cerise

- Die heutige Form der Kirsche stammt von der Vogelkirsche und von Wildformen der Sauerkirsche ab, deren Heimat Eurasien ist.
- Sie gedeiht in allen gemäßigten europäischen sowie asiatischen Regionen.
- Kirschen gehören zum Steinobst und wachsen an Bäumen.
- Sie sind rundlich bis oval oder herzförmig und können sich in vielen Farben präsentieren: gelb, rötlich bis tief dunkelrot, manchmal fast schwarz.

- Es wird zwischen Süß- und Sauerkirschen und den Kreuzungen aus diesen unterschieden. Süßkirschen werden in Herz- und Knorpelkirschen (Kracher) unterteilt, Sauerkirschen in echte Sauerkirschen und Schattenmorellen. Die Süßkirsche Burlat ist die am häufigsten angebaute Art.

Die Kirsche in der Bar
- Sie wird hauptsächlich für Garnituren verwendet. Aus optischen Gründen ist es ratsam, die Stiele nicht zu entfernen.
- Die Cocktailkirschen, eingelegte Kirschen mit und ohne Kern bzw. mit und ohne Stiel, sind ein wesentlicher Bestandteil vieler Garnituren. Auch in Sirup eingelegte, grüne Kirschen werden angeboten.
- Kirschsaft und Kirschsirup werden zum Mixen verwendet.

> Es gibt drei Möglichkeiten, eine Cocktailkirsche als Garnitur zu platzieren:
> - am Glasrand,
> - am Stick im Glas,
> - am Stick, der auf das Glas gelegt wird.

Einkauf
- Achten Sie beim Kauf darauf, dass die Kirschen keine Wurmstiche und anderen Schäden an der Schale aufweisen.
- Die Früchte sollten gleichmäßig rot sein.
- Sie sollten nur mit Stiel angeboten werden, weil sie ohne diesen sozusagen „verbluten".

Lagerung
- Kirschen sind aufgrund der dünnen Schale und des saftigen Fruchtfleisches sehr empfindlich und deshalb auch nicht lange lagerfähig.
- Sie sollten innerhalb von ein bis zwei Tagen verbraucht werden.

Kiwano

Engl.: horned melon, kiwano, franz.: kiwano

- In der Kalahariwüste und im südlichen Afrika ist die Kiwano heimisch.
- Seit Mitte des letzten Jahrhunderts wird sie aber bereits in Neuseeland kultiviert und inzwischen pflanzt man sie auch in Kenia, Israel sowie in einigen Teilen Italiens und Portugals.
- Die Kiwano ist eine walzenförmige Frucht von etwa 10–15 cm Länge und 8–10 cm Durchmesser.
- Die bis zu 5 mm dicke Schale hat hornartige Auswüchse, weshalb die Kiwano auch Hornmelone genannt wird.
- Ihre Farbe ist in unreifem Zustand grün und wird bei erlangter Reife orange.
- Im Inneren befindet sich ein grünliches, weiches, fast geleeartiges Fruchtfleisch mit hellen Kernen, die mitgegessen werden.
- Geschmacklich wie Melonen und Gurken.

Die Kiwano in der Bar

- In der Bar wird die Kiwano als exotische Garnitur verwendet.
- Durch ihr originelles Aussehen wertet sie jeden Obstkorb auf.
- Zum Verzehr soll die Frucht eine goldgelbe Farbe erreicht haben, so ist sie am köstlichsten.
- Sie können das Fruchtfleisch pürieren oder durch ein Sieb pressen, um einen erfrischenden Saft herzustellen.

Halbieren Sie die Frucht der Länge nach und löffeln Sie das Fruchtfleisch heraus, die feste Schale behält ihre Form und kann als dekoratives Gefäß – z. B. für Bowle – weiter benützt werden.

Einkauf

- Kiwanos werden unreif geerntet, die Schale ist dann noch grün und sehr hart, sie reifen über mehrere Monate nach.
- Achten Sie auf die orangerote Schalenfarbe bei reifen Früchten.

Lagerung

- Die Kiwano ist problemlos bei Raumtemperatur lagerungsfähig.
- An einem kühlen, trockenen Ort kann man sie über Monate aufbewahren, aber auf keinen Fall im Kühlschrank.

Kiwi

Engl.: kiwi, Chinese gooseberry, franz.: kiwi

- Neuseeland ist nicht – wie man oft fälschlicherweise glaubt – die Heimat der Kiwis. In der Gegend um den Jangtsekiangfluss in Südwestchina liegt der Ursprung der Kiwifrucht. 1904 gelangten erstmals Samen nach Neuseeland, aus denen später die heute bekannten Sorten entwickelt wurden.
- Ein amerikanischer Importeur gab der Frucht den uns bekannten Namen, er benannte sie nach dem flugunfähigen, nachtaktiven Vogel Kiwi, Neuseelands Wappentier.

- Kiwis sind Beerenfrüchte und wachsen an einer mit meterlangen Ranken an Gerüsten oder Pfählen gezogenen, strauchartigen Schlingpflanze.
- Die Frucht ist länglich-oval, 5–8 cm lang und bis zu 5 cm im Durchmesser. Sie besitzt eine grüne bis rostbraune, dünne, aber harte, raue, pelzig behaarte Haut. Darunter verbirgt sich grasgrünes, von der weißen Mitte aus strahlig durchzogenes, sehr saftiges Fruchtfleisch mit vielen kleinen, schwarzen Samenkernen.
- Geschmacklich werden Kiwis gern mit Stachelbeeren oder einer Mischung aus Melone und Erdbeeren, also mit sehr wohlschmeckenden Früchten verglichen.

Mit einer großen Kiwi kann der Tagesbedarf an Vitamin C gedeckt werden.

Die Kiwi in der Bar
- In der Bar sind Kiwis eine attraktive Dekoration am Glasrand. Dafür sind nur feste, noch nicht stark gereifte Früchte geeignet.
- Um ausgetrocknete Schnittstellen zu vermeiden, sollen Kiwis erst kurz vor der Verwendung vorbereitet werden.
- Kiwis sind Bestandteil verschiedener Drinks, wie z. B. beim *Kiwi Cobbler*.

Einkauf
- Beim Kauf von Kiwis achten Sie bitte auf eine kompakte, unbeschädigte Schale. Sie weist auf die Frische der Frucht hin.
- Eine sehr reife Kiwi ist an der faltigen Schale und an der weichen Frucht erkennbar. Diese Früchte können zwar noch tadellos schmecken, sind aber als Dekoration eher unansehnlich.

Lagerung
- Kiwis sind nachreifende Früchte und lassen sich in unreifem Zustand bei Zimmertemperatur einige Tage lagern.

Kokosnuss

Engl.: coconut, franz.: noix de coco

- Die Kulturgeschichte der Kokosnuss ist mehrere Tausend Jahre alt.
- Aufgrund der drei Samenöffnungen, die wie drei Augen wirken und der Kokosnuss ein etwas unheimliches Aussehen verleihen, bekam sie von den Spaniern den Namen Coco (Gespenst).
- Kokosnüsse können Tausende von Kilometern auf dem Meer treiben, ohne ihre Keimfähigkeit zu verlieren – ihre ursprüngliche Heimat ist deshalb eher ungewiss. Es kommen Malaysia, Polynesien oder Zentralamerika infrage.
- Die Kokospalme mit ihren gefiederten, 4–6 m langen Blättern kann bis zu 30 m hoch und 100 Jahre alt werden. Sie trägt pro Jahr 50–180 Früchte, die eigentlich zum Steinobst gehören und mit Schale bis 2,5 kg wiegen, die eigentliche Nuss wiegt nur ca. 0,5 kg.

Die Kokosnuss in der Bar
- Kokos in Form von Kokoscreme (Coconut-Cream), Kokosmilch oder Sirup gehört zu den wichtigsten Ingredienzen einer Bar, z. B. in einer *Piña Colada* oder im *Flying Kangaroo*.
- Das Fruchtfleisch einer frischen Kokosnuss, in kleine Stücke geschnitten, mit etwas Zuckersirup beträufelt, ist eine nette Beigabe zu einem Kokosdrink.
- Kokosraspel werden u. a. für Garniturränder verwendet (vgl. Seite 380).

Aus dem Saft, der beim Anritzen der Palme austritt, wird Palmwein gewonnen. Dieser ist wiederum Basis für das Destillat Arrak, das bereits in Jerry Thomas' Bartender Guide 1887 zu finden ist.

Einkauf
- Kokosnüsse sind ganzjährig erhältlich und werden in dreierlei Varianten angeboten: grün mit Schale oder weiß ohne Schale – als Trinkkokosnüsse bekannt, oder braun und haarig (ausgereift).

Lagerung
- Kokosnüsse sollten an kühlen, trockenen Orten mit reichlich Luftaustausch bei 0 °C gelagert werden.
- Trinkkokosnüsse sind gut eine Woche, reife Kokosnüsse ein bis zwei Monate haltbar.

Verarbeitung
- Die Kokosnuss hat an einem Ende der harten Schale drei Augen. Eines ist besonders groß und weich, man kann es mit einem Messer gut durchstechen und der Saft kann abgegossen werden. Dieser ist übrigens ein wohlschmeckendes, erfrischendes Getränk.
- Die Schale zerschlägt man mit einem Hammer oder sägt sie auf.
- Das Fruchtfleisch wird mit einem Messer oder Löffel herausgelöst.

Kumquat

Engl.: kumquat, franz.: kumquat

- Die Heimat der Kumquat ist im südöstlichen China, dem ehemaligen Indochina, sowie in Vietnam, Myanmar und Laos.
- Sie wurde vom englischen Botaniker Robert Fortune 1846 eigentlich als Zierpflanze nach Europa gebracht und gedeiht in subtropischen Gebieten.
- In traubenförmigen Fruchtständen wachsen die Früchte auf immergrünen, 2–4 m hohen Sträuchern.
- Die würzige Süße der Schale und der leicht säuerliche Saft ergeben einen höchst aromatischen Geschmack.
- Von den sechs verschiedenen Arten sind hauptsächlich drei zu erwähnen: die Nagami, die Marumi und die Maiwa.

Die Kumquat ist die kleinste bekannte Zitrusfrucht. Sie wird auch als Zwergorange bezeichnet.

Die Kumquat in der Bar
- In der Bar werden Kumquats vorwiegend als Dekoration verwendet, z. B. bei einem *Sektcocktail* oder einem erfrischenden, orangigen *Tropicana*.
- Mit einem Muddler zerdrückte Kumquats sind Bestandteil eines *Bombay Crush*.

Vor der Verarbeitung die Kumquat kurz mit den Händen wälzen, dadurch kann sie ihren leicht süßlichen Geschmack und ihr Aroma optimal entfalten, außerdem wird die Schale weicher.

Einkauf
- Bei der Kumquat erkennen Sie die Reife an der leuchtend orangefarbenen Schale.
- Wenn man sie vorsichtig mit zwei Fingern zusammendrückt, sollte die Frucht leicht nachgeben.
- Kontrollieren Sie die Verpackung auf faulige Produkte, die sich einschleichen können.

Lagerung
- Kumquats lassen sich einige Tage bei normaler Raumtemperatur gut lagern.

Limette

Engl.: lime, franz.: lumie, citron vert

- Die Limette ist wahrscheinlich aus dem Orient über Persien, den Mittelmeerraum, über Brasilien und Australien nach Tahiti und Mitte des 19. Jahrhunderts nach Kalifornien gelangt.
- Sie dürfte eine natürliche Kreuzung aus der mexikanischen Limette und der Zedratzitrone sein.
- Sie wird in den Tropen und frostfreien Subtropen angebaut.

- Der Geschmack der Limette ist sehr säuerlich, aber milder als der einer Zitrone.

Der Saftgehalt bei der Limette liegt bei ca. 54 %, was etwa doppelt so hoch ist wie bei der Zitrone.

Die Limette in der Bar
- Ausgepresst besticht die Limette z. B. im *Daiquiri* oder im *Mojito* durch ihren fein säuerlichen Geschmack.
- Geschnitten in zwölf oder sechzehn Teile für die Gruppe der Crushers, ist sie ein sehr wichtiger Bestandteil in jeder Bar.
- Als Garniturfrucht kommt sie wie die Zitrone in Form von Spalten oder Scheiben, als Zeste oder Spirale zum Einsatz.
- Der Limettensirup Cordial Lime Juice ist ein wichtiger Mixbestandteil.
- Limetten müssen gut gewaschen werden, da Zitrusfrüchte allgemein mit Pflanzenschutzmitteln behandelt werden, um ein ungefährdetes Heranreifen zu gewährleisten.
- Durch Rollen zwischen dem Handballen und einer harten Unterlage werden die ätherischen Öle gelöst und der Saftanteil erhöht.

Einkauf
- Die Schale von Limetten sollte schön grün sein und keine braunen Flecken aufweisen.
- Auch die Größe ist von Bedeutung, da Limetten meistens zu Stückpreisen angeboten werden.

Lagerung
- Ist die Limette sehr hart – in diesem Zustand ist auch der Saftanteil noch sehr gering –, braucht sie noch Zeit, um – am besten bei Zimmertemperatur – nachzureifen.
- Erst wenn durch Drücken die Schale leicht nachgibt, ist es der optimale Zeitpunkt, die Limette zu verarbeiten.

Litschi

Engl.: litchi, lychee, franz.: litchi

- Die Heimat der Litschi liegt in Südchina, wo sie erstmals schon im 3. Jahrhundert erwähnt wurde.
- Etwa im 16. Jahrhundert beschreibt der spanische Schriftsteller Gonzales de Mendoza die Litschi als eine Art wohlschmeckender Pflaume, von der man nie genug haben kann, weil sie den Magen nicht beschwert, so viel man auch davon isst ...
- Im alten China wurde die Litschi sogar als Zahlungsmittel verwendet, z. B. für die Steuern an manche Herrscher. Auch heute gilt sie im chinesischen Reich noch als feinste Frucht.
- Ihre Süße und ihr Aroma haben ihr die Bezeichnung „Liebesfrucht" oder „Spenderin der Lebensfreude" eingebracht.
- Die Litschi ist eine leuchtend rote oder matt rotbräunliche bis gelbliche Frucht.
- Sie ist pflaumengroß und rundlich mit einer dünnen Schale, die aber doch relativ hart und leicht bedornt ist. Darunter befindet sich das weiße, perlmuttartig durchscheinende, feste Fruchtfleisch mit nach Rosen duftendem Aroma.
- Im Geschmack ist die Litschi süßsäuerlich, fast rosinenartig.
- In der Mitte sitzt ein glänzender dunkelbrauner Kern, der aber ungenießbar ist.
- Litschis werden vollreif geerntet, da sie nicht mehr nachreifen.

Die Litschi in der Bar

- In der Bar wird die Litschi für Garnituren verwendet.

Tipp

▶ Für eine Litschiblume wird die Schale viermal eingeschnitten, abgelöst und nach hinten gebogen. Auf den Glasrand stecken.

Einkauf

- Achten Sie beim Kauf auf unbeschädigte Ware und nicht zu weiche Früchte, sie sollen auf Druck nur leicht nachgeben.
- Vorsicht, die Schale ist sehr zerbrechlich, dementsprechend sollen Litschis auch transportiert werden.

Lagerung

- Bei Zimmertemperatur sind Litschis ungefähr eine Woche haltbar, bei sehr kühler Lagerung bis zu drei Wochen.
- Auch Einfrieren ist gut möglich.
- Ist die Schale einer Litschi einmal geöffnet, verdirbt sie relativ schnell.

Loquat

Engl.: loquat, Japanese medlar, franz.: nèfle du Japon, bibasse

- Die Loquat oder Japanische Mispel, wie sie auch genannt wird, ist in China und Japan beheimatet.
- Weltweit findet man sie heute in den Subtropen und in Berglagen der Tropen.
- Sie gehört zur Familie der Rosengewächse und wächst auf einem immergrünen, 5–10 m hohen Baum.

- Die Loquat ist ei- bis birnenförmig und erreicht eine Größe von 3–8 cm.
- Farblich bewegt sie sich zwischen hellgelb und tieforange, ihre Haut ist dünn, zäh und ein wenig pelzig, ähnlich der Pfirsichhaut.
- Das nach Apfel duftende, lachs-orangefarbene Fruchtfleisch ist fest, saftig und von angenehm süß-säuerlichem, fruchtigem Geschmack.
- Im Inneren der Frucht befinden sich drei bis vier glänzend braune, bohnenförmige Kerne.

Die Loquat in der Bar
- Die Loquat wird in der Bar für Garnituren verwendet.

Einkauf
- Reife Früchte erkennt man an ihrem angenehmen Duft nach Äpfeln.
- Loquats sind sehr empfindlich, reagieren auf Druck mit Bräunung der Haut und des Fleisches. Sie sind daher äußerst vorsichtig zu transportieren.

Lagerung
- Reife Früchte sind nur wenige Tage haltbar, sie beginnen dann an manchen Stellen braun zu werden und zu verderben.
- Eine Aufbewahrung im Kühlschrank ist bis zu einer Woche möglich.

Verarbeitung
- Loquats werden hauptsächlich frisch verzehrt, wobei sie völlig reif sein sollten, weil sie nur dann ihre starke Säure verloren haben. Am besten ziehen Sie dazu die etwas herb schmeckende Haut ab und lösen die Kerne heraus.
- Loquats können auch zu Säften, Mus, Likör und Trockenfrüchten verarbeitet werden.

Mandarine

Engl.: mandarin, franz.: mandarine

- Die Heimat der Mandarine kann – wie bei vielen anderen Zitrusfrüchten – nicht sicher festgestellt werden. Vermutlich liegt sie in Nordostindien oder Südwestchina.
- In China wird die Frucht erstmals im 12. Jahrhundert v. Chr. erwähnt. Von dort aus verbreitete sie sich in ganz Südostasien und Teilen Indiens, bis sie ca. 200 Jahre später in den südlichen Provinzen Japans kultiviert wurde.
- Erst zu Beginn des 19. Jahrhunderts gelangte sie nach England, von wo aus sie sich in den Mittelmeerraum verbreitete.
- Mandarinen sind wesentlich kleiner als Orangen.
- Sie sind etwas abgeplattet, haben in vollreifem Zustand eine hell- bis rotorange, dünne, besonders leicht entfernbare Schale, die einen aromatischen Duft abgibt.
- Das Fruchtfleisch ist in Segmente aufgeteilt, saftig und süßsäuerlich.
- Je nach Sorte sind sie kernlos oder enthalten wenige bis zahlreiche kleine Kerne.
- Die Clementine ist vermutlich eine Mandarinenart (siehe Seite 335).

Die Mandarine in der Bar
- Mandarinen werden in der Bar vorwiegend frisch gepresst als Saft verwendet. Die Saftergiebigkeit ist jedoch nicht so hoch wie bei Orangen.
- Mandarinensirup und -likör sind ein wichtiger Bestandteil jeder Bar.

Einkauf

- In den Wintermonaten kommt bei den Mandarinen die beste Qualität in den Handel.
- Achten Sie beim Kauf darauf, dass die Schale keine grünen Flecken aufweist. Das wäre ein Zeichen von nicht ausgereiften Früchten.

Lagerung

- Bei Mandarinen löst sich bei ein- bis zweiwöchiger Lagerung die Schale vom Fruchtfleisch ab, die Frucht verliert an Süße und Geschmack und trocknet schließlich aus.
- Clementinen sind etwas länger haltbar.

Mango

Engl.: mango, franz.: mangue

- Die Heimat der Mango ist Ostasien, d. h. Indien, Malaiischer Archipel, Philippinen und Südchina. An den Südhängen des Himalaja wird der Ursprung der Mango vermutet.
- In Indien wird die Mango seit ca. 4 000 Jahren kultiviert und stellt dort auch eine Nationalfrucht dar.
- Mangos sind Steinfrüchte und wachsen auf 10–30 m hohen, immergrünen Bäumen.
- Form und Farbe der Mango sind abhängig von Herkunft und Sorte, dabei sind Größen von Pflaumen bis Melonen möglich. Die Frucht ist rundlich bis oval oder

hat die Gestalt einer Niere mit einer Nase oberhalb der Fruchtspitze.
- Die Farben der ungenießbaren Schale reichen von Gelb, Grün bis Orange und Rot.
- Das Fruchtfleisch ist gelborange und kann etwas fasrig sein.
- Die Mango ist sehr saftig und hat einen einmalig köstlichen Geschmack, daher trägt sie den Beinamen „Königin der Früchte" zu Recht.
- Ihr Kern ist lang und fasrig und meist nur schwer vom Fruchtfleisch zu lösen.

> Die Mango gilt nach der Banane als wichtigste tropische Frucht.

Die Mango in der Bar

- In der Bar werden Mangos in erster Linie frisch püriert verwendet: im *Mango Daiquiri*, in der *Mango Colada*; in *Crushed Drinks* wie *Mango Caipirinha*, *Mango Fancy Mojito* und in *Sektcocktails*.
- Ebenso erfreut sich die Mango verarbeitet zu einer Bowle großer Beliebtheit.
- Das saftige, gelborange Fruchtfleisch sollte von der Schale bis zum Kern gleichmäßig gereift sein. Mangos reifen entweder von außen nach innen oder umgekehrt, beim Betrachten der gesamten Frucht lässt sich das jedoch nicht feststellen. Dazu ein Tipp: Schneiden Sie eine Spalte bis zum Kern heraus, um zu testen, ob die Frucht gleichmäßig gereift ist.
- Schneiden Sie mit einem gut geschliffenen Rillenmesser der Länge nach ca. 1–1,5 cm dicke Spalten aus der Mango. Der Schnitt sollte bis zum Kern reichen, um so wenig wie möglich Fruchtverlust zu erhalten. Raue oder grobfasrige Teile müssen entfernt werden, weil diese, z. B. im Drink püriert, als unangenehmer Bestandteil auffallen. Anschließend wird die Schale vorsichtig vom Fruchtfleisch entfernt, um den Schwund möglichst gering zu halten.

▶ Wenn Sie Mangos zur Verarbeitung schon am Vortag vorbereiten, geben Sie die in Würfel geschnittene Frucht unter Zugabe von Mangosaft (fertig gekauft) in einen verschließbaren Behälter (Rexglas). Bitte unbedingt kühl aufbewahren. Allerdings muss mit einem Vitaminverlust von 30–40 % gerechnet werden.

Einkauf

■ Beim Kauf von Mangos ist eine unbeschädigte Schale sehr wichtig. Braunschwarze Früchte mit weichen Druckstellen lassen einen sorglosen Umgang bei Transport und Lagerung erkennen. Diese Stellen können sich bei der weiteren Lagerung noch ausweiten, wodurch die Mango unverwertbar wird.

■ Da Mangos meistens zum Stückpreis angeboten werden, sollten Sie auch auf die Größe achten.

▶ Mangos sind sehr druckempfindlich, bitte achten Sie beim Heimtransport darauf!

Lagerung

■ Mangos können bei Zimmertemperatur – in einem Obstkorb sehr attraktiv – ihre optimale Reife finden.

■ Von einer Lagerung im Kühlschrank wird abgeraten, da sie leicht an Geschmack verlieren.

Mangostane

Engl.: mangosteen, franz.: mangoustan

■ Die Heimat der Mangostane ist die Inselwelt des Malaiischen Archipels, wo auch heute noch der Schwerpunkt ihres Anbaus liegt.

■ Sie ist die Beerenfrucht eines immergrünen, 6–25 m hohen Baumes.

■ Die kugelförmige, oben und unten leicht abgeflachte Frucht hat einen Durchmesser von 4–8 cm und eine dicke, feste, lederartige Schale, deren Farbe bei Vollreife rotbraun bis purpurviolett wird.

■ Das Innere der Frucht besteht aus vier bis acht Segmenten unterschiedlicher Größe, in denen ein schneeweißes, weiches Fruchtfleisch die essbaren, grünen Kerne umschließt.

■ Mangostanen zählen zu den köstlichsten Früchten. Ihr erlesener Geschmack ist fein, mild, süßsäuerlich, exotisch und erfrischend.

Die Mangostane in der Bar

■ Die Mangostane eignet sich in erster Linie zum Frischverzehr, am besten gekühlt mitsamt den Kernen.

■ Dazu die feste Schale mit einem Messer vorsichtig aufschneiden, ohne dabei das Fruchtfleisch zu verletzen, da ansonsten der rote Schalensaft das Fruchtfleisch im Geschmack beeinträchtigen könnte. Die Segmente lassen sich mit einer Gabel gut herausnehmen.

■ Als Garnitur, aber auch im Mixer zerkleinert, ist die Frucht gut zu verwenden, wobei der Geschmack nach Belieben mit Aromen variiert werden kann.

Vorsicht, beim Aufschneiden der Schale tritt ein purpurfarbener Saft aus, der nur schwer entfernbare Flecken verursacht

Einkauf
■ Die Mangostane wird grundsätzlich reif geerntet. Die Schale sollte unverletzt sein, da das Fruchtfleisch leicht verdirbt oder bereits verdorben sein kann.
■ Die Ware wird stückweise oder nach Gewicht verkauft. Die Preise sind verhältnismäßig hoch, vor allem wenn man bedenkt, dass der Fruchtfleischanteil nur 30 % beträgt.

Lagerung
■ Die Aufbewahrung bei Zimmertemperatur ist nur wenige Tage möglich.
■ Gekühlt ist sie mehrere Wochen haltbar.
■ Die Mangostane sollte möglichst frisch genossen werden!

Marille/Aprikose

Engl.: apricot, franz.: abricot

■ Die Marille stammt aus Nordchina und die Bäume werden dort seit über 4 000 Jahren kultiviert.

■ Wild wächst der Marillenbaum heute noch von Japan bis Turkmenistan.
■ Angebaut wird die Marille in vielen wärmeren Ländern.
■ Marillen sind die 4–8 cm großen, kugeligen bis eirunden Steinfrüchte des Marillenbaumes. Sie stammen aus der gleichen botanischen Familie wie die Mandel.
■ Ihre samtartige, bei manchen Sorten auch glatte Haut ist hellgelb bis orangegelb, sonnenseitig oft etwas gerötet.
■ Eine Naht bzw. Furche, vom Stiel bis zum Blütenende verlaufend, teilt die Frucht in zwei Fruchtbacken.
■ Das Fruchtfleisch der reifen Marille löst sich leicht vom Stein und ist weiß, gelb oder intensiv orange.
■ Ihr saftiger und äußerst angenehmer Geschmack ist von einem ertragreichen Boden und von genügend Sonne und Wärme abhängig.

Die Marille/Aprikose in der Bar
■ In der Bar eignen sich Marillen hervorragend für *Marillen/Aprikosen Daiquiri*, *Marillen/Aprikosen Colada* oder *Crushed Drinks* wie *Marillen/Aprikosen Caipirinha*, *Marillen/Aprikosen Fancy Mojito* …
■ Als Garnitur für Drinks, in denen Marillensaft bzw. Marillengeschmack vorkommt.
■ Für eine *Bowle* sind frische Marillen – saisonabhängig – sehr gut.
■ Marillen können ungeschält püriert werden, dabei ist eine zügige Verarbeitung notwendig, da die Schnittstellen rasch braun werden.
■ Sollten Sie die Marillen vorbereiten, lassen sich die geschnittenen Früchte in einem geschlossenen Behälter (z. B. Rexglas) zwei bis drei Tage, in Marillensaft eingelegt, gekühlt lagern. Tipp: Die Qualität des Saftes ist dabei nicht unwesentlich.

Einkauf

- Oft werden im Handel zu unreife Früchte angeboten, deren Schale sehr druckempfindlich ist. Achten Sie beim Kauf auf eine unbeschädigte Schale.
- Oft befinden sich angefaulte Früchte unter den meistens in Steigen oder Kübeln abgefüllten Marillen. Diese Früchte müssen entfernt werden – Ansteckungsgefahr!
- Wenn auf vorsichtigen Fingerdruck die Schale leicht nachgibt, ist eine optimale Reife zu vermuten.
- Aufgrund der unterschiedlichen Sorten kann man nach der Farbe nicht auf die Qualität schließen. Eine Kostprobe ist immer der beste Test.

Lagerung

- Marillen reifen bei einer angenehmen Raumtemperatur oder auf einer schattigen Terrasse hervorragend nach.
- Gekühlt können Marillen drei bis vier Wochen aufbewahrt werden, jedoch sollten Sie vor der Verwendung die Früchte zwei Tage bei Raumtemperatur halten.
- Aufgrund der druckempfindlichen Schale Marillen besser ausgebreitet lagern.

Kontrollieren Sie regelmäßig, ob angefaulte Früchte dabei sind.

Melone

Engl.: melon, franz.: melon

- Der Ursprung der Melone liegt wahrscheinlich im tropischen und subtropischen Westafrika, viele unscheinbare Wildformen existieren noch heute in der Sahelzone.
- Archäologische Funde weisen Melonen schon im 3. Jahrtausend v. Chr. nach.
- Von Ägypten und dem damaligen Persien verbreiteten sie sich im Mittleren Osten und in Asien.
- Im 15. Jahrhundert gelangte die Melone von Türkisch-Armenien in den Vatikanstaat und wurde von dort in ganz Westeuropa verbreitet.
- Melonen sind mit der Gurke verwandt und je nach Sorte bis zu 4 kg schwer. Im Inneren ist eine Höhlung mit drei oder mehr Fächern, in denen zahlreiche ovale, platt gedrückte, weiße bis cremefarbene Samen sitzen.

Übrigens: Man erzählt sich, dass sich Kaiser Albrecht II. und Papst Paul II. 1439 an zu vielen Zuckermelonen totgegessen haben sollen.

Die Melone in der Bar

- Honig- und Zuckermelonen werden in der Bar hauptsächlich – in Spalten geschnitten – als Garnitur verwendet. Dazu wird die Frucht der Länge nach halbiert und die Kerne vorsichtig mit einem Löffel entfernt.
- Tipp: Entfernen Sie nur so viel vom Kerngehäuse, so viel sie vorhaben, von der Frucht zu verarbeiten.
- In Stücke geschnitten oder als Kugeln ausgestochen, werden Melonen auch gerne zu einer *Bowle* verarbeitet.
- Perfekt gereifte und intensiv schmeckende Früchte eignen sich hervorragend zum Pürieren, z. B. für einen *Melonen Daiquiri*.
- Auch in einem Obstkorb wirken Melonen sehr dekorativ.

Lesen Sie über die Wassermelone auf Seite 370.

Einkauf

- Beim Kauf von Melonen sollte vor allem auf eine unbeschädigte Schale geachtet werden.
- Kontrollieren Sie die Frucht auf weiche Druckstellen, darunter könnte das Fruchtfleisch schon einen dezenten Fäulnisgeschmack aufweisen.
- Bitte beim Transport vorsichtig vorgehen, Melonen sind sehr druckempfindlich.

Lagerung

- Unreife Melonen kann man ohne Weiteres einige Tage bei normaler Raumtemperatur aufbewahren.
- Ob die Frucht schon für den Verzehr geeignet ist, können Sie feststellen, indem Sie einen kleinen Keil herausschneiden.
- Sollten Sie vorerst nur eine Hälfte der Melone brauchen, können Sie die zweite Hälfte, z. B. mit Klarsichtfolie abgedeckt, noch etwas lagern.

Tipp

▶ Je weiter der herrlich orange Farbton zur Schale hin reicht, desto ergiebiger ist die Melone in ihrem Geschmack.

Minze

Engl.: mint, franz.: menthe

- Es gibt zahlreiche, wild wachsende Minzearten, die in Europa heimisch sind. Zum Beispiel die Japanische Ackerminze, die Krauseminze, die Wasserminze oder die Spitzminze.

- Die besonders heilkräftige Pfefferminze wird aber nur als Kulturpflanze angebaut. Sie soll gegen Ende des 17. Jahrhunderts auf einem englischen Minzefeld zum ersten Mal aufgetaucht sein, und zwar als Kulturform der Bachminze und der Waldminze.
- Die Pfefferminze ist eine krautige Pflanze und erreicht eine Wuchshöhe von 50–100 cm. Die fein gesägten, länglichen, dunkelgrünen Blätter stehen kurzständig entlang des Stängels. Wenn man an ihnen reibt, riecht man das typische Pfefferminzaroma: intensiv eigentümlich, flüchtig balsamisch. Im Geschmack ist sie angenehm würzig, zuerst erwärmend, dann auffallend kühlend.

Die Minze in der Bar

- Die Blätter oder Zweige der Minze wirken alleine oder mit anderen Bestandteilen als sehr schöne, dekorative Garnituren.
- Sie sind wichtige Bestandteile von *Juleps* und *Smashes*.
- Bekanntestes Rezept mit Minze ist der *Mojito*.
- Die Minze muss rasch verarbeitet werden. Sie sollte nicht zu lange an der Luft bleiben, da sonst die Blätter ihre Frische verlieren und nicht mehr für dekorative Zwecke zu verwenden sind.

Tipp

▶ Die geschmacklich intensivsten Blätter sind an der Spitze jedes Zweiges zu finden.

Einkauf

- Achten Sie beim Einkauf auf saftig grüne Blätter.
- Die Minze sollte locker und luftig verpackt sein. Kontrollieren Sie die meist in Plastiktüten verpackte Minze durch Rütteln auf faulige Blätter.

■ Auch im Geruch lässt sich die Frische sehr gut feststellen.

Beachten Sie unbedingt das Abpackdatum.

Lagerung
■ Minzezweige lassen sich am besten mit dem Stiel nach oben in einem geschlossenen Behälter (Rexglas) gekühlt aufbewahren.
■ Oder man gibt die schräg abgeschnittenen Zweige in ein Glas mit kaltem Wasser, in dem man ein Aspirin auflöst. Das erhöht die Haltbarkeit.

Nashi/Japanische Birne

Engl.: nashi, Japanese pear, franz.: nashi, poire japonaise

■ Die Wildform der Nashi (japanisch: „Birne") ist in Japan, Südchina und Korea beheimatet. Ihr Ursprung ist jedoch nicht eindeutig geklärt, die Vielfalt der Früchte lässt darauf schließen, dass noch weitere Wildarten an der Entstehung der heutigen Sorten beteiligt waren.
■ Hauptanbauland ist Japan, wo sie eine der wichtigsten Obstarten darstellt.
■ Nashibäume ähneln unseren Apfelbäumen und werden wie diese plantagenmäßig in Reihen gezogen.
■ Die Früchte der heute bevorzugten Sorten sind kugelrund, an Stiel- und Blütenende leicht abgeplattet.

■ Die dünne, essbare Schale ist hellgrün bis gelb oder bronzefarben.
■ Die Nashi hat ein festes, saftiges Fleisch mit nur wenigen Steinzellen und ist im Aroma eher mild. Ihr Fruchtfleisch ist knackig und erinnert mehr an einen saftigen Apfel.
■ Nashis werden vollreif geerntet und bleiben trotzdem fest. Die Geschmacksqualität verändert sich nicht mehr.

Die Nashi in der Bar
■ Die Nashi wird in der Bar für Garnituren verwendet. Die Schale kann man essen, sie schmeckt aber bei rauschaligeren Sorten etwas bitter. Das Kerngehäuse sollte entfernt werden.
■ Um eine Braunfärbung der Schnittstellen zu verhindern, werden diese mit Limetten- oder Zitronensaft eingerieben.

Tipp
▶ Die Nashi schmeckt besonders erfrischend, wenn sie vor dem Verzehr im Kühlschrank aufbewahrt wurde.

Einkauf
■ Nashis sind druck- und stoßempfindlich, müssen schon ab der Ernte sehr vorsichtig behandelt werden und sind deshalb auch meistens zusätzlich in Nestpackungen oder Schaumstoffstrümpfen verpackt.
■ Da sie nicht nachreifen, sollten die Früchte beim Kauf essreif sein.

Lagerung
■ Nashis sind je nach Sorte gekühlt mehrere Wochen lagerfähig.
■ Bei Zimmertemperatur sind sie wie Birnen oder Äpfel zu behandeln.

Olive

Engl.: olive, franz.: olive

- Die wilde Olive hat ein weit auseinanderliegendes, nicht zusammenhängendes natürliches Vorkommen: im Mittelmeergebiet, im Nahen Osten und in Südafrika.
- Die Heimat des Echten Olivenbaumes, auch Europäischer Olivenbaum genannt, sind aber nur der gesamte Mittelmeerraum und die Kanaren. Aus dieser Unterart wurden alle uns bekannten Olivenbaumsorten gezüchtet.
- Der Olivenbaum ist eine immergrüne Pflanze. Die kleinen Blätter sind oben graugrün und an der Unterseite silbrig glänzend und grau gefärbt; dort haben sie kleine Härchen, die den Baum vor dem Austrocknen schützen.
- Bei der Olive handelt es sich um eine Steinfrucht. Die wilden Oliven sind kleiner als die Züchtungen.
- Die Farbe der unreifen Oliven ist grün, die der reifen Oliven schwarz oder braunviolett.

Aber Vorsicht: Nicht alle schwarzen Oliven sind natürlich gereift, sondern mit Eisenoxid geschwärzt. Das ist kennzeichnungspflichtig.

- Ihr Fruchtfleisch ist weich und im Inneren befindet sich ein Kern.
- Wegen ihrer Bitterkeit kann man Oliven nicht roh essen, aber nach mehrmaligem Einlegen in Wasser werden die Bitterstoffe ausgeschwemmt und die Oliven sind dann genießbar.

Die Olive in der Bar

- Die grüne Olive mit Stein ist in der Bar die klassische Garnitur für den *Martini Cocktail.*
- Oliven werden als Beigabe (eine Art Sundries) dem Gast serviert.

Orange

Engl.: orange, franz.: orange

- Die Bezeichnung Apfelsine (= Apfel aus China) deutet auf ihre Heimat hin – das Gebiet zwischen Nordostindien und Südwestchina. Dort gab es sie schon vor ca. 3 000 Jahren.
- Es wird spekuliert, dass die Orange eine natürliche Hybride aus Pampelmuse und Mandarine sein soll. Ihre wahre Herkunft wird vermutlich ungeklärt bleiben.
- Als Süßorange gelangte sie in der zweiten Hälfte des 15. Jahrhunderts in den Mittelmeerraum. Die Portugiesen brachten die ersten Bäume aus China mit und sorgten für eine weitere Verbreitung der Frucht.
- Orangen wachsen auf immergrünen, häufig bedornten Bäumen.
- Die äußere Form variiert von rund bis oval, klein bis groß sowie farblich von blassgelb, orange bis rot.
- Aufgrund der Vielzahl der Sorten und der Anbauländer sind Orangen praktisch ganzjährig verfügbar.

Die Orange in der Bar

- Von der Orange wird in der Bar vorwiegend der frisch gepresste Saft verwendet.
- Sie ist die klassische Garniturfrucht: in Form einer Spalte oder Scheibe, kombiniert mit einem Ananasblatt, einer Weintraube oder Cocktailkirsche (Sour-Garnitur), als Zeste, Twist oder Spirale.

Vorsicht: In der weißen Schicht unter der Schale befinden sich Bitterstoffe, die sich bei zu heftigem Auspressen lösen können und dem Saft einen unangenehmen, bitteren Geschmack verleihen.

Einkauf

- Beim Kauf von Orangen achten Sie auf eine unbeschädigte Schale und auf faulige oder angefaulte Früchte.
- Den tatsächlichen Saftanteil kann man von außen nicht feststellen. Wobei im Normalfall gilt: Je weicher die Frucht, desto saftiger.

Lagerung

- Frische Orangen sind bei Raumtemperatur oft auch eine Woche oder länger lagerfähig. Meist erhöht sich dadurch noch der Saftanteil.
- Je näher das Fruchtfleisch der Schale ist, desto reifer ist die Frucht.

Tipp

▶ Früchte, die für Garnituren verwendet werden, unbedingt vorher mit warmem Wasser abwaschen. Orangen werden in der Regel mit chemischen Mitteln behandelt und sind gewachst (paraffiniert). Wie bei den Zitronen gibt es auch ungespritzte (meist sehr teure) Orangen.

Papaya

Engl.: papaya, papaw, pawpaw, franz.: papaye, melon des tropiques

- Urheimat der Papaya ist das tropische Mittelamerika, v. a. Südmexiko.
- Kultiviert wird sie heute in den feuchten Tropen und in den frostfreien Subtropen.
- Die Papaya ist die Frucht eines 2–10 m hohen, schnellwüchsigen Krauts. Die Früchte wachsen hängend, ähnlich wie Kokosnüsse. Sie können bis zu 80 cm lang und 9 kg schwer werden.
- Die reife Frucht erkennt man an der ledrigen, orangegelben Haut, das Fruchtfleisch ist ähnlich beschaffen wie das der Melone bzw. des Kürbisses. Es hat relativ wenig Eigengeschmack und ist etwa 2,5–5 cm dick. Die vielen Kerne im Inneren sind eher ungenießbar.

Die Papaya wird auch als die Melone der Tropen bezeichnet.

Die Papaya in der Bar

- In der Bar wird die Papaya in erster Linie frisch püriert verwendet: im *Papaya Daiquiri*, in der *Papaya Colada*; in *Crushed Drinks* wie *Papaya Caipirinha*, *Papaya Fancy Mojito* und in *Sektcocktails*.
- Schale und Kerne werden nicht gegessen. Halbieren Sie die Papaya und schaben Sie mit einem Löffel die Kerne sorgfältig heraus.
- Ebenso erfreut sich die Papaya verarbeitet zu einer Bowle großer Beliebtheit.

361

Tipp

▶ Es empfiehlt sich eine Kostprobe, da eine nicht voll ausgereifte Frucht im Geschmack bitter ist.

Einkauf

■ Wir empfehlen, nicht die kleinen Papayas, die im Einzelhandel angeboten werden, sondern die wesentlich größeren (ca. 1,2–3 kg schweren) zu kaufen. Diese Ware ist normalerweise im Großhandel erhältlich.

■ Die Papaya sollte eine unbeschädigte Schale aufweisen und fest sein, aber auf leichten Fingerdruck etwas nachgeben. Bitte nicht zu fest drücken, reife Früchte sind sehr empfindlich und das Fleisch wird dadurch weich und wässrig. Auch beim Transport darauf achten.

Lagerung

■ Zum optimalen und schnellen Nachreifen die Papaya in Papier einwickeln und ca. zwei bis vier Tage bei höherer Raumtemperatur lagern.

■ Etwas kühler ist eine Lagerung bis zu zwei Wochen möglich.

■ Die Reife der Frucht erkennt man an der faltigen, ledrigen, sehr unansehnlichen Haut und an dem gleichmäßig bis zur Haut orangefarbenen Fruchtfleisch.

Bitte Vorsicht: bei Lagerung unter 8 °C entstehen Kälteschäden.

Passionsfrucht/ Granadilla/Maracuja

Engl.: passion fruit, franz.: fruit de la passion

■ Die Heimat fast aller Passionsfruchtarten – Passiflora – sind die Tropen Mittel- und Südamerikas. Auch aus Asien und dem Südpazifik stammen einige.

■ Von den ungefähr 20 essbaren Arten werden vier in größerem Umfang kultiviert: Purpurgranadilla, Maracuja oder gelbe Passionsfrucht, Barbadine oder Riesengranadilla und die Cholupa.

■ Auf unseren Märkten ist die Purpurgranadilla die wichtigste Passionsfrucht. Sie ist rund bis rundoval und hat eine Größe von 3–5 cm im Durchmesser. Die Farbe verändert sich bei der Reife von grünbraun bis purpurviolett.

■ Das Fruchtfleisch hat einen hohen Säuregehalt und ist dadurch besonders erfrischend und süßsäuerlich im Geschmack.

■ Das exotische Aroma ist nicht mit unseren Früchten zu vergleichen.

Einige der Passiflora bringen wunderschöne Blüten (Passionsblume) hervor, in deren Staubgefäßen und Stempeln symbolhaft das Kreuz und die Dornenkrone der Passion Christi zu erkennen sind – daher auch die Bezeichnung.

Die Passionsfrucht/Granadilla/Maracuja in der Bar

- Die Passionsfrucht wird in der Bar für Garnituren verwendet.
- Für exotische Drinks werden fertige Sirupe und Säfte verarbeitet, speziell der Maracujasirup.

Einkauf

- Die Passionsfrucht reift nicht nach, daher sollten Sie nur purpurfarbene bzw. dunkelviolette Früchte kaufen.
- Sie hat eine sehr widerstandsfähige Haut und ist deshalb leicht zu transportieren.

Lagerung

- Bei Raumtemperatur ist sie nur wenige Tage haltbar.
- Im Kühlschrank jedoch kann sie etwa zwei bis vier Wochen gelagert werden.
- Wenn die Haut nach ca. einer Woche einschrumpft, so ist das ein Zeichen des weiteren Nachreifens. Die Frucht bekommt dann einen volleren und süßeren Geschmack.

Pepino

Engl.: pepino, mellowfruit, franz.: pépino, poire melon

- Beheimatet ist die Pepino zwischen Peru und Kolumbien in den warmen, hochgelegenen Gebirgstälern.
- Ihre Form kann sehr unterschiedlich sein, von bananen- bis fleischtomatenförmig; im Handel sind überwiegend die eiförmigen.

- Die Schale ist weiß, cremefarbig bis zitronengelb mit mehr oder weniger roten bis violetten Streifen.
- Das Fruchtfleisch ist cremegelb bis lachsfarben, saftig und wohlriechend.
- Im Inneren, an der Scheidewand der Fruchthöhle, sitzen viele kleine Samen, wobei es auch samenlose Früchte gibt.
- Die Pepino erreicht nur ausgereift ihr volles Aroma und einen süßen, nicht sehr intensiven Geschmack, der an Melonen und Birnen erinnert.

Die Pepino in der Bar

- In der Bar eignet sich die Pepino hervorragend als Garniturfrucht.
- Die Pepino kann wie ein Apfel frisch gegessen werden, aber erst, wenn die Fruchtfarbe von grünlich auf cremefarben übergegangen ist und die Frucht auf sanften Druck leicht nachgibt.
- Den Geschmack kann man durch Würzen mit Zucker, Zitronensaft, Ingwer oder etwas Likör intensivieren.

Tipp

▶ Pepinos erst unmittelbar vor der Verwendung zerteilen, da sich angeschnittene Früchte sehr schnell verfärben – mit Zitronen- oder Limettensaft einreiben!

Einkauf

- Die uns erreichende Importware aus Übersee wird oft grünreif geerntet und erreicht meist nicht mehr das entsprechende Aroma. Wenn möglich, sollte man darauf achten, ausgereifte Früchte zu bekommen.

Lagerung

- Die Pepino ist selbst bei Zimmertemperatur gut lagerfähig, reife Früchte halten sich bis zu drei Wochen ohne Qualitätsverlust.

Perlzwiebel/Silberzwiebel

Engl.: pearl-onion, franz.: échalote

- Die Perlzwiebeln gehören zur Familie der Liliengewächse.
- Sie sind rund, erreichen einen Durchmesser von 15–35 mm und haben eine weiße bis silbrig schimmernde Außenhaut.
- Obwohl sich Perlzwiebeln und Silberzwiebeln zum Verwechseln ähnlich sehen, gehören sie aus botanischer Sicht zwei unterschiedlichen Arten an. Die Silberzwiebeln sind klein geratene Speisezwiebeln.
- Auf unserem Markt werden sogenannte echte Perlzwiebeln und unechte Perlzwiebeln angeboten. Während die echten Perlzwiebeln nur mit dem Lauch verwandt sind, werden die unechten tatsächlich aus Lauch gewonnen.
- Selten werden die sehr milden Zwiebeln aber frisch angeboten.
- Meist werden Perlzwiebeln industriell für „Mixed Pickles" oder andere Sauerkonserven verarbeitet.

Die Perlzwiebel in der Bar
- In der Bar ist sie die Standardgarnitur für die Martini-Cocktail-Ableitung, den *Gibson*.

Pfirsich

Engl.: peach, franz.: pêche

- Die ursprüngliche Heimat des Pfirsichs ist China.
- Er wird heute in allen gemäßigten Klimazonen, Tropen und Subtropen – quasi fast auf der ganzen Welt – angebaut.
- Pfirsiche sind Steinobstfrüchte und wachsen auf kleinen Bäumen.
- Sie haben eine pelzige Haut und einen ovalen Kern, der einen ölreichen Samen umhüllt.
- Die Farbe des Fruchtfleisches reicht von weißlich über gelborange bis hin zu rot.
- Die rote Farbe bekommt der Pfirsich vom Farbstoff Anthocyan, die rote Frucht wird auch Blut- oder Weinbergpfirsich genannt.

Der Pfirsich in der Bar
- Der Pfirsich ist seit dem in der Harry's Bar kreierten *Bellini* nicht mehr aus der Bar wegzudenken.
- Ebenso eignen sich pürierte Pfirsiche hervorragend für *Pfirsich Daiquiri, Pfirsich Colada* oder einen *Crushed Drink* wie *Pfirsich Caipirinha, Pfirsich Fancy Mojito* …
- Als Garnitur für Drinks, in denen Pfirsichsaft bzw. Pfirsichgeschmack vorkommt.
- Für eine Bowle eignen sich frische Pfirsiche – saisonabhängig – sehr gut.
- Das Fruchtfleisch eines reifen Pfirsichs lässt sich sehr leicht vom Kern trennen. Am besten vierteln oder achteln Sie ihn und ziehen dann die Haut vorsichtig ab.

- Sollten Sie die Pfirsiche vorbereiten wollen, so lassen sich die geschnittenen Früchte in einem geschlossenen Behälter (z. B. Rexglas) zwei bis drei Tage, in Pfirsichsaft (wir empfehlen, nicht die billigste Marke zu verwenden) eingelegt, gekühlt lagern.

Vergessen Sie nicht, einige Früchte zum Dekorieren beiseitezugeben.

Einkauf

- Wir empfehlen, nur Früchte aus größeren Holzsteigen oder Kartonagen zu kaufen und auf die meist günstig angebotene Ware in Plastikschüsseln zu verzichten (diese schmeckt oft etwas bitter).
- Suchen Sie sich nur Pfirsiche aus, die eine unbeschädigte Schale aufweisen und frei von – meist bräunlichen – Druckstellen sind. Das lässt sich leicht ertasten.
- Transportieren Sie Pfirsiche aufgrund ihrer Druckempfindlichkeit vorsichtig.

Lagerung

- Pfirsiche können bei Raumtemperatur oder auch an einem schattigen, warmen Platz im Freien ihre optimale Reife erreichen.
- Wenn die Früchte bei vorsichtigem Zusammendrücken leicht nachgeben, dann ist der optimale Zeitpunkt für die Verarbeitung erreicht.

Tipp

▶ Wenden Sie die Pfirsiche des Öfteren, um ein gleichmäßiges Heranreifen zu garantieren.

Pitahaya

Engl.: pitaya, franz.: pitahaya

- Beheimatet sind die Pitahayapflanzen in warmfeuchten Gebieten.
- Die Rote Pitahaya ist in den wärmeren Zonen des Tieflandes von Zentralamerika verbreitet, die Gelbe Pitahaya ist in der sogenannten Kaffeezone in Höhen von 800–1 900 m heimisch.
- Ebenfalls aus Mittelamerika stammt die Drachenfrucht, sie wird hauptsächlich in Nicaragua kultiviert sowie auch in China, Vietnam und Israel.
- Die für uns wichtigen drei Arten unterscheiden sich in der Schalenbeschaffenheit und der Farbe.
- Die Gelbe Pitahaya ist oval bis eiförmig, 10–15 cm lang und 5–8 cm breit. Ihre vorerst grüne und in ausgereiftem Zustand hellgelbe dünne Schale ist höckerig und trägt auf jeder Ausstülpung ein Bündel von Dornen, die nach der Ernte sorgfältig entfernt werden müssen. Das Fruchtfleisch ist grauweiß und enthält ca. 1 000 kleine, schwarze, genießbare Samen, die gleichmäßig verteilt sind. Im Geschmack ist es saftig und erfrischend, mit süßem Aroma.
- Die Früchte der Roten Pitahaya sind kugel- oder eiförmig und haben einen Durchmesser von 8–12 cm. Ihre Schale ist bei Vollreife leuchtend purpurrot, beschuppt, aber unbedornt. Das Fruchtfleisch, ebenso leuchtend tiefrot, schmeckt allerdings weniger aromatisch und süß.

Die Drachenfrucht hat eine eher länglich-ovale Form mit purpur- oder pinkroter Schale, die mit langen Schuppen versehen und wiederum unbedornt ist. Das Fruchtfleisch ist grauweiß und liegt geschmacklich zwischen der Roten und der Gelben Pitahaya.

Die Pitahaya in der Bar

- Die Pitahaya besticht in erster Linie durch ihr Aussehen.
- Die bei uns vorzugsweise verwendete Drachenfrucht ist – in einem Obstkorb präsentiert oder in Form einer Spalte auf einem Glasrand – ein echter Hingucker.
- Pitahayas sind Früchte für den Rohgenuss, am besten gekühlt.
- Aus den pürierten Früchten lässt sich ein sehr exotischer und erfrischender Daiquiri zubereiten, der *Pitahaya Daiquiri*.

Einkauf

- Die Gelbe Pitahaya ist fast ganzjährig verfügbar, hauptsächlich aber von Dezember bis März und im Juli/August aus Kolumbien importiert. Bei uns im Handel jedoch eher selten zu finden.
- Die Rote Pitahaya ist sporadisch von Juni bis November aus Guatemala und Nicaragua auf unseren Märkten anzutreffen.
- Am häufigsten ist bei uns die Drachenfrucht im Handel, von Juni bis September aus Vietnam und aus Israel von Juli bis Dezember.

Vorsicht beim Umgang mit der Roten Pitahaya. Ihr intensiver Farbstoff verursacht leicht Flecken

Lagerung

- Die Gelbe Pitahaya ist eher unproblematisch und kann bei Zimmertemperatur eine bis zwei Wochen gelagert werden. Die Schale kann dabei etwas einschrumpfen, was die Qualität des Fruchtfleisches aber nicht beeinträchtigt.
- Die Rote Pitahaya und die Drachenfrucht sind wegen ihrer empfindlicheren Schale nicht ganz so lange lagerfähig.

Rambutan

Engl.: rambutan, hairy litchi, franz.: rambutan, litchi chevelu

- Die ursprüngliche Heimat der Rambutan ist der Malaiische Archipel, wo sie in Gärten, an Straßen und in kultivierten Anlagen zu sehen ist.
- Im 19. Jahrhundert wurde sie westwärts bis Sri Lanka und Indien, nach Osten bis Vietnam, zu den Philippinen und Indonesien verbreitet.
- Die Rambutan ist eine tropische Verwandte der Litschi und gehört zur Familie der Seifenbaumgewächse. Sie wächst auf einem bis zu 25 m hohen Baum, der einen dicken, geraden Stamm und eine dichte, immergrüne, weit ausgebreitete Krone hat. Mit den in Büscheln an langen Stielen hängenden leuchtend roten Früchten bietet er ein ungewöhnlich schönes Bild.
- Die ovalen oder elliptischen, 4–8 cm großen Früchte haben eine dünne, lederartige,

rosa bis purpurrot oder kastanienbraun gefärbte Schale. Die weichen, fleischigen, rosa, rot oder gelblich gefärbten Dornen werden bis zu 2 cm lang und kräuseln sich um die Schale.

- Das Fruchtfleisch ist weißlich, durchscheinend, saftig und enthält einen länglichen, flach gedrückten, ungenießbaren Kern.
- Rambutans ähneln im Geschmack der Litschi, nur sind sie wesentlich süßer.

Übrigens, der Name Rambutan leitet sich vom malaiischen Wort „rambut" ab und bedeutet Haar.

Die Rambutan in der Bar
- In der Bar wird die Rambutan ausschließlich als Garniturfrucht verwendet.
- Sie wird am Glasrand platziert.

Einkauf
- Im Vergleich zu Litschis sind Rambutans bei uns noch weniger bekannt und bei hervorragender Qualität auch verhältnismäßig teuer.
- Der Verkauf erfolgt nach Gewicht.
- Rambutans werden aus Malaysia und Thailand auch als Konserven importiert, und zwar geschält und entsteint, z. T. auch mit Ananas gefüllt.

Lagerung
- Rambutans sind schlecht lagerfähig und sollen schnell gegessen oder verarbeitet werden.
- Bei Zimmertemperatur sind die Früchte etwa drei bis vier Tage haltbar.

Rote Johannisbeere/Ribisel

Engl.: red currant, franz.: groseille rouge

- Die Heimat der Roten Johannisbeere sind Nordosteuropa und Nordwestasien. Bei uns ist sie vor allem unter dem Namen Ribisel bekannt.
- Johannisbeeren wachsen an winterkahlen, 1–2 m hohen, mehrjährigen Sträuchern oder Hochstämmchen. Die an kurzen Stielen in Traubenform wachsenden Beeren sind 5–10 mm groß, rund, glatt und rot bis dunkelrot, mit mehr oder weniger herbsäuerlichem Aroma.

Tipps
- ▶ Die Beeren sollten noch an den Rispen hängen, weil einzelne Beeren schnell austrocknen und volle Rispen am Glasrand imposanter wirken.
- ▶ Rispe mit Zuckersirup oder Likör etwas befeuchten, anschließend in Kristallzucker oder Kokosflocken wälzen.

Die Rote Johannisbeere in der Bar
- Diese Früchte werden für Garnituren verwendet.
- Über den Glasrand gehängt, ist die Rote Johannisbeere ein eher einfacher, aber raffinierter Blickfang.

Einkauf

- Beim Kauf von Roten Johannisbeeren/Ribiseln ist auf zerdrückte oder faulige Früchte zu achten. Um das festzustellen, sollten Sie die meistens in Plastikschüsseln verpackte Ware von allen Seiten begutachten.
- Kräftig rote Früchte an einem saftig grünen Stängel weisen auf eine optimale Reife hin.

Lagerung

- Sie sollten nicht allzu lange aufbewahrt werden, da sie relativ rasch runzelig und somit unansehnlich werden.

Salak/Schlangenhautfrucht

Engl.: salak, franz.: salak

- Die Salak, wegen ihres Aussehens auch Schlangenhautfrucht genannt, ist eine in Südostasien beheimatete Palmenfrucht mit zunehmender Verbreitung.
- Angebaut wird sie im tropisch-feuchten Klima Indonesiens, Malaysias und Thailands.
- Salaks wachsen an 5 m hohen Palmen. Die Früchte sind mehr oder weniger birnenförmig oder oval, 2,5–10 cm lang, 5–8 cm breit und laufen in einem kurzen, geraden Dorn aus.
- Die dünne Schale ist glänzend rotbraun und schlangenhautähnlich, wie Dachziegeln überlappend, geschuppt.
- Es gibt auch weiße und rote Varianten der Schlangenhautfrucht.

- Das feste, durchscheinende, gelbweiße Fruchtfleisch ist dreifach unterteilt und jeweils von einer durchsichtigen Haut umhüllt.
- Im Inneren jedes Fruchtteils befindet sich ein 2–3 cm langer, rundlich-ovaler, nicht essbarer Kern.
- Die reife Frucht hat einen süßsauren Geschmack.
- Unreife Früchte schmecken sehr sauer und verbreiten auch einen unangenehmen Geruch.

Die Salak in der Bar

- Die Salak kann in der Bar für Garnituren verwendet werden.
- Die reifen Früchte werden roh gegessen und haben eine erfrischende, durststillende Wirkung. Sie werden von der Spitze her eingeschnitten oder eingerissen und die Schale entfernt. Die drei Teile des Fruchtfleisches werden herausgenommen und von der dünnen Haut befreit.
- Die Kerne und die Schale sind nicht genießbar.

Einkauf

- Die leicht zerbrechliche Schale von Salaks sollte unbeschädigt sein.
- Ein vorsichtiger Heimtransport ist ratsam.

Lagerung

- Einer Lagerung von drei bis vier Tagen im Kühlschrank steht nichts im Wege, danach platzen Salaks leicht auf. Ein möglichst unverzüglicher Verzehr ist dann empfohlen.

Tamarillo/Baumtomate

Engl.: tamarillo, franz.: tamarillo

- In den Anden Perus ist die Tamarillo beheimatet. Sie wächst in tropischen Höhenlagen zwischen 1 000 und 2 500 m, aber auch in gemäßigten frostfreien Tieflagen und ist hauptsächlich im Gebiet zwischen Chile und Venezuela verbreitet.
- Die Tamarillo ist mit unserer Tomate und Kartoffel verwandt und gehört somit auch zur Familie der Nachtschattengewächse.
- Sie ist die Beerenfrucht eines immergrünen, schnellwüchsigen, 2–5 m hohen Strauches.
- Die Baumtomate ist ca. 9 cm lang und eiförmig, jedoch an den Enden etwas zugespitzt.
- Die dünne, glatte Schale ist bei voller Reife, je nach Sorte, dunkelrot, gelborange, gelbrot oder auch etwas gestreift.
- Das Fruchtfleisch kann gelb bis rötlichorange sein und ist am Rand fest und zur Mitte hin weich.
- Das geleeartige Kerngebilde hat zahlreiche essbare, dunkle Samenkernchen.
- Im Geschmack ist die Tamarillo angenehm herbsüß, mit einem etwas strengeren Aroma und erinnert entfernt an Tomaten.

Die Tamarillo in der Bar
- Das volle Aroma weisen nur vollreife Früchte auf.
- Im Anschnitt hat die Tamarillo besondere Ähnlichkeit mit unserer Tomate und kann auch wie diese verwendet werden.

- Geschält und fein püriert, gewürzt und abgeschmeckt wie eine *Bloody Mary* – ein geschmackliches Erlebnis für feine Gaumen.
- In einem Obstkorb an der Bar platziert, ist die Tamarillo ein nicht alltäglicher, interessanter Hingucker.

Einkauf
- Im Handel werden, in geringen Mengen, hauptsächlich Tamarillos mit roter Schale angeboten.
- Sie sind auch in reifem Zustand relativ hart und sollten auf Fingerdruck nur wenig nachgeben.
- Achten Sie beim Transport und der Lagerung darauf, dass die dünne Schale nicht beschädigt wird! Beschädigte Früchte faulen schneller.

Lagerung
- Nicht ganz reife Tamarillos können bei 6–8 °C noch gut zwei Wochen lagern.
- Weichere, überreife Früchte müssen sofort verarbeitet werden.

Waldmeister

Engl.: woodruff, franz.: aspérule

- Das Verbreitungsgebiet des Waldmeisters umfasst Mittel-, Ost- und Südeuropa sowie Nordamerika.
- Zu finden ist er in schattigen Wäldern, vorzugsweise in krautreichen Buchen- oder Laubmischwäldern.

- Er gehört zu den Rötegewächsen und ist auch unter den Namen Maiblume, Maikraut oder Halskräutlein bekannt.
- Der Waldmeister hat einen kriechenden, ausdauernden Wurzelstock. Er treibt in Quirlen beblätterte Stängel.
- Die Blüten sind schneeweiß, glockig, sternförmig.
- Die Früchte stellen kleine klettenartige Nüsschen dar.

Der Waldmeister in der Bar
- Die Triebe werden im Ganzen verwendet, evtl. durch Blüten ergänzt, z. B. für eine sogenannte *Maibowle*. Dabei werden sie nur kurz ausgelaugt und wieder entfernt.
- Waldmeistersirup ist Bestandteil der *Berliner Weißen mit Schuss*.

Achten Sie darauf keine welken Blätter und (jahreszeitlich) nur bis zur Blüte geerntete Produkte zu verwenden – hoher Kumaringehalt.
Fertigprodukte sind aufgrund des Kumarins künstlich gefärbt und aromatisiert.

Wassermelone

Engl.: watermelon, franz.: pastèque, melon d'eau

- Ursprünglich stammt die Wassermelone aus den Steppengebieten Süd- und Zentralafrikas.

- Schon seit mindestens 4 000 Jahren wird sie in Ägypten kultiviert.
- Wassermelonen gedeihen weltweit in den Tropen und Subtropen.
- Die einjährigen Pflanzen ranken, wie auch beim Kürbis oder der Gurke, auf dem Boden. Bereits drei Monate nach der Pflanzung können die Früchte geerntet werden.
- Die Wassermelone ist eine weitläufige Verwandte der Melone (siehe Seite 357) und zählt wie sie eigentlich zum Gemüse, wird aber meistens als Obst gehandelt.
- Ein deutlicher Unterschied zur Melone ist die über das ganze Fruchtfleisch verteilte Anordnung der Samen.
- Das Fruchtfleisch ist tiefrot und enthält auch noch mehr Wasser als das der Melone – bis zu 95 % – und meist weniger Zucker (Ausnahme: einige Extrasorten mit bis zu 13 % Zuckergehalt).
- Die Schale ist fest, aber nicht sehr widerstandsfähig, hell- bis fast schwarzgrün marmoriert oder gestreift.
- Eine Wassermelone kann bis zu 20 kg schwer werden.

Es gibt knapp 160 Sorten. Bei den in China wachsenden Sorten wird zumeist sehr viel Wert auf die ölhaltigen Kerne gelegt. Im Gegensatz dazu werden bei uns kernarme bis kernlose Sorten bevorzugt.

Die Wassermelone in der Bar
- Aufgrund ihrer Größe und des tiefroten Fleisches ist die Wassermelone bestens für Garnituren geeignet, z. B. in Form von Spalten oder Keilen am Glasrand.
- Ebenso ist sie in einer frischen *Bowle* sehr beliebt. Bei der Verarbeitung ist es ratsam, den weißen Teil des Fruchtfleisches nicht zu verwenden. Die Kerne können mitgegessen werden, sie unterstreichen sogar noch das Aroma.
- Wassermelonen entfalten ihr volles Aroma in reifem Zustand. Der Zuckergehalt

ist dann optimal und das Fleisch hat eine gute Konsistenz mit entsprechender Süße, die sich zur Mitte hin noch konzentriert.

Einkauf

- Wassermelonen müssen bei der Ernte so reif wie möglich sein, da ihr Zuckergehalt danach nicht mehr zunimmt und sich dadurch der Geschmack nicht verbessert.
- Vollreife Früchte sind besonders empfindlich, sie bekommen leicht Druckstellen.
- Man sollte aber auch Werfen und Stoßen vermeiden, denn sie können sehr leicht platzen.
- Sollte Ihnen eine ganze Frucht zu viel sein, ist es absolut unbedenklich, nur eine Hälfte zu kaufen. Hier können Sie den Reifezustand gleich gut erkennen.

Prüfen Sie die Reife der Wassermelone, indem Sie mit dem Finger oder der flachen Hand auf die Frucht klopfen:

- Unreife Früchte klingen metallisch hell.
- Reife Früchte vibrieren und „singen".
- Sind sie überreif und mehlig, klingen sie hohl.

Lagerung

- Wassermelonen schmecken gekühlt am besten, doch sollte die Temperatur für die Aufbewahrung nicht unter 10 °C liegen, das Fleisch verliert sonst an Aroma und Farbe.
- Es ist auch nicht zu empfehlen, sie länger als eine Woche zu lagern.
- Angeschnittene Früchte, mit Klarsichtfolie geschützt, halten einige Tage im Kühlschrank.

Weintraube

Engl.: grape, franz.: raisin

- Funde von primitiven Formen der Weinrebe reichen bis in das Tertiär zurück. Als Urheimat gelten Transkaukasien und Mittelasien, wo sich die uns heute bekannten Weinreben aus einer Wildart entwickelt haben.
- Trauben wachsen an Kletttersträuchern, an denen die Beeren in Rispen angeordnet sind.
- Es sind Formen von rund, rundoval bis länglich und Farben von grünlich, gelb, bernsteinfarben, rot oder blau bis schwarzblau möglich.
- Entsprechend der weltweiten Verbreitung der Traubenkultur ist auch die Zahl der Sorten kaum überschaubar, erschwerend kommen unzählige Synonyme für ein und dieselbe Sorte in den verschiedenen Anbauländern hinzu.
- Den Löwenanteil haben die „weißen" Trauben, wobei die „blauen" unaufhaltsam aufholen und aufgrund großer Beliebtheit die kernlosen Trauben rasant im Vormarsch sind.

Die Weintraube in der Bar

- Weintrauben werden in der Bar für Garnituren verwendet, z. B. auf einem Stick oder Spieß. Mit anderen Früchten wie z. B. Physalis, Cocktailkirschen oder einfach einem Ananasblatt können Sie Ihre Drinks in vielen Variationen sehr interessant garnieren.

- In einem Obstkorb wirken Weintrauben sehr attraktiv. Man sollte jedoch immer wieder kontrollieren, ob nicht die eine oder andere verfaulte Traube vorhanden ist, und diese entfernen, bevor sie andere Beeren ansteckt und die lästigen Obstmücken anlockt.

Tipp

▶ Entfernen Sie die Trauben erst nach dem Waschen und kurz, bevor sie verwendet werden, von der Rispe, weil die Stelle, an der sie angewachsen waren, schnell bräunlich und damit unansehnlich wird.

Einkauf
- Bei Weintrauben sollte man beim Kauf auf verfaulte Früchte achten, die sich auch oft inmitten der Rispen verstecken.
- Wählen Sie knackige, frische Früchte.
- Allein vom Aussehen lässt sich die Qualität von Weintrauben nicht feststellen – eine Kostprobe ist zu empfehlen.
- Variieren Sie auch helle und dunkle Weintrauben, denn als Dekoration wirken verschiedenfarbige Trauben noch abwechslungsreicher.

Sind die Trauben schon sehr weich und sind auch schon faulige Beeren vorhanden, ist die Wahrscheinlichkeit eines raschen Fäulnisprozesses sehr hoch. Vom Kauf ist natürlich abzuraten.

Lagerung
- Feste, kompakte Rispen lassen sich durchaus ein paar Tage bei Raumtemperatur aufbewahren.

Zitrone

Engl.: lemon, franz.: citron

- Die Herkunft der Zitrone liegt höchstwahrscheinlich in der Pandschabregion im nördlichen Indien und Pakistan. In der Natur sind Wildformen jedoch nicht mehr feststellbar.
- Sie ist vermutlich als Hybride aus Zitronatzitronen, indischer Limette und einer weiteren Zitrusart entstanden.
- In China war sie schon lange vor unserer Zeitrechnung bekannt und gelangte um ca. 1150 mit den Arabern über den Mittleren Osten in den Mittelmeerraum nach Spanien, später über Norditalien (Genua) nach Sizilien, von wo sie sich im gesamten Mittelmeergebiet ausbreitete.
- Auch Kolumbus hatte seine Finger im Spiel und brachte sie nach Haiti.
- Zitronenbäume sind starkwüchsige, immergrüne, gewöhnlich stark bedornte Bäume unterschiedlicher Wuchshöhe (3–6 m). Das Besondere an Zitronenbäumen ist, dass sie das ganze Jahr über blühen und Frucht bringen können.

Tipp

▶ Nach „durchzechter" Nacht sind frisch ausgepresste Zitronen ein idealer Muntermacher und wecken die Lebensgeister, besonders in der möglicherweise unvorstellbaren Kombination mit einem kleinen, starken Espresso und etwas Zucker.

Die Zitrone in der Bar

- Die Zitrone ist neben der Orange die wichtigste Frucht in der Bar.
- Wegen der Oberflächenbehandlung ist es ratsam, die Zitronen, die für Garnituren vorgesehen sind, vorher zu waschen bzw. unbehandelte Früchte zu verwenden.
- Frisch gepresster Zitronensaft ist Bestandteil sehr vieler Mixgetränke. Er muss gekühlt aufbewahrt werden und hält so bis zu zwei Tage.
- Als Garniturfrucht kommt die Zitrone in Form von Spalten oder Scheiben, kombiniert mit einem Ananasblatt, einer Weintraube oder Cocktailkirsche, als Zeste, Twist oder Zitronenspirale zum Einsatz. Tipp: Achten Sie darauf, dass die Schale gleichmäßig gelb ist, um am Glasrand oder im Drink auch ordentlich zu wirken.

Vorsicht: Bei zu langem oder heftigem Auspressen werden die in der weißen Schicht unter der Schale befindlichen Bitterstoffe gelöst und ergeben einen unangenehmen, bitteren Geschmack.

Einkauf

- Beim Kauf von Zitronen achten Sie bitte auf eine unbeschädigte Schale und auf faulige oder angefaulte Früchte.
- Den tatsächlichen Saftanteil kann man von außen nicht feststellen. Wobei im Normalfall gilt: Je weicher die Frucht, desto saftiger.
- Zitronen werden zur besseren Haltbarkeit meist oberflächenbehandelt, es gibt aber auch unbehandelte Früchte zu kaufen.

Lagerung

- Zitronen sind ganzjährig erhältlich.
- Sie sind kontrolliert gelagert ohne Qualitätsverluste mehrere Monate haltbar.
- Eine ideale Lagertemperatur besteht bei 11–14 °C, also nicht im kalten Kühlschrank.
- Werden Zitronen überlagert, neigen sie zu Schimmelpilzbildung. Die davon befallenen Früchte aussortieren und die anbei liegenden sofort waschen, um ein weiteres Verfaulen zu verhindern.

Schneidetechniken von Garnituren

Für die Vielzahl der für Garnituren verwendbaren Früchte und Gemüse stehen verschiedene Möglichkeiten der Präsentation zur Auswahl.

Scheiben
z. B. Zitrusfrüchte, Karambole, Kiwi

Spalten
z. B. Zitrusfrüchte, Melone, Mango, Pfirsich, Apfel, Birne

Zur Befestigung auf dem Glasrand wird an einem Ende das Fruchtfleisch ein kurzes Stück von der Schale getrennt.

Auf dem Glasrand.

Das Schneiden der Ananas

Herausdrehen der oberen Blätter, um sie für Garnituren weiterzuverwenden.

Schnitt (3 Zentimeter unter dem Strunk).

Teilen in verschiedene Segmente.

Schneiden für Keile.

Einschneiden (für eine Garnitur auf dem Glasrand.

Wegschneiden des Strunks (Einschneiden, wenn die Garnitur auf den Glasrand gesteckt wird).

Babyananas in verschiedene Segmente teilen.

Aufstecken auf den Glasrand: Strunk entfernen. Entlang der Schale einschneiden. Mit einer Garniturzange und dem Messer arbeiten.

Ananasgarnitur.

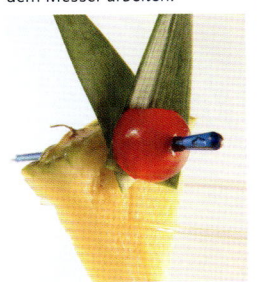

Ananasgarnitur.

Ananasgarnitur.

Garnituren für Sours

Die Original-Sour-Garnitur besteht aus Zitrone und Kirsche. Heute sind auch andere Varianten möglich.

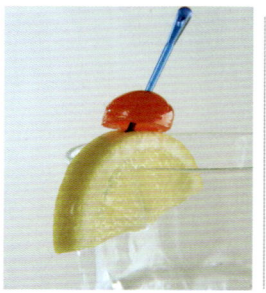

Kapstachelbeere/Physalis

1 Blätter öffnen.

2 Alle Blätter zusammendrücken und in Form bringen.

3 Einschneiden.

4 Auf den Glasrand stecken.

Kumquat

1 Mit dem Messer von oben (spitzer Teil) bis zur Mitte der Frucht vier Schnitte machen.

2 Die Schale vom Fruchtfleisch lösen. Die Enden nach unten biegen. Das Fruchtfleisch herausschneiden und eine Cocktailkirschenhälfte darauflegen.

3 Einschneiden und auf den Glasrand setzen.

4 Fertige Garnitur am Glasrand.

5 Die Cocktailkirsche kann auch mit einem Stick fixiert werden.

Beispiele für Einzelgarnituren

Schalengarnituren

Zitrone (gilt auch für alle anderen Zitrusfrüchte)

1 Mit einem Kannelierer die Schale herunterschneiden.

2 Für die Spirale die Schale um einen Strohhalm wickeln.

3 In das Glas legen.

4 Fertiger Drink.

Apfel

1 Den Apfel schälen.

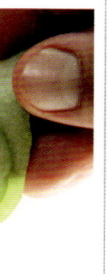

2 Die Schale zu einer Rose drehen.

3 Eine Cocktailkirsche in die Mitte geben. Einen Stick so durchstechen, dass beide Enden der Spirale und die Kirsche fixiert sind.

4 Im Glas.

Zeste, Twist, Spirale

Zeste: augengroßes Stück einer Schale einer Zitrusfrucht. Die Zeste wird in das Gästeglas gegeben. Im Englischen als **Peel** (Schale, schälen) bezeichnet.

Twist: drei Zentimeter langes Stück einer Schale der Zitrusfrucht (siehe Fertigungstechniken, Seite 386). Die Schale wird über dem Gästeglas gedreht, sodass die ätherischen Öle ins Glas spritzen. Dabei ist eine Entfernung von 10 Zentimetern über dem Glas einzuhalten, damit nur die Essenz und nicht die Bitterstoffe in das Getränk gelangen. Ein Twist wird nicht in das Gästeglas gegeben.

Spirale: Dicke Spiralen werden mit dem Barmesser, dünne Spiralen mit dem Zestenschneider geschnitten.

Twist, Zeste, Spirale

Ausgestochene Garnituren

Garnituren auf dem Drink

Schablone

Muskatnuss

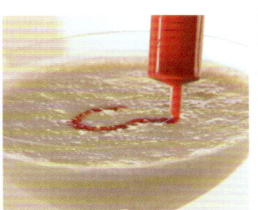

Grenadine-Herz

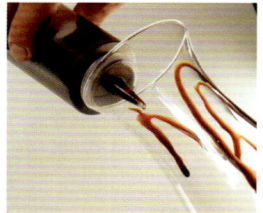

Schokosauce

Herstellung eines Zucker- oder Salzrandes

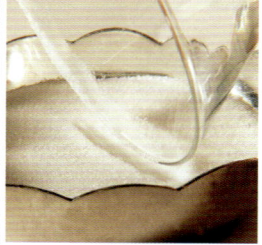

In eine Zitronenhälfte einen Einschnitt machen, der so tief ist, wie der gewünschte Zucker- oder Salzrand hoch sein soll. Damit befeuchtet man den Rand des Glases.

Das Glas sofort umdrehen, damit kein Zitronensaft ins Glasinnere läuft. Anschließend sofort in Zucker bzw. Salz tauchen und leicht abklopfen.

Man kann auch den Glasrand in eine Schale mit Zitronensaft und anschließend in eine Schale mit Zucker eintauchen. Klopfen Sie den überflüssigen Zucker ab.

Glasrand mit blauem Sirup (Blue Curaçao) benetzen und in Kokosraspeln tauchen.

Farbiger Rand mit Kokosraspeln.

Neben ganzen Rändern sind auch halbe Ränder bzw. **Salz- oder Zuckerlippen** üblich. Dabei wird nur jener Teil des Glases mit Zitronensaft befeuchtet, an dem die Lippe sitzen soll (vgl. auch Rezeptteil, Lucky Lips, Seite 166).

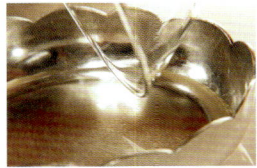  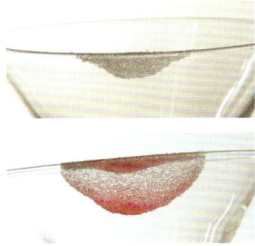

Als Flüssigkeiten finden neben Zitronensaft z. B. auch Grenadinesirup, Crème de Menthe oder Crème de Cassis Verwendung.

Pick-me-up-Garnituren

Fancygarnituren

Fertigungstechniken

Unter diesem Begriff werden Zubereitungsformen, wie Floaten, Toppen etc. zusammengefasst. Anhand der Anleitungen und Fotos von gängigen Rezepturen ist es leicht möglich, diese Fertigungstechniken zu erlernen.

Floaten
Bourbon Float

Den Barlöffel mit der Löffelrückseite nach oben am inneren Glasrand ansetzen. Den Löffelansatz dabei zirka 0,5–1 cm in die bereits im Glas befindliche Flüssigkeit tauchen.
Anschließend die jeweilige Zutat vorsichtig über den Löffelrücken eingießen. Die Zutat hält einige Zeit als oberste Schicht auf dem Drink.

Swimmingpool

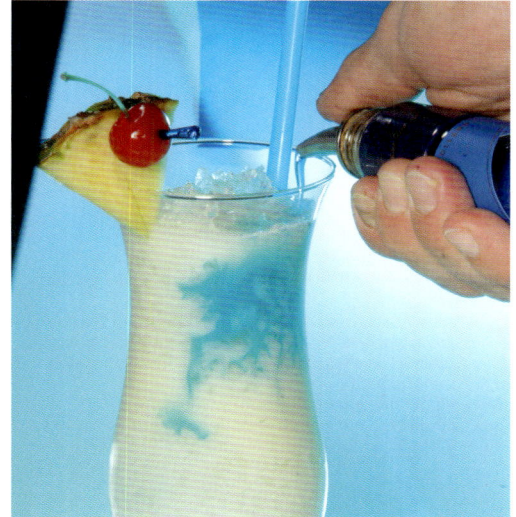

Die jeweilige Zutat vorsichtig am inneren Glasrand des Drinks (mit oder ohne Hilfe eines Barlöffels) eingießen. Die gefloatete Zutat sinkt langsam am Glasrand entlang zum Glasboden.

Toppen
White Russian

Den Barlöffel mit der Löffelrückseite nach oben am inneren Glasrand ansetzen. Den Löffelansatz dabei zirka 0,5–1 cm in den bereits im Glas befindlichen Drink tauchen. Anschließend die jeweilige Zutat vorsichtig über den Löffelrücken eingießen. Die Ingredienz soll als oberste Schicht auf dem Drink schwimmen und soll sich nicht mit dem restlichen Drink vermischen.

Pousse-Café
B 52 Shot

Die erste Ingredienz in das Glas eingießen.
Den Barlöffel mit der Löffelrückseite nach oben am inneren Glasrand ansetzen.
Den Löffelansatz dabei zirka 0,5–1 cm in die bereits im Glas befindliche Flüssigkeit tauchen. Anschließend die zweite Zutat vorsichtig über den Löffelrücken eingießen. Diese darf sich mit der ersten Zutat nicht vermischen.
Den Vorgang mit der dritten Ingredienz wiederholen.
Die drei Ingredienzen dürfen sich nicht vermischen und müssen klar als einzelne Schichten erkennbar sein.

Crushers

1 Limetten waschen (oder mit einem Tuch sorgfältig abwischen).

2 Die Endstücke/Kappen der Limette abschneiden.

3 Die Limette halbieren und den weißen Mittelstrang herausschneiden.

4 Die Limette in Stücke schneiden.

5 Die Limettenstücke und den Rohrzucker in das Glas geben.

6 Alles mit einem Muddler zerstampfen.

7 Crushed Ice beifügen.

8 Die Spirituose einmessen.

9 Den Drink mit einem Barlöffel verrühren.

10 Fertiger Drink.

Twist

 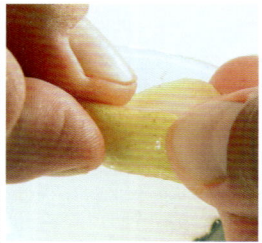 

Zum Beispiel für einen Gimlet die Zitrusfrucht waschen (oder mit einem Tuch sorgfältig abwischen).
Ein kleines Schalenstück der Zitrusfrucht abschneiden.
Die ätherischen Öle der Fruchtschale auf die Oberfläche des Drinks pressen, um den Drink zu aromatisieren.

Bei großen Schalenstücken werden durch Drehbewegung die ätherischen Öle auf den Drink gespritzt.

Die Mixgetränkegruppe der Twists (siehe Seite 93) gehört zu den Shortdrinks.

Das ausgepresste Schalenstück kann dem Drink beigegeben werden.

Wichtige Produkte für das Garnieren und Mixen

Folgende weitere Würzmittel bzw. sonstige Produkte sind für das Garnieren, aber auch für das Mixen erforderlich.

Ahornsirup
Engl.: maple syrup, franz.: sirop d'érable
Er wird aus dem Saft von kanadischen und amerikanischen Ahornbäumen gewonnen.

Angostura-Bitters
Dieser Würzbitter wird aus dem gesüßten, wässrigen, alkoholischen Auszug der Angosturarinde, bitteren Orangenschalen, Zimt, Kardamom, Chinarinde sowie Gewürznelken hergestellt.
Der rotbraune Würzbitter ist nach der südamerikanischen Stadt Angostura am Orinocofluss benannt. Er wurde vom Heidelberger Arzt Dr. Siegert entwickelt und war ursprünglich als Mittel gegen die Malaria gedacht.
Bekanntester Erzeuger ist die Fa. Siegert & Sons in Trinidad (44,7 Vol.-%).

Apricot-Bitters
Würzbitter mit ausgeprägtem Marillenaroma. Von verschiedenen Herstellern im Handel angeboten.

Aromatic Bitters
Sind Würzbitters, die von verschiedenen Produzenten im Handel angeboten werden und dem Angostura-Bitters ähnlich sind. Bekannte Firmen: **Abbott's** (wird nicht mehr produziert – schwer erhältlich), **Bitter Truth, Boker's** (wird nicht mehr produziert – schwer erhältlich), **Fee Brother's, Peychaud's.** Die genannten Firmen erzeugen bzw. erzeugten auch weitere Bitters.

Bar Foam (Barschaum)
Ein geschmack- und geruchloser Zusatzstoff auf Eiweißbasis. Wird für Drinks anstelle von rohem Eiweiß verwendet. Durch das Schütteln im Shaker entsteht eine schöne, anhaltende Schaumkrone auf der Drinkoberfläche. Im Handel auch unter dem Namen **Frothee** bekannt, da dies der Name einer Herstellerfirma (House of Frothee Inc.) in New York ist.
Ein vergleichbares Produkt ist **Fomy Holland House.**
Unter dem Namen **Soothe** ist biologisch haltbar gemachtes Eiweiß in Spraydosen erhältlich. Dies wird in den USA hergestellt und ist dem Frothee ähnlich.

Falernum
In der Karibik sehr verbreiteter, leicht alkoholhaltiger Fruchtsirup auf Basis von Rum mit Limetten, Mandeln und diversen Gewürzen (z. B. Nelken, Ingwer).

Fior de Mandarino
Ein rötlichgelbes Würzwasser aus den Schalen reifer Mandarinen, das zur Aromatisierung verwendet wird.

Fruchtsirupe
Sie werden aus Früchten bzw. Fruchtsäften mit Zucker eingekocht (konzentriert). Bekannte Marken sind Monin, Riemerschmid, Giffard, DV 7.

Gewürznelke
Engl.: clove, franz.: girofle
Der Geruch und der Geschmack sind auf das enthaltene ätherische Öl zurückzuführen. Sie ist Bestandteil von Gewürzmischungen für Heißgetränke. Mit Gewürznelken gespickte Zitronenscheiben sind dekorative Garnituren.

Honig
Zum Süßen von Heißgetränken.

Ingwer
Engl.: ginger, franz.: gingembre
Der aus der asiatischen Küche bekannte Ingwer mit seinem würzig-aromatischen Geruch und dem scharfwürzigen Geschmack findet als Würzmittel in verschiedenster Form Verwendung.

Instantzucker
Granulierter Kristallzucker, der sich in allen Flüssigkeiten leicht löst und deshalb anstelle von Läuterzucker verwendet werden kann.

Jonon
Würzwasser mit künstlichem Veilchenaroma, das anstelle von **Veilchenöl** in Verwendung ist.

Kandissirup
Zuckersirup, der bei der Kandiszuckerherstellung gewonnen wird.

Kandiszucker
In großen Stücken auskristallisierter (brauner) Rohrzucker, meist in ungereinigter Form.

Lemon-Bitters
Würzbitters mit ausgeprägtem Zitronenaroma. Von verschiedenen Herstellern im Handel angeboten.

Muskatnuss
Engl.: nutmeg, franz.: muscade
Stark aromatischer, würziger Geruch und Geschmack. Die Muskatnuss wird gerieben als Garnitur verwendet.

Nüsse
Folgende Nüsse finden in einer Bar Verwendung:

Haselnuss
Engl.: hazelnut, franz.: noisette
Vor allem in Form von Haselnussmark für cremige After-Dinner-Cocktails verwendet. Dieses wird aus fein zerkleinerten, gerösteten oder ungerösteten Haselnusskernen hergestellt.

Mandel
Engl.: almond, franz.: amande
Die Mandelsplitter werden als Garnitur verwendet. Das Mandelöl ist die Grundlage für den **Orgeat-Syrup**, eine Mandelmilch, die zum Aromatisieren dient; z. B. von Riemerschmid.

Erdnuss
Engl.: peanut, franz.: arachide
Werden als Sundries in kleinen Schüsseln angeboten.

Cashewkerne
Ebenfalls als Sundries für die Gäste bereitgestellt.

Obers/Sahne
Für die Zubereitung von cremigen Milchmischgetränken, in geschlagenem Zustand als Garnitur für heiße Kaffeegetränke.

Öl
In der Bar werden geschmacksneutrale, pflanzliche Öle verwendet.

Orange-Bitters
Würzbitters hauptsächlich aus den Schalen bitterer Orangen. Von verschiedenen Herstellern im Handel.

Orangenblütenwasser
Aus Orangenblüten hergestelltes Würzwasser. Im Französischen als **„Eau de Fleurs d'Orange"** bzw. im Englischen als **„Orange-Flower-Water"** bezeichnet.

Peach-Bitters
Würzbitters mit ausgeprägtem Pfirsicharoma. Von verschiedenen Herstellern im Handel.

Pfeffer
Engl.: pepper, franz.: poivre
Schwarzer Pfeffer wird aus den grünen, unreifen, ungeschälten und getrockneten Früchten gewonnen. Weißer Pfeffer stammt aus den roten, reifen, geschälten und getrockneten Früchten. Hauptsächlich zum Würzen von Pick-me-ups.

Rosenblütenwasser
Aus Rosenblüten hergestelltes Würzwasser.

Rosinen
Bei den getrockneten Weinbeeren gibt es drei verschiedene Sorten:
– Die **Korinthen** sind kleinbeerig und kernlos.
– Die **Sultaninen** sind ebenfalls kernlos, aber großbeerig. Sie sind fruchtig und süß und werden vorwiegend für Garnituren verwendet. Der überwiegende Teil der Sultaninen wird aus der Türkei importiert.
– Die **Zibeben** sind großbeerig und haben Kerne.

Sambalsauce
Fertigprodukt aus Essig, Zucker und gestoßenen roten Pfefferschoten. Für Pick-me-ups in Verwendung.

Sangrita
Mexikanisches Fertigprodukt aus frischen Gewürzen, insbesondere Chili. Wird extra zu Tequila gereicht und für Pick-me-ups verwendet. Ein bekanntes Produkt ist von der Fa. Riemerschmid. Der **Sangrita Picante** ist schärfer gewürzt.

Sucre de Canne
Das französische Wort für Rohrzucker steht für **Zuckersirup aus Rohrzucker** und ist im Handel sowohl als weißer wie auch als brauner Zuckersirup erhältlich.

Sweetened Lemon Juice
Ein speziell in Amerika verwendeter und im Handel erhältlicher Pre-Mix aus konzentriertem Zitronensaft, Zucker und etwas Barschaum (Bar Foam). Man findet auch Namen wie „Sweet and Sour" oder „Pre-sweetened Lemon Mix" (vorgesüßter Zitronenmix).
Diesen Pre-Mix kann man auch nur aus Zitronensaft und Läuterzucker herstellen/verwenden. Durch das Verhältnis 2 : 1 können die bei Drinkrezepturen oft üblichen 2 cl Zitronensaft und 1 cl Läuterzucker in einem Arbeitsschritt erledigt werden.

Tabasco

Pikante, gelbrote, dünnflüssige **Chilisauce**. Hergestellt aus kleinen Chilischoten, Zucker und Essig. Die grüne Version ist etwas milder.

Tomatenketchup

Würzsauce aus Tomaten, Weinessig, Salz, Zucker, Paprika, Pfeffer, Selleriesamen, Nelken, Zimt, Ingwer, Zwiebeln, Knoblauch und Muskatnuss. Bei den Pick-me-ups in Verwendung.

Worcestersauce (Worcestershiresauce)

Dunkelbraune, pikante Würzsauce aus England, die nach einem indischen Rezept aus Sojasauce, Essig, Melasse, Chili sowie tropischen Früchten und Gewürzen hergestellt wird.
Bei den Pick-me-ups in Verwendung.

Zimt

Gemahlener Zimt wird als Garnitur, Zimtstangen werden für Heißgetränke verwendet.

Zitronengras

Das aus der südostasiatischen Küche bekannte **Lemongrass** hat einen frischen, zitronenartigen Geschmack und findet als Ingredienz (meist zerstoßen) oder als Garniturbestandteil Verwendung.

Zucker

Man unterscheidet zwischen Rüben- und Rohrzucker sowie zwischen weißem Zucker (er ist raffiniert) und braunem Rohzucker. In der Bar kommen die verschiedensten Formen von Zucker zum Einsatz. Staub- oder Puderzucker, Kristall- oder Feinkristallzucker, aber auch Würfelzucker und Kandiszucker. Die Bezeichnung **„Demerara Sugar"** steht für unraffinierten Vollrohrzucker.
Zuckersirup (Läuterzucker) ist ein Sirup aus flüssig gemachtem Zucker.

Zuckersirup

Engl.: gum oder simple syrup, franz.: ghomme
Für den als **Läuterzucker** bezeichneten Zuckersirup kocht man 1 kg Kristallzucker (Zuckerrübenzucker oder Rohrzucker) in einem Liter Wasser auf und lässt ihn anschließend erkalten. Zuckersirup ist auch als Fertigprodukt im Handel erhältlich.
Der französische **Ghomme** ist durch ein anderes Mischungsverhältnis zuckerhaltiger (1,5 kg Zucker zu 1 Liter Wasser). Dies trifft auch auf den amerikanischen bzw. englischen **Gum** zu, wobei das Mischverhältnis sogar 2 : 1 betragen kann. **Simple Syrup** ist eine weitere englische/amerikanische Bezeichnung für Läuterzucker bzw. Zuckersirup.

Kleine Warenkunde

Wer sich hier die Basisspirituosen erwartet, der sucht vergeblich. Cognac, Whisk(e)y,
Wodka, Rum, Gin und Konsorten finden Sie ganz ausführlich ab Seite 456.
Diese kleine Warenkunde widmet sich den alkoholfreien Getränken, dem Bier, dem
Wein, den Schaumweinen und den versetzten Weinen. Auch diese Produkte werden in
einer Bar ausgeschenkt bzw. verarbeitet.

Alkoholfreie Getränke

Tafelwasser
Tafelwasser ist Wasser, das aufbereitet und nachträglich behandelt werden darf (z. B. durch
Zusatz von Mineralstoffen). Basis für Tafelwässer können Trink- oder Mineralwässer sein.

Sodawasser
Sodawasser ist Trinkwasser, das mit Kohlensäure (mind. 4 Gramm pro Liter) versetzt wird und
in Plastikflaschen und Containern, luftdicht abgefüllt, in den Handel kommt. Es kann mit The-
kenzapfgeräten in der Bar auch an Ort und Stelle hergestellt werden.
Für die Bargetränkegruppe der Sodas eine unerlässliche Zutat.

Mineralwasser
Mineralwasser ist Quellwasser, das am Quellort abgefüllt wird und einem behördlichen Aner-
kennungsverfahren unterzogen wurde. Es darf nicht behandelt werden, es darf lediglich Kohlensäure zugesetzt und Eisen sowie Schwefel entfernt werden.

Bezeichnungen für Mineralwässer

- Säuerling oder Sprudel enthalten nur eigene Quellkohlensäure
- Stilles, mildes und sanftes Wasser mit wenig Kohlensäurezusatz
- Natürliches Mineralwasser ohne Kohlensäure mit wenig quelleigener Kohlensäure versetzt
- Aromatisiertes Wasser mit Auszügen von Früchten oder Kräutern (z. B. Römerquelle Emotion, Vöslauer Balance)

Internationale Marken

- Römerquelle, Vöslauer (Österreich)
- Apollinaris, Staatlich Fachingen (Deutschland)
- Evian, Perrier (Frankreich)
- San Pellegrino (Italien)
- Radenska (Slowenien)
- Hildon (Großbritannien)

Frucht- und Gemüsesäfte, Erfrischungsgetränke

Frucht- und Gemüsesäfte werden aus frisch gepressten Säften bzw. aus Saftkonzentraten hergestellt. Erfrischungsgetränke sind Limonaden, die aus Wasser oder Mineralwasser mit oder ohne Zusatz von Kohlensäure, geruch-, geschmack- und farbgebenden Zusätzen sowie süßenden Stoffen hergestellt werden.

Fruchtsäfte

Fruchtsäfte sind frisch gepresst am wertvollsten. Bei der gewerbsmäßigen Produktion, die auf Haltbarkeit angewiesen ist, werden die Säfte konserviert.
Ein Fruchtsaftkonzentrat wird mindestens auf das halbe Volumen des ursprünglichen Saftes eingedickt. Das bei der Konzentrierung entzogene Wasser wird später wieder zugefügt.
Ein **Fruchtnektar** hat einen Fruchtsaftanteil von mindestens 25 Prozent, meist mehr. Der Fruchtgehalt ist auf der Packung bzw. Flasche angegeben. Wasser, Zucker und/oder Honig dürfen höchstens 20 Prozent des Gesamtgewichtes ausmachen.
Fruchtsirupe sind Dicksäfte mit hohem Zuckergehalt.

Gemüsesäfte

Gemüsesäfte werden aus Rohsäften erzeugt und müssen 100 Prozent des betreffenden Gemüses enthalten.
Ein **Gemüsetrunk** oder **Gemüsenektar** enthält mindestens 40 Prozent Gemüsesaft.
In der Bar ist vor allem der Tomatensaft für die Pick-me-ups von Bedeutung.

Bitterlimonaden

Bitter Lemon und **Bitter Orange** enthalten Bitterstoffe, wie z. B. Chinin aus der Rinde des Chinabaumes. Auch **Tonic** enthält Chinin (mind. 15 mg/l).

Cola

Die sogenannten Colalimonaden stellen eine eigene Limonadengattung dar und orientieren sich in Aussehen und Geschmack am weltweiten Vorbild Coca-Cola.

Cola enthält Phosphorsäure (Säuerungsmittel) und Koffein (65–250 mg/l). Koffein ist in den Kolanüssen, aber auch in Kaffeebohnen und Teeblättern enthalten und hat eine anregende Wirkung. Cola und Cola Light, bei dem der Zuckergehalt durch Süßstoffe ersetzt wird, werden in der Bar als Filler eingesetzt.

Ginger Ale

Der ausgeprägte Geschmack ist auf Auszüge der Ingwerwurzel zurückzuführen.

Isotonische Getränke

Sie sind so zusammengesetzt, dass sie den durch Schwitzen verursachten Wasser- und Mineralstoffverlust durch Mineralsalze ausgleichen können. Sie enthalten vor allem Wasser, Zucker, Mineralstoffe, Vitamine (B, C, Biotin, E), Aroma- und Farbstoffe.
Bekanntestes Produkt ist Isostar.

Energy- oder Powerdrinks

Sie sind stark koffeinhaltig, zirka 320 mg/l – im Vergleich enthält eine Tasse Filterkaffee 80–100 mg/l. Dieses Koffein beziehen sie häufig aus der Guaranapflanze, die den drei- bis vierfachen Koffeingehalt einer Kaffeebohne aufweist. Daneben enthalten sie Wasser, Zucker, Zitronensäure, verschiedene B-Vitamine sowie Hilfs- und Zusatzstoffe.
Bekanntestes Produkt ist Red Bull.

Eistee

Er wird mit Tee oder Extrakten aus Tee hergestellt. Oft sind sie mit Fruchtsaft, z. B. Pfirsich- oder Zitronensaft, vermischt. Bekannte Marken sind Rauch, Pfanner und Lipton.

Limetten-, Zitronen- und Orangenlimonaden

Limonaden enthalten Fruchtsaft (weniger als 6 Prozent), Aromen, Wasser und süßende Stoffe. Bekannt sind u. a. Sprite (Limettengeschmack), 7up (Zitronengeschmack) und Fanta (Orangengeschmack).

Bier

Bier ist ein alkoholisches und kohlensäurehaltiges Getränk, das aus Gerstenmalz, Hopfen und Wasser durch Vergärung mit Hefe erzeugt wird. Bei den Beer-Mix-Drinks (vgl. Seite 16 f.) wird Bier mit anderen Getränken vermischt.

Die Herstellungsschritte für Bier sind:

- Mälzen (Malzgewinnung durch Einweichen der Gerste, anschließendes Keimen und Darren)
- Maischen (Herstellung eines Maischbreies, der erhitzt wird) und Läutern (Trennung der flüssigen von den festen Bestandteilen)
- Brauen (Kochen in Sudpfannen, anschließende Abkühlung)
- Gären (durch Reinzuchthefen; Zucker wird in Alkohol und Kohlensäure umgewandelt)

- Lagern
- Abfüllen

Bierarten und Bierspezialitäten

- Nach der Getreideart: Gerstenbier, Weizenbier, Roggen- oder Dinkelbier
- Nach der Farbe: helles Bier, dunkles Bier
- Nach der Gärart: untergäriges Bier, obergäriges Bier
- Nach dem Alkohol- und Stammwürzegehalt: alkoholfreies Bier, alkoholarmes Bier, Leichtbier, Schankbier, Vollbier, Stark- bzw. Bockbier
- Darüber hinaus gibt es die Typenbezeichnungen Wiener Lager, Pilsbier bzw. Pils(e)ner und Spezialbier. Bierspezialitäten sind Altbier, Berliner Weiße, Doppelbock, Dry Beer, Eisbier, Exportbier, Kölsch, Rauchbier, Zwicklbier.

Bekannte Biere und Biermarken

- Österreich, Deutschland: ausgesprochene Bierländer mit sehr vielen Brauereibetrieben.
- In England werden Ale (hell) und Stout (sehr dunkel und stark) erzeugt.
- Belgien ist ein Land der Bierspezialitäten mit Lambicbier (Weizenbier, bei dem die Gärung mit Wildhefe erfolgt), Gueuze (Mischung aus jungen und alten Lambics) und Faro (mit Kandiszucker gesüßtes Lambic). Darüber hinaus ist Belgien für die Klosterbrauereien bekannt, in denen die Trappistenbiere erzeugt werden.

Einkauf und Lagerung

- Bier wird in Flaschen, Dosen, Fässern und Tanks verkauft.
- Die Lagertemperatur sollte konstant zwischen 6 und 8 °C betragen und nicht unter 5 °C fallen, da ansonsten das Bier trübe wird (Eiweißausflockung, die bei richtiger Temperatur wieder verschwindet).

Ausschank und Service

- Beim Bierausschank mit Druck (Pression) wird das Bier mit Kohlendioxid zur Zapfsäule gefördert.
- Bei einer Premixanlage wird das Bier durch Druck herausgepresst, wenn man die Zapfsäule betätigt. Wichtig ist das tägliche Reinigen der Zapfanlage.
- Das Bierglas gründlich mit der Gläserdusche spülen.
- Das Bier auf drei Mal zapfen: Das schräg gehaltene Glas zügig so weit befüllen, bis der Schaum etwa zur Hälfte im Glas steht. Anschließend nachzapfen. Beim dritten Mal die Schaumkrone aufsetzen. Rasch servieren.
- Die Zapfdauer nicht übertreiben, maximal 3–4 Minuten. Zapft man zu lange, landet ein Großteil der Kohlensäure im Schaum und das Bier wird schal und schlichtweg zu warm.
- Das erste Glas des Tages, das sogenannte Leitungsbier, darf dem Gast nicht zugemutet werden.
- Ideale Trinktemperatur ist 8–10 °C.
- Es müssen geeichte Gläser verwendet werden, die nach oben hin nicht allzu breit werden. Sonst zerfließt der Schaum und ein wesentlicher Teil des Biergenusses geht verloren.

Wein

- Wein ist ein alkoholisches Getränk, das aus dem Saft von Weintrauben hergestellt wird. Die Trauben sind die Früchte der Weinrebe.
- Im Laufe der Geschichte des Weinbaues hat sich eine Vielzahl von Rebsorten entwickelt.
- Spezifisch österreichische Rebsorten sind Grüner Veltliner, Welschriesling, Neuburger, Zierfandler und Rotgipfler (Weißweinreben) sowie Zweigelt und Blauer Wildbacher (Rotweinreben).
- Deutschland: Rebsorten für die Weißweinerzeugung sind Rivaner (Müller-Thurgau), Riesling, Silvaner, Traminer, Chardonnay, Gelber Muskateller und Weißburgunder; für die Rotweinerzeugung sind es Blauer Portugieser, Blauer Spätburgunder, Lemberger, St. Laurent.
- Internationale Sorten für Weißwein sind Sauvignon Blanc, Ugni Blanc und Chardonnay, für Rotwein Pinot Noir, Merlot, Syrah, Gamay und Cabernet Sauvignon.

Weinerzeugung

Die **Weißweinerzeugung** besteht aus folgenden Schritten: Rebeln (Trennen der Trauben von den Stielen) – Maischen (Zerquetschen in Walzen) – evtl. Schwefeln (Schutz vor Braunfärbung und Mikroorganismen) – Pressen und Keltern (Trennen des Mostes von den festen Bestandteilen) – Vorklären des Mostes (Entfernen der Trubteilchen) – Mostaufbessern und Mostentsäuern (Beifügen von Zucker bzw. Entsäuern mit kohlensaurem Kalk) – Gären (durch Hefepilze wird Zucker in Alkohol und Kohlensäure umgewandelt; Sturm) – Abziehen vom Geläger (Trennen von der abgestorbenen Hefe) – Lagern und Reifen des Jungweines – Stabilisieren (zur Entfernung der letzten Trubstoffe) – Verschneiden (Vermischen mit anderen Weinen zur Qualitätssicherung) – Abfüllen.

Bei der **Roséweinerzeugung** wird die gerebelte Maische zum Auslaugen der Farbstoffe einige Stunden stehen gelassen und anschließend abgepresst. Die weitere Behandlung des Weines erfolgt wie bei Weißwein.

Bei der **Rotweinerzeugung** steht die Farbgewinnung im Mittelpunkt. Verschiedene Methoden kommen zum Einsatz: Maischegärung, Maischeerwärmung, Konzentration, Umkehrosmose oder ein Verdampfungsverfahren.
Zur Schonung bester Rotweinqualitäten wird anstelle der Filtration ein zweiter und dritter Abstich gemacht. Ausbau und Reifung der Rotweine erfolgen häufig in Barriques.

Schaumweine

Als Schaumweine werden alle kohlensäurehaltigen Weine bezeichnet, die meist durch eine zweite Gärung entstanden sind. Sie moussieren (schäumen), daher auch der Name.

Champagner

- Er stammt aus der Champagne in Frankreich. Die bekanntesten Champagnerhäuser sind in Épernay und Reims, z. B. Heidsieck, Moët & Chandon, Pommery, Roederer, Taittinger und Veuve Clicquot.
- Für die Champagnererzeugung (Méthode Champenoise) sind drei Traubensorten zugelassen, nämlich Pinot Noir (blaue Traube), Pinot Meunier (blaue Traube) und Chardonnay (weiße Traube).
- Abhängig vom Restzuckergehalt unterscheidet man die Sorten Naturherb, Extra herb, Brut, Extra trocken, Trocken, Halbtrocken und Mild.

Die Schritte der **Champagnererzeugung** sind: Weinlese – Kelterung – erste Gärung (wie bei der normalen Weinerzeugung) – Cuvéebereitung (aus verschiedenen Gebieten, Lagen und Jahrgängen; die Cuvée wird geschönt, filtriert und gelagert) – zweite Gärung (Versetzen des Weines mit Zucker und Hefe – Fülldosage; Abfüllen in Flaschen; Umwandlung des Zuckers in Alkohol und Kohlensäure; tägliches Rütteln und Drehen in Rüttelpulten oder -körben) – Degorgieren (Entfernen des Trubpfropfens aus dem Flaschenhals) – Dosierung (Auffüllen mit einer Mischung aus alten Weinen und Rohrzucker – Versanddosage) – Verkorkung – Lagerung – Etikettierung.

Inhalt in Litern	Bezeichnung	Deutsche Bezeichnung
0,2	Baby-Split	Baby, Zwerg, Pikkolo, Knirps
0,375	Split, Demi	Halbe Flasche
0,75	Bottle	Ganze Flasche
1,5	Magnum	Doppelte Flasche
3	Jeroboam	Vierfache Flasche
4,5	Rehoboam	Sechsfache Flasche
6	Methusalem	Achtfache Flasche
9	Salmanazar	Zwölffache Flasche
12	Balthazar	Sechzehnfache Flasche
15	Nebukadnezar	Zwanzigfache Flasche

Sekt/Qualitätsschaumwein

- Sekt ist die Bezeichnung für alle Schaumweine aus Österreich und der Schweiz sowie für Qualitätsschaumweine aus Deutschland.
- Die Erzeugung kann nach der Flaschengärung (Champagnermethode) erfolgen.
- Weitere Methoden sind das Transvasierverfahren (nach der zweiten Gärung erfolgt die Reifung in einem Sammelbehälter), das Tankgärverfahren (zweite Gärung in großen Stahltanks) und das Imprägnierverfahren (fertigem Wein wird unter Druck Kohlensäure zugesetzt).

Vin Mousseux

- Schaumweine aus Frankreich, die außerhalb der Champagne erzeugt werden.

Crémant

- Bezeichnung in bestimmten Gebieten Frankreichs, z. B. Loiretal (Crémant de Loire), Burgund (Crémant de Bourgogne).

Spumante

- Schaumweine aus Italien.

Asti Spumante und Moscato d'Asti

- Bekannte Naturschaumweine aus dem Piemont (Italien).
- Die Gärung wird in großen Druckbehältern durch Kälte gestoppt. Ein Teil des Zuckers bleibt unvergoren.

Cava

- Qualitätsschaumwein aus dem spanischen Gebiet Penedès, nach der Champagnermethode hergestellt.

Krimsekt

- Der ins Ausland exportierte russische Sekt wird nach der Champagnermethode hergestellt.

Sparkling Wine

- So heißen in den USA alle Schaumweine, die eine zweite Gärung durchmachen.
- Zum Unterschied von Europa dürfen in Amerika alle schäumenden Weine als „Champagne" bezeichnet werden, bei denen die zweite Gärung in einer Glasflasche stattgefunden hat.

Perlwein

- Wird nach dem Imprägnierverfahren hergestellt.
- Die Bezeichnung **Frizzante** steht allgemein für Perlwein, der zumeist aus Norditalien stammt.

Prosecco

- Prosecco ist ein Spumante aus der italienischen Proseccotraube.
- Ist er ein Schaumwein, trägt er die Bezeichnung **Vino Spumante.** Ist er ein Perlwein, trägt er die Bezeichnung **Vino Frizzante.** Die Qualität richtet sich nach der Herstellungsmethode.

Einkauf und Lagerung, Service

- Schaumwein ist zum Zeitpunkt des Einkaufs bereits trinkreif und muss nicht mehr über längere Zeit gelagert werden.
- Die ideale Trinktemperatur liegt bei 6–8 °C für junge Schaumweine bzw. bei 10–12 °C für qualitativ höherwertige Schaumweine und Jahrgangschampagner.
- Das ideale Schaumweinglas ist schlank und tulpenförmig.

Versetzte Weine

Sind Weine, die besonders behandelt werden oder Zusätze enthalten.

Wermut

- Wermut kommt ursprünglich aus Italien (süßer, roter Wermut) und aus Frankreich (sehr trockener, heller Wermut).
- Heute gibt es, abhängig von Geschmack und Farbe, eine Reihe von Sorten.
- Wermut besteht zu 70 bis 75 % aus Wein mit einem Zusatz aus Branntwein, Zucker und verschiedenen Kräutern, wie Wermutkraut, Wacholder, Ysop, Orangen- und Zitronenschalen, Zimt und Koriander. Die Zusammensetzung ist das Geheimnis der Hersteller.
- Die Sorten sind **Secco bzw. Extra dry** (hellgelb, sehr trocken), **Bianco** (dunkleres Gelb, süß), **Rosé** (rosa, halbsüß), **Rosso** (rotbraun, süß) und **Amaro** (rotbraun, bittersüß).
- Der Mindestalkoholgehalt beträgt 16 Vol.-%.
- Bekannte Marken sind Martini, Cinzano, Punt e Més (alle Italien), Noilly Prat (Frankreich).

Aromatisierte Weine

- Während im Wermut das Wermutkraut die wichtigste Zutat ist, überwiegt bei den anderen aromatisierten Weinen die Chinarinde.
- Bekannte Marken sind u. a. Byrrh, St-Raphaël, Dubonnet (weiß, rot) und Rosso Antico.

Sherry

- Der Sherry kommt aus dem spanischen Weinbaugebiet Jerez in Andalusien.
- Er wird zu 95 Prozent aus der Palominotraube hergestellt.
- Bei der Reifung des Grundweines entwickelt sich die Florhefe, die das typische Fino-Aroma hervorbringt.
- Die Sherryproduktion zeichnet sich durch folgende Prozesse aus: Zugabe von Weinbrand (bei Finos auf 15 Vol.-% – die Florhefe bleibt erhalten, bei den Olorosos auf 18 Vol.-% – die Florentwicklung wird unterbunden) – kontrollierte Oxidation (es entsteht der typische oxidative Geschmack).
- Die Lagerung erfolgt im Soleraverfahren. Die Fässer werden in drei bis fünf Lagen übereinandergestapelt. Ganz unten lagert der älteste Sherry, in der obersten Reihe der jüngste. Von den untersten Fässern wird maximal die Hälfte in Flaschen abgefüllt. Die fehlende Menge wird durch Sherry der zweiten Reihe wieder aufgefüllt. Die zweite Reihe wiederum mit Sherry der dritten Reihe und so fort.
- Durch das Soleraverfahren gibt es keine Jahrgangsbezeichnung.
- Je nach Geschmacksrichtung unterscheidet man folgende Sherrys: **Fino, Manzanilla, Amontillado, Oloroso, Cream, Pale Cream.**
- Jeder Sherry ist bei der Flaschenabfüllung fertig ausgebaut, d. h., er gewinnt durch Lagerung nicht mehr an Qualität.
- Die ideale Trinktemperatur für Fino und Manzanilla beträgt 10–12 °C, für Oloroso und Cream 18 °C.
- Das klassische Sherryglas ist die Copita.
- Bekannte Sherrymarken sind Don Fino (Sandeman), Tio Pepe (Gonzalez Byass), Bristol Cream (Harvey's), Dry Sack (Williams & Humbert), Pedro Domecq, Don Zoilo (Diez-Mérito).

Portwein

- Portwein kommt aus Portugal. Die Trauben dürfen nur aus dem oberen Tal des Douro stammen.
- Die Gärung des Mostes (meist aus blauen Trauben) wird durch Zusatz von Weinbrand (1 Teil Weinbrand, 5 Teile Most) gestoppt. Eine Restsüße bleibt erhalten. Laut Gesetz darf ein Portwein zwischen 19 und 22 Vol.-% Alkohol aufweisen.
- Zur Reifung lagern die Fässer in Lagerhallen, wo auch der Verschnitt verschiedener Grundweine zum endgültigen Produkt führt. Die Lagerung kann zwischen 2 und 50 Jahren dauern. Einige Portweine altern im Fass, andere in der Flasche.
- Die Sorten sind **Ruby Port** (dunkel- bis hellrubinrot, fruchtig), **Tawny Port** (delikates Aroma nach Nüssen und Mandeln), **Colheita** (Tawny mit Jahrgang), **White Port** (weiß, trocken, halbtrocken oder süß), **Vintage Port** (aus Weinen eines Jahrgangs), **Late Bottled Vintage** (Wein eines Jahrganges, der sehr gut ist, aber nicht perfekt genug, um als Vintage deklariert zu werden), **Vintage Character Port** (Verschnitt hochwertiger Ruby Ports mehrerer Jahrgänge).
- Die ideale Trinktemperatur für White Port beträgt 10–12 °C, für Vintage Port, Vintage Character Port und Late Bottled Vintage 16–18 °C.
- Das Portweinglas ist tulpenförmig.
- Bekannte Portweinmarken sind Cockburn's, Croft, Delaforce, Dow's, Ferreira, Fonseca, Graham's, Kopke, Niepoort's, Offley, Quinta do Noval, Sandeman, Warre.

Madeira

- Er kommt von der portugiesischen Insel Madeira.
- Madeira wird vorwiegend aus Weißweinen hergestellt.
- Die Jungweine werden gefiltert, mit Weindestillat aufgespritet und über Monate erwärmt.
- Der Alkoholgehalt liegt bei 18–20 Vol.-%.
- Es gibt die Sorten **Sercial** (trocken), **Verdelho** (halbtrocken), **Bual** (süß), **Malmsey** (sehr süß).

Samos

- Weißer Dessertwein von der gleichnamigen griechischen Insel.
- Dem noch nicht voll vergorenen Most wird Branntwein zugesetzt und so die Gärung gestoppt.

Mavrodaphne

- Schwerer roter Dessertwein vom Peloponnes.
- Er wird mit Weingeist versetzt, um die Gärung zu stoppen.

Marsala

- Aus dem Nordwesten Siziliens.
- Dem Weißwein wird Traubendestillat und konzentrierter Traubenmost zugesetzt.
- Es gibt die Sorten **Vergine** (trocken), **Fine** (trocken bis süß) und **Superiore** (halbtrocken bis süß).

Málaga

- Er kommt aus dem spanischen Weinbaugebiet Andalusien.
- Den weißen Grundweinen werden Mostkonzentrate und eine karamellisierte Zuckerlösung sowie Alkohol und alte Málagaweine beigemischt.

Tokajer

- Der Name stammt von dem ungarischen Städtchen Tokaj.
- Die **Tokaji esszencia (Tokajeressenz)** wird aus edelfaulen Trauben hergestellt. Sie kommen auf Keltertische, wo ihre Haut platzt und der Saft ohne Druck von Pressen abfließt. Sehr süß. Selten im Handel.
- Wenn der Saft für die Tokajeressenz abgeflossen ist, bereitet man aus dem Rest eine Maische. Sie wird dem Wein zugesetzt, der aus den nicht edelfaulen Trauben gekeltert wurde. Je nachdem, wie viel zu einem Fass Wein gegeben werden, unterscheidet man dreibuttige bis höchstens sechsbuttige **Tokaji-Aszú-Weine** (ähnlich den österreichischen Ausbruchweinen).
- Nach dem EU-Gesetz ist der Tokajer kein versetzter Wein.

Fachausdrücke für das Arbeiten in der Bar

Aerated Water	Englische Bezeichnung für kohlensäurehaltiges Wasser.
Agraffe	Drahtschlaufe bei Schaumweinen.
Amaro	Italienisch für bitter bzw. Bitterspirituose.
Amer	Französisch für bitter bzw. Bitterspirituose.
Aperitif	Vom lateinischen „aperire" (öffnen) abgeleitet. Sammelbegriff für Getränke, die vor den Mahlzeiten zur Anregung des Appetits getrunken werden.
Blended	Gemischt oder verschnitten (z. B. Blended Whisky).
Bonded	Unter Zollverschluss gelagert.
Build in Glass	Zubereitungsart; Getränk wird direkt im Gästeglas zubereitet.
Call-Brand	Wenn ein Gast bei der Bestellung eine bestimmte Spirituosenmarke verlangt.
Chaser	Getränke, die zum Auffüllen von Bardrinks verwendet werden. Für Drinks, bei denen die anderen Drinkzutaten vorher gemixt und dann mit dem Chaser oder Filler auf die gewünschte Menge aufgefüllt werden. Als Chaser finden alle Arten von Limonaden, Fruchtsäften, aber auch Sekt, Bier oder Milch Verwendung.
Chilled	Gekühlt, vorgekühlt – ein „Chilled Glass" ist ein mit Eiswürfeln oder im Kühlschrank vorgekühltes Glas.
Club Soda	Amerikanische Bezeichnung für kohlensäurehaltiges Wasser.
Coaster	Untersetzer, der unter ein Getränkeglas gelegt wird.
Cordial	Amerikanische und englische Bezeichnung für Likör.
Dash	Spritzer – Bezeichnung für kleine Maßeinheit.
Demi sec	Französische Bezeichnung für „halbtrocken", bei Qualitätsschaumwein.

Digestif	Getränke, die nach dem Essen gereicht werden.
Double Strain	Doppeltes Abseihen eines fertigen Drinks aus dem Arbeitsgerät unter Verwendung eines feinen Siebs zusätzlich zum Strainer, um Kleinstteile wie Fruchtfleischteilchen, Gewürze etc. aufzufangen, sodass sie nicht in das Drinkglas gelangen.
Dry	Trocken.
Filler	Wie Chaser.
Fizzy	Perlend.
Flavo(u)r	Englische/Amerikanische Bezeichnung für Aroma (Geruch, Geschmack).
Flavouring Agent	Drinkzutat zur Aromatisierung bzw. Abrundung des Geschmacks.
Floaten	Fertigungsart; eine Zutat, die zum Schluss auf das Bargetränk kommt und obenauf schwimmt. Darf nicht verrührt werden. Diese Fertigungsart hat der Mixgetränkegruppe der Floats ihren Namen gegeben und kommt auch bei den Pousse-Cafés zum Einsatz.
Frappieren	Schnelles Kühlen bei Flaschen (mit Eis und Salz).
Frosted	Gefroren – ein Glas oder eine Flasche ist mit einem dünnen Eisfilm überzogen. Ein „Frosted oder Iced Glass" ist ein im Tiefkühler vorgekühltes Glas. Es gibt auch sogenannte „Frosting Machines". Man stülpt das Glas über eine Vorrichtung, die es in Sekundenschnelle kühlt. Das Glas beschlägt sofort.
Garnish	Garnieren bzw. Garnitur.
Grater	Reibe – meist für Muskatnuss.
Hard Liquors	Bezeichnung für ungesüßte Spirituosen (Basisspirituosen).
Iced	Geeist – wie Frosted.
Ingredienz	Zutat.
Jigger	Messbecher für Zentiliter (cl) oder Unzen (oz).
Liquors	Amerikanische und englische Bezeichnung für Spirituosen.
Marge	Differenz zwischen Flascheninhalt und effektiv verkaufter Menge (Schwund, Schüttverlust).
Measure	Wie Jigger, oft aus Glas.
Mixer	Das Wort hat zwei Bedeutungen; 1. wie Chaser oder Filler, 2. elektrisches Mixgerät.
Modifier	Wie Flavouring Agent.
Muddler	Stößel aus Holz oder Kunststoff; auch als kleiner, flacher Teil am Barlöffelende.

Mug	Alte Bezeichnung für einen Bierkrug mit einem Henkel aus Ton, Stein oder Zinn; heutzutage aus Glas oder Metall.
On the Rocks	Bestellform für Getränke auf/mit Eiswürfeln.
Ounce	Unze (oz) – Maßeinheit in den USA (2,95 cl) und Großbritannien (2,84 cl).
Overproofed	Spirituosen ab 50 Vol.-%.
Peel	Schale, schälen – in der Barsprache versteht man darunter ein Stück Zitrusfruchtschale, das zur Aromatisierung in den Drink gegeben wird.
Pitcher	Großer Krug zum Ausschank von Wasser, Bier, Wein, aber auch Mixed Drinks für mehrere Personen.
Plain	Unverdünnt, unvermischt – Bestellform/Ausschankart für pure Einzelgetränke (z. B. Whisky) ohne Eis und andere Zutaten.
Post-Mix	Anlage zum Limonadenausschank; Säfte bzw. Sirupe werden automatisch mit Sodawasser gemischt, es werden sogenannte „Dispensing Guns"/„Speed Guns" verwendet.
Pourer	Ausgießer – Ausgießvorrichtungen, die man auf Flaschen steckt und die das Einschenken erleichtern.
Pouring	Bezeichnung für die am wirtschaftlichsten eingekaufte Spirituose, die zur Zubereitung von Bargetränken vom Barman immer verwendet wird, außer der Gast wünscht ausdrücklich eine bestimmte Spirituosenmarke.
Pouring Drinks	Spirituosen, die pur (plain) serviert werden – auch als Shot bezeichnet.
Pre-Mix	Vorbereitete Drinkmixturen; z. B. Sweet and Sour (Zucker, Zitrone, Limette).
Proof	Amerikanische und englische Maßeinheit für den Alkoholgehalt; 2 American Proof = 1 Vol.-%; 1,75 British Proof = 1 Vol.-%.
Salt-Rim	Salzrand.
Sec	Französische Bezeichnung für trocken.
Shake	Schütteln – Zubereitungsart, bei der die Ingredienzen mit Eis in einem Shaker geschüttelt werden.
Soft Drink	Amerikanische Bezeichnung für alkoholfreie Getränke.
Sparkling	Schäumend – z. B. Sparkling Wine = Schaumwein.
Splash	Ein Schuss einer Zutat (ca. 2 cl – z. B. Sodawasser).
Squeeze	Pressen, auspressen.
Stir	Rühren, umrühren – Zubereitungsart, bei der die Ingredienzen und Eiswürfel mit einem Barlöffel im Mixglas verrührt werden.

Stirrer	Plastikstab als Beigabe zu Drinks zum Umrühren; von „stir" = (um)rühren.
Straight	Pur, unverdünnt, unvermischt – unverschnittenes/unvermischtes Produkt eines Destillationsvorganges (z. B. bei Whiskey).
Straight-up	Bestellform/Ausschankart für Drinks, die ohne Eis serviert werden.
Strain	Abseihen – Zurückhalten der Eisstücke, aber auch Kerne (von z. B. Zitrusfrüchten) im Shaker, Mixglas oder Mixerbecher mittels Strainer (Barsieb), wenn der Drink in das Gästeglas gegossen wird.
Straw	Trinkhalm – von „straw" = Stroh/Strohhalm.
Sugar-Edge	Zuckerrand am Glas.
Sugar-Lip	Zuckerlippe am Glas.
Sugar-Rim	Wie Sugar-Edge.
Sundries	Knabbergebäck; z. B. Mandeln, Nüsse, Chips.
Tankard	Krug mit Deckel.
Topped	Als Abschluss auf einem Drink eine Obers/Sahnehaube (aus geschlagenem oder halbgeschlagenem Obers/Sahne) anbringen bzw. einen Likör oder eine flüssige Creme aufgießen.
Triple Sec	Dreifach trocken – Qualitätsbezeichnung bei Zitrusfruchtlikören, hoher Alkoholgehalt (z. B. Curacao Triple Sec).
Tumbler	Sammelbezeichnung für stiellose Gläser mit dickem Boden.
Twirling-Stick	Quirl – für Swizzles oder als Sekt-/Champagnerquirl.
Twist	Drehen – Drehen/Auspressen von Zitrusfruchtschalen, um mit den ätherischen Ölen zu aromatisieren.
Underliner	wie Coaster.
Unze	wie Ounce.
Volumprozent	Maßeinheit für den Alkoholgehalt von alkoholischen Getränken; z. B. 40 Vol.-% heißt, dass in 100 cm^3 Flüssigkeit 40 cm^3 reiner Alkohol enthalten sind.
Zeste	Schalenstreifen von Zitrusfrüchten (mit einem Zestenreißer hergestellt).

BARFÜHRUNG UND KALKULATION

Ist der Betriebsinhaber gleichzeitig Barman und arbeitet er allein in der Bar, dann ist der Stellenwert der Warenkontrolle ein anderer, als wenn ein angestellter Barman den Betrieb führt. In diesem Fall ist eine Kontrolle zwingend notwendig.

Wer einen Barbetrieb
erfolgreich führen will,
muss gut rechnen können.

Wer rechnet schon gerne?

- Ein gewissenhafter Barbetreiber wird immer eine Buchführung haben, allein schon, um jederzeit feststellen zu können, ob keine Unregelmäßigkeiten passieren.
- Wirtschaftliches Arbeiten ist unumgänglich, schließlich soll unter dem Strich ja etwas übrig bleiben.
- Ist man einmal mit der Materie vertraut, dann ist es gar nicht so schwer.
- Die EDV kann eine sehr hilfreiche Unterstützung sein.

Der angestellte Barman führt die Bar auf Rechnung des Hauses

- Die Kontrolle beginnt bereits bei der Übernahme der Bar.
- Zuerst wird eine Bestandsaufnahme aller vorhandenen Produkte in einer Inventarliste gemacht.
- Sie ergibt den Barstock, für den der Barman durch seine Unterschrift haftet.
- Alle nachgefassten bzw. gelieferten Getränke und sonstigen Produkte müssen vom Barman mit einer Anforderungsliste bezogen werden (Durchschrift der Bestellung für die Ausgabestelle nicht vergessen!).
- Diese Flaschen sind in die Inventarliste einzutragen.
- Barman wie Barkellner sind verpflichtet, für jede Bestellung, und zwar bevor das Getränk dem Gast serviert wird, einen Bon auszustellen.
- Die Bareinnahmen werden täglich vom Barman und von einer Kontrollstelle abgerechnet.
- Eine Inventur sollte regelmäßig alle 14 Tage oder wenigstens einmal im Monat (z. B. am Monatsletzten) erfolgen.
- Anfangsbestand und gefasste Produkte werden addiert. Ebenso die verkauften Flaschen. Die Subtraktion ergibt den Bestand, der noch vorhanden sein muss.

Stockliste (Angaben in Milliliter)

	Mix-Gin	Gordon's Gin	Whisk(e)y	Wh.Label Whisky	Wh. Horse Whisky	Canadian Whisky	Bourbon Whisk(e)y	Wermut Dry	Wermut rot	Cinzano rot
Stock am 1.	2.000	1.500	3.000	740	1.100	2.300	760	2.000	3.000	2.000
Bezug am 3.	1.000	750	1.000	750	740	1.450	740	1.000	1.000	1.000
Bezug am 5.	2.000	1.460	2.000	720	1.400	720	730	1.000	2.000	1.000
Bezug am 7.	2.000	730	1.000	700	720	730	750	1.000	2.000	1.000
Total	7.000	3.840	7.000	2.910	3.960	5.200	2.980	5.000	8.000	5.000
Verkauf laut Bonus	6.460	3.460	2.800	2.000	1.600	2.590	2.000	3.460	3.530	4.000
Bestand am 8.	540	380	4.200	910	2.360	2.610	980	1.540	4.470	1.000

usw.

Eingangsinventar (Fassungsliste)

Artikel	Anzahl Flaschen	Flaschen-inhalt (in cl)	Ausschank-maß (in cl)	Gläser pro Flasche	Marge	Preis pro Glas (in €)	Total €
Wermut – Martini Dry	1	100	5	20	1		
Sherry – Sandemann	1	70	5	14	1		
White Label	1	75	4	17,5	1,5		
Canadian Club	1	75	4	17,5	1,5		
Martell ***	1	70	2	35	2		
Gordon's Gin	1	75	2	37,5	2,5		
Cointreau	1	75	2	37,5	2,5		
Total	7						

Mit obigen Angaben einverstanden

Der Barman

Der Betriebsinhaber

Der angestellte Barman führt die Bar auf eigene Rechnung

- Der Barman ist sozusagen der Pächter der Bar. Der Inhaber stellt die Betriebsräume mit allen Einrichtungen zur Verfügung.
- Der Barman übernimmt den ganzen Barstock, den er entweder gleich bezahlt oder für den er eine Kaution hinterlegen muss.
- Der Barman verpflichtet sich, alle Waren nur vom Inhaber zu kaufen. Er übernimmt sie in Kommission. Die Verrechnungszeiträume sind von Betrieb zu Betrieb verschieden.
- Die von den Gästen verlangten Getränkepreise werden vom Barinhaber festgesetzt oder in Übereinkunft von Inhaber und Barman bestimmt.
- Bei der Bestandsaufnahme, in Saisonbetrieben z. B. erst nach Saisonschluss, werden die Flaschen ausgeleitert, das heißt mit einem Messzylinder gemessen. Sie werden dem Inhaber zurückverrechnet.

Bei dieser Art der Betriebsführung wird keine Barkontrolle im eigentlichen Sinn durchgeführt. Der Barinhaber muss sich weitgehend auf die Ehrlichkeit seines Pächters verlassen. Von dieser Ehrlichkeit kann unter Umständen seine eigene Existenz abhängen, denn in einer Bar, die auf Rechnung eines Barkeepers geführt wird, ist eine sichere Kontrolle kaum durchzuführen.

Kalkulation in der Bar

Um den Verkaufspreis eines Drinks richtig berechnen zu können, muss man die Getränkemenge in Zentilitern angeben. Hierbei geht man von folgenden Voraussetzungen aus:

- Der Inhalt der Flasche muss bekannt sein.
- Das Fassungsvermögen der Gläser muss ebenfalls bekannt sein, ein Cocktailglas kann z. B. bis zu 9 cl, ein Longdrinkglas bis zu 30 cl Flüssigkeit beinhalten.
- Man verwendet Messgläser mit 2 cl, 4 cl und 5 cl Inhalt.
- Ein Dash bzw. ein Spritzer aus einer Flasche ist zirka 0,08 cl.

Laut Rezept kann man den Wareneinsatz und mit einem Kalkulationsmodell den Verkaufspreis berechnen und die Kontrolle und Abrechnung in der Bar durchführen.

Muster einer Kalkulation am Beispiel des Brandy Alexander			€
2	cl	Cognac oder Weinbrand	
2	cl	Crème de Cacao, braun	
2	cl	Obers/Sahne	
95,00 % 100,00 % + 150–400 %		**Wareneinsatz** **Wareneinsatz + Schwund** Nettorohaufschlag (NRA)	
+ 15 %		**GRUNDPREIS (GP)** Bedienungsgeld (oder 10,5 % bzw. 12,5 %)* BG	
+ 20 %		**ENTGELT (NVKP)** Umsatzsteuer	
		BRUTTOVERKAUFSPREIS (BVKP)	
		* in Österreich abhängig von der Betriebsart 10,5 %, 12,5 % (nicht in allen Bundesländern) oder 15 % in Deutschland 10–15 % oder 13,5 % in der Schweiz	

Die berechnete Mehrwertsteuer von 20 Prozent gilt für Österreich, in Deutschland beträgt sie 19 Prozent (Ausnahme beim Außer-Haus-Service: 7 % für alle Speisen und für alkoholfreie Getränke; alkoholische Getränke haben beim Außer-Haus-Service einen Steuersatz von 19 %). Der Bedienungszuschlag beträgt in Deutschland 10–15 %, meist werden 15 % gerechnet.

Der Nettorohaufschlag ist von den Kosten des Betriebes abhängig, daher individuell anzusetzen.

Muster einer Mischkalkulation (am Beispiel des Rusty-Nail-Cocktails)

Ware	Flascheninhalt	Einkaufspreis pro Flasche	+ Aufschlag (300 % pro Fl.)	Portionen (à 2 cl)	Portionenpreis	Preis für 1 cl
Whiskys 1	0,7	9,00	36,00	35		
2	0,7	10,00	40,00	35		
3	0,7	12,00	48,00	35		
4	0,7	13,00	52,00	35		
5	0,7	16,00	64,00	35		
Summe	5 Flaschen	60,00	240,00		1,37	0,69
Durchschnittspreis		12,00	48,00			
Liköre 1	0,7	7,00		35		
2	0,7	8,00		35		
3	0,7	9,00		35		
4	0,7	10,00		35		
5	0,7	13,00		35		
6	0,7	18,00		35		
7	0,7	22,00		35		
8	0,7	24,00		35		
Summe	8 Flaschen	123,00	492,00		1,76	0,88
Durchschnittspreis		15,38	61,50			

Kalkulation Rusty Nail

Scotch Whisky	4,00	cl	1,00	cl	0,70	2,80
Drambuie	4,00	cl	1,00	cl	0,90	1,80
Zitronentwist						0,14
					GRUNDPREIS	4,74
			+ BG		15,00 %	0,71
					ENTGELT	5,45
			+ USt		20,00 %	1,09
					BVKP	6,54
					gerundeter Preis	7,00

Getränkekontrolle für den Barbereich

Ein Getränkekontrollsystem soll das Verhältnis des Getränkewareneinsatzes zu den Einnahmen für die Getränke darstellen.

- Der Inhalt der Flasche muss bekannt sein.
- Das Fassungsvermögen der Gläser muss ebenfalls bekannt sein, ein Cocktailglas kann z. B. bis zu 9 cl, ein Longdrinkglas bis zu 30 cl Flüssigkeit beinhalten.
- Man verwendet Messgläser mit 2 cl, 4 cl und 5 cl Inhalt.
- Ein Dash bzw. ein Spritzer aus einer Flasche ist zirka 0,08 cl.

Welche Zielsetzungen sollen getroffen werden?
- Es soll verhindert werden, dass das Barpersonal eigene Waren kauft und verkauft, Ware selbst trinkt, verschenkt, tauscht, billigere Waren für teurere verkauft, qualitativ unterschiedliche Getränke mischt oder streckt, falsche Drinkeinheiten oder Cocktailrezepte verwendet oder Einnahmen veruntreut.
- Diesen Ansprüchen an eine umfassende Barkontrolle werden Computerkassen gerecht.
- Darüber hinaus ist zu überlegen, ob eine computergesteuerte Schankanlage eingesetzt werden soll, die ein zuverlässigeres und genaueres Arbeiten ermöglicht.

Maßnahmen zur Einführung eines Getränkekontrollsystems

Bei der Einführung eines Getränkekontrollsystems empfehlen sich folgende fünf Maßnahmen:

Einheitliches Code-Nummern-System für alle Getränke

Eine Nummerierung der Getränke erleichtert die Inventur. Alle Getränkekontrollformulare und Getränkekarten müssen ein einheitliches Code-Nummern-System aufweisen, das mit der nummernmäßigen Lagerung im Gesamtgetränkelager übereinstimmt.

Standardisierte Drinkeinheiten

Verbindlich vorgeschriebene Maßeinheiten sind für die Bar und alle übrigen Getränkeausgabestellen festzulegen. Diese Maßeinheiten werden in Zentilitern angegeben und auf der Getränkekarte ausgedruckt. Das Barpersonal muss dazu angehalten werden, alle alkoholischen Drinks mit geeichten Messbechern oder -gläsern oder Flaschenausgießern auszuschenken.

Standardisierte Glaswaren

Die Menge und die Qualität der Gläser hängen vom Standard der Bar ab. Purgetränke sind in geeichten Gläsern auszuschenken. Bei Mixgetränken ist das nicht erforderlich.

Standardisierte Rezepte für Mixgetränke

Standardisierungen von Rezepten sind Voraussetzung für die Kontrolle. Der Barman ist dazu angehalten, dass sie auch eingehalten werden. Darüber hinaus sind entsprechende Richtlinien für Sonderwünsche der Gäste festzulegen.

Festgelegte Bestandsmengen in der Bar

Für jede Getränkemarke ist ein bestimmter Normalbestand aufgrund von Erfahrungswerten aus der Verkaufsanalyse festzulegen. Durch diesen „Sollflaschenbestand" lassen sich Überbestellungen aus dem Getränkelager vermeiden. Auch der tägliche Durchschnittsverbrauch ist dadurch leichter kontrollierbar.

Ablauf der Getränkekontrolle

- ▶ **1. Schritt:** Berechnung des Sollverkaufswertes pro Flasche bzw. eines Glases (mit einem Inhalt von 2 cl).
- ▶ **2. Schritt:** Einführung eines einheitlichen Getränkeausgabeverfahrens.
- ▶ **3. Schritt:** Durchführung der Barinventur.
- ▶ **4. Schritt:** Berechnung des Sollgetränkeverbrauchs.
- ▶ **5. Schritt:** Soll-Ist-Vergleich des Getränkeverbrauchs.
- ▶ **6. Schritt:** Soll-Ist-Vergleich der Einnahmen und der Kosten.

Die Computerkassen ermöglichen ein tägliches Ermitteln der Ergebnisse der Schritte vier bis sechs. Am Monatsende werden die Monatssummen ausgeworfen.

1. Schritt: Berechnung des Sollverkaufswertes pro Flasche bzw. eines Glases (mit einem Inhalt von 2 cl)

- ■ In einer Liste werden alle Getränke und Zutaten erfasst, die in der Bar verwendet werden.

- Für jedes Getränk wird der Inhalt der Flasche in Zentilitern ermittelt.
- Die Flaschen sind nachzumessen, da der angegebene Inhalt in vielen Fällen nicht mit dem tatsächlichen übereinstimmt.
- Anschließend wird die Zahl der Gläser angegeben, die mit dem Inhalt einer Flasche mit einer bestimmten Menge (z. B. 2 cl) gefüllt werden können. Für diese Arbeit verwendet man Messbecher.
- In der Regel wird ein Schwund (Marge) von 6 % berücksichtigt.
- Nun setzt man den Verkaufspreis für 2 cl fest.

Aus der Multiplikation des Verkaufspreises für 2 cl mit der Gläseranzahl erhält man den Sollverkaufspreis pro Flasche.
Sollverkaufspreis pro Flasche =
Verkaufspreis für 2 cl x Gläseranzahl.

Sollverkaufspreis pro Flasche = Verkaufspreis für 2 cl * Gläseranzahl

Kalkulationsbuch

Produkt	Flaschen-inhalt in cl	Gläseranzahl (2 cl) abzügl. Schwund	Preise für 2 cl*	Ausschankmaß pur	Ausschankmaß Preis	Preis pro Flasche bzw. Zutaten
Cognac	70	33	2,27	2 cl	2,27	75,00
Cointreau	75	35	2,00	2 cl	2,00	70,00
Curaçao	70	33	1,82	2 cl	1,82	60,00
Gin	75	35	1,86	2 cl	1,86	65,00
Sherry	70	33	1,36	5 cl	1,36	45,00
Wermut, rot	100	47	1,02	5 cl	1,02	48,00
Weinbrand	100	47	1,28	2 cl	1,28	60,00
Canadian Whisky	75	35	1,71	4 cl	1,71	60,00
Scotch Whisky	75	35	1,57	4 cl	1,57	55,00
Eier (St.)						0,75
Kirschen (Glas)	18 St.					4,00
Orangen (St.)						1,20
Zitronen (St.)						1,20

* Rechnerische Preise

- Es ist Sache des Betriebes, ob der Preis inklusive aller Durchläufer (Bedienungsgeld, Mehrwertsteuer) oder ohne Durchläufer mit dem „ENTGELT" (NVKP) erfasst wird. Diese Zusammenstellung wird als **Kalkulationsbuch** bezeichnet.

- Alle Schritte sollen auf dem vorhergehenden vereinfachten Musterkalkulationsbuch aufbauen; es handelt sich um rechnerische Preise.

- Von Vorteil ist es auch, wenn für die verschiedenen Mischgetränke eine Preisangabe extra ausgeworfen wird, die sich durch Addition der Preise der Mischungsteile leicht ermitteln lässt (siehe Seite 000).
- Von der Preispolitik des Betriebes hängt es ab, ob der Kartenpreis über oder unter dem kalkulierten Bruttoverkaufspreis (BVKP) festgelegt wird.
- Weiters ist zu berücksichtigen, ob für Pur- und Mischgetränke gleiche oder unterschiedliche Getränkequalitäten verwendet werden (unerheblich bei der Mischkalkulation).
- Mit dem Wert der Spalte „Preis pro Flasche bzw. Zutat" wird die Bar belastet. Dies ist der erwartete Mindestumsatz durch den Verkauf der Getränke an die Gäste.

2. Schritt: Einführung eines einheitlichen Getränkeausgabeverfahrens

- Jede Ausgabe von Getränken und Zutaten erfolgt nur gegen Bon oder Fassungsschein.
- Zusätzlich ist zu fordern, dass volle Flaschen nur gegen die Rückgabe der leeren Flaschen ausgefolgt werden.
- Die ausgegebenen Waren sind in ein Fassungsbuch einzutragen.
- Dem Betrieb bleibt es überlassen, ob er dabei die Bar mit Gläsern oder Flaschen für die bezogenen Waren belastet und ob die Belastung mit oder ohne Schwund vorgenommen wird. Oft wird eine Unterscheidung dadurch getroffen, dass die Flaschen mit Kennzeichen (z. B. Stempel) versehen werden.
- Eine weitere Möglichkeit, ein Getränkeausgabeverfahren zu organisieren, ist, dass jedes verkaufte Getränk boniert wird. Nur gegen Vorlage des Verkaufsbons wird dann eine neue Flasche ausgefolgt. Der besondere Vorteil dieser Vorgangsweise liegt darin, dass man durch die Beobachtung eines längeren Zeitraumes die Konsumgewohnheiten der Gäste erfassen kann.

Für das Musterbeispiel hat das Fassungsbuch folgenden Inhalt:

Produkt	Fl.-Bezug bzw. Stk.-Bezug am:				Summe	Umrechnung	
	1.3.	2.3.	3.3.	4.3. bis 31.3.		Gläseranzahl je Fl. abzügl. Schwund	Menge in Gläsern
Cognac	0	1	1	35	37	33	1.221
Cointreau	1	2	1	24	28	35	980
Curaçao	0	1	0	23	24	33	792
Gin	2	3	2	70	77	35	2.695
Sherry	2	4	4	72	82	33	2.706
Wermut, rot	2	2	2	54	60	47	47
Weinbrand	0	1	1	15	17	47	799
Canadian Whisky	6	4	6	161	177	35	35
Scotch Whisky	2	4	2	111	119	35	35
Eier (St.)	24	40	20	396	480	0	
Kirschen (Glas)	10	5	8	230	253	18	4.554
Orangen (St.)	0	20	25	625	670	2	1.340
Zitronen (St.)	50	50	40	1.260	1.400	2	2.800

3. Schritt: Durchführung der Barinventur

■ Die Barinventur soll zweimal im Monat in unregelmäßigen Abständen durchgeführt werden.
■ Das wesentliche Ziel der Inventur ist die Überprüfung des Warenverbrauchs. Es wird festgestellt, ob die Menge der bezogenen Waren mit der Menge der verbrauchten Waren (Umsatz) übereinstimmt.
■ Liegen wesentliche Abweichungen vor, so sind geeignete Kontrollen zur Klärung dieses Unterschiedes durchzuführen.
■ Daneben soll die Barinventur auch die Kontrolle der Bargeräte, Gläser usw. einschließen.
■ Die Ergebnisse der Inventur müssen unterschrieben werden.

4. Schritt: Berechnung des Sollgetränkeverbrauchs

■ Auf Basis der Umsatzstatistik (Tabelle 1) kann der Warenverbrauch (Tabelle 2) festgestellt werden.
■ Keine besonderen Schwierigkeiten bereitet die Ermittlung des mengenmäßigen Verbrauchs der Purgetränke.
■ Dagegen erfordern die Mixgetränke einigen Rechenaufwand, weil der Verbrauch mengenmäßig auf die Grundstoffe aufzuteilen ist.

Tabelle 1

Datum	Bronx	Side Car	Manhattan	Cognac	Cointreau	Scotch Whisky	Gin Fizz	Margarita	Whisky Sour
1.	36	15	63	42	25	55	16	31	66
2.	48	0	22	33	41	68	41	72	25
3.	55	33	46	51	28	57	0	50	53
4. bis 31.	1.175	811	1.490	1.124	918	1.880	645	787	1.296
Total	1.314	859	1.621	1.250	1.012	2.060	702	940	1.440

Ohne Einsatz der EDV wären folgende Arbeitsschritte notwendig:

1. Für jedes ausgegebene Getränk wird ein Bon ausgeschrieben (Purgetränke: 1 Bon, Mischgetränke: für jeden Bestandteil 1 Bon) 1 Bon,
   Mischgetränke: für jeden Bestandteil ein Bon).
2. Die Bons für das einzelne Produkt werden addiert.
3. Die ermittelte Summe wird in die Bezugseinheiten (Flasche, Glas) umgerechnet.

Tabelle 2: Warenverbrauchsliste

Stück Mischungsteile in 2 cl bzw.	Cognac	Cointreau	Curaçao	Gin	Sherry	Wermut, rot	Weinbrand	Canadian Whisky	Scotch Whisky	Orangensaft, frisch gepresst	Zitronensaft, frisch gepresst	Eier	Kirschen	Anzahl der ausgeschenkten Drinks
Bronx				1.314		1.314				1.314				1.314
Side Car			859				859				859			859
Manhattan						1.621		3.242					1.621	1.621
Cognac	1.250													1.250
Cointreau		1.012												1.012
Scotch Whisky									4.120					2.060
Gin Fizz				1.404							351			702
Sherry Flip					2.820							940		940
Whisky Sour								2.880			1.440			1.440
	1.250	1.012	859	2.718	2.820	2.935	859	6.122	4.120	1.314	2.650	940	4.501	11.198
Gläseranzahl je Flasche abzügl. Schwund	33	35	33	35	33	47	47	35	35	1 St. =2 Gl.	1 St. =2 Gl.	1 St. =2 Gl.	18 St. im Glas	
Soll-Verbrauch in Flaschen	37,9	28,9	26,0	77,7	85,5	62,4	18,3	174,9	117,7	St. 657	St. 1.325	St. 470	250	

Für eine korrekte Kontrolle muss auch der Getränkekonsum, der auf Kosten des Hauses geht (Hausbon), in die Warenverbrauchsliste aufgenommen werden.

5. Schritt: Soll-Ist-Vergleich des Getränkeverbrauchs

- Der Sollverbrauch ergibt sich aus der Warenverbrauchsliste.
- Wie weit der Sollverbrauch vom Istverbrauch abweichen darf, lässt sich nicht klar abgrenzen. Je nach Getränkeart und der Höhe des Istverbrauchs kann eine Differenz von 1 bis 3 Prozent zum Sollverbrauch als Toleranzgrenze angenommen werden.
- Je höher der Istverbrauch ist, desto niedriger ist in der Regel die zulässige Abweichung. In diesem Fall wird nämlich die Eurodifferenz absolut immer größer.
- Die Höhe der tolerierten Abweichung wird auch davon abhängen, wie viel Schwund von vornherein berücksichtigt wurde.
- Auch das Produkt spielt eine Rolle.

Istverbrauch
ANFANGSBESTAND (lt. Anfangsinventur)
+ ZUGANG (lt. Fassungsbuch)
Zwischensumme
– ENDBESTAND (lt. Schlussinventur)
ISTVERBRAUCH

In der nachfolgenden Tabelle zur Berechnung des Istverbrauchs erfolgt die Mengenangabe in Flaschen (Fl.), Gläsern zu 2 cl (Gl.) bzw. Stück (St.).

Erläuterungen zur Tabelle
1) Dieses Plus bedeutet, dass vom kalkulierten Schwund ein Teil verkauft wurde.
2) Dieses Minus bedeutet, dass der kalkulierte Schwund um 12 Gläser überschritten wurde, was jedoch in die Toleranzgrenze von bis zu 6 Prozent Schwund fällt, da die Berechnungsgrundlage 2 730 Gläser (zu 2 cl) sind.
3) Das Plus von 91 Gläsern ist sehr hoch. Es ist nachzurechnen, ob es innerhalb des kalkulierten Schwundes liegt.
4) Aufgrund der unterschiedlichen Saftausbeute der Orangen und der notwendigen Frische des Orangensaftes kann es auch bei reeller Arbeit zu Differenzen kommen.

Produkt	Anfangsbestand	Zugang	Zwischensumme	Endbestand	Istverbrauch	Sollverbrauch	Differenz	
Cognac*** (in Gl.)	66	1221	1287	49	1238	1250	12	1)
Cointreau (in Gl.)	35	980	1015	52	963	1012	49	
Curaçao (in Gl.)	26	840	866	18	848	859	11	
Gin (in Gl.)	87	2695	2782	52	2730	2718	-12	
Sherry (in Gl.)	66	2706	2772	49	2723	2820	97	2)
Wermut (in Gl.)	94	2820	2914	70	2844	2935	91	
Weinbrand	58	799	857	23	834	859	25	
Canadian Whisky (in Gl.)	52	6195	6247	87	6160	6122	-38	3)
Scotch Whisky (in Gl.)	70	4120	4190	87	4103	4120	17	
Eier (in St.)	10	480	490	10	480	470	-10	
Kirschen (in St.)	36	4554	4590	60	4530	4501	-29	
Orangen (in Gl.)	40	1400	1440	20	1420	1314	-106	4)
Zitronen (in Gl.)	30	2800	2830	20	2810	2650	-160	

6. Schritt: Soll-Ist-Vergleich der Einnahmen und Kosten

Berechnung des Soll-Ist-Wareneinsatzes (WES)

Produkt	WES pro Glas (2 cl)	Ist-WES		Soll-WES	
		in Gläsern (2 cl)	in €	in Gläsern (2 cl)	in €
Cognac	0,44	1.238	544,72	1.250	550,00
Cointreau	0,20	963	192,60	1.012	202,40
Curaçao	0,15	848	127,20	859	128,85
–	–	–	–	–	–
–	–	–	–	–	–
–	–	–	–	–	–
Summe			6.048,69		6.025,10

23,59 Differenz

Istwareneinsatz in € = Wareneinsatz pro Glas (2 cl) in € x Istwareneinsatz in Gläsern (2 cl)
Sollwareneinsatz in € = Wareneinsatz pro Glas (2 cl) in € x Sollwareneinsatz in Gläsern (2 cl)

Die errechnete Differenz von € 23,59 ist tolerierbar.
Eine zusätzliche Aussage wird erreicht, wenn der Wareneinsatz für die Getränke und die Hilfs-
stoffe getrennt ermittelt wird.

Berechnung des Sollumsatzes und Vergleich mit dem Istumsatz

- Der Sollumsatz wird aufgrund des Sollwareneinsatzes berechnet.
- Der Istumsatz wird der Computerkasse (Losungsbuch) entnommen.
- Zwischen den beiden Umsatzzahlen gibt es keine Differenz, wenn der Preis eines
  Getränkes sowohl als Purgetränk als auch als Bestandteil eines Mixgetränkes der gleiche
  ist (z. B. 2 cl Gin kosten € 1,86) und der kalkulierte Preis auch auf die Karte gesetzt wird.
- Richtet man sich jedoch nach **Marktpreisen**, so ist der Wareneinsatzanteil je nach Preishöhe
  des verkauften Produktes un-
  terschiedlich. Um hier sinnvoll
  kontrollieren zu können, muss
  für die verwendeten Produkte
  ein Durchschnittspreis ermittelt werden.

Berechnung des Durchschnittspreises
(Beispiel Gin)

Durchschnittspreis aufgrund kalkulierter Preise

Produkt	kalkulierter Preis		Anzahl	=	Umsatz
Bronx	3,50	*	1.314	=	4.599,00
Gin Fizz	4,00	*	702	=	2.808,00
			2.016	=	7.407,00
			1	=	3,67

Der Durchschnittspreis für ein verkauftes Glas beträgt € 3,67.

- Die Wareneinsatzquote drückt aus, wie viel Prozent der Wareneinsatz vom Umsatz beträgt.

> Die Berechnungsformel lautet:
> **Wareneinsatz x 100, dividiert durch den Umsatz**

- Die Wareneinsatzquote kann sowohl für den Tag als auch für den erreichten Gesamtumsatz mehrerer Tage bzw. eines Monats berechnet werden.
- Wenn darüber hinaus die Wareneinsatzquote auch noch auf Basis des Sollwareneinsatzes berechnet wird, erlaubt ihr Vergleich mit der Wareneinsatzquote des Istwareneinsatzes ein profundes Urteil über die Wirtschaftlichkeit des Warenverbrauchs.

Berechnung des Mindestumsatzes aufgrund des Istwareneinsatzes

- Ist der Mindestumsatz niedriger als der Istumsatz, so war es möglich, auch einen Teil des kalkulierten Schwundes zu verkaufen.
- Liegt das Umsatzplus jedoch außerhalb des kalkulierten Schwundes, so liegen Unregelmäßigkeiten vor, die entsprechende Kontrollen erfordern. Eine Ursache für dieses Umsatzplus könnte sein, dass Waren eingeschmuggelt wurden.
- Ist der Mindestumsatz höher als der Istumsatz, so könnte es sein, dass Getränke nicht boniert und somit Umsätze hinterzogen wurden oder dass die standardisierten Rezepte nicht eingehalten wurden.

Differenzkalkulation

- Die erzielbaren Preise werden vom Markt bestimmt, daher scheint es sinnvoll, weder die sogenannte „progressive" Kalkulation (ausgehend vom Wareneinsatz) noch die „retrograde" Kalkulation (ausgehend vom Verkaufspreis zum Wareneinsatz), sondern die Differenzkalkulation einzusetzen.
- Dabei wird der Wareneinsatz mit Schwund progressiv und der Grundpreis retrograd berechnet.
- Der Nettorohaufschlag wird als Differenz betragsmäßig und als Prozentsatz ermittelt.

Differenzkalkulation für einen Strawberry Daiquiri

							gerundet	progressiv
Weißer Rum	5,00 cl	1,00	l	12,25		0,61	0,61	
Limettensaft	2,00 cl	1,00	l	4,00		0,08	0,08	
Erdbeersirup	2,00 cl	1,00	l	12,00		0,24	0,24	
Erdbeeren	0,10 kg	1,00	kg	4,40		0,44	0,44	
				95,00%		1,37	1,37	
Schwund				5,00%		0,07	0,07	
WE = Wareneinsatz				100,00%	WE	1,44	1,44	
* Deckungsbeitrag (DB) entspricht dem NRA in €.		**	508,42%	DB = NRA	7,327	7,33	GP-WE
GP = Grundpreis					GP	8,768	8,77	
BG = Bedienungsgeld				15,00%	BG	1,315	1,32	
					ENTGELT	10,083	10,08	
USt = Umsatzsteuer				20,00%	USt	2,017	2,02	
BVKP = Bruttoverkaufspreis					BVKP	12,100	12,10	retrograd
		***	840,28%	BRA %			

* Deckungsbeitrag ist jener Betrag, der zur Deckung der Fixkosten zur Verfügung steht.
** NRA (Nettorohaufschlag) ist ein prozentmäßiger Aufschlag auf den WE (Wareneinsatz),
   um den GP (Grundpreis) zu erhalten.   NRA in % = NRA in € / WE*100
*** BRA (Bruttorohaufschlag) ist ein prozentmäßiger Aufschlag auf den WE,
   um den BVKP (Bruttoverkaufspreis zu erhalten). BRA in % = BVKP in € *100 / WE.

Artikelerfolgsrechnung im Barbereich

Aufgabe der Artikelerfolgsrechnung ist die Analyse des Barangebotes. Folgende Fragen können beantwortet werden:

- Welchen **Deckungsbeitrag** leisten Bargetränke zur Abdeckung der Fixkosten?
- Welche Bargetränke erwirtschaften den **höchsten Deckungsbeitrag** und sollen daher besonders im Verkauf gefördert werden?
- Welche Artikel sollen neu in die Barkarte aufgenommen werden?
- Welche Artikel sollen von der Barkarte gestrichen werden?
- Welche Bargetränke sind bei den Gästen beliebt (hohe Marktattraktivität)?

Berechnung und Kontrolle des durchschnittlichen **Nettorohaufschlages.**
Da die variablen Gemeinkosten im Barbereich gering sind, verzichtet man auf eine Erfassung. Es werden nur die Einzelkosten, d. h. der Wareneinsatz, als variabel angesehen.

Berechnung: Grundpreis
   <u>– variable Kosten</u>
   <u>Deckungsbeitrag = Nettorohaufschlag in €</u>

In einer Bar werden folgende Bargetränke auf der Barkarte (auszugsweise) angeboten:

Bargetränke	Kartenpreis €	Wareneinsatz	Verkaufte Portionen pro Monat
Bellini	9,00	1,23	500
Strawberry Daiquiri	10,00	1,19	580
Florida	6,00	0,93	750
Caipirinha	11,00	0,87	480
Mojito	12,00	1,71	420

Bargetränke	Kartenpreis	Grundpreis	WE	DB-Einzel	Rang-DB "Einzel"	Verkaufte Bargetränke	DB insgesamt	Rang-DB "gesamt"	WE insgesamt
Bellini	9,00	6,52	1,23	5,29	4	500	2.645,87	4	615,00
Strawberry Daiquiri	10,00	7,25	1,19	6,06	3	580	3.512,70	1	690,20
Florida	6,00	4,35	0,93	3,42	5	750	2.563,37	5	697,50
Caipirinha	11,00	7,97	0,87	7,10	1	480	3.408,49	2	417,60
Mojito	12,00	8,70	1,71	6,99	2	420	2.933,97	3	718,20
							15.064,40		3.138,50

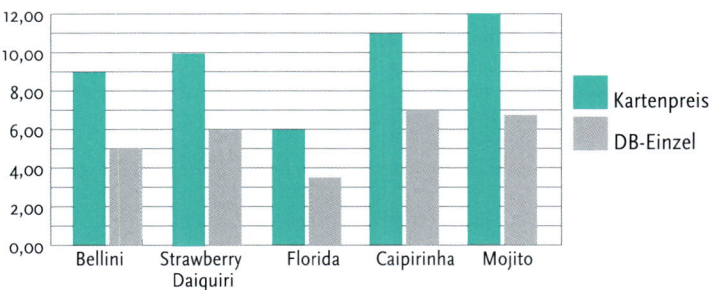

Eine Verkaufsförderung von Caipirinha und Mojito würden sich positiv im Gesamtdeckungs-
beitrag auswirken, da die Einzeldeckungsbeiträge dieser beiden Getränke am höchsten sind.

VERKAUFSFÖRDERUNG IN DER BAR

Unter Verkaufsförderung versteht man alle Maßnahmen, die eingesetzt werden, um bestimmte Leistungen besser verkaufen zu können. Ziel dieser Maßnahmen ist es, die Bedürfnisse der Gäste zu wecken bzw. zu verstärken.

In einer Bar handelt es sich bei verkaufsfördernden Maßnahmen z. B. um spezielle Angebote:

- Happy Hour bzw. „Drink two – pay one": Neue Gästeschichten sollen angesprochen werden; es handelt sich überwiegend um Businessleute, die sich nach der Arbeit entspannen wollen.
- Angebote an Stammgäste und Firmen: z. B. Ausgabe eines Drink-Passes (z. B. nach zehn Drinks einer gratis), freies Knabbergebäck an Stammgäste.
- Cocktails für Autofahrer: Das Angebot sollte sich nicht bloß auf ein paar alkoholfreie Drinks beziehen, sondern z. B. Erfrischendes, Drinks zum Wachbleiben, für die Konzentration umfassen.
- Cocktail des Tages im Zusammenhang mit persönlichen Anlässen, wie Geburtstag, Sponsion, Matura, Polterabend.
- Cocktail des Tages im Zusammenhang mit dem Kalender, wie Valentinstag, Muttertag, Vatertag, bezogen auf die Sternzeichen etc.
- Cocktails und Getränke für den Sportler und Aktiven für Ausdauer und zur Regeneration.
- Mixgetränke für Gesundheits- und Ernährungsbewusste, z. B. Vitamincocktail, Getränke zur Entschlackung, gegen Stress.
- Spezielle Angebote für Messe- und Kongressbesucher.

Platzieren Sie besondere Produkte im Blickfeld des Gastes.
Geben Sie Hinweise auf Spezialitäten in der Barkarte (z. B. „Der neueste Cocktail ist …").

Verschiedenste Veranstaltungsthemen bringen neue bzw. andere Gäste in die Bar.
Es können dies z. B. sein:

■ Verkostungen für Genießer und Liebhaber, z. B. eine Whisk(e)y-Reise um die Welt.
■ Clubabende mit diversen Getränken und Produkten, z. B. Edelbrände und Zigarren in einer Smokers Night mit Edelbrandverkostung in Anwesenheit des Erzeugers oder Vertreiber der Spirituosen.
■ Veranstaltungen im Jahreskreislauf, wie Neujahrsbrunch, Faschingsparty, Karneval, Gschnas, Frühlingsfest, Halloween, Krampuskränzchen, Silvesterfeier; Dekoration und Getränke dem Anlass anpassen.
■ Veranstaltungen, die Jahreszeiten bzw. Saisonen zulassen, wie Sommerfest, Oktoberfest, Erntedank.
■ Sportliche Anlässe wie TV-Übertragungen vom Grand Prix, von Skirennen, vom American Football – Finale Super-Bowl, von der Fußball-Weltmeisterschaft und vom Europacup auf Großleinwand.
■ Betriebsfeiern, wie Weihnachtsfeier, Betriebsjubiläum, Mitarbeiterehrung.
■ Nationalfeiertage bzw. besondere Tage verschiedener Nationen, wie 4. Juli – amerikanischer Nationalfeiertag, Inauguration Party, 14. Juli – französischer Nationalfeiertag, St. Patrick's Day, russische Nacht, schwedisches Mitsommerfest (Midsummer Day), Caribbean Night. Speziell in einer Stadt mit vielen Nationalitäten, Volksgruppen, Botschaften kann gezielt Werbung gemacht werden. Das kann auch als Jour-fixe-Termin einmal im Monat oder einmal wöchentlich organisiert sein.
■ Modeschau, Flower-Power-Night, Karaoke.
■ Mixkurse: den Gast den Cocktail mixen lassen; der Erlebnisfaktor steht im Mittelpunkt.
■ Gästesafe: Die Gäste kaufen in der Bar ganze Flaschen, die in einem verschließbaren Safe aufbewahrt werden.
■ Fünf-Uhr-Tee, Tanzveranstaltungen, Tanzkurse.
■ Après-Ski: Aufbau einer Eis-Bar vor dem Lokal (auch in Nichtskigebieten).
■ Auftritt von Künstlern und Musikern, wie Klavierkonzerte, Zauberer, Vernissage, Lesungen; Blues-, Rock-, Jazz-Night.
■ Kommentierte Verkostungen mit Produzenten, Lieferanten und Experten z. B. zu Wein, Edelbränden, Käse, Zigarren.
■ Katerfrühstück: größere Anzahl von Pick-me-up-Getränken.
■ Fifties-Party (Elvis u. a.), Sixties-Party (Beatles u. a.).
■ Nostalgiethemen (Mode, Brauchtum).
■ Themen zu erfolgreichen Filmen.
■ Singleparty.
■ Vollmondparty –Vollmond-Walking.
■ Ausflüge mit Gästen (Rodeln, Wandern).

Bieten Sie Attraktionen

Wie wär's mit dem Auftritt eines Showbarkeepers? Was der alles kann, lesen Sie auf Seite 268.

Bei allen Maßnahmen, die den Verkauf ankurbeln sollen, dürfen die Mitarbeiter nicht vergessen werden. Der individuelle Umgang mit dem Gast ist eigentlich das wichtigste Element der Verkaufsförderung.

- Schicken Sie Ihre Barleute zu Verkaufstrainings.
- Bei der Aus- und Weiterbildung Ihres Barteams berücksichtigen Sie die neuesten Trends.
- Führen Sie Ihre Schulungen permanent durch.

Aktiven Verkauf kann man lernen!

- Stellen Sie Fragen: „Sagen Sie mir bitte, was Sie heute vorziehen, Wodka, Rum oder Whisk(e)y, und wir werden den passenden Drink für Sie finden."
- Bei offensichtlich durstigen Gästen oder Autofahrern fragen Sie: „Darf es ein Glas Mineralwasser zu Ihrem Drink sein?"
- Bei Damen beliebt ist der Hinweis: „Die frischen Erdbeeren für unsere Drinks stammen aus biologischem Anbau".
- Im Falle der Unschlüssigkeit bzw. zur Überbrückung: „Derzeit können wir Ihnen auch einen hausgemachten Melonen-Shooter anbieten. Das wäre ein herrlich leichter Beginner!"
- Bei Frischfruchtliebhabern: „Die Mangos, die wir für unsere Drinks verwenden, stammen derzeit aus Costa Rica und sind besonders geschmacksintensiv!"
- Für nicht Entschlossene oder auch für Stammgäste: „Unser Barman hat einen neuen, sehr leichten und fruchtigen Drink auf Rumbasis kreiert. Darf ich Ihnen eine kleine Kostprobe servieren?"
- Für Gäste, die mit dem reichlichen Angebot überfordert sind: „Darf ich Ihnen bei der Wahl Ihres Getränkes behilflich sein? Sagen Sie mir bitte, worauf Sie Lust haben, und wir werden den passenden Drink für Sie finden."

Wichtig ist, dass der Gast nie das Gefühl hat, dass ihm etwas aufgezwungen wird.

- Überzeugen Sie als Barman Ihren Vorgesetzten von der Notwendigkeit gezielter Verkaufs-schulungen.
- Führen Sie ein Erfolgshonorar für gute Umsätze ein.
- Schaffen Sie das Bewusstsein für das Kalkulieren mit Deckungsbeiträgen.

Wie erreiche ich eine Kundenbindung?

Zur Verkaufsförderung zählt auch die Kundenbindung. Darunter fallen jene Dinge, die der Gast nicht wirklich wahrnimmt.

Die gesamte Atmosphäre, wie

- die Ausstattung (Bequemlichkeit),
- die Beleuchtung,
- die Musik,
- die Temperatur (auch die Frische der Luft im Lokal),
- das Publikum,
- der Service (der persönliche Kontakt),
- die Qualität der Produkte (Markenerzeugnisse, die Frische der Waren),

müssen so abgestimmt sein, dass der Gast sich nicht nur wie zu Hause fühlt, sondern darauf vergisst, nach Hause gehen zu wollen.

Wenn man das erreicht, wird dieser Gast Sie weiterempfehlen und selbst immer wiederkehren.

INTERNATIONALE INTERESSENVERTRETUNG

Die I. B. A. ist der Dachverband aller nationalen Barkeepervereinigungen.

I. B. A. (International Bartenders Association)

Diese Vereinigung hat es sich zum Ziel gesetzt, den Ausbau und die Pflege der Berufs- und Standesinteressen seiner Mitglieder zu fördern und die Ausbildung eines tüchtigen und fachkundigen Berufsnachwuchses zu unterstützen.

Der Sitz der I. B. A. befindet sich immer im jeweiligen Land des amtierenden I.-B.-A.-Präsidenten.

Die I. B. A. richtet Cocktail-Weltmeisterschaften aus, an denen nur Mitgliedsnationen der I.B.A. teilnehmen dürfen.

WM-Teilnehmer sind ausschließlich die Gewinner der nationalen Staatsmeisterschaften der über 50 Mitgliedsländer. Weitere Informationen finden Sie auf der offiziellen Homepage der I. B. A., www.iba-world.com.

Die I. B. A. hat eine Reihe von standardisierten Rezepten veröffentlicht, die im ersten Abschnitt des Buches im Rezeptteil enthalten sind.

Pre-Dinner-Cocktails

- Americano
- Bacardi Cocktail
- Bronx
- Daiquiri
- Manhattan
- Margarita
- Dry Martini (Martini Cocktail)
- Gibson
- Negroni
- Paradise
- Old Fashioned
- Rob Roy
- Rose

After-Dinner-Cocktails

- Brandy Alexander
- Black Russian
- Golden Cadillac
- Golden Dream
- Grasshopper
- Porto Flip
- Rusty Nail

Sekt- oder Champagnercocktails

- ► Bellini
- ► Champagnercocktail
- ► Kir Royal

Sonstige Drinks

- ► Bloody Mary
- ► Brandy Egg Nogg
- ► Bull Shot
- ► Tom Collins
- ► Gin Fizz
- ► Harvey Wallbanger
- ► Horse's Neck
- ► Irish Coffee
- ► Piña Colada
- ► Planter's Punch
- ► Singapore Sling
- ► Tequila Sunrise
- ► Whiskey Sour

I.-B.-A.-Rules – Arbeitsrichtlinien bei Cocktail-Competitions

Nachfolgend werden einige Wettbewerbsregeln, die bei Weltmeisterschaften bindend sind, kurz erläutert.

Rezepte

- ■ Eine Drinkrezeptur darf nicht mehr als 7 cl alkoholische Zutaten enthalten.
- ■ Die Rezeptmengen müssen in Zentiliter angegeben werden. Nur ganze oder halbe Zenti-liter dürfen angeführt werden (1 cl, 2 cl etc. bzw. ½ cl, 1½ cl etc.). Die kleinsten Mengen sind „Spritzer" oder „Tropfen".

- Es dürfen nicht mehr als sechs Zutaten im Rezept verwendet werden. Auch „Spritzer" und „Tropfen" gelten als Zutat.
- Die Zutaten können mit Messbechern gemessen oder frei eingeschenkt werden.
- Folgende Zubereitungsarten sind erlaubt:
  - im Gästeglas
  - im Shaker
  - im Rühr-/Mixglas
  - im Elektromixer (Stab-/Spindelmixer oder Aufsatz-/Messermixer)

Zutaten

- Jeder Teilnehmer ist verpflichtet, zumindest ein Produkt von der ihm zugelosten, unterstützenden Mitgliedsfirma der I. B. A. aus der Getränkebranche in seinem Rezept zu verwenden. Alle anderen Zutaten müssen aus der Liste aller unterstützenden Getränkefirmen der I. B. A. ausgewählt werden.
- Nur Milch und Obers/Sahne sind als Molkereiprodukte erlaubt. Eier sind erlaubt.
- Heiße Zutaten sind nicht erlaubt.
- Etwaige fragwürdige Zutaten werden geprüft und müssen vom Veranstaltungskomitee zugelassen werden.

Garnituren

- Die Garnituren werden vor dem Betreten der Bühne zubereitet. Die erlaubte Zeit dafür sind 15 Minuten.
- Diverse Basisgarniturbestandteile werden vom Veranstalterland gestellt. Andere Früchte, Gemüse oder Kräuter sind erlaubt und müssen vom Competitor selbst besorgt/mitgebracht werden.
- Würzmittel wie Salz, Pfeffer, Muskatnuss, Zimt und andere, welche international verwendet werden, sind erlaubt.
- Nur Standardtrinkhalme (lang oder kurz), Sticks und Stirrer dürfen verwendet werden, und werden vom Veranstalterland gestellt.
- Etwaige fragwürdige Garnituren werden geprüft und müssen vom Veranstaltungskomitee zugelassen werden.

Ablauf

- Die Startreihenfolge der Teilnehmer wird per Los ermittelt.
- Die Teilnehmer sollen sich in ihrer Vereinsuniform (Club-Dress) oder Arbeitsuniform präsentieren.
- Jeder Teilnehmer wird bei seiner Arbeit von einer Technikjury bewertet und hat sechs Minuten Zeit für die Zubereitung der Drinks. Zeitüberschreitungen und diverse arbeitstechnische Fehler während der Drinkproduktion auf der Bühne führen zu Punkteabzug.
- Die Drinks selbst werden von einer Testjury nach Aussehen, Aroma, Geschmack und Gesamteindruck bewertet.
- Neben den Siegertrophäen für Platz 1–3 und dem Preis für die beste Facharbeit, wird der Gewinnerdrink zum „Cocktail of the Year" gekürt.

Weltmeisterschaft Singapur 2000

Ö. B. U. – Österreichische Barkeeper Union

Die Geschichte der Ö. B. U. fand ihren Anfang im Jahre 1926 mit der Bezeichnung „Internationale Barmeister Union (I. B. U.) im Genfer Verband – Landesteil Österreich" im Internationalen Genfer Verband (I. G. V.), sie wurde als Zweigverein geführt.

- Im Jahre 1955 stellte die I. B. U. den Antrag auf Aufnahme in die 1951 gegründete Dachorganisation I. B. A. (International Bartenders Association).
- 1957 wurde dem Ansuchen stattgegeben, wobei der Vereinsname auf „Österreichische Barkeeper Union" (Ö. B. U.) geändert werden musste.
- Nach der Trennung vom Internationalen Genfer Verband ist die Österreichische Barkeeper Union seit September 1975 ein selbstständiger Fachverein.
- Die Ziele der Ö. B. U. sind gleichzusetzen mit denen des Weltdachverbandes I. B. A.

Weitere Informationen finden Sie auf der offiziellen Homepage der Österreichischen Barkeeper Union.

www.barkeeperunion.at

- Informationen bzw. die Verlinkung zu den Homepages weiterer Barkeeper-Vereinigungen, wie der Deutschen Barkeeper Union (D. B. U.) und der Schweizer Barkeeper Union (S. B. U.) finden Sie auf der Website der I. B. A.
- In Deutschland finden Sie darüber hinaus Informationen auch über den Verband der Serviermeister, Restaurant- und Hotelfachkräfte (www.vsr-online.de).

TRINKZEREMONIEN

- Bereits die Perser, Griechen, Römer, Kelten und Germanen hatten ihre eigenen Trinksitten.
- Im Mittelalter gab es ein Trinkzeremoniell, das in höfischen Kreisen streng eingehalten wurde. Jeder Herr hatte einen **Mundschenk**, der von jedem Getränk den ersten Schluck probieren musste, ehe er einschenken durfte. Eine Vergiftung des Herrn sollte dadurch ausgeschlossen werden.
- Die ersten alkoholischen Getränke wurden in Klöstern hergestellt. Die Mönche widmeten jedes Glas, das sie tranken, einem Heiligen, um nicht den Anschein zu erwecken, nur des Genusses wegen zu trinken. Diese Trinkzeremonie, der sogenannte **Minnetrunk**, wurde so übertrieben, dass in einem Edikt schließlich eine Einschränkung der Heiligen, auf die getrunken werden durfte, getroffen wurde.
- Die weltlichen **Trinkbruderschaften** benutzten die Sitte des Gesundtrinkens zu ausschweifenden Gelagen. Es gab einen Willkommenstrunk, einen Ehrentrunk, einen Rundtrunk und einen Abschiedstrunk.

Trinkfest zu sein galt schon damals als besondere Mannestugend.

Ein **Trinkspruch** wird in vielen Kulturen beim gemeinsamen Konsum von alkoholischen Getränken vor dem Trinken ausgesprochen. Üblicherweise wird dabei den Mittrinkenden auf die eine oder andere Weise Glück, Gesundheit und Ähnliches gewünscht. Trinksprüche sind Bestandteile der Trinkkultur.

Prost oder Prosit

- Das lateinische prosit – „es möge nützen" oder, freier übersetzt, „wohl bekomm's" – ist seit dem 16. Jahrhundert der Zutrunk der Deutschen.
- Ebenso ist die Abwandlung „Prost" in Österreich seit dem 16. Jahrhundert gebräuchlich.
- Auch die Sitte des Anstoßens mit den Gläsern geht auf diese Zeit zurück.

Die verschiedenen Arten, Prost zu sagen

Albanien	Gëzuar!
Australien	Cheers!
Bolivien	a'riva - a'bacho - a'centro - a'dentro
Brasilien	Saúde!
Bretagne	Yeched mat
Bulgarien	Na zdrave (Nasdrawe!)
Volksrepublik China	Gan bei!
Dänemark	Skål
England	Cheers!, Here's to you!, Your health!
Esperanto	Je via sano!
Estland	Terviseks!
Finnland	Kippis!, Hölkyn kölkyn!, Terveydeksi!
Frankreich	(A votre) Santé!, A la votre!, Tchin-tchin!, L'amour toujours!
Griechenland	Jámas!, Jassas!, Jassou!
Irland	Sláinte!
Island	Skål
Israel	lechájim!
Italien	Salute!, Cincin!, A chi ci vuole male
Japan	乾杯 (Kampai!)
Korea	杯 (Geonbae)!

Kuba	Salud, amór y dinéro!
Lettland	Priekä!
Litauen	į sveikatą!
Luxemburg	Prost
Malta	Evviva!
Niederlande	Proost!, Gezondheid!
Norwegen	Skål!
Polen	(Na) zdrowie!, Sto lat!
Portugal	Saúde!
Rumänien	Noroc!
Russland	za (vasche) zdorovje!, Nazdarovje!
Schottland	Slainte mhath!
Schweden	Skål
Schweiz	Proscht!, Prost!, Zum Wohl!, Santé!, Gesundheit!, Viva!
Serbien	Na Zdravlje!, Ziveli!
Slowakei	Nazdravie!
Slowenien	Na zdravje!
Spanien	Salud!
Tschechien	Na zdraví!
Türkei	Serefe!, Yarasın!
Ukraine	Budmo!
Ungarn	Egészségére! (auf Ihr Wohl!), Egészségedre! (auf dein Wohl!), Egészségünkre! (auf unser Wohl!)
Wales	Iechyd da!

Das skandinavische Skål heißt Schale und hat seinen Ursprung in der Wikingerzeit. Es bedeutete, dass der Zutrinkende keine Waffe, sondern ein Trinkgefäß in der Hand hielt. Im Mittelalter wurde die mit Met und Bier gefüllte Schale mit einem Trinkspruch im Kreis herumgereicht. Bei Festen war es Sitte, dass die Gäste auf die Knie fielen und ihr Haupt entblößten, ehe sie aus der Schale trinken durften.

Was heißt „Einen Toast ausbringen"?

- Der Begriff stammt aus England.
- Beim Rundtrunk wurde dem Ältesten, der einen Trinkspruch ausbringen musste, ein Stück Brot ins Glas gegeben. Wenn das Glas die Runde gemacht hatte, musste er den Rest austrinken und das Brot aufessen.

Trinksprüche

Zitate in der Bar und über die Bar

„Kein Mann trinkt zu seinem Vergnügen"
Ernest Hemingway

„Man muss dem Leben immer um mindestens einen Whiskey voraus sein."
Humphrey Bogart

„Ich trinke nie etwas Härteres als Gin vor dem Frühstück."
W. C. Fields

„Einen Manhattan mixt man immer im Foxtrottrhythmus, einen Bronx im Zweischrittrhythmus, einen Dry Martini im Walzerrhythmus."
Aus dem Film „Der dünne Mann"

„Manche Menschen trinken nur mit dem Bauch.
Aber das wahre Trinken ist eine Angelegenheit des Kopfes und des Herzens."
Sinclair

„Gin und Wermut, das heißt Martini."
R. Sherman

„Stress ist alles, was nicht Happy Hour ist."
Bar-Sprichwort

„Dies ist ein Stinger, er lindert den Schmerz."
Aus dem Musical „High Society"

Zur Einleitung sagt der Lodenfreak: „Champagner her, die Elite ist da – mit Steireranzug, Lodenmantel und Scheckbuch vom Papa". Dann komm ich und die Lodenfreaks entsetzt: „Ja was ist denn das, ein Prolo im Champagnertreff."
Stefan Weber

„Mögen Sie keine Martinis ? – Sie sind etwas für Kenner – wie Ravel."
Aus dem Film „Humoresque"

„Bringen Sie, was Sie tragen können!"
Alfred Bangerls Standardbestellung

DER ALKOHOL — DIE SPIRITUOSE

Laut EU-Verordnung ist eine Spirituose eine zum menschlichen Verbrauch bestimmte Flüssigkeit mit besonderen organoleptischen Eigenschaften, die einen Mindestalkoholgehalt von 15 Vol.-% aufweist. Ausnahme: Eierlikör 14 Vol.-%.

- Der in Spirituosen enthaltene Alkohol muss durch Gärung und nachfolgende Destillation gewonnen werden.
- Bei der Herstellung von Spirituosen kommen hauptsächlich natürliche Aromastoffe bzw. Extrakte zur Verwendung. Der Zusatz naturidentischer Aromastoffe ist bei bestimmten Spirituosenkategorien zulässig. Zur Süßung ist eine Reihe von Stoffen anwendbar.
- Mischungen von Spirituosen mit anderen Spirituosen, anderen alkoholischen oder alkoholfreien Getränken zählen zu den Spirituosen, sofern der Mindestalkoholgehalt eingehalten wird.

Wir schreiben das Jahr 1050: Das Heilmittel „gebrannter Wein" wird geboren
Bis dato gab es nur schwachprozentigen Alkohol, der durch Fermentation von Früchten, Pflanzen oder Getreide erzeugt wurde. Ab dem Jahr 1050 wird der „Geist des Weines" durch Destillation in ein Gefäß gebannt.

Was ist Trinkalkohol?
Trinkalkohol ist **Äthylalkohol** bzw. **Äthanol (Ethylalkohol, Ethanol)**, der auch **Weingeist** oder **Sprit** genannt wird und die chemische Formel C_2H_5OH hat. Er ist eine wasserklare Flüssigkeit mit scharfem Geruch und brennendem Geschmack.

Alkohol durch Gärung gewonnen = **Gärungsalkohol.**
Er ist niedrigprozentig, wie bei Bier und Wein.
Gärungsalkohol durch Destillation gewonnen = **Branntwein, Destillat, Spirituose.**
Er ist hochprozentig.

Die Alkoholgewinnung

Arabische Parfumhersteller erwärmten schon um das Jahr 800 einen Dattelwein und fügten einige Tropfen ihren Duftwässern bei.

Gewinnung von Alkohol durch Hefegärung

Alkohol entsteht durch Vergärung des vorhandenen Zuckers oder der Stärke mittels eines Hefepilzes. Bei Früchten wird der vorhandene Frucht- und Traubenzucker in Alkohol und Kohlendioxid zu gleichen Teilen gespalten. Bei stärkehaltigen Pflanzen und Pflanzenteilen muss bei der Alkoholgewinnung die Stärke erst in Einfachzucker umgewandelt werden.

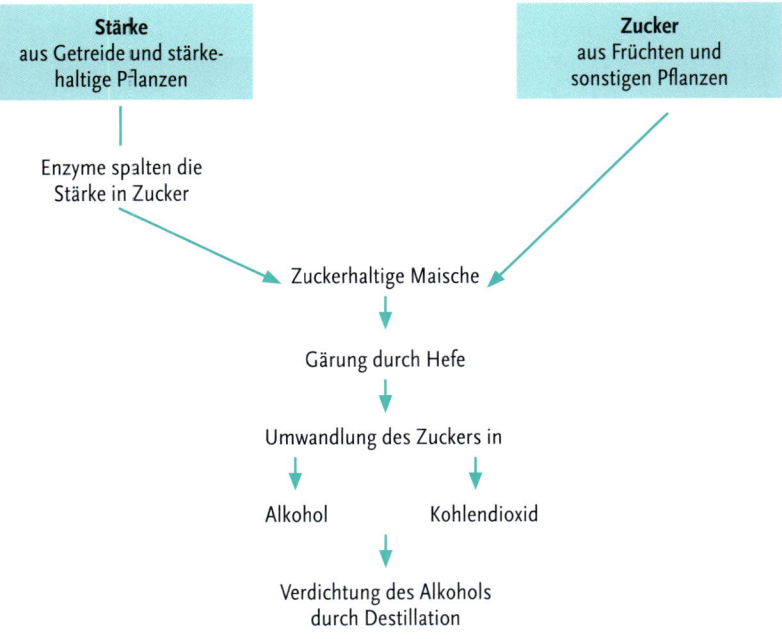

Grundsätzlich kann man alles, was Zucker beinhaltet, destillieren. Agraralkohol ist die Bezeichnung für Alkohol, der aus kultivierten Pflanzen und Früchten hergestellt wird.
Vor allem folgende Grundmaterialien werden destilliert:

Stärkehaltige (polysaccharidhaltige) Feldfrüchte, wie

Gerste ▶ Whisky, ▶ Scotch Whisky, ▶ Grain Whisky
Weizen ▶ Weizenbrand, ▶ Wodka
Roggen ▶ Roggenbrand, ▶ Whiskey ▶ American Rye Whiskey, ▶ Canadian Rye Whisky,
  ▶ Wodka
Hafer ▶ Haferbrand, ▶ Wodka
Dinkel ▶ Dinkelbrand, ▶ Wodka
Mais ▶ Bourbon Whiskey, ▶ Corn Whiskey
Getreidemischungen ▶ Kornbrand, ▶ Irish Whiskey, ▶ Wodka, ▶ Gin, ▶ Genever
Reis ▶ Reisbranntwein, ▶ Sake
Kartoffeln ▶ Kartoffelschnaps, ▶ Wodka

Zuckerhaltige (monosaccharid- und disaccharidhaltige) Früchte und Pflanzen, wie

Steinobst

Pfirsich ▶ Pfirsichbrand, ▶ Pfirsichliör
Marillen (Aprikosen) ▶ Marillenbrand, ▶ Marillenlikör
Kirschen (Süßkirschen) ▶ Kirschenbrand, ▶ Kirschenlikör
Weichseln (Sauerkirschen, Schattenmorellen) ▶ Weichselbrand, ▶ Weichsellikör
Kriecherln (grüne Pflaumen) ▶ Kriecherlbrand
Nektarinen (Pflaume x Pfirsich) ▶ Nektarinenbrand
Zwetschken (Pflaumen, Zwetsche, Zwetschge) ▶ Zwetschkrenbrand, ▶ Slibowitz, ▶ Pflümli
Ringlotten (Renekloden, gelbe Pflaumen) ▶ Ringlottenbrand
Schlehen (Schlehdorn) ▶ Schlehenbrand, ▶ versetzter Wodka
Vogelbeeren (Eberesche) ▶ Vogelbeerbrand

Kernobst

Äpfel ▶ Apfelbrand, ▶ Calvados, ▶ Apple Jack
Birnen ▶ Birnenbrand
Quitten ▶ Quittenbrand
Mispeln (Nispeln) ▶ Mispelbrand

Beerenobst

Himbeeren ▶ Himbeerbrand, ▶ Himbeerlikör,
Jostabeeren (Stachelbeere x Schwarze Johannisbeere) ▶ Jostabeerenbrand
Brombeeren ▶ Brombeerbrand, ▶ Brombeerlikör
Erdbeeren ▶ Erdbeerbrand, ▶ Erdbeerlikör
Heidelbeeren (Blaubeeren, Schwarzbeeren) ▶ Heidelbeerbrand, ▶ Heidelbeerlikör
Ribisel (Rote Johannisbeere) ▶ Johannisbeerbrand, ▶ Johannisbeerlikör
Johannisbeeren (Schwarze Johannisbeeren) ▶ Johannisbeerbrand, ▶ Johannisbeerlikör
Hollerbeeren (Holunderbeeren) ▶ Holunderbrand
Taybeere (Himbeere x Brombeere) ▶ Taybeerenbrand
Weintrauben (Weinbeeren) ▶ Traubenbrand, ▶ Weinbrand, ▶ Grappa, ▶ Marc, ▶ Trester-
brand, ▶ Cognac, ▶ Armagnac ▶ Brandy

Sonstige Pflanzen und Früchte, wie

Agave ▶ Pulque, ▶ Tequila
Enzianwurzel ▶ Enzian
Kakteen
Feigen ▶ Feigenbrand, ▶ Arrak
Guave
Limetten
Passionsfrucht
Kokusnuss
Orangen (Apfelsinen)
Zitronen
Zuckerrohr ▶ Rum, ▶ Cachaça
Wacholder (Juniperus) ▶ Wacholderbrand, ▶ Gin, ▶ Genever

Das Wort Alkohol stammt von der arabischen Bezeichnung „Al kuhl".

Noch ein paar Begriffe rund um den Alkohol

Monopolalkohol: Von der Monopolverwaltung der Länder in den Handel gebrachter Alkohol. Er wird hauptsächlich aus Holz oder Zellulose hergestellt, ist hochprozentig und geschmacksneutral.

Primasprit: Deutsche Bezeichnung für einen geruchs- und geschmacksneutralen Trinkalkohol, der zur Bereitung von Spirituosen geeignet ist. Auch als Monopolsprit und als Weingeist bezeichnet.

Sprit: Kurzbezeichnung für Spiritus.

Fusel: Volkstümliche Bezeichnung für einen billigen Branntwein. Fuselöle haben eine für den menschlichen Organismus schädigende Wirkung.

Mannit: Zuckeralkohol. Besteht aus weißen, geruchlosen Kristallen mit schwach süßlichem Geschmack.

Aqua vitae: Deutsch: Lebenswasser, war die ursprüngliche Bezeichnung für Branntwein. Synonyme sind: eau-de-vie (franz.), acqua vita (ital.), aquardiente (span.), aquardente (portug.), bernewin (schwed.), brännwin (norweg.), brandewin (dän.).

Wie entsteht Gärungsalkohol?

Die Enzyme Diastase und Maltose bewirken die Umwandlung des jeweiligen Grundproduktes.

- Die zuckerhaltige Maische wird durch Zugabe von Reinzuchthefen vergoren, wobei der Zucker durch die Hefe in gleiche Teile Alkohol und Kohlensäure umgewandelt wird. Das Produkt ist die vergorene, alkoholhaltige Maische, z. B. Traubenmost wird zu Wein, Obstsäfte zu Obstwein und Bierwürze zu Bier.
- Die vergorene Maische ist das Ausgangsprodukt für die Destillation bzw. die Komprimierung des Alkoholgehaltes.

Wie wird die Alkoholstärke gemessen?

- Gay-Lussac oder G. L.: ist heute kaum mehr in Gebrauch; wurde 1 : 1 durch die Bezeichnung Vol.-% ersetzt.
- American Proof: 2 Proof = 1 Vol.-%.
- British Proof: 1,75 Proof = 1 Vol.-%.
- Volum(en)prozent (Vol.-%): ist die heute am meisten angewendete Angabe. Reiner Alkohol hat 90 Vol.-%, der Rest ist Wasser. Er muss verdünnt werden. Absoluter Alkohol hat 99,9 % Alkoholgehalt. Er wird nur im Labor erzeugt und bei tiefen Temperaturen gelagert. Auch er muss verdünnt werden.

Verträglichkeit von Alkohol

Trinken Sie nie bei Ärger, Aufregung, Sorgen, Müdigkeit oder auf nüchternen Magen!

- Die wissenschaftliche Toleranzobergrenze des Alkoholkonsums liegt bei Männern bei 80 g reinem Alkohol pro Tag. Die Verträglichkeit bei Frauen liegt bei nur 30 g pro Tag.
- Die Verträglichkeit ist abhängig vom generellen Gesundheitszustand, dem psychischen Zustand, dem Körpergewicht, der Tagesverfassung und dem Alter des Menschen.
- Positive Eigenschaften bei mäßigem Alkoholkonsum sind: wirkt enthemmend, macht froh und lustig, regt den Kreislauf an, erweitert die Blutgefäße und vermittelt generelles Wohlbefinden.
- Negative Eigenschaften bei übermäßigem Alkoholkonsum sind: totale Enthemmung, schwere Gleichgewichtsstörungen, Verlust der Aufmerksamkeit, Sehverminderung, Reaktionsverminderung, Realitätsverlust, Impotenz, bleibende Leber- und Nierenschädigungen, Alkoholvergiftung, Suchtverhalten bzw. Abhängigkeit, schwerste Selbstvorwürfe; schlimmste Auswirkungen sind paralytischer Säuferwahn und Tod.

Alkoholabbau im Blut

- Der menschliche Körper baut in 12 Stunden zirka 1 ‰ Blutalkohol im Körper ab.
- Es ist eine irrige Ansicht, dass Kaffee den Abbau des Blutalkohols beschleunigt. Gerade das Gegenteil ist der Fall. Er verhindert einen raschen Abbau.

Alkoholkonsum	ohne Kaffee	mit Kaffee
nach 90 Minuten	0,71 ‰	0,83 ‰
nach 135 Minuten	0,84 ‰	0,93 ‰
nach 180 Minuten	0,60 ‰	0,81 ‰

- Der Alkoholabbau im Körper beginnt bereits mit der Einnahme des Alkohols und wird durch ein Enzym der Leber herbeigeführt.
- Der Abbau verläuft gleichmäßig und beträgt bei einem Erwachsenen 0,09–13 Gramm pro Kilogramm Körpergewicht in der Stunde.

Körpereigene Alkoholproduktion

Man nimmt Alkohol nicht nur in Form von Getränken und Lebensmitteln auf, der menschliche Körper produziert ihn auch selbst. So beträgt der durchschnittliche Wert des Blutspiegels eines erwachsenen Menschen ca. 0,03 ‰, was einem reinen Alkohol von 1,7 Gramm entspricht.

Alkoholgehalt in Lebensmitteln und Getränken (Zirka-Angaben)

Roggenbrot:	3,5 Gramm/Kilo
Mischbrot:	2–4 Gramm/Kilo
Weißbrot:	2 Gramm/Kilo
Kefir:	15 Gramm/Liter
Apfelsaft:	5 Gramm/Liter
Traubensaft:	4 Gramm/Liter
Fruchtsäfte:	3 Gramm/Liter
Gereifte Bananen:	5–6 Gramm/Kilo
Grapefruit:	1 Gramm/Kilo
Sauerkraut:	5 Gramm/Kilo

Im Vergleich dazu hat Bier 39,5 Gramm Alkohol pro Liter.

Alkoholkonsum und Straßenverkehr

If you drink don't drive – if you drive don't drink.
www.dont-drink-and-drive.de

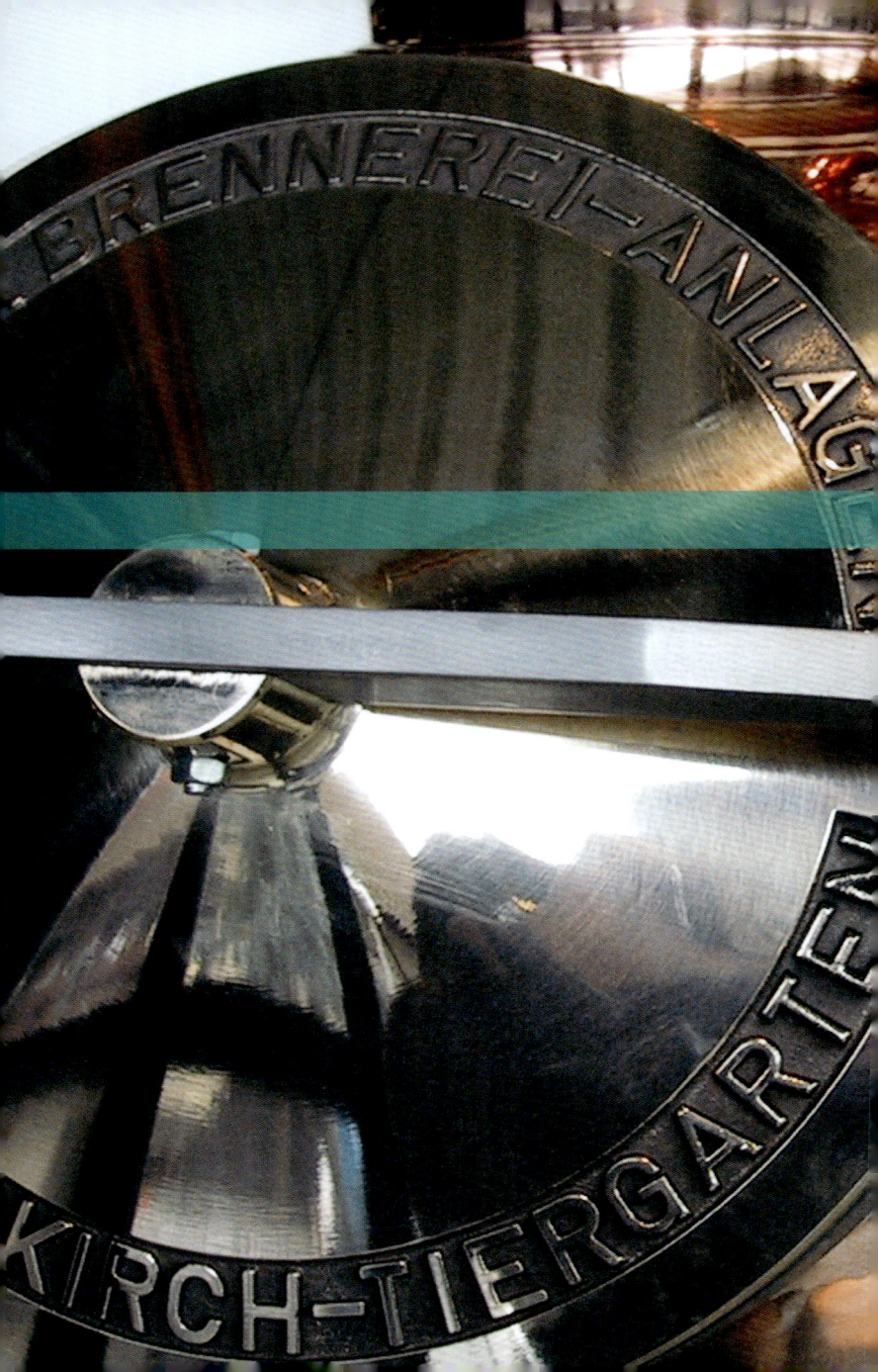

METHODEN DER DESTILLATION

Was ist eine Destillation?

- Das Wort Destillation ist abgeleitet vom lateinischen Wort destillare (tropfen lassen). Der Vorgang des Destillierens war schon vor mehr als 2 500 Jahren bekannt. Es waren die Griechen, die Mesopotamier, die Ägypter und die Araber, die dieses Wissen und die Fähigkeiten besaßen.

- Will man hochprozentigen Alkhohl aus alkoholischer Maische, Wein, Obstwein oder Ansatzgemisch gewinnen, muss man Wasser und die festen Stoffe daraus separieren. So kann man den darin vorhandenen Alkohol gewinnen.

- Um das zu erreichen, erhitzt (brennt) man die Maische. Da Alkohol schon bei 78,3 °C zu verdampfen beginnt, Wasser aber erst bei 100 °C, muss man die Alkoholdämpfe auffangen und durch Kühlung wieder verflüssigen. Diesen Vorgang nennt man Destillieren.

- Der **Raubrand,** auch **Vorlauf** oder **Lutter** genannt, ist der erste minderwertige Abzug eines Destillationsvorganges, der noch stark fuselölhaltig ist und einen geringen Alkoholgehalt aufweist. Er wird ausgeschieden. Der **Mittellauf,** das **Herzstück,** enthält keine oder geringe Spuren von Fuselölen und ist wasserklar. Der Nachlauf wird wie der Vorlauf nicht zur weiteren Veredelung verwendet, sondern ein zweites Mal der Maische zugesetzt.

- Je öfter ein Produkt destilliert wird, desto höher und reiner wird sein Alkoholgehalt. Dabei verliert er jedoch viele Geruchs- und Geschmacksstoffe. Die Wiederholung des Destillationsvorganges nennt man **Rektifikation.**

Die Destillation des gebrannten Weines kam über die Apotheken, die lange Jahre das Alkoholmonopol innehatten, von Italien nach Deutschland. In den Alchemistenküchen konnte schon mithilfe einer Kühlschlange der Geist des Weines nach dem Erhitzen eingefangen werden. Viele Menschen glaubten an die wunderbaren Heilkräfte des gebrannten Weines. Er war vorerst nur in den Apotheken und bei den Geistlichen verbreitet, später gelangte er als Genuss- und Rauschmittel in breitere Bevölkerungsschichten.

Welche Methoden werden heute bei der Destillation angewendet?

Heutzutage werden grundsätzlich zwei Destillationsmethoden angewendet.

- Einerseits die diskontinuierliche Destillation über offenem Feuer, die in zwei voneinander unabhängigen Arbeitsschritten das Produkt Raubrand und anschließend den Feinbrand herstellt. Zu dieser Methode zählen:
  - Pot-Still-Verfahren
  - Alambic- oder Charentaiser-Verfahren
- Die zweite Methode ist das kontinuierliche Kolonnenverfahren, bei dem der Brand in einem einzigen, geschlossenen Arbeitsvorgang hergestellt wird. Zu dieser Methode zählen:
  - Patent-Still-, Continuous-Still- oder Column-Still-Verfahren, früher auch Stein-Still- und Coffey-Still-Verfahren genannt.

Pot-Still-Verfahren

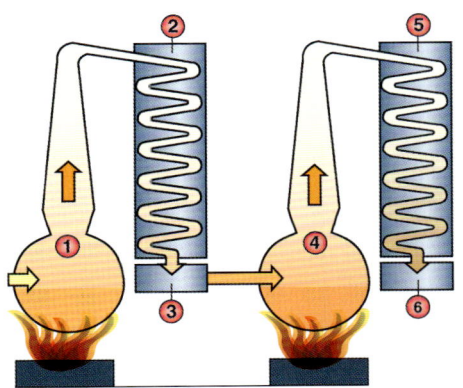

❶ Würzblase
❷ Kondensator
❸ Raubrandbehälter
❹ Alkoholblase
❺ Kondensator
❻ Sammelbehälter

Das Pot-Still-Verfahren wurde bei der Destillation von Whisky erstmals angewendet.

- Die Destillation erfolgt in zwei voneinander unabhängigen Brennvorgängen in zwei Kupferkesseln, den sogenannten Pot Stills.
- Die Maische („Wort") kommt in die Würzblase (1, „Wash Still"), wo sie das erste Mal destilliert wird.
- Über den Kondensator (2, „Condenser") werden die alkoholischen Dämpfe verflüssigt.
- Das entstandene Produkt, der Raubrand („Low Wine"), wird in einem Behälter (3, „Low Wine Receiver") gesammelt und hat einen Alkoholgehalt von ca. 30 Vol.-%.
- Der Raubrand wird der Alkoholblase (4, „Spirit Still") zugeführt und dort ein zweites Mal destilliert.
- Anschließend nochmals kondensiert (5), wobei der Vorlauf („Foreshots") und der Nachlauf („Feints") ausgeschieden werden.
- Nur der Mittellauf, das Herzstück („Potable Spirit"), gelangt in den Sammelbehälter (6, „Safe").
- In den Destillerien sind mehrere Pot-Still-Anlagen gleichzeitig in Betrieb. So werden die Mittelläufe der einzelnen Sammelbehälter zur weiteren Veredelung in einen Sammeltank („Spirit Receiver") geleitet.
- Das Pot-Still-Verfahren liefert beste Alkoholqualität. Der Alkoholgehalt ist jedoch mit 60–70 Vol.-% niedriger als beim Patent-Still-Verfahren.
- Heute werden sogenannte Verstärker zwischengeschaltet, das sind Glockenböden, in denen das Destillat höher im Alkoholgrad destilliert.
- Anwendung: z. B. für Obst- und Edelbrände.

Alambic-Verfahren, Charentaiser Brennverfahren

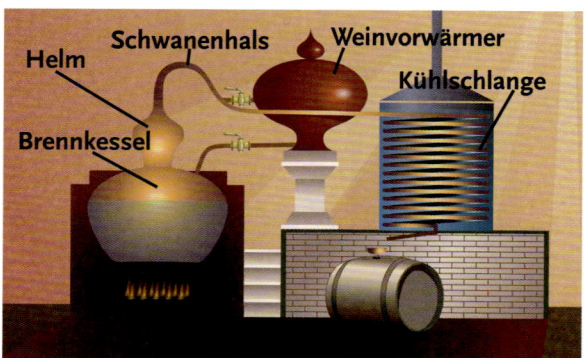

Helm **Schwanenhals** **Weinvorwärmer**

Kühlschlange

Brennkessel

Das Destillieren von jungen, hefehaltigen Weinen zur Cognac-erzeugung geschieht in den für die Charente typischen Kupferbrenn-kesseln („Alambics Charentais"). Armagnac wird häufig nach der Alambic-Armagnacais-Methode gebrannt (siehe Seite 460).

Quelle: BNIC

- Die Maische oder der Raubrand wird im Weinvorwärmer gewärmt und kommt in den Brenn-kessel („Chaudière"), der beheizt wird.
- Die aufsteigenden Alkoholdämpfe gelangen über den Helm („Chapiteau") in den Schwa-nenhals („Col de Cygne"), der die Dämpfe dem Kondensator („Bassin de Refroidissement") zuführt.
- Im Kondensator befindet sich eine Kühlschlange („Serpentin"), in der die Alkoholdämpfe verflüssigt werden.
- Der entstandene Raubrand wird noch zwei bis drei Mal destilliert. Bei der letzten Destilla-tion werden Vorlauf („Tête") und Nachlauf („Queue") ausgeschieden. Nur das Mittelstück („Cœur") wird zur weiteren Veredelung herangezogen.
- Anwendung: z. B. für Cognac.

Patent-Still-Verfahren
Continuous-Still-Verfahren, Column-Still-Verfahren

Das kontinuierliche Verfahren wurde vom Schotten Stein entwickelt und 1831 von dem Iren Aeneas Coffey verbessert. Daher auch die Bezeichnungen Stein-Still- und Coffey-Still-Verfahren.

- Es erfolgt eine einmalige Destillation, wobei sehr hoch gebrannt wird.
- Die Patent-Still-Anlage besteht aus zwei Kammern, dem „Analyser" und dem „Rectifier". Im Analyser wird oben die heiße Würze (1) und unten der Wasserdampf (2) eingeleitet.
- Der Wasserdampf drückt den Alkoholdampf durch eine Dampfleitung (3, „Vapour Pipe") in den Rectifier.
- Durch die perforierten Bodenplatten werden die übrigen Flüssigkeiten von den Alkohol-dämpfen getrennt und im Analyser ausgeschieden (4).

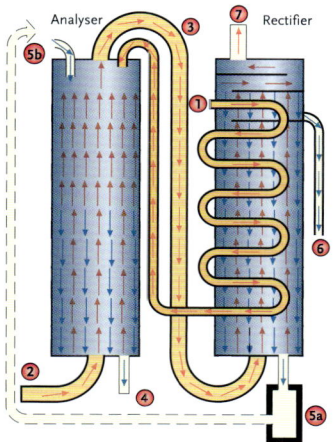

Analyser   Rectifier

❶ heiße Würze
❷ Wasserdampf
❸ Dampfleitung
❹ Ausscheiden der übrigen Flüssigkeit
❺ Ausscheiden von Vor- und Nachlauf
❻ Sammelbehälter für Mittellauf
❼ Ablassventil für überschüssigen Wasserdampf

- Im Rectifier werden Vor- und Nachlauf ausgeschieden (5a), die über eine Leitung nochmals in den Analyser gelangen (5b).
- Der Mittellauf („Cœur") wird kondensiert und in einen Sammelbehälter geleitet (6).
- Anschließend wird der überschüssige, reine Wasserdampf durch ein Ventil abgelassen (7).
- Die Patent-Still-Anlage wiederholt in gleicher Zeit zirka 20 Mal den Destillationsvorgang des Pot-Still-Verfahrens. Dadurch ist ein wirtschaftlicheres Brennen größerer Mengen möglich. Das Ergebnis ist eine hohe Alkoholausbeute. Der Alkoholgehalt beträgt 80–85 Vol.-%.
- Anwendung: z. B. bei Armagnac, Grain Whisky.

Welche Destilliermethode ist besser?

- Die Vorteile der diskontinuierlichen Methoden liegen in dem Herausbringen der individuellen Noten der Geschmacks- und Aromadifferenzierungen der Produkte.
- Die Vorteile der kontinuierlichen Methoden sind ein schneller Destillationsvorgang, dass größere Mengen auf einmal hergestellt werden können, eine effizientere Alkoholstärkeausbeute (ca. 80–85 Vol.-%) und damit eine kostengünstigere Herstellung.
- Die Nachteile der diskontinuierlichen Methoden sind kleine Produktionsmengen, weniger Alkoholstärkeausbeute (ca. 60 Vol.-%), aufwändigere Arbeitsabläufe und somit ein teurerer Herstellungsprozess.
- Die Nachteile der kontinuierlichen Methoden sind in Geruch und Geschmack gleichbleibende, einheitliche Produkte mit wenig Individualität. Sie sind sozusagen standardisiert.

QUALITÄTSERKENNUNG VON SPIRITUOSEN

Leitfaden für den Einkauf und die Verkostung von Destillaten

Die bei der Destillation anfallende alkoholische Phase (Destillat) wird beim Brennen in Vorlauf, Hauptlauf und Nachlauf fraktioniert. Diese Auftrennung ermöglicht dem Brenner die Verminderung der Konzentration unerwünschter Begleitstoffe, die sich entweder im Vorlauf oder im Nachlauf anreichern.

Die wichtigste Entscheidung des Brenners

Wann ist der Zeitpunkt des Umschaltens von Herzstück auf Nachlauf? Je früher er dies tut, desto geringer ist seine Ausbeute. Topqualität hat eben seinen Preis.

Alle Sinne sind gefragt

■ Professionelles Verkosten von Destillaten ist eine komplexe Aufgabe, sind doch die Aromen um ein Vielfaches konzentriert und der Alkoholgehalt der Spirituosen (im Vergleich zum Wein) sehr hoch.

Die Nase wird beim Riechen der hochprozentigen Destillate nahezu betäubt.

■ Die richtige Trinktemperatur ist entscheidend: Sind die Destillate zu kalt, ist nur ein Bruchteil des Aromas zu erfassen. Sind die Destillate zu warm, schmecken sie scharf und werden alkohollastig. Bei Verkostungen liegt die ideale Temperatur der Destillate bei ca. 18 °C.
■ Die Komponenten für die sensorische Prüfung bzw. organoleptische Beurteilung von Destillaten sind dieselben wie bei der Weinverkostung: Farbe (mit dem Auge), Geruch (mit der Nase) und Geschmack (mit dem Mund, der Zunge und dem Gaumen). Die römische Trinkformel C. O. S. ist der Ursprung. C = Color (Farbe), O = Odor (Duft), S = Sapor (Geschmack). Profis sprechen noch von einer vierten Komponente, dem trigeminalen Sinn. Benannt nach dem fünften Gesichtsnerv, dem nervus trigeminus, spürt man durch ihn scharfe und adstringierende, aber auch wärmende Eindrücke in Mund und Nase.
■ Die amerikanische Verkostung geht von folgenden Punkten aus: **„colour"** (Farbbegutachtung), **„swirle"** (Schwenken des Glases), **„smell"** (Geruchsprobe), **„taste"** (Geschmacksprobe) und **„sumerize"** (Zusammenfassung aller Beurteilungspunkte).

Ein Tipp vom Profi: Verdünnen Sie bei der Verkostung das Destillat um die Hälfte mit Wasser. Trotz der Verdünnung werden nicht nur die gewünschten Aromen, sondern auch die schwerflüchtigen Fehlaromen intensiv wahrgenommen.

Was sind Off-Flavours?
(am Beispiel Obstbrände)

- Off-Flavours sind unerwünschte Aromanoten. Es sind artfremde, nicht charakteristische Geruchs- und Geschmacksstoffe, die bei einer sensorischen Prüfung bestimmt werden.
- Als Auslöser gelten verschiedene Ursachen, wie die Verwendung von faulem Obst, Fremdinfektionen der Maische, lange Steh- und Standzeiten oder Brennfehler (ungenügendes Abtrennen von Vor- und Nachlauf, Überhitzung).
- Im Vorlauf werden niedrig siedende und leicht flüchtige Stoffe wie Acetaldehyd (überreifer Apfel), Essigsäureäthylester und teilweise Methanol angereichert. Diese Stoffe würden dem Obstbrand einen scharfen und stechenden Geruch bzw. Geschmack geben und eine Verfälschung des Aromas hervorrufen.
- Im Nachlauf reichern sich je nach Obstart die schwerer flüchtigen Fuselöle, höhermolekulare Terpene und ätherische Öle an. Diese verursachen beim Destillat eine muffig-dumpfe Geschmacksbeeinträchtigung.

Kann man prämierte Brände bedenkenlos verwenden?

- Ja, Prämierungen und Auszeichnungen schützen vor Überraschungen, denn externe Verkostungen werden von geschulten, erfahrenen Prüfern durchgeführt. Die Verkostungssysteme (z. B. WOB, DLG, Distiswiss) sind erprobt und werden kontrolliert.
- Die prämierten Produkte sind gekennzeichnet (Doppel-Gold; Gold, Silber, Bronze; Punkte).
- Die jährlich stattfindende Destillata in Bad Kleinkirchheim ist das österreichische Mekka für feine Brände. Äußerst zuverlässig sind auch die Bewertungen der DLG, der Distiswiss und die Sissacher Prämierung vom Schweizer Schnaps Forum SSF.

Wie sieht die Bewertung und Verkostung eines Brandes konkret aus?

- Man benötigt geeignete Verkostungsgläser (z. B. von Riedel) für die verschiedenen Obstsorten.
- Die Menge der zu verkostenden Spirituose entspricht dem Glas (meist 2 cl).
- Das Verkostungssystem (z. B. WOB, DLG, Distiswiss) regelt die Komponenten Duft, Geschmack und Harmonie.
- Die Bewertung des Duftes umfasst die Themen Typizität/Intensität, Qualität, Sauberkeit und Fehler. Ist der Brand produkttypisch?
- Der Geschmack prüft die Typizität/Intensität, orale und retronasale Eindrücke (Rückgeruch), die trigeminale Empfindung der Fuselalkohole im Abgang und im Nachhall (also das Brennen des Alkohols im Mund) sowie Sauberkeit und Fehler.
- Die Bestimmung der Harmonie des Brandes gibt den Gesamteindruck Frucht zu Holz wieder.

Vorgangsweise bei der Verkostung

- Duft bewerten.
- Probeschluck nehmen (entsprechend dem Produkt Spirituose weniger als bei Wein).
- Gaumen benetzen.
- Mit Luft vermengen und spucken.
- Ausatmen.
- Warten.
- Bewerten.
- Neutralisieren mit reichlich Wasser, Magertopfen (Quark).

Als Orientierungshilfe für das Erkennen von Qualität muss man Qualität kaufen und verkosten und so seinen Geschmack schulen.

Das ideale Verkostungsglas – nosing glass

Wir haben in den nachfolgenden Kapiteln die Spirituosen, ausgehend vom Grundmaterial, in Guppen eingeteilt.

Diese sind:

- Weindestillate
- Getreidedestillate
- Obstdestillate
- Rum, Cachaça, Tequila & Co. (Destillate aus sonstigen Pflanzen und Früchten)
- Liköre und Bitterspirituosen

Es sei darauf hingewiesen, dass es sich dabei um eine Auswahl an Produkten handelt. Auch die Angabe des Alkoholgehalts kann differieren, da Exportqualiäten oft eine andere Gradation aufweisen.

WEINDESTILLATE

Weindestillate sind Spirituosen, die meist durch zweimalige Destillation aus Brennwein oder anderem für Brennzwecke geeigneten Wein hergestellt werden.

Der Brennwein muss frei von Mängeln sein. Auch Wein, dessen Alkoholgehalt mit Weindestillat verstärkt wurde, und Hefe-(Geläger-) Presswein dürfen zum Brennen verwendet werden.

Aromastoffe und Alkohol anderer Herkunft werden dem Weindestillat nicht zugesetzt.

Quelle: BNIC

Quelle: BNIC

Einige Begriffe rund um die Weindestillate

- Die Sachbezeichnung ist **Branntweine.** Die Zusatzbezeichnung der Traubensorte mit dem Wort **Brand** (z. B. Muskatellerbrand) ist handelsüblich.
- Die Abtriebsstärke ist mit weniger als 86 Vol.-% festgesetzt. Destillate mit 86 Vol.-% bis 94,8 Vol.-% sind als **Weinalkohol** zu bezeichnen.
- Weinalkohol, Kornsprit und **Äthylalkohol (Ethylalkohol)** landwirtschaftlichen Ursprungs sind sehr ähnliche Produkte und werden als Verschnittkomponente verwendet.
- Zum Verschnitt (Blenden, Strecken) von Weindestillat zu „Weinbrand" darf nur Weinalkohol verwendet werden.
- Gemaischte Weintrauben gelten als Obst, nicht als Wein. Wir haben dennoch die aus gemaischten Trauben hergestellten Destillate – die sogenannten **Traubenbrände** – in diesem Kapitel erfasst.
- Ein **Pineau des Charentes** wird durch Mischen von Cognac oder Eau-de-vie de vin mit Traubensaft hergestellt. Er ist ein gesetzlich geschütztes Produkt der Charente, also aus dem französischen Departement, aus dem der Cognac stammt. Pineau des Charentes gibt es in Weiß und Rot mit einem Alkoholgehalt von 16–25 Vol.-%.

Was sind Branntweine aus Wein?

- Alle Brennereierzeugnisse aus Wein, die unter Zusatz von destilliertem bzw. demineralisiertem Wasser auf Trinkstärke herabgesetzt werden, ist die Gruppe der Branntweine aus Wein.
- Die berühmtesten, nämlich Cognac und Armagnac, stammen aus Frankreich. Sie dürfen ausschließlich aus Weinen der geschützten Gebiete Charente (für Cognac) und Gascogne (für Armagnac) gebrannt werden. Dies ist auch der Unterschied zu Weinbrand bzw. Brandy.
- In Österreich, Deutschland, Portugal, Spanien, Italien und Griechenland werden sehr gute Weinbrände erzeugt. Ihre Weine stammen jedoch nicht aus geschützten Herkunftsgebieten.

Armagnac

Armagnac ist ein Qualitätsbranntwein aus Wein, und zwar aus weißen Trauben.
Er hat eine über 500-jährige Tradition und wurde schon früher als der bekanntere Cognac
gebrannt. Die älteste Urkunde stammt aus dem Jahre 1461.
Die Bezeichnung Armagnac ist nach französischem Recht solchen Branntweinen vorbe-
halten, die aus Weinen gewonnen werden, die in dem durch die Verordnung von 1909
abgegrenzten Gebiet der Gascogne (Nordabhang der Pyrenäen) geerntet wurden.

Die Gascogner liebten es, ihren Armagnac aus der gerade leer getrunkenen, noch heißen
Kaffeetasse zu genießen, damit er sein volles Aroma entfalten konnte. Es gilt zu erkunden, ob
sich diese Gepflogenheit bei den traditionellen Brennerfamilien in der Gascogne erhalten hat.

Das Produktionsgebiet wird in drei Zonen geteilt:

- **Bas-Armagnac:** Hier wachsen die besten Trauben auf sandigen Böden rings um die kleine
  Stadt Eauze. Von hier stammen 55 % des zu Armagnac verarbeiteten Weines.
- **Ténarèze oder auch la Ténarèze:** Die Reben dieses Gebietes gedeihen auf Tonböden, die
  Armagnacerzeugnisse sind leichter und altern schneller als jene aus dem Bas-Armagnac-
  Gebiet. Aus diesem Gebiet stammen durchschnittlich 42 Prozent des Weines.
- **Haut-Armagnac:** In diesem Gebiet herrschen Kreideböden vor. Der Armagnac ist von
  geringerer Qualität. Von hier kommen circa drei Prozent des Weines.

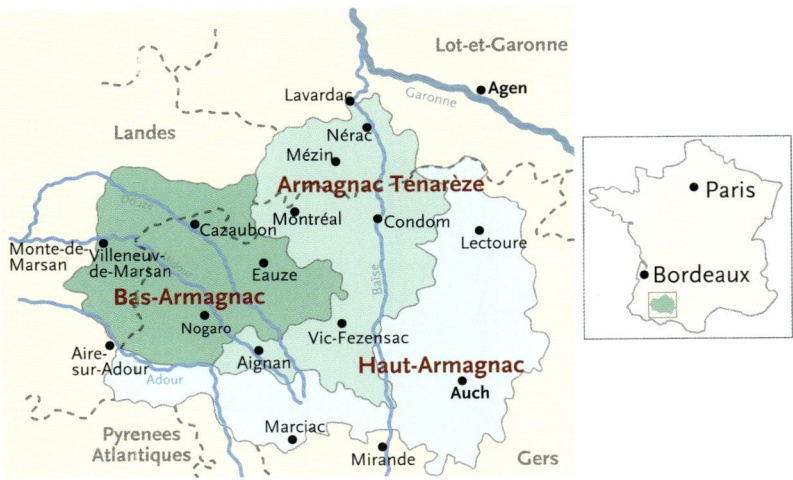

Was Sie wissen sollten

- Armagnac ist meist eine Mischung aus Erzeugnissen der einzelnen Gebiete.
- Die Bezeichnung „Appellation Armagnac" bzw. „Région délimitée" oder „Appellation Contrôlée" bestätigen die Herkunft aus dem Gesamtgebiet des Armagnac.
- Werden Angaben gemacht, die auf eine Teilregion hinweisen, z. B. „Bas-Armagnac", dann muss der gesamte Wein aus dieser Gegend stammen.
- Nach den behördlichen Bestimmungen darf Armagnac nur in der Zeit von Oktober (Traubenernte) bis zum 30. April des folgenden Jahres destilliert werden.
- Armagnac darf nur mit einem Begleitschein (Acquit-à-caution régionale jaune d'or) in den Verkehr gebracht werden.
- Er unterliegt der Überwachung des BNIA (Bureau National Interprofessionnel de l'Armagnac).
- Der hellgoldene Armagnac ist nicht so mild wie Cognac, sondern eher feurig und herb und hat ein einzigartiges Bukett.

Erzeugung

- Zur Armagnacerzeugung werden je nach Gebiet bzw. Terroir bis zu zehn verschiedene Rebsorten verwendet. Von Bedeutung sind vor allem folgende vier Sorten: Ugni Blanc, Folle Blanche, Colombard und Baco 22A (Verwendung nur bis 2010).
- Die Ugni Blanc ist die wichtigste dieser Sorten. Sie ergibt Weine mit geringem Alkoholgehalt (8–9,5 Vol.-%), aber hohem Säuregehalt.
- Die Folle Blanche gibt die elegante und blumige Note für den Branntwein.
- Die Colombard ergibt frische, duftige, aromatische und säuerliche Weine.
- Die weiteren zur Erzeugung von Armagnac erlaubten Rebsorten sind Clairette de Gascogne, Jurançon Blanc, Plant de Graisse, Meslier Saint-François, Mauzac Blanc und Mauzac Rosé.
- Zur Weinbereitung werden die Trauben im Oktober meist noch händisch geerntet. Eine maschinelle Weinlese wird nur vereinzelt durchgeführt.
- Die Vinifizierung verläuft ganz natürlich, ohne Zusatz von Hefen, Schwefel oder Zucker.
- Die Gärung dauert rund 14 Tage, den jungen Wein nennt man Borret. Er wird vor der Destillation nicht abgezogen und ist daher trüb, sehr säurereich und niedrig im Alkohol.

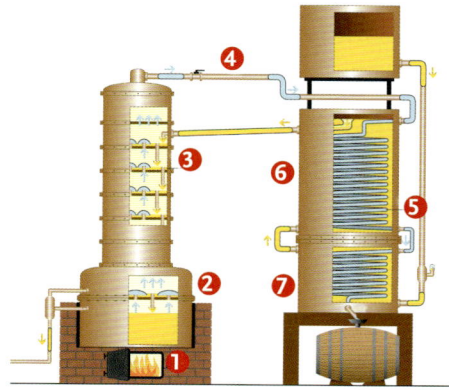

Alambic Amagnacais

❶ Feuer
❷ Heizkessel
❸ Glockenböden
❹ Geistrohr
❺ Kühlschlangen
❻ Vorwärmer
❼ Kühltank

Destillation Die Destillation beginnt meist im November und muss bis 15. Februar des darauffolgenden Jahres beendet sein. Dieses Datum ist vom BNIA (Bureau National Interprofessionnel d'Armagnac), der offiziellen staatlichen Behörde, fixiert worden. Alle
Bereiche der Armagnacproduktion werden vom BNIA kontrolliert.

Armagnac wird gerne nach dem Continuous-Still-Verfahren destilliert. Diese
einfache Methode produziert aus dem Basiswein ein Destillat mit 52–63 Vol.-%.
Aber auch die Alambic-Armagnacais-Methode ist sehr effizient. Der Alkoholdampf nimmt aus dem Wein Aromastoffe auf, die dann in das Destillat transportiert werden. Deshalb sind Armagnacs auch sehr kräftig in Duft, Körper und
Geschmack.

Darüber hinaus ist die zweifache Destillation nach dem Charenteser Brennverfahren erlaubt.

Der zu brennende Wein darf mit Kräutern, Haselnüssen und Pflaumen versetzt
werden (Bouquetières), was dem Armagnac seinen besonderen Geschmack
und sein ausgeprägtes Aroma verleiht.

Reifung und Nach den BNIA-Bestimmungen muss Armagnac in Fässern mit einem Fas-
Verschnitt sungsvermögen von 400 Litern aus hauptsächlich regionalem Eichenholz ge-
reift werden. Für die Lagerung dieser Fässer während des Ausbaus sind die
Raumtemperatur sowie die Luftfeuchtigkeit in den Lagerhäusern von großer
Bedeutung.

**Die Verdunstung eines Teils des Branntweines und die damit verbundene Ver-
ringerung des Alkoholgehaltes um circa 0,5 Prozent im Jahr nennt man auch
den Engelsanteil (Part des anges).**

Das Eau de Vie verbleibt so lange in den Fässern, bis eine Herauslösung der
Aromastoffe aus dem Holz in optimaler Weise erfolgt ist. Wenn der Reifungsprozess beendet ist, beginnt der Kellermeister mit dem Verschnitt, also einer
Auswahl und dem Vermischen mehrerer Eau de Vie verschiedenen Alters, die
miteinander harmonieren.

Den Alkoholgehalt von mindestens 40 Vol.-% erhält man durch Hinzufügen
eines Gemisches aus destilliertem Wasser und Armagnac.

Verdünnen Um Armagnac auf die gewünschte Trinkstärke von 38–43 Vol.-% Alkohol zu
bringen, wird ihm im Laufe der Lagerzeit einige Male destilliertes
Wasser oder ein Gemisch aus schwachem Armagnac mit destilliertem Wasser
(Faible) beigegeben. Die Herabsetzung auf Trinkstärke erfolgt also – ähnlich
wie bei Weinbrand und Cognac – in mehreren Einzelschritten. Sie dauert
einige Wochen.

Verschneiden Im Gegensatz zu Cognac werden die besten Armagnacerzeugnisse unverschnit-
ten als Jahrgangsarmagnac, Millésimés, abgefüllt und verkauft. Armagnac darf
auch verschnitten in den Handel kommen. Diese Verschnitte bestehen selten aus
Destillaten eines einzigen Jahrganges. Es werden verschiedene Jahrgänge miteinander vermählt, um so eine möglichst hohe und vor allem gleichbleibende Qualität zu erzielen. Entscheidend für die Altersangabe auf der Etikette ist dabei immer das jüngste in diesem Armagnac verwendete Destillat.

Abfüllung Vor der Flaschenabfüllung unterliegt Armagnac strengen staatlichen Kontrollen.

Wie alt ist der Armagnac?

- Bei der Reifung von Armagnac gilt ein Kontensystem, das bereits am 1. April nach der Lese sein erstes Reifejahr vollendet hat.
- Abgesehen von den Jahrgangsarmagnacs beziehen sich die Altersangaben immer auf das Alter des jeweils jüngsten Branntweines, der für den Verschnitt verwendet wurde.
- Bei jüngeren Armagnacs sind Handelsbezeichnungen wie *** 3 Sterne (mehr als zwei Jahre), V.S.O.P. (mehr als fünf Jahre) und X.O. (mehr als sechs Jahre) üblich.
- Als Besonderheit gibt es den Jahrgangsarmagnac (Millésimé), der mindestens zehn Jahre alt ist.

Vereinfachung bei den Altersangaben

- Als Vereinfachung für die vielen Namensbezeichnungen der früheren Jahre haben die Behörden zwei Kategorien beschlossen.
- Die alleinige Bezeichnung Armagnac gilt für Produkte, die eine Reifezeit von unter zehn Jahren hinter sich haben.
- Dauert die Reifung länger, heißen die Erzeugnisse Vieux Armagnac.

Alte Namensbezeichnungen

Sie sind durchaus noch auf Armagnacflaschen zu finden, da sie erst nach langen Jahren der Lagerung in den Handel kommen. Die wichtigsten dieser Bezeichnungen sind:

*** (Trois Étoiles) bis ******* (Sept Étoiles)	V.S. (Very Special)
Sélection	De Luxe
Superieur Premièr Choix	Grande Sélection
Réserve	V.O. (Very Old)
V.S.O.P. (Very Superior Old Pale)	V.E.G.A. (Very Enjoyable Grande Armagnac)
V.V.S. (Very Very Superior)	Grande Fine
Extra	Vieux
Napoléon	Vieille Réserve
Hors d'Age	V.V.S.O.P. (Very Very Superior Old Pale)
X.O. (Extremely Old)	

Was hat es mit dem Wort „pale" auf sich?

- Da „pale", das auf Deutsch „fahl" bedeutet, eigentlich eine negative Wertung hat, wird es vielfach durch das Wort „product" ersetzt, auf Deutsch „Produkt".
- Armagnac wird mit zunehmender Lagerzeit nicht fahl, sondern er nimmt je nach Alter des Fasses eher mehr Farbe an.

Cognac

Cognac ist ein Qualitätsbranntwein aus Weinen, und zwar aus Weißweinen – die Herstellung der Weine unterliegt ebenfalls strengen Vorschriften –, die ausschließlich aus dem gesetzlich geschützten Gebiet der Charente kommen. Die Charente liegt nördlich von Bordeaux, ihr Zentrum ist die Stadt Cognac, die dem Branntwein aus Wein seinen Namen gegeben hat.

Quelle: BNIC

Quelle: BNIC

„Wenn irgendein Fidschi-Insulaner oder Eskimo nur zwei Wörter der französischen Sprache versteht", sagte einmal ein Franzose in stolzer Unbescheidenheit, „dann sind das die Wörter Paris und Cognac. Kennt er aber nur ein Wort, dann heißt es Cognac."

Wie dem auch sei, der erste Cognac wurde angeblich im Hundertjährigen Krieg zwischen England und Frankreich hergestellt. Die Weinbauern konnten wegen der Kriegswirren ihren Wein nicht absetzen und kamen auf die Idee, den Wein zu konzentrieren, nämlich zu destillieren. Die Nachfrage nach diesem neuen Getränk stieg von Jahr zu Jahr. Bereits im 17. Jahrhundert wurde „eau-de-vie de vin" bzw. „eau-de-vie de Cognac" ins Ausland exportiert und verschaffte sich weltweit einen so guten Namen, dass jährlich zirka 28 000 Fässer (Barriques) verschifft wurden. In dieser Zeit etablierten sich auch die bedeutendsten Cognacfirmen. Bald reichte der Wein der Charente zur Befriedigung des Bedarfs nicht mehr aus, obwohl ihre Weinbaufläche zirka 100 000 ha umfasste. Auch Weine aus den benachbarten Departements wurden zur Herstellung von Cognac verwendet.

Was ist die Région délimitée?

- Sie wurde 1909 gesetzlich festgelegt.
- Bereits 1860 wurde in einer Aufteilung der einzelnen Gebiete die Feststellung verankert, dass jene Gebiete den besten Cognac hervorbringen, deren Böden stark kreidehaltig sind. Die Aufteilung von 1860 gilt bis heute.
- Die vom Fluss Charente bewässerte „Région délimitée" umfasst circa 80 000 ha.

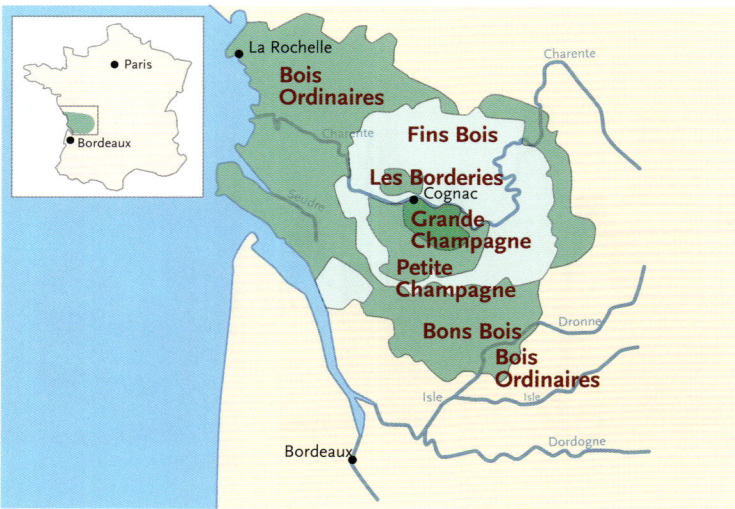

Die Région délimitée gliedert sich in folgende sechs Anbaugebiete, wobei die Champagne de Cognac nicht zu verwechseln ist mit der ostfranzösischen Champagne, aus der der Champagner stammt.

- **Grande Champagne:** Von hier stammt der beste Cognac. Er ist rassig und bukettreich. Das resultiert aus dem sehr kreidereichen Boden. Aus diesem Gebiet kommen circa 15 Prozent der zu Cognac verarbeiteten Weine. Cognac, der ausschließlich aus Trauben dieses Gebietes hergestellt wird, trägt die Bezeichnung **Grande Fine Champagne.**
- **Petite Champagne:** Auch hier wachsen die Reben auf Kreideböden. Der Kreideanteil ist jedoch etwas geringer als in der Grande Champagne. Die Weine sind feinblumig und feurig. Aus der Petite Champagne kommen etwa 19 Prozent der Cognacweine. Ein Verschnitt von Weinen der Petite Champagne und der Grande Champagne wird als **Fine Champagne** bezeichnet, wenn der Anteil an Weinen der Grande Champagne mindestens 51 Prozent beträgt.
- **Les Borderies:** Die Böden sind gelber und fetter, der Wein hat ein kräftigeres Aroma. Der aus ihm gebrannte Cognac ist zwar am körperreichsten und mit einer sehr ausgeprägten Duftnote, er lässt aber die besondere Feinheit vermissen. Der Anteil am Gesamtertrag liegt bei rund 5 Prozent.

- **Fins Bois:** Aus diesem Gebiet stammt der größte Teil des Grundmaterials für die Drei-Sterne-Cognacs. Das Gebiet umfasst zirka 41 Prozent des Gesamtertrages.
- **Bons Bois:** Dieses relativ waldige Gebiet liegt rund um die zuvor genannten Gebiete. Hier werden sehr „feurige" Cognacs erzeugt. Der Ertrag liegt bei rund 17 Prozent des Gesamtgebietes.
- **Bois Ordinaires und Bois Communs:** Dieser Bereich liegt im westlichsten Teil der Charente, und zwar am Atlantik. Er umfasst auch die Inseln Ré und Oléron und liefert Weine ohne besonderen Charakter. Auf dieses Gebiet entfallen circa drei Prozent des Gesamtertrages.

Was Sie wissen sollten

- Die Cognacproduktion wird seit 1941 von der französischen Staatsverwaltung, dem BNIC (Bureau National Interprofessionnel du Cognac) überwacht.
- Dieses Büro stellt eine Prüfurkunde aus, die erst das Recht verleiht, ein Erzeugnis als Cognac zu bezeichnen. Darüber hinaus ist ein Begleitschein (Acquit-à-caution régionale jaune d'or) vorgeschrieben, ohne den der Verkauf als Cognac sowohl innerhalb Frankreichs als auch im Export nicht möglich ist.
- Alle französischen Branntweine aus Wein, die nicht die regional genau festgelegte Herkunftsbezeichnung Cognac tragen dürfen, werden als **„eau-de-vie de vin"** bezeichnet. Im deutschsprachigen Raum werden sie als „französischer Weinbrand" oder „Brandy" in den Verkehr gebracht.

Erzeugung

- Acht Rebsorten sind für die Cognacerzeugung zugelassen.
- Die Sorten Ugni Blanc, Folle Blanche und Colombard machen dabei 90 Prozent aus. Die verbleibenden 10 Prozent teilen sich auf Sémillon, Blanc Rame, Select, Jurançon Blanc und Montils auf.
- Meist dominiert die Ugni Blanc, die im Cognacgebiet auch als St. Emilion de Charente bezeichnet wird.
- Die durchschnittlichen Hektarerträge liegen zwischen 70 und 100 Hektoliter.

Um einen Liter Cognac zu gewinnen, benötigt man rund 11,25 kg Trauben bzw. neun Liter Wein.

- Mehr als 20 000 Winzer produzieren Weine für Destillationszwecke, ungefähr 5 500 machen von ihrem Destillationsrecht Gebrauch.
- Moderne Erziehungsmethoden erlauben eine maschinelle Traubenernte. In den Horizontalpressen oder pneumatischen Pressen werden die ganzen Trauben mit den Kämmen verarbeitet.
- Die Weinbereitung erfolgt ohne Zugabe von Reinzuchthefen und Zucker. Die Gärung ist nicht temperaturgesteuert und dauert zwischen 10 und 21 Tagen.

Brennen	Der vorgewärmte Wein wird in Brennblasen, den Alambics, zweimal über offenem Feuer gebrannt (Charenteser Brennverfahren, siehe Seite 448). Der erste Brand heißt Raubrand (Brouillis) und hat etwa 25 bis 30 Vol.-% Alkoholgehalt. Im zweiten Brand, dem Feinbrand (Bonne chauffée), werden der Vorlauf (Tête) und der Nachlauf (Queue) ausgeschieden. Der Mittellauf (Cœur) hat zwischen 60 und 70 Vol.-% Alkoholgehalt (72 Vol.-% ist die zulässige Obergrenze) und die beste Qualität. Er ist auch frei von unerwünschten Unreinheiten.
Lagerung und Reifung	Ebenso wichtig wie das Brennen ist für den Cognac das Lagern in Fässern aus dem Holz der Limousineiche, das zumeist aus den Regionen Limousin und Troncais stammt. Dieses Holz ist besonders grobporig und luftdurchlässig, sodass der Sauerstoff von außen einwirken und gleichzeitig Alkohol sich verflüchtigen kann. Der Cognac kann daher atmen und damit besser reifen. Der ursprünglich farblose Branntwein mit einem durchschnittlichen Alkoholgehalt von 70 Vol.-% nimmt die Gerbsäure (Tannin) der Eichenfässer auf und erhält dadurch seine Farbe. Auch die Schärfe des Alkohols wird gemildert. Durch den dem Fass (Barrique) entzogenen Holzextrakt bildet sich das charakteristische Aroma des Cognacs. In neuen Fässern verbleibt das Weindestillat jedoch nur relativ kurze Zeit, um nicht allzu viel von den Holzextraktstoffen aufzunehmen. Längere Lagerzeiten erfolgen stets in älteren Fässern. Der Volumenverlust beträgt circa vier Prozent pro Jahr, der durch Zugabe von anderem Cognac ausgeglichen wird.
Verdünnen	Um Cognac auf die gewünschte Trinkstärke von meist 40 Vol.-% Alkohol zu bringen, wird ihm während der Lagerzeit einige Male destilliertes Wasser oder ein Gemisch aus destilliertem Wasser mit schwachem Cognac (Faible) beigegeben. Die Herabsetzung auf Trinkstärke erfolgt also in mehreren Einzelschritten und dauert einige Monate.
Verschneiden	Französische Bezeichnung „Mariage" (Hochzeit). Es werden stets Destillate verschiedener Jahrgänge und Sorten miteinander verschnitten, um so eine möglichst gleichbleibende Qualität zu erzielen. Das Verschneiden von Cognac ist eine besondere Kunst des Kellermeisters, der allein die Anzahl der zu verwendenden Destillate und deren Mengenanteile bestimmt. Die Altersbezeichnung auf der Etikette (siehe Compte-System) gibt Auskunft über das Alter des jüngsten Branntweines der Komposition.
Abfüllung	Vor der Abfüllung in Flaschen unterliegt Cognac strengen staatlichen Kontrollen.

Welcher Cognac trägt die Bezeichnung Brut de Fût

Der Begriff untersteht keinen A.-O.-C.-Regeln und ist damit offiziell nicht anerkannt. In Cognac spricht man von Brut de Fût, wenn das frisch destillierte Eau de vie in einem Fass gelagert wird, in dem es auch altert. Brut de Fût wird nicht assembliert, es wird kein Zucker, kein Karamell und kein Wasser hinzugefügt.

Quelle: BNIC

Quelle: BNIC

Staatliche Kontrolle (→ Compte-System)

- Herstellung und Lagerung von Cognac unterliegen strengen gesetzlichen Vorschriften und Kontrollen. Für die Einhaltung sorgt das BNIC (Bureau National Interprofessionnel du Cognac).
- Sofort nach der Destillation wird der Branntwein in eine Art Kontoführung eingegliedert, beginnend mit dem Konto 00, die die Dauer der Fasslagerung bestimmt. Dort bleibt das Destillat bis zum 31. März jeden Jahres, das dauert von einem Tag bis zu 3 1/2 Monaten.
- Am 1. April kommt es in das Konto 0, am 1. April des Folgejahres in das Konto 1. Somit hat der Branntwein ein Jahr im Eichenfass verbracht.
- Jeweils am 1. April erfolgt die neue Einreihung in die nächste, höhere Alterskontenklasse. In unserem Fall kommt also der Branntwein am nächsten 1. April in das Konto 2, von wo er bereits als Dreistern (***) oder als Cognac mit dem Namen V. S. verkauft werden darf.
- Sobald das Destillat im Konto 4 ist, also im übernächsten Jahr, darf es die Bezeichnung V.S.O.P. tragen.
- Mit dem Konto 6 erreicht der Cognac das letzte Jahr der Kontoführung und kann als X.O. (Extra Old) auf den Markt gebracht werden.
- Das BNIC garantiert kein höheres Alter als sechs Jahre.
- Grundsätzlich kann man davon ausgehen, dass die auf dem Markt befindlichen 3-Sterne-Cognacs zwischen drei und sieben Jahre gelagert wurden. Bei den V.S.O.P.s handelt es sich um fünf bis fünfzehn Jahre gelagerte Destillate, X.O.s können bis zu 40 Jahre alt sein.

Alte Namensbezeichnungen

Es gibt eine Vielzahl von Namensbezeichnungen für Cognacs, die auf eine lange Lagerung hindeuten und die Exklusivität des Produktes unterstreichen sollen. Häufig anzutreffende Bezeichnungen sind:

*** (Trois Étoiles) bis ******* (Sept Étoiles)	Sélection
Cuvée Spéciale Monopole	Fine
De Luxe	V.S. (Very Special)
Superieur Premièr Choix	Grande Sélection
V.O. (Very Old)	V.S.O.P. (Very Superior Old Pale)
Réserve	V.S.O. (Very Superior Old)
O.P. (Old Pale)	V.V.S. (Very Very Superior)
Grande Fine	Extra
Vieux	Vieille Réserve
Napoléon	V.V.S.O.P. (Very Very Superior Old Pale) V.V.O.P. (Very Very Old Pale)
Cordon Rouge	V.X.O. (Very Extremely Old)
Hors d'Age	Age Inconnu
TVFC (Très Vieille Fine Champagne)	Très Rare Fine Champagne
V.O.C.B. (Very Old Cognac Brandy)	V.O.C.B. (Very Old Champagne Brandy)
V.V.E.S.O.P. (Very Very Extra Superior Old Pale)	

Das Wort „pale"
Auch beim Cognac wird das Wort „pale" heute vielfach durch das Wort „product" ersetzt, vgl. Armagnac, Seite 462.

Was noch auf der Etikette steht

Folgende Angaben sind verpflichtend auf der Etikette einer Cognacflasche zu finden:
- die Bezeichnung Cognac oder Eau-de-vie de Cognac oder Eau-de-vie des Charentes,
- das Fassungsvermögen,
- der Alkoholgehalt (mindestens 40 Vol.-%).

Weiters kann eine der regionalen Appellationen angegeben sein: Grande Champagne, Petite Champagne, Les Borderies, Fins Bois, Bons Bois, Bois Ordinaires und Bois Communs.

Die Wahl des Cognacglases

Große Cognacschwenker sehen fantastisch aus, aber ...
durch ihren großen „Bauch" flüchten die Aromastoffe.
Profis ziehen (nicht nur bei Verkostungen) kleinere Gläser vor, deren geringere Oberfläche den Alkohol und damit die Aromastoffe des Destillates länger konzentriert hält. Und das riecht man nicht nur, das schmeckt man auch.

Weinbrand/Brandy

Weinbrand, im Mittelalter „aqua ardens" (brennendes Wasser) oder „aqua vitae" (Lebenswasser) genannt, ist ein Branntwein aus Wein. Man nimmt an, dass Weinbrand in Europa das älteste alkoholische Destillat ist. Urkundlich wurde Weinbrand schon im 14. Jahrhundert erwähnt. Er wurde ursprünglich nur für medizinische Zwecke verwendet und war ausschließlich in Apotheken erhältlich.

Für die Alchemisten früherer Zeiten war Alkohol ein geheimnisvoller Stoff, eine Quinta essentia, zusammengesetzt aus Feuer und Wasser. Das erklärt wohl auch den Begriff „Feuerwasser" für Hochprozentiges.

Was Sie wissen sollten

- In den deutschsprachigen Ländern wurde Weinbrand bis 1919 als Cognac oder Kognak bezeichnet. Nach Ende des Ersten Weltkrieges wurde im Versailler Vertrag von 1919 den deutschsprachigen Ländern untersagt, für Produkte aus gebranntem Wein die Bezeichnung Cognac weiterhin zu gebrauchen.
- Die bereits seit der Jahrhundertwende von Hugo Asbach verwendete Bezeichnung „Weinbrand" wurde nach einer Phase allgemeiner Unsicherheit 1921 im neuen Weingesetz der Bundesrepublik Deutschland als verbindliche Bezeichnung für solche Produkte vorgeschrieben, die „nach Art des Cognacs" hergestellt wurden.

Erzeugung

- Weinbrand wurde und wird aus Weindestillaten hergestellt, die im sogenannten Pot-Still-Verfahren destilliert werden. Dieses mindestens zweifache, manchmal dreifache Brennverfahren bringt ein Destillat von etwa 70 Vol.-% hervor, wobei ein Teil der Duft- und Geschmacksstoffe des Weines in das Destillat übergeht.
- Der Alkoholgehalt beträgt mindestens 36 Vol.-%.
- Weinbrand muss in jedem Fall mindestens ein Jahr, bei Fässern unter 1 000 Liter Inhalt sechs Monate zur Reifung gelagert werden.

Im sogenannten kontinuierlichen oder Kolonnenbrennverfahren (Patent-Still-Verfahren) darf bis 94,8 Vol.-% destilliert werden. Das Ergebnis ist Weinalkohol, ein nahezu reiner, neutraler Alkohol. Gemäß EU-Recht wird Weinbrand aus Weindestillat mit oder ohne Weinalkohol gewonnen. Der Weinalkohol darf 50 % des Alkoholanteils des Fertigerzeugnisses nicht übersteigen.

Der Begriff Weinbrand

Neu und damit abweichend vom Codex dürfen sowohl Weinbrand aus Weindestillat (sogenannte echte Ware) als auch Weinbrandverschnitt (mindestens 50 % Destillatanteil) unter derselben Sachbezeichnung, nämlich Weinbrand, in den Handel kommen.

Österreichischer Weinbrand

- Österreichischer Weinbrand besteht zu 100 % aus hochwertigem Weindestillat und wird aus österreichischen Grundweinen erzeugt. Das Verschneiden mit Weinalkohol ist nicht gestattet.
- Abweichend von der EU-Verordnung, nach der alle Spirituosen „natürlich" aromatisiert werden dürfen, ist das bei österreichischen Erzeugnissen aus Qualitätsgründen ausgeschlossen.

Deutscher Weinbrand

- Deutscher Weinbrand muss einer amtlichen Prüfung unterzogen werden und trägt eine amtliche Prüfnummer auf der Etikette.
- Der Alkoholgehalt muss mindestens 38 Vol.-% betragen.
- Deutsche Brennereien verwenden meist Weine aus Italien und Frankreich, die als versetzte Weine mit einem Alkoholgehalt von 18–24 Vol.-% angeliefert werden.
- Die Destillation erfolgt nach den üblichen Verfahren.
- Die Lagerzeit beträgt mindestens ein Jahr. Werden die Branntweine in Eichenfässern mit einem Fassungsvermögen von weniger als 1 000 Litern gelagert, kann sie sich auf sechs Monate verkürzen. Alter deutscher Weinbrand muss zwölf Monate Holzfasslagerung nachweisen.

Kellerberg, Domäne Wachau

Italienischer Brandy

- Der „Cognac der Italiener" – bis 1950 eine durchaus gängige Bezeichnung – kann auf eine lange Tradition verweisen.
- Die Italiener brennen meist Weine aus Trebbianotrauben. Die Trebbiano ist ein Synonym für die französische Ugni Blanc, also die Cognactraube.
- Italienische Brandys werden meist als Industrieprodukte hergestellt, unterliegen aber sehr strengen gesetzlichen Vorschriften.
- Die Weine stammen aus genau bestimmten Gebieten.
- Es darf nur bis zu einem relativ niedrigen Alkoholgehalt gebrannt werden, was dem einfachen Destillat eine angenehme Fruchtigkeit verleiht.

Spanischer Brandy

- Viele Brennereien für spanische Brandys sind in der Sherrygegend beheimatet.
- Die Grundweine zu seiner Herstellung stammen jedoch meist aus anderen Anbaugebieten, wie Kastilien-La Mancha.
- Durch das Brennverfahren sowie die Lagerung unterscheiden sich die spanischen von anderen Weinbränden. Es werden grundsätzlich zwei verschiedene Destillate hergestellt, und zwar die Holandas mit 60–65 Vol.-% und die Destillados mit 85–95 Vol.-%. Die Holandas bringen das Aroma, die Destillados die samtige Komponente in das Produkt, das erst später gemischt wird.
- Spanische Brandys werden in Fässern aus amerikanischer Eiche gelagert, in denen schon vorher Sherry bereitet wurde.

Auch das vom Sherry bekannte Soleraverfahren wird beim Brandy angewendet. Dabei werden ältere mit jüngeren Destillaten mehrmals verschnitten, um eine möglichst gleichbleibende Qualität zu garantieren. Die dabei entstehenden Qualitätsstufen heißen: **Solera** (6-monatige Lagerung im Eichenfass), **Solera Reserva** (12-monatige Lagerung im Eichenfass) und **Solera Gran Reserva** (36-monatige Lagerung im Eichenfass).

In der Regel werden die Brandys aber wesentlich länger ausgebaut, so kommen außergewöhnliche Qualitäten mit einer Lagerdauer von acht bis sogar 100 Jahren auf den Markt.

Französischer Brandy – Eau-de-vie de vin

- Auch außerhalb des Cognac- und Armagnacgebietes wird gebrannt.
- Die neutralen Destillate müssen mindestens ein Jahr im Fass reifen.
- In verschiedenen Weinbaugebieten, wie z. B. im Burgund, wird die Bezeichnung Fine auf den Etiketten vermerkt.

Portugiesischer Brandy – Aguardente

- Einige wenige Weinbaubetriebe stellen aus meist säuerlichen Rotweintrauben portugiesische Brandys her.

Griechischer Brandy

- Eine bekannte, in Europa recht gut verbreitete griechische Spirituose heißt → Metaxa.
- In Griechenland werden meist Rotweintrauben zur Herstellung verwendet, die Dauer der Lagerung wird auf der Etikette durch Sterne symbolisiert.

Osteuropäischer Brandy

- Schon sehr lange werden in verschiedenen (süd-)osteuropäischen Ländern, wie Bulgarien, Georgien, Serbien und Zypern, Branntweine aus Wein hergestellt.

Israelischer Brandy

- Der koschere Branntwein wird von Einwanderern aus Osteuropa schon fast 200 Jahre in Israel erzeugt.
- Eine breite Angebotspalette von süßen bis zu leichten Brandys findet weltweit in vielen jüdischen Gemeinden ihre Kundschaft.

Australischer Brandy

- Strenge Gesetze bestimmen in Australien die Herstellung von Branntweinen.
- Erst nach zwei Jahren Lagerung darf ein australischer Brandy auf den Markt gebracht werden.
- Ein „Old Brandy" wird fünf Jahre, ein „Very Old Brandy" zehn Jahre gelagert.

Amerikanischer Brandy

- In der Geschichte der Trauben- und Weinerzeugung nimmt die Herstellung von Brandy nur einen mittleren Stellenwert ein und beschränkt sich fast ausschließlich auf Kalifornien.
- An Trauben werden die Sorten Colombard, Ugni Blanc, Pinot Noir und Gamay verarbeitet.
- Durch den Ausbau in amerikanischen Eichenfässern ist der amerikanische Brandy dem spanischen sehr ähnlich.

Südafrikanischer Brandy

- Die Erzeugung von „gebranntem Wein" hat in diesem Teil der sogenannten Neuen Welt eine sehr lange Tradition, obwohl ursprünglich eher Tresterbrände und später Weinbrände mittlerer Qualität hergestellt wurden.
- Seit den 1990er-Jahren wird auf sehr gute Qualität der Brennerzeugnisse geachtet.
- Sie kommen unter dem Namen Brandy, Vintage Brandy oder Potstillbrandy auf den Markt.
- Bei einem Brandy müssen 30 Prozent des Destillats aus einer Destillierblase stammen und es muss eine Lagerzeit von drei Jahren nachgewiesen werden.
- Bei einem Vintage Brandy müssen ebenfalls 30 Prozent des Destillats aus einer Destillierblase stammen, es ist jedoch eine achtjährige Lagerung vorgeschrieben, wovon drei Jahre im kleinen Eichenfass erfolgen müssen.
- Der Potstillbrandy muss mindestens 90 Prozent Brandy aus Destillierblasen enthalten und drei Jahre in kleinen Eichenfässern gelagert worden sein.

Brandy aus Mittel- und Südamerika – Aguadiente

- Brandy wird in einigen Ländern Mittel- und Südamerikas erzeugt.
- Über die größte Produktionsmenge verfügt Mexiko, von wo auch die Brandymarken Presidente stammt.
- Der Pisco ist ein Branntwein aus Wein und aus Weintrestern, der in vielen Ländern Südamerikas, z. B. Peru, Argentinien und Chile, beheimatet ist. Er wird in Tongefäßen gelagert und bleibt hell und wasserklar.

Ist die Farbe echt?
Wir wissen: Je jünger das Holzfass, je stärker das Toasting, je länger die Lagerung, desto dunkler das Produkt (der Weinbrand).
Vorsicht: Es werden Bonifikateure eingesetzt, die die Farbe des Destillates intensivieren und den Geschmack (z. B. süßliche Karamellnoten) verändern.

Traubenbrand

Traubenbrände gehören laut EU-Verordnung zu den Obstbränden. Wir erfassen sie jedoch im Kapitel Weindestillate, da wir vom Grundmaterial, der Traube, als übereinstimmender Komponente ausgehen.

Was Sie wissen sollten

- Traubenbrände dürfen wie die Branntweine aus Wein bis zu 86 Vol.-% destilliert werden.
- Fertige Produkte müssen mindestens 37,5 Vol.-% Alkohol aufweisen.
- Das Destillat wird aus der vollen Frucht oder aus der Maische gewonnen, und zwar ohne Zusatz von zuckerhaltigen Stoffen, Zucker oder Alkohol.
- Nur erstklassige vollreife und besonders aromatische Trauben ergeben einen geschmacklich ausgeprägten Traubenbrand. Die Destillation der vergorenen Trauben muss sehr sorgfältig erfolgen und Vor- und Nachlauf müssen klar getrennt werden.
- Meist erfolgen Ausbau und Lagerung in Glas- und Stahlgefäßen. Eine Eichenfasslagerung bringt dem sensiblen Edelbrand nicht nur eine schöne Farbe, sondern auch die typischen Holzaromen.
- Damit der ursprüngliche Geschmack nicht verfälscht, sondern nur auf feine Art und Weise ergänzt wird, darf die Lagerung nicht zu lange dauern. Während der Reifezeit im Eichenfass wird daher immer wieder sensorisch geprüft. Dies ist notwendig, um den optimalen Zeitpunkt für die Entnahme und die Abfüllung zu bestimmen.

Was ist ein Acquavite d'Uva?

- Acquavite d'Uva ist die Bezeichnung für einen italienischen Traubenbrand.
- Er weist meist einen Alkoholgehalt ab 40 Vol.-% auf.
- Acquavite d'Uva schmeckt besonders fein, da ihm der herbe Auszug aus den Kernen fehlt.
- Er gewinnt gegenüber dem aus Weintrestern hergestellten, berühmten Grappa weiter an Bedeutung.

Tresterbrand

Weintresterbranntweine sind Erzeugnisse, die aus den Pressrückständen der Weinmaische (weiße und rote Trauben) hergestellt werden. Ebenso gibt es Trester aus Kern- und Beerenobst, aus Biermaische und aus Getreidemaische.

Was Sie wissen sollten

- Im Geruch und Geschmack ist der Tresterbrand deutlich vom Weinbrand zu unterscheiden und enthält im Gegensatz zu diesem größere Mengen an Methylalkohol, der im ersten Destillationsvorgang im Charentaiser Brennverfahren gewonnen wird.
- Bei den Tresterbränden ist der Anteil an Oenanthäther sehr hoch, sodass die anderen Geschmacksstoffe überdeckt werden und die charakteristische Geschmacksnote der Tresterzeugnisse entsteht.
- Nach EU-Verordnung dürfen dem Trester 25 Kilogramm Trubmenge je 100 Kilogramm Trester zugesetzt werden.
- Die Abtriebsstärke muss weniger als 86 Vol.-% betragen.
- Die trinkfertige Ware enthält einen Alkoholgehalt von mindestens 37,5 Vol.-%.

Treberner und Trester sind synonyme Begriffe für Weintresterbranntweine. In Frankreich und Italien kennt man sie seit dem 15. Jahrhundert. Ein Marc oder ein Grappa dürfen heute in einer Bar nicht fehlen.

Grappa

Der italienische Tresterbrand heißt Grappa. Er ist ausschließlich italienischer Herkunft, ein historisch verbrieftes Recht, das von der EU definitiv anerkannt wurde und in der neuen EU-Verordnung über Spirituosen festgeschrieben worden ist.

Die urtypische italienische Spirituose hat ihren Ursprung im 17. Jahrhundert. Die bei der Weinerzeugung für die herrschende Klasse abfallenden Weintrester wurden von den Bauern für den eigenen Konsum nochmals gebrannt.

Das Wort Grappa, so nimmt man an, stammt vom lateinischen Wort „grappulus" (Traube).

Der Trester – Rohstoff für jeden Grappa

- Die festen Bestandteile der Weintraube, die nach dem Pressen von Most oder Wein übrig bleiben, nennt man Trester.
- Sie sind sehr empfindlich, oxidieren, sobald sie mit Luft in Kontakt kommen, wodurch sich die gewünschten Bukett- und Aromastoffe verflüchtigen.
- Trester verderben rasch, wenn Bakterien einwirken, und sind daher möglichst schnell zu verarbeiten.
- Einige Rebsorten, nämlich die sogenannten aromatischen, sind in der Lage, ihre Substanzen zu konzentrieren, und daher besonders geeignet, den Grappas einen prägnanten Geschmack zu verleihen. Dieses außergewöhnliche Aroma der Traminer- und Moscatosorten geht auch während der Destillation nicht verloren.
- Auch rote Traubentrester werden zur Grappaerzeugung verwendet und liefern sehr gute Ergebnisse.

Erzeugung

Ein Grappa muss aus der direkten Destillation der Trester gewonnen werden, das heißt, dass die ausgepressten Weintrauben in einen Destillierkolben gelegt und dann destilliert werden müssen. Es ist verboten, Grappa aus den Trestern von Zweitweinen, die durch Auslaugen mit Wasser und anschließende Destillation entstanden sind, zu gewinnen.

Tresterbranntweine sind die einzigen Spirituosen, die nicht aus flüssigen Rohstoffen erzeugt werden.

Destillation	In ganz Italien werden sowohl kontinuierliche als auch diskontinuierliche Brennkessel verwendet.
Lagerung und Alterung	Zur Reifung der Grappas werden hauptsächlich Eichenholzfässer, aber auch Fässer aus anderen Holzarten, wie Esche, Kirsche und Maulbeerbaum, verwendet. Die Destillate werden unterschiedlich lange gelagert und erhalten durch das Holz zusätzliche Geschmackskomponenten. Da sie jedoch schon in ihrer Jugend über vielfältige Aromen verfügen, wird ein Großteil der Grappaproduktion durchaus jung getrunken.

Klassifizierung

Die ANAG, der Verband der Grappa- und Spirituosenverkoster, hat aufgrund der Vielfalt an Grappasorten folgende Kategorien aufgestellt:

- **Junger Grappa (Giovane):** aus Rebsorten mit meist neutralem Geschmack. Sein Aroma ist naturbelassen und nicht durch Lagerung in Holzfässern oder durch Zugabe von Kräutern beeinflusst.
- **Junger, aromatischer Grappa (Aromatica):** aus aromatischen Rebsorten, z. B. Moscatos, hergestellt.
- **Im Holzfass gelagerter Grappa:** Grappa, der eine bestimmte Zeit in Holzfässern gelagert wurde und dadurch besonders charakteristische Eigenschaften angenommen hat. Die Lagerdauer ist jedoch zu kurz, um ihn als alten Grappa zu definieren.
- **Im Holzfass gelagerter, aromatischer Grappa:** Er entspricht dem oben genannten, wird aber aus aromatischen Rebsorten hergestellt.
- **Alter Grappa:** ein mindestens sechs Monate im Holzfass und sechs Monate in der Flasche gelagerter Grappa hat das Recht auf eine der Zusatzbezeichnungen **Invecciata, Stravecchia** oder **Riserva.**
- **Alter, aromatischer Grappa:** wie oben, nur aus aromatischen Rebsorten hergestellt.
- **Aromatisierter Grappa (Aromatizzata):** durch den Zusatz von Kräutern und Früchten oder aus ihnen gewonnenen wässrigen Lösungen hergestellt.

Marc

Nicht nur in Italien, sondern auch in vielen Weinbauregionen Frankreichs werden die Pressrückstände der Weinproduktion zu Tresterbränden verarbeitet.

- Einer der bekanntesten ist der **Marc de Champagne.** Die Trester werden meist in zentralen Brennereien hergestellt, reifen und lagern aber dann in den Champagnerkellereien. Sie werden auch unter ihrem Namen vermarktet.
- Der **Marc de Bourgogne** ist ebenfalls von wirtschaftlicher Bedeutung. Es handelt sich zumeist um eichenholzgereifte Produkte aus aromatischen, kräftigen Sorten. Fahrbare Brennereien oder Großbetriebe besorgen die Destillation. Die Lagerung und Reifung obliegt wiederum den Weingütern bzw. Négociants.
- Aus dem Elsass ist der **Marc de Alsace** zu nennen.

Spirituose aus Weingeläger

Dieses in Österreich eigenständige Produkt hieß früher Gelägerbrand bzw. Branntwein aus Weinhefe oder Weingeläger. Seit Ablauf der Übergangsfrist (31. Dezember 1995) darf es unter der Sachbezeichnung „Gelägerbrand" nicht mehr hergestellt werden. Als Ausweg für traditionelle österreichische Hersteller kann das Erzeugnis als Spirituose mit einer zusätzlichen Erklärung des Herstellungsverfahrens (z. B. „hergestellt aus Weingeläger") in den Handel kommen. Auch die Bezeichnung **Hefebrand** ist möglich.

Weinbrandähnliche Spirituose

Sachbezeichnung für Produkte (Verschnitte) mit weniger als 50 % Weindestillatanteil.
Die früheren Bezeichnungen – in Österreich Weinbrandverschnitt (33 % aus Weindestillat) und in Deutschland Branntweinverschnitt (10 % des Alkohols aus Weindestillat) – sind nicht mehr erlaubt.

Weindestillate von A bis Z

A

Achensee'r Edelbrennerei
– Österreich
Destillerie der Familie
Kostenzer in Maurach am
Achensee. Erzeugt u. a. einen
**Weintresterbrand Muskat-
traube** (40 Vol.-%).

Adet Seward – Frankreich
Wein- und Cognachaus mit
Sitz in Bordeaux; gegründet
1852; gehört heute zu
→ Hennessy.
Cognacs:
*** de Luxe (40 Vol.-%),
V.S.O.P. (40 Vol.-%), **V.S.O.P.
Fine Champagne** (40 Vol.-%),
Napoléon (40 Vol.-%) und
das Spitzenprodukt
→ **Marquis d'Adet Très Vieux**
(40 Vol.-%).
Armagnac:
Rois de Gascogne (40 Vol.-%)
Weinbrände/Brandys:
**Beehive Napoléon, Beehive
Extra** und **La Ruche**
(5 Jahre, 40 Vol.-%).
Der Großteil der Produkte
wird als Fassware exportiert.

Aiguebelle – Frankreich
Marc de Provence (43 Vol.-%).

Aiola – Italien
Weingut mit Sitz in Siena,
Toskana.
Grappas:
Vecchia Riserva (aus Sangio-
vesetrestern, 50 Vol.-%) und
L'Aiola (aus Chianti-Classico-
Trestern, 45 Vol.-%).

Albert de Montaubert
– Frankreich
Cognac- und Armagnacfirma
mit Sitz in Cordes-sur-Ciel.
Cognacs:
X.O. (25 und 50 Jahre alt)
und Jahrgangscognacs.
Armagnacs:
X.O. Senator (15 Jahre) und
X.O. Excellence (25 Jahre).

Léopold Alexandre
– Frankreich
Cognacfirma mit Sitz in Cognac
Cognacs aus der Region
Petite Champagne:
V.S.O.P. (40 Vol.-%),
Fine Petite Champagne 1975
(40 Vol.-%) und **Vieille Réser-
ve Paradis** (40 Vol.-%).

Serge Alexandre
– Frankreich
Cognachaus mit Sitz in Cognac
Cognacs:
Napoléon (Region Fins Bois,
12 Jahre, 40 Vol.-%),
Vieux Fins Bois (12 Jahre,
40 Vol.-%) und **Petite Cham-
pagne** (12 Jahre, 40 Vol.-%).

Caves Alianca – Portugal
Wein- und Spirituosenerzeugerfirma mit Sitz in Anadia.
Weinbrände/Brandys:
Alianca Velha V.S. (3 Jahre,
40 Vol.-%), **Aguardente Velha
V.S.O.P., Antiqua** (6 Jahre,
40 Vol.-%) und **Reserva Anti-
quissima** (10 Jahre, 40 Vol.-%).

Almeida & Co. – Portugal
Weinbranderzeuger in Vila
Nova de Gaia mit der Marke
Aguardente Velha.

Almerita – Italien
Weingut mit Sitz in Sclafani
Bagni, Sizilien.
Grappas:
di Rosso del Conte (aus
Nero-d'Avola- und Perricone-
trestern, 43 Vol.-%) und
di Chardonnay (aus
Chardonnaytrestern,
43 Vol.-%).

Altesino – Italien
Weingut mit Sitz in Montalcino, Toskana.
Grappa di Brunello
(aus Trestern der Brunello-
traube Sangiovese Grosso,
direkt nach dem Abstich bei
Gioacchino Nannoni dreimal
gebrannt, 42 Vol.-%).

Alvear – Spanien
Weingut und Brennerei mit
Sitz in Montilla; gegründet
1729.
Weinbrände/Brandys:
Secular (Soleraqualität, in
amerikanischer Eiche ge-
lagert, 36 Vol.-%), **Senador**
(ein Solera Reserva, 5 Jah-
re gelagert, 39 Vol.-%) und
**Condé de la Cortina Gran
Reserva** (40 Vol.-%).

Amad – Frankreich
Cognachaus mit Sitz in
Cognac. Es werden u. a. die
Marken **Arboin** und → De
Laroche erzeugt. Die Fir-
ma stellt auch den → **Davin
Brandy** her.

Amart – Frankreich
Cognachaus mit Sitz in
St. Martin d'Ary.
Cognacs aus der Region
Bons Bois:
✳✳✳ (40 Vol.-%), **V.S.O.P.**
(40 Vol.-%) und **Napoléon**
(13 Jahre, 40 Vol.-%).

Amiaud – Frankreich
Cognachaus mit Sitz in Ars.
Cognacs aus der Region
Petite Champagne:
✳✳✳ (40 Vol.-%), **V.S.O.P.**
(40 Vol.-%), **Napoléon**
(40 Vol.-%, 10 Jahre),
Réserve (40 Vol.-%) und **Age
d'Or** (18 Jahre, 40 Vol.-%).

Antinori – Italien
Weingut im Besitz von Mar-
chesi L. und P. Antinori mit
Sitz in Florenz.
Grappa di Tignanello (aus
20 % Cabernet-Sauvignon-
und 80 % Sangiovesetrestern
aus dem Chianti-Classico-
Gebiet, 42 Vol.-%).

Ararat – Armenien
Weinbrand/Brandy:
Lagerzeit 3 Jahre, 40 Vol.-%.

Arc de Triomphe
– Frankreich
Cognac aus der Region Gran-
de Champagne mit 37 Vol.-%.
Oldham & Adams, London.

Archambaud – Frankreich
Weingut und Cognacerzeu-
gerfirma mit Sitz in Lignières-
Sonneville.
Cognacs aus der Region
Grande Champagne:
V.S.O.P. (40 Vol.-%),
Napoléon (40 Vol.-%) und
Très Vieille Réserve (etwa
50 Jahre, 40 Vol.-%).

Ardouin – Frankreich
Cognachaus mit Sitz in
Villemorin.
Cognac aus der Region
Fins Bois:
X.O. (15 Jahre, 40 Vol.-%).

Arnoux – Frankreich
1. *Cognac*handelsmarke der
Firma A. → Hardy & Co in
Cognac.
2. *Weinbrände/Brandys:*
Napoléon (40 Vol.-%),
Napoléon V.S.O.P.
(40 Vol.-%) und **Napoléon
Brandy X.O.** (40 Vol.-%).

**Das Alkoholmonopol lag
viele Jahre bei den
Apotheken**
Um 1250 kam das Wissen
um die Destillation ge-
brannten Weines von Ita-
lien nach Deutschland. Die
Apotheker verbreiteten die
Kunde um die Heilkräfte
dieses „Wässerchens" vor-
erst nur unter Geistlichen.
Erst später gelangte das
Destillat als Genuß- und
Rauschmittel in breitere
Bevölkerungsschichten.

Asbach Weinbrennerei
– Deutschland
Brennerei mit Sitz in Rüdes-
heim/Rhein; gegründet 1892
von Hugo Asbach. Er schuf
den Begriff „Weinbrand", den
er bereits 1898 verwendete.
Weinbrände:
Asbach Uralt (40 Vol.-%,
wird seit 1907 erzeugt),
Asbach Privatbrand
(40 Vol.-%), **Asbach
Spezialbrand** (40 Vol.-%),
Asbach Selection
(40 Vol.-%), **Jahrgangsbrand**
und **Cellarmaster's Collection.**

Assemat – Frankreich
Marc des Côtes du Rhône
(43 Vol.-%).

Assemblage
Zusammenstellung von
Cognacdestillaten unter-
schiedlicher Herkunft und
verschiedenen Alters. Ein →
Brut de Fût wird nicht assembliert.

Attems – Italien
Weingut in Gorizia, Friaul.
Grappa di Casa Attems
(43 Vol.-%).

Paul **Aubert** – Frankreich
Cognac aus der Region
Petite Champagne:
V.S.O.P. (40 Vol.-%).

Auboyneau – Frankreich
Cognachaus mit Sitz in Cognac.
Cognacs:
V.S.O.P. (40 Vol.-%),
Napoléon (40 Vol.-%) und
X.O. (40 Vol.-%).

Audouin – Frankreich
Weingut und Cognacerzeugerfirma mit Sitz in Malaville.
Ist eine Handelsmarke der
→ CCG.
Cognacs aus der Region
Grande Champagne:
Réserve (9 Jahre, 40 Vol.-%)
und **Vieille Réserve**
(18 Jahre, 40 Vol.-%).

A. Edmond **Audry**
– Frankreich
Alte Cognacmarke, die seit
einigen Jahren wieder auf
dem Markt ist. Die Cognacs
werden von → Vallein Tercinier produziert und sind
großteils hochprozentig.
Cognacs:
Mémorial Fine Champagne
(30 Jahre, 42 Vol.-%),
Bons Bois Lot 40/90 (50 Jahre, 52 Vol.-%),
Bons Bois 38/91 (53 Jahre,
52 Vol.-%), **Vieux Cognac
Fins Bois** (50 Jahre,
49 Vol.-%), **Très Ancienne
Petite Champagne** (etwa
50 Jahre, 49 Vol.-%), **Très
Ancienne Grande Champagne** (etwa 50 Jahre, 48
Vol.-%) und **Grande C
hampagne Lot 5000**
(40 Jahre, 40 Vol.-%).

Augier – Frankreich
Ältestes Cognachandelshaus
mit Sitz in Cognac; gegründet
1643; ein großer Teil der Produktion wird unter der Handelsmarke **Mumm** verkauft.
Cognacs:
*** (6 Jahre, 40 Vol.-%),
V.S.O.P. (10 Jahre, 40 Vol.-%),

X.O. (10 Jahre, 40 Vol.-%),
Spécial Réserve (40 Vol.-%),
**Grande Champagne Hors
d'Age** (40 Vol.-%), **Royal**
(aus 10–50 Jahre alten
Bränden, 40 Vol.-%)
und **Extra Rare** (10–70 Jahre,
40 Vol.-%).
Handelsmarke ist Roi Soleil.

**Aveleda Sociedade
Agricola** – Portugal
Wein- und Brandyhaus mit
Sitz in Peñafiel im Vinho-
Verde-Gebiet; gegründet
1765.
Weinbrand/Brandy:
Adega Velha (12 Jahre,
39 Vol.-%).

Avignonesi – Italien
Weingut mit Sitz in Montepulciano, Toskana.
**Grappa di Uva da Vino
Nobile** (aus Prugnolo-Gentile-Trestern, 42 Vol.-%).

Azienda Agricola Cosmo
– Italien
Weingut und Brennerei mit
Sitz in Carpesica di Vittorio
Veneto.
Grappas:
Bellenda Grappa di Prosecco
(aus Proseccotrestern), **Veneciana Grappa di Cartizze** (aus
Prosecco-Cartizze-Trestern)
und **Col di Luna Grappa di
Prosecco** (aus Proseccotrestern).
Acquavite d'Uva:
**Col di Luna Destillato d'Uva
Traminer.**

B

Bache-Gabrielsen
– Frankreich
Großhandelshaus für Cognac
mit Sitz in Cognac. Zum Unternehmen gehören die Firma
→ Dupuy und die Firma Caves. Die Handelsmarken von
Bache-Gabrielsen sind De
Musac, De Vernon, De Verteuil, De Vilbert, Devin, Dorain Frères, Lecomte & Co,
Maudet Léon, Pol Prainton,
Rolland & Co, Tardieu, Tressac Seguin sowie die Marke
Hervé de la Horse.

Badel – Kroatien
Spirituosenerzeugerfirma mit
Sitz in Zagreb.
Weinbrand/Brandy:
Vinjak (40 Vol.-%).

Pierre **Balmain**
– Frankreich
Cognacs:
V.S.O.P. (40 Vol.-%),
Napoléon (40 Vol.-%),
X.O. (40 Vol.-%) und **Distinction Fine Champagne** (fast
40 Jahre, 40 Vol.-%). Diese
Marke wird für Balmain von
der Firma → Vallein Tercinier
in Chermignac erzeugt.

Banchereau – Frankreich
Cognachaus mit Sitz in
Éraville.
Cognac aus der Region
Grande Champagne:
Hors d'Age (40 Jahre,
40 Vol.-%).

Banfi – Italien
Weingut mit Sitz in Montalcino, Toskana.
Grappas:
di Brunello di Montalcino
(aus Sangiovese-Grosso-Trestern, 45 Vol.-%),
di Moscadello (aus Muskatellertrestern, 45 Vol.-%),
di Chardonnay (aus Chardonnaytrestern, 45 Vol.-%),
di Brachetto, di Cabernet und **di Gavi**.

Barbadillo – Spanien
Sherryhaus mit Sitz in Sanlúcar de Barrameda.
Weinbrand/Brandy:
Solera Gran Reserva
(40 Vol.-%).

Barberani – Italien
Weingut mit Sitz in Baschi, Umbrien.
Grappa Calcaia (Branntwein aus Trestern aus Orvieto, 42 Vol.-%).

Barbero – Italien
Destillerie und Spirituosenhersteller mit Sitz in Canale, Piemont; gegründet 1891.
Grappas:
La Bianca (40 Vol.-%) und
di Barolo (aus Nebbiolotrestern, 40 Vol.-%).

Barbi – Italien
Weingut in Montalcino, Toskana.
Grappa dei Barbi di Brunello
(45 Vol.-%).

Bardinet – Frankreich
Eau-de-Vie de Vins der gleichnamigen Firma in Blanquefort bei Bordeaux:
Napoléon, V.S.O.P., French Brandy und **X.O.**

Barnett & Fils – Frankreich
Cognachaus mit Sitz in Châteaubernard; gegründet 1869, gehört zum → Château Paulet.
Cognacs:
∗∗∗ (40 Vol.-%), **V.S.O.P.**
(40 Vol.-%), **Napoléon**
(40 Vol.-%), **Réserve X.O.**
(40 Vol.-%) und **Très Rare Cognac** (40 Vol.-%).

Baron de Castelneau
– Frankreich
Armagnac:
Napoléon X.O. (40 Vol.-%).

Baron de Casterac
– Frankreich
Armagnacmarke von
→ Château Paulet in Cognac.
Armagnacs:
∗∗∗, V.S.O.P., Napoléon, Grand Armagnac 20 Years Old und **Hors d'Age.**
Alle Sorten haben 40 Vol.-% und werden in Bocksbeutelflaschen angeboten.

Baron de L'If – Frankreich
Cognacs aus der Region Grande Champagne:
Sélection (40 Vol.-%), **Réserve** (40 Vol.-%) und **Napoléon**
(20 Jahre, 40 Vol.-%).
Siehe → Duluc.

Baron de Montignac
– Frankreich
Marke der → Destillerie de Montignac mit Sitz in Merpins.
Cognacs:
V.S. ∗∗∗ (40 Vol.-%), **Napoléon V.S.O.P.** (40 Vol.-%),
Très Vieille Réserve du Distillateur (40 Vol.-%) und **Hors d'Age** (25 Jahre, 40 Vol.-%).
Die zweite Marke ist **Duc de Monteau**.

Barone Ricasoli – Italien
Weingut und Brennerei im Besitz der Familie Ricasoli in Gaiole im Chiantigebiet.
Bekannt ist der **Grappa di Castelferro**.

Baron Hubele – Frankreich
Cognac aus der Region Grande Champagne:
Extra X.O. (40 Vol.-%).

Barozzi Distilleria Dante – Italien
Brennerei mit Sitz in Lizzana di Rovereto, Trentin.
Grappa Graspa (Trestermischsatz, 40 Vol.-%) und aromatisierte Grappas.

Barriasson – Frankreich
Cognachaus mit Sitz in Cognac; gegründet 1850, gehört heute zur Firma → Gaston de Lagrange in Cognac und damit zu → Otard.
Cognacs:
Prestige ∗∗∗ (40 Vol.-%),
V.S.O.P. (40 Vol.-%) und
Très Vieille Fine Champagne
(40 Vol.-%).

Darüber hinaus führt die Firma die Handelsmarken De Valle, Greville und Paul Frères.

Baudy – Frankreich
Weingut und Cognacerzeugerfirma mit Sitz in Segonzac.
Cognacs aus der Region Grande Champagne:
*** (40 Vol.-%), **V.S.O.P.** (40 Vol.-%), **Réserve** (40 Vol.-%) und **Vieille Réserve** (40 Vol.-%).

Beau – Frankreich
Weingut und Cognacerzeugerfirma mit Sitz in Segonzac.
Cognacs aus der Region Grande Champagne:
Grande Champagne Vieille Réserve (40 Vol.-%), **Grande Champagne Hors d'Age** (20 Jahre, 43 Vol.-%) und **Extra Vieille** (40 Jahre, 44 Vol.-%, Region Les Borderies).

De **Beauceyrac** – Frankreich
Weingut und Cognacerzeugerfirma mit Sitz in Mirambeau.
Cognacs aus den Regionen Fins Bois und Petite Champagne:
*** (40 Vol.-%), **V.S.O.P.** (8 Jahre, 40 Vol.-%), **Napoléon** (12 Jahre, 40 Vol.-%) und **Hors d'Age** (21 Jahre, 40 Vol.-%).

Bégouin – Frankreich
Weingut und Cognacerzeugerfirma mit Sitz in Ste-Lheurine.

Cognacs aus der Region Petite Champagne:
Réserve (40 Vol.-%) und **Vieille Réserve** (34 Jahre, 40 Vol.-%).

Bellenac X.O. – Frankreich
*Cognac*marke des Spirituosenhauses La Martiniquaise in Charenton bei Paris.

Berentzen-Gruppe
– Deutschland
Spirituosenerzeugerfirma mit Sitz in Haselünne, die u. a. den Weinbrand **Noris** erzeugt.

Bergier – Frankreich
Weingut und Brennerei mit Sitz in Brives-sur-Charente; gegründet 1842.
Cognacs aus der Region Petite Champagne:
V.S.O.P. (6 Jahre, 40 Vol.-%) und **Vieille Réserve** (10 Jahre, 40 Vol.-%).

Destilleria **Berta** – Italien
Destillerie in Casalotto di Mombaruzzo, Piemont; gegründet 1947. Die Spitzenprodukte werden alle im Pot-Still-Verfahren mit Dampf hergestellt und in Toncais d'Allier Barriques mit 225 Litern veredelt. Weiße Grappas werden in Stahltanks gelagert.
Traubenbrände:
Acquae Vitae aus Barbera-, Nebbiolo-, Barolo- und Moscatotrebern (44 Vol.-%), **Primagioia** (weiß, 44 Vol.-%), **Magia** (aus Barbera-d'Asti- und Brachettotrestern, 10 Jahre gelagert, 45 Vol.-%).

Grappas:
Sogenannte Basisgrappas sind **Nibbo** (weiß, aus Nebbiolo-d'Asti-Trestern), **Valdavi** (weiß, aus Moscato-d'Asti-Trestern), **Il Fatto** (weiß, aus Sangiovese- und Brunello-di-Montalcino-Trestern), **Primaneve Piasi, Primaneve Monprà** (aus Barbera- und Nebbiolotrestern), **Primaneve Giulia** (weiß und bernsteinfarben, aus Chardonnaytrestern), **Piasi** (aus Brachettotrestern) und **Fior di Carato** (20 Jahre gelagert, aus Barbera-, Nebbiolo- und Moscatotrestern) – alle 40 Vol.-%.
Sogenannte Crus-Grappas sind **Riserva del Fondatore Paolo Berta** (aus Barbera- und Nebbiolotrestern, 45 Vol.-%), **Bric del Gaian** (8 Jahre gelagert, aus Moscatotrestern, 45 Vol.-%), **Roccanivo** (8 Jahre gelagert, aus Barbera-d'Asti-Trestern, 45 Vol.-%), **Tre SOLI Tre** (aus Nebbiolo-da-Barolo-Trestern, 45 Vol.-%), **Elisi** (aus Barbera-d'Asti-, Nebbiolo-da-Barolo- und Cabernettrestern, 43 Vol.-%).

Bianchi – Italien
Kleines Weingut der Familie Bianchi mit Sitz in Sizzano, Piemont.
Grappa di Vitigno Erbaluce (aus Erbalucetrestern, 40 Vol.-%).

Régine **Billon** – Frankreich
Cognacs aus der Region Fine Champagne:
V.S.O.P. (40 Vol.-%) und
→ **Marquis de Sylene.**

483

Birolleau – Frankreich
Cognachaus mit Sitz in
Brie-sous-Archiac.
Cognacs aus der Region
Petite Champagne:
Sélection (5 Jahre, 40 Vol.-%)
und **V.S.O.P.** (12 Jahre,
40 Vol.-%).

Bisquit (Renault-Bisquit)
– Frankreich
Eine der größten Cognacerzeugerfirmen mit Sitz in
Rouillac; gegründet 1819
von Alexandre Bisquit in
Jarnac. Mit dem Namen seines Schwiegersohns hieß die
Firma „Bisquit-Dubouché".
1965 ging das Familienunternehmen eine Verbindung
mit Paul Ricard ein, die neun
Jahre später zur Gründung
der → Pernod-Ricard-Gruppe führte. Paul Ricard erwarb
das Schloss Lignères in Rouillac und verlegte den Firmensitz in dieses mit 200 Hektar Rebland größte Weingut
der Region, das zugleich die
größte Brennerei der Cognacregion ist. Seit 1991 gehört
auch das 1835 gegründete
und 1963 mit Castillon fusionierte Cognachaus Renault
zu → Bisquit, sodass seither
auch die Destillate für Renault und Castillon auf der
Domaine de Lignères gebrannt werden. Das Unternehmen kauft Brennwein von
etwa 250 Winzern aus allen
Crus.
Cognacs:
*** (Region: Fins Bois,
3–4 Jahre, 40 Vol.-%),
*** Classique (3–5 Jahre,

40 Vol.-%), **V.S.O.P. Fine
Champagne** (40 Vol.-%),
Napoléon Fine Champagne
(20 Jahre, 40 Vol.-%), **X.O.
Excellence Fine Champagne** (mehr als 30 Jahre, 40
Vol.-%), **Prestige Fine Champagne** (40 Vol.-%),
Extra Grande Fine Champagne (mehr als 40 Jahre,
40 Vol.-%) und **Extra
Privilège d'Alexandre Bisquit**
(aus besonders alten
Bränden, etwa 50 Fassjahre,
40 Vol.-%).
Handelsmarken der Firma
sind → Castillon, Château de
Lignères, → Dorville,
De Grasse und Laroche.

Biteaud – Frankreich
Weingut und Cognacerzeuger
mit Sitz in Barbezieux-
St-Hilaire.
Cognacs aus den Regionen
Petite Champagne und
Grande Champagne:
V.S.O.P. (40 Vol.-%),
Vieille Réserve (40 Vol.-%)
und **Extra** (20 Jahre, 40 Vol.-%).

> Das erste Dokument in
> deutscher Sprache über
> gebrannten Wein ist mit
> dem Jahr 1321 datiert.

Hijos de Agustin **Blázquez**
– Spanien
Sherry- und Brandyhaus mit
Sitz in Jerez de la Frontera.
Weinbrände/Brandys:
Filipe II (ein Solera mit
36 Vol.-%), **Anticuario** (ein
Reserva mit 38 Vol.-%) und
**Solera Gran Reserva Toison
de Oro** (38 Vol.-%).

B. N. I. A.
Abkürzung für → Bureau
National Interprofessionnel
du Armagnac.

B. N. I. C.
Abkürzung für → Bureau
National Interprofessionnel
du Cognac.

Bobadilla – Spanien
Sherryhaus und Spirituosenerzeuger mit Sitz in Jerez de
la Frontera.
Weinbrände/Brandys:
103 (Solerabrandy, 36 Vol.-%),
103 Etiqueta Negra
(Solera-Reserva-Brandy,
37 Vol.-%) und → **Gran
Capitán** (Solera Gran
Reserva, 40 Vol.-%).

Bocchino – Italien
Destillerie mit Sitz in Canelli,
Piemont; gegründet 1898.
Grappas:
Gran Moscato (aus Muskatellertrestern der Region
Asti, 40 Vol.-%), **Sigillo Nero**
(Mischsatz aus den Trestern
von Barbera, Nebbiolo, Dolcetto und Freisa, 40 Vol.-%),
Carlo Bocchino (Mischsatz
aus Moscato- und Nebbiolotrestern, 12 Jahre im Eichenfass gelagert, 43 Vol.-%),
**Novella, Cantina Privata,
Antonella Bocchino,
Bocchino Gran Riserva**
und **Acquavite ***.**

Paul **Bocuse** – Frankreich
Cognaceigenmarke des
bekannten Restaurateurs.
Cognac:
**Fine Champagne Toque
d'Argent** (40 Vol.-%).
Erzeugnis der → UNICOOP
in Cognac.

Bodegas 501 – Spanien
Sherryhaus und Brennerei
mit Sitz in Puerto de Santa
Maria; gegründet 1783.
Weinbrände/Brandys:
501 Etiqueta Amarilla
(ein Brandy Solera de Jerez,
36 Vol.-%), **501 Grana** (Solera
Reserva, 38 Vol.-%) und **501
Oro** (Solera Gran Reserva,
38 Vol.-%).

**Bodegas Centro
Españolas** – Spanien
Winzergenossenschaft mit
Sitz in Tomelloso.
Weinbrände/Brandys:
**Casajuana Solera Reserva
5 Anos, Casajuana Solera
25 Anos, Casajuana Gran
Reserva 100 Anos** und
Brandy Tomelloso.

Boinaud – Frankreich
Weingut und Cognacerzeuger
mit Sitz in Segonzac.
Cognacs aus der Region
Grande Champagne:
Napoléon (40 Vol.-%),
Bel Age (etwa 30 Jahre,
40 Vol.-%) und **Belle Epoque**
(etwa 40 Jahre, 40 Vol.-%).
Die zweite Marke ist
→ Signature de France.
Das Unternehmen beliefert
→ Rémy Martin und produ-
ziert für Denis → Charpen-
tier, A. de → Fussigny und
→ Kelt.

Boizumeau – Frankreich
Cognachaus mit Sitz in
Archiac.
Cognacs aus der Region
Petite Champagne:
★★★ (6 Jahre, 40 Vol.-%),
V.S.O.P. (10 Jahre, 40 Vol.-%)
und **Napoléon** (13 Jahre,
40 Vol.-%).

Bolla – Italien
Weingut und Großkellerei mit
Sitz in Verona, Venetien.
Grappa di Amarone (aus Trestern des Amarone di Valpolicella, 43 Vol.-%) und **Acquavite d'Uva** (Traubenbrand aus
Amarone-di-Valpolicella-Trau-
ben, 43 Vol.-%).

Bols – Holland
Spirituosenerzeugerfirma mit
Sitz in Amsterdam; gegrün-
det 1575.
Weinbrände/Brandys:
Alter Weinbrand V.S.O.P.
(38 Vol.-%) und **Bols 1575**
(40 Vol.-%).

Bonollo – Italien
Spirituosenhersteller mit Sitz
in Formigine di Modena; gegründet 1850 von Giuseppe
Bonollo. Das Unternehmen
ist heute weltweit einer der
größten Hersteller von
Trester- und Obstbränden
und erzeugt in fünf Destillerien 45 Mio. Flaschen. Bonollo ist als Lohnbrenner bei
den Winzern sehr beliebt, die
ihre Brände dort auch lagern
können.
Grappas:
Grappa Consenso Riserva
(aus Chiantitrestern,
45 Vol.-%), **Grappa Consenso**

(Trestermischsatz, der über-
wiegend Canaiolo enthält,
45 Vol.-%).
Weinbrand/Brandy:
Consenso (Brandy aus
Trebbiano, 43 Vol.-%).

**Bottega Distilleria di
Sandro & C.** – Italien
Destillerie in Pianzano di Go-
dega, Trentin.
Grappas:
Charlotte Bottega (aus
Chardonnaytrestern,
43 Vol.-%), **Alexander** (Misch-
satz aus Chardonnay- und
Proseccotrestern, 40 Vol.-%),
Grappolo (aus Prosecco-
trestern, 43 Vol.-%).

Bouchard – Frankreich
1. *Cognac*handelsmarke der
Firma → Camus in Cognac.
2. *Weinbrände/Brandys:*
→ Compagnie des Grandes
Eaux-de-Vie de France in den
Qualitäten **V.S.O.P., Napolé-
on** und **Fine Bourgogne.**

Bouchet – Österreich
Weinbrand/Brandy:
V.S.O.P. (38 Vol.-%).

Als im Jahre 1431 die Stadt
Cognac von den Englän-
dern besetzt wird, be-
ginnen diese mit dem
Versetzen von Wein mit
Weinbrand, um ihn bes-
ser verschiffen zu können.
Gerne übersehen die Fran-
zosen dieses Faktum und
erzählen unbeeindruckt
ihre Geschichte vom Che-
valier de la Croix Maron
(siehe Seite 488).

Bouju – Frankreich
Weingut und Cognacerzeugerfirma mit Sitz in St-Preuil bei Segonzac; gegründet 1805.
Cognacs aus der Region Grande Champagne:
V.S.O.P. (40 Vol.-%), **Napoléon** (40 Vol.-%), **Empereur** (10 Jahre im Eichenfass gelagert, 40 Vol.-%), **Réserve** (40 Vol.-%), **Vieille Réserve** (40 Vol.-%), **Extra** (20 Jahre, 40 Vol.-%), **Très Vieux Brut de Fût** (32 Jahre, 50 Vol.-%) und **Réserve Familiale Brut de Fût** (50 bis 80 Jahre, 42 Vol.-%). Für die Küche stellt die Firma den **Cognac Cognac 1er Cru** (60 Vol.-%) her.

Boulle – Frankreich
Cognachaus mit Sitz in St-Martial-de-Vitaterne.
Cognacs aus der Region Petite Champagne:
V.S.O.P. (etwa 10 Jahre, 40 Vol.-%) und **Vieille Réserve** (15–20 Jahre, 40 Vol.-%).

Bourdarias – Frankreich
*Cognac*haus mit Sitz in Criteuil-la-Magdeleine, produziert die Marke → Hugues Le Moulin (Region Grande Champagne).

Bourdet – Frankreich
Weingut und Cognacerzeugerfirma mit Sitz in Segonzac.
Cognac aus der Region Grande Champagne:
Napoléon (40 Vol.-%).

Bouron – Frankreich
Weingut „Château de La Grange" und einer der größten Cognachersteller mit Sitz in St-Jean-d'Angély; gegründet 1832; 90 Hektar Weinbergbesitz.
Es werden ausschließlich eigene Weine verarbeitet.
Die Firma erzeugt auch den Cognac für das bekannte Haus → Maxim's de Paris.
Cognacs:
Blason d'Or (40 Vol.-%), **V.S.O.P.** (40 Vol.-%), **Grande Réserve** (40 Vol.-%), **Très Vieille Réserve** (35 Jahre, 40 Vol.-%) und **X.O.** (40 Jahre, 40 Vol.-%).

Boutelleau – Frankreich
Cognacerzeugerfirma in Barbezieux-St-Hilaire. Die Cognacs werden von → Tiffon in Jarnac vermarktet.
Cognacs:
✳✳✳ (40 Vol.-%), **V.S.O.P.** (40 Vol.-%), **Napoléon** (40 Vol.-%) und **Extra** (35 Jahre, 40 Vol.-%).

Bernard **Boutinet** – Frankreich
Familienweingut und Cognacerzeuger mit Sitz in Bréville. Die Firma hat sich auf Single-Cru-Cognacs von eigenen Reben spezialisiert.
Cognacs:
Fine (4–5 Jahre, 40 Vol.-%), **Napoléon** (12 Jahre, 40 Vol.-%), **V.S.O.P.** (40 Vol.-%) und **X.O.** (15–20 Jahre, 40 Vol.-%).

Bouyer – Frankreich
Weingut und Cognacerzeuger mit Sitz in Châteauneuf-sur-Charente.
Cognacs:
✳✳✳ (40 Vol.-%), **V.S.O.P. Georges Bouyer** (40 Vol.-%, Region Fins Bois), **V.S.O.P. Grande Champagne Louis Dubosquet** (40 Vol.-%, Region Grande Champagne) und **X.O. Grande Champagne** (20 Jahre, 40 Vol.-%).

Bowen – Frankreich
*Cognac*marke der Fa. Chabasse in St-Jean d'Angely.

Brandy de Jerez – Spanien
Brandy mit geschützter Herkunftsbezeichnung (D.-O.-Gebiet Jerez, Region Andalusien), der in drei Qualitäten im Handel ist: **Solera** (mindestens 6 Monate Lagerung), **Solera Reserva** (mindestens 12 Monate Lagerung) und **Solera Gran Reserva** (mindestens 3 Jahre Lagerung). Viele Sherryproduzenten erzeugen einen Brandy de Jerez.

Gerhard **Braunschmidt** – Österreich
Destillerie in Mönchhof.
Weintrester Muskattraube (43 Vol.-%).

Breau – Frankreich
Cognachaus mit Sitz in Segonzac.
Cognacs aus der Region Grande Champagne:
✳✳✳ (40 Vol.-%), **V.S.O.P. Réserve** (40 Vol.-%) und **Vieille Réserve** (15 Jahre, 41 Vol.-%).

Bredon – Frankreich
Weingut in Jarnac
Cognacs:
*** (40 Vol.-%), **V.S.O.P.
Fine Champagne** (40 Vol.-%),
Grand Fine Cognac X.O.
(40 Vol.-%), **Napoléon Pièce
d'Or** (40 Vol.-%) und
Napoléon Pièce d'Or Extra
(40 Vol.-%).

Raymond **Bredon**
– Frankreich
Weingut mit Sitz in Juillac-
le-Coq.
Cognac:
Perle Ancestrale
(etwa 50 Jahre, 40 Vol.-%).

Brillat Savarin – Frankreich
Armagnacmarke der Distar
Distillerie Armagnacaise in
Condom.
Armagnacs:
V.S., V.S.O.P., Napoléon und
Hors d'Age sowie einige Jahr-
gangsarmagnacs.

Brillet – Frankreich
Weingut und Cognachaus
mit Sitz in Graves; gegründet
1830; 80 Hektar Weinberg-
besitz.
Cognacs aus der Region
Petite Champagne:
Sélection V.S. (5 Jahre,
40 Vol.-%), **Réserve V.S.O.P.**
(40 Vol.-%), **Grande
Réserve Napoléon** (15 Jahre,
40 Vol.-%), **Vieille Réserve
X.O.** (40 Vol.-%),
Hors d'Age Heritage
(18 Jahre, 40 Vol.-%) und
Réserve Limitée (40 Vol.-%).

Cognacs aus der Region
Grande Champagne:
Napoléon (10 Jahre, 40 Vol.-%),
Héritage Brut de Fût
(50 Jahre, 45 Vol.-%),
Très Vieille Réserve X.O.
(15 Jahre, 40 Vol.-%),
Vieille Réserve X.O. (40 Vol.-%),
Hors d'Age Extra (25 Jahre,
40 Vol.-%) und **1er Cru
Single Grande Réserve**
(mind. 50 Jahre, 45 Vol.-%,
Brut de Fût) und **Très Rare
Réserve Limitée** (ein 1er Cru
Single, 80 Jahre, 40 Vol.-%).

Brisson – Frankreich
Cognachaus mit Sitz in
Châteaubernard.
Cognac aus der Region
Grande Champagne:
Excellence (30 Jahre, 40 Vol.-%).

Brugerolle S. A.
– Frankreich
Cognacerzeugerfirma mit
Sitz in Matha; gegründet
1812; seit 1930 ist der Fir-
menwortlaut: Distillerie de
Matha Léopold Brugerolle S.
A. Heute arbeiten hier drei
Brugerolle-Generationen (An-
dré, Sohn François und En-
kel Claude). Seit 1987 gehört
das Unternehmen der →
CCG an, für die der Destilla-
teur zahlreiche hochwertige
Handelsmarken-Cognacs her-
stellt. Die Firma besitzt circa
50 Hektar Rebfläche in den
Regionen Les Borderies und
Fins Bois und hat für den Zu-
kauf von Rebgut Verträge mit
Weinbauern in allen Gebieten
der Charente; erzeugt auch
Eaux-de-Vie und Liköre.

Cognacs:
*** (3–4 Jahre, 40 Vol.-%),
V.S.O.P. Réserve (8 Jahre,
40 Vol.-%), **Napoléon Fine
Champagne** (40 Vol.-%),
X.O. (40 Vol.-%), **Aigle Rouge
Napoléon** (10–12 Jahre,
40 Vol.-%), **Aigle d'Or Napoléon Extra** (20–25 Jahre,
40 Vol.-%) und **Très Vieux
Réserve** (30–35 Jahre,
40 Vol.-%). Die Firma erzeugt
für Kochzwecke den Cognac
La Flambée und für Cocktails
die Sorte Tropical Night
(42 Vol.-%).
Von Brugerolle hergestellte Handelsmarken: Bigord,
Bonfire, Bonheur, → Brunel,
Camerone, Cardin, Chartier,
Chastel, → De Jonker, De la
Croix Bequet, De Puligny, Du-
faur, Duhau, Feu de Joie, La-
barde, Lavoisier, → Leroy,
Loti & Cie, Major, Majos, Mi-
rador, Murat, Pavois, Ponia-
towski, Pradier, Prinal, Eugen
Robin, Rodier, Rodin, Sorel
und Villard & Cie.

Weingut **Bründlmayer**
– Österreich
Weingut und Brennerei mit
Sitz in Langenlois.
Weinbrand aus Burgunder-
trestern der Riede Dechant
(42 Vol.-%) und **Weintrester-
brand** aus Cabernet-Franc-
Trestern.

Brunel – Frankreich
1. *Cognac*handelsmarke der Firma → Brugerolle S. A. in Matha.
2. *Weinbrände/Brandys:* **Napoléon** (40 Vol.-%), **Napoléon X.O.** (40 Vol.-%) und **Napoléon de Luxe** (40 Vol.-%).
Erzeugnis der Firma → Réau Richard, Cognac.

Brunello Fratelli – Italien
Brennerei in Monte Galda, Venetien; gegründet 1840.
Grappas:
Lucentino (4 Jahre gelagert, 43 Vol.-%), **il Roccolo, il Cruvajo, Lucentino, Moscato, Cabernet Franc, Stagionata di Montegaldo, di Pura Vinaccia** und **alle Erbe.**

Brunot – Frankreich
Weinbrand/Brandy:
Napoléon French Brandy (40 Vol.-%).
Erzeugnis der Firma Henri → Mounier, Cognac.

Brut de Fût
Der Begriff untersteht keinen A.-O.-C.-Regeln und ist damit offiziell nicht anerkannt. In Cognac spricht man von Brut de Fût, wenn das frisch destillierte Eau de Vie in einem Fass gelagert wird, in dem es auch altert. Brut de Fût wird nicht assembliert, es wird kein Zucker, kein Karamell und kein Wasser hinzugefügt.

Michel **Bureau** – Frankreich
Weingut und Cognacerzeuger mit Sitz in Guimps.
Cognacs aus der Region Petite Champagne:
*** (40 Vol.-%), **V.S.O.P.** (40 Vol.-%), **Vieille Réserve** (20 Jahre, 40 Vol.-%) und **X.O.** (32–35 Jahre, 40 Vol.-%).

Bureau National Interprofessionnel du Armagnac
Staatliche Institution, die Urkunden über Erzeugung, Güte, Lagerdauer und Bezeichnung der Armagnacdestillate ausstellt.
Abkürzung: **B. N. I. A.**

Bureau National Interprofessionnel du Cognac
Staatliche Institution, die Urkunden über Erzeugung, Güte, Lagerdauer und Bezeichnung der Cognac-Destillate ausstellt.
Abkürzung: **B. N. I. C.**

Buton – Italien
Spirituosenerzeugerfirma mit Sitz in S. Lazzaro di Savena bei Bologna; gegründet 1820. Die Firma Buton ist auch bekannt für ihre Liköre.
Weinbrände/Brandys:
Die Firma erzeugt den bekannten → **Vecchia Romagna.**
Grappas:
Libarna (aus einem Trestermischsatz, 40 Vol.-%) und **Dalla Cia** (40 Vol.-%).

Buzet – Frankreich
Ist ein **Eau-de-Vie de Vin d'Aquitaine,** das von der Winzergenossenschaft Buzet hergestellt wird.

C

Luis **Caballero** – Spanien
Sherryhaus mit Sitz in Puerto de Santa Maria; gegründet 1830.
Weinbrände/Brandys:
Decano Solera, Chevalier Reserva und → Milenario Gran Reserva.

Camel Distilleria – Italien
Destillerie mit Sitz in Povoletto di Udine.
Weinbrände/Brandys:
Fogolâr Nature (3 Jahre, 40 Vol.-%), **Fogolâr Gran Riserve** (6 Jahre, 40 Vol.-%) und **O Brandy Riserva dol Fogolâr** (12 Jahre, 40 Vol.-%).
Grappas:
Vite d'Oro (aus einem Trestermischsatz, 43 Vol.-%), **Camel Selezione Vecchia 800** (25 Jahre gelagert), **Camel Teresa Raiz** (aus Cabernet-, Tokaier-, Merlot- und Sauvignontrestern, 40 Vol.-%).

Die Franzosen erzählen gerne folgende Geschichte über die Entstehung von Cognac: Der Chevalier de la Croix Maron findet 1620 in seinem Weinkeller, in der Nähe der Stadt Cognac, ein altes Fass mit einem Weindestillat. Es schmeckt vorzüglich. Der Cognac war geboren.

Adegas **Camillo Alves**
– Portugal
Wein- und Spirituosenerzeu-
gerfirma mit Sitz in Bucelas;
gegründet 1881.
Weinbrände/Brandys:
Caves Velhas Fine Old Brandy
(36 Vol.-%) und **Caves Velhas
Aguardente Velha** (10 Jahre,
36 Vol.-%).

Joaquin Miranda **Campelo**
– Portugal
Wein- und Brandyerzeuger-
firma mit Sitz in Rio Tinto.
Weinbrand/Brandy:
Campelo Fine Old Brandy
(5 Jahre, 40 Vol.-%).

Camus – Frankreich
Cognacerzeugerfirma mit
Sitz in Cognac; gegründet
1863 von Jean-Baptiste Camus. Befindet sich im Fa-
milienbesitz der Nachfah-
ren des Gründers. Bereits
1863 initiierte Camus einen
Zusammenschluss einiger
Weingüter zu einem Cognac-
Herstellungs- und -Verkaufs-
konsortium, dem er den wer-
bewirksamen Namen „La
Grande Marque" gab. Bald
danach wurde die Firma in
Camus La Grande Marque
umbenannt und ist heute
eine der größten in der
Cognacbranche. Die Fami-
lie besitzt mehr als 125 Hektar Rebfläche in der Grande
Champagne und in den
Borderies. Zukauf von bereits
gereiften Bränden bei etwa
250 Winzern.

Cognacs:
Célébration (40 Vol.-%),
Grand V.S.O.P. (40 Vol.-%),
V.S.O.P. de Luxe (40 Vol.-%),
Cuvée Spéciale (40 Vol.-%),
Napoléon (40 Vol.-%),
Napoléon Extra Old (40 Vol.-%),
Napoléon Vieille Réserve
(20 Jahre, 40 Vol.-%),
**Grand Masters Sélection
Van Gogh** (40 Vol.-%),
X.O. (30–40 Jahre, 40 Vol.-%),
X.O. Superieur (weltweit
meistgekaufter X.O.-Cognac,
mind. 30 Jahre, 40 Vol.-%)
und **Extra** (Spitzenprodukt
des Hauses, mind. 40 Jah-
re, 40 Vol.-%). Sonderabfül-
lungen mit besonders wert-
vollen Cuvées sind **Tradition,
Jubilee** und **Gold Marquise.**
Als getrennte Marken liefert
Camus auch Cognac der
Familienbesitzungen → Châ-
teau du Plessis und Vignolles
in den Borderies und → Châ-
teau d'Uffaut und Bonneuil
in der Grande Champagne.
Tochterunternehmen sind
→ Compagnie des Grandes
Eaux-de-Vie de France (C. G.
E. V. F.) und → Chabanneau.
Camus produziert weiters
Cognac unter vielen anderen
Handelsmarken, u. a. Ascott,
Boncourt, Bouchard, Canon,
Cardinal, Carnaval, → Cha-
bot, Delafargue, Dormont,
Dussaut, Fol Amour, France-
ville, La Gamme Elite, P. F.
Guillot, Gerard, Paulhiac, Pi-
onneau, Roos, Smart, Super-
lative, Tamon, Gérard Texier
und Vignelac.

Armagnac:
Chabot.
Marc de Bourgogne
mit 41 Vol.-%.
Weinbrand/Brandy:
**Fine Bourgogne Eau-de-Vie
de Vin** (40 Vol.-%).

Caparco – Italien
Weingut mit Sitz in Montalcino, Toskana.
Grappas:
di Brunello di Montalcino
(aus Brunellotrestern,
43 Vol.-%) und **Chardonnay
Le Grance 1990** (aus Trestern
der Cuvée Le Grance,
43 Vol.-%).

Capovilla & C. – Italien
Weingut und Schnapsbrenne-
rei mit Sitz in Rosà bei
Vicenza, Venetien. Die
Firma erzeugt einen *Grappa*
aus Muskatellertrestern; auch
Trester aus den Rotweinsor-
ten Cabernet Sauvignon und
Merlot sowie vom Amarone
werden verarbeitet.

Caprai – Italien
Kleines Weingut mit Sitz in
Montefalco, Umbrien.
Grappas:
Gran Riserva di Sagrantino
(aus Sagrantinotrestern,
45 Vol.-%) und **di Grechetto**
(aus Grechettotrestern).

Carbonel – Frankreich
Armagnacs:
Napoléon (40 Vol.-%),
X.O. (40 Vol.-%).

Cardenal Mendoza
– Spanien
Weinbrand/Brandy:
Ein Solera-Gran-Reserva-Brandy de Jerez, aus hochwertigen Weinen gebrannt, limitierte Erzeugung; mahagonifarben, Eichenholzaroma, Geschmack nach feinem altem Oloroso, 45 Vol.-%. Erzeugnis der Firma Sánchez Romate, Jerez de la Frontera.

Jacques **Carle** – Frankreich
Cognac:
Napoléon (aus der Grande Champagne, 40 Vol.-%).

Carlos – Spanien
*Brandy*marke der Firma
→ Domecq.

Carpenè Malvolti – Italien
Weingut, führender Spumanteerzeuger und Brennerei mit Sitz in Conegliano, Venetien; gegründet 1868 von Antonio Carpenè.
Weinbrand/Brandy:
Carpenè Malvolti (43 Vol.-%).
Grappas:
Bianca (jung, weiß, 45 Vol.-%), **Fine Vecchia** (mindestens 3 Jahre in kleinen Eichenfässern gelagert, strohgelb, 45 Vol.-%) und **di Antica Annata** (25 Jahre in Fässern aus slowenischer Eiche gelagert, zartgolden, 45 Vol.-%) sowie **Carpenè Malvolti** (40 Vol.-%).

Carrere S. A. – Frankreich
Bedeutende Armagnacdestillerie mit Sitz in Fleurance; gegründet 1887.
Armagnacs:
Napoléon, V.S.O.P. und eine Reihe von Jahrgangsarmagnacs.

Carvalho, Ribeiro, Ferreira Lta. – Portugal
Weinbrand/Brandy:
Aquardente 1920 Reserva (40 Vol.-%).

Castagnoli – Italien
Weingut mit Sitz in Siena, Toskana.
Grappa per Amici (aus Sangiovesetrestern des Chianti Classico, 42 Vol.-%).

Castagnon – Frankreich
Armagnacs:
X.O. (40 Vol.-%) und **Napoléon** (40 Vol.-%). Erzeugnis der Compagnie d'Armagnac St. Vivant.

Castarède – Frankreich
Armagnachaus mit Sitz in Lavardac; gegründet 1832. Das Haus verfügt über große Bestände alter Destillate – insbesondere Jahrgangsarmagnacs.
Armagnacs:
V.S.O.P. (mindestens 10 Jahre), **Très Vieux** (mindestens 20 Jahre) und die Marke Château de Maniban bzw. → Marquis de Maniban.

Castelbajac – Frankreich
Cognacmarke des Vicomte Stéphane de Castelbajac in Heidelberg, die er in der Weingut-Destillerie → Logis de la Montagne destillieren und reifen lässt.
Cognacs:
Parfum de Cognac (3 Jahre, 40 Vol.-%), **V.S.O.P.** (8 Jahre, 40 Vol.-%), **Réserve** (12 Jahre, 40 Vol.-%) und **X.O.** (25 Jahre, 40 Vol.-%).

Castellane – Frankreich
Marc:
Vieux Marc de Champagne (45 Vol.-%). Erzeugnis der Firma de Castellane in Épernay, die zur Gruppe Laurent Perrier gehört.

Castillon – Frankreich
Einst ein eigenständiges Cognachaus, heute nur mehr ein Markenname; gegründet 1814. 1963 fusionierte Castillon mit Renault. In der Folge wechselte Castillon-Renault mehrmals den Besitzer – 1973 zu → Hennessy, 1975 zur Dreyfuß-Gruppe und 1991 zum → Pernod-Ricard-Konzern, mit dessen Cognachaus → Bisquit die Fusion durchgeführt wurde. Seither werden die Brennweine für Castillon-Cognacs bei den Vertragswinzern von Bisquit-Renault gekauft, in der Domaine de Lignères destilliert und gelagert. 90 % der Produkte werden exportiert.

Cognacs:
V.S. * (3 Jahre, 40 Vol.-%),
V.S.O.P. (6 Jahre, 40 Vol.-%),
Napoléon (12 Jahre,
40 Vol.-%), **OVB** (Old Vintages Blend, 40 Vol.-%),
Grande Fine Champagne
(40 Vol.-%) und **X.O.**
(15–20 Jahre, 40 Vol.-%).
Siehe → Renault.

Castlèt – Italien
Familienweingut und Brennerei mit Sitz in Costigliole
d'Asti, Piemont.
Grappas:
di Passum (aus Trestern der
Rotweinspezialität „Passum"
aus Barberatrauben, sofort
nach dem Abstich gebrannt,
43 Vol.-%), **di Avié** (aus
Muskatellertrestern),
di Policarpo (aus Barberatrestern, strohgelb).

Caton – Frankreich
Cognachandelsmarke der
Firma → Gautier S. A. in
Aigre.
Cognac:
Napoléon (40 Vol.-%).
Weinbrand/Brandy:
X.O. Pure Grape Brandy
(40 Vol.-%).

**Cave des Producteurs
Reunis (C. P. R.)**
– Frankreich
Kellerei mit Sitz in Nogaro-en-Armagnac. Bietet die Armagnacs → De Castelfort,
→ Lafontan, → Prince de
Montrouge und → De Montber an.

Cave d'Obernai
– Frankreich
Erzeugnis der Winzergenossenschaften Obernai im
Elsass. Der *Weinbrand* wird
aus elsässischen Weinen
hergestellt.

Caves da Cerca – Portugal
Wein- und Brandyhaus mit
Sitz in Amarante im Vinho-Verde-Gebiet.
Brandys:
Conde de Amarante
(Aguardente Velha,
40 Vol.-%), **Ponte de
Marante** (Aguardente Vinica,
40 Vol.-%), **Pedro Gomes
Brandy** (40 Vol.-%), **Velha
Condessa** (Aguardente
Vinica, 40 Vol.-%) und
Brandy Cerca (36 Vol.-%).
Alle Produkte werden aus
Vinho-Verde-Weinen destilliert.

Caves do Barrocao
– Portugal
Gruppe von Wein- und Brandyerzeugern mit Sitz in Sangalhos.
Brandys:
***** **Fine Brandy Barrocao**
(40 Vol.-%), **Relicário Fine
Brandy Reserve** (40 Vol.-%)
und **Barrocao V.S.O.P.**
(40 Vol.-%).

Caves Fundacao
– Portugal
Wein- und Brandyhaus mit
Sitz in Anadia im Bairrada-gebiet.
Brandys:
Aguardente de Fundacao
(36 Vol.-%), **Aguardente
Velha Reserva** (38 Vol.-%),
Aguardente V.S.O.P.
(38 Vol.-%) und **Old Brandy
******* (38 Vol.-%).

Caves Império – Portugal
Wein- und Brandyhaus mit
Sitz in Anadia im Bairrada-gebiet; gegründet 1942.
Weinbrände/Brandys:
Império (40 Vol.-%), **Aguardente Velha Império** (5 Jahre,
40 Vol.-%) und **Aguardente
Velha Reliquia** (10 Jahre,
40 Vol.-%).

Caves São Joao – Portugal
Wein- und Brandyhaus mit
Sitz in Anadia im Bairrada-gebiet.
Brandy:
Aguardente Velha (10 Jahre,
40 Vol.-%).

Caves Valdarcos
– Portugal
Wein- und Brandyhaus mit
Sitz in Anadia im Bairrada-gebiet.
Brandys:
Valdarcos (37 Vol.-%) und
V.S.O.P. Velha (40 Vol.-%).

CCG
Kurzform für → Compagnie
Commerciale de Guyenne.

Centenario – Spanien
Brandymarke des Sherry-
hauses → Terry.

Cerchia – Italien
Brennerei mit Sitz in Nimis,
Friaul.
Grappa di Ramandolo
(Classica und Gentile).

Ceretto – Italien
Weingut und Brennerei mit
Sitz in Alba, Piemont.
Grappas:
Rossana (aus Dolcetto-
trestern, 42 Vol.-%), **Ceretto**
(aus Nebbiolotrestern,
43 Vol.-%) sowie **Grappa Zon-
chera Nebbiolo** und **Grappa
Barolo Brunate.**

C. G. E. V. F.
Kurzform für → Compagnie
des Grandes Eaux-de-Vie de
France.

Chabanneau – Frankreich
Tochtergesellschaft der Firma
→ Camus.
Cognacs:
*** (40 Vol.-%), **V.S.O.P.**
(40 Vol.-%) und **Napoléon**
(40 Vol.-%).
Armagnac:
40 Vol.-%.

Chabasse – Frankreich
Cognachaus mit Sitz in
St-Jean d'Angely.
Cognacs:
Napoléon (40 Vol.-%) und
X.O. Impérial (40 Vol.-%).
Die zweite Marke ist Bowen.

Chabernaud – Frankreich
Kleines Familienweingut mit
Sitz in Criteuil-la-Magdeleine.
Cognacs aus der Region
Grande Champagne:
*** (40 Vol.-%), **V.S.O.P.**
(40 Vol.-%) und **Vieille
Réserve** (10 Jahre, 40 Vol.-%).

Chabot – Frankreich
1. *Cognac*handelsmarke der
Firma → Camus in Cognac.
2. Weingut und Armagnacer-
zeuger mit Sitz in Labastide
d'Armagnac; gegründet 1828.
Die Vermarktung der Marke
erfolgt durch das führende
Exporthaus Armadis, das zu
→ Camus gehört.
Armagnacs:
Blason d'Or (40 Vol.-%),
Napoléon Special Réserve
(40 Vol.-%), **X.O. Superior**
(40 Vol.-%) und **Extra**
(40 Vol.-%).

Chaignier – Frankreich
Cognachaus mit Sitz in
Jonsac.
Cognac aus der Region
Petite Champagne:
V.S.O.P. Réserve (25 Jahre,
40 Vol.-%).

Chainier – Frankreich
Weingut und Cognacerzeu-
gerfirma mit Sitz in Arthenac;
36 Hektar Rebfläche.
Cognacs aus der Region
Petite Champagne:
V.S.O.P. (10 Jahre, 40 Vol.-%),
Vieille Réserve (ca. 17 Jahre,
40 Vol.-%), **Très Vieille Réser-
ve** (25 Jahre, 40 Vol.-%),
Petite Champagne Extra
(25 Jahre, 40 Vol.-%) und

Réserve du Chainier
(40 Vol.-%). Die Firma
erzeugt auch einen Pineau
des Charentes.

Challant – Frankreich
Cognacs:
Napoléon (40 Vol.-%) und
V.S.O.P. (40 Vol.-%).

Jean-Paul **Chanel**
                    – Frankreich
*Cognac*marke der Firma Les
→ Grands Chais de France,
Kirrwiller im Elsass.

Chantelle – Frankreich
*Brandy*marke der → Com-
pagnie des Grandes Eaux-de-
Vie de France. **Napoléon** mit
der Zusatzbezeichnung **Brandy Extra.**

Chantré – Deutschland
Weinbrand der Firma
→ Eckes KG in Nieder-Olm.

Chapoutier – Frankreich
Weingut mit Sitz in Tain-
L'Hermitage; gegründet 1808
von Marc Chapoutier.
Brandy:
Cuvée Marc Senior (ein Eau-
de-Vie des Côtes du Rhône,
40 Vol.-%).
Marc Vieux (43 Vol.-%).

Denis **Charpentier**
                    – Frankreich
Junges Unternehmen mit
Sitz in Paris, dessen Cognacs
bei der Destillerie Michel
Boinaud produziert werden.
Cognac:
Extra Grande Champagne
(30 Jahre, 40 Vol.-%).

Charpentron – Frankreich
Kleines Grande-Champagne-Weingut mit Sitz in Gonde-ville; gegründet 1764; 50 Hektar eigene Rebfläche. Verkauft hauptsächlich an große Cognachäuser und bietet auch alte Cognacs aus Eigenausbau.
Cognacs:
✱✱✱ (5 Jahre, 40 Vol.-%),
V.S.O.P. (15 Jahre, 40 Vol.-%),
Vieille Réserve Spéciale
(40 Jahre, 40 Vol.-%),
Age d'Argent (40 Vol.-%),
Age d'Or (40 Vol.-%) und
Hors d'Age (Brände von 40 bis 60 Jahren, 40 Vol.-%). Weitere Marken sind Renier und A. → Riffaud.

Yves **Chat** – Frankreich
Cognachaus mit Sitz in Bercloux.
Cognacs aus der Region Fins Bois:
✱✱✱ (40 Vol.-%), **V.S.O.P.**
(40 Vol.-%) und **Vieille Réserve** (16 Jahre, 40 Vol.-%).

Château Chesnel
– Frankreich
*Cognac*marke des Comte F. de Roffignac.

Château de Beaulon
– Frankreich
Weingut und Cognacerzeuger mit Sitz in St-Dizant-du-Gua; 60 Hektar Weinbergbesitz.
Cognacs aus der Region Fins Bois:
Blason (7 Jahre, 40 Vol.-%),
Vieille Fine (20 Jahre, 40 Vol.-%), **Extra** (30 Jahre, 40 Vol.-%), **Collection** (erst-

mals 1980 in kleiner Menge hergestellt, 50 Jahre, 40 Vol.-%), **Grande Fine Extra** (50 Jahre, 40 Vol.-%) und **Rare** (von 1904 und 1907, 40 Vol.-%).

Château de Bois
Charente – Frankreich
Cognac aus den Regionen Grande und Petite Champagne:
Vieille Réserve (40 Vol.-%). Erzeugnis der Fondation Fougerat, Graves.

Château de Brizambourg
– Frankreich
*Cognac*marke der Firma Pierre Hard, Brizambourg.

Château de Laubade
– Frankreich
Armagnacmarke der Société Commerciale du Château de Laubade in Nogaro.
Armagnacs aus der Region Bas-Armagnac:
V.S.O.P. (40 Vol.-%),
Napoléon (40 Vol.-%),
X.O. (40 Vol.-%), **Extra Hors d'Age** (40 Vol.-%) und
Vintage (40 Vol.-%).
Eine zweite, einfacher ausgestattete Marke ist → **Duc de Loussac** in den Qualitäten **Napoléon** (40 Vol.-%) und **X.O.** (40 Vol.-%).

1715, 1724 und **1795**
Das sind die Gründungs-jahre der weltbekannten Cognachäuser Martell, Rémy Martin und Otard.

Château de Ravignan
– Frankreich
Armagnac aus der Region Bas-Armagnac mit 40 Vol.-%.

Château d'Uffaut
– Frankreich
Cognac aus der Region Grande Champagne mit 40 Vol.-%.
Erzeugnis der Firma → Camus in Cognac.

Château du Plessis
– Frankreich
Cognac aus der Region Les Borderies mit 40 Vol.-%, 38 Jahre alt.
Erzeugnis der Firma → Camus in Cognac.

Château du Tariquet
– Frankreich
Weingut und Armagnacfirma mit Sitz in Eauze, 260 Hektar Weinland.
Armagnacs aus der Region Bas-Armagnac:
V.S.O.P., Hors d'Age und Jahrgangsarmagnacs.

Château la Boroje
– Frankreich
Armagnac aus der Region Bas-Armagnac mit 40 Vol.-%. Erzeugnis der Firma F. M. L'Huiller.

Gebrannter Wein wird erstmals 1726 als Eau-de-vie-de-Cognac bezeichnet.

Château Montifaud
– Frankreich
Weingut und Cognachaus mit Sitz in Jarnac-Champagne; gegründet 1853; 50 Hektar eigene Rebfläche. Die Firma verfügt über einen einzigartigen Vorrat an alten Destillaten.
Cognacs aus der Region Petite Champagne:
V.S. (5 Jahre, 40 Vol.-%), **V.S.O.P.** (10 Jahre, 40 Vol.-%), **Napoléon** (15–18 Jahre, 40 Vol.-%), **X.O.** (30 Jahre, 40 Vol.-%), **Héritage Louis Vallet** (30 Jahre, 42 Vol.-%) und **Héritage Maurice Vallet** (jüngstes Destillat von 1904, 45 Vol.-%).
Eine Handelsmarke ist Payrault.

Château Paulet
– Frankreich
Cognachandelshaus mit Sitz in Cognac-Châteaubernard; gegründet 1848. Das Unternehmen kauft bei Winzern der besten Crus. Das Haus gehört zur Gruppe Renaud → Cointreau.
Cognacs aus den Regionen Grande Champagne und Fins Bois:
V.S. Cuvée Excellence (40 Vol.-%), **V.S.O.P.** (40 Vol.-%), **Grande Fine Ecusson Rouge** (5 Jahre, 40 Vol.-%), **V.S.O.P. Réserve** (8 Jahre, 40 Vol.-%), **Napoléon** (15 Jahre, 40 Vol.-%), **Cuvée Supérieure** (40 Vol.-%), **X.O. Fine Champagne** (1993 zum besten Cognac der

Welt gekürt, 30 Jahre, 40 Vol.-%), **Paradis X.O.** (wird ausschließlich für Japan erzeugt, 40 Vol.-%), **Age Inconnu Très Rare Fine Champagne** (60 Jahre, 43 Vol.-%), **Borderies Très Vieilles** (80 Jahre, 47 Vol.-%), **Fine Champagne Extra Vieille** (Zusatzbezeichnung ist Réserve Louis XVI, 60 Jahre, 40 Vol.-%), **Très Rare Fine Champagne** (43 Vol.-%), **Extra** (40 Vol.-%) und **X.O. Paulet Anniversaire François 1er.**
Angekaufte Marken sind → Barnett & Fils, F. Geoffroy & Fils, Games & Cie und Gassies & Co (*******, V.S.O.P., Napoléon Fine Champagne, Réserve Spéciale und Fine Champagne Vat 93). Weitere Marken: Cognac de la Couronne, Darvilly, De Louval, F. Dubois, J. Faure, Lacroux, The Golden Cognac, → Tricoche und → Baron de Casterac.
Weinbrände/Brandys:
Premier Very Pale Napoléon und **Drillaud Napoléon Finest French Brandy.**

Chatelain – Japan
Weinbrände/Brandys:
V.S.O.P., S.O. Soft Brandy und **X.O. de Luxe.**
Erzeugnis der japanischen Whiskyfirma Kirin-Seagram.

Claude **Chatelier**
– Frankreich
Cognacs aus der Region Grande Champagne:
Napoléon (40 Vol.-%) und **X.O.** (40 Vol.-%).

Chatelle – Frankreich
Weinbrand/Brandy:
Napoléon Brandy de France Extra (40 Vol.-%).

Chauchet – Frankreich
Familienweingut und Cognacerzeuger mit Sitz in Segonzac.
Cognacs aus der Region Grande Champagne:
V.S.O.P. (15 Jahre, 40 Vol.-%), **Extra** (19 Jahre, 40 Vol.-%) und **X.O.** (20 Jahre, 40 Vol.-%).

Maurice **Chenu** – Frankreich
Eau-de-Vie de Marc Hospices de Beaune (40 Vol.-%).

Chevalier Daniaud Duperat – Frankreich
*Cognac*handelsmarke der Union des Vignerons Charentais, Brie-sous-Matha.

Chiarlo – Italien
Weingut mit Sitz in Calamandrana, Piemont.
Weinbrand/Brandy:
Acquavite di Moscato di Lacrime (aus Moscato-di-Canelli-Trauben, wasserklar, 42 Vol.-%).
Grappas:
di Moscato d'Asti, di Barilot, di Nebbiolo da Barolo, di Airone und **di Gavi** (jeweils 42 Vol.-%).

China Brandy – China
Weinbrand/Brandy der Shantung Chefoo Pioneer Wine Company, Chefoo.

Denise **Clair** – Frankreich
Weingut und Cognacerzeu-
gerfirma mit Sitz in Neuillac,
15 Hektar eigene Rebfläche.
Cognacs aus der Region
Petite Champagne:
*** (40 Vol.-%), **V.S.O.P.**
(40 Vol.-%) und **Vieille
Réserve** (40 Vol.-%).

Guy **Clair** – Frankreich
Cognacbrennerei mit Sitz in
Matha, die die *Cognac*-
marken → Guyclair und →
Mérigot erzeugt.

Clés des Ducs S. A.
– Frankreich
Firmensitz in Panjas, Gers;
gehört zur Firmengruppe →
Cointreau.
Armagnacs:
*** (40 Vol.-%), **V.S.O.P.**
(40 Vol.-%), **Napoléon**
(40 Vol.-%), **Napoléon X.O.**
(mehr als 10 Jahre,
40 Vol.-%), **21 Ans d'Age**
(40 Vol.-%) und einige Millésimés.

Clovis Lesieutre & Cie
– Frankreich
Destillerie und Handelsfirma
in Roanne, die u. a. auch
koscheren *Cognac* anbietet.

Cognac de la Couronne
– Frankreich
*Cognac*handelsmarke von
→ Château Paulet, Cognac-
Châteaubernard.

Cognac des Trois
Empereurs – Frankreich
*Cognac*handelsmarke von
→ Domaine du Chillot in
Gensac-la-Pallue.

Cognac Libre – Frankreich
*Cognac*handelsmarke der
Firma → Exshaw S. A. in
Cognac.

Cognaqueur – Frankreich
*Cognac*marke der Firma Les
→ Grands Chais de France in
Kirrwiller im Elsass.

Renaud **Cointreau**
– Frankreich
Firmengruppe, zu der die
Cognachäuser → Château
Paulet und → Frapin, das
Champagnerhaus Gosset
sowie die Likör- und Ver-
triebsfirma Pagès gehören.

Colbert Brandy
– Frankreich
Weinbrände/Brandys:
Napoléon (40 Vol.-%) und
X.O. (40 Vol.-%).
Erzeugnis der Firma Audouin
Frères.

Collavini – Italien
Weingut mit Sitz in Udine,
Friaul.
Grappas:
di Pinot Grigio (aus Grau-
burgundertrestern; 43 Vol.-%)
und **Borgo dei Roseti.**

Collin – Frankreich
Cognachaus mit Sitz in
Salles d'Angles.
Cognac aus der Region
Grande Champagne:
Vieille Réserve (20 Jahre,
40 Vol.-%).

Colline – Italien
Weingut in Gattinara,
Piemont.
Weinbrand/Brandy:
Acquavite da Barbaresco
(Branntwein aus Nebbiolo-
trestern, 40 Vol.-%).

Combe – Frankreich
Cognachaus mit Sitz in Meux.
Cognacs aus der Region
Petite Champagne:
*** (40 Vol.-%) und **X.O.**
(15 Jahre, 40 Vol.-%).

Compagnie Commerciale
de Guyenne (CCG)
– Frankreich
Holding mit Sitz in Cognac,
unter deren Dach sich Winzer und Cognacmarken befinden, die zu den größten im
Cognac- und Armagnacge-
schäft gehören, mit dem Ziel
der gemeinsamen Vermark-
tung. Das Unternehmen hat
Vertriebsorganisationen in
verschiedenen Ländern, auch
anderer Kontinente.
Die Firma → **Rouyer Guilet**
fungiert als Holding, die
Destillerie Saintonge ist für
die Destillerie und Lagerung
verantwortlich, und die
Firma → **Brugerolle** ist für
die Abfüllung der Marken zuständig. Weiters gehören zur
CCG Georges → **Courant,
Favraud, Jean → Fillioux,
Lucien → Foucauld, →
Marquis de Caussade, →
Meukow, → Moullon** und
→ **Réau Richard** sowie die
Handelsmarken: Ambrosy,
Audouin, Bacot, Belle Fer-
roniere, Berin, Bernin, Bois-

nard, Chabaut, Chanteliac, Chantevigne, Chauvignac, Comte de Lafont, Coutanseaux, Courbet, Cunningham, De Belfort, De Beaumaine, De Beaupréau, De Florignac, Delorme, Deltour, De Marsanex, Derevel, Duc de la Salle, Duclair & Co, Duplantier, M. Duvignac, Jacquelin, H. Joubert, J. Lafont, La Grange, → Lainé, F. Latour, Lefranc, Marie-Laure, Marot, Marquis de Lonac, Marquis de Moncy, Martin, Roger Mercier, C. Merpin, Michaud, Minard Frères, Moitard, William Morton, Jacques Nicot, Normand, Patricia, Pauly, Perquis & Fils, → Philippe de Castaigne, Renard, Renaud Bernard, → Richard Frères, Rochemont, Roger & Cie, Sauvion, Senior, Serre, Sicard & Fils, André Simon, Triboulet und Videau & Co.

Armagnac:
→ Marquis de Caussade.
Weinbrände/Brandys:
→ Prince d'Armagnac und Baron de Marsales.

Compagnie des Grandes Eaux-de-Vie de France (C. G. E. V. F.) – Frankreich

Tochterunternehmen des Hauses → Camus, das selbstständig geführt wird. Sitz in Cognac, gehört zu den größten Firmen im Cognacgebiet.
Cognacs aus den Regionen Petite Champagne, Fine Champagne und Grande Champagne werden unter

der Marke **Planat** verkauft: **V.S., V.S.O.P., Napoléon, X.O.** und die Spezialitäten **Petite Champagne Hors Pair, Petite Champagne Réserve des Connaisseurs, Grande Champagne Réserve Extra Vieille** und **Fine Champagne Très Vieille.**
Armagnacs:
Chabot (wird von der zur Gruppe gehörenden Firma Armadis verkauft) und → **Marquis de Puysegur.**
Weinbrände/Brandys:
→ **Bouchard,** → **Chantelle** und → **Lainé.**
Zur Produktpalette gehören weiters ein Pineau de Charentes und ein Calvados.

Compagnie des Produits de Gascogne – Frankreich

Brennerei und *Armagnac*haus mit Sitz in Auch, das die Marke → **De Montal** auf den Markt bringt.

Companhia Agricola do Sanguinhal – Portugal

Brandyerzeugerfirma mit Sitz in Bombarral.
Weinbrand/Brandy:
Quinta de S. Francisco Aguardente Velha (40 Vol.-%).

Compte-System

Ist eine Art Kontoführung, in die jeder Cognac nach der Destillation eingegliedert wird. Vgl. das Kapitel Staatliche Kontrolle, Seite 467 f.

Comte Joseph – Frankreich

Cognacmarke der Firma Les → Grands Chais de France, Kirrwiller im Elsass.
Cognacs:
*** V.S. (40 Vol.-%), **V.S.O.P.** (40 Vol.-%), **X.O. Napoléon** (40 Vol.-%), **Extra** (Region: Grande Champagne, 20 Jahre, 40 Vol.-%) und **Hors d'Age** (40 Vol.-%).

Condé de Osborne

– Spanien Spitzen*brandy* der Firma → Osborne in Puerto de Santa Maria.

Cooperative La Charentaise Vinicole – Frankreich

Cognachandelshaus mit Sitz in Saint-Pierre-d'Oléron, das Cognac von etwa 500 Winzern vermarktet.
Cognacs:
Als Eigenmarke bietet das Unternehmen die Produkte ******* (3 Jahre, 40 Vol.-%), **V.S.O.P.** (5 Jahre, 40 Vol.-%), **Napoléon** (8 Jahre, 40 Vol.-%) und für Kochzwecke den **Spécial Cuisine** (45 Vol.-%) an.

Cordier – Frankreich
Weinbrände/Brandys:
Napoléon Pure Grape Brandy (40 Vol.-%) und **Napoléon de Luxe Pure Grape Brandy** (40 Vol.-%).

La Cornue – Schweiz
Marc Lie du Valais mit 40 Vol.-%.
Erzeugnis der Provins Valais in Sion.

Cortel – Frankreich
Weinbrände/Brandys:
Napoléon V.S.O.P. Brandy de France (40 Vol.-%), **X.O. Pure Grape Brandy** (40 Vol.-%) und **Premium Très Vieux Brandy** (40 Vol.-%). Handelsmarke der Firma Pascal Combeau.

Cosson – Frankreich
Weingut und Cognacdestillerie mit Sitz in Guimps.
Cognacs aus den Regionen Petite Champagne und Grande Champagne:
*** (4 Jahre, 40 Vol.-%),
V.S.O.P. Fine Champagne (7 Jahre, 40 Vol.-%), **V.S.O.P. Blason Fine Champagne** (10 Jahre, 40 Vol.-%), **Vieille Réserve Fine Champagne** (15 Jahre, 40 Vol.-%), **Très Vieille Réserve Fine Champagne** (25 Jahre, 40 Vol.-%), **Extra** (30 Jahre, 40 Vol.-%) und **Grande Champagne Fontenary** (für den Asienexport, 40 Vol.-%).

Jacques **Couillaud**
– Frankreich
Cognachaus mit Sitz in St. Georges-Antignac.
Cognacs aus der Region Fins Bois:
*** (40 Vol.-%), **V.S.O.P.** (40 Vol.-%) und **Napoléon** (15–16 Jahre, 40 Vol.-%).

Couillebaud – Frankreich
Cognachaus mit Sitz in Moulidars.
Cognacs aus der Region Fins Bois:
*** (4 Jahre, 40 Vol.-%),
V.S.O.P. (7 Jahre, 40 Vol.-%),

Napoléon (9 Jahre, 40 Vol.-%) und **Vieille Réserve** (25 Jahre, 40 Vol.-%).

Couprié – Frankreich
Weingut und Cognacerzeugerfirma mit Sitz in Ambleville; 22 Hektar Rebfläche.
Cognacs:
*** (Region Fins Bois, 40 Vol.-%), **V.S.O.P.** (Region Grande Champagne, 8 Jahre, 40 Vol.-%), **Napoléon** (Region Grande Champagne, 12 Jahre, 40 Vol.-%), **Très Vieille Réserve** (Region Fins Bois, 20–25 Jahre, 40 Vol.-%) und **Hors d'Age** (Region Grande Champagne, 41 Jahre, 45 Vol.-%).

Georges **Courant**
– Frankreich
Cognachaus mit Sitz in Cognac, das der → CCG angehört.
Cognacs:
Dry Cognac (40 Vol.-%), **Fine Cognac** (40 Vol.-%), **Fine Champagne** (40 Vol.-%), **V.S.O.P.** (40 Vol.-%), **Napoléon** (40 Vol.-%), **Vieille Fine Champagne** (40 Vol.-%), **Extra** (40 Vol.-%) und **Hors d'Age** (40 Vol.-%).
Andere Handelsmarken der Firma sind: Minard Frères, Marquis de Moncy, Triboulet sowie Perquis & Fils.

Courréges – Frankreich
1. Cognac:
X.O. (40 Vol.-%); Erzeugnis der Firma Rouyer Guillet & Cie, Saintes.

2. Armagnac mit 40 Vol.-%; Erzeugnis der Firma Marquis de Caussade S. A.

Courriere – Frankreich
Weinbrände/Brandys:
Napoléon Mild (40 Vol.-%), **Napoléon** (40 Vol %), **X.O.** (40 Vol.-%) und **X.O. Extra** (40 Vol.-%).
Erzeugnis der Firma → Réau Richard in Cognac.

Courvoisier S. A.
– Frankreich
Cognacerzeugerfirma mit Sitz in Jarnac; gegründet 1835, gehört heute zusammen mit → Salignac zum britischen Getränkekonzern Allied Domecq. Das Unternehmen hat keinen eigenen Weinbergbesitz und keine eigene Destillerie, sondern kauft von etwa 2 000 Winzern der vier besten Regionen die jungen Brände und nimmt die Lagerung und später die Zusammenstellung der Cuvées selbst vor. Courvoisier-Cognacs zeigen deutlich den typischen Charakter der Region.

Der Name Asbach steht für beste deutsche Weinbrandqualität. Der Rüdesheimer Kaffee in der unverkennbaren Rüdesheimer-Kaffee-Tasse gilt als Klassiker unter den flambierten Hot Drinks und wird original mit angewärmtem Asbach Uralt Weinbrand zubereitet.

Cognacs:
*** **Luxe** (40 Vol.-%),
V.S. (5 Jahre, 40 Vol.-%),
V.S.O.P. (8–12 Jahre, Grande und Petite Champagne, 40 Vol.-%), **Premier de Courvoisier** (Grande und Petite Champagne, 40 Vol.-%), **Napoléon** (Grande und Petite Champagne und Borderies, 40 Vol.-%), **Cour Impériale** (Grande Champagne, 40 Vol.-%), **X.O.** (20 Jahre, Grande und Petite Champagne und Borderies, 40 Vol.-%), **X.O. Imperial** (20 Jahre, 40 Vol.-%), **Initiale Extra** (über 50 Jahre, 40 Vol.-%), **Collection Erté** (40 Vol.-%) und **Château Limoges Fine Champagne** (in blauer Porzellanflasche, für Tax-free-Shops, 40 Vol.-%).
Die Courvoisier-Cognacs tragen meist die Bezeichnung „Le Cognac de Napoléon". Andere Handelsmarken sind Carnac, Carvalho, Comte Louis de Naives, Curlier, Garde Imperiale, Grandier, La Fontaine, Loubert, Symbole Royal und Frederick Wildman.

Coussinot – Deutschland
Weinbrand/Brandy:
Extra (mindestens 5 Jahre gelagert, 40 Vol.-%).
Erzeugnis der Firma E. Scheibel Schwarzwaldbrennerei, Kappelrodeck.

Croft – Spanien und Portugal
Sherryhaus mit Sitz in Jerez de la Frontera sowie Portweinhaus in Vila Nova de Gaia, Hauptsitz London (International Distillers and Vintners).
Weinbrände/Brandys:
Brandy Croft Solera (36 und 38 Vol.-%) und **Solera Privada** (ein Gran Reserva, 40 Vol.-%).

Croizet – Frankreich
Destillerie und Handelshaus mit Sitz in St-Même-les-Carrières; gegründet 1805 von Léon Croizet. Bereits vor 1987 wurde der Firma das Privileg der Herstellung von Jahrgangscognacs erteilt.
Im „Paradis" lagern besonders alte Cognacs aus der Zeit vor der Reblausplage.
Cognacs:
*** (Fins Bois, 40 Vol.-%),
V.S.O.P. (Fins Bois, 40 Vol.-%),
Napoléon (Fins Bois, 40 Vol.-%),
V.S. Fine Champagne (Grande und Petite Champagne, 40 Vol.-%), **Fine Champagne Château Flaville** (Grande und Petite Champagne, 40 Vol.-%), V.S.O.P. Fine Champagne (Grande und Petite Champagne, 40 Vol.-%), **Napoléon Fine Champagne** (Grande und Petite Champagne, 40 Vol.-%), **X.O. Age Inconnu** (Grande Champagne und Fins Bois, 40 Vol.-%), **Réserve des Héritiers Grande Fine Champagne** (40 Vol.-%), **Lot 33 Regional Fine Champagne** (Grande und Petite Champagne, 42 Vol.-%), **Lot 42 Grande Champagne** (46 Vol.-%),

Lot Piton (Grande Champagne, 44 Vol.-%) und diverse Jahrgangscognacs, u. a. **1936, 1951** und **1967.**
Andere Handelsmarken sind: Bogan Frères, Bolton Frères, Bonaparte, Boyard, Carrières, Carval, Château de Flaville, Clouet, B. Léon Coizet, Delour, Dorlan, Emlo, Florentz, Grand Finage, Loquessy & Fils, → Lourson, J. Matte & Cie, Raillard Frères und Tarin.
Brandys siehe → Lourson.

Pierre **Croizet** – Frankreich
Cognachaus mit Sitz in Triac-Lautrait.
Cognacs aus der Region Fins Bois:
*** (40 Vol.-%), **V.S.O.P.** (40 Vol.-%), **Napoléon** (40 Vol.-%), **Extra** (35 Jahre, 40 Vol.-%) und **Excellence** (50 Jahre, 40 Vol.-%) sowie die Marke **Pierre** → **Morin.**

Cusenier – Frankreich
Spirituosenerzeugerfirma, seit 1975 in der Gruppe → Pernod-Ricard.

D

Dallmayr – Deutschland
Das Münchner Feinkosthaus lässt verschiedene *Armagnacs* (Baron Gaston Legrand) und *Cognacs* (→ Lheraud) destillieren.

Damblat – Frankreich
Armagnachaus mit Sitz in Castelnau-d'Auzan.
Armagnacs:
*** (40 Vol.-%), **Napoléon** (40 Vol.-%) und Jahrgangsarmagnacs.

Dana – Slowenien
Spirituosenerzeugerfirma
mit Sitz in Mirna, die verschiedene *Weinbrände* auf
den Markt bringt.

Danflou – Frankreich
Cognac:
Extra (Grande Champagne,
40 Vol.-%) und **Fine Cham-
pagne** (Grande und Petite
Champagne, 40 Vol.-%).
Erzeugnis der Firma →
Denis-Mounié in Jarnac.

D'Angelo – Italien
Familienweingut von Donato
und Lucio d'Angelo mit Sitz
in Rionero in Volture in der
Region Basilicata.
Grappa di Aglianico (aus
Aglianicotrestern, dreifach
gebrannt, 42 Vol.-%).

Francis **Darroze**
                    – Frankreich
*Armagnac*erzeugerfirma
mit Sitz in Roquefort, die
ausschließlich Bas-Arma-
gnac-Jahrgangsarmagnacs
aus jeweils nur einer Domäne anbieten. Die Armagnacs
werden nicht mit Wasser verdünnt, sondern erreichen
ihren endgültigen Alkoholgehalt durch natürliche Verdunstung. Derzeit werden etwa 45
Jahrgänge verkauft.

Darvelle Frères
                    – Frankreich
Weinbrände/Brandys:
V.S.O.P. French Brandy
(40 Vol.-%) und **X.O. French
Brandy** (40 Vol.-%).

Jean **Daudin & Fils**
                    – Frankreich
Cognachaus mit Sitz in
Châteauneuf-sur-Charente.
Cognacs aus den Regionen
Grande und Petite Champgne:
★★★ (40 Vol.-%), **V.S.O.P.**
(40 Vol.-%), **Napoléon**
(40 Vol.-%), **Très Rare Vieille Réserve Petite Champagne**
(40 Vol.-%) und **Très Vieille
Réserve Grande Champagne**
(40 Vol.-%).

Guy **David** – Frankreich
Cognachaus mit Sitz in
Courcerac.
Cognacs aus der Region
Fins Bois:
★★★ (40 Vol.-%), **V.S.O.P.**
(40 Vol.-%), **Napoléon**
(40 Vol.-%) und **Vieille
Réserve** (30 Jahre, 40 Vol.-%).

Robert **David & Fils**
                    – Frankreich
Das Cognachaus hat seinen
Sitz in Archiac.
Cognacs aus der Region
Petite Champagne:
★★★ (40 Vol.-%), **V.S.O.P.**
(40 Vol.-%), **Napoléon**
(40 Vol.-%), **Réserve**
(40 Vol.-%) und **Hors d'Age**
(40 Vol.-%).

Davidoff Sélection
                    – Frankreich
Cognacs:
Classic V.S.O.P. (aus 40 verschiedenen Destillaten hergestellt, 40 Vol.-%) und **Extra**
(aus besonders alten Beständen komponiert, 43 Vol.-%).
Erzeugnis der Firma
→ Hennessy.

Davin – Frankreich
Weinbrand/Brandy:
Napoléon Brandy (40 Vol.-%).
Erzeugnis der Firma → Amad
in Cognac.

François **d'Eauzac**
                    – Frankreich
Armagnac aus der Region
Bas-Armagnac:
Napoléon Extra (40 Vol.-%).

Debussy – Frankreich
Napoléon French Brandy
(40 Vol.-%) und N**apoléon
Extra** (40 Vol.-%).

De Castelfort – Frankreich
Armagnacmarke von → Cave
des Producteurs Reunis in
Nogaro.
Armagnacs:
**V.S., V.S.O.P., X.O., Napolé-
on, Extra Age** (40 Vol.-%) und
einige Millésimés.

Decaumont – Frankreich
1. *Cognac*handelsmarke der
Firma → Renault in Rouillac.
2. *Weinbrand/Brandy:*
Napoléon Pure Grape Brandy
(40 Vol.-%).

De Foirac – Frankreich
Cognac:
Napoléon (40 Vol.-%).
Erzeugnis der Firma Comte
de Foirac.

De Jonker – Frankreich
1. *Cognac*handelsmarke der
Firma → Brugerolle S. A. in
Matha.
2. *Weinbrand/Brandy:*
Napoléon Réserve (40 Vol.-%).

De Laage – Frankreich
*Cognac*handelsmarke von GEMACO (Tochtergesellschaft der Firma → Gautier in Aigre). Andere Bezeichnung der Marke ist „Faucon d'Or de Laage".

Delamain – Frankreich
Die Cognacerzeugerfirma Delamain & Ranson wurde 1763 gegründet. Seit 1920 firmiert das Cognachaus nur noch als Delamain und wird heute von Delamains Nachkommen Alain Braastad und Patrick Peyrelongue geführt. Firmensitz ist in Jarnac. Das Unternehmen besitzt keine eigenen Rebflächen, der Brennwein wird angekauft. Delamain-Erzeugnisse zählen zu den allerbesten Cognacs, sie werden als elegant und leicht, rund und fruchtig beschrieben. Es werden Sonderabfüllungen mit unterschiedlichen Bezeichnungen und Alkoholgehalten für viele Restaurants der Luxusklasse komponiert und abgefüllt.
Cognacs:
*** (40 Vol.-%), **V.S.O.P.** (40 Vol.-%), **Pale & Dry Très Belle Grande Champagne** (25 Jahre, 40 Vol.-%), **Vesper Grande Champagne** (35 Jahre, 40 Vol.-%), **Très Vénérable de Grande Champagne** (40 Vol.-%, dieser Cognac ist für den Export in die USA bestimmt), **Très Vieux Cognac de Grande Champagne** (40 Vol.-%), **Réserve de la Famille** (trägt auf der Flaschenetikette eine fortlaufende Kontrollnummer, 43 Vol.-%) und Jahrgangscognacs, u. a. Jahrgang **1935, 1949, 1960** (je 40 Vol.-%). Handelsmarken sind Aigle Imperial und François Tourrel.

De La Mazière – Frankreich
Armagnacs:
S.R. (40 Vol.-%), **Napoléon** (40 Vol.-%), **Napoléon Extra** (40 Vol.-%) und **X.O.** (40 Vol.-%).

De la Motte – Frankreich
Cognacmarke von Domaine de la Motte.
Cognacs:
*** (40 Vol.-%), **V.S.O.P. Blason** (40 Vol.-%), **Napoléon** (40 Vol.-%) und **Hors d'Age** (40 Vol.-%).

De Laroche – Frankreich
Cognachaus mit Sitz in Cognac.
Cognacs:
*** (40 Vol.-%), **V.S.O.P.** (40 Vol.-%), **V.S.O.P. Fine Champagne** (40 Vol.-%), **Vieille Réserve Napoléon** (40 Vol.-%), **X.O.** (40 Vol.-%), **Hors d'Age** (40 Vol.-%), **Extra** (50 Jahre, 40 Vol.-%) und **Age Inconnu** (40 Vol.-%).

De La Tour – Frankreich
Cognacdestillerie mit Sitz in Pons.
Cognacs:
X.O. (40 Vol.-%), **Alain Delon X.O.** (40 Vol.-%) und **Le Sire De La Tour** (40 Vol.-%).

De La Villière – Frankreich
Die Destillerie mit dem Namen Vinet hat ihren Sitz in Brie sous Archiac.
Cognacs aus der Region Petite Champagne:
X.O. Offrande (40 Vol.-%) und **Hors d'Age** (über 30 Jahre, 40 Vol.-%).

Angelo **Delea** – Schweiz
Kellereibetrieb und Brennerei mit Sitz in Losone bei Locarno.
Weinbrände/Brandys:
Carezza d'Autunno (aus Americanotrauben gebrannt, 45 Vol.-%) und **Filo di Seta** (aus blauen Moscatotrauben, 43 Vol.-%).
Grappas:
Chardonnay (aus frischen Chardonnaytrestern des Tessin, 43 Vol.-%), Pinot Nero (40 Vol.-%) und Vecchio Rovere (aus Merlottrestern, 45 Vol.-%).

Delfin – Frankreich
Cognacs:
V.S.O.P. (40 Vol.-%) und **Napoléon** (40 Vol.-%).

Delgado Zuleta – Spanien
Bekanntes Sherryhaus mit Sitz in Sanlúcar de Barrameda.
Weinbrand/Brandy:
Solera Gran Reserva (in Olorosofässern gereift, 40 Vol.-%).

Delord – Frankreich
Armagnacs:
V.S.O.P. (40 Vol.-%), **Napoléon** (40 Vol.-%), **X.O.** (40 Vol.-%) und Millésimés. Erzeugnis der Firma Delord in Lannepax.

Delpech Fougerat
– Frankreich
Weingut und Cognacerzeu-
gerfirma mit Sitz in Barbezieux; seit 1777 im Familienbesitz.
Cognacs aus der Region
Petite Champagne:
*** (40 Vol.-%), **V.S.O.P.**
(40 Vol.-%), **Vieille Réserve**
(40 Vol.-%) und **Vieille Réserve Ancestrale** (25 Jahre,
40 Vol.-%). Weitere Marken:
Saunier de Longchamps und
Logis de la Fontaine.

Deltetto – Italien
Weingut mit Sitz in Canale
d'Alba, Piemont.
Grappa di Vinacchia di Arneis
(aus Arneistrestern, 42 Vol.-%).

A. De Luze & Fils
– Frankreich
Cognacerzeugerfirma mit Sitz
in Jarnac; gegründet 1820.
Seit 1983 ist das Familienun-
ternehmen im Besitz der Fir-
ma → Rémy Martin, hat je-
doch seine Unabhängigkeit
wahren können.
Cognacs:
V.S. (3 Jahre, 40 Vol.-%),
V.S.O.P. (4 Jahre, 40 Vol.-%),
Napoléon (6 Jahre, 40
Vol.-%) und **X.O.** (40 Vol.-%).

J. De Malliac – Frankreich
Armagnacs aus der Region
Bas-Armagnac:
V.S.O.P. (40 Vol.-%),
Napoléon (40 Vol.-%),
X.O. (40 Vol.-%), **Extra Hors
d'Age** (40 Vol.-%) und **Année
1970** (40 Vol.-%).
Erzeugnis von Château de
Malliac, Montréal, Gers.

De Montal – Frankreich
Armagnacs:
**Special Réserve Bas-Arma-
gnac** (2–3 Jahre, 40 Vol.-%),
V.S.O.P. (5 Jahre, 40 Vol.-%),
Napoléon (12 Jahre, 40 Vol.-%),
Hors d'Age (12 Jahre,
40 Vol.-%), **X.O.** (15 Jahre,
40 Vol.-%), **Réserve Person-
nelle Comte de Montal**
(42 Vol.-%) und Jahrgangscognac des Jahres **1968**
(40 Vol.-%).
Erzeugnisse der → Compa-
gnie des Produits de Gascogne in Auch.

De Montber – Frankreich
Armagnacs aus der Region
Bas-Armagnac:
De Montber 1924 (40 Vol.-%)
und **De Montber 1970**
(40 Vol.-%).
Erzeugnisse von → Cave des
Producteurs Reunis.

Denis-Mounié – Frankreich
Cognacerzeugerfirma mit
Sitz in Jarnac; gegründet 1838
von Justin Denis und Henri
Mounié.
Cognacs:
*** (5 Jahre, 40 Vol.-%),
V.S.O.P. Fine Champagne
(10 Jahre, 40 Vol.-%), **Très
Vieille Fine Champagne
Napoléon** (15 Jahre, 40 Vol.-%),
Grande Réserve Edouard VII
(40 Vol.-%), **Très Rare Fine
Champagne Edouard VII**
(25 Jahre, 40 Vol.-%), **Grande
Champagne Extra Hors d'Age**
(40 Vol.-%) und **Extra Très
Vieille Grande Champagne**
(40 Jahre, 40 Vol.-%).
Denis-Mounié produziert

Cognac auch unter folgenden
anderen Marken: Aguins,
Califet, Gold Leaf, → Des
Carmes, → Danflou,
Carteau, Darcy, Latournel und
L. Arnaud. Über 90 Prozent
der Produkte werden expor-
tiert.

De Pourvil – Frankreich
1. *Cognac*handelsmarke der
→ UNICOOP.
2. *Brandy*marke.

De Prumeac – Frankreich
Cognachaus mit Sitz in
Cognac.
Cognac aus der Region
Grande Champagne:
Très Vieille Réserve (35 Jahre,
40 Vol.-%).

Des Carmes – Frankreich
Cognacs:
*** (40 Vol.-%), **V.S.O.P.
Fine Champagne** (40 Vol.-%)
und **Extra Grande Champa-
gne** (40 Vol.-%).
Erzeugnis der Firma
→ Denis-Mounié in Jarnac.

Descartes – Frankreich
Weinbrand/Brandy:
X.O. (40 Vol.-%).
Handelsmarke der → UNI-
COGNAC in Jonsac.

Wir schreiben das Jahr
1860. Das Cognachaus
Hennessy füllt erstmals
für den Export Cognac in
Flaschen ab. Sie sind da-
mit Vorreiter, denn bis zu
diesem Zeitpunkt wurden
ausschließlich Fässer ver-
sendet.

Desir – Frankreich
Armagnac:
Napoléon X.O. (40 Vol.-%).

Desmaurin – Frankreich
Cognacfirma mit Sitz in Segonzac. Das Haus konzen-
triert sich auf die Herstellung
feinster Spezialitäten aus besonders alten Bränden. Als
einzige Firma hat sie die Erlaubnis, den Begriff „Très Vieux Cognacs" als Teil des re-
gistrierten Markennamens zu
verwenden.
Cognacs aus der Region
Grande Champagne:
Napoléon (10 Jahre,
40 Vol.-%), **X.O.** (20 Jahre,
40 Vol.-%) und **Très Rare**
(35 Jahre, 40 Vol.-%).
Aus der Region Petite
Champagne:
Premier Consul (8 Jahre,
40 Vol.-%), **Napoléon**
(10 Jahre, 40 Vol.-%) und
X.O. (18 Jahre, 40 Vol.-%).
Als besondere Spezialität gilt
der Vintage (aus Bränden der
Jahre **1825** und **1855**
(40 Vol.-%).

Desse – Frankreich
Cognachaus mit Sitz in
Segonzac.
Cognacs aus der Region
Grande Champagne:
V.S.O.P. (40 Vol.-%), **Réserve**
(40 Vol.-%) und **Vieille Réser-
ve** (30 Jahre, 40 Vol.-%).

Destillerie de Montignac
– Frankreich
Große Destillerie mit Sitz in
Merpins, die unter den Mar-
ken → **Baron de Montignac**

und → **Duc de Monteau**
selbst ausgebaute Cognacs
anbietet.

Deutz & Geldermann
– Frankreich
Vieux Marc de Champagne
(40 Vol.-%).

De Valcourt – Frankreich
X.O. Special Brandy
(40 Vol.-%).

De Ville – Frankreich
Weinbrand/Brandy:
V.S.O.P. (40 Vol.-%).

J. d'Harcourt & Co.
– Frankreich
Napoléon Fine Rare Brandy
(40 Vol.-%).

Diéz-Mérito – Spanien
Bekanntes Sherryhaus mit
Sitz in Jerez de la Frontera,
gehört zur Gruppe Bodegas
Internationales.
Weinbrände/Brandys:
Solera Mérito (36 Vol.-%) und
**Solera Reserva Marques del
Mérito** (38 Vol.-%). Die Pro-
dukte altern in Olorosofäs-
sern, wodurch Geschmack
und Farbe beeinflusst werden.

Dirker – Deutschland
Brennerei in Mömbris bei
Aschaffenburg in Besitz der
Familie Arno-Josef Dirker.
Erzeugt u. a. *Traubenbrand.*

Domaine de Brichot
– Frankreich
Armagnacs aus der Region
Ténerèze:
V.S.O.P. (40 Vol.-%) und
Vieille Réserve (40 Vol.-%).

Domaine de Guignefolle
– Frankreich
*Cognac*marke der Firma Jean
Louis → Landreau (vormals
Landreau-Maurin) in Aigre.

**Domaine de la Romanée
Conti** – Frankreich
Bekannter Wein- und Spirituosenerzeuger mit Sitz in Vos-
ne-Romanée. Eigentümer ist
seit 1942 die Société Civile du
Domaine de la Romanée Conti, die im Besitz der Familien
De Villaine und Leroy ist.
Weinbrand/Brandy:
**Fine Bourgogne Eau-de-Vie
de Vin** (40 Vol.-%).
Marc de Bourgogne 1980
(aus Weintrestern, aus-
schließlich aus dem Weinbaugebiet Burgund, 45 Vol.-%).

Domaine de Montelin
– Frankreich
Cognacs:
*** (40 Vol.-%), **V.S.O.P.**
(6 Jahre, 40 Vol.-%) und
Vieille Réserve (8 Jahre,
40 Vol.-%).
Erzeugnis der Firma Jean
Chartier in St-Porchaire.

**Domaine des Brissons
de Laage** – Frankreich
Weingut und Cognachaus mit
Sitz in Réaux; 72 Hektar eige-
ne Rebfläche.
Cognacs aus der Region
Petite Champagne:
*** (40 Vol.-%), **V.S.O.P.**
(10 Jahre, 40 Vol.-%),
Napoléon (40 Vol.-%) und
Vieille Réserve (35–40 Jahre,
40 Vol.-%).

Domaine de Seviac

– Frankreich
Armagnac mit 40 Vol.-%.
Erzeugnis von Madame Baragnes in Montréal, Gers.

Domaine d'Ognoas

– Frankreich
*Armagnac*haus mit Sitz in
Arthez-d'Armagnac; 25 Hektar eigene Rebfläche. Die Produktpalette umfasst vorwiegend Jahrgangsarmagnacs,
die jeweils mehr als 8 Jahre
gelagert wurden. Sowohl Erntejahr als auch Abfülldatum
sind auf den Flaschen angegeben.

Domaine du Chillot

– Frankreich
Cognachaus und größter
Brennweinexporteur mit Sitz
in Gensac-la-Pallue.
*Cognac*marken aus der
Region Grande Champagne:
**Trois Empereurs, François
de Martignac** und → **Guy de
Bersac.**

Domaine du Miquer

– Frankreich
Armagnac aus der Region
Bas-Armagnac mit 40 Vol.-%.
Erzeugnis der Firma P. Lasserre, Hontanx.

Domaine Menjot

– Frankreich
Jahrgangsarmagnacs aus
der Region Bas-Armagnac:
u. a. **1966** (40 Vol.-%), **1945**
(40 Vol.-%) und **1935**
(40 Vol.-%).

Domaine Saoubis

– Frankreich
Armagnac aus der Region
Bas-Armagnac mit 42 Vol.-%.
Erzeugnis der Firma Madame
De Mandelaère in Eauze.

Domäne Wachau

– Österreich
→ Freie Weingärtner Wachau.

Pedro **Domecq** – Spanien
Bekanntes Sherryhaus und
Brennerei mit Sitz in Jerez de
la Frontera.
Weinbrände/Brandys:
→ **Tres Cepas** (36 Vol.-%),
→ **Fundador** (36 Vol.-%),
**Presidente, Presidente
Clásico, Carlos III Solera
Reservada** (37,8 Vol.-%),
Carlos I Solera Gran Reserva
(38 Vol.-%), **Carlos I Solera
Especial** (40 Vol.-%) und **Imperial Gran Reserva**
(Nobelmarke der Firma, aus
den ältesten Destillaten zusammengestellt, 38 Vol.-%).

Emilio **Domenis & Figli**
– Italien
Die Distilleria hat ihren Sitz
in Cividade del Friuli. Neben klassischen Grappas
aus einem Trestermischsatz
werden auch rebsortenreine
Brände destilliert.
Grappa Friulana (4 Jahre gereift, davon 2 Jahre in Eichenfässern, 43 Vol.-%) und
Acquavite d'Uva Fragolino
(42 Vol.-%).

Dopff & Irion – Frankreich
Marc d'Alsace Gewürztraminer (45 Vol.-%)

Amédée Edouard **Dor**
– Frankreich
Cognachaus mit Sitz in
Jarnac; gegründet 1858;
20 Hektar Rebfläche. Das
Unternehmen hat besonders alte Bestände und das
amtlich bestätigte Privileg,
auch Cognacs in den Handel
bringen zu dürfen, die durch
lange Fasslagerung weniger
als 40 Vol.-% Alkoholgehalt
haben.
Cognacs:
*** (3 Jahre, 40 Vol.-%),
Sélection (5 Jahre, 40 Vol.-%),
Fine Champagne V.S.O.P.
(8 Jahre, 40 Vol.-%), **Napoléon** (15 Jahre, 40 Vol.-%),
Vieille Fine Champagne X.O.
(25 Jahre, 40 Vol.-%); weiters
verschiedene **Hors d'Age** (mit
50 und mehr Fassjahren, einige davon mit 36 und weniger
Vol.-% Alkohol) sowie **Vieilles
Réserves Grande Champagne** (Nr. 6, Nr. 7, Nr. 8, Nr. 9,
Nr. 10 und Nr. 11 mit 30–60
Fassjahren und unterschiedlichem Alkoholgehalt von 40
bis 47 Vol.-%). Die Nummern
1–5 werden nicht mehr geliefert. Der älteste Cognac der
Firma ist **La Plus Ancienne**
(aus dem Jahre 1805,
30 Vol.-%).
A. E. Dor verfügt über mehrere Handelsmarken, die teilweise auch alte Qualitäten
anbieten: Albert Jarraud,
Coudert, Dantan, Desbordes,
Fouché, Pascal und L. Hubert
sowie Sonderabfüllungen für
spezielle Häuser.

Dorville – Frankreich
1. *Cognac*handelsmarke der
Firma → Bisquit in Rouillac.
2. *Weinbrände/Brandys:*
Napoléon Pure Grape Brandy
(40 Vol.-%), **Napoléon Extra
Finest French Brandy**
(40 Vol.-%) und **V.S.O.N. Pure
Grape Brandy** (40 Vol.-%).

Drossarc & Co.
– Frankreich
Weinbrände/Brandys:
**Napoléon V.S.O.P. French
Brandy** (40 Vol.-%) und
**Napoléon X.O. French Bran-
dy** (40 Vol.-%).

Drouet & Fils – Frankreich
Cognachaus mit Sitz in Salles
d'Angles.
Cognac aus der Region
Grande Champagne:
Paradis de la Famille
(25 Jahre, 40 Vol.-%).

Duboigalant – Frankreich
Große Cognacdestillerie mit
Sitz in St-Martial-sur-Né.
Cognacs aus der Region
Petite Champagne:
***** Luxe Petite Champa-
gne** (40 Vol.-%), **V.S.O.P.**
(40 Vol.-%), Napoléon Fine
Champagne (40 Vol.-%),
X.O. Fine Champagne
(40 Vol.-%), **Très Vieille Fine
Champagne** (etwa 50 Jahre,
40 Vol.-%), **Grande Cham-
pagne Très Rare** (40 Vol.-%),
Borderies Très Rare (etwa
50 Jahre, 40 Vol.-%) und die
Marke Maxime Trijol. Han-
delsmarken u. a. Delabruyere
und Font Aubert.

Dubreuil – Frankreich
Cognachaus mit Sitz in
Malaville; 25 Hektar eigene
Rebfläche; verkauft den Groß-
teil der Produktion an große
Cognachäuser wie → Rémy
Martin, → Courvoisier u. a.
Cognacs aus der Region
Grande Champagne:
Vieille Réserve (15 Jahre,
43 Vol.-%), **Très Vieux Cognac**
(35 Jahre, 43 Vol.-%) und
**Très Vieux Cognac Fine
Champagne** (70 Jahre,
41 Vol.-%).

Ducasse & Co – Frankreich
*Cognac*handelsmarke der
Firma → Leyrat in Claix-
Blanzac.

Ducastaing & Cie.
– Frankreich
Armagnacs:
Duc d'Aquitaine X.O.
(40 Vol.-%), **X.O.** (40 Vol.-%)
und **Cuvée Bernand VII Hors
d'Age** (40 Vol.-%).

Ducauzé – Frankreich
Weinbrände/Brandys:
Napoléon (40 Vol.-%) und
Napoléon X.O. (40 Vol.-%).
Erzeugnis der Firma Ducauzé
Frères, Handelsmarke der
Firma → Larsen.

Duc de Lomerie
– Frankreich
Cognac:
Napoléon (40 Vol.-%).
Erzeugnis der Firma GE-
MACO, Tochterfirma von
→ Gautier S. A. in Aigre.

Duc de Loussac
– Frankreich
*Armagnac*marke der Société
Commerciale du → Château
de Laubade mit 40 Vol.-%.

Duc de Monteau
– Frankreich
*Cognac*marke der → Destil-
lerie de Montignac in
Merpins.

Dudognon – Frankreich
Weingut und Cognacerzeu-
gerfirma mit Sitz in Lignières-
Sonneville; gegründet 1776.
Cognacs aus der Region
Grande Champagne:
*** Sélection (5 Jahre,
40 Vol.-%), **V.S.O.P.**
(10 Jahre, 42 Vol.-%, kommt
unter dem Namen Claudine
Dudognon auf den Markt),
Napoléon (15 Jahre, 42
Vol.-%), **Extra Vieux** (20 Jahre, 40 Vol.-%), **Extra Hors
d'Age** (40 Vol.-%),
**Réserve des Ancêtres Grande
Fine Champagne** (35 Jahre,
43 Vol.-%), **Sélection des Ancêtres** (50 Jahre, 43 Vol.-%)
und **Ancêtres Age Inconnu**
(42 Vol.-%).

Domaine **Dujac**
– Frankreich
Sitz in Morey-Saint-Denis,
Burgund.
Marc de Bourgogne mit
41 Vol.-%.

Dujardin – Deutschland
Sitz der Firma in Rüdesheim/
Rhein; sie gehört zur Racke-
Gruppe.

Weinbrände:
Imperial V.S.O.P. (aus Brennweinen der Charente, 3 Jahre, 38 Vol.-%) und **Pierre Dujardin X.O.** (aus Weinen der Grande und Petite Champagne, 8 Jahre).

Duluc – Frankreich
Familienweingut und Cognacerzeugerfirma mit Sitz in Châteauneuf-sur-Charente. *Cognacs* aus der Region Grande Champagne:
Grande Fine Champagne Vieille Réserve (20 Jahre, 40 Vol.-%), **Grande Fine Champagne Réserve Familiale** (mehr als 50 Jahre, 40 Vol.-%) und → **Baron de L'If** (Cognacmarke von Pierre & Daniel Duluc).

Dumas – Frankreich
Weinbrände/Brandys:
Napoléon Pure Grape Brandy (40 Vol.-%) und **X.O. Brandy de France** (40 Vol.-%). Erzeugnis der Fiorma GEMACO, Tochterfirma von → Gautier S. A. in Aigre.

Dumont – Frankreich
Cognachaus mit Sitz in Jarnac.
Cognac aus der Region Grande Champagne:
Vieille Or (von 1906, 40 Vol.-%).

Dupeyron – Frankreich
Wein- und Spirituosenerzeugerfirma mit Sitz in Condom; gegründet 1905 von Joseph Dupeyron.

Armagnacs:
V.S., V.S.O.P., Napoléon, X.O. sowie Millésimés; alle Qualitäten haben 40 Vol.-%.

J. Duponen & Co.
– Frankreich
Weinbrand/Brandy:
Reserve (40 Vol.-%).

Dupont – Frankreich
Cognacs:
✳✳✳ (40 Vol.-%), **V.S.O.P.** (40 Vol.-%) und **Réserve Napoléon** (40 Vol.-%). Die Handelsmarke ist Naulin.
Weinbrand/Brandy:
Grand Ducal Monopole V.S.O.P.

Dupuis Fils & Co
– Frankreich
Cognacmarke von → Vallein Tercinier in Chermignac.
Cognacs:
✳✳✳ (40 Vol.-%), **V.S.O.P.** (40 Vol.-%), **Napoléon** (40 Vol.-%), **Grande Champagne Extra** (40 Vol.-%), **Réserve de la Maison** (40 Vol.-%), **Hors d'Age** (42 Vol.-%) und **Exception** (40 Jahre, 40 Vol.-%).

A. Edmond Dupuy & Co.
– Frankreich
Cognacbrennerei mit Sitz in Cognac; gegründet 1852 von Edmond Dupuy; 1905 vom Großhandelshaus → Bache-Gabrielsen aufgekauft. Die Firma verarbeitet Brennweine vieler Winzer verschiedener Regionen. Etwa 70 Prozent der Produktion werden exportiert, ein wesentlicher Teil als Fassware.

Cognacs:
✳✳✳ (Region Bons Bois, 3 Jahre, 40 Vol.-%), **Jeune Fine Champagne** (Regionen Grande und Petite Champagne, 40 Vol.-%), **V.S.O.P.** (Regionen Fins Bois und Bons Bois, 40 Vol.-%), **Napoléon V.S.O.P.** (Regionen Fins Bois, Bons Bois und Les Borderies, etwa 10 Jahre, 40 Vol.-%), **Très Vieux Napoléon Réserve Fine Champagne** (Regionen Grande und Petite Champagne, 10–15 Jahre, 40 Vol.-%), **X.O. Fine Champagne** (Regionen Grande und Petite Champagne, 20 Jahre, 40 Vol.-%) und **Hors d'Age** (Region Grande Champagne, 40 Jahre, 40 Vol.-%).
Armagnac:
Marken De Vaumont, Bourbonne und Jovian.
Weinbrand/Brandy:
Villard Napoléon French Brandy.

Guy **Dupuy** – Frankreich
Weingut und Cognacerzeugerfirma mit Sitz in Ambleville.
Cognacs aus der Region Grande Champagne:
Extra (15 Jahre, 40 Vol.-%) und **Vieille Réserve** (20 Jahre, 40 Vol.-%).

Die heute vor allem als Fruchtsaftkonzern bekannte Firma Eckes wird als kleine Brennerei im deutschen Nieder-Olm im Jahr 1857 von Peter Eckes gegründet.

E

E. & J. – USA
Ein *Weinbrand/Brandy* mit 40 Vol.-% der Firma E. & J. in Modesto.

Eau-de-Vie de Vin Pur
– Frankreich
Ein *Weinbrand/Brandy* mit 40 Vol.-% der Firma André le Marquis.

Eberlehof – Italien
Weingut in Bozen, Südtirol; seit 1668 im Besitz der Familie Zisser.
Grappa:
St. Magdalener (aus den Trestern des Sankt-Magdalener-Mischsatzes, 45 Vol.-%).

Eckes KG – Deutschland
Spirituosenerzeugerfirma mit Sitz in Nieder-Olm; gegründet 1857 von Peter Eckes. Die Nachkommen machten die Firma nach dem Zweiten Weltkrieg zu einem Großunternehmen. So gründete man die Firma Mönchthal-Spirituosen in Berlin, erwarb die Klosterbrennerei Mariacron in Oppenheim und baute Betriebe in mehreren Ländern auf. Im Jahre 1995 Übernahme des → Stock-Konzerns in Triest.
Weinbrände/Brandys:
Chantré (38 Vol.-%), → **Mariacron** (36 Vol.-%), **Mariacron Premium** (38 Vol.-%), **Eckes Privat-Brand** (38 Vol.-%), **Attaché** (38 Vol.-%) und **Zinn 40.**

Die Destillate für die Weinbrände werden in Frankreich und Italien hergestellt. Die Lagerung erfolgt in Deutschland. Die Firma erzeugt auch Getreidebranntweine, Liköre und vor allem Fruchtsäfte.

Endrizzi – Italien
Weingut mit Sitz in San Michele all'Adige im Trentin.
Grappa:
Chardonnay (42 Vol.-%) und **Cabernet Sauvignon** (42 Vol.-%).

Jacques **Estève** – Frankreich
Cognacs aus der Region Petite Champagne:
Napoléon (15 Jahre, 40 Vol.-%) und **Hors d'Age** (35 Jahre, 40 Vol.-%).

Etschart – Frankreich
Armagnacs:
★★★ (40 Vol.-%) und **V.S.O.P.** (40 Vol.-%).

Exshaw S. A. – Frankreich
Cognacerzeugerfirma mit Sitz in Cognac; gegründet 1805.
Cognacs aus der Region Grande Champagne:
V.S.O.P. (7 Jahre, 40 Vol.-%), **No 1 Très Rare Grande Champagne** (15 Jahre, 40 Vol.-%), **Age d'Or Très Vieille** (35 Jahre, 40 Vol.-%), **Extra** (35–70 Jahre, 40 Vol.-%) und **1965** (40 Vol.-%). Handelsmarken der Firma sind Prince Robert (Sélection und V.S.O.P.) und → Cognac Libre

F

Falandy-Liandry & Cie
– Frankreich
Cognachandelshaus im Familienbesitz mit Sitz in Cognac.
Cognacs aus den Regionen Grande und Petite Champagne:
Unter dem Namen **Falandy**:
V.S.O.P. Fine Champagne (4 Jahre, 40 Vol.-%), **Napoléon Fine Champagne** (6 Jahre, 40 Vol.-%), **Réserve Extra** (10 Jahre, 40 Vol.-%), **Vieille Réserve Grande Champagne** (15 Jahre, 40 Vol.-%) und **Très Vieille Réserve** (80 Jahre, 40 Vol.-%); unter dem Namen → Liandry: **V.S.O.P. Fine Champagne** (4 Jahre, 40 Vol.-%), **Réserve X.O. Grande Champagne** (10 Jahre, 40 Vol.-%) und **Vieille Réserve Grande Champagne** (15 Jahre, 40 Vol.-%).

Fassati – Italien
Weingut mit Sitz in Pieve di Sinalunga, Toskana; 1913 gegründet; 1969 erfolgte die Fusion mit dem Weinhaus → Fazi-Battaglia. Die Produkte werden in der Destillerie Bonollo gebrannt.
Grappas:
Nobile (aus den Trestern des Vino Nobile, 45 Vol.-%) und **Nobile Stravecchia** (nach der Lagerung in Stahltanks reift diese Sorte weitere 6–12 Monate in Barriques aus slowenischer Eiche, 45 Vol.-%).

Faucon d'Or de Laage
– Frankreich
*Cognac*marke der Firma GEMACO, Tochtergesellschaft der Firma → Gautier S. A. in Aigre. Eine andere Bezeichnung der Marke ist „De Laage".

Fazi-Battaglia – Italien
Weinhaus mit Sitz in Ancona, Region Marken, das durch den Ankauf von einigen Topgütern in der Toskana (z. B. → Fassati) ein besonders breites Wein- und Branntweinangebot besitzt.
Grappas:
di Verdicchio Stravecchia (44 Vol.-%) und **di Verdicchio di Castelli di Jesi** (aus den Trestern des Verdicchio vom Weinberg Castelli di Jesi, 44 Vol.-%).

Felsina – Italien
Weingut mit Sitz in Castelnuovo Berardenga in der Toskana.
Grappa:
Berardenga Chianti Classico (aus Chianti-Classico-Trestern, 40 Vol.-%).

Rey Fernando de Castilla
– Spanien
Weinbrand/Brandy:
de Luxe Gran Reserva (38 Vol.-%).

Pierre Ferrand – Frankreich
Weingut und Cognacbrennerei mit Sitz in Segonzac; 27 Hektar Rebfläche in der Grande Champagne. Die Firma ist auf ältere Spezialitäten ausgerichtet.

Cognacs aus der Region Grande Champagne:
Unter dem Label **Pierre Ferrand**: **Ambre** (40 Vol.-%), **Réserve** (20 Jahre, 40 Vol.-%), **Sélection des Anges** (30 Jahre, 40 Vol.-%), **Abel** (45 Jahre, 40 Vol.-%), **Réserve Ancestrale** (über 70 Jahre, 40 Vol.-%) sowie **Réserve Cristal** (25 Jahre, 40 Vol.-%) und **Aigle Cristal** (40 Jahre, 40 Vol.-%), die in besonderen Karaffen angeboten werden. P. Ferrand produziert auch die Marken → Landy, → Gabriel & Andreu, → Marquis de Gensac und Pierre de Segonzac.

Bodegas Ferris – Spanien
Sherry- und Brandyhaus mit Sitz in Jerez de la Frontera.
Weinbrände/Brandys:
Tres Siglos Solera, Anfitrión Solera Reserva und **Dos Siglos Gran Reserva.**

Jean Fillioux – Frankreich
Weingut und Cognacerzeugerfirma mit Sitz in Juillac-le-Coq; gegründet 1880. Heute führt Pascal Fillioux das 22 Hektar große Weingut; er ist auch für die außergewöhnliche Qualität der Grande-Champagne-Destillate verantwortlich. Gehört der → CCG an.
Cognacs aus der Region Grande Champagne:
Coq *** (3–4 Jahre, 40 Vol.-%), **Grande Champagne 1er Cru du Cognac** (40 Vol.-%), **Napoléon Grande Champagne** (8 Jahre, 40 Vol.-%),

Cep d'Or (12–13 Jahre, 40 Vol.-%), **Très Vieux** (23–25 Jahre, 40 Vol.-%), **Réserve Familiale** (47 Jahre, 40 Vol.-%), **Spéciale Amateur** (44 Vol.-%), **Spéciale Amateur** (42 Vol.-%), **Très Vieille Grande Champagne Réserve Roland Burtsche** (1924, 48 Vol.-%) und **Vieille Réserve Franz Keller** (Cognac aus dem Jahr 1924, 48 Vol.-%).

La Fine Goule – Frankreich
Cognacmarke von Philippe & Jean-Bernard de Larquier in Arthenac.
Cognacs aus der Region Petite Champagne:
V.S.O.P. (42 Vol.-%), **Napoléon** (42 Vol.-%), **Hors d'Age** (45 Vol.-%), **Très Vieux Cognac** (43,7 Vol.-%) und **Très Vieille Petite Champagne** (40 Jahre, 40 Vol.-%).

Fior di Vite – Schweiz
Der *Grappa* mit 45 Vol.-% ist ein Erzeugnis der Firma → Ramazzotti S. A. in Melano, Tessin.

Florio – Italien
*Brandy*marke der Vinicolta Italiana Florio & Co in Marsala.

Fontanafredda – Italien
Weingut und Brennerei mit Sitz in Serralunga d'Alba, Piemont. Fontanafredda war zuerst Königssitz, 1878 erfolgte die Gründung des Weingutes.
Grappas:
di Nebbiolo da Barolo (aus Barolotrestern, kurz nach dem Abstich gebrannt, über

ein Jahr in Eichenfässern gelagert, 45 Vol.-%) und **Nr. 5** (45 Vol.-%).

Font-Borne – Frankreich
Cognacs aus der Region Grande Champagne: **Réserve Familiale** (40 Vol.-%) und **Très Vieux Cognac** (50 Jahre, 40 Vol.-%). Erzeugnis der Firma Georges Jobit, Malaville.

Fontenac – Spanien
Brandy der Firma Miguel Torres in Jerez de la Frontera.

Forgeron – Frankreich
Weingut und Destillerie mit Sitz in Segonzac.
Cognacs aus der Region Grande Champagne: ******* (40 Vol.-%), **V.S.O.P.** (40 Vol.-%), **Vieille Réserve** (40 Vol.-%) und **Grande Champagne Hors d'Age** (28 Jahre, 40 Vol.-%). Die Firma stellt auch Pineau des Charentes her.

Lucien **Foucauld**
– Frankreich
Cognacerzeuger mit Sitz in Cognac; gehört zur → CCG. *Cognacs:*
Lucien *** (40 Vol.-%), **Lucien V.S.O.P.** (40 Vol.-%) und **Lucien Napoléon** (40 Vol.-%).

Fouquet's – Frankreich
*Cognac*marke der Firma Philippon in Châteauneuf-sur-Charente.

Marc **Fradon** – Frankreich
Cognacs aus der Region Petite Champagne:

*** (40 Vol.-%), **V.S.O.P.** (40 Vol.-%) und **Vieille Réserve** (20 Jahre, 40 Vol.-%).

Francoli – Italien
Die von den Brüdern Francoli 1951 gegründete Familienbrennerei hat ihren Sitz in Ghemme, Piemont.
Grappas:
di Lambic (aus Nebbiolo-, Dolcetto- und Moscatotrestern hergestellt, 43 Vol.-%), **I Segreti Moscato** (45 Vol.-%), **Oro di Barolo** (aus Nebbiolotrestern, mehr als 4 Jahre in Eichenfässern gereift, es ist eine Cuvée aus verschieden lange gelagerten Destillaten, 42 Vol.-%), **Riserva** (10 Jahre gelagert), **Bianca, Grappa Invecchiata** und **Grand Cru.**

Roullet-**Fransac S. A. R. L.**
– Frankreich
Weingut und Cognacerzeugerfirma mit Sitz in der Domaine des Forges in Chermignac. Beachtliche Bestände an alten Cognacs, Zukauf von Brennweinen.
Cognacs:
aus der Region Grand und Fine Champagne:
Très Belle Fine (4 Jahre, 40 Vol.-%), **Rare Fine Champagne *** V.S.O.P.** (6 Jahre, 40 Vol.-%), **Grande Champagne Extra** (Lot Nr. 34, 40 Jahre, 45,5 Vol.-%), **Grande Fine Champagne *** Extra Exception** (50 Jahre, 40 Vol.-%), **Réserve Ancestrale** (Single Cru aus der Grande Champagne, 40 Jahre, 43 Vol.-%) und **Fine Champa-**

-gne *** X.O. (20 Jahre, 40 Vol.-%, ist auch in verschiedenen Designerflaschen erhältlich) sowie Cognacs unter dem Label Georges Roullet. Handelsmarken: Bauchant und → Lormin (X.O.).

Frantoio – Italien
Weingut in Florenz in der Toskana.
Grappa:
Grappola di Chianti Rufina (aus Chianti-Rufina-Trestern, 42 Vol.-%).

Pierre **Frapin & Co. S. A.**
– Frankreich
Weingut und Cognachaus mit Sitz in Segonzac; 350 Hektar eigene Rebfläche in der Grande Champagne.
Cognacs aus den Regionen Grande und Fine Champagne: **V.S. Très Special** (40 Vol.-%), **Grande Fine Champagne *** V.S.O.P.** (8–10 Jahre, 40 Vol.-%), **Vieille Grande Champagne** (15–20 Jahre, 40 Vol.-%), **Napoléon Grande Champagne** (15–20 Jahre, 40 Vol.-%), **X.O. Grande Champagne** (40 Vol.-%) und die Sonderqualitäten der Grande Champagne, die Château-de-Fontpinot-Serie: **Vieille Réserve du Château** (Lagencognac, 15–20 Jahre, 40 Vol.-%), **Réserve du Château** (40 Vol.-%), **Château de Fontpinot Grande Champagne** (40 Vol.-%), **Vieil le Grande Champagne Domaine Frapin** (40 Vol.-%), **Extra Réserve Patrimoniale**

(20–30 Jahre, 40 Vol.-%), **Baccarat Eagle** (Brände zwischen 45 und 60 Jahren, 40 Vol.-%) und Baccarat Rabelais (40 Vol.-%). Zu den großen Frapin-Qualitäten gehören auch Jahrgangscognacs, die seit etwa 100 Jahren an Berry Bros. & Rudd in London als deren Eigenmarke geliefert werden, sowie die Marken Rabelais und André Renaud.

Frattina – Italien
Weingut und Brennerei mit Sitz in Pordenone, Friaul; von den Grafen Frattina gegründet.
Grappas:
di Tocai (aus Tocaitrestern, 40 Vol.-%), **di Cabernet** (aus Cabernet-Sauvignon-Trestern, 40 Vol.-%) und **di Chardonnay** (aus Chardonnaytrestern).
Traubenbrand:
Acquavite d'Uva Riesling.

Freie Weingärtner Wachau (Domäne Wachau)
– Österreich
Winzergenossenschaft Wachau und Brennerei mit Sitz in Dürnstein.
Weinbrände:
Veltlinerbrand Reserve und **Reserve 15 Jahre** (aus Grünem Veltliner), **Glögerbrand Reserve** (20 Jahre) und **Cigar Reserve XA** (25 Jahre alter Weinbrand vom Grünen Veltliner).

Frontin – Frankreich
Weinbrand/Brandy:

Napoléon Brandy de France (40 Vol.-%).
Erzeugnis der Firma GEMACO, Tochtergesellschaft der Firma → Gautier S. A.

Frouin – Frankreich
Weingut und Cognacerzeuger mit Sitz in Barbezieux-St-Hilaire.
Cognacs aus der Region Petite Champagne:
V.S.O.P. (40 Vol.-%) und **Vieille Réserve** (40 Vol.-%).

Fructal – Slowenien
Spirituosenerzeugerfirma mit Sitz in Ajdovščina.
Weinbrände/Brandys:
Vinjak Fructal, Minister Gregor (38 Vol.-%) und **Fructal Brandy** (38 Vol.-%).
Grappa:
Fructal Grappa (45 Vol.-%).

Fundador – Spanien
Weinbrand/Brandy der Firma → Domecq.

A. de Fussigny – Frankreich
Cognachaus mit Sitz in Cognac gegründet 1987. Die Firma kauft und verkauft alte Winzercognacs großer Qualität und Eigenproduktion.
Cognacs:
Sélection A. de Fussigny (Cuvée aus verschiedenen Crus, 40 Vol.-%), **X.O.** (Grande Champagne, Petite Champagne und Fins Bois, 40 Vol.-%), **X.O. Lot 099** (etwa 20 Jahre, 40 Vol.-%), **Très Vieille Réserve Grande Cham-**

pagne Séries Rares (42 Vol.-%), **Fine Champagne *** Vieille Réserve Séries Rares** (30 Jahre, 40 Vol.-%), **Héritage Lot 102 Séries Rares** (40–45 Jahre, 40 Vol.-%) und **Grande Champagne Séries Très Rares** (50 Jahre, 40 Vol.-%).

G

Gabbiano – Italien
Weingut und Brennerei mit Sitz in Mercatale di Val di Pesa in der Toskana.
Grappas:
di Ania (aus Sangiovesetrestern, im Eichenfass gereift, 42 Vol.-%), **di Ariella** (aus Chardonnaytrestern) und **di Castello di Gabbiano di Chianti Classico.**

Gabriel & Andreu
– Frankreich
Cognacerzeuger mit Sitz in Domaine de Bonbonnet in Ars. Gabriel & Andreu sind auch die Besitzer des Cognachauses Pierre → Ferrand.
Cognacs aus der Region Petite Champagne:
Fins Bois Lot 8 (8 Jahre, 40 Vol.-%), **Borderies Lot 3** (15 Jahre, 40 Vol.-%), **Petite Champagne Lot 23** (25 Jahre, 42 Vol.-%) und **Grande Champagne Lot 18** (35 Jahre, 43 Vol.-%). Die Cognacs stammen jeweils nur aus einer einzigen Lage.

Gaja – Italien
Weingut mit Sitz in Barbaresco, Piemont.

Grappa di Costa Russi (aus Trestern des Lagen-Barbaresco Costa Russi, sofort nach dem Abstich in der Distilleria Barbaresco gebrannt, Holzfasslagerung, 45 Vol.-%).

Garvey – Spanien
Sherry- und Brandyhaus mit Sitz in Jerez de la Frontera; gegründet 1780 von William Garvey.
Weinbrände/Brandys:
Espléndido Solera, → **Gran Garvey** und **Renacimiento Gran Reserva**. Alle Produkte werden in Olorosofässern gelagert.

Gaston de Lagrange
– Frankreich
Von Martini & Rossi 1961 gegründetes Cognachaus; 65 Hektar eigene Rebfläche, Zukäufe von anderen Produzenten anderer Crus.
Cognacs aus den Regionen Fins Bois und Les Borderies: **★★★** (40 Vol.-%), **V.S.O.P. Fine Champagne ★★★** (40 Vol.-%), **Napoléon** (40 Vol.-%), **Prestige Grande Champagne** (40 Vol.-%) und **X.O. Grande Champagne** (40 Vol.-%).
Der Firma gehören weiters die Marken → **Barriasson** und Floquet (V.S.S., V.S.O.P.)

Gautier S. A. – Frankreich
Cognachaus mit Sitz in Aigre; gegründet 1755.
Cognacs aus den Regionen Fine Champagne und Fins Bois:
V.S. (40 Vol.-%), **Fine Cognac** (40 Vol.-%), **V.S.O.P.** (6 Jahre, 40 Vol.-%), **Napoléon**

(12–15 Jahre, 40 Vol.-%), **X.O.** (20 Jahre, 40 Vol.-%), **Extra** (40 Vol.-%), **Crystal Extra** (40 Vol.-%), **Royale Fine Champagne** (30 Jahre, 40 Vol.-%), **Extra Grande Champagne** (40 Jahre, 40 Vol.-%) und **Tradition Rare** (über 50 Jahre, 40 Vol.-%).
Zu Gautier gehören einige früher selbstständige Häuser mit ihren Handelsmarken, die in der Tochtergesellschaft GEMACO vereint sind → Pascal Combeau, → Normandin, → De Laage bzw. → Faucon d'Or de Laage (**★★★**, V.S.O.P. und Napoléon) und Girard (**★★★**, V.S.O.P. Fine Champagne und Napoléon).
Weitere Handelsmarken der Gruppe sind: Bach, Bagier, Belgontier, Brun, Cheval Ardent, Chollet, Clement, Comte de Tremorede, Comte de Valbelle, Comte de Valmante, Courard, De Lignac, Devillard, D'Orfin, → Duc de Lomerie, Dugontier, Fayard, Fountainebleue, → Frontin, Gautier Frères, Gervais & Co, Guerin Bernard, Guibert, Isard, Laplenac, Lomerve, Lorel & Cie, Moco, Mondesir, Pelton, Pierre & Co, Pierrefont, Pomarel, Jules Rebel, Jules Reuss, Rex, Riviere Gardrat, Jean Robert, Robillot, Geo Roland, Vannier, Versayes, Vivienne & Co, Vrillaud und Yvon.
Das Unternehmen Gautier produziert auch *Brandy*.

Guy **Gautier & Co**
– Frankreich
Einer der ältesten französischen Cognacerzeuger mit Sitz in Jarnac.
Cognacs:
Excelsior ★★★ (40 Vol.-%), **Fine Champagne** (40 Vol.-%), **Vieille Réserve** (40 Vol.-%) und **Très Vieille Réserve** (40 Vol.-%).
Handelsmarke: Dyke Gautier.

Gauvin – Frankreich
Weinbrand/Brandy:
Napoléon Pure Grape French Brandy (40 Vol.-%).

Gavroche – Frankreich
Weinbrand/Brandy:
Napoléon Pure Grape French Brandy (40 Vol.-%).

Gay S. A. – Schweiz
Weinhefebrand:
Fine Lie (41 Vol.-%).

Jean Claude **Gay** – Frankreich
Weingut und Cognacerzeuger mit Sitz in Archiac.
Cognac aus der Region Petite Champagne:
Napoléon (15 Jahre, 40 Vol.-%).

Gazeaud – Frankreich
Cognachaus mit Sitz in Ambleville.
Cognac aus der Region Grande Champagne:
Champagne de St-Preuil Hors d'Age (30–40 Jahre, 40 Vol.-%).

Geffard – Frankreich
Weingut und Brennerei mit Sitz in Segonzac

Cognacs aus der Region Grande Champagne:
*** (6 Jahre, 40 Vol.-%), **Grande Champagne V.S.O.P.** (8 Jahre, 40 Vol.-%), **Grande Champagne Vieille Réserve** (17 Jahre, 40 Vol.-%), **Très Vieux** (24 Jahre, 40 Vol.-%) und **François I X.O.** (40 Vol.-%).

B. **Gélas & Fils** – Frankreich
Armagnachaus mit Sitz in Vic-Fezensac, Gers; gegründet 1865. Zum Familienbesitz gehört auch das Château de Martet in Mancet im Bas-Armagnac mit 50 Hektar Rebland.
Armagnacs:
Sélection (40 Vol.-%), **Napoléon** (40 Vol.-%), **X.O.** (Region: Bas-Armagnac, 40 Vol.-%), **Hors d'Age** (40 Vol.-%) und eine große Anzahl von Jahrgangsarmagnacs, die alle unter dem Label Château de Martet.
Cognac:
Allineaud (40 Vol.-%).

Gerland – Frankreich
Armagnac mit 40 Vol.-%. Darüber hinaus gibt es den **Gerland Pruneaux à l'Armagnac** (in Armagnac eingelegte Dörrpflaumen).

Giacosa – Italien
Weingut im Besitz von Giacosa, Alba im Piemont.
Grappas:
Castello di Barbaresco (aus einem Trestermischsatz), **Grignolino** (aus Grignolino-trestern) und **Arneis** (aus Trestern der Weißweinrebe Arneis).

Giori – Italien
Brennerei mit Sitz in Volano im Trentin; gegründet 1954. Die Firma erzeugt neben Grappa auch Obstbrände und Liköre.
Grappas:
Selection Élite (sortenreine Grappas aus Moscato-, Teroldego-, Nosolio-, Marzemino- und Chardonnaytrestern), **di Moscato** (43 Vol.-%), **Linea Prestigio** (klassische Trentiner Grappas in handgefertigten Glasflaschen mit mundgeblasener Rebe im Inneren), **Trentina** (Cuvée aus Novella-, Preziosa- und Gentiletrestern) und **Tradizione del Trentino** (Standardlinie aus Trestern der Moscato-, Chardonnay-, Teroldego-, Marzemino- und Nosiolareben).

Girardi – Italien
Weingut mit Sitz in Verona in Venetien.
Grappas:
di Amarone di Valpolicella (aus dem Trestermischsatz des Amarone gebrannt, in kleinen Eichenfässern gelagert, 43 Vol.-%) und **di Recioto della Valpolicella** (aus Reciototrestern, 43 Vol.-%).

Giraud – Frankreich
Altes Weingut und Cognacbrennerei mit Sitz in Bouteville, 8 Hektar eigener Weinbergbesitz.
Cognacs aus der Region Grande Champagne:
Elegance V.S.O.P. (8 Jahre, 40 Vol.-%), **Napoléon** (12 Jahre, 40 Vol.-%),

Vieille Réserve (15–20 Jahre, 40 Vol.-%), **Extra Vieux** (25 Jahre, 40 Vol.-%), **X.O.** (15 Jahre, 40 Vol.-%), **Très Rare** (35 Jahre, 40 Vol.-%) und **Extra** (15 Jahre, 40 Vol.-%). Eine weitere Marke ist Baron Estel.

Giustiniana – Italien
Weingut mit Sitz in Alessandria im Piemont.
Grappa di Gavi (aus Cortesetrestern der Region Gavi, 42 Vol.-%).

Godet Frères – Frankreich
Cognachandelshaus mit Sitz in La Rochelle; gegründet 1838. Die Firma bezieht den Cognac ausschließlich von anderen Produzenten und lagert die fertigen Mischungen.
Cognacs:
Cuvée Jean Godet ***, **V.S.O.P. Gastronome Fine Champagne** (Regionen Grande und Petite Champagne, 7–8 Jahre, 40 Vol.-%), **V.S.O.P. Sélection Speciale** (40 Vol.-%), **Napoléon** (15 Jahre, 40 Vol.-%), **Excellence** (ein Produkt der Napoléon-Kategorie, 25 Jahre, 40 Vol.-%), **X.O.** (30 Jahre, 40 Vol.-%) und **Extra Vieille Grande Fine Champagne** (mehr als 40 Jahre, 40 Vol.-%) sowie **Renaissance Grande Champagne** (Sonderabfüllung zum 150. Geburtstag der Marke, 50 Jahre, 40 Vol.-%). Weitere Handelsmarken sind: Arnoul, Artaud de la Ferriere, Baron de Castelard, Courtelle & Co, Grace Dieu und Hauteford.

Alois **Gölles** – Österreich
Brennerei mit Sitz in
Riegersburg.
Weintresterbrand:
Schilchertrester (45 Vol.-%).

Golvet – Frankreich
Weingut und Cognacerzeuger
mit Sitz in Segonzac.
Cognacs aus der Region
Grande Champagne:
V.S.O.P. (40 Vol.-%) und
Napoléon (12 Jahre, 40 Vol.-%).

Gonzalez Byass – Spanien
Bekanntes Sherryhaus und
Brennerei mit Sitz in Jerez de
la Frontera; gegründet 1835,
besitzt seit Jahrzehnten
27 Hektar Rebfläche in der
Charente, Frankreich.
Cognac:
X.O. Fine Champagne
(23–25 Jahre, 43 Vol.-%, bei
→ Prunier gebrannt und
gelagert)
Weinbrände/Brandys:
→ **Soberano** (Soleraquali-
tät, 36 Vol.-%), **Insuperable
Solera Reserva** (37 Vol.-%),
Condé Duque (Gran Reserva,
40 Vol.-%) und → **Lepanto**
(Gran Reserva, 40 Vol.-%).

Goudoulin – Frankreich
Armagnachaus mit Sitz in
Courrensan, Gers; gegründet
1935 von Madame J. Goudoulin. Das Haus hat sich von
Beginn an auf die Herstellung
alter Jahrgangsarmagnacs
spezialisiert.
Armagnacs:
V.S.O.P. (40 Vol.-%), **Hors
d'Age** (40 Vol.-%), **Vieil Armagnac** (40 Vol.-%) und eine

Reihe von Jahrgangsarma-
gnacs (das Abfülljahr wird
auf der Etikette angegeben,
40 Vol.-%).

Léopold **Gourmel**
– Frankreich
Cognachaus mit Sitz in Gen-
té; gegründet 1979 von Pierre
Voisin. Die Cognacs stammen
jeweils aus einer Lage und
einem Jahr; Gourmel wird
überwiegend von Winzern
der Regionen Fins Bois und
Petite Champagne beliefert.
Cognacs aus den Regionen
Grande Champagne, Fins
Bois und Petite Champagne:
Age des Fleurs (Jahrgangs-
cognac 1982, 13 Jahre,
42 Vol.-%), **Age du Fruit**
(Jahrgang 1986, V.S.-Quali-
tät, 9 Jahre, 42 Vol.-%), **Age
des Epices** (Jahrgang 1974,
V.S.O.P.-Qualität, 20 Jah-
re, 43 Vol.-%), **Quintessence**
(Jahrgang 1967, Grande
Champagne, 43 Vol.-%),
Promenade du Cognac (ent-
hält Age du Fruit, Age des
Fleurs und Age des Epices)
und Cognac pour la Grande
Cuisine (58 Vol.-%).

**Gourry (Gourry de
Chadeville)** – Frankreich
Weingut und Cognacerzeu-
ger mit Sitz in Segonzac; seit
1619; 17 Hektar Rebfläche.
Cognacs aus der Region
Grande Champagne:
V.S.O.P. Chadeville (40 Vol.-%),
Napoléon (10 Jahre, 40 Vol.-%),
**Très Vieux Grande Fine
Champagne** (30 Jahre,
40 Vol.-%) und **X.O. Réserve
Familiale** (70 Jahre, 40 Vol.-%).

Jean **Goyard** – Frankreich
Brennerei mit Sitz in Ay,
Champagne.
Marc:
**Goyard Vieux Marc de Cham-
pagne Vieille Réserve**
(40 Vol.-%).
Weinbrand/Brandy:
Fine Goyard Napoléon
(40 Vol.-%).

Gran Capitán – Spanien
Weinbrand/Brandy:
**Solera Gran Reserva
Brandy de Jerez** der Firma
→ Bobadilla.

Grand 41 – Israel
Weinbrand/Brandy:
Very Rare Reserve, ist ein Er-
zeugnis der Firma Askalon
Wines-Carmei Zion, Tel Aviv.

**Grand Ducal Monopole
V.S.O.P.** – Frankreich
Weinbrand/Brandy mit
40 Vol.-%, Erzeugnis der
Firma J. → Dupont & Cie,
Cognac.

Grand Empereur
– Frankreich
Weinbrand/Brandy der
Société → Seguin & Co, die
zu → Rémy Martin gehört.

Les **Grands Chais de
France** – Frankreich
Wein- und Spirituosenun-
ternehmen mit Sitz in Kirrwiller im Elsass im Besitz von
Joseph Helfrich; gegründet
1979. Keine eigene Reb-
fläche; jährliche Produktion
für große Ketten und für die
Luxusgastronomie.

Cognacmarken des Hauses sind: → Comte Joseph, → Prince Laurent (V.S. und Napoléon), → Cognacqueur, → Serac (V.S. und V.S.O.P. Fine Champagne), → Monac (*** und V.S.O.P.), Jean-Paul → Chanel und → Talleyrand.
Armagnacs:
*** (40 Vol.-%), **V.S.O.P.** (4 Jahre, 40 Vol.-%) und **X.O.** (6 Jahre, 40 Vol.-%).
Weinbrände/Brandys:
Napoléon Le Chevalier Noir (Eigenmarke, 40 Vol.-%), **Le Cuvier Finest French Brandy** (V.S.O.P. Napoléon mit 36 Vol.-% und V.S.O.P. Napoléon 1804 mit 36 Vol.-%), **Ronsard V.S.O.P. Napoléon 5 Ans** (36 Vol.-%).

Gran Duque d'Alba
– Spanien
Der *Weinbrand* ist einer der berühmtesten Solera-Gran-Reserva-Brandys de Jerez. Er wird in über 30 Länder der Welt exportiert. Erzeugnis des Sherryhauses → Williams & Humbert, Jerez de la Frontera.

Gran Garvey – Spanien
Der *Weinbrand* ist ein Solera-Gran-Reserva-Brandy de Jerez des Sherryhauses → Garvey in Jerez de la Frontera.

La Grange du Bois
– Frankreich
Cognacs:
Vieux (40 Vol.-%) und **Hors d'Age** (30 Jahre, 40 Vol.-%). Erzeugnis von Cartais Lamaure, Bourg-Charente.

Grappa Julia – Italien
Grappa mit 40 Vol.-% der Firma → Stock in Triest.

Grappa La Ticinella
– Schweiz
Grappa mit 40 Vol.-%, im Tessin hergestellt; mit Weinraute in der Flasche; auch als **Grappa Nostrana Ticinese** bezeichnet. Erzeugnis der Cantina Sociale, Mendrisio.

Grappa Montagliari
– Italien
Die Flaschen dieses *Grappa* sind mit fortlaufenden Kontrollnummern versehen. Erzeugnis der Firma Giovanni Capelli in Chianti.

Grappa Nostrana
– Schweiz
Grappa mit 48 Vol.-% der Firma Vini Bonoli in Breganzona.

Grappa Ticinese – Schweiz
Grappa mit 45 Vol.-% der Firma Figlii Valsangiacomo fu Vittore S. A. in Chiasso.

Gresy – Italien
Weingut mit Sitz in Barbaresco im Piemont.
Grappas:
di Nebbiolo Martinenga (aus Trestern für den Barbera La Martinenga, 42 Vol.-%), **Monte Aribaldo, Camp Gros, La Serra** und **Chardonnay.**

Grevepesa – Italien
Genossenschaftsweingut mit Sitz in Casciano in Val di Pesa in der Toskana.

Grappa:
Aqua Ardens Grappa di Vin Santo (aus Malvasiatrestern des Vin Santo, in kleinen Fässern gereift, 42 Vol.-%).

Gruppo Italiano Vini
– Italien
Winzergenossenschaft mit Sitz in Calmasino bei Verona.
Traubenbrand:
Acquavite di Uva (aus Pinot- und Malvasiatrauben aus Venetien).

Grusiniak – Russland
Weinbrand/Brandy mit einer Lagerzeit von mindestens 3 Jahren, 45–48 Vol.-%.

Guelin – Frankreich
Cognachaus mit Sitz in Pérignac.
Cognac aus der Region Petite Champagne:
Très Vieille Réserve (20 Jahre, 40 Vol.-%).

Guerbé – Frankreich
Weingut und Cognacerzeugerfirma mit Sitz in Logis de Puyguiller in Juillac-le-Coq.
Cognacs aus den Regionen Petite Champagne und Grande Fine Champagne:
V.S. (5 Jahre, 40 Vol.-%), **Napoléon** (12 Jahre, 40 Vol.-%), **V.S.O.P. Logis Puyguiller** (15 Jahre, 40 Vol.-%), **X.O.** (25 Jahre, 40 Vol.-%), **1er Cru de Cognac Grande Réserve** (30 Jahre, 40 Vol.-%) und **Vieille Grande Champagne** (40 Vol.-%) und **Grande Fine Champagne** (40 Vol.-%).

Guérin Frères – Frankreich
Cognachandelsmarke der
Firma → Sica de Puy Gaudin
in Cozes.
Cognacs:
*** (40 Vol.-%), **V.S.O.P.**
(40 Vol.-%) und **Vieille Réserve** (40 Vol.-%).

Claude **Guichard**
– Frankreich
Cognacs aus der Region
Fins Bois:
*** (40 Vol.-%), **V.S.O.P.**
(40 Vol.-%) und **Réserve**
(40 Vol.-%).

Guiet – Frankreich
Weingut und Cognacerzeuger
mit Sitz in Verrières.
Cognacs aus der Region
Grande Champagne:
V.S.O.P. (7 Jahre, 40 Vol.-%),
Napoléon (10 Jahre, 40 Vol.-%)
und **Vieille Réserve** (30 Jahre,
40 Vol.-%).

Guillon-Painturaud
– Frankreich
Weingut und Cognacerzeuger-
firma mit Sitz in Segonzac.
Cognacs aus der Region
Grande Champagne:
V.S.O.P. (5 Jahre), **Réserve** (10 Jahre, 40 Vol.-%) und
**Grande Champagne Premier
Cru du Cognac Réserve**
(41 Vol.-%), **Vieille Réserve**
(20 Jahre, 40 Vol.-%)
und **Hors d'Age** (30 Jahre,
40 Vol.-%).

A. **Guillot** – Frankreich
Destillerie und *Cognac*-
marke der Firma Jean Dereix
& Fils in Dignac.

Guionnet – Frankreich
Weingut und Cognacerzeuger
mit Sitz in Segonzac.
Cognacs aus der Region
Grande Champagne:
V.S.O.P. (6 Jahre, 40 Vol.-%)
und **Vieille Réserve** (12 Jahre,
40 Vol.-%).

**Hugo Asbach – der Schöp-
fer des Begriffs Weinbrand**
Hugo Asbach gründe-
te 1892 seine Brennerei
in Rüdesheim am Rhein
und stellte Coganc oder
Kognak her, wie der ge-
brannte Wein damals be-
zeichnet wurde. Schon
bald, nämlich im Jahr 1898
schuf er den Begriff Weinbrand für seine Produkte.
Da infolge des Friedens-
vertrages von Versailles
die Bezeichnung „Cognac"
in Deutschland nicht mehr
verwendet werden durfte,
wurde Weinbrand die Gat-
tungsbezeichnung im ge-
samten deutschsprachigen
Raum.

Guizot – Frankreich
Armagnacs:
Napoléon Extra (40 Vol.-%)
und **X.O.** (40 Vol.-%).

Guyclair – Frankreich
Cognacs:
Napoléon (40 Vol.-%),
X.O. (40 Vol.-%) und **V.S.O.P.**
(40 Vol.-%). Erzeugnis der
Firma Guy → Clair in Matha.

Guy de Bersac – Frankreich
Cognacmarke von → Domaine
du Chillot in Gensac-la-Pallue.

Cognacs:
V.S. (40 Vol.-%), **V.S.O.P.**
(40 Vol.-%), **Napoléon**
(40 Vol.-%), **Grande Fine
Champagne** (40 Vol.-%),
Extra (40 Vol.-%), **Très Vieille
Fine Cognac** (20 Jahre,
40 Vol.-%) und **X.O.** (mehr
als 70 Jahre, 40 Vol.-%).
Die Handelsmarke ist
Northmen.

H

H 95 – Schweiz
Grappa mit 41 Vol.-% der
Windegg-Kellerei in Herrli-
berg. Auch als **Special H 95**
bezeichnet.
Marc mit 41 Vol.-%.

Hard – Frankreich
Kleines Weingut und Cognacerzeuger mit Sitz in Brizambourg.
Cognacs aus der Region
Fins Bois:
V.S.O.P. (12 Jahre, 40 Vol.-%)
und **Napoléon Château Briz
ambourg** (20 Jahre, 40 Vol.-%).

A. **Hardy & Co** – Frankreich
Große Cognacdestillerie mit
Sitz in Cognac; gegründet
1863. Die Firma vertreibt
neben Cognac auch andere
Spirituosen und Brennweine
für deutsche Weinbrandfir-
men; keine eigene Rebfläche.
Ein Drittel der Produktion
wird exportiert.
Cognacs:
V.S. (Fins Bois und Les Bor-
deries, 40 Vol.-%), **V.S.O.P.**
(Fine Champagne, 40 Vol.-%),
Napoléon (Grande und Petite

Champagne, Fins Bois und Les Borderies, 15 Jahre, 40 Vol.-%) und **X.O. Fine Champagne** (Regionen Grande und Petite Champagne, 25 Jahre, 40 Vol.-%).
Die Serie **„Noces"** wird aus sehr alten Cognacs komponiert: **Noces d'Or** (50 Jahre, 40 Vol.-%), **Noces de Diamant** (40 Vol.-%), **Noces de Perle** (40 Vol.-%). Die Firma liefert sechs Cognacs, die jeweils nur aus einer Region hergestellt worden sind. Von den früheren Sorten sind noch **Réserve de la Famille** (mehr als 50 Jahre, 42 Vol.-%) und **Captain d'Or** (40 Vol.-%) zu haben.
Zu den Handelsmarken der Firma gehören: Angevin, Arnoux, Bertel, Ceres, Chandelac, Comte & Co, Daniaud Fils, De Lachenaie, De Lancenac, De Rochenac, Douris, Dumourier, Etendard, Grand Lieu, C. Lagier, E. Lecomte, Rastagnac, La Rocheandry, Tournell und Henri Tytell & Fils.

Hannes **Harkamp**
– Österreich
Weingut in Flamberg/Südsteiermark; erzeugt auch einen Weintresterbrand.

Harrods – Großbritannien
Cognaceigenmarke des Londoner Warenhauses, erzeugt von → Château Paulet.
Cognacs:
Napoléon Extra Très Vieille Fine Champagne (Regionen Grande und Petite Champa-

gne, 40 Vol.-%), **Sélection Paradis 1895** (40 Vol.-%) und **Sélection Paradis 1914**. Die zwei letztgenannten Cognacs sind in Frankreich nicht erhältlich.

Raymond **Hart** – Frankreich
Cognacs aus der Region Fins Bois:
*** (40 Vol.-%) und **Vieux Cognac** (15 Jahre, 40 Vol.-%).

Heidehof, Thomas Rupp
– Österreich
Destillateur in Bruckneudorf/ Niederösterreich; erzeugt Trauben- und Weintresterbrände.

Hennessy
Eine der größten Cognacfirmen mit Sitz in Cognac, wurde 1765 vom Iren Richard Hennessy gegründet. Als Symbol wählte er den bewaffneten Arm aus seinem Familienwappen, das noch heute auf den Hennessy-Flaschen zu finden ist. Das Unternehmen nahm rasch einen großen Aufschwung. 1785 trat sein Sohn Jacques in die Firma ein, die seitdem „Société Jas. Hennessy & Co" heißt. 1860 wurden Sternensymbole zur Unterscheidung der Qualitäten eingeführt, und 1870 schuf man die Bezeichnung X.O. für besonders alte Destillate. Heute ist Hennessy Marktführer, nachdem das Haus jahrhundertelang zusammen mit Martell die Entwicklung des Cognacs geprägt hat. 1971 fusionierte

Hennessy mit der Champagnerfirma Moët & Chandon zu Moët-Hennessy, an die sich auch die Designerfirma Louis Vuitton anschloss. Der heute LVMH (Moët Hennessy – Louis Vuitton) genannte Konzern besitzt Mehrheitsbeteiligungen bei vielen großen Marken, belässt aber den einstigen Familienfirmen weitestgehende Autonomie. Das Unternehmen besitzt 620 Hektar eigene Rebfläche und kauft die Ernte von etwa 2 600 Winzern. Der durchschnittliche Lagerbestand wird mit 230 000 Fässern angegeben, die in 35 verschiedenen Chais rund um Cognac liegen. Das Haus verfügt über einen einzigartigen Vorrat an alten Cognacs. Der Charakter der Hennessy-Cognacs wird als rund und kräftig beschrieben
Cognacs:
V.S. (Standardmarke des Hauses, 40 Vol.-%), **V.S.O.P. Privilège** (40 Vol.-%), **V.S.O.P. Fine Champagne** (40 Vol.-%), **Cuvée** (40 Vol.-%), **Nostalgie de Bagnolet** (40 Vol.-%), **X.O.** (Spitzenprodukt, aus den alten Beständen des Hauses zusammengestellt, sicher einer der besten Cognacs überhaupt, 40 Vol.-%), **Paradis** (Cuvée aus bis zu 100 Jahre alten Cognacs, 40 Vol.-%) und **Hennessy Nr. 1** (aus den ältesten Beständen des Hauses, 40 Vol.-%). Das Unternehmen fertigt auch Sondercuvées für Prominente an

(u. a. → **Davidoff Sélection**) und liefert seit Langem **Jahrgangscognacs „early landed late bottled"** nach England. Marken sind u. a. → Adet Seward, Comandon, → Denis-Mounié, → Hine S. A., → Monnet, → Pellisson sowie Berac, Casque D'Or, Casque Rouge, Gaudrap, Grillon, Harrier, Mentor, Montagu, Monteru, Mornac, → Morton, Tampier und Renaissance.

Heraud & Cie – Frankreich Cognacdestillerie mit Sitz in St-André-de-Lidon, die auch für die → CCG destilliert.
Cognacs:
*** (Region Bons Bois, 40 Vol.-%), **Napoléon Fine Champagne** (Grande und Petite Champagne, 40 Vol.-%), **V.S.O.P. Fine Champagne** (Grande und Petite Champagne, 40 Vol.-%) und **Hors d'Age** (12 Jahre, 40 Vol.-%).

Hidalgo – Spanien Sherry- und Brandyhaus mit Sitz in Jerez de la Frontera.
Weinbrände/Brandys:
Magistral Solera, Magistral Solera Reserva und **Privilegio Gran Reserva.**

Georg Hiebl – Österreich Destillateur in Stadt Haag; erzeugt Trauben-, Weintrester- und Gelägerbrände.

Hine S. A. – Frankreich Die Cognacerzeugerfirma Thomas Hine & Co. hat ihren Sitz in Jarnac. Gegründet 1763; gehört seit 1987 zum

Konzern → LVMH, die Eigenständigkeit der Firma blieb aber gewahrt. Hine besitzt keine eigenen Rebflächen, arbeitet jedoch eng mit den Lieferanten zusammen. Die Firmen → Denis-Mounié, Comandon und Guy → Gautier & Co gehören zu Hine.
Cognacs:
*** **de Luxe** (40 Vol.-%), **Rare & Delicate V.S.O.P. Fine Champagne** (10 Jahre, 40 Vol.-%), **Napoléon** (40 Vol.-%), X.O. (40 Vol.-%), **Antique Fine Champagne** (etwa 20 Jahre, 40 Vol.-%), **Très Vieille Grande Champagne Old Vintage** (Grande Champagne, 30 Jahre, 40 Vol.-%), **Triomphe** (Grande Champagne, etwa 40 Jahre, 40 Vol.-%), **Grande Champagne 1914** (40 Vol.-%), **Grande Champagne 1948** (40 Vol.-%), **Grande Champagne 1964** (40 Vol.-%) und **Family Réserve** (Grande Champagne, 40 Jahre, 45 Vol.-%). Die Sorte Family Réserve wird in speziellen Flaschen auch als **Mariage de Thomas Hine** (40 Vol.-%), **Talent de Thomas Hine** (40 Vol.-%) angeboten. Hine bietet auch Jahrgangscognacs an, die in England gelagert wurden, u. a. **Early Landed Grande Champagne Vintage 1966** (Spezialität des Hauses – der junge Branntwein wurde 1967 unter Zollverschluss nach Großbritannien gebracht, gelagert und 1991 abgefüllt).

Hobson – Frankreich

Weinbrand/Brandy:
Napoléon Pure Grape Brandy (40 Vol.-%). Erzeugnis der Firma Alfred → Morton & Co.

Josef Hochmair – Österreich Brennerei mit Sitz in Wallern/ Oberösterreich; erzeugt einen *Weintresterbrand.*

Gerald Hochstrasser – Österreich Brennerei mit Sitz in Mooskirchen, die einen Schilcher-*Tresterbrand* herstellt.

Karl Holzapfel – Österreich Brennerei mit Sitz in Joching in der Wachau, die *Weintresterbrände* aus Rieslingtrestern und Grünen-Veltliner-Trestern herstellt.

Huaco – Peru Der Pisco ist farblos, da er nicht in Eichenfässern gelagert wird.

Hugel – Frankreich Sitz der Firma ist Riquewihr im Elsass.
Marc de Gewürztraminer (ausschließlich aus Gewürztraminertrestern hergestellt, 45 Vol.-%).

Hugues le Moulin – Frankreich
Cognacs:
Napoléon (15 Jahre, 40 Vol.-%) und **Extra Vieux** (mehr als 60 Jahre, 42 Vol.-%). Erzeugnis der Firma → Bourdarias in Criteuil-la-Magdeleine.

Hutter – Österreich
Weingut und Brennerei mit
Sitz in Reiting bei Feldbach,
wo ein *Weintresterbrand*
hergestellt wird.

I

Inga – Italien
Spirituosenerzeugerfirma mit
Sitz in Serravalle Scrivia,
Piemont; gegründet 1832.
Die ursprüngliche Firma
Gambarotta wurde 1938 in
Inga umbenannt.
Grappas:
Spezialabfüllungen der Firma
sind **di Vitigno Brachetto**
(42 Vol.-%) sowie **Nebbiolo
da Barolo** (42 Vol.-%), weiters
di Chardonnay (42 Vol.-%),
Gavi di Gavi (42 Vol.-%)
und **di Nebbiolo da Barolo**
(42 Vol.-%) sowie eine Reihe
rebsortenreiner Grappas aus
Reben des Piemont.
Neben Grappas erzeugt die
Firma auch Brandy, Amaro,
Sambuca und andere Liköre.

**Insuperable Solera
Reserva** – Spanien
Weinbrand/Brandy der
Firma → Gonzalez y Byass in
Jerez de la Frontera.

**Istituto Agrario di San
Michele** – Italien
Weinbauschule in San
Michele all'Adige im Trentin.
Grappas:
di Chardonnay (45 Vol.-%),
di Vitigno Moscato Giallo
(45 Vol.-%), **di Schiava, di Cabernet, di Pinot Nero, di Müller Thurgau, di Riesling, di
Traminer** und **di Sauvignon.**

Traubenbrand:
**Distillato di Uva Moscato
Giallo** (44 Vol.-%).

Istra – Kroatien
Weinbrand/Brandy:
Premier (40 Vol.-%).
Erzeugnis der Firma Istravino
in Rijeka.

J

J & B – England
Cognac:
Early Landed Late Bottled
(40 Vol.-%).
Ist eine Eigenmarke der
Firma Justnerini & Brooks in
London.

Jacobi – Deutschland
Brennerei mit Sitz in Wein-
stadt bei Stuttgart; gegründet
1880; gehört heute zur internationalen Firmengruppe
Allied Domecq.
Weinbrände/Brandys:
Jacobi 1880 Selection
(20 Jahre, 38 Vol.-%) und
Jacobi 1880 V.S.O.P. (aus
Brennweinen der Charente
und des Armagnacgebietes,
8 Jahre, 38 Vol.-%).

Vincent **Jacoulot** – Frankreich
Marc: **Extra** (45 Vol.-%, aus-
schließlich aus Trestern der
Weinbauregion Burgund).

Jacquet & Co. – Frankreich
Weinbrand/Brandy:
**Napoléon Finest French
Brandy** (40 Vol.-%).

Louis **Jadot** – Frankreich
Marc: **Vieux Marc de Bourgogne** (43 Vol.-%, Zusatzbezeichnung „A la Mascotte").

Jamek – Österreich
Weingut und Brennerei mit
Sitz in Joching in der Wachau.
Weintresterbrände:
**Gelber Muskateller, Riesling,
Chardonnay** und **Veltliner.**

Janneau – Frankreich
Armagnachaus mit Sitz in
Condom; gegründet 1851 von
Etienne Janneau.
Armagnacs:
Tradition (3 Jahre, 40 Vol.-%),
V.S.O.P. (5 Jahre, 40 Vol.-%),
Napoléon (40 Vol.-%) und
Très Vieille Réserve (40 Vol.-%),
X.O. (40 Vol.-%) sowie Jahr-
gangsarmagnacs.

Jeanne d'Arc & Co.
– Frankreich
Weinbrand/Brandy:
Napoléon Brandy (40 Vol.-%).

Jérôme – Frankreich
Cognachandelsmarke der
Firma Briand & Co, die zur
→ Prunier-Gruppe gehört.

Pierre **Jobet** – Frankreich
Cognacs aus der Region
Fins Bois:
✶✶✶ (40 Vol.-%), **V.S.O.P.**
(40 Vol.-%) und **Très Vieille
Réserve** (15 Jahre, 40 Vol.-%).

René **Jobet** – Frankreich
Cognacs aus der Region
Fins Bois:
✶✶✶ (40 Vol.-%), **V.S.O.P.**
(40 Vol.-%), **Vieux Cognac**
(40 Vol.-%) und **Réserve de la
Propriété** (40 Vol.-%).

Waltraud **Jöbstl**
– Österreich
Weingut, Obstbau und Brennerei mit Sitz in Wies an der Schilcherweinstraße.
Weinbrand (53 Vol.-%), **Schilcher Weinbrand** (50 Vol.-%), **Schilcher Tresterbrand** (40 Vol.-%) sowie Zigarren- und Weinhefebrände.

Joliette – Frankreich
Marc de Bourgogne Égrappé (40 Vol.-%).

Dominique **Joly** – Frankreich
Cognacs aus der Region Petite Champagne:
*** (40 Vol.-%) und **V.S.O.P.** (40 Vol.-%).

H. **Joly** – Frankreich
Kleines Weingut und Cognacerzeuger mit Sitz in Archiac.
Cognacs aus der Region Petite Champagne:
*** (40 Vol.-%), **V.S.O.P.** (40 Vol.-%), **Vieille Réserve** (40 Vol.-%) und **Hors d'Age** (40 Vol.-%).

Château **Jousson**
– Frankreich
Cognachaus mit Sitz in Angeac-Champagne. Hauptsächlich Destillateur für → Rémy Martin; produziert in kleinen Mengen alte Cognacs.
Cognacs aus der Region Grande Champagne:
Extra (15 Jahre, 40 Vol.-%), **Réserve des Ancêtres** (30 Jahre, 40 Vol.-%) und **Sélection des Ancêtres** (50 Jahre, 40 Vol.-%).

Juillard – Frankreich
Kleines Weingut und Cognacerzeuger mit Sitz in Pérignac; 17 Hektar Rebfläche.
Cognac aus der Region Petite Champagne:
Vieille Réserve (15 Jahre, 40 Vol.-%).
Die Firma erzeugt auch einen Pineau des Charentes.

Michel **Juillot** – Frankreich
Sitz der Firma ist Mercurey im Burgund.
Marc de Bourgogne (43 Vol.-%).

Jullien – Frankreich
Weingut und Cognacerzeuger mit Sitz in Angeac-Champagne. Seit 1865 im Familienbesitz, dazu gehört auch → Logis de la Mothe.
Cognacs aus der Region Grande Champagne:
V.S.O.P. (40 Vol.-%), **X.O.** (40 Vol.-%) und **V.X.O.** (40 Vol.-%).

K

Kanyak – Türkei
Weinbrand/Brandy mit 38 bis 40 Vol.-%.

Kelt – Frankreich
Cognacs aus der Region Grande Champagne:
V.S.O.P. (10–12 Jahre, 40 Vol.-%), **X.O.** (40 Vol.-%), **Amiral** oder **Extra** (40 Vol.-%), **Christopher Columbus** (40 Vol.-%), **Petra** (40 Vol.-%) und **Les Quatre Vents** (40 Vol.-%).
Erzeugnis der Firma → Boinaud, Segonzac.

Friedrich **Kuczera**
– Österreich
Weingut in Gumpoldskirchen; erzeugt einen **Weinbrand** mit 42 Vol.-%.

KWV – Südafrika
Weinbrand/Brandy:
V.S.O.P. (40 Vol.-%).
Erzeugnis der Kooperative Wijnbouwers Vereniging in Paarl.

L

L. & L. – Frankreich
Junges Cognacunternehmen mit Sitz in Cognac.
Cognacs:
Exception (20 Jahre) und eine Serie von **X.O.-Abfüllungen** aus fünf Cognacgebieten (außer Bois Ordinaires) zu je 20 cl in einem Karton sowie die Marke → Vallon.
Weinbrände/Brandys:
Duroc Napoléon und **Duroc X.O.**

Labarthe – Frankreich
Armagnac aus der Region Bas-Armagnac, 40 Vol.-%.
Mit unterschiedlicher Lagerdauer und unterschiedlichen Jahrgangsangaben im Handel.

Laberdolive – Frankreich
Das *Armagnac*haus Domaines Laberdolive mit Sitz in Labastide d'Armagnac wurde 1866 gegründet und ist auch heute noch im Familienbesitz. Ihre Bas-Armagnacs kommen als Millésimés und Einzellagen-Armagnacs in den Handel, die ihren end-

gültigen Alkoholgehalt durch Verdunstung während der Lagerung erreichen.

Lackner-Tinnacher

– Österreich

Weingut und Brennerei mit Sitz in Gamlitz. Neben Obstbränden werden auch *Traubenbrände, Weinbrände* und *Weinhefebrände* hergestellt.

La Claie – Frankreich

*Cognac*eigenmarke des Spirituosenunternehmens Claquesin S. A. in Malakoff bei Paris.

Ladrat – Frankreich

Cognachaus mit Sitz in Jarnac. *Cognac* aus der Region Grande Champagne:
X.O. (25 Jahre, 40 Vol.-%).

La Fine Goule – Frankreich

Ursprünglich kleine Produzentengruppe; heute vermarkten Philippe & Jean Bernard Larquier unter diesem Namen Cognacs ihrer 41 Hektar Rebfläche sowie Cognacs benachbarter Winzer.
Cognacs:
Très Vieux (43,7 Vol.-%) und **Très Vieille Petite Champagne** (40 Jahre, 40 Vol.-%).

Lafite-Rothschild

– Frankreich

Cognac aus der Region Les Borderies:
Très Vieille Réserve Single Cru (40,5 Vol.-%).
Erzeugnis der → Société Civile du Château Lafite-Rothschild.

Lafontan – Frankreich

Armagnacmarke von → Cave des Producteurs Reunis in Nogaro.
Armagnacs:
Napoléon, X.O., Fine V.S.O.P. 12 Ans, Extra, Vieille Réserve (alle 40 Vol.-%) und **Millésimés.**

Lagler – Österreich

Obstbaubetrieb und Brennerei mit Sitz in Kukmirn bei Güssing.
Traubenbrände:
Uhudler Traubenbrand (Reifung im Akazienfass), **Muskat Traubenbrand.**
Weintresterbrand:
Trauben-Tester.

La Gotta – Schweiz

Marc de Dôle (40 Vol.-%, aus Pinot-Noir- und Gamaytrestern hergestellt).
Erzeugnis der Winzergenossenschaft Provins Valais, Sion im Wallis.

La Grange du Bois

– Frankreich

Cognacmarke von Cartais Lamaure, Jarnac.
Cognacs:
Hors d'Age (30 Jahre, 40 Vol.-%) und **Vieux** (40 Vol.-%).

Lainé – Frankreich

1. *Cognac*handelsmarke der → CCG in Cognac.
2. *Brandy*marke der → Companie des Grandes Eaux-de-Vie de France in Cognac:
Napoléon Rare French Brandy (40 Vol.-%) und **Maxime Rare French Brandy** (40 Vol.-%).

Lánchid-Brandy – Ungarn

Weinbrand/Brandy mit einer Lagerzeit von 8 bis 10 Jahren; nach der Budapester Lánchid (Kettenbrücke) benannt.

Landier – Frankreich

Weingut und Cognacerzeuger mit Sitz in Jarnac; 52 Hektar eigene Rebfläche.
Cognacs aus der Region Fins Bois:
*** (40 Vol.-%), **V.S.O.P.** (40 Vol.-%), **Napoléon** (40 Vol.-%), **Spécial Gastronomie** (40 Vol.-%) und **Vieille Réserve** (15 Jahre, 40 Vol.-%).

Daniel Landreau

– Frankreich

Cognacs aus der Region Grande Champagne:
V.S.O.P. (40 Vol.-%), **Réserve** (15 Jahre, 40 Vol.-%), **Vieille Réserve** (40 Jahre, 40 Vol.-%) und **Age d'Or** (40 Jahre, 40 Vol.-%).

Jean Louis Landreau

– Frankreich

Weingut und Cognacerzeuger mit Sitz in Aigre, vormals Landreau-Maurin.
Cognacs aus der Region Fins Bois:
*** (40 Vol.-%), **V.S.O.P.** (6 Jahre, 40 Vol.-%), **Hors d'Age** (17 Jahre, 40 Vol.-%), **Réserve Familiale** (25 Jahre, 40 Vol.-%) und **Très Vieux** (ca. 50 Jahre, 53,6 Vol.-%).
Eine weitere Marke ist
→ Domaine de Guignefolle (Hors d'Age).

Pierre **Landreau**
– Frankreich
*Cognac*erzeuger, der den →
Logis de Montifaud auf den
Markt bringt.

Landry – Frankreich
Cognachaus mit Sitz in
Domaine de Beaulieu,
Germignac.
Cognacs aus der Region
Petite Champagne:
Hors d'Age (42 Vol.-%) und
Vieille Réserve (18 Jahre,
40 Vol.-%).

Landy – Frankreich
*Cognac*marke in den Quali-
täten **V.S.O.P.** bis **Extra** der
Firma → Ferrand, die haupt-
sächlich für den asiatischen
Markt hergestellt werden.

Lanson – Frankreich
Marc: **Vieux Marc de Cham-
pagne** (40 Vol.-%, ausschließ-
lich aus Trauben aus der
Champagne).
Erzeugnis der Firma Lanson
Père & Fils, Reims.

Larressingle – Frankreich
Armagnacmarke der Firma
Ets. → Papelorey in Condom.
Armagnacs:
*** (40 Vol.-%), **V.S.O.P.**
(40 Vol.-%), Napoléon
(40 Vol.-%), **Hors d'Age**
(40 Vol.-%) und **Très Vieil**
(20 Jahre, 40 Vol.-%) sowie
Millésimés.

Larrose – Frankreich
Das Armagnachaus Larrose
Père & Fils hat seinen Sitz in
Castelnu d'Auzan, Gers.

Armagnacs:
Comtal Fine Armagnac V.S.
(40 Vol.-%), **Château de Hontambène Réserve du Châ-
teau** (40 Vol.-%) und **Château
de Hontambène Grand Fine
1978** (40 Vol.-%).

Larsen – Frankreich
Cognacerzeugerfirma mit
Sitz in Cognac; gegründet
1926 vom Norweger Jens-
Reindar Larsen. Heute führen
der Sohn Jean und die Enkel
Fréderic und Nicolas die Firma. Circa 95 Prozent der Er-
zeugnisse werden exportiert,
hauptsächlich nach Japan,
Südkorea, Taiwan, Norwegen
und Nordamerika.
Cognacs:
Spécial *** (40 Vol.-%),
V.S.O.P. (40 Vol.-%), **Grande
Fine V.S.O.P.** (40 Vol.-%),
Grande Fine Champagne
(40 Vol.-%), **Napoléon**
(40 Vol.-%), **Grande Cham-
pagne Napoléon** (40 Vol.-%),
X.O. (40 Vol.-%), T**rès Vieil
le Réserve** (40 Vol.-%),
Extra (in Segelschiffkaraffe,
40 Vol.-%), **Rarissime** (in Se-
gelschiffkaraffe, 40 Vol.-%),
Very Special Viking's Cognac
(40 Vol.-%) und **Golden
Viking Extra** (40 Vol.-%).
Handelsmarken der Firma
sind u. a. Louis Dellys (*******,
V.S.O.P., Napoléon und Ex-
tra), A. Baron, Bellot, Ber-
ton, Chevallier, De Chassors,
De Guyon, Ducauzé Frères,
Girardot, Ibis, Iris, Isis, Jean
Pagel, Pouchet Frères und
Sarasac.
Weinbrände/Brandys:
→ Ducauzé, Ibis und Pagel.

Maurice **Lascaux** – Frankreich
Cognac aus der Region
Grande Champagne:
V.S.O.P. (40 Vol.-%).

Charles **Lassalle** – Frankreich
Cognac aus der Region
Petite Champagne:
Vieille Réserve (40 Vol.-%).

La Tastevin – Italien
Brennerei mit Sitz in Mom-
bercelli d'Asti, Piemont, die
überwiegend Grappas aus
rebsortenreinen Trestern destilliert. Für die Serie „**Selezione oro legni**" werden Fässer aus dem Holz von Apfel-,
Birn-, Mandel-, Maulbeer-,
Wacholder- und Kirschbäu-
men sowie Esche, Eiche und
Akazie zur Lagerung ver-
wendet.
Grappas:
La Giovane (43 Vol.-%), **Un
Amore di Grappa** (aus Nebbiolotrestern, im Eichenholz
gereift, 43 Vol.-%), **Liberty,
Ormeasco** sowie **Grappe aus
Dolcetto-d'Alba-, Grignolino-
d'Asti-, Ruché-, Nebbiolo-da-
Barolo-, Moscato-d'Asti-, Bra-
chetto-** und **Rossesetrestern.**

Lauraine – Frankreich
Cognac aus den Regionen
Fins Bois und Les Borderies:
Vieille Réserve (50–60 Jahre,
40 Vol.-%).
Erzeugnis der Firma Janine
Josse-Bouffandreau, Saintes.

Laval – Frankreich
Weingut und Brennerei mit
Sitz in Segonzac. Der Großteil der jungen Eaux-de-Vie
wird an große Cognachäuser

verkauft, der Rest wird im eigenen Keller gelagert. Daraus werden individuelle Cuvées kreiert.
Cognacs aus der Region Grande Champagne:
V.S.O.P. (7 Jahre, 40 Vol.-%), **Napoléon** (13 Jahre, 40 Vol.-%), **Grande Fine Champagne Consul** (mindestens 13 Jahre, 41 Vol.-%) und **Très Vieille Réserve** (50 Jahre, 40 Vol.-%).

Laval-Aubinaud
– Frankreich
Cognacs aus der Region Fins Bois:
*** (40 Vol.-%) und **V.S.O.P.** (40 Vol.-%).

Bernard Lavenat
– Frankreich
Cognacs aus der Region Fins Bois:
*** (40 Vol.-%), **V.S.O.P.** (8 Jahre, 40 Vol.-%), **Napoléon** (15 Jahre, 40 Vol.-%), **Vieille Réserve** (40 Jahre, 40 Vol.-%) und **Très Vieux** (mehr als 50 Jahre, 40 Vol.-%).

Lavigne – Frankreich
Cognachaus mit Sitz in Ambleville.
Cognacs aus der Region Grande Champagne:
V.S.O.P. (40 Vol.-%) und **Réserve Familiale** (ca. 20 Jahre, 40 Vol.-%).

Le Clos – Frankreich
Cognac aus der Region Fins Bois:
Vieille Réserve (40 Vol.-%). Erzeugnis der Firma Marc Joumier, Rouillac.

Le Moine Légendaire
– Frankreich
Marc mit 40 Vol.-% der Firma Lejay-Lagoute in Dijon.

Lepanto – Spanien
Weinbrand/Brandy mit der Bezeichnung Solera-Gran-Reserva-Brandy de Jerez der Firma → Gonzalez Byass.

Leroy – Frankreich
1. *Cognac*handelsmarke der Firma → Brugerolle S. A. in Matha.
2. *Marc de Champagne X.O.* mit 40 Vol.-% der Firma Duval Leroy in Vertos.

Les Antiquaires du Cognac – Frankreich
Junges Unternehmen mit Sitz in Jarnac, das alte Cognacs bei verschiedenen Produzenten kauft und vermarktet. Meist sind es höherprozentige Cognacs, die nicht mit destilliertem Wasser reduziert wurden.
Cognacs:
Grande Champagne 1935 (51 Jahre, 44 Vol.-%), **Petite Champagne 1942** (52 Jahre, 46 Vol.-%), **Borderies 1944** (50 Jahre, 48 Vol.-%), **Fins Bois 1950** (44 Jahre, 44 Vol.-%) und **Bons Bois 1955** (32 Jahre, 43 Vol.-%).

Les Grands Chais de France – Frankreich
Siehe → Grands Chais de France.

Leyrat – Frankreich
Weingut und Cognachaus mit Sitz in Domaine de Chez Maillard, Claix-Blanzac, 100 Hektar eigene Rebfläche.
Cognacs aus der Region Fins Bois:
V.S. *** (40 Vol.-%), **V.S.O.P.** (40 Vol.-%), **Napoléon** (40 Vol.-%), Vieille Reserve (40 Vol.-%) und **Sélection Edgard Leyrat** (40 Vol.-%), **Brut de Fûts Hors d'Age** (43 Vol.-% und 45 Vol.-%), **Très Vieille Réserve** (42 Vol.-%) und **Extra** (40 Vol.-%). Handelsmarken sind Boilevin, Chaloupin und → Ducasse & Co.

Lheraud – Frankreich
Weingut und Cognacerzeugerfirma mit Sitz in Angeac-Charente. Firmenwortlaut ist Guy Lheraud Domaine de Lasdoux; 63 Hektar eigene Rebfläche.
Cognacs aus der Region Petite Champagne:
*** (3 Jahre, 40 Vol.-%), **V.S.O.P.** (5 Jahre, 40 Vol.-%), **Cuvée 10** (40 Vol.-%), **Cuvée 20** (40 Vol.-%), **X.O. Fine Petite Champagne** (30 Jahre, 44 Vol.-%), **Très Vieille Réserve du Paradis** (50 Jahre, 47 Vol.-%), **Réserve du Templier** (10 Jahre, 42 Vol.-%) und **Vieille Réserve du Templier** (20 Jahre, 43 Vol.-%). Das Haus produziert auch unter der Marke Marquis de Lageard und liefert Spezialcuvées für besondere Kunden, die nach deren Wünschen zusammengestellt werden, u. a. → Dallmayr.

Armagnac braucht von allen Weinbränden die längste Reifezeit. Erst seit 1972 ist für seine Destillation auch das für Cognac übliche Charentaiser Verfahren erlaubt. Es wird jedoch selten angewendet.

Liandry – Frankreich
Cognacmarke der Firma → Falandy-Liandry & Cie in Cognac.

Licorera Albedense Destilerias La Camperana – Spanien
Destillerie mit Sitz in Albelda de Iregua, Rioja.
Weinbrand/Brandy:
Brandy 1700 Gran Reserva (Jahrgangsbrandy, 40 Vol.-%).

Liè Fine – Schweiz
Weinhefebrand mit 40 Vol.-% der Firma Landtwing in Zug.

Le Lion – Deutschland
Brennerei mit Sitz in Lampertheim-Hüttenfeld.
Traubenbrand: 42 Vol.-%.
Grappa:
Trester Riesling (42 Vol.-%).

Logis de Barbe – Frankreich
Cognacs aus der Region Grande Champagne:
V.S.O.P. (40 Vol.-%) und **Hors d'Age** (15 Jahre, 40 Vol.-%).
Erzeugnis der Firma Bernard Légier in Criteuil-la-Magdeleine.

Logis de Coudret
– Frankreich
Cognacmarke der Firma Baron & Fils in Cherves-Richemont.

Logis de la Fontaine
– Frankreich
Cognacmarke der Firma → Delpech Fougerat.

Logis de l'Ajasson
– Frankreich
Cognachaus mit Sitz in Éraville.
Cognacs aus der Region Grande Champagne:
Médaillon * (40 Vol.-%),
Réserve (40 Vol.-%) und
Vieille Réserve (20 Jahre, 40 Vol.-%).

Logis de la Montagne
– Frankreich
Weingut und Cognacerzeuger mit Sitz in Challignac; 37 Hektar eigene Rebfläche.
Cognacs aus der Region Fins Bois:
*** (40 Vol.-%), **V.S.O.P.** (40 Vol.-%), **Vieille Réserve** (40 Vol.-%) und **Très Vieux Cognac Hors d'Age** (20 Jahre, 40 Vol.-%),
X.O. (20–25 Jahre, 45 Vol.-%) und **Sante Montagne** (40 Vol.-%, zum Mischen).
Das Unternehmen produziert auch für → Castelbajac und Valter sowie einen Pineau des Charentes.

Logis de la Mothe
– Frankreich
Familienweingut und Cognac-

erzeugerfirma mit Sitz in Criteuil-de-Magdeleine; 61 Hektar Rebfläche.
Cognacs aus der Region Grande Champagne:
*** (40 Vol.-%), **V.S.O.P.** (40 Vol.-%), **X.O.** (45 Vol.-%) und **Réserve de Ma Cave** (50 Jahre, 40 Vol.-%).

Logis de Montifaud
– Frankreich
Cognachaus mit Sitz in Salles d'Angles; 20 Hektar Rebfläche.
Cognacs aus den Regionen Grande Champagne und Petite Champagne:
*** (40 Vol.-%), **Réserve** (40 Vol.-%) und **Vieux Cognac** (50 Jahre, 40 Vol.-%).
Erzeugnis der Firma Pierre → Landreau, Salles d'Angles.

Lormin – Frankreich
Cognac der Firma J. Lormin und Handelsmarke der Firma Fransac in Chermignac.

Lormont – Frankreich
Cognachandelsmarke des Getränkekonzerns Berger S. A.

De Lotherie – Frankreich
Cognachaus mit Sitz in Juillac-le-Coq. Das Haus bietet Jahrgangscognacs und alte Cuvées aus der Region Grande Champagne an.

Louis Baron – Frankreich
1. Cognachandelsmarke der Firma → Prunier S. A., Cognac.
2. **Napoléon Brandy** (40 Vol.-%).

Louis Henry – Frankreich
Cognacs:
V.S.O.P. (40 Vol.-%), **Napolé-
on** (40 Vol.-%) und **Napoléon
Cristal** (40 Vol.-%).

Lourson – Frankreich
1. *Cognac*marke der Firma
→ Croizet, St-Même-les-
Carrières.
2. *Weinbrände/Brandys:*
X.O. Pure French Brandy
(40 Vol.-%) und **Napoléon**
(38 Vol.-%).

Lucas Frères – Frankreich
Cognacs aus der Region
Fins Bois:
*** (40 Vol.-%), **V.S.O.P.**
(40 Vol.-%), **Napoléon**
(40 Vol.-%), **Hors d'Age**
(40 Vol.-%) und **Très Grande
Fine Cognac** (40 Vol.-%).

Lungarotti – Italien
Weingut mit Sitz in Torgiano
in Umbrien.
Grappas:
di Rubesco (aus einem
Trestermischsatz, gleich nach
dem Abstich gebrannt,
45 Vol.-%) und **di Chardonnay** (45 Vol.-%).

Bodegas M. Gil **Luque**
– Spanien
Sherry- und Brandyhaus mit
Sitz in Jerez de la Frontera.
Weinbrände/Brandys:
Luque, Memorable und **Me-
morial 492** (alle drei sind So-
leraqualitäten), **Waterloo 1815
Reserva, Leyenda Solera Pri-
vada** (ein Reserva) und **Cien
Lustros Reserva Unica** (ein
Gran Reserva).

Emilio **Lustau** – Spanien
Sherry- und Brandyhaus mit
Sitz in Jerez de la Frontera;
gegründet 1896.
Weinbrand/Brandy: Señor Lu-
stau (in Reserva- und Gran-
Reserva-Qualität, 40 Vol.-%).

Luxardo – Italien
Weltbekannte Spirituosen-
erzeugerfirma mit Sitz in
Torreglia bei Padua; gegrün-
det 1821; erzeugt vor allem
Liköre.
Weinbrand/Brandy:
12 Years Old (40 Vol.-%).

LVMH
Kurzform für die Gruppe
Moët Hennessy – Louis
Vuitton, die einen großen Teil
des Cognac- und Champa-
gnergeschäftes beherrscht;
gegründet 1988.
Zur Gruppe gehören neben
bekannten Cognacfirmen
(→ Hennessy, → Hine, →
Denis-Mounié u. a.) und
Champagnerhäusern (Moët,
Ruinart, Pommery) auch
Leder-, Mode- und Kosmetik-
firmen.

M

Maculan – Italien
Weingut mit Sitz in Breganze
in Venetien.
Grappas:
di Palazzotto (aus Cabernet-
Sauvignon-Trestern, gleich
nach dem Abstich in der
Destillerie → Poli gebrannt,
43 Vol.-%).

Madame Delaunay
– Frankreich
Cognac:
Grande Champagne
(40 Vol.-%).

Magno – Spanien
*Weinbrand*marke der Firma
→ Osborne in Puerto de
Santa Maria.

Mailleberchie – Frankreich
Cognacmarke von Alain Fou-
gerat, St-Amant-de-Boixe.
Cognac aus der Region
Fins Bois:
Très Grande Fine Cognac
(40 Vol.-%).

Domaine du **Maine Drilhon**
– Frankreich
Cognac aus der Region
Petite Champagne:
X.O. (20 Jahre 40 Vol.-%).

Maison L. Lescure
– Frankreich
Cognacmarke des Château
St-Georges in Claix.
Cognacs:
*** (40 Vol.-%) und **Vieille
Réserve** (40 Vol.-%).

Malandrie – Frankreich
Weinbrand/Brandy:
Napoléon Pure Grape Brandy
(40 Vol.-%).

Raymond **Malbec**
– Frankreich
Cognacs aus der Region
Fins Bois:
*** (40 Vol.-%), **V.S.O.P.**
(9 Jahre, 40 Vol.-%) und
Vieille Réserve (19 Jahre,
40 Vol.-%).

Mangilli – Italien
Brennerei mit Sitz in Flumignano di Talmassons im Friaul; gegründet 1894
Grappas:
Bianca (45 Vol.-%), **Riserva** (45 Vol.-%) und **Collezione Mangilli** (45 Vol.-%).
Erzeugt auch Traubenbrände.

René **Manuel** – Frankreich
Marc: **Très Vieux Marc de Bourgogne** (ausschließlich aus Trestern aus dem Weinbaugebiet Burgund, 45 Vol.-%).

Manzoni – Italien
Weingut mit Sitz in Montforte d'Alba im Piemont.
Grappas:
di Bricco Manzoni (aus Trestern der Spitzencuvée „Bricco Manzoni" aus 80 % Nebbiolo und 20 % Barbera; Barriquelagerung, 45 Vol.-%) und **di Barolo** (aus Nebbiolotrestern verschiedener Lagen, 50 Vol.-%).

Marcadier – Frankreich
Weingut und Cognacerzeuger mit Sitz in Segonzac.
Cognacs aus der Region Grande Champagne:
*** (40 Vol.-%), **V.S.O.P.** (8 Jahre, 40 Vol.-%), **Napoléon** (12 Jahre, 40 Vol.-%) und **Vieille Réserve** (18 Jahre, 40 Vol.-%).

Marc de Bourgogne
– Frankreich
Qualitätsbezeichnung für einen Tresterbranntwein, dessen Trester ausschließlich aus dem Weinbaugebiet Burgund

stammen. Der durchschnittliche Alkoholgehalt liegt bei 42–45 Vol.-%. Bekannte Erzeuger sind u. a.:
Simon Aîné, → Camus, Maurice → Chenu,
→ Domaine de la Romanée Conti, Domaine → Dujac, Vincent → Jacoulot, Louis
→ Jadot, → Joliette, Michel
→ Juillot und René
→ Manuel.

Marc de Champagne
– Frankreich
Qualitätsbezeichnung für einen Tresterbranntwein, dessen Trester ausschließlich aus dem Weinbaugebiet Champagne stammen. Der durchschnittliche Alkoholgehalt liegt bei 40 Vol.-%. Bekannte Erzeuger sind u. a.
→ Moët & Chandon, → Perrier-Jouet & Co, Landon, Jean → Goyard, Duval Leroy und Heidsieck & Co.

Marc de Corton Grancey
– Frankreich
Dieses Eau-de-Vie de Marc wird ausschließlich aus Trestern von Château Corton Grancey hergestellt. In neuen Burgunderfässern gereift, 43 Vol.-%. Erzeugnis der Firma Louis Latour in Beaune.

Marc de Dôle du Valais
– Schweiz
Marc: **Treize Étoiles** (40 Vol.-%).
Erzeugnis der Firma Orsat in Martigny.

Marc de Gewürztraminer
– Frankreich
Marc mit 45 Vol.-% der Firma Léon Beyer in Eguisheim im Elsass.

Marc de Provence
– Frankreich
Marc mit 43 Vol.-% der Domaine Ott. Trägt die Zusatzbezeichnung Vieux Marc de Rosé und ist leicht rötlich.

Marc du Valais – Schweiz
Marc mit 40 Vol.-% der Firma Landtwing in Zug.

Marceau & Co.
– Frankreich
Weinbrand/Brandy:
French Pure Grape Brandy Napoléon (40 Vol.-%).

R. & G. **Marchive**
– Frankreich
Familienweingut und Cognacerzeugerfirma mit Sitz in Vars; gegründet 1872.
Cognacs aus der Region Fins Bois:
*** (40 Vol.-%), **V.S.O.P.** (40 Vol.-%), **Napoléon** (10 Jahre, 40 Vol.-%), **Très Vieille Réserve** (25 Jahre, 40 Vol.-%) und **Très Vieille Réserve** (40 Jahre, 45 Vol.-%).

Marc Roger – Frankreich
*Brandy*marke der Firma → Réau Richard in Cognac, die der → CCG angehört.

Marett – Frankreich
*Cognac*marke und Tochtergesellschaft der Firma → Prunier S. A.

Cognacs:
V.S. (40 Vol.-%), **V.S.O.P.** (40 Vol.-%), **Napoléon** (40 Vol.-%), **Ambassade X.O.** (40 Vol.-%) und **Age Inconnu** (40 Vol.-%).

Margherita – Italien
Weingut mit Sitz in Venedig.
Traubenbrand:
Santa Margherita Destillato d'Uva Pinot Grigio (40 Vol.-%).

Mariacron – Deutschland
Weinbrand der Firma → Eckes KG.

Marnier-Lapostolle
– Frankreich
Likörfirma mit Sitz in Neauphle-le-Château; gegründet 1827 von Jean-Baptiste Lapostolle. Seit 1920 produziert der Betrieb im Château de Bourg-Charente (Jarnac) eigenen Cognac, der überwiegend exportiert wird.
Cognacs:
V.S. (40 Vol.-%), **Grande Fine Champagne X.O.** (15 Jahre, 40 Vol.-%) und **V.S.O.P. Fine Champagne** (40 Vol.-%).
Armagnac:
Lapostolle X.O. (40 Vol.-%).

Distilleria S. Teresa di Fratelli
Marolo – Italien
Brennerei mit Sitz in Mussotto d'Alba im Piemont; gegründet 1977 von den Brüdern Marolo.
Grappas:
di Arneis (aus Trestern der seltenen Rebsorte Arneis, 50 Vol.-%), **Barbaresco Montestefano** (Barbares-

cotrester der Lage Montestefano, 42 Vol.-%), **Gavi di Gavi „La Scolca"** (aus Trestern der weißen Cortesetraube des Weingutes La Scolca, 47 Vol.-%), **di Barolo** (aus Nebbiolotrestern, 4 Jahre in Akazienfässern gereift) und **Dedicata al Padre** (Grappa-Cuvée aus Bracchetto-, Bonarda-, Grignolino- und Nebbiolotrestern). Weiters rebsortenreine Grappas aus **Dolcetto-, Nebbiolo-, Pigato-, Vermentino-, Moscato-, Freisa-, Pelaverga-** und **Bracchettotrestern.**

Ugo **Marolo** – Italien
Kleine Brennerei mit Sitz in S. Vittorio d'Alba im Piemont; gegründet 1993.
Grappas:
di Nebbiolo da Barolo (47 Vol.-%), di **Nebbiolo da Barbaresco** sowie **di Nebbiolo, di Chardonnay, di Dolcetto** und **di Moscato.**

Marquis d'Adet
– Frankreich
Cognacmarke der Firma → Adet Seward in Bordeaux.
Cognac:
Très Vieux (40 Vol.-%).

Marquis de Caussade
– Frankreich
Armagnacs:
V.S.O.P., 12 , Napoléon, 21, X.O., Grand Age 30 und **Millésimé 1936** (alle 40 Vol.-%).
Erzeugnis der Firma Marquis de Caussade, die der → CCG angehört.

Marquis de Gensac
– Frankreich
*Cognac*marke von Pierre → Ferrand, Segonzac.

Marquis de Maniban
– Frankreich
Armagnacs:
Napoléon (40 Vol.-%) und **X.O.** (40 Vol.-%).
Erzeugnisse der Firma → Castarède in Lavardac.

Marquis de Montesquiou – Frankreich
Sitz der Firma ist Château de Campagne d'Armagnac in Eauze.
Armagnacs:
Monopole (Standardmarke, 40 Vol.-%), **V.S.O.P.** (5 Jahre, 40 Vol.-%), **Napoléon Grande Réserve** (6 Jahre, 40 Vol.-%), **Napoléon Extra Vieux** (40 Vol.-%), **X.O. Hors d'Age** (mehr als 9 Jahre, 40 Vol.-%), **X.O. Imperial** (40 Vol.-%), **Armagnac 1960** (40 Vol.-%) und die Spitzenqualität **Soleil** (40 Vol.-%) sowie einige Jahrgangsarmagnacs.

Marquis de Puysegur
– Frankreich
*Armagnac*marke der → Compagnie des Grandes Eaux-de-Vie de France.

Marquis de Rabaine
– Frankreich
*Cognac*marke von Fernand → Raby, Moulidars.
Cognacs:
Vieux Cognac (20 Jahre, 40 Vol.-%) und **X.O.** (50 Jahre, 40 Vol.-%).

Marquis de Sauval
Siehe → Sauval.

Marquis de Sylene
– Frankreich
Cognachaus mit Sitz im
Château Sylene in Jarnac.
Cognacs:
X.O. (40 Vol.-%) und un-
ter dem Label → Billon ein
V.S.O.P. in 2-cl-Ampullen
(40 Vol.-%).

Marquis de Vibrac
– Frankreich
Armagnacmarke der Firma
Henri → Mounier in Cognac.
Armagnacs:
*** (40 Vol.-%), **V.S.O.P.**
(40 Vol.-%), **Napoléon**
(40 Vol.-%) und **X.O.**
(40 Vol.-%).

Monique Marrot
– Frankreich
Cognacs aus der Region
Fins Bois:
*** (40 Vol.-%), **V.S.O.P.**
(40 Vol.-%) und **Napoléon**
(9 Jahre, 40 Vol.-%).

In Spanien werden Sher-
rygrundweine mit Destil-
laten versetzt. Die Grün-
dungsstunde des Brandy
de Jerez wissen wir nicht,
sehrwohl jedoch den
Grund. Auch die Spanier
wollten ihre Weine zum
Verschiffen haltbar, also
„reisefit" machen.

Martell
– Frankreich
Cognacerzeugerfirma mit
Hauptsitz in Cognac, ist heute der zweitgrößte Cognac-
produzent nach → Hennes-
sy; gegründet 1715 von dem
von der Insel Jersey kom-
menden Jean Martell. Ab 1815
konzentrierten sich die Mar-
tells ausschließlich auf das
Cognacgeschäft, wodurch
die Firma einen großen Aufschwung nahm. Heute ge-
hören zu Martell 400 Hektar
Rebland in den besten Lagen,
Kellereien, eine große Destillerie und Lagerhäuser. Von
etwa 2 600 Winzern wird zugekauft. Die Firma exportiert
98 Prozent ihrer Produktion;
bedeutende Auslandsmärkte
sind England, USA, China,
Japan und Deutschland.
Cognacs:
V.S. Fine Cognac (5–7 Jahre,
40 Vol.-%), **V.S.O.P. Médaillon** (10–12 Jahre, 40 Vol.-%),
Napoléon Spécial Réserve
(40 Vol.-%), **Napoléon
Extra** (40 Vol.-%), **Noblige**
(weltweit neue Kreation,
40 Vol.-%), **X.O. Suprême**
(40 Vol.-%), **Cordon Bleu**
(20–30 Jahre, 40 Vol.-%),
Napoléon Cordon Noir (wird
nur in Duty-free-Shops verkauft, 40 Vol.-%), **Cordon
Rubis** (40 Vol.-%), **L'Or de J.
& F. Martell** (Vermählung der
ältesten im Hause gereiften
Destillate, limitierte Verfüg-
barkeit, 40 Vol.-%), **Extra**
(identisch mit dem Vorgän-
ger Cordon Argent Extra,
42 Vol.-%) und **Classique**
(40–50 Jahre, 40 Vol.-%).

Weitere Marken von Martell
sind → Augier, Briand, Con-
dor, Jules Dumas, Marquis
de Salencon, Menage à Trois
und Jules Robin.

Martin & Co
– Frankreich
Cognachandelsmarken der
Firmen Briand & Co., Martin
Frères und Chabanneau & Co.
in Cognac.
Weinbrand/Brandy:
**Napoléon Pure French Grape
Brandy** (40 Vol.-%).

H. Martin
– Frankreich
Weinbrand/Brandy:
Napoléon Grape Brandy
(40 Vol.-%).

Martineau
– Frankreich
Weinbrände/Brandys:
Martineau Brandy (40 Vol.-%)
und **Napoléon Finest French
Brandy** (40 Vol. -%).

Martini & Rossi
– Italien
Spirituosenerzeugerfirma mit
Sitz in Turin. Neben den welt-
bekannten Aperitifs stellt die
Firma einen *Brandy* unter
der Marke **Cavallino Rosso**
(40 Vol.-%) her.

Mascaró
– Spanien
Weingut und Brennerei
mit Sitz in Villafranca
des Penedès.
Weinbrände/Brandys:
V.O. Brandy (3 Jahre,
40 Vol.-%), **Narciso Gran
Reserva Especial** (5 Jahre,
40 Vol.-%) und **Don Narciso**
(8 Jahre, 40 Vol.-%).

Maschio – Italien
Brennerei mit Sitz in Gaiarine in Venetien; gegründet 1919 von Bonaventura Maschio.
Grappa Rabosa (mehrere Jahre im Eichenholzfass gereift, 42 Vol.-%).
Traubenbrände:
Destillato d'Uva Prosecco e Riesling (40 Vol.-%) und **Destillato d'Uva Prosecco** (42 Vol.-%).

Masi – Italien
Weingut mit Sitz in S. Ambrogio di Valpolicella. Venetien.
Grappa di Recioto Mezzanella (aus Trestern des Recioto der Lage Mezzanella, mindestens 3 Jahre in slowenischer Eiche gelagert, 50 Vol.-%).

Michel **Massé** – Frankreich
Cognacs aus der Region Bons Bois:
*** (41 Vol.-%), **V.S.O.P.** (41 Vol.-%) und **Vieille Réserve** (41 Vol.-%).

Massenez – Frankreich
Der Firmensitz ist Bassemberg im Elsass.
Marc d'Alsace Gewürztraminer (45 Vol.-%).

Mastroberardino – Italien
Weingut mit Sitz in Atripalda, Kampanien.
Grappas:
Novia di Greco di Tufo (aus Greco-di-Tufo-Trestern, 45 Vol.-%), **Fiano di Avellino, di Aglianico, di Coda di Volpe, di Lacryma Christi** (45 Vol.-%) und **di Taurasi** (45 Vol.-%).

Mastroianni – Italien
Kleines Weingut mit Sitz in Montalcino, Toskana.
Grappa di Brunello di Montalcino (aus Brunellotrestern, direkt nach dem Abstich destilliert und im Holzfass gereift, 43 Vol.-%).

Lucien **Maudet** – Frankreich
Cognac aus der Region Fins Bois:
Réserve (18–20 Jahre, 40 Vol.-%).

Mauléon d'Armagnac Hors d'Age – Frankreich
Armagnac aus der Region Bas-Armagnac (40 Vol.-%); Erzeugnis der Société Civile Maniban.

Maxence – Frankreich
Weinbrand/Brandy:
Napoléon Pure Grape Brandy (40 Vol.-%).

Maxim's – Frankreich
Cognac- bzw. Armagnac-Eigenmarke des Etablissements Maxim's de Paris.
Cognacs:
V.S.O.P. (40 Vol.-%), **Napoléon** (40 Vol.-%) und **X.O.** (40 Vol.-%). Erzeugnis der Firma → Bouron (Château de la Grange) in St-Jean-d'Angély.
Armagnacs:
V.S.O.P. (40 Vol.-%), **X.O.** (40 Vol.-%) und **X.O. Luxe** (40 Vol.-%).

Maziere – Frankreich
Weingut in der Petite Champagne und Cognacerzeuger mit Sitz in Guimps.

Cognacs:
**** (40 Vol.-%), **V.S.O.P.** (40 Vol.-%) und **Réserve Napoléon** (12 Jahre, 40 Vol.-%).

Mazzetti d'Altavilla
– Italien
Brennerei mit Sitz in Altavilla Monferrato im Piemont; gegründet 1846 von Filippo Mazzetti.
Weinbrand:
Opera Prima Antica Acquavite di Vino (40 Vol.-%).
Traubenbrand:
Grasp-Uva (43 Vol.-%).
Grappas:
di Pigato (43 Vol.-%) und **di Nebbiolo da Barolo** (43 Vol.-%).

Pietro **Mazzetti** – Italien
Brennerei mit Sitz in Montemagno im Piemont; gegründet 1846.
Grappas:
di Ruché (43 Vol.-%) und **di Moscato** (43 Vol.-%) sowie Grappas aus **Brachetto d'Acqui, Barbera d'Asti** und **Dolcetto d'Asti.**

Meeraner Spirituosen und Weinbrennerei
– Deutschland
Spirituosenherstellerfirma mit Sitz in Meerane in Sachsen.
Meeraner Urahn Weinbrand (36,5 Vol.-%).

Michel Melier – Frankreich
Cognacs aus der Region Fins Bois:
*** (40 Vol.-%), **V.S.O.P.** (40 Vol.-%) und **Très Vieille Réserve** (20 Jahre, 40 Vol.-%).

Ménard – Frankreich
Weingut und Cognacerzeugerfirma mit Sitz in St-Mêmeles-Carrières; 80 Hektar eigenes Rebland in der Grande Champagne.
Cognacs aus der Region Grande Champagne:
Sélection de Domaines (3–5 Jahre, 40 Vol.-%), **V.S.O.P.** (4–10 Jahre, 40 Vol.-%), **Vieille Réserve Extra** (ca. 35 Jahre, 42 Vol.-%), **Napoléon Réserve Extra** (20–25 Jahre, 40 Vol.-%), **X.O.** (35 Jahre, 40 Vol.-%) und **Grande Fine Champagne Ancestrale** (45 Jahre, 45 Vol.-%).

Menuet – Frankreich
Weingut und Cognacerzeugerfirma mit Sitz in St-Mêmeles-Carrières; gegründet 1850; 45 Hektar eigene Rebfläche.
Cognacs aus der Region Grande Champagne:
V.S.O.P. (40 Vol.-%), **Napoléon** (40 Vol.-%), **X.O.** (40 Vol.-%), **Extra** (20 Jahre, 40 Vol.-%), **Hors d'Age** (40 Vol.-%) und **Hors d'Age Commémoration** (40 Jahre, 40 Vol.-%).

Mercian – Japan
Weinbrände/Brandys:
V.S.O.P., X.O. und **X.O. de Luxe.**

Gérard **Mercier** – Frankreich
Weingut und Cognacerzeuger mit Sitz in Segonzac, der den Großteil seiner Produktion jung verkauft.
Cognac aus der Region Grande Champagne:
Hors d'Age (30 Jahre, 43 Vol.-%).

Pierre **Mercier** – Frankreich
Weingut und Cognacerzeuger mit Sitz in Segonzac.
Cognacs aus der Region Grande Champagne:
V.S.O.P. (40 Vol.-%) und **Vieux Cognac** (40 Vol.-%).

Mérigot – Frankreich
Cognacs:
X.O. (30 Jahre, 40 Vol.-%), **Très Vieille Grande Champagne** (60 Jahre, 40 Vol.-%).
Erzeugnis der Firma Guy → Clair in Matha.

Merlin – Frankreich
Weingut und Cognacerzeuger mit Sitz in Arthenac; 18 Hektar eigene Rebfläche.
Cognacs aus der Region Petite Champagne:
Réserve (20 Jahre, 40 Vol.-%), **Vieille Réserve** (20 Jahre, 40 Vol.-%) und **Hors Pair** (50 Jahre, 40 Vol.-%).

Claude **Meslier** – Frankreich
Sitz der Firma ist Châteauneuf-sur-Charente.
Cognacs aus den Regionen Grande und Petite Champagne:
Petite Fine Champagne (15 Jahre, 40 Vol.-%), **Vieille Réserve de la Grande Champagne** (20 Jahre, 40 Vol.-%) und **Cognac de la Rosille Vieille Réserve** (40 Vol.-%).

Metaxa – Griechenland
Größte griechische Spirituosenerzeugerfirma mit Sitz in Piräus; gegründet 1888 von Spyros Metaxa; exportiert in über 50 Länder der Welt.

Weinbrände/Brandys:
***** **Classic** (40 Vol.-%), **Amphora** ******* (40 Vol.-%), **Gold Label** ******* (40 Vol.-%), **Grand Olympian Reserve – Very Old** (40 Vol.-%), **Golden Age – Very Old Dry** (40 Vol.-%) und **Grande Fine 50 Years Old** (40 Vol.-%) sowie **Mastic** (helles Braun, 46 Vol.-%, nach dem Mastixverfahren aus roten Trauben hergestellt).

Meukow – Frankreich
Cognacerzeugerfirma; gegründet 1862 von den Gebrüdern Meukow aus Schlesien und bis nach dem Ersten Weltkrieg betrieben. Danach wurde die Firma A. C. Meukow & Cie. von der englischen Firma Thomas Shepherd mit Niederlassung in Cognac übernommen und in den 1970er-Jahren in die → Compagnie Commerciale de Guyenne (CCG) eingegliedert. Die Eigenständigkeit des Unternehmens blieb weitgehend erhalten.
Cognacs:
Fine Champagne V.S. (40 Vol.-%), **V.S.O.P.** (40 Vol.-%), **Napoléon** (40 Vol.-%), **X.O.** (40 Vol.-%), **N.P.U. Fine Champagne V.R.X.O.** (40 Vol.-%), **Extra** (40 Vol.-%) und **Très Vieux Rarissime Brut de Fût** (41 Vol.-%).

Geo **Meyfor** – Frankreich
Weinbrände/Brandys:
Napoléon Pure Grape Brandy (40 Vol.-%) und **Noble Cuvée Napoléon** (40 Vol.-%).

Mezzocorona – Italien
Genossenschaftskellerei mit
Sitz in Trento.
**Grappa di Teroldego Rotalia-
no** (aus Teroldegctrestern,
43 Vol.-%).

Milenario – Spanien
Brandy Gran Reserva der Fir-
ma → Caballero in Puerto de
Santa Maria.

Minargent – Frankreich
Sitz der Firma ist Aulnay de
Saintonge.
Cognacs:
*** (40 Vol.-%), **V.S.O.P.**
(40 Vol.-%) und **Napoléon**
(40 Vol.-%).

Moët & Chandon
                    – Frankreich
Champagnerfirma mit Sitz in
Épernay; gegründet 1743.
Marc de Champagne
(40 Vol.-%).

Moine – Frankreich
Cognacerzeuger mit Sitz in
Chassors.
Cognac aus der Region
Fins Bois:
Vieille Réserve (40 Vol.-%).

Monac – Frankreich
*Cognac*marke der Firma Les
→ Grands Chais de France in
Kirrwiller im Elsass.

Mondalino – Italien
Weingut mit Sitz in Vignale
Monferrato im Piemont.
Grappa di Malvasia (aus
Malvasia-di-Casorzo-d'Alba-
Trestern; 42 Vol.-%).

Monde – Japan
Weinbrände/Brandys:
Napoléon und **Extra.**

Monnet – Frankreich
Cognacerzeugerfirma mit Sitz
in Cognac; gegründet 1838;
ursprünglich als Verband der
Weinbauern gegründet, dessen Führung die Familie Monnet übernahm. Gehört heute
zum Konzern → LVMH.
Firmenwortlaut: J. G. Monnet & Co. Die Produktion und
der Verkauf sind stark eingeschränkt.
Cognacs:
Le Club V.S. (3–5 Jahre,
40 Vol.-%), **V.S.O.P.** (40 Vol.-%),
Napoléon (40 Vol.-%), **X.O.**
(40 Vol.-%) und **Josephine
Extra** (40 Vol.-%).

Montaubert
Siehe → Albert de Montau-
bert.

Montifaud
Siehe → Château Montifaud.

Montignac
Siehe → Baron de Monti-
gnac.

Moriailo – Japan
Weinbrände/Brandys:
X.O. und **Napoléon.**

Pierre Morin – Frankreich
Cognacs aus der Region
Fins Bois:
Napoléon (40 Vol.-%), **Extra**
(40 Vol.-%) und **Vieille Réser-
ve** (40 Vol.-%).
Erzeugnis der Firma Pierre
→ Croizet in Triac-Lautrait.

Alfred **Morton & Co.**
                    – Frankreich
Cognac mit 40 Vol.-%.

Mossion – Frankreich
Cognac aus der Region Fins
Bois, Lagerzeit 10–12 Jahre.
Er wird durch natürliche Re-
duktion auf seinen Alkoholgehalt gebracht; kein Wasser-
zusatz.

Janine **Moulin** – Frankreich
Cognacs aus der Region
Fins Bois:
Sélection (40 Vol.-%), **V.S.O.P.**
(10 Jahre, 40 Vol.-%), **Napoléon** (15 Jahre, 40 Vol.-%),
Vieille Réserve (21 Jahre,
40 Vol.-%) und **X.O.**
(32 Jahre, 40 Vol.-%).

Moullon – Frankreich
*Cognac*haus mit Sitz in
Cognac, das der → CCG
angehört.
Cognacs:
*** (40 Vol.-%), **V.S.O.P.**
(40 Vol.-%), **Grande Cham-
pagne** (40 Vol.-%), **Napoléon
Extra** (40 Vol.-%) und
Rarissime (40 Vol.-%).

Die 1730 gegründete spa-
nische Sherryfirma Pedro
Domecq ist auch für ihre
Brandys weltberühmt. Der
Fundador wird seit 1874
produziert. Im Jahre 1922
erblickte die Marke Carlos
I das Licht der Welt. Der
bekannte Weinbrand wur-
de nach Karl I benannt, der
im spanischen Kolonial-
reich Mexiko herrschte.

Henri **Mounier** – Frankreich
Cognachaus mit Sitz in
Cognac; gegründet 1858,
gehört seit einigen Jahren zur
→ UNICOOP.
*Cognacs aus der Region
Grande Champagne:*
V.S. ✱✱✱ (40 Vol.-%), **V.S.O.P.**
(40 Vol.-%), **Napoléon**
(40 Vol.-%), **X.O.** (40 Vol.-%)
und **Vieille Réserve** (40 Vol.-%).
Armagnac: → **Marquis de
Vibrac.**

Claude **Moyet** – Frankreich
*Cognacs aus der Region
Fins Bois:*
✱✱✱ (40 Vol.-%), **V.S.O.P.**
(9 Jahre, 40 Vol.-%) und
Vieille Fine Flamme d'Or
(28 Jahre, 40 Vol.-%).

Ets. **Moyet S. A.**
– Frankreich
Cognachaus mit Sitz in
Cognac; gegründet 1864;
lange Jahre ohne Aktivität;
vermarktet heute die Firma
wieder Cognacs aus alten
Beständen. Daneben stellt
Moyet ein kleines Standard-
programm her.
Cognacs:
Grande Champagne
(40 Vol.-%), **Grande Fine
Champagne** (40 Vol.-%) und
Fine Champagne V.S.O.P.
(40 Vol.-%).
Handelsmarken der Firma
sind: Chotard, Entrepôts
Charentais, René Niel
(✱✱✱, ✱✱✱ Fine Champagne,
V.S.O.P., Vieille Réserve Spé-
ciale), Remuzat, G. Roller,
P. Roulleau und Saint-Sul-
pice.

Mulino – Italien
Weingut und Brennerei mit
Sitz in Mogoro auf Sardinien.
Grappa Filu Ferru (aus einem
Trestermischsatz sardischer
Reben, 48 Vol.-%).

Murray – Frankreich
*Cognac aus der Region
Grande Champagne:*
Vieille Réserve (15 Jahre,
40 Vol.-%).

N

Nardini – Italien
Brennerei mit Sitz in Bassano
del Grappa in Venetien; gegründet 1779.
Grappa:
Aquavite di Vinaccia Riserva
(aus Pinot-, Tocai- und
Cabernettrestern hergestellt,
50 Vol.-%).

Jean Michel **Naud**
Siehe → De La Tour.

Philippe **Naud** – Frankreich
Cognachaus mit Sitz in
St-Laurent-de-Cognac.
Cognacs:
✱✱✱ (40 Vol.-%), **V.S.O.P.**
(40 Vol.-%), **Réserve**
(40 Vol.-%) und **Siècle d'Or**
(40 Vol.-%).

Albert & Anni **Neumeister**
– Österreich
Weingut und Brennerei mit
Sitz in Straden.
Weintresterbrände:
Burgunder Trebern (aus
Weißburgunder-, Ruländer-
und Chardonnaytrestern,
42 Vol.-%) und **Sauvignon
Trebern** (42 Vol.-%).

Nicolas – Frankreich
Cognaceigenmarke der Wein-
und Spirituosenhandelskette
Nicolas in Charenton. Im Jah-
re 1984 übernahm → Rémy
Martin die Mehrheit des
Unternehmens.
*Cognacs aus der Region
Grande Champagne:*
**Grande Champagne Réserve
Impériale** (40 Vol.-%), **Gran-
de Champagne Hors d'Age**
(40 Vol.-%) und **Réserve Im-
périale** (40 Vol.-%).

Nicolas Napoléon
– Frankreich
Cognacmarke der Wein- und
Spirituosenfirma Nicolas
Napoléon in Paris.
Cognacs:
V.S. ✱✱✱ (40 Vol.-%),
V.S.O.P. (40 Vol.-%), **V.S.O.P.
Grande Fine Champagne**
(40 Vol.-%) und **Napoléon**
(40 Vol.-%).

Edmond **Nicou** – Frankreich
*Cognacs aus der Region
Fins Bois:*
✱✱✱ (40 Vol.-%), **V.S.O.P.**
(40 Vol.-%) und **Vieille Réserve** (15 Jahre, 40 Vol.-%).

Nikka – Japan
Weinbrände/Brandys:
**V.S.O., V.S.O.P., Alambic,
X.O.** und **X.O. de Luxe.**

Nittardi – Italien
Weingut mit Sitz in Siena in
der Toskana.
Grappa di Chianti Classico
(aus Chianti-Classico-
Trestern, 42 Vol.-%).

Noblet – Frankreich
Cognachaus mit Sitz in
St-Saturnin.
Cognacs aus der Region
Fins Bois:
V.S.O.P. (40 Vol.-%), **Vieille
Réserve** (16 Jahre, 40 Vol.-%)
und **Très Vieux Cognac de la
Propriété** (von 1952, 42 Jahre
Fasslagerung, 40 Vol.-%).

Nonino – Italien
Brennerei mit Sitz in Percoto
im Friaul; gegründet 1887 von
Orazio Nonino.
Grappas:
Vuisinar (bis zu 3 Jahre in
kleinen Fässern aus wilder
Kirsche gelagert, 43 Vol.-%),
Ribolla (45 Vol.-%) und
Picolit.
Weinbrände/Brandys:
**Ùe Gewürztraminer aus
Friaul** (aus Traminertrauben,
43 Vol.-%), **Ùe Aquavite** (aus
den Rebsorten Moscato, Fra-
gola, Verduzzo, Cabernet
Franc und Müller-Thurgau)
und **Ùe Uva** (Cuvée aus ver-
schiedenen Trauben).

Normandin – Frankreich
Cognacmarke der Firma GE-
MACO, einer Tochtergesell-
schaft der Firma → Gautier
S. A. in Aigre.
Cognacs:
**V.S., V.S.O.P., Napoléon,
X.O., Réserve Ancestrale de
la Maison** und **Fine Champa-
gne Cave Privée** (alle Sorten
40 Vol.-%).

Normandin-Mercier
                         – Frankreich
Cognachaus mit Sitz in Dompi-
erre-sur-Mer ; gegründet 1872.

Cognacs:
Vieille Fine Champagne
(40 Vol.-%), **Grande Champagne Réserve** (40 Vol.-%),
Napoléon (40 Vol.-%, für den
Export in die USA), **Très Vieille Grande Champagne**
(ca. 70 Jahre, 40 Vol.-%) und
Grande Champagne Vieille
(45 Vol.-%).

Antonio **Núñez** – Spanien
Sherry- und Brandyhaus mit
Sitz in Jerez de la Frontera.
Weinbrand/Brandy:
Pontefice Gran Reserva
(40 Vol.-%, bereits 1927 er-
hielt die Firma die kirchliche
Erlaubnis, die Bezeichnung
Pontefice = Papst zu verwen-
den).

O

Gonzáles **Obregón**
                         – Spanien
Sherry- und Brandyhaus mit
Sitz in Puerto de Santa Maria.
Weinbrand/Brandy:
Brandy Solera (in Oloroso-
fässern gelagert, 40 Vol.-%).

Bodegas de los Infantes de
Orleans Borbón – Spanien
Sherry- und Brandyhaus mit
Sitz in Sanlúcar de
Barrameda.
Weinbrände/Brandys:
**1886 Orleans Borbón Sole-
ra Reserva und Anejo del Zar
Gran Reserva.** Beide Pro-
dukte reifen in Manzanilla-
fässern.

Ornellaia – Italien
Weingut mit Sitz in Bolgheri
in der Toskana.
Grappas:
di Merlot (42 Vol.-%) und
di Cabernet Sauvignon
(42 Vol.-%). Die Grappas werden bei G. Nannoni destilliert
und in Barriques gelagert.

Ortaly – Frankreich
Weinbrand/Brandy:
Pure Grape Brandy X.O.
(10 Jahre).

Osborne – Spanien
Sherry- und Spirituosenerzeugerfirma mit Sitz in Puerto de
Santa Maria; gegründet 1772
von Thomas Osborne.
Weinbrände/Brandys:
Solera Veterano (36 Vol.-%),
Magno Reserva (37 Vol.-%),
Independencia (Gran Reserva, 40 Vol.-%), **Carabela Santa Maria** (Gran Reserva, 40,5
Vol.-%) und **Condé de Osborne** (ein Solera-Gran-Reserva-Brandy de Jerez, wird in
Porzellanflaschen abgefüllt,
die von Salvador Dalí entwor-
fen wurden; 40,5 Vol.-%).
Zur Osborne-Gruppe gehört
die Firma → Bobadilla.

**Otard S. A. Château de
Cognac** – Frankreich
Cognacerzeugerfirma mit
Sitz in Cognac; gegründet
1795 von Baron Otard. Das
Unternehmen kauft die Ein-
zelcognacs von Winzern
und Destillerien der Grande
Champagne, Petite Champa-
gne und in den Borderies ein
und lässt sie in eigenen Kellern reifen.

Cognacs:
*** (40 Vol.-%), V.**S.O.P.**
Fine Champagne (8 Jahre,
40 Vol.-%), **Napoléon**
(Regionen Grande und Petite
Champagne, 40 Vol.-%),
Napoléon Jade (15 Jahre,
40 Vol.-%), **X.O.** (ca. 35 Jahre,
40 Vol.-%) und **Extra** (Region
Grande Champagne, 50–60
Jahre, 40 Vol.-%).
Der Firma gehören auch die
Cognacmarken → Gaston de
Lagrange, → Exshaw, Boule-
stin *** V.S.O.P. und Napo-
léon) und Ecusson.

P

Pagès – Frankreich
*Cognac*marke der Distillerie
du Velay in Saint-Germain-
Laprade.

Pagura – Italien
Alteingesessene Brennerei
mit Sitz in Castions di Zop-
pola im Friaul; erzeugt vor
allem sortenreine Grappas
aus heimischen Rebsorten
des Friauls, wie Refosco, Pinot Grigio, Moscato, Fragola
oder Verduzzo, z. B. **Grappa
di Refosco** (50 Vol.-%).

Jacques & Jean Philippe
Painturaud – Frankreich
Sitz der Firma ist Segonzac.
Cognac aus der Region
Grande Champagne:
Hors d'Age (30–50 Jahre,
40 Vol.-%).

Pampre d'Or – Schweiz
Marc aus Dôletrestern
(Pinot-Noir- und Gamaytre-
stern) aus dem Wallis. Er-
zeugnis der Destillerie
Maurice Gay S. A., Sion.

Ets. **Papelorey** – Frankreich
*Armagnac*erzeugerfirma mit
Sitz in Condom; gegründet
1837; vermarktet ihre
Produkte unter der Marke →
Larressingle.

Paquerau – Frankreich
Sitz der Firma ist Blanzac-
Porcheresse.
Cognacs aus der Region
Fins Bois:
*** (40 Vol.-%) und Vieille
Réserve (26 Jahre, 40 Vol.-%).

Yvan **Parca** – Frankreich
Cognacs aus der Region
Fins Bois:
*** (40 Vol.-%), **V.S.O.P.**
(40 Vol.-%) und **Napoléon**
(40 Vol.-%).

Parizot – Frankreich
Spirituosenerzeugerfirma mit
Sitz in Nuits-St-Georges im
Burgund.
Weinbrand/Brandy:
Napoléon Brandy (40 Vol.-%).

Pascal Combeau
– Frankreich
Marke der Firma GEMACO,
Tochtergesellschaft von →
Gautier S. A. in Aigre.
Cognacs:
*** (40 Vol.-%), **V.S.O.P.**
(40 Vol.-%), **Napoléon**
(40 Vol.-%), X.O. (40 Vol.-%)
und **Réserve** (40 Vol.-%).

Pasquet – Frankreich
Kleines Familienweingut und
Destillerie mit Sitz in
Châteauneuf-sur-Charente;
gegründet 1873.
Cognacs aus der Region
Grande Champagne:
Napoléon (14 Jahre, 40 Vol.-%),
Grande Réserve (22 Jahre,
40 Vol.-%) und **Très Vieux
Cognac** (50 Jahre, 42 Vol.-%).

Pasquinot – Frankreich
*Cognac*handelsmarke der
Firma Gilbert Ricard in
Segonzac.

Patriarche Père & Fils
– Frankreich
Marc du Château (10 Jahre,
41 Vol.-%).

Paul du Vigneau
– Frankreich
Armagnacs:
1934 (40 Vol.-%), **1959**
(40 Vol.-%) und **V.S.O.P.**
(40 Vol.-%).

Pavan – Italien
Brennerei mit Sitz in Porcia
im Friaul; gegründet zu Beginn des 19. Jahrhunderts.
1962 wurde dem Unterneh-
men für sein vorbildliches
Qualitätsstreben der offizielle
Titel „Premiata Distilleria"
verliehen.
Grappa di Chardonnay
(40 Vol.-%).
Traubenbrände:
Distillato d'Uva Prosecco
(40 Vol.-%), **Distillato d'Uva
Riesling** (40 Vol.-%) und
Dalluva (aus Sauvignon-
trauben, 40 Vol.-%).

Pavese – Italien
Weingut mit Sitz in Alessandria im Piemont.
Grappa Stravecchia di Vinacce del Monferrato (aus Trestern regionaler Rebsorten, in der Distilleria Cooperativa Rosignanio gebrannt, 12 Monate im Holzfass gelagert, 45 Vol.-%).

Paynaud – Frankreich
Cognacs aus der Region Grande Champagne:
V.S.O.P. (40 Vol.-%) und **Vieille Réserve** (23 Jahre, 40 Vol.-%).

Pelletant Père & Fils
– Frankreich
Cognachaus mit Sitz in St-Amant-de-Nouère.
Cognacs aus der Region Fins Bois:
*** (40 Vol.-%), **V.S.O.P.** (40 Vol.-%) und **Vieille Réserve** (22 Jahre, 40 Vol.-%).

Pellisson – Frankreich
Cognachaus mit Sitz in Cognac, das → Hennessy gehört und neben Cognac hauptsächlich Brandy und Pineau des Charentes produziert.
Cognacs aus den Regionen Grande und Petite Champagne:
*** (40 Vol.-%), ***** Fine Champagne** (40 Vol.-%), V.S.O.P. (40 Vol.-%), **Napoléon** (40 Vol.-%), **Mondial Extra** (40 Vol.-%). Handelsmarke ist Baron d'Artillon.

Jean **Peltier-Maurin**
– Frankreich
Cognacs aus der Region Grande Champagne:
V.S.O.P. (40 Vol.-%) und **Vieux Cognac** (12 Jahre, 40 Vol.-%).

Hijos de A. **Perez Megia**
– Spanien
Sherry- und Brandyhaus mit Sitz in Sanlúcar de Barrameda.
Weinbrände/Brandys:
Asombroso Solera und **Medina Solera Reserva.**

Pernod-Ricard – Frankreich
Spirituosenerzeugerkonzern mit Hauptsitz in Paris. Zu Pernod gehören die Firmen → Bisquit, → Renault, → Castillon, Cusenier, die Handelsmarke Fromy sowie das Armagnachaus → Marquis de Montesquiou.

Jean **Perrin** – Frankreich
Cognac de Propriétaire (43 Vol.-%).

Perrier-Jouet & Co.
– Frankreich
Marc:
Vieux Marc de Champagne (40 Vol.-%).

Persch Privat
– Deutschland
Weinbrand/Brandy mit 38 Vol.-% der Firma Kuemmerling in Bodenheim.

Albert **Petit** – Frankreich
Cognac aus der Region Fins Bois:
Vieux (40 Vol.-%).

François **Peyrot** – Frankreich
Weingut und Cognacerzeugerfirma mit Sitz in Gondeville, Rebflächen in der Grande und Petite Champagne.
Cognacs:
*** (40 Vol.-%), **V.S.O.P.** (8 Jahre, 40 Vol.-%), **Réserve V.S.O.P. Fine Champagne** (12 Jahre, 40 Vol.-%), **X.O.** (40 Vol.-%), **Réserve Napoléon Grande Champagne** (20 Jahre, 40 Vol.-%) und **Héritage** (45 Jahre, 45 Vol.-%).

Philippe de Castaigne
– Frankreich
Cognachaus mit Sitz in Domaine de Lafont in Jarnac, das der → CCG angehört.
Cognacs aus der Region Fins Bois:
Réserve Ancienne (40 Vol.-%), **Extra Vieux** (40 Vol.-%), **Extra Très Vieux** (40 Vol.-%), **Napoléon** (40 Vol.-%) und **X.O.** (40 Vol.-%).
Die zweite Marke der Firma ist Comte de Lafont mit den Sorten *** Fine Pale und V.S.O.P.

Philippon – Frankreich
Weingut und Cognacerzeuger mit Sitz in Châteauneuf-sur-Charente.
Cognacs aus der Region Petite Champagne:
Très Vieille Réserve (30 Jahre, 40 Vol.-%), **Grande Fine V.S.O.P.** (40 Vol.-%), **X.O.** (40 Vol.-%), **Héritage de mes Aïeux** (44 Vol.-%) und **Très Vieux Cognac** (44 Vol.-%). Die Firma produziert auch die Marke Fouquet's.

Piave – Italien
Brennerei mit Sitz in Rastignano in Venetien; gegründet 1870.
Grappas:
Bianca, Riserva, Piave Cuore (aus Trestern von 70 % weißen Trauben und 30 % Rotweintrauben, mindestens 8 Monate im Eichenfass gereift, 40 Vol.-%), **Piave Riserva Oro** (auf Basis des Cuoredestillats, mindestens 2 Jahre im Eichenfass gelagert, 42 Vol.-%), **Ruta** (mit Rautenauszügen aromatisierter Grappa) und **Plum Grappa** (mit Aromen und Extrakten venezianischer Pflaumen aromatisierter Grappa).
Traubenbrände:
Serie **Gemma d'Uva,** dazu gehören **Aquavite d'Uva Müller-Thurgau, Aquavite d'Uva Riesling** und **Aquavite d'Uva Sauvignon** (alle 38 Vol.-%).

Pietrafitta – Italien
Weingut mit Sitz in Siena in der Toskana.
Grappa di Vernaccia di San Gimignano (43 Vol.-%).

Pilla – Italien
Weinbrand/Brandy:
Dieci Anni Grand Réserve O.P. (10 Jahre in Eichenfässern gelagert, 40 Vol.-%).

Pilzer – Italien
Kleine Familienbrennerei mit Sitz in Faver im Trentin; gegründet 1956 von Vincenzo Pilzer. Die Destillerie ist auf rebsortenreine Grappas spezialisiert.

Grappas:
di Schiave (45 Vol.-%) sowie Grappas aus Traminer-, Chardonnay-, Nosiola-, Pinot-Nero- und Müller-Thurgau-Trestern.

Pinard – Frankreich
Weingut und Cognacerzeuger mit Sitz in Foussignac; biologischer Weinbau.
Cognacs aus der Region Fins Bois:
★★★ (40 Vol.-%), **V.S.O.P.** (40 Vol.-%) und **Napoléon** (16 Jahre, 40 Vol.-%).

Claude **Pineau** – Frankreich
Cognacs aus der Region Petite Champagne:
★★★ (40 Vol.-%), **V.S.O.P.** (14 Jahre, 40 Vol.-%) und **Napoléon** (ca. 30 Jahre, 40 Vol.-%).

Pirker/Mariazellerhof
– Österreich
Brennerei in Mariazell; erzeugt Trauben- und Weintresterbrände.

Lepanto
Lepanto ist der Name des weltberühmten Brandys von Gonzalez Byass, einem Sherryproduzenten im spanischen Jerez. Die Bezeichnung gründet sich auf die von den Spaniern gewonnene Seeschlacht im Jahr 1571. Sie vertrieben damals sehr erfolgreich die türkischen Angreifer.

Pisoni – Italien
Weingut mit Sitz in Sarche im Trentino.
Grappas:
Trentina Müller Thurgau (aus Müller-Thurgau-Trestern, 43 Vol.-%) sowie **Nosiola, Vecchia Riserva, Moscato, Schiava Gentile, Teroldego** und **Tipica Trentina.**

Metaxa – der griechische Brandy
Der bekannteste Brandy Griechenlands, ja die bekannteste Spirituosenmarke der Insel. Seit der Metaxa. Er wird seit 1888 sehr erfolgreich hergestellt, mitlerweile rund 12 Mio. Flaschen jährlich. Überall auf der Welt, wo Griechen sind, ist auch der Metaxa, er wird in über 50 Länder, von seiner Produktionsstätte in Piräus aus, exportiert.

Pissot – Frankreich
Weingut und Cognacerzeuger mit Sitz in Jarnac.
Cognacs aus der Region Grande Champagne:
★★★ (40 Vol.-%), **V.S.O.P.** (40 Vol.-%) und **Vieille Réserve** (15 Jahre, 40 Vol.-%).

Denis **Plaize** – Frankreich
Cognacs aus der Region Fins Bois:
★★★ (40 Vol.-%), **V.S.O.P.** (40 Vol.-%), **Napoléon** (12 Jahre, 40 Vol.-%) und **Vieille Réserve** (15 Jahre, 40 Vol.-%).

Jean Claude **Pluchon**
– Frankreich
Cognacs aus der Region
Grande Champagne:
V.S.O.P. (40 Vol.-%) und
Sélection de Luxe (15 Jahre,
40 Vol.-%).

Zu **Plun,** Florian Rabanser
– Italien
Brennerei in Seis am Schlern
bei Bozen; erzeugt einen
Traubenbrand.

Poggio Antico – Italien
Weingut mit Sitz in Montalcino in der Toskana.
Grappa di Brunello (aus
Brunellotrestern, dreimal gebrannt und in der Destillerie
gelagert, 42 Vol.-%).

Pojer & Sandri – Italien
Weingut und Brennerei mit
Sitz in Faedo im Trentin.
Grappas:
Müller Thurgau (48 Vol.-%)
und Moscato Rosa (aus Mus-
katellertrestern, aus dem
Weingut Conti Kuenburg in
Caldaro, 48 Vol.-%) sowie
**Fragolino, Chardonnay, Nosi-
ola** und **Vin dei Molino.**

Poli – Italien
Brennerei mit Sitz in Vicenza
in Venetien; gegründet 1898
von Giobatta Poli.
Grappas:
Sarpa di Poli (Standardqualität, aus 40 % Cabernet- und
60 % Merlottrestern) sowie
die rebsortenreinen **Amorosa di Vespaiolo** (43 Vol.-%),
**Amorosa di Cabernet, Amo-
rosa di Merlot, Amorosa di
Pinot** und **Amorosa di Tor-
colato.**

Traubenbrände:
Chiara di Uva Fragola (aus
der seltenen Erdbeertraube
Fragola, 43 Vol.-%), **Chiara di
Uva Moscato** und **Chiara di
Uva Tocai Rosso.**
Die Destillerie stellt außer-
dem den Brandy L'Arzente
und eine Reihe von Obst-
bränden her.

Prince Hubert de **Polignac**
– Frankreich
Ist die Top-*Cognac*marke
der → UNICOOP.
Siehe → Prince Hubert de
Polignac.

Porta Rossa – Italien
Kellerei mit Sitz in Cuneo im
Piemont.
Grappas:
di Nebbiolo da Barbaresco
(aus Nebbiolotrestern,
52 Vol.-%) und di Dolcetto
(aus Dolcettotrestern).

Jean **Portejoie** – Frankreich
Cognacs aus der Region
Grande Champagne:
Réserve (40 Vol.-%) und
Vieille Réserve (25 Jahre,
40 Vol.-%).

Pouilloux – Frankreich
Cognacerzeugerfirma mit Sitz
in Pons und Handelsmarke
der Firma → Prunier S. A.
Cognacs:
V.S.O.P. Grande Champagne
(40 Vol.-%), **Napoléon Gran
de Champagne** (12 Jahre,
40 Vol.-%) und **Vieille
Réserve Petite Champagne**
(40 Vol.-%).

Die Firma erzeugt neben diesen traditionellen Cognacs
auch junge (kurze Zeit gelagerte) Cognacs, nämlich Fine
Cognac, Grande Fine Cham-
pagne Sélection und Fine
Champagne.

Presidente – Spanien
Brandymarke der Firma
→ Domecq.

Engelbert **Prieler**
– Österreich
Weingut in Schützen am
Gebirge, Burgenland; erzeugt
auch einen Weinbrand.

Prince d'Armagnac
– Frankreich
Armagnacs:
Grand X.O. (40 Vol. -%),
Extra (40 Vol.-%), **Napoléon**
(40 Vol.-%), **Extra Age**
(40 Vol.-%), **Napoléon Extra
Old Imperial Quality**
(40 Vol.-%), **Privilège Royal**
***** (40 Vol.-%) und **Petit
Prince** (40 Vol.-%).
Erzeugnisse der Firma Mar-
quis de Caussade, die der
→ CCG angehört.

Prince de Granlac
– Frankreich
Armagnacs:
Napoléon (40 Vol.-%) und
Excellence X.O. (40 Vol.-%).
Erzeugnisse der Firma Prince
de Granlac in Eauze.

Prince de Montrouge
– Frankreich
*Armagnac*marke von →
Cave des Producteurs Réunis
in Nogaro.

Osborne – ein Synonym für besten Sherry, aber auch für Brandy sowie für Portwein hat seinen Hauptsitz in Puerto de Santa Maria und wurde von einem Engländer gegründet, und zwar 1772 von Thomas Osborne. Der schwarze Stier ist sowohl innerhalb als auch außerhalb Spaniens das Erkennungszeichen der Firma. Seine Geburtsstunde im Jahr 1956 war der Auftrag des Unternehmens an eine Werbeagentur zur Gestaltung einer Werbetafel für die Brandymarke Veterano.

Prince de Rouville

– Frankreich
Weinbrände/Brandys:
Napoléon Pure French Brandy (40 Vol.-%) und **X.O.** (40 Vol.-%).

Prince Hubert de Polignac – Frankreich

Spitzen-Cognacmarke der → UNICOOP.
Cognacs:
*** V.S. (40 Vol.-%), **V.S.O.P. Fine Champagne** (7 Jahre, 40 Vol.-%), **Napoléon Fine Champagne** (20 Jahre, 40 Vol.-%), X.O. (40 Vol.-%), **X.O. Royal** (40 Vol.-%), **Crest** (40 Vol.-%), **Cognac Limousin** (40 Vol.-%) und **Dynastie Grande Fine Champagne** (40 Jahre, 40 Vol.-%).

Prince Laurent

– Frankreich
*Cognac*marke der Firma Les → Grands Chais de France in Kirrwiller im Elsass.

Prince Michel de Bourbon – Frankreich

Cognacmarke der gleichnamigen Firma in Paris.
Cognacs:
V.S. Special (40 Vol.-%), **V.S.O.P.** (40 Vol.-%), **V.S.O.P. Fine Champagne** (40 Vol.-%), X.O. (40 Vol.-%) und **X.O. Fine Champagne** (40 Vol.-%).

Prioulat – Frankreich

Kleines Weingut und Cognacerzeuger mit Sitz in Segonzac.
Cognacs aus der Region Grande Champagne:
*** (40 Vol.-%), **V.S.O.P.** (40 Vol.-%), **Vieille Réserve** (18 Jahre, 40 Vol.-%) und **L'Authentique** (50 Jahre, 39,7 Vol.-%).

Pierre **Pruleau** – Frankreich
Cognacs aus der Region Fins Bois:
*** (40 Vol.-%), **V.S.O.P.** (40 Vol.-%) und **Vieille Réserve 1972** (40 Vol.-%).

Prunier S. A. – Frankreich

Weingut und Spirituosenerzeugerfirma in Cognac mit Schwerpunkt Cognac- und Likörerzeugung.

Cognacs:
*** V.S. (40 Vol.-%), **V.S.O.P.** (40 Vol.-%), **Napoléon** (15 Jahre, 40 Vol.-%), **Réserve de la Famille** (40 Vol.-%), **X.O. Grande Champagne** (35 Jahre, 40 Vol.-%), **X.O. Très Vieille Grande Champagne** (45 Jahre, 40 Vol.-%), **20 Ans d'Age** (Jahrgangscognac 1964, 40 Vol.-%), **Château de Brives** (Region Petite Champagne, 40 Vol.-%) und **Galleon Extra** (40 Vol.-%).
Zu den bekanntesten Handelsmarken der Firma zählen: → Louis Baron, Briand & Co, Brissac, Burnez, Chardon, Charrier, Comte de Germignac, Cordonnier, De Beaumont, Del Sol, De Marsy, Docks St-Jacques, Duparc (Napoléon, X.O.), General Montrandy, Germain, Grand Connaisseur, → Marett (Tochterfirma und Marke), Marlive, Menorval, Oshidori, Patriarche, → Pouilloux, Gay Renaud, Albert Robin und Turbot. Die Armagnacerzeugerfirma Marquis de → Sauval gehört ebenfalls zu Prunier.

R. **Puyrajou** – Frankreich
Cognacs aus der Region Fins Bois:
*** (40 Vol.-%), **V.S.O.P.** (40 Vol.-%) und **Très Vieille Réserve** (15 Jahre, 40 Vol.-%).

Q

Queron & Cie – Frankreich
Cognachaus mit Sitz in Beau-
vais-sur-Matha.
Cognacs:
*** (40 Vol.-%), **V.S.O.P.**
(40 Vol.-%), **Napoléon**
(40 Vol.-%), **Antique**
(40 Vol.-%) und **Hors d'Age**
(40 Vol.-%). Das Unternehmen bringt die Sorten unter
dem Namen Chancelord und
de Vitis heraus.

R

Raby – Frankreich
Cognacs aus der Region
Fins Bois:
*** (40 Vol.-%), **V.S.O.P.**
(40 Vol.-%), **Vieux Cognac**
(20 Jahre, 40 Vol.-%),
Très Vieux Cognac (40 Jahre,
40 Vol.-%) und die Marke →
Marquis de Rabaine.

Raffaud – Frankreich
Cognacs aus der Region
Fins Bois:
*** (40 Vol.-%) und **V.S.O.P.**
(40 Vol.-%).

Raymond **Ragnaud**
– Frankreich
Weingut „Le Château
d'Ambleville" und Cognac-
erzeugerfirma mit Sitz in
Barbezieux.
Cognacs aus der Region
Grande Champagne:
Vieille Réserve (15 Jahre,
41 Vol.-%), **Réserve Extra**
(42 Vol.-%), **Hors d'Age**
(35 Jahre, 43 Vol.-%),
Grande Champagne Réserve

(7 Jahre, 40 Vol.-%), **Grande
Réserve** (15 Jahre, 41 Vol.-%),
Extra Vieux (25 Jahre,
42 Vol.-%). Außerdem wer-
den Jahrgangscognacs angeboten, u. a. Très Vieille 1952
(40 Vol.-%), Héritage 1903
(45 Vol.-%) und **Très Vieille
Grande Champagne 1932**
(50 Vol.-%).

Ragnaud Sabourin
– Frankreich
Von Gaston Briand gegrün-
detes Weingut und Cognac-
erzeugerfirma mit Sitz in
Barbezieux. Firmenwortlaut:
Marcel Ragnaud, Domaine de
la Voûte.
Cognacs aus der Region
Grande Champagne:
Grande Champagne
(40 Vol.-%), **V.S.O.P.** (10 Jah-
re, 41 Vol.-%), **Grande Cham-
pagne Extra** (43 Vol.-%) und
Réserve Spéciale (20 Jahre,
43 Vol.-%), **Grande Réserve
Fontvieille** (35 Jahre, 40 Vol.-%),
Florilège (45 Jahre, 46 Vol.-%),
Héritage Ragnaud (40 Vol.-%,
besondere Jahrgänge 1902,
1903, 1904), **Héritage Gaston
Briand le Paradis** (41 Vol.-%)
und die Marke Gaston
Briand.

Ramazzotti – Italien
Spirituosenhersteller und
Händler mit Sitz in Lainate
bei Mailand; gegründet 1815.
Weinbrände/Brandys:
Riserva V.S.O.P. (5 Jahre,
42 Vol.-%) und **Riserva 7 Anni**
(42 Vol.-%).

Grappa:
Fior di Vite (aus Muskatellertrestern hergestellt, in slowenischer Eiche gelagert,
40 Vol.-%).
Die Firma erzeugt auch den
bekannten Kräuteraperitif
Felsina Amaro Ramazzotti.

Guy **Rambaud-Sigogneaud**
– Frankreich
Cognachaus mit Sitz in
St-Ciers-Champagne.
Cognacs aus der Region
Petite Champagne:
*** (40 Vol.-%) und **Vieille
Réserve** (18 Jahre, 40 Vol.-%).

Michel **Ramnoux**
– Frankreich
Cognac aus der Region
Fins Bois:
V.S.O.P. (40 Vol.-%).

Jacques **Ranson-Segonzac**
– Frankreich
Cognac:
Grande Fine Champagne
(30–40 Jahre, 42 Vol.-%).
Partner der Firma sind
→ Delamain und → Rémy
Martin.

Raynal & Cie – Frankreich
Weinbrände/Brandys:
**Napoléon French Grape
Brandy** (40 Vol.-%) und
→ **Three Barrels.**

Marqués del **Real Tesoro**
– Spanien
Sherry- und Brandyhaus mit
Sitz in Jerez de la Frontera.
Weinbrände/Brandys:
**Real Tesoro Solera, Almirante
Reserva** und **Real Tesoro
Gran Reserva.**

Réau Richard – Frankreich
Frühere Bezeichnung **Réau Frères.**
Spirituosenerzeugerfirma mit Sitz in Cognac, die zur → CCG gehört. Die Firma erzeugt überwiegend Cognac für Handelsketten und Supermärkte unter deren Eigenmarken. Weiters gehören zum Programm der Firma eine Reihe von Brandys, nämlich → Courriere, → Brunel, Jules Davet (Napoléon und Napoléon X.O., 40 Vol.-%), Rodin Napoléon Pure Grape French Brandy (40 Vol.-%) und der Tresterbrand → Marc Roger Napoléon (mit der Zusatzbezeichnung Finest Pure Grape French Brandy, 40 Vol.-%).
Cognacs:
*** (40 Vol.-%), **Fine Champagne V.S.** (40 Vol.-%), **V.S.O.P.** (40 Vol.-%), **Fine Champagne V.S.O.P.** (40 Vol.-%), **Napoléon** (40 Vol.-%) und **X.O.** (40 Vol.-%).

Vecchia Romagna ist der bekannteste italienische Brandy und in Österreich und Deutschland, nicht zuletzt wegen der formschönen Flasche, in jeder Bar zu finden.

Reconquista – Spanien
Weinbrand/Brandy:
Gran Reserva de Jerez (40 Vol.-%).
Erzeugnis der Destillerie A. Parra Guerrero, Jerez de la Frontera.

Rehklau – Deutschland
Brennerei mit Sitz in Augsburg.
Traubenbrände:
Siegerrebenbrand (40 Vol.-%) und **Spätburgunderbrand** (40 Vol.-%).
Tresterbrände:
Gewürztraminer (42 Vol.-%) und **Riesling** (42 Vol.-%).
Hefebrand:
Spätburgunder (im Rotweinholzfass gereift, 42 Vol.-%).

Reimandi – Italien
Weingut und Brennerei mit Sitz in Alice Bel Colle, Piemont; gegründet 1861. Wegen ihres besonderen Qualitätsstrebens wurde die Firma mit dem offiziellen Ehrentitel „Premiata Distilleria" ausgezeichnet.
Grappa Moscato (aus Muskatellertrestern, lange Lagerung in Eichenfässern; 43 Vol.-%).

Rémy Martin – Frankreich
Cognacerzeugerfirma mit Sitz in Cognac; gegründet 1724. Die Firma E. Rémy Martin & Co. S. A. besitzt circa 150 Hektar eigene Rebfläche in der Grande Champagne und hat darüber hinaus etwa 2 000 Vertragswinzer aus den Regionen Grande und Petite Champagne. Rémy Martin ist heute eine der größten Firmen im Cognacgeschäft und exportiert 95 Prozent der Produktion.
Cognacs:
*** Petite Champagne (40 Vol.-%), **V.S.O.P. Fine Champagne** (7 Jahre,

40 Vol.-%), **Club de Rémy Martin Fine Champagne** (10 Jahre, 40 Vol.-%), **Club Spécial Fine Champagne** (für Japan, 40 Vol.-%), **X.O. Special Fine Champagne** (20–25 Jahre, 40 Vol.-%), **Extra** (27–30 Jahre, 40 Vol.-%), **Extra Perfection Fine Champagne** (40 Jahre, 40 Vol.-%), **Superieur Fine Champagne** (für Fernost, 40 Vol.-%), **Napoléon Extra Old** (für Duty-free-Shops, 40 Vol.-%), **L'Age d'Or de Rémy Martin** (für China, 45–50 Jahre, 40 Vol.-%) und **Louis XIII Grande Champagne** (mehr als 50 Jahre, 40 Vol.-%).
Zu Rémy Martin gehören das Cognachaus A. → De Luze, die Marken Rulleaud Larret und Saunier, die Brandyerzeugerfirma → Seguin & Co sowie die Mehrheit der Handelskette → Nicolas.

Renault – Frankreich
Cognachaus mit Sitz in Rouillac; gegründet 1835, 1963 Fusion mit → Castillon; gehört seit 1991 zu → Bisquit und somit zur → Pernod-Ricard-Gruppe.
Cognacs aus der Region Fins Bois:
Carte Noire Extra (20 Jahre, 40 Vol.-%) und **Carte d'Argent** 25 Jahre, 40 Vol.-%).
Handelsmarken sind: Armand Frères, Armand St-Arnaud, Bourard, Boyer, Carte d'Or, Celestin Ribes, Comte de la Garde, → Decaumont, Dumas Père & Fils, Léon Dupot, Garaud, Golden Léon,

Jannery, Luc & Co, Mornaud, Norvin, Ollivier. Paraphe, Prince Louis, Relda, Renay, Robline, Rouvert, Rouvier, De Saint-Louvent und Saladin.

Reynac – Frankreich
Produziert u. a. einen weißen **Pineau des Charentes** mit 19 Vol.-%.

Rhön-Hessische Weinbrennerei – Deutschland
Brennerei mit Sitz in Fulda; gegründet 1906.
Weinbrände:
Vintre (36,5 Vol.-%), **V.S.O.P. Grand Depot** (36,5 Vol.-%) und **Legateur** (französischer Weinbrand, der in Deutschland abgefüllt wird, 36,5 Vol.-%).

Pierre **Riberaud**
– Frankreich
Cognacs aus den Regionen Petite Champagne und Fins Bois:
*** (40 Vol.-%) und **V.S.O.P.** (40 Vol.-%).

Ricard – Frankreich
Cognachaus mit Sitz in Juillac-le-Coq, Region Grande Champagne. Die Firma erzeugt *Cognacs* überwiegend für Ketten und Supermärkte, Domaine du Faucaudat sowie Balino, Baron de Moerner, Paul Pasquier und Samocante.

Richard Frères
– Frankreich
Cognachaus mit Sitz in Cognac, gehört der → CCG-Gruppe an.

Cognacs aus den Regionen Grande und Petite Champagne:
Grande Fine Cognac (40 Vol.-%), **Fine Champagne Aristocrate** (40 Vol.-%), **Fine Champagne V.S.O.P.** (40 Vol.-%), **Napoléon** (40 Vol.-%) und **S.O. Fine Champagne** (40 Vol.-%).

Das Who-is-Who der französichen Cognacmarken wird angeführt von den vier großen Namen Courvoisier, Rémy Martin, Hennessy und Martell.

Riffaud – Frankreich
Erzeugnis und Marke der Firma → Charpentron & Cie, Gondeville.
Cognacs:
Napoléon Grande Fine Champagne (40 Vol.-%) und **V.S.O.P. Grande Fine Champagne** (40 Vol.-%).

Rivero – Spanien
Brandyherstellerfirma mit Sitz in Jerez de la Frontera; gegründet 1650.
Weinbrand/Brandy:
Trafalgar Reserva (38 Vol.-%).

Michèle **Robier** – Frankreich
Cognacs aus der Region Fins Bois:
*** (40 Vol.-%), **V.S.O.P.** (40 Vol.-%) und **Hors d'Age** (20 Jahre, 40 Vol.-%).

Roner – Italien
Brennerei mit Sitz in Tramin, Südtirol; gegründet 1946.

Grappas:
Bianca und Gold (aus Trestermischsätzen) sowie rebsortenreine Grappas aus **Gewürztraminer, Müller-Thurgau, Vernatsch, Pinot Noir, Sauvignon** und **Cabernet.**
Weinbrände/Brandys:
Fagolina und Moskatella (aus Fragola- bzw. Moscatotrauben).

Rostand & Co.
– Frankreich
Cognac aus den Regionen Grande und Petite Champagne: **X.O.** (40 Vol.-%).

Jean Guy & Yves **Roturier** – Frankreich
Cognacs aus der Region Fins Bois:
*** (40 Vol.-%), **Fine Cognac V.S.O.P.** (40 Vol.-%), **Napoléon** (40 Vol.-%) und **Hors d'Age** (15 Jahre, 40 Vol.-%).

Serge **Roullet & Fils**
– Frankreich
Weingut und Cognacerzeugerfirma mit Sitz in Jarnac; gegründet 1780; besitzt 22 Hektar eigene Rebfläche in der Region Fins Bois. Roullet zeichnet sich besonders durch den Lagerbestand an Jahrgangscognacs aus, die nach dem Destillationsjahr nummeriert werden.
Cognacs:
V.S. Amber Gold (5 Jahre, 40 Vol.-%), **V.S.O.P.** (40 Vol.-%), **V.S.O.P. Réserve** (10 Jahre, 40 Vol.-%), **Vieille**

Réserve (14 Jahre, 40 Vol.-%),
Napoléon Grande Réserve
(40 Vol.-%), **X.O. Blue Label**
(20 Jahre, 40 Vol.-%), **Extra
Grande Champagne** (25 Jahre, 40 Vol.-%), **X.O. Silver
Label** (40 Jahre, 40 Vol.-%),
X.O. Gold Label (40 Jahre,
40 Vol.-%) und die Serie **Très
Rare Hors d'Age** (werden aus
den ältesten Destillaten hergestellt, 40 Vol.-%).

Guy-Pierre **Rousteau**
– Frankreich
Cognacs aus der Region
Fins Bois:
Sélection * ** (40 Vol.-%),
V.S.O.P. (10 Jahre, 40 Vol.-%)
und **Napoléon** (20 Jahre,
40 Vol.-%).

Jean Claude **Roux** – Frankreich
Cognacs:
Crystal Dry (40 Vol.-%, hell
gehalten, eignet sich gut zur
Cocktailzubereitung) sowie
V.S.O.P. (40 Vol.-%) und **Napoléon** (15 Jahre,
40 Vol.-%).

Rouyer Guillet & Cie
– Frankreich
Cognacerzeugerfirma mit
Sitz in Saintes; gegründet
1701 von Philippe Guillet in
Cognac; 1801 durch Rouyers
erweitert; die Marke gehört
heute zur → CCG. Die Cognacs tragen die Namen
Rouyer-Guillet oder nur
Rouyer und werden von
Cognac aus vermarktet.
Cognacs:
Brevet Royal (4 Jahre,
40 Vol.-%), **V.S.O.P.** (8 Jahre,
40 Vol.-%), **X.O.** (25 Jahre,

40 Vol.-%) und **Hors d'Age**
(30 Jahre, 40 Vol.-%). In speziellen Flaschen werden noch
die Qualitäten **V.S., V.S.O.P.**
und **X.O.** angeboten sowie
der **Cheval Soleil** (40 Vol.-%,
in Glasflaschen in Form eines
Pferdes).
Die Handelsmarken des Unternehmens sind u. a. Rochemont, Bacot, Coutanseaux,
Sauvion; sie werden ebenfalls
von der → CCG vermarktet.

Rovero – Italien
Kleine Brennerei mit Sitz in
Asti, Piemont.
Grappas:
di Barbera (aus eigenen Trestern des Weingutes „Il Milin"
destilliert, 46 Vol.-%) sowie
rebsortenreine Grappas aus
**Moscato, Malvasia, Brachetto, Grignolino, Nebbiolo,
Dolcetto, Cortese di Gavi** und
Freisa.

Jean-Claude **Roy** – Frankreich
Cognacs aus der Region
Grande Champagne:
*** (40 Vol.-%), **V.S.O.P.**
(40 Vol.-%) und **Vieille
Réserve** (20 Jahre, 40 Vol.-%).

Marc **Roy** – Frankreich
Cognacs:
Napoléon (40 Vol.-%) und
Prestigieux (40 Vol.-%).

René **Roy** – Frankreich
Weingut und Cognacerzeuger
mit Sitz in Segonzac.
Cognacs aus der Region
Grande Champagne:
*** (5 Jahre, 40 Vol.-%),
V.S.O.P. (8 Jahre, 40 Vol.-%),
Napoléon (15 Jahre, 40 Vol.-%),

Hors d'Age (25 Jahre,
40 Vol.-%) und **Diamond
Crown Grande Champagne**
(40 Vol.-%).

August Ernst **Royal**
– Deutschland
Weinbrand/Brandy mit
40 Vol.-%.

Ruggeri – Italien
Weingut mit Sitz in Valdobbiadene, Venetien. Das Gut hat
sich vor allem mit der Herstellung von Spumante der
Rebsorte Prosecco einen
Namen gemacht.
Grappas:
di Prosecco (42 Vol.-%) und
di Cartizze (aus Proseccobzw. Cartizze-Prosecco-
Trestern, 42 Vol.-%).

S

Saint-Vivant – Frankreich
Armagnacs:
V.S.O.P., Napoléon, X.O. und
Saint-Vivant (alle 40 Vol.-%).
Erzeugnis von La Martiniquaise S. A. Société des Vins et
Spiritueux, Charenton- le-Pont.

Salignac – Frankreich
Cognacerzeugerfirma mit
Sitz in Cognac; zunächst als
Genossenschaft von Antoine de Salignac gegründet.
1898 wurde das Haus in L.
de Salignac umbenannt. Seit
1987 gehört Salignac mit →
Courvoisier zur britischen
Allied-Domecq-Gruppe. Der
Großteil der Produktion wird
exportiert.

Cognacs:
V.S. (5 Jahre, 40 Vol.-%),
V.S.O.P. (Region Grande und
Petite Champagne, 6 Jahre,
40 Vol.-%), **Napoléon**
(25 Jahre, 40 Vol.-%),
**Réserve Très Vieille Grande
Fine Champagne** (zirka
50 Jahre, 43 Vol.-%) und **X.O.**
(30–40 Jahre, 40 Vol.-%).
Handelsmarken der Firma
sind: Bagaron, Barlignac,
Claudon, Collin, Compagnie
Agricole et Viticole Cognac,
De Chavagnac, J. Dubois,
Duclos, Frappier, Gournay,
Felix Gros, Mauriol, Menager,
Morel, Ch. Huvet, H. Mou-
get, Rene, F. Roccard, Roset
& Co, Rousselle, Henri Roy,
Royal Saintonge, Sansac,
Marie Sugier, → Tesco
(Eigenmarke des britischen
Importeurs), Union des
Proprietaires Distillateurs,
Uniona Cognac und Vene-
rand.

Samalens – Frankreich
Weltbekannte Armagnac-
erzeugerfirma mit Sitz in
Laujuzan, Gers; im Besitz der
Familie Samalens; gegründet
1882. Das Unternehmen stellt
ausschließlich Bas-Arma-
gnac-Produkte her, und zwar
aus Destillaten, die zum Teil
im traditionellen, kontinuierlichen Brennverfahren und
zum Teil in zweifacher Destillation gewonnen wurden.
Armagnacs:
V.S.O.P. (7–8 Jahre,
40 Vol.-%), **Napoléon**
(10–12 Jahre, 40 Vol.-%),
Rare (mehr als 11 Jahre,
40 Vol.-%), **Réserve Impe**

riale **X.O.** (10–15 Jahre,
40 Vol.-%), **Cristal Relique**
(40 Vol.-%), **Relique Age Inconnu** (41 Vol.-%), **Vieille
Relique** (42 Vol.-%), **Relique
Ancestrale 15 Ans** (44 Vol.-%)
und **Relique du Siècle 100
Ans** (40 Vol.-%).

Sandeman

– Spanien/Portugal
1. Sherry- und *Brandy*erzeugerfirma mit Sitz in Jerez de
la Frontera; gegründet 1790;
erzeugt den Brandy **Capa
Negra Solera Reserva**
(36 Vol.-%).
2. Portwein- und *Brandy*haus
mit Sitz in Vila Nova de Gaia.
Der Brandy **Macieira** hat
38 Vol.-%.

San Michele – Italien
Weingut mit Sitz in Castiglio-
ne della Pescaia, Toskana.
**Grappa delle Vinacche del
Vetluna** (Branntwein aus
einem Trestermischsatz,
30 Monate in Barriques aus
französischer Eiche gereift,
47 Vol.-%).

San Vito – Italien
Weingut mit Sitz in Monte-
lupo Fiorentino, Toskana.
Grappas:
Fior di Selva (aus biologisch
erzeugten Chiantitrestern,
42 Vol.-%) und **Riserva** (ein
Jahr im Eichenholzfass
gelagert).

Sauvaget – Frankreich
Weingut und Cognacerzeuger
mit Sitz in Segonzac.
Cognacs aus der Region
Grande Champagne:

V.S.O.P. (10 Jahre, 40 Vol.-%)
und **Hors d'Age** (25 Jahre,
40 Vol.-%).

Sauvaitre – Frankreich
Cognacs aus der Region
Grande Champagne:
Last Century (40 Vol.-%),
X.O. (40 Vol.-%) und
Napoléon (40 Vol.-%).

Marquis de **Sauval**
– Frankreich
Armagnacs:
★★★ (40 Vol.-%), **V.S.O.P.**
(3–5 Jahre, 40 Vol.-%),
Napoléon (6–8 Jahre,
40 Vol.-%) und **X.O.**
(40 Vol.-%).
Eine Besonderheit ist die Fülle von Jahrgangsarmagnacs.
Aus dem 20. Jahrhundert
sind, ausgenommen die Jahre 1901–1907 und 1913, alle
vorhanden. Gehört zu →
Prunier S. A. in Cognac.

160 Millionen Flaschen
Cognac werden jährlich
verkauft, ein Großteil davon in V.-S.- und V.-S.-O.-
P.-Qualität. In der „Kö-
nigsklasse", also bei den
exklusivsten Cognacs ist
die Menge rar, das Produkt
beinahe unerschwinglich.
Beim Louis XIII von Rémy
Martin zum Beispiel kostet
allein die wunderschöne
Glasflasche, wohlgemerkt
noch ohne Inhalt, schon
ein kleines Vermögen.

Maurice Sauzeau – Frankreich
Cognacs aus der Region Grande Champagne:
Sélection (40 Vol.-%), **Réserve** (40 Vol.-%), **Napoléon** (12 Jahre, 40 Vol.-%) und **Hors d'Age** (25 Jahre, 40 Vol.-%).

René Sauzin – Frankreich
Cognacs aus der Region Grande Champagne:
V.S.O.P. (40 Vol.-%) und **Vieille Réserve** (15 Jahre, 40 Vol.-%).

Scharlachberg Meisterbrand – Deutschland
Weinbrand/Brandy mit 36 Vol.-%.

Schiavo – Italien
Kleine Brennerei mit Sitz in Costabissara, Venetien; gegründet 1887. Die Destillerie widmet sich vor allem rebsortenreinen Grappas aus seltenen Rebsorten.
Grappa Vera di Clinto (aus Trestern der seltenen Clintorebe; 43 Vol.-%).
Traubenbrand:
Distillerva (40 Vol.-%).

Schilkin GmbH
– Deutschland
Spirituosenherstellerfirma mit Sitz in Berlin; gegründet 1932.
Weinbrände/Brandys:
Amogon (36 Vol.-%) und **Amitié** (36 Vol.-%), **Weinblattsiegel** (32 Vol.-%) und **Goldbrand** (32 Vol.-%).

Schladerer – Deutschland
Die Spirituosenerzeugerfirma **„Alte Schwarzwälder Hausbrennerei Alfred Schladerer"** hat ihren Sitz in Staufen im Breisgau; gegründet 1844. Erzeugt den *Weinbrand* **Aristokrat V.S.O.P.** (38 Vol.-%) und einen *Traubenbrand* vom **Gewürztraminer.**

Schloffer – Österreich
Brennerei in Oberfeistritz/Steiermark; erzeugt auch einen *Traubenbrand.*

Schloss Gobelsburg
– Österreich
Weingut mit Sitz in Gobelsburg.
Weinbrand:
Hadmar von Kuenring (5 Jahre gelagert, 42 Vol.-%).
Traubenbrände:
Chardonnay und **Riesling.**

Alfred **Schwaiger**
– Österreich
Weingut in Wösendorf/Wachau; erzeugt auch einen *Weintresterbrand.*

Rudolf **Schwarzer**
– Österreich
Brennerei in Lienz; erzeugt auch einen *Weintresterbrand.*

Seagram Italia – Italien
Internationale Spirituosenerzeugerfirma mit Sitz in Segrate bei Mailand.
Traubenbrand:
Gemma d'Uva Piave.
Brandy:
René Briand (mindestens 3 Jahre gelagert, 40 Vol.-%).
Grappa:
Piave (40 Vol.-%).

Segnana – Italien
Weingut und Brennerei der Fratelli Lunelli mit Sitz in Borgo Valsugana, Trentin. Es werden überwiegend rebsortenreine Grappas gbrannt.
Grappas:
di Müller-Thurgau, di Pinot Noir und **di Chardonnay** (alle 42 Vol.-%).

Seguin & Co – Frankreich
Brandyerzeugerfirma mit Sitz in Machecoul; gegründet 1886; ist eine Tochterfirma von → Rémy Martin in Cognac.
Weinbrände/Brandys:
Grand Empereur Napoléon und **Grand Empereur French Brandy X.O.**

Séguinot – Frankreich
Weingut und Cognacerzeuger mit Sitz in Segonzac.
Cognacs aus der Region Grande Champagne:
V.S.O.P. (40 Vol.-%), **Réserve** (40 Vol.-%), **Napoléon** (40 Vol.-%) und **X.O.** (25 Jahre, 40 Vol.-%).
Die Firma produziert auch die Marke Versennes.

Sella & Mosca – Italien
Weingut mit Sitz in Alghero, Sardinien.
Grappa di Anghelu Ruju (aus Cannonautrestern, 42 Vol.-%).

Sempé – Frankreich
*Armagnac*marke der Firma Wolfgang Zoller-Sempé in Paris.

Serac – Frankreich
*Cognac*marke der Firma Les
→ Grands Chais de France,
Kirrwiller im Elsass.

Pierre **Serplet** – Frankreich
Cognacs aus der Region
Grande Champagne:
***, **V.S.O.P., Napoléon**
und **Vieux Cognac** (25 Jahre,
alle 40 Vol.-%).

Sibona – Italien
Eine der ältesten italie-
nischen Brennereien mit Sitz
in Piobesi d'Alba, Piemont.
Grappas:
di Barolo (44 Vol.-%) und **di
Moscato** (44 Vol.-%) sowie
Grappas aus **Dolcetto-,
Favorita-, Arneis-** und **Bar-
barescotrestern.**

Sica de Puy Gaudin
– Frankreich
Händler für *Cognac*erzeug-
nisse von vierzehn ange-
schlossenen unabhängigen
Winzern; Sitz in Épargnes.
Hauptmarke der Firma ist →
Guérin Frères (*******, **V.S.O.P.**
und **Vieille Réserve**), weitere
Handelsmarken: Atlantique,
L'Estuaire, Delatour, Drovi-
neau, Henri de Brière, Ram-
bour, Ruter Frères, Viticul-
teurs Saintongeais.

Sieur de Plaisance
– Frankreich
Weingut und Cognachaus mit
Sitz in Barbezieux-St-Hilaire.
Neben eigenen Bränden wer-
den Brände zugekauft und
ausgebaut.

Cognacs aus der Region
Grande Champagne:
V.S.O.P. (4 Jahre, 40 Vol.-%),
Napoléon (10 Jahre, 40 Vol.-%)
und **Hors d'Age** (20 Jahre,
40 Vol.-%).

Otto **Sigl** – Deutschland
Spirituosenerzeugerfirma mit
Sitz in Wasserburg; gegrün-
det 1910.
Weinbrand:
Angelique (38 Vol.-%).

Signature de France
– Frankreich
*Cognac*marke der Firma →
Boinaud in Segonzac.

Landesweingut **Silberberg**
– Österreich
Weinbaufachschule mit Sitz
in Silberberg in der Steiermark, mit eigenem Weingut
und einer Brennerei im Besitz
des Landes Steiermark.
Traubenbrand (aus Gelb-
em Muskateller, 40 Vol.-%),
Weinbrand (5 Jahre Fasslagerung, 40 Vol.-%) und **Tresterbrand Schilcher.**

Slovenijavino – Slowenien
Weinkellerei und Spirituo-
senerzeugerfirma mit Sitz in
Laibach.
Weinbrände/Brandys:
**Vinjak Slovin, Vinjak Exclusi-
ve** und **Brandy Slovin.**

Soberano – Spanien
Brandy der Firma → Gonzalez Byass.

**Société Civile du Château
Lafite-Rothschild**
– Frankreich
Weinbrand/Brandy:
V.S.O.P. Extra Fine
(40 Vol.-%).

**Sogrape Vinhos de
Portugal** – Portugal
Weinhaus mit Sitz in Vila
Nova de Gaia.
Weinbrände/Brandys:
Constantino Fine Brandy
(Erzeugnis der Firma Hunt,
Constantino Vinhos,
40 Vol.-%), **Chancella** (ein
Aguardente Velha der Firma
Ferreira, 40 Vol.-%) und
Ferreirinha (ein Aguardente
Velha der Firma Ferreira,
38 Vol.-%).

Solera
Qualitätsbezeichnung für
→ Brandy de Jerez.

**Solera-Gran-Reserva-
Brandy de Jerez**
Qualitätsbezeichnung für
Brandys, die im kontrollierten
D.-O.-Gebiet Jerez gewonnen
und mindestens drei Jahre in
Eichenfässern gelagert wer-
den. Bekannte Solera-Gran-
Reserva-Brandys sind:
→ **Condé de Osborne, Carlos I,**
→ **Gran Duque d'Alba,**
→ **Gran Capitán, Terry
Primero,** → **Lepanto** und
→ **Cardenal Mendoza.**

Johannes **Söll** – Österreich
Brennerei in Gamlitz/Süd-
steiermark; erzeugt auch
einen *Weinhefebrand.*

José de **Soto** – Spanien
Sherryhaus mit Sitz in Jerez
de la Frontera.
Weinbrände/Brandys:
**Soto Solera, Senorial Solera,
Palatino Reserva** und **Venerable Gran Reserva.**

Vierra de **Souza** – Portugal
Weinbrände/Brandys:
Aguardente (40 Vol.-%) und
Aguardente V.V.S.O.P.***
(40 Vol.-%).

> Grappa, jahrhundertelang
> das Getränk der Bauern,
> fehlt heute in keiner italienischen Bar und Marken
> wie Poli und Nonino sind
> international Garanten für
> außergewöhnlichen Genuss.

Staub & Cie – Frankreich
Französisches Cognachaus
mit Sitz in Cognac; 55 Hektar
Rebfläche. Die Firma arbeitet
mit → Camus zusammen.
Cognacs aus den Regionen
Petite Champagne und
Les Borderies:
***** (40 Vol.-%), **V.S.O.P.**
(40 Vol.-%), **Napoléon**
(40 Vol.-%) und **François 1er**
(40 Vol.-%).

Stock – Italien
Weltbekannte Spirituosenerzeuger- und Handelsfirma
mit Sitz in Triest, die im Jahre 1884 von Lionello Stock
und Carlo Camis gegründet
wurde. In der Folge wurden

Destillerien und Niederlassungen in aller Welt errichtet. 1915 Gründung der Stock
Weinbrennerei in Linz. 1993
gelang dem italienischen
Konzern der Rückkauf des
1948 verstaatlichten ehemaligen Stockbetriebes Likerka
in Pilsen. 1995 wurde das
Unternehmen von der Spirituosengruppe → Eckes übernommen.
Brandys:
Stock 84 Dieci Anni
(40 Vol.-%), **Stock 84 Sei Anni**
(38 Vol.-%), **Stock Riserva
Speciale** (40 Vol.-%), **Royal
Stock X.O.** und **Stock Original** (38,5 Vol.-%).
Grappas:
Julia Riserva (aus Trestern
rein italienischer Herkunft,
im Eichenfass gereift,
40 Vol.-%), **Julia Bianca**
(40 Vol.-%), **Celsa Pinot-Cabernet** (aus Pinot- und
Cabernettrauben, 44 Vol.-%),
Goccia di Prosecco (rebsortenrein, 45 Vol.-%), **Goccia di
Pinot Chardonnay** (rebsortenrein, 45 Vol.-%) und **Goccia
Verduzzo** (rebsortenrein,
45 Vol.-%).
Daneben erzeugt das Unternehmen auch Wodka, Liköre,
Wermuts sowie alkoholfreie
Getränke.

Suntory – Japan
Brandys:
V.S.O.P., X.O., X.O. de Luxe
und **Nolle d'Or.**

T

Taillefer – Frankreich
Cognacs:
***** (40 Vol.-%), **V.S.O.P.
Fine Champagne** (40 Vol.-%),
Vieille Réserve (40 Vol.-%)
und **Hors d'Age** (Region
Grande Champagne,
45 Vol.-%).
Erzeugnis der Firma S. A. R. L.
La Champagne de St-Preuil.

Taillevent Réserve
– Frankreich
1. **Cognac**marke (40 Jahre,
42 Vol.-%) des gleichnamigen
Restaurants in Paris. Erzeugnis der Firma Georges Jobit
in Malaville.
2. *Armagnac* aus der Region
Bas-Armagnac mit 40 Vol.-%.
Erzeugnis der Firma Château
de Lacaze.

Tallefort – Frankreich
Cognacmarke von vier verschiedenen Winzern.
Cognac:
Napoléon (44 Vol.-%) und
Hors d'Age (etwa 45 Jahre,
40 Vol.-%).

Talleyrand – Frankreich
*Cognac*marke der Firma
Les → Grands Chais de
France, Kirrwiller im Elsass.

Tanguyde – Frankreich
Cognachaus mit Sitz in
Champagnac.
Cognacs aus der Region
Petite Champagne:
Napoléon (20 Jahre,
40 Vol.-%) und **X.O.**
(25 Jahre, 40 Vol.-%).

Tauber Fränkische Winzergenossenschaft – Deutschland
Winzergenossenschaft und Brennerei mit Sitz in Lauda-Königshofen, die einen Riesling-*Weinhefebrand* erzeugt.

Tedeschi – Italien
Weingut mit Sitz in S. Pietro in Cariano/Pedemonte, Venetien.
Grappa Capitel (Branntwein aus Reciototrestern, im Eichenfass gereift, 45 Vol.-%).

Tement – Österreich
Weingut und Brennerei mit Sitz in Berghausen in der Südsteiermark.
Weintresterbrände:
Morillon, Sauvignon, Traminer, Muskateller, Cabernet und **Blaufränkisch.**

Franck **Templier** – Frankreich
Cognacs aus der Region Petite Champagne:
*** (40 Vol.-%), **V.S.O.P.** (40 Vol.-%) und **Vieille Réserve** (25 Jahre, 40 Vol.-%).

Tenuta Santa Anna – Italien
Weingut und Brennerei mit Sitz in Loncon di Annone, Veneto.
Weinbrände/Brandys:
Eco d'Uva Chardonnay, Eco d'Uva Prosecco und **Eco d'Uva Riesling.**

Terrabianca – Italien
Weingut mit Sitz in Siena in der Toskana.
Grappa La Bomba (45 Vol.-%).

Terre Antiche – Italien
Brennerei mit Sitz in Asti im Piemont.
Grappas:
di Barolo (42 Vol.-%), **di Ruché** (42 Vol.-%) und **Moscato Riserva** (42 Vol.-%).

Terre da Vino – Italien
Kellerei und Verkaufsgemeinschaft einiger Weingüter mit Sitz in Moriondo, Piemont. Die Grappas der Kellerei sind rebsortenrein und werden aus den Trestern verschiedener Güter destilliert.
Grappas:
Cortese di Gavi (45 Vol.-%) und **di Nebbiolo da Barolo** (45 Vol.-%).

Fernando A. de **Terry S. A.** – Spanien
Sherryhaus und Brennerei mit Sitz in Puerto de Santa Maria.
Brandys:
Centenario (Soleraqualität, 36 Vol.-%), **1900 Solera Reserva** (37 Vol.-%) und **Gran Reserva Terry Primero** (40 Vol.-%).

Tesco – Frankreich
*Cognac*eigenmarke des britischen Importeurs. Erzeugnis der Firma → Salignac, Cognac.

Jean Philippe **Tesseron & Fils** – Frankreich
Cognacs aus der Region Fins Bois:
V.S.O.P. (40 Vol.-%), **Vieille Réserve** (40 Vol.-%) und **Hors d'Age** (30 Jahre, 40 Vol.-%).

Guy **Testaud** – Frankreich
Cognacs:
Napoléon (40 Vol.-%) und **D'Antan Grande Fine Champagne** (40 Jahre, 40 Vol.-%) sowie die Marke → Sieur de Plaisance.

Roger **Texier** – Frankreich
Weingut und Cognacerzeugerfirma mit Sitz in Barbezieux-St-Hilaire.
Cognacs aus der Region Petite Champagne:
*** (40 Vol.-%), **V.S.O.P.** (40 Vol.-%), **Fine Champagne** (40 Vol.-%), **Napoléon********* (40 Vol.-%), **Grande Fine Champagne** (40 Vol.-%) und **Hors d'Age** (20 Jahre, 40 Vol.-%).

André **Thorin** – Frankreich
Cognacs aus der Region Grande Champagne:
*** (5 Jahre) und **V.S.O.P.** (9 Jahre, 43 Vol.-%).

Three Barrels – Frankreich
Weinbrand mit der Zusatzbezeichnung **Rare Old French Brandy** der Firma → Raynal & Cie, Cognac.

M. **Tiffon S. A.** – Frankreich
Cognacdestillerie mit Sitz in Jarnac; gegründet 1875. 40 Hektar eigene Rebfläche in den Regionen Grande Champagne und Fins Bois; Zukäufe bei etwa 350 Winzern verschiedener Crus.
Cognacs aus den Regionen Grande Champagne und Fins Bois:

*** (40 Vol.-%), **V.S.**
(40 Vol.-%, ausschließlich für
die USA), **V.S.O.P.** (6 Jahre,
40 Vol.-%), **Napoléon
Fine Champagne** (12 Jahre,
40 Vol.-%), **X.O. Fine Cham
pagne** (20 Jahre, 40 Vol.-%),
Vieux Supérieur (25 Jahre,
40 Vol.-%), **Grande Cham
pagne** (30 Jahre, 40 Vol.-%),
Hors d'Age (40 Vol.-%, für
die USA und Japan) sowie
Château de Triac ***
(40 Vol.-%), **Château de Triac
Grande Réserve** (6–10 Jahre,
40 Vol.-%) und **Château
de Triac Vieille Réserve**
(15–20 Jahre, 40 Vol.-%).
Eine weitere Marke ist
→ Boutelleau.

Tiglio – Italien
Kleines Weingut mit Sitz in
Brazzano di Cormons, Friaul.
Grappa:
Borgo del Tiglio (aus weißen
Weintrestern, 42 Vol.-%).

Tinnauer – Österreich
Weingut und Brennerei mit
Sitz in Gamlitz; erzeugt einen
Trauben- und einen *Trester-
brand* mit jeweils 40 Vol.-%.

Miguel **Torres** – Spanien
Weingut und Brandyherstel-
lerfirma mit Sitz in Vilafranca
des Penedès.
Weinbrände/Brandys:
**Torres 5 Solera Selecta, Torres
10 Gran Reserva, Fontenac
Reserva Especial, Miguel
Torres Reserva Especial,
Miguel I Gran Reserva** und
**Honorable Gran Reserva
Especial.**

Tosolini – Italien
Kleine Brennerei mit Sitz in
Marsure di Sotto, Friaul.
Traubenbrand:
**Most Aquavite da Mosto
d'Uva** (aus typischen Reb-
sorten Friauls, 43 Vol.-%).

Caves de la **Tour d'Argent**
                         – Frankreich
Cognac aus den Regionen
Grande und Petite Champa-
gne: **Grande Réserve**
(40 Vol.-%).

Gerard **Touzain Réserve**
                        – Frankreich
Cognac aus der Region
Grande Champagne, 13 Jahre,
40 Vol.-%.

Bodegas **Tradición** – Spanien
Sherryerzeuger in Jerez, der
die beiden *Brandy*s Gold
Solera Gran Reserva und
Platinum Solera Gran Reser-
va auf den Markt bringt.

Tre Castelli – Schweiz
Grappa mit 44 Vol.-% der
Destillerie Sapi in Chiasso.

Marcel **Trépout** – Frankreich
Armagnacs:
**V.S.O.P., Napoléon, Hors
d'Age** (alle 40 Vol.-%) und
Millésimés, u. a. die Jahr-
gänge **1974, 1962** und **1960.**

Tres Cepas – Spanien
Brandy der Firma → Domecq.

Tricoche S. A. – Frankreich
Cognacs:
V.S.O.P. (40 Vol.-%) und
X.O. (40 Vol.-%).
Handelsmarke von
→ Château Paulet.

Roger **Tripelon** – Frankreich
Cognac aus der Region
Petite Champagne:
*** (40 Vol.-%), **V.S.O.P.**
(40 Vol.-%), **Napoléon**
(40 Vol.-%) und **Vieille
Réserve** (30 Jahre, 40 Vol.-%).

U

UNICOGNAC
Kurzform für Union Coopé-
rative de la Région délimitée
du Cognac et du Pineau des
Charentes. Gegründet wur-
de diese Vereinigung von
Winzern, örtlichen Genos-
senschaften und Destillerien
Anfang der 1960er-Jahre, um
die Vorteile der gemeinsamen
Herstellung und Vermark-
tung zu nützen. Mittlerweile
sind mehr als 2 500 Winzer
aus allen Regionen Mitglieder und Lieferanten der UNICO-
GNAC. In den Lagerkellern
des genossenschaftlichen
Unternehmens lagern durchschnittlich 160 000 Hektoliter Cognac. UNICOGNAC
produziert neben Cognac
auch Pineau des Charentes
und Weinbrände.
Cognacs:
Jules Gautret (*** V.S.O.P.,
Fine Champagne, Napoléon,
X.O., Très Vieille Réserve, Extra und Grande Champagne
Hors d'Age; das gleiche Sortiment wird unter der Marke
Ansac in die USA exportiert),
Roi des Rois, D'Anglar (V.S.,
V.S.O.P., Napoléon und Ex-
tra), **Bonroy** (*** V.S.O.P.,
Fine Champagne und einige
Handelsmarken), **André Dor-**

bert (*** V.S.O.P., Napoléon, Extra und X.O.), **De La Cour** (*** und V.S.O.P.), **De Forsac** (*** und V.S.O.P.), **Darnac** (*** und V.S.O.P.), **Lauriac** (V.S. de Luxe, Napoléon, V.S.O.P., Extra und X.O.) und **Alain Delon** (V.S.O.P. und X.O.). Die folgenden Marken werden meist nur in ***- oder***- und V.S.O.P.-Qualität erzeugt: Bergeron, Carte Royale, Coronation, Delignac, Delsay, Jules Gaujon, Leojac (Napoléon und Hors d'Age), Marsat, Orphi, Régence, Tradition & Qualité, Union, Valleroy und Vice Roi.
Weinbrände/Brandys:
Descartes und **Delsay.**

UNICOOP

Kurzform für Union Coopérative des Viticulteurs Charentais. Gegründet wurde diese Winzergenossenschaft mit Sitz in Cognac im Jahre 1931. Zur Vereinigung gehören rund 3 700 unabhängige Winzer mit einer Gesamtrebfläche von circa 5 500 Hektar in allen Gebieten der Charente mit Ausnahme der Bois Ordinaires.
Cognacs:
→ **Prince Hubert de Polignac** (Spitzenmarke), **Vigier Latour** (V.O., Réserve, Extra), **Henri** → **Mounier** und **Comte de La Fayette** *** V.S.O.P. Fine Champagne und Napoléon). Weitere Marken sind Paul → Bocuse, de Bonnefort, Canonnier, Casmèze, De Chabrac, Château Gibeau, Cognac des Paysans Charentais, Count

de Beaufort, → De Pourvil, Grand Chambellan, Grand Chevalier, Grand Monarque, La Jasserie, Lancrey, Laurent, Logis de Bonnefort, J. P. Mallet, Hean Marquis, Marquis de La Fayette, Marquis Pierre de Villemin, Albert Martinaud, Marcel Maurin, Le May, Odéon, Rhéans, Roland, Unicovi und Valois.

V

Claude **Valadon** – Frankreich
Cognac aus der Region Petite Champagne:
Sélection (40 Vol.-%).

Valdespino – Spanien
Sherry- und Brandyhaus mit Sitz in Jerez de la Frontera; gegründet 1700.
Weinbrände/Brandys:
Sello Azul Solera, Valdespino 1850 Reserva und **Alfonso el Sabio Gran Reserva** (40 Jahre).

Vallade – Frankreich
Cognachaus mit Sitz in Brie-sous-Archiac.
Cognac aus der Region Petite Champagne:
Napoléon (40 Vol.-%).

Vallein Tercinier
– Frankreich
Cognachaus mit Sitz in Chermignac.
Cognacs:
→ **Dupuis Fils & Co, Pierre**
→ **Balmain, A. Edmond**
→ **Audry** und **De Meriac** (V.S.O.P., X.O. und Golden Vintage).

Vallon – Frankreich
Cognacs:
Grande Champagne X.O. (40 Vol.-%) und **Excellence** (20 Jahre, 40 Vol.-%).
Weinbrand/Brandy:
Napoléon Pure Grape Brandy. Erzeugnis der Firma → L. & L. in Cognac.

Valory – Frankreich
Napoléon Brandy (40 Vol.-%).

Vecchia Grappa di Prosecco – Italien
Grappa mit einer Lagerzeit von 8 Jahren, 42 Vol.-%. In grüne Champagnerflaschen abgefüllt, mit Champagnerkorken und Agraffe. Erzeugnis der Firma Andrea da Ponte, Cornegliana.

Vecchia Romagna – Italien
Weinbrand/Brandy in den Sorten **Etichetta Nera** (3 Jahre Lagerung in Eichenfässern, 40 Vol.-%), **Etichetta Oro** (7 Jahre, 40 Vol.-%), **Etichetta Bianca** und **Qualite Rosa.** Erzeugnis der Fa. → Buton.

Védrenne Père & Fils
– Frankreich
Spirituosenerzeugerfirma mit Sitz in Nuits-St-Georges.
Weinbrände/Brandys:
Eau-de-Vie Hospices de Beaune (45 Vol.-%) und **Fine Bourgogne Le Dragon** (45 Vol.-%).
Marc:
Vieux Marc du Caveau, Vieux Marc des Hospices Nuits-St-Georges, Très Vieux Marc Egrappé und **Eau-de-Vie de Marc Hospices de Beaune** (alle 45 Vol.-%).

Venegazzù – Italien
Weingut mit Sitz in Venegazzù del Montello, Venetien.
Das Gut erzeugt neben Wein
vor allem Spumante, Prosecco
und Frizzante.
Grappas:
Riva Vecia (aus Pinot-, Caber-
net- und Proseccotrestern,
43 Vol.-%) und **di Prosecco
Riserva** (über ein Jahr in kleinen Eichenfässern gelagert,
40 Vol.-%).

J. Vicente **Vergara** – Spanien
Sherry- und Brandyhaus mit
Sitz in Jerez de la Frontera;
gegründet 1765; gehört zur
Medina-Gruppe.
Weinbrände/Brandys:
Vergara Gran Reserva und
J. V. Reserva Especial.

Verrazzano – Italien
Weingut mit Sitz in Greve in
Chianti, Toskana.
**Grappa di Castello di Verraz-
zano** (aus einem Trestermischsatz des Gutes, dreimal gebrannt, 6 Monate Tank-
lagerung, 43 Vol.-%).

Vicchiomaggio – Italien
Weingut mit Sitz in Greve in
Chianti, Toskana.
**Grappa Castello Vicchio-
maggio** (aus einem Trestermischsatz, dreimal gebrannt,
42 Vol.-%).

Vietti – Italien
Weingut mit Sitz in Castiglio-
ne Falletto, Piemont.
Grappas:
di Nebbiolo (45 Vol.-%),
di Nebbiolo da Barolo Rocche

(aus Trestern des Lagen-
barolo „Rocche", 4 Jahre
Fasslagerung, 43 Vol.-%).

Vignobles Destreilles
                            – Frankreich
Cognacs aus den Regionen
Petite Champagne, Fins
und Bons Bois:
*** (40 Vol.-%), **V.S.O.P.
Petite Champagne** (40 Vol.-%),
Napoléon (10 Jahre, 40 Vol.-%)
und **Vieux Cognac** (mehr als
30 Jahre gelagert, 40 Vol.-%).
Erzeugnis der Firma Robert
Sauvaitre, Baignes-Ste-
Radegonde.

Villa de Varda – Italien
Weingut und Brennerei mit Sitz
in Mezzolombardo, Trentin.
Grappas:
Classica Trentina (Mischsatz,
40 Vol.-%) weiters die Serie
Collezione Caratteri mit 12
rebsortenreinen Grappas aus
den typischen Trentinorebsor-
ten, die den passenden Sternzeichen zugeordnet sind, und
die Serien Collezione Mormo-
rio della Foresta und Chiar
di Luna.
Traubenbrände:
Granduva Acquavite di Uva
und **Destillato d'Uva.**

Villa Massari – Italien
Handelsmarke für Brannt-
weine aus Weintrestern des
Gigi Moccia, Ferrara, der von
guten Weingütern Trester
kauft und nach seinen Vor-
stellungen brennen lässt.
Grappas:
di Pinot (42 Vol.-%) und **di
Verduzzo Riserva** (42 Vol.-%).

Villanova – Italien
Weingut und kleine Brenne-
rei mit Sitz in Farra d'Isonzo,
Friaul.
Grappa:
Monte Cucco (45 Vol.-%).
Traubenbrand:
Val di Rose Uve Traminer
(45 Vol.-%).

Villa Zarri – Italien
Weinbrand/Brandy mit
43 Vol.-% der Firma Zarri &
Co in Castelmaggiore.

Vinet – Frankreich
Weingut und Cognacerzeuger
mit Sitz in Brie-sous-Archiac.
Cognacs aus der Region
Petite Champagne:
V.S.O.P. (10 Jahre, 40 Vol.-%)
und **Hors d'Age** (40 Jahre,
40 Vol.-%). Die eigenen
Cognacs werden als Einzel-
marken unter den Namen
F. M. (Felix Marie), → De La
Villière, Fantasy und Offrande
verkauft.

Vinicola Hidalgo
                        – Spanien
Sherry- und Brandyhaus mit
Sitz in Jerez de la Frontera;
gegründet 1792.
Weinbrände/Brandys:
**Fabuloso Solera, Faron
Reserva** und **Hidalgo 200
Gran Reserva.**

Vinilicores Españoles
                            – Spanien
Likör- und Brandyerzeuger-
firma mit Sitz in Jerez de la
Frontera; gegründet 1927.
Weinbrand/Brandy:
Institucion Solera
(36 Vol.-%).

Vinjak Kaval – Slowenien
Weinbrand/Brandy mit
38 Vol.-%; aus nicht ge-
schwefeltem Weißwein her-
gestellt; Erzeugnis der Firma
Apis, Sentilj.

Pierre **Voisin** – Frankreich
Seit 1993 existierende Co-
gnacmarke von Olivier Blanc.
Cognacs:
Premières Saveurs und
V.S.O.P.

Gérard **Vollaud** – Frankreich
Cognacs aus der Region
Petite Champagne:
Sélection *** (40 Vol.-%),
V.S.O.P. (9 Jahre, 40 Vol.-%)
und **Napoléon** (15 Jahre,
40 Vol.-%).

W

Wachter-Wiesler
– Österreich
Weingut in Deutsch-Schüt-
zen/Südburgenland ; erzeugt
auch einen *Weinbrand* sowie *Trauben-* und *Wein-
tresterbrände.*

Weutz – Österreich
Brennerei mit Sitz in St. Nikolai im Sausal/Steiermark ;
erzeugt neben einem *Whisky*
auch *Trauben-* und *Weintresterbrände.*

Williams & Humbert
– Spanien
Sherry- und Brandyhaus mit
Sitz in Jerez de la Frontera.
Weinbrände/Brandys:
→ **Gran Duque d'Alba,
Williams Solera, Don Pelayo
Solera** und **Brandy Sack**
(40 Vol.-%).

Wilthener Weinbrennerei
– Deutschland
Eine der größten Brenne-
reien Deutschlands mit Sitz
in Wilthen in Sachsen; gegründet 1842. 1951 wurde
sie Volkseigentum der DDR
und 1991 nach der Privatisie-
rung an die Hardenberg'sche
Kornbrennerei verkauft.
Weinbrände/Brandys:
**Wilthener Jubiläumswein-
brand V.S.O.P.** (aus Brennweinen der Charente, 38 Vol.-%),
Feiner alter Wilthener (aus
Destillaten der Charente,
mindestens 12 Monate in
Limousinfässern gelagert,
36 Vol.-%) und **Wilthener
Exquisit** (36 Vol.-%).

Winkler-Hermaden
– Österreich
Weingut mit Sitz in Kapfen-
stein, das einen *Tresterbrand* aus einem *Trestermischsatz* und einen *Hefebrand* herstellt.

**Winzergenossenschaft
Wachau** – Österreich
Siehe → Freie Weingärtner
(Domäne) Wachau.

Wisdom & Warner
– Spanien
Sherry- und Brandyhaus mit
Sitz in Jerez de la Frontera;
gegründet 1854.
Weinbrände/Brandys:
**Montado Solera, Lord Wis-
dom Reserva** und **Wisdom
Gran Reserva.**

Z

Zardetto – Italien
Weingut mit Sitz in Scomico
di Conegliano, Venetien.
Grappas:
di Pino Zardetto (aus Proseccotrestern, kurz in Eichenfässern gelagert, 42 Vol.-%) und
Zardetto Cartizze (aus Proseccotrestern der Lage
Cartizze, 50 Vol.-%).

Zeni – Italien
Weingut und Brennerei
in Grumo di San Michele
all'Adige, Trentin.
Grappas:
Trentina di Moscato Rosa
(40 Vol.-%), **Trentina di Char-
donnay** (43 Vol.-%) und **Tren-
tina di Teroldega** (40 Vol.-%).
Diese drei Sorten werden
reinsortig gebrannt. Weitere
Grappas sind **Trentina Sorti,
Trentina Alambicco** und
Trentina di Pinot Bianco.

Obsthof **Zotter** – Österreich
Brennerei mit Sitz in Kuk-
mirn/Burgenland; erzeugt u.
a. Trauben- und Weintresterbrände vom Uhudler.

Was ist ein Zigarrenbrand?
Immer wieder liest man
von Zigarrenbrand oder
Wortschöpfungen, in de-
nen "Cigar" vorkommt.
Dabei handelt es sich um
Wein- oder Obstdestillate,
die (so die Definition der
Hersteller) in Verbindung
mit einer feinen Zigarre
einen besonders großen
Genuß darstellen.

GETREIDEDESTILLATE

Getreidedestillate sind Produkte, die durch Destillation aus Getreide hergestellt werden. Dazu zählen Aquavit, Genever, Gin, Whisk(e)y und Wodka. In unserem Kapitel „Sonstige Getreidebranntweine" sind darüber hinaus alle Erzeugnisse zusammengefasst, deren Basis Roggen, Weizen, Gerste, Hafer, Mais, Reis, Hirse, Buchweizen, Getreide- und Biertrester sind.

Aquavit & Akvavit

Im Mittelalter wurde Aquavit aus Wein hergestellt, später aus Kartoffeln und erst seit Ende des 17. Jahrhunderts aus Getreide. Damals wurden Aromastoffe wie Wacholderbeeren, Malz, Honig, Dillkraut und Kümmel verwendet. Nach und nach hat sich der Kümmel als dominante Geschmacksgebung durchgesetzt.

Was Sie wissen sollten

- Das Wort Aquavit leitet sich vom lateinischen Begriff Aqua vitae (Lebenswasser) ab.
- Akvavit ist die Schreibweise in Dänemark.
- Aquavit gehört zu den „Spirituosen mit Kümmel". Sein Aroma wird durch Destillate bestimmt, die nach Überziehen von Kümmel- und/oder Dillsamen mit Äthylalkohol landwirtschaftlichen Ursprungs gewonnen werden.
- Andere natürliche Aromastoffe dürfen zwar verwendet werden, doch muss der Kümmelgeschmack vorherrschend sein.
- Der Zusatz ätherischer Öle ist unzulässig.
- Der Geschmack von Bitterstoffen darf nicht dominieren.
- In nicht skandinavischen Ländern, z. B. in Italien, ist Aquavit die Bezeichnung für alle blanken, klaren Branntweine.
- Der Mindestalkoholgehalt beträgt 37,5 Vol.-%.
- Laut dänischer Herstellungsfirma → A/S de Danske Spritfabrikker kann Aquavit seinen Geschmack am besten mit einen Alkoholgehalt von 40 bis 45 Vol.-% entfalten.
- In den Nordländern wird er eiskalt serviert.

Aquavit unterscheidet sich von einem Kornbranntwein durch seinen feinen Geschmack, der immer eine vornehme Kümmelnote aufweist.

Grundmaterialien für Aquavit

- Fein filtrierter Getreidebrand mit 96 Vol.-%.
- Kümmelsamen aus Dänemark und Holland.
- Kräutermischungen, die das Geheimnis der einzelnen Erzeugerfirmen sind.
- Destilliertes oder demineralisiertes Wasser.

Der deutsche → Bommerlunder wurde erstmals 1760 im schleswig-holsteinischen Bommerlund fabriziert. Laut Firmenüberlieferung stammt das Rezept von einem durchreisenden französischen Offizier, der es als Bezahlung für eine Übernachtung zurückließ.

Erzeugung

Destillation	Aus Kümmel, Anis und anderen Würzstoffen wird nach Zugabe von Alkohol im Patent-Still-Verfahren ein Destillat hergestellt, von dem nur der Mittellauf zur weiteren Veredelung verwendet wird.
Mischen	Das Würzdestillat wird mit neutralem Alkohol aus Getreide und eventuell mit destilliertem bzw. demineralisiertem Wasser im sogenannten Aquavittank vermischt, bis die gewünschte Geschmacksrichtung erreicht ist. Danach kommt dieses Produkt zur Reifelagerung.
Lagerung	Spitzenqualitäten werden meist in Sherry- oder Portweinfässern gelagert. Eine besondere Lagerungs- bzw. Reifungsform durchläuft der → Linie Aquavit.
Abfüllung und Etikettierung	

Aromatisierungen des Grundprodukts, wie wir sie von Gin, Genever, aber auch von Wodka schon länger kennen, findet man nun auch beim Akvavit (vgl. z. B. → Aalborg).

In Norddeutschland und Skandinavien wird Aquavit gerne in Verbindung mit Bier getrunken.

Gin

Gin ist ein meist farbloser Branntwein, der seinen charakteristischen Geschmack aus der Aromatisierung mit Wacholderbeeren und anderen Gewürzen bezieht. Das Wort Gin hat den gleichen Ursprung wie Genever, nämlich das französische Wort Genièvre (Wacholder) und das lateinische Wort Juniperus.

Was Sie wissen sollten

- König Wilhelm III. von Oranien brachte, als er im Jahr 1689 zum König von England, Schottland und Irland gekrönt wurde, den Genever aus Holland mit.
- Bald wurde der in England erzeugte Genever Gin genannt und sehr populär. Der König erlaubte nämlich jedem Briten, ein Destillat mit Wacholder herzustellen. Gleichzeitig verfügte er hohe Steuern auf kontinentale, meist aus Frankreich stammende Spirituosen.
- Der Gin war ursprünglich nur eine billige Kopie des holländischen Originals, hergestellt aus einfachem Kornsprit oder Tresterdestillat.
- Im Laufe der Zeit wurde die Zusammensetzung der Ginrezeptur verfeinert.
- Im sogenannten Gin Act beschloss im Jahre 1743 das englische Parlament ein Gesetz gegen das übermäßige Gintrinken, da durch die schlechte Qualität des Destillats viele Menschen gestorben waren. 1751 wurden schließlich sehr strenge Qualitätskontrollen für Gin eingeführt.
- Zu Beginn des 19. Jahrhunderts erschienen die ersten mit Sorgfalt hergestellten Gins.
- Gin hat einen Mindestalkoholgehalt von 37,5 Vol.-%, Premiumabfüllungen gehen jedoch selten unter 47 Vol.-%.
- Gin wird selten pur getrunken, sondern ist Bestandteil, oft Basis für eine ganze Reihe von Mixgetränken.

Grundmaterialien für Gin

- Hauptsächlich Getreidearten wie Gerste und Roggen.
- Auch Kartoffeln und Zuckermelasse.
- Wacholderbeeren oder Wacholderauszüge.
- Je nach Erzeugnis sind Anis, Engelwurz, Ingwer, Lakritze, Kardamom, Kümmel, Koriander, Mandeln, Zitrusfrüchte bzw. deren Schalen in Verwendung.

Insgesamt gibt es angeblich 120 verschiedene „Drogen", deren Aromen zur Ginherstellung herangezogen werden.

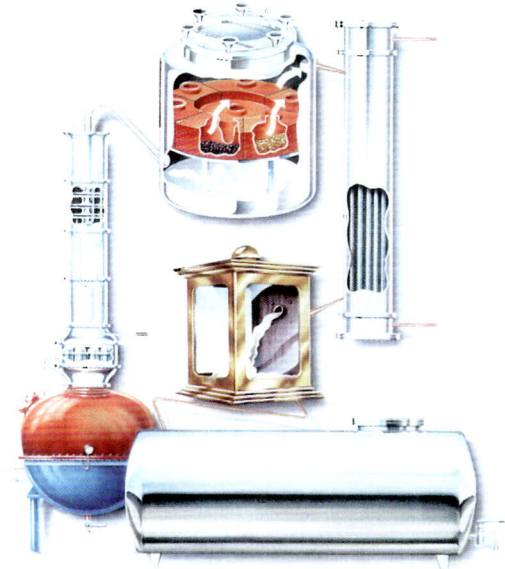

Gin-Herstellung © bacardi

Erzeugung

Grundlage für die Produktion von Gin ist ein hochprozentiges Destillat aus Kornmaische mit ca. 96 Vol.-%.

Destillation	Sie erfolgt heutzutage meist im geschlossenen Kolonnenverfahren. Der Kornmaische wird der Hauptgeschmacksträger (Wacholder) in Form von Beeren oder einem Auszug der Beeren beigegeben. Weitere Stoffe zur Aromatisierung sind Zitronen- und Orangenschalen, Süßholz, Angelika, Anis, Koriander, Zimt und Veilchenwurzel. Viele Gin-Hersteller schwören auf ihre eigene Rezeptur, einen Mix aus bis zu 120 verschiedenen Pflanzenstoffen.
	Die Aromatisierung geschieht nicht nachträglich, sondern während der Destillation. In den verdünnten, reinen Alkohol kommt die Aromatenmischung. Bei einem so genannten Kaltauszug bzw. **Mazeration** werden die Aromastoffe an den Alkohol abgegeben, der dann destilliert wird.
	Andere Brennereien hängen die aromatischen Beigaben in einen hitzebeständigen Behälter in die Brennblase. Der aufsteigende Alkoholdampf nimmt die flüchtigen Aromastoffe auf.
	Auch die Methode der **Perkolation** ist verbreitet. Dabei werden die Rohstoffe nicht im „ruhenden" Alkohol-Wasser-Gemisch ausgelaugt. In den Perkolatoren träufelt der Alkohol ständig auf die Gewürze. Die Zellen füllen sich mit Flüssigkeit, die immer wieder ausgetauscht wird.
Lagerung	Eine Lagerung im eigentlichen Sinne gibt es bei Gin nicht, sondern nur eine kurze Beruhigungsphase für das Destillat.
Verdünnen und Abfüllen	Gin wird mit destilliertem oder demineralisiertem Wasser auf Trinkstärke verdünnt (laut EU mindestens 37,5 Vol.-%) und abgefüllt.

Arten von Gin

Man unterscheidet grundsätzlich zwei Arten, den trockenen Dry Gin oder London Dry Gin und den gesüßten Old Tom Gin oder Plymouth Gin. Darüber hinaus gibt es versetzte Ginsorten.

- **Dry Gin** oder **London Dry Gin** wird ohne Zucker hergestellt. Früher wurden diese Produkte mit 40–43 Vol.-% hergestellt. Heute gibt es auch Erzeugnisse mit 37,5 Vol.-%, durchschnittlich sind es 40 Vol.-%.
  Die Bezeichnung London Dry Gin bezieht sich nicht auf den Herstellungsort London, obwohl dies durchaus der Fall sein kann, sondern auf seine trockene Art.
- **Old Tom Gin** ist die ursprüngliche Bezeichnung eines gesüßten Gins mit durchschnittlich 40 Vol.-%. **Plymouth Gin** unterschied sich sehr deutlich vom Dry und London Dry Gin durch seinen schweren Körper, sein Aroma sowie seine Farbgebung. Heute ist er jedoch dem Dry Gin angepasst. 40 Vol.-% sind die Regel.
  Die Bezeichnung Plymouth Gin stammt aus der Zeit, als Gin zum Standardproviant der Royal Navy im Hauptstützpunkt in Plymouth gehörte.
- **Sloe Gin** ist mit Schlehen versetzter Gin. Der Alkoholgehalt liegt zwischen 32 und 38 Vol.-%. Bei den Engländern sehr beliebt.
- **Versetzte Gins** werden mit einer Reihe von Geschmacksträgern verstärkt. Ihre Produktion und Nachfrage sind im Steigen begriffen.

Beefeater ist nicht nur der Name eines traditionsreichen Gins, sondern sie sind die traditionellen königlichen Leibwächter, die beim Londoner Tower Wache schieben.

Was haben Queen Victoria und Charles Dickens mit Gin zu tun?

Im viktorianischen Zeitalter, einer in England beispiellosen wirtschaftlichen Blütezeit, kultivierte die britische Bevölkerung vor allem auch das leibliche Wohl. Damals entstanden sogenannte **Gin Palaces,** ursprünglich Lokale, die dem großzügigen Barverkauf von Gin dienten. Nun wurden sie zu den feudalen Pubs im bekannten viktorianischen Stil.

Charles Dickens beschreibt die Gin Palaces in seinen „Sketches by Boz": „perfectly dazzling when contrasted with the darkness and dirt we have just left ..."

Blue Gin, Brennerei Reisetbauer

Genever

Genever ist wie Gin ein meist farbloser Branntwein, der seinen charakteristischen Geschmack aus der Aromatisierung mit Wacholder (Genièvre) bezieht. Er ist holländischen Ursprungs und älter als der durch die Briten ab dem 17./18. Jahrhundert in die ganze Welt gebrachten „Bruder".

Was Sie wissen sollten

- Genever wird seit dem Ende des 15. Jahrhunderts gebrannt, erstmals im holländischen Ort Schiedam bei Rotterdam.
- Schiedam ist bis heute ein Hauptort der Genevererzeugung, da hier der sogenannte Moutwijn (Malzwein), das Ausgangsprodukt für Genever, hergestellt wird.
- Weiters gab Schiedam dem Genever die Bezeichnung Schiedamer, die bis heute als Synonym gilt bzw. in der Bezeichnung Schiedamse Genever festgeschrieben ist.
- Die holländische Firma Erven Lucas Bols gibt an, die erste Firma zu sein, die Genever erzeugt hat.
- Eine andere Schreibweise für Genever ist Jenever.
- Auch die Bezeichnung Holland Gin ist da und dort noch zu hören.

Nach einem Gerichtsurteil vom 26. November 1985 des 5. Gerichtshofes in Arnheim muss Genever einen Alkoholgehalt von mindestens 35 Vol.-% aufweisen. Tatsächlich hat er meist 38–43 Vol.-%.

Grundmaterialien für Genever

- Gerste, Roggen, Mais und Darrmalz.
- Wasser.
- Geschmacksträger sind neben dem Wacholder vor allem Anis, Kümmel und Koriander.

Erzeugung

Grundlage für die Produktion von Genever ist ein Erzeugnis, das zu gleichen Teilen aus Gerste, Roggen und Mais hergestellt wird. Es wird in Holland als **Moutwijn** („Malzwein") bezeichnet. Dieser Moutwijn wird in unterschiedlichen Mengen mit Neutralalkohol gemischt.

Maischen	Die Maische wird unter Zusatz von Darrmalz hergestellt und stufenweise vergoren.
Destillation	Die vergorene Maische wird in drei aufeinanderfolgenden Brennvorgängen destilliert, wobei beim letzten Vorgang die jeweiligen Geschmacksträger (vor allem Wacholder) zugefügt werden.
Lagerung und Abfüllung	Nach einer kurzen Lagerung wird der Genever mit destilliertem oder demineralisiertem Wasser auf Trinkstärke von mindestens 35 Vol.-% gebracht und anschließend abgefüllt.

Qualitätserkennung: Auge, Nase und Gaumen wollen überzeugt werden.

Arten von Genever

Man unterscheidet grundsätzlich zwei Arten, den Jonge (jungen) Genever und den Oude (alten) Genever. Darüber hinaus gibt es versetzte Geneversorten.

- **Jonge Genever:** Er ist ein einfacher, klarer Kornbranntwein, der mit wenig oder sogar ohne Moutwijn hergestellt wird und damit neutraler schmeckt. Meist mit 38–40 Vol.-% erzeugt.
- **Oude Genever:** Er enthält im Vergleich zum Jonge Genever einen höheren Anteil an Moutwijn (mindestens 5 Prozent) und schmeckt daher malzig-kornig. Meist mit 40 Vol.-% erzeugt. Oude Genever entspricht der traditionellen Art der Genevererzeugung.
- **Bessenjenever:** ist ein Gemisch aus Genever und Fruchtsaft, meistens Johannisbeersaft. Meist mit rund 20 Vol.-% Alkoholgehalt.

Bessenjenever – oder kurz Bessen genannt – gilt in Holland als Frauengetränk.

- **Dessenjenever:** ist ein leicht süßlicher Genever, meist mit einem Alkoholgehalt von 38–43 Vol.-%.
- **Citronenjenever:** ist ein halbsüßer Genever mit ausgeprägtem Zitronengeschmack, meist mit einem Alkoholgehalt von 38 Vol.-%.

Aquavit, Gin & Genever von A bis Z

A

Aalborg – Dänemark
Akvavit:
Aalborg Export Akvavit
(38 Vol.-%), **Aalborg Jubiläums Akvavit** (42 Vol.-%),
Aalborg Krone Akvavit
(40 Vol.-%), **Aalborg Nordguld Akvavit** (40 Vol.-%)
und **Aalborg Tafel Akvavit**
(45 Vol.-%), **Aalborg Jule Akvavit** (47 Vol.-%, die Flaschen gibt es jedes Jahr in begrenzter Anzahl um die Weihnachtszeit) sowie **Harald Jensen Akvavit** (45 Vol.-%)
und **Brøndum Kummenaquavit** (45 Vol.-%); weiters die aromatisierten Produkte **Frisk Aalborg Citron** (25 Vol.-%),
Frisk Aalborg Krondild
(25 Vol.-%, mit Dille, Koriander, Fenchel) und **Frisk Aalborg Mynte** (25 Vol.-%, mit Minze).
Die Marke Aalborg existiert seit 1846 und ist ein Erzeugnis der Danish Distillers, bekannt unter ihrem früheren Namen → A/S de Danske Spiritfabrikker.

Akvaviitti – Finnland
Akvavit:
Extra (38 Vol.-%, wasserklar, und 43 Vol.-%, goldgelb),
Rajamä (41 Vol.-%); der einzige Aquavit Finnlands.

Seit 1983 erzeugt Aalborg seinen Jule Akvavit in limitierter Auflage. Die Flaschen dieses „Jubiläumsakvavits" sind seither bei Sammlern auf der ganzen Welt sehr begehrt.

Ancient Bottled – Kanada
Gin mit 43 Vol.-%.

Anderson – Schweden
Aquavit:
O.P. (klar, gelb schimmernd, 40 Vol.-%).

Die Schweden sind stolz auf ihren schwedischen Aquavit, ist er doch neben dem Schwedenpunsch, einem Likör, die einzige Spirituose schwedischen Ursprungs, die internationalen Ruf erlangt hat.

Aristocrat – USA
Gin mit 40 Vol.-%.

Arrow – USA
Sloe Gin mit 24 und 30 Vol.-%.

A/S de Danske Spiritfabrikker – Dänemark
Die **Danish Distillers** wurde 1881 unter dem Namen A/S de Danske gegründet, und zwar von Isidor Henius. Im Jahre 1923 wurde dem Unternehmen das dänische Sprit- und Aquavitmonopol übertragen. 1924 Gründung einer

deutschen Niederlassung in Berlin, später einer zweiten in Buxtehude.
Produkte siehe → Aalborg und → Malteserkreuz.

Avoca – Australien
Gin mit 40 Vol.-%.

B

Barclay's Distilled – USA
London Dry Gin mit
40 Vol.-%.

Barton – USA
Gin mit 40 Vol.-%.

Beefeater – England/USA
Gin:
Beefeater (40 und 43 Vol.-%),
Beefeater London Dry
(47 Vol.-% in England,
40 Vol.-% in den USA).
Seit 1820 von James Burrough Ltd. hergestellt.

Bellow's – USA
Gin:
94 (47 Vol.-%), **London Dry**
(40 Vol.-%).

Blackwood Distillery
– Schottland
Das Unternehmen wird auch
„The Shetland Distillery" genannt.
Der Gin wird aus Gerste und Mais mit 40 Vol.-% erzeugt.

Board's Old Tom
– England
Plymouth Gin mit 40 Vol.-%.

Bokma – Niederlande
Genever mit 40 Vol.-%.

> 1826 startete Bokma Genever in Holland.

Bols – Niederlande
Gin:
Silver Top (40 Vol.-%),
London Dry (43 Vol.-%) und
Sloe Gin (30 Vol.-%).
Genever:
Jonge und Oude (40 Vol.-%).
Die bereits 1575 in Amsterdam gegründete Firma Bols ist weltweit einer der ältesten Erzeuger von Likören und Spirituosen.

Bolton – USA
Gin mit 40 Vol.-%.

Bombay – England
Gin:
London Dry (43 Vol.-%) und
Sapphire (47 Vol.-%).

Bommerlunder – Deutschland
Aquavit mit 40 Vol.-%.
Erzeugnis der Fa. Dethleffsen in Flensburg.

Boodles – England/USA
London Dry Gin mit 45,2 Vol.-% in England und 46 Vol.-% in der USA.

Boord's Finest – England/USA
London Dry Gin mit 40 Vol.-%.

Booth's – England/USA
Gin:
High & Dry London Dry
(40 Vol.-%), **House of Lords** (43 Vol.-%) und **London Dry** (in den USA mit 45 Vol.-%).

Bosford Extra – Italien
London Dry Gin mit 40 Vol.-%.

Boston – USA
Sloe Gin mit 30 Vol.-%.

Gabriel **Boudier** – Frankreich
Boudier ist vor allem für seine Liköre bekannt, erzeugt aber auch den **Saffron Gin** mit 40 Vol.-%.

Boulaine – USA
Sloe Gin mit 27,5 Vol.-%.

Bradburns – England
Gin mit 47,4 Vol.-%.

Brigadier – USA
Gin mit 40 Vol.-%.

Burnett's – England/USA
Gin:
White Satin London Dry
(43 Vol.-% in England,
40 Vol.-% in den USA).

Burton's – USA
Gin mit 45 Vol.-%.

C

Calvert – USA
London Dry Gin mit 40 Vol.-%.

Canada Dry – USA
London Dry Gin mit 40 Vol.-%.

Carmel – Israel
Gin mit 45 Vol.-%.

Carnaby's – USA
Gin mit 40 Vol.-%.

Citadelle – Frankreich
Gin mit 44 Vol.-%.

Classic Club – USA
Gin mit 40 Vol.-%.

Clyde's – USA
London Dry Gin mit 40 Vol.-%.

Coates – England
Plymouth Gin mit 47,2 Vol.-%.

Colonial Club – USA
Sloe Gin mit 21 und 30 Vol.-%.

Cork – Irland
Dry Gin mit 40 Vol.-%.

Corney & Barrow – England
Gin mit 47,3 Vol.-%.

Cossack – USA
Gin mit 40 und 45 Vol.-%.

Curtis – England
London Dry Gin mit 43 Vol.-%.

D

Dansk Akvavit
Dänische Schreibweise und Bezeichnung für Aquavit.

De Kuyper – Niederlande
Genever:
Jedekazet oder **J.D.K.Z**
(38 Vol.-%), **De Kuyper Holland Genever** (Handelsbezeichnung in den USA,
40 Vol.-%) und **Bessen** (aus Genever und Johannisbeersaft, 20 Vol.-%).
Sloe Gin mit 30 Vol.-%.

> 1695: Im holländischen Schiedam begann De Kuyper mit einer Genever- und Likörherstellung. Heute ist die Firma der größte Likörproduzent der Welt.

Donald's – England
London Dry Gin mit
47 Vol.-%.

Duggan's – USA
Gin mit 45,2 Vol.-%.

Dutch Gin
Englische und amerikanische Bezeichnung für Genever.

E

Eversbuch – Deutschland
Bekannter Doppelwacholder aus Hagen/Westfalen.

F

Falu – Schweden
Aquavit mit 40–50 Vol.-%,
likörartig mit Pomeranzen- und Kümmelgeschmack.

Findlater – England
Gin mit 40 Vol.-%.

Finsbury – England
Gin:
London Dry Gin (40 Vol.-%)
und **Platinum** (47 Vol.-%).

Fleischmann's – USA
Gin mit 40 Vol.-%.

Fockink – Niederlande
Traditionsreiche Geneverfirma in Rotterdam, heute Museum.

G

Gaetano – USA
Sloe Gin mit 30 Vol.-%.

Genièvre de Hasselet
– Belgien
Genever mit 40 Vol.-%.

Georgi – USA
Gin mit 40 Vol.-%.

Gilbert & Greenall Ltd.
– England
London Dry Gin mit
40 Vol.-%, trägt die Zusatzbezeichnung G. & J. Original.

Gilbert's – USA
Gin mit 40 und 47,2 Vol.-%.

Gilbey's – England
London Dry Gin mit
47 Vol.-%.

Glenmore – USA
Gin mit 40 Vol.-%.

Gordon's – England
Gin:
Gordon's (37,5 Vol.-%),
Gordon's London Dry
(47,5 Vol.-%) und **Sloe Gin**
(26 Vol.-%).

Seit 1898 mit der Londoner Firma Tanqueray zusammengeschlossen zu → Tanqueray, Gordon & Co. Ltd.

Graanstokerij – Belgien
Genever:
Filliers Oude Graanjenever
(38 Vol.-%).

Greenalls – England
Gin mit 40 Vol.-%.

Greeting Card – England
Gin mit 47,3 Vol.-%.

Guckenheimer – USA
Gin mit 40 Vol.-%.

H

Christian **Havner**
– Dänemark
Aquavit mit 40 Vol.-%.

Heinrich – Deutschland
Gin mit 40 Vol.-%.

Hendrick's – England
Gin mit 44 Vol.-%, wird in einer dunkelbraunen Nachbildung der viktorianischen Flasche angeboten.
Erzeugnis der für Whisky bekannten schottischen Fa. Willam Grant & Sons.

Henkes – Niederlande
Gin:
Black Label Dry Gin
(40 Vol.-%).

Hiram Walker
– USA/Kanada
Gin:
London Dry Gin (43 Vol.-%),
Crystal Palace (40 Vol.-%)
und **Sloe Gin** (30 Vol.-%).

Holger Danske
– Dänemark
Akvavit:
Original Danske (40 Vol.-%, mit feinem Kümmelaroma) und **Danske Luksus** (40 Vol.-%, mit ausgeprägtem Dillaroma); die Produkte werden in alten Madeira- und Portweinfässern gelagert.

Holloway's – England
London Dry Gin mit 43 Vol.-%.

Horse Guard – England
London Dry Gin mit 43 Vol.-%.

House of Lords – England
Eine Ginmarke der Fa. → Booth's.

Hulstkamp – Niederlande
Genever mit 38 Vol.-%.

I

Islandsk Akvavit – Island
Aquavit mit 40 Vol.-%.

J

Jacquin – USA
Gin mit 40 Vol.-%, trägt die Bezeichnung London Tower.

Jean Bouline – USA
Sloe Gin mit 27,5 Vol.-%.

Jedekazet (J.D.K.Z)
– Niederlande
Genevermarke der Fa. → De Kuyper.

Harald Jensen – Dänemark
Aquavit mit 45 Vol.-%.

Jule Akvavit – Dänemark
Bekannte Akvavitmarke von → Aalborg.

Isidor Henius, genannt Henius von Thorn
Der Pole aus Thorn war der Erste, der 1846 in Aalborg in Dänemark Akvavit herstellte.

K

Kamchatka – USA
Gin mit 40 Vol.-%.

Kieler Sprotte Aquavit
– Deutschland
Besonders milder Aquavit aus dem Raum Kiel. Angelehnt an die Geschichte des Räucherfisches Kieler Sprotte, wird dieser Aquavit auf einer Hansekogge durch die Kieler Förde gefahren, bevor er in den Handel gelangt.

Kimber – Australien
Gin mit 43 Vol.-%.

Knights – USA
Gin mit 40 Vol.-%.

Kronenkreuz Tafel-Aquavit – Deutschland
Aquavit mit 41 Vol.-%.

L

Lamplighter – England
London Dry Gin der Fa. → Nicholson.

Leopard's Head – England
Gin mit 47 Vol.-%.

Leroux – USA
Gin:
Sloe Gin (30 Vol.-%) und **Sloe Gin Foamy Top** (24 Vol.-%).

Linie Aquavit – Norwegen
Aquavit mit 41 Vol.-%. Die Reifung des Destillates erfolgt in Sherryfässern, die auf Schiffe verladen, von Oslo bis Sydney verschifft werden und dabei den Äquator passieren. Erst dann erhält dieser Aquavit die Bezeichnung „Linie Aquavit". Man glaubt, dass die Bewegung des Schiffsrumpfes sowie die Luft eine wesentliche Rolle beim Reifungsprozess spielen. Der Schiffsname und die Dauer der Reise werden auf jeder Flasche als Qualitätsbeweis vermerkt. Linie heißt auf Norwegisch Äquator.

Little John – USA
Gin mit 47 Vol.-%.

Llords – USA
Sloe Gin mit 15 Vol.-%.

Loitens – Norwegen
Aquavit mit 40 Vol.-%.

Lombard's – England
Gin mit 40 Vol.-%, trägt die Bezeichnung White Label.

London Mist – USA
Gin mit 40 und 47,2 Vol.-%.

Lord Richmond – England
Gin mit 40 Vol.-%.

Lysholm – Norwegen
Aquavit mit 40 Vol.-%.

M

Malteserkreuz
– Deutschland
Aquavit mit 43 Vol.-%, kristallklar. Erzeugnis der Danish Distillers, besser bekannt unter ihrem früheren Namen → A/S de Danske Spiritfabrikker, die in den 1920er-Jahren aufgrund von Importbeschränkungen in Berlin eine deutsche Niederlassung gründeten. Der erste deutsche Malteserkreuz Aquavit verließ die Fabrik am 18. Februar 1924.

Ein weißes Kreuz auf rotem Untergrund ist bis heute das Markenzeichen für den Malteserkreuz Aquavit.

Mc Cormick – USA
Gin mit 40,3 Vol.-%.

Meder Hoppe
– Niederlande
Genever mit 38 Vol.-%.

Milshire – USA
London Dry Gin mit 40 Vol.-%.

Mr. Boston – USA
Sloe Gin mit 30 Vol.-%.

Mohawk – USA
Sloe Gin mit 20 Vol.-%, trägt die Bezeichnung Creamy Top.

N

Newport – USA
Sloe Gin mit 30 Vol.-%.

Nicholson – England
Gin:
Lamplighter London Dry (40 Vol.-%).

Nikolai – USA
Gin mit 40 Vol.-%.

Nordguld – Dänemark
Aquavit mit 40 Vol.-%.

Nuyens – USA
Gin mit 40 und 45 Vol.-%.

O

Ödakra Tafel Akvavit
In Schweden Bezeichnung für einen wasserklaren Aquavit mit Zusätzen von Koriander und Fenchel.

Odesse – USA
Gin mit 40 Vol.-%.

Old General – England
London Dry Gin mit 40 Vol.-%.

Old Inn – England
London Dry Gin mit 40 Vol.-%.

Old Mr. Boston – USA
Gin:
English Market (40 Vol.-%) und **London Dry** (45 Vol.-%).

P

Paramount – USA
Gin:
Light & Dry (45 Vol.-%).

Park & Tilford – USA
Gin mit 40 Vol.-%.

Poland Spring – USA
Gin mit 40 und 45 Vol.-%.

Popov – USA
Gin mit 40 Vol.-%.

Prime Minister – England
Gin mit 40 Vol.-%.

Q

Quality House – USA
Gin mit 40 Vol.-%.

R

Rare Export – USA
Gin mit 47 Vol.-%.

Rasmussen Akvavit
– Norwegen
Aquavit mit 43 Vol.-%.

Rawlings – USA
London Dry Gin mit 40 Vol.-%.

Regal Club – USA
Gin:
Regal Club Gin (40 Vol.-%) und **Sloe Gin** (20 Vol.-%).

Reisetbauer & Schenkenfelder – Österreich
Gin:
Blue Gin (43 Vol.-%, aus reinem Getreidealkohol und einem Destillat aus ungemälztem Weizen hergestellt).

Roggenhof, J. & M. Haider – Österreich
Gin:
Waldviertler Gin (41 Vol.-%, 100 % Roggenanteil).

Royal Court – USA
Gin mit 40 Vol.-%.

Royal Silver – USA
Gin mit 40 Vol.-%.

S

Safari – USA
Gin mit 47,2 Vol.-%.

St. Andrew's – USA
Gin mit 40 Vol.-%.

Schenley – USA
Gin:
London Dry Gin (45 Vol.-%) und **Smooth American Gin** (40 Vol.-%).

Seager Evans & Co. – England
London Dry Gin mit 40 und 43 Vol.-%.

Seagram's – USA
Dry Gin mit 40 Vol.-%.

Skol – USA
Gin mit 40 Vol.-%.

Squires – England
Gin mit 40 und 43 Vol.-%.

S. S. Pierce – USA
Sloe Gin mit 30 Vol.-%.

Sterling – USA
Gin mit 40 Vol.-%.

Stewart's – USA
Dry Gin mit 40 Vol.-%.

Stitzel-Weller – USA
Gin:
Canada Dry (40 Vol.-%).

Stonehouse – USA
Gin mit 40 Vol.-%.

Stuyvesant – USA
London Dry Gin mit 40 und 43 Vol.-%.

Svensk – Schweden
Gin mit 40 Vol.-%. Das Unternehmen in Motola am Vätternsee ist vor allem für Wodka bekannt.

Swordsman – England
Gin mit 40 Vol.-%.

T

Talis – Slowenien
Gin:
Old Boys (40 Vol.-%).

Tanqueray, Gordon & Co. Ltd. – England
Spirituosenerzeugerfirma mit Sitz in London, im Jahre 1898 aus den Firmen Tanqueray und Gordon & Co. gegründet.
Gin:
Special Dry (43 Vol.-%), **London Dry** (47 Vol.-%), **Jeeves Dry** (40 Vol.-%), **No. Ten** (47,3 Vol.-%) und **Sloe Gin** (26 Vol.-%) sowie → Gordon's.

V

Van der Schalk – Niederlande
Genever mit 40 Vol.-%.

Vickers – USA
Gin mit 40 Vol.-%.

W

Waterford – USA
London Dry Gin mit 45 Vol.-%.

White Corner – Slowenien
Dry Gin mit 40 Vol.-%.

White Crown – USA
Gin mit 40 Vol.-%.

Der Longdrink **Gin Tonic** wird in den Bars rund um den Globus bestellt. Gin ist aber auch Basis so bekannter Mixrezepte wie Martini Cocktail, Gibson, Gimlet, White Lady, Tom Collins oder Singapur Sling.

White House – England
London Dry Gin mit 41 Vol.-%.

Whitley Neill – England
London Dry Gin (42 Vol.-%, mit Extrakten aus afrikanischen Früchten).

Z

Zuidam – Niederlande
Genever:
Jonge Graan (35 Vol.-%), **Zeer Oude** (38 Vol.-%) und **Korewijn** (38 Vol.-%).

Whisky und Whiskey

Whisk(e)y ist ein alkoholisches Getränk, das aus Gerste und Wasser durch Fermentierung und anschließende Destillation gewonnen wird.

Das Wort Whisk(e)y stammt aus dem Gälischen und ist eine Abkürzung des Wortes „uisge beatha" oder „usquebaugh". Es ist gleichbedeutend mit Lebenswasser, entsprechend dem lateinischen Aquavit („aqua vitae") und dem französischen „eau-de-vie".

Was Sie wissen sollten

- Whisk(e)y ist das bedeutendste unter allen Getreidedestillaten und kam ursprünglich aus Schottland und Irland.
- Erst später wurden in den USA und in Kanada Whiskydestillerien gegründet. 1923 begann die Erzeugung in Japan, deren Ausstoß heute größer ist als jener Schottlands.
- Ursprünglich wurde Whisk(e)y nur aus Gerste und Hafer hergestellt, erst später wurden und werden heute auch Weizen, Mais und Roggen zur Herstellung verwendet.
- Nach dem Oxford Dictionary sind die beiden Schreibweisen Whisky und Whiskey zugelassen, wobei die Schreibweise mit „e" ursprünglich den irischen Whiskey vom schottischen unterscheiden sollte. Heute wird in den USA hauptsächlich, aber nicht ausschließlich die Schreibweise mit „e" verwendet. Die kanadischen Destillerien sind dazu übergegangen, ihre Whiskys ohne „e" zu schreiben. Die Iren bestehen wiederum auf dem „e".
- In vielen Ländern der Welt wird ein „Whisky" erzeugt, so hat Indien mehr Brennanlagen als die USA. Das Destillat kommt in der Regel aber über die Landesgrenzen nicht hinaus. Auch kleine Länder haben sich der Erzeugung von Whiskyprodukten verschrieben, in Österreich sind zum Beispiel zu nennen die Brennerei → Roggenhof in Roggenreith sowie die Destillerien → Reisetbauer, → Hochmair, → Weutz und Ortner (→ Nock-Land).
- Überhaupt haben sich manche eingesessene Obstdestillateure nun auch dem Getreide verschrieben, in Deutschland zum Beispiel Lantenhammer in Schliersee (Slyrs Bavarian Whisky – Single Malt mit 43 Vol.-%).

- Weitere deutsche Whiskys werden erzeugt von: Racke (Racke rauchzart), AV Brennerei GmbH (Roggen-Whisky mit 43 Vol.-%), Robert Fleischmann (Single Malt Whiskys mit 40 und 43 Vol.-%), Spirituosenmanufaktur Hammerschmiede (Glan Jarran Hochland Whisky), Privatbrennerei Sonnenschein (Single Malt), Birkenhof Brennerei (Westerwald).

Was besagt die EU-Verordnung?

Die EU-Verordnung Nr. 1576/89 vom 29. Mai 1989 besagt:
- Whisky muss aus Getreidemaische destilliert werden,
- weniger als 94,8 Vol.-% in der letzten Destillierphase erreichen,
- mindestens drei Jahre in Holzfässern gelagert werden und
- mindestens 40 Vol.-% aufweisen.
- Produkte, die diese Punkte nicht erfüllen, dürfen im EU-Raum nicht als Whisky verkauft werden.

Scotch Whisky

Die Heimat des Scotch Whiskys ist Schottland. Die turbulente Geschichte des bekanntesten Getreidebrandes reicht bis ins 12. Jahrhundert zurück und ist gerade in unserer Zeit einem permanenten Wandel unterworfen. Alteingesessene Firmen verschwinden praktisch über Nacht, neue Marken entstehen in Windeseile.

Quaich – traditionelles Trinkgefäß

Was Sie wissen sollten

- Dem Mönch John Cor wird die erste Erzeugung eines whiskyähnlichen Getränkes aus Gerstenmalz im Jahre 1294 zugeschrieben.
- Im frühen Mittelalter war dieses Getränk als Heilmittel bekannt.
- Bis ins 16. Jahrhundert konnte jeder seine Gerste ohne Einschränkung destillieren. Um 1550 wurde jedoch ein Gesetz erlassen, das allen Bürgern in der Zeit vom 1. Oktober bis 1. Dezember die Herstellung verbot. Ausgenommen waren Edelleute, die aus eigenen Gerstevorräten für ihren persönlichen Bedarf „aqua vitae" brennen durften.

- Anfang des 18. Jahrhunderts wurde eine Whiskysteuer eingeführt. Für jede Gallone (viereinhalb Liter) mussten zwei Penny bezahlt werden. In dieser Zeit entstanden die sogenannten Moonshine-Brennereien, einsam gelegene Schwarzbrennereien, von denen einige in heute noch existierende Destillerien übergegangen sind.

Wann ist ein Whisky ein Scotch?

- Scotch Whisky darf nur dann so genannt werden, wenn er in Schottland destilliert wurde.
- Er muss mindestens drei Jahre in Fasslagerung gereift sein. Spitzenerzeugnisse können bis zu 30 Jahre lagern.
- Sein Mindestalkoholgehalt beträgt 40 Vol.-%.
- Schottischer Whisky hat als einziger Whisky den typischen Rauchgeschmack, der beim Darren des Gerstenmalzes über dem Torffeuer entsteht.

Beim schottischen Whisky unterscheidet man zwischen Malt Whisky und Grain Whisky.

Welche Grundmaterialien werden benötigt?

- Für einen **Malt Whisky:** Wasser („branch water" aus klaren Hochlandbächen oder Hochmooren), gemälzte Gerste aus Schottland und Frankreich („green malt"), Hefe („yeast") und Torf („peat") zum Darren.
- Für einen **Grain Whisky:** Wasser („branch water"), ungemälzte Gerste („barley") und Hefe („yeast").

Wann ist ein Scotch Malt Whisky ein Single Malt?

- Nur dann, wenn das Produkt aus gekeimter Gerste und Wasser **aus einer Destillerie** stammt.
- Ein Single Malt Whisky ist jung, wenn er zwischen acht und zwölf Jahre alt ist. Danach spricht man von einem sehr guten Alter. Die Superlative stellen Produkte dar, die eine Lagerzeit von 18, 24, 28 bzw. 30 Jahren hinter sich haben.
- Eine Besonderheit im Zusammenhang mit Single Malts stellen die **unabhängigen Abfüller** („independent bottlers") dar, Firmen, die nicht Eigentümer der Destillerien sind, deren Single Malts sie abfüllen. Diese Gepflogenheit stammt noch aus einer Zeit, als Erzeugung und Handel nicht in einer Hand waren. Die Brennereien verkauften ihren Whisky in Fässern an Händler, diese wiederum an ihre Kunden, ursprünglich auch fassweise, später in Flaschen.

Grain-Whisky-Destillerien in Schottland

Zu den bekanntesten zählen u. a.: Cambus, Cameronbridge, Carsebridge, Dumbarton, Girvan, Invergordon (Ben Wyvis), Inver House, Lawson, North British, Port Dundas, Strathclyde. Sie alle erzeugen Grain Whiskys für die verschiedenen Blends, vereinzelt auch Single Grains, in Flaschen abgefüllt.

Für die Erzeugung von einem Liter Whisky werden rund zwei Kilogramm Gerste benötigt.

Erzeugung

Vorbereitende Arbeiten	Die Gerste wird sortiert und gereinigt, bevor sie in Wasser eingeweicht wird, um keimfähig zu werden. Beim Grain Whisky entfällt das Keimen. Danach wird die gequollene Gerste zum nächsten Arbeitsschritt, dem Mälzen, geleitet.
Die Malzerzeugung („malting")	Hauptaufgabe ist die Umwandlung von Stärke in gärfähigen Zucker, damit sie destillierbar wird. Dies geschieht durch das Enzym Diastase, das die Stärke in Malzzucker (Maltose) umwandelt. Siehe auch im Abschnitt Maischen. Dies geschieht entweder auf der Malztenne („malting barn"), in Malzkisten, in Malztrommeln oder in der Saladin Box. Heute werden großteils rotierende Trommeln verwendet. Unter ständigem Wenden wird bei entsprechender Temperatur und Feuchtigkeit die gequollene Gerste zum Keimen gebracht, bis der Großteil der Stärke in Zucker umgewandelt ist. Die Keimung wird abgebrochen, der Trieb ist dann zweimal so lang wie das Korn. Würde die Keimung länger dauern, würde ein Verlust an Zucker entstehen.
Darren	Dies geschieht im Trockenofen („kiln") auf dem sogenannten Darrboden. Hier wird das gekeimte Grünmalz über offenem Torffeuer getrocknet, wobei ein Weiterkeimen unterbunden wird und das Malz den typischen, unverwechselbaren Rauchgeschmack annimmt. Dabei darf die Hitze nicht über 70 °C steigen. Bevor das Darrmalz in den nächsten Produktionsschritt geht, muss es abgekühlt und in einem Malzsilo gespeichert werden. Von zwei Tonnen Gerste verbleiben ca. 1,6 Tonnen Darrmalz.
Schroten	Vor dem Schroten erfolgt die Entfernung der Wurzelkeime in einer eigenen Putzmaschine. Um eine bessere Auslaugung zu erzielen, wird das gedarrte, gekeimte Gerstenmalz („green malt") in der Malzmühle („malt mill") grob geschrotet. Es ist das Ausgangsprodukt für den nächsten Arbeitsschritt. Das geschrotete Malz („grist") wird bis zum Bedarf in einem Silo zwischengelagert.
Maischen	Hauptaufgabe ist die Umwandlung von Stärke durch das Enzym Amylase in Maltose. Das Malzschrot wird in einer Maischmaschine unter ständigem Rühren mit heißem Wasser (ca. 65 °C) vermengt und homogenisiert. Dabei gilt die Faustregel: weiches, torfiges Wasser für schwerere Whiskys, härteres Wasser für leichtere Whiskys. Dieses Gemisch nennt man „mash". Es wird in Maischtonnen (mit einem Fassungsvermögen von 10 000 bis 35 000 Litern) oder in Bottiche („mashtuns") mit perforiertem Boden zur Auslaugung weitergeleitet. Dieser Arbeitsvorgang beendet die Umwandlung von Stärke in vergärbaren Zucker, das Produkt ist nun vollständig ausgelaugt.
Läutern	Beim Läutern werden die festen, ausgelaugten Gerstenkörner von der flüssigen Würze getrennt. Die geläuterte Würze („wort" oder „distiller's beer") wird in Auffangbehälter („underback") geführt und auf durchschnittlich 23 °C abgekühlt.

Fermentation – Gären	Hauptaufgabe ist die Umwandlung von Malzzucker mittels Hefe in Alkohol und Kohlensäure. Das Vergären der geläuterten Würze geschieht in riesigen hölzernen Bottichen („wash backs") mittels Hefezugaben und durch die Bakterien aus der Luft. Bei diesem Vorgang entsteht ein Alkoholgehalt von 6 bis 10 Vol.-%. Diese vergorene Würze wird als „wash" oder „wash ale" bezeichnet und im sogenannten „wash charger", einem Behälter, gesammelt.
Destillation	In Schottland werden alle Malt Whiskys im Pot-Still-Verfahren hergestellt. Highland Malt Whisky wird zweimal, Lowland Malt Whisky dreimal auf 60–75 Vol.-% destilliert. Grain Whiskys werden im Patent-Still-Verfahren bis 94,8 Vol.-% destilliert. Bei der **ersten Destillationsphase** wird die vergorene Würze in die erste Brennblase gefüllt. Man erhält den sogenannten Raubrand („low wine"), der einen verplombten Behälter mit Sichtfenstern („spirit safe") durchläuft und dann in einen Sammeltank weitergeleitet wird. Die verbleibende Flüssigkeit in der Brennblase nennt man „pot ale". In der **zweiten Destillationsphase** kommt der Raubrand aus dem Sammeltank in die zweite Brennblase. Es entsteht der sogenannte Feinbrand, das Herzstück („middle cut"). Vorlauf und Nachlauf werden ausgeschieden. Das Herzstück macht durchschnittlich nur ca. 35 % der Gesamtmenge aus.
Verdünnen	Der Feinbrand wird mit weichem Moor- oder Quellwasser auf durchschnittlich 63,5 Vol.-% gebracht (einige Destillate werden auch weniger stark bzw. gar nicht verdünnt). **Baby-Whisky** ist die Bezeichnung für einen jungen, ungelagerten Whisky. Dieses Produkt nennt man auch Original Gallonage (Mengenmessung des frisch destillierten Whiskys vor der Lagerung).
Lagerung und Reifung (Maturation)	Der verdünnte Feinbrand kommt zur Lagerung in Holzfässer („butts"), die aus Eiche sein müssen. Dabei ist ein Lagerverlust („angels' dram" oder „part of the angels") von ca. 2–2,5 % pro Jahr die Regel. Die Mindestlagerdauer beträgt drei Jahre, wobei jedes Fass dem Whisky seine eigene Reife, Note und Individualität verleiht. Die wichtigste Aufgabe des Master Blender ist festzustellen, wie die Reifung in den einzelnen Fässern verläuft. Es wird entschieden, welche Whiskys für Blended Scotch Whisky verwendet werden und welche an die unabhängigen Abfüller, die Independent Bottlers, verkauft werden.
Ausbau	Beim sogenannten Finishing in speziellen Fässern soll dem Whisky eine zusätzliche Geschmacksnuancierung bzw. individuelle Note verliehen werden. Verwendet werden meist alte Bourbon-, Madeira-, Portwein- oder Sherryfässer. Aber auch gebrauchte Eichenfässer von der Herstellung von Calvados und Rum sowie Weinfässer, die mit Sauternes oder Bordeauxweinen gefüllt waren, finden Verwendung.

Die gebräuchlichsten Fässer sind Hogshead (ca. 250 Liter Fassungsvermögen), Butt (ca. 500 Liter), Cask oder Barrel (ca. 180 Liter) und Octave (45–68 Liter). Es ist auf der Etikette angegeben, in welchem Fass/in welchen Fässern das Produkt sein Finishing bekommen hat, da eine riesige Fülle an Aromen und Geschmacksstoffen möglich ist:

Port Wood Finishing (in Portweinfässern gelagert),

Sherry Finishing (in Sherryfässern gelagert),

Oloroso Finishing (in Oloroso-Sherry-Fässern gelagert),

P.X. Finishing (in Pedro-Ximénez-Sherry-Fässern gelagert),

Calvados Finishing (in Calvadosfässern gelagert),

French Oak Finishing (in Barriquefässern aus französischer Eiche gelagert),

Cognac Finishing (in Cognacfässern gelagert).

Während des Ausbaus werden immer wieder Mengenmessungen vorgenommen, die man **Regauge Gallonage** nennt. Die Werte liegen unter denen der **Original Gallonage,** da während der Lagerung ein gewisser Teil des Produktes verdunstet.

Verschneiden – Blending   Jene Fässer, die ihren optimalen Reifegrad erreicht haben, werden nun vom Blendmaster nach den Standards des Erzeugers miteinander verschnitten und anschließend auf die gewünschte Trinkstärke gebracht. Dieses Blending wird auch als Vatting bezeichnet, das Mischfass heißt **Vat.**

Filtration   Die Kaltfiltration („chill filtering") wird heute immer öfter durch eine ungekühlte Filtration ersetzt. Produkte wie → Ardbeg, die diese Methode anwenden, verweisen auf ihren Etiketten mit dem Begriff „un-chillfiltered" auf diesen Umstand. Bei der Kaltfiltration (bei ca. 5 °C) werden im Whisky enthaltene Fette extrahiert. Werden diese Stoffe nicht herausgefiltert, kann der Whisky (wird er kalt bzw. mit Wasser verdünnt serviert) Trübungen aufweisen. Die Begleiterscheinung der Kaltfiltration, nämlich dass dabei auch Geschmacksträger herausfiltriert werden, ist natürlich nicht erwünscht, was bekannte Destillerien zur ungekühlten Filtration bewog. Insider wissen um diesen Unterschied und nehmen etwaige Trübungen aufgrund der natürlichen Herstellungsmethode gerne in Kauf.

Färbung   Um das Destillat immer in gleichmäßigem Farbton anbieten zu können, bedarf es eines „kosmetischen" Eingriffes, der Färbung. Diese wird in den meisten Fällen mittels Zuckercouleur erreicht und verursacht keine negative geschmackliche Veränderung. Bei einigen Abfüllungen ist auf der Etikette der Zusatz „uncoloured" angebracht, um damit die natürliche Farbgebung des Produktes deutlich zu machen.

In Österreich und in Deutschland muss eine künstlich vorgenommene Färbung angegeben sein. In den USA ist sie verboten.

Abfüllung	Neben den Standardabfüllungen mit 40 Vol.-% und den Spezialitätenabfüllungen mit 43 Vol.-% werden vermehrt besondere Abfüllungen angeboten: **Vintage Malts** (Jahrgangsabfüllungen), **Rare Malts** (Raritäten), **Single Cask Malts** bzw. **Single Barrel Malts** (Einzelfassabfüllungen), **Un-chillfiltered** (nicht kalt gefilterte Abfüllungen). Abfüllen mit Fassstärke wird als **Cask Strength** oder als „As we get it" bezeichnet. Diese Produkte werden unverdünnt abgefüllt, die durchschnittliche Alkoholstärke beträgt 60–65 Vol.-%. Flaschengrößen sind 0,5 l, 0,75 l und 1 l, bei Miniaturen sind die Angaben in ml.
Etikettierung (Labelling)	Auf den Etiketten von Scotch Whiskys sind folgende Angaben üblich: **Produktangabe:** Single Malt, Blended Malt (früher Vatted Malt), Blended Whisky (Blending aus Malt und Grain Whisky). **Alkoholstärke:** Sie wird für Exportware in Vol.-% (Volumprozent) angegeben, für den nordamerikanischen Markt in Proof. **Proof Spirit:** Nach dem britischen Monopolgesetz ist Proof Spirit eine Spirituose, deren Volumen bei einer Temperatur von 51 Grad Fahrenheit (10,5 Grad Celsius) exakt 12/13 des gleichen Volumens von destilliertem Wasser wiegt. Proof Spirit wird in sogenannten Sykes-Graden gemessen. Bei **Under Proof** unterschreiten die Spirituosen die Grade des Proof Spirit. Oft verwendete Abkürzung ist U. P. **Over Proof** sind Spirituosen, die die üblichen Grade der jeweiligen Trinkstärke überschreiten. Oft verwendete Abkürzung ist O. P. **Mengeninhalt:** 1 Proof Gallon entspricht 8,5 Flaschen mit 0,7 l Whisky mit 43 Vol.-%. Häufig verwendete Abkürzung ist P. G. **Filtrationsmethode:** Die Angabe kann, aber muss nicht vorgenommen werden. **Name des Abfüllers** **De Luxe** bzw. **Premium:** Zusatzbezeichnung für einen Blended Whisky mit einem höheren Anteil an älteren Whiskys und einem höheren Anteil an Malt Whisky. Die Altersangabe bezieht sich immer auf das jüngste im Verschnitt befindliche Produkt. Die Bezeichnung „De Luxe" wird jedoch von Hersteller zu Hersteller unterschiedlich interpretiert und ist gesetzlich nicht verankert. **Bottled in Bond** oder **Bonded Whisky** ist unter Zollverschluss drei bis sieben Jahre gelagerter Whisky.

Schottische Whiskyregionen

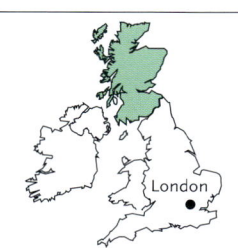

Es werden jährlich ca. 700 Mio. Flaschen schottischen Whiskys exportiert.

Unterscheidungen und Benennungen

Scotch Whisky führt als Herkunftsbezeichnung verschiedene Regionen an.

- Die **Highland Malts** sind Produkte, die nördlich einer imaginären Linie zwischen Glasgow und Edinburgh erzeugt werden. Als Trennstrich ist in vielen Büchern auch die Linie Greenock im Westen und Dundee im Osten unter der Bezeichnung Highland Line zu finden. Generell kann gesagt werden, dass Highland Malts das feinste und ausgeprägteste Aroma aller Malt Whiskys aufweisen. In den einzelnen Teilgebieten gibt es einige individuelle Unterschiede, die sehr interessant sind.
- Die **Lowland Malts** sind Produkte, die südlich der oben angeführten Trennlinie erzeugt werden. Sie sind leichter und weicher und weisen im Vergleich zu den Highland Malts einen geringeren Torfgeschmack auf.
- **Campbeltown** auf Kintyre wird in der Literatur manchmal als Sonderregion geführt. Früher gab es hier sehr viele Brennereien, es sind jedoch nur zwei übrig geblieben. Daher wird das Gebiet heute meist den Lowlands oder den Western Highlands zugeordnet.
- Zu den **Islands** zählen alle Brennereien, die auf den Hebriden und den nördlichen Inseln beheimatet sind. Es sind dies die Inseln Arran, Jura, Skye, Orkney und Mull.
- Die Insel **Islay** wird als eigene Region geführt. Sie hat eine gewisse Sonderstellung, da es hier besonders viele Destillerien gibt. Die Malts sind sehr kräftig mit einem rauchigen Geruch und einem torfigen Geschmack.

Die englische Kurzform a. m. (ante meridiem, vormittags) wurde von der Firma William Sanderson zum Markenzeichen für leichte Whiskysorten gemacht, die sozusagen auch am Vormittag genossen werden können.

Destillerie Ardbeg, © Putz

Torfstecher bei der Arbeit

Die Highlands

- Die bekanntesten Brennereien der Highlands sind im Teilgebiet **Speyside,** das sich entlang des Flusses Spey in den Grafschaften Moray und Banffshire befindet. Hier sind mehr als die Hälfte der schottischen Destillerien angesiedelt, u. a.: → Aberlour, → Allt A' Bhainne, → Ardmore, → Aultmore, → Balmenach, → Balvenie, → Benriach, → Benromach, Braeval, → Cardhu, → Cragganmore, → Craigellachie, → Glenfarclas, → Glenfiddich, → Glen Grant, The → Glenlivet, → Glenlossie, → Glen Spey, → Glentauchers, → Longmorn, The → Macallan, → Mortlach und → Speyburn.
- Das Teilgebiet **Eastern Highlands** nimmt innerhalb der Großregion eine Sonderstellung für Erzeugnisse mit ausgeprägtem Torfgeschmack ein. Hier befinden sich u. a. die Destillerien → Cardhu, → Glen Elgin, → Glenesk, → Glenrothes, → Glenury Royal, → Lochside, → North Port, → Tamnavulin.
- Im Teilgebiet **Western Highlands,** bekannt für Whiskys mit Torfgeschmack und feiner Stärke, sind vor allem die Destillerien → Ben Nevis, → Glengoyne, Littlemill/→ Loch Lomond und → Oban zu nennen.
- Das Teilgebiet **Northern Highlands** verfügt in der Regel über meist schwach getorfte, kräftig-malzige, süßliche Erzeugnisse, die mitunter leicht salzig schmecken können. Die bekanntesten Destillerien sind u. a. → Balblair, → Brora, → Clynelish, → Dalmore, → Glenmorangie, → Glen Ord, → Old Pulteney und → Teaninich.
- Aus den **Midland Highlands,** den Halbinseln, kommen kraftvolle und sehr komplexe Malts. Die bekanntesten Destillerien sind u. a. → Aberfeldy, → Blair Athol, → Dalwhinnie, → Deanston, → Edradour, → Glenturret und → Tullibardine.

Die Lowlands

- Im Vergleich zu den Erzeugnissen der Highlands ist der Whisky hier leichter und weicher. Auch weist er weniger Torfgeschmack auf. Viele der Lowland Malts werden für Blended Scotch Whiskys verwendet.
- Zu den bekanntesten Destillerien zählen u. a.: → Auchentoshan, → Bladnoch, → Glenflagler/Killyloch, → Inverleven, → Kinclaith, → Ladyburn, Littlemill, → Rosebank und → St. Magdalene.

Campbeltown

- Die Campbeltown Malts sind im Körper leichter als die anderen Malts und sie weisen einen ganz leicht süßlichen Torfgeschmack auf.
- Von den vielen Destillerien sind nur noch zwei in Betrieb, nämlich → Glen Scotia und → Springbank.

Islands

- Die Destillerien auf den Inseln stellen sehr kräftige Malt Whiskys her. Der kräftigste Vertreter kommt von der Insel Islay, die als eigene Region geführt wird.
- Die einzige Destillerie auf der Insel Arran heißt → Isle of Arran.
- Die bekannteste Destillerie der Insel Jura ist → Isle of Jura.
- Auf Mull ist vor allem → Tobermory zu nennen.
- Zu den bekanntesten Destillerien auf Orkney zählen → Highland Park und → Scapa.
- Auf der Insel Skye ist → Talisker zu nennen.

Islay

Auf der Inselgruppe der Inneren Hebriden sind zurzeit noch folgende Destillerien in Betrieb:
→ Ardbeg, → Bowmore, → Bruichladdich, → Bunnahabhain, → Caol Ila, → Lagavulin,
→ Laphroaig und → Port Ellen.

> Nicht mehr in Gebrauch sind seit Ende 2004 die Bezeichnungen All Malt, Vatted und Pure Malt Whisky. Diese sind durch den Begriff Blended Malt Whisky ersetzt worden.

Irish Whiskey

Irischer Whiskey kommt aus Irland und wird traditionellerweise im Pot-Still-Verfahren zwei- oder dreimal destilliert. Aber auch in Irland hat sich einiges verändert.

Was Sie wissen sollten

- Irischer Whiskey wurde angeblich schon im 11. Jahrhundert von irischen Mönchen hergestellt. Urkundlich erwähnt wird er jedoch erst in der Mitte des 18. Jahrhunderts. Die Whiskeyerzeugung in Irland ist damit ebenso alt wie die schottische.
- Der Unterschied liegt in den verwendeten Grundmaterialien. Gerste, Weizen, Hafer und Roggen, manchmal auch Zuckerrohrmelasse werden zur Herstellung verwendet.
- Um die Mitte des 18. Jahrhunderts waren in Irland an die 2 000 Destillerien beheimatet. Die Zentren der Herstellung waren Cork, Dublin, Belfast, Tullamore, Kilbeggan, Lochrin und Dodderbank. Zu diesem Zeitpunkt waren zwei renommierte Whiskeydynastien maßgeblich für den Aufschwung von irischem Whiskey verantwortlich – nämlich die Familie Haig aus Schottland und die Familie Jameson aus Irland.
- Heute gibt nur noch wenige Produktionsstätten, wie die Destillerie → Bushmills in Ulster/Nordirland, die → Irish Distillers Group in Midleton, die → Cork Distilleries Company und die Destillerie → Cooley.

Wann ist ein Whisky ein Irish Whiskey?

- Irish Whiskey durfte nur dann so genannt werden, wenn er in Irland dreifach destilliert wurde und mindestens drei Jahre Fasslagerung aufweisen konnte. Diese **Pure Pot Stills** waren das Aushängeschild der irischen Brenner. In vielen Jahren hat sich manches stark verändert, und es wurden mehrheitlich Blends hergestellt. Doch die Turbulenzen scheinen überstanden zu sein.
- Heute gibt es neben dem **Irish Blended Whiskey** genauso einen **Irish Malt Whiskey,** nach wie vor den **Irish Pure Pot Still Whiskey** und sogar einen **Irish Single Grain Whiskey.**
- Die irischen Brenner bestehen auf die Schreibweise des Whiskeys mit „e".

Erzeugung

Folgende Produktionsschritte unterscheiden sich vom schottischen Whisky.

Mälzen	Beim Darren wird im Gegensatz zum schottischen Whisky das gekeimte Getreide in der Regel nicht über Torffeuer getrocknet und hat somit auch keinen Rauchgeschmack. Eine Ausnahme ist → Connemara.
Destillieren	In der Regel wird Irish Whiskey **dreifach** im **Pot-Still**-Verfahren destilliert.
Verschneiden – Blending	Auch der **Grain Whiskey,** der für das **Blending von Irish Whiskeys** erforderlich ist, wird im **Pot Still** hergestellt. **Blending** wird in Irland meist als **Vatting** bezeichnet.

Geschmackscharakteristik

Rund, mild und süßlich-malzig.

Irische Whiskeymarken

Aus der Markenvielfalt, die sich in den letzten 25 Jahren entwickelt hat, haben wir die wichtigsten ausgewählt, und zwar:

→ Bushmills
→ Connemara
Greenore
→ Green Spot
→ Inishowen

→ Jameson
Kilbeggan
→ Locke's
→ Midleton
→ Paddy

Power's (John → Power & Son)
→ Redbreast
The → Tyrconnell
→ Tullamore Dew

American Whiskey

American Whiskey ist eigentlich ein Begriff, der nicht oder kaum in Verwendung ist.
Wir haben ihn gewählt, um alle Whiskeys zusammenzufassen, die in den USA erzeugt
werden. In der Fachwelt spricht man von Bourbon Whiskey und Rye Whiskey bzw.
vom Tennessee Whiskey.

Mais

Holzkohle zur Filtration

Was Sie wissen sollten

- Im Jahre 1640 taucht erstmals der Name Hendriksen auf. Er soll auf Anordnung der holländischen Kolonie in den USA Whiskey gebrannt haben.
- Ab der zweiten Hälfte des 18. Jahrhunderts wurde von schottischen und irischen Auswanderern Whiskey in größeren Mengen hergestellt.
- George Washington führte im Jahre 1794 eine Whiskeysteuer ein.
- Im Laufe der Zeit begann man, als Grundmaterialien nicht nur Gerste, sondern auch Mais und Roggen zu verwenden, die in Amerika aufgrund der Klima- und Bodenverhältnisse gediehen. So entstanden Whiskeysorten, die sich von denen der Alten Welt deutlich unterscheiden.
- Amerikanische Whiskeys haben eine Mindestlagerzeit von zwei Jahren. Sie werden in ausgekohlten Fässern aus Weißeiche gelagert. Diese Fässer dürfen, mit wenigen Ausnahmen, nur einmal verwendet werden.
- Die wichtigsten amerikanischen Bundesstaaten, die Whiskey erzeugen, sind Maryland und Alabama sowie Kentucky und Tennessee, wobei die beiden zuletzt genannten die meisten Brennereien aufweisen.

Grundmaterialien

- Die Grundmaterialien für die Erzeugung amerikanischer Whiskeys sind Wasser, wenig Weizen („wheat") und wenig Gerste („barley"), dafür hauptsächlich Roggen (beim Rye) bzw. Mais (beim Bourbon oder Corn Whiskey).
- Die Getreidemischungen sind jedoch je nach Gebiet und Region unterschiedlichst zusammengestellt.
- Da kein Torf verwendet wird, wird der rauchige Geschmack durch die Lagerung in ausgekohlten Eichenfässern herbeigeführt.

Erzeugung

- Amerikanische Whiskeys werden im Pot- und Patent-Still-Verfahren hergestellt. Es bestehen folgende Unterschiede zu den vorgenannten Whiskeysorten:
- Es kann eine Holzkohlenfilterung (**Charcoal Mellowing** oder **Leaching** oder **Lincoln County Process**) vorgenommen werden.
- Die Lagerdauer beträgt mindestens zwei Jahre.
- Im Gegensatz zu Schottland und Irland dürfen nur frische Eichenfässer (American Barrel) zum Einsatz kommen, die aus Amerikanischer Weißeiche gefertigt sind. Ausnahme ist der Corn Whiskey (siehe unten). Die Fässer werden mit Holzkohle aus Ahornbäumen ausgebrannt. Sie dürfen nur einmal verwendet werden und haben ein Fassungsvermögen zwischen 172 und 190 Litern. Viele American Barrels werden anschließend für die Lagerung von Scotch Whisky nach Schottland verkauft.
- Bei der **Sour-Mash-Methode,** die auch auf der Etikette vermerkt ist, wird ein Teil der Flüssigkeit, die sich nach der ersten Destillation als Rückstand gebildet hat, nochmals in die Maische bzw. in den Gärbottich gegeben.
- Eine Färbung ist in den USA nicht erlaubt. Die Farbgebung muss einzig und allein durch das Lagerfass erreicht werden.

Welche Whiskeyarten werden erzeugt?

AMERICAN WHISKEY

American Straight Whiskey

American Blended Whiskey

Rye Whiskey

Bourbon Whiskey

Straight Bourbon
Kentucky Straight Bourbon
Blended Straight Bourbon

Blended Bourbon

Welche Whiskeybezeichnungen gibt es?

- **American Straight Whiskey:** Unverschnittener Whiskey aus einer Maische, die ausschließlich aus Getreide besteht, beim Straight Bourbon mindestens 51 % Mais, beim Straight Rye mindestens 51 % Roggen. Straights dürfen nicht mit einem zweiten Destillat vermischt werden.
- **American Blended Whiskey** ist ein Verschnitt aus Mais- und Roggenwhiskey.
- **Corn Whiskey** ist ein Whiskey mit einem sehr hohen Anteil (mehr als 80 Prozent) an Corn (Mais). Er ist die einzige Sorte, die sowohl in neuen als auch in gebrauchten Fässern gelagert wird. Außerdem gibt es für ihn keine gesetzlich vorgeschriebene Mindestlagerzeit. Er hat mehr oder minder nur lokale Bedeutung.
- **Light Whiskey** ist die Zusatzbezeichnung für einen leichten, meist im Patent-Still-Verfahren erzeugten Whiskey.
- **Bourbon** bzw. **Bourbon Whiskey:** Das gleichnamige County in Kentucky ist Namensgeber. Bourbon ist jedoch keine Herkunfts-, sondern eine Sortenbezeichnung, die seit 1964 existiert. Erst wenn der Whiskey die Bezeichnung Kentucky Bourbon trägt, stammt er auch aus dem Landstrich Bourbon.

- Ein **Kentucky Straight Bourbon** hat einen Maisanteil von mindestens 51 %, meist viel mehr. Sind es allerdings mehr als 80 %, ist er als Corn Whiskey zu deklarieren.
- **Small Batch Whiskeys:** Bezeichnung für in kleinen bis kleinsten Mengen erzeugte Whiskeys in Kentucky und Tennessee; es handelt sich aber nicht um Einzelfass-Abfüllungen (das sind dann Single-Barrel-Abfüllungen).
- **Single Barrel Bourbons** und **Small Batch Bourbons** werden länger als sonst üblich gelagert, was aber Experten nicht immer als Qualitätssteigerung gutheißen.
- **Tennessee Whiskey** ist seit 1941 eine eigenständige Sorte und stammt aus dem gleichnamigen Bundesstaat im Süden der USA. Vom Bourbon unterscheidet er sich durch die Holzkohlenfiltrierung.
- **Rye Whiskey** unterscheidet sich vom Bourbon nur durch das Grundmaterial, anstelle von Mais wird Roggen verwendet. Die zuletzt stark gesunkene Nachfrage wird durch bekannte Marken wie → Jim Beam, → Wild Turkey und → Heaven Hill zunehmend wieder gesteigert.
- Der **Straight Rye** muss laut Gesetz einen Mindestanteil von 51 % Roggen aufweisen. Die Verwendung von Roggen hat historische Gründe. Die schottischen und irischen Einwanderer, die aus ihrer Heimat das Grundmaterial Gerste zur Herstellung eines Getreidedestillates kannten, fanden in Amerika im Roggen einen würdigen Ersatz.

> Beim Kentucky Whiskey, sowohl beim Straight als auch beim Blended, ist die Bezeichnung **Bourbon Deluxe** zu finden.

Wo befinden sich die Destillerien?

In folgenden amerikanischen Bundesstaaten werden u. a. folgende Marken erzeugt:

Indiana: Seagram.

Kentucky: → Ancient Age, → Barton, → Bernheim, → Early Times, → Four Roses, → Heaven Hill, → Jim Beam, → Labrot & Graham, → Maker's Mark, Willett und → Wild Turkey.

Missouri: Weston.

Pennsylvania: → Mitcher's.

Tennessee: → Jack Daniel's und George → Dickel.

Virginia: Virginia Gentleman.

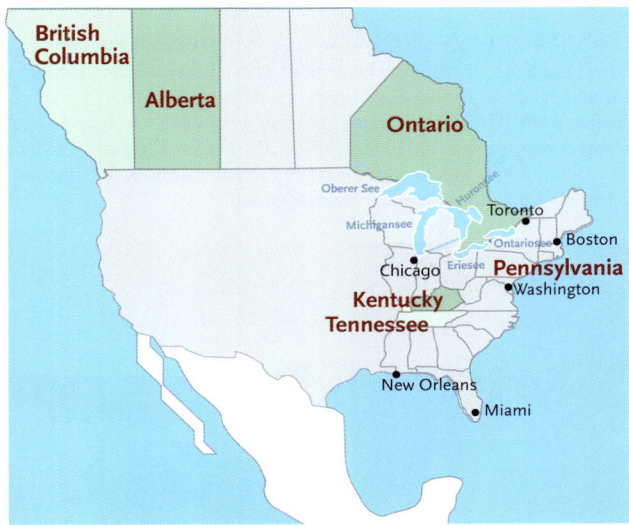

Canadian Whisky

Die kanadischen Hersteller haben aufgrund der etwas „großzügiger" gefassten Ge-
setzeslage mehr Handlungsspielraum als ihre amerikanischen Kollegen. So können sie
zum Beispiel entscheiden, welche Getreidesorte – gemälzt oder als Rohprodukt – sie in
welchem Mischungsverhältnis zur Maische für ihr Destillat verwenden.

Was sagt das Gesetz?

Der Food and Drugs Act definiert Canadian Whisky (Blended und Rye) als ein Erzeugnis, das
- in Kanada erzeugt und gereift sein muss,
- hergestellt als trinkbares alkoholisches Destillat aus einer Maische aus Getreide bzw. Ge-
  treideprodukten,
- verzuckert durch Diastase aus Malz oder durch andere Enzyme,
- vergoren durch Hefe und
- gelagert in kleinen Holzfässern (mindestens drei Jahre).
- Färbung und Aromatisierung sind erlaubt (auch das ein wesentlicher Unterschied!).

Was Sie wissen sollten

■ Mitte des 19. Jahrhunderts (genau 1884) kreierte → Hiram Walker den ersten Canadian, und zwar den Canadian Club, der auch heute noch zu den bekanntesten kanadischen Exporten zählt. Ursprünglich hieß er nur Club. Insider bestellen heute einen „CC".

■ Die Prohibition in den USA brachte für den Canadian Whisky einen enormen Aufschwung. Über den Wasserweg gelangten große Mengen kanadischer Destillate an amerikanische „Vertreiber". Dies brachte mit sich, dass bis heute von vielen Kunden der Geschmack eines Canadian dem der heimischen Produkte vorgezogen wird.

Grundmaterialien

■ Bei der zusammengestellten Getreidemischung ist Roggen fast immer dabei. Es wurde und wird daher die irrige Ansicht verbreitet, dass Canadian Whisky ein Rye Whisky sei. Dies stimmt nicht, es kann genauso gut Mais im Mischungsverhältnis die Hauptrolle spielen.

■ Darüber hinaus werden andere Getreidearten, hauptsächlich Gerste und Weizen, verwendet. Das Mischungsverhältnis ist von Produkt zu Produkt verschieden.

Erzeugung

■ Jede Destillerie in Kanada erzeugt einen sogenannten Basic Whisky, ein relativ neutrales Getreidedestillat mit 95 Vol.-%. Er ist das Grundprodukt für den weiteren Verschnitt und wird entweder als Bourbon- oder als Rye-Typ hergestellt.

■ Einzigartig ist die Möglichkeit, bis zu rund 9 % nicht kanadischen Whisky zu verwenden.

■ Canadian Whisky ist fast immer ein Blended Whisky, vereinzelt gibt es Malts, sogar bis zu einem Single Malt.

■ Die Destillation ist uneinheitlich und kann im Patent-Still- (Coffey-Still-) oder Pot-Still-Verfahren (hier Beer-Still-Verfahren) erfolgen. Es wird auch in einer Kombination aus beiden Verfahren destilliert.

Welche Whiskyarten werden erzeugt?

- **Canadian Blended Whisky:** Fast alle kanadischen Whiskys sind Blends. Auch ein als Canadian Rye Whisky deklariertes Produkt ist eine Blended Whisky, hat also nicht, wie die amerikanischen „Verwandten", einen Mindestanteil von 51 % Roggen.
- **Canadian Malt Whiskys** kommen nur aus Glenora, die auch einen Single Malt in geringer Menge herstellen.
- **O.F.C.** wird sechs Jahre bzw. (für den Export) acht Jahre gelagert. Die Abkürzung steht für **Old Fine Canadian.**

Wo befinden sich die Destillerien?

In folgenden Provinzen befinden sich u. a. folgende Destillerien:
In Alberta: → Alberta, Highwood und Palliser.
In British Columbia: → Potter's.
In Manitoba: Gimli.
In Nova Scotia: Glenora.
In Ontario: → Canadian Mist, Kittling Ridge, Walkerville und Waterloo.
In Quebec: Valleyfield.

Weitere international bekannte Marken sind u. a. → Canadian Club, → Crown Royal, → Black Velvet, Seven Crowns und Seagram's V. O.

Japanischer Whisky

„Japanese Whisky is Scotch Whisky from Japan" – diese oft verwendete Beschreibung von japanischem Whisky trifft genau ins Schwarze. Er wird nämlich mit den gleichen Grundmaterialien in der gleichen Art und Weise hergestellt wie das große schottische Vorbild. Viele Länder haben versucht, „schottischen" Whisky herzustellen. Japan ist es gelungen, ein Produkt zu entwickeln, das zwar an den japanischen Geschmack ange- passt wurde, dem Scotch Whisky jedoch von allen nachgemachten Erzeugnissen am ähnlichsten kommt.

Was Sie wissen sollten

- Der Japaner Masataka Taketsuru kam als Student nach Glasgow. Nach kurzer Zeit gab er sein Studium auf und machte sich daran, die Destillation von Whisky zu erlernen. Der „Va- ter des japanischen Whiskys" kehrte danach in seine Heimat zurück und gründete 1923 ge- meinsam mit Shinjiro Torii die erste japanische Destillerie.
- Es folgte bald darauf eine zweite Brennerei – den Whisky nannten sie Suntory.
- Taketsuru gründete schließlich (diesmal alleine) eine dritte Destillerie. Die Whiskys werden bis zum heutigen Tag unter dem Namen Nikka vermarktet.
- Die Japaner haben sich nunmehr in Europa eingekauft und nennen schottische Destillerien ihr Eigen. Auch sind sie Partnerschaften mit schottischen Brennern eingegangen.

Bei den Japanern ist es besonders beliebt, eine ganze Flasche des Lieblingswhiskys persön- lich reservieren zu lassen. Überhaupt ist es ein gängiger Brauch bei vielen japanischen An- gestellten, nach der Arbeit im Kreise der Kollegen eine Bar aufzusuchen.

Erzeugung

- Die Herstellung von japanischem Whisky entspricht großteils der des schottischen. Gerste und Gerstenmalz werden oft aus Schottland eingeführt, ebenso der Torf.
- Die Reifung erfolgt in gebrauchten Sherry- oder Bourbonfässern. Immer öfter werden aber auch – wie in Amerika üblich – ausgekohlte, neue Eichenfässer verwendet.
- Die Mindestlagerzeit von drei Jahren entspricht wieder dem schottischen Vorbild.

Welche Whiskyarten werden erzeugt?

- **Single Malts:** gibt es erst sehr kurz.
- **Pure Malts (Blended Malts):** werden seit den 1980er-Jahren hergestellt. Sie sind den Bourbons ähnlicher als den schottischen Blended Malts.
- **Blended Whisky:** macht den Großteil der japanischen Produktion aus. Der unterschiedlich hohe Maltanteil wird als Super Premium (über 40 %), Premium (35–40 %), Special (30–35 %), First (20–30 %) oder Second (10–20 %) deklariert.
- Insgesamt sind die japanischen Destillate eher leicht und blumig. Die Japaner ziehen einen leichteren Torfgeschmack (im Vergleich zu den schottischen Vorbildern) vor.

Die Japaner bestellen einen Mizuwari, einen mit Wasser verdünnten Whisky.

Japanische Whiskymarken

Neben den beiden Großfirmen → Suntory und → Nikka gibt es rund 20 kleinere Produktionsstätten, u. a. zu nennen: → Hakushu, → Kirin-Seagram, → Mercian, → Sanraku, → Takara Shuzo Co., → Yamazaki.

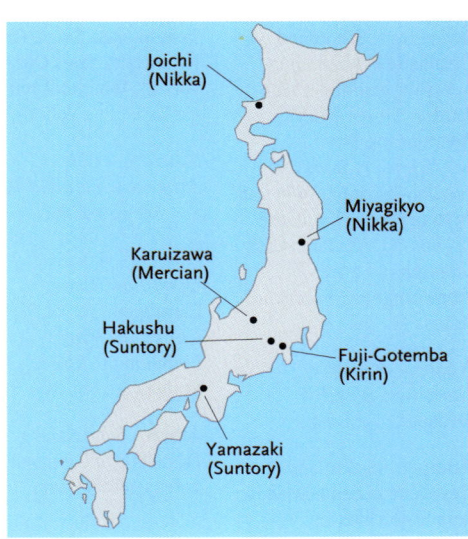

Joichi (Nikka)
Miyagikyo (Nikka)
Karuizawa (Mercian)
Hakushu (Suntory)
Fuji-Gotemba (Kirin)
Yamazaki (Suntory)

Whisky und Whiskey von A bis Z

A

Aberfeldy – Schottland
Destillerie in Aberfeldy in den Midland Highlands, gegründet 1896. Die erste Abfüllung erfolgte im Jahre 1991.
Scotch Single Malts:
15 Years Old (43 Vol.-%),
15 Years Old Flora & Fauna Cask Strength (43 Vol.-%),
12 Years Old Nr. 4 und Nr. 11, 25 Years Old Nr. 3, 1980 Cask Strength Limited Bottling (62 Vol.-%).
Abfüllungen: → Gordon and MacPhail, → Signatory und → Scott's Selection.

Aberlour – Schottland
Destillerie in Aberlour in Speyside, gegründet 1826.
Scotch Single Malts:
Aberlour 100 Proof (57,1 Vol.-%), **10, 15 Years Old** (40 Vol.-%), **1964, 1969 und 1970** (43 Vol.-%), **Antique** (43 Vol.-%), **A'bunadh Cask Strength** (60,2 Vol.-%).
Abfüllungen: → Lombard Brands

Adams – Kanada
Canadian Blend:
Antique (43 Vol.-%).

Adelphi – Schottland
Destillerie in den Lowlands, bereits geschlossen.

Adelphi Bottler
– Schottland
Unabhängiger Abfüller.
Zu den besten *Single-Malt-Abfüllungen* gehören u. a.:
Aultmore Single Cask 1989 (57,6 Vol.-%), **Benrinnes Single Cask No. 146** (57,8 Vol.-%), **Bunnahabhain 1977** (50,6 Vol.-%), **Glen Elgin 1978 Single Cask** (47,5 Vol.-%), **Glenlivet Single Cask No. 13120** (57 Vol.-%), **Inchgower 1985 Single Cask** (55,5 Vol.-%), **Milton Duff 1994 Single Cask** (57 Vol.-%), **Rosebank 14 Years Old** (53,9 Vol.-%), **Springbank 1969 Single Cask** (58,5 Vol.-%), **Tamdhu 1982 Single Cask No. 2453 22 Years Old** (58,2 Vol.-%), **Tomintoul 1967 Single Cask** (49,2 Vol.-%).

Admiral – USA
American Blended Whiskey mit 40 Vol.-%.

Alberta – Kanada
Canadian Blend:
Carrington (40 Vol.-%).
Canadian Ryes:
Premium (40 Vol.-%), **Alberta Springs** (40 Vol.-%).

Albyn – Schottland
Destillerie in Campbeltown, bereits geschlossen.

Allen's – USA
American Blended Whiskey mit 43 Vol.-%.

Allt A' Bhainne
– Schottland
Destillerie in Dufftown in Speyside.
Der *Single Malt* ist Grundbestandteil des bekannten → Chivas Regal (Blended Scotch Whisky). Es wurden auch einige Fässer an unabhängige Abfüller verkauft, die jedoch bis heute keine offiziellen Abfüllungen auf den Markt gebracht haben.
Andere Single-Malt-Abfüllungen: James → MacArthur, → Oddbins.

A. M.
Die englische Abkürzung für Vormittag war das Markenzeichen der Firma William Sanderson für leichte Whiskysorten.

Ambassador – Schottland
Scotch Blends:
Ambassador (42 Vol.-%), **Royal 12 Years Old** (42 Vol.-%) und **Twenty-five Years Old** (42 Vol.-%).

Speyside, sagt man, hätte die feinsten und harmonischsten Whiskys Schottlands, was den Geruch und den Geschmack betrifft.

American Pioneer – USA
Kentucky Straight Bourbon:
Sour Mash 6 Years Old
(40 Vol.-%).

Ancestor – Schottland
Ein *Scotch Blend De Luxe*
mit 43 Vol.-%.

Anchor – USA
Destillerie in San Francisco,
die als Besonderheit einen
Single Malt Rye Whiskey herstellt, also mit gemälztem
Roggen.

Ancient Age – USA
Kentucky Straight Bourbons:
Ancient Age (40 Vol.-%) und
Ancient Age 10 Years Old
(43 Vol.-%); der Name wurde
auf Buffalo Trace geändert.

An Cnoc – Schottland
Destillerie in Speyside, gegründet 1894, und zwar unter dem Namen Knockdhu.
Ältere Abfüllungen sind noch
unter dieser Bezeichnung auf
dem Markt.
Scotch Single Malt:
12 Years Old (40 Vol.-%).

The **Antiquary** – Schottland
Scotch Blend:
De Luxe 12 Years Old
(40 Vol.-%).

Ardbeg – Schottland
Destillerie in Ardbeg auf Islay, gegründet 1815; zwischenzeitlich geschlossen und seit
1989 wieder in Betrieb. Ardbeg Malts werden von vielen

unabhängigen Abfüllern aufgekauft.
Scotch Single Malts:
Ardbeg (40 Vol.-%), **Very
young 6 Years Old** (40 Vol.-%).
Scotch Blended Malts mit
40 Vol.-%.
Single-Malt-Abfüllungen:
→ Cadenhead, → Connoisseurs Choice, → Gordon and
MacPhail, → Signatory, Murray → McDavid.

Ardlussa – Schottland
Destillerie in Campbeltown,
bereits geschlossen.

Ardmore – Schottland
Destillerie in Kennethmont in
Speyside.
Single-Malt-Abfüllungen:
James → MacArthur, → Gordon and MacPhail.

Argyll – Schottland
Destillerie in Campbeltown,
bereits geschlossen.

Aristocrat – Indien
Blended Whiskey mit 40
Vol.-% der Destillerie Jagatjit.

**Association of Canadian
Distillers**
Zusammenschluss von elf
kanadischen Spirituosenerzeugern im Jahr 1947.

As we get it
Schottische Bezeichnung
für in Fassstärke abgefüllte
Destillate, meist mit einem
Alkoholgehalt von ca. 65
Vol.-%; auch Cask Strength
genannt.

Auchentoshan
– Schottland
Destillerie in den Lowlands
bei Glasgow, gegründet um
1800.
Scotch Single Malts:
10 und 12 Years Old (40 Vol.-%),
1966, 18 und 21 Years Old sowie **Select Tree Woods**
(43 Vol.-%); alle Erzeugnisse
sind dreifach destilliert.

Auchroisk – Schottland
Destillerie bei Keith in Speyside, erste Abfüllungen ab
1986. Die Single Malts heißen **The Singleton of Auchroisk.**
Scotch Single Malts:
**Flora & Fauna Nr. 16, Nr. 17,
11 Years Old, Speyside Malt**
(43 Vol.-%), **Vintage 1974 28
Years Old** (56,8 Vol.-%), **Rare
Malt.**
Single-Malt-Abfüllungen:
Ian → MacLeod, Murray →
McDavid.

Aultmore – Schottland
Destillerie in Keith in Speyside, gegründet 1896.
Scotch Single Malts:
12 Years Old (40 Vol.-%),
Flora & Fauna (43 Vol.-%).
Single-Malt-Abfüllungen:
Harvey & Co., → Cadenhead.

Macallan wurde zum Synonym für weiche Highland
Whiskys.

B

Baker's – USA
Kentucky Straight Bourbon:
7 Years Old (Small Batch Bourbon mit 46,5 Vol.-%).

Balblair – Schottland
Destillerie in Edderton in den Northern Highlands, gegründet 1790; zählt zu den ältesten Brennereien Schottlands.
Scotch Single Malts:
Original, Old Highland Malt 15 Years Old, Elements Nr. 5, Elements Nr. 16, 10, 24, 31 und **33 Years Old** (alle 40 Vol.-%), **27 Years Old Sherry Cask** (46 Vol.-%), **Vintage 1992 Single Peaty Cask** (58,8 Vol.-%), **2003 – 33 Years Old** (45,8 Vol.-%), **38 Years Old** (44 Vol.-%).
Single-Malt-Abfüllungen:
→ Cadenhead, → Gordon and MacPhail, → Signatory.

Ballantine's – Schottland
Eine der erfolgreichsten Whiskymarken weltweit.
Scotch Blends:
Standard (40 Vol.-%), **Finest, Gold Seal 12 Years Old, 17** und **30 Years Old** (43 Vol.-%).

Balmenach – Schottland
Destillerie bei Cromdale in Speyside, gegründet 1824 von James McGregor und seinen Brüdern. Schon öfter stillgelegt und wieder eröffnet. Erste Abfüllung von Single Malts im Jahre 1991 in der Serie Flora & Fauna.

Scotch Single Malt:
12 Years Old (43 Vol.-%).
Single-Malt-Abfüllungen:
→ Cadenhead, James → Mac Arthur.

Balvenie – Schottland
Destillerie in Dufftown in Speyside, gegründet 1892.
Scotch Single Malts:
Founder's Reserve 10 Years Old (43 Vol.-%), **Double Wood 12 Years Old** (43 Vol.-%), **Classic** (43 Vol.-%), **Single Barrel** (50,4 Vol.-%), **30 Years Old** (46,6 Vol.-%), **Scotch Portwood 21 Years Old, Scotch Vintage Cask** (43 Vol.-%), **17 Years Old Islay Cask, Rum Wood Finished Limited Edition 14 Years Old** (47,1 Vol.-%).
Single-Malt-Abfüllungen:
→ Cadenhead, → Signatory.

Banff – Schottland
Destillerie in den Highlands, bereits geschlossen; Produkte aus den Serien Rare Malt und Connoisseurs Choice noch erhältlich.
Single-Malt-Abfüllungen:
James → MacArthur, → Signatory.

Barton – USA
American Blends:
Premium (40 Vol.-%), **Reserve** (40 und 45 Vol.-%).

Basil Hayden's – USA
Kentucky Straight Bourbon:
8 Years Old (Small Batch Bourbon mit 40 Vol.-%).

Beam's Whiskey
siehe → Jim Beam.

Arthur **Bell & Sons Ltd.** – Schottland
Große Destillerie in Perth in den Highlands, gegründet 1825.
Scotch Blends:
Extra Special, 12, 20 und **30 Years Old** (alle 43 Vol.-%)

Bellow's – USA
American Blends:
Partner's Choice (40 Vol.-%), **Reserve** (45 Vol.-%).
Kentucky Straight Bourbons:
Bourbon Club und Bourbon Rare (40 Vol.-%).

Benchmark – USA
Kentucky Straight Bourbons:
Sour Mash und De Luxe 6 Years Old (43 Vol.-%).

Benmore – Schottland
Destillerie in Kintyre in Campbeltown, bereits geschlossen.

Ben Nevis – Schottland
Destillerie in Fort William in den Western Highlands, gegründet 1825.
Scotch Single Malts:
Dew Single 10 Years Old und **Special Reserve, 9 Years Old, 21 Years Old, Scotch Dew** (43 Vol.-%), **1966** (59 Vol.-%), **1972** (55,6 Vol.-%), **1990** (66 Vol.-%).
Single-Malt-Abfüllungen:
→ Cadenhead, Murray → McDavid, The → Scotch Malt Whisky Society.

Benriach – Schottland
Destillerie in Longmorn in
Speyside, gegründet 1898;
erste Abfüllung der Single
Malts im Jahre 1994.
Scotch Single Malts:
10, 16, 20 Years Old
(43 Vol.-%).
Single-Malt-Abfüllungen:
→ Connoisseurs Choice, →
Gordon and MacPhail.

Benrinnes – Schottland
Destillerie in Aberlour in
Speyside, gegründet 1835; alle
Produkte werder dreifach
destilliert.
Scotch Single Malts:
„1979" (61,5 Vol.-%), **9** und **15
Years Old** (43 Vol.-%).
Single-Malt-Abfüllungen:
→ Cadenhead, → Gordon
and MacPhail.

Benromach – Schottland
Destillerie in Forres in Spey-
side, gegründet 1898.
Scotch Single Malt:
„1979" (49,8 Vol.-%).
Single-Malt-Abfüllung:
→ Gordon and MacPhail.

Ben Wyvis – Schottland
Destillerie in Invergordon in
den Highlands, gegründet
1965; bereits geschlossen.
Scotch Single Malt:
**The Final Resurrection 27
Years Old** (43 Vol.-%).

Bernheim – USA
Destillerie in Louisville,
Kentucky, gegründet 1992.
Rye Whiskey mit 43 Vol.-%.

Berry Bros. & Rudd
– England
Unabhängiger Abfüller, Sitz
der Firma ist London; kreierte
im Jahre 1923 den *Scotch
Blend* → Cutty Sark.
Spezialisiert auf kleine Mengen von Cask-Strength-Abfüllungen sowie Abfüllungen in
Sherryfässern. Zu den besten
Single-Malt-Abfüllungen
gehören u. a.:
Banff 1975 (46 Vol.-%),
Berry's Best Islay Malt
(43 Vol.-%), **Clynelish 1973**
(43 Vol.-%), **Demerara Versailles Stills** (46 Vol.-%),
Glen Grant 29 Years Old
(57,1 Vol.-%), **Lochside 1981**
(46 Vol.-%), **Teaninich 1972**
(43 Vol.-%).

Berry's – Schottland
Scotch Blended Malt:
All Malt (40 und 43 Vol.-%).

Big Five
Siehe → The Big Five.

Big Four
Siehe → The Big Four.

Blackadder – Schottland
Unabhängiger Abfüller, der
es sich zur Aufgabe gemacht
hat, ohne Kühlfiltration und
ohne Färbung abzufüllen;
die Whiskys enthalten daher
„Cask Sediments". Unver-
dünnte Malts tragen die
Bezeichnung Raw Cask und
Limited Edition.
Single-Malt-Abfüllungen
sind u. a.:
Auchroisk 1989 Clydesdale
(62,9 Vol.-%), **Aultmore 1989**
(55,8 Vol.-%), **Blair Athol**

1990 (61,4 Vol.-%), **Braes of
Glenlivet 1989 Single Cask**
(60,8 Vol.-%), **Clynelish 16
Years Old Raw Cask** (58 Vol.-%),
Cragganmore Cask Strength
(60 Vol.-%), **Glenrothes 1969
Raw Cask** (53,8 Vol.-%).
Irish Malt:
A Drop of the Irish (45 Vol.-%).

Black & White
– Schottland
Scotch Blend mit 40 Vol.-%)
von James → Buchanan,
dem legendären schottischen
Whiskyerzeuger.

James Buchanan war einer
der schottischen Whiskypi-
oniere. Er führte im Jahre
1884 einen Blended Whis-
ky ein, der aufgrund sei-
nes hervorragenden Ver-
kaufstalentes sogar den
Weg in die Bar des bri-
tischen Unterhauses fand.
Dort erhielt er den Namen
Black & White (schwarze
Flasche, weiße Etikette).

Black Bull – Schottland
Scotch Blend mit 50 Vol.-%.

Black Bush – Irland
Irish Blend mit 40 Vol.-%
von → Bushmills; sehr hoher
Maltanteil.

Black Label
Bezeichnung bei schotti-
schen und amerikanischen
Whisk(e)ys, die einen sehr
hohen Maltanteil und eine
überdurchschnittliche Lagerdauer aufweisen.

Black Velvet – Kanada
Canadian Blend mit 40
Vol.-%; der Whisky ist auch
unter der Abkürzung „BV"
bekannt und weist eine fünf-
jährige Lagerung auf.

Bladnoch – Schottland
Destillerie bei Wigtown in
den Lowlands, gegründet
zwischen 1817 und 1825;
bereits geschlossen.
Scotch Single Malt:
1977 Rare Malts (53,6 Vol.-%).
Single-Malt-Abfüllungen:
→ Cadenhead, → Connois-
seurs Choice, → Gordon and
MacPhail, → Signatory.

Blair Athol – Schottland
Destillerie in Pitlochry in den
Highlands; der Vorläufer wurde 1798 gegründet, in der
heutigen Form besteht die
Brennerei seit 1949.
Scotch Single Malts:
8 Years Old (40 Vol.-%),
12 Years Old (43 Vol.-%),
Limited Edition 1969
(45 Vol.-%).

Blanton's – USA
Kentucky Straight Bourbon
(Single Barrel mit
46,5 Vol.-%).

Böckl – Österreich
Brennerei mit Sitz in Deutsch
Wagram, im Besitz der Fa-
milie Karin und Franz Böckl.
Neben Obstdestillaten wer-
den vier Getreidebranntweine
hergestellt.
**Marchfeld Whisky Roggen,
Marchfeld Whisky Gerste,
Marchfeld Whisky Hafer**
und **Marchfeld Whisky Gold.**

Bond Hall – USA
American Blend mit
45 Vol.-%.

Booker's Beam – USA
*Kentucky Straight Bour-
bon* (Small Batch Bourbon
mit 60,7 Vol.-%).

The **Bottlers** – Schottland
Unabhängiger Abfüller, ge-
gründet 1996 von einem
schottischen Weinhändler.
Single-Malt-Abfüllungen
sind u. a.:
**Caperdonich 1976 27 Years
Old** (54,3 Vol.-%), **Clynelish
1984 16 Years Old** (58,5 Vol.-%),
**Cragganmore 1981 20 Years
Old** (59,3 Vol.-%), **Strathisla
1977 27 Years Old** (43,9 Vol.-%).

Bourbon Supreme – USA
*Kentucky Straight Bour-
bon* mit 40 Vol.-%.

Warum Bourbon?
Im amerikanischen Kentu-
cky kennt man das Bour-
bon County, benannt nach
dem französischen Ge-
schlecht der Bourbonen.
Es gab der Whiskeygattung
den Namen. Ursprüng-
lich war der Landstrich
aber bekannt für Vanille
aus den Bourbon-Vanille-
schoten.

Bowmore – Schottland
Destillerie in Bowmore auf
Islay, gegründet 1779; älteste
Destillerie der Insel.
Scotch Single Malts:
10 Years Old und Legend
(40 Vol.-%), **12, 15, 17, 21, 25,
30 Years Old** (43 Vol.-%),
Bicentenary (43 Vol.-%),
**Bowmore Anniversary 30
Years Old** (50 Vol.-%), **Black
Bowmore 1964** (50 Vol.-%),
Darkest (Lagerung in neu-
en Sherryfässern, 43 Vol.-%),
Dawn und Dusk (50 Vol.-%),
**Voyager Limited Edition Cask
Strength** (56 Vol.-%).
Single-Malt-Abfüllungen:
→ Cadenhead, → Signatory.

Brackla – Schottland
Destillerie in Cawdor in den
Highlands, gegründet 1812;
darf sich seit 1835 Royal
Brackla nennen.
Scotch Single Malt mit
43 Vol.-%.
Single-Malt-Abfüllungen:
→ Cadenhead, → Gordon
and MacPhail.

Braes of Glenlivet
– Schottland
Destillerie in Speyside, ge-
gründet 1973/74; um Ver-
wechslungen mit → Glen-
livet zu vermeiden, wurde die
Brennerei auf den Namen
Braeval umbenannt. Der er-
zeugte Whisky ist Haupt-
bestandteil des → Chivas
Regal.
Single-Malt-Abfüllungen:
→ Cadenhead, → Signatory.

Ezra **Brooks** – USA
Kentucky Straight Bourbons:
Special Reserve 12 Years Old (40 Vol.-%), **„101°" 15 Years Old** (50,5 Vol.-%).
Kentucky Bourbon:
Bourbon 50 M. (40 und 45 Vol.-%).

Brora – Schottland
Destillerie in den Northern Highlands, bereits geschlossen; bis 1967 hieß die Brennerei → Clynelish.
Scotch Single Malts:
2002 Annual Release 30 Years Old Cask Strength (52,4 Vol.-%), **2005 30 Years Old Super Premium Bourbon Cask** (56,3 Vol.-%), **1977 Rare Malts** (56,1 Vol.-%), **20 Years Old Rare Malt Selection** (58,1 Vol.-%); sind noch erhältlich
Single-Malt-Abfüllungen:
→ Gordon and MacPhail, → Signatory.

Bruichladdich – Schottland
Destillerie auf Islay, gegründet 1881; ist die am weitesten westlich gelegene Brennerei Schottlands. Die Destillerie war bereits geschlossen, wurde jedoch im Jahr 2000 neu adaptiert und modernisiert.
Scotch Single Malts:
10, 15, 20, 21 Years Old (40 Vol.-%), **The Stillman's Drum 25 Years Old** (45 Vol.-%), **Vintage 1986** (55,8 Vol.-%); alle Produkte sind ungefärbt („colouring free").

Single-Malt-Abfüllungen:
→ Cadenhead, Murray → McDavid.

James **Buchanan & Co.**
                    – Schottland
Scotch Blends:
Buchanan 12 Years Old und der bekannte → **Black & White** (40 Vol.-%).
Scotch Blended Malt:
Strathconan 12 Years Old (43 Vol.-%).

Buffalo Trace
Siehe → Ancient Age.

Bulleit – USA
Kentucky Straight Bourbon mit 45 und 50 Vol.-%.

Bulloch Lade & Co.
                    – Schottland
Unabhängiger Abfüller in Glasgow.
Blended Malt:
Caol Ila 12 Years Old (40 Vol.-%).
Scotch Blend mit 40 Vol.-%.

Bunnahabhain
                    – Schottland
Destillerie auf Islay, gegründet 1881.
Scotch Single Malt:
12 Years Old (40 Vol.-%).
Single-Malt-Abfüllung:
→ Signatory.

Bunratty Potcheen
                    – Irland
Irish Blend mit 45 Vol.-%.

Burke & Barry – USA
Kentucky Blend mit 43 Vol.-%.

Burnside – Schottland
Destillerie in Campbeltown, bereits geschlossen.

Bushmills – Nordirland
Destillerie, die bereits seit 1896 → Old Bushmills heißt; die Whiskeys werden jedoch oft nur Bushmills genannt.
Irish Single Malts:
Bushmills (40 und 43 Vol.-%), **Three Woods Finish** (43 Vol.-%), **2002 Sherry Cask** (53,7 Vol.-%).
Irish Blend:
→ Black Bush.

Bush Pilot's – Kanada
Canadian Single Cask mit 40 Vol.-%.

BV
Gängige Abkürzung für den kanadischen Whisky → Black Velvet.

Der kanadische Whiskypionier Hiram Walker stellte bereits 1884 einen Blend mit dem Namen Club her, den er, um die Exklusivität zu unterstreichen, nur an Clubmitglieder verkaufte. Der Erfolg stellte sich bald ein. Um eindeutig auf die kanadische Herkunft hinzuweisen und ihn von seinen amerikanischen Konkurrenten zu unterscheiden, nannte Walker seinen Whisky Canadian Club. Der Name ist bis heute Inbegriff für kanadischen Whisky.

C

Cabin Still – USA
Kentucky Straight Bourbon mit 40 Vol.-%.

Cadenhead
Unabhängiger Abfüller in Aberdeen, gehört zur → Springbank Destillery in Campbeltown.
Die Abfüllungen kommen nicht kaltgefiltert („un-chill-filtered") entweder unter den Markennamen **Original Collection 46 Vol.-%** oder **Authentic Collection** (nur für Fass-stärke-Abfüllungen) oder als **Chairman's Stock** – Produkte, die aus privaten Sammlungen stammen – auf den Markt.
Single-Malt-Abfüllungen sind u. a.:
Aberfeldy Chairman's Stock 26 Years Old (57 Vol.-%), **Ardbeg 15 Years Old** (46 Vol.-%), **18 Years Old** (58,1 Vol.-%), **Aultmore 13 Years Old** (46 Vol.-%), **Balblair Nr. 24, Balmenach 12 Years Old, Balvenie 15 Years Old** (46 Vol.-%), **Ben Nevis 15 Years Old** (60,9 Vol.-%), **22 Years Old** (46 Vol.-%), **Benrinnes 19 Years Old** (50,2 Vol.-%), **23 Years Old** (46 Vol.-%), **Benromach Nr. 24 Single Cask** (61,5 Vol.-%), **Bladnoch 28** und **30 Years Old** (42,5 Vol.-%), **Bowmore 29 Years Old** (49,9 Vol.-%), **Brackla 23 Years Old** (46 Vol.-%), **Bruichladdich 19 Years Old** (46 Vol.-%), **25 Years Old** (53,8 Vol.-%), **Bunnahabhain Single Cask** (50,2 und 50,6

Vol.-%), **Braes of Glenlivet, Caol Ila 16 Years Old** (60,2 Vol.-%), **21 Years Old** (58,4 Vol.-%), **Caperdonich 14 Years Old** (60,5 Vol.-%), **23 Years Old** (46 Vol.-%), **Vintage 1977** (46 Vol.-%), **Clynelish 11 Years Old** (66,7 Vol.-%), **Authentic Collection** (54,6 Vol.-%), **Convalmore 30 Years Old** (46,5 Vol.-%), **Craigellachie 26 Years Old** (46 Vol.-%), **Dailuaine 22 Years Old** (46 Vol.-%), **Dallas Dhu 30 Years Old** (53,3 Vol.-%), **Dalmore 30 Years Old** (54,5 Vol.-%), **1973 Cask Strength** (60,2 Vol.-%) **50 Years Old, Dalwhinnie 27 Years Old** (45,5 Vol.-%), **Deanston 16 Years Old** (55 Vol.-%), **Glen Elgin 22 Years Old** (50,1 Vol.-%), **Glenfarclas 18 Years Old** (46 Vol.-%), **Glenfiddich-Glenlivet** und **22 Years Old** (43 Vol.-%), **24 Years Old** und **Glenlivet** (46 Vol.-%), **30 Years Old** (53,1 Vol.-%), **Glenglassaugh 15 Years Old** (59 Vol.-%), **Glen Grant 13 Years Old** (55,1 Vol.-%), **16** und **23 Years Old** (46 Vol.-%), **Glen Grant-Glenlivet 23** und **26 Years Old** (46 Vol.-%), **Glenlivet 16 Years Old** (40 Vol.-%), **Glenkinchie 21 Years Old** (46 Vol.-%), Vintage 1987 Bourbon Hogshead (56,5 Vol.-%) 1**992 Longrow Bourbon Hogshead, The Macallan 30 Years Old** (52,6 Vol.-%), **Northern British Grain Barrel** (40 Vol.-%), **Royal Brackla 23 Years Old** (46 Vol.-%), **Scapa 1965 24 Years Old** (46,4 Vol.-%).

Calvert – USA
American Blend mit 40 Vol.-%.

Cameronbridge
– Schottland
Scotch Single Grain mit 40 Vol.-%; manchmal ist auch die Schreibweise Cameron Bridge zu finden.

Campbeltown – Schottland
Destillerie in gleichnamiger Teilregion, bereits geschlossen.

Canadian Club – Kanada
Canadian Blends:
Classic und **12 Years Old** (40 Vol.-%).
Unter Kennern als CC bezeichnet. Erstmals 1884 von dem kanadischen Whiskypionier → Hiram Walker hergestellt, bald sehr erfolgreich. Auch heute noch weltweit der Inbegriff für kanadischen Markenwhisky.

Canadian Ltd. – Kanada
Canadian Blend mit 40 Vol.-%.

Canadian Majesty
– Kanada
Canadian Blend mit 40 Vol.-%.

Canadian Mist – Kanada
Canadian Blend mit 40 Vol.-%.

Canadian O.F.C. – Kanada
Canadian Blend mit 40 Vol.-%; O.F.C. steht für Original Fine Canadian; das O wird manchmal fälschlicherweise mit Old übersetzt.

Canadian River – Kanada
Canadian Blend:
4 Years Old (43.4 Vol.-%).

Canadian Supreme
– Kanada
Canadian Blend:
3 Years Old (40 Vol.-%).

Cantrell & Cochrane
– Irland
Spirituosenerzeuger mit Sitz
in Dublin, der u. a. den *Irish
Blend* → Tullamore Dew und
den bekannten Whiskeylikör
Irish Mist herstellt.

Caol Ila – Schottland
Destillerie in der Nähe von
Port Askaig auf Islay, gegrün-
det 1846. Der Großteil der
Produktion wird für Blends
verwendet.
Scotch Single Malts:
15 Years Old (43 Vol.-%),
„Hidden Malts" 12, 18
Years Old (43 Vol.-%), **Cask
Strength** und **Rare Malt.**
Blended Malt:
15 Years Old (43 Vol.-%).
Single-Malt-Abfüllungen:
→ Cadenhead, → Gordon
and MacPhail, The → Scotch
Malt Whisky Society,
→ Signatory.

Caperdonich – Schottland
Destillerie in Rothes in Spey-
side, gegründet 1897; frühere
Bezeichnung der Destillerie
war → Glen Grant Nr. 2.
Scotch Single Malts mit
40–60,5 Vol.-%.
Single-Malt-Abfüllungen:
→ Cadenhead, → Gordon
and MacPhail.

Captain's Table – Kanada
Canadian Blend mit
40 Vol.-%.

Cardhu – Schottland
Destillerie in Knockando in
Speyside, gegründet 1824;
ältere unabhängige Abfül-
lungen sind bis heute unter
den früheren Schreibwei-
sen **Cardow** oder **Cardoor** im
Handel.
Scotch Single Malt:
12 Years Old (40 Vol.-%).
Der Großteil der Produktion
wird für die Scotch Blends
von → Johnnie Walker ver-
wendet.

Carstairs – USA
American Blends:
White Seal und **White Seal 72**
(72 bezeichnet den Anteil des
verwendeten Straight-Whis-
keys; beide 40 Vol.-%).

Cascade Hollow – USA
Destillerie in Tullahoma,
Tennessee, die auf die Grün-
dung einer Brennerei von
George Dickel zurückgeht.
Tennessee Whisky, der
nach wie vor den Namen des
Gründervaters **George** →
Dickel trägt.

Caskieben – Schottland
Unabhängiger Abfüller.
Single-Malt-Abfüllungen
u. a.:
Glen Garioch 17 Years Old
(54,2 Vol.-%).

Catto's Gold – Schottland
Scotch Blend mit 43 Vol.-%.

C.C.
Gängige Abkürzung und Be-
stellform für den → Canadian Club.

Chester Graves – USA
*Kentucky Straight Bour-
bon:*
Green Label (40 Vol.-%).

Chivas Regal – Schottland
Die bekannte Marke wurde
1891 von den Chivas Brothers
erstmals erzeugt und zählt
heute weltweit zu den meist-
verkauften Whiskys.
Scotch Blends:
12 Years Old und **12 Years Old
French Oak** (40 Vol.-%) sowie
De Luxe 8, 12, 15 Years Old
und **Rare Old 18** und **21 Years
Old** (40 Vol.-%).
Für die Blends werden Malts
der Destillerien → Strathisla und → Braes of Glenlivet
verwendet.

Clan Campbell
– Schottland
Scotch Blends:
Light 5 Years Old (40 Vol.-%),
De Luxe 12 Years Old
(43 Vol.-%).

Clan MacGregor
– Schottland
Scotch Blend mit 40 Vol.-%.

Clarion – Schottland
Scotch Blend mit 43 Vol.-%.

Classic Malts
Diese Sammelbezeichnung
gilt für die sechs schottischen
Destillerien → Cragganmore,

→ Dalwhinnie, → Glenkinchie, → Lagavulin, → Oban und → Talisker.

Claymore – Schottland
Scotch Blend mit 40 Vol.-%.

Club – Schottland
Scotch Blend mit 40 Vol.-%; in Kleinstmengen für Liebhaber erzeugt; war die erste Marke von → Justerini & Brooks.

Cluny – Schottland
Scotch Blend:
12 Years Old (40 und 43 Vol.-%).

Clynelish – Schottland
Destillerie bei Brora in den Northern Highlands, gegründet 1819 vom Herzog von Sutherland; Neubau der Destillerie im Jahre 1967, und zwar gleich neben der alten. Unmittelbar danach wurde der Name auf → Brora geändert. Ältere Produkte sind noch unter der Bezeichnung Clynelish auf dem Markt.
Scotch Single Malts:
Bourbon & Sherry Casks (46 Vol.-%), **10 Years Old Vintage Malt Hedges & Butler** (43 Vol.-%), **14 Years Old** (40 Vol.-%), **1983 20 Years Old** (46 Vol.-%).
Single-Malt-Abfüllungen:
→ Cadenhead, → Gordon and MacPhail, → Oddbins, → Signatory.

Cockburn – Schottland
Scotch Single Malt der Fa. Cockburns of Leith.

Coleburn – Schottland
Destillerie in Speyside, bereits geschlossen.
Single-Malt-Abfüllungen:
→ Gordon and MacPhail, → Signatory.

Compass Box – England
Unabhängiger Abfüller. Die Londoner Firma wurde 2001 vom Amerikaner John Glaser gegründet.
Vatted Grain:
Hedonism (40 Vol.-%).
Vatted Malts:
Eleuthera, Peat Monster, The Spice Tree (40 Vol.-%).
Scotch Blend:
Asyla (40 Vol.-%).

Connemara – Irland
Der Irish Single Malt ist nach schottischem Vorbild getorft und nur zweimal destilliert; 40 und 43 Vol.-%.

Connoisseurs Choice – Schottland
Bekannte Bezeichnung von → Gordon & MacPhail für Malt Whiskys, die aus bereits geschlossenen Brennereien stammen; sind Sammlerobjekte.

Convalmore – Schottland
Destillerie in Dufftown in Speyside, gegründet 1894.
Scotch Single Malt mit 40–46,5 Vol.-%.
Single-Malt-Abfüllungen:
→ Cadenhead, → Gordon and MacPhail.

Cooley – Irland
Destillerie in der Nähe von Riverstown, gegründet 1987.

Die *Irish Single Malts* werden nach schottischem Vorbild zweimal destilliert.

The **Cooper's Choice** – Schottland
Bezeichnung von The → Vintage Malt Whisky Company für Einzelfass-Abfüllungen.

Cork Distilleries Company
Zusammenschluss aller Destillerien von Cork und Midleton in der Republik Irland sowie der Destillerie Old → Bushmills in Ulster/Nordirland.
In der Nähe der Küstenstadt Cork liegt heute einer der modernsten Destillierkomplexe der Welt. Im Brennereimuseum von Midleton steht der größte Destillierkessel der Welt mit einem Fassungsvermögen von 1 424 Hektolitern.

Cragganmore – Schottland
Destillerie in Balindalloch in Speyside, gegründet 1869 von John Smith; zählt zu den → Classic Malts.
Scotch Single Malt mit 40 Vol.-%.
Single-Malt-Abfüllungen:
→ Blackadder, → Gordon and MacPhail.

Craigellachie – Schottland
Destillerie in Craigellachie in Speyside, gegründet 1891.
Scotch Single Malt:
14 Years Old (40 Vol.-%).
Single-Malt-Abfüllungen:
→ Cadenhead, → Gordon and MacPhail.

Craigs – Schottland
Scotch Blend mit 40 Vol.-%.

Crawford's – Schottland
Scotch Blend mit 40 Vol.-%.

The **Creative Whisky Company Ltd.**
Unabhängiger Abfüller.
Zu den besten *Single-Malt-Abfüllungen* in Cask Strength gehören u. a.:
Auchentoshan 10 Years Old (53,4 Vol.-%), **Caol Ila 12 Years Old** (55,4 Vol.-%), **Imperial Sherry Cask** (53 Vol.-%), **Laphroaig 10 Years Old** (52,5 Vol.-%), **Linkwood 12 Years Old** (56 Vol.-%) **Teaninich Sherry Cask** (51,5 Vol.-%), **Tormore** (50,1 Vol.-%).

Cresthill – Schottland
Scotch Blend mit 40 Vol.-%.

Crested Ten – Irland
Irish Blend mit 40 und 43 Vol.-%.

Crown Royal – Kanada
Canadian Whisky mit 40 Vol.-%.

Crown Sterling – Schottland
Scotch Blend mit 40 Vol.-%.

Cullicudden – Schottland
Unabhängiger Abfüller.
Single Malt:
Dalmore 18 Years Old (54,8 Vol.-%).

Cutty Sark – Schottland
Scotch Blend mit 40 Vol.-% des unabhängigen Abfüllers
→ Berry Bros. & Rudd.

D

Dailuaine – Schottland
Destillerie in Carron bei Aberlour in Speyside, gegründet 1852.
Scotch Single Malt mit 43 Vol.-%.
Single-Malt-Abfüllungen:
→ Cadenhead, → Gordon and MacPhail, The → Scotch Malt Whisky Society.

Dalaruan – Schottland
Destillerie in Campbeltown, bereits geschlossen.

Dalintober – Schottland
Destillerie in Campbeltown, bereits geschlossen.

Dallas Dhu – Schottland
Destillerie in Speyside, bereits geschlossen.
Single-Malt-Abfüllungen:
→ Cadenhead, → Gordon and MacPhail, → Signatory.

Dalmore – Schottland
Destillerie in Alness in den Northern Highlands, gegründet 1839.
Scotch Single Malts:
Original (40 Vol.-%), **The Black Isle** (40 Vol.-%), **12 Years Old** (40 Vol.-%), **21 Years Old Sherry Cask** (43 Vol.-%), **Vintage 1973 Oak Cask Finish** (42 Vol.-%), **Vintage 1987 Cask Strength** (60,2 Vol.-%), **Original Cigar Malt** (40 Vol.-%).
Single-Malt-Abfüllungen:
→ Cadenhead, → Cullicudden.

Dalmore-Whisky
Gängige Bezeichnung für besonders weiche Highland Malt Whiskys.

Dalwhinnie – Schottland
Destillerie in Speyside auf einer Seehöhe von 326 Metern; ist die am höchsten gelegene Brennerei Schottlands. Unter dem Namen **Strathspey** 1897 gegründet, gehört sie heute zu den → Classic Malts.
Scotch Single Malt mit 43 Vol.-%.
Single-Malt-Abfüllungen:
→ Cadenhead, → Gordon and MacPhail, The → Scotch Malt Whisky Society.

J. W. **Dant** – USA
Kentucky Straight Bourbon von → Heaven Hill.

DCL
Abkürzung für Distillers Company Ltd.; die Whiskyfirma wurde 1987 zu → United Distillers.

Deanston – Schottland
Destillerie in Doune in den Highlands, gegründet 1965/66; von → Invergordon im Jahr 1972 übernommen. Zwischenzeitlich stillgelegt und 1991 wieder eröffnet. Die Firma produziert heute auch Gin und Wodka.
Scotch Single Malts:
12, 17 und **25 Years Old** (alle 40 Vol.-%).
Single-Malt-Abfüllung:
→ Cadenhead.

John Dewar & Sons
– Schottland
Weltweit agierender Whisky-produzent mit Sitz in London, gegründet 1880. Im Jahre 1915 Fusion mit James → Buchanan.
Scotch Blends:
White Label (40 Vol.-%, eine der größten Marken weltweit) und **12 Years Old** (40 Vol.-%).

Diageo – England
Unabhängiger Abfüller; größter Getränkekonzern der Welt mit Sitz in London. Neben vielen internationalen Getränkemarken, gibt es auch das Segment Priority Brands für *Single-Malt-Abfüllungen:*
Cragganmore 1973 (29 years old, 52,5 Vol.-%), **Glenkinchie The Classic Malt of Scotland** (10 years old, Distillers Edition Bourbon, Amontillado Finish, 43 Vol.-%), **Mortlach 1971** (32 years old, 50,1 Vol.-%), **Talisker 10, 18 Years Old** (45,8 Vol.-%), **Annual Release Diageo** (20 years old, Refill Bourbon Cask, 58,8 Vol.-%), **Vintage 1975** (25 years old, 59,9 Vol.-%). **Flora-&-Fauna-Abfüllungen** von Diageo mit Tier- und Pflanzenmotiven erklären auf der Etikette die Geschmackscharakteristik des jeweiligen Produktes. Alle Produkte dieser Serie werden einheitlich mit 43 Vol.-% abgefüllt. Seltene Single Malts **(The Rare Malts Selection)** werden ohne Kühlfiltration und ohne Färbung mit Fass-stärke abgefüllt.

Weitere der bekanntesten *Single-Malt-Abfüllungen* sind u. a.:
Glenlochy 1969 25 Years Old (62,2 Vol.-%), **St. Magdalene 1970 23 Years Old** (58,4 Vol.-%), **Clynelish 1972 22 Years Old** (58,9 Vol.-%), **Glendullan 1972 22 Years Old** (62,6 Vol.-%), **Linkwood 1972 23 Years Old** (59,4 Vol.-%), **Dailuaine 1973 23 Years Old** (60,9 Vol.-%), **Glen Ord 1973 23 Years Old** (59,8 Vol.-%), **Inchgower 1974 23 Years Old** (55,7 Vol.-%), **Mannochmore 1974 22 Years Old** (60,1 Vol.-%), **Millburn 1975 18 Years Old** (58,5 Vol.-%), **Caol Ila 1975 20 Years Old** (61,1 Vol.-%), **Dufftown 1975 21 Years Old** (54,8 Vol.-%), **Brora 1977 21 Years Old** (56,9 Vol.-%), **Millburn** (56,1 Vol.-%), **Mortlach 1978 20 Years Old** (62,2 Vol.-%), **Benromach 1978 19 Years Old** (63,8 Vol.-%), **Port Ellen 1978 20 Years Old** (60,9 Vol.-%), **Royal Lochnagar 24 Years Old** (55,7 Vol.-%), **North Port Brechin 1979 20 Years Old** (61,2 Vol.-%), **Rosebank 1979 20 Years Old** (60,3 Vol.-%), **Rosebank 1981 20 Years Old** (62,3 Vol.-%), **Brora 1982 22 Years Old** (58,1 Vol.-%).

George Dickel – USA
Destillerie, die *Tennessee Whiskys* (in der Schreibweise ohne „e") herstellt.

Mit dem Whisky verbunden ist auch der Name George Dickel. Er wurde im Jahr 1818 in Deutschland geboren, wanderte 1844 in die USA aus und begann einige Jahre später mit dem Handel von Whiskey. Dickel erwarb schließlich eine eigene Brennerei, und zwar in Tennessee die Destillerie Cascade, die heute als Cascade Hollow bekannt ist.

Dimple
Bekannter *Scotch Blend* von John → Haig & Co.

Drumguish – Schottland
Destillerie in Speyside, gegründet 1895; 1990 neu in Betrieb genommen.
Scotch Single Malt:
3 Years Old (40 Vol.-%).

Dufftown – Schottland
Destillerie in Dufftown in Speyside, gegründet 1825.
Scotch Single Malts:
15 Years Old (43 Vol.-%), **Dufftown-Glenlivet 8** und **10 Years Old** (40 Vol.-%).

Duggan's – Schottland/USA
Scotch Blends:
12 Years Old (40 Vol.-%) und **Dew** (43,4 Vol.-%). **American Blend** mit 40 Vol.-%.

E

Early Times – USA
Kentucky Straight Bourbon mit 40 Vol.-%.

Edradour – Schottland
Destillerie bei Pitlochry in den Midland Highlands, gegründet ca. 1837. Gilt als die kleinste Destillerie Schottlands und produziert 24 000 Flaschen im Jahr. Edradour ist auch Sitz von Andrew Symingtons Abfüllunternehmen → Signatory.
Scotch Single Malt:
10 Years Old (40 Vol.-%).
Single-Malt-Abfüllungen:
→ Gordon and MacPhail,
→ Lombard Brands,
→ Signatory.

Elijah Craig – USA
Kentucky Straight Bourbon von → Heaven Hill.

Erin Go Bragh – Irland
Irischer Single Malt der Destillerie → Midleton; die Übersetzung lautet: „Irland für immer".

Evan Williams
Siehe Evan → Williams

Ezra Brooks
Siehe Ezra → Brooks.

F

The **Famous Grouse**
– Schottland
Seit 1897 erzeugt; ist heute der meistverkaufte Whisky Schottlands; hat große Anteile von → Highland Park **Malts** und → **Tamdhu Malts**.
Scotch Blends:
Gold Reserve (12 Jahre), **Blended Vintage Malt** (40 Vol.-%), **Vintage 1989** (43 Vol.-%).

Federal Club – USA
American Blend mit 45 Vol.-%.

Fettercairn – Schottland
Destillerie bei Montrose in den Highlands, gegründet 1824.
Scotch Single Malt:
Old Fettercairn (10 years old, 40 Vol.-%).
Single-Malt-Abfüllung:
→ Gordon and MacPhail.

Fleischmann's – USA
Kentucky Straight Bourbon mit 50 Vol.-%.
American Blends:
Preferred und **Preferred 65** (45 Vol.-%).

Flora-&-Fauna-Serie
– Schottland
Der Serienname (jedem Whisky wird entweder ein schottisches Tier oder eine schottische Pflanze zugeordnet) wird für 26 Single Malts der → United Distillers (UD) verwendet. Alle Abfüllungen haben 43 Vol.-%.
Highland Single Malts:
Aberfeldy (15 years old),
Auchroisk (10 years old),
Aultmore (12 years old),
Balmenach (12 years old),
Blair Athol (12 years old),
Benrinnes (15 years old),
Clynelish (14 years old),
Craigellachie (14 years old),
Dailuaine (16 years old),
Dufftown (15 years old),
Glen Elgin (12 years old),
Glen Spey (12 years old),
Glendullan (12 years old),
Glenlossie (10 years old),
Inchgower (14 years old),
Linkwood (12 years old),
Mannochmore (12 years old),
Mortlach (16 years old),
Pittyvaich (12 years old),
Royal Brackla (10 years old),
Speyburn (12 years old),
Strathmill (12 years old),
Teaninich (10 years old).
Highland Single Malts in Fassstärke:
Aultmore 1983/1997 (58,8 Vol.-%), **Clynelish 1982/1997** (57,7 Vol.-%), **Linkwood 1983/1997** (59,8 Vol.-%), **Mortlach 1980/1997** (63,1 Vol.-%).
Lowland Single Malts:
Bladnoch (10 years old), **Rosebank** (12 years old).
Lowland Single Malt in Fassstärke:
Rosebank 1981/1997 (63,9 Vol.-%).
Islay Single Malt in Fassstärke:
Caol Ila 1981/1997 (63,8 Vol.-%).

Forty Creek – Kanada
Canadian Whisky:
Barrel Select (40 Vol.-%).

Four Roses – USA
Weltbekannte Marke, die von einem irischen Einwanderer erstmals erzeugt wurde; gehört heute dem japanischen → Kirin-Seagram-Konzern.
Kentucky Straight Bourbon:
Single Barrel Reserve (6 years old, 43 Vol.-%).
American Blend:
Premium (40 Vol.-%).

Frontenac – Kanada
Canadian Whisky mit 43,4 Vol.-%.

G

Gentleman Jack – USA
Tennessee Whiskey mit 40 Vol.-%; benannt nach Jack Daniel.

Georgia Moon – USA
Kentucky Straight Corn mit 40 Vol.-%; mehr als 80 % Maisanteil.

Gilbert's – Kanada/USA
Canadian Whisky:
Royal (40 Vol.-%).
American Blend mit 40 Vol.-%.

Gilbey's
– Schottland/Indien
Die Firma erzeugt verschiedene Blends mit indischen und schottischen Anteilen sowie den
Scotch Blend:
Spey Royal (42 Vol.-%).

Glen Albyn – Schottland
Destillerie in den Northern Highlands, bereits geschlossen.

Single-Malt-Abfüllungen:
→ Diageo, → Gordon and MacPhail, → Masters of Malt, → Signatory, Duncan → Taylor.

Glenallachie – Schottland
Destillerie bei Aberlour in Speyside, gegründet 1967.
Scotch Single Malt:
12 Years Old (40 Vol.-%; das einzige noch vorhandene Produkt auf dem Markt).

Glen Breton – Kanada
Canadian Single Malt mit 43 Vol.-%; der bisher einzige seiner Art.

Glenburgie – Schottland
Destillerie in Speyside, gegründet 1829.
Scotch Single Malt:
Glencraig (keine nennenswerten Bestände mehr vorhanden).
Single-Malt-Abfüllung:
→ Gordon and MacPhail.

Glencadam – Schottland
Destillerie in den Highlands, bereits geschlossen; zu den Originalabfüllungen zählten **Limited Edition** und **15 Years Old.**
Single-Malt-Abfüllungen:
→ Cadenhead, → Gordon and MacPhail.

Glendale – Schottland
Scotch Blend mit 43 Vol.-%.

Glenderry – Schottland
Scotch Blend:
Churchill Private Reserve 13 Years Old (43 Vol.-%).

Glen Deveron – Schottland
Handelsname der Destillerie Macduff bei Banff in Speyside, gegründet 1962.
Scotch Single Malt:
12 Years Old (40 Vol.-%).
Single-Malt-Abfüllungen:
→ Gordon and MacPhail, James → MacArthur.

Glendronach – Schottland
Destillerie in Speyside; war einige Jahre außer Betrieb.
Scotch Single Malts:
Tradition, 12, 18 und **19 Years Old.**

Glendullan – Schottland
Destillerie in Dufftown in Speyside, gegründet 1897.
Scotch Single Malts:
12 Years Old (43 Vol.-%),
Flora & Fauna Series 12 Years Old (43 Vol.-%).
Der Single Malt ist Hauptbestandteil des → Old Parr.
Single-Malt-Abfüllung:
→ Cadenhead.

Glen Elgin – Schottland
Destillerie in den Eastern Highlands, bereits geschlossen. Der Single Malt ist Hauptbestandteil des → White Horse.

Spruch auf einer schottischen Whiskyflasche:
„Wenn man nur wüsste, wie viel man täglich trinken sollte, man würde ewig leben und bräuchte keine Medizin mehr."

Glenesk – Schottland Destillerie bei Montrose in den Eastern Highlands, gegründet 1897; wurde schon einige Male stillgelegt, eröffnet und jetzt wieder geschlossen.

Scotch Single Malt:
12 Years Old (40 Vol.-%); er wurde in der Rare-Malt-Serie abgefüllt und ist kaum mehr erhältlich.

Heute noch Hauptbestandteil des → VAT 69.

Glenfarclas – Schottland Destillerie in Ballindalloch in Speyside, gegründet 1896.
Scotch Single Malts:
8, 12, 15, 17, 21, 25 und **30 Years Old** (43 Vol.-%) sowie eine Reihe von Vintages, und zwar **1968** (54,1 Vol.-%), **1969** (41,1 Vol.-%), **1970** (50,1 Vol.-%), **1974** (54.5 Vol.-%), **1979 Port Wine Finish** (47 Vol.-%), **1980** (46 Vol.-%), **1980/2003** (53,8 Vol.-%), **1988** (43 Vol.-%), **1990 Oloroso Sherry Cask** (43 Vol.-%), **1990/2003 Cask Strength, „105"** (60 Vol.-%).
Single-Malt-Abfüllungen:
→ Cadenhead, → Signatory.

Glenfiddich – Schottland Destillerie in Dufftown in Speyside, gegründet 1886/87; war die erste Brennerei, die einen Single Malt nicht nur auf dem lokalen Markt, sondern auch außerhalb Schottlands vermarktete. Zur Destillerie gehören auch → Balvenie und Kininvie.

Scotch Single Malts:
Havana Reserve, Special Reserve, Special Old Reserve (alle 40 Vol.-%), **Classic, 12, 15, 18, 21, 22, 30** und **40 Years Old** (alle 43 Vol.-%), **Single Cask 15 Years Old** (53 Vol.-%).
Single-Malt-Abfüllung:
→ Cadenhead.

Glenflagler – Schottland Destillerie in den Lowlands, bereits abgerissen.
Blended Malt:
Glen Flagler (40 Vol.-%, andere Schreibweise).
Single-Malt-Abfüllung von → Signatory unter dem Namen **Killyloch.**

Glen Garioch – Schottland Destillerie in Oldmeldrum in Speyside, gegründet 1798. Glen Garioch steht für eine Gruppe von Highland Malts, die sich durch ihren stark rauchigen Geschmack auszeichnen.
Scotch Single Malts:
1970 (48,8 Vol.-%), **1984** (40 Vol.-%), **12 Years Old** (40 Vol.-%), **8, 10, 15** und **21 Years Old** (alle 43 Vol.-%).
Single-Malt-Abfüllung:
→ Caskieben.

Glenglassaugh – Schottland Destillerie bei Portsoy in Speyside, gegründet 1875.
Scotch Single Malt mit 40 Vol.-%.
Ist Hauptbestandteil der Blends The → Famous Grouse, → Cutty Sark und Laing's.

Single-Malt-Abfüllungen:
→ Cadenhead, → Gordon and MacPhail.

Glengoyne – Schottland Destillerie nördlich von Glasgow in den Highlands, gegründet ca. 1833. Die Brennerei verwendet ungetorftes Malz, die Whiskys sind daher rauchfrei und leicht süßlich.
Scotch Single Malts:
1968 (50,3 Vol.-%), **10 Years Old** (40 Vol.-%), **12, 16 Years Old Scottish Oak** und **17 Years Old** (alle 43 Vol.-%).

Glen Grant – Schottland Destillerie in Rothes in Speyside, gegründet 1840; neben → Glenfiddich einer der bekanntesten Single Malts Schottlands.
Scotch Single Malts:
1970 Cask Strength (46,1 Vol.-%), **5 Years Old** (40 Vol.-%), **Old Malt 1977** (43 Vol.-%), **10 Years Old** (43 Vol.-%), **1985 Family Reserve Nr. 5 „John L. S. Grant"**, **1983 Family Reserve Nr. 4 „George S. Grant"** (46 Vol.-%), **Edition Nr. 6 „James Watt"** (59,8 Vol.-%), **Edition Nr. 7 „Sir Walter Scott"** (52,4 Vol.-%), **Vintage 2001** (40 Vol.-%).
Single-Malt-Abfüllungen:
→ Cadenhead, → Gordon and MacPhail, → Lombard Brands.

Glen Grant Nr. 2

– Schottland
Früherer Name von → Caperdonich; liegt gegenüber von → Glen Grant und war mit dieser Distillerie in der Gründerzeit sogar durch eine Pipeline verbunden.

Glengyle – Schottland
Distillerie in Campbeltown, zurzeit geschlossen; Wiedereröffnung geplant.

Glen Keith – Schottland
Distillerie in Keith in Speyside, gegründet 1957.
Scotch Single Malt:
10 Years Old (43 Vol.-%).
Single-Malt-Abfüllung:
→ Gordon and MacPhail.

Glenkinchie – Schottland
Distillerie bei Edinburgh in den Lowlands, gegründet ca. 1830; zählt zu den → Classic Malts.
Scotch Single Malt:
10 Years Old (43 Vol.-%).
Single-Malt-Abfüllungen:
→ Cadenhead, → Gordon and MacPhail.

Glenleven – Schottland
Scotch Blended Malt der Firma → Haig & Co.; nur mehr in Restbeständen vorhanden.

Glenlivet – Schottland
Distillerie in Speyside, gegründet 1858. Die Brennerei hat sich bereits 1870 das Recht erkämpft, für die Erzeugnisse den Artikel **„The"** vor dem Namen tragen zu dürfen.

Scotch Single Malts:
12 Years Old (40 Vol.-%),
18 und **21 Years Old** (beide 43 Vol.-%).
Single-Malt-Abfüllungen:
→ Cadenhead, → Gordon and MacPhail, → Signatory.

Glenlochy – Schottland
Distillerie in den Highlands, bereits geschlossen.
Single-Malt-Abfüllungen:
→ Cadenhead, → Gordon and MacPhail, → Signatory.

Glenlossie – Schottland
Distillerie bei Elgin in Speyside, gegründet 1876 von John Duff; erste Single-Malt-Abfüllung erst 1987, bis dahin nur für Blends verwendet.
Scotch Single Malt:
10 Years Old (43 Vol.-%).
Single-Malt-Abfüllungen:
→ Gordon and MacPhail, The → Scotch Malt Whisky Society.

Glen Mhor – Schottland
Distillerie in Speyside, bereits geschlossen.
Single-Malt-Abfüllungen:
→ Gordon and MacPhail, → Signatory.

Glenmorangie

– Schottland
Distillerie bei Tain in den Northern Highlands, gegründet 1845.
Scotch Single Malts:
10 Years Old (40 Vol.-%),
The Native Rossshire 10 Years Old (57,6 Vol.-%),
18 und **21 Years Old** (43 Vol.-%), **Vintage 1972 Single Barrel** (46 Vol.-%),

Port Wood Finish (40, 43 und 47 Vol.-%).

Glen Moray – Schottland
Distillerie in Speyside, gegründet 1897.
Scotch Single Malts:
12 Years Old (40 Vol.-%),
15, 17 Years Old (43 Vol.-%),
Glen Moray-Glenlivet 1964 und **1966** (43 Vol.-%),
Vintage 1962 (40 Vol.-%).
Single-Malt-Abfüllung:
→ Cadenhead.

Glen Ord – Schottland
Distillerie in Muir of Ord in den Northern Highlands, gegründet 1838. Der Single Malt ist Hauptbestandteil des Blend von → Dewar.
Scotch Single Malts:
12 Years Old (40 Vol.-%),
Vintage 1978 Bourbon Cask Strength 12 Years Old (58,3 Vol.-%), **Rare Malt.**
Single-Malt-Abfüllung:
→ Cadenhead.

Glenrothes (Glen Rothes)

– Schottland
Distillerie in Rothes in Speyside, gegründet 1879.
Scotch Single Malts mit 40 und 43 Vol.-% sowie Vintages (1979, 1989) mit 43 Vol.-%.
Single-Malt-Abfüllungen:
→ Gordon and MacPhail, → Berry Bros. & Rudd.

Glen Scotia – Schottland
Distillerie in Campbeltown, gegründet 1832; neben → Springbank die zweite Brennerei, die es in Campbeltown noch gibt.

Scotch Single Malts:
8 und **14 Years Old** (beide 40
Vol.-%).
Single-Malt-Abfüllungen:
→ Cadenhead, James →
MacArthur.

Glenside – Schottland
Destillerie in Campbeltown,
bereits geschlossen.

Glen Spey – Schottland
Destillerie in Rothes in Speyside, gegründet 1884. Der
Single Malt ist Hauptbestandteil des Blend → J. & B.
Scotch Single Malt:
8 Years Old (40 Vol.-%).

Glentauchers – Schottland
Destillerie in Mulben in Spey-
side, gegründet 1898.
Single-Malt-Abfüllungen:
→ Cadenhead, → Gordon
and MacPhail.

Glen Torran – Schottland
Scotch Single Malt mit 40
Vol.-% der Fa. London & Scot-
tish Spirits.

Glenturret – Schottland
Destillerie in Crieff in den
Midland Highlands, gegründet zwischen 1717 und 1775;
sie zählt zu den ältesten
Brennereien des Landes. Der
Neubau erfolgte im Jahr 1959
und ist bis heute ein Touris-
tenmagnet.
Scotch Single Malts:
8, 12 und **15 Years Old** (alle
40 Vol.-%), **15 Years Old**
(50 Vol.-%), **10 Years Old**
(40 Vol.-%), **Vintage 1966**
(40 Vol.-%), **1967** (50 Vol.-%),
1972 (43 Vol.-%).

Glenugie – Schottland
Destillerie in den Eastern
Highlands, bereits geschlos-
sen.
Single-Malt-Abfüllungen:
→ Cadenhead, → Masters
of Malt.

Glenury Royal – Schottland
Destillerie in den Eastern
Highlands, bereits geschlos-
sen.
Single-Malt-Abfüllungen:
→ Cadenhead, → Gordon
and MacPhail.

Matthew **Gloag & Son**
– Schottland
Ehemaliger Whiskyerzeuger
in Perth, der den bekannten
Blend The → Famous Grouse
als Marke etablierte.

Um 1880 vernichtete die
Reblaus in Frankreich die
Rebstöcke, unter anderem
in Cognac. So kam es auch
zu Engpässen beim Export
des beliebtesten „Bran-
dys" der Londoner Gesell-
schaft. Findige Whiskypro-
duzenten, wie Justerini &
Brooks, etablierten ihre gebrannten Erzeugnisse in
kurzer Zeit sehr erfolgreich.

Gordon and MacPhail

– Schottland
Unabhängiger Abfüller, einer
der ältesten, seit 1895 in Elgin
tätig; bekannt durch seine individuellen, großartigen Abfüllungen wie Spirit of Scotland, Rare Old Malts. Seltene
Abfüllungen bzw. Produkte,
die aus bereits geschlossenen
Brennereien stammen, tragen
die Bezeichnung Connois-
seurs Choice. Die Firma lagert große Bestände an Malt
Whiskys, die bis zu 60 Jahre
alt sind.
Zu den besten *Single-Malt-
Connoisseurs-Abfüllungen*
gehören u. a.: **Benriach 1976**
und **1982, Fettercairn Vintage
1992 No. 23, Glen Albyn
29 Years Old** (46 Vol.-%).
Single-Malt-Abfüllungen:
Alle mit einem Alkoholgehalt
von 40–46 Vol.-% abgefüllt
und mit dem Brenn- und Abfülldatum versehen: **Aberfeldy 1970, 1974** und **1975,
Ardbeg 1978** (40 Vol.-%),
**Ardmore Vintage 1990
Allied No. 27, Balblair 1957,
1964** und **10 Years Old**
(alle 40 Vol.-%), **Banff 1974**
(40 Vol.-%,) **Benriach 1969**
(40 Vol.-%), **Benrinnes 1968**
und **1969** (alle 40 Vol.-%),
Benromach 1970, 1971
sowie **27** und **28 Years Old**
(alle 40 Vol.-%), **Bladnoch
1975** (40 Vol.-%), **Brackla
Royal 1970** (40 Vol.-%),
Brora 1972 (40 Vol.-%),
Caol Ila 1977 (40 Vol.-%),
Caperdonich 1968 (40 Vol.-%),
Coleburn 1972 (40 Vol.-%),

Convalmore 30 Years Old und 1969 (40 Vol.-%), **Craigella-chie 1974** (40 Vol.-%), **Cragganmore 1972** und **1974** (40 Vol.-%), **Dailuaine 1971** (40 Vol.-%), **Dallas Dhu 10** und **12 Years Old** (40 Vol.-%), **Dalwhinnie 1970** (40 Vol.-%), **Edradour 1973** (40 Vol.-%), **Glen Albyn No. 27, 1966 39 Years Old** (43 Vol.-%), 1968 (40 Vol.-%), **1972** (40 Vol.-%), **Glen Grant 1960, 1965, 15, 21, 25 Years Old** (40 Vol.-%), **Glen Mhor No. 27, Glenglassaugh 1967** und **1983** (40 Vol.-%), **MacPhail's Collection No. 4, Glenkinchie 1974** (40 Vol.-%), **Glenlochy Vintage 1963 Rare Old, Glenturret 1988 MacPhail's Collection No. 4, Glenugie 1966** und **1967** (40 Vol.-%), **Inchmurrin Vintage 1973 Rare Old, Lochside 1991 Private Collection No. 27, Port Ellen Vintages 1971, 1977, Royal Brackla 1970** (40 Vol.-%), **Scapa 8 Years Old, Vintages 1963, 1985** (40 Vol.-%), **Speyburn Vintage 1971, Strathisla Vintages 1960, 1967, 1972** sowie **30 & 40 Years Old No. 23, Talisker 50 Years Old Secret Stills Distillery No. 01** (45 Vol.-%), **The Glenlivet 15** und **21 Years Old, Vintage 1961, Tomatin 1964** und **1968.**
Cask-Strength-Abfüllungen:
Clynelish 1990 13 Years Old Cask Strength (57,6 Vol.-%), **Ardmore Vintage 1990 Cask Strength No. 25, Cragganmore 1976** (53,8 Vol.-%).

Ferner die sogenannten Prideprodukte Pride of Islay, Pride of Orkney, Pride of Strathspey, Pride of Lowlands.

Grande Canadian
– Kanada
Canadian Whisky:
4 Years Old (40 Vol.-%).

Grand Macnish
– Schottland
Scotch Blend mit 40 und 43 Vol.-%.

Grant's – Schottland
Scotch Blend mit 40 Vol.-%.

Green Spot – Irland
Irish Whiskey mit 40 Vol.-%, als „Pure Single Pot Still" bezeichnet.

Guckenheimer – USA
American Blend:
Reserve (40 Vol.-%).

H

John Haig & Co.
– Schottland
Geschichtsträchtige Whiskyfirma, gegründet 1627 von Robert Haig; stellte bereits in der zweiten Hälfte des 18. Jahrhunderts einen Blended Scotch Whisky her. John Haig verhalf dem Coffey-Still-Verfahren zum internationalen Durchbruch.
Scotch Blends:
Dimple (40 Vol.-%),
Gold Label (43 Vol.-%).

Haig & Haig – Schottland
Whiskyunternehmen, gegründet 1888 von einem Mitglied der Familie → Haig. Die Firma führte den → Pinch Haig, die amerikanische Version des Dimpel, in den USA ein.

Hakushu – Japan
Destillerie, die zum Konzern → Suntory gehört; Jahresproduktion 55 Mio. Liter Malt Whisky (!).

Hamashkeh – Schottland
Scotch Blend:
Kosher 3 Years Old (40 Vol.-%).

Hancock – USA
Bourbon Whiskey (Single Barrel, 40 und 50 Vol.-%).

J. W. Harper – USA
Kentucky Straight Bourbon mit 40 und 50 Vol.-%.

Harrods – England
Das bekannte Londoner Kaufhaus lässt Eigenmarken abfüllen.

Hart Brothers – Schottland
Unabhängiger Abfüller. Zu den besten *Single-Malt-Abfüllungen* gehören u. a.:
Aultmore 12 Years Old (40 und 43 Vol.-%),
Balmenach 1972 Single Cask (50,1 Vol.-%), **Caperdonich 1968 Single Cask** (44,5 Vol.-%), **Glenburgie 1968 Single Cask** (52,6 Vol.-%), **Glen Grant 1972 Sherry Cask** (53,6 Vol.-%), **Highland Park 1966 Single Cask** (46 Vol.-%), **Longmorn 1967 Single Cask** (45,9 Vol.-%), **St. Magdalene 1982**

(56,5 Vol.-%), **Strathisla 1967**
(46 Vol.-%), **Tamdhu 1958**
(40,8 Vol.-%).

Harvey's – Schottland
Scotch Blend mit 40 Vol.-%.

Harwood – Kanada
Canadian Whisky mit
40 Vol.-%.

Hazelburn – Schottland
Destillerie in Campbeltown,
bereits geschlossen.

Heaven Hill – USA
Destillerie in Bardstown,
gegründet 1935.
*Kentucky Straight Bour-
bons:*
Elijah Craig (47 Vol.-%),
J. W. Dant (50 Vol.-%),
Old Heaven Hill (Bottled in
Bond, 50 Vol.-%).
Kentucky Straight Ryes:
Gold Label 4 Years Old
(40 Vol.-%) und **5 Years Old**
(50 Vol.-%).

Highland Clan – Schottland
Scotch Blend mit 43 Vol.-%.

The **Highland Distillers
1887 Company**
– Schottland
Die Destillerien → Bunnahabhain, Islay und → Glenrothes schlossen sich 1887 zu
den Highland Distillers zusammen. Auch heute noch
arbeiten Mitglieder dieser
drei Brennereien in der Zentrale in Glasgow, obwohl die
Firma über Beteiligungen und
Verkäufe einer ständigen Veränderung unterworfen ist.

Highland Park
– Schottland
Destillerie in Kirkwall auf
Orkney (Region Islands),
gegründet 1790; ist die am
weitesten nördlich gelegene
Brennerei Schottlands.
Scotch Single Malts:
12 und 15 Years Old
(40 Vol.-%), **Vintage 1985**
(43 Vol.-%), **Vintage 2004
Limited Edition** (46 Vol.-%).
Single-Malt-Abfüllungen:
→ Cadenhead, → Gordon
and MacPhail, Matthew →
Gloag & Son.

Highland Pipers
– Schottland
Scotch Single Malt mit
43 Vol.-%.

Highland Queen
– Schottland
Scotch Blend mit 43 Vol.-%.

Hiram Walker – Kanada
Weltbekannte Whiskyfirma,
gegründet 1858 in Walkerville
(benannt nach Hiram Wal-
ker). Heute gibt es Niederlassungen in den USA und
Schottland. Hiram Walker ist
vor allem für den → Canadian Club bekannt.
Canadian Whiskys:
Canadian Club, Rich & Rare
(40 Vol.-%), **Northern Light**
(40 Vol.-%).
Scotch Blends:
**Double V Selected, King's
Choice** und **Jamie's 08** (alle
40 Vol.-%).

*Kentucky Straight Bour-
bons:*
Ten High (10 years old, 40
Vol.-%), **Walker's De Luxe**
(8 years old, 40 und 43
Vol.-%).

Hirsch – USA
Bourbon Whiskeys:
16 Years Old 1974 und
Reserve 1974 (als Single
Bourbon Malt bezeichnet,
45,8 Vol.-%).

Josef **Hochmair**
– Österreich
Spirituosenerzeuger mit Sitz
in Wallern (OÖ), der neben
seinen Obstdestillaten auch
Single Malts herstellt:
1999 Los Nr.: L99 (47 Vol.-%),
2000 (52 Vol.-%).

R. J. **Hodges** – USA
American Blend mit
43 Vol.-%.
*Kentucky Straight
Bourbon:*
7 Years Old (40 Vol.-%).

Hoffman's – USA
*Kentucky Straight Bour-
bon* mit 45 Vol.-%.

I

IDG – Irland
Abkürzung für → Irish Distillers Group.

IDV
Abkürzung für → International Distillers and Vintners.

Imperial – Schottland
Destillerie in Carron in Speyside, gegründet 1897.
Single-Malt-Abfüllungen:
→ Cadenhead, → Gordon and MacPhail.

Inchgower – Schottland
Destillerie in Buckie in Speyside, gegründet 1871. Die Bezeichnung Inchgower-Whisky steht ganz allgemein für weniger aromatische Highland Malts.
Scotch Single Malts:
14 Years Old (43 Vol.-%),
1997 Rare Malt (55,7 Vol.-%).

Inchmurrin – Schottland
Scotch Single Malt von → Loch Lomond.

Independent Bottlers
          – Schottland
Die unabhängigen Abfüller sind Unternehmen, die schottische Whiskys aus vielen Destillerien ankaufen, unter ihrem eigenen Namen abfüllen und dann verkaufen; meist Single Malts. Dies ist insofern besonders interessant, da sie oft große bis größte Mengen von bereits geschlossenen oder stillgelegten Destillerien auf Lager haben. Sie spielen damit eine sehr wichtige Rolle in der schottischen Whiskyindustrie und bieten den Whiskyliebhabern weltweit individuelle, limitierte und rare Whiskys an, die nicht selten zu Sammlerobjekten geworden sind.

Auf den Etiketten vermerkt sind
– der Destilleriename,
– die Abfüllstärke (meist zwischen 43 und 46 Vol.-% oder Cask Strength),
– eine Jahrgangsangabe (was mit wenigen Ausnahmen bei Whisky sonst nicht der Fall ist),
– die Fassnummer,
– Testnotizen sowie
– der Name des Bottlers (Abfüllers).
Es gibt rund 140 unabhängige Abfüller, zu den bekanntesten zählen u. a.:
→ Adelphi Bottler, → Berry Bros. & Rudd, → Blackadder, → Bulloch Lade & Co., → Cadenhead, → Caskieben, Clydesdale Bottler, → Compass Box, → Cullicudden, → Gordon and MacPhail, → Hart Brothers, Harvey & Co., → Invergordon Distillers, Douglas → Laing & Co., → Lombard Brands, James → MacArthur & Co., → Masters of Malt, Murray → McDavid, The McGibbon's Provenance (siehe → Laing), Ian → MacLeod, J. & A. → Mitchell, Douglas Murdoch, → Oddbins, The → Scotch Malt Whisky Society, → Scott's Selection, → Signatory, Spirit of Scotland, → Taylor, Duncan & Co., The → Vintage Malt Whisky Company.

Inishowen – Irland
Irish Blend mit 43 Vol.-%.

International Distillers and Vintners (IDV)
Internationaler Getränkekonzern, unter dessen Dach sich auch einige renommierte Whiskybrennereien befinden.

Inverallan – Schottland
Scotch Blend; zurzeit nicht abgefüllt, nur einige alte Bestände vorhanden.

Invergordon Distillers
          – Schottland
Zu dieser Gesellschaft gehörten die schottischen Destillerien → Bruichladdich, Jura, → Tamnavulin und → Tullibardine, die verkauft bzw. geschlossen wurden.
Arbeitet als unabhängiger Abfüller für *Single Grain Whiskys*, die eine Lagerzeit von 10 oder 22 Jahren aufweisen und mit 43 Vol.-% auf dem Markt sind.

Inverleven – Schottland
Destillerie in Dumbarton in den Lowlands.
Single-Malt-Abfüllungen:
→ Cadenhead, → Gordon and MacPhail.

Irish Distillers Group (IDG) – Irland
Whiskeykonzern, der in den Jahren 1970 bis ca. 1990 alle irischen Brennereien unter einem Dach vereinte; fusionierte mit Pernod Ricard.

Islay Mist – Schottland
Scotch Blend:
8 Years Old (42 Vol.-%).

Isle of Arran – Schottland
Destillerie auf Arran, zwischenzeitlich geschlossen, im Jahr 1995 neu gegründet.
Scotch Single Malts:
The Arran (43, 46 und 60,3 Vol.-%), **Arran Malt** (43 Vol.-%), **Isle of Arran Limited Edition Robert Burns** (40 Vol.-%), Abfüllung vom 17. 1. 2006 **Finished in Lepanto PX Brandy Casks by Gonzales Byass** (59,4 Vol.-%), Abfüllung vom 1. 2. 2006 **Cream Sherry Cask Finished from Gonzales Byass.**

Isle of Jura – Schottland
Destillerie auf Jura, gegründet ca. 1810.
Scotch Single Malts:
The Stillman's Dram 26 Years Old (45 Vol.-%), **20 Years Old Cask Strength** (54 Vol.-%), **10 Years Old** (40 Vol.-%), **Superstition** (45 Vol.-%).
Single-Malt-Abfüllung:
→ Cadenhead.

J

J & B – Schottland
Weltweit bekannter *Scotch Blend* von → Justerini & Brooks.

Jack Daniel's – USA
Weltweit bekannte Marke der gleichnamigen Whiskeyerzeugerfirma in Lynchburg, gegründet 1866.

Tennessee Whiskeys:
No. 5, Old No. 7 Sour Mash, Silver Cornet Sour Mash (43 Vol.-%), **Single Barrel** (45 und 47 Vol.-%), **1904 Gold Medal** (45 Vol.-%).

Jameson – Irland
Bekannte Marke der gleichnamigen Brennerei in der Bow Street in Dublin, gegründet 1780 von John Jameson.
Irish Single Malts:
Standard (40 Vol.-%), **1780 12 Years Old** (40 Vol.-%), **Master Selection 18 Years Old** (40 Vol.-%), **Marconi** (40 Vol.-%), **18 Years Old** (43 Vol.-%), **Pure Pot Still** (40 Vol.-%).

Jim Beam – USA/Kanada
Bekannte Marke der gleichnamigen Destillerie in Belmont; das Unternehmen wurde 1795 von einem deutschen Einwanderer gegründet.
Kentucky Straight Bourbons:
4 Years Old (40 Vol.-%), **Black Label 7 Years Old** (45 Vol.-%), **Black Label 8 Years Old** (43 Vol.-%), **Choice 5 Years Old, Bonded Beam** (50 Vol.-%), **IRL Racing** (40 Vol.-%), **Small Batch Bourbon Booker's Beam.**
Kentucky Rye Whiskey mit 40 Vol.-%.
American Blends:
8 Star Blend und **Private Stock** (beide 40 Vol.-%).
Canadian Whiskys:
Windsor Supreme, Lord Valvert, Canada House (alle 40 Vol.-%).

Johnnie Walker
– Schottland/England
Wein- und Spirituosenfirma in Kilmarnock, gegründet von John Walker im Jahre 1820. Der Sitz der Firma ist in London und wurde 1880 gegründet. Die Whiskys stammen u. a. von → Cardhu und → Talisker.
Scotch Blends:
Red Label, Blue Label, Swing (alle 40 Vol.-%), **Black Label 12 Years Old** (43,4 Vol.-%).
Blended Malts:
Green Label und **Gold Label The Centenary Blend 18 Years Old** (beide 40 Vol.-%).

Justerini & Brooks
– Schottland/England
Als Lebensmittelgeschäft im Jahr 1749 gegründet, wurde J & B (so die bekannte Abkürzung) bald zu einem bekannten Londoner Weinhandelshaus.
Scotch Blends:
Rare und Select (40 Vol.-%), **J.E.T. 12 Years Old** (43 Vol.-%); Bestandteile dieser Whiskymarke kommen aus → Knockando.

K

Kentucky Gentleman
– USA
Kentucky Straight Bourbons:
4 Years Old (40 Vol.-%) und **Kentucky Gentleman** (43 Vol.-%).
American Blend mit 43 Vol.-%.

Kentucky Tavern – USA
Kentucky Straight Bourbon:
4 Years Old (40 Vol.-%).

Kessler – USA
American Blend mit 40 Vol.-%.

Kinclaith – Schottland
Destillerie in Glasgow in den Lowlands, bereits geschlossen.
Single-Malt-Abfüllungen:
→ Cadenhead, → Gordon and MacPhail.

King's Crest – Schottland
Scotch Blend mit 40 Vol.-%.

King's Ransom – Schottland
Scotch Blend mit 43 Vol.-%.

Kinloch – Schottland
Destillerie in Campbeltown, bereits geschlossen.

Kintyre – Schottland
Destillerie in Campbeltown, bereits geschlossen.

Kirin-Seagram – Japan
Whiskyerzeuger, der seinen Ursprung in einer Brauerei hat.
Blended Whiskys:
Once upon a Time, Emblem, Bar, Cresent, Hips, Robert Brown (keine Angaben zu Vol.-%).

Knob Creek – USA
Kentucky Straight Bourbon (Small Batch, 50 Vol.-%).

Knockando – Schottland
Destillerie bei Tamdhu in Speyside, gegründet 1898.
Scotch Single Malts:
12 Years Old (40 Vol.-%), **Jahrgänge** (1964, 1968, 1974, 1976, 1978), **Extra Old Reserve** und **15 Years Old** (alle 43 Vol.-%).
Knockando ist Bestandteil des Blend → J & B.

Knockdhu
Alte Bezeichnung der Destillerie und der Erzeugnisse von → An Cnoc.

L

Labrot & Graham – USA
Kentucky Bourbon mit 40 und 43 Vol.-%.

Ladyburn – Schottland
Destillerie in den Lowlands, bereits geschlossen.
Single-Malt-Abfüllung:
→ Cadenhead.

Lagavulin – Schottland
Destillerie an der Südküste von Islay, gegründet ca. 1830; zählt zu den → Classic Malts.
Scotch Single Malts:
12 und **16 Years Old** (beide 43 Vol.-%), **1981 Pedro Ximénez Casks Finish** (43 Vol.-%).
Single-Malt-Abfüllung:
→ Cadenhead.

Douglas **Laing & Co.** – Schottland
Unabhängiger Abfüller; das Unternehmen, das 1950 in Glasgow gegründet wurde, trägt den Markennamen „The Old Malt Cask" und ist spezialisiert auf ungefilterte Einzelfass-Abfüllungen.
Zu den besten Abfüllungen gehören The McGibbon's Provenance, bei denen der Brenn- und Abfüllmonat angegeben ist (ohne Kühlfiltration und Färbung, 46 Vol.-%).
Zu den besten *Single-Malt-Abfüllungen* gehören u. a.:
Port Ellen McGibbon's Winter (43 Vol.-%), **Banff 1966 Cask Strength** (42,1 Vol.-%), **Glenlossie 1978** (50 Vol.-%), **Port Ellen 1978 Sherry Finish** und **Vintage 1978** (50 Vol.-%), **Strathmill Cask 617 Vintage 1963** (50 Vol.-%).
Scotch Blend u. a.:
Usquaebach (43 Vol.-%).

Lang's – Schottland
Scotch Blend:
Premium (40 Vol.-%).

Laphroaig – Schottland
Destillerie an der Südküste von Islay, gegründet ca. 1820.
Scotch Single Malts:
10 Years Old (40 Vol.-%), **15 Years Old** (43 Vol.-%), **Quarter Cask** (48 Vol.-%).
Single-Malt-Abfüllungen:
→ Cadenhead, → Signatory.

Lauder's – Schottland
Scotch Blend mit 40 Vol.-%.

William **Lawson** – Schottland
Scotch Blend mit 43 Vol.-%.

Ledaig – Schottland
Destillerie auf der Insel Mull, bekannt als → Tobermory.

Linkwood – Schottland
Destillerie bei Elgin in Speyside, gegründet ca. 1820.
Scotch Single Malt:
12 Years Old (40 und 43 Vol.-%)
Single-Malt-Abfüllungen:
→ Cadenhead, → Gordon
and MacPhail.

Lochhead – Schottland
Destillerie in Campbeltown,
bereits geschlossen.

Destillerie **Loch Lomond**
Früher **Littlemill.** Destillerie
nahe Loch Lomond an der
Grenze zwischen den Highlands und den Lowlands.
Nach einem Brand seit 2004
geschlossen; sie war eine der
ältesten Brennereien Schottlands.
Scotch Single Malts:
Inchmurrin (40 Vol.-%),
Old Rhosdhu (40 Vol.-%),
Loch Lomond (8 years old,
43 Vol.-%).
Single-Malt-Abfüllung:
→ Cadenhead.

Lochnagar – Schottland
Destillerie am Fuß des Lochnagar in den Eastern Highlands, gegründet um ca.
1826; ab 1848 als **Royal Lochnagar** bezeichnet.
Scotch Single Malts:
12 Years Old und **Selected
Reserve** (43 Vol.-%).

Lochruan – Schottland
Teilregion Campbeltown;
bereits geschlossen.

Lochside – Schottland
Destillerie in Montrose in den
Eastern Highlands; bereits
geschlossen.
Scotch Single Malt:
10 Years Old (40 Vol.-%).
Single-Malt-Abfüllungen:
→ Gordon and MacPhail, →
Signatory.

Locke's – Irland
Irish Single Malt:
8 Years Old (40 und 43 Vol.-%).

Logan – Schottland
Scotch Blend:
12 Years Old (43 Vol.-%).

Lombard Brands
– Großbritannien
Unabhängiger Abfüller mit
Firmensitz auf der Isle of
Man, bekannt für sehr seltene
Einzelfass-Abfüllungen
(Single Barrels).
Scotch Single Malt:
Aberlour (43 Vol.-%).
Blended Malts:
Jewels of Campbeltown, Jewels of Islay, Jewels of Highlands und **Jewels of Lowlands.**

Lomond Still
Kombination einer Destillieranlage aus Pot- und Column-Stills.

Long John
– Schottland/USA
Spirituosenkonzern in Glasgow, gegründet 1856 von John
Macdonald, der aufgrund seiner Körpergröße Long John
genannt wurde.

Scotch Single Malt:
Fine Scotch 12 Years Old
(43 Vol.-%).
Scotch Blends:
De Luxe und Finest Scotch
(beide 40 Vol.-%), **Royal
Choice De Luxe 12 Years Old**
(42 Vol.-%).

Longmorn – Schottland
Destillerie im Lossietal in
Speyside, gegründet 1894/95.
Scotch Single Malts:
**Longmorn-Glenlivet 12 Years
Old** (40 Vol.-%), **Longmorn-
Glenlivet 15 Years Old**
(43 Vol.-%).

Longrow – Schottland
Destillerie in Campbeltown,
bereits geschlossen; noch erhältlich ist eine Single-Malt-
Abfüllung von → Cadenhead
sowie ein Single Malt von →
Springbank.

Lord Calvert – Kanada
Canadian Whisky mit
40 Vol.-%.

Lowrie's – Schottland
Scotch Blend mit 43 Vol.-%.

Der schottische Benediktinermönch John Cor war
nach schriftlichen Überlieferungen aus dem Jahre 1494
der Erste, der einen Malt
hergestellt hat. Sein Name
ist im Zusammenhang mit
Whisky sozusagen in Stein
gemeißelt.

M

Macallan – Schottland Destillerie bei Craiggellachie in Speyside, gegründet Ende 18. Jahrhundert; unabhängige Abfüllungen sollen so gering wie möglich gehalten werden. *Scotch Single Malts:* **7, 10** und **12 Years Old, Eleganzia 12 Years Old** (alle 40 Vol.-%), **Sherry Oak, Fine Oak** (40 Vol.-%), **Vintage 1969** und **1975** (43 Vol.-%), **18** und **25 Years Old** (43 Vol.-%), **10, 12** und **25 Years Old** (Anniversary Malt, 43 Vol.-%), **Fine Oak 0,5 l** (40 Vol.-%), **Replica** (41,7 Vol.-%), **Twenties, Thirties, Forties** und **Fifties** (alle 40 Vol.-%). *Single-Malt-Abfüllungen:* → Cadenhead, → Inverallan, J. G. → Thomson. Die Bezeichnung Macallan-Whiskys steht für weiche („smooth") Highland Malt Whiskys.

James **MacArthur & Co.** – Schottland Unabhängiger Abfüller mit Sitz in High Wycombe in Buckinghamshire und in Edinburgh, gegründet 1982. Die Firma war eine der ersten, die Single Malts mit Fassstärke und ohne Kühlfiltration abfüllte. Die Markennamen sind: Old Masters Cask Strength Selection (abgefüllt mit Fassstärke) und Fine Malt Selection (abgefüllt mit Normalstärke von 40 Vol.-%).

Zu den besten *Single-Malt-Abfüllungen* gehören u. a.: **Aberlour Vintage 1989** (56,8 Vol.-%), **Allt A' Bhainne** (12 years old, 46,8 Vol.-%), **Ardmore 1977** (40 Vol.-%), **12 Years Old** (56,2 Vol.-%), **1980** (51,4 Vol.-%), **Auchentoshan 1992** (63,7 Vol.-%), **Balmenach** (11 years old), **Banff Vintage 1976 Silent Stills** (25 years old, 57,1 Vol.-%), **Bowmore 1989 Bourbon Cask** (57,3 Vol.-%), **Caol Ila** (12 years old, 63,7 und 43 Vol.-%), **Clynelish Sherry Cask** (59,1 Vol.-%), **Highland Park** (15 years old, 46 Vol.-%), **Islay Pure Malt 1991** (58,3 Vol.-%), **Macallan 1989** (62,2 Vol.-%), **Port Ellen** (12 years old, 59,4 und 62,7 Vol.-%), **Strathmill 1992 Sherry Cask** (64,2 Vol.-%), **Springbank Cuvée 65/93** (46 Vol.-%), **Tomatin 1990 Bourbon Cask** (43 Vol.-%). *Scotch Blend:* **De Luxe** (40 Vol.-%). *Irish Single Malt:* **Peated Irish Vintage 1992** (61 Vol.-%).

> Stolz erzählt die Chronik der Destillerie Glenlivet folgende Geschichte: Bei einem Besuch König Georgs IV. in Edinburgh im Jahr 1822 verlangte der König nach einem Whisky aus dem Tal des Livet, also nach einem Glenlivet.

Macduff – Schottland Destillerie bei Banff in den Highlands, gegründet 1962. Der *Scotch Single Malt* wird unter dem Namen Glen Deveron verkauft.

Mackay Siehe → Whyte and Mackay.

Mackenzie – Schottland *Scotch Blend:* **The Real Mackenzie** (43 Vol.-%).

Mackillop's Choice – Schottland Unabhängiger Abfüller, der 1999 u. a. folgende *Single-Malt-Abfüllungen* auf den Markt brachte: **Ardbeg 1991** (43 Vol.-%), **Bowmore 1990** (43 Vol.-%), **Convalmore 1977** (Single Cask No. 58, Cask Strength, 61,7 Vol.-%), **Glen Mhor 1979** (Single Cask No. 4052, 56,6 Vol.-%), **Tomatin 1975** (Single Cask No. 4, 58,2 Vol.-%).

Mackinlay's – Schottland *Scotch Blend* mit 40 Vol.-%.

Ian **MacLeod** – Schottland Unabhängiger Abfüller, der seine *Single-Malt-Abfüllungen* in drei Serien anbietet: *1. Dun Bheagan:* **Allt A' Bhainne** (Single Cask, 28 years old, 60,2 Vol.-%), **Balmenach** (21 years old), **Brora** (Single Sherry Butt, 23 years old, 48 Vol.-%), **Clynelish** (19 years old, 57,5 Vol.-%), **Port Ellen** (Cask Strength, 23 years old, 45,9

Vol.-%), **Rosebank** (Single Cask 2052/2053, 14 years old, 46 Vol.-%), **Scapa** (26 years old, 46 Vol.-%), **Springbank** (28 years old, 48 Vol.-%), **Teaninich** (18 years old, 59 Vol.-%).
2. *Chieftain's Choice:*
Balmenach (Sherry Cask, 12 years old, 43 Vol.-%), **Balmenach** (21 years old, 61,7 Vol.-%), **Banff** (Single Sherry Cask, 26 years old, 46 Vol.-%), **Bladnoch 1990** (Rum Cask, 43 Vol.-%), **Caperdonich** (Single Cask, 28 years old, 46 Vol.-%), **Dallas Dhu** (Sherry Cask, 22 years old, 63,6 Vol.-%), **Glenturret** (Single Cask, Port Wood, 56,6 Vol.-%), **Glenugie** (Single Cask, 27 years old, 54,2 Vol.-%), **Littlemill** (Single Cask, 18 years old, 46 Vol.-%), **Mannochmore 1977** (56,1 Vol.-%), **Pittyvaich 1986** (43 Vol.-%), **Port Ellen** (Single Cask No. 1512, 23 years old, 47 Vol.-%), **Scapa** (23 years old, 55,6 Vol.-%), **Springbank** (28 years old, 56 Vol.-%), **Tamdhu** (Single Sherry Cask, 43 Vol.-%), **Tormore** (Single Cask, 13 years old, 53 Vol.-%).
3. *Shieldaig:*
Caol Ila (15 years old, 43 Vol.-%).

MacNaughton's – Kanada
Canadian Whisky mit 40 Vol.-%.

Mannochmore
– Schottland
Destillerie bei Elgin in Speyside, gegründet 1971/72.

Scotch Single Malts:
12 Years Old (43 Vol.-%), **1997** (60,1 Vol.-%).
Der Malt ist Bestandteil der Blends von → Haig & Co.

Früher waren die Herstellung von Whisky und dessen Verkauf (entweder im Fass oder in Flaschen) zwei getrennte Geschäftsfelder. Dies änderte sich etwa um die Mitte des vorletzten Jahrhunderts. Die Brennereien begannen ihren eigenen Blend herzustellen. Heute gibt es beides, Eigentümer- bzw. Destillerieabfüllungen sowie die Spezialitäten der unabhängigen Abfüller.

Maker's Mark – USA
Kentucky Straight Bourbons:
Straight und **Straight VIP** (beide 45 Vol.-%); gilt als einer der elegantesten Bourbons; schreibt „Whisky", also ohne „e".

Masters of Malt
– Schottland
Unabhängiger Abfüller, der u. a. den *Single Malt* **Ardbeg 18 Years Old** auf den Markt bringt.

Mattingly & Moore – USA
Kentucky Straight Bourbon mit 40 Vol.-%.

McCallum – Schottland
Scotch Blend:
Perfection (40 und 43 Vol.-%).

Murray **McDavid**
– Schottland
Unabhängiger Abfüller mit Sitz in Isla Loch Indaal, der alle Produkte mit 46 Vol.-% unter der Bezeichnung Vintage Selection, Maverick und Mission auf den Markt bringt. Zu den besten *Single-Malt-Abfüllungen* gehören u. a.: **Ardmore 1977** (Bourbon Grenache Finish), **Auchroisk 1993, Bowmore** (Bourbon-Syrah Finish), **Caol Ila 1993** (11 years old, Sherry Cask), **Caol Ila** (Maverick Single Cask), **Clynelish 1983 Mission III, Dufftown 1990** (Bourbon-Syrah Finish), **Glen Elgin** (Sherry Cask), **Glenfiddich** (40 years old), Glen Moray (Bourbon-Madeira Wood), **Glen Scotia 1991 Mission III, Glen Spey 1974 Mission IV, Longmorn 1990** (Bourbon-Red Wine Finish), **Macallan 1990** (Sherry Cask), **1989** (Bourbon-Port Finish), **Old Rosdhu 1979, Tobermory 1995.**

Aneaes **McDonald**
– Schottland
Anerkannter schottischer Whiskykenner, der im Jahre 1930 in London folgende Single Malts als die besten klassifizierte: Royal → Brackla, → Cardhu, → Clynelish, → Glenburgie, → Glen Grant, The → Glenlivet, → Glenlossie, → Highland Park, → Linkwood, → Longmorn, → Macallan und → Talisker.

McGibbon's – Schottland
Siehe Douglas → Laing.

Henry **McKenna** – USA
Kentucky Straight Bour-bon mit 40 Vol.-%.

Meadowburn – Schottland
Destillerie in Campbeltown, bereits geschlossen.

Medley's – USA
Kentucky Straight Bour-bon Whiskeys:
Sour Mash Straight und **Charcoal Filtered** (43 Vol.-%).

Mercian – Japan
Malt Whiskys:
10, 15 und **17 Years Old**.

Midleton – Irland
Destillerie in Midleton bei Cork, gegründet 1825.
Irish Blend:
Very Rare (40 Vol.-%).
Irish Single Malt:
Erin Go Bragh

Millburn – Schottland
Destillerie in Inverness in Speyside, bereits geschlossen. Einige Single Malts sind noch als **Rare Malts** erhältlich.
Single-Malt-Abfüllung:
→ Gordon and MacPhail.

Milltown
Siehe → Strathisla.

Miltonduff – Schottland
Destillerie bei Elgin in Speyside, gegründet 1824.
Scotch Single Malt:
12 Years Old (43 Vol.-%).

Single-Malt-Abfüllung:
→ Gordon and MacPhail.

Mister Boston – USA
American Blend mit 40 Vol.-%.

J. & A. Mitchell & Co.
– Schottland
Unabhängiger Abfüller.

Mitcher's – USA
Kentucky Straight Bour-bons:
King Tut Sour Mash und **Pot Still Sour Mash** (beide 43 Vol.-%).

Mortlach – Schottland
Destillerie in Dufftown in Speyside, gegründet 1832.
Scotch Single Malt:
16 Years Old (43 Vol.-%).
Single-Malt-Abfüllung:
→ Gordon and MacPhail.

Mount Vernon – USA
Die Brennerei in Virginia gehörte einst dem ersten Präsidenten der Vereinigten Staaten, George Washington.
American Blends:
66 (66 % Straight-Whiskey-Anteil) und Standardqualität mit 40 Vol.-%.

Muirhead's – Schottland
Scotch Blend mit 40 Vol.-%.

Murdoch's Perfection
– Schottland
Scotch Blend mit 43 Vol.-%.

N

Nikka – Japan
Großer Getränkekonzern, seit 1934 tätig; die Whiskeyproduktion wurde von Masataka Taketsuru, dem Gründer der → Suntory-Destillerie, ins Leben gerufen.
Single Malts:
Yoichi 10 Years Old (45 Vol.-%), **Miyagikyo** und **Sendai.**
Malt Whiskeys:
Red Pure Malt und **Super Rare Old** (beide 43 Vol.-%), **Hokkaido.**

Nock-Land – Österreich
Whiskyserie von Wolfram Ortners Birkenhof.

North Port – Schottland
Destillerie in den Eastern Highlands, bereits geschlossen.
Scotch Single Malt:
Vintage 1974 (40 Vol.-%).
Single-Malt-Abfüllung:
→ Gordon and MacPhail.

Das Wort Jura stammt aus dem Norwegischen und bedeutet Rotwild. Auf der Isle of Jura leben 30-mal mehr dieser Tiere als Menschen, von denen hier gut 200 angesiedelt sind.

O

Oban – Schottland
Destillerie in Oban in den Western Highlands, gegründet 1793; zählt zu den → Classic Malts.
Scotch Single Malts:
12 und **14 Years Old**
(43 Vol.-%).

Oddbins
– Schottland/England
Weinhändler und unabhängiger Abfüller, spezialisiert auf Blended Malts. Oddbins ist auch eine bekannte Kette mit Filialen in ganz Großbritannien.
Zu den besten *Single-Malt-Abfüllungen* gehören u. a.:
Allt A' Bhainne 1980, Glen Albyn 1975 (40 Vol.-%),
Clynelish 1972.

Old Bourbon House
– USA
Kentucky Straight Bourbon mit 40 Vol.-%.

Old Bridge – Schottland
Scotch Blend mit 40 Vol.-%.

Old Bushmills
– Nordirland
Ist eine der ältesten, wenn nicht die älteste Destillerie der Welt. Sie wurde 1276 erstmals urkundlich erwähnt; siehe → Bushmills.

Old Character – USA
Kentucky Straight Bourbons:
8 Years Old (40 Vol.-%),
Reserve (45 Vol.-%).

Ein bekannter Longdrink ist Jameson & Ginger: 4 cl Jameson Whiskey mit Ginger Ale und Eiswürfeln.

Old Crow – USA
Kentucky Straight Bourbon mit 40 Vol.-%.

Old Dover – USA
Kentucky Straight Bourbon (Bonded Whiskey, 50 Vol.-%).

Old Dublin – Irland
Irish Blend mit 40 Vol.-%.

Old Family – USA
Kentucky Straight Bourbon mit 40 Vol.-%.

Old Fitzgerald – USA
Kentucky Straight Bourbons:
Prime (43 Vol.-%),
1849 (45 Vol.-%).

Old Forester – USA
Kentucky Straight Bourbon mit 43 Vol.-%.

Old Grand-Dad – USA
Kentucky Straight Bourbon mit 43 Vol.-%.

Old Kentucky Rifle – USA
Kentucky Straight Bourbon mit 43 Vol.-%.

Old Kentucky Tavern – USA
Kentucky Straight Bourbon mit 40 Vol.-%.

Old Master's – Schottland
Single Malts von James → MacArthur & Co.

Old Mr. Boston – Kanada
Canadian Whiskys:
Canadian River (4 years old, 43,4 Vol.-%), **5 Star** (3 years old, 40 Vol.-%).

Old Overholt – USA
Straight Rye Whiskey mit 43 Vol.-%.

Old Parr – Schottland
Scotch Blend:
Grand Old De Luxe (12 years old, 43 Vol.-%).

Old Pulteney – Schottland
Die Destillerie Pulteney ist in Wick in den Highlands, gegründet 1826. Die Produktion wird hauptsächlich für die Blends von → Ballantine's verwendet.
Scotch Single Malts:
Standard mit 40 Vol.-%,
Old Pulteney Cask 6181 (48,8 Vol.-%).
Single-Malt-Abfüllung:
→ Gordon and MacPhail.

Old Red Fox – USA
Kentucky Straight Bourbon:
8 Years Old (43 Vol.-%).

Old Rip Van Winkle – USA
Kentucky Straight Bourbon und *Straight Rye* von der Destillerie Van Winkle in Louisville.

Old Settler – USA
Kentucky Straight Bourbon mit 43 Vol.-%.

Old Smuggler – Schottland
Scotch Blend mit 40 Vol.-%.

Jakob Böhm wanderte 1788 von Deutschland nach Amerika aus, wo er sich in Kentucky als Farmer niederließ. Der Jacob Beam genannte Mann ist der Gründungsvater jener Brennerei, die heute die Marke Jim Beam herstellt. Wie viele andere seiner Zeit brannte Jacob Beam die Überschüsse seiner Getreideernte in einer mitgebrachten Destillierblase.

Old Taylor – USA
Kentucky Straight Bourbon mit 43 Vol.-%.

Old Thompson – USA
American Blend mit 40 Vol.-%.

Old Weller – USA
Kentucky Straight Bourbon:
7 Years Old (53,5 Vol.-%).

Old Williamsburg – USA
Kentucky Straight Bourbon (koscher, 40 und 50,5 Vol.-%).

Order of Merit – Kanada
Canadian Whisky mit 40 Vol.-%.

P

Paddy – Irland
Irish Blends:
Old Irish und **Old Irish De Luxe** (beide 42 Vol.-%).

Pappy Van Winkle – USA
Kentucky Straight Bourbon:
20 Years Old (40 Vol.-%).

Paramount – Kanada
Canadian Blend mit 40 Vol.-%.

Paramount – USA
American Blend:
Preferred (43 Vol.-%).

Peated Irish
Ein Irish Single Malt von James → MacArthur & Co.

Pendelton – Kanada
Canadian Whisky:
10 Years Old (40 und 43 Vol.-%).

Philadelphia – USA
American Blend mit 40 Vol.-%.

Pinch Haig – USA
Amerikanische Version des bekannten schottischen Dimple der Fa. → Haig & Haig. Der Begriff kommt von der eingedrückten Flaschenform („pinched bottle"), die das Markenzeichen des Whiskys ist.

Pinwinnie – Schottland
Scotch Blend:
De Luxe (12 years old, 43 Vol.-%).

Pittyvaich – Schottland
Destillerie in Dufftown in Speyside, zurzeit stillgelegt.
Single-Malt-Abfüllungen:
James → MacArthur, The → Scotch Malt Whisky Society.

P. M.
Die englische Abkürzung für Nachmittag war das Markenzeichen der Firma William Sanderson für kräftige Whiskysorten.

P. M. Blend – USA
American Blend mit 40 Vol.-%.

Poland Spring – Kanada
Canadian Blend mit 40 Vol.-%.

Port Ellen – Schottland
Destillerie in Port Ellen auf Islay, bereits geschlossen.
Single-Malt-Abfüllungen:
→ Cadenhead, → Gordon and MacPhail, → Signatory.

Potter's – Kanada
Canadian Blend:
Special Old (40 Vol.-%).

John **Power & Son** – Irland
Destillerie in Dublin, gegründet 1791 von James Power. Die Destillerie war die erste in Irland, die Whiskey in Flaschen abfüllte, um die Qualität des Produktes zu garantieren. Die Marke ist in Irland sehr beliebt.
Irish Blend:
Power's Gold Label
(40 Vol.-%, hoher Anteil von Single Malt).

Prince Charlie – Schottland
Scotch Blend mit 40 Vol.-%.

Pure Pot Still Whiskey – Irland
Bezeichnung für einen traditionellen Irish Whiskey.

Q

Quaich – Schottland
Traditionelles schottisches
Trinkgefäß (flache Schale mit
zwei Griffen). Ein Quaich ist
auch das Symbol der
→ Classic Malt Whiskys.

Die Quaichs sind beliebte
Souvenirs. Lange Zeit wurden sie nicht mehr erzeugt.
Ihr Comeback erlebten sie
nach der Gründung der
Vereinigung „zum Schutz
von Whisky und Schott-
land", der „Keepers of the
Quaich". Symbolträchtig
schwören die Mitglieder ihr
Gelöbnis durch Handaufle-
gen auf diesen Trinkbecher.

Quarter – Schottland
Whiskylagerfass mit einem
Fassungsvermögen von 127
bis 159 Litern.

Queen Anne – Schottland
Scotch Blend mit 40 Vol.-%.

R

Rare Malt – Schottland
Bezeichnung einer Serie von
Single-Malt-Abfüllungen
verschiedenster Destillerien.

Rare Mark IV – Kanada
Canadian Blend mit 40 und
43,4 Vol.-%.

Redbreast – Irland
Irish Single Malt:
12 Years Old (42 Vol.-%, als
Single Pot Still Whiskey
bezeichnet).

Hans **Reisetbauer**
– Österreich
Spirituosenerzeuger, vor
allem bekannt für Obstdestillate, mit Sitz in Thening/
Axberg in Oberösterreich.
Single Malt Whiskys:
1996 Cask Strength (56 Vol.-%),
Jahrgang 1997, 7 Jahre alt
(43 Vol.-%).
Alle Produkte sind aus Som-
merbraugerste hergestellt
und anschließend sechs Jahre
in Chardonnay- und Trocken-
beerenauslese-Barriquefäs-
sern gereift und gelagert.

Rich & Rare – Kanada
*Bekannter Canadian
Whisky* mit 40 Vol.-% von
→ Hiram Walker.

Rieclachan – Schottland
Destillerie in Campbeltown,
bereits geschlossen.

**Roggenhof (J. & M.
Haider)** – Österreich
War die erste Destillerie
Österreichs, die Whiskys
herstellte, gegründet 1955 in
Roggenreith (NÖ). Alle Pro-
dukte sind Einzelfassabfül-
lungen mit 41 Vol.-%. Die
Lagerzeit beträgt drei bis
sechs Jahre.
**Waldviertler Roggenwhisky
J. H.** (Rye Whisky, 60 %
Roggen und 40 % Gersten-
malz), **Roggen-Malzwhisky
J. H.** (Pure Rye Malt, 100 %
Roggen), **Roggen-Malzwhis-
ky J. H. Nougat** (Pure Rye
Malt, Nougatnote), **Gersten-
Malzwhisky J. H.** (Single
Malt), **Gersten-Malzwhisky J.**

H. Karamell (Single Malt,
Karamellnote).

Roggenwhisky
Deutsche Bezeichnung für
Rye Whisky.

Rosebank – Schottland
Destillerie in Falkirk in den
Lowlands, wurde im Jahre
1993 geschlossen und teilweise abgerissen. Die Wiederauf-
nahme eines Teilbetriebs ist
möglich.

Royal Brackla
Siehe → Brackla.

Royal Lochnagar
Siehe → Lochnagar.

Royal Salut
– Schottland
Scotch Blend mit 40 Vol.-%.

S

St. Magdalene
– Schottland
Destillerie in den Lowlands,
wurde im Jahre 1983 stillgelegt.

Sanderson & Son
– Schottland
Whiskyerzeugerfirma in
Leith, gegründet 1863. Die
Firma brachte 1882 erstmals
den legendären VAT 69 auf
den Markt, der sie weithin
bekannt machte.
Scotch Blends:
VAT 69 (43 Vol.-%), **VAT 69
Gold** (40 Vol.-%).

Was verbirgt sich hinter dem Namen VAT 69?

Die bekannte Whiskymarke wurde 1882 von der Firma Sanderson & Son eingeführt, nachdem sie 100 verschiedene Blends durch Verkostung unter Bekannten und Geschäftspartnern testen ließen. Ausgewählt wurde der Whisky aus dem Fass („vat") mit der Nummer 69.

Sanraku – Japan
Sake-Erzeuger, gegründet 1937. In der kleinen Malt-Destillerie in Karuizawa wird Whisky produziert.
Blended Whisky:
Ocean (43 Vol.-%).
Single Malt:
Karuizawa (43 Vol.-%).

Saveur Whisky
Französische Bezeichnung für Single Malt.

Scapa – Schottland
Destillerie auf Orkney (Region Islands), gegründet 1885; produziert nur kleinste Mengen.
Scotch Single Malt:
14 Years Old (43 Vol.-%).
Single-Malt-Abfüllungen:
→ Cadenhead, → Gordon and MacPhail.

Schenley – Kanada/USA
Whisk(e)yerzeuger in Schenley/Pennsylvania.
Canadian Blends:
OFC, Gibson's Finest, Golden Wedding und **Schenley's Award** (alle 40 Vol.-%).
American Blend mit 40 Vol.-%.

The **Scotch Malt Whisky Society** – Schottland
Unabhängiger Abfüller sowie mehr als 10 000 Mitglieder zählender Verein, der seine Whiskys nur an diese verkauft. Es werden mehr als 100 Single Malts abgefüllt, zu den besten zählen u. a.:
Ben Nevis 1977 (62,4 Vol.-%),
Dailuaine 1975 (57,3 Vol.-%),
Dailuaine 1978 (64,8 Vol.-%),
Dalwhinnie 1975 (55 Vol.-%).

The **Scotch Single Malt Circle** – Deutschland
Vereinigung von Liebhabern schottischen Whiskys in Düsseldorf, die unabhängige Abfüllungen herstellen.

Scotch Whisky Association – Schottland
Schottischer Whiskyverband mit Sitz in Edinburgh und London, der die Interessen der schottischen Brennereien im In- und Ausland vertritt. So überwacht der Verband auch die Einhaltung des Namensschutzes für den Begriff Scotch. Nur aus Schottland stammender Whisky darf als solcher bezeichnet werden.

Scots Grey – Schottland
Scotch Blend:
De Luxe (40 Vol.-%).

Scott's Selection
– Schottland
Unabhängiger Abfüller, der u. a. den *Single Malt* **Aberfeldy** (Vintage 1978, 59,3 Vol.-%) im Programm hat.

Seagram's 83 – Kanada
Älteste kanadische Marke, die erstmals 1883 auf den Markt kam. Durch den Zerfall des Seagram-Konzerns gehört sie heute zu Diageo.
Canadian Blend:
8 Years Old (40 Vol.-%).

Signatory – Schottland
Unabhängiger Abfüller; junges, renommiertes Unternehmen, gegründet 1988 von Andrew und Brian Symington; Sitz in der Destillerie → Edradour; hat schon einige Male den begehrten Titel „Bottler of the Year" erhalten. Die Spezialitäten des Unternehmens sind Single Cask Whiskys, bei denen das Brenn- und Abfülldatum, die produzierte Flaschenanzahl, die Fasslagerung und die Alkoholstärke auf den Etiketten angegeben sind. Die Produkte werden ohne Farbzusatz abgefüllt. Bei der Un-Chillfiltered-Collection durchlaufen die Abfüllungen eine ungekühlte Filtration.
Zu den besten *Single-Malt-Abfüllungen* zählen u. a.:
Aberfeldy Vintage 1991 (12 years old, 43 Vol.-%),
Ardbeg Vintage 1972 (59,6 Vol.-%), **1973** (55,9 Vol.-%),
Ardmore Vintage 1990 (Un-Chillfiltered-Collection Nr. 16), **Balblair Vintage 1975** (56,6 Vol.-%), **Balvenie 1974** (43 Vol.-%), **Bladnoch 1966** (43 Vol.-%), **Connoisseurs Choice 1974** (40 Vol.-%),
Ben Wyvis (Tasting Notes No. 10 and 11), **Bladnoch**

1966 (43 Vol.-%), **Brora Vintage 1981, Bunnahabhain Vintage 1964** (43 Vol.-%), **Clynelish 1965** (28 years old, 50,7 Vol.-%), **Caol Ila Vintage 1974** (61,1 Vol.-%), **Clynelish 1984** (Tasting Notes No. 10, 1990 No. 24 und 1989 South African Sherry), **Dallas Dhu 1978** (No. 2 und 1979 Rare Reserve No. 13 sowie 1974 mit 60,8 Vol.-%), **Edradour** (10 years old, The Un-Chill-filtered Collection No. 18, 19 und 20, Un-Chillfiltered Collection No. 25, Vintage 1989, Natural Cask und Sherry Straight from the Cask, Vintage 1968 mit 46 Vol.-%), **Glendullan 1966** (Platinium Selection, 55,1 Vol.-%), **Glen Mhor** (1977, No. 2 und 1979 Tasting Notes No. 8), **Glenglassaugh Vintage 1976** (Tasting Notes No. 25), **Glenugie 1966** (No. 4), **Glenury Royal** (1973, No. 2), **Hillside** (1971, No. 11), **Lochside** (Vintage 1990, No. 4), **Millburn** (1974, No. 2 und 1983 Un-Chillfiltered-Collection No. 16), **Strathisla** (1987, Un-Chillfiltered Collection No. 2). *Silent-Stills-Abfüllungen* (aus aufgelassenen Destillerien): **Banff** (Vintage 1966, 1978 No. 2, 58,8 Vol.-%), **Bladnoch** (1980), **Brora** (1983), **Coleburn** (1983), **Conval-more** (1976), **Dallas Dhu** (1978), **Glen Albyn** (1962 mit 58 Vol.-% sowie 1965 und 1974 mit 58 Vol.-%), **Glencadam** (1972), **Glenflagler** (1972), **Glenlochy** (1965), **Glenglas-**

saugh (1967), **Glen Mhor** (1965 und 1977), **Glenugie** (1966 und 1978), **Glenury Royal** (1973), **Hillside** (1971), **Imperial** (1976), **Linlithgow** (1975), **Lochside** (1966), **Littlemill** (1965), **Millburn** (1974), **Mossotowie** (1976), **North Port** (1975), **Port Ellen** (1974, 1975 und 1979).

Silent Stills
1. Englische Bezeichnung für aufgelassene Whiskydestillerien.
2. Unter diesem Begriff füllt → Signatory *Single Malts* aus aufgelassenen Destillerien ab.

Chivas Royal
4 cl Chivas Regal mit 6 cl Ginger Ale, 1 cl Apfelsaft, 1 Apfelscheibe, Crushed Ice. Die absolute Bekanntheit des schottischen Blends Chivas Regal manifestiert sich u. a. im Rezept Chivas Royal ...

Silver Seal – Italien
Italienischer Abfüller einer Serie von schottischen *Single Malts.*

Singleton – Schottland
Scotch Single Malt mit 40 Vol.-%.

Slyrs – Deutschland
Bavarian Malt Whisky der Slyrs Destillerie (Obstdestillerie Lantenhammer) in Schliersee/Oberbayern.

Speyburn – Schottland
Destillerie zwischen Rothes und Elgin in Speyside, gegründet 1897.
Scotch Single Malt:
10 Years Old (40 Vol.-%).
Single-Malt-Abfüllungen:
→ Cadenhead, → Gordon and MacPhail.

Speyside – Schottland
Destillerie in Speyside, bereits geschlossen. Speyside ist auch der Name der bekannten Whiskyregion in den Highlands, die sich entlang des Flusses Spey befindet.

Springbank – Schottland
Destillerie in Campbeltown, gegründet 1828 und noch heute in Familienbesitz.
Single Malt Scotch Whiskys:
12, 15, 21, 25 und **30 Years Old** sowie **Longrow** (alle 46 Vol.-%), **West Highland 1966** (58,1 Vol.-%), **Hazelburn** (aus ungetorftem Malz). Eine Tochterfirma der Destillerie ist der unabhängige Abfüller → Cadenhead.

Springside – Schottland
Destillerie in Campbeltown, bereits geschlossen.

Stillbrook – USA
American Straight Bourbon:
4 Years Old (40 Vol.-%).

Stonebrook – USA
Kentucky Straight Bourbon mit 43 Vol.-%.

Strathconan – Schottland
Scotch Blended Malt von → Buchanan.

Strathisla – Schottland
Destillerie in Keith in Speyside, gegründet 1820; durch
die vielen Besitzerwechsel
änderte sich der Name mehrmals und so ist die Brennerei
auch als **Milltown** bekannt.
Scotch Single Malts:
12 Years Old und **Craigduff
Sherry Butt 1979** (beide
40 Vol.-%).
Single-Malt-Abfüllungen:
→ Cadenhead, → Gordon
and MacPhail, → Signatory.

Strathmill – Schottland
Destillerie in Keith in Spey-
side, 1891 als Glenisla
gegründet.
Der *Single Malt* wird haupt-
sächlich für den Blend
→ J & B verwendet.
Single-Malt-Abfüllungen:
→ Cadenhead, → Oddbins.

Suntory – Japan
Größtes Whiskyunternehmen
Japans; Zentrale in Osaka
und Verwaltung in Tokio;
weltweit einer der führenden
Konzerne, nicht nur für Ge-
tränke. Die Firma wurde von
den beiden Whiskypionie-
ren Masataka Taketsuru und
Shinjiro Torii gegründet.
Single Malt:
Yamazaki 12 Years Old
(43 Vol.-%).
Blended Whiskys:
**Hibiki 17 Years Old, Old
Whisky Reserve, Signature**
und **Royal 12 Years Old** (alle
43 Vol.-%).

T

Takara Shuzo Co. – Japan
Firma in Kyoto.
Malt Whisky:
King 12 Years Old (43 Vol.-%).

Talisker – Schottland
Destillerie auf Skye, gegründet 1831; ist die einzige Destillerie der Insel und zählt
zu den → Classic Malts.
Scotch Single Malts:
10 Years Old (45,8 Vol.-%),
Cask Strength (59,9 Vol.-%).
Single-Malt-Abfüllungen:
→ Cadenhead, → Gordon
and MacPhail.

Tamdhu – Schottland
Destillerie in Speyside, gegründet 1896. Der Malt ist
ein wesentlicher Bestandteil
des → Famous Grouse.
Scotch Single Malts:
8 und 10 Years Old
(40 Vol.-%), **15 Years Old**
(43 Vol.-%).

Tamnavulin – Schottland
Destillerie in Tomnavoulin
(der Ortsname wird anders
geschrieben als die Brennerei!) in Speyside, gegründet
1956; bereits geschlossen.
Scotch Single Malt:
10 Years Old (43 Vol.-%).
Single-Malt-Abfüllung:
→ Cadenhead.

Tangle Ridge – Kanada
Canadian Blend:
10 Years Old (40 Vol.-%).

Taylor, Duncan & Co.
– Schottland
Unabhängiger Abfüller, der
alte Malts ohne Kühlfiltration
und Farbzusätze in Fassstär-
ke abfüllt. Auch die abgefüllte
Menge an Flaschen wird an-
gegeben. Neue Marken sind
Peerless und Galore.
Zu den besten *Single-Malt-
Abfüllungen* gehören u. a.:
Miltonduff 1967 (36 years
old, 40,1 Vol.-%), **Bunnah-
abhain 1968** (37 years old,
42,1 Vol.-%), **Big Smoke Islay**
(60 Vol.-%), **Dallas Dhu 1981
Sherry Cask** (58,3 Vol.-%),
Glenugie 1981 (23 years old,
Dark Sherry, 61,9 Vol.-%),
Glen Albyn Rarest of the Rare
Cask No. 3959 (46 Vol.-%),
**25 Years Old Rarest of the
Rare** (46 Vol.-%), **Tomatin
1965** (40 years old, 44 Vol.-%),
Springbank Longrow 1996
(10 years old, 46 Vol.-%),
Springbank Longrow 100°
(57 Vol.-%).
Von der Serie *The Whisky
Galore:*
Clynelish (46 Vol.-%), **Rose-
bank 1990** (15 years old, Light
Sherry Cask, 55,4 Vol.-%),
Springbank 1991 (14 years
old, Sherry Cask, 51,1 Vol.-%),
Imperial 1994 (12 years old,
Bourbon Cask, 46 Vol.-%),
Highland Park 1994
(11 years old, Bourbon Cask,
46 Vol.-%), **Ben Nevis 1996**
(10 years old, 46 Vol.-%).
Zu den besten *Grain-Whisky-
Abfüllungen* gehören u. a.:

Carsebridge 1979 Single Barrel (56,4 Vol.-%), **Strathclyde 1980 Single Barrel** (62,6 Vol.-%), **Strathclyde 1965/3940** (50,2 Vol.-%).

Teacher & Sons
– Schottland
Whiskyerzeugerfirma in Glasgow, gegründet 1830 von William Teacher.
Scotch Blend:
Teacher's Highland Cream (43 Vol.-%).

Teaninich – Schottland
Destillerie in den Northern Highlands, gegründet 1817; der Großteil der Produktion wird für Blends verwendet; zuletzt wurde ein **Cigar Malt** angeboten.
Scotch Single Malt:
10 Years Old (43 Vol.-%).
Single-Malt-Abfüllungen:
→ Master of Malt, → Gordon and MacPhail.

The Big Five
Folgende fünf namhafte Unternehmen stehen für Pionierarbeit und die weltweite Verbreitung von schottischem Whisky: James → Buchanan & Co., John → Dewar & Sons, John → Haig & Co., John Walker & Sons,
→ White Horse Distillers.

The Big Four
Gemeint sind die vier größten unabhängiger Whiskyabfüller (Independent Bottlers) mit den umfangreichsten Vorräten an Malt Whisky von den verschiedensten Destillerien.
Es sind dies: → Gordon and

MacPhail, Douglas → Laing & Co., Ian → MacLeod und → Signatory.

J. G. Thomson – Schottland
Unabhängiger Abfüller mit langer Whiskytradition, von dem nur mehr zwei Produkte auf dem Markt sind:
Single Malt:
The Macallan As We Get It (57,3 Vol.-%).
Blend:
Old Inverness.

Three Feathers – USA
American Blend mit 40 und 43 Vol.-%.

Thoroghbred – USA
Kentucky Straight Bourbon mit 43 Vol.-%.

Tobermory – Schottland
Destillerie auf der Insel Mull, gegründet 1798; hieß anfänglich **Ledaig.**
Scotch Single Malt mit 40 Vol.-%.
Single-Malt-Abfüllungen:
James → MacArthur, → Gordon and MacPhail, The → Scotch Malt Whisky Society.

Tomatin – Schottland
Destillerie in Findhorn in Speyside, gegründet 1897
Scotch Single Malts:
10 und **12 Years Old** (beide 40 Vol.-%), **25 Years Old** (43 Vol.-%).
Single-Malt-Abfüllungen:
→ Cadenhead, → Gordon and MacPhail, → Lombard Brands.

Tom Dooley – USA
Kentucky Straight Bourbon:
6 Years Old (40 Vol.-%).

Tomintoul – Schottland
Destillerie in Speyside, gegründet 1964.
Scotch Single Malt:
Tomintoul-Glenlivet (43 Vol.-%).

Tormore – Schottland
Destillerie in Advie in Speyside, gegründet 1960.
Scotch Single Malts:
Tormore-Glenlivet 5 Years Old (43 Vol.-%), **Tormore-Glenlivet 10 Years Old** (40 Vol.-%).

Tullamore Dew – Irland
Irish Blend mit 40 Vol.-%; die bekannte Marke wird von → Cantrell & Cochrane hergestellt.

Tullibardine – Schottland
Destillerie in Blackford in den Midland Highlands, gegründet 1949.
Scotch Single Malt:
10 Years Old (40 Vol.-%).

The **Tyrconnell** – Irland
Irish Single Malt mit 43 Vol.-%.

Seven-Seven Up (7 up)
Bestellform für den Canadian Whisky Seven Crown mit 7 up.

U

United Distillers (UD)

Der weltweit tätige Konzern wurde 1987 gegründet und vereint nahezu 50 Destillerien in Schottland; sie vermarkten u. a. auch die → Classic Malts.

United Distillers and Vintners (UDV)

Internationaler Spirituosenkonzern, der eine Reihe von Whisk(e)ys weltweit vertreibt.

Andrew **Usher** – Schottland Andrew Usher jun. und sen. gelten als die Erfinder des Blendings. Sie waren die Ersten, die einen Whiskyverschnitt herstellten, und zwar im Jahre 1853 aus Malt und Grain Whiskys. Bekanntes Produkt war der **Usher's Green Stripe** (41 Vol.-%), den es heute nur mehr in Südamerika zu kaufen gibt.

Usquaebach – Schottland *Scotch Blend* mit 43 Vol.-%.

V

Van Winkle – USA
Kentucky Straight Bourbon mit 40 Vol.-%.

VAT 69 – Schottland
Bekannter Blend der Firma → Sanderson & Son.

Vessky
Russische Bezeichnung für Whisky; gleichzeitig auch ein Markenname.

The **Vintage Malt Whisky Company** – Schottland Unabhängiger Abfüller in Glasgow, gegründet 1992. Zu den besten *Single-Malt-Abfüllungen* gehören u. a.: **Aberfeldy 29 Years Old** (46 Vol.-%), **Bruichladdich 1991 Port Wood** (46 Vol.-%), **Clynelish 1990 Port Wood** (46 Vol.-%), **Inchgower 1980 Sherry Cask** (46 Vol.-%), **Macallan 1988** (55,5 Vol.-%), **Mortlach 1979 Sherry Cask** (46 Vol.-%), **Royal Brackla 1979** (58,5 Vol.-%).

W

Hiram **Walker** Siehe → Hiram Walker.

Johnnie **Walker** Siehe → Johnnie Walker.

Weller – USA *Kentucky Straight Bourbons:* **Special Reserve** (45 Vol.-%), **Heritage Collection 10 Years Old** (50 Vol.-%).

Brigitte & Michael **Weutz** – Österreich Der Erzeuger von Obstdestillaten mit Sitz in St. Nikolai im Sausal stellt auch den Single Malt Hot Stone mit 43,5 Vol.-% her. Getrocknet (gedarrt) wird das Grünmalz über heißen Lavasteinen.

White Horse – Schottland *Scotch Blend* mit 40 Vol.-% der White Horse Distillers.

Whyte & Mackay
– Schottland Whiskyerzeugerfirma, gegründet 1882; es werden vor allem die Single Malts The → Dalmore, → Fettercairn und → Tomintoul abgefüllt.

Whyte & Whyte – USA
Unabhängiger Abfüller mit Sitz in Chicago.

Jack **Wiebers (JWWW)** – Schottland Unabhängiger Abfüller. Zu den besten *Single-Malt-Abfüllungen* gehören u. a.: **„Castle Collection": Caol Ila 1989** (16 years old, Bourbon Cask, 57,7 Vol.-%), **Bowmore 1990** (16 years old, Bourbon Cask, 58,8 Vol.-%), **Highland Park 1991** (14 years old, Bourbon Cask, 56,7 Vol.-%).

Wild Turkey – USA
Bekannte Marke und gleichzeitig Name der Destillerie, die 1869 am Wild Turkey Hill in Lawrenceburg gegründet wurde. *Kentucky Straight Bourbons:* **Standard** (40 Vol.-%), **8** und **12 Years Old** (50,5 Vol.-%), **Spirit** und **Limited Edition 12 Years Old** (50,5 Vol.-%), **Rare Breed Barrel Proof** (54,2 und 54,8 Vol.-%). *Kentucky Straight Rye* (aus 51 % Roggenanteil, 40 und 50,5 Vol.-%).

Evan **Williams** – USA
Kentucky Straight Bour-bons:
12 Years Old (40 Vol.-%),
Black Label 7 Years Old
(45 Vol.-%), **Green Label**
(40 Vol.-%), **Single Barrel**
(43,3 Vol.-%).

Wilson & Morgan
– Schottland
Unabhängiger Abfüller mit
Sitz in Edinburgh. Das Brenn-
und Abfülljahr sowie das Alter der Malts werden grundsätzlich auf der Etikette
angegeben. Die Abfüllstärke
ist 46 Vol.-%.

Windsor – Kanada
Canadian Blend:
Supreme (40 Vol.-%).

Yamazaki – Japan
Destillerie in einem Tal glei-
chen Namens nördlich von
Osaka, gegründet 1923. Als
Pure Malt bezeichnet werden
ein 12- und ein 15-jähriger
Whisky mit 57 Vol.-%.

Yellowstone – USA
Whiskyerzeugerfirma in
Louisville, gegründet 1836.
Kentucky Straight Bour-bons:
7 Years Old Sour Mash
(45,5 Vol.-%), **7 Years Old
Mellow Mash** (45,5 Vol.-%).

Yukon Jack – Kanada
Canadian Blend mit
50 Vol.-%.

Strongbow ist der Name jenes Mannes, der angeblich
das Geheimnis der Destil-
lation von Schottland nach
Irland brachte.

Die einzige
Möglichkeit,
Nessi zu sehen.

Wodka

Wodka ist in erster Linie ein Getreidedestillat, obwohl manche Marken unter Verwendung von Kartoffeln bzw. gedämpften Kartoffeln, die mit Gerstengrünmalz versetzt werden, hergestellt werden.

Peter Schmoeckel hat nicht recht behalten, als er 1962 in seinem Buch „Freude am Mixen" schrieb: „Als Basis für verschiedene Cocktails macht der Wodka neuerdings in den USA dem Gin Konkurrenz. Diese Mode dürfte jedoch keine Zukunft haben, da der Wodka nicht geeignet ist, dem Cocktail einen spezifischen Charakter zu verleihen." – Das Gegenteil ist wohl der Fall – Wodka ist voll im Trend.

Wodka ist längst keine russische Sache mehr: Die österreichischen Marken Oval und Puriste.

Was Sie wissen sollten

- Ursprünglich wurde Wodka aus Weizen oder Gerste in Russland und Polen als „Medikament" hergestellt, später aber auch für Genusszwecke verwendet.
- Wodka ist das russische Wort für Wässerchen.
- Es ist bis heute ungeklärt, ob das „Wässerchen" in Polen oder in Russland seinen Ursprung hat. Angeblich erheben auch die Schweden den Anspruch, die Ersten gewesen zu sein.
- Jedenfalls wurde Wodka schon Ende des 10. Jahrhunderts (genau 988) unter Fürst Wladimir und anschließend im Jahre 1147 in den Chroniken von Vyatka erwähnt.
- Seit dem 19. Jahrhundert wurde Wodka beinahe ausschließlich aus Kartoffeln gefertigt, da das Brotgetreide zu knapp und zu teuer war.

- Seit Ende des Ersten Weltkriegs wurden Lizenzen von polnischen und russischen Original-rezepten in viele Staaten, vor allem nach Europa und in die USA verkauft, die heute Wodka unter den Originalbezeichnungen mit den Originalrezepturen herstellen.
- Seit Ende des Zweiten Weltkriegs nahm die Produktion von Getreidewodkas (Grain Vodkas) stetig zu. Sie werden auch heute vor allem in Europa, England und in den USA in höchsten Qualitäten hergestellt.
- Heutzutage ist ein regelrechter Wodkaboom ausgebrochen, der Höhenflug des Wodkas (neben dem von weißem Rum) hält nach wie vor an.
- Zum Mixen ist Wodka die am besten geeignete Spirituose, da sie sich am geschmacksneu-tralsten verhält und mit den anderen Ingredienzen runde, ausgewogen-harmonische Barge-tränke entstehen lässt.
- Laut EU-Gesetz hat Wodka eine Alkoholstärke von mindestens 37,5 Vol.-% aufzuweisen. Nicht selten ist er aber viel stärker.
- Einfache Qualitäten werden aus neutralem Industriealkohol hergestellt.

Grundmaterialien für Wodka

- Beim Wasser wird beste Qualität verwendet, wie Trink-, Quell-, Moor- oder Gletscherwasser.
- Getreide: Weizen, Gerste, Roggen und Mais; selten auch Buchweizen oder spezielle Getrei-demischungen.
- Neben Kartoffeln sind auch gedämpfte Kartoffeln in Verbindung mit Getreidegrünmalz in Verwendung.

Erzeugung

Bearbeitung der Grundmaterialien
Beim ersten Arbeitsschritt erfolgt die Reinigung und nochmalige Selektion der Grundmaterialien. Das Wasser wird auf den richtigen Härtegrad gebracht, um eine optimale Auslaugung der Stärke, die sich in den verwendeten Materialien befindet, zu erlangen.

Mälzen
Das Getreide wird mit Wasser versetzt und anschließend gekeimt. Dabei kommt es zum Umwandlungsprozess von Mehrfachzucker (Polysaccharid) in Doppelzucker (Disaccharid).

Maischen
Danach beginnt der Maischprozess, dessen Aufgabe es ist, die in den verwendeten Früchten (Getreide und/oder Kartoffeln) enthaltene Stärke in dem aufbereiteten Wasser auszulaugen. Die Maische ist das Ausgangsprodukt für die später folgende Destillation. Anschließend wird die Maische erwärmt, wodurch sich ein Großteil der noch vorhandenen Stärke in vergärbaren Zucker umwandelt.

Gärung
Der Zusatz von Hefestämmen unterschiedlichster Art bewirkt den Umwandlungsprozess von Zucker in gleiche Teile Alkohol und Kohlensäure. Dieses Produkt bezeichnet man als Würze, als destillierbare Würze, die zwischen 6 und 8 Vol.-% Alkohol aufweist. Die Kohlensäure wird abgeleitet.

Destillation
Die Trennung von Alkohol und Wasser erfolgt, mit wenigen Ausnahmen, in geschlossenen Kolonnenanlagen (Patent-Still-Verfahren). Je nach Qualität wird zwei bis sechs Mal destilliert, wobei der Alkohol bei 78,4 °C vor dem Wasser (würde bei 100 °C verdampfen) in Form von Dampf in den Kondensator aufsteigt und durch starkes Abkühlen verflüssigt wird. Je öfter der Destillationsvorgang wiederholt wird, umso reiner und weicher wird das Produkt. Es muss frei von Schadstoffen, wie Methylalkohol und Fuselölen, sein. Ferner darf es keinen Fremdgeschmack aufweisen.

Filtration
Die Filtration soll den Wodka möglichst geschmacksneutral und weich machen. Es gibt verschiedene Verfahren. Bei der Kolonnendestillation wird vorwiegend eine Kieselgurfiltration vorgenommen. Daneben gibt es die Kaltfiltration (Chill Filtered oder Chill Filtration), die Aktivkohlefiltration, die Holzkohlenfiltration sowie eine Filtration, die über Kalkstein, Kreide bzw. Lavasteine verläuft.

Lagerung
Die unterschiedlich lange Lagerung des unverschnittenen Destillates erfolgt in neutralen Glas-, Keramik- oder Edelstahlgefäßen.

Verdünnen
Mit destilliertem, entkeimtem, entmineralisiertem oder speziell aufbereitetem Wasser wird das Destillat auf die gewünschte Trinkstärke von mindestens 37,5 Vol.-% verdünnt.

Abfüllung, Etikettierung

Arten von Wodkas

- **Klare Wodkas** haben keinen ausgeprägten Eigengeschmack und sind daher geschmacksneutral. Die besten Qualitäten sind absolut rein, hochrektifiziert und harmonisch weich. Die Trinkstärken bewegen sich zwischen 40 und 60 Vol.-%. Es werden aber auch höherprozentige Wodkas hergestellt.
- **Versetzte Wodkas** werden mit natürlichen Auszügen von verschiedensten Früchten und Stoffen aromatisiert. Dabei kommt heute mehr und mehr das sogenannte Infusionsverfahren zur Anwendung. Dem klaren Wodka wird mittels einer Lösung aus natürlichen Aromen und Farbstoffen eine Infusion beigemengt. Im Englischen bezeichnet man diese Art von Spirituose als **Infused Vodka,** manchmal auch **Vodka infused.**
  Die Aromen stammen aus:
  - Zitrusfrüchten, wie Zitronen, Limetten, Orangen, Pomeranzen, Grapefruits und Mandarinen;
  - Beerenfrüchten, wie Preiselbeeren, Brombeeren, Heidelbeeren, Himbeeren, Johannisbeeren, Erdbeeren, arktischen Wildbeeren sowie Beerenmischungen;
  - Steinobst, wie Kirschen, Weichseln, Schlehen, Pfirsichen und Marillen;
  - Kernobst, wie Äpfeln;
  - Gräsern, wie Bison-, Büffel- und Mariengras;
  - anderen Zusätzen, wie Birkensaft und Birkensamenquasten.
  Die Trinkstärke der versetzten Wodkas bewegt sich zwischen 20 und 40 Vol.-%.

Destillerie Absolut, Ahus

Wodka von A bis Z

A

Absolut – Schweden
Weltbekannte Destillerie in
Ahus.
Klare Wodkas:
Absolut (40 und 50 Vol.-%)
und → Level.
Versetzte Wodkas:
**Citron, Kurant, Mandrin,
Apeach, Ruby Red, Pears,
Mango, Pepar, Raspberri** und
Vanilia (alle 40 Vol.-%).

Die schwedische, international bekannte Marke Abso-
lut wird seit 1879 erzeugt.
Heute werden mehr als 100
Mio. Flaschen jährlich ab-
gesetzt.

Admiral – USA
Klarer Wodka mit 40 Vol.-%.

Akvinta – Kroatien
Klarer Wodka mit 40 Vol.-%.

Alexi – USA
Klarer Wodka mit 40 Vol.-%.

Allenka – USA
Klarer Wodka mit 55 Vol.-%.

Allen's – USA
Klarer Wodka mit 47,2 Vol.-%.

Alpha – Frankreich
Klarer Wodka:
Noble (40 Vol.-%).

Altai – GUS
Klarer Wodka mit 40 Vol.-%;
aus sibirischem Weizen und
Wasser aus dem Altaigebirge.

American Vodka – USA
Klarer Wodka mit 40 Vol.-%.

Anatevka – USA
Klarer Wodka mit 40 Vol.-%.

Aristocrat – USA
Klarer Wodka mit 40 Vol.-%.

Artic – Schweden
Klarer Wodka mit 40 Vol.-%.
Versetzte Wodkas:
Lemon, Peach, Melon und
Thai Fruits (alle 25 Vol.-%).

B

Baczewski – GUS
Klarer Wodka mit 50 Vol.-%.

Baikalskaya – GUS
Klarer Wodka mit 40 Vol.-%.

Balinoff – GUS
Klarer Wodka:
Extra Premium (40 Vol.-%).

Balkan 176 – Bulgarien
Klarer Wodka mit 88 Vol.-%.

Baltic Special – Polen
Klarer Wodka der Fa. Palmos.

Banzai – USA
Klarer Wodka mit 40 und
50 Vol.-%.

Barton – USA
Klarer Wodka mit 40 Vol.-%.
Versetzter Wodka:
Blue Raspberry (30 Vol.-%).

Belaja Russ
    – Weißrussland (Belarus)
Klare Wodkas:
Platinium, White (Silver-
Serebryanaya) und **Gold**
(alle 40 Vol.-%).
Versetzter Wodka:
Lux (aus Gerstendestillat mit
Birkensaft, 40 Vol.-%).

Bellow's – USA
Klarer Wodka:
Gladky (40 Vol.-%).

Below – Neuseeland
Klarer Wodka mit 42 Vol.-%.

Belvedere – Polen
Klarer Wodka mit 40 Vol.-%.
Versetzte Wodkas:
Citrus (30 Vol.-%), **Cytrus**
und **Pomarancza** (beide
40 Vol.-%).

Black Death – England
Klarer Wodka mit 40 Vol.-%.

Blackwood Distillery
    – Schottland
Klarer Wodka:
Nordic Ice Filtered (40 Vol.-%).

Blavod – GUS/USA
Klarer Wodka mit 40 Vol.-%.

Blue Ice – USA
Klarer Wodka mit 40 Vol.-%.

Boord's – USA
Klarer Wodka mit 40 Vol.-%.

Borsci Tajga – USA
Versetzte Wodkas:
Lemon, Peach, Melon und
Strawberry (alle 25 Vol.-%).

Boru – Finnland
Klarer Wodka mit 40 Vol.-%.
Versetzte Wodkas:
Citrus, Crazzberry und **Oran-
ge** (alle 40 Vol.-%).

Boshoi – USA
Klarer Wodka mit 40 Vol.-%.

Burrough's – England
Klarer Wodka mit 40 Vol.-%.
Versetzte Wodkas:
**Cranberry, Lime, Cherry, Man-
go, Citrus, Coconut, Orange,
Raspberry, Sour Apple, Vanil-
la** und **Watermelon** (alle 35
Vol.-%).

Bushman's – Australien
Klarer Wodka mit 40 Vol.-%.

Business Class – USA
Klare Wodkas:
Platinium, White und **Gold**
(alle 40 Vol.-%).

C

Canada Dry – Kanada
Klarer Wodka mit 40 Vol.-%.

Carmel – Israel
Klarer Wodka mit 40 Vol.-%.
Versetzter Wodka:
Citron (40 Vol.-%).

Charbay – USA
Klarer Wodka mit 40 Vol.-%.
Versetzte Wodkas:
**Blood Orange, Green Tea,
Key Lime, Meyer Lemon,
Red Raspberry** und **Ruby Red
Grapefruit** (alle 40 Vol.-%).

Charodei – Weißrussland
Klarer Wodka mit 40 Vol.-%.

Chopin – Polen
Klarer Wodka mit 40 Vol.-%.

Citadelle – Frankreich
Klarer Wodka:
Dominique Rechon (40 Vol.-%).
Versetzte Wodkas:
Apple und **Raspberry** (beide
30 Vol.-%).

Closter – USA
Klarer Wodka:
Overproof (51,1 Vol.-%).

Cossak – USA
Klarer Wodka mit 40 und
50 Vol.-%.

Cristall – Russland
Bekannte Marke von
→ Moskovskaya.

Crown Russe – USA
Klarer Wodka mit 40 und
50 Vol.-%.

Crystal – Russland
Bekannte Marke von
→ Puschkin.

Crystal Palace – USA
Klarer Wodka mit 40 Vol.-%.

D

Danzka – Dänemark
Die Marke gehört zu den
durch ihren Aquavit be-
kannten Danish Distillers.
Klare Wodkas:
Red (40 Vol.-%) und **Blue**
(50 Vol.-%).
Versetzte Wodkas:
Citron, Cranberyaz und
Grapefruit (alle 40 Vol.-%).

De Kuyper – Niederlande
Klarer Wodka mit 30 und
40 Vol.-%.

Denaka – Dänemark
Klarer Wodka mit 50,5 Vol.-%.

Diaka – USA
Marke der Fa. → Trans
Border Spirits.

Diva – Schottland
Klarer Wodka mit 40 und 50
Vol.-% der Blackwood Distillers auf den Shetland Islands;
durch die Diamantfiltration
zählt er zu den teuersten
Wodkas auf dem Markt.

Duggan's – USA
Klarer Wodka mit 45,2
und 47 Vol.-%.

E

Effen – Niederlande
Klarer Wodka mit 40 Vol.-%.
Versetzter Wodka:
Black Cherry (35 Vol.-%).

Eristoff

Nach dem Originalrezept des Fürsten Nikolaj Alexandrovich Eristoff in vielen Ländern in Lizenz hergestellt. In Österreich die meistgekaufte Wodkamarke mit über 2 Mio. Liter pro Jahr.
Klare Wodkas:
Eristoff und **Prince Nicolas** (beide 40 Vol.-%) sowie **Magic Eristoff** (nur in Österreich).
Versetzte Wodkas:
Mandarin und **Schlehe** (beide 23 Vol.-%).

F

Finlandia – Finnland
Hergestellt aus Gletscherschmelzwasser und Gerste.
Klare Wodkas:
Red und **Kosher** (beide 40 Vol.-%) sowie **Blue** (50 Vol.-%).
Versetzte Wodkas:
Lime, Cranberry, Mango und **Wildberries** (alle 30 Vol.-%).

> Finlandia ist die bekannteste Wodkamarke Finnlands und wird weltweit seit 1979 exportiert.

Firewater – USA
Klarer Wodka mit 40 und 50 Vol.-%.

Flagship 7 Feet – GUS
Klarer Wodka mit 40 Vol.-%.

Fleischmann's – USA
Klarer Wodka:
Royal (40 und 50 Vol.-%).

Versetzte Wodkas:
Apple, Lime, Orange und **Vanilla** (alle 30 Vol.-%).

Fris – Dänemark
Klarer Wodka mit 40 Vol.-%.
Versetzte Wodkas:
Apple und **Lime** (beide 40 Vol.-%).

Fürst Bismarck
– Deutschland
Klarer Wodka mit 40 Vol.-%.

G

Georgi – USA
Klarer Wodka mit 40 Vol.-%.

Gilbert's – USA
Klarer Wodka mit 40 Vol.-%.

Gilbey's – England/USA
Klarer Wodka mit 40 und 50 Vol.-%.

Glenmore – USA
Klarer Wodka mit 40 Vol.-%.

Gorbatschow
– Deutschland
Klare Wodkas:
Blue Label (37,5, 50 und 60 Vol.-%), Platinium 44 (44 Vol.-%), Black Label (55 Vol.-%).

> Die deutsche Wodkafirma trägt einen berühmten Namen, hat aber mit dem früheren russischen Präsidenten Michail Gorbatschow außer dem Namen nichts gemein. Die Firma wurde im Jahre 1921 in Berlin von russischen Emigranten gegründet.

Gordon's – England/USA
Klarer Wodka mit 40 und 50 Vol.-%.
Versetzte Wodkas:
Citrus und **Pepper** (beide 40 Vol.-%), **Wildberry** (30 Vol.-%).

Gorzka Zoladkowa
– Polen
Klarer Wodka:
Spirytus (75 Vol.-%).
Versetzter Wodka:
Orange Flavour Vodka (40 Vol.-%).

Grasovka
Sammelbegriff in Polen und in der GUS für einen versetzten Wodka, der mit Bisongras aromatisiert wurde und zwischen 40 und 42 Vol.-% aufweist. In Polen gibt es die Marke Grasovka Bison Brand Vodka.

Green Mark – Russland
Klarer Wodka mit 40 Vol.-%.

Grey Goose – Frankreich
Klarer Wodka, der über Kalkgestein der Champagne filtriert wurde (40 Vol.-%).
Versetzte Wodkas:
L'Orange, La Vanille und **Le Citron** (alle 40 Vol.-%).

H

Hampton's – USA
Klarer Wodka mit 40 Vol.-%.
Versetzte Wodkas:
Banana, Cherry Vanilla und **Chocolate Raspberry** (alle 30 Vol.-%).

Heavy Water – Norwegen
Klarer Wodka mit 40 Vol.-%.

Hertkamp – Niederlande
Klarer Wodka mit 40 Vol.-%.

Hiram Walker
        – Kanada/USA
Klarer Wodka:
Crystal Palace (40 Vol.-%).

Houghoudt – Niederlande
Klarer Wodka mit 38,5 Vol.-%.

I

Iceberg – Kanada
Klarer Wodka mit 40 Vol.-%
aus kanadischem Mais mit
dem Wasser von Eisbergen.

Imperial – Russland/GUS
Klarer Wodka mit 40 Vol.-%.

J

Jacquin – USA
Klarer Wodka mit 40 und
50 Vol.-%.

Jalowcówka – Polen
Versetzter Wodka mit
40 Vol.-%, mit Wacholder-
beerauszügen.

Jewel of Russia – GUS
Klare Wodkas:
Classic und **Ultra** (beide 40
Vol.-%).
Versetzter Wodka:
Wild Bilberry Infusion
(22 Vol.-%).

K

Kamchatka – USA
Klarer Wodka mit 40 Vol.-%.

Kapitanska – Polen
Klarer Wodka mit 40 Vol.-%.

Katrinka – USA
Klarer Wodka mit 40 Vol.-%.

Kauffman – Russland
Klare Wodkas:
Hard und **Soft Private Collec-
tion** (beide 40 Vol.-%).

Kedem – USA
Klarer Wodka mit 40 Vol.-%.

Keglevich
In vielen Ländern nach dem
Rezept des ungarischen Gra-
fen Stephan Keglevich in Li-
zenz hergestellte Produkte. In
Österreich als **Graf Keglevich**
bezeichnet.
Klarer Wodka mit 40 Vol.-%.

Ketel – Dänemark
Klarer Wodka:
„One" (40 Vol.-%, im Alam-
bic-Verfahren hergestellt und
sechs Wochen gelagert).
Versetzter Wodka:
Citroen (40 Vol-%).

„Za zdorovje!" – Auf die Ge-
sundheit!
„Za nashu vstrechu!" – Auf
unsere Begegnung!
„Za nast!"– Auf uns!
„Vzdrognuli!" – Los geht's!

Kord – Polen
Versetzter Wodka:
Zubrovka (40 Vol.-%).

Korskenkorva – Finnland
Klarer Wodka mit 40, 50
und 60 Vol.-%, hergestellt
aus Kartoffeln.

Krakus – Polen
Klarer Wodka:
Exclusive (40 Vol.-%).

Kremlyovskaya – GUS
Klarer Wodka mit 40 Vol.-%.
Versetzte Wodkas:
**Pepper, Blackcurrant, Limon-
naya** und **Chocolate** (alle 40
Vol.-%).

Krepkaya – GUS/Polen
Klarer Wodka mit 40–56
Vol.-%.

Kristall – Russland
Eine der etabliertesten Destillerien Russlands mit Sitz
in Minsk.
Klare Wodkas:
Etalon, Luxus 100 (beide
40 Vol.-%).
Versetzter Wodka:
100 Present (40 Vol.-%,
mit Honig).

Krolewska – GUS
Klarer Wodka mit 40 Vol.-%.

Kutskova – GUS
Klarer Wodka mit 40 Vol.-%.

L

Ladoga Zarskaja
– Russland
Klarer Wodka mit 40 Vol.-%.

Level – Schweden
Klarer Wodka mit 40 Vol.-%
(voller Wortlaut: Level Spirit
of Absolut) der Fa. → Absolut.

Luksusowa – Polen
Klarer Wodka mit 40 und 50
Vol.-%, aus Kartoffeln, drei-
fach destilliert.
Versetzte Wodkas:
Citrus, Wildberry (beide 40
Vol.-%).
Erzeugnisse des polnischen
Monopolbetriebs → Polmos.
In den USA als **Luxussons** be-
zeichnet.

M

Majorska – USA
Klarer Wodka mit 40 und
50 Vol.-%.

Mash – USA
Klarer Wodka mit 40 Vol.-%.

Melnikow – GUS
Klarer Wodka mit 45 Vol.-%.

Mernaya – GUS
Klare Wodkas:
„50" (50 Vol.-%), **Platinium**
und **Silver** (beide 40 Vol.-%).
Versetzte Wodkas:
On Milk, Honey and **Pepper**
(alle 40 Vol.-%).

Mezzaluna – Italien
Klarer Wodka mit 40 Vol.-%,
dreimal destilliert und vielmal
gefiltert.

Minskaya – Russland
Klare Wodkas:
Kristall (40 Vol.-%) und **Sere-
bryanaya.**

Mishka – GUS
Klarer Wodka mit 40 Vol.-%.
Versetzte Wodkas:
Orange und **Citron** (beide 40
Vol.-%).

Mohawk – USA
Klarer Wodka mit 40 Vol.-%.
Versetzte Wodkas:
**Citrus, Orange, Peach fla-
vored, Raspberry** und **Vanilla**
(alle 35 Vol.-%).

**Monopolowa By Baczew-
ski** – GUS
Klarer Wodka mit 40 Vol.-%.

Moskovskaya – Russland
In Österreich und Deutschland eine der bekanntesten
russischen Marken; andere
Schreibweisen: **Moskovska-
ja, Moskowskaja** und **Mos-
kowskaya.**
Klare Wodkas:
Green Label (57 Vol.-%, für
den Export 40 Vol.-%), **Black
Label, Osobaya** und **Cristall**
(alle 40 Vol.-%).
Versetzte Wodkas:
Lemon Twist und **Zubrovka**
(beide 40 Vol.-%).

Moskovskaya heißt „Mos-
kauer Wodka" und wird be-
reits seit den 1960er-Jah-
ren nach Österreich und
Deutschland exportiert.

N

Nemiroff – Ukraine
Klare Wodkas:
Original, Premium und
Premium De Luxe (alle
40 Vol.-%), **Wheat Vodka**
(42 Vol.-%).
Versetzte Wodkas:
**Rye Honey, Citron, Honey
Pepper** und **Cranberry** (alle
40 Vol.-%).

Nikita – Deutschland
Klarer Wodka mit 40 Vol.-%.

Nikoff – USA
Klarer Wodka mit 40 Vol.-%.

Nikolai – USA
Klarer Wodka mit 40 und
50 Vol.-%.

Nisskosher – Deutschland
Klare Wodkas:
Purin und **Jon Teff** (beide
40 Vol.-%, nach einem polnischen Rezept aus Kartoffeln
mit Aromazusätzen herge-
stellt; beide Erzeugnisse sind
koscher).

O

Odesse – USA
Klarer Wodka mit 40 Vol.-%.

Old Mr. Boston – USA
Klarer Wodka mit 40 und
50 Vol.-%.

Olifant – Niederlande
Klarer Wodka mit 40 Vol.-%.
Versetzte Wodkas:
Citron (40 Vol.-%), **Orange,
Vanille** und **Raspberry** (alle 35
Vol.-%).

Original Polish – Polen
Klarer Wodka mit 40 Vol.-%.

Orlow – Deutschland
Klarer Wodka mit 40 Vol.-%;
in vielen Ländern nach einem
150 Jahre alten Rezept der Familie Koscheleffs aus Moskau
hergestellt.

Orzechówka – Polen
Versetzter Wodka mit 40
Vol.-%; dunkelbraune Farbe.

Oval – Österreich
Klare Wodkas:
„Premium 24" (24 Vol.-%),
„Strong 42" (42 Vol.-%)
Structured 56 (56 Vol.-%).
Versetzter Wodka:
Rowan Berry (Vogelbeere,
42 Vol.-%).

P

Pan Tadeusz – Polen
Klarer Wodka mit 40 Vol.-%.

Park & Tilford – USA
Klarer Wodka mit 40 Vol.-%.

Parliament – Russland/GUS
Klarer Wodka:

Classic (40 Vol.-%, mit Milch
gereinigt und mit Holzkohle
filtriert).

Pearl – USA
Klarer Wodka mit 40 Vol.-%.
Versetzter Wodka:
Lo Coco (35 Vol.-%).

Pertsovka – GUS
Versetzter Wodka mit 40
Vol.-%, ausgeprägter Paprika-
geschmack.

Pieprzówka – Polen
Versetzter Wodka mit 40
Vol.-%, ausgeprägter Kresse-
geschmack; wörtliche Übersetzung: **Pfefferwodka.**

Playy – USA
Klare Wodkas:
Black (16 Vol.-%), **Red** (21
Vol.-%), **Premium Classic**
(40 Vol.-%).

Poland Spring – USA
Klarer Wodka mit 40 und
50 Vol.-%..

Polmos – Polen
Nachfolgeorganisation des
staatlichen Monopolbetriebs.
Klare Wodkas:
Baltic Special (40 Vol.-%),
→ Luksusowa und → Wybo-
rowa.

Polska – Polen
Klarer Wodka mit 40 Vol.-%.

Gekreuzte Finger am Hals
sind eine Trinkgeste, die
besagt: Ich will Wodka. Die
Anzahl der gekreuzten Finger bestimmt die Menge.

Popov – USA
Klarer Wodka mit 40 und
50 Vol.-%.

Potocki – Polen/GUS
Klarer Wodka mit 40 Vol.-%.

Pravda – GUS
Klarer Wodka mit 40 Vol.-%.

Priviet – Polen
Klarer Wodka mit 40 Vol.-%.

Pshenychnaya – GUS
Klarer Wodka mit 40 Vol.-%.

Puriste – Österreich
Klarer Wodka mit 40,2 Vol.-%,
hergestellt von Alois Kracher
und Leo Hillinger.

Puschkin – Russland
Klarer Wodka:
Crystal (40 Vol.-%, nach russischem Originalrezept in
vielen Ländern in Lizenz hergestellt).

R

Rainbow – USA
Versetzte Wodkas:
**Lemon, Coconut, Melon,
Peac**h und **Pineapple** (alle 24
Vol.-%).

Regal Club – USA
Klarer Wodka mit 40 Vol.-%.

Relsky – USA
Klarer Wodka mit 40 Vol.-%,
nach russischem Originalrezept in vielen Ländern in Lizenz hergestellt.

Reyka – Island
Klarer Wodka mit 40 Vol.-%,
über Lavagestein filtriert.

Rimanto – Polen
Klarer Wodka mit 40 Vol.-%,
aus Kartoffeln hergestellt.

Roberto Cavalli – Italien
Klarer Wodka mit 40 Vol.-%.

Roggenhof, J. & M. Haider
– Österreich
Klarer Wodka:
Waldviertler Wodka (41 Vol.-%,
aus Roggen hergestellt).

In Großbritannien kam vor
rund 50 Jahren im Parla-
ment die beunruhigende
Tatsache zur Sprache, dass
es in Schottland immer
mehr Leute gäbe, die zum
Frühstück Wodka anstelle
von Whisky tränken.

Rogoschin – Niederlande
Klarer Wodka mit 40 Vol.-%.
Versetzter Wodka:
Roter Rogoschin (40 Vol.-%,
mit Schlehen versetzt, nach
dem Originalrezept der Firma
Bols in vielen Ländern in
Lizenz hergestellt).

Romanoff – USA
Klarer Wodka mit 40 Vol.-%.

Royal Court – USA
Klarer Wodka mit 40 Vol.-%.

Royalty – USA
Klarer Wodka mit 40 Vol.-%.

Rubinoff – USA
Klarer Wodka mit 40 Vol.-%.

Rus Bogorodskaya
– Russland
Klarer Wodka:
Authentic Russian (40 Vol.-%).

S

Samovar – USA
Klarer Wodka mit 40 Vol.-%.

Shakespeare – England
Klarer Wodka mit 40 Vol.-%.

Shenley – USA
Klarer Wodka mit 40 Vol.-%.

Seagram – USA
Klarer Wodka mit 40 und
50 Vol.-%.
Versetzte Wodkas:
**Citrus, Apple, Melon,
Raspberry** und **Vanilla**
(alle 35 Vol.-%).

Siberia – GUS
Klarer Wodka mit 40 und
50 Vol.-%.

Sibirskaya
Klarer Wodka mit 42 Vol.-%,
unter Verwendung von Win-
tergetreide aus Sibirien hergestellt.

Siriously – Schweden
Klarer Wodka mit 40 Vol.-%.

Siwucha – Polen
Klarer Wodka mit 40 Vol.-%.

Skyy – USA
Klarer Wodka mit 40 und
45 Vol.-%.
Versetzte Wodkas:
Berry, Citrus, Melon, Orange
und **Vanilla** (alle 35 Vol.-%).

Smirnoff – USA
Klare Wodkas:
Red (37,5 Vol.-%), **Red Label
Triple Distilled** (40 Vol.-%),
Blue Label (50 Vol.-%), **Silver
Label** und **Silver Hexagonal**
(beide 45,2 Vol.-%), **de Czar
Special Reserve** (41,3 Vol.-%),
Black NO. 55 Pot-Still.
Versetzte Wodkas:
**Apple Twist, Cranberry Twist,
Orange Twist, Raspberry
Twist, Strawberry Twist, Black
Cherry Twist, Vanilla Twist**
und **Watermelon** (alle 35
Vol.-%), **Citrus Twist** (35 und
40 Vol.-%).

Die Firma Smirnoff wurde
in St. Petersburg gegrün-
det, und zwar bereits 1818.
Die Russische Revolution
legte die Produktion lahm.
Die Rezepturen und die Na-
mensrechte kamen schließ-
lich in die USA. Heute ist
Smirnoff Wodka ein Teil des
Spirituosenmultis Diageo.

Snow Queen – Kasachstan
Klarer Wodka mit 40 Vol.-%.

Sobieski – Polen
Klarer Wodka mit 40 Vol.-%
sowie die Marke **Dankowski**
(aus Roggen hergestellt).

Soplica – Polen
Versetzter Wodka mit 40
Vol.-%, mit Äpfeln.

Ein russischer Trinkspruch
lautet: Kein Schluck Wodka
ohne Trinkspruch!

Sovetskaya Pertsovka
– GUS
Klarer Wodka mit 35 Vol.-%,
ausschließlich für den Export
in die USA bestimmt.

Soyuz Victan – Russland
Versetzte Wodkas:
De Luxe Birch Buds (40
Vol.-%), **Honey with Pepper**
(20 Vol.-%).

Staraya – Polen/GUS
Klarer Wodka mit 40 Vol.-%.

Starka – Polen/GUS
Versetzte Wodkas:
Mit **Malaga** (43 Vol.-%) bzw.
mit den Blättern des **Krim-
apfel- und Krimbirnen-
baumes** aromatisiert und mit
Likörwein versetzt
(43 Vol.-%).

Stolichnaya – Russland
Bekannteste russische Wodkamarke, hergestellt in den
zu Sojusplodoimport gehö-
renden Destillerien.
Andere Schreibweisen sind:
**Stolichnaja, Stolitschna-
ja** und **Stolitschnaya.** In den

USA kurz als **Stoli** bezeichnet.
Klare Wodkas:
Red Label Original (37,5 und
40 Vol.-%), **Gold Super Premium** (50 Vol.-%), **Elit Ultra
Premium** (Originalwodka der
russischen Zaren).
Versetzte Wodkas:
**Citros, Cranberi, Ohranj, Per-
sik, Rasberi, Strasberi** und **Va-
nil** (alle 35 Vol.-%).

Stolitsa – Weißrussland
Klarer Wodka mit 40 Vol.-%.

Stolowaja – GUS
Andere Schreibweisen sind:
Stolovaja, Stolowaya und **Sto-
lovaya.**
Klarer Wodka mit 50 Vol.-%.

Stonehouse – USA
Klarer Wodka mit 40 Vol.-%.

Stroganoff
Klarer Wodka mit 40 Vol.-%,
in vielen Ländern in Lizenz
erzeugt.
Versetzter Wodka:
Lemon (40 Vol.-%).

Stuyvesant – USA
Klarer Wodka mit 40 Vol.-%.

Suntory – Japan
Der bekannte Whiskykonzern
erzeugt auch einen *klaren
Wodka* mit 40 Vol.-%.

Svedka – Schweden
Klarer Wodka mit 40 Vol.-%,
aus Weizen, fünffach destilliert.

Versetzte Wodkas:
**Citron, Clementine,
Raspberry** und **Vanilla** (alle
36 Vol.-%).

Svensk – Schweden
Klarer Wodka:
Lake Vättern (40 Vol.-%, aus
Motola am Vätternsee).
Versetzte Wodkas:
**Apple, Wild Strawberry,
Lemon** und **Vanilla** (alle
40 Vol.-%).

T

Tall Blond – Estland
Klarer Wodka mit 40 und
50 Vol.-%.

Tamirov – USA
Klarer Wodka mit 40, 45
und 50 Vol.-%.

Tanqueray – England/USA
Klarer Wodka:
Sterling (40 und 50 Vol.-%).
Versetzter Wodka:
Sterling Citrus (40 Vol.-%).

„Wodka ist Gift,
Gift ist Tod,
Tod ist Schlaf,
Schlaf ist gesund. –
Lasst uns auf die Gesund-
heit trinken!"

Tarkhuna – Japan
Klarer Wodka mit 40 Vol.-%.

Tarniówka – Polen
Versetzter Wodka mit
Schlehen, in unterschied-
lichen Alkoholstärken.

Tchaïka – Frankreich
Klarer Wodka mit 40
Vol.-%, aus Weizen.

Three Olives – England
Klare Wodkas mit 40, 45
und 50 Vol.-%, aus Weizen,
dreifach destilliert, über Ak-
tivkohle filtriert.
Versetzte Wodkas:
**Berry, Cherry, Chocolate,
Citrus, Grape, Orange, Raspberry, Sour Apple** und **Vanilla** (alle 35 Vol.-%).

Three Sixty 360 – Russland
Klarer Wodka mit 40 und
50 Vol.-%.

Der seit jeher existierende
Streit zwischen Polen und
Russland, welches nun das
Wodkaursprungsland sei,
wird wohl immer unent-
schieden bleiben.

Thor's Hammer
– Norwegen
Klarer Wodka mit 40 Vol.-%.

Trans Border Spirits – USA
Klarer Wodka mit 40 Vol.-%
und die Marke **Diaka Vodka
Platinium Standard** (in Polen hergestellt, über geschliffenen Diamanten mehrmals
filtriert. Die Firma Trans Border Spirits in New York füllt
ihn in aufwendig gestalte-
te Kristallkaraffen ab; wahrscheinlich der teuerste Wodka der Welt).

Trump – USA
Klarer Wodka mit 40 Vol.-%.

Turov – Deutschland
Klarer Wodka mit 40 Vol.-%.

Tvarscki – USA
Klarer Wodka mit 40
Vol.-%.

U

UK 5 – USA
Klarer Wodka:
Organic (40 Vol.-%, nur für
den amerikanischen Markt
produziert).

Ukrainskaja Gorilka
– Ukraine
Versetzter Wodka mit 45
Vol.-%, mit Lindenblütenaus-
zügen versetzt.

Ursus – Niederlande
Klarer Wodka mit 40 Vol.-%,
aus Getreidemischungen
nach einem alten islän-
dischen Rezept hergestellt.

UV – USA
Klarer Wodka mit 40 Vol.-%.
Versetzte Wodkas:
**Cherry, Citrus, Sour Apple,
Orange, Blue Raspberry** und
Vanilla (alle 30 Vol.-%).

V

Vickers – USA
Klarer Wodka mit 40 Vol.-%.

Vikingfjord – Norwegen
Klarer Wodka mit 40 Vol.-%.

Vincent van Gogh
– Niederlande
Klarer Wodka mit 40 Vol.-%.
Versetzte Wodkas:

**Apple Chocolate, Chocolate,
Citroen, Coconut, Double
Espresso, Espresso, Mango,
Melon, Oranje, Pineapple,
Raspberry, Vanilla** und **Wild
Appel** (alle 30 Vol.-%).

Vladivar – England
Klarer Wodka:
Imperial (40 Vol.-%).
Versetzter Wodka:
Ultimat Chocolate-Vanilla
(40 Vol.-%).

Vodka RU. – Russland
Klare Wodkas:
Classic und Lux (beide 40
Vol.-%), **Strong** (50 Vol.-%);
alle Erzeugnisse in 0,5-l- und
0,7-l-Flaschen erhältlich.
Versetzte Wodkas:
Apple, Lemon, Currant und
Pepper (40 Vol.-%).

Vox – Niederlande
Klarer Wodka mit 40 Vol.-%.
Versetzte Wodkas:
Green Apple, Appletini und
Raspberry (alle 40 Vol.-%).

Zur Erzeugung von ver-
setzten Wodkas ist das sogenannte Büffelgras sehr
beliebt. Dieses von Büffeln
gern gefressene Gras ver-
leiht dem Wodka einen Ge-
schmack, der an Waldmei-
ster erinnert, und es färbt
das Produkt hellgelb bis
bräunlich.

W

White Crown – USA
Klarer Wodka mit 40 Vol.-%.

Wisniowka – Polen
Versetzter Wodka mit Kirschensaftzusatz, in unterschiedlichen Alkoholstärken.

Wokka-Saki – England
Klarer Wodka mit 20%iger Sakibeigabe, 40 Vol.-%.

Wolfschmidt – USA
Klarer Wodka mit 40 und 50 Vol.-%.

Wyborowa – Polen
Die seit den 1920er-Jahren existierende Marke wird von → Polmos hergestellt. Andere Schreibweise: **Wyborova.**
Klarer Wodka mit 40, 45 und 50 Vol.-%, aus Roggen im Pot-Still-Verfahren hergestellt, dreimal destilliert. Neu im Sortiment der **Single Estate** (aus einer Destillerie).

X

Xellent – Schweiz
Klarer Wodka mit 40 Vol.-%, aus Roggen, im Pot-Still-Verfahren hergestellt.

X-Rated – Frankreich
Klarer Wodka mit 40 Vol.-%, aus der Cognacregion.

Y

Yubileynaja Osobaja
– GUS
Versetzter Wodka mit 50 Vol.-%, mit Kräutern, Honig und Weindestillat aromatisiert.

Yuri Dolgoruki – GUS/USA
Klarer Wodka mit 40 Vol.-%.

> Aus Überlieferungen weiß man, dass es schon zu Anfang des 18. Jahrhunderts in der Nähe von Irkutsk eine Wodkabrennerei gab, die über 37 (!) Destillierblasen verfügte.

Z

Zarskaya – Russland
Klarer Wodka:
Gold (fünffach destilliert, 12-fach durch ein Gewebe aus Gold filtriert, Zugabe von Lindenblütenhonig und Lindenblütengeist. Als **„Zarenwodka"** bezeichnet.

Zhitomirskaya – GUS
Klarer Wodka mit 40 Vol.-%, andere Schreibweise: **Zhitmirskay.**

Zubrovka – Polen/GUS
Andere Schreibweise: **Zubrowka.**
Versetzter Wodka mit 40 bis 45 Vol.-%; das russische Produkt ist mit Bisongrasauszügen versetzt, das polnische hat nur einen Bisongrashalm in der Flasche.

Zyntia – Polen/GUS
Klare Wodkas:
Zyntia (40 Vol.-%), **Zyntia Extra** (40 Vol.-%), **Zyntia Specjalna** (40–80 Vol.-%, für den Export); alle Produkte auf Roggenbasis. Andere Schreibweise: **Zytnia.**

Sonstige Getreidebranntweine

In diesem Kapitel sind alle Getreidedestillate zusammengefasst, die nicht den Produktgruppen Aquavit, Genever, Gin, Whisk(e)y oder Wodka zuzuordnen sind, aber trotzdem eine Getreidesorte oder -art als Basis haben. Viele von ihnen haben nur regionale Bedeutung oder werden zum Mixen in der Bar kaum verwendet.

A

Apfelkorn

Ein mit Apfelsaft (oder Apfeldicksaft) gefertigter Getreidebranntwein.

B

Bagaceira – Südamerika

Aus Getreide oder Getreidetrestern; klar, gelblich; andere Bezeichnung: **Bagaco.**

Bayerischer Bierbrand

Aus frischem Bier hergestellt; unterliegt dem deutschen Reinheitsgebot („Nur frisches Bier darf für Bierbrand verwendet werden"). Die Reifung erfolgt in kleinen Glasballons; durchschnittlich 40 Vol.-%.

Bayerischer Bockbierbrand

Aus frischem dunklem Weizenbockbier hergestellt.

Berentzen – Deutschland

Spirituosenerzeugerfirma, die seit 1758 besteht und verschiedene Produkte aus Weizenkorn mit Obst (z. B. „Saurer Apfel") herstellt. Laut Gesetz zählen diese Produkte zu den Likören, siehe dort.

Berliner Kümmel

– Deutschland

Der Original Berliner Kümmel ist ein halbsüßer Kümmel und darf nur in Berlin hergestellt werden.
Eine bekannte Marke ist von der Fa. Schilkin.

Bierbrand

Destillat aus Bier bzw. aus Biertrestern (Rückstände der geläuterten Biermaische); in Österreich und Bayern erzeugen sehr viele Bierbrauereien einen Bierbrand.

Bolonachi – Ägypten

Hellbrauner Getreidebrand mit starkem Rauchgeschmack; dem schottischen Whisky ähnlich; 40 Vol.-%.

Breslauer

Deutsche Bezeichnung für einen Branntwein aus Getreide, der früher ausschließlich in Breslau erzeugt wurde. Breslau liegt an der Oder und ist die viertgrößte Stadt Polens. Der Breslauer Getreidebranntwein ist meist wasserhell oder gelb gefärbt (mit Zuckercouleur) und hat einen Alkoholgehalt von 32–38 Vol.-%.

Bromi – Philippinen
Aus Reis hergestellt; klar, gelblich; 26 Vol.-%.

C

Chicha
– Mittel- und Südamerika
Aus Mais hergestellt; wasserklar, scharf brennend; 40–60 Vol.-%.

Chicha de Morado – Peru
Aus Mais (ausschließlich aus violetten Sorten) hergestellt; erinnert im Geschmack an Bourbon Whiskey.

Choclo – Ecuador
Hauptsächlich aus Mais und einer Getreidemischung hergestellt.

In Deutschland gilt der Korn als „Magenwärmer" zum Bier.

D

Dieckmann – Deutschland
Alter Weizenbrand (42 Vol.-%), **Kornbrand** und **Helmstedter Weizenkorn** (beide 38 Vol.-%).

Doornkaat – Deutschland
Bekannte deutsche Spirituosenerzeugerfirma; gegründet 1806 in Norden/Ostfriesland; bis heute ein Familienunternehmen.

Doornkaat Der Ostfriesische (wasserklar, 38 Vol.-%).

Peter **Dürr** – Schweiz
Zwickel Rugenbräu (Bierbrand, 40 Vol.-%).

F

Finkel Jochen – Norwegen
Mit Wacholderbeerauszügen gefertigt; wasserklar; 38 Vol.-%. Manchmal auch als **norwegischer Gin** bezeichnet.

Fu-Kwat-Muk-Kwa – China
Aus Reis mit Zusatz von Quitten und Tigerknochen hergestellt.

Fürst Bismarck Kornbrand – Deutschland
Wasserklar; 40 Vol.-%.

Fürstenhöfer Steinhäger
– Deutschland
Ist ein → Steinhäger mit ausgeprägtem Wacholdergeschmack der Brennerei zum Fürstenhof in Steinhagen; wasserklar; 40 Vol.-%.

G

Gelber Wein
Andere Bezeichnung für
→ Reiswein.

Genje Sake – Japan
Aus Reis hergestellt; hellgelb; 17,5 Vol.-%.

German Gin
Englische Bezeichnung für
→ Steinhäger.

Gilka Kaiser Kümmel
– Deutschland
Geschützte Marke der Gilka KG in Berlin, seit 1836; 38 Vol.-%.

Gorzalka – Polen
Aus Roggen hergestellt; mindestens 10 Jahre in Eichenfässern gelagert; hellbraun, blank; 40 Vol.-%.

Gründerbrand 1981
– Deutschland
Nach dem Originalrezept von Jan ten Doornkaat Koolmars, der 1806 die Fa. → Doornkaat gründete, hergestellt; zum Jubiläum des 175-jährigen Bestehens der Fa. Doornkaat herausgegeben; wasserklar; 40 Vol.-%.

Vom altdeutschen Wort Schnapper, das so viel wie Schluck bzw. „eine einmalige Mundfüllung" bedeutet, wurde das Wort Schnaps abgeleitet.

H

Hakkaisan – Japan
Ein → Sake Dry mit 15,4 Vol.-%.

Hardenberg Rittersporn
– Deutschland
Aus Roggen von der Hardenberg'schen Kornbrennerei in Nörten-Hardenberg hergestellt; wasserklar; 34 Vol.-%.

Georg **Hiebl** – Österreich
Bockbierbrand mit 41 Vol.-%.

Hochmair – Österreich
Uttendorfer Bockbierbrand
(42 Vol.-%).

Hödlhof – Österreich
Murauer Bierschnaps
(40 Vol.-%).

Hsi-Feng – China
Aus Sorghum (Mohrenhirse)
hergestellt; klar bis hellgelb;
28–30 Vol.-%.

J

Jückemöller – Deutschland
Bure Korn (Korn, wasserklar,
38 Vol.-%), **Steinhäger** (40
Vol.-%).
Erzeugnisse der Fa. Jückemöller in Steinhagen/Westfalen.

K

Kao-Liang – China
Aus Sorghum (Mohrenhirse)
hergestellt; klar bis hellgelb;
28–30 Vol.-%.

Karatanba – Japan
Ein → Sake Dry mit 15 Vol.-%.

Klarer
Deutsche Bezeichnung für
einen Trinkbranntwein einfachster Art, der meist aus
Monopolsprit und Wasser
hergestellt wird; auch als Weißer bezeichnet.

Wilhelm **Klaus** – Österreich
Bockbierbrand mit 40 Vol.-%.

Kloster Kornbrennerei
– Deutschland
Alter Edelkorn, Jahrgangskorn, Kloster Edelkorn und
St. George (im Whiskyfass
gereift); alle 38 Vol.-%.

Kohala – Thailand
Aus Gerste hergestellt.

Köm oder **Kööm**
– Deutschland
Kümmelschnaps, der mit anderen Gewürzen aromatisiert
sein kann; in Norddeutschland verbreitet; ähnelt dem
Aquavit; weiß oder gelb. In
Nordfriesland trinkt man ihn
auch als Teepunsch.

Kontuszowka – Polen/GUS
Getreidebranntwein, mit Zusatz von Kümmelsamen, Anis
und Fenchel; 40–80 Vol.-%;
auch **Kontusowka** oder **Kontuczowka.**

Kornbranntwein
oder **Korn**
Bis ca. 1550 wurde ein Korn
ausschließlich aus Bier gebrannt, danach direkt aus
Getreide. Seit 1909 gibt es
gesetzliche Bestimmungen,
wonach nur Kornbranntwein
in den Verkehr gebracht werden darf, der ausschließlich
aus Roggen, Weizen, Buchweizen, Hafer oder Gerste
hergestellt ist und nicht im
Würzverfahren gewonnen
wurde. Auch Mischungen
von Weizen- und Roggenkorn
sind erlaubt. Die Verwendung
von Mais sowie das Aromatisieren mit ätherischen Ölen

sind verboten. Erlaubt sind
die Bezeichnungen Roggenbrand, Weizenbrand oder
Weizenkorn.
Ein Korn muss mindestens 32
Vol.-% haben, Doppel- oder
Edelkorn, Kornbrand oder
Kornbrannt mindestens 38
Vol.-%. Es gibt eine Reihe von
Kornbranntweinen, die einen
Städtenamen auf der Etikette tragen, z. B. **Nordhäuser
Korn, Münsterländer Korn,
Cottbuser Korn.**

> Das englische Wort Corn
> bezeichnet die meistangebaute Getreideart eines
> Landes, z. B. in den USA:
> Corn = Mais; in Kanada:
> Corn = Roggen.

Kornfeindestillat
Die deutsche Bezeichnung
für einen feinen, reinen
Branntwein aus Korn; auch
Kornsprit genannt.

Kornkümmel
Deutsche Bezeichnung für
Branntwein aus Getreide,
der mit Kümmel aromatisiert
wird.

Christoph **Kössler**
– Österreich
Gerste im Eichenfass
(Getreidebrand, 43 Vol.-%).

Kümmel – Deutschland
Ein Kümmel bzw. Kümmelschnaps wird v. a. in Norddeutschland hergestellt; vgl.
→ Köm.

L

Lagler – Österreich
Pannonia Korn Malt (Korn, 40 Vol.-%).

Laubenpieper Apfelschluck – Deutschland
Mit Apfelsaft gefertigt; gelblich, klar; 25 Vol.-%.

Lehment Rostocker Doppelkümmel – Deutschland
Ein Kümmelschnaps mit 38 Vol.-%.

M

Maisel – Deutschland
Aus Maisel's Weiße wird der Bierbrand **Weißer Blitz** erzeugt.

Meinel-Bräu – Deutschland
Bierbrand mit 40 Vol.-%.

Brennerei **Miglbauer**
– Österreich
Brennerei mit Sitz in Kircham im Salzkammergut, im Besitz der Familie Franz Miglbauer. Unter dem Namen Samergut bekannt.
Haferbrand (42 Vol.-%).

Mo-Rai – China
Aus Reis hergestellt; mit Geflügelfleisch versetzt.

Mow Toy Wine – China
Andere Bezeichnung **Mui Kwe Lu;** 43–51 Vol.-%.

Münchner Kindl
– Deutschland
Aus Korn, Hopfen und Malz von der Fa. Riemerschmid in München gefertigt; wasserklar; 38 Vol.-%.

Münsterländer
– Deutschland
Originalprodukte tragen die Herkunftsbezeichnung „echt" oder „original" Münsterländer im Markennamen und kommen aus Westfalen. Steht nur Münsterländer auf der Etikette, so kann dieser überall in Deutschland erzeugt werden.

N

Niewarker – Deutschland
Aus Weizen hergestellt; wasserklar; 40 Vol.-%.

Schon Napoleon schätzte den Nordhäuser Korn und ließ im Jahre 1813 60 000 Liter des Branntweines requirieren, um sie von Nordhausen nach Magdeburg schaffen zu lassen. Mit einem Schlag waren alle Lagerkeller leer ...

Nordhäuser – Deutschland
Wie → Breslauer eine Bezeichnung für einen Branntwein aus Getreide; Nordhausen liegt in Hessen.
Der Echte Nordhäuser Korn oder Doppelkorn ist wasserhell und hat einen Alkoholgehalt von ca. 40 Vol.-%.

Es war ein Korn, der 1781 als erster deutscher Branntwein in die USA exportiert wurde: Ein unlauterer Landgraf aus Nordhausen in Hessen verkaufte seine Söldner nach Amerika und lieferte den Kornbranntwein gleich nach. Er war der Meinung, die Soldaten brauchten einen kräftigen Tropfen, um das schlechte amerikanische Trinkwasser genießbarer zu machen.

O

Ozeki – Japan
Ein → Sake Dry mit 14,7 Vol.-%.

P

Pequet de Liège – Belgien
Einem Genever ähnlich, jedoch herber im Geschmack; wasserklar; 40 Vol.-%.

Pfau, Valentin Latschen
– Österreich
Brennerei, vor allem bekannt für Obstdestillate, die auch einen Bierbrand aus Biobier mit 44 Vol.-% herstellt.

Pimm's No 1 Cup
– England
Auf Basis von Gin unter Verwendung verschiedener Kräuter und Pflanzenauszüge hergestellt; 25 Vol.-%.

Pimm's No 1 Cup wurde im Jahre 1840 von James Pimm erfunden und wird heute gerne mit Champagner, Sekt, Tonic Water, Ginger Ale oder Zitronenlimonade vollendet. Siehe Rezeptteil Seite 184.

Ponteen – Irland
Wasserklar; 40 Vol.-%.

Premium Koshu – Japan
Ein → Sake; gelbbraun, klar; 17 Vol.-%. Wird traditionsgemäß heiß serviert.

Otto **Pycha** – Österreich
Piestinger Bierbrand
(40 Vol.-%).

R

Reisbranntwein
Aus Reis durch dreimalige Destillation hergestellt; klar; ca. 20–30 Vol.-%.

Hans **Reisetbauer**
– Österreich
Brennerei, vor allem bekannt für Obstdestillate, die auch einen Bierbrand aus Wieselburger Bier mit 40,5 Vol.-% herstellt.

Reiswein
In China und Tibet gebräuchliche Bezeichnung für einen Branntwein aus Reis. Andere Bezeichnungen: Gelber Wein, → Sake.

S

Sake
Japanische Bezeichnung für Reiswein bzw. Reisschnaps. Schon im 3. Jh. v. Chr. brachte man Sake von China nach Japan; dort wurde er zu einem wichtigen kulturellen Getränk mit nationaler Bedeutung. Die Lagerung von Sake muss kalt erfolgen. Getrunken wird er entweder kalt oder warm. In der japanischen Küche wird er gerne auch zum Würzen von Speisen verwendet. Sake gibt es in folgenden Geschmacksstufen: Dry, Light, Full Flavoured und Sweet, wobei Dry und Full Flavoured am beliebtesten sind.

Jede vierte getrunkene Spirituose in Deutschland ist ein Korn. Somit ist er die klassische Spirituose unserer Nachbarn. Der jährliche Pro-Kopf-Verbrauch an Spirituosen wird mit 6,7 Litern angegeben.

Salm Bräu – Österreich
Gasthausbrauerei in Wien, die einen Bierbrand mit 40 Vol.-% herstellt.

Samshu – Ostasien
Aus Reis oder Sorghum (Mohrenhirse) hergestellt. Dieses Produkt wird in der Regel dreimal destilliert und auf einen Alkoholgehalt von 20–30 Vol.-% reduziert. Andere Bezeichnungen: **Santschoo** und **Sam-Djiu.**

St. Johanner – Österreich
Bierbrand mit 40 Vol.-%.

Schinkenhäger
– Deutschland
Ein → Steinhäger der Kornbrennerei H. Heydt in Haselünne mit 38 Vol.-%.

Schlag 11 – Österreich
Bockbierbrand (im Eichenfass) mit 47 Vol.-%.

Schlichte Steinhäger
– Deutschland
Ein → Steinhäger der Fa. Schwarze & Schlichte in Oelde/Nordrhein-Westfalen mit 38 Vol.-%.

Schnapps
Amerikanische Schreibweise für → Schnaps.

Schnaps
Im Volksmund Sammelbezeichnung für alle klaren Branntweine; vom Wort Schnapper abgeleitet.

Destillerie **Schosser**
– Österreich
Brennerei, vor allem bekannt für Obstdestillate, die auch einen Bockbierbrand mit 40 Vol.-% herstellt.

Viktor **Sem** – Schweiz
Badener Gold (Bierbrand, 40 Vol.-%).

Steinhäger
Dieser Getreidebranntwein mit Wacholdergeschmack und -geruch wurde erstmals 1552 in Steinhagen in West-

falen erzeugt. Dabei werden Wacholderbeeren vergoren und destilliert. Dieser Wacholderlutter wird mit einem Kornfeindestillat vermischt und in einem separaten Brennvorgang nochmals gebrannt.

Steinhäger ist in der EU eine geschützte geografische Bezeichnung, und so dürfen zum Beispiel Steinhäger-Produkte aus Österreich nicht in Länder der Europäischen Gemeinschaft exportiert werden. Auch die Schreibweise **Steinheger** ist üblich.

Heute stellen in Deutschland nur noch wenige Brennereien einen Steinhäger her, z. B. die Firma Schwarze & Schlichte (→ Schlichte Steinhäger), die Brennerei zum Fürstenhof (→ Fürstenhöfer Steinhäger) und die Kornbrennerei H. Heydt (→ Schinkenhäger). Manche Produkte werden auch in die Steinhäger-typischen Tonflaschen abgefüllt.

Ein Kornbranntwein wird als Aperitif, als Digestif und zu Bier getrunken. Bier und Korn werden in der Gastronomie als Herrengedeck, oder kurz Gedeck, bezeichnet.

Suigei – Japan
Ein → Sake Dry mit 16,5 Vol.-%.

Sui Shin – Japan
Ein → Sake; gelblich; 18 Vol.-%.

Sura – Sri Lanka
Aus Reis unter Verwendung von Palmenblattspitzen hergestellt.

T

Tamanohikari – Japan
Ein → Sake Full Flavoured mit 16,2 Vol.-%.

Tengumai – Japan
Ein → Sake Full Flavoured mit 15,9 Vol.-%.

U

Uerdinger Klarer
– Deutschland
Wasserklar; 40 Vol.-%.

W

Weißer
Andere Bezeichnung für → Klarer.

Z

Zeer Oude Batavia Arrak – Java
Aus Reis, tropischen Pflanzensäften und Zuckerrohrsirup hergestellt; klar mit Gelbton; 40 Vol.-%. Ist kein Arrak (siehe dort).

Die Kornbrennerei ist das älteste deutsche Brenngewerbe. Heute gibt es in Deutschland ca. 500 Kornbrennereien, die pro Jahr etwa 40 Millionen Liter Korndestillat herstellen.

Sake, Fässer

OBSTDESTILLATE

Zu den Obstdestillaten bzw. Obstbränden zählen alle Spirituosen, die ausschließlich durch alkoholische Gärung und Destillieren einer frischen Frucht oder des frischen Mostes gewonnen werden.

In den letzten Jahren haben die Destillate aus Obst im Spirituosensortiment immer mehr an Bedeutung gewonnen. Ihren Ursprung haben sie in den obstreichen Gebieten Deutschlands (v. a. im Schwarzwald), Frankreichs, der Schweiz und Österreichs sowie im ehemaligen Jugoslawien, man denke an den Slibowitz, und in Ungarn. Der französische Calvados ist mit einer urkundlichen Erwähnung um 1553 der Erste dieser Spirituosen.

Wurden die Destillate früher aus dem Obst gemacht, das nicht mehr anders zu verarbeiten war, orientieren sich heute immer mehr Brenner an höchster Qualität und verwenden Tafelobst. Die Quantität ist in den Hintergrund gerückt.

Die Antriebskraft der neuen Schnapsbrennerszene kann folgendermaßen zusammengefasst werden: „Das Obst soll in die Flasche gebracht werden!"

Welche Obstarten werden gebrannt?

- Kernobst: Das sind Äpfel, Birnen, Quitten, Echte Mispeln, Speierling, Elsbeeren, Felsbirnen, Weißdorn, Traubenkirschen, Granatäpfel.
- Steinobst: Dazu zählen Marillen/Aprikosen, Kirschen, Sauerkirschen/Weichseln, Pfirsiche, Zwetschken/Pflaumen, Nektarinen, Mirabellen, Ringlotten, Schlehen, Hartriegel.
- Beerenobst: Es werden eine ganze Reihe von Beeren gebrannt, vor allem Himbeeren, Holunderbeeren, Heidelbeeren sowie Schwarze und Rote Johannisbeeren, Brombeeren, Erdbeeren, Stachelbeeren, Jostabeeren und Preiselbeeren. Die Weintrauben zählen zum Beerenobst, die Traubenbrände haben wir jedoch den Weindestillaten zugeordnet.

Die Eberesche ist ein Strauch oder Baum, der die beerenartigen, scharlachroten Vogelbeeren trägt. Sie zählen botanisch zum Kernobst, obwohl die Früchte die Bezeichnung Beeren führen.

■ Darüber hinaus werden verschiedene Gemüsesorten, wie Karotten und Spargel, aber auch Pilze, das Knollengewächs Topinambur sowie exotische Früchte zur Destillation herangezogen.

Was sagt das Gesetz?

Der Österreichische Lebensmittelcodex (Codex Alimentarius Austriacus) unterscheidet
■ Edelbrände (Obstbrände, Beerenbrände);
■ Spirituosen aus Obst (Obstschnaps, Obstspirituosen);
■ Spirituosen nach besonderen oder traditionellen Verfahren (Geiste).

„Wasser" ist ein synonymer Begriff für Brand. Die Bezeichnung wird in Österreich jedoch sehr selten verwendet. In Deutschland hingegen ist z. B. Kirschwasser (aus dem Schwarzwald) oder Zwetschgenwasser häufig auf Etiketten zu finden.

Obstbrände

■ Obstbrände sind Spirituosen, die ausschließlich durch alkoholische Gärung und Destillieren einer frischen, fleischigen Frucht oder des frischen Mostes dieser Frucht gewonnen werden. Sie sind also aus 100 Prozent Früchten gewonnene Destillate.

Es kann mit oder ohne Kerne bzw. Steine gearbeitet werden. Klar, dass das Entsteinen von Marillen, Zwetschken etc. zeitaufwendig und damit teuer ist. Im Endprodukt schmeckt man's – kommt die Blausäure der Steine mit, ergibt sich ein unverkennbar anderer Geschmack.

■ Der Alkoholgehalt beträgt mindestens 37,5 Vol.-%.
■ Werden die Maischen zweier oder mehrerer Obstarten gemeinsam destilliert, heißt das Erzeugnis Obstler. Gemeinhin sind es Äpfel und Birnen, die gemeinsam eingemaischt werden.
■ Zum Hervorheben der traditionell hohen Qualität österreichischer Produkte ist der Begriff Österreichischer Qualitätsbrand zulässig.

Beerenbrände

■ Beerenbrände werden durch Einmaischen von Beerenfrüchten, z. B. Himbeeren, Brombeeren, Heidelbeeren, in Alkohol und anschließendes Destillieren gewonnen.
■ Eine Mindestmenge von 100 Kilogramm Früchten auf 20 Liter Alkohol ist einzuhalten.
■ Auf der Etikette steht „durch Einmaischen und Destillieren gewonnen".

Es gibt auch Beerenbrände, bei deren Herstellung kein Alkohol beim Einmaischen zugesetzt wird. Sie dürfen dann als **Österreichische Qualitätsbeerenbrände** bezeichnet werden. Diese Produkte sind nicht aromatisiert.

Obstschnaps

- Obstschnaps ist unter der Bezeichnung Spirituose und dem Zusatz ...schnaps, z. B. Zwetschkenschnaps, im Handel.
- Ihm wird Alkohol landwirtschaftlichen Ursprungs beigefügt. Jedoch muss der Anteil des aus der verwendeten Frucht herrührenden Alkohols am Gesamtalkohol mindestens 33 Prozent betragen (als Drittelverschnitt bezeichnet).
- Der Mindestalkoholgehalt beträgt 35 Vol.-%.

Obstspirituosen

- Obstspirituosen werden durch Einmaischen einer Frucht gewonnen. Dabei müssen mindestens fünf Kilogramm Frucht je 20 Liter reinen Alkohols verwendet werden.
- Die Bezeichnung ist Spirituose unter Voranstellung des Namens der verwendeten Frucht, z. B. Marillenspirituose.
- Der Mindestalkoholgehalt beträgt 25 Vol.-%.

Geiste

- Geiste werden aus zuckerarmen Früchten, hauptsächlich Beerenfrüchten, wie Himbeeren, Vogelbeeren, Holunderbeeren, gewonnen. Diese haben bei der Vergärung eine geringe Alkoholausbeute.
- Sie werden mit Alkohol versetzt und erst nach einer Einwirkzeit destilliert.
- Sie tragen das Wort Geist in Verbindung mit dem Namen des Rohstoffes, z. B. Himbeergeist.

Geschützte Bezeichnungen

Geschützte Bezeichnungen in **Österreich** sind Destillate, bei denen der Rohstoff aus einer bestimmten Gemeinde bzw. Gemeinden kommt und die Destillation sowie die Be- und Verarbeitung ausschließlich dort durchgeführt werden. Es sind dies u. a.:

- Pielachtaler Dirndlbrand (39–45 Vol.-%)
- Seitenstettner Dorschbirnenbrand (38–50 Vol.-%)
- Subirer Birnenbrand (40–45 Vol.-%)
- Fraxner Kirsch oder Fraxner Kriasiwasser (40–45 Vol.-%)
- Wachauer Marillenbrand (37,5–45 Vol.-%)
- Zillertaler Scheuerlbirnenbrand (39–49 Vol.-%)
- Alpachtaler Scheuerlbirnenbrand (39–49 Vol.-%)
- Pregler Obstler (Bezirk Lienz, 39–45 Vol.-%)
- Steirischer Hirschbirnenbrand (mind. 38 Vol.-%)
- Steirischer Maschansker (auch Maschanzker, Apfelbrand, mind. 42 Vol.-%)
- Steirischer Kronprinz Rudolf (Apfelbrand, mind. 42 Vol.-%)
- Steirischer Kriacherl (Pflaumenbrand, mind. 42 Vol.-%)

International bekannte Bezeichnungen sind u. a.

- → Barack Pálinka
- → Schwarzwälder Kirsch (siehe auch Seite 653)
- → Slibowitz
- → Zuger Kirsch

Gesetzeslage in Deutschland

- Nach EU-Richtlinien gelten auch in Deutschland bei Obstbränden die Mindestgrenzen von 37,5 Vol.-%, bei Schwarzwälder ...wasser sind es 40 Vol.-%.
- Traditionell bereiten den großen Brennereien die überlieferten privaten Brennrechte Probleme, nach denen besonders Obstbauern mit reduzierten Steuersätzen eine bestimmte Menge (ca. 500 Liter) Destillat pro Jahr erzeugen und vermarkten dürfen. Allerdings werden diese Rechte eingeschränkt und neue private Brennrechte kaum oder gar nicht mehr vergeben.

Was zeichnet einen guten Frucht- oder Obstbrand aus?

„Wie auch beim Wein sind es die Frucht und die Balance. Die Alkoholstärke ist dann individuell, aber die Balance muss passen!"

Hermann Botolen – Meinl am Graben, Wien

Erzeugung

- Das Ausgangsmaterial sind zuckerhaltige, vergärbare Kern-, Stein- und Beerenobstarten.
- Das Obst soll vollreif, aber nicht überreif sein.
- Um ausgeprägte und sortentypische Destillate zu erhalten, müssen die Früchte gesund und sauber (gewaschen) sein.
- Fäulnis und Schädlingsbefall ruinieren das Aroma.
- Unreife führt zu Mangel an Fruktose und Glukose, die für die Vergärung und Alkoholausbeute enorm wichtig sind.
- Überhaupt macht das Obst mindestens 70 Prozent der Qualität eines Brandes aus.
- Jedes Obst besteht aus wasserlöslichen und wasserunlöslichen Bestandteilen. Der Wasseranteil von frischem Obst liegt zwischen 75 und 85 Prozent. Die wasserlöslichen Bestandteile sind Kohlenhydrate, Fruchtsäuren, Eiweißstoffe und phenolartige Substanzen. Sie entscheiden über eine gute oder schlechte Qualität des Brandes. Die wasserunlöslichen Bestandteile beeinflussen das Destillat nur indirekt, meist jedoch negativ.

Zerkleinern des Obstes	Dabei ist zu beachten, dass keine Stiele und Kerne beschädigt werden, um keine Fehltöne in das fertige Destillat zu bekommen. Bei Kernobstbränden ist entstieltes Obst zu bevorzugen. Steinobst sollte entkernt werden. Grundsätzlich gilt: Je feiner die Rohware zerkleinert wird, desto gleichmäßiger verläuft die Gärung.
Maischebehandlung vor der Vergärung	Die Enzymierung, das Ansäuern sowie die Zugabe von Hefenahrung sind erlaubt. Nicht immer müssen diese Maßnahmen eingesetzt werden, doch sie fördern die Qualität des Destillates.
Einleitung der Gärung und Vergärung	Um den Fruchtzucker in Alkohol umzuwandeln, sind spezielle Hefen notwendig. Der Brennmeister gibt 5–8 Gramm Reinzuchthefe pro 100 Liter Maische dazu. Das während der Gärung entstehende Kohlendioxid schützt die Maische vor Gärschädlingen. Qualitätsbrände werden in speziellen Gärbehältern unter Säureschutz und damit idealen Bedingungen vergoren. Nach erfolgter Gärung – die Dauer ist abhängig von der Obstart – wird die vergorene Maische in den Brennkessel gefüllt.
Brennen	Die besten Obstbrände werden beim doppelten Brennverfahren erzielt. Es ermöglicht eine größtmögliche Erhaltung des Fruchtaromas. Die Destillation basiert auf den unterschiedlichen Siedetemperaturen von Wasser-Alkohol-Mischungen. Bei der ersten Destillation wird beinahe der gesamte Alkohol aus der Maische gewonnen. Beim zweiten Destillationsabschnitt wird der Vorlauf vom Mittellauf und vom Nachlauf getrennt – vgl. Destillation, Seite 444 ff. Zur Wiederholung: Der **Vorlauf** besteht nahezu nur aus Methylalkohol. Er ist giftig und macht sich im Destillat durch einen stechenden Ton bemerkbar. Gleichzeitig befinden sich im Vorlauf die meisten niedrigsiedenden Alkohole und Aromaverbindungen, die zumeist in einem Qualitätsdestillat nur Negativtöne mit sich bringen. Der Vorlauf wird daher abgetrennt. Der **Mittellauf** besteht aus Äthylalkohol und weist die besten Aromaverbindungen auf. Er wird zum Trinken weiterbehandelt. Der **Nachlauf** ist durch höhersiedende Alkohole gekennzeichnet, die einen sauren und seifigen Ton in das Destillat bringen. Der Nachlauf kann einem dritten Brennvorgang unterzogen werden, um ihn noch einmal zu reinigen.
Verschneiden	Um den starken Mittellauf trinkfertig zu machen, erfolgt eine Verdünnung des Brandes mit Wasser. Es wird entmineralisiertes oder destilliertes Wasser verwendet. Um jetzt noch eventuelle Metalltrübungen oder Härtebildungen für immer auszuscheiden, wird das Destillat tiefgekühlt und anschließend einer Filtration unterzogen.

Lagerung und Reifung Erst nach einer entsprechenden Lagerung und Reifezeit sind die Brände harmonisch und angenehm zu trinken. Die Reifezeit ist je nach Obstart und Sorte unterschiedlich. Jeder Brenner hat diesbezüglich seine eigene Philosophie bzw. Erfahrung. Die Lagerung beträgt zwischen vier Monaten und einigen Jahren. Sie erfolgt nicht unter gleichbleibenden Temperaturen wie beim Wein. Die Brände dürfen ruhig mit den jahreszeitlichen Temperaturunterschieden konfrontiert werden, wobei jedoch besonders hohe bzw. niedrige Spitzenwerte auszuschließen sind. Allgemein gilt, dass Sauerstoff und Wärme die Brände schneller reifen und altern lassen.

Durchschnittlich gliedern sich 100 Liter Raubrand in:

- 2–3 Liter Vorlauf
- 30–35 Liter Mittellauf
- 20–25 Liter Nachlauf
- 40–50 Liter Blasenrückstand

Qualitätserkennung von Obstdestillaten

- Wissenswertes über Einkauf und Verkostung von Obstdestillaten entnehmen Sie dem Kapitel Qualitätserkennung von Spirituosen, Seite 450 ff.
- Off-Flavours sind unerwünschte Aromen. Die häufigsten Geschmacksfehler sind Akroleingeschmack oder -stich, Buttersäurestich, Essigstich, Estergeruch, Gummiton, Schimmelgeschmack oder -ton, Metallgeschmack oder -ton, Sauerkrautgeschmack oder -stich, Schwefelfehlgeruch, Steinfehler oder -geschmack sowie Trübungen.
- Prämierungen gibt es viele, in Österreich z. B. die Destillata in Bad Kleinkirchheim oder den Habemus „Meisterbrenner" (jährliche Prämierung der besten österreichischen Destillateure und deren Destillate durch das Gourmet-Magazin „A la Carte").
- Äußerst zuverlässig sind auch die Bewertungen der DLG, der Distiswiss und die Sissacher Prämierung vom Schweizer Schnaps Forum SSF.

Branntweine aus Kernobst

Branntweine aus Äpfeln

- Es sind dies alle gebrannten Erzeugnisse, deren Grundlage Äpfel, Apfelsaft oder Apfelwein sind.
- Etwa zwei Drittel der Obstanbauflächen sind in Österreich mit Apfelanlagen bepflanzt.
- Von den weltweit etwa 100 000 Sorten werden in Europa 100 Sorten bevorzugt angebaut.
- Für die Destillation als besonders geeignet haben sich die Sorten Gravensteiner, Cox Orange, James Grieve, Elstar, Arlet, McIntosh, Jonagold und Jonathan erwiesen.
- Aber auch alte, regionale Sorten wie der Steirische Maschansker oder der Lavanttaler Bananenapfel eignen sich hervorragend.
- Es werden auch Apfelcuvées gebrannt.
- Überhaupt zählen die Apfelschnäpse zu den Klassikern.
- Branntweine aus Äpfeln benötigen eine längere Lagerung. Sie sind zumeist etwas kurz am Gaumen. Durch den Ausbau im Holzfass erhalten sie eine goldgelbe Farbe und eine Vanillenote.
- In der Normandie in Frankreich stehen gegenwärtig rund 7 Mio. Apfelbäume, deren so genannte Cidreäpfel zu dem bekannten Calva bzw. Calvados gebrannt werden.
- Aus den USA stammt der AppleJack, der nur zu 35 % aus Apfelbrand besteht. Der Rest ist Neutralsprit. Der Schotte William Laird, der 1698 in die Vereinigten Staaten auswanderte, brannte erstmals dieses Produkt.

Calvados

Der wohl bekannteste ausländische Apfelbranntwein ist der Calvados. Er stammt aus einem genau abgegrenzten Küstengebiet der Normandie, und die Franzosen nennen ihn kurz Calva.

Was Sie wissen sollten

- Die Erzeugung eines Apfelbrandes wird erstmals 1553 erwähnt. Damals hatte er allerdings noch nicht den klingenden Namen Calvados.
- Die Geschichte besagt, dass an der normannischen Küste ein Schiff namens „El Salvador" strandete. Daraus entwickelte sich etwa ab Beginn des 18. Jahrhunderts zuerst für die Region und dann auch für den Apfelbranntwein der Name Calvador bzw. Calvados.
- Der ursprünglich sehr raue, scharfe Apfelbrand hat sich dank der Qualitätsanstrengungen der Produzenten seit Mitte der 1980er-Jahre zu einem Produkt entwickelt, das in einem Atemzug mit Cognac und Armagnac genannt wird.
- Schon im Jahre 1942 erhielt der Calvados die Appellation d'Origine Contrôlée (kontrollierte Ursprungsbezeichnung).

Woher kommt der Calvados?

- Das Calvadosgebiet gliedert sich in mehrere Teilbereiche, von denen **Pays d'Auge** der einzige ist, der eine eigene Ursprungsbezeichnung hat.
- Die Fachleute unterscheiden daher den Calvados AOC Pays d'Auge und den „normalen" Calvados AOC.
- Der Calvados AOC stammt aus den Gebieten, die sich hufeisenförmig um das Pays d'Auge anordnen. Es sind dies Contentin, Avranchin, Domfrontais, Vallée de l'Orne, Perche, Pays de la Risle und Pays de Bray sowie Mortainais und Pays du Merlerault.

Erzeugung

- Grundlage für die Herstellung von Calvados sind die kleinen, unscheinbaren Cidreäpfel des Calvadosgebietes. Sie unterscheiden sich von Tafeläpfeln und sind für den normalen Verzehr kaum geeignet. Sie sind reich an Gerbstoffen, in denen die Aromastoffe sitzen.
- Man teilt die Cidreäpfel in vier Sorten ein: die süßen, die sauren, die süßsauren und die säuerlichen. Der Hersteller vermischt die verschiedenen Sorten zu einem ausgewogenen Produkt.
- Von Gebiet zu Gebiet verschieden, kann mehr oder weniger Birnencidre dazu verwendet werden.
- Im Pays d'Auge sind 80 Prozent der verwendeten Äpfel saure und süßsaure Sorten. Alle für den Calvados Pays d'Auge verwendeten Äpfel müssen im Herkunftsgebiet gewachsen sein und auch hier verwertet werden. Das Alambicverfahren ist für einen Calvados Pays d'Auge vorgeschrieben.
- Die Destillation der Calvados-AOC-Erzeugnisse erfolgt durch das kontinuierliche Brennverfahren.

Maischen	Die Maische wird mittels eigener Maschinen rasch zu einem feinen Brei zermahlen, den die Franzosen als „le fromage" bezeichnen. Danach wird die Maische in einer 14-tägigen (bzw. einmonatigen) schnellen Gärung vergoren. Das vergorene Produkt heißt Cidre (Apfelmost).
Erste Zwischenlagerung	Dieser Apfelmost wird in großen Fässern ein bis zwei Jahre lang gelagert.
Erste Destillation	Im ersten Brennvorgang erreicht das Destillat einen Alkoholgehalt von etwa 28–30 Vol.-%. Dieses erste Destillat heißt auch Raubrand bzw. „petit eau".
Zweite Zwischenlagerung	Der Raubrand lagert nun mehrere Monate und wird dann ein zweites Mal gebrannt.
Zweite Destillation	Im zweiten Brennvorgang wird der gelagerte Raubrand von Vor- und Nachlauf befreit. Nur der Mittellauf (Herzstück, „cœur"), der nicht mehr als 72 Vol.-% aufweisen darf, wird zur weiteren Veredelung verwendet.
Verschneiden	Das gewonnene Produkt wird nun mit destilliertem Wasser auf einen Alkoholgehalt von 55–60 Vol.-% reduziert.
Lagerung und Reifung	Diese vollzieht sich in neuen Eichenfässern, wobei sich der Alkoholgehalt auf eine Trinkstärke von 40–50 Vol.-% verringert. Die Lagerung bewirkt nicht nur eine Verringerung des Alkoholgehaltes, sondern hier entfaltet das Produkt das gewünschte köstliche Apfelbukett. Die Farbe ändert sich vom hellen, undurchsichtigen Bernsteinfarbton je nach Alterung bis zum satten, fast undurchsichtigen Dunkelbraun. Die Mindestlagerdauer beträgt ein Jahr, wobei Fachleute einem Calvados Pays d'Auge eine längere Reifezeit empfehlen, auch eine längere als einem Calvados AOC.

Die Alterung des Calvados wird von staatlicher Seite durch das Bureau National du Calvados überwacht.

Abfüllung   Vor der Abfüllung in Flaschen wird von den einzelnen Firmen eine gleichbleibende Geschmacksnote „komponiert". Die Kellermeister verschneiden Branntweine verschiedener Jahrgänge aus unterschiedlichen Gebieten und Ernten. Die Angabe einer Jahreszahl – zum Beispiel Jahrgang 200. – bedeutet, dass der Calvados aus ein und derselben Destillation stammt. Je nach Hersteller steht auf der Etikette auch das Jahr der Abfüllung.
Die Altersangabe eines Verschnittes, zum Beispiel 20 Jahre alt, bezieht sich immer auf den jüngsten verwendeten Brand. Das bedeutet, dass ein 20 Jahre alter Calvados auch mit einem 40-jährigen verschnitten sein kann. Allerdings darf kein Brand enthalten sein, der jünger als 20 Jahre ist.

Gestaffelt nach dem Alter sind folgende Namen üblich:
- Zweijährige Fasslagerung: „Drei Sterne", „Drei Äpfel" oder eine ähnliche Angabe.
- Dreijährige Fasslagerung: Vieux oder Réserve.
- Vierjährige Fasslagerung: V.O. oder Vieille Réserve oder V.S.O.P.
- Sechsjährige Fasslagerung: Extra, X.O. oder Napoléon.
- Mehr als sechsjährige Fasslagerung: Age Inconnu oder Hors d'Age.

Auch Jahrgangscalvados wird abgefüllt. Das dabei nötige Verfahren ist sehr aufwendig. Die Hersteller müssen dem Bureau National du Calvados entsprechende Nachweise vorlegen.

Branntweine aus Birnen

- Darunter versteht man alle gebrannten Erzeugnisse, deren Grundlage Birnen, Birnensaft oder Birnenmost ist.
- Sozusagen die Königin der Schnapsbirnen ist die Williams Christbirne (franz.: Poire Williams). Sie liefert feingliedrige, weiche, zart-süße Aromen.
- Zu den weiters am meisten verwendeten Birnensorten zählen Gute Luise und Alexander Lukas sowie Kletzenbirnen, Speckbirnen, Hirschbirnen und Mostbirnen.
- Eine in Vorarlberg sehr bekannte lokale Mostbirne ist die Subira. Der Vorarlberger Subirer (Subira) ist als Markenname geschützt.
- Weitere Lokalsorten sind die Tiroler Scheuerlbirne, die Kärntner Weinbirne, die Steirische Hirschbirne sowie die Seitenstettner Dorschbirne (aus Niederösterreich).
- Vereinzelt noch zu finden sind Birnenbrände, bei denen eine ganze Birne in die Flasche hineingewachsen ist. Dazu werden die Flaschen über die befruchteten Blüten gesteckt und befestigt – die Birnen wachsen hinein.

Was ist ein Obstler?

Obstler werden durch gemeinsames Einmaischen verschiedener Obstsorten (zumeist Äpfel und Birnen) gewonnen. Ebenfalls gebräuchlich ist das Mischen fertiger Obstbrände. Allerdings hat dieses Destillat sehr unter dem Verschnitt minderwertiger Obstbrände, der Verwendung von minderer Mostqualität und dem Strecken gelitten. Er wird daher gemeinhin als minderwertigere Qualität angesehen.

Branntweine aus Quitten

- Die Quitten sind birnen- oder apfelförmig und man unterscheidet Birnenquitten und Apfelquitten.
- Sie sind herbsäuerlich bis leicht bitter.
- Die Quitten sind neben Europa vor allem in Japan und in Zentralasien heimisch.

Branntweine aus Mispeln

- Die auch als Asperln bezeichneten Kernfrüchte eignen sich ebenfalls zum Brennen.
- Der weiß blühende Mispelbaum oder -strauch trägt braune, kreiselförmige Früchte, die im Spätherbst geerntet werden.

Branntweine aus Steinobst

Branntweine aus Marillen/Aprikosen

- Denkt man an Marillenbrand, hat sich der ungarische Barack Pálinka einen besonderen Namen gemacht. Er wird aus Marillen des sonnenreichen Landstriches Kumanien um die Stadt Kecskemét hergestellt.
- In Österreich gilt die Wachau als bekanntestes Anbaugebiet der Marille. Die Marke Bailoni existiert seit 1872, die Firma befindet sich in Krems.
- In der Ostschweiz werden die Aprikosen auch als Barillen bezeichnet. Sie liefern hier die Grundlage für ausgezeichnete Destillate.
- Echte Marillenbrände zeichnen sich durch ein dezentes schmelzig-süßes Aroma aus.

Branntweine aus Kirschen

- Es gibt sowohl Brände aus Süßkirschen wie aus Sauerkirschen (Weichseln), die es jeweils in vielen Arten gibt.
- Die Süßkirschen können gelb, rot, dunkelrot oder schwarz sein und sie schmecken fruchtig-süß.
- Die Sauerkirschen sind meist rot und haben einen stark säuerlichen, herben Geschmack. Zu den Sauerkirschen zählen unter anderem die Schattenmorellen und die Maraskakirschen. Letztere stammen aus Dalmatien und sind die Grundlage für den Maraschino, einen bekannten Likör.
- Auf der Beliebtheitsskala der Kirschwässer steht in Deutschland der Echt Schwarzwälder Kirsch unangefochten an allererster Stelle. Er ist weltweit ein Begriff und kommt aus einem Gebiet Deutschlands, das nach dem deutsch-französischen Abkommen über gesetzliche Herkunftsbezeichnungen von 1960 genau abgegrenzt wurde. Es bildet ein Rechteck, das im Westen mit Karlsruhe und Basel, im Osten mit Wutachtal und Pforzheim, im Süden mit Lörrach und Waldshut sowie im Norden mit der Linie Pforzheim-Karlsruhe abgesteckt ist.
- Schwarzwälder-Kirsch-Erzeugnisse haben einen durchschnittlichen Alkoholgehalt von 40 Vol.-%, Spitzenprodukte bis 45 Vol.-%. Sie tragen als Echtheitszertifikat ein staatliches Prüfzeichen.
- Hersteller außerhalb des Schwarzwaldes, die nachweislich mindestens seit 1963 Kirschwasser aus Schwarzwälder Kirschen herstellen, dürfen ihre Produkte als Schwarzwälder Kirschwasser bezeichnen.

In Deutschland gibt es etwa 33 000 bäuerliche Kleinbrennereien. Rund die Hälfte davon befindet sich in der Schwarzwaldregion.

- Das schweizerische Gegenstück zum Schwarzwald ist Zug mit dem bekannten Zuger Kirsch. Er darf ausschließlich aus Kirschen hergestellt werden, die eben aus diesem Kanton, nämlich Zug, stammen. Auch diese Kirschenbranntweine tragen als Echtheitszertifikat ein staatliches Prüfzeichen.

Schwarzwälderin in Tracht

Branntweine aus Pfirsichen

- Aus Pfirsichen gebrannte Erzeugnisse haben keinen sehr starken Eigengeschmack. Die Pfirsiche werden daher gerne in Alkohol ausgelaugt und zu Geisten verarbeitet.
- Man unterscheidet die Edelpfirsiche (auch Weingarten- oder Pelzpfirsiche genannt), die Nektarinen, die Aprikosenpfirsiche und die Blutpfirsiche (sie haben ein rotes Fruchtfleisch).
- Ein bekannter Pfirsichgeist ist der ungarische Oeszi Pálinka.

Branntweine aus Zwetschken/Pflaumen

- Die in Österreich als Zwetschken bezeichneten Pflaumen tragen auch Namen wie Zwetschgen, Zwetschen oder Pflümli. Die Produkte heißen dann Zwetschgenwasser in Deutschland bzw. Pflümliwasser in der Schweiz. „Zwetschkbamener" ist der umgangssprachliche Name in Österreich für die hier am häufigsten gebrannte Obstsorte.
- Die klassische Zwetschke ist eine blauviolette, längliche Frucht.
- Weitere Arten sind die **Reineclaude (Reneklode, Ringlotte)** mit grüngelber, kugeliger, sehr süßer Frucht und die Kriechenpflaume **(Kriecherl)** mit kleiner blauer oder auch gelber Frucht.
- Einer der bekanntesten Zwetschkenbranntweine ist der Slibowitz. Er wird aus den bosnischen Pocegacapflaumen hergestellt. Die Markenbezeichnung ist nicht geschützt und kann daher für jeden Pflaumenbranntwein verwendet werden.
- Die Zibarte ist eine vornehmlich im deutschen Schwarzwald wild wachsende Pflaumenart.

Branntweine aus Mirabellen

- Die Mirabellen sind kleine gelbe Früchte, die in Größe und Form eine Ähnlichkeit mit Kirschen aufweisen und einen relativ großen Stein haben.
- Die reifen Früchte sind zuckersüß und eignen sich vortrefflich zum Brennen.
- Traditionellerweise kommen die Mirabellenbrände vorwiegend aus Frankreich, und zwar aus Lothringen (Mirabelle de Lorraine).

Branntweine aus Schlehen

- Die Schlehen wachsen auf dornigen Sträuchern und tragen daher auch gerne die Bezeichnungen Schlehdorn oder Schwarzdorn.
- Die zwetschkenfarbigen, herben Steinfrüchte werden gebrannt.
- Das Fruchtfleisch ist grün und nur sehr schwer vom Stein zu lösen.
- Schlehen sollten vor der Ernte den ersten Frost bekommen. Sie werden dadurch süßer und der herbe Geschmack wird gemildert.

Branntweine aus Hartriegel

- Es gibt zwei Arten des sogenannten Hornstrauches, die Branntweine daraus sind Raritäten.
- Der Gelbe Hartriegel hat gelbe Blüten und rote Früchte und trägt den Namen **Kornelkirsche (Kornelle)** oder Dirlitze. In Österreich hat sich die Bezeichnung **Dirndl** eingebürgert. Das Fleisch der Früchte ist schwer steinlöslich. Die Steine machen dreißig Prozent der Frucht aus.
- Der Rote Hartriegel blüht weiß und trägt schwarze Früchte.

Branntweine aus Beerenobst

- Der Alkoholgehalt der Beerenbranntweine beträgt mindestens 35 Vol.-%. Zu den Branntweinen aus Beerenobst zählen u. a. gebrannte Erzeugnisse aus Roten und Schwarzen Johannisbeeren, Stachelbeeren, Heidelbeeren (Schwarzbeeren), Preiselbeeren, Holunderbeeren, Himbeeren, Brombeeren, Erdbeeren und Hagebutten sowie aus Weintrauben. Wir haben jedoch, wie bereits erwähnt, die aus Weintrauben hergestellten Destillate als Traubenbrände bezeichnet und sie im Kapitel Weindestillate erfasst.
- Echte Himbeerbrände, vor allem jene aus Waldhimbeeren, sind wegen der geringen Ausbeute besondere Raritäten.
- Auch der Elsbeerbrand (Adlitzbeerenbrand) ist wegen der sehr geringen Ausbeute und mehrjähriger Fruchtpausen sehr exklusiv. Er ist dem Vogelbeerbrand ähnlich.
- Die Eberesche ist ein Strauch oder Baum, der die beerenartigen, scharlachroten Vogelbeeren trägt. Sie zählen botanisch zum Kernobst, obwohl die Früchte die Bezeichnung Beeren führen.
- Die vielfältigen Bezeichnungen der Beerenfrüchte sowie ihre französische Übersetzung finden Sie im anschließenden Kapitel „Obstdestillate von A bis Z".

Obstdestillate von A bis Z

A

Abricot
Französische Bezeichnung für Marille/Aprikose.

Abricotine
Französische Bezeichnung für einen wasserklaren Branntwein aus Marillen/Aprikosen.

Achensee'r Edelbrennerei
Franz Kostenzer – Österreich
Brennerei in Maurach am Achensee/Tirol. Neben den Obstdestillaten werden auch ein Karottenbrand sowie ein Bockbierbrand (Zigarrenbrand) erzeugt.
Beerenobstdestillate:
u. a. **Waldbrombeere** und **Waldheidelbeere** (beide 40 Vol.-%).
Kernobstdestillat:
Quitte (40 Vol.-%).

Adlitzbeere
Eine Vogelbeerart.

Aguardente de Mendronhos – Portugal
Branntwein aus Maulbeeren mit 38–40 Vol.-%.

Aguardiente di Sidra
– Spanien
Branntwein aus Äpfeln mit 40 Vol.-%, in Sherryfässern gelagert.

Ahlbeere
Andere Bezeichnung für die Schwarze Johannisbeere.

Airelle
Französische Bezeichnung für Preiselbeere.

Alisier
Französische Bezeichnung für Vogelbeere.

Anée – Frankreich
Calvados:
Réserve, X.O. und **Calvados 1970** (alle aus dem Pays d'Auge, 40 Vol.-%).

Apis – Slowenien
Spirituosenerzeugerfirma mit Sitz in Sentilj, gegründet 1888.
Steinobstdestillate:
u. a. **Slivovka** (aus Zwetschken), 40 Vol.-%.
Kernobstdestillate:
u. a. **Viljamovka** (aus Williamsbirnen, 38 Vol.-%).

Apple Brandy
Englische und amerikanische Bezeichnung für Branntwein aus Äpfeln.

Applejack
Amerikanische Spirituose aus Äpfeln. Ein bekanntes Produkt stammt von der Fa. Laird & Company.

Aquaviva di Mele – Italien
Branntwein aus Äpfeln aus dem Piemont.

Asperl
Andere Bezeichnung für die Kernfrucht → Mispel.

Atlasbeere
Eine Vogelbeerart.

> Der Applejack ist eine unerlässliche Mixzutat.

Rebenhof **Aubell**
– Österreich
Weingut und Brennerei in Ehrenhausen/Steiermark.
Steinobstdestillate:
Ringlotte, Zwetschke und **Kirsche** (alle 40 Vol.-%).
Kernobstdestillate:
Quitte und **Steirische Birne** (beide 40 Vol.-%).

Aufgesetzter
In Deutschland gebräuchliche Bezeichnung für einen Branntwein aus Beerenobst, im Speziellen aus Johannisbeeren. Mit Kräutern und Gewürzen gefertigt, wobei vor der Destillation die Beeren mit Alkohol ausgelaugt werden. Meist 32 Vol.-%.

B

Marian **Badel** – Kroatien
Spirituosenerzeugerfirma mit Sitz in Zagreb.

Baie de Houx
Französische Bezeichnung für die Beeren der Stechpalme.

Bailoni – Österreich
Spirituosenerzeugerfirma (1. Wachauer Marillen-Destillerie) mit Sitz in Stein/Krems an der Donau, gegründet 1872 von Eugen Bailoni. Neben dem Wachauer Marillenbrand mit 40 Vol.-% wird auch ein Marillenlikör erzeugt.

Barack
Ganz allgemein Bezeichnung für einen Aprikosenbrand ungarischer Abstammung.

Barack Pálinka – Ungarn
Branntwein aus Aprikosen aus der Gegend um die Stadt Kecskemét im Süden Ungarns. Weich im Geschmack, fruchtig, volles Aroma, klar mit Gelbton; 40 Vol.-%. Zählt mit dem Slibowitz zu den bekanntesten Obstbränden Osteuropas.

Barille
In der Ostschweiz gebräuchliche Bezeichnung für Marille/Aprikose.

Baron de Braux
– Frankreich
Markenname für Obstdestillate der Brennerei Michel Denizot in Toul/Metz.
Kernobstdestillat:
u. a. **Poire William** (Williamsbirnenbrand, 45 Vol.-%).
Steinobstdestillate:
u. a. **Mirabelle de Lorraine**

(Mirabellenbrand, wasserklar, 45 Vol.-%), **Quetsch** (aus Pflaumen, 45 Vol.-%) und **Kirsch** (45 Vol.-%).
Beerenobstdestillat:
Framboise (Himbeerbrand, 45 Vol.-%).

Basler Dybli Kirsch
– Schweiz
Branntwein aus Kirschen mit 42 Vol.-%; trägt die Zusatzbezeichnung „Echter Baselbieter Kirsch".

Basler Kirschwasser
– Schweiz
Branntwein aus Kirschen mit 42 Vol.-%.

Bätzi – Schweiz
Branntwein aus Äpfeln mit 40 Vol.-%.

Franz **Bauer** – Österreich
Brennerei in Graz.
Beerenobstdestillate:
u. a. **Vogelbeere** (42 Vol.-%).
Steinobstdestillate:
u. a. **Marille** (42 Vol.-%).
Kernobstdestillate:
u. a. **Williams** (42 Vol.-%).
Erzeugt auch einen **Enzian** mit 42 Vol.-%.

La **Béhine** – Frankreich
Kernobstdestillate:
u. a. **Poire William** (45 Vol.-%).
Steinobstdestillate:
u. a. **Kirsch Vieux** (45 Vol.-%).
Beerenobstdestillat:
Framboise Sauvage (45 Vol.-%).

Berbéris
Französische Bezeichnung für Berberitze.

Berberitze
Andere Bezeichnung für Sauerdorn oder Essigdorn.

Bergchriesi-Kirsch
– Schweiz
Branntwein aus Kirschen (aus wilden Bergkirschen, 43 Vol.-%).

Bertagnolli – Italien
Brennerei in Mezzocorona.
Kernobstdestillat:
Pera Williams

Léon **Beyer**– Frankreich
Weingut und Spirituosenerzeugerfirma mit Sitz in Eguisheim/Elsass.
Kernobstdestillate:
u. a. **Poire Williams** (Williamsbirnenbrand, 43 Vol.-%),
Steinobstdestillate:
u. a. **Mirabelle** (Mirabellenbrand, 45 Vol.-%), **Vieille Prune** (43 Vol.-%), **Quetsch** (Pflaumenbrand, 45 Vol.-%), **Kirsch** (45 Vol.-%) und **Pruelle** (Schlehenbrand, 45 Vol.-%).
Beerenobstdestillate:
u. a. **Framboise** (Himbeerbrand), **Myrtille** (Heidelbeerbrand), **Alisier** (aus Elsbeeren) und **Gratte Cul** (aus Hagebutten), **Sureau** (aus Holunderblüten), **Houx** (aus Früchten der Stechpalme; alle 45 Vol.-%).

Bickbeere
Andere Bezeichnung für Heidelbeere.

Feine Obstbrände eignen sich als Digestif und passen hervorragend zu Käse und zu einer Zigarre.

Birkenhof – Österreich

Brennerei mit Sitz in Bad Kleinkirchheim, im Besitz der Familie Wolfram Ortner. Auch unter der Kurzbezeichnung WOB bekannt.
Kernobstdestillate:
u. a. **Williamsbirnenbrand** (42 Vol.-%).
Steinobstdestillate:
u. a. **Weinbergpfirsichbrand** (42 Vol.-%), **Mirabelle.**
Beerenobstdestillate:
u. a. **Schwarzer Ribiselbrand, Himbeerbrand** und **Schwarzbeerbrand** (alle 42 Vol.-%), **Beeren-Cuvée** (aus schwarzen, weißen und roten Ribiseln/Johannisbeeren).
Mischobstdestillat:
WOB Dö Wi (Obstler, 42 Vol.-%), **WOBst-Brand C5** (Cuvée aus Johannisbeeren, Äpfeln und Williamsbirnen, 41,5 Vol.-%).

Blaubeere

Andere Bezeichnung für Heidelbeere.

B.N.I.C.E. – Frankreich

Abkürzung für → Bureau National Interprofessionnel du Calvados, du Pommeau et des Eaux-de-vie de Cidre et de Poiré.

Böckl – Österreich

Obstbau und Brennerei mit Sitz in Deutsch Wagram, im Besitz der Familie Karin und Franz Böckl.
Kernobstdestillate:
u. a. **Apfelbrand** (39 Vol.-%), **Apfelbrand** (holzfassgereift, 39 Vol.-%), **Pomme de rouge** (Apfelbrand, holzfassgereift, 39 Vol.-%), **Williams-Birnenbrand** (39,5 Vol.-%), **Quittenbrand** (40 Vol.-%) und **Obstler** (39 Vol.-%).
Steinobstdestillate:
u. a. **Kirschenbrand, Pfirsichbrand** (39,5 Vol.-%), **Mirabellenbrand, Schlehenbrand** und **Zwetschkenbrand** (39 Vol.-%).
Beerenobstdestillat:
u. a. **Roter Johannisbeerbrand** (39 Vol.-%), **Schwarzer Johannisbeerbrand** (40 Vol.-%), **Hagebuttenbrand** (39 Vol.-%), **Waldhimbeerbrand** (40 Vol.-%), **Vogelbeerbrand** und **Holunderbrand** (40 Vol.-%).

Bon Père William

– Schweiz
Bekannter *Branntwein aus Williamsbirnen* mit 40 Vol.-% der Fa. → Germanier.

Borovicka

In vielen Ländern des Balkans Bezeichnung für → Wacholder (Branntwein aus Wacholderbeeren); ausgeprägter Wacholdergeschmack; 40–50 Vol.-%.

Gabriel Boudier

– Frankreich
Spirituosenerzeugerfirma mit Sitz in Dijon.
Steinobstdestillate:

u. a. **Mirabelle** (43 Vol.-%), **Quetsche.**
Beerenobstdestillate:
u. a. **Eau-de-Vie de Cassis** (43 Vol.-%), **Framboise.**

Boulard – Frankreich

Brennerei in Tourville les Ifs, gegründet 1825.
Calvados:
Solage und **Grand Solage** (beide 40 Vol.-%), **Hors d'Âge** (43 Vol.-%), **Vintage** (über 20 Jahre gelagert, 43 Vol.-%), **Carafe** (12- und 21-jährig mit 40 bzw. 43 Vol.-%).

Früher waren viele Obstbrände ausschließlich Grundlage, sozusagen Zwischenstation auf dem Weg zur Likörherstellung. Heute gibt es – Gott sei Dank – beides. Beispielsweise das Johannisbeerdestillat für die Erzeugung des Cassislikörs und einen reinen Johannisbeerbrand.

Brandy

Der an einen Obstnamen angehängte Begriff „-Brandy" kann sowohl als Bezeichnung für ein Obstdestillat als auch für einen Likör verwendet werden, zum Beispiel Apricot Brandy. Der Begriff Brandy alleine steht im Englischen für alle Destillate aus Wein, siehe Seite 469 ff.

Braunschmidt – Österreich

Brennerei in Mönchhof.
Beerenobstdestillate:

u. a. **Holunderbrand** .
Kernobstdestillate:
u. a. **Quitte** (43 Vol.-%).
Steinobstdestillate:
u. a. **Marille** (42 Vol.-%).

Château du **Breuil**
           – Frankreich
Spirituosenerzeugerfirma mit
Sitz in Le Breuil en Auge, in-
mitten des Calvadosgebietes
Pays d'Auge. Das Château
wurde um 1300 erbaut.
Calvados:
Réserve du Château (8, 15
und 35 Jahre alt, 40 bzw. 41
Vol.-%), **Réserve des Seig-
neurs X.O.** (41 Vol.-%).
Steinobstdestillate:
Cœur du Breuil Prune (41
Vol.-%), **Cœur du Breuil Mi-
rabelle** und **Cœur du Breuil
Reine claude** sowie **La Prune
d'Alsace.**

Brinjevec

Serbische und slowenische
Bezeichnung für einen
Branntwein aus Wacholder-
beeren.

Brombeere

Andere Bezeichnungen sind
Kratzbeere, Kroatzbeere,
Multbeere und Lakkabeere.

Büchele-Michelehof

           – Österreich
Brennerei in Hard am Boden-
see/Vorarlberg.
Kernobstdestillate:
u. a. **Apfel Cigar-Reserve** (im
Holzfass gelagert), **Apfel-
brand Alkmene, Apfelbrand
Summerred, Birnenbrand
Subira, Birnenbrand Wil-**

**liams, Kirschbrand, Weichsel-
brand, Quittenbrand.**
Steinobstdestillate:
u. a. **Zwetschkenbrand** (im
Eichenfass gelagert), **Kirschbrand** (im Eichenfass gelagert), **Schlehdornbrand,
Wildkirschenbrand.**
Beerenobstdestillate:
u. a. **Hagebuttenbrand, Himbeerbrand, Vogelbeerbrand,
Holunderbrand.**
Es werden auch ein **Bierbrand**
und ein **Bierbrand Maulbeere** erzeugt.

Bureau National Inter-professionnel du Calva-dos, du Pommeau et des Eaux-de-vie de Cidre et de Poiré – Frankreich

Staatliche Institution, die
Urkunden über Erzeugung,
Güte, Lagerdauer und Be-
zeichnung von Calvados aus-
stellt.
Abkürzung: B.N.I.C.E.

Busnel – Frankreich

Spirituosenerzeugerfirma mit
Sitz in Pont l'Eveque, gegrün-
det 1820.
Calvados:
V.S.O.P. Vieille Réserve (Re-
gion Pays d'Auge, 40 Vol.-%),
Hors d'Auge (Region Pays
d'Auge, 43 Vol.-%).

C

Calvaclub

Calvadosmarke der Fa.
S.J.A.O., Paris.
Calvaclub 1963 (Region Pays
d'Auge, 40 Vol.-%; trägt die
Bezeichnung „Vieille en futs

de chene depuis") und **Calvaclub V.O.** (40 Vol.-%).

Calvador – Frankreich

Calvados:
Très Vieux (42 Vol.-%).

Calvados Cardinal

           – Frankreich
Calvados mit 40 Vol.-%.

Adrien **Camut** – Frankreich
Calvadoserzeuger mit Sitz in
La Lande-Saint-Léger.
12 Ans (40 Vol.-%), **Prestige
Camut** (40 Vol.-%) und **40
Ans d'Âge** (40 Vol.-%; einer
der wenigen empfehlens-
werten alten Calvados). Alle
stammen dem Pays d'Auge.

Capovilla – Italien

Destillerie in Rosá bei Vicenza. Neben den Obstdestillaten werden hervorragende
Grappas erzeugt.
Steinobstdestillate:
u. a. **Prugnolo** und **Pesche**
(41 Vol.-%).

Cassis

Französische Bezeichnung
für die Schwarzen Johannisbeeren.

Cerises

Französische Bezeichnung
für Kirschen, gemeint sind
Süßkirschen.

Domaine du **Chillot**
           – Frankreich
Spirituosenerzeugerfirma
in Segonzac, die den Calvados → Gilbert auf den Markt
bringt.

Chriesiwasser

Schweizer Bezeichnung für
Kirschwasser.

Andre **Christon** – Österreich
Brennerei in Munderfing im
Achtal/Salzburg.
Beerenobstdestillate:
u. a. **Waldhimbeerbrand** und
Johannisbeerbrand (beide 40
Vol.-%).
Steinobstdestillate:
u. a. **Marillenbrand** und
Weichselbrand (beide 40
Vol.-%), Zwetschkenbrand
(ca. 55 Vol.-%).

**Calvados – 9 Millionen
Bäume und eine alte Ge-
schichte**

Sehr, sehr lange schon
sind die Normandie und
der Apfelbaum miteinan-
der verbunden. Aus Über-
lieferungen von Kelten und
Römern wissen wir, dass
schon damals unzählige
dieser einst heiligen Bäume
auf normannischem Boden
wuchsen.
Heute schwärmen Besucher
des Calvadosgebietes im
Frühjahr von einem weiß-
rosa Blütenmeer und im
Herbst von dem Duft rei-
fer Äpfel.

Cidre

Französische Bezeichnung
für Apfelwein, der das Ausgangsprodukt für die Calva-
doserzeugung ist. Andere
Schreibweise: **Zider.**
Mit **Cidre doux** ist ein Apfelsaft gemeint.

Cidreries du Calvados

– Frankreich
Spirituosenerzeugerfirma, die
den Calvados → Ecusson und
den Calvados La → Traque
auf den Markt bringt.

Cloche de Corneville

– Frankreich
Calvados mit 40 Vol.-%.

Closter William Christ

– Deutschland
Branntwein aus Williams-
birnen mit 40 Vol.-%.

Cœur de Lion – Frankreich

*Calvados*marke der Fa. Drouin
in Rouen.
**Fine Calvados, V.S.O.P., Hors
d'Âge** und **Jahrgangscalvados**
(alle aus dem Pays d'Auge).

Coing

Französische Bezeichnung
für Quitten.

Cusenier – Frankreich

Spirituosenerzeugerfirma
mit Sitz in La Courneuve und
Marseille sowie einem Zweig-
werk in Mühlhausen/Elsass.
Kernobstdestillate:
Poire William und **Roy
d'Yvetot** (Calvados,
40 Vol.-%).
Steinobstdestillat:
Kirsch.
Beerenobstdestillat:
Framboise (40 Vol.-%).

D

Dana – Slowenien
Brennerei mit Sitz in Mirna,
die diverse Obstdestillate
erzeugt.

Dauphin – Frankreich
Brennerei in Coquainvilliers.
Calvados:
Fine, Vieille Réserve und
Hors d'Âge (alle aus dem
Pays d'Auge, 40 Vol.-%).

Debrise-Dulac – Frankreich
Spirituosenerzeugerfirma
in Pont l'Eveque, gegründet
1844; bringt die Calvadosmarke → Père Magloire auf den
Markt.

Dettling – Schweiz
Spirituosenerzeugerfirma in
Brunnen am Vierwaldstät-
ter See im Kanton Schwyz,
gegründet 1867. Stellt ausschließlich Kirschwässer her.
Steinobstdestillate:
Kirsch Réserve (41 Vol.-%),
Schwarze Bergkirsche
(40 Vol.-%) und **Wildkirsche**
(40 Vol.-%).

Elfriede **Deuretzbacher**
– Österreich
Brennerei in Furth bei
Göttweig/NÖ.
Kernobstdestillate:
u. a. **Williams Christ Birne**
(40 Vol.-%).
Es werden auch ein **Topinam-
bur-** und ein **Feigenbrand** mit
40 Vol.-% angeboten.

Dirker – Deutschland
Brennerei in Mömbris.
Beerenobstdestillate:
u. a. **Sanddornbrand**
(40 Vol.-%).
Steinobstdestillate:
u. a. **Morellenfeuerkirsche**
(40 Vol.-%), **Wildkirsche,
Feldzwetschke.**
Kernobstdestillate:
u. a. **Zitronenbirne** (45,5
Vol.-%), **Kupferfelsenbirne,
Wildapfel.**

Dirlitze
Andere Bezeichnung für den
Gelben Hartriegel, eine Stein-
frucht.

Dirndl
In Österreich und Bayern gebräuchliche Bezeichnung für
den Gelben Hartriegel, eine
Steinfrucht.

Dolfi – Frankreich
Brennerei mit Sitz in Straß-
burg.
Kernobstdestillate:
u. a. **Poires William**
(45 Vol.-%).
Steinobstdestillate:
u. a. **Kirsch Vieux** (45 Vol.-%).
Beerenobstdestillat:
Framboise (45 Vol.-%).

Domäne Wachau
– Österreich
Bekanntes Weinbau- und
Destillerieunternehmen in
Dürnstein/Wachau. Mit-
gliedsbetrieb der → Quinta
Essentia. Erzeugt verschie-
dene Weindestillate (siehe
dort). Der frühere Name

des Unternehmens war Freie
Weingärtner Wachau.

Dopff & Irion – Frankreich
Weingut und Brennerei mit
Sitz in Riquewihr/Elsass.
Kernobstdestillate:
u. a. **Poire Williams Réserve**
(45 Vol.-%).
Steinobstdestillate:
u. a. **Kirsch Réserve, Mirabelle Réserve** (beide 45 Vol.-%).
Beerenobstdestillate:
u. a. **Framboise Réserve,
Myrtille Réserve** (beide
45 Vol.-%).

Doppelwacholder
In Deutschland gebräuch-
liche Bezeichnung für einen
Branntwein aus Wacholder-
beeren von höchster Qualität
mit einem Mindestalkoholgehalt von 38 Vol.-%.

Drittelverschnitt
Bezeichnung für ein Produkt,
bei dem der Destillatanteil
der namengebenden Frucht
am Gesamtalkohol minde-
stens 33 % beträgt.

Drouin – Frankreich
Spirituosenerzeugerfirma, die
die Calvadosmarke → Cœur
de Lion auf den Markt bringt.

Ducs de Normandie
– Frankreich
Calvados mit 40 Vol.-%.

Domaine Familial Louis
Dupont – Frankreich
*Calvados*erzeuger mit Sitz
in Victot-Pontfol, gegründet 1934.

Hors d'Âge und **V.S.O.P.**
(42 bzw. 43 Vol.-%, beide aus
dem Pays d'Auge).

Albert **Duverger**
– Frankreich
Calvados:
Age inconnu (aus dem Pays
d'Auge, 43 Vol.-%).

E

Eau-de-vie d'/de …
Französische Bezeichnung
für Branntwein. Der Name
des Obstes wird an den Begriff angehängt, zum Beispiel
„Eau-de-vie d'abricot" (Maril-
le/Aprikose) oder „Eau-de-vie
de poires" (Birne).

Eau-de-vie de cidre
Französische Bezeichnung für
Branntwein aus Apfelwein,
wobei die Äpfel nicht aus
dem gesetzlich geschützten
Calvadosgebiet kommen. Es
gibt drei Qualitätsbezeich-
nungen: „Eau-de-vie de cidre
de Bretagne" (ausschließ-
lich aus Äpfeln der Bretagne), „Eau-de-vie de cidre de
Normandie" (ausschließlich
aus Äpfeln der Normandie)
und „Eau-de-vie de cidre de
Maine" (ausschließlich aus
Äpfeln aus Maine).
Die Produkte haben einen
Alkoholgehalt von 38–42
Vol.-%.

Eau-de-vie de fruits d'Alsace

Französische Bezeichnung für Branntwein aus Mischobst, das ausschließlich aus dem Elsass stammt.

Eau-de-vie de pommes

Französische Bezeichnung für Branntwein aus Apfelsaft bzw. Äpfeln, die nicht aus dem gesetzlich geschützten Calvadosgebiet kommen.

Eberesche

Sie ist ein Strauch oder Baum, der die beerenartigen, scharlachroten Vogelbeeren trägt. Die Vogelbeeren zählen botanisch zum Kernobst, obwohl die Früchte die Bezeichnung Beeren führen; wir haben sie daher auch zum Beerenobst gereiht. Die Atlasbeere, die Elsbeere, die Adlitzbeere, die Mehlbeere und auch der Weißdorn sind Früchte einer Ebereschenart.

Ecusson

*Calvados*marke der → Cidreries de Normandie. **Carte d'Or** und **Réserve** (beide 40 Vol.-%, aus dem Pays d'Auge).

Edelobstbranntweine

Allgemeine Bezeichnung für Branntweine besonderer Güte unter Ausschluss von Erzeugnissen, die aus Mischobst oder nicht sortenreinen Äpfeln oder Birnen hergestellt werden.

Elsbeere

Eine Vogelbeerart.

Schnapsbrennerei Bartl **Enn** – Österreich
Brennerei in Hinterglemm/Salzburg.
Beerenobstdestillate:
u. a. **Vogelbeere** (42 Vol.-%).
Steinobstdestillate:
u. a. **Marille** (41 Vol.-%), **Pflaumenbrand Prestige** (40 Vol.-%).
Kernobstdestillate:
u. a. **Birne Guyot** (42,2 Vol.-%), **Quitte** (40,6 Vol.-%).

Épine-vinette

Französische Bezeichnung für Berberitze.

Erber – Österreich
Brennerei in Brixen im Thale/Tirol. Neben den Obstdestillaten wird auch ein Likör hergestellt.
Beerenobstdestillate:
u. a. **Vogelbeere** (45 Vol.-%).
Kernobstdestillate:
u. a. **Williams** (40 Vol.-%).

Essigdorn

Andere Bezeichnung für Berberitze.

Kloster **Ettal** – Deutschland
Benediktinerabtei in Oberammergau/Bayern; erzeugt neben diversen Likören u. a. den **Ettaler Kirsch** mit 40 Vol.-%.

Paul **Etter** – Schweiz
Brennerei mit Sitz in Zug, gegründet 1870.

Beerenobstdestillat:
Framboise (41 Vol.-%).
Steinobstdestillate:
u. a. **Zuger Kirsch** (41 Vol.-%), **Kleines Pflümli** und **Löhrpflümli** (beide 41 Vol.-%), **Mirabelle** (41 Vol.-%), **Aprikose Royal Luizet** (42 Vol.-%).
Kernobstdestillate:
Williams (42 Vol.-%), **Birnenquitte** (41 Vol.-%), **Apfel Gravensteiner** (41 Vol.-%).

Extrait de …

Französische Bezeichnung für einen Branntwein, bei dem die Früchte vor der Destillation in hochprozentigem Alkohol ausgelaugt werden (Mazeration).

F

Faber – Deutschland
Brennerei mit Sitz in Ferschweiler/Eifel. Als Eifeler Hausbrennerei bekannt.
Kernobstdestillate:
u. a. **Obstbrand, Apfelbrand, Birnenbrand, Williams-Christ Birnenbrand, Nelches Birnenbrand, Alter Eifeler Apfelbrand** (im Eichenfass gelagert; alle 42 Vol.-%).
Steinobstdestillate:
u. a. **Kirschbrand, Zwetschgenbrand, Mirabellenbrand, Schlehenbrand, Schlehengeist, Reneklodenbrand** (alle 42 Vol.-%).
Beerenobstdestillate:
u. a. **Himbeergeist, Erdbeerbrand, Brombeerbrand, Schwarzer Johannisbeerbrand, Holunderbrand** (alle 42 Vol.-%).

Fassbind – Schweiz
Spirituosenerzeugerfirma mit
Sitz in Oberarth, gegründet
1846 als „Alte Urschwyzer
Brennerei".
Steinobstdestillate:
Kirsch und **Pflümli.**
Kernobstdestillat:
Williams.

Fichtenhofbrennerei
– Deutschland
Brennerei mit Sitz in Alb-
bruck-Unteralpfen, im Besitz
von Irmgard und Edmund
Marder.
Kernobstdestillate:
u. a. **Gravensteiner Apfelbrand, Williams-Christ Birnenbrand, Obstler** (aus Äpfeln
und Birnen), **Quittenbrand,
Mispelbrand** (alle 42 Vol.-%).
Steinobstdestillate:
u. a. **Schwarzwälder Kirschwasser, Mirabellenbrand,
Zwetschgenbrand, Schlehen-
wasser, Schlehengeist, Marillenbrand, Sauerkirschbrand**
(alle 42 Vol.-%).
Beerenobstdestillate:
u. a. **Wald-Himbeergeist,
Brombeerbrand, Holunder-
wasser, Holundergeist, Vogelbeerbrand, Erdbeerbrand**
(alle 42 Vol.-%).

Fraise
Französische Bezeichnung
für Erdbeere.

Fraise des bois
Französische Bezeichnung
für Walderdbeere.

Fraise sauvage
Französische Bezeichnung
für wild wachsende Erdbeeren.

Framboise
Französische Bezeichnung
für Himbeeren.

Framboise sauvage
Französische Bezeichnung
für wild wachsende Him-
beere.

Fraxner Kirsch
– Österreich
Geschützte Bezeichnung für
Branntweine aus Kirschen,
bei denen der Rohstoff aus
der Gemeinde Fraxern kommt
und die Destillation sowie
die Be- und Verarbeitung ausschließlich dort durchgeführt
wurden.

**Freie Weingärtner
Wachau** – Österreich
Siehe → Domäne Wachau.

Freihof Destillerie 1885
– Österreich
Siehe → Privatbrennerei
Hämmerle.

**Fremo Freiämter
Mosterei** – Schweiz
Brennerei mit Sitz in Muri.
Kernobstdestillat:
Freiämter Birnenträsch
(aus Birnentrestern).
Steinobstdestillat:
Freiämter Kirsch (40 Vol.-%).

Fricktaler Kirsch – Schweiz
Branntwein aus Kirschen
mit 42 Vol.-%.

Frischlin-Kirschwasser
– Schweiz
Branntwein aus Kirschen
mit 40 Vol.-%.

Fructal – Slowenien
Spirituosen- bzw. Getränkeer-
zeugerfirma mit Sitz in Aj-
dovscina, die u. a. verschiedene Obstdestillate für den
slowenischen Markt herstellt.

G

Maurice **Gay** – Schweiz
Weingut und Brennerei mit
Sitz in Chamoson.
Kernobstdestillat:
Williams du Valais (aus
Williams Christbirnen,
41 Vol.-%).

General Sutter Kirsch
– Schweiz
Branntwein aus Steinobst der
Fa. Hans Nebiker, Sissach.

Genipero
Andere Schreibweise für
→ Ginipero.

Germanier – Schweiz
Brennerei in Balavaud-Vétroz
im Kanton Wallis, gegrün-
det 1907.
Beerenobstdestillate:
u. a. **Framboise** (40 Vol.-%).
Steinobstdestillate:
u. a. **Abricot** (40 Vol.-%).
Kernobstdestillate:
u. a. → **Bon Père William**
(40 Vol.-%).

Gilbert – Frankreich
Marke der Domaine du
Chillot S.A.
Calvados:
Fine, V.S.O.P. und **X.O.**
(alle 40 Vol.-%).

Ginipero
In der Schweiz und Italien gebräuchliche Bezeichnung für
Branntwein aus Getreide, der
mit Wacholderbeerauszügen
destilliert wird; 38–43 Vol.-%.
Auch Genipero.

Roger **Girard** – Frankreich
Brennerei im Besitz von
Roger Girard.
Calvados:
15 Ans d'Âge (Region Pays
d'Auge, 42 Vol.-%) und **Hors
d'Âge.**

Alois **Gölles** – Österreich
Brennerei in Riegersburg/
Steiermark; Mitgliedsbetrieb
der → Quinta Essentia.
Beerenobstdestillate:
u. a. **Vogelbeere** (45 Vol.-%).
Steinobstdestillate:
u. a. **Pfirsich, Herzkirsche**
und **Kriecherl** (alle 45 Vol.-%).
Kernobstdestillate:
u. a. **Saubirner** (Birne,
45 Vol.-%), **Alter Apfel**
(40 Vol.-%).

Griottes
Französische Bezeichnung
für Sauerkirschen (Weich-
seln).

Groseille
Französische Bezeichnung
für die Roten Johannisbeeren.

Groseille à maquereau
Französische Bezeichnung
für Stachelbeere.

Roger **Groult** – Frankreich
Brennerei in Saint Cyr du
Ronceray mit dem Namen Au
Clos de la Hurvonière.
Calvados:
**3 Ans d'Âge, 8 Ans d'Âge, 15
Ans d'Âge, Vénérable, Age
d'Or** und **Doyen d'Âge** (alle
aus dem Pays d'Auge mit 41
Vol.-%), **Réserve Ancestrale**
(40 Vol.-%).

Roland Gööck schreibt 1963
in seinem Buch „Hochpro-
zentiges aus aller Welt":
„Jedes Kirschwasser enthält
Spuren von Blausäure in so
winzigen Mengen, dass keine Gesundheitsschädigung
möglich ist, wenn Sie den
guten Tropfen nicht gerade
literweise trinken."

Grundbacher Pflümli
                    – Schweiz
Branntwein aus Pflaumen
mit 43 Vol.-%.

Guglhof, Anton Vogl
               – Österreich
Brennerei in Hallein bei Salzburg.
Beerenobstdestillate:
u. a. **Vogelbeerbrand**
(43 Vol.-%).
Steinobstdestillate:
u. a. **Marillenbrand**
(43 Vol.-%), **Mirabellenbrand**
(43 Vol.-%).

Kernobstdestillate:
u. a. **Mostbirne** (41,5 Vol.-%),
Alter Apfelbrand (40 Vol.-%),
**Alter Obstbrand aus Äpfeln
und Birnen** (Obstler,
40 Vol.-%).

**Guillaume de Norman-
die** – Frankreich
Calvados:
V.S.O.P. (40 Vol.-%), **X.O.**
(40 Vol.-%), **Le Vieux Calvados Année 1953** (40 Vol.-%)
und **Hors d'Âge** (53 Jahre alt,
40 Vol.-%).

Gutzler – Deutschland
Brennerei mit Sitz in Gund-
heim, im Besitz von Gerhard
und Michael Gutzler.
Steinobstdestillate:
u. a. **Kirsch** (40 Vol.-%),
Mirabelle (40 Vol.-%) und
Pflaume (40 Vol.-%).
Kernobstdestillate:
u. a. **Williams.**
Beerenobstdestillate:
u. a. **Himbeere, Heidelbeere.**

L'Héritier **Guyot**
                   – Frankreich
Calvados mit 40 Vol.-%.

H

Haas & Bulacher
                 – Deutschland
Älteste Obstbrennerei des
Schwarzwaldes mit Sitz in
Wolfach, die die → Wolfacher
Edelbrände herstellt. Gehört
zur Asbach-Gruppe.

Hämmerle – Österreich
Siehe → Privatbrennerei
Hämmerle.

Hartriegel
Rote (gelbe Blüten) oder
schwarze (weiße Blüten)
Steinfrucht des sogenann-
ten Hornstrauches. Die roten
Hartriegelfrüchte werden
auch als Kornelkirsche, Kornelle, Dirlitze oder Dirndl bezeichnet.

August **Heel** – Österreich
Siehe → Jakobenhof.

Heidelbeere
Andere Bezeichnungen sind
Blaubeere, Schwarzbeere und
Bickbeere.

Helferich & Schilling
– Deutschland
Brennerei in Fürth im Oden-
wald.
Beerenobstdestillate:
u. a. **Johannisbeere** und
Schlehenbrand.
Steinobstdestillate:
u. a. **Zwetschge** und
Mirabelle.
Kernobstdestillate:
u. a. **Apfelbrand Cox Orange**
(42 Vol.-%), **Williams, Quit-
tenbrand.**

Siegfried **Herzog**
– Österreich
Brennerei in Saalfelden/Salz-
burg.
Kernobstdestillate:
u. a. **Williams Birnenbrand,
Quitte** (beide 41 Vol.-%).

Steinobstdestillate:
u. a. **Marille, Ungarische
Hauszwetschke, Zigeuner-
weichsel** (alle 41 Vol.-%).
Beerenobstdestillate:
u. a. **Heidelbeere, Vogelbeere, Himbeere, Johannisbeere** (alle 41 Vol.-%).
Es werden auch ein Karotten-
Edelbrand und ein Stiegl-
Bierbrand erzeugt.

Georg **Hiebl** – Österreich
Brennerei in Stadt Haag/NÖ.
Beerenobstdestillate:
u. a. **Himbeere** und **Wald-
brombeere** (beide 40 Vol.-%).
Steinobstdestillate:
u. a. **Hauszwetschke** und
Weichsel (beide 40 Vol.-%).
Kernobstdestillate:
u. a. **Gala Apfel** (40 Vol.-%).

Himbeere
Die kleineren Waldhimbeeren
sind aromatischer als die in
Kulturen gezogenen Sorten.
In Deutschland ist der Himbeergeist neben dem Kirschwasser der beliebteste Obstbrand. Vor allem aus dem
französischen Elsass ist der
Framboise bekannt.

Gusti & Hubert **Hirtner**
– Österreich
Brennerei in St. Lorenzen im
Mürztal/Steiermark.
Beerenobstdestillate:
u. a. **Himbeerbrand**
(40,4 Vol.-%).
Kernobstdestillate:
u. a. **Packham's Birne**
(40,4 Vol.-%).

Josef **Hochmair**
– Österreich
Brennerei in Wallern/OÖ; neben den Obstdestillaten werden auch Wein- und Getreide-
brände erzeugt.
Beerenobstdestillate:
u. a. **Elsbeere** (42 Vol.-%)
Steinobstdestillate:
u. a. **Traubenkirsche**
(42 Vol.-%) und **Wildkirsche**
(48 Vol.-%).
Kernobstdestillate:
u. a. **Mostbirne** (41,5 Vol.-%),
Speierling (42 Vol.-%),
Bio Quitte (47 Vol.-%).
Weiters Bio Karotte
(41 Vol.-%).

Gerald **Hochstrasser**
– Österreich
Brennerei in Mooskirchen/
Steiermark.
Beerenobstdestillate:
u. a. **Vogelbeere** und **Him-
beere.**
Steinobstdestillate:
u. a. **Marille, Kirsche** und
Weichsel.
Kernobstdestillate:
u. a. **Williamsbirne** und
Quitte.

Hofbrennerei Oberkorb
– Deutschland
Brennerei in Oberkorb/
Bayern.
Steinobstdestillate:
u. a. **Kirsche, Kriecherl.**
Kernobstdestillate:
u. a. **Quitte** (42 Vol.-%),
Williamsbirne, Mispel
(43 Vol.-%).

Holunderbeeren

Auch als Hollerbeeren oder Holder bezeichnet.

Karl **Holzapfel** – Österreich
Weinbau- und Destillationsbetrieb in Joching in der Wachau/NÖ; Mitgliedsbetrieb der → Quinta Essentia.
Beerenobstdestillate:
u. a. **Schwarze Ribisel** (45 Vol.-%).
Steinobstdestillate:
u. a. **Marille** (45 Vol.-%).
Kernobstdestillate:
u. a. **Quitte** (42 Vol.-%).

Hotzy-Turmhof

– Österreich
Brennerei in Hadersdorf am Kamp/NÖ.
Steinobstdestillate:
u. a. **Marillenbrand** (41 und 43 Vol.-%), **Weichselbrand** (41 Vol.-%).

Pierre **Huet** – Frankreich
*Calvados*erzeuger mit Sitz in Cambremer, der seine Erzeugnisse unter dem Namen → Vieux Calvados auf den Markt bringt.

Hugel – Frankreich

Brennerei mit Sitz in Riquewihr/Elsass.
Mischobstdestillat:
Eau-de-Vie de Fruits (aus verschiedenen Früchten, Hauptanteil Äpfel und Birnen, 45 Vol.-%).
Steinobstdestillat:
Mirabelle (43 Vol.-%).

Humbel – Schweiz

Brennerei mit Sitz in Stetten, im Besitz von Lorenz Humbel.

J

Jakobenhof, August Heel
– Österreich
Brennerei in Imsterberg/Tirol.
Beerenobstdestillate:
u. a. **Roter Holunder** (44,4 Vol.-%).
Steinobstdestillate:
u. a. **Kirsche** (40,5 Vol.-%), **Haus Zwetschke** (40 Vol.-%).
Kernobstdestillate:
u. a. **Williams** (40 Vol.-%).

Jamek – Österreich
Weingut und Brennerei mit Sitz in Joching in der Wachau/NÖ, im Besitz der Firma Josef Jamek KG.
Kernobstdestillate:
u. a. **Williamsbirnenbrand, Quittenbrand** (beide 40 Vol.-%).
Steinobstdestillate:
u. a. **Wachauer Marillenbrand** (40 Vol.-%).
Beerenobstdestillat:
Himbeerbrand (40 Vol.-%).

Jarcebiac

In Osteuropa gebräuchliche Bezeichnung für Branntwein aus Ebereschen.

Schnapskenner schwärmen:
„Obst zu destillieren ist die schönste Form der Fruchtveredelung."

Jean de Dijon – Frankreich
Brennerei mit Sitz in Dijon.
Kernobstdestillat:
Poire William (45 Vol.-%).
Steinobstdestillat:
Kirsch (45 Vol.-%).
Beerenobstdestillat:
Framboise (45 Vol.-%).

Jehan Fourcart

– Frankreich
Handelsmarke des Hauses Desjonquères in Foucarmont.
Calvados:
Hors d'Âge (42 Vol.-%).

Rudolf **Jelinek** – Tschechien
Spirituosenerzeugerfirma mit Sitz in Vizovice, die u. a. verschiedene Obstdestillate auf den Markt bringt.

Jesche – Österreich
Brennerei in Treffen/Kärnten.
Beerenobstdestillate:
u. a. **Heidelbeere, Himbeere** und **Johannisbeere.**
Steinobstdestillate:
u. a. **Marille** und **Weichsel.**
Kernobstdestillate:
u. a. **Quitte, Birne** und **Apfel.**

Waltraud **Jöbstl** – Österreich
Weinbau- und Destillationsbetrieb in Wernersdorf/Wies im südlichen Schilchergebiet/Steiermark. Neben den Obstdestillaten werden eine Reihe von Wein- und Tresterbränden erzeugt.
Beerenobstdestillate:
u. a. **Vogelbeere** (45 Vol.-%), **Holunderblüte** (40 Vol.-%).
Steinobstdestillate:
u. a. **Weichsel** (40 Vol.-%)

und Z**wetschke fassgela-
gert** (45 Vol.-%) sowie die
„**Cigar Brände" Marille** und
Zwetschke (beide 45 Vol.-%).
Kernobstdestillate:
u. a. **Rubinett** (Apfel, 40
Vol.-%) und **Birnencuvée**
(60 Vol.-%) sowie die „**Cigar
Brände" Apfel** und **Dörrbirne**
(Kletze, 45 Vol.-%).

Johannisbeere
Es gibt Rote Johannisbeeren
(Ribiseln, franz.: groseilles)
und Schwarze Johannis-
beeren (Ahlbeeren, franz.:
cassis). Die Weißen Johannisbeeren sind den Roten
ähnlich und zumeist etwas
süßer.

K

Kammer – Deutschland
Brennerei in Oppenau und
Karlsruhe, gegründet 1923.
Neben den qualitativ sehr
hoch stehenden klassischen
Obstbränden (auch aus raren
Obstsorten) ist vor allem der
Branntwein aus Kirschen
mit 45 Vol.-% zu nennen.

Karpi
In vielen Teilen Osteuropas
gebräuchliche Bezeichnung
für Branntwein aus Wacholderbeeren. Siehe auch Kar-
pi-Likör.

Ruedi **Käser im Schloss**
                        – Schweiz
Brennerei in Elfingen (zwischen Basel und Zürich), es
werden 70 (!) verschiedene
Destillate erzeugt.

Steinobstdestillate:
u. a. **Kirschbrand** und **Wildkirsche** (beide 40 Vol.-%),
Kirsch (55 Vol.-%), **Zwetschge**
(45 Vol.-%), **Huuszwetschge**
(52 Vol.-%).
Kernobstdestillate:
u. a. **Apfelbrände** (aus den
Sorten Gravensteiner, Jonagold und Berner Rose, alle
40 Vol.-%), **Birne** (40 und
53 Vol.-%).

Kasteler
Bezeichnung, hauptsächlich
in Tirol, für einen alkohol-
starken Branntwein, der nicht
durch den Zusatz von Was-
ser auf Trinkstärke gebracht
wird, sondern durch die Lagerung (mindestens fünf Jahre) weich und geschmeidig
wurde. Der Kasteler hat eine
Trinkstärke von mindestens
50 Vol.-%.

Kecskeméti Cseresznye Pálinka – Ungarn
Branntwein aus Kirschen
mit 44 Vol.-%.

Kirsch
Vor allem im Elsass und in
der Schweiz gebräuchliche
Kurzbezeichnung bei Kirschwasser, z. B. Zuger Kirsch
(aus dem Kanton Zug).

Kirsch de Bale – Schweiz
Branntwein aus Kirschen
mit 42 Vol.-%.

Kirsch of Eger – Ungarn
Branntwein aus Kirschen
mit 45 Vol.-%.

Kirschwasser
Bekannte Kirschwässer kommen aus dem Schwarzwald,
dem Elsass, aus Südtirol und
aus der Schweiz.

Kirschwasser in aller Munde
Die Schweizer verwenden
ihr Kirschwasser u. a. auch
zur Veredelung ihres Kä-
sefondues und sollen den
Café Kirsch oder richtiger
Café Chriesi erfunden ha-
ben.
Auch in der Patisserie ist
das Kirschwasser hoch an-
gesehen, man denke nur an
die Schwarzwälder Kirsch-
torte.

Klekowatsch
Bezeichnung für einen
Branntwein aus Wacholder-
beeren. Auch **Klekovac** oder
Klekovaca.

Klosterbeere
Andere Bezeichnung für
Stachelbeere.

Kollwentz – Österreich
Weingut und Brennerei in
Großhöflein/Burgenland.
Neben Weinbränden, Trester-
und Glögerbränden wird auch
ein *Branntwein aus Marillen* erzeugt.

Kornelkirsche
Andere Bezeichnung für den
Gelben Hartriegel, eine Stein-
frucht. Auch **Kornelle.**

Körte Pálinka
Ungarische Bezeichnung für
Branntwein aus Birnen.

**Koshu Premium Honey
Apple** – Japan
Branntwein aus Äpfeln mit
17 Vol.-%.

Feindestillerie **Kössler**
– Österreich
Brennerei in Landeck/Tirol.

Edelbrennerei **Kostenzer**
– Österreich
Siehe → Achensee'r Edel-
brennerei.

Kranewitter
1. Brennerei mit Sitz in Telfs
in Tirol, im Besitz von Hel-
mut Kranewitter.
2. In Tirol und in Bayern Bezeichnung für → Wacholder
(Branntwein aus Wacholderbeeren). Auch **Kranawitter**
oder **Kranebitter.**

Kratzbeere
Andere Bezeichnung für
Brombeere.

Hans **Krenn,** Landgasthaus
Peilsteinblick – Österreich
Brennerei in Yspertal/NÖ.
Beerenobstdestillate:
u. a. **Vogelbeere** (42 Vol.-%).
Steinobstdestillate:
u. a. **Schlehenbrand** (41
Vol.-%), **Marille** und **Trauben-
wildkirsch** (beide 42 Vol.-%).
Kernobstdestillate:
u. a. **Kaiserholzbirne**
(42 Vol.-%), **Rote Williams**
(42 Vol.-%), **Cuvée Aristo**
(Obstler, 41 Vol.-%).

Kroatzbeere
Andere Bezeichnung für
Brombeere.

Kvo Tsye'n
Chinesischer Sammelbegriff
für die meisten Obstbranntweine.

L

La Cigogne – Frankreich
Brennerei in Fougerolles
am Rande der Vogesen. Die
Obstdestillate werden un-
ter dem Namen **Pascall** vermarktet.

Lackner-Tinnacher
– Österreich
Wein- und Destillationsbetrieb in Gamlitz-Steinbach/
Steiermark. Neben den Obstdestillaten wird auch ein Gelägerbrand mit 44,5 Vol.-%
erzeugt.
Steinobstdestillate:
u. a. **Zwetschke** (44,4 Vol.-%).
Kernobstdestillate:
u. a. **Quitte** (50 Vol.-%).

Lagler – Österreich
Brennerei in Kukmirn/Bur-
genland. Neben den Obstdestillaten wird auch der Getreidebrand Pannonia Blend mit
38,5 Vol.-% erzeugt.
Beerenobstdestillate:
u. a. **Himbeerbrand** (39
Vol.-%), **Schwarze Johannisbeere** (39 Vol.-%).
Steinobstdestillate:
u. a. **Wildkirschbrand** (39
Vol.-%), **Traubenkischbrand**
(39 Vol.-%).

Kernobstdestillate:
u. a. **Kukmirner Apfel Golden**
(39 Vol.-%), **Birnenbrand**
(39 Vol.-%).

Lahnerhof – Italien
Brennerei in Marling/Süd-
tirol.

**Lairds Blended Apple
Jack** – USA
Branntwein aus Äpfeln mit
35 Vol.-%.

Lakkabeere
Andere Bezeichnung für
Brombeere.

Landtwing Rütter
– Schweiz
Brennerei mit Sitz in Zug,
gegründet 1855.
Kernobstdestillate:
Vieille Pomme (40 Vol.-%),
Quittenbrand (40 Vol.-%),
und **Williams** (40 und 41
Vol.-%).
Steinobstdestillate:
Zuger Kirsch (41 Vol.-%).

Langmayr – Österreich
Brennerei in Eferding/OÖ.
Steinobstdestillate:
u. a. **Marille, Weichsel** und
Zwetschke.
Kernobstdestillate:
u. a. **Quitte.**

Lantenhammer
– Deutschland
Brennerei in Schliersee/Bayern,
gegründet 1928. Neben den
Obstdestillaten werden Li-
köre und ein Whisky erzeugt.

Beerenobstdestillate:
u. a. **Waldhimbeergeist**
(42 Vol.-%).
Steinobstdestillate:
u. a. **Marillenbrand, Wildkirschbrand** und **Sauerkirschbrand** (alle 42 Vol.-%).
Kernobstdestillate:
u. a. **Willamsbirnenbrand**
(42 Vol.-%).

Lanz – Schweiz
Brennerei mit Sitz in Her-
zogenbuchsee, gegründet
1667, im Besitz der Lanz-In-
gold AG.
Kernobstdestillat:
Marielle Williams (aus
Williams Christbirnen,
40 Vol.-%).
Steinobstdestillat:
Landgold Kirsch (40 Vol.-%).

Valentin **Latschen**
– Österreich
Siehe → Pfau.

Le Bon Père William
– Schweiz
Bekannter *Branntwein aus
Williamsbirnen* mit 40
Vol.-% der Fa. → Germanier.

Leitner – Österreich
Brennerei in Grins/Tirol.
Beerenobstdestillate:
u. a. **Himbeere** (40 Vol.-%).
Kernobstdestillate:
u. a. **Willamsbirne**
(40 Vol.-%).

Le Lion – Deutschland
Brennerei mit Sitz in Lampertheim-Hüttenfeld, im Besitz von Werner Morr. Alle
Produkte tragen den Zusatz

„Vom Feinsten".
Kernobstdestillate:
u. a. **Apfelbrand** (42 Vol.-%),
Williamsbirnenbrand
(42 Vol.-%), **Quittenbrand**
(40 Vol.-%) und **Obstler**
(40 Vol.-%).
Steinobstdestillate:
u. a. **Pflaumenbrand**
(42 Vol.-%), **Mirabellenbrand**
(42 Vol.-%), **Kirschenbrand**
(45 Vol.-%) und **Schlehengeist** (42 Vol.-%).
Beerenobstdestillate:
u. a. **Holundergeist** (42 Vol.-%),
Hagebuttengeist (42 Vol.-%)
und **Waldhimbeergeist**
(40 Vol.-%).

Ljuta
Bezeichnung für einen ein-
fach gebrannten → Sljivovica
(Slibowitz).

Loganbeere
Kreuzung von Brombeere
und Himbeere.

Luginbühl – Schweiz
Brennerei mit Sitz in Aarberg.
Kernobstdestillat:
Gravensteiner Häfelibrand
(aus Gravensteiner Äpfeln).
Steinobstdestillat:
Seeländer Pflümliwasser.

M

Machandel
Bis 1944 in Ostpreußen Bezeichnung für einen Branntwein aus Wacholderbeeren.
Heute ist der Machandel in
vielen Gebieten Deutschlands
ein Synonym für Wacholderbranntwein.

Magyar Barack Pálinka
– Ungarn
Branntwein aus Aprikosen
mit 40 Vol.-%.

Aus der österreichisch-un-
garischen Monarchie über-
liefert sind die Tradition des
Marillenbrandes in Ungarn
(Barack Pálinka), der jugo-
slawische Slibowitz und der
dalmatinische Maraschi-
no, ein Kirschenlikör. Alles Produkte, die bis heute
in guter Qualität auf dem
Markt sind.

Gerald **Malat** – Österreich
Weingut und Brennerei mit
Sitz in Palt/Krems.

Manguin – Frankreich
Brennerei mit Sitz in
Avignon.
Kernobstdestillat:
Poires Williams (43 Vol.-%).
Steinobstdestillat:
Pêches (43 Vol.-%).

Marc de ...
Französische Bezeichnung
für Branntwein, der aus Trestern hergestellt wird. Die Bezeichnung der Obstart wird
an den Begriff angehängt,
zum Beispiel Marc de mira-
belles.

Mariazellerhof
– Österreich
Siehe → Pirker, Mariazel-
lerhof.

Geiste sind nicht zu ver-
wechseln mit Geistern!

Mariell – Österreich
Brennerei in Großhöflein/
Burgenland. Neben Wein-
bränden, Trester- und Glögerbränden werden auch Destillate aus Zwetschken, Marillen
und Williamsbirnen erzeugt.

Markgraf – Deutschland
Markgrafen-Brennerei mit
Sitz in Emmendingen/
Schwarzwald.
Kernobstdestillate:
**Echt Schwarzwälder Williams
Birne** (45 Vol.-%) und Echt
Schwarzwälder Waldbirne
(45 Vol.-%).
Steinobstdestillat:
**Echt Schwarzwälder Kirsch-
wasser** (45 Vol.-%).
Beerenobstdestillat:
**Echt Schwarzwälder
Himbeergeist** (45 Vol.-%).

Massenez – Frankreich
Spirituosenerzeugerfirma mit
Sitz in Bassemberg/Elsass,
gegründet 1870. Neben den
Obstdestillaten wird ein Marc
d'Alsace Gewürztraminer mit
45 Vol.-% erzeugt.
Beerenobstdestillate:
u. a. **Framboise Sauvage**
(40 Vol.-%).
Steinobstdestillate:
u. a. **Kirsch, Mirabelle** und
Vieille Prune (alle 40 Vol.-%).
Kernobstdestillate:
u. a. **William** (40 vol.-%).

Martin **Mausser**
– Österreich
Brennerei in Hitzendorf/
Steiermark.

Steinobstdestillate:
u. a. **Zwetschke** (40 Vol.-%).
Kernobstdestillate:
u. a. **Champagner Renette**
(Apfel) und **Quitte** (beide 40
Vol.-%).

Mehlbeere
Eine Vogelbeerart.

**Mette Framboise
Sauvage** – Frankreich
*Branntwein aus Himbee-
ren* (aus wild wachsenden
Himbeeren, 40 Vol.-%).

Metzer Mirabellchen
Sammelbezeichnung für
Branntweine aus Mirabellen,
die aus der französischen
Stadt Metz kommen. In
Frankreich **Mirabelle de
Lorraine** genannt; 43 und
50 Vol.-%.

Meyer – Frankreich
Brennerei in Hohwarth/El-
sass, gegründet 1890. Ne-
ben den Obstdestillaten werden auch Liköre erzeugt. Die
Brände tragen den Namen
Fleur de Fruit.
Beerenobstdestillate:
u. a. **Framboise** (40 Vol.-%).
Steinobstdestillate:
u. a. Kirsch und **Mirabelle**
(beide 40 Vol.-%), **Vieille
Prune** (42 Vol.-%).
Kernobstdestillate:
u. a. **Poire William**
(40 Vol.-%).

Mirabelle
Die bekanntermaßen feinsten
Mirabellen kommen aus dem
französischen Lothringen

(Mirabelle de Lorraine). Bei
der Destillation wird gern
eine geringe Menge an Stei-
nen (Kernen) der verwendeten Mirabellen beigegeben.

Mispel
Der weiß blühende Mispel-
baum oder -strauch trägt
braune, kreiselförmige Früchte mit Kernen. Sie werden im
Spätherbst geerntet. Auch als
Asperln bezeichnet.

Mohr-Sederl – Österreich
Brennerei in Zweiersdorf an
der Hohen Wand/NÖ.
Beerenobstdestillate:
u. a. **Himbeer-Tresterbrand**
(40 Vol.-%).
Steinobstdestillate:
u. a. **Kirschenbrand**
(40 Vol.-%).

Mon Calva – Frankreich
Calvados mit 40 Vol.-%.

Montarcy – Frankreich
Calvados mit 43 Vol.-%.

Montgomery – Frankreich
Erzeugnis der Fa. Klein S.A.,
Fécamp.
Calvados:
Vieux Sélection (trägt die Zusatzbezeichnung „Appellation Calvados Réglementée";
wird auch in Tonkrüge abgefüllt; 40 Vol.-%), **Sélection**
(40 Vol.-%), **Vieux** (40 Vol.-%)
und **Hors d'Âge** (40 Vol.-%).

Moosbeere
Andere Bezeichnung für
Preiselbeere.

Morand – Schweiz
Brennerei in Martigny,
gegründet 1889.
Kernobstdestillate:
u. a. **La Williamine** (aus Williams Christbirnen, 43 Vol.-%;
Williamine ist eine gesetzlich
geschützte Markenbezeichnung der Fa. Morand).
Steinobstdestillate:
u. a. **Abricotine du Valais** (aus
Walliser Aprikosen, 43 Vol.-%),
Prune (aus Pflaumen,
43 Vol.-%), **Kirsch Vieux**
(43 Vol.-%) und **Mirabelle**
(43 Vol.-%).
Beerenobstdestillat:
Framboise (43 Vol.-%).

Morin – Frankreich
*Calvados*erzeuger mit Sitz in
Ivry-la-Bataille.

Morr – Deutschland
Brennerei mit Sitz in Lampertheim-Hüttenfeld; bekannt als
„Vom Feinsten" Destillerie →
Le Lion.

Multbeere
Andere Bezeichnung für
Brombeere.

Mûre noire
Französische Bezeichnung
für Maulbeere.

Mûre sauvage
Französische Bezeichnung
für Brombeere.

Myrtille
Französische Bezeichnung
für Heidelbeere.

N

Nektarinenbrand
In der Südschweiz gerne erzeugter Branntwein aus Nektarinen, der meist 40 Vol.-%
aufweist.

Josef **Neumeister**
                    – Österreich
Brennerei in Straden/Steiermark. Neben den Obstdestillaten werden auch Tresterbrände erzeugt.
Steinobstdestillate:
u. a. **Hauszwetschke** (40,5
Vol.-%), **Pfirsich** (40 Vol.-%).
Kernobstdestillate:
u. a. **Williams** (41 Vol.-%),
Braeburn (Apfel, 40 Vol.-%).

Nezkinskaya Ryafina
Bezeichnung für gesüßte, in
Russland und der GUS hergestellte Vogelbeerbrände.

Nigl – Österreich
Weingut und Brennerei mit
Sitz in Senftenberg/NÖ.
Steinobstdestillate:
u. a. **Marillenbrand.**

Normand'Or – Frankreich
Dieser Eau-de-Vie de Pommes
trägt die Zusatzbezeichnung
„de Normandie"; 40 Vol.-%.

Norois – Frankreich
Calvados:
Rassis (40 Vol.-%), **Réserve**
(43 Vol.-%) und **Hors d'Âge**
(40 Vol.-%).

Nusbaumer – Frankreich
Brennerei in Steige/Elsass,
gegründet 1947. Neben den
Obstdestillaten wird auch ein
Marc de Muscat mit
42 Vol.-% erzeugt.
Beerenobstdestillate:
u. a. **Framboise** (45 Vol.-%).
Steinobstdestillate:
u. a. **Kirsch, Mirabelle** und
Quetsch (alle 45 Vol.-%),
Vieille Prune (42 Vol.-%).
Kernobstdestillate:
u. a. **Poire William**
(40 Vol.-%).

Domaine **Nussbaumer**
                    – Schweiz
Weingut und Brennerei mit
Sitz in Aesch.
Kernobstdestillate:
u. a. **Gravensteiner** (Apfelbrand, fassgereift, 41 Vol.-%)
und **Quittenbrand** (41 Vol.-%).
Steinobstdestillate:
u. a. **Pérudge** (Zwetschkenbranntwein, fassgereift,
41 Vol.-%).

Viele Obstbrenner schwören: „Keine andere Frucht
entfaltet in der Destillation
ein so herrliches Aroma wie
die Waldhimbeere." – Ausgerechnet die Waldhimbeere, die in der Beschaffung
des Grundmaterials so aufwendig ist.

O

Obsthof Zotter
– Österreich
Obstbau und Destillations-
betrieb in Kukmirn/Burgen-
land.
Beerenobstdestillate:
u. a. **Himbeere** (39 und
40 Vol.-%).
Steinobstdestillate:
u. a. **Marillenbrand** (40
Vol.-%), **Kriecherl** (39 Vol.-%),
Schlehe (39 Vol.-%).
Kernobstdestillate:
u. a. **Williams** (39 Vol.-%),
Quittenbrand (40 Vol.-%).

Odenwälder Edelbrände
– Deutschland
Brennerei mit Sitz in Fürth im
Odenwald. Firmenwortlaut:
Odenwälder Edelbrände Hel-
ferich & Schilling GmbH.
Kernobstdestillate:
u. a. **Apfelbrand** (sortenrein,
42 Vol.-%), **Apfelbrand Cuvée**
(44 Vol.-%), **Williamsbirnenbrand** (40 oder 42 Vol.-%),
Quittenbrand (44 Vol.-%)
und **Obstwasser** (aus Äpfeln
und Birnen, 44 Vol.-%).
Steinobstdestillate:
u. a. **Mirabellenwasser,
Zwetschgenwasser** (beide
40 Vol.-%).
Beerenobstdestillate:
u. a. **Schwarzer Johannisbeerbrand, Waldhimbeergeist, Vo-
gelbeergeist** (alle 42 Vol.-%).

Oeszi Pálinka
*Branntwein aus Pfirsi-
chen.* Ist ein Pfirsichgeist,
das heißt, er wird durch Aus-

laugen des Fruchtfleisches in
Alkohol hergestellt und erhält
dabei den subtilen, flüchtigen
Geschmack; durchschnittlich
40 Vol.-%.

Wolfram **Ortner**
– Österreich
Siehe → Birkenhof.

P

Pâpidoux – Frankreich
*Calvados*marke der Destillerie de Cormeilles.

Ferdinand **Parzmair**
– Österreich
Brennerei in Schwanenstadt/
OÖ.
Beerenobstdestillate:
u. a. **Vogelbeerbrand**
(43 Vol.-%).
Steinobstdestillate:
u. a. **Traubenkirsche**
(42 Vol.-%), **Wildkirsche**
(43,5 Vol.-%).
Kernobstdestillate:
u. a. **Williams** (41,7 Vol.-%).

Peach Brandy
Englische Bezeichnung für
Branntwein aus Pfirsichen.

Pêches
Französische Bezeichnung
für Pfirsiche.

Père Jules – Frankreich
*Calvados*marke der Fa. Léon
Desfrieches et Fils.

Père la Joie – Frankreich
Calvados mit 40 Vol.-%.

Père Magloire – Frankreich
Markenname der Fa. → Dé-
brise-Dulac.
Calvados:
Fine, V.S.O.P., X.O. und **Aged
12 years** (alle aus dem Pays
d'Auge mit 40 Vol.-%).

> Père heißt Vater und
> Magloire ist ein gängiger
> Name in der Normandie.
> Die Figur in der typischen
> normannischen Tracht ziert
> jede Flasche Calvados die-
> ser alteingesessenen De-
> stillerie.

Père Norman – Frankreich
Calvados mit 40 Vol.-%.

Perisco – Italien
Branntwein aus Pfirsichen
(aus Pfirsichen, Pfirsichker-
nen und Mandeln, 28 Vol.-%).

Petöfi Barack Pálinka
– Ungarn
*Branntwein aus Marillen/
Aprikosen;* trägt die Zu-
satzbezeichnung „Original
Kecskemét"; 40 Vol.-%.

Pfau, Valentin Latschen
– Österreich
Brennerei in Klagenfurt; Mit-
gliedsbetrieb der → Quinta
Essentia.
Beerenobstdestillate:
u. a. **Himbeere** (43 Vol.-%),
Schwarze Ribisel (40 Vol.-%).
Steinobstdestillate:
u. a. **Pfirsichbrand** (40 Vol.-%),
Weichsel (43 Vol.-%).

Kernobstdestillate:
u. a. **Quittenbrand, Vista Bella** (Apfel) und **Williamsbirne** (alle 40 Vol.-%).

Pflümli
Schweizer Bezeichnung für *Branntwein aus Pflaumen.*

Pflümliwasser
Schweizer Bezeichnung für Zwetschkenwasser.

Piesch – Deutschland
Brennerei in Randersacker.
Beerenobstdestillate:
u. a. **Schwarz-Weißdorn, Mehlbeere.**
Steinobstdestillate:
u. a. **Weinbergpfirsich, Mirabelle.**
Kernobstdestillate:
u. a. **Felsenbirnenbrand** (42 Vol.-%).

Pirker, Mariazellerhof – Österreich
Brennerei und Lebzelter in Mariazell/Steiermark. Neben den Obstdestillaten werden auch ein Weinbrand und ein Getreidedestillat erzeugt.
Beerenobstdestillate:
u. a. **Brombeere** (40,6 Vol.-%), **Schwarze Johannisbeere** (40,9 Vol.-%), **Maulbeere** (42 Vol.-%).
Steinobstdestillate:
u. a. **Zwetschke** (42,4 Vol.-%).
Kernobstdestillate:
u. a. **Magna Mater** (Apfel, 41,5 Vol.-%), **Rote Williams** (41,1 Vol.-%).

Plum Brandy
Englische und amerikanische Bezeichnung für Branntwein aus Pflaumen.

Poires
Französische Bezeichnung für Birnen.

Poires William
Französische und Schweizer Bezeichnung für Williams Christbirnen.

Pojer & Sandri – Italien
Brennerei in Faedo/Trentin. Neben den Obstdestillaten werden diverse Grappas erzeugt.
Beerenobstdestillate:
u. a. **Vogelbeere** und **Holunder.**
Steinobstdestillate:
u. a. **Kirsche.**
Kernobstdestillate:
u. a. **Williamsbirne.**

Pomac – Schweiz
Branntwein aus Äpfeln mit 40 Vol.-%.

Pomme
Französische Bezeichnung für Apfel.

Predecencia
Bezeichnung für einen doppelt gebrannten → Sljivovica (Slibowitz). Andere Schreibweise: Predetschenitza.

Pregler
In Osttirol Bezeichnung für Schnaps, der aus Äpfeln und einem kleinen Anteil Birnen (bis 20 Prozent) hergestellt wird. Er entspricht also einem Obstler. Ursprünglich wurden Zwetschken und auch Kirschen mitdestilliert und auch ein Brauch, der heute kaum mehr angewendet wird.
Einige Osttiroler Schnapsbrenner haben sich zusammengetan und den Verein der Preglerbauern gegründet. Die Mitglieder verpflichten sich, sauber verarbeitete Qualitätsprodukte herzustellen. Die Schnäpse müssen sich einer unabhängigen Kommission stellen. Diese vergibt das Gütesiegel für kontrollierte Pregler-Qualität.

Preiss – Österreich
Weingut und Brennerei mit Sitz in Nussdorf ob der Traisen.
Kernobstdestillate:
u. a. **Apfelbrand** (im Holzfass gelagert), **Williamsbirnenbrand** (beide 42 Vol.-%).
Steinobstdestillate:
u. a. **Marillenbrand** (42 Vol.-%).

Privatbrennerei Hämmerle – Österreich
Brennerei (bekannt als Freihof Destillerie 1885) in Lustenau/Vorarlberg. Die Produkte tragen teilweise die Namen Herzstück und „Vom ganz Guten".
Beerenobstdestillat:
Himbeere Herzstück (42 Vol.-%).
Steinobstdestillate:
u. a. **Mirabelle, Wilder Steinkirsch Herzstück** (42 Vol.-%).

Kernobstdestillate:
u. a. **Williams** (40 Vol.-%),
Williams vom ganz Guten, Apalon (Apfelcuvée, 42
Vol.-%), **Subirer** (42 Vol.-%).
Weiters wird ein **Enzian** mit
45 Vol.-% erzeugt.

Provins Valais – Schweiz

Walliser Winzergenossenschaft mit Sitz in Sion.
Kernobstdestillate:
Goldos (aus Äpfeln, 42
Vol.-%, Zusatzbezeichnung
„Pomme Golden du Valais")
und **William's** (aus Walliser
Williams Christbirnen,
43 Vol.-%).

Prümtal-Brennerei

– Deutschland
Brennerei mit Sitz in Prümzurlay, im Besitz der Familie
Haller.
Kernobstdestillate:
u. a. **Gravensteiner Apfelbrand, Williams-Birnenbrand, Nelches-Birnenbrand, Quittenbrand** (alle 42 Vol.-%).
Steinobstdestillate:
u. a. **Mirabellenbrand, Zwetschgenbrand, Schlehengeist** (alle 42 Vol.-%).
Beerenobstdestillate:
u. a. **Himbeergeist, Wald-Brombeerbrand, Hagebuttenbrand** (alle 42 Vol.-%).

Pruneau

Französische Bezeichnung
für Pflaumenbrand.

Prunelle

Französische Bezeichnung
für Schlehe.

Prünelle

Im Schwarzwald Bezeichnung
für Wildpflaume. Auch **Zibarte** oder **Zipparte.**

Prunes

Französische Bezeichnung
für Zwetschken/Pflaumen.
Auch **Quetsche, Quetsch**
oder **Queche.**

Psenner – Italien

Brennerei in Tramin/Südtirol.
Kernobstdestillate:
u. a. **Williams, Old Williams.**
Steinobstdestillate:
u. a. **Marille, Kirsch, Slivowitz.**
Beerenobstdestillat:
u. a. **Wald-Himbeergesit,**
Kranewit (Wacholder).
Erzeugt auch einen **Enzian.**

Q

Quetsche

In Oberbayern und der
Schweiz gebräuchliche Bezeichnung für Zwetschke/
Pflaume. Auch als **Quetsch**
oder **Queche** bezeichnet.

Quinta Essentia

– Österreich
Vereinigung von sechs österreichischen Destillationsbetrieben, die ausschließlich
österreichische Qualitätsbrände herstellen. Es sind dies:
→ Domäne Wachau,
Alois → Gölles,
Karl → Holzapfel,
→ Pfau, Valentin Latschen,
Hans → Reisetbauer,
Günter → Rochelt.

Sie haben sich folgende
Richtlinien auferlegt: Jeder
Mitgliedsbetrieb bewahrt seine Eigenständigkeit und Eigenverantwortlichkeit. Die
Betriebe haben sich zur Weitergabe von sachlichen Informationen an eine breite und
interessierte Öffentlichkeit
verpflichtet. Die Marke gilt
als Garantie für den Konsumenten, dass es sich um einen echten, naturbelassenen
Schnaps handelt.
Es wird im Rau- und Feinbrandverfahren in Kupferkesseln destilliert.

- Es werden nur frische, gesunde und vollreife Früchte
  verwendet.
- Die Destillate dürfen nicht
  aufgezuckert werden.
- Es dürfen keine zusätzlichen Aromastoffe verwendet werden.
- Es darf kein Fremdalkohol
  zugesetzt werden.
- Alle Erzeugnisse tragen
  eine Jahrgangsbezeichnung.
- Alle Schnäpse bestehen
  zu 100 % aus reinem Destillat.
- Aus jeder Jahresproduktion
  und Schnapssorte werden
  Proben entnommen und
  untersucht. Verstöße werden mit Ausschluss aus der
  Vereinigung und einer hohen Pönale bestraft.
- Das Markenzeichen der
  Quinta Essentia darf nur
  verwendet werden, wenn
  alle Kriterien erfüllt sind.

R

Räber – Schweiz
Brennerei mit Sitz in Küssnacht am Rigi.
Steinobstdestillate:
u. a. **Räber Kirsch**
(40 Vol.-%).

Rakija
Serbokroatische Bezeichnung
für Branntwein aus Pflaumen.

Ratafia
Polnische und russische Bezeichnung für einen Branntwein, der aus vielen Obstsorten durch zwei- bis dreimalige Rektifikation hergestellt wird.

Reineclaude
Französische Bezeichnung
für Ringlotte.

Hans **Reisetbauer** – Österreich
Brennerei in Thening-Axberg/
OÖ; Mitgliedsbetrieb der →
Quinta Essentia. Neben den
Obstdestillaten werden eine
Reihe von Weintresterbränden, Getreidedestillaten (z. B.
Blue Gin, siehe dort) sowie
ein Ingwerbrand hergestellt.
Beerenobstdestillate:
u. a. **Himbeere** (41,3 Vol.-%),
Vogelbeere Taubenkobel (42
Vol.-%), **Elsbeere** (42 Vol.-%,
gilt zurzeit als teuerster
Schnaps der Welt).
Steinobstdestillate:
u. a. **Zwetschke im Zwetschkenfass** (53 Vol.-%).

Kernobstdestillate:
u. a. **Hirschbirne** (41 Vol.-%),
Quitte (41,5 Vol.-%), **Williams**
(41,5 Vol.-%).

Retter – Österreich
Organisch-biologischer Obstbaubetrieb und Brennerei in
Pöllauberg/Stmk., im Besitz
der Familie Werner Retter.

Ribisel
Andere Bezeichnung für Rote
Johannisbeere.

Günter **Rochelt** – Österreich
Brennerei in Fritzens bei Wattens/Tirol; Mitgliedsbetrieb
der → Quinta Essentia.
Beerenobstdestillate:
u. a. **Hollermandl** (Holunderbeerenbrand, 50 Vol.-%).
Steinobstdestillate:
u. a. **Marillenbrand** (50 Vol.-%),
Weichselbrand (50 Vol.-%).
Kernobstdestillate:
u. a. **Williamsbirne, Gravensteiner Apfelbrand** und **Qittenbrand** (alle 50 Vol.-%).

Roner – Italien
Spirituosenerzeugerfirma in
Tramin/Südtirol. Neben den
Obstdestillaten werden Liköre und Grappas erzeugt.
Beerenobstdestillate:
u. a. **Brombeer, Vogelbeer**
und **Holunder** (alle
43 Vol.-%).
Steinobstdestillate:
u. a. **Marille** (43 Vol.-%).
Kernobstdestillate:
u. a. **Williams** und **Quitte**
(beide 43 Vol.-%).

Rosenhut – Deutschland
Vereinigung fränkischer Edelbrenner, deren Mitglieder
nach strengen Qualitätskriterieien destillieren und ein
Gütesiegel an den Flaschen
anbringen. Der mittelalterliche Begriff Rosenhut steht
für den kupfernen Aufsatz
über dem Kessel der Brennstelle, an dem das Destillat
kondensiert.

Rouyer – Frankreich
Brennerei in Villé/Elsass, von
der Destillerie → Massenez
1952 übernommen. Die Produkte tragen den Namen Auguste Rouyer.
Steinobstdestillate:
u. a. **Kirsch, Mirabelle** und
Vieille Prune (alle 40 Vol.-%).
Kernobstdestillate:
u. a. **Poire William**
(40 Vol.-%).

S

**Saint (St.) George
Spirits** – USA
Spirituosenerzeugerfirma
in San Francisco, gegründet
1982 von dem Elsässer Jörg
Rupf. Neben Edelobstbränden werden Liköre sowie ein
Marc of Zinfandel erzeugt.

Salomon – Österreich
Weingut und Brennerei mit
Sitz in Spitz an der Donau,
im Besitz der Familie Hannelore und Gerhard Salomon.

Kernobstdestillate:
Apfelbrand, Birnenbrand.
Steinobstdestillate:
Marillenbrand und **Marillen-
brand „Das Beste aus der
Mitte".**

Scheibel – Deutschland
Brennerei in Kappelrodeck.

Schladerer – Deutschland
Spirituosenerzeugerfirma in
Staufen/Breisgau, gegrün-
det 1844. Neben den Obstdestillaten werden auch Liköre
erzeugt.
Beerenobstdestillate:
u. a. **Himbeergeist, Johannis-
beergeist** und **Schlehengeist**
(alle 42 Vol.-%).
Steinobstdestillate:
u. a. **Aprikosengeist** (42
Vol.-%), **Schwarzwälder
Kirschwasser** und **Sauer-
kirschwasser** (beide 42
Vol.-%), **Jahrgangskirschwas-
ser** (43 Vol.-%), **Chriesiwäs-
serli** (50 Vol.-%), **Zibärtle, Mirabell** und **Zwetschgenwasser**
(alle 42 Vol.-%).
Kernobstdestillate:
u. a. **Williams-Birne** (40
Vol.-%), **Walliser William**
(43 Vol.-%).

Schlehdorn
Andere Bezeichnung für
Schlehe.

K. & P. **Schloffer**
– Österreich
Brennerei in Anger-Ober-
feistritz/Steiermark.
Beerenobstdestillate:
u. a. **Schwarzer Johannisbeerbrand** (40 Vol.-%).

Steinobstdestillate:
u. a. **Alte Zwetschke**
(40 Vol.-%).
Kernobstdestillate:
u. a. **Gravensteiner Apfelbrand** und **Williams**
(40 Vol.-%).

Schloss Proschwitz
– Deutschland
Brennerei in Meißen, ge-
nannt die Meissener Spezial
Brennerei.
Kernobstdestillate:
u. a. **Apfelbrand** (42 Vol.-%),
**Meissener Birnenbrand
„Clapps Liebling"** (40 Vol.-%),
Quittenbrand (42 Vol.-%),
Williamsbirnenbrand
(40 Vol.-%).
Steinobstdestillate:
u. a. **Königskirsche**
(42 Vol.-%).

Josef **Schmutzer**
– Österreich
Restaurant und Brennerei in
Winzendorf/NÖ.
Steinobstdestillate:
u. a. **Zwetschke im Eichen-
fass** (45 Vol.-%).
Kernobstdestillate:
u. a. **Apfel im Eichenfass**
(45 Vol.- %).

Schnabl – Österreich
Weingut, Restaurant und
Brennerei in Gamlitz-Sernau/
Steiermark.
Steinobstdestillate:
u. a. **Kriecherl** (40 Vol.-%).
Kernobstdestillate:
u. a. **Maschansker** (Apfel,
40 Vol.-%).

Schnapps
Amerikanische Schreibweise
für → Schnaps.

Schnaps
1. Im Volksmund ist Schnaps
eine Bezeichnung für alle klaren Branntweine. Das Wort
leitet sich vom altdeutschen
Begriff „Schnapper" ab, der
so viel wie Schluck bzw. „einmalige Mundfüllung" be-
deutet.
2. Laut EU-Recht darf das
Wort Schnaps in Österreich
als Zusatzbezeichnung verwendet werden (zum Bei-
spiel Apfelschnaps, Kirschen-
schnaps, Marillenschnaps),
wenn dem Edelbranntwein
Alkohol beigefügt wurde.
Dies aber nur dann, wenn der
Destillatanteil der namengebenden Frucht am Gesamtalkohol mindestens 33 Prozent
beträgt (Drittelverschnitt).

Destillerie **Schosser**
– Österreich
Brennerei in Buchkirchen bei
Wels/OÖ, vormals Heidel-
beergarten Schosser.
Beerenobstdestillate:
u. a. **Holunder, Schwarze
Johannisbeere** und **Himbeere**
(alle 41 Vol.-%), **Bio Heidel-
beere** (Eigenanbau, 40 Vol.-%).
Steinobstdestillate:
u. a. **Traubenkirsche** (41
Vol.-%), **Kirsche** (40 und 41
Vol.-%), **Weichsel** (41 Vol.-%),
Marille im Akazienfass (43
Vol.-%), **Marille im Eichen-
fass** (45 Vol.-%), **Zwetschke
im Kastanienfass** (40 Vol.-%).

Kernobstdestillate:
u. a. **Apfel Cox Orange**
(40 Vol.-%), **Birnenbrand
Rote Williams** (40 Vol.-%).
Erzeugt auch einen **Bananen-
brand** mit 41 Vol.-%.

Schuler – Schweiz
Restaurant „Hirschen" und
Brennerei mit Sitz in Sattel
bei Zug, im Besitz von Domi-
nik Schuler.
Steinobstdestillate:
u. a. **Bergkirsche** (48 Vol.-%).

Schüly – Deutschland
Brennerei mit Sitz in Vil-
lingen-Schwenningen im
Schwarzwald. Firmenwort-
laut: Schwarzwald-Brennerei
Schüly & Hönninger.
Kernobstdestillate:
Williams Christbirne
(40 Vol.-%).
Steinobstdestillate:
u. a. **Kirschwasser**
(45 Vol.-%).
Beerenobstdestillat:
Himbeergeist (45 Vol.-%).

Schumadinski Tschai
In Russland, der GUS und in
Polen Bezeichnung für einen
Zwetschkenbranntwein, der
mit Zucker gesüßt und heiß
getrunken wird.

Schwarz – Deutschland
Brennerei in Schlüsselfeld.
Beerenobstdestillate:
u. a. **Himbeerbrand** und **Himbeergeist, Vogelbeerenbrand**
(42 Vol.-%).
Steinobstdestillate:
u. a. **Reneklode, Mirabellenbrand, Zwetschgenbrand.**

Kernobstdestillate:
u. a. **Bohnapfel, Quitte**
(42 Vol.-%), **Williams Christbirne.**

Schwarzbeere
Andere Bezeichnung für
Heidelbeere.

Schwarzdorn
Andere Bezeichnung für
Schlehe.

Schwarzer – Österreich
Brennerei in Lienz/Osttirol.
Beerenobstdestillate:
u. a. **Waldhimbeere.**
Kernobstdestillate:
u. a. **Pregler, Rote Williams,
Speckbirne, Birnenquitte**
(40 Vol.-%).

Schwarzwälder
Herkunftsbezeichnung für
Brände aus dem deutschen
Schwarzwald, vor allem
für das Echt Schwarzwäl-
der Kirschwasser (siehe Seite 653).

Paul **Schwob AG** – Schweiz
Brennerei mit Sitz in Liestal.
Steinobstdestillate:
Siebedupf Baselbieter Kirsch
(43 Vol.-%).

Landesweingut **Silberberg**
– Österreich
Das steiermärkische Landesweingut in Leibnitz mit ange-
schlossener Weinbauschule
ist auch für ausgezeichnete
Destillate bekannt. Neben
den Obstbränden (z. B. aus
Maschansker-Äpfeln, Mispeln
und Weingartenpfirsichen)

werden verschiedene Tresterbrände erzeugt.

Skoff – Österreich
Weingut und Brennerei in
Gamlitz/Steiermark. Neben
den Obstdestillaten (z. B. aus
Kriecherl oder Weichseln mit
Kirschen) werden verschie-
dene Tresterbrände erzeugt.

Slibowitz
Bekannter Zwetschkenbranntwein, der original aus den
bosnischen Pocegacapflau-
men hergestellt wird und
dann → Sljivovica heißt. Die
Markenbezeichnung ist nicht
geschützt und kann daher für
jeden Pflaumenbranntwein
verwendet werden. Andere
Schreibweisen sind: Sliwo-
witz, Slivowitz und Slivova.

Sliva
Bosnische Bezeichnung für
Pflaume, von deren Namen
das Wort → Sljivovica abgeleitet ist.

Sljivovica
Original-bosnische Bezeichnung für Slibowitz. Er wird
aus den Pocegacapflaumen
hergestellt; 40–45 Vol.-%.
Das einfach gebrannte Er-
zeugnis heißt Keka, der doppelt gebrannte Sljivovica
heißt Ljuta oder Predecencia
(Predetschenitza).

Johannes **Söll** – Österreich
Brennerei in Gamlitz/Steier-
mark. Neben den Obstdestillaten wird auch ein Weinhefebrand mit 40 Vol.-% erzeugt.

Steinobstdestillate:
u. a. **Kriecherl** (40 Vol.-%).
Kernobstdestillate:
u. a. **Williams** (40 Vol.-%).

Sorbier
Französische Bezeichnung
für Vogelbeere.

Specht – Deutschland
Obstbrennerei in Leutenbach,
gegründet 1910.
Kernobstdestillate:
Williams Christ Birne
(40 Vol.%).
Steinobstdestillate:
u. a. **Schwarzwälder Kirsch-
wasser, Zwetschgenwasser,
Slivovitz** (alle 40 Vol.-%).
Beerenobstdestillat:
Wald-Himbeergeist
(40 Vol.-%).

Stainer – Österreich
Brennerei in Eisenstadt, die
einige Raritäten anbietet;
durchschnittlich 40 Vol.-%.
Kernobstdestillate:
u. a. **Felsenbirne, Apfel**
(im Holzfass ausgebaut),
Speierling.
Steinobstdestillate:
u. a. **Zwetschke „Exklusiv",
Ringlotten, Mirabelle, Quitte,
Schlehdorn.**
Beerenobstdestillate:
u. a. **Elsbeere, Brombeere,
Jostabeere.**

Stiegelmar – Österreich
Weingut „Juris" und Brennerei mit Sitz in Gols, im Besitz
der Familie Georg Stiegelmar.

Stocker – Italien
Brennerei in Algund/Südtirol.

Kernobstdestillate:
u. a. diverse **Birnen-** und
Apfelbrände.

Stefanie Strohmaier
– Österreich
Brennerei in Korning/NÖ.
Beerenobstdestillate:
u. a. **Himbeere** und **Erdbeere**
(beide 40 Vol.-%).

Subirer Birnenbrand
– Österreich
Geschützte Bezeichnung
für Branntweine aus Birnen
(Hausbirnen), bei denen
der Rohstoff aus Vorarlberg
kommt und die Destillati-
on sowie die Be- und Verarbeitung ausschließlich dort
durchgeführt wurden.

Sureau
Französische Bezeichnung
für Holunder.

Szilva Pálinka
Ungarische Bezeichnung
und Schreibweise für einen
Branntwein aus Pflaumen
(Szilva = Pflaume).

T

Schlosskellerei **Thun**
– Schweiz
Brennerei in Thun.
Steinobstdestillate:
u. a. **Pflümli** (Zwetschke,
41 Vol.-%), **Kirsch** (41 Vol.-%).
Kernobstdestillate:
u. a. **Williams** (41Vol.-%).

Franz **Tinnauer** – Österreich
Brennerei in Gamlitz-Stein-
bach/Steiermark.

Beerenobstdestillate:
u. a. **Schlehenbrand**
(41,5 Vol.-%).
Steinobstdestillate:
u. a. **Zwetschke Reserve fass-
gelagert** (52 Vol.-%), **Kriecherlbrand** (41 Vol.-%), **Marillenbrand** (47,5 Vol.-%).
Kernobstdestillate:
u. a. **Birnenquitte Reserve**
(42 und 50 Vol.-%), **Apfelbrand Reserve** (55,5 Vol.-%).

La **Traque** – Frankreich
*Calvados*marke der → Cidreries du Calvados.
V.S.O.P. (40 Vol.-%), **Hors
d'Âge** (40 Vol.-%) und **30 Ans
d'Âge** (42 Vol.-%).

Trimbach – Frankreich
Brennerei in Ribeauvillé.

Trou Normand
Wörtliche Übersetzung „nor-
mannisches Loch"; es han-
delt sich um eine norman-
nische Sitte, die besagt, dass
man zwischen zwei Spei-
sengängen einen kräftigen
Schluck Calvados zu sich nehmen soll.

Tschauder – Deutschland
Brennerei mit Sitz in Mün-
chen-Moosach, im Besitz der
Familie Irene und Siegfried
Tschauder.
Kernobstdestillate:
u. a. **Apfelbrand** (Goldrenet-
te, 42 Vol.-%), **Birnenbrand**
(u. a. Alexander Lukas,
42 Vol.-%).

Steinobstdestillate:
u. a. **Kirschenbrand** (42 Vol.-%), **Zwetschkenbrand** (Hauszwetschke, 42 Vol.-%).
Mischobstdestillate:
Obstler (u. a. aus Äpfeln, Birnen, Zwetschken, 40 Vol.-%).

Tzuica/Tzuika
Andere Bezeichnung für
→ Zuika.

U

Unterthurner – Italien
Brennerei in Marling/Südtirol.

V

Hubertus **Vallendar**
– Deutschland
Brennerei in Kail an der Mosel.
Steinobstdestillate:
u. a. **Roter Weinbergpfirsichbrand** (44 Vol.-%), **Marillenbrand** (40 Vol.-%).
Kernobstdestillate:
u. a. **Williams-Christ-Brand** (40 Vol.-%).

Valódi Szilva Pálinka
– Ungarn
Branntwein aus Pflaumen
mit 45 Vol.-%.

Eine Brennerweisheit: Die nach dem Frosteinbruch des Spätherbstes geernteten Vogelbeeren ergeben die besten Destillate.

Védrenne – Frankreich
Spirituosenerzeugerfirma mit Sitz in Nuits-St-Georges.
Kernobstdestillate:
Poire William (45 Vol.-%).
Steinobstdestillate:
Kirsch (45 Vol.-%), **Mirabelle** (45 Vol.-%) und **Quetsch** (45 Vol.-%).
Beerenobstdestillat:
Framboise (45 Vol.-%).

Vieille Abbaye – Frankreich
Calvados:
u. a. **V.S.O.P., 25 Ans d'Âge** (beide Region Pays d'Auge, beide 40 Vol.-%).

Vieux Calvados
– Frankreich
*Calvados*marke der Fa. Pierre Huet in Cambremer.
Prestige, Hors d'Âge, Hors d'Âge Cordon d'Or, 6 Ans d'Âge (alle 40 Vol.-%).

Anton **Vogl** – Österreich
Siehe → Guglhof.

W

Wachauer Marillenbrand
– Österreich
Geschützte Bezeichnung für Branntweine aus Marillen, bei denen der Rohstoff aus der von der EU geschützten Gebietsabgrenzung der Wachau kommt und die Destillation sowie die Be- und Verarbeitung ausschließlich dort durchgeführt wurden.

Wacholder
Er wird aus Alkohol durch Hinzufügen von Wacholderdestillat, Wacholderdestillationsprodukt, Wacholderlutter oder Wacholderfeinbrand hergestellt. Das Produkt wird auch als Wacholder deklariert, wenn der Alkohol mit Wacholderbeeren aromatisiert wird. Der Alkoholgehalt beträgt mindestens 37,5 Vol.-%.
In Tirol und Bayern als Kranewitter, Kranawitter oder Kranebitter bezeichnet. In vielen Ländern des Balkans trägt ein Wacholderbranntwein die Bezeichnung Borovicka.

Wacholderdestillationsprodukt
Es wird durch Destillation von Wacholderbeeren mit verdünntem Alkohol oder aus Wacholdermaische gewonnen, der vor der Destillation Alkohol zugesetzt wurde.

Wacholderlutter
Zur Herstellung werden die gemahlenen Wacholderbeeren unter Zusatz von Wasser vergoren. Aus dieser Maische wird in der ersten Destillation Wacholderlutter als Raubrand gewonnen.

Weißdorn
Eine Vogelbeerart.

Wendelin – Österreich
Weingut und Brennerei mit
Sitz in Gols, im Besitz der Familie Wendelin.
Kernobstdestillate:
u. a. **Quittenbrand**
(40 Vol.-%).
Steinobstdestillate:
u. a. **Kirschenbrand, Marillenbrand, Pfirsichbrand** (alle
40 Vol.-%).
Beerenobstdestillat:
u. a. **Himbeerbrand,
Hagebuttenbrand** (beide
40 Vol.-%).

Brigitte & Michael **Weutz**
– Österreich
Brennerei in St. Nikolai im
Sausal/Steiermark. Neben
den Obstdestillaten werden
Wein- und Weintresterbrände sowie Getreidedestillate
erzeugt.
Steinobstdestillate:
u. a. **Pfirsich** (42 Vol.-%),
Gelbe Wildpflaume
(42 Vol.-%).
Kernobstdestillate:
u. a. **Williamsbirne**
(42 Vol.-%).

Reinhard **Wetter**
– Österreich
Obstbau- und Destillationsbetrieb in Missingdorf bei
Retz/NÖ.
Steinobstdestillate:
u. a. **Marille** (43 Vol.-%).
Kernobstdestillate:
u. a. **Obstler Wetterfrosch,
Wetterleuchten** und **Wetterhexe** (alle 44 Vol.-%), **Williams** und **Williamstrester**
(beide 43 Vol.-%), **Apfel**
(41,6 Vol.-%), **Apfel fassgela-**

gert (41 Vol.-%), **Gravensteiner** (Apfel, 44 Vol.-%).

Markus **Wieser** – Österreich
Brennerei in Weißenkirchen/
Wachau.
Beerenobstdestillate:
u. a. **Waldhimbeere**
(46 Vol.- %).
Steinobstdestillate:
u. a. **Marille** (45 Vol.- %).

William
Kurzbezeichnung für Branntweine aus Williamsbirnen
(franz. Poire William). Williamsbirnenbrände werden
sehr erfolgreich in Österreich,
im Süden Deutschlands, im
Schweizer Rhônetal, in Südtirol sowie in mehreren Regionen Frankreichs hergestellt.
Vereinzelt sind Branntweinflaschen mit hineingewachsenen Früchten erhältlich.

William Valaisanne
Branntwein aus Birnen mit
43 Vol.-%.

Willisau – Schweiz
Brennerei mit Sitz in Willisau.
Kernobstdestillate:
**Original Willisauer Pomme
Pure** (aus Äpfeln, 40 Vol.-%).
Steinobstdestillate:
Original Willisauer Baselbieter Kirsch (43 Vol.-%).

Witblits – Südafrika
Branntwein aus Pfirsichen
mit 40 Vol.-%.

Josef **Witz** – Frankreich
Kernobstdestillate:
Poires William's (45 Vol.-%).

Steinobstdestillate:
Kirsch Réserve, Kirsch
(beide 45 Vol.-%).
Beerenobstdestillat:
Framboise (45 Vol.-%).

Destillerie **WOB**
– Österreich
Siehe → Birkenhof.

Wöhrer – Österreich
Brennerei in Traun/OÖ.
Beerenobstdestillate:
u. a. **Himbeere**.
Steinobstdestillate:
u. a. **Kirsche, Traubenkirsche**
und **Zwetschke**.
Kernobstdestillate:
u. a. **Williamsbirne**
(42 Vol.-%), **Quitte**.

Wolfacher – Deutschland
Markenname der Fa. → Haas
& Bulacher in Wolfach, gegründet 1785. Sie ist die älteste Obstbrennerei des
Schwarzwaldes.
Steinobstdestillate:
Echt Schwarzwälder Kirschwasser (40 oder 50 Vol.-%).
Beerenobstdestillat:
Himbeergeist.

Wurm & Wurm
– Österreich
Brennerei in St. Florian-
Weiling/OÖ.
Beerenobstdestillate:
u. a. **Brombeere** (43 Vol.-%).
Steinobstdestillate:
u. a. **Marille** (45 Vol.-%),
Weichsel (42 Vol.-%), **Dirndl**
(43 Vol.-%).
Kernobstdestillate:
u. a. **Williams** (45 Vol.-%),
Apfel Top (44 Vol.-%).

Z

Zauser – Österreich
Brennerei in Bregenz/
Vorarlberg.
Beerenobstdestillate:
u. a. **Himbeere, Johannisbee-
re, Holunder** und **Vogelbeere.**
Steinobstdestillate:
u. a. **Wildkirsche, Süßkirsche,
Weichsel, Marille** und
Zwetschge.
Kernobstdestillate:
u. a. **Elstar-Apfelbrand,
Subirer, Quitte** und **Williams-
birne.**

Zibarte
Die wild wachsende Pflau-
menart ist hauptsächlich im
Schwarzwald heimisch, wo
sie auch als Prünelle bezeich-
net wird. Die Brennerei →
Schladerer bezeichnet ihren
Zibartenbrand als Zibärtle.
Andere Schreibweise: Zip-
parte.

Zider
Andere Schreibweise für
→ Cidre.

Ziegler – Deutschland
Brennerei in Freudenberg.
Steinobstdestillate:
u. a. **Aprikose, Wildkirsche,
Bergkirsche, Sauermorelle,
Dialog von der Kirsche** und
Alte Zwetschge (alle
43 Vol.-%).
Kernobstdestillate:
u. a. **Birnenbrand** (43 Vol.-%).

Zieser – Österreich
Brennerei in Riegersburg/
Steiermark.
Beerenobstdestillate:
u. a. **Himbeere, Johannisbeere, Holunder.**
Steinobstdestillate:
u. a. **Wildkirsche, Sauerkirsche.**
Kernobstdestillate:
u. a. **Glockenapfel, Quitte**
und **Williamsbirne.**

Zigarrenbrand
Immer wieder liest man von
Zigarrenbrand oder Wort-
schöpfungen, in denen „Cigar" vorkommt. Dabei han-
delt es sich um Destillate aus
Obst, aber auch aus Wein
oder aus Bier, die (so die
Definition der Hersteller)
in Verbindung mit einer feinen Zigarre einen besonders
großen Genuss darstellen.

Zotter – Österreich
Siehe → Obsthof Zotter.

Zuger Kirsch
Bezeichnung für einen
Branntwein aus Kirschen aus
dem Schweizer Kanton Zug.
Der Zuger Kirsch trägt als
Echtheitszertifikat ein staatli-
ches Prüfzeichen.

Zuika
Rumänische Bezeichnung für
einen Branntwein aus Pflaumen, der sehr kräftig und aromatisch ist. Andere Bezeichnung ist **Tzuica/Tzuika.**

Zwack – Ungarn
Spirituosenerzeugerfirma
und Brennerei in Budapest
und Kecskemét.
Kernobstdestillate:
Vilmos (Williamsbirnen-
brand), **Fütyülös** (Aprikosen-
brand).
Erzeugt auch den bekannten
Likör Unicum und diverse
Pálinkas.

Zwetschke
Die in Österreich als Zwetschken bezeichneten Pflaumen
tragen auch Namen wie
Zwetschgen, Zwetschen oder
Pflümli. Die Produkte heißen dann Zwetschgenwasser
in Deutschland (hauptsächlich aus dem süddeutschen
Raum) bzw. Pflümliwasser in
der Schweiz. Der bekannteste
aus Zwetschken hergestellt
Branntwein ist der → Slibowitz.

RUM, CACHAÇA, TEQUILA & CO.

Im nachfolgenden Kapitel sind Destillate zusammengefasst, die aus besonderen Pflanzen und Früchten nach einem speziellen Verfahren hergestellt werden. Dabei handelt es sich um Grundmaterialien, die in keine der bereits behandelten Gruppen passen. Es sind dies vor allem **Agaven, Kakteen, Palmen** und **Zuckerrohr.**

Tequila

Tequila oder Aguardiente de Agave Tequila kommt aus Mexiko, wo er neben Mezcal und Pulque das Nationalgetränk der 100 Millionen Einwohner ist. Laut mexikanischem Gesetz ist Tequila ein Destillat, das durch Vergärung und anschließende Destillation des Saftes der blau-grünen Maguey-Agave hergestellt wird.

Was Sie wissen sollten

- Zu Beginn des 16. Jahrhunderts, als die Spanier erstmals nach Mexiko kamen, berauschten sich die Eingeborenen mit einem vergorenen Agavensaft, den die Eroberer Pulque tauften.
- Die Spanier versuchten dieses Getränk zu destillieren, was aber zunächst misslang.
- Sie experimentierten mit den verschiedensten Agavenpflanzen, bis sie eine Art fanden, deren Saft sie fermentieren und destillieren konnten. Es war die Maguey-Agave.
- Dieses Getränk nannten sie **Mezcal.** Erst zu Beginn des 19. Jahrhunderts wurde der Mezcal aus dem Städtchen Tequila bekannt. Man hatte herausgefunden, dass die Maguey-Agave hier die optimalen Wachstumsbedingungen fand – der Name Tequila war geboren.
- Auch heute noch wird Mezcal hergestellt. Er ist zwar nicht so bekannt wie sein „großer Bruder" und unterliegt nicht den Qualitätskriterien, die für Tequila aufgestellt wurden. Seit 2005 ist er jedoch auch zur Denominación de Origen aufgestiegen. In dem Städtchen Matatlán del Mezcal gibt es immerhin rund 50 Destillerien. Zu den bekanntesten Marken zählt der → Scorpion.
- Tequila, das Nationalgetränk der Mexikaner ist seit den 1970iger Jahren auf den internationalen Märkten zu finden. Rund 80 Brennereien stellen in Mexiko etwa 600 Marken her.

Was sagt das Gesetz?

- Die Agaven für den Tequila dürfen nur in abgegrenzten Gebieten in den Staaten Jalisco, wo sich die Stadt Tequila befindet, sowie in Guanajuato, Michoacán, Nayarit und Tamaulipas gepflanzt werden.
- Dem reinen Agavensaft dürfen bis zu 49 % Zucker zugesetzt werden.
- Tequila darf einen Alkoholgehalt zwischen 35 und 70 Vol.-% aufweisen.

- Er muss in der Brennerei abgefüllt werden.
- Es werden zwei Qualitätsstufen unterschieden, und zwar Tequila 100 % Agave und Tequila.
- **Tequila 100 % Agave,** muss zu 100 % aus dem Saft der blau-grünen Maguey-Agave herge-stellt und in der erzeugenden Brennerei entweder als Blanco, Reposado oder als Anejo ab-gefüllt werden.
- **Tequila,** dann Mixto oder **Mixto-Tequila** genannt, muss mindestens einen 51%igen Saftan-teil der Maguey-Agave aufweisen und darf in Fässern exportiert und in den Exportländern als Blanco (White, Silver), Oro (Gold), Reposado oder Anejo abgefüllt werden.

Erzeugung

Vorbereitung	Ausgangsprodukt ist die schon genannte Maguey-Agave, die erst zwischen acht und zwölf Jahren nach der Pflanzung ernterei ist. Das Herzstück in ana-nasähnlicher Form (piña) wird herausgelöst, in Stücke zerteilt und bei einer Temperatur zwischen 60 und 85 °C bis zu 70 Stunden langsam gedämpft, um die vorhandene Stärke in vergärbaren Zucker umzuwandeln. Danach werden die großen Stücke zerkleinert und abgepresst.
Gärung	Der Saft, in Mexiko als Aquamiel (Honigwasser) bezeichnet, kommt in Gärbot-tiche, wo Hefe zur Vergärung beigegeben wird. Die Gärung ist nach 30–50 Stunden abgeschlossen. Es wird traditionell zwei-mal im Pot-Still-Verfahren destilliert. Heute wird aber auch vermehrt das Ko-lonnenverfahren angewendet. Für einen Liter Tequila benötigt man durchschnittlich 6–7 kg Agavenherzen.
Erste Destillation	Das Rohdestillat mit einem Alkoholgehalt von zirka 36 Vol.-% wird auch als „Ordinario" bezeichnet.
Zweite Destillation	Das Produkt der ersten Destillation wird einer zweiten Destillation unterwor-fen und erreicht dann einen Alkoholgehalt von zirka 50 Vol.-%.
Lagerung und Abfüllung	Das reine Destillat wird in großen Fässern gelagert. Vor der Flaschenabfüllung wird der Tequila filtriert und auf Trinkstärke von 38–40 Vol.-% gebracht.

Typenbezeichnungen

- **Weißer Tequila:** Der wasserklare Tequila wird als **Blanco, Silver, Platin** (bzw. **Platinium**) oder spanisch **Plata** bezeichnet. Er hat eine Reifezeit von bis zu 60 Tagen.
- Der als **Oro, Golden** oder **Gold** bezeichnete Tequila ist meist ein ungereifter Mixto-Tequila, der mit Karamell gefärbt wird. Er wird nur für den Export produziert.
- **Reposado (Reseed)** bezeichnet einen gelagerten Tequila, der je nach Hersteller zwischen zwei und neun Monaten gereift ist.
- **Añejo (Aged)** benennt ebenfalls einen gealterten Tequila, der mindestens ein Jahr Lagerung hinter sich hat. In der Regel sind diese Produkte zwei bis drei Jahre alt. Meist werden alte Bourbonfässer für die Reifung herangezogen.

Anisées

*Unter dieser Bezeichnung werden alle alkoholischen **Anisgetränke,** also Getränke mit Anisgeschmack zusammengefasst. Dazu zählen sowohl die Anisbranntweine als auch die Anisliköre, die im Kapitel Liköre zu finden sind.*

- Die aus Anissamen destillierte Essenz ist die Basis dieser Getränkegruppe mit langer Tradition.
- Schon die alten Ägypter wussten um die heilsame Wirkung von Anis bei Magen- und Darmbeschwerden.
- Die Anisées haben ihre größte Verbreitung in Frankreich, in Griechenland und in der Türkei, da im Mittelmeerraum Anis angebaut wird.
- In Frankreich werden die Anisées gemeinhin als **Pastis** bezeichnet, in Griechenland bestellt man einen **Ouzo,** in der Türkei einen **Raki.**
- Dem Anethol, der Anisessenz, werden Alkohol, Zucker, Wasser und Kräuterauszüge zugesetzt. Diese verschiedenen Kräuter sowie die Höhe des Zuckeranteils und die Stärke der Anisessenz machen die Geschmacksunterschiede der Aniséemarken aus.
- Die Anisées werden hauptsächlich mit Wasser verdünnt getrunken. Dabei bekommen diese Getränke eine Trübung, die weiß bis gelb sein kann.
- Der Vorläufer der Anisées ist der Absinth.

Absinth

- Der Vorläufer aller uns bekannten Anisbranntweine wurde von dem französischen Arzt Ordinaire erfunden. Er floh vor den Unruhen der Französischen Revolution aus Paris in den schweizerischen Teil des Jura, wo er in den Bergen die Kräuter fand, die auch heute noch die Grundlage für die verschiedenen Anisspirituosen darstellen.

Viele große Maler reizte es die Anhänger der „grünen Muse" auf ihre Leinwand zu bannen.
Von links: Pablo Picasso, Edgar Degas und Paul Gauguin.

- In Frankreich avancierte der Absinth zu einem vor allem von der Bourgeoisie geliebten Modeaperitif.
- Erst im 19. Jahrhundert wurde die Gefährlichkeit des Absinths erkannt.
- Man machte ursprünglich das im Wermutkraut enthaltene Nervengift Thujon für die bei übermäßigem Absinthkonsum auftretenden Wahnvorstellungen verantwortlich, Symptome, die sich jedoch genau so gut auf einen minderwertigen Alkohol (und den dann noch in großen Mengen) zurückführen lassen.
- Die Schweiz hat im Jahre 1910 als erstes europäisches Land das Absinthverbot eingeführt. Nach und nach schlossen sich andere Länder diesem Vorbild an.
- Der Absinthmissbrauch hatte viele Bezeichnungen, u. a. „Absinthismus", „die grüne Muse", „l'heure verte" („die grüne Stunde").
- Absinthismus ist eine Vergiftung des Nervensystems, die Krämpfe, Lähmungen, Epilepsie und Degenerierung hervorruft.
- Seit 1998 ist die Erzeugung von Absinth wieder erlaubt, jedoch unter gesetzlicher Beschränkung der Wirkstoffe. Die Gesetzeslage ist aber nicht eindeutig.
- Die Wiederentdeckung bzw. heutige Beliebtheit des Absinths ist wohl dem Reiz des Verbotenen zuzuschreiben.

Ouzo

- Ouzo ist der bekannte Anisbranntwein Griechenlands, dessen alkoholische Basis ein Traubendestillat darstellt.
- Bei den beigegebenen Kräutern und Gewürzen dominiert der Anis. Weiters werden Fenchel, Koriander, Zimt und Nelken verwendet.
- Das Nationalgetränk der Griechen darf ausschließlich in ihrem Land hergestellt werden.
- Das farblose Getränk darf einen Zuckergehalt von bis zu 50 Gramm pro Liter aufweisen.
- Die griechischen Marken → Ouzo 12 und → Ouzo Tsantali werden weltweit exportiert.

Pastis

- Der französische Pastis, Marke und zugleich Gattungsbegriff, ist der prominenteste Anisée.
- In Frankreich ist er einer der beliebtesten Aperitifs.
- Süßholz und andere aromatische Kräuter bilden neben dem Anis die geschmackliche Komponente.
- Weltbekannt ist die französische Marke → Ricard. Die Firma fusionierte mit Pernod, ebenfalls ein bekannter Name im Zusammenhang mit dem französischen Anisschnaps.
- Henri Louis Pernod war es, der nach dem Tod des Pariser Arztes Dr. Ordinaire (siehe Absinth) die Rezeptur für die Herstellung einer Anisspirituose erwarb. Schon um 1805 produzierte er in großem Stil.

Unser Tipp: Verwenden Sie bei den Anisspirituosen keine Eiswürfel. Es bildet sich auf der Oberfläche des Drinks ein Ölfilm, der durch die Anisessenz in Kombination mit dem Eis hervorgerufen wird.

Raki

Werden Aniseés mit Wasser verdünnt, kommt es zu einer typischen milchigen Trübung.

- Raki wird in der Türkei produziert und hat mit dem griechischen Ouzu einiges gemein.
- Seine Basis ist ebenfalls ein Branntwein aus Trauben oder aus Rosinen.
- Auch ihm werden zur Aromatisierung bei der Destillation Anissamen beigegeben.
- Meist hat Raki jedoch mit bis zu 50 Vol.-% einen höheren Alkoholgehalt als Ouzo.
- Die Marken → Yeni-Raki und → Kulüp Raki sind weit über die Grenzen der Türkei bekannt.
- Als im Jahr 2002 das Staatsmonopol zur Herstellung von Raki fiel, war → Enfes eine der ersten Marken aus privater Hand.

Anisées sollten immer ungekühlt aufbewahrt werden. Zu niedrige Temperaturen können eine unerwünschte Trübung der Spirituose zur Folge haben.

Branntweine aus Palmen

- Darunter versteht man alle gebrannten Erzeugnisse, die aus Pflanzenteilen, Blättern, dem Fruchtsaft und Nüssen bzw. Datteln der verschiedenen Palmenarten hergestellt werden.
- Palmenbranntweine werden in den unterschiedlichsten Verfahren komponiert und destilliert.
- Vergorener Palmensaft wird als Palmenwein oder Toddy bezeichnet. Er wird zur Destillation von Palmenbranntwein herangezogen und hat einen niedrigeren Alkoholgehalt als dieser.
- Der bekannteste Vertreter der Palmenbranntweine ist der Arrak.

Arrak

- Wann erstmals Arrak hergestellt wurde, ist nicht bekannt. Als die Holländer zu Beginn des 17. Jahrhunderts die Insel Java besetzten, gab es dort den Arrak schon. Wahrscheinlich haben die Chinesen dieses Getränk nach Java gebracht.
- Der Begriff Arrak ist vom arabischen Wort „al rak" (Schweiß) abgeleitet. Der „Rum der Asiaten", wie Arrak oft bezeichnet wird, ist ein Sammelbegriff für Branntweine aus sonstigen Pflanzen, die in den verschiedenen Ländern mit verschiedenen Grundmaterialien hergestellt werden.
- Für den Export nach Europa hat der Arrak aus Java, der → **Batavia-Arrak,** die größte Bedeutung. Er besteht in der Hauptsache aus Zuckerrohrmelasse, Reis und frischem Saft der Zuckerpalmen. Anstelle von frischem Palmensaft wird auch vergorener Palmensaft (Palmenwein, Toddy) verwendet. Der Alkoholgehalt dieses Arraks reicht von 50 bis 60 Vol.-%.
- Im Iran wird Arrak hauptsächlich auf Basis von Datteln hergestellt.
- Der nordafrikanische Arrak besteht hauptsächlich aus Feigen und Trauben und wird mit Anis aromatisiert. Er ist daher im weitesten Sinne ein Anisée.
- Arrak wird darüber hinaus in Thailand, Indien und auf Sri Lanka hergestellt. Seine Hauptbestandteile sind Reis und Palmensaft.
- Aber auch mit den verschiedensten Fruchtsäften (z. B. Ananassaft) aromatisierte Arraks werden erzeugt.
- In Europa kommt Arrak mit 38 und 40 Vol.-% in den Handel. In unseren Breiten wird er sehr selten pur getrunken. Die Barleute verwenden ihn zur Zubereitung von Grogs und Punschen.
- In Skandinavien wird Arrak zu Schwedenpunsch verarbeitet.
- Ähnlich wie bei Rum gibt es auch bei Arrak die Bezeichnungen „original" und „echt".

Als **Original-Arrak** darf nur ein Erzeugnis bezeichnet werden, das aus dem Ausland eingeführt wird und im Inland keinerlei Veränderungen erfährt.
Echter Arrak ist ein Original-Arrak, der auf Trinkstärke herabgesetzt wurde.
Arrak-Verschnitt ist eine Mischung von Arrak mit Alkohol anderer Art, wobei der Arrakanteil mindestens 10 Prozent des Gesamtalkohols des trinkfertigen Erzeugnisses betragen muss.
Deutscher Arrak ist dem Original-Arrak ähnlich, er wird jedoch aus zuckerhaltigen Stoffen Deutschlands gebrannt.

Branntweine aus Zuckerrohr

Branntweine aus Zuckerrohr sind Erzeugnisse, die aus Zuckerrohr, Zuckerrohrmelasse oder aus den Rückständen bei der Zuckerrohrverarbeitung hergestellt werden. Die Hauptvertreter dieser Gruppe sind Rum und Cachaça. Zuckerrohr wird in den Tropen der ganzen Welt angebaut. Die Zuckerrohranbaugebiete für die Rumerzeugung sind vor allem in Jamaika, Kuba, Barbados, Puerto Rico, Guayana, Mauritius, Martinique und Madagaskar. Cachaça ist das Nationalgetränk in Brasilien, wo es unzählige Marken gibt und er seit dem Ende des 17. Jahrhunderts bekannt ist.

Welche Bezeichnungen sind möglich?

- **Aguadente de Canna:** spanische Bezeichnung für einfache Branntweine aus Zuckerrohr.
- **Aguardente de Cana:** portugiesische Bezeichnung für einfache Branntweine aus Zuckerrohr.
- **Ron:** spanische und portugiesische Bezeichnung für Branntweine aus Zuckerrohr von höchster Qualität.
- **Rhum:** französische Bezeichnung für Branntweine aus Zuckerrohr von höchster Qualität.
- **Rum/rum:** deutsche bzw. englische Bezeichnung für Branntweine aus Zuckerrohr von höchster Qualität.

Zuckerrohr gedeiht nur in tropischen Gebieten.

Rum

Rum ist eine Spirituose, die durch alkoholische Gärung und Destillation hergestellt wird. Das Ausgangsmaterial ist die bei der Herstellung von Rohrzucker als zähflüssiger Rückstand verbleibende Melasse. Sie wird mit Wasser und Hefe vergoren. Absatzeinbußen beim Zucker führten auf einigen Inseln in der Karibik im 19. Jahrhundert dazu nicht mehr Melasse zu verwenden, sondern den Rum gleich aus dem Saft des Zuckerrohrs herzustellen. Seit dieser Zeit gibt es beide Varianten. Durch die in den verschiedenen Herstellungsländern üblichen unterschiedlichen Verfahren enthält das Destillat typische Geruchs- und Geschmacksstoffe, die sehr verschieden sein können. So ist auch die Individualität der einzelnen Marken zu erklären.

Was Sie wissen sollten

- Es war Christoph Kolumbus, der das Zuckerrohr aus Ostasien im Jahre 1494 auf den Inseln Hispaniola und Kuba für die Zuckergewinnung pflanzen ließ.
- Wann Rum erstmals gebrannt wurde, ist weitgehend unbekannt.
- Ein erster schriftlicher Beweis für ein Destillat aus Zuckerrohr findet sich in einer Niederschrift aus dem Jahr 1647.
- Bekannt ist, dass die Holländer schon im 16. Jahrhundert Meister im Rumbrennen waren.
- Seit dem 17. Jahrhundert wird Zuckerrohr auf Jamaika und anderen Westindischen Inseln kultiviert sowie in großen Mengen vergoren und destilliert.
- Enorme Verbesserungen der Rumqualität lieferte der Dominikanermönch Labat, indem er moderne Destillationsanlagen aus Frankreich in die Karibik brachte.
- Der Spanier Facundo Bacardi führte im Jahre 1862 auf Kuba ein neues Brennverfahren sowie die Holzkohlenfiltration ein. Heute befindet sich die Destillerie von Bacardi auf der Insel Puerto Rico.
- Rum hat einen Mindestalkoholgehalt von 37,5 Vol.-%.

Der Vorläufer des heutigen Rums hatte den Namen Tafia oder Taffia. Es ist anzunehmen, dass es sich um eine Wortschöpfung aus einer der karibischen Sprachen handelt.

Wo wird der beste Rum gebrannt?

- Die besten Rumprodukte kommen heute wie damals von den Großen und Kleinen Antillen.
- Zu den Großen Antillen zählen Kuba, Jamaika, Haiti und die Dominikanische Republik.
- Aus Kuba kommt der berühmte → Havana Club, die Firma Bacardi produzierte früher hier, neueren Datums ist die Marke → Ron Varadero. Insgesamt sind die kubanischen Rums leicht und trocken.
- Jamaika ist bekannt für seine schweren Rums, es werden aber auch leichtere Sorten erzeugt.
- Zu den Kleinen Antillen zählen Anguilla, Antiqua, Aruba, Barbados, Barbuda, Curaçao, Dominica, Guadeloupe, Martinique, Puerto Rico, St. Barthélemy, St. Kitts, St. Lucia, St. Martin, Trinidad & Tobago und die Virgin Islands (St. Croix und St. Thomas).
- Barbados ist die östlichste der Westindischen Inseln mit den international bekannten Marken → Cockspur und → Mount Gay. Rum aus Barbados ist meist mild und aromatisch.
- Guadeloupe und Martinique gehören zu Frankreich und damit zolltechnisch zur EU. Damit ist der Import des sehr aromatischen Rums dieser Inseln sehr erleichtert.
- Puerto Rico wiederum ist ein mit den USA assoziierter Staat, was bewirkt, dass der Großteil des Rums nach Amerika exportiert wird.
- Trinidad liegt an der Mündung des Orinoco und bringt sehr aromatische, milde Sorten auf den Markt.
- Die Virgin Islands beliefern mit ihrem mittelschweren Rum fast ausschließlich die USA.
- Weitere Herkunftsländer sind Guyana, Mexiko, Réunion und Venezuela.
- Das südamerikanische Guyana ist eine ehemalige britische Kolonie mit sehr dunklen, hochprozentigen Rums. Der Fluss → Demerara hat dem Rum seinen Namen gegeben.
- In Venezuela werden weiche, lange gelagerte Produkte erzeugt, die oft eine goldene Farbe haben.

Die Melasse, eine braune, zähe Flüssigkeit, entsteht bei der Gewinnung von Zucker und sie bildet die Basis für jeden Rum. Sie ist so süß, dass man sie mit Wasser verdünnen muss, um sie gärfähig zu machen.

Erzeugung

Das Grundmaterial Zuckerrohr wird in Plantagen gezogen, es wird bis zu sechs Meter hoch. 15 Monate nach der Pflanzung ist es reif, wobei nur zwei Drittel der Pflanze (vom Boden gemessen) verwendet werden.

Nachfolgend werden die Erzeugungsschritte für die Rumgewinnung aus Melasse beschrieben. Wird Rum aus Zuckerrohrsaft hergestellt, wird dieser zu einem schwachen „Wein" vergoren und anschließend destilliert.

Maischen	Den wesentlichsten Bestandteil der Maische bildet die Zuckerrohrmelasse. Ihr werden der „skimmings" (Schaum, der bei der Verkochung des Zuckerrohrs entsteht), der „dunder" (unveränderter Rückstand früherer Brennvorgänge) und Hefepilze beigemischt.
Würzen	In die Maische kommen nun je nach Gebiet verschiedene Würzen. Die Dosagen sind sehr mannigfaltig und reichen von Rosinen über Ananas und Zimtäpfel bis zu Vanille und Botaya-Akazien. Die genaue Zusammensetzung ist immer ein Geheimnis der Hersteller.
Gärung	Die Maische wird vergoren und anschließend destilliert.
Destillation	Während die Inseln mit britischer Tradition Rum im Allgemeinen nach dem Pot-Still-Verfahren brennen, wird in den französisch beeinflussten Gebieten eine dreifache Destillation nach dem Alambicverfahren bevorzugt. Auch das Kolonnenverfahren wird angewandt.
Lagerung	Nach der Destillation wird Rum gelagert. Art und Dauer der Lagerung sind entscheidend für die Qualität, vor allem für das Bukett des Rums. Weißer Rum lagert in vorbehandelten Fässern, die keine Farbe abgeben, oder in Stahltanks. Der braune Rum erhält seine Farbe aus den Eichenfässern, in denen er lagert. Reicht der Braunton nicht aus, darf im Ursprungsland auch mit Zuckercouleur (Karamellzucker) „nachgeholfen" werden.
Filtration und Abfüllung	Nach einer Filtration wird der Rum in Flaschen abgefüllt.

Die Reifung von Rum verläuft zwei- bis dreimal so schnell wie bei Cognac, und fünfmal so schnell wie bei Irish Whiskey. Auch der Anteil der Verdunstung ist bis zu dreimal so hoch wie bei anderen alkoholischen Destillaten.

Rumarten

Es werden weißer Rum, lichtbrauner Rum und brauner Rum erzeugt. Die Bezeichnungen für diese Grundarten sind:

- **Weißer Rum:** Carta Blanca, Silver Label, Platinium White, Carte Blanche
- **Lichtbrauner Rum:** Carta Oro, Oro, Gold, Amber Label
- **Dunkler Rum:** Dark Rum

Rumqualitäten und Rumbezeichnungen

- **Original-Rum** (Common Clean, Local Trade Quality) wird im jeweiligen Gebiet hergestellt, in Flaschen abgefüllt und darf im Bezugsland keinerlei Veränderungen erfahren. Das Wort „Original" darf nur in Zusammenhang mit dem Herstellungsgebiet genannt werden, z. B. „Original Barbados Rum". Er hat einen Alkoholgehalt, der zwischen 62 und 81 Vol.-% liegt.
- **Blended Rum** ist die Bezeichnung für einen Rum, der aus Rums verschiedener Herkunftsgebiete (z. B. Westindienrum) stammt.
- **Rum Pure** ist nach englischer Auffassung eine Mischung verschiedener Original-Rums, nach amerikanischer Auffassung ein Verschnitt von Rum mit anderen Branntweinen.
- **Echter Rum** ist ein Original-Rum, der auf eine Trinkstärke zwischen 38 und 54 Vol.-% herabgesetzt wurde. Das Wort „Echt" darf nur in Zusammenhang mit dem Herstellungsgebiet genannt werden, z. B. „Echter Jamaika Rum". „Echter Übersee-Rum" ist eine Mischung aus Rums verschiedener Übersee-Inseln und -Länder.
- **Medium Rum** (Versetzter Rum) ist die englische Bezeichnung für Original-Rum, der mit wenigen Würzstoffen versetzt wird und so dem Geschmack der englischen Konsumenten entspricht.
- **Flavoured Rum** (Heavy Bodied Rum, High Continental Rum) ist Original-Rum mit starken Würzstoffen (z. B. Ananas, Kokos).
- **Spiced Rum** ist ein im Gegensatz zu Flavoured Rum nicht mit Früchten versetzter Rum, sondern wird mit Gewürzextrakten (wie Koriander, Muskat, Vanille oder Zimt) aromatisiert.
- **Export-Rum** ist ein Original-Rum, der auf die jeweiligen Geschmacksrichtungen bzw. Trinkstärken der einzelnen Länder, in die er exportiert wird, abgestimmt ist.
- **Rhum acricole** ist ein Rum, der ausschließlich aus vergorenem Zuckerrohrsaft hergestellt wird und er ist damit eine hervorragende Qualität.
- **Rum-Verschnitt** ist ein alkoholisches Getränk mit mindestens 5 % Original-Rum und diversen anderen neutralen Spirituosen.

- **Inländerrum** wird aus Echtem Rum und Inländerrumessenz ausschließlich in Österreich hergestellt. Er ist ein Produkt alter österreichischer Tradition und wird seit dem frühen 19. Jahrhundert erzeugt. Die Inländerrumprodukte haben sich seither völlig eigenständig entwickelt und sind als „inländische" österreichische Spezialität zu einem wesentlichen Bestandteil der Produktionspalette jedes Herstellers geworden. Inländerrum wird vorwiegend zum Aromatisieren von Tee, Punsch und Backwaren verwendet. Er darf gefärbt werden und hat einen Alkoholgehalt von mindestens 38 Vol.-%. Bezeichnungen wie Teeinländerrum und Schankinländerrum sind erlaubt.
- **Kunstrum** hat mit dem Originalerzeugnis weder in der Qualität noch von der Herstellung her gesehen etwas gemeinsam. Er ist künstlich gefärbt und aromatisiert.

Die Zusatzbezeichnungen „Rhum Vieux" und „Hors d'Age" werden auf den französischstämmigen Inseln für einen extrem lange gelagerten Rum verwendet.

Gut gereifter Original-Rum wird mit 16–18 °C pur getrunken.

Cachaça

Cachaça wird nicht aus Melasse, sondern aus frisch gepresstem und sofort vergorenem Zuckerrohrsaft hergestellt. Dafür wird das Zuckerrohr (die Blätter werden entfernt, da sie keinen Zucker enthalten) zerkleinert und mit etwas Wasser verdünnt gepresst. Der vergorene Saft kann dann destilliert werden.

Was Sie wissen sollten
- Obwohl Cachaça die alles beherrschende Spirituose Brasiliens ist, findet bis heute nur ein Bruchteil der erzeugten Marken den Weg nach Europa.
- Die Marke → Pitú ist da eine Ausnahme. Sie wird bereits seit den 1950er-Jahren bei uns angeboten, doch erst der Siegeszug des Caipirinha in den heimischen Bars erweckte sie aus ihrem Dornröschenschlaf.

- Im anschließenden alphabetisch gegliederten Kapitel finden Sie eine Handvoll Marken dieser meist wasserklaren Spirituose mit einem Alkoholgehalt von 38–54 Vol.-%.
- Andere Schreibweisen für Cachaça sind Caxa, Caxaca und Chacha, die alle zum Überbegriff Aguardente de Cana (Branntwein aus Zuckerrohr) zählen.
- Früher einmal als Sugar Cane Brandy bezeichnet, ist er nicht nur das meistgetrunkene Zuckerrohrdestillat Brasiliens, sondern war auch das Symbol der Freiheit und des Widerstandes gegen die Herrschaft der Portugiesen.
- Die brasilianischen Regionen, in denen Cachaça produziert wird, sind Alagoas, Amapá, Amazonas, Bahia, Brasilia, Ceará, Espírito Santo, Goiás, Maranhāo, Mato Grosso, Minas Gerais, Paraná, Paraíba, Pernambuco, Piaui, Rio de Janeiro, Rio Grande do Norte, Rio Grande do Sul, Rondônia, Santa Catarina, Sao Paulo, Sergipe und Tocantins.

Erzeugung

Die Grundmaterialien für die Herstellung von Cachaça sind frisches Zuckerrohr, Hefe und Wasser. Die Herstellungsstufen sind:

- Zermahlen und Auspressen des frischen Zuckerrohres.
- Zugabe von Wasser.
- Beimengen der Hefe.
- Fermentation und Gärung.
- Destillation.
- Lagerung und Reifung in diversen Holzfässern, wo der jeweilige Geschmack des Destillates entsteht.

Rum, Cachaça, Tequila & Co. von A bis Z

A

Absente – Frankreich
Absinth mit 55 Vol.-%.

Acapulco – Mexiko
Tequila:
White (40 Vol.-%) und **Gold** (40 Vol.-%).

Admiral – Holland
Aus Kümmelsamen hergestellt; 35 Vol.-%.

Admiral Nelson
                  – Puerto Rico
Spiced Rum mit 35 Vol.-%.
Flavoured Rum:
Vanilla und **Coconut** (beide 21 Vol.-%).

Admiral Rodney
                  – St. Lucia
Rum:
Extra Old (40 Vol.-%).

Aguadente de Cana
Spanische Bezeichnung für einfache Branntweine aus Zuckerrohr.

Aguardente de Cana
Portugiesische Bezeichnung für einfache Branntweine aus Zuckerrohr und gleichzeitig der Name des Nationalschnapses Brasiliens.

Aguardiente – Kolumbien
Branntwein aus Zuckerrohr:

Antiqueno (32 Vol.-%) und **Cristal** (32 Vol.-%).

Alcotropic
Sammelbezeichnung für alkoholfreie und alkoholische Getränke, die aus tropischen Pflanzen und Früchten sowie aus deren Samen und Blättern in den unterschiedlichsten Zubereitungsarten und Alkoholstärken hergestellt werden.

Alleyne Arthur – Barbados
Rum mit 40–43 Vol.-%.

> „Wenn Malt als würdevoll gilt, Cognac als intellektuell und kultiviert, Gin als ein Mittelklasse-Drink, dann steht Rum für Lachen, Sonne und entspannte Geselligkeit."
>
> *Dave Broom –*
> *Spirituosenexperte*

Alt Salzburger Nusserner
                  – Österreich
Aus grünen Walnüssen mit und ohne Zucker hergestellt. Erzeugnis der Brennerei Guglhof, Hallein.

Angostura
                  – Trinidad & Tobago
Die Firma erzeugt neben dem Rum auch den bekannten Angostura-Bitters.

Rum:
White 3 years old und **Premium Dark** 5 years old, **Premium Dark** 1919 (8 years old, blended by J. B. Fernandes), **Old Oak Gold** 5 years old und **Angostura Dark** 1824 (alle 40 Vol.-%).

Anisado de Peru – Peru
Anisée:
Auf Basis von Sternanis und Ziegenmilch hergestellt.

Anis del Mono – Spanien
Absinth:
Klar, gelblich bis grün, süß; 45 Vol.-%.

Antigua Jumbo Bay Propietor's – Barbados
Rum mit 43 Vol.-%.

Antigua-Rum
Sammelbegriff für alle Rumarten, die von den Kleinen Antillen kommen; in der Regel sind es helle, leichte Rummarken.

Appleton – Jamaika
Bekannte Rumerzeugerfirma, gegründet 1825.
Rum:
White Classic (40 Vol.-%), **Rum White Overproof** (63 Vol.-%), **Estate Extra** (12 years old, 43 Vol.-%), **Special Gold** (40 Vol.-%), **V/X Golden** (40 Vol.-%), **V/X 8 years old** (Reserve, 43 Vol.-%), **Estate V/X**

(5 years old, 43 Vol.-%),
Estate Anniversary
(43 Vol.-%), **Estate Chest**
(40 Vol.-%), **Dark** (40 Vol.-%),
21 years old (40 Vol.-%).

Agaven – so weit das Auge reicht

Reist man durch den Bundesstaat Jalisco, stehen Agaven Reihe um Reihe in den unterschiedlichsten Wachstumsphasen und warten darauf, „geschoren" zu werden, was aber frühestens ab einem Alter von acht Jahren geschieht.

Arak
Andere Schreibweise für Arrak.

Arak Touma – Libanon
Anisée mit 45 Vol.-%.

Arandas – Mexiko
Tequila:
White (40 Vol.-%) und **Oro** (40 Vol.-%).

Arehucas
– Kanarische Inseln
Rum:
Oro (37,5 Vol.-%), **Club 7** (7 years old, 40 Vol.-%), **Reserva Special** (12 years old, 40 Vol.-%), **Captain Kidd** (20 years old, 40 Vol.-%).

Areka – Mongolei
Branntwein aus Stutenmilch; nach geheimen Rezepten der Kirgisen und Mongolen heute noch erzeugt.

Areka – Philippinen, Hawaii
Aus den vergorenen Fasern des Lianenbaumes hergestellt.

Aristocrat – Virgin Islands
Rum mit 40 Vol.-%.

Arquebuse de l'Hermitage – Frankreich
Aus verschiedenen Kräutern hergestellt; 40–50 Vol.-%.

Arrack
Andere Schreibweise für Arrak.

Arrak-Punsch
Ein gesüßter Arrak-Verschnitt, der noch zusätzlich aromatisiert wird.

Arrak-Verschnitt
Ist ein Gemisch aus Weingeist, Fruchtwein, Zucker und Fruchtsaft sowie den verschiedensten Aromaten. Sein Alkoholanteil muss mindestens 10 Prozent Original-Arrak aufweisen; zirka 38 Vol.-%.

Aruba-Rum
Sammelbegriff für alle Rumarten, die von der Kleine-Antillen-Insel Aruba kommen. Sie sind in der Regel helle, leichte bis mittelschwere Rumarten.

Asmussen – Deutschland
Der Original-Rum kommt aus Jamaika; 40 und 54 Vol.-%.

B

Bacardi – Puerto Rico
Bekannte Rumerzeugerfirma, die bis 1960 das Stammhaus in Havanna auf Kuba hatte (Gründung 1862). Heute ist die Bacardi & Company Ltd. auf mehreren Antilleninseln ansässig und produziert die verschiedensten weißen und braunen Rumsorten.
Rum:
Die Hauptmarke und wohl bekannteste Rummarke der Welt ist der **Carta Blanca.** Weiters: **Silver Light** (40 Vol.-%), **Gold Reserve** (8 years old, 40 Vol.-%), **Reserva Superior** (40 Vol.-%), **Anejo** (40 Vol.-%), **Amber Dark** (40 Vol.-%), **Rum Oro** (151 Proof/75,5 Vol.-%), **Solera** (40 Vol.-%), **Select** (40 Vol.-%), **Black** (37,5 und 40 Vol.-%), **Oro** (37,5 und 40 Vol.-%), **Reserve Anejo** (40 Vol.-%), **Facundo Masó.**
Flavoured Rum:
Big Apple (32 Vol.-%), **Vanilla Original** (35 Vol.-%), **Limon** (40 Vol.-%), **Rum „O"** Orange (35 Vol.-%), **Razz** (Himbeere, 35 Vol.-%), **Coconut** (35 Vol.-%).

Wer ist die Nummer eins bei Rum?

Es ist der Rumproduzent Bacardi. Mit 250 Mio. verkauften Flaschen jährlich darf sich Bacardi die Nummer 1 auf seine Fahnen heften.

Baja Tequila – Mexiko
Tequila mit 40 Vol.-%.

Balle – Deutschland
Übersee-Rum mit
40 Vol.-%.

Bally – Martinique
Rum:
Rhum Blanc (50 Vol.-%),
Rhum Vieux (42, 43 und
45 Vol.-%), **Millesime 1982**
(45 Vol.-%).

> „Aus Zuckerrohr destil-
> lierter Alkohol ist der viel-
> seitigste der Welt. Je mehr
> man über seine Spielart
> weiß, desto mehr kann man
> ihn genießen."
> *Edward Hamilton –*
> *Buchautor und Rumkenner*

Barbados-Rum
Bezeichnung für alle Rumarten, die von der Kleine-Antillen-Insel Barbados kommen.
Barbados-Rum ist sehr leicht
und körperarm.

Barbancourt – Haiti
Rum:
White Traditional (43 Vol.-%),
Reserve 15 years old (43
Vol.-%), **Reserve** (43 Vol.-%),
Oro 3 Star (43 Vol.-%), **Oro 5
Star** (43 Vol.-%).

Barceló
– Dominikanische Republik
Rum:
**Gran Añejo Blanco, Añejo
Oro** (3 years old), **Añejo Oro**
(4 years old), **Columbus Añe-
jo Oro** (7 years old), **Dorado,**

Etiqueta Negra (alle 37,5
Vol.-%), **Imperial Premium**
(18 years old, 38 Vol.-%).

Del Barrilito – Puerto Rico
Rum:
Palo Viejo (40 Vol.-%), **Viejo
Gold** (2 Star, 40 Vol.-%) und
Gold (3 Star, 40 Vol.-%).

Barrios
– Westindische Inseln
Rum:
Blanco (40 Vol.-%).

Basi – Philippinen
*Branntwein aus Zucker-
rohr;* ähnlich dem Arrak.

Batavia-Arrak – Java
*Branntwein aus Zucker-
rohr.* Durch Zusatz von
Reinzuchthefe wird die Zuckerrohrmelasse vergoren.
Der Geschmack ändert sich
im Vergleich zu anderen Arraks erheblich, er ähnelt dem
Rum. Batavia-Arrak wird
häufig zur Herstellung von
Punsch verwendet. Er ist
gelblich bis dunkelbraun und
hat 38–40 Vol.-%. Andere Bezeichnung: **Java Arrak.**

Beamero – Mexiko
Tequila:
White (40 Vol.-%) und **Gold**
(40 Vol.-%).

Beenleigh – Australien
Rum:
Dark Golden (37,5 Vol.-%).

Bemont Estate – St. Kitts
Flavoured Rum:
Coconut (40 Vol.-%).

Berger Blanc – Schweiz
Anisée mit 45 Vol.-%.
Erzeugnis der Fa. Syc. des
Fils de C. F. Berger, gegrün-
det 1830 in Couvert.

**Berger Pastis de
Marseille** – Frankreich
Anisée mit 45 Vol.-%.
Erzeugnis der Fa. Berger,
Marseille.

Bermudez
– Dominikanische Republik
Rum:
White Viejo Blanco (40 Vol.-%),
White (151 Proof/75,5 Vol.-%),
Crystal White (40 Vol.-%),
Dorado (40 Vol.-%), **Añejo
Selecto Dark** (40 Vol.-%),
Don Armando (10 years old,
40 Vol.-%), **Anniversario Dark**
(40 Vol.-%), **Reserve Especial**
(5 years old, 40 Vol.-%).
Flavoured Rum:
Limon (35 Vol.-%).

Bernus – Martinique
Rum mit 45 Vol.-%.

Bielle – Marie Galante
Rum:
Rhum Blanc (59 Vol.-%),
Rhum Acricole (59 Vol.-%),
Vieux Hors d'Age (49 Vol.-%),
Chantal Comte (X.O. 1977
und Hors d'Age, beide 45
Vol.-%).

Blanca Fulio – Brasilien
*Branntwein aus Zucker-
rohr* mit 40 Vol.-%.

Blue Bay – Mauritius
Rum:
White (40 Vol.-%).

Boca Chica – Puerto Rico
Rum:
White (40 Vol.-%) und **Gold**
(40 Vol.-%).

Bologne – Guadeloupe
Rum:
Blanc (50 Vol.-%).

Borge – Surinam
Rum:
Gold 82 (38 Vol.-%).

Ron **Botrán** – Guatemala
Rum:
Etiqueta Blanca, Oro, Añejo
(8 und 12 years old), **Solera
Reserve** (alle 40 Vol.-%).

Boucha l'Oasis – Tunesien
Aus Feigen und Rosinen hergestellt; ähnlich dem → Eau-
de-vie Boucha; 35–40 Vol.-%.

Bounty – St. Lucia
Rum mit 40 Vol.-%.

Bristol Spirits
– Großbritannien
Rum aus Guadeloupe in Sin-
gle-Still- und Single-Estate-
Qualität.

Brugal
– Dominikanische Republik
Rum:
**Blanco, Dorado, Añejo, Extra
Viejo Familar** (8 years old),
Siglo d'Oro (alle 38 Vol.-%).

Bundaberg – Australien
Rum:
Oro (37,5 Vol.-%), **Black Vintage 1994** (40 Vcl.-%), **Overproof** (57,7 Vol.-%).

C

Cabeza Negra – Mexiko
Rum:
Oro (38 Vol.-%).

Cachaça 51 – Brasilien
Sehr bekannte *Cachaça*marke
mit 39 Vol.-%.

Cachaça ist bei uns erst seit
der Verbreitung des Mode-
getränks Caipirinha in aller
Munde. Bekanntlich aus
Limetten, Zucker und eben
Cachaça hergestellt, hat dieser auch die Bargetränke-
gruppe der Crushers zum
Leben erweckt.

Cacique Ron Añejo
– Venezuela
Rum mit 40 Vol.-%.

Cadenhead – Schottland
Unabhängiger Whisky-Abfüller.
Rum:
Demerara Guyana (Cask
Strength, 10 years old, 75,7
Vol.-%), **Trinidad 12 years old**
(Cask Strength, 66,3 Vol.-%),
Trinidad 10 years old (Cask
Strength, 67,9 Vol.-%),
Jamaica 18 years old (Cask
Strength, 68,3 Vol.-%),
Jamaica 13 years old (Cask
Strength, 70,4 Vol.-%).

Caldas Viejo – Kolumbien
Rum mit 40 Vol.-%.

Calstaneder – Mexiko
Tequila:
Blanco (40 Vol.-%) und **Oro**
(40 Vol.-%).

Calypso – Puerto Rico
Rum:
White, Gold und **Dark** (alle
40 Vol.-%).

Canario – Brasilien
Cachaça mit 40 Vol.-%.

Cancun – Mexiko
Tequila:
White und **Gold** (beide
40 Vol.-%).

Canero – Nicaragua
Rum:
Gran Reserva (8 years old,
40 Vol.-%), **Reserva Especial**
(12 years old, 45 Vol.-%).

Cane Spirit
Bezeichnung für ein Destillat
aus Zuckerrohr und Zuckerrohrmelasse.

Caney – Kuba
Rum mit 38 Vol.-%.

Wussten Sie, dass der Pastis dem Absinthverbot um
1900 seinen Namen ver-
dankt? Das Wort leitet sich
von „pastiche" ab, franz.
für Nachahmung.

John **Canoe** – Jamaika
Rum:
Dark (40 Vol.-%), **Gold Label**
(40 Vol.-%) und **Silver Label**
(40 Vol.-%).

Captain – Mexiko
Tequila:
White und **Gold** (beide
40 Vol.-%).

Captain Morgan – Jamaika
Rum:
Silver Spiced (40 Vol.-%),
Spiced Dark (35 Vol.-%),
Private Stock Dark (40 Vol.-%).
Flavoured Rum:
Coconut, Mango, Passion und
Pineapple (alle 24 Vol.-%).

Caribaya – Virgin Islands
Rum:
White (40 Vol.-%) und **Gold**
(40 Vol.-%).

Caribbean Club Blanco
– Kuba
Rum mit 38 Vol.-%.

Caribe Azul
– Dominikanische Republik
Rum:
Añejo Especial (5 years old,
38 Vol.-%).

Es existiert eine Reihe von
Überlegungen (ohne ver-
bindlich zu sein) zur Entstehung des Wortes Rum:
Einige vermuten den Ur-
sprung in der Wortkom-
bination Rumbullion
(Krawall), andere im ma-
laysischen Wort „Brum",
das für ein alkoholisches
Getränk steht, andere meinen das große Trinkgefäß
„Rummer" der hollän-
dischen Seefahrer, andere
wieder die Endung des la-
teinischen Wortes für Zu-
cker saccarum. – Allesamt
sehr abenteuerliche Ge-
schichten.

Carioca – Virgin Islands
Rum:
White (40 Vol.-%) und **Gold**
(40 Vol.-%).

Carneval – Virgin Islands
Rum:
White (40 Vol.-%) und **Gold**
(40 Vol.-%).

Caroni – Trinidad & Tobago
Rum mit 43 und 75 Vol.-%.

Carta Viejo
– Dominikanische Republik
Rum mit 40 Vol.-%.

Cartavio – Peru
Rum:
Aniversario (40 Vol.-%).

Castillo – Puerto Rico
Rum:
Spiced (35 Vol.-%).

Centenario Resposado
– Mexiko
Tequila mit 38 Vol.-%.

Chaninha – Südamerika
Branntwein aus Zuckerrohr:
Ausschließlich aus Zuckerrohrmelasse und dem Saft
frischen Zuckerrohres hergestellt.

Chantal Comte
Siehe → Bielle.

Chicha de Algaroba –
Süd- und Mittelamerika
Aus Substanzen des Algaroba-
baumes hergestellt;
40 Vol.-%.

Chicha de Costa Rica
– Costa Rica
Aus Bananen hergestellt;
40 Vol.-%.

Chinaco Blanco – Mexiko
Tequila mit 40 Vol.-%.

Cigana – Brasilien
Cachaça mit 40 Vol.-%.

Clément – Martinique
Rum:
Blome (55 Vol.-%), **Grappe
Blanche** (50 Vol.-%), **Homere
Speciale** (44 Vol.-%), **Trés Vi-
eux** (44 Vol.-%).

Cockspur – Barbados
Rum:
Five Star Fine Gold, VSOR
und **Gold Special Reserve**
(alle 40 Vol.-%).

Cocuy – Venezuela
Branntwein aus Kakteen,
40–45 Vol.-%.

Columbus – Jamaika
Rum mit 40 Vol.-%.

Corona White
– Westindische Inseln
Rum mit 40 Vol.-%.

Corrida White – Mexiko
Tequila mit 40 Vol.-%.

Cortez – Mexiko
Meskal:
White (40 Vol.-%) und **Gold**
(40 Vol.-%).

Coruba – Jamaika
Rum:
Carta Blanca (40 Vol.-%),
Dark (40 Vol.-%) und **Dark Overproof** (72,8 Vol.-%).

Courville – Martinique
Rum mit 45–50 Vol.-%.

Crendain – Mexiko
Tequila:
Extra (40 Vol.-%) und **Ollitas** (40 Vol.-%).

Cruzan – Virgin Islands
Rum:
Rum 151° (75,5 Vol.-%), **Clipper** (60 Vol.-%); **White, Gold, Dark, Black Strap** und **Single Barrel Estate** (alle 40 Vol.-%).
Flavoured Rum:
Banana, Coconut, Mango, Orange und **Pineapple** (alle 27,5 Vol.-%).

José **Cuervo** – Mexiko
Tequila:
Especial Gold (38 Vol.-%),
Riserva de la Famiglia (38 Vol.-%), **Edition 1800** (38 Vol.-%).

D

Dark Rum
Englische Bezeichnung für braunen Rum.

Da Roca – Brasilien
Rum mit 40 Vol.-%.

Dattelbranntwein
Aus frischen Datteln und Dattelblättern hergestellt. Der Dattelbranntwein ist schon seit zirka 1700 v. Chr. bekannt und ist somit eines der ältesten alkoholischen Destillate.

De Caldas Viejo
– Kolumbien
Rum mit 40 Vol.-%.

Demerara
Sammelbezeichnung für dunkle, volle, aromatische Rumarten von Guyana. Demerara ist in England ein Synonym für Navy Rum.

Demerara – Guyana
Rum mit 40 Vol.-%.

Depaz – Martinique
Rum mit 45–50 Vol.-%.

Dillon – Martinique
Rum:
Blanc (50 Vol.-%), **Hors d'Age** (45 Vol.-%), **Tres Vieux** (45 Vol.-%), **Cigar Reserva** (40 Vol.-%).

Do Box – Brasilien
Cachaça:
Oro (38 Vol.-%).

Domaine de Serverin
– Guadeloupe
Rum:
Blanc (50 und 55 Vol.-%).

Don Emilio – Mexiko
Tequila:
Gold und **White** (beide 40 Vol.-%).

Don Luis – Mexiko
Meskal:
Joven, Reposado und **Anejo** (alle 38 Vol.-%, aus 100 % Agave).

Der findige Engländer Lemon Hart, Begründer der bekannten Rummarke, verlegte bereits 1804 den Firmensitz seines Unternehmens von Jamaika nach London, um, wie er sagte, „vom Mittelpunkt des Welthandels aus zu agieren". Lemon Hart war einer der ersten Rumlieferanten der britischen Royal Navy.

Don Q. – Puerto Rico
Rum:
Cristal und **Seralles Gold** (beide 40 Vol.-%), **Oro** (75,5 Vol.-%).
Versetzter Rum:
Limon (30 Vol.-%).

Doorly's – Barbados
Rum:
XO Dark (Five Star, 40 Vol.-%).

Dorado White – Mexiko
Tequila mit 40 Vol.-%.

Dos Reales – Mexiko
Tequila:
Plata (40 Vol.-%).
Meskal:
Añejo und **Plata** (beide 40 Vol.-%).

Douzico – Orient
Absinth mit bis zu 65 Vol.-%.

Duquesne – Martinique
Rum:
Blanc (50 Vol.-%), **Vieux** (45 Vol.-%), **10 Ans d'Age** (45 Vol.-%), **12 Ans d'Age** (40 Vol.-%).

Durango – Mexiko
Tequila:
Silver (40 Vol.-%) und **Gold** (40 Vol.-%).

Pastis **Duval** – Belgien
Anisée.

Dzama – Madagaskar
Rum mit 52 Vol.-%.

E

Eau-de-vie Boucha
– Tunesien
Aus Feigen hergestellt; 38 Vol.-%.

Eau-de-vie de Canne
Französische Bezeichnung für einen Branntwein aus Zuckerrohr.

Eau-de-vie de Figues
Französische Bezeichnung für einen Branntwein aus Feigen.

Eau-de-vie d'Eglantine
Aus wilden Rosen hergestellt; zirka 40 Vol.-%.

Eau-de-vie de Sapin
Französische Bezeichnung für einen Branntwein aus Tannenwipfeln.

Eau-de-vie des Herbes
Französische Bezeichnung für einen Branntwein aus Kräutern.

„La Pura Vida!"
Mexikanischer Trinkspruch, der besagt, dass man in einer Hand ein Glas Sangrita und in der anderen Hand ein Glas Tequila haben sollte – auch als das „zweihändige Trinken" in die Geschichte eingegangen.

El Dorado – Guyana
Rum:
Dark und **Gold** (37,5 Vol.-%), **5 years old** und **12 years old** (40 Vol.-%), **Demerara Special Reserve** (15 years old, 43 Vol.-%), **High Strenght** (75,5 Vol.-%).

El Gran Matador Gold
– Mexiko
Tequila mit 38 Vol.-%.

El Jimador – Mexiko
Tequila:
Blanco und **Reposado** (beide 38 Vol.-%).

El Tesoro – Mexiko
Tequila:
Silver (40 Vol.-%), **Felipe Plata** (40 Vol.-%), **Añejo** (40 Vol.-%), **Gold** (40 Vol.-%) und **Reposado** (40 Vol.-%).

El Toro – Mexiko
Tequila:
White (40 Vol.-%) und **Gold** (40 Vol.-%).

Enfes – Türkei
Raki mit hohem Anisgehalt (45 Vol.-%).
Seit 2002 (nach dem Wegfall des türkischen Staatsmonopols) von einer privaten Gruppe in Tekeli bei Izmir erzeugt.

Enzian
Bezeichnung für alle Branntweine, die aus den Wurzeln des Gelben Enzians hergestellt werden. Der Enzian hat immer einen stark herben Geruch und einen bitteren, erdigen Geschmack. Er gilt in den Alpenländern als Hausmittel gegen Magen-, Nieren- und Gallenleiden. Der Mindestalkoholgehalt beträgt 37,5 Vol.-%. Bayerischer Gebirgsenzian ist eine geschützte Herkunftsbezeichnung. Die Verwendung setzt einen Mindestalkoholgehalt von 38 Vol.-% voraus.
Viele österrreichische und deutsche Firmen, wie z. B. die Brennerei Guglhof in Hallein oder die Firma Riemerschmid in München, stellen einen Enzian her. Die Abbildung von blauen Enzianblüten auf der Etikette ist handelsüblich.

Espuela – Mexiko
Tequila.

F

Façon
Bezeichnung für einen Verschnitt, u. a. bei Arrak und Rum.

Feigenbranntwein
Aus Feigen hergestellter Branntwein. Er entfaltet erst nach längerer Reifelagerung einen optimalen Duft und ein optimales Aroma. Französische Bezeichnung: Eau-de-vie de Figues.

Fernandes
– Trinidad & Tobago
Rum:
White und **Dark** (beide 40 Vol.-%).

First Rate – Jamaika
Rum mit 54 Vol.-%.

Flor de Cabaña Blanco
– Jamaika
Rum mit 40 Vol.-%.

Flor de Caña – Nicaragua
Siehe → Licorera.

Fonda Blanca – Mexiko
Tequila mit 40 Vol.-%.

Forgeron – Jamaika
Rum mit 40 Vol.-%.

Forres Park
– Trinidad & Tobago
Rum:
Puncheon (75 Vol.-%).

Four Bells – Guyana
Rum mit 43 Vol.-%.

Foursquare – Barbados
Rum:
Millenium Rare Single Cask (Reserve, 6 years old, 45 Vol.-%).

G

Gavilan – Mexiko
Tequila:
Oro (40 Vol.-%), **White** (40 Vol.-%) und **Hawk Espezial** (40 Vol.-%).

Ginebras S. Miguel
– Brasilien
Cachaça mit 40 Vol.-%.

Goa-Arrak – Indien
Aus frischem Palmensaft, den Blütenkolben der Zuckerpalme, Dattelpalmenmark, Reis und Zuckerrohr hergestellt; 7 Vol.-%.

Gold Award – Virgin Islands
Rum:
White (40 Vol.-%) und **Gold** (40 Vol.-%).

Gosling's – Bermuda
Rum:
Amber, Gold, Black Seal Dark und **Old Family Reserve** (alle 40 Vol.-%), **Black Seal Dark 151°** (75,5 Vol.-%).

Granado Gold – Puerto Rico
Rum mit 40 Vol.-%.

Grand Havana – Kuba
Rum mit 40 Vol.-%.

Guadeloupe-Rum
Bezeichnung für alle Rumarten, die von der Kleine-Antillen-Insel Guadeloupe kommen.

Guildive – Madagaskar
Rum mit 40 Vol.-%.

Gusano Rojo – Mexiko
Meskal mit 38 Vol.-%.

H

Haiti-Rum
Bezeichnung für alle Rumarten, die von der Große-Antillen-Insel Haiti kommen.

Der alte Hansen
– Deutschland
Der Original-Rum mit 73 Vol.-% kommt von den Westindischen Inseln. Die Firma Hansen in Flensburg hat eine Niederlassung auf Aruba. **Hansen Blau** (40 Vol.-%), **Hansen Rot** (54 Vol.-%), **Hansen Grün** (ist ein Rum-Verschnitt; 40 Vol.-%) und **Hansen Präsident** (ist ein Rum-Verschnitt; 42 Vol.-%).

Havana Club – Kuba
Kubanische Traditionsmarke, die bereits seit 1878 auf dem Markt ist.
Rum:
Añejo Blanco, Añejo 3 Anos, Dark, Añejo Especial und **Añejo 7 Anos** (alle 40 Vol.-%).

Herradura – Mexiko
Tequila:
Añejo, Blanco und **Reposado** (alle 40 Vol.-%).

Havanna sehen und sterben ...
Kuba mit seiner Hauptstadt Havanna geht unter die Haut, betört die Sinne. Im Hafen erwartet die Besucher „La Giraldilla", eine weibliche Statue. Sie ziert auch das Label des seit 1878 produzierten Havana Club.

I

Inner Circle – USA
Rum:
Red Dot (40 Vol.-%), **Green Dot** (57,5 Vol.-%), **Blue Dot** (45 Vol.-%), **Black Dot** (75,5 Vol.-%).

J

Jamaika-Rum
Bezeichnung für alle Rumarten, die von der Große-Antillen-Insel Jamaika kommen. Jamaika-Rum ist ein Synonym für die beste Qualität schwerer, dunkler Rums. Seit einiger Zeit wird der Nachfrage entsprechend auch eine Light-Version erzeugt.

Janeiro – Brasilien
Cachaça mit 40 Vol.-%.

J. M. – Martinique
Rum mit 50–55 Vol.-%.

John Canoe
Siehe → Canoe.

José Cuervo
Siehe → Cuervo.

K

Kairi – Trinidad & Tobago
Rum:
Kairi (40 Vol.-%; weiß) und **Kairi Light White** (38 Vol.-%). Erzeugnis der Fa. Angostura, Trinidad & Tobago.

Kaniche – Martinique
Rum:
White und **Dark** (40 Vol.-%).

Kenya-Cane – Kenia
Ein Branntwein aus Zuckerrohr, der dem Rum ähnlich ist.

Kislaw – GUS
Aus Wassermelonen hergestellt; 38–45 Vol.-%.

Krautinger
Bezeichnung für einen hochprozentigen Branntwein aus der Wildschönau bei Wörgl in Tirol, der aus Rüben hergestellt wird. Das Recht des Rübenbrennens geht auf Kaiserin Maria Theresia zurück.

Kuba-Rum
Bezeichnung für alle Rumarten, die von Kuba (der größten Antilleninsel) kommen; in der Regel sind es leichte, trockene, weiße Rums. Die bekannte Firma Bacardi hatte bis 1960 ihren Firmensitz auf Kuba. Durch das Wirtschaftsembargo gab es rund 20 Jahre fast keinen kubanischen Rum im Westen. Seit 1982 wird, stetig anwachsend, wieder exportiert.

Kulüp Raki – Türkei
Anisée mit 40 Vol.-%.

L

La Favorite – Martinique
Rum:
Blanc (50 Vol.-%), **8 ans d'Age** (45 Vol.-%), **Vieux Hord d'Age** (40 years old, 40 Vol.-%).

La Mauny – Martinique
Rum mit 43–62 Vol.-%.

Lamb's Navy Rum
– Barbados
Rum mit 43 Vol.-%.

Lapallun – Martinique
Rum mit 50 Vol.-%.

La Prima – Mexiko
Tequila:
White (40 Vol.-%) und **Gold** (40 Vol.-%).

Latschengeist
Aus Latschenkiefern hergestellt; 40–80 Vol.-%.

Lemon Hart – England
Rum:
Demerara 151° (75,5 Vol.-%), **Original Jamaica** (73 Vol.-%), **Demerara** (40 Vol.-%).

Licorera – Nicaragua
Rum:
Flor de Caña (White, Gold, Black Label, Centenario Gold 18 years old, Centenario 12 years old; alle 40 Vol.-%), **Special Reserve** (8 years old, Rare Single Cask, 45 Vol.-%).

Lucian – St. Lucia
Rum mit 40 Vol.-%.

M

Macorix
 – Dominikanische Republik
Rum:
Viejo 8 years old (40 Vol.-%).

Mahua – Sri Lanka
Aus den Butterbaumblüten des Mahua-Laubbaumes hergestellt; 30–40 Vol.-%.

> Das Wort Raki als Bezeichnung für die türkische Anisspirituose stammt von den Rakizides, griechischen Weinbauern, die sich vor Jahrhunderten in Kleinasien angesiedelt hatten.

Malecon – Panama
Rum:
Anejo Genuino (40 Vol.-%).

Mangaroca – Brasilien
Cachaça mit 40 Vol.-%; das Unternehmen ist vor allem durch den Likör Batida de Coco bekannt.

Manucoco – Philippinen
Aus Zuckerrohrmelasse, Reis und Taroknollen hergestellt; 40–60 Vol.-%.

Marc de Sapin
Französische Bezeichnung für einen Branntwein aus Tannenwipfeltrestern.

Mariachi – Mexiko
Tequila.

Martinique-Rum
Bezeichnung für alle Rumarten, die von der Kleine-Antillen-Insel Martinique kommen. Sie sind in der Regel sehr aromatische, dunkle Rums.

Masticha Stefanouri
 – Griechenland
Anisée mit 35 Vol.-%.

Matador White – Mexiko
Tequila mit 40 Vol.-%.

Matusalem – Kuba/USA
Rum:
Carta Plata und **Carto Oro** (beide 37,5 Vol.-%), **Classic Black** und **Gran Reserva** (beide 40 Vol.-%).

Mendis Special Ceylon Arrak – Sri Lanka
Arrak:
Aus Kokosnüssen hergestellt; 42–38 Vol.-%.

Metaxa Ouzo
 – Griechenland
Anisée mit 43 Vol.-%, Erzeugnis der Fa. Metaxa, Piräus.

Mexican Brandy
In den USA gebräuchliche Bezeichnung für Tequila.

Mexican Gin
In England gebräuchliche Bezeichnung für Tequila.

Miguel de la Mezcal
 – Mexiko
Meskal mit 40 Vol.-%.

Minha Deusa – Brasilien
Cachaça mit 43,7 Vol.-%.

Monte Alban – Mexiko
Meskal mit 40 Vol.-%.
Tequila:
Platino (40 Vol.-%) und **Superior** (40 Vol.-%).

Montezuma – Mexiko
Tequila:
White (40 Vol.-%), **Añejo** (40 Vol.-%) und **Gold** (40 Vol.-%).

Mount Gay – Barbados
Rum:
Eclipse, Extra Old, Reserve und **Sugar Cane** (alle 40 Vol.-%).
Flavoured Rum:
Mango und **Vanilla** (beide 32 Vol.-%).

Murray McDavid
 – Schottland
Unabhängiger Whiskyabfüller.
Rum:
Rum from Guyana (13 und 14 years old, 46 Vol.-%), **Trinidad** (11 years old, 46 Vol.-%), **Jamaica** (13 years old, 46 Vol.-%).

Musée du Rhum
– Guadeloupe
Rum:
Cœur de Chauffe (50 Vol.-%).

Myers's – Jamaika
Rum:
Original Planters Punch Dark (40 Vol.-%), **Pyrat XO.**
Erzeugnis der Fa. Fred L. Myers & Son, Kingston, gegründet 1879.

N

Nation Jamaica
– Jamaika
Rum:
26 years old (45 Vol.-%).

Navy Rum
Frühere Bezeichnung für eine Tagesration Demerara-Rum, die für einen Seemann bestimmt war.

Nêga Fulô – Brasilien
Cachaça mit 41,5 Vol.-%.

Der Cachaça Nêga Fulô ist bei uns ein Klassiker, bekannt vor allem durch seine umflochtene Flasche. Weniger bekannt, aber von hervorragender Qualität, nicht zuletzt durch seine dreijährige Lagerung in europäischen Eichenholzfässern, ist der „Special Aged Reserve". Er zeichnet sich durch einen besonders runden Geschmack und durch seine Fülle an Düften aus.

Negrita – Martinique
Rum mit 38 Vol.-%.

Neisson – Martinique
Rum:
L'Esprit Blanc (70 Vol.-%), **XO Cuvée du 3 Millenaire** 45 Vol.-%).

Nussschnaps
Branntwein, der in Österreich und Deutschland aus grünen (unreifen) Walnüssen hergestellt wird. Die Nüsse werden in Monopol- oder Feinsprit angesetzt.

O

Ocumare – Venezuela
Rum:
Blanco und **Light Dry** (beide 40 Vol.-%).
Flavoured Rum:
Mandarine (40 Vol.-%).

Oghi – Armenien
Anisée:
Aus Trauben hergestellt; mit Anis und Fenchelsamen aromatisiert; 40 Vol.-%.
In Österreich wird das Produkt im Mechitharine-Kloster in Wien nach dem Originalrezept hergestellt.

Ojen
Spanischer Trinkbranntwein, der mit Anisöl aromatisiert wird.

Okelehao – Hawaii
Aus Zuckerrohrmelasse und Tarowurzeln hergestellt; in den USA als Oke bezeichnet; 40–50 Vol.-%.

Old Brigand – Barbados
Rum:
Black Label (43 Vol.-%).

Old Holborn Navy Rum
– England
Ist ein Original-Rum, der von den Westindischen Inseln stammt; nach dem Schiff „Old Holborn" benannt.

Old Mexico – Mexiko
Tequila mit 40 Vol.-%.

Old Mr. Boston Golden
– Mexiko
Tequila mit 40 Vol.-%.

Old Nick Rum
In England gebräuchliche Bezeichnung für alle dunklen, aromatischen Rumarten; gleichzeitig eine Marke aus Marinique mit 40 Vol.-%.

Old Oak
– Trinidad & Tobago
Rum:
White und **Gold** (beide 40 Vol.-%).

Old Pascas
– Barbados und Jamaika
Rum:
White (37,5 Vol.-%), **Dark Fine Old** (40 Vol.-%), **Very Old full bodied** (73 Vol.-%).

Old St. Croix
– Virgin Islands
Rum mit 40 Vol.-%.

Ole – Mexiko
Tequila:
Plata (40 Vol.-%), **Gold**
(40 Vol.-%) und **White**
(40 Vol.-%).

Olmeca – Mexiko
Tequila mit 38 Vol.-%.

Ouzo 12 – Griechenland
Anisée/Ouzo mit 40 Vol.-%.

Ouzo Achaia Clauss
– Griechenland
Anisée/Ouzo mit 46 Vol.-%.

Ouzo Athenée
– Griechenland
Anisée/Ouzo mit 45 Vol.-%.

**Wie kam es zu dem Namen
Ouzo 12?**
Wir schreiben das Jahr
1880. Die griechische Fa-
milie Kaloyannis stellt
in Konstantinopel (heu-
te Istanbul) Ouzo in gro-
ßem Stile her und füllt ihn
in nummerierte Fässer ab,
um die einzelnen Quali-
täten besser unterscheiden
zu können. Die Spirituo-
se aus dem Fass Nummer
12 war besonders begehrt.
Die Marke wird heute in
Athen hergestellt.

Ouzo Boutari
– Griechenland
Anisée/Ouzo mit 40 Vol.-%.

Ouzo Plomari
– Griechenland
Anisée/Ouzo mit 40 Vol.-%.

Ouzo Sans Rival
– Griechenland
Anisée/Ouzo.
Aus vergorenem Traubensaft,
Anissamen, Fenchel, Koriander
u. a. hergestellt; 46 Vol.-%.

Ouzo Tsantali
– Griechenland
Anisée/Ouzo mit 38 Vol.-%.
Die Firma Tsantali, gegründet
1890, ist vor allem auch für
Wein bekannt.

P

Palo Viejo – Puerto Rico
Rum:
White und **Gold** (beide
40 Vol.-%).

Pampero – Venezuela
Rum:
Dark und **Aniversario** (beide
40 Vol.-%), **9 years old**
(46 Vol.-%).

Pancho Villa – Mexiko
Tequila:
White und **Gold** (beide
40 Vol.-%).

Paprikaschnaps – Ungarn
Aus Edelpaprika hergestellt;
40 Vol.-%.

Patron – Mexiko
Tequila mit 40 Vol.-%.

Pepe Lopez – Mexiko
Tequila mit 40 Vol.-%.

Père Labat – Marie Galante
Rum:
Blanc (59 Vol.-%), **Doré**
(50 Vol.-%).

Pernod – Frankreich
Die Spirituosenfirma Pernod
fusionierte in den 1970er-Jah-
ren mit → Ricard.
Anisée, aus der Frucht des
nordvietnamesischen Anis-
baumes hergestellt. Das
Grunddestillat aus den frisch
geernteten Früchten wird
noch in Nordvietnam gefertigt, danach wird es in Marseille mit einer Mischung aus
Kräutern, heimischen Pflanzen, Zucker und Weingeist
nach einem alten Geheimrezept veredelt; 40 Vol.-%.

Pernod Pastis 51
– Frankreich
Anisée, unter Anwendung
von vielen pflanzlichen Aus-
zügen hergestellt; 45–51
Vol.-%.

Peruvian Pisco – Peru
*Branntwein aus Zucker-
rohr;* stark gewürzt, meist
braun; auch als peruanischer
Rum bezeichnet.

Pimento Dram
– Südamerika
*Branntwein aus Zucker-
rohr;* mit Zusatz von Piment
(Beeren des Nelkenpfefferbaumes) hergestellt; rot;
scharfer Geschmack.

Pitú – Brasilien
Cachaça:
Blanco (40 Vol.-%), **Gold**
(41 Vol.-%).
Pitú = Krebs, der auf der Etikette abgebildet ist. Mit zirka 50 Mio. Flaschen pro Jahr, gehört er zu den größten Herstellern für Zuckerrohrschnaps. Pitú wird schon seit den 1950er-Jahren von der Münchner Firma → Riemerschmid importiert.

Plummer Typ Rum
Bezeichnung für weniger aromatische Jamaika-Rumarten.

Poland Spring
            – Mexiko/Virgin Islands
Tequila:
White (40 Vol.-%) und **Oro**
(40 Vol.-%).
Rum:
White (40 Vol.-%).

Ponteev – Irland
Branntwein aus Kartoffeln;
40 Vol.-%.

Porfidio – Mexiko
Agavenbranntwein:
Triple Destilled Plata (39,5
Vol.-%), **Single Barrel Añejo**
(39,3 Vol.-%; mit eingearbeitetem Kaktus).

Pott – Deutschland
Importeur bzw. Erzeuger von Rum in Flensburg, gegründet 1848 von Hans Hinrich Pott. Die Firma besitzt eine Niederlassung auf der Antilleninsel St. Maarten. Pott ist als Flensburger Rum ein Begriff in Deutschland, er zählt zu

den meistgekauften Rums in seinem Land.
Pott der Gute (Original-Rum, 73 Vol.-%), **Pott der Gute** (Echter Rum, 40 Vol.-% und 54 Vol.-%) und **Pott White** (Echter Rum, 40 Vol.-%).

Power's No. 1 – Mauritius
Rum mit 33 Vol.-%.

Providence
            – Trinidad & Tobago
Rum mit 46 Vol.-%.

Puerto-Rico-Rum
Bezeichnung für alle Rumarten, die von der Kleine-Antillen-Insel Puerto Rico kommen. Es sind größtenteils weiße, leichte, trockene Rumarten, die fast ausnahmslos in die USA exportiert werden.

Pusser's – Virgin Islands
Rum:
Dark British Navy
(47,7 Vol.-%).

Pyrat Pistol – Anguilla
Rum:
Oro (40 Vol.-%).

R

Rainha Lavoura – Brasilien
Cachaça mit 40 Vol.-%.

Raki Bosporus – Türkei
Anisée mit 45 Vol.-%.

Rauter – Deutschland
Echter Übersee-Rum mit
40 und 54 Vol.-%

Rhum
Französische Bezeichnung und Schreibweise für Rum. Rumerzeugnisse von ehemals französisch beanspruchten Inseln tragen auch heute noch „Rhum" im Markennamen.

Ricard – Frankreich
Die Spirituosenfirma fusionierte in den 1970er-Jahren mit → Pernod.
Anisée; mit Anisöl und Auszügen u. a. aus Süßholz hergestellt; 43 Vol.-%.

Ricard 45 – Frankreich
Anisée, 45 Vol.-%; trägt die Bezeichnung „Le vrai Pastis de marseilee".

Rio Grande Plata – Mexiko
Tequila mit 40 Vol.-%.

Rivière du Mat – Réunion
Rum:
Rhum Acricole Blond
(50 Vol.-%).

> Rum ist eine sehr intensiv schmeckende, konzentrierte Spirituose. Noch in höchster Verdünnung ist das typische Rumaroma spürbar.

Roaring Forties
            – Neuseeland
Rum mit 40–57,5 Vol.-%.

Robinson – Jamaika
Rum:
Cask Velvety (41 Vol.-%),
Cask Smooth (55 Vol.-%),
Cask Strenght (73 Vol.-%).

Ron
Spanische Bezeichnung für
Rum.

Ron Botrán – Guatemala
Siehe → Botrán.

Ron Castillo – Puerto Rico
Rum:
Spiced (35 Vol.-%), **White** und
Gold (beide 40 Vol.-%).

Ron Cortez – Panama
Rum:
Dark Dry (40 Vol.-%).

Ron Cubaney – Kuba
Rum:
**Añejo 3 years old, Añeja Re-
serva 5 years old** und **Solera
Reserva 8 years old** (alle 40
Vol.-%).

Ron del Barrelito
– Puerto Rico
Rum:
2 Star und **3 Star** (beide
43 Vol.-%).

Ron Llave – Puerto Rico
Rum:
White und **Gold** (40 Vol.-%).

Ron Medellin – Kolumbien
Rum:
Añejo (40 Vol.-%).

Ronrico, die Nummer 2 auf
dem US-Markt für Rum,
verweist in seiner Chronik
auf eine kuriose Geschichte: Während der Prohibi-
tion standen in der Firma
als einziger Destillerie des
Landes die Brennblasen
nicht still. Der Grund: Sie
waren berechtigt, Indus-
triealkohol herzustellen.

Ronrico – Puerto Rico
Rum:
Spiced, White und **Gold** (alle
40 Vol.-%).
Flavoured Rum:
Citrus, Pineapple & Coconut
und **Vanilla** (alle 30 Vol.-%).

Ron Roberto
– Virgin Islands
Rum:
White und **Gold** (beide
40 Vol.-%).

Ron Varadero – Kuba
Rum mit 38–40 Vol.-%. Die
Destillerie besteht seit 1862
und ist somit eine der ältesten des Landes.

Ron Viejo de Caldas
– Kolumbien
Rum:
Blanco de Caldas (35 Vol.-%),
Columbia und **Gran Reserva**
(beide 40 Vol.-%).

Ron Zacapa
Siehe → Zacapa.

Rossolis
Französische Bezeichnung
für Branntweine, die u. a. aus
Chilischoten, Gewürznelken,
Doldenblüten, Wasser und
Zucker hergestellt werden.

Royal Oak Select
– Trinidad & Tobago
Rum mit 40 Vol.-%.

S

St. Croix – Virgin Islands
Rum:
Old Light (40 Vol.-%) und
Dark (40 Vol.-%).

Saint-Croix-Rum
Bezeichnung für alle Rumarten, die von der Kleine-Antillen-Insel St. Croix kommen.
Sie sind in der Regel mittelschwere, weiße bis hellbraune Rums. St. Croix wird zu
den Virgin Islands gezählt.

Saint Etienne – Martinique
Rum mit 45–50 Vol.-%.

St. James – Martinique
Rum mit 40–50 Vol.-%.

Sambista – Mexiko
Cachaça mit 40 Vol.-%.

Samogon
Russische Bezeichnung für
alle „schwarz" gebrannten
Destillate aus Kartoffeln und
Beeren; auch Samogonka
genannt.

Sang Som – Thailand
Rum:
Royal Thai (40 Vol.-%).

San Matias – Mexiko
Tequila:
White und **Gold** (beide
40 Vol.-%).

Sauza – Mexiko
Tequila:
Blanco und **Gold** (beide
40 Vol.-%), **Extra Gold** (38
Vol.-%), **Hornitos Reposado**
(40 Vol.-%).

Scorpion – Mexiko
Mezcal mit 40 Vol.-% und
dem typischen rauchig-erdi-
gen Charakter, der ihn von
einem Tequila deutlich unterscheidet. Die in Eichenfässern gelagerten Qualitäten
erlangen regelmäßig Aus-
zeichnungen.

Senador – Brasilien
Cachaça mit 48 Vol.-%.

Captain Morgan ist heu-
te weltweit eine der be-
kanntesten Rummarken.
Und diesen Captain Mor-
gan, nach dem der Rum
benannt ist, gab es wirk-
lich. Er lebte um 1680 auf
Jamaika und war ursprüng-
lich ein englischer Freibeu-
ter. Später wurde er zum
Gouverneur der Insel ge-
macht.

Shire Valley – Malawi
Rum mit 40 Vol.-%.

Silla – Mexiko
Tequila:
Blanco und **Gold** (beide 38
Vol.-%); kommt auch in Ton-
krügen in den Handel.

Soldeica Pisco – Peru
*Branntwein aus Zucker-
rohr* mit 44 Vol.-%.
Erzeugnis der Fa. Bodegas
Vista Alegre S. A., gegrün-
det 1857.

Special Arrack – Sri Lanka
Arrak; aus den sogenannten Skimmings hergestellt;
40–42 Vol.-%.

Squadron – Nigeria
Rum mit 45 Vol.-%.

Sebastian **Stroh GmbH**
– Österreich
Spirituosenerzeugerfirma mit
Sitz in Klagenfurt, gegrün-
det 1832.
Produkte: **Stroh-Rum** (38
Vol.-%, 40 Vol.-%, 60 Vol.-%
und 80 Vol.-%) und **Stroh Ja-
gertee** (40 und 60 Vol.-%).

Superior – Puerto Rico
Rum:
White und **Gold** (beide 40
Vol.-%).

Superior High – Guyana
Rum mit 69 Vol.-%.

Svejkova Kontusovka
– Slowakei
Aus Anis und Kümmel herge-
stellt; 40 Vol.-%.

T

Tafia
Spanische Bezeichnung für
einen minderwertigen Rum.

Tartane – Martinique
Rum mit 45–50 Vol.-%.

Tatanka Blanc – Martinique
Rum mit 50 Vol.-%.

Tekel Yeni Raki – Türkei
Anisée; aus Anis und Weintrauben hergestellt; 45 Vol.-%.

Tempo – Mexiko
Tequila:
Añejo (40 Vol.-%) und **Plata**
(40 Vol.-%).

Traditionsgemäß verläuft das
Trinken von Tequila nach
einem bestimmten Proze-
dere: Man halbiere zunächst
eine Zitrone und beträufle
sich die Zunge, wobei man
den Kopf weit zurücklegt.
Denn streue man einen Dau-
mennagel voll Salz hinterher.
Nun erst folgt der Tequila,
der sich mit dem Zitronensaft und dem Salz vermischt
und schnell hinunter-
geschluckt werden sollte. –
Diese Gebrauchsanweisung
aus alten Tagen schloss mit
der Bemerkung: „Man muss
ganz schnell schlucken und
sich dann darauf verlassen,
dass die Feuerwehr bald
da ist."

Tiquira – Brasilien
Aus Maniokknollen herge-
stellt; 40 Vol.-%.

Toncano Gold – Brasilien
Rum mit 40 Vol.-%.

Tondena – Martinique
Rum mit 40 Vol.-%.

Topinamburbranntwein
Aus der Topinamburknolle
(auch Erdbirne, Erdartischo-
cke oder Rossßkartoffel) hergestellt. Als Aromazusatz-
stoffe werden Zuckerrüben,
Orangen- und Zitronenschalen sowie verschiedene Gewürze verwendet.

Tortuga – Kaimaninseln
Rum mit 40 Vol.-%.

Toucano – Brasilien
Rum mit 40 Vol.-%.

T. Q. Hot Gold – Mexiko
Tequila mit 40 Vol.-%.

Tres Magueyes – Mexiko
Tequila:
Banco und **Reposado**
(38 Vol.-%).

Trinidad-Rum
Bezeichnung für alle Rumarten, die von der Kleine-Antillen-Insel Trinidad kommen.
Sie sind in der Regel sehr
leicht und hell.

Destillerie **Trinidad**
                – Trinidad & Tobago
Rum:
Millenium Rare (Single
Cask, Reserve, 6 years old,
45 Vol.-%).

Trois Rivières – Martinique
Rum mit 45–62 Vol.-%.

Tropical Light
                – Westindische Inseln
Rum mit 38 Vol.-%.

Tsantali
Siehe → Ouzo Tsantali.

Tuba – Philippinen
*Branntwein aus Zucker-
rohr;* mit Auszügen aus
Früchten und Palmensub-
stanzen hergestellt.

Two Fingers – Mexiko
Tequila:
Gold, White und **Limitado**
(alle 40 Vol.-%).

V

Varadero – Kuba
Rum:
Blanco (3 years old), **Oro**
(5 years old) und **Añejo
Reserva;** alle 40 Vol.-%.

Veulo White – Mexiko
Tequila mit 40 Vol.-%.

Viejo de Caldas
                – Kolumbien
Siehe → Ron Viejo de Caldas.

W

White Cat Light & Dry
                – Aruba
Rum mit 40 Vol.-%.

Wray & Nephew – Jamaika
Rum:
White Overproof (63 Vol.-%).

Y

Yea
Südamerikanische Bezeich-
nung für alle Tresterbranntweine.

Yeni Raki – Türkei
Anisée; aus getrockneten
Weintrauben destilliert;
45 Vol.-%.

Ypióca – Brasilien
Cachaça:
**Ouro, Prata Embalbada,
Prata Standard Crystal** und
Riserva (alle 39 Vol.-%).

Ywera – Hawaii
Aus der Hawaiiananas sowie
aus anderen tropischen Pflanzen und Früchten hergestellt;
30–45 Vol.-%.

Z

Ron **Zacapa** – Guatemala
Rum:
Centenario (15 und 23 years
old, XO 25 years old; alle 40
Vol.-%), **23 years old Straight
from the Cask** (45 Vol.-%).

Zapata White – Mexiko
Tequila mit 40 Vol.-%.

Zibib – Nordafrika
Aus Datteln hergestellt;
30–40 Vol.-%.

Zirbengeist – Österreich
Aus Zirbensamen und Wald-
beeren hergestellt; 38 Vol.-%.

LIKÖRE UND BITTERSPIRITUOSEN

Das Wort Likör leitet sich vom lateinischen Wort „liquor" (Flüssigkeit) ab. Liköre sind gesüßte Spirituosen, die unter Verwendung von Zucker, geeigneten Zuckerarten oder Honig hergestellt werden. Weiters können verwendet werden: Äthylalkohol landwirtschaftlichen Ursprungs oder andere alkoholische Flüssigkeiten wie Edelbranntweine, Geiste, alkoholische Auszüge, Destillate, Wein, Früchte und Fruchtsäfte, Kräuter, Eier, Kakao, Kaffee, Tee, Milch, Schokolade und spezielle Zusätze wie Genusssäuren oder sogar Blattgold.

Der Apother Ausano Ramazzotti – Erfinder des Kräuteraperitifs Ramazzotti.

Was Sie wissen sollten

- Erste Hinweise auf eine Likörherstellung gehen ins 13. Jahrhundert zurück, als ein Katalane namens Doktor Arnoldus Villanovanus den Versuch unternahm, Branntweine mit Auszügen aus Kräutern und Pflanzen herzustellen.
- Mit Sicherheit ist der Likör aus mittelalterlichen Heilgetränken hervorgegangen. Man wollte mit Honig und Zucker die Medizin versüßen. So ist auch zu erklären, dass die ältesten Liköre Kräuterliköre sind.
- Die große Zeit der Liköre war das Fin de Siècle.
- Als Basis bzw. Bestandteil für diverse Mixgetränke sind Liköre genauso wie die Bitterspirituosen unerlässlich in der Bar.
- Viele Liköre werden als Aromaspender für zahlreiche Speisen, vor allem Cremes, verwendet.
- Liköre können gefärbt werden, ausgenommen solche, die mit Eiern, Honig, Karamell, Kakao, Schokolade oder Fruchtsäften hergestellt wurden.
- Der Mindestalkoholgehalt beträgt 15 Vol.-%. Dies ist eine wesentliche Abweichung vom Österreichischen Codex, der Mindestalkoholgehalt wurde an die EU-Regelung angeglichen.
- In Österreich gebräuchliche Fruchtnamen wie Asperl (Mispel), Dirndl (Kornelkirsche), Schwarzbeere oder Marille können verwendet werden.

Zum Thema Likör gibt es zahllose Anekdoten. Eine schöne Geschichte aus dem reichhaltigen Überlieferungsschatz: Michele Savonarola, bekannter Arzt in Padua, entwickelte ein „Medikament" aus Honig und Rosenöl und schuf somit das bekannte Rosolio bzw. → Rosoglio.

Methoden zur Aromatisierung

- Zur Aromatisierung von Likören werden natürliche und naturidente Aromastoffe verwendet.
- Ausnahmen sind Liköre aus den Früchten Ananas, Schwarze Johannisbeeren, Kirschen, Himbeeren, Brombeeren, Heidelbeeren und aus Zitrusfrüchten sowie aus den Pflanzen Minze, Enzian und Anis. Bei diesen ist auch die Verwendung von naturidenten Aromastoffen untersagt.
- **Infusions- oder Destillationsmethode:** Die Bestandteile der Pflanze(n) wie Kräuter, Samen, Wurzeln, Rinden und Früchte werden in einem Destillat getränkt, bis dieser die Aromastoffe vollkommen aufgenommen hat. Danach wird der aromatisierte Alkohol nochmals destilliert, damit die Aroma- und Geschmacksstoffe noch intensiver werden.
- **Perkolations- oder Filtrationsmethode:** Der Grundlikör wird destilliert. Dabei dringen die aufsteigenden Alkoholdämpfe von unten durch einen Filter, auf dem die zerkleinerten Pflanzenteile liegen. Sie nehmen das Aroma und die Geschmacksstoffe dieser Aromen auf. Danach wird der verdunstende Alkoholdampf kondensiert und gelangt wieder in den unteren Teil des Filters. Dieser Vorgang wird so lange wiederholt, bis sich die gewünschte Aroma- und Geschmacksbildung ergeben hat. Die zerkleinerten Pflanzenteile können auch mittels kontinuierlich fließenden Alkohols ausgelaugt werden.
- **Emulsionsmethode:** Die Ingredienzen werden homogenisiert, wobei die Grundmaterialien in der Regel Milch, Obers, Sahne, Eier oder Schokolade sind. Aus den homogenisierten Ingredienzen und dem Grundlikör wird eine Emulsion geschaffen. Die so hergestellten Liköre werden in der Gruppe Emulsionsliköre zusammengefasst.
- **Kompositionsmethode:** Äthylalkohol wird mit künstlichen Essenzen, den „Kompositionen", aus Zucker, Aroma-, Farb- und Geschmacksstoffen hergestellt.

Erzeugung

- Das Ausgangsprodukt für alle Liköre ist Alkohol (Äthylalkohol), der als echter Edelbrand, als mit Monopolsprit versetzter Edelbrand oder als reiner Monopolsprit mit Wasser verwendet wird. Diesem Ausgangsprodukt können entweder Zucker, Honig, Glukosesirup oder Stärkezucker sowie Wasser zugesetzt werden. So entsteht ein Grundlikör.
- Zum Aromatisieren werden dem Ausgangsprodukt (Destillat oder Grundlikör) verschiedene Aromastoffe beigegeben. Die Geschmacksgebung kann durch Kräuter, Gewürze, Wurzeln, Rinden, Früchte, Kaffeebohnen, Teeblätter, Kakaobohnen, Schokolademasse, Nüsse, Samenkerne, Eier, Rahm und Milch erfolgen.
- Zur Aromatisierung werden verschiedene Methoden angewandt (siehe oben).

Nach der Herstellungsmethode und den Geschmackszugaben unterteilen sich die Liköre in verschiedene Gruppen.

Fruchtsaftliköre

- Liköre, in denen der Saft einer Fruchtart als geschmacksbestimmender Bestandteil enthalten ist, werden in dieser Gruppe zusammengefasst. Die Fruchtart wiederum gibt der Likörgruppe ihren Namen (Ananasliköre, Brombeerliköre etc.).
- Der Fruchtsaftanteil beträgt mindestens 20 Liter Fruchtsaft pro 100 Liter Fertigerzeugnis und der Zuckergehalt ist mit mindestens 100 Gramm pro Liter festgelegt. Ausgenommen sind Fruchtcremeliköre – sie haben einen Mindestzuckergehalt von 250 Gramm pro Liter –, Cassiscreme aus Schwarzen Ribiseln mit einem Mindestzuckergehalt von 400 Gramm je Liter sowie Kirschlikör aus Kirschbrand mit 70 Gramm pro Liter.
- Natürliche Aromastoffe können zur Abrundung des Geschmacks Verwendung finden. Künstliche Aromastoffe sind nicht zulässig. Bei Steinobstlikören darf aber neben Bittermandelöl auch Benzaldehyd zugesetzt werden.
- Die Mitverarbeitung eines artverwandten Edelbranntweines kann nur zusätzlich, nicht aber anstelle der Fruchtsaftmindestmengen erfolgen.
- Werden Fruchtsaftliköre mit einem artfremden Edelbranntwein kombiniert, muss dies aus dem Charakter und der Bezeichnung hervorgehen (z. B. Kirsch mit Rum, Cherry mit Whisky oder Apfelkorn).

Es gibt kaum eine Frucht – und sei sie noch so exotisch –, die nicht zur Likörherstellung herangezogen wird. Neben den Klassikern wie den Johannisbeeren (man denke an Cassis), den Bananen, den Pfirsichen oder der Kokosnuss sind es heute Melonen, Kiwis, Litschis und Maracujas, aus denen besonders beliebte Fruchtliköre bestehen.

Fruchtliköre

- Fruchtliköre werden auf Basis alkoholischer Ansätze aus Früchten oder ihren Bestandteilen (z. B. Schalen) sowie der daraus gewonnenen Destillate hergestellt.
- Bei Fruchtlikören aus Zitrusfrüchten ist auch die Mitverwendung der entsprechenden ätherischen Öle üblich.
- Zu den Fruchtlikören gehören u. a. → Curaçao Triple Sec, → Orangenlikör und klarer Haselnusslikör.
- Der Mindestzuckergehalt beträgt 100 Gramm pro Liter.

Zu den absoluten Klassikern unter den Likören zählen die Orangenliköre, man denke nur an die Marken → Cointreau und → Grand Marnier aus den Schalen der karibischen Curaçao-Orangen. Die beiden zählen zu den weltweit führenden Likörerzeugnissen.

Destillatliköre

- Destillatliköre sind Mischungen aus Edelbrandweinen oder Geisten mit Zucker. Dazu zählen z. B. Himbeergeistlikör und Slibowitzlikör.
- Ein Zusatz vor Fruchtrohsaft bzw. Fruchtauszügen sowie eine Aromatisierung oder Aromaverstärkung sind nicht üblich.

Gewürzliköre

- Gewürzliköre werden auf Basis alkoholischer Ansätze aus Gewürzen oder ihren Bestandteilen sowie der daraus gewonnenen Extrakte hergestellt. Hierher gehören unter anderem Kümmellikör, Anislikör und Paprikalikör.
- Diese Liköre können in Geruch und Geschmack kräftig aromatisch, stark würzig und von unterschiedlichsten Färbungen und Alkoholgehalten sein.
- → Goldwasser ist ein Gewürzlikör, dem Blattgold zugesetzt wurde, der Alkoholgehalt beträgt mindestens 38 Vol.-%.

Kräuterliköre

■ Kräuterliköre werden auf Basis alkoholischer Ansätze aus Kräutern oder ihren Bestandteilen sowie der daraus gewonnenen Extrakte hergestellt. Beispiele dieser Gruppe sind → Abteiliköre (Klosterliköre) und der → Altvater.

■ Eine Spezialgruppe bilden die **Bitterliköre** (Bittere), zu deren Herstellung Auszüge, die auch Bitterstoffe enthalten, verwendet werden. Abweichend von den anderen Likören haben sie einen Mindestzuckergehalt von 30 Gramm pro Liter. Bitterliköre sind u. a. → Boonekamp und → Underberg.

■ Die **Würzbitter** Angostura-Bitters, Apricot-Bitters, Orange-Bitters und Peach-Bitters finden Sie auf Seite 386 ff.

Kaffee-, Tee-, Kakao- und Colaliköre

■ Diese Liköre werden aus den Destillaten und Auszügen jener Rohstoffe hergestellt, nach denen sie benannt sind.

■ Der mexikanische → Kahlúa und der → Tia Maria aus Jamaika sowie weißer und brauner → Crème de Cacao sind nur vier Vertreter dieser Gruppe, die als Mixzutat von großer Bedeutung sind.

Emulsionsliköre

- Emulsionsliköre werden aus Rohstoffen wie Eiern, Kaffee, Kakao, Schokolade, Haselnüssen und Fruchtpasten hergestellt, die mit Wasser, Milch oder Obers (Sahne) unter Zusatz von Äthylalkohol landwirtschaftlichen Ursprungs und Zucker emulgiert werden.
- Eierlikör ist eine Spirituose aus Äthylalkohol, hochwertigem Eigelb, Eiweiß und Zucker oder Honig. Das Enderzeugnis enthält mindestens 150 Gramm Zucker oder Honig und 140 Gramm Eigelb pro Liter. Der Mindestalkoholgehalt ist mit 14 Vol.-% festgelegt.
- Bei Haselnusscremelikör, Schokoladelikör, Mokkalikör, Erdbeercocktail und Ananascocktail beträgt der Alkoholgehalt 15 Vol.-% wie bei den anderen Likören.
- Anstatt der früheren Bezeichnung Eierweinbrand (50 % Alkoholanteil aus Weindestillat) wird nach EU-Recht ebenfalls Eierlikör verwendet.
- Likör mit Eizusatz entspricht annähernd dem vorher erwähnten Eierlikör, nur der Eidottergehalt beträgt 70 Gramm pro Liter.
- Eiercocktail ist kein näher bezeichnetes Produkt, lediglich 70 Gramm Eigelb pro Liter sind vorgeschrieben. Bei der Bezeichnung ist der Zusatz „Likör" empfehlenswert.

Amaretto

Mozart-Likör

Milch-(Vollmilch-) und Obers-(Sahne-)Liköre

- Neben Äthylalkohol landwirtschaftlichen Ursprungs und Zucker enthalten diese Liköre Vollmilch oder Obers/Sahne als wertbestimmende Komponente.
- An sonstigen Zusätzen werden Kaffee, Kakao, Schokolade und Fruchtbestandteile verwendet.
- Anstelle von Äthylalkohol kann man Edelbrände verwenden, bei der Bezeichnung ist auf den Edelbrandgehalt hinzuweisen.
- Liköre, die mit Magermilch hergestellt werden, gehören zu den sonstigen Likören.

Sonstige Liköre und Liköre unter Mitverwendung von Wein

- Sonstige Liköre sind Honiglikör, Punsch und andere.
- Honiglikör (Bärenfang) enthält 25 Kilogramm Honig je 100 Liter Fertigprodukt. Zusätze von Kunsthonig oder künstlichem Honigaroma sind nicht gestattet.
- Unter Punschextrakt (Punschessenz), meist nur Punsch genannt, versteht man stark aromatische Produkte, vornehmlich aus Rum mit Zitrusölen. Außerdem können sämtliche für die Likörerzeugung zugelassenen Rohstoffe mitverwendet werden.
- Ein Weinpunsch enthält mindestens 20 Liter Wein oder Rotwein auf 100 Liter Fertigerzeugnis.
- Weinliköre sind Spirituosen, die mindestens 20 Liter Wein in 100 Liter Likör enthalten. Ein bekannter Weinlikör ist → Cordial Médoc.

Der → Drambuie aus Schottland und der → Irish Mist aus Irland werden mit Honig gesüßt. Sie stellen die ältesten Likörmarken auf Basis von Whisk(e)y dar.

Aromaliköre

- Als Aromaliköre bezeichnet man Liköre, die Aromen aus naturidenten Aromastoffen enthalten, zum Beispiel Apricot Brandy Aromalikör oder Kaiserbirn Aromalikör.

Bitterspirituosen

- Bitterspirituosen, wie der bekannte → Campari und der ebenfalls aus der Aperitiflandschaft nicht wegzudenkende → Aperol, haben einen geringeren Alkoholgehalt als die Bitterliköre und zählen daher streng genommen nicht zur Großgruppe der Liköre.
- Aufgrund ihrer Artverwandtschaft sowie als unerlässlichen Bestandteil von Mixrezepten haben wir sie in dieses Kapitel aufgenommen.
- Sie werden niemals pur getrunken (höchstens „on the rocks"), sondern als Longdrink mit Soda, Tonic, Orangensaft oder Sekt gemischt.

Liköre und Bitterspirituosen von A bis Z

A

Abricot
Französische Bezeichnung für → Apricot Brandy.

Abricotine – Frankreich
Fruchtlikör:
Ist ein → Apricot Brandy; farblos, blank; 45 Vol.-%. Auch als Aprikosenbranntwein im Handel.

Abteiliköre
Vorbilder dieser *Kräuterund-Gewürz-Liköre* sind die bekannten französischen Liköre → Bénédictine D.O.M. und → Chartreuse; Hauptbestandteile sind Tonkabohnen, Ceylonzimt, Arnikablüten, Kurkumawurzeln, Zitronenmelisse, Zitronenschalen, Alpenbeifuß, Mazis, Nelken, Ysop, Angelikasamen, Kardamom, Koriander, Kalmuswurzel, Bisamkörner, Sternanis, Pfefferminzkraut, Thymian und Bienenhonig. Harmonisch ausgeglichener Geschmack; starker Geruch nach Kräutern und Gewürzen; goldgelb, blank; 25–50 Vol.-%.

Acqua Bianca – Italien
Sonstiger Likör:
Mit ausgeprägtem Bergamottengeschmack; enthält oft Silberplättchen; 38 Vol.-%.

Acqua di Firenze – Italien
Gewürzlikör:
Aus Gewürzen und Zitronenschalen hergestellter alter toskanischer Likör.

Acqua d'Oro – Italien
Gewürzlikör:
Starker Rosmaringeschmack und kräftiges Rosmarinaroma; goldgelb.

Admiral – Niederlande
Gewürzlikör:
Wasserklar; 35 Vol.-%.

Advokaat
1. Von mehreren Firmen verwendete Fantasiebezeichnung für *Eierlikör*. Er wird aus hochwertigem Eigelb, Eiweiß, Zucker oder Honig und Äthylalkohol hergestellt; leitet sich von einem südamerikanischen Getränk ab, das aus Avocados und Branntwein erzeugt wurde. Andere Schreibweisen: **Advocat, Advocaat, Advockat.**
2. Produkt aus Holland, das aus Eiern, Gewürzen und Genever hergestellt wird; u. a. von den Firmen → Bols, Verpoorten und Fockink erzeugt.

Aiguebelle – Frankreich
Ursprünglich nur Markenbezeichnung für den *Kräuterlikör* aus dem gleichnamigen Trappistenkloster in Südfrankreich (grün und gelb, 40 Vol.-%).
Fruchtsaftliköre:
Crème de Cerise (Kirschlikör; rot; 15 Vol.-%), **Crème de Pêche** (Pfirsichlikör; gelblich; 15 Vol.-%), **Crème de Cassis** (Johannisbeerlikör; dunkelrot; 15 Vol.-%), **Framboise au Cognac** (rot; 35 Vol.-%), **Crème de Framboise** (Himbeerlikör; rot; 18 Vol.-%), **Liqueur de Fraise des Bois** (Walderdbeerlikör; rot; 25 Vol.-%), **Crème de Fraise** (Erdbeerlikör; rot; 16 Vol.-%), **Crème de Mûre** (Brombeerlikör; dunkelrot; 16 Vol.-%), **Liqueur de Myrtilles** (Heidelbeerlikör; dunkelrot; 30 Vol.-%) und **Liqueur aux Fruits de la Passion** (20 Vol.-%).
Fruchtliköre:
Liqueur d'Orange Triple Sec (35 Vol.-%), **Mandarine au Cognac** (orange; 40 Vol.-%), **Abricot Brandy** (gelblich, blank; 35 Vol.-%), **Liqueur de Poire** (Birnenlikör; weiß, klar; 35 Vol.-%), **Prunelle** (Schlehenlikör; orange; 35 Vol.-%) und **Bikoan** (Bananenlikör; gelb; 21 Vol.-%).
Kräuterliköre:
Bitter (Bitterlikör; 25 Vol.-%), **Mon U 37** (Zusatzbezeichnung: Liqueur Monastique; 40 Vol.-%) und **Le Coiron** (Zusatzbezeichnung: Liqueur Monastique; 43 Vol.-%).

Kaffeelikör:
Crème de Café (braun;
25 Vol.-%).
Kakaolikör:
Crème de Cacao (25 Vol.-%).
Sonstiger Likör:
Noisette (Nusslikör mit
Kräutern; 25 Vol.-%).

Alcotropics
Sammelbegriff für exotische
Fruchtsaftliköre, die in Europa von internationalen Firmen
erzeugt werden. Sie sind ungewöhnlich aromatisch und werden gerne als Geschmacksgeber verwendet; die Farbe
richtet sich nach der verwendeten Fruchtart; meist geringer Alkoholgehalt.

Aldabo – Kuba
Fruchtlikör:
Aus Rum und Orangen hergestellt; 38 Vol.-%.

Allasch – Lettland/Russland
Gewürzlikör:
Kümmellikör, der ursprünglich
in Allasch bei Riga, Lettland,
hergestellt wurde. Starkes,
reines Kümmelaroma; hoher
Zuckerzusatz (350 bis 400
Gramm pro Liter); wasserklar,
blank; 40 Vol.-%.
Wird auch als Kümmeldestillat hergestellt.

Alpenkräuterbitter
Kräuterlikör/Bitterlikör:
Magenbitter aus Branntwein
und Alpenpflanzen; bis 48
Vol.-%; wird hauptsächlich
in den Alpenländern erzeugt.
Bekannt ist der Schweizer
Alpenkräuterbitter.

Alpenkräuterlikör
Kräuterlikör:
Leicht bitter; bräunlich bis
gelb-grün; 30 bis 40 Vol.-%.
Vorwiegend in den Alpenländern erzeugt.

Alpestre – Italien
Kräuterlikör:
Aus 34 Kräutern destilliert;
in Eichenfässern gelagert;
braun; 49 Vol.-%.

Alter Schwede
– Schweden, Deutschland
Kräuterlikör/Bitterlikör:
Ein Magenbitter mit leicht
abführender Wirkung; vom
schwedischen Lebenselixier
abgeleitet; verschiedene Geschmacksrichtungen; dunkelbraun.

Altvater – Deutschland
Kräuterlikör/Bitterlikör:
Ursprung Sudetenland;
dunkelbraun; 48 Vol.-%.

Amadeus Liqueur
– Österreich
Fruchtlikör:
Aus feinen Mandel- und
Orangendestillaten und
Cognac hergestellt; dezent
süß mit feinem Bitterton;
26 Vol.-%.

Amaraschino
Originalbezeichnung für
→ Maraschino.

Amaretto
Sonstiger Likör:
Aus Mandeln, Bittermandeln,
Kräutern, Vanille und anderen
Gewürzen hergestellt; bitter-

süß, herb; in mehreren Ländern erzeugt.

Amaretto dell'Orso
– Italien
Sonstiger Likör:
Aus Bittermandeln hergestellt; herbsüß; 27 Vol.-%.

Amaretto di Loreto
– Italien
Sonstiger Likör:
Aus Bittermandeln hergestellt; hellbraun; 25 Vol.-%.

Amaretto di Saronno
Originale – Italien
Sonstiger Likör:
Nach einem Originalrezept
aus dem Mittelalter hergestellt; ausgeprägtes Bittermandelaroma; mittelbraun,
blank; 28 Vol.-%.

Aus dem italienischen
Städtchen Saronno stammt
der Mandellikör Amaretto.
Folgende Geschichte wird
dazu gerne erzählt: Eine
junge Witwe schenkte im
Jahre 1525 dem Maler Bernardino Luini, einem Schüler Leonardo da Vincis, aus
Freude über seine herausragenden Fresken ein Tongefäß mit Mandellikör. Das
war die Geburtsstunde des
Amaretto di Saronno.
Heute werden verschiedenste Amarettos erzeugt,
der di Saronno ist weltweit
jedoch die meistverkaufte
Marke.

Amaretto di Sicilia

– Italien
Sonstiger Likör mit 25 Vol.-%.

Amaretto Florio – Italien
Sonstiger Likör:
Aus bittersüßen Mandeln
hergestellt; goldgelb;
25–28 Vol.-%.

Amaretto Lazzaroni

– Italien
Sonstiger Likör mit 24 Vol.-%.

Amaro
Italienische Bezeichnung für
„bitter"; weiters Bezeichnung
für Bitterlikör.

Amaro Digestivo Unicum
Originalbezeichnung für
→ Unicum.

Amaro Inga – Italien
Kräuteraperitif mit 32 Vol.-%.

Amaro Marozzi – Italien
Kräuterlikör/Bitterlikör mit
30 Vol.-%.

Amaro Montenegro

– Italien
Kräuteraperitif mit 23 Vol.-%.

Amaro Ramazzotti

– Italien
Dieser *Halbbitter* wurde
1815 in Mailand vom dama-
ligen Apotheker Ausano Ramazzotti erfunden. Er wird
aus 33 Kräutern und Pflan-
zenauszügen hergestellt, hat
eine rötlichbraune Farbe und
30 Vol.-%.

Amaro Savoia – Italien
Kräuterlikör/Bitterlikör:
Braun; 38,5 Vol.-%.

Amaro Siciliano – Italien
Kräuterlikör/Bitterlikör:
Erstmals 1868 von Don Sal-
vatore Averna in Sizilien
erzeugt; dunkelbraun; 34
Vol.-%.

Amarula – Südafrika
Fruchtsaftlikör:
Er wird aus den Früchten des
wild wachsenden Marula-
(Elefanten-)Baumes herge-
stellt; honigfarben; 24 Vol.-%.

Amarula Cream

– Südafrika
Obers-/Sahnelikör:
Aus den Früchten des Maru-
la-(Elefanten-)Baumes und
Obers (Sahne) hergestellt;
hellbraun; 17 Vol.-%.

Amazona – Südamerika
Fruchtsaftlikör:
Ein Alcotropic aus Man-
gofrüchten; enthält püriertes
Fruchtfleisch; mild, fruchtig;
orange-gelb; 25 Vol.-%.

Amer Picon – Frankreich
Bitteraperitif auf Basis von
Wein mit Weindestillat, Chinarinde, Orangenschalen (sind
geschmacksbestimmend)
und Kräutern; rot und gelb;
30 Vol.-%.
Die zweite Marke **Picon Club**
eignet sich besonders zum
Mixen mit trockenem Weiß-
wein.

Was ist ein Picon Bière?
Für einen Picon Bière gibt
man 3 cl Amer Picon in ein
Bierglas und gießt ca. 25 cl
Bier (mit Schwung) darüber,
sodass die Schaumkrone
leicht braun wird. Evtl. mit
Zitronensaft verfeinern.

Ananaslikör
Fruchtsaftlikör:
Fruchtig-säuerlicher Ge-
schmack; gelblich, blank;
25–35 Vol.-%; wird hauptsächlich in den tropischen Ländern erzeugt.

Angelica – Spanien
Kräuter-und-Gewürz-Likör:
Goldgelb, blank; zirka 30
Vol.-%. Ist ein → Angelika-
likör.

Angelikalikör
Kräuter-und-Gewürz-Likör:
Im Perkolationsverfahren aus
Angelikawurzeln, Samen und
Gewürzen hergestellt; gold-
gelb, blank; mindestens 30
Vol.-%.

Angélique – Frankreich
Kräuter-und-Gewürz-Likör:
Pikanter, heilkräftiger → Angelikalikör, der aus Angelikawurzeln der Pyrenäen hergestellt wird.

Anisado
Spanische und portugiesische
Bezeichnung für → Anisette
(1), aber auch für Anisbranntwein (Absinth).

Anis del Mono – Spanien
Gewürzlikör:
Ein Anislikör, der aus Anis, Äthylalkohol, Zucker, destilliertem Wasser und diversen Aromaträgern hergestellt wird; man unterscheidet: dulce (süß; 37 Vol.-%) und secco (trocken; 44 Vol.-%).

Anis Escarchado
                                    – Portugal
Gewürzlikör:
Ein Anislikör mit Eisblumen in der Flasche; Herstellung wie bei den → Kristalllikören.

Anisetta
Italienische Bezeichnung für → Anisette.

Anisetta Stellata – Italien
Gewürzlikör:
Bekannter Anislikör; wasserklar; 35 Vol.-%.

Anisette – Frankreich
1. Sammelbezeichnung für Gewürzliköre, die aus Anis, Anisöl und Sternanis hergestellt werden und Zusätze von Koriander, Fenchel, Gewürznelken, Veilchenwurzeln und Zimt als Geschmacksträger haben; stark ausgeprägter Anisgeschmack; meist wasserklar; werden aber auch rosa, blau und violett erzeugt; 25–40 Vol.-%.
2. *Gewürzlikör:* Anislikör, der erstmals 1750 von → Marie Brizard erzeugt und Anisette blanche genannt wurde; wasserklar, blank; meist 25 Vol.-%.

Anislikör
Deutsche Bezeichnung für → Anisette.

Aperol – Italien
Bitteraperitif, der 1919 in Padua kreiert wurde. Aperol enthält eine Vielzahl würzender Zutaten, wobei speziell Rhabarber, Bitterorangen und Enzian vorherrschend sind. Zur geschmacklichen Abrundung dienen Kräuter und Chinarinde. Aperol wird heute noch nach dem Originalrezept hergestellt und weist lediglich 11 Vol.-% auf.

Der bekannte italienische Bitteraperitif Aperol wird vor allem im Sommer vielerorts in Form von **Aperol Sprizz** bestellt. Auch **Aperol Spritz** geschrieben, ist er ein erfrischender Prosecco-Aperitif.
Unser Rezept dazu: Aperol in ein Tumblerglas oder Weißweinglas mit 2 Eiswürfeln geben, und mit 4 cl Aperol und 6 cl gut gekühltem Prosecco auffüllen. Dazu gibt man einen Spritzer kaltes Sodawasser. Eine halbe Orangenscheibe kommt zur Dekoration und als Geschmacksgeber mit in das Glas.
Eine Variante mit Weißwein statt Prosecco ist der Veneto Sprizz (vor allem im italienischen Veneto).

Apfelsinenlikör
In Deutschland gebräuchliche Bezeichnung für → Orangenlikör.

Apricot Brandy
Fruchtlikör:
Der Branntweinmaische werden Marillen/Aprikosen zugesetzt und zusammen vergoren; dieser Marillenlikör hat ein zartes bis sehr intensives Aroma und wird in verschiedenen Ländern erzeugt; gelblich, blank; mindestens 30 Vol.-%.

Aprikosenlikör
Deutsche Bezeichnung für → Apricot Brandy.

Arrak-Punsch-Likör
                                    – Deutschland
Sonstiger Likör:
Ähnlich dem → Schwedenpunsch; 38 Vol.-%. Originalprodukt aus Ostindien.

Arzneibitter
Aus alkoholischen Basisgetränken sowie Kräutern hergestellt; Hausmittel, das bei Magenverstimmungen und Übelkeit eingenommen wird; hoher Alkoholgehalt.

Ashanti Gold – Dänemark
Emulsionslikör:
Ist ein Schokoladelikör; 22 Vol.-%.

Askalon
Fruchtzucker der Feige, der bei der Erzeugung von Feigenlikör für das Aroma ausschlaggebend ist.

Aurum – Italien
Kräuterlikör:
Aus Abruzzenkräutern und in Wein ausgezogenen Orangenschalen hergestellt; herb, bitteres Oranger bukett; goldfarben; 30 Vol.-%.

Averna – Italien
Seit 1868 wird dieser sizilianische *Halbbitter* produziert. Die geheime Würzmischung besteht aus einer Vielzahl verschiedener Kräuter und Wurzeln.
Vgl. auch → Solado und → Amaro Siciliano.

B

B & B – Frankreich
Kräuter-und-Gewürz-Likör:
Aus Brandy (Cognac) und → Bénédictine D.O.M. hergestellt; bernsteinfarben; 43 Vol.-%.

Badianlikör
Gewürzlikör:
Hauptbestandteile sind Sternanis (Badian) und Fenchel; wird selten erzeugt; 30 Vol.-%.

Bailey's Irish Cream
– Irland
Obers-/Sahnelikör/ Emulsionslikör:
Aus Schokolade, Obers/ Sahne und mildem, reifem irischem Whiskey hergestellt; cremefarben; 17 Vol.-%.

Bailoni – Österreich
Die Erste Wachauer Marillen Destillerie Eugen Bailoni – so der Firmenname – hat ihren Sitz in Stein/Krems an der Donau, gegründet 1872, vor allem bekannt für die Marillenbrände.
Fruchtsaftliköre:
Wachauer Gold-Marillenlikör (30 Vol.-%) und **Kirschlikör** (30 Vol.-%).
Kräuterlikör:
Bitter (30 Vol.-%).

Balsamum Rigense
Kräuterlikör:
Eine berühmte heilwirksame Spezialität der Deutschbalten.

Bananavit – Deutschland
Fruchtlikör/Fruchtsaftlikör:
Ein Alcotropic mit ausgeprägtem Bananengeschmack und feinen Fruchtfleischstücken; naturtrüb, cremig; 25 Vol.-%.

Bananenlikör
Fruchtlikör:
Aus dem Fruchtfleisch und den Schalen von Speisebananen hergestellt; gelb und grün; meist 25 Vol.-%.

Barack Liqueur – Ungarn
Fruchtlikör:
Original ungarischer Marillenlikör aus Kecskemét; 30 Vol.-%.

Barbero – Italien
Spirituosenerzeugerfirma mit Sitz in Canale/Piemont; gegründet 1891. Zum Unternehmen gehören auch eine

Sektkellerei und Weingüter. Neben Grappa werden der Markenlikör → Frangelico und Aperitifs erzeugt.

Bardinet – Frankreich
Spirituosenerzeugerfirma mit Sitz in Bordeaux; gegründet 1857.
Fruchtsaftliköre:
Cherry Brandy (25 Vol.-%), **Super Crème de Cassis** (16 Vol.-%), **Super Crème de Framboise** (Himbeerlikör; rot; 18 Vol.-%), **Liqueur de Fraise** (Erdbeerlikör; rot; 18 Vol.-%), **Original Apple Club** (Apfellikör; 20 Vol.-%).
Fruchtliköre:
Curaçao Blanc Triple Sec (aus Bitterorangen hergestellt; weiß; 40 Vol.-%), **Maraschino** (weiß, klar; 25 Vol.-%), **Kirsch Liqueur** (weiß, klar; 40 Vol.-%), **Ardine Apricot Brandy** (orange, blank; 30 Vol.-%), **William Pear Brandy** (Williamsbirnenlikör; weiß, klar; 40 Vol.-%), **Peach Schnapps** (gelb, blank; 18 Vol.-%), **Banadry** (ist ein Crème de Bananes; gelb; 25 Vol.-%), **Coconut Super Crème** (16 Vol.-%).
Gewürzlikör:
Anisette Royale.
Kräuterlikör:
Crème de Menthe (grün; 25 Vol.-%).
Kaffeelikör:
Liqueur de Café.
Kakaolikör:
Cacao-Chouva (25 Vol.-%).
Sonstiger Likör:
Parfait Amour (lilafarben; 25 Vol.-%).

Bärenfang – Deutschland
Sonstiger Likör/Honiglikör:
Ursprünglich aus Ostpreußen;
wird auch Bärenjäger
genannt; honigfarben;
35 Vol.-%.

Bärenjäger
Andere Bezeichnung für
→ Bärenfang.

Baron Viktor – Frankreich
Fruchtlikör:
Mandarinenlikör, auf Cognacbasis hergestellt; rötlichgelb;
40 Vol.-%.

Baroque – Frankreich
Fruchtsaftlikör:
Likör mit Pfirsich; gelb;
20 Vol.-%.

Batida
Die Bezeichnung „Batida"
kommt aus Brasilien und steht
dort für einen erfrischenden
Drink, z. B. → Batida de Coco.
Batidas werden in vielen Ländern auf Lizenzbasis erzeugt,
das Originalprodukt stammt
aus Brasilien.

Batida de Café – Brasilien
Emulsionslikör/Kaffeelikör:
Aus Kaffeebohnen herge-
stellt; hellbraun; 22,5 Vol.-%.

Batida de Coco – Brasilien
Emulsionslikör:
Aus Kokosnüssen, Milch und
Zucker hergestellt; weiß;
meist 22,5 Vol.-%.

Batida de Menta
– Brasilien
Emulsionslikör:
Aus Krauseminze hergestellt;
22 Vol.-%.

Batida de Menta Cacao
– Brasilien
Emulsionslikör:
Aus Krauseminze und Kakao-
bohnen hergestellt; 22 Vol.-%.

Battleaxe
Englische Bezeichnung für
Rumlikör aus Mittelitalien.

Destillerie **Bauer**
– Österreich
Spirituosenerzeugerfirma
und Handelshaus in Graz,
gegründet 1920; Lizenzher-
stellung von international
bekannten Branntweinen und
Likören.
Fruchtliköre:
Apricot (Marillenlikör;
22 Vol.-%) und **Weichsel mit
Birnenbrand** (16 Vol.-%).
Bitterlikör:
Wurzelsepp (29 Vol.-%).
Kräuterlikör:
→ **Jägermeister.**
Außerdem Longdrinks, auch
als Exotic-Liqueure bezeich-
net. Sie sind alkoholarme
Likörkompositionen mit
Fruchtmark bzw. -konzentrat
exotischer Früchte; Sorten:
La Banana Verde, Kiwi Cock-
tail und Baracuda de Coco;
alle Sorten 22 Vol.-%.

Bazi – Italien
Fruchtlikör:
Marillen-/Aprikosenlikör;
24 Vol.-%.

Becherbitter – Deutschland
Kräuterlikör/Bitterlikör:
Seit 1949 nach tschechischem
Originalrezept des → Karls-
bader Bitters hergestellt;
hellbraun; 38 Vol.-%.

Becherovka
Siehe → Karlsbader Bitter.

Beerenliköre
Sammelbegriff für *Fruchtsaftliköre,* die aus Beeren,
wie z. B. Himbeeren, Heidelbeeren, Brombeeren oder
Johannisbeeren, hergestellt
werden.

Behn – Deutschland
Spirituosenerzeuerfirma in
Eckernförde bei Kiel, die ver-
schiedenste *Kräuter- und
Gewürzliköre* herstellt.

Bénédictine S.A.
– Frankreich
Likörerzeugerfirma mit Sitz
in Fécamp, Normandie; ge-
gründet 1863 von Alexandre
le Grand.
Kräuter-und-Gewürz-Likör:
Bénédictine D.O.M.: D.O.M
steht für „deo optimo maximo" = „dem besten, größten
Gott". Zur Aromatisierung
werden Auszüge aus den verschiedensten Kräutern und
Gewürzen beigegeben, wie
z. B. Alpenbeifuß, Angelika,
Arnika, Thymian, Ysop, Kalmus, Pfefferminze, Karda-
mom, Zimt, Mazis und Zitronenmelisse. Erstmals 1510
vom Benediktinerbruder Bernardo Vincelli in der Abtei
von Fécamp in der Norman-

die hergestellt; bis zur Französischen Revolution ausschließlich von Ordensbrüdern in Fécamp als Arzneimittel erzeugt; heute einer der bekanntesten Abtei- und Klosterliköre; Marke gesetzlich geschützt. Bernsteinfarben; 43 Vol.-%.
Siehe auch → B & B.

Im Benediktinerkloster Fécamp in der Normandie lebte und arbeitete Bruder Bernardo Vincelli, der aus Venedig stammte. Er bereitete im Jahre 1510 ein Elixier zu, dessen Rezeptur dem heute weltberühmten Bénédictine zugrunde liegt.
Das Kloster fiel zwar 1789 der Revolution zum Opfer, doch die Mönche konnten alle Papiere, so auch das Rezept ihres Bruders Vincelli, in Sicherheit bringen.

Benediktbeurer Kloster
Gold – Deutschland
Kräuter-und-Gewürz-Likör:
Goldgelb; 43 Vol.-%; Abkürzung: B. K. G.

Benediktiner
– Deutschland
Kräuterlikör:
Zur Aromatisierung dieses Abtei- und Klosterlikörs werden Auszüge aus Zitronenmelisse, Zimt, Kalmus, Ysop, Mazis, Arnika, Angelika, Kardamom und Pfefferminze beigegeben; als Vorbild diente der → Bénédictine D.O.M.; die Bezeichnung Benediktiner ist in Deutschland geschützt.

Ben Shalom – Israel
Fruchtsaftlikör:
Aus Jaffa-Orangen hergestellt; orangegelb.

Berentzen – Deutschland
Kornbrennerei und Likörerzeugerfirma mit Sitz in Haselünne.
Fruchtsaftliköre:
Plum (aus Pflaumen und Weizenkorn; 20 Vol.-%); **Apfel** (aus dem Saft grüner Äpfel und Weizenkorn; 20 Vol.-%); **Saurer Apfel** (aus dem Saft der Granny Smith und feinstem Weizenkorn; fruchtig und säuerlich, naturtrüb; 16 Vol.-%); **Rote Grütze** (aus Johannisbeeren, Himbeeren, Erdbeeren, Kirschen und feinem Weizenkorn; 22,5 Vol.-%), **Waldfrucht** (aus Heidelbeeren, Brombeeren, Erdbeeren, Kirschen und feinem Weizenkorn) und **Wildkirsche** (Kirsche und Weizenkorn; 16 Vol.-%).
Fruchtlikör:
Herber Zwetsch (16 Vol.-%), **Roter Apfel** (18 Vol.-%), **Johannisbeere, Maracuja, Melone** und **Persiko** (Kirschen-Pfirsich-Likör).
Obers/Sahneliköre:
Milch-Kaffee und **Karamell.**

Bergamottlikör
Fruchtlikör:
Aus Bergamotten (Familie der Zitrusfrüchte) hergestellt; meist 30 Vol.-%; bekannte Erzeugnisse kommen aus Italien.

Bernardynka – Polen
Kräuterlikör:
Aus feinen Kräutern hergestellt.

Bertrand – Frankreich
Kleine Destillerie und Likörerzeugerfirma mit Sitz in Pfaffenhoffen im Elsass.
Fruchtsaftliköre:
Poire Williams (gelb; 25 Vol.-%), **Crème de Cassis** (Johannisbeerlikör; dunkelrot; 16 Vol.-%), **Liqueur de Framboise** (Himbeerlikör; rot; 25 Vol.-%) und **Crème de Mûre** (Brombeerlikör; dunkelrot; 18 Vol.-%).

Beyer Léon – Frankreich
Weingut und Spirituosenerzeugerfirma mit Sitz in Eguisheim im Elsass.
Fruchtsaftlikör:
Liqueur de Framboise (35 Vol.-%).

Bierbitter – Deutschland
Kräuterlikör/Bitterlikör:
Bayrischer Starkbitter aus verschiedenen Kräutern; mit und ohne Zuckerzusatz; 48 Vol.-%.

Birnenlikör
Fruchtsaftlikör:
Üblicher Alkoholgehalt 30 Vol.-%. Meist als Williams-Birnen-Likör im Handel.

Bischofslikör
Andere Bezeichnung für → Pomeranzenlikör.

Bitter aus Wien
Exportbezeichnung für
→ Rossbacher.

Bitter des Diablerets
— Schweiz
Bitterlikör:
Aus Alpenkräutern herge-
stellt.

Bittere Liköre
Produkte, bei denen im Gegensatz zu den Bitterlikören
der aromatische Geschmack
stärker hervortritt als der
bittere, z. B. bei den Würzbitters Angostura-, Orange- und
Peach-Bitters.

Bittere Tropfen
Aus unreifen Bitterorangen
(Fruchtfleisch und Schale),
Zimt, Nelken, Galgantwur-
zeln, Enzianwurzeln und Be-
nediktinerkraut hergestellter
Kräuterbitter; brennender
Geschmack; Hausmittel; dun-
kelbraun, blank; 45 Vol.-%.
Bekannte Marke: Dr. Mampes
Bittere Tropfen.

Bitterorangenlikör
Andere Bezeichnung für
→ Pomeranzenlikör.

Bitterpomeranzenlikör
Andere Bezeichnung für
→ Pomeranzenlikör.

Bitters
Sammelbegriff für → Bittere
Liköre und Würzbitter.

B. K. G.
Abkürzung für → Benediktbe-
urer Kloster Gold.

Blackberry Brandy
— England/USA
Fruchtsaftlikör:
Aus Brombeeren hergestellt;
kräftiger Brombeergeschmack;
dunkelrot bis rotviolett;
35 Vol.-%.

Blackberry-Cordial
— England
Fruchtsaftlikör:
Aus Brombeersaft, Weinbrand,
Zucker, Zimt, Muskatnuss
und Piment hergestellt;
38 Vol.-%.

Black-Currant-Likör
— Dänemark
Fruchtsaftlikör:
Aus Schwarzen Johannisbee-
ren hergestellt; 32 Vol.-%.

Blasius — Österreich
Magenbitter/Kräuterlikör
mit 32 Vol.-%.

Blutorangenlikör
Fruchtsaftlikör:
Aus Blutorangensaft herge-
stellt; meist 30 Vol.-%.

Bolivar — Venezuela
Kaffeelikör:
Aus Kaffee und Weinbrand/
Brandy hergestellt;
26,5 Vol.-%.

Bols — Niederlande
Die Spirituosenfirma wurde
von Lucas Bols im Jahre 1575
in Amsterdam gegründet; als
1815 die direkte Nachfolge-
linie erlosch, wurde der Firmenname in „Erven Lucas
Bols" umgewandelt.

Fruchtsaftliköre:
Cherry Brandy (kirschrot;
24 Vol.-%), **Crème de Cassis**
(dunkelrot; 17 Vol.-%), **Melon**
(grün; 28 Vol.-%), **Kiwi Liqueur** (hellgrün; 24 Vol.-%).
Fruchtliköre:
Curaçao Triple Sec (aus Bitter-
orangen; wasserklar;
39 Vol.-%), **Blue Curaçao**
(34 Vol.-%), **Red Orange** (aus
Passionsfrüchten und Blut-
orangen; 24 Vol.-%), **Maras-
chino** (31 Vol.-%), **Apricot
Brandy** (31 Vol.-%), **Peach
Brandy** (38 Vol.-%), **Peach
Liqueur** (wasserklar; 24
Vol.-%), **Crème de Bananes**
(30 Vol.-%), **Coconut Liqueur**
(weiß, klar; 24 Vol.-%).
Kräuterliköre:
Peppermint (weiß und grün;
30 Vol.-%).
Kaffeeliköre:
Coffee Liqueur (30 Vol.-%)
Kakaoliköre:
Crème de Cacao Brown (27
Vol.-%), **Crème de Cacao
White** (27 Vol.-%).
Emulsionsliköre:
Advokaat (20 Vol.-%).
Sonstige Liköre:
Amaretto (28 Vol.-%).

Boonekamp
Bitterlikör:
Ein Magenbitter aus fein aufei-
nander abgestimmten Auszü-
gen heimischer und exotischer
Drogen wie Nelken, Süßholz,
Anis, Fenchel, Koriander, Zit-
terwurzeln, Enzian, Galgant,
Curaçao-Orangenschalen, Kal-
muswurzeln, Rhabarber und
Lärchenschwamm (Lärchen-
schwamm wirkt appetitanre-

gend und leicht abführend, in größeren Mengen genossen jedoch gesundheitsschädlich). Der Name dieses Bitterlikörs stammt vom Apotheker Boonekamp, der um 1780 den „Petrus Ur-Boonekamp" entwickelte. Im Laufe der Jahre ist die Bezeichnung Boonekamp zu einem nicht geschützten Gattungsbegriff geworden. Boonekamp wird daher in vielen Ländern erzeugt; dunkelbraun, blank; 40 Vol.-%.

Borovicka – Osteuropa
Gewürzlikör:
Sehr aromatischer Wacholderlikör; wasserklar. Häufig als Wacholder (Branntwein aus Wacholderbeeren) im Handel.

Borowitschka
Andere Schreibweise für → Borovicka.

Gabriel Boudier
– Frankreich
Spirituosenerzeugerfirma mit Sitz in Dijon.
Fruchtsaftliköre:
Crème de Cerises (dunkelrot; 18 Vol.-%), **Liqueur de Poires William** (gelb; 30 Vol.-%), **Crème de Pêches** (hellgelb; 18 Vol.-%), **Crème de Cassis de Dijon** (dunkelrot; 20 Vol.-%), **Crème de Framboises** (rot; 20 Vol.-%), **Liqueur de Framboises** (rot; 20 Vol.-%), **Crème de Fraises** (aus Walderdbeeren; rot; 20 Vol.-%), **Liqueur de Fraises** (rot; 20 Vol.-%),

Crème de Mûres Sauvages (aus Waldbrombeeren; dunkelrot; 20 Vol.-%), **Crème de Myrtilles des Montagnes** (aus Bergheidelbeeren; dunkelrot; 20 Vol.-%) und **Liqueur de Myrtilles** (Heidelbeerlikör; dunkelrot; 20 Vol.-%).
Fruchtliköre:
Curaçao Triple Sec (aus Bitterorangen; 40 Vol.-%), **Orange à la Fine Champagne** (Orangenlikör; 40 Vol.-%), **Crème de Mandarines** (wasserklar; 40 Vol.-%), **Mirabelle** (wasserklar; 43 Vol.-%), **Crème de Bananes** (gelblich; 15 Vol.-%) und **Crème de Noisettes** (Nusslikör; wasserklar; 25 Vol.-%).
Kräuterlikör:
Crème de Menthe (gelb; 20 Vol.-%).
Kakaolikör:
Crème de Cacao (25 Vol.-%).
Kaffeelikör:
Crème de Café (21 Vol.-%).
Aromalikör:
Liqueur de Roses (wasserklar; 18 Vol.-%).

Brandymel – Portugal
Honiglikör:
Aus Honig und Mendronho (Branntwein aus Maulbeeren) hergestellt; honigfarben; 30 Vol.-%.

Braulio Amaro Alpino
– Italien
Kräuterlikör mit 21 Vol.-%.

Brillat Savarin – Frankreich
Fruchtsaftliköre:
Cassis (aus Johannisbeeren und Armagnac; violettblau,

blank; 25 Vol.-%), **Cherry** (aus Maraskakirschen und Armagnac; rot, blank; 25 Vol.-%).
Fruchtlikör:
Orange (aus Bitterorangenschalen und Armagnac; orange, blank; 40 Vol.-%).

Brombeerlikör
Fruchtsaftlikör:
Aus Brombeeren hergestellt; kräftiger säuerlich-fruchtiger Geschmack; dunkelrot; 22,5–35 Vol.-%. Die englische Bezeichnung ist **Blackberry Brandy,** die französische Bezeichnung **Crème de Mûre.** Ein besonderes Produkt ist die → Echte Kroatzbeere.

Buchenbosch – Südafrika
Fruchtsaftlikör:
Aus altem Brandy mit Früchten hergestellt; honigfarben.

Giovanni Buton – Italien
Destillerie und Spirituosenerzeugerfirma mit Sitz in S. Lazzaro di Savena bei Bologna; gegründet 1820.
Fruchtsaftlikör:
Sambuca (Holunderbeerlikör mit Anisgeschmack; 34 und 40 Vol.-%).
Sonstiger Likör:
Amaretto (aus Bittermandeln; 25 Vol.-%).
Emulsionsliköre:
Batida de Côco, Batida de Café und **Batida de Menta** (alle 16 Vol.-%).
Kakaolikör:
Crema Cacao (farblos; 30 Vol.-%).

Kaffeelikör:
Gran Caffe Espresso
(26,5 Vol.-%).
Das Unternehmen stellt auch den bekannten Brandy Vecchia Romagna (siehe Weindestillate), diverse Grappas und Aperitifs her.

Byrrh – Frankreich
Aperitif auf Basis von Wein, mit Auszügen der Chinarinde; hellrot; 22 Vol.-%.

C

Café Oriental
– Deutschland
Kaffeelikör:
Mokkalikör; dunkelbraun, herbaromatischer Geschmack; 28 Vol.-%.

Caffeto – Kolumbien
Kaffeelikör:
Aus Kolumbiakaffee hergestellt; 28 Vol.-%.

Calisay (Calisey) – Spanien
Kräuterlikör/Bitterlikör:
Der katalonische Magenlikör enthält etwa 150 Kräuter; leichter Chinarindengeschmack; hellbraun; 40 Vol.-%.

Caloric-Punsch
Skandinavische Bezeichnung für → Schwedenpunsch.

Campari – Italien
Diese weltbekannte Aperitifkreation wurde im Jahre 1862 vom Mailänder Likörfabrikanten Gaspare Campari erfunden. Campari ist ein Bitter-

aperitif aus Kräutern, Gewürzen, Wurzeln und Auszügen aus Zitrusfrüchten und ihren Schalen. Noch heute wird der charakteristisch karminrote Campari nach dem Geheimrezept von damals produziert.
Campari ist in über 190 Ländern der Welt vertreten, die Rohprodukte werden von Mailand aus in versiegelten Behältern zu den Lizenzfirmen geliefert; 25 Vol.-%.

Campari-Cordial
Andere Bezeichnung für
→ Cordial Campari.

Cape Velvet Cream
– Südafrika
Emulsionslikör/Obers-/Sahnelikör:
Aus fünf Jahre altem Brandy, neutralem Sprit, trockenem Weißwein und Obers/Sahne hergestellt; 16,5 Vol.-%.
Es werden auch die Produkte Cape Velvet Strawberry (mit Erdbeeren) und Cape Velvet English Toffee Cream (mit Kaffee) angeboten.

Carolans Irish Cream
– Irland
Emulsionslikör/Obers-/Sahnelikör:
Auf Basis von irischem Whiskey, Obers/Sahne und ausgesuchtem Klee- und Heidehonig hergestellt. Auch eine „Light Version" ist auf dem Markt, nämlich Carolans Light, die weniger Kalorien enthält und einen Alkoholgehalt von 15 Vol.-% aufweist.

Cartron – Frankreich
Likörerzeugerfirma mit Sitz in Nuits-St-Georges an der Côte d'Or.
Fruchtsaftliköre:
Fraise des Bois (aus Walderdbeeren hergestellt; rot; 23 Vol.-%) und **Crème de Framboise** (Himbeerlikör; rot; 18 Vol.-%).

In der französischen Weinbauregion Burgund wachsen besonders viele Schwarze Johannisbeeren, Grundlage für den Cassis. Die trockenen, kalkhaltigen Böden, die von den Weinreben so geschätzt werden, lassen auch die Johannisbeersträucher gut gedeihen. Die Ernte im Juli ist ein Fest.

Cassis
Französische Bezeichnung für Schwarze Johannisbeeren und daraus hergestellte Produkte. Am bekanntesten ist der → Cassis-Likör.
Cassis ist nach den berühmten Weinen Burgunds zweite Spezialität. Rund 30 Hersteller produzieren in der Umgebung von Dijon den bekannten Cassis. Er ist die Grundlage für den Kir bzw. Kir Royal (vgl. Rezeptteil).

Cassis de Bourgogne
– Frankreich
Fruchtsaftlikör:
Aus Schwarzen Johannisbeeren der Weinbauregion Burgund hergestellt; rotblau; 15 Vol.-%.

Cassis-Likör
Französische Bezeichnung
ist Liqueur de Cassis. Aus
Schwarzen Johannisbeeren
(Schwarzen Ribiseln) im
Mazerationsverfahren herge-
stellt. Meist als Cassis oder
→ Crème de Cassis (die Be-
zeichnung ist Produkten vor-
behalten, deren Mindestzu-
ckergehalt 400 Gramm pro
Liter beträgt) im Handel.

Cazanove – Frankreich
Likörerzeugerfirma mit Sitz
in Lautes-Lot.
Gewürzlikör:
Anisette (wasserklar;
25 Vol.-%).
Fruchtliköre:
Curaçao Triple Sec (Bitterorangenlikör; weiß;
24 Vol.-%), **Liqueur de Man-
darine** (weiß; 24 Vol.-%),
Apricot Brandy (gelborange;
24 Vol.-%), **Poire Williams**
(aus Williams Christbirnen;
weiß, klar; 24 Vo .-%), **Liqueur
de Prunelle** (Schlehenlikör;
25 Vol.-%) und **Liqueur de
Banane** (gelb; 25 Vol.-%).
Fruchtsaftliköre:
Cherry Brandy (25 Vol.-%),
Crème de Pêche (hellgelb,
klar; 18 Vol.-%), **Crème de
Cassis** (15 Vol.-%), **Fraise des
Bois** (aus Walderdbeeren; rot;
16 Vol.-%) und **Crème de Mûre**
(Brombeerlikör; dunkelrot;
16 Vol.-%).
Kakaolikör:
Crème de Cacao (25 Vol.-%).

Centerbe – Italien
Kräuterlikör:
Aus zirka 100 verschiedenen
Kräutern hergestellt, der Ge-
schmack von Pfefferminze
dominiert; süß; grün;
30–42 Vol.-%. Wird auch
Mentuccia genannt.

Cerasella – Italien
Fruchtsaftlikör:
Aus Kirschen und Würzkräutern hergestellt; schmeckt
kräftig nach Kirschen; rot;
25 Vol.-%.

Ceresette – Schweiz
Fruchtsaftlikör:
Aus Johannisbeeren im Tessin
hergestellt; wird mit drei eingelegten Kirschen serviert.

Certosa – Italien
Kräuterlikör:
Im Geschmack dem → Char-
treuse ähnlich.

Chambord – Frankreich
Fruchtsaftlikör:
Aus Brombeeren hergestellt;
erstmals zu Lebzeiten König
Ludwigs XIV. im Kloster von
Chambord im Loiretal her-
gestellt.

Chamt Royal – Frankreich
Fruchtsaftliköre:
Cerise au Cognac (Kirschlikör auf Cognacbasis; 18
Vol.-%), **Poire Liqueur** (gelb; 35
Vol.-%), **Pêche Liqueur** (gelb;
30 Vol.-%), **Framboise Liqueur** (rot; 25 Vol.-%), **Fraise
des Bois** (Walderdbeerlikör;
rot; 20 Vol.-%), **Liqueur de
Melon** (gelb; 18 Vol.-%), **Liqueur d'Ananas** (gelb, blank;
25 Vol.-%) und **Fruits de la
Passion** (orange; 25 Vol.-%).
Fruchtliköre:
Triple Sec Liqueur (Orangenlikör; wasserklar; 40 Vol.-%),
Orange au Cognac (Orangenlikör auf Cognacbasis; orangefarben; 40 Vol.-%), **Citron Liqueur** (weiß mit Gelbstich;
25 Vol.-%), **Abricot Liqueur**
(35 Vol.-%) und **Crème de
Banane** (gelb; 25 Vol.-%).

Chanelle-Likör
Gewürzlikör:
Ein selten erzeugter → Zimt-
likör.

Charly's – Österreich
Erzeugt u. a. die *Emulsionsliköre* Eierlikör und Haselnuss mit 15 Vol.-%.

Chartreuse – Frankreich
Brennerei und Likörerzeu-
gerfirma mit Sitz in Aignes-
Vives und in Voiron sowie mit
einem Zweigwerk in Tarrago-
na in Spanien.
Kräuterlikör:
Der Chartreuse ist ein Ab-
tei- oder Klosterlikör, der ursprünglich – seit 1605 – von
den Mönchen des Klosters
der Grands Chartreuse hergestellt wurde. Wie fast alle Ab-
tei- und Klosterliköre wurde
er als Heilmittel angewandt;
die wichtigsten Grundma-
terialien, die etwa 130 Kräuter umfassen, werden nach
einem geheimen Rezept
komponiert. Daraus werden
Auszüge auf der Basis von
erstklassigem Wein, Angelikawurzeln, Chinarinde, Ingwer,
Ivakraut, Kalmus, Curaçao-

Orangenschalen, Pfeffer- und Zitronenmelisse u. a. m. gemacht.

Chartreuse Verte (grün; 55 Vol.-%), **Chartreuse Jaune** (gelb; 40 Vol.-%).

Fruchtsaftliköre:
Cassis des Pères Chartreux (20 Vol.-%), **Framboise des Pères Chartreux** (rot; 21 Vol.-%), **Mûre Sauvage des Pères Chartreux** (aus Waldbrombeeren hergestellt; dunkelrot; 21 Vol.-%) und **Myrtille des Pères Chartreux** (Heidelbeerlikör; dunkelrot; 21 Vol.-%).

Chartreuse Orange
– Frankreich
Kräuterlikör/Fruchtlikör:
Aus grünem Chartreuse und Orangensaft hergestellt; 17 Vol.-%.

Château-Likör
– Schweden
Kräuterlikör:
Würzig-süß; goldgelb; 43 Vol.-%.

Cheri Suisse – Schweiz
Sonstiger Likör:
Kirsch-Schokolade-Likör (30 Vol.-%). Ist in einer weißen Keramikflasche im Handel. Andere Bezeichnung ist **Suisceri.**

Cherry Bounce – USA
Kräuterlikör/Bitterlikör:
Feiner Magenbitter auf Kirschwasserbasis; 40 Vol.-%.

Cherry Brandy
Fruchtsaftlikör:
Pikanter Kirschlikör von besonderer Art, der in vielen Ländern hergestellt wird. Wesentliche Bestandteile sind Kirschsaft, Kirschwasser, Zucker, Weingeist und Wasser; mindestens 25 Vol.-%. Der Gehalt an Kirschsaft und Kirschwasser ist vorgeschrieben.
Bekannte Erzeugnisse sind → Cherry Marnier und → Cherry Heering sowie die Produkte der Firmen → Stock, → Bols, → De Kuyper, → Bardinet, → Cusenier, → Boudier, → Marie Brizard, → Cazanove, Parizot, → Giffard, Védrenne und → Massenez.

Cherry-Cognac
Fruchtsaftlikör:
Ein Kirschlikör auf Cognacbasis.

Cherry-Cordial
Fruchtsaftlikör:
Kirschlikör, der aus in Weinbrand eingelegten Kirschen hergestellt wird; dunkelrot, blank; 45 Vol.-%.

Cherry Heering
– Dänemark
Fruchtsaftlikör:
Weltbekannter → Cherry Brandy, der die dezente Süße und das herbe Fruchtaroma den dunkelroten Heering-Stevens-Kirschen und den reichlich zugesetzten vergorenen Kirschkernen verdankt; kirschrot; 25 Vol.-%.

Erzeugnis der Fa. Peter Heering, Kopenhagen.

Cherry-Likör
Fruchtsaftlikör:
Kirschlikör, der unter dieser Bezeichnung von verschiedenen Firmen hergestellt wird.

Cherry Marnier
– Frankreich
Fruchtsaftlikör:
Aus dalmatinischen Kirschen und Cognacverschnitt hergestellt; rot-braun; 25 Vol.-%.

Chiemseer Klosterlikör
– Deutschland
Kräuterlikör:
Abtei- und Klosterlikör; gelb; 42 Vol.-%.

China-Bitter
Kräuterlikör/Bitterlikör:
Aus Angelika- und Enzianwurzeln, Iva- und Ysopkraut, Kassien, Nelken, Chinarinde, Pomeranzen- und Curaçao-Orangenschalen hergestellt; kräftig, würzig; meist 42 Vol.-%.

China-Martini – Italien
Kräuterlikör:
Mit Auszügen aus der Chinarinde hergestellt; braun; 31 Vol.-%.

Chu Yeh Ching – China
Kräuterlikör:
Aus Bambusblättern, Nelken, Orangenschalen, Sandelholz und verschiedenen Wurzeln hergestellt; gelb; 32 Vol.-%.

Citronelle
Französische Bezeichnung
für → Zitrusliköre.

Citrusliköre
Andere Schreibweise für
→ Zitrusliköre.

Clair de France
        – Frankreich
Emulsionslikör/Obers-/
Sahnelikör:
Aus Cognac und Obers/Sahne
hergestellt; 17 Vol.-%.

Clanrana – Schottland
Sonstiger Likör/Honiglikör:
Auf der Basis von Whisky, Honig und Kräutern hergestellt;
ähnlich dem → Drambuie.

C. L. O. C. – Dänemark
Gewürzlikör:
Aus Kümmel hergestellt;
Name bedeutet: Cuminum
Liquidum Optimum Cartilli,
d. h. „der beste Kümmellikör
des Schlosses".

Cloves Liquor
Englische Bezeichnung für
→ Nelkenlikör.

**Coco Cabana Flor de
Cabana** – Jamaika
Fruchtlikör:
Aus Rum und Kokosnüssen
hergestellt; mittelbraun;
30 Vol.-%.

Coco Ribe – USA
Fruchtlikör:
Auf Rumbasis mit Kokosnüssen und Gewürzen herge-
stellt; klar; 30 Vol.-%.

Cointreau – Frankreich
1849 gründeten die Brüder
Adolphe und Edourd-Jean
Cointreau in Angers (Frankreich) die erste Destillerie
des Hauses Cointreau. Im
Jahr 1875 übernahm Edouard
Cointreau Junior das damals
noch kleine Unternehmen.
Er erfand nicht nur den berühmten Likör, sondern auch
die seitdem charakteristische
eckige Flasche aus braunem
Glas.
Fruchtlikör:
Aus verschiedenen Orangen-
sorten und anderen aroma-
tischen Früchten und Kräutern seit 1849 hergestellt.
Bereits kurze Zeit später trat
dieser spezielle Orangenlikör
seinen Siegeszug um die Welt
an. Die ursprüngliche Be-
zeichnung war Curaçao blanc
triple sec.
Charakteristisch ist die vier-
eckige, braune Flasche. Herbsüß, trübweiß; 40 Vol.-%.

Cointreau Gold 44
        – Frankreich
Fruchtlikör:
Orangengeschmack; goldgelb;
44 Vol.-%.

Columba Cream
        – Schottland
Emulsionslikör/Obers-/
Sahnelikör:
Auf Basis von schottischem
Whisky hergestellt; trägt die
Bezeichnung „Scotland's
Whisky Cream Liqueur";
17 Vol.-%.

Conforti – Kolumbien
Kaffeelikör:
Aus Kolumbiakaffee herge-
stellt; braun; 27 Vol.-%.

Copa de Oro – Mexiko
Kaffeelikör mit 26,5 Vol.-%.

Cordial
Amerikanische und englische
Bezeichnung für Likör.

Cordial Campari – Italien
Fruchtlikör/Kräuterlikör:
Aus in Cognac gereiften Himbeeren und Kräutern hergestellt; ausgeprägter Himbeer-
geschmack; wasserklar;
36 Vol.-%.

Cordial Médoc
        – Frankreich
Sonstiger Likör:
Ist ein Likör, dessen Alkohol
mindestens zu 20 % aus
Weindestillat oder Weinbrand
stammt sowie Fruchtextrakte
und Kräuterauszüge enthält.
10 % des Alkoholgehaltes
können aus Wein stammen;
dunkelrot-braun, blank;
mindestens 38 Vol.-%.
Das Originalprodukt kommt
aus Bordeaux.

Cordial Réby – Frankreich
Sonstiger Likör:
Auf Cognacbasis hergestellt;
braun.

Cranberrylikör

Die mit der Preiselbeere verwandten Cranberrys werden nicht nur zum beliebten Mixbestandteil Cranberry Juice verarbeitet, sie werden auch zu einem Likör angesetzt.

Cream of Jamaica Flor de Cabana – Jamaika

Sonstiger Likör:
Auf Rumbasis hergestellt; braun; 28 Vol.-%.

Cremas de licores

Sammelbegriff für spanische → Cremeliköre.

Creme

Die Bezeichnung -creme mit vorangestellter Bezeichnung der betreffenden Frucht darf nur für Liköre mit mindestens 250 Gramm Zuckergehalt pro Liter verwendet werden. Cassiscreme muss mindestens 400 Gramm Zucker pro Liter enthalten. Produkte, die auf Basis von Milcherzeugnissen hergestellt und als -creme bezeichnet werden, sind an diese Mindestgrenzen nicht gebunden.

Crème de ...

Nennt man Liköre, die besonders süß sind; sie enthalten mindestens 250 Gramm (→ Creme) bzw. 400 Gramm (→ Crème de Cassis) und mehr Zucker pro Liter.

Crème d'Ananas

Fruchtsaftlikör:
Ist ein → Ananaslikör; hell, blank; mindestens 25 Vol.-%.

Crème und Cream werden immer wieder verwechselt. Beachten Sie also: Trägt ein Likör die Bezeichnung Cream, handelt es sich um einen auf Obers-/Sahnebasis hergestellten Likör. Gut zu merken mit dem Markennamen Bailey's Irish Cream, dem bekannten Schokoladelikör aus Irland. Ein Crème, z. B. Crème de Cassis, hat einen erhöhten Zuckeranteil und ist damit besonders süß.

Crème d'Angelique

Kräuter-und-Gewürz-Likör:
Ist ein → Angelikalikör.

Crème de Banane(s)

Fruchtlikör:
Aus Bananen hergestellt; dickflüssig und süß; gelb und grün; meist 25 Vol.-%.

Crème de Cacao

Kakaolikör:
Aus Kakaobohnen und Vanille hergestellt; sehr süß; farblos oder braun; meist 25 Vol.-%.

Crème de Café

Kaffeelikör:
Aus Kaffeebohnen hergestellt; braun; meist 22,5 Vol.-%.

Crème de Cassis

Fruchtsaftlikör:
Aus Schwarzen Johannisbeeren hergestellt; genießt internationalen Ruf; Mindestzuckergehalt 400 Gramm pro Liter; dunkelrot; 15–25 Vol.-%. Er ist die Grundlage für den

Kir bzw. Kir Royal. Das Originalprodukt kommt aus Dijon.

Crème de Chouao
– Frankreich

Kakaolikör:
Ein exquisiter Likör, benannt nach den Kakaobohnen aus dem Chouao-Tal in Venezuela.

Crème de Cumin

Gewürzlikör:
Ausgeprägter Kümmelgeschmack; weiß; meist 25 Vol.-%.

Crème de Fraises

Fruchtsaftlikör:
Aus Erdbeeren und Kräuterzusätzen hergestellt; erdbeerfarben; 15–30 Vol.-%.

Crème de Fraises des Bois

Fruchtsaftlikör:
Aus wilden Walderdbeeren hergestellt; hellrot.

Crème de Framboises

Fruchtsaftlikör:
Aus Himbeeren hergestellt; rot; 15–30 Vol.-%.

Crème de Gingembre

Gewürzlikör:
Mit Essenzen aus feinstem Jamaika-Ingwer hergestellt; verfeinert mit Arrak und Rosenwasser; aromatisch und scharf. „Gingembre" ist die französische Bezeichnung für „Ingwer"; rötlich, gelb; 42 Vol.-%.

Crème de Kirsch
Fruchtsaftlikör:
Ähnlich dem → Cherry Brandy.

Crème de Mandarines
Fruchtlikör:
Aus Mandarinen hergestellt;
fruchtig, leicht säuerlich; hellorange; mindestens
25 Vol.-%.

Crème de Menthe
Kräuterlikör:
Häufig aus Weindestillat her-
gestellt; starker Pfefferminz-
geschmack; dunkelgrün, röt-
lich und weiß; 25–30 Vol.-%.
Er wird u. a. von den Firmen
→ De Kuyper, → Bols,
→ Bardinet, → Boudier,
→ Marie Brizard und Védren-
ne erzeugt.

Crème de Mokka
Kaffeelikör:
Hat einen höheren Kaffeean-
teil als Crème de Café; braun,
weiß; mindestens
22,5 Vol.-%.

Crème de Myrtilles
Fruchtsaftlikör:
Mit ausgeprägtem Heidel-
beeraroma; violett bis rot;
meist 25 Vol.-%.

Crème de Noisette
*Emulsionslikör/Sonstiger
Likör:*
Aus Haselnüssen, Walnüs-
sen und Kräutern hergestellt;
weist geriebene Haselnuss-
und Walnussstückchen auf;
lichtbraun, cremig; meist 28
Vol.-%. Kommt auch klar in
den Handel.

Crème de Noix
*Emulsionslikör/Sonstiger
Likör:*
Aus Walnüssen hergestellt;
lichtbraun; meist 28 Vol.-%.

Crème de Noyaux
Sonstiger Likör:
Aus Nüssen und bitteren
Mandeln mit Zusatz von Pfir-
sich-, Aprikosen- und Kirschkernen hergestellt; weiß,
roséfarben; 28 Vol.-%.

Crème de Prunelles
Fruchtlikör:
Aus Schlehen und Zusätzen
von Schlehen- und Zwetschkenwasser hergestellt; sehr
süß; hellgrün; mindestens
25 Vol.-%.

Crème de Roses
Sonstiger Likör:
Aus verschiedenen Pflanzen-
substanzen unter Zusatz von
Rosenöl hergestellt; ausge-
prägter Geschmack; meist 32
Vol.-%. Häufig im Mittleren
und Fernen Osten erzeugt.

Crème de Thé
Teelikör:
Stark ausgeprägter Teege-
schmack; zartgrün schim-
mernd.

Crème de Vanille
Gewürzlikör:
Stark ausgeprägter Vanillegeschmack; muss aus ech-
ten Vanilleschoten hergestellt
werden; Zusätze von Vanillin
sind verboten; gelb.

Crème de Violette
Sonstiger Likör:
Auf Basis von Veilchenwurzeln
hergestellt; ausgeprägter Veil-
chengeruch und -geschmack
sowie zartes Zedernholz-
parfum; violett.

Crème de Yvette – USA
Sonstiger Likör:
Amerikanische Version des
→ Crème de Violette; nach
der Französin Yvette Gilbert
benannt; violettblau.

Crème d'Oranges
Fruchtlikör:
Neben Orangenblütenextrakt
wird er mit Auszügen aus
Pomeranzen- und Curaçao-
Orangenschalen, Ysopkraut
sowie Vanille abgeschmeckt;
fein, nicht bitter; 45 Vol.-%.

Cremeliköre
Liköre mit einem Alkoholgehalt von etwa 25 Vol.-% und
einem Zuckergehalt von 250
bis 400 Gramm pro Liter.

Cremen
In Deutschland gebräuchliche
Bezeichnung für
→ Cremeliköre.

Créole Clement
– Martinique
Fruchtlikör:
Auf Basis von Martinique-
Rum und einem Destillat aus
bitteren Orangen der Antil-
leninsel hergestellt;
40 Vol.-%.

Cuarenta y Tres
Andere Bezeichnung für
→ Licor 43.

Cumin
1. Französische Bezeichnung
für Kümmel.
2. Kümmelähnliches Gewürz
aus Indien und den Mittelmeerländern; auch römischer
oder welscher Kümmel
genannt.

Cumin Cristallisé
Französische Bezeichnung
für → Eiskümmel.

Curaçao – Insel Curaçao
Fruchtlikör:
Aus unreifen Curaçao-Pome-
ranzen (Bitterorangen) herge-
stellt. Das weltbekannte Pro-
dukt wird in Lizenz von allen
namhaften Likörerzeugerfirmen
hergestellt; es kommt unter
dem Markennamen der je-
weiligen Firma als ... Curaçao
(Triple Sec) entweder weiß (in
Deutschland ausnahmslos),
blau, rot, orange oder grün auf
den Markt; 30 bis 40 Vol.-%.
Er wird u. a. von den Firmen
→ Bardinet, → Boudier,
→ Bols, → Cusenier, → De
Kuyper, → Giffard, → Marie
Brizard, → Pagès, Parizot und
Vanot erzeugt.

Wir schreiben das Jahr 1634.
Die Holländer übernehmen
die Herrschaft über die Antilleninsel Curaçao, die vor
Venezuela liegt. Mit den Bitterorangen, die auf der Insel wachsen, wird bald zur
Likörherstellung experimentiert. Die Übung ist gelungen. Wer kennt heute nicht
den Blue Curaçao oder den
Curaçao Triple Sec aus den
Pomeranzen der namenge-
benden Insel?

Cusenier – Frankreich
Spirituosenerzeugerfirma in
La Courneuve in der Nähe
von Paris und in Marseille.
Diese modernen Fabriken
produzieren die berühmten
Likörspezialitäten, Aperitifs
auf Wein- und Alkoholbasis
und Sirupe. Zweigwerke in
Cognac, Mülhausen im Elsass
und Dijon im Burgund stellen die standortgebundenen
Spezialitäten wie Cognac,
Elsässer Obstbrände und
Crème de Cassis her. Cusenier hat Tochterunternehmen
und Lizenzhersteller in vielen
Ländern.
Fruchtsaftliköre:
Cherry Brandy (24 Vol.-%),
Cassis de Dijon (Johannisbeerlikör; dunkelrot; 16 Vol.-%)
und **Framboise** (Himbeerlikör;
rot; 18 Vol.-%).
Fruchtliköre:
Curaçao Triple Sec (Bitterorangenlikör; wasserklar;
35 Vol.-%), **Orange Curaçao**
(orangefarben; 29 Vol.-%
und 40 Vol.-%), **Blue Cura-**

çao (23 Vol.-%), **Marasquin**
(32 Vol.-%), **Apricot Brandy**
(orange; 23 Vol.-%), **Peach
Boy** (weiß, klar; 20 Vol.-%)
und **Banana Jungle** (Bana-
nenlikör; grün; 20 Vol.-%).
Gewürzlikör:
Anisette (wasserklar;
23 Vol.-%).
Kräuterlikör:
→ Freezomint (Pfefferminz-
likör).
Sonstiger Likör:
Parfait Amour (27 Vol.-%).
Kaffeelikör:
A'Maya Coffee Liqueur
(26 Vol.-%).
Kakaolikör:
Crème de Cacao
(27 Vol.-%).

Cynar – Italien
Das bitter schmeckende
Aperitiffertigprodukt wurde
1949 von der Firma Pezzi-
ol aus Padua in den Handel
gebracht. Der Name wurde
von der lateinischen Bezeichnung für Artischocke (Cynara
scolymus) abgeleitet. Cynar
wird aus Artischockensäften,
Würzkräutern und Alkohol
hergestellt; 16,5 Vol.-%.

Ein klassischer franzö-
sischer, auf der ganzen Welt
bekannter Aperitif ist der Kir
Royal (siehe Rezeptteil), der
zu seiner Herstellung einen
Johannisbeerlikör, bekannt
als Crème de Cassis, benötigt. Dieser Likör wurde erstmals 1845 in Dijon erzeugt.

D

Dairy Liqueurs
Englische Sammelbezeich-
nung für alle Obers-(Sahne-)
Liköre.

Damiana – Frankreich
Kräuterlikör:
Mit ausgeprägtem Kräuter-
aroma; halbsüß; 38 Vol.-%.

Damja – Mexiko
Sonstiger Likör:
Aus Damjana (einer Chrysan-
themenart) hergestellt; goldgelb; 35–38 Vol.-%.

Damjana – Mexiko
Sonstiger Likör:
Ähnlich dem → Damja.

Danziger Goldwasser
– Polen
Gewürzlikör:
Aus Rosenblüten, Orangen-
blättern, Kardamom, Oran-
genschalen, Kümmel, Koriander, Muskatnuss und Pfeffer
sowie 22-karätigem Blattgold
hergestellt. Neben Zucker ist
noch Stärkesirup enthalten;
durch diesen Zusatz erhöht
sich die Viskosität und das
Blattgold bleibt in Schwebe.
Der Name „Danziger Gold-
wasser" ist nicht geschützt.
Weiß, blank; 38 Vol.-%.

Das Danziger Goldwasser
wird gerne mit dem Namen
des Holländers Ambrosius
Vermöllen in Verbindung
gebracht. Auf der Flucht vor
Herzog Alba verschlug es
den Niederländer von Spa-
nien nach Danzig. Im
Gepäck hatte er eine Samm-
lung überlieferter Rezepte,
für ihn die Basis zur Gründung einer Likörfabrik. Die
Lizenz erhielt er 1598. Seit
dieser Zeit wird das Dan-
ziger Goldwasser gebraut,
das damals noch Gülden-
wasser hieß.

De Kuyper – Niederlande
Spirituosenerzeugerfirma,
gegründet 1695 in Schiedam.
Fruchtsaftliköre:
Cherry Brandy (24 Vol.-%),
Original Peachtree (Pfirsich-
likör; 24 Vol.-%), **Crème de
Cassis** (dunkelrot; 15 Vol.-%),
Rode Bessen (Schwarze Jo-
hannisbeeren mit Genever;
20 Vol.-%), **Original Apple
Barrel** (Apfellikör; 20 Vol.-%)
und **Melon** (grün; 24 Vol.-%).
Fruchtliköre:
White Curaçao (30 Vol.-%),
Orange Curaçao (30 Vol.-%),
Bleu Curaçao (30 Vol.-%),
Green Curaçao (30 Vol.-%),
Half and Half (aus Curaçao
und Orangen-Bitter), **Nassau
Orange Liqueur Pimpeltjens**
(aus dem Saft bitterer Oran-
gen, ihren Schalen und feinen
Kräutern; orange; 40 Vol.-%),
Citroen Jenever (20
Vol.-%) und **Apricot Bran-
dy** (gelblich; 24 Vol.-%).

Kräuterlikör:
Crème de Menthe (24
Vol.-%).
Kaffeelikör:
Crème de Café (24 Vol.-%).
Kakaolikör:
Crème de Cacao (24
Vol.-%).
Sonstige Liköre:
Parfait Amour (30 Vol.-%)
und **Nassau Coconut
Rum Liqueur** (auf Rum-
basis, mit Kokosnussaroma;
hellbraun, blank; 40 Vol.-%).

Dethleffsen – Deutschland
Spirituosenerzeugerfirma,
gegründet 1738 von Christian
Dethleffsen, Sitz in Flens-
burg.
Kräuterlikör:
Dokator (aus Kräutern
und Früchten hergestellt; 35
Vol.-%).
Das bekannteste Produkt der
Firma ist der deutsche Aqua-
vit Bommerlunder.

Dettling – Schweiz
Spirituosenerzeugerfirma mit
Sitz in Brunnen im Kanton
Schwyz.
Fruchtsaftlikör:
Crème de Kirsch (weiß,
klar; 40 Vol.-%).
Fruchtlikör:
Williams Pear Liqueur
(weiß, klar; 40 Vol.-%).
Die Firma ist bekannt für
Obstbrände.

D.O.M.
Deo optimo maximo; Zusatzbezeichnung bei → Béné-
dictine.

Doornkaat – Deutschland
Bekannte Spirituosenfirma mit Sitz in Norden in Ostfriesland, gegründet 1806; bis heute ein Familienunternehmen. Neben dem bekannten wasserklaren Getreidebranntwein (Doornkaat Der Ostfriesische) werden auch Liköre hergestellt.

Doppellikör
Ein Likör mit mindestens 38 Vol.-%.

Dracula's Blood
Gewürzlikör:
Mit Ingwer und asiatischen Gewürzen hergestellt; 24 Vol.-%.

Drambuie – Schottland
Honiglikör/Sonstiger Likör:
Aus Malt Whisky und Heidehonig sowie Heidekräutern hergestellt. Das Wort Drambuie wurde vom gälischen Begriff „An Dram Buidheach" (mundender Trank) abgeleitet. Das Rezept soll dem Clan der MacKinnon für die Fluchthilfe von Prinz Charles Edward 1745 gegeben worden sein. Goldgelb; 40 Vol.-%.

Das Wort Drambuie als Name für den bekannten Whiskylikör mit Honig und Kräutern bedeutet so viel wie „ein sättigender Trunk" bzw. ein Getränk, das zufrieden macht (an dram buidheach). Der schottische Clan Mac Kinnon ist seit vielen Generationen Hüter der geheimen Rezeptur.

Dregheda Usquebaugh
– Schottland
Gewürzlikör:
Aus Branntwein und Gewürzen hergestellt; Vorläufer des Whiskys.

Droste Bittersweet Chocolate Liqueur
– Niederlande
Emulsionslikör:
Schokoladelikör; seit 1894 hergestellt; bittersüß, schokoladefarben; 27 Vol.-%.

Dubonnet – Frankreich
Aperitifgetränk, das in den Sorten rot und süßlich sowie weiß und halbsüß auf den Markt kommt. Das französische Gesetz schreibt eine Mindestlagerdauer von zwei Jahren vor.

E

Eau-de-vie de Dantsig
Französische Bezeichnung für → Danziger Goldwasser.

Eau-de-vie d'Églantine
Französische Bezeichnung für → Rosenlikör aus wilden Rosen.

Eau d'Or – Frankreich
Sonstiger Likör/Kräuterlikör:
Ähnlich dem → Danziger Goldwasser.

Ebereschenlikör
Andere Bezeichnung für → Vogelbeerlikör.

Ebneter & Co – Schweiz
Likörerzeugerfirma mit Sitz in Appenzell, im Besitz der Familie Emil Ebneter.
Bitterlikör:
Appenzeller Alpenbitter (35 Vol.-%).
Obers-(Sahne-)Likör:
Rahm-Likör aus Appenzell (20 Vol.-%).
Sonstiger Likör:
Jagertee Punsch.

Echte Kroatzbeere
– Deutschland
Fruchtsaftlikör:
Aus Waldbrombeeren hergestellt; herb, fruchtig; dunkelrot; Marke gesetzlich geschützt; 30 Vol.-%.

Echt Stonsdorfer
– Deutschland
Kräuterlikör:
Aus Waldheidelbeeren, Gewürzen, Kräutern und Früchten hergestellt; süß-bitter, leicht fruchtig; Marke geschützt; 32 Vol.-%.

Eckauer Eiskümmel
– Litauen
Gewürzlikör:
Kümmellikör aus Eckau in Litauen. In kochendem Wasser wird eine Zuckerraffinade aufgelöst, mit einer Essenz aus → Allasch und Alkohol versetzt, blank filtriert und in Flaschen gefüllt. Danach werden diese tiefgekühlt, wobei sich Zuckerkristalle bilden, die an den Flaschenwänden haften bleiben. Anschließend werden die Flaschen mit Kümmellikör aufgefüllt. Farblos; zirka 32 Vol.-%.

Edelkirsch

In Deutschland gebräuchliche Bezeichnung für Kirschlikör, der sich durch Güte, Materialwert und/oder Lagerung und Reifung von den Durchschnittserzeugnissen gleicher Art erheblich unterscheidet.

Eierkirsch – Deutschland
Eierlikör:
Ein Eierlikör mit ausgeprägtem Kirschengeschmack; orangerot; 15–17 Vol.-%.

Eierrum
Eierlikör:
Aus frischen Eiern, Zucker und Coruba-Rum hergestellt.

Eierweinbrand

Frühere Bezeichnung für Eierlikör, der aus mindestens 50 % Weinbrand hergestellt wurde. Nach EU-Recht trägt dieses Produkt die Sachbezeichnung Eierlikör. Auf die Alkoholkomponente Weinbrand kann gesondert hingewiesen werden.

Eiskümmel
– Österreich/Deutschland
Gewürzlikör:
Mit Zuckerkruste in der Flasche. Dies ist ein → Eislikör, der im Gegensatz zu den meisten anderen aus Getreidedestillaten hergestellt wird und einen ausgeprägten Kümmelgeschmack aufweist. Farblos; 32 Vol.-%.

Eisliköre

Spirituosen, die einen Mindestextraktgehalt von 30 Gramm pro 100 Kubikzentimeter aufweisen. Sie müssen warm gelagert werden, da sich auch während der Lagerung keine Zuckerkristalle abscheiden sollen. Eisliköre werden vor allem aus Zitrusfrüchten hergestellt und mit Eis vermischt getrunken. Beliebte Eisliköre sind Zitronen- und Orangen-Eisliköre. 35 Vol.-%.

Elisir

Italienische Bezeichnung für → Elixier.

Elisir Camomilla – Italien
Kräuterlikör:
Die Arznei aus Kamillenblüten hat eine gute Wirkung bei Magenbeschwerden. Ist ein → Elixier.

Elisir de China – Italien
Gewürzlikör:
Ist ein → Elixier mit starkem Anis- und Chinarindengeschmack; süß; farblos.

Elixier

Übersetzt aus dem Arabischen „al-iksir" („Stein des Weisen"). Heute versteht man darunter einen Heiltrank, eine Arznei. In diesem Sinn ist auch der französische Likör „Elixir" eine Art Arzneibitter. Besonders bekannt sind → Elixir de Monbazillac, → Elixir d'Armorique und → Elixir Végétal.

Elixir d'Anvers – Belgien
Kräuterlikör:
Ein Abtei- und Klosterlikör, der im Wesentlichen aus Orangen- und Zitronenschalen, scharfen Gewürzen, Melisse, Zimt, Nelken und Koriander hergestellt wird; ähnlich dem → Chartreuse; herbsüß, angenehm bitter; gelb und grün; 37 und 46 Vol.-%. Ist ein → Elixier.

Elixir d'Armorique
– Frankreich
Kräuterlikör:
Ist ein → Elixier; bittersüß; aus der Normandie.

Elixir de Monbazillac
– Frankreich
Kräuterlikör:
Ist ein → Elixier; zirka 40 Vol.-%.

Elixir de Mondorf
– Luxemburg
Kräuterlikör/Bitterlikör:
Ist ein → Elixier; ähnlich dem → Elixir de Spa; 38 Vol.-%.

Elixir de Spa – Belgien
Kräuterlikör:
Ein Abtei- und Klosterlikör mit Kümmel- und Engelwurzgeschmack; wurde erstmals 1643 von Kapuzinermönchen auf der Wasserfestung Spa erzeugt; gelb; 42 Vol.-%. Ist ein → Elixier.

Elixir Longae Vitae
– Frankreich
Bitterlikör:
Ist ein → Elixier mit ausgeprägtem Bitterorangenge-
schmack; auch als Pomeranzen-Bitter bezeichnet;
38 Vol.-%.

Elixir Végétal – Frankreich
Kräuterlikör/Bitterlikör:
Französische Bezeichnung
für → Arzneibitter; ist eine
Kräuteressenz und kann nur
mit Wasser verdünnt getrunken werden. Ist ein → Elixier.

Emmet – Irland
Likörerzeugerfirma mit Sitz
in Dublin.
Emulsionsliköre:
Ireland's Cream Liqueur
(aus Irish Whiskey und Milch;
17 Vol.-%) und **Bananas
n'Cream Liqueur** (17 Vol.-%).

Engelwurzlikör
Andere Bezeichnung für
→ Angelikalikör.

Enzianlikör
Bitterlikör:
Der Mindestzuckergehalt beträgt 80 Gramm pro Liter bei
ausschließlich natürlichem
Aroma. Wird von den meisten
Brennereien, die Branntweine
aus Enzian herstellen, in geringen Mengen erzeugt.

Erdbeerlikör
Fruchtsaftlikör:
Aus dem Saft reifer Erdbeeren hergestellt; hellrot, blank;
mindestens 25 Vol.-%.

Erste Wachauer Marillen Destillerie – Österreich
Brennerei mit Sitz in Krems/
Stein an der Donau; siehe
→ Bailoni.

Essenzen
Darunter versteht man Auszüge aus Kräutern, Pflanzen
und Früchten; sie enthalten
den Geschmack in konzen-
trierter Form und sind die
Grundlage der sogenannten
Kompositionsliköre.

Ettaler Kloster Liqueur
– Deutschland
Kräuterlikör:
Ein Abtei- und Klosterlikör
aus dem Kloster Ettal in Ober-
ammergau; süßlich; gelb mit
40 Vol.-% und grün mit 44
Vol.-%.

Extrait de Griottes
Französische Bezeichnung
für Morella (Likör aus Sauerkirschen).

Extrakte
Für die Likörerzeugung sind
dies Auszüge aus pflanz-
lichen Rohstoffen, die meistens eingedickt werden;
prinzipiell unterscheidet man
dicke, dünne und Trocken-
extrakte.

Extraktliköre
Aus verschiedenen Extrakten
hergestellt; im Gegensatz zu
Destillatlikören immer färbig.

F

Feigenlikör
Fruchtlikör:
Üblicher Alkoholgehalt 32
Vol.-%. Bekanntes Produkt:
Askalon Feigentrunk.

Fernet-Artivo – Italien
Bitterlikör:
Ein Magenbitter mit Pfefferminzgeschmack; dunkel-
braun.

Fernet-Branca – Italien
Bitterlikör:
Mehr als 40 Kräuter werden
für diesen Magenbitter/Kräu-
terbitter verwendet, der in
Mailand entwickelt wurde.
Über ein Jahr lang lagert
Fernet-Branca in Eichenfäs-
sern, bevor er mit 42 bzw. 45
Vol.-% abgefüllt wird. Seit
1885 wird der Bitter von der
Fa. Fratelli Branca in Mailand
erzeugt.

Fernet-Cora – Italien
Bitterlikör:
Ein Magenbitter; braun;
45 Vol.-%.

Fernet-Menta – Italien
Bitterlikör:
Ein Magenbitter mit aus-
geprägtem Pfefferminz-
geschmack; dunkelbraun;
40 Vol.-%.

Feu de Tribord
Englische Bezeichnung für
→ Crème de Menthe.

Fiori d'Alpi

Italienische Bezeichnung für
→ Alpenkräuterlikör.

Flamberge à l'Orange
– Schweiz

Fruchtlikör:
45 Vol.-%; speziell für flambierte Desserts.

Fleur des Alpes

Französische Bezeichnung
für → Alpenkräuterlikör.

Forbidden Fruit – USA

Fruchtlikör:
Auf Basis von Orangen, Pampelmusen, Mandarinen und
Zitronen hergestellt; sehr süß
mit leicht bitterem Nachgeschmack; rot; hoher Alkoholgehalt.

Francoli – Italien

Brennerei mit Sitz in Ghemme im Piemont. Das Familienunternehmen Fratelli
Francoli S.p.A. wurde 1951 gegründet und ist vor allem für
die hervorragenden Grappasorten bekannt.
Fruchtsaftlikör:
Opal Nera Sambuca (Holunderbeerlikör mit Anisgeschmack; 40 Vol.-%).

Frangelico – Italien

Kräuterlikör:
Aus Kräutern, Haselnüssen
und Beeren hergestellt; bernsteinfarben; 26 Vol.-%.

Freezomint – Frankreich

Kräuterlikör:
Bekannter Pfefferminzlikör;
grün mit 30 Vol.-%, weiß mit

30 Vol.-%. Erzeugnis der Fa.
→ Cusenier, La Courneuve
und Marseille.

Freihof – Österreich

Die v. a. für Obstdestillate bekannte Privatbrennerei Hämmerle in Lustenau/Vorarlberg
erzeugt unter dem Namen
Freihof auch eine Reihe von
Likören, u. a.
Fruchtsaftliköre:
Mirtillo (Heidelbeerlikör,
22,5 Vol.-%), **Holunderblütenlikör** (22,5 Vol.-%), **Cassislikör** (Johannisbeerlikör, 22,5
Vol.-%), **Marillenlikör** (22,5
Vol.-%), **Zwetschgenlikör**
(22,5 Vol.-%) und **Pfirsichlikör** (22,5 Vol.-%).

Fructal – Slowenien

Spirituosenerzeugerfirma mit
Sitz in Ajdovščina.
Fruchtsaftliköre:
Blackberry (Brombeerlikör;
17 Vol.-%), **Belle de Jour**
(aus Pfirsichen hergestellt;
24 Vol.-%).
Fruchtlikör:
Orli (Likörkomposition aus
Weinbrand und Orangen;
40 Vol.-%).
Emulsionsliköre:
Cokoladni Liker (Schokoladenlikör; 18 Vol.-%) und **Coko
Mint** (18 Vol.-%).

Fürstentee – Deutschland

Teelikör:
Hocharomatisch; 35 Vol.-%.

Galliano – Italien

Spirituosenerzeugerfirma
in Livorno und in Solaro bei
Mailand.
Kräuter-und-Gewürz-Likör:
Der **Liquore Galliano,** so die
Originalbezeichnung, ist eine
italienische Likörspezialität, die aus 70 verschiedenen
Kräutern, Gewürzen und Blumen hergestellt wird. Er trägt
den Namen des italienischen
Heldenmajors Giuseppe Galliano. Ausgeprägter Vanillegeschmack; gelb; mindestens 35
Vol.-% (in überlanger Flasche
im Handel).
Fruchtsaftlikör:
Galliano Sambuca Vaccari (mit Holunder und Anis;
weiß; 38 Vol.-%).
Sonstiger Likör:
Galliano Amaretto Vaccari (mit Bittermandeln; bernsteinfarben; 28 Vol.-%).

Gammel Dansk Bitter
Dream – Dänemark

Bitterlikör:
Aus Kräutern, Gewürzen und
Früchten hergestellt; wörtliche Übersetzung: alter dänischer Bittertrunk; 38 Vol.-%.

Génépy des Alpes
– Frankreich

Kräuterlikör:
Ein französischer → Alpenkräuterlikör.

Gentiane

Französische Bezeichnung
für Enzian.

Get
Kurzbezeichnung für
→ Pippermint Get.

Giffard – Frankreich
Likörerzeugerfirma mit Sitz
in Anjou.
Fruchtsaftliköre:
Cherry Brandy (kirschrot;
25 Vol.-%), **Crème de Cassis**
(dunkelrot; 16 Vol.-%), **Framboise d'Anjou** (rot; 25 Vol.-%)
und **Fraise d'Anjou** (hellrot;
20 Vol.-%).
Fruchtliköre:
**Dry Curaçao Parfait Triple
Sec** (Bitterorangenlikör; weiß;
35 Vol.-%), **Marasquin** (weiß,
klar; 25 Vol.-%), **Kirsch
Fantasie** (weiß, klar; 35 Vol.-%),
Abricot d'Anjou (gelb; 35 Vol.-%),
Poire William d'Anjou (weiß,
klar; 25 Vol.-%), **Peach Brandy** (gelb, klar; 25 Vol.-%) und
Coco Gif (Kokoslikör;
20 Vol.-%).
Kaffeelikör:
BASKA Liqueur de Café
(25 Vol.-%).
Kakaolikör:
Crème de Cacao (25 Vol.-%).

Ginger Brandy
Andere Bezeichnung für
→ Ginger Liqueur.

Ginger Liqueur – England
Gewürzlikör:
Aus Ingwerwurzeln mit
reinem Weingeist destilliert;
würzig, erfrischend; goldgelb
bis gelbbraun; 36 Vol.-%.
Bekanntestes Produkt: The →
Kings Ginger Liqueur.

Ginjinha – Portugal
Fruchtsaftlikör:
Aus Schattenmorellen und
Weindestillat hergestellter
Sauerkirschenlikör; rot.

Glayva – Schottland
Sonstiger Likör/Honiglikör:
Auf der Basis von Whisky,
Kräutern und Honig hergestellt; ähnlich dem → Drambuie; goldgelb; 35 Vol.-%.

Glen Mist – Schottland
Sonstiger Likör/Honiglikör:
Ein Honig-Whisky-Likör ähnlich dem → Drambuie; honigfarben, 35–40 Vol.-%.

Goldorangenlikör
Andere Bezeichnung für
→ Orangenlikör.

Goldwasser (Zleta Woda)
– Polen
Gewürzlikör:
Ist dem → Danziger Goldwasser ähnlich; enthält
schwebendes Blattgold; weiß,
blank; 40 Vol.-%.

Grande Liqueur
– Frankreich
Kräuterlikör:
Ähnlich dem → Chartreuse;
grün und gelb.

Grand Gruyère – Schweiz
Kräuterlikör:
Gelb mit 40 Vol.-% und grün
mit 46 Vol.-%.

Der Orangenlikör Grand
Marnier ist der bedeutendste französische Export-Edellikör, der in vielen
Ländern angeboten wird.
Aufgrund seines wunderbaren Aromas wird er auch
gerne in der Küche verwendet, um Speisen den besonderen Pfiff zu geben, z. B.
bei Crêpes Suzette.

Grand Marnier
– Frankreich
*Kräuter-und-Gewürz-
Likör/Fruchtlikör:*
Dieser Likör wurde von der
Firma Marnier-Lapostolle
(gegründet 1828) ab dem
Jahr 1880 erzeugt; er wird bis
heute auf Basis von Cognac
und Curaçao-Orangen nach
einem besonderen Verfahren unverändert hergestellt.
Die Curaçao-Orangen werden ausschließlich in Cognac
so lange eingelegt, bis sich
die Geschmacks- und Aromastoffe vollkommen herausgelöst haben. Danach wird eine
geheim gehaltene Mischung
aus Kräutern und Gewürzen
nach einem speziellen Verfahren beigefügt und anschließend destilliert.
Fruchtliköre:
Grand Marnier Cordon Rouge (rotes Band; Orangenlikör auf der Basis von Cognac;
bernsteinfarben; 40 Vol.-%),
Grand Marnier Cordon Jaune
(gelbes Band; wird auf Feinspritbasis hergestellt; er hat
weniger Alkohol und ist süßer
als der Cordon Rouge; gelb-

lich; 38 Vol.-%), **Grand Marnier Cuvée Centenaire** (ist ein zum hundertjährigen Bestehen des Hauses entwickelter Likör, der auf Basis eines besonders alten Cognacs hergestellt wird; bernsteinfarben; 40 Vol.-%), **Grand Marnier Cuvée Centcinquantenaire** (wurde zum 150-jährigen Jubiläum von Marnier-Lapostolle geschaffen und wird auf Basis von Cognac höchster Qualität hergestellt; das Spitzenprodukt der Firma wird in einer außergewöhnlich dekorierten Flasche des Glaskünstlers Émile Gallé verkauft; bernsteinfarben; 40 Vol.-%), **Crème de Grand Marnier** (20 Vol.-%) und → Cherry Marnier sind weitere Produkte.

Spezialcuvées sind bei Grand Marnier Tradition. So komponierte die Firma anlässlich der Krönung von George VI. im Jahre 1936 die Spezialität Coronation, 1952 folgte die Sondercuvée zur Krönung von Elizabeth II. und 1981 kam anlässlich der Vermählung von Prince Charles mit Lady Diana Spencer die Réserve Speciale heraus.

Grapefruitlikör
Ist ein → Zitruslikör.

Guignolet – Frankreich
Ist ein durch Einmaischen von Kirschen in Äthylalkohol landwirtschaftlichen Ursprungs gewonnener Likör.

Güldenwasser
– Deutschland
Gewürzlikör:
Ähnlich dem → Danziger Goldwasser.

Gül-Likörü
Türkische Bezeichnung für → Rosenlikör.

H

Hagebuttenlikör
Fruchtlikör:
Fruchtiger Geschmack mit leicht südweinähnlicher Note; hellrot, blank; 30 Vol.-%.

Half om Half
– Niederlande
Fruchtlikör der Firma → Bols.

Hallelujah – Israel
Fruchtlikör:
Orangenlikör auf Basis von Askalon Grand 41 Brandy; 35 Vol.-%.

Heather Cream
– Schottland
Obers- (Sahne-) Likör:
Aus Obers/Sahne und schottischem Malt Whisky hergestellt; 17 Vol.-%.

Peter F. Heering
– Dänemark
Spirituosenerzeugerfirma mit Sitz in Kopenhagen, gegründet 1818.
Fruchtsaftliköre:
→ Cherry Heering, **Peach Liqueur** (21 Vol.-%) und **Solbaer Liqueur** (Johannisbeer-

Rum-Likör; dunkelrot; 21 Vol.-%).
Fruchtliköre:
Orange Liqueur Triple Sec (40 Vol.-%) und **Orange Liqueur** (40 Vol.-%).
Kakaolikör:
Cacaolikör (21 Vol.-%).

Heidelbeerlikör
Deutsche Bezeichnung für → Crème de Myrtilles.

Der Cherry Heering, bis heute ein Synonym für guten Kirschbrandy, wurde erstmals 1818 von Peter F. Heering hergestellt, der als kleiner Brenner begann und nach langem Herumprobieren das Likörrezept erfand. Noch heute wird die Rezeptur in der Familie von Generation zu Generation weitergegeben.

L'Héritier-Guyot
– Frankreich
Spirituosenfirma mit Sitz in Dijon.
Fruchtsaftlikör:
Crème de Cassis (dunkelrot; 16 Vol.-%).
Fruchtliköre:
Liqueur de Poire (weiß, klar; 30 Vol.-%) und **Rio Coco** (Crème de Coco; 21 Vol.-%).
Kräuterlikör:
Dominicaine (40 Vol.-%).
Gewürzliköre:
Anisette (wasserklar; 25 Vol.-%) und **Kümmel Cristallisé** (weiß; 45 Vol.-%).

Hierbas Ibicencas

– Spanien

Kräuterlikör:
Ein Magenbitter aus Ibiza
und Katalonien; goldgelb.

Himbeerlikör

Fruchtsaftlikör:
Himbeerrot, blank; 30 Vol.-%;
häufig als → Crème de Framboises bezeichnet.

Hiram Walker Company

– Kanada

Einer der größten Spirituosenkonzerne der Welt mit
Hauptsitz in Kanada, gegründet 1858; siehe Kapitel
Whisky.
Fruchtsaftlikör:
Sambuca (Holunderbeerlikör
mit Anisgeschmack; weiß,
klar; 42 Vol.-%).
Emulsionslikör:
Chocolate Mint Liqueur
(27 Vol.-%).

Hoffmannstropfen

Stark alkoholisches Hausmittel, das bei Übelkeit und Magenbeschwerden anzuwenden ist. Hoffmannstropfen
bestehen aus einer Mischung
von Äthylalkohol und Äthyläther und werden auf Würfelzucker geträufelt eingenommen. Farblos, klar.

Holländisch Bitter

– Niederlande

Bitterlikör:
Wird gerne zu Genever getrunken; rot; 30 Vol.-%.

Holländische Liköre

Sammelbezeichnung für Liköre z. B. der Firmen → Bols,
→ Hulstkamp und Bockmer.

Holunderlikör

Fruchtsaftlikör:
Aus Holunderbeeren hergestellt; fruchtig, hell, blank;
mindestens 30 Vol.-%.
Wird auch Holunderbeerlikör
genannt.

Honiglikör

Sonstiger Likör:
Aus Bienenhonig hergestellt;
es müssen mindestens 25 Kilogramm Honig je 100 Liter
Fertigprodukt verwendet werden. Darüber hinaus ist die
Zugabe von Zucker üblich.
Bekanntes Produkt
→ Bärenfang.

Hugel – Frankreich

Wein- und Spirituosenerzeugerfirma, gegründet 1639 in
Riquewihr im Elsass.
Fruchtsaftlikör:
Liqueur de Framboises
(30 Vol.-%).

Hulstkamp – Niederlande

Spirituosenerzeugerfirma in
Rotterdam; Firmenwortlaut:
Hulstkamp & Zoon & Molijn;
erzeugt neben Genever auch
diverse Liköre.

I

Indischer Bitter – Indien

Bitterlikör mit 48 Vol.-%.

Ingwerlikör

Gewürzlikör:
Aus Ingwerwurzeln, Arrak
und Rosenwasser hergestellt;
häufig als → Crème de Gingembre bezeichnet; mindestens 30 Vol.-%; der stärkere
(als „doppelter" bezeichnet)
hat 35 Vol.-%.

Irish Coffee – Irland

Sonstiger Likör:
Aus Whiskey mit Honig,
Kräutern und Kaffeepulver
hergestellt; reiches Kaffeebukett; dunkelbraun.

Irish Cream

Synonym für → Bailey's
(Original) Irish Cream.

Irish Mist – Irland

Sonstiger Likör/Honiglikör:
Aus Whiskey, Honig und
Kräutern hergestellt; süß;
honigfarben; 35 Vol.-%.

Irish Velvet – Irland

Kaffeelikör:
Braun; 23 Vol.-%.

Iva-Bitter – Schweiz

Bitterlikör:
Dieser Magenbitter ist ein
→ Schweizer Bitter.

Iva-Fleur

Unter dem Namen →
Schweizer Bitter bekannt.

Iva-Likör

Unter dem Namen →
Schweizer Bitter bekannt.

Izzara – Frankreich/Spanien
Kräuterlikör:
Auf Armagnacbasis mit verschiedenen Blüten, Samenkörnern, Wurzeln und Gewürzen sowie Honig hergestellt. 40 Vol.-% (gelb, leicht und lieblich); 48 Vol.-% (grün, herb und kräftig).
Wird auch **Vieille Liqueur de la Côte Basque** genannt.

J

Jägermeister
                        – Deutschland/Österreich
Kräuterlikör:
Aus 56 Kräutern, Wurzeln und Früchten hergestellt; herbwürzig; braun; 35 Vol.-%.

Jägertee-Konzentrate
Sind likörartige, Tee-Extrakt- und Rum-Essenz-hältige Zubereitungen, die zur Verdünnung mit heißem Wasser oder Tee vorgesehen sind. Zur Geschmacksgebung werden Jamaika-Rum, Arrak, Obst- und andere Destillate sowie ätherische Öle zugesetzt. Auch eine Beigabe von Obstsäften oder Zitrusschalendestillaten ist üblich. Wird Wein mitverwendet, so enthält das Produkt je 100 Liter 20 Liter Wein.
Da Jägertee-Konzentrat nicht für den unmittelbaren Genuss bestimmt ist, wird das Verdünnungsverhältnis angegeben, z. B. 1 : 3.

Jamaican Coffee – Jamaika
Kaffeelikör:
Mit Blue-Mountain-Kaffee hergestellt; 31 Vol.-%.

Jarschinowka – Tschechien
Fruchtlikör:
Aus Ebereschen nach altböhmischem Rezept hergestellt; rot, blank; 30 Vol.-%.

Jarzebiak – Polen
Fruchtlikör:
Aus Ebereschen, Holunderbeeren, Traubentrestern, Engelwurz und Schlehen hergestellt.

Jarzebinka
                        – Polen, Tschechien
Fruchtlikör:
Aus süßen Ebereschen hergestellt; ähnlich dem
→ Jarzebiak.

Jean de Dijon – Frankreich
Spirituosenerzeuger mit Sitz in Dijon.
Fruchtsaftliköre:
Poires William (aus Williams Christbirnen hergestellt; 30 Vol.-%), **Crème de Cassis** (Johannisbeerlikör; dunkelrot; 20 Vol.-%), **Crème de Framboises** (Himbeerlikör; rot; 20 Vol.-%) und **Liqueur de Fraises** (Erdbeerlikör; rot; 20 Vol.-%).
Fruchtliköre:
Crème de Marasquin (Sauerkirschenlikör; klar; 30 Vol.-%) und **Liqueur de Coco** (25 Vol.-%).

Johannisbeerlikör
Andere Bezeichnung für
→ Cassis-Likör.

K

Kaffee mit Sahne
                        – Deutschland
Kaffeelikör/Obers-(Sahne-) Likör:
Aus Kaffee und Obers/Sahne hergestellt; 25 Vol.-%.

Kahlúa – Mexiko
Kaffeelikör:
Aus Tequila und Kaffeebohnen unter Zusatz von Kräutern und Vanille hergestellt; dunkelbraun; 26,5 Vol.-%.

Kakao-Nuss-Likör
Sonstiger Likör/Fruchtlikör:
Aus Kakao, Kakaoextrakt oder Kakaodestillat hergestellt; weiß bis leicht gelblich, blank; 30 Vol.-%.

Kalmuslikör – Deutschland
Gewürzlikör:
Aus Kalmuswurzeln hergestellt; meist 30 Vol.-%.

Karlovarská Becherovka
Originalbezeichnung für
→ Karlsbader Bitter.

Der feinbittere Becherovka stammt aus dem Kurort Karlsbad in Böhmen, daher auch die Originalbezeichnung Karlovarská. Becherovka wiederum leitet sich vom Namen des Erfinders, des Apothekers Jan Becher, ab.

Karlsbader Bitter
– Tschechien
Kräuterlikör/Bitterlikör:
Seit 1807 nach den Rezepten von Jan Becher in zwei Trinkstärken und Geschmacksrichtungen (bitter und starkbitter) hergestellt; kommt unter der Bezeichnung Becherovka und Karlovarská Becherovka in den Handel.
38 Vol.-% (Etikett gelb-blau) und 40 Vol.-% (Etikett rotblau).
Seit 1949 wird er unter dem Namen Becherbitter auch in Nordrhein-Westfalen mit 38 Vol.-% erzeugt.

Karpi – Finnland
Fruchtsaftlikör:
Aus Preisel-, Moos- und anderen Wildbeeren hergestellt; bittersüß; klar; rot; 31 Vol.-%.

Kartäuser – Deutschland
Kräuterlikör:
Ist ein Abtei- und Klosterlikör; ähnlich dem → Chartreuse; 35–40 Vol.-%.

Keuck – Deutschland
Likörerzeugerfirma aus Braunschweig, gegründet 1895; gehört heute zur Steinhäger Brennerei Schlichte in Steinhagen.
Fruchtsaftliköre:
Edelkirsch (aus Maraskakirschen; 28 Vol.-%) und **Kroatzbeere** (Brombeerlikör; 20 Vol.-%).
Fruchtlikör:
Apricot.
Kaffeelikör:
→ Türkisch Mokka.

Kina-Martini
Andere Schreibweise für
→ China-Martini.

Kindschi – Schweiz
Spezialitätenbrennerei mit Sitz in Davos-Dorf, gegründet 1860; im Besitz der Kindschi Söhne AG.
Kräuterlikör/Bitterlikör:
Bündner Alpenbitter
(23 Vol.-%).
Kräuterlikör/Fruchtlikör:
Bündner Röteli Likör
(22 Vol.-%).

The Kings Ginger Liqueur
– England
Gewürzlikör:
Aus Ingwerwurzeln und Sprit in Holland für die englische Firma Berry Brothers & Rudd destilliert; goldgelb; 36 Vol.-%.

Kingston – Jamaika
Produktname für exotische Liköre aus Jamaika.
Fruchtsaftliköre:
Mango (hellgelb; 24 Vol.-%), **Kiwi** (orangefarben; 24 Vol.-%), **Maracuja** (orange; 24 Vol.-%), **Papaya** (orange; 24 Vol.-%), **Red Cherry** (24 Vol.-%), **White Peach** (goldgelb; 24 Vol.-%) und **Regina White Peach** (hellgelb; 18 Vol.-%).
Fruchtliköre:
Curaçao Red (24 Vol.-%) und **Curaçao Bleu** (24 Vol.-%).
Emulsionsliköre:
Coquito (24 Vol.-%) und **Malibu Tropical Coconut** (24 Vol.-%).

Kirsberry – Dänemark
Fruchtsaftlikör:
Ist dem → Cherry Brandy ähnlich; auch Kirsenbearlikör genannt; rot; 25 Vol.-%.

Kirsch aux Œufs
– Schweiz
Emulsionslikör:
Auf Basis von Kirschwasser und frischem Eigelb hergestellt; dottergelb; 15 Vol.-%.

Kirschenlikör
Andere Bezeichnung für
→ Kirschlikör.

Kirschlikör
Fruchtsaftlikör:
Im Gegensatz zu Cherry Brandy ist bei Kirschlikör die Verwendung von Kirschwasser nicht unbedingt vorgesehen. Fast jeder Likörproduzent erzeugt seinen eigenen Kirschlikör, daher ist die Qualität unterschiedlich. Besteht der Alkohol aber ausschließlich aus Kirschbrand, muss der Mindestzuckergehalt 70 Gramm pro Liter betragen. Mindestens 25 Vol.-%.
Besonders bekannt sind:
→ Cherry Heering, Kopenhagen Kirsch, Fugger-Kirsch, Mampe Rote Kirsche.

Kirsch mit Whisk(e)y
Fruchtsaftlikör:
Ein Kirschlikör mit Whisk(e)y als Geschmackszusatz; ähnlich dem Chesk(e)y; rot; 25 Vol.-%.

Kirsch-Peureux
– Frankreich
Fruchtsaftlikör:
Feiner → Kirschlikör.

Kirschsaftlikör
Bezeichnung für einen
Kirschlikör mit Weinbrand,
Rum oder Whisk(e)y als Ge-
schmackszusatz.

Kirsenbearlikör
Andere Bezeichnung für
→ Kirsberry.

Klosterbitter – Deutschland
Kräuterlikör/Bitterlikör:
Aus verschiedenen Kräutern
hergestellt; braun; 32 Vol.-%.

Klosterliköre
Andere Bezeichnung für
→ Abteiliköre.

Kokalikör
Colalikör:
Leicht bitter, erinnert an Kakaolikör, ist jedoch etwas herber; braun; 25 Vol.-%.

Kokosnusslikör
– Nord- und Mittelamerika
Fruchtlikör:
Mit ausgeprägtem Kokosnuss-
geschmack.

Kolalikör
Andere Bezeichnung für
→ Kokalikör.

Kompositionsliköre
Sie bestehen aus Essenzen
und Essenzmischungen und
werden mit Äthylalkohol vollendet; billigste Art der Likörherstellung.

Kontiki – Niederlande
Fruchtlikör/Fruchtsaft-
likör:
Ein Alcotropic aus Gin,
Zitronen und Grapefruits;
22 Vol.-%.

Kontuszowka
– Polen/Russland/GUS
Kräuter-und-Gewürz-Likör:
Likörspezialität auf Kümmel-
basis mit starkem Lavendel-
aroma; 40 Vol.-%.
Andere Schreibweisen:
Kontusowka oder **Kontu-
czowka.**

Kosaken-Kaffee
– Deutschland
Die Likörfabrik Kosaken-Kaf-
fee H. Krisch KG, so der Fir-
menwortlaut, wurde 1914 in
Ostpreußen gegründet; seit
1952 hat die Firma ihren Sitz
in Preetz in Holstein.
Kaffeeliköre:
Kosaken-Kaffee (Mokkalikör;
dunkelbraun; 32 Vol.-%) und
Kosaken-Kaffee Entkoffeiniert
(28 Vol.-%).
Sonstiger Likör/Honiglikör:
→ Bärenfang.

Krambambuli
– Deutschland/Polen
Kräuterlikör:
Aus Veilchenwurzeln, Pome-
ranzenschalen, Kamille, Pfeffer, Piment, Wacholderbeeren
und Wermutkraut hergestellt;
dunkelrot; 30–40 Vol.-%.

Kräuterbitter
Bitterlikör:
Aromatischer Likör mit cha-
rakteristisch bitterer Kräuter-

note; bräunlich, dunkelgrün
oder rotbraun; 30 Vol.-%.

Kristallkümmel
Gewürzlikör:
Ein → Kristalllikör mit Küm-
melgeschmack.

Kristallliköre
Sind Liköre mit hohem Zu-
ckergehalt, der zum Auskris-
tallisieren an den Flaschenwänden führt; bekannt sind
die Kristallkümmel.

Kriter Crème de Cassis
– Frankreich
Fruchtsaftlikör:
Dunkelrot; 20 Vol.-%.

Kroatzbeere
Schlesische Bezeichnung für
Brombeere.

Kroatzbeerenlikör
Andere Bezeichnung für
→ Brombeerlikör.

Kronawetterlikör
Gewürzlikör:
Aus Wacholderbeeren hergestellt; ähnlich dem → Borovicka.

Krupnik – Polen
Honiglikör:
Vermischt mit Kräutern; ho-
nigfarben; 35 Vol.-%.

Krupnikal
Andere Bezeichnung für
→ Krupnik.

Krupnikas
Polnische Bezeichnung für
Liköre aus Honig.

Kümmel Cristallisé

Andere Bezeichnung für
→ Kristallkümmel.

Kümmellikör

– Österreich/Deutschland
Gewürzlikör:
Kommt in verschiedenen Arten und Qualitäten auf den Markt. Gewöhnlicher Kümmellikör ist farblos und wird aus Essenzen oder ätherischem Kümmelöl bereitet. Bessere Sorten werden über Kümmelsamen destilliert. Zur Geschmacksabrundung werden häufig Anis- und Fenchelöl zugesetzt. 30–40 Vol.-%.

Kurfürstlicher Magenbitter – Deutschland

Bitterlikör:
Aus Kräutern hergestellt; herbbitteres Pomeranzenaroma; kommt in altüberlieferten Vierkantflaschen in den Handel; braun.
Originalprodukt aus Danzig.

KWV – Südafrika

Nationale Winzergenossenschaft Südafrikas (Kooperative Wijnbouwers Vereniging) mit Sitz in Paarl, gegründet 1918. Das Unternehmen erzeugt neben Wein und Brandy auch eine Reihe bekannter Liköre.
Fruchtliköre:
Van der Hum (Mandarinenlikör, aus Weinbrand/Brandy, kapländischen Tangerinen und einheimischen Gewürzen hergestellt; 31,5–32 Vol.-%) und **Cherry Liqueur** (aus fassgereiftem Weinbrand/Brandy

und Kirschenessenz hergestellt; 31,5–32 Vol.-%).
Gewürzlikör:
Ginger Brandy Liqueur (Ingwerlikör, aus ostafrikanischem Ingwer und fassgereiftem Weinbrand/Brandy hergestellt; 31,5–32 Vol.-%).
Kräuterlikör:
Peppermint Liqueur (aus Weindestillat und Pfefferminzextrakt hergestellt, 31,5 bis 32 Vol.-%).

L

La Capucine – Belgien

Kräuterlikör:
Ein Abtei- und Klosterlikör; ähnlich dem → Elixir de Spa.

Lakka Liqueur – Finnland

Fruchtsaftlikör:
Aus Multbeeren (großen, gelben Sumpfbrombeeren) hergestellt; herbfruchtiger Geschmack; 28 Vol.-%.

Lamblin & Fils

– Frankreich
Weingut und Handelshaus mit Sitz in Chablis.
Fruchtsaftlikör:
Crème de Cassis (dunkelrot; 16 Vol.-%).

Landtwing Rütter AG

– Schweiz
Brennerei und Likörerzeugerfirma mit Sitz in Hünenberg, gegründet 1855; im Besitz der Carl & Werner Landtwing AG.
Fruchtsaftliköre und Fruchtliköre:
Apfel Liqueur, Aprikosen Liqueur, Birnen Liqueur, Brom-

beer Liqueur, Cassis Liqueur, Erdbeer Liqueur, Guava Liqueur, Grapefruit Liqueur, Himbeer Liqueur, Heidelbeer Liqueur, Kirsch Rouge, Pêche Melba, Passion Liqueur, Pfirsich Liqueur, Sambuca, Curaçao, Cognac à l'Orange, Bananen Liqueur, Maraschino, Mandarine Liqueur, Prunelle Liqueur, Vodka au Citron, Whisky Liqueur, Williams Liqueur, Kokosnuss Liqueur, Nusswasser** und **Haselnuss Liqueur.**
Gewürzliköre:
Danziger Goldwasser und **Klosterkümmel.**
Kräuterlikör:
Pfefferminz Liqueur.
Kräuterlikör/Bitterlikör:
Fernet Bitter.
Kaffeelikör:
Espresso Liqueur.
Emulsionsliköre/Eierliköre:
Eier-Abricot, Eier-Cognac, Eier-Kirsch, Eier-Scotch Whisky, Praliné Liqueur und **Sabayone Liqueur.**

Lapponia – Finnland

Markenbezeichnung für verschiedene Beerenliköre der Fa. → Marli in Turku.

La Sénancole – Frankreich

Kräuter-und-Gewürz-Likör:
Edler, herber Klosterlikör; Hauptbestandteile sind frische Frühlingskräuter, exotische Gewürze und Blütenhonig; süß; gelb.
Erzeugnis der Zisterziensermönche des Klosters Sénanque in Südfrankreich.

Latte de Suocera – Italien
Kräuterlikör:
Aus Kräutern und Rotwein hergestellt; herbsüß, duftig; tiefbraun. Auch Hundertkräuterlikör und Schwiegermuttermilch genannt.

La Vieille Prune des Trois Rois – Schweiz
Fruchtlikör:
Pflaumenlikör (40 Vol.-%).

Lecompte – Frankreich
Spirituosenerzeugerfirma mit Sitz in Lisieux.
Fruchtsaftlikör:
Reinelle Liqueur Normande (Apfellikör; 40 Vol.-%).

Lehar – Österreich
Erzeugt u. a. die *Fruchtsaftliköre* Kirschlikör und Marillenlikör mit 20 Vol.-%.

Leibwächter – Deutschland
Kräuterlikör:
Feinwürzig; braun; 37 Vol.-%.

Likörqualität – was ist das Wichtigste?
Am wichtigsten ist die Echtheit eines Likörs, das heißt, ein Kaffeelikör sollte nach frisch gemahlenem Kaffee riechen und schmecken und nicht etwa nach Obers/Sahne, Schokolade oder gar Karamell. Auch das Verhältnis Säure zu Süße ist entscheidend. Ein zu süßer Himbeerlikör ist genauso abzulehnen wie ein zu saurer Johannisbeerlikör.

Lejay-Lagoute – Frankreich
Spirituosenerzeugerfirma mit Sitz in Dijon; gegründet 1841 von Denise Lagoute, der als Erster einen Cassis fabriksmäßig herstellte.
Fruchtsaftliköre:
Crème de Cassis (dunkelrot; 20 Vol.-%), **Crème de Framboise** (rot; 15 Vol.-%), **Crème de Fraise** (rot; 15 Vol.-%), **Crème de Pêche** (gelb, klar; 15 Vol.-%) und **Sisca** (leichter Cassis-Likör; 16 Vol.-%).
Fruchtliköre:
Crème d'Abricot (gelb; 15 Vol.-%) und **Crème de Prunelle.**

Leroux
Markenname für Likörerzeugnisse, die im Besitz der Seagram-Gruppe sind; Leroux-Liköre werden in Lizenz in vielen Ländern der Erde hergestellt.

Licor 43 – Spanien
Kräuterlikör:
Aus 43 Zutaten hergestellt, von denen Milch, Bananen und Zitrusfrüchte bekannt sind; süß; goldgelb; andere Bezeichnung: **Cuarenta y Tres;** 31 Vol.-%.

Licor de Café – Spanien
Kaffeelikör:
Dunkelbraun; 28 Vol.-%.

Licor de Naranja
– Spanien
Fruchtlikör:
Stark duftender Orangenlikör; orangefarben.

Licore de Leche – Spanien
Milch-(Vollmilch-) Likör:
Aus Weingeist, Milch und Gewürzen hergestellt.

Liköressenz
Siehe → Essenzen.

Lillet
Aperitiffertigprodukt auf Basis von Weißwein mit Auszügen aus Chinarinde sowie Armagnac; goldgelb; 25 Vol.-%.

Limoncello
Zitronenlikör, der hauptsächlich in Sizilien, aber auch in anderen Teilen Italiens hergestellt wird.
Bekannte Erzeuger sind u. a.: Beniamino Maschio (28 Vol.-%), Pallini (28 Vol.-%), Cellini (30 Vol.-%), Roner (30 Vol.-%).

Liqueur d'Anis
– Frankreich
Gewürzlikör:
Unter dieser Bezeichnung verkauft die Fa. Pernod einen absinthähnlichen Anislikör, dessen Herstellung von der Regierung streng kontrolliert wird; gelb; 45 Vol.-%.

Liqueur de Café
– Frankreich
Kaffeelikör:
Aus Weingeist, frisch gerösteten, gemahlenen Kaffeebohnen und Zucker hergestellt; kommt aus der Provence; dunkelbraun; 28 Vol.-%.

Liqueur de Lait d'Avignon – Frankreich
Sonstiger Likör/Milch-(Vollmilch-)Likör:
Aus Weingeist, Milch, Zucker, Vanilleschoten und Zitronen hergestellt.

Liquore al Miele – Italien
Sonstiger Likör/Honiglikör:
Auf Basis von Grappa und Honig hergestellt; 40 Vol.-%.

Liquore Strega – Italien
Kräuterlikör:
Aus über 70 Kräutern hergestellt; bitter; goldgelb; 40 Vol.-%.

Lochan Ora – Schottland
Sonstiger Likör/Honiglikör:
Auf Basis von schottischem Whisky und Honig hergestellt; ähnlich dem → Drambuie; honigfarben; 35 Vol.-%.

Luxardo – Italien
Weltbekannte Spirituosenerzeugerfirma mit Sitz in Torreglia bei Padua.
Fruchtsaftlikör:
Sangue Morlacco (Kirschlikör; rot; 30 Vol.-%) und **Sambuca** (Holunderbeerlikör mit Anisgeschmack; 38 Vol.-%).
Fruchtliköre:
Orange Dry (weiß; 39 Vol.-%) und **Original Maraschino Liqueur** (aus Maraskasauerkirschen hergestellt, Flasche in Bastgeflecht; wasserhell, klar; 32 Vol.-%).
Kaffeelikör:
Calypso Liquore di Caffe (27 Vol.-%).

Sonstiger Likör:
Amaretto di Saschira (28 Vol.-%).

M

Magenliköre
Bitterliköre; aus Auszügen aus Anis, Fenchel, Enzian, Koriander, Süßholz, Curaçao-Orangenschalen, Zimt, Aloe, Chinarinde u. a. hergestellt; besondere Wirkung auf Magen und Verdauung; kein Heilmittel.

Malibu – England
Fruchtlikör:
Ein Alcotropic aus Kokosnüssen und leichtem Jamaika-Rum; klar; 28 Vol.-%.

Mampe – Deutschland
Spirituosenerzeugerfirma, gegründet 1852 in Berlin.
Fruchtsaftliköre:
Brombeere und **Rote Kirsche.**
Fruchtliköre:
Grüne Pomeranze und **Halb und Halb.**
Bitterlikör:
Dr. Mampes → Bittere Tropfen.

Mandarine Napoléon – Frankreich
Fruchtlikör:
Mit Cognac Fine Champagne der Qualität Napoléon hergestellt; goldgelb, blank; 38 Vol.-%.

Mandarinenlikör
Fruchtlikör:
Aus Mandarinen hergestellt; leicht säuerlich; rötlich-gelb, blank; 30–35 Vol.-%.

Mandarinetto Isolabella – Italien
Fruchtlikör:
Mit fruchtigem, leicht säuerlichem Mandarinengeschmack; rötlich-gelb, blank; 30 Vol.-%.

Mandignac Le Grand Liqueur de Mandarine – Belgien
Fruchtlikör:
Auf Cognacbasis mit Mandarinen hergestellt; hellorange, klar; 38 Vol.-%.

Mangaroca do Brasil – Brasilien
Spirituosenerzeugerfirma mit Sitz in Sao Paulo.
Emulsionslikör/Kaffeelikör:
Batida de Café.
Emulsionslikör:
Batida de Coco (aus Kokosnüssen, Milch und Zucker hergestellt).
Die Produkte werden in verschiedenen Ländern in Lizenz erzeugt.

Mangolikör
Fruchtsaftlikör:
Ein Alcotropic aus Mangofrüchten; bekanntes Produkt → Amazona.

Maple Liqueur d'Erablé – Kanada
Sonstiger Likör:
Mit Ahornsirup hergestellt; 27 Vol.-%.

Maracujalikör
Fruchtsaftlikör:
Aus Branntwein und natürlichem Saft der Passionsfrucht hergestellt; gelb; 25 Vol.-%.

Maraschino (Maraskino)
Fruchtlikör:
Aus Marasken (dalmatinischen Sauerkirschen) hergestellt; wird nicht aus Kirschsaft und Alkohol hergestellt, sondern aus Kirschwasser (nach dem Gesetz ein Drittel des Alkohols), dem Zucker, Rindenauszüge, Vanille und andere Gewürze zugegeben werden. Kirscharoma darf nicht zugesetzt werden. Markenname ist nicht gesetzlich geschützt, Maraschino kann daher überall nachgemacht werden. Wasserhell, klar; 30–35 Vol.-%.
Produkte gibt es von den Firmen → Luxardo, → Maraska, → Bols, → Stock, → Bardinet, → Cusenier, → Jean de Dijon, → Giffard und Parizot.

Maraska – Kroatien
Spirituosenerzeugerfirma mit Sitz in Zadar.
Fruchtsaftliköre:
Cherry Brandy (aus dalmatinischen Kirschen hergestellt; kirschrot; 31 Vol.-%), **Cherry Wisniak** (aus Sauerkirschen hergestellt; 31 Vol.-%), **Apricot** (hellgelb; 28 Vol.-%) und **Kruskovac Pear** (hellgelb; 28 Vol.-%).

Fruchtliköre:
Original Maraschino di Zara (feiner Kirschlikör aus dalmatinischen Sauerkirschen, Flaschen in Bastgeflecht; wasserhell, klar; 32 Vol.-%) und **Orohovac Nut Liqueur** (Nusslikör; 28 Vol.-%).
Gewürzlikör:
Vanilija (mit ausgeprägtem Vanillegeschmack; gelbbraun; 30 Vol.-%).
Bitterlikör:
Vlahovac (36 Vol.-%).

Maraska Cherry
1. Englische Bezeichnung für → Maraschino.
2. Kurzbezeichnung für → Maraska Cherry Brandy.

Marasquin
Französische Bezeichnung für → Maraschino.

Mariazeller Magenlikör
– Österreich
Bitterlikör:
Als Halbbitter mit Zuckerzusatz und als Vollbitter ohne Zuckerzusatz hergestellt; braun; 40 Vol.-%.

Marie Brizard & Roger
– Frankreich
Spirituosenerzeugerfirma mit Sitz in Bordeaux, gegründet 1755.
Fruchtsaftliköre:
Cherry (roter Kirschlikör; 24 Vol.-%), **Poire William** (gelb; 30 Vol.-%), **Peach** (30 Vol.-%), **Crème de Cassis** (dunkelrot; 20 Vol.-%), **Crème de Framboise** (rot; 20 Vol.-%), **Fraise des Bois** (aus Walderdbeeren; rot; 18 Vol.-%), **Crème de Fraise** (rot; 20 Vol.-%), **Crème de Mûre** (dunkelroter Brombeerlikör; 16 Vol.-%) und **Melon** (aus Wassermelonen hergestellt; hellrot; 19 Vol.-%).
Fruchtliköre:
Triple Sec (Orangenlikör; weiß; 39 Vol.-%), **Orangero** (orangefarben; 38 Vol.-%), **Curaçao Bleu** (25 Vol.-%), **Curaçao Orange** (25 Vol.-%), **Apry** („Liqueur d'Abricot"; gelborange; 30 Vol.-%), **Crème de Banane** (25 Vol.-%), **Charleston Follies** (Leichtlikör; 21 Vol.-%) und **Noisette** (gelbbraun, klar; 25 Vol.-%).
Gewürzlikör:
→ Anisette.
Kräuterliköre:
Crème de Menthe Blanche (wasserklar; 25 Vol.-%) und **Crème de Menthe Verte** (grün; 25 Vol.-%).
Kakaoliköre:
Crème de Cacao (25 Vol.-%) und → Crème de Chouao.
Emulsionsliköre:
Chocolat (20 Vol.-%) und **Coconut** (21 Vol.-%).
Sonstiger Likör/Aromalikör:
Parfait Amour (25 Vol.-%).

Die Liquori aus Venedig
Bereits im Jahre 1332 werden die Liquori aus Venedig erstmals erwähnt. Sie werden als ein stark duftendes, süßes Gebräu beschrieben, das mit Rosenblättern aromatisiert wird.

Die Krankenschwester Marie Brizard starb 1801, ihr Name ist unvergessen und aus der Welt der Liköre und Spirituosen nicht wegzudenken. Die Likörproduktion begann sie 1755 in Bordeaux mit dem Rezept eines Elixiers aus Anis, das sie für die aufopfernde Pflege eines Seemannes erhalten hatte. Diesen Anisette stellte sie später in größerer Menge her, um damit eine Epidemie zu bekämpfen. Marie Brizard ist heute ein Synonym für Anisette und zugleich auch die älteste und bekannteste Anisettemarke.

Marillenlikör
Österreichische Bezeichnung für → Apricot Brandy.

Marli – Finnland
Likörerzeugerfirma mit Sitz in Turku.
Fruchtsaftliköre:
Peach Dream (gelb, klar; 21 Vol.-%), **Mustaherukka** (Johannisbeerlikör; dunkelrot; 15 Vol.-%), **Lapponia Lakka** ("Cloudberry Liqueur"; aus großen, gelben finnischen Himbeeren hergestellt; herbfruchtig; gelb; 21 Vol.-%), **Lapponia Mesimarja** ("Arctic Brambleberry Liqueur"; aus arktischen Brombeeren hergestellt; rot; 21 Vol.-%) und **Lapponia Puolukka** ("Lingonberry Liqueur"; kirschrot; 21 Vol.-%).
Emulsionslikör:
Columbus Advokaat (21 Vol.-%).

Marnier-Lapostolle
– Frankreich
Spirituosenerzeugerfirma mit Sitz in Neauphle-le-Château, gegründet 1827 von Jean Baptiste Lapostolle. Bereits 1828 wurde die Spitzenmarke → Grand Marnier kreiert, die noch heute in verschiedenen Sorten produziert wird. Weiters der Cherry Brandy → Cherry Marnier.

Marnique – Australien
Fruchtlikör:
Mandarinenlikör auf der Basis von Weindestillat mit Schalenextrakten von Mandarinen; ähnlich dem → Grand Marnier.

Martini & Rossi – Italien
Spirituosenerzeugerfirma mit Sitz in Turin.
Kräuterliköre:
Martini Bitter (rot; 25 Vol.-%), → China-Martini und **Menta Glaciale** (Pfefferminzlikör; weiß; 40 Vol.-%).

Massenez – Frankreich
Brennerei und Likörerzeugerfirma mit Sitz in Bassemberg im Elsass, im Besitz der Familie G. E. Massenez.
Fruchtsaftliköre:
Crème de Griotte (Sauerkirschenlikör; rot; 20 Vol.-%), **Crème de Pêche** (Pfirsichlikör; gelb; 20 Vol.-%), **Crème de Cassis** (20 Vol.-%), **Crème de Framboise** (rot; 20 Vol.-%), **Crème à la Fraise des Bois** (Walderdbeerlikör; rot; 20 Vol.-%), **Crème de Mûre** (Brombeerlikör; dunkel-

rot; 20 Vol.-%) und **Crème de Myrtille** (Heidelbeerlikör; dunkelrot; 20 Vol.-%).

Mastika – Bulgarien
Gewürzlikör:
Ausgeprägte Anisnote; 47 Vol.-%.

Mast-Jägermeister
– Deutschland
Spirituosenerzeugerfirma mit Sitz in Wolfenbüttel.
Kräuterlikör:
→ Jägermeister.
Fruchtlikör:
Schlehenfeuer (ein Wildfruchtlikör, aus Schlehenfruchtextrakt und Karibik-Rum hergestellt; 38 Vol.-%).

Mazarin – Frankreich
Kräuter-und-Gewürz-Likör:
Aus verschiedenen Kräutern und Gewürzen hergestellt; ähnlich dem → Bénédictine D.O.M.; gelb; 30 Vol.-%.

Mazarine – Argentinien
Kräuterlikör:
Auf Rumbasis mit Kräutern hergestellt.

Mazarine – Frankreich
Fruchtlikör:
Mit Zitronen- und Orangenaroma; 30 Vol.-%.

Mel Doriro
– Spanien/Portugal
Honiglikör:
Auf der Basis von Aguardiente und Honig hergestellt; honigfarben; 35 Vol.-%.

Melonenlikör
Fruchtsaftlikör:
Aus natürlichem Melonensaft, hauptsächlich in südlichen Ländern hergestellt; weiß und grün, blank; 28 Vol.-%.

Mentuccia
Andere Bezeichnung für
→ Centerbe.

Mentuccia de San Silvestro – Italien
Kräuterlikör:
Mit ausgeprägtem Pfefferminzgeschmack.

Mesimarja – Finnland
Fruchtsaftlikör:
Aus Multbeeren hergestellt; brombeerfarben; 25 Vol.-%.

Metheglin – England
Honiglikör:
Aus Malz und Honig hergestellt; honigfarben; 28 Vol.-%.

Midori Melon Liqueur
– Japan
Fruchtsaftlikör:
Aus Honigmelonen hergestellt; grün, blank; 23 Vol.-%.

Mikha – Japan
Fruchtsaftlikör:
Aus Zuckermelonen hergestellt; smaragdgrün; 23 Vol.-%.

Millefiori – Italien
Kräuterlikör:
Aus Alpenblumen, Kräutern und Samenrinden hergestellt;

wörtliche Übersetzung „Tausend Kräuter". Charakteristisch ist ein Kräutersträußchen oder -zweig in der Flasche; 45 Vol.-%.

Millwood Whiskey Cream – Niederlande
Emulsionslikör:
Auf Whiskeybasis mit Obers/ Sahne hergestellt; 14,5 Vol.-%.

Mint Liquor
Englische Bezeichnung für
→ Pfefferminzlikör.

Mirabellenlikör
Fruchtlikör:
Aus Mirabellen hergestellt; 30 Vol.-%.

Mirtillo – Italien
Fruchtsaftlikör:
Aus Heidelbeeren hergestellt; 32 Vol.-%.

Mokka-Kirsch
– Deutschland
Kaffeelikör:
Ein Mokkalikör, der fünf bis zehn Liter Kirschwasser auf 100 Liter enthält; mindestens 25 Vol.-%.

Mokkalikör
Kaffeelikör:
Mit besonders hohem Kaffeegehalt; starker Kaffeegeschmack; dunkelbraun; 21 Vol.-%.

Mokka mit Ei
Emulsionslikör/Kaffeelikör:
Der Geschmack von Kaffee und Ei kommt deutlich hervor; kaffeebraun; 25 Vol.-%.

Mokka-Sahne-Likör
– Deutschland
Kaffeelikör/Obers-(Sahne-) Likör:
Mokkalikör mit mindestens 10 Prozent Kaffeesahnezusatz; milchkaffeebraun; mindestens 25 Vol.-%.

Molinari – Italien
Spirituosenerzeugerfirma mit Sitz in Civitavecchia.
Fruchtsaftlikör:
Sambuca Extra (Holunderbeerlikör mit Anisgeschmack; weiß, klar; 42 Vol.-%).

Monastique
– Frankreich/Südamerika
Kräuterlikör:
Ein Abtei- und Klosterlikör; ähnlich dem → Bénédictine.

Mönchslikör
Andere Bezeichnung für
→ Abteilikör.

Monin – Frankreich
Spirituosenerzeugerfirma mit Sitz in Bourges, gegründet 1912.
Fruchtsaftliköre:
Framboise (18 Vol.-%), **Fraise** (18 Vol.-%), **Frais des Bois** (18 Vol.-%), **Pêche** (18 Vol.-%), **Cassis de Dijon** (16 Vol.-%), **Cherry Brandy** (24 Vol.-%), **Watermelon** (20 Vol.-%), **Mûre** (16 Vol.-%).

Fruchtliköre:
Curaçao Bleu (20 Vol.-%),
Curaçao Orange (24 Vol.-%),
Curaçao Triple Sec (35 Vol.-%),
Mandarine (35 Vol.-%),
Abricot (20 Vol.-%), **Banane Jaune** (20 Vol.-%).
Kakaolikör:
Cacao (braun und weiß; beide 20 Vol.-%).
Kaffeelikör:
Café (25 Vol.-%).
Kräuterliköre:
Menthe (weiß und grün; beide 20 Vol.-%).
Gewürzlikör:
Vanille (20 Vol.-%).
Sonstiger Likör:
Violette (16 Vol.-%).

Mont Kenya – Kenia
Sonstiger Likör:
Aus Zuckerrohrmelasse, Kaffee und verschiedenen Kräutern hergestellt; dunkelrot.

Morand – Schweiz
Spirituosenerzeugerfirma mit Sitz in Martigny, gegründet 1889.
Fruchtsaftliköre:
Crème de Cassis (aus Schwarzen Johannisbeeren; 20 Vol.-%) und **Liqueur Williamine** (aus Williams Christbirnen; 35 Vol.-%).

Morella
Italienische Bezeichnung für Liköre aus Sauerkirschen.

Moretta – Italien
Kaffeelikör:
Mit Zusatz von Anis und Zitronenschalen; dunkelbraun; 28 Vol.-%.

Motia – Indien
Sonstiger Likör:
Aus Kräutern und Maiglöckchen hergestellt; lange Lagerung; goldgelb; 28 Vol.-%.

Mozart – Österreich
Emulsionsliköre:
Mozart Gold (17 Vol.-%),
Mozart White (15 Vol.-%),
Mozart Black (17 Vol.-%) und
Amadé Chocorange (mit Destillaten von Blutorangen).

Multbeerenlikör
Fruchtsaftlikör:
Aus Multbeeren (großen, gelben Sumpfbrombeeren) hergestellt; gelb.

Muskatlikör
Gewürzlikör:
Starkes Muskataroma; weiß, blank; mindestens 30 Vol.-%.

Myers's Original Rum Cream – Jamaika
Emulsionslikör:
Auf Rumbasis hergestellt; 17 Vol.-%.

N

Nalewka – Finnland
Fruchtsaftlikör:
Aus Multbeeren (großen, gelben Sumpfbrombeeren) hergestellt; gelb; 28 Vol.-%.

Nalewka – Polen
Gewürzlikör:
Mit Kirschengeschmack; dunkelrot; 40 Vol.-%.

Naliwka – Russland
Fruchtsaftlikör:
Aus Branntwein, Erdbeeren, Kirschen, Pflaumen und Wildbeeren hergestellt; rot; sehr süß.

Nannerl – Österreich
Likörerzeugerfirma in Salzburg.
Fruchtlikör:
Nougat Schokoladelikör (20 Vol.-%).
Emulsionslikör:
Nougat Schokoladelikör (20 Vol.-%).

Napoléon 21 – Frankreich
Fruchtlikör:
Brandy-Orangenlikör; 21 Vol.-%.

Napoléon Courrier – Frankreich
Fruchtlikör:
Aus Weinbrand/Brandy und Früchten hergestellt; süß und mild; 24 Vol.-%.

Napoléon Madame Gauvin – Frankreich
Fruchtlikör:
Auf Basis von Weinbrand/Brandy und Früchten hergestellt; 36 Vol.-%.

Nektarinenlikör
Fruchtlikör:
Aus Nektarinen hergestellt; gelb; 30 Vol.-%.

Nelkenlikör
Gewürzlikör:
Mit Gewürznelkenöl herge-
stellt; stark aromatisch; mindestens 30 Vol.-%.

Ng Ka Pi – China/Taiwan
Kräuterlikör:
Aus zehn verschiedenen
Kräutern hergestellt.

Nocino – Italien
Fruchtlikör/Sonstiger Likör:
Likör, dessen Aroma über-
wiegend durch Einmaischen
und/oder anschließende
Destillation ganzer Wal-
nusskerne zustande kommt;
mindestens 30 Vol.-%. Andere Bezeichnung ist **Nocello.**

Noisette
Französische Bezeichnung
für → Nusslikör aus Haselnüssen sowie für Brannt-
weine, die mit Haselnüssen
angesetzt werden.

Noisette-Chocolat
                    – Frankreich
*Sonstiger Likör/Emulsions-
likör:*
Schokoladelikör mit deut-
lichem Haselnussaroma;
herb-würzig; cremig; hell- bis
dunkelbraun, blank; 30–35
Vol.-%.

Noix
Französische Bezeichnung
für → Nusslikör aus Walnüssen sowie für Branntweine,
die mit Walnüssen angesetzt
werden.

Nusslikör
*Sonstiger Likör/Emulsi-
onslikör:*
Aus frischen Eiern, Nüssen
und Obers/Sahne hergestellt;
cremig; mit nougatähnlichem
Geschmack; bekannte Nuss-
liköre sind → Crème de Noisette, → Crème de Noyaux
und → Nocino.

O

Oldesloer – Deutschland
Markenname für Liköre der
Fa. August Ernst mit Sitz in
Bad Oldesloe, gegründet
1878.
Fruchtsaftliköre:
Pfirsich (rötlich; 15 Vol.-%),
Apfel (orangefarben; 15
Vol.-%), **Ananas mit Rum**
(gelb, blank; 15 Vol.-%) und
Grenadin (Granatapfellikör;
15 Vol.-%).
Fruchtlikör:
Mirabell (gelb; 15 Vol.-%).
Gewürzlikör:
Kümmel (32 Vol.-%).

Old Jamaica Liqueur
                    – Jamaica
Kaffeelikör:
Aus Blue-Mountain-Kaffee
hergestellt; 25 Vol.-%.

**Orange and Coffee-
Bean-Cordial** – England
Sonstiger Likör:
Aus Tequila, Orangen und
Kaffeebohnen hergestellt.

Orange Brandy
Englische Bezeichnung für
einen süßen Orangen-Wein-
brand-Likör; orange; zirka
28 Vol.-%.

Orangen-Eislikör
Fruchtlikör:
Ein → Eislikör, bei dem sich
die Zuckerkristalle nicht wie
beim → Kristalllikör an der
Flaschenwand bilden, son-
dern an den eingelegten
Fruchtschnitten; mindestens
35 Vol.-%.

Orangenlikör
Fruchtlikör:
Aus Orangen (Apfelsinen)
hergestellt; aromatisch; gelb
und weiß; meist 30 Vol.-%.

**Original Carlsbad Becher
Liqueur** – Tschechien
Kräuterlikör/Bitterlikör:
Hellgelb; 38 Vol.-%. Ist ein
→ Karlsbader Bitter.

Original Venetian Cream
                    – Italien
Emulsionslikör mit 17 Vol.-%.

Oropa – Italien
Kräuterlikör:
Aus Alpenkräutern herge-
stellt; 21 Vol.-%.

Ouro do Brasil – Brasilien
Kaffeelikör:
Ähnlich dem → Tia Maria;
dunkelbraun.

P

Pacharán
Nach dem Gesetz eine Obstspirituose, die durch Einmaischen von Schlehen mit einer Fruchtmindestmenge von 250 Gramm je Liter reinen Alkohols gewonnen wird.

Pacharán – Spanien
Fruchtlikör:
Aus Schlehen und Anisbranntwein hergestellt; süßer, anisartiger Geschmack; rötlichbraune Farbe; 24–30 Vol.-%.

Pagès – Frankreich
Die Firma Pagès Distillerie du Velay hat ihren Sitz in Saint-Germain-Laprade.
Fruchtsaftliköre:
Crème de Pêches (gelb, klar; 16 Vol.-%), **Crème de Cassis** (dunkelrot; 16 Vol.-%), **Crème de Fraises** (rot; 16 Vol.-%) und **Liqueur de Fruits de la Passion** (gelb, blank; 20 Vol.-%).
Fruchtliköre:
Curaçao Triple Sec (weiß; 30 Vol.-%), **Curaçao Bleu** (24 Vol.-%), **Liqueur d'Abricot** (gelblich; 30 Vol.-%), **Crème de Banane** (gelb, blank; 25 Vol.-%), **Crème de Banane** (rötlich; 16 Vol.-%), **Imperial Orange** (24 Vol.-%) und **Prunelle** (30 Vol.-%).
Kräuterlikör:
→ Verveine du Velay und **Peppermint** (21 Vol.-%).
Kakaolikör:
Crème de Cacao (25 Vol.-%).

Sonstige Liköre:
Liqueur de Noisette (hellbraun, blank; 25 Vol.-%) und **Parfait Amour** (25 Vol.-%).

Pallini – Italien
Likörerzeugerfirma in Rom.
Fruchtsaftlikör:
Sambuca Romana (Holunderbeerlikör mit Anisgeschmack; weiß, klar; 42 Vol.-%), **Peachcello** (Pfirsichlikör, 28 Vol.-%), **Rapicello** (Beerenlikör, 28 Vol.-%).
Fruchtlikör:
Limoncello (Zitronenlikör, 28 Vol.-%), **Maraschino** (32 Vol.-%).
Gewürzlikör:
Alkermes (21 Vol.-%).
Kaffeelikör:
Xcafé Espresso (29 Vol.-%).
Sonstiger Likör:
Amaretto (29 Vol.-%).

Palo – Spanien
Sonstiger Likör:
Aus Johannisbrot hergestellt.

Pampelmusenlikör
Fruchtlikör/Fruchtsaftlikör:
Aus dem Saft der Pampelmuse hergestellt; hellgelb, blank.

Parfait Amour
Sonstiger Likör/Aromalikör:
Aus Veilchen und exotischen Zutaten hergestellt; herrliches Blütenaroma; lila, 25–30 Vol.-%. Bekannt sind die Erzeugnisse von → Bols, Charles Vanot, → De Kuyper, → Bardinet, → Marie Brizard, → Cusenier und → Pagès.

Pascha – Türkei
Kaffeelikör:
Kaffeebraun; 26,5 Vol.-%.

Peach Brandy
1. *Fruchtsaftlikör:*
   Aus dem Saft frischer Pfirsiche hergestellt; mit Bittermandelöl aromatisiert; besonders hoher Extraktgehalt; wasserhell, blank; 30–35 Vol.-%.
2. Englische Bezeichnung für Branntwein aus Pfirsichen.

Pecco – Niederlande
Teelikör:
Auch als Crème de Pecco im Handel; grün schimmernd; 20 Vol.-%.

Pêche
Französische Bezeichnung für einen leichten, süßen Pfirsichlikör.

Pêche Mignon
– Frankreich
Fruchtsaftlikör:
Aus weißen Pfirsichen aus dem Roussillon hergestellt.

Pelinkovec – Slowenien
Bitterlikör/Weinlikör:
Vorwiegend aus Wermutkraut und Rotwein in zwei Versionen hergestellt; dunkelbraune Farbe; bitter mit 28 Vol.-% und süß mit 25 Vol.-%. Andere Schreibweise: **Pelinkovac.**

Peppermint Get
– Frankreich
Kräuterlikör:
Mit Pfefferminze hergestellt;
grün, farblos oder rötlich;
30 Vol.-%.

Der Pfefferminzlikör wurde
von Jean Get 1796 in Revel bei
Toulouse kreiert, und das Rezept wurde seit damals nicht
verändert. Der Likör zeichnet sich durch sein herrliches
Aroma und seinen speziellen
Pfefferminzgeschmack aus.

Perdrizet – Frankreich
Likörerzeugerfirma mit Sitz
in Dijon.
Fruchtsaftliköre:
Crème de Pêche (15 Vol.-%),
Crème de Cassis (dunkelrot;
20 Vol.-%) und **Crème de
Framboise** (rot; 15 Vol.-%).

Perisco-Likör – Italien
Fruchtlikör:
Aus Pfirsichbranntwein, Mandelöl, Zucker sowie Perisco-
Öl hergestellt; stark aromatisch; hell, blank; ist ein →
Rosoglio.

Pernod-Ricard – Frankreich
Spirituosenerzeugerkonzern
mit Sitz in Paris und Marseille, vor allem bekannt für die
Anisées.
Fruchtsaftlikör:
Crème de Cassis la Duchesse
(dunkelrot; 16 Vol.-%).

Peter F. Heering
– Dänemark
Siehe Peter F. → Heering.

Petzfang
Andere Bezeichnung für
→ Honiglikör.

Peureux – Frankreich
Destillerie mit Sitz in Fougerolles.
Fruchtsaftlikör:
Crème de Cassis (dunkelrot;
15 Vol.-%).

Peyrot – Frankreich
Weingut und Cognacerzeugerfirma mit Sitz in Gondeville, im Besitz von François
Peyrot.
Fruchtlikör:
Passions Fruit Cocktail au Cognac (orange; 18 Vol.-%).

Pfefferminzlikör
Kräuterlikör:
Intensiver Pfefferminzgeschmack; weiß oder grün;
ist ein → Crème de Menthe.

Pfirsichlikör
Deutsche Bezeichnung für
→ Peach Brandy.

Pflaumenlikör
Fruchtlikör:
Geruch und Geschmack nach
Pflaumen mit klar erkennbarer Kernnote; rotbraun,
blank; 30–35 Vol.-%.

Picon
Siehe → Amer Picon.

Pimentliköre
Sammelbegriff für Gewürzliköre mit hervorstechendem
Pimentaroma (Piment = Nelkenpfeffer).

Pimento – Südamerika
Gewürzlikör:
Aus Jamaika-Rum, Pimentöl und Pimentos hergestellt;
den Pimentos (Beeren des
Nelkenpfefferbaumes) verdankt der gleichnamige Likör
den feurigen Geschmack; rot.

Pippermint Get
– Frankreich
Kräuterlikör:
Get 31 (weiß; 24 Vol.-%) und
Get 27 (grün; 21 Vol.-%).

Pisang ist der Name einer
grünen Bananenart, die auf
den zu Indonesien gehörenden Ambon-Inseln heimisch ist (dies zur Erklärung der Wortschöpfung des
bekannten Bananenlikörs).
Neben den grünen Bananenlikören gibt es bekanntlich
auch gelbe Bananenliköre.

Pisang Ambon
– Niederlande/Österreich
Fruchtlikör:
Aus der grünen, gereiften
indonesischen Pisang-Banane, Zucker, Alkohol und
tropischen Gewürzen hergestellt; smaragdgrün; 22,5
Vol.-%.

Polnischer Reiter – Polen
Bitterlikör:
Stark bitterer Geschmack;
38 Vol.-%; ist ein → Reiterlikör.

Pomeranzen-Bitter
Andere Bezeichnung für
→ Elixir Longae Vitae.

Pomeranzenlikör
Fruchtlikör:
Aus Pomeranzen (Bitterorangen) und ihren Schalen hergestellt; bitter-herb, leicht würzig; braun; bei Verarbeitung frischer Schalen leicht grünlich; auch Bitterpomeranzenlikör genannt; 30 Vol.-%. Wird auch als → Eislikör hergestellt. Andere Bezeichnungen: **Bischofslikör, Bitterorangenlikör, Bitterpomeranzenlikör.**

Pousse Rapière
– Frankreich
Fruchtlikör:
Auf der Basis von Armagnac, Orangenlikör oder Orangendestillat mit Kräuterzusätzen hergestellt; 36 Vol.-%.

Preiselbeerlikör
Fruchtlikör:
Herb-fruchtig, säuerlich; rot, blank; 30–35 Vol.-%.

Prünellenlikör
Fruchtlikör:
Aus Prünellen (getrockneten Pflaumen) und Schlehen hergestellt; fruchtig, mit betonter Kernnote; hellgrün, blank; 30–40 Vol.-%. Ist ein → Crème de Prunelles.

Puvodni Karlovarská Becherovka
Originalbezeichnung für → Karlsbader Bitter.

Q

Quebrada de Maracuja
– Österreich
Fruchtsaftlikör:
Aus Maracujamark (Passionsfrucht), Sauerkirschen, Zucker und Zitrusfrüchten hergestellt; orangerot; 22,5 Vol.-%. Originalprodukt aus Brasilien.

Quince Brandy
Englische Bezeichnung für → Quittenlikör.

Quittenlikör
Fruchtlikör:
Aus Quitten hergestellt; mit Rum und Arrak versetzt; selten erzeugt; rot; 30 Vol.-%.

R

Ramazzotti – Italien
Spirituosenerzeugerfirma mit Sitz in Mailand, gegründet 1815. Neben dem Kräuteraperitif → Amaro Ramazzotti wird auch ein Sambuca mit 40 Vol.-% hergestellt.

Der Apotheker und spätere Weinhändler Ausano Ramazzotti stellte erstmals 1815 in Mailand den nach ihm benannten Kräuteraperitif aus sage und schreibe 33 verschiedenen Kräutern her.

Rappis – England
Gewürzlikör:
Auf Kornbasis hergestellt; mit Zimt und Gewürznelken aromatisiert.

Raspail Liqueur
– Frankreich
Kräuter-und-Gewürz-Likör:
Aus einem Gemisch von Kalmus, Myrrhe, Angelikawurzeln und anderen Bitterdrogen hergestellt; ähnlich dem → Chartreuse; gelb; 30 Vol.-%.

Raspberry Brandy
Englische Bezeichnung für → Himbeerlikör.

Ratafia – Italien
Fruchtlikör:
Aus Andorno-Schwarzkirschen hergestellt; stark würzig.

Ratafia d'/de ...
Sammelname für süße Fruchtliköre, die mit verschiedenen Gewürzen aromatisiert, mit zerkleinerten Früchten versetzt und mit Wasser und Zucker vollendet werden. Die zerkleinerten Früchte werden in hochprozentigem Alkohol acht bis zehn Tage angesetzt. Ratafia ist in allen romanischen Ländern beliebt und verbreitet.

Ratafia d'Abricots
– Frankreich/Italien
Fruchtlikör:
Aus Alkohol, Aprikosen, Zucker, Zimt und Nelken hergestellt; 38–40 Vol.-%.

Ratafia de Figues Sèches
– Frankreich
Fruchtlikör:
Aus getrockneten Feigen hergestellt.

Ratafia de Grenades
– Frankreich
Fruchtlikör:
Aus Granatäpfeln hergestellt.

Ratafia de Pêches
– Frankreich
Fruchtlikör:
Aus Pfirsichen hergestellt.

Ratafia de Sept Grains
– Frankreich
Fruchtlikör:
Aus sieben verschiedenen Früchten hergestellt.

Regnier do Brasil
– Brasilien
Spirituosenerzeugerfirma, die verschiedene Tropical Drinks auf der Basis von Zuckerrohrschnaps herstellt.
Emulsionsliköre:
Batida de Café (22,5 Vol.-%),
Batida de Coco (22,5 Vol.-%),
Batida de Menta (22 Vol.-%) und **Batida de Menta Cacao** (22 Vol.-%).

Reiterliköre
Vor allem in Deutschland gebräuchliche Sammelbezeichnung für alle Bitterliköre mit einem Mindestalkoholgehalt von 30 Vol.-%; aus Angelika, Ingwer, Zitwer, Rhabarberwurzeln, Enzian, Tonkabohnen, Muskatnuss, Nelken, Zimt, Curaçao-Orangenschalen, Bohnenkraut, Zitronen-

melisse, Chinarinde, Pfefferminze, Fenchel, Kardamom, Wermut und anderen Drogen hergestellt; aromatisch, würzig, extraktreich; brennend und dezent bitter.

Rittmeisterliköre
Sind → Reiterliköre, die jedoch einen höheren Alkoholgehalt aufweisen und bitterer als Reiterliköre sind.

Rock and Rye – USA
Sonstiger Likör/Fruchtlikör:
Ein Roggenwhiskey (Rye Whiskey), der mit Kandiszucker ("rock candy") und Zitrone versetzt wird. Daher kommt die Bezeichnung Rock (Zucker) und Rye (Roggen). Charakteristisch sind Schalen und Fruchtfleischstücke von Zitrusfrüchten in der Flasche.

Viele der heute klassischen Liköre entstanden bereits vor Jahrhunderten in den Klöstern. Die Begriffe Kloster- und Abteilikör zeugen von diesen überlieferten Rezepturen aus dem alten Klosterleben. Bénédictine und Chartreuse sind die berühmtesten Vertreter dieser Gruppe.

Roffignac Cognac aux Œufs – Frankreich
Eierlikör:
Gelb; 15 Vol.-%.

Romanza Amaretto
– Österreich
Sonstiger Likör:
Aus Mandelschalen, Bourbonvanille und anderen Geschmacksaromen hergestellt; dezente Bittermandelnote; 22,5 Vol.-%.

Rosen-Brandy – Bulgarien
Sonstiger Likör:
Ist ein → Rosenlikör.

Rosenlikör
Sonstiger Likör:
Mit Rosenöl aromatisierter Likör, stark gesüßt; 30 Vol.-%.

Rosoglio
Italienische Sammelbezeichnung für stark aromatisierte Liköre.

Rossbacher – Österreich
Kräuterlikör/Bitterlikör:
Magenbitter, der seit 1897 nach dem Originalrezept hergestellt wird; dunkelbraun; 32 Vol.-%.

Roter Rogoschin
– Niederlande
Fruchtlikör:
Schlehenlikör mit Wodka; weiß, blank; 25 Vol.-%.

Royal Mint-Chocolate Liquor – England
Emulsionslikör:
Aus Schokolade und Minze hergestellt; von Peter Hallgarten, London, erfunden; heute nach geheimem Rezept in Frankreich hergestellt; 25 Vol.-%.

Royal Tara – Irland
Emulsionslikör/Obers-
(Sahne-) Likör:
Aus Obers/Sahne und Irish
Whiskey hergestellt; hell-
braun; 30 Vol.-%.

Rubis
In Italien und der Schweiz gebräuchliche Bezeichnung für
rote Kirschliköre.

Rumple Minze
– Deutschland
Kräuterlikör:
Pfefferminzlikör; wasserklar;
50 Vol.-%. Im Unterschied
zu anderen Likören hochprozentig.

Russischer Balsam
– Russland
Bitterlikör:
Ein Halbbitter aus verschiedenen Kräutern der rus-
sischen Steppen; hauptsächlich aus Rosenöl, Enzian und
Kalmus hergestellt; braun;
zirka 38 Vol.-%.

S

Sabra – Israel
Fruchtlikör:
Ein Orangenlikör mit Schoko-
ladengeschmack; süß, pikant,
koscher; hellbraun; 30 Vol.-%.

Sahnelikör – Deutschland
Obers-(Sahne-) Likör:
Darf nur aus Obers/Sahne
und nicht aus Kondensmilch
hergestellt werden; cremig;
weiß; 20 Vol.-%.

Sambuca – Italien
Fruchtsaftlikör:
Ist ein Holunderbeerlikör mit
Anisgeschmack, der Destillat
von grünem Anis und/oder
Sternanis und eventuell an-
deren Kräutern enthält. Von
verschiedenen Firmen wie
Luxardo, Galliano und Toschi
hergestellt. Als Sambuca con
la Mocca wird er oft mit Kaf-
feebohnen serviert und ange-
zündet; 38 und 40 Vol.-%.
Er wird u. a. von den Firmen
→ Buton, → Galliano,
→ Luxardo, → Molinari,
→ Ramazzotti, → Hiram
Walker, → Pallini, → Toschi
und → Francoli erzeugt.

Sanddornbeerenlikör
Aus Sanddornbeeren herge-
stellt; säuerlich; mindestens
30 Vol.-%.

Sansilvestro – Italien
Kräuterlikör:
Ähnlich dem → Centerbe.

Santosa – Brasilien
Kaffeelikör:
Braun; 26,5 Vol.-%.

Sapindor – Frankreich
Sonstiger Likör:
Aus Tannenextrakten und
Pflanzen aus dem Departe-
ment Jura hergestellt; wurde
1825 erfunden. Wird in Flaschen angeboten, die in Form
und Farbe einer Baumrinde
gleichen. Sehr würzig; tan-
nengrün.

Schladerer – Deutschland
Spirituosenerzeugerfirma mit
Sitz in Staufen im Breisgau,
gegründet 1844. Vor allem be-
kannt für die Obstdestillate.
Fruchtsaftliköre:
Cherry (28 Vol.-%), **Pear**
(gelb, klar; 30 Vol.-%) und
Raspberry (rot; 30 Vol.-%).

> Klassische Liköre wie Béné-
> dictine, Chartreuse, Coin-
> treau haben wie eh und je
> einen sehr hohen Stellen-
> wert.

Schlehenlikör
Fruchtlikör:
Aus Schlehen hergestellt; mit
Johannisbrotauszug, Kardamom, Zimt und Nelken ab-
gerundet; fruchtig-säuerlich-
bitterer Geschmack; weiß,
blank; 38 Vol.-%.

Schokoladenlikör
Emulsionslikör:
Aus Schokolade und/oder
Schokoladenpulver herge-
stellt; 20 Vol.-%.

Schokolade-Pfefferminz-
Likör
Emulsionslikör:
Aus Schokolade und/oder
Schokoladenpulver sowie
Pfefferminze hergestellt;
20 Vol.-%.

Schwarzbitter
Österreichische und deutsche
Bezeichnung für Stark- oder
Vollbitterliköre ohne Zucker-
zusatz; 32–38 Vol.-%.

Schwarzer Kater
– Deutschland
Fruchtsaftlikör:
Aus vollreifen Schwarzen Johannisbeeren hergestellt.

Schwedenpunsch
– Schweden, Deutschland
Sonstiger Likör:
Aus Arrak und Gewürzen hergestellt; Zugabe von Wein ist erlaubt und üblich; leichter Zitronen-Wein-Geschmack; strohgelb, blank; in Skandinavien als **Caloric-Punsch** bezeichnet; mindestens 25 Vol.-%.

Schweizer Bitter – Schweiz
Bitterlikör:
Ein Magenbitter aus Ivakraut (Moschusschafgarbe), Kalmus, Nelkenwurzeln, Fenchel, Zimt, Krauseminze und Galgant; auch Iva-Likör oder Iva-Fleur genannt; rotbraun; 30 Vol.-%.

Secrestat – Italien
Kräuterlikör:
Ist ein Magenbitter.

Sellerielikör – Deutschland
Gewürzlikör:
Aus Knollen und Samen von Sellerie erzeugt, mit Orangenblütenwasser aromatisiert; 30 Vol.-%.

Seng-Rong-Likör – China
Sonstiger Likör:
Aus Auszügen aus Gewürzen, Kräutern und Tierknochen hergestellt; Reste von Tierknochen schwimmen im Likör; 21 Vol.-%.

Sheridan – Irland
Spirituosenerzeugerfirma mit Sitz in Dublin.
Emulsionslikör:
Sheridan's Original.

Siegburg – Deutschland
Erzeugt einen Abteilikör sowie Fruchtsaftliköre.

Société J. Chatel
– Réunion/Frankreich
Fruchtsaftliköre:
Le Volcan Mango Liquor (25 Vol.-%), **Le Volcan Passion Fruit Liquor** (25 Vol.-%), **Le Volcan Pineapple** (gelb, blank; 25 Vol.-%) und **Le Volcan Loquat Liquor** (aus dem Fruchtfleisch der japanischen Mispel hergestellt; hellgelb, blank; 25 Vol.-%).
Fruchtliköre:
Le Volcan Lemon Liquor (Zitronenlikör; gelb; 25 Vol.-%), **Le Volcan Banana Liquor** (gelb; 25 Vol.-%) und **Le Volcan Coconut Liquor** (25 Vol.-%).

Solado – Italien
Fruchtlikör:
Sizilianischer Mandarinenlikör; die Schalen von reifen Mandarinen werden an der Sonne getrocknet und dann längere Zeit in Alkohol gelegt; orange; 30–40 Vol.-%.

Solotaja Ossenj
– Russland
Fruchtsaftlikör:
Aus Kirschen, Pflaumen, Quitten und Äpfeln hergestellt, säuerlich-süß; ähnlich dem → Naliwka.

Southern Comfort – USA
Sonstiger Likör:
Auf Bourbon-Whiskey-Basis mit Orangen, Pfirsichen und Kräutern hergestellt; 43 Vol.-%.

In New Orleans erfand der junge Barkeeper M. W. Heron einen Whiskylikör mit Orangen, Pfirsichen und Kräutern, den Southern Comfort. Er hatte ein beliebtes Rezept, nämlich Bourbon mit Pfirsichlikör, weiterentwickelt.

Spa-Likör
Deutsche Bezeichnung für → Elixir de Spa.

Spanisch Bitter
Sammelbegriff für aromatische Bitterliköre, die aus besonders bitteren Wurzeln und bitteren Zitrusschalen hergestellt sind; mindestens 38 Vol.-%.

Staga – Italien
Kräuterlikör:
Aus zahlreichen Kräutern hergestellt; süß; gelblich.

Stift Engelszell
– Österreich
Likörerzeugung in Engelhartszell.
Fruchtsaftliköre:
Waldbeerenlikör (25 Vol.-%) und **Marillenlikör** (25 Vol.-%).
Kräuterliköre:
Magenbitter (38 Vol.-%) und **Kräuterlikör** (38 Vol.-%).

Emulsionsliköre:
Eierlikör (17 Vol.-%) und
Schokoladecrème (17 Vol.-%).
Kaffeelikör:
Mocca (25 Vol.-%).
Sonstiger Likör:
Kakao-Nuss (25 Vol.-%).

Stock International

— Großbritannien
Weltbekannte Spirituosener-
zeuger- und -handelsfirma.
Fruchtsaftlikör:
Sambuca und **Limoncé.**
Fruchtliköre:
Gran Gala Triple Sec
(Orangenlikör), **Maraschino**
(Kirschlikör).
Bitterlikör:
Fernet Stock (Magenbitter;
braun; 41 Vol.-%).
Kaffeeliköre:
Gala Café (braun).
Sonstiger Likör:
Amaretto.
Das Unternehmen erzeugt
neben Likören auch Brandy,
Tresterbranntweine, Wodka,
Aperitifs sowie alkoholfreie
Getränke.

Stonsdorfer — Deutschland
Kräuterlikör:
Aus Waldheidelbeeren, Ge-
würzen, Kräutern und Früchten hergestellt; süß-bitter,
leicht und fruchtig; Originalprodukt ist der → Echt Stonsdorfer.

Strega Likör
Andere Bezeichnung für
→ Liquore Strega.

Suisceri
Synonym für → Cheri Suisse.

Suomuurain — Finnland
Fruchtsaftlikör:
Aus Sumpfbrombeeren her-
gestellt; rot; 28 Vol.-%.

Suze — Frankreich
Kräuterlikör/Bitterlikör:
Auf Basis von Enzianwurzeln
hergestellt; gelb; 30 Vol.-%.
Es gibt auch einen Aperitif
„Suze à la Gentiane" mit
16 Vol.-%.

T

Taio-Tetsch
Andere Bezeichnung für
→ Tescht.

Tangerinette — Frankreich
Fruchtlikör:
Mandarinenlikör; orange;
30 Vol.-%.

Tari
Sonstiger Likör:
Aus Palmensaft hergestellt.

Tescht — Afrika
Honiglikör:
Aus Wildbienenhonig, Blät-
tern, Wurzeln und Rinde des
Rhamnusbaumes hergestellt;
35 Vol.-%; manchmal auch
Tetsch geschrieben.

Moritz Thienelt

— Deutschland
Likörfabrik mit Sitz in Kaarst-
Holzbüttgen.
Fruchtsaftlikör:
→ Echte Kroatzbeere.

Tia Maria — Jamaika
Kaffeelikör:
Aus Jamaika-Rum und Kaffee
(Blue-Mountain-Kaffee), aromatischen Kräutern, Kakao
und Vanille nach einem über
200 Jahre alten Rezept hergestellt; Name stammt von der
Sklavin Tia Maria (Tante Maria); dunkelbraun, 31,5 Vol.-%.
In England und Amerika wird
zu Tia Maria Doppelrahm
(Cream) gereicht.

Tiffin — Deutschland
Teelikör:
Aus Darjeeling-Hochlandtee
hergestellt; farblos, Gelbstich; 35 Vol.-%.

Tijuana — Portugal
Kaffeelikör:
Dunkelbraun; 28 Vol.-%.

Toschi — Italien
Destillerie mit Sitz in Vignola
bei Modena.
Fruchtsaftlikör:
Sambuca (Holunderbeerlikör
mit Anis; 38 Vol.-%).
Fruchtlikör:
Mandari (Mandarinenlikör;
36 Vol.-%).
Sonstige Liköre:
→ Nocino oder **Nocello** und
Amaretto (Bittermandellikör).

Toso – Japan
Sonstiger Likör:
Aus Sake unter Beigabe von vier in Seide gebundenen, fein zerstoßenen Heilkräutern hergestellt; soll das Leben verlängern und wird einem alten Brauch zufolge in Japan zu Neujahr getrunken; gelblich; 20–30 Vol.-%.

Trappistine – Frankreich
Kräuterlikör:
Ein Abtei- und Klosterlikör auf Armagnacbasis; blass grünlich; 30 Vol.-%. Von den Trappisten im Kloster Grace Dieu hergestellt.

Triple
Zusatzbezeichnung für Zitrusliköre.

Triple Sec
Zusatzbezeichnung für Zitrusliköre; bedeutet dreifach trocken; Triple-Sec-Liköre haben einen hohen Alkoholgehalt, meist über 38 Vol.-%.

Tuaca – Italien
Sonstiger Likör:
Mit Vanille- und Orangengeschmack; halbsüß; amberfarben; 30 Vol.-%.

Tung Chiew – China
Kräuterlikör:
Aus 30 verschiedenen Kräutern hergestellt; gelblich; 28 Vol.-%.

Türkisch Mokka
– Deutschland
Kaffeelikör:
Aus Hochlandkaffee hergestellt; dunkelbraun; 30 Vol.-%.

U

Underberg – Deutschland
Bitterlikör:
Ein weltberühmter Magenbitter; aus edlen Kräutern, Wasser und hochprozentigem Alkohol durch warme Mazeration hergestellt und neun Monate in Eichenholzfässern gereift. Die Zusammensetzung der Kräuter aus 43 Ländern ist ein Familiengeheimnis und wird mündlich überliefert. Underberg wird ausschließlich in Portionsflaschen angeboten; dunkelbraun; 44 Vol.-%.

Nur drei Jahre trennen Underberg und Cointreau in Bezug auf ihre Firmengründung. Hubert Underberg begann 1846 in Rheinberg am Niederrhein mit der Herstellung seines Kräuterbitters, Edouard Cointreau gründete 1849 in Angers seine Destillerie, in der sein Sohn wenige Jahre später den berühmten Orangenlikör erfand.

Unicum – Ungarn
Bitterlikör:
Bekannter Magenbitter der Fa. Zwack, nach altem Rezept aus über 40 Kräutern und Wurzeln hergestellt; dunkelbraun; 40 Vol.-%. Eine Neuentwicklung ist der **Unicum Next**, der gegenüber dem Original einen verfeinerten Geschmack mit einem Anflug von Zitrusfrüchten aufweist; 35 Vol.-%.

Ein Unikat, der Unicum
Die Marke Unicum der Firma Zwack ist wahrlich ein Unikat sowie ein Unikum, also in seiner Art einzigartig. Sie wurde 1840 vom kaiserlichen Leibarzt Dr. Zwack in Budapest erfunden. Nach dem Zweiten Weltkrieg flohen die Mitglieder des Familienunternehmens nach Florenz, um nach dem Fall des Eisernen Vorhangs wieder in die alte Heimat zurückzukehren. Markant ist die Flasche, die die Form einer „Bombe" hat. Daher wird der Unicum in der Literatur auch als „Bomben-Bitter" bezeichnet.

Usquebaugh – Irland
Gewürzlikör:
Aus Weinbrand oder Irish Whiskey mit Gewürzen, Orangen und Zucker hergestellt.

V

Vandermint – Niederlande
Emulsionslikör:
Aus Pfefferminze und Schokolade hergestellt; 30 Vol.-%.

Vanillelikör
Gewürzlikör:
Aus Mazerat oder Perkolat der Vanilleschote hergestellt; Zusätze von Vanillin sind verboten; mild und aromatisch; weiß, rot oder grün; mindestens 30 Vol.-%.

Veilchenlikör
Deutsche Bezeichnung für
→ Crème de Violette.

Verveine du Velay
– Frankreich
Kräuterlikör:
Ein Abtei- und Klosterlikör, aus Eisenkraut (Verveine) und weiteren 32 Kräutern sowie Honig, Zucker und Weinbrand/Brandy hergestellt; ähnlich dem → Chartreuse. 40 Vol.-% (mild und süß, gelb), 50 Vol.-% (kräftig, grün).

Vieille Cure – Frankreich
Kräuterlikör:
Auf Cognac- und Armagnacbasis mit Kräutern hergestellt; ähnlich dem → Bénédictine D.O.M.; herb; gelb; 43 Vol.-%.

Villa Massa – Italien
Fruchtlikör:
Limoncello (Zitronenlikör, 30 Vol.-%).

Vogelbeerlikör
Fruchtlikör:
Aus den Früchten des Vogelbeerbaumes (Eberesche) erzeugt; herbsaurer Geschmack, mehr oder minder ausgeprägte Bitternote; in den Alpenländern erzeugt; rot, blank; 30 Vol.-%.

W

Wachauer Gold-Marillenlikör – Österreich
Fruchtsaftlikör der Fa. Bailoni, Stein/Krems.

Wacholderlikör
Gewürzlikör:
Aus Wacholderbeeren hergestellt; andere Bezeichnung für → Kronawetterlikör.

Wa Ju – Asien
Sonstiger Likör:
Aus Reisbranntwein hergestellt.

Waldmeisterlikör
Kräuterlikör/Gewürzlikör:
Mit Waldmeisteraroma; leicht grün, blank; 30–40 Vol.-%.

Wild Cherry Bounce
– USA
Kräuterlikör/Bitterlikör:
Feiner Magenbitter; auf Whisk(e)ybasis mit Wildkirschen hergestellt.

Wild Turkey Liqueur
– USA
Honiglikör:
Auf Basis von Bourbon Whiskey und Honig hergestellt; 30 Vol.-%.

Williams Extra Dry
– Deutschland
Fruchtsaftlikör:
Aus Williams Christbirnen hergestellt; gelbbraun; 30 Vol.-%.

Willm – Frankreich
Fruchtsaftliköre:
Framboise à l'Ancienne (Himbeerlikör; rot; 18 Vol.-%) und **Crème de Mûre** (Brombeerlikör; dunkelrot; 16 Vol.-%).

Wisniak – Polen
1. Polnische Bezeichnung für → Kirschsaftlikör.
2. *Kräuterlikör/Bitterlikör:* Aus Kräutern und Gewürzen hergestellt; Kirschenaroma; als „Herz- und Magentrost" bezeichnet; dunkelrot; 24 Vol.-%.

X

Xoxolati – Mexiko
Gewürzlikör:
Ist ein → Vanillelikör.

Xtabenum – Mexiko
Gewürzlikör:
Aus Anis und Honig hergestellt.

Y

Yapon – Indien
Sonstiger Likör:
Aus den Blättern des gleichnamigen immergrünen Strauches hergestellt, mit Honig gesüßt; auch unter den Bezeichnungen **Yanpon**

und **Yupon** im Handel; dunkelbraun oder dunkelrot; 25–30 Vol.-%.

Yukon Jack – Kanada
Mit kanadischem Whisky hergestellt; honigfarben; 50 Vol.-%.

Z

Ziegler – Deutschland
Der Edelobstbrenner stellt auch Liköre her, u. a. einen **Himbeerlikör** und einen **Brombeerlikör** mit jeweils 18 Vol.-% sowie den **Weinberg-Pfirsich-Likör** (18 Vol.-%).

Zimtlikör
Gewürzlikör:
Aus fein gemahlenem Ceylonzimt oder Zimtblüten hergestellt; wird selten erzeugt; 30 Vol.-%.

Zitronen-Eislikör
Fruchtlikör:
Ein → Eislikör, bei dem sich die Zuckerkristalle nicht wie beim → Kristalllikör an der Flaschenwand bilden, sondern an den eingelegten Fruchtschnitten; mindestens 35 Vol.-%.

Zitronenlikör
   – Deutschland
Fruchtlikör:
Ist ein → Zitruslikör mit einem Zitronenextraktgehalt von 220–500 Gramm pro Liter.
35 Vol.-% (Triple) und 38 Vol.-% (Triple Sec).

Zitrusliköre
Sammelbezeichnung für Fruchtsaft- bzw. Fruchtliköre, die aus verschiedenen Zitrusfrüchten wie Zitronen,

Mandarinen, Grapefruits, Orangen, Pomeranzen und Clementinen hergestellt werden; 30–35 Vol.-%.

Zlotawoda
Polnische Bezeichnung für → Danziger Goldwasser.

Zolotaya Osen – Russland
Fruchtsaftlikör:
Aus Äpfeln und Quitten hergestellt; bittersüß.

Zwack – Ungarn
Spirituosenerzeuerfirma mit Sitz in Budapest, 1840 gegründet; nach dem Zweiten Weltkrieg emigrierte die Familie nach Florenz. Bekannt sind vor allem der Aprikosenbranntwein Barack Pálinka und der Bitterlikör → Unicum.

REZEPTREGISTER NACH BASISGETRÄNKEN

Alle Caipirinhas, Coladas,
Daiquiris, Fancy Fruit Mojitos
und Margaritas können auch
alkoholfrei zubereitet werden (siehe bei der jeweiligen
Fruchtart).

REGISTER

Q

R

T

X

Y

Z

BILDVERZEICHNIS

Seite 12/13: © Raph – Fotolia.com

Seite 22: Kiwi-Orangen © Sonar – Fotolia.com
Mango-Erdbeeren © rj lerich 2005 – Fotolia.com

Seite 24: Links (Martini): © Marina Kravchenko – Fotolia.com

Seite 31: Pfirsich auf Baum: © Canoneer – Fotolia.com
Champagnergläser: © quayside – Fotolia.com

Seite 35: Rechts unten: © Anca Moanta – Fotolia.com

Seite 48: Rohes Ei: © Carmen Steiner – Fotolia.com

Seite 51: Links: © Dušan Zidar - Fotolia.com
Rechts: Copyright Claudio Baldini

Seite 61: Minzeblätter: © Eldin Muratovic – Fotolia.com

Seite 92: © jlvphot – Fotolia.com

Seite 97: Lebua at State Tower, Bangkok, Fa Kanjanajongkon

Seite 98/99: © Spanishalex – Fotolia.com

Seite 194: Rüdesheimer Kaffee, Fa. Asbach, Rheinberg

Seite 218/219: © Stanie – Fotolia.com

Seite 238: © Philip Lange – Fotolia.com

Seite 241: Links: www.vintageperiods.com
Rechts: fusionanomaly.ne

Seite 243: Reiss Bar, Wien
Planter's Bar, Wien

Seite 245: Links: Fa. Schwan, Schwanenstadt
Rechts: Schirmbar Fa. Meissl, Pfarrwerfen

Seite 246: Hyatt Hotel, Carmel

Seite 247: Hyatt Hotel, Berlin

Seite 248: Hyatt Hotel, Berlin

Seite 249: Sky Bar, Wien

Seite 250: Icebar, Lech am Arlberg, Rud-Alpe

Seite 251: Fa. Meissl, Pfarrwerfen

Seite 252: Catering Bar: Barbrain, Linz

Seite 257: Fa. Schwan, Schwanenstadt

Seite 258: Fa. Schwan, Schwanenstadt

Seite 259: RKT GmbH, Trebbin

Seite 260:   © Heiner Witthake – Fotolia.com

Seite 262:   Hangar-7, Salzburg

Seite 267:   MEV-Verlag, Germany

Seite 268:   Matthias Knorr, Barschule München

Seite 269:   Fa. Schiefer, Linz

Seite 272   RKT GmbH, Trebbin

Seite 273–289: Fa. Rechberger, Linz, Petr Koudelka

Seite 276:   Rechts oben: Fa. Hoshizaki
               Rechts unten: Fa. Wessamat

Seite 283:   Sodaschlauch: René Lenger

Seite 284:   Speed Rack: RKT GmbH, Trebbin

Seite 291:   Miele Gesellschaft m. b. H., Wals

Seite 293:   Eisformen: Fa. Hoshizaki

Seite 294:   © Pollarys – Fotolia.com

Seite 295:   Hyatt Hotel, Canberra, Hamilton's Lounge

Seite 305:   Paulus Rusyanto – Fotolia.com

Seite 322:   Reiss Bar, Wien

Seite 335:   Cherimoya: Google-Bildarchiv
               Clementinen: © Teamarbeit – Fotolia.com

Seite 337:   Datteln: © Toufik Djerraya – Fotolia.com

Seite 339:   Feijoa: Google-Bildarchiv

Seite 342:   Guave: © NiDerLander – Fotolia.com

Seite 348:   Kiwano: © Xenia1972 – Fotolia.com

Seite 350:   Kumquat: © Gilles Paire – FOTOLIA

Seite 351:   Limetten: © ingolf sauer – Fotolia.com

Seite 352:   Litschi: © Lianem – Fotolia.com
               Loquat: Google-Bildarchiv

Seite 353:   Madarine: © Manuel Mesa – FOTOLIA

Seite 355:   Mangostane: Google-Bildarchiv

Seite 357:   Melone: © Carina Hansen – Fotolia.com

Seite 358:   Minze: © Eldin Muratovic – Fotolia.com

Seite 360:   Oliven: © mehdi hama – Fotolia.com

Seite 363:   Pepino: Google-Bildarchiv

Seite 368:   Salak: Google-Bildarchiv

Seite 369: Waldmeister: © Christian Jung – Fotolia.com

Seite 370: Melone: © ahardert – Fotolia.com

Seite 391: Links: © Torsten Schon – Fotolia.com
Rechts: © Paul Morley – Fotolia.com

Seite 406: © diego cervo – Fotolia.com

Seite 413: Taschenrechner: schnelles geld © hans12 – Fotolia.com
Flaschen: © zimmytws – Fotolia.com

Seite 418: © Vlad Mereuta – Fotolia.com

Seite 422: © diego cervo – Fotolia.com

Seite 424: Links: Matthias Knorr, Barschule München
Rechts: Attila Vajtho, Chill Out, Wien

Seite 425: Links: © Pavel Bernshtam – Fotolia.com
Rechts: © Diana Gluhih – Fotolia.com

Seite 427, 429: Stefan Stevancsecz

Seite 430: Bacardi-bildarchiv.de

Seite 431: Links: © Dušan Zidar – Fotolia.com
Rechts: © amridesign – Fotolia.com

Seite 434/435
und Seite 436: National Jenevermuseum, Hasselt/Belgien

Seite 438: Getreide: © Tammy Mcallister – Fotolia.com
Kartoffeln: © Karin Lau – Fotolia

Seite 439: Agave: © Tinka – Fotolia.com
Wacholder: © makuba – Fotolia.com

Seite 441: Links: © william CASEY – Fotolia.com
Rechts: © Udo Kroener – Fotolia.com

Seite 443: © Vladimir Mucibabic – Fotolia.com

Seite 444/445: Müller Brennereianlagen GmbH, Oberkirch/Freiburg

Seite 448: BNIC, Cognac

Seite 450/451: Wolfram Ortner, WOB, Bad Kleinkirchheim

Seite 452: Links: International Wine & Spirit Competition, London
Rechts: Wolfram Ortner, WOB, Bad Kleinkirchheim

Seite 453: Links: International Wine & Spirit Competition, London
Rechts: Wolfram Ortner, WOB, Bad Kleinkirchheim

Seite 454: PDC 052 © BNIC/B.Verrax

Seite 455: PDC 044 © BNIC
PDX 086 © BNIC/Studio Burdin

Seite 456/457: BNIC/Gerard Martron

Seite 458: Alter Weinkeller: © BNIC/ Stéphane Charbeau
Flaschen mit Spinnweben: © BNIC/ Stéphane Charbeau

Seite 463: Flaschen: © BNIC/Gérard Martron
Cognacglas: © BNIC/Laurent GORGET

Seite 467: Links: © BNIC/Stéphane Charbeau
Rechts: © BNIC/Jean-Yves Boyer

Seite 469: Links: Zigarrenbrand, Domäne Wachau
Rechts: Remy Martin mit Espresso, www.maxxium.de

Seite 470: Kellerberg Domäne Wachau

Seite 471: Brandy de Jerez, Engel und Zimmermann AG, Gauting

Seite 473: Brandy de Jerez, Engel und Zimmermann AG, Gauting

Seite 474: www.maxxium.de

Seite 475: Destillerie Jacopo Poli, Vicenza

Seite 476: Destillerie Jacopo Poli, Vicenza

Seite 550/551: Destillerie Strathisla, © Jean-Marie Putz, http:/www.whisky-distilleries.info

Seite 552/553: Bummerlunder, Fa. Dethleffsen, Flensburg

Seite 554: Bacardi-bildarchiv.de
www.armagnac.fr

Seite 555: Kornähre: © Dariusz Sas – Fotolia.com
Ingwer: © Grzegorz Szlowieniec – Fotolia.com
Gin-Herstellung: Bacardi-bildarchiv.de

Seite 557: Beefeater: Google Bildarchiv
Blue Gin: Brennerei Reisetbauer, Thenning-Axberg

Seite 558: National Jenevermuseum, Hasselt/Belgien

Seite 559: Schwarze & Schlichte GmbH & Co. KG, Oelde/Nordrhein-Westfalen

Seite 566: Moses, Harald Moosbrugger, Dornbirn

Seite 567: Links: Quaich Company, Richard Abdy
Rechts: Moses, Harald Moosbrugger, Dornbirn

Seite 572: MEV, Rainer Lederhofer

Seite 574: Links: Destillerie Ardbeg, © Jean-Marie Putz, http:/www.whisky-distilleries.info
Rechts: Torfstecher bei der Arbeit, Moses, Harald Moosbrugger, Dornbirn

Seite 575: Links: Destillerie Cragganmore, © Jean-Marie Putz,
http:/www.whisky-distilleries.info
Rechts: Destillerie Lagervulin, © Jean-Marie Putz, http:/www.whisky-distilleries.

Seite 576: Moses, Harald Moosbrugger, Dornbirn

Seite 577: Berentzen-Gruppe AG

Seite 578: Mais: © Rebel – Fotolia.com
Holzkohle zur Filtration: Bacardi-Bildarchiv.de

Seite 580: Links: Jack Daniel's, Bacardi-Bildarchiv.de
Rechts: © Andreas Fischer – Fotolia.com

Seite 582: Moses, Harald Moosbrugger, Dornbirn

Seite 583: Links: Pernod-Ricard Austria, Chivas Regal
Rechts: Royal Salute, Lebua at State Tower, Bangkok, Fa Kanjanajongkon

Seite 584: Links: Destillerie, © Jean-Marie Putz, http:/www.whisky-distilleries.info
Rechts: Bacardi-Bildarchiv.de

Seite 619: Cartoon: Die einzige Möglichkeit Nessie zu sehen von Peter Roempke

Seite 620: Links: Fa. Oval, Swarovski Flasche
Rechts: Puriste, Fa. Kracher/Hillinger

Seite 621: Links: Destillerie Absolut, Ahus
Rechts: Buchweizen: © Fred – Fotolia.com

Seite 623: Destillerie Absolut, Ahus

Seite 633: Bacardi-Bildarchiv.de

Seite 634: Berentzen-Gruppe AG

Seite 639: Sake, JNTO, Frankfurt

Seite 640/641: © brainstorming-out – Fotolia.com

Seite 642: © Galina Barskaya – Fotolia.com

Seite 647: Links: © Carsten Meyer – Fotolia.com
Rechts: © manolito – Fotolia.com

Seite 648: Links: © Rico Döffinger – Fotolia.com
Rechts: © KerstinD – Fotolia.com

Seite 653: Links: Google Bildarchiv
Rechts: © Victorpr – Fotolia.com

Seite 655: Links: © Rebel - Fotolia.com
Rechts: © manolito – Fotolia.com

Seite 682/683: © Adina Klawin – Fotolia.com

Seite 684: Google-Bildarchiv

Seite 686: Links und Mitte: Google-Bildarchiv
Rechts: Pernod-Ricard Austria

Seite 687: Links: Google-Bildarchiv
Rechts: Santorin, Christian Hochrieser

Seite 688: Links: Enfes Raki, Borco-Marken-Import, Hamburg
Rechts: Hasan Tuetuencue, Chill out, Wien

Seite 690:	Links: Pernod Ricard-Austria
	Rechts: www.maxxium.de
Seite 693:	Links: © 2001 by Meddy Popcorn – Fotolia.com
	Rechts: Havana Club, Pernod-Ricard Austria
Seite 694:	Havana Club, Pernod-Ricard Austria
Seite 695:	Havana Club, Pernod-Ricard Austria
Seite 712/713:	© quayside – Fotolia.com
Seite 714:	Pernod-Ricard Austria
Seite 717:	Pernod-Ricard Austria
Seite 718:	Links: Pernod-Ricard Austria
	Rechts: Kasia Biel – Fotolia.com
Seite 719:	Links: Corbis Bildagentur
	Rechts: Mozart Destillerie Salzburg
Seite 720:	© Dreef – Fotolia.com
Seite 765:	Bacardi-Bildarchiv.de

Alle weiteren Fotos sind Eigentum des Trauner Verlages und wurden von
Herrn Mag. Wolfgang Kraml angefertigt. Die Cartoons stammen aus der Feder
von Arnulf Kossak.

LITERATURVERZEICHNIS

Franz Brandl, Brandls Barbuch, Matthaes Verlag, Stuttgart, 4. Auflage 2003

Franz Brandl, Mix Guide, Südwest Verlag, München 2006

Dave Broom, Rum, Christian Verlag, München 2004

Arrigo Cipriani, Harryís Bar, Heyne, München, 3. Auflage 1999

Constable & Co/Pavillion, The Savoy Cocktail Book, Pavillion Books Ltd., London 1999 (first published in 1930 by Constable & Co)

Albert Stevens Crockett, The old Waldorf-Astoria Bar Book, New Day Publishing New York

Harry, Andrew & Duncan Mac Elhone, Harryís ABC of mixing cocktails, Souvenir Press Ltd. London, Reprint 2002

Collin Peter Field, Ritz Paris: Die Cocktails, Delius Klasing Verlag, Bielefeld 2001

Ted Haigh, Vintage spirits & forgotten Cocktails, Quarry Books, Gloucester, USA 2004

Michael Jackson, Barbuch, Hallwag AG, Bern, 2. Auflage 1985

Peter Jäger, Das Handbuch der Edelbranntweine, Schnäpse und Liköre, Leopold Stocker Verlag, Graz 2006

Harry Johnson, Handbuch für Bartender, WWW-Merchandising Gmbh & Co eCocktail KG, Passau, 2. Auflage 2001 (first published in the year 1882 in Washington, D.C.)

Günther Liebster, Warenkunde Obst und Gemüse, Band 1, Hädecke Verlag, Weil der Stadt 1999

Vene Maier, Gregor Klahr, Edle Schnäpse in Österreich, Falter Verlag, Wien 1994

Das Martini-Buch, Europaverlag, München 1998

Anastasia Miller, Jared Brown, Gemixt, nicht gerührt

Gert von Paczensky, Cognac, Hädecke Verlag, Weil der Stadt 1995

Walter Schobert, Das Whiskylexikon, Fischer Taschenbuch Verlag, Frankfurt am Main, 3. Auflage 2007

Harry Schraemli, Das grosse Lehrbuch der Bar, Fachbücherverlag der Union Helvetia Luzern, Luzern, 5. Auflage 1955

Carl A. Seutter, Der Mixologist, Heinrich Killinger VerlagsgesmbH, Nordhausen, 5. Auflage (unveränderter Nachdruck von 1909)

Spirituosen aus aller Welt, Karl Müller Verlag, Erlangen 1994

Otmar Steller, Axel Jentzsch, Lebensmittel richtig einkaufen und verarbeiten, axel jentzsch bei Linde Verlag, Wien 2003

Jerry Thomas, The Bar-Tenders Guide, Vintagebook, Caluire, Frankreich 2001 (first published in the year 1862 by Dick & Fitzgerald in New York)

Uwe Voigt, Das Große Lehrbuch der Barkunde, Matthaes Verlag, Stuttgart 2002

DIE AUTOREN

Stefan Stevancsecz

Der Absolvent der Hotelfachschule in Bad Leonfelden/OÖ und akademische Tourismusmanager ist seit über 25 Jahren leidenschaftlich im internationalen Barbusiness tätig. Nach führenden Positionen in verschiedenen Tophäusern in Österreich, Deutschland, Italien, in der französischen Schweiz und in Australien kam er in seine Heimatstadt Linz zurück und gründete im Jahr 2000 sein Unternehmen Barbrain. Neben exklusivem Bar Catering sind Konsulententätigkeiten im In- und Ausland sowie die Leitung verschiedener Barschulungszentren die Schwerpunkte in seinem Unternehmen.
Als Gewinner zahlreicher nationaler und internationaler Cocktailkonkurrenzen, u. a. fünffacher Österreichischer Staatsmeister sowie zweifacher Vize-Weltmeister ist Stefan Stevancsecz der höchstprämierte Barkeeper Österreichs.

Heinz Lenger

Tätig in zahlreichen renommierten Hotels in Österreich, Schweiz, England, Schottland, Wales, USA, Kanada und vielen Ländern des Orients sowie auf diversen Kreuzfahrtschiffen. Ab 1969 Lehrer an der Berufsschule für das Gastgewerbe Wien. Seit 1980 Fachbuchautor. Konsulententätigkeit im In- und Ausland.

René Lenger

Ausbildung zum Hotel- und Gastgewerbeassistenten, Koch und Kellner in Österreich und USA. Praxis in Österreich, USA, Abu Dhabi und auf Kreuzfahrtschiffen. Derzeit in Las Vegas.

Gerhard Ebner

Geboren als Wirtssohn und aufgewachsen in der Steiermark. Nach Absolvierung der Kellnerlehre viele Stationen in der gehobenen Gastronomie, national und international. Seit 1990 Fachoberlehrer an den Steirischen Tourismusschulen, wo er sein erworbenes Wissen an die nächsten Generationen vermitteln kann. Der Absolvent der Weinakademie in Rust ist auch in der Erwachsenenbildung tätig. Als Trainer arbeitet er für ausgewählte Firmen, Hotelketten und auf Kreuzfahrtschiffen.

Martin Retschitzegger

Eine Koch-/Kellnerlehre war für Martin Retschitzegger der Beginn einer bis heute gelebten Leidenschaft für die Gastronomie. Im Restaurant Le Bœuf und im Szenelokal Der Spiegel sammelte er seine Erfahrungen für seine erste große Herausforderung, die Geschäftsführung des Dom4tels. Mit Qualität und 25 Angestellten entwickelte Martin Retschitzegger das Haus nach kurzer Zeit zum Selbstläufer mitten in Linz. Seinen „Hafen" fand *Herr Martin* in der Easy Bar. Seit 2003 begeistert er dort allabendlich seine Gäste mit einer schier unerschöpflichen Auswahl an Cocktails.

Werner Sedlacek

Nach seiner Lehrzeit im Hotel Intercontinental in Wien führte ihn sein Beruf in renommierte Betriebe in Österreich sowie nach Saudi-Arabien und auf ein norwegisches Kreuzfahrtschiff. Unterbrochen durch eine vierjährige Selbstständigkeit mit einem Bierlokal in Wien ist Werner Sedlacek seit 1987 Lehrer sowie seit 2002 Fachvorstand an der Gastgewerbefachschule in Wien. Er ist Kursleiter diverser Ausbildungsschwerpunkte und hat sich jüngst vor allem um den „Jungbarkeeper" in Österreichs Schullandschaft angenommen.

Simon Siegel

Sammelte Praxis in England, Frankreich, Spanien, Italien und der Schweiz. Seit den 1950er-Jahren Lehrer an der Hotelfachschule Bad Gleichenberg, später Direktor an den Landesberufsschulen Bad Gleichenberg und Aigen im Ennstal. Autor zahlreicher gastronomischer Schul- und Fachbücher. Viele Auszeichnungen für seine Verdienste um die Ausbildung in der Gastronomie.